Verhandlungen

des

Dreißigsten

Deutschen Juristentages.

(Danzig 1910.)

Herausgegeben

von

dem Schriftführer-Amt der ständigen Deputation.

Zweiter Band.

(Stenographische Berichte.)

Berlin 1911.

Kommissions-Verlag von J. Guttentag, Verlagsbuchhandlung,
G. m. b. H.

Übersicht

über

Gutachten und Verhandlungen des 30. Deutschen Juristentages.

Statut
des
deutschen Juristentages.

§ 1.

Der Zweck des deutschen Juristentages ist: eine Vereinigung für den lebendigen Meinungsaustausch und den persönlichen Verkehr unter den deutschen Juristen zu bilden; auf den Gebieten des gesamten bürgerlichen Rechts, des Prozesses, des Strafrechts und des inneren Verwaltungsrechts den Forderungen nach einheitlicher Entwickelung immer größere Anerkennung zu verschaffen, die Hindernisse, welche dieser Entwickelung entgegenstehen, zu bezeichnen und sich über Vorschläge zu verständigen, welche geeignet sind, die Rechtseinheit zu fördern.

§ 2.

Der deutsche Juristentag tritt in der Regel alljährlich zusammen, doch ist die ständige Deputation ermächtigt, aus Gründen der Zweckmäßigkeit ausnahmsweise die Wiedereinberufung des Juristentages erst in dem auf dessen letzten Zusammentritt folgenden zweiten Kalenderjahre vorzunehmen.

§ 3.

Zur Mitgliedschaft berechtigt sind die deutschen Richter, Staatsanwälte, Advokaten und Notare, die Aspiranten des Richteramts, der Anwaltschaft und des Notariats, sowie jeder, der nach seinen Landesgesetzen zum Richteramte, zur Anwaltschaft oder zur Ausübung des Notariats für befähigt erkannt ist, ferner die Lehrer an den deutschen Hochschulen, die Mitglieder der gelehrten Akademien, die Doktoren der Rechte und die rechtsgelehrten Mitglieder der Verwaltungsbehörden.

*) Auf dem 30. Juristentag ist folgende authentische Auslegung beschlossen worden:

„Als rechtsgelehrte Mitglieder der Verwaltungsbehörden sind zu erachten alle diejenigen, welche nach Absolvierung des akademischen Rechtsstudiums eine juristische Staatsprüfung bestanden haben.“

§ 4.

Die Mitgliedschaft beginnt mit dem Empfange der Mitgliedskarte. Sie berechtigt zur Teilnahme an den Verhandlungen und an der Abstimmung.

§ 5.

Der Beitrag der Gesellschaftsmitglieder beträgt sechs Mark jährlich und ist innerhalb vier Wochen nach Beginn des neuen Jahres zu entrichten, widrigenfalls derselbe durch Postvorschuß eingezogen wird. Nimmt ein Mitglied den mit Postvorschuß beschwerten Brief nicht an, so wird dies einer ausdrücklichen Austrittserklärung gleich erachtet. — Für die am Orte des Juristentages selbst zu lösende Anmeldungskarte sind drei Mark zu entrichten.

§ 6.

Den Plenarverhandlungen des deutschen Juristentages gehen der Regel nach Abteilungsberatungen voraus. Zu diesem Zwecke werden nach Bedürfnis vier Abteilungen gebildet, nämlich:

1) Abteilung für bürgerliches Recht, juristisches Studium und praktische Ausbildung.
2) Abteilung für Handels-, Wechsel-, See-, und internationales Recht.
3) Abteilung für Strafrecht, Strafprozeß und Gefängniswesen.
4) Abteilung für Gerichtsverfassung und Zivilprozeß.

Liegen Beratungsgegenstände aus dem Gebiete des Verwaltungsrechtes vor, so werden sie in der Regel einer dieser Abteilungen zugewiesen.

Die Abteilungen wählen ihre Vorsitzenden, Schriftführer, Berichterstatter und benachrichtigen den Vorsitzenden der Plenarversammlung (§ 7), sobald ihre Beratungen über einzelne Gegenstände geschlossen sind; ihre Anträge sind schriftlich zu fassen.

Sämtliche Beschlüsse der Abteilungen werden in der Plenarversammlung mitgeteilt. Es findet jedoch eine Erörterung und Entscheidung im Plenum nur dann statt, wenn dieselbe von der betreffenden Abteilung vorgeschlagen, oder wenn sie von mindestens zehn Mitgliedern beantragt und von der Plenarversammlung vorgeschlagen wird. Über die Vorfrage, ob dem von mindestens zehn Mitgliedern gestellten Antrage auf Plenarentscheidung stattzugeben, wird nur einem der Antragsteller und dem Berichterstatter das Wort erteilt.

§ 7.

Die Verhandlungen der Plenarversammlung leitet ein Vorsitzender, welcher für die Dauer eines jeden Juristentages in der ersten Plenarversammlung durch Stimmzettel oder Akklamation gewählt wird. Derselbe benennt zwei bis vier Stellvertreter und vier Schriftführer. Er bestimmt die Tagesordnung und kann einzelne Gegenstände, ohne Vorberatung in den Abteilungen (§ 6), unmittelbar zur Plenarberatung stellen. Auch ist er befugt, Nichtmitglieder als Zuhörer zuzulassen.

§ 8.

Bei allen Beschlüssen der Plenarversammlung und der Abteilungen entscheidet einfache Majorität der anwesenden Mitglieder, bei allen Wahlen relative Majorität und im Falle der Stimmengleichheit das Los.

§ 9.

Wird Schluß der Debatte beantragt, so wird über diesen Antrag sofort abgestimmt. In der Plenarversammlung sind alle Anträge mit Ausnahme des Antrages auf Schluß der Debatte schriftlich zu stellen.

§ 10.

Vor dem Schlusse eines jeden Juristentages wird von der Plena versammlung durch Akklamation oder in einem einzigen Skrutinium durch Stimmzettel eine aus neunzehn Mitgliedern und dem Präsidenten des letzten Juristentages als Ehrenpräsidenten bestehende ständige Deputation gewählt. Die Liste der zur Akklamation vorzuschlagenden Personen wird durch den Präsidenten der Plenarversammlung, seine Stellvertreter und je zehn von jeder Abteilung gewählte Vertrauensmänner gemeinschaftlich festgestellt.

Die ständige Deputation hat folgende Befugnisse und Obliegenheiten:

1) sie sorgt für die Ausführung der von dem Juristentage gefaßten Beschlüsse, veranlaßt nach eigenem Ermessen den Druck der Protokolle und Vorlagen, bewirkt die Verteilung der Drucksachen an die Mitglieder und verwahrt alle Akten und Schriftstücke des Juristentages;

2) sie bestimmt Zeit und Ort des nächsten Juristentages, trifft die für denselben nötigen Vorbereitungen, erläßt die Einladungen, stellt die vorläufige Tagesordnung auf, wobei sie in der Regel nur die bis zum 31. Mai des laufenden Jahres eingegangenen

Vorlagen zu berücksichtigen hat, und bereitet Abänderungsvorschläge in betreff der Geschäftsordnung für die Plenarversammlung vor;

3) sie nimmt die Beitrittserklärungen neuer Mitglieder entgegen, fertigt die Mitgliedskarten aus, empfängt die Beiträge, bestreitet die Ausgaben und legt der folgenden Deputation Rechnung;

4) sie ergänzt sich selbst, falls eins oder mehrere Mitglieder während des Geschäftsjahres ausscheiden.

Die Deputation wählt aus ihrer Mitte einen Vorsitzenden, einen Schriftführer, welcher ein von der Deputation festzusetzendes Pauschquantum für bare Auslagen erhält, und einen Kassierer. Der letztere ist verpflichtet, der ständigen Deputation bei ihrem jedesmaligen Zusammentritt einen Kassenabschluß vorzulegen. Die Deputation läßt durch eines oder mehrere ihrer Mitglieder die Rechnung prüfen und die Kasse revidieren.

Die Deputation bestimmt Ort und Zeit ihrer Zusammenkunft. Zur Gültigkeit ihrer Beschlüsse ist die Einladung sämtlicher Mitglieder, sowie die Mitwirkung von wenigstens fünf Mitgliedern erforderlich.

§ 11.

Abänderungen dieses Statuts können zwar von der Plenarversammlung durch einfache Stimmenmehrheit, jedoch nur auf schriftlichen Antrag, der vier Wochen vor dem Zusammentritt des Juristentages der ständigen Deputation (§ 10) überreicht worden, beschlossen werden.

Kassenabschluß

des Deutschen Juristentages am 7. September 1910.

A. Wertpapiere (im Depot der Deutschen Bank):

1.	$3\frac{1}{2}$% Pommersche ldsch. Pfandbriefe . .	=	3000,—
2.	3% = = = . .	=	3000,—
3.	$3\frac{1}{2}$% neue Berliner = ...	=	1000,—
4.	3% Deutsche Reichsanleihe	=	5000,—
		Mk.	12000,—

B. Kassenbestand:

Guthaben auf Depositen-Konto bei der Deutschen Bank	=	4,80
in Summa	Mk.	12004,80

Berlin, den 7. September 1910.

Der Schatzmeister.
gez. Dr. Rießer.

Verzeichnis der Mitglieder
der
ständigen Deputation
nach der Wahl des 30. Juristentages 1910.

Dr. Brunner, Heinrich, Exzellenz, Wirklicher Geheimer Rat, Professor, Berlin, Ehrenpräsident.
Dr. Freiherr von Call, Exzellenz, Oberlandesgerichtspräsident, Innsbruck.
Dr. Dorner, Oberlandgerichtspräsident, Karlsruhe.
Dr. Enneccerus, Geheimer Justizrat, Professor, Marburg.
Dr. Gierke, Otto, Geheimer Justizrat, Professor, Berlin.
Dr. Hanausek, Gustav, Professor, Graz.
D. Dr. Kahl, Geheimer Justizrat, Professor, Berlin.
Dr. Klein, Exzellenz, Justizminister a. D., Wien.
Dr. Neumann, Hugo, Justizrat, Rechtsanwalt am Kammergericht und Notar, Berlin.
Dr. Olshausen, Exzellenz, Senatspräsident a. D., Charlottenburg.
Dr. Pappenheim, Geheimer Justizrat, Professor, Kiel.
Dr. Freiherr von Pechmann, Direktor der Bayerischen Handelsbank, München.
Dr. Rießer, Geheimer Justizrat, Professor, Berlin.
Dr. von Schmidlin, Exzellenz, Staatsminister der Justiz, Stuttgart.
Dr. von Staff, Geheimer Ober-Justizrat, Landgerichtspräsident, Breslau.
Dr. von Stoesser, Präsident, Karlsruhe.
Dr Strohal, Geheimer Hofrat, Professor, Leipzig.
Dr.. Vierhaus, Oberlandesgerichtspräsident, Wirklicher Geheimer Ober-Justizrat, Professor, Breslau.
Dr. Wildhagen, Justizrat, Rechtsanwalt am Reichsgericht, Leipzig.
Dr. Ritter von Wretschko, Alfred, Professor, Innsbruck.
Dr. Wilke, Richard, Geheimer Justizrat, Potsdam, Ehrenmitglied.

Alphabetisches Verzeichnis
derjenigen
Mitglieder des deutschen Juristentages
welche
dem Verein im Jahre 1910 angehören.

Abel, Max, Rechtsanwalt, Essen a. d. Ruhr, Bahnhofstr. 90/92.
Dr. Abitz-Schulze, Theodor, Rechtsanwalt, Cöln a. Rhein.
Dr. Abraham, Hugo, Rechtsanwalt, Notar, Bremen, Obernstr. 14.
Dr. Abraham, B., Justizrat, Rechtsanwalt beim Oberlandesgericht Kiel, Fährstr. 12.
Abraham, J., Rechtsanwalt, Notar, Justizrat, Rixdorf, Bergstr. 125.
Abrahamsohn, Rechtsanwalt, Stettin.
Dr. Abs, Joseph, Rechtsanwalt, Bonn a. Rh.
Abt, F., Justizrat, Rechtsanwalt, Colmar (Elsaß), Korngasse 8.
Adam, Rechtsanwalt, Notar, Justizrat, Danzig.
Adam, Walter, Gerichtsreferendar, Berlin W. 10, Matthäikirchstr. 6.
Adams, Hubert, Notar, Justizrat, Aachen, Wilhelmstr. 9.
Dr. Adler, Rechtsanwalt, Justizrat, Cöln a. Rh.
Dr. van Aken, Rechtsanwalt, Saargemünd.
Alberts, Notar, Crefeld, Ostwall 130.
Dr. Albrecht, Carl, Rechtsanwalt, Hamburg, Gr. Bäckerstr. 13/15.
Albrecht, Conrad, Geh. Ober-Regierungsrat und vortragender Rat an der Oberrechnungskammer, Potsdam, Eisenhartstr. 6.
Dr. Alexander-Katz, Hugo, Justizrat, Berlin W. 8, Kanonierstr. 17—20.
Dr. Alexander-Katz, Paul, Professor, Rechtsanwalt, Justizrat, Berlin W. 8, Leipzigerstr. 39.
Dr. Alexander-Katz, Rich., Rechtsanwalt, Berlin W. 35, Flottwellstr. 1.
Dr. Allfeld, Philipp, kgl. Univ.-Professor, Erlangen, Bismarckstr. 14.
Dr. Alsberg, Rechtsanwalt, Berlin NW. 23, Siegmundshof 1.
Dr. Andrée, Gerichtsassessor, Freienwalde.
Andres, Amtsrichter, St. Wendel (Bez. Trier).
Dr. Anschütz, Reinh., Rechtsanwalt, Justizrat, Leipzig, Katharinenstr. 3.
Dr. Anspacher, Luigi, Avvocato, Milano, 26 via Orifici.
Antonetty, R., Rechtsanwalt, Cöln a. Rhein, Mohrenstr. 32.
Anwaltverein, deutscher, z. H. des Herrn Rechtsanwalt Dr. Dittenberger, Leipzig, Schreberstr. 3.
Anz, Rechtsanwalt, Justizrat, Essen a. d. Ruhr, Lindenallee 65.

Dr. Apel, Erich, Admiralitätsrat, Friedenau bei Berlin, Niedstr. 39.
Dr. Apelt, Geh. Regierungsrat, Ministerialdirektor, Dresden, Wintergartenstraße 23.
Dr. Apfel, Rechtsanwalt, Berlin W. 8., Friedrichstr. 59/60.
Dr. Appel, Julius, Gerichtsassessor, Karlsruhe i. B., Kaiserstr. 34a.
Dr. Apt, Max, Professor, Berlin NW. 40, In den Zelten 9a.
Dr. Arndt, A., Geh. Rat, Professor, Königsberg i. Pr., Schönstr. 18b.
Arndt, Ludwig, Rechtsanwalt, Justizrat, Berlin N. 54, Lothringerstr. 44/45.
Arndts, Franz, Geh. Justizrat, Wilmersdorf, Kaiser-Allee 177.
Arnhold, C., Gerichtsassessor, Halle a. d. Saale, Alte Promenade 3.
Arnholz, Rechtsanwalt und Notar, Cüstrin.
Aron, Erich, Landgerichtsdirektor, Straßburg i. E., Rupprechtsauer Allee 32.
Aronius, Arthur, Rechtsanwalt, Justizrat, Berlin W. 9, Linkstr. 22.
Aronsohn, Rechtsanwalt, Bromberg.
Aronsohn, Ad., Justizrat, Berlin W. 8, Leipzigerstr. 35.
Dr. Asch, Justizrat, Posen.
Dr. Aschenheim, Willy, Rechtsanwalt, Erfurt.
Ascher, Präsident der Generalkommission für Westfalen, Wirklicher Geheimer Ober-Regierungsrat, Münster i. W.
Dr. Ascherfeld, Rechtsanwalt, Notar, Essen a. d. Ruhr, Vereinsstr. 22.
Dr. Aschrott, Paul Felix, Landgerichtsdirektor a. D., Berlin W. 10, Hildebrandtstraße 8.
Asemissen, W., Gerichtsassessor, Danzig, Frauengasse 39 I.
Dr. Aßmann, Arnold Th., Rechtsanwalt, Berlin W. 66, Mauerstr. 2.
v. Auer, Justizrat, kgl. Advocat, München, Herrenstr. 13.
Dr. Auerbach, Rechtsanwalt, Cöln a. Rh.
Dr. Auerbach, Ernst, Justizrat, Rechtsanwalt, Frankfurt a. M., Schillerstraße 22.
August, Albert, Rechtsanwalt, St. Johann a. d. Saar, Rathausplatz 5.
Averdunk, Rechtsanwalt, Justizrat, Potsdam, Hoditzstr. 3.
Axhausen, Paul, Rechtsanwalt, Leipzig, Weststr. 19b.
Axt, Rechtsanwalt, Wandsbeck.
Axster, A., Rechtsanwalt, Notar, Berlin W. 66, Wilhelmstr. 57/58.
Dr. Baasch, Ernst, Bibliothekar der Kommerz.-Bibliothek, Hamburg, Börsen-Arkaden.
Bache, N. H., Höchst-Gerichtsanwalt, Kopenhagen, Vestervoldgade 89.
Dr. Bacher, Rechtsanwalt, Amtsrichter a. D., Stuttgart, Paulinenstr. 32.
Dr. Bachert, Gustav, Rechtsanwalt, Mannheim.
Dr. jur. Badstübner, Otto, Landgerichtsrat, Stettin, Kaiser Wilhelmstr. 76.
Bak, Arthur, Banksyndicus, Gerichtsassessor a. D., Zoppot, Charlottenstr. 15.
Dr. Ball, Ernst, Rechtsanwalt, Justizrat, Berlin W. 35, Potsdamerstr. 50.
Dr. Ballhorn, Friedrich, Rechtsanwalt, Berlin N. 4, Chausseestr. 130.
Dr. Bamberg, Hugo, Rechtsanwalt, Berlin NW. 64, Behrenstr. 22.
Dr. v. Bar, L., Geh. Justizrat, Prof., Göttingen, Herzberger Chaussee 25.
Baehr, Rechtsanwalt, Reinbeck i. H.
Dr. Baer, M. H., Justizrat, Frankfurt a. Main, Börsenstr. 15.
Dr. Baer, M., Rechtsanwalt, Coburg, Spitalgasse 4.

Dr. Barban, H., Rechtsanwalt, Leipzig, Nicolaistr. 10.
Barchewitz, Landgerichtsdirektor, Potsdam, Augustastr. 37.
Bartel, Justizrat, Saargemünd.
Dr. Bartels, Regierungsrat a. D., Director der Schlesischen Treuhand-Vermögensverwaltungs-Actien-Gesellschaft, Breslau V., Neue Schweidnitzerstraße 4, I.
Bartning, Adolf, Rechtsanwalt, Hamburg, Gr. Bäckerstr. 15.
Baerwald, Justizrat, Bromberg, Theaterplatz 3.
Bärwinkel, M. F., Rechtsanwalt, Leipzig, Brühl 23.
Dr. de Bary, Justizrat, Rechtsanwalt, Notar, Frankfurt a. Main, Bahnhofstraße 2.
Baschmann, Referendar, Bielefeld.
Bauer, Siegfried, Oberamtsrichter, Ueberlingen a. Bodensee, Amtsgerichtsgebäude.
Bauer, Jakob, Rechtsanwalt, Justizrat, Berlin N. 24, Oranienburgerstr. 48/49.
Bauer, Chr., Rechtsanwalt, Freiburg i. B.
Bauer, C., Staatsanwalt, Ravensburg.
Baumann, Rechtsanwalt, Danzig.
Dr. Baumert, Rechtsanwalt, Notar, Justizrat, Spandau, Potsdamerstr.
Becher, Fr., Rechtsanwalt, München, Färbergraben 4.
Dr. Becherer, W., Rechtsanwalt, Berlin W. 8, Mauerstr. 37.
Bechtel, Jakob, Landgerichtsrat a. D., Wiesbaden, Kaiser Friedrich Ring 86 (per Adr. Oberstleutnant a. D. Th. v. Both).
Dr. Becker, Robert, Rechtsanwalt, Justizrat, Düsseldorf.
Becker, Georg, Rechtsanwalt, Berlin NO. 18, Große Frankfurterstr. 102.
Dr. jur. Beckmann, Wilhelm, Landrichter, Cöln-Marienburg, Mehlemerstraße 6.
Dr. Beer, E., Rechtsanwalt, Berlin W. 64, Behrenstr. 24.
Dr. Beer, Max, Rechtsanwalt, Notar, Justizrat, Berlin-Steglitz, Albrechtstraße 12.
Behrend, Felix, Rechtsanwalt, Berlin NW. 21., Turmstr. 4.
Behrendt, Justizrat, Danzig.
Behrendt, Rechtsanwalt, Notar, Neustadt W.-Pr.
Behrendt, Severin, Rechtsanwalt, Berlin W. 9., Potsdamerstr. 19 I.
Beier, Geh. Justizrat, Landgerichtsdirektor, Breslau, Goethestr. 16.
Dr. Bendiser, Landgerichtsrat, Karlsruhe i. B.
Bender, Rechtsanwalt, Karlsruhe i. B., Kaiserstr. 197.
Bender, Notar, Karlsruhe i. B.
Bensey III, Rechtsanwalt, Hannover.
Dr. Benkard, Georg, Rechtsanwalt, Frankfurt a. M., Börsenstr. 11.
Benwitz, Amtsrichter, Marienburg.
Dr. Berbig, M., Rechtsanwalt, Berlin W. 8, Friedrichstr. 78.
Berendes, Reichsgerichtsrat, Leipzig, Kaiser Wilhelmstr. 59.
Berger, Julius, Justizrat, Leipzig, Nicolaistr. 6.
Dr. Béringuier, Richard, Amtsgerichtsrat, Berlin W. 62, Nettelbeckstr. 21.
Dr. Berndt, Rechtsanwalt, Stettin, Breitestr. 6, I.
Dr. Bernheim, Heinrich, Rechtsanwalt, Mannheim.

Berni, Landgerichtsrat, Karlsruhe i. B., Vorholzstr. 46.
Bernstein, Rechtsanwalt, Danzig, Langgasse 68 I.
Dr. Bernstein, Wilh., Justizrat, Berlin NW. 7, Dorotheenstr. 65/66.
Dr. Beseler, Justizminister, Berlin W. 64, Wilhelmstr. 65.
Dr. Bettziech, Rechtsanwalt, Altenburg, S./A.
Dr. Bickel, Fritz, Rechtsanwalt, Wiesbaden, Adelheidstr. 23.
Dr. Bielefeld, R., Rechtsanwalt, Karlsruhe i. B., Kaiserstr. 187.
Bielewicz, Justizrat, Danzig, Karrenwall 9.
Bielschowsky, Justizrat, Breslau V., Gartenstr. 48.
Dr. Bielschowsky, Rechtsanwalt, Berlin O. 27, Alexanderstr. 39/40.
D. Dr. Bierling, Geh. Justizrat, Professor, Greifswald.
Dr. Biermiann, Professor, Gießen.
Dr. Biermann, Franz, Rechtsanwalt, Hamm i. W., Hohestr. 70.
Dr. Binder, J., Professor, Erlangen.
Dr. Binding, Karl, Geheimrat, Professor, Leipzig, Bismarckstr. 6.
Dr. Bing, Rechtsanwalt, Cöln a. Rh., Spichernstr. 22.
Bing, Max, Rechtsanwalt, München, Thal 67 II.
Dr. Binswanger, Rechtsanwalt, Justizrat, Augsburg, Volkhartstr. 6.
Dr. Binting, Rechtsanwalt, Landsberg i. W.
Dr. Binz, Rechtsanwalt, Karlsruhe i. B.
Dr. Birkmeyer, Geh. Hofrat, Professor, München, Osterwaldstr. 95.
Bitta, R. A., Justizrat, Generaldirektor, Neudeck in Oberschlesien.
Dr. Bitter, Rechtsanwalt, Notar, Justizrat, Kiel.
Bittner, Landrichter, Stettin, Derfflingerstr. 1.
Blanckmeister, Landgerichtsdirektor, Greifswald.
Blaschkauer, Rudolf, Rechtsanwalt, Berlin W. 8, Kronenstr. 16.
Dr. Bleicher, Landgerichtsrat, Karlsruhe i. B., Kriegstr. 47b.
Blobel, Victor, Referendar, Hamburg, Holstenwall 3/5.
Dr. Bloch, Arthur, Rechtsanwalt, Pforzheim.
Dr. Bloch I, Eduard, Rechtsanwalt, München, Briennerstr. 4.
Dr. Blum, B., Rechtsanwalt, Mannheim C., 33.
von Blum, Gerichtsassessor, Danzig.
von Blume, Universitätsprofessor, Halle a. S., Fasanenstr. 3.
Blumenthal, Rechtsanwalt, Culm.
Bock, Rechtsanwalt, Justizrat, Kiel, Holstenbrücke 4.
Bock, Rechtsanwalt, Magdeburg.
Boeckh, M., Rechtsanwalt, Karlsruhe i. B.
Dr. Boeckel, Fritz, Rechtsanwalt, Jena.
Bockelmann, Justizrat, Kiel, Holstenstr. 9.
Bodenheimer, Rechtsanwalt, Darmstadt, Bismarckstr. 81.
Dr. Bodenstein, Regierungsassessor, Essen-Ruhr, Friedrichstr. 2.
Dr. Bogeng, G. A. E., Berlin W. 30, Rosenheimerstr. 17.
Bohm, Amtsgerichtsrat, Hannover, Steinriede 7.
Boehm, Rechtsanwalt, Justizrat, Berlin W. 57, Potsdamerstr. 60.
Bojunga, Geh. Justizrat, Rechtsanwalt, Notar, Hannover.
Dr. Bondi, Felix, Justizrat, Rechtsanwalt, Notar, Dresden, Johann Georgen-Allee 9.

Bonné, E., Rechtsanwalt, Baden-Baden, Gernsbacherstr. 32.
Bonzel, Rechtsanwalt. Notar, Dortmund, Osterhellweg 61.
Dr. Borinski, Rechtsanwalt, Berlin W. 8, Mohrenstr. 16.
Boschau, Kammergerichtsrat, Groß-Lichterfelde-West, Karlstr. 10.
Dr. Boethke, Kammergerichtsrat, Berlin W. 57, An der Apostelkirche 1.
Boetzow, 1. Staatsanwalt, Koeslin.
Dr. Bovensiezen, Amtsrichter, Löbau, W.-Pr.
Boy, Landgerichtsrat, Langfuhr-Danzig, Baumbachallee 16a.
Boyens, E., Geheimer Justizrat, Leipzig.
Dr. Brackenhoeft, Ed., Rechtsanwalt, Hamburg 36, Gr. Bleichen 5.
Dr. Brackenhoeft, Octavio, Rechtsanwalt, Hamburg, Gr. Bleichen 5.
Brandau, Referendar, Kiel.
Brandes, Bürgermeister, Glückstadt.
Brauer, Justizrat, Rechtsanwalt, Notar, Cosel i. Ob.-Schl.
Dr. Braun, Geheimer Justizrat, Rechtsanwalt, Berlin W. 64, Behrenstr. 3.
Braun, Geh. Justizrat, Danzig.
Braun, P., Rechtsanwalt, Metz, Wachtstr.
Brejski, Rechtsanwalt, Danzig, Hundegasse 22.
Dr. Breit, James, Rechtsanwalt, Dresden, Elisenstr. 10.
Brenneke, Carl, Senatspräsident, Berlin-Charlottenburg, Windscheidstr. 10.
Breslauer, Bernhard, Justizrat, Berlin C. 2, Kaiser Wilhelmstr. 3.
Breslauer, M., Justizrat, Rechtsanwalt, Notar, Breslau V., Tauenzienstraße 14 I.
Dr. Brink, L., Justizrat, Notar, Mayen i. Rhld.
Dr. Britze, Rechtsanwalt, Zwickau i. S., Moritzgrabenweg 7.
Dr. Brock, Rechtsanwalt, Justizrat, Berlin N. 4, Chausseestr. 123.
Dr. Brodnitz, Georg, Professor, Halle a. S., Reichardstr. 17.
Dr. Brodnitz, Rechtsanwalt, Berlin SW. 68, Zimmerstr. 21.
Dr. Brodnitz, Rechtsanwalt, Danzig, Jopengasse 53 I.
Brown, Albert, Landgerichtsrat a. D., Charlottenburg, Grolmanstr. 36.
Bruck, Georg, Rechtsanwalt, Justizrat, Berlin W. 66, Mauerstr. 68.
Brückelmeier, Rechtsanwalt, Leipzig.
Dr. Brückmann, W., Rechtsanwalt, Berlin SW. 61, Blücherstr. 7.
Dr. Brückmann, Arthur, Rechtsanwalt, Berlin W. 35, Potsdamerstr. 118.
Brühl, Justizrat, Berlin C. 2, Burgstr. 28.
Dr. Brunner, Wirklicher Geheimer Rat, Exzellenz, Professor, Berlin W. 62, Lutherstr. 36.
Dr. Bruns, Victor, Professor, Genf-Champel, Chemin Dumas 13.
Brunswig, H., Rechtsanwalt, Notar, Neustrelitz.
Brzezinski, Rechtsanwalt, Justizrat, Königsberg i. Pr., Junkerstr. 13/14.
Buch, Geh. Ober-Regierungsrat, Karlsruhe i. B.
Dr. Bumke, Landrichter, Danzig-Langfuhr, Johannisthal 1p.
Dr. Burchard, Referendar, Danzig.
Dr. Burchard, Joh., Professor der Kgl. Akademie, Posen, Neue Gartenstr. 51.
Burbach, Max, Oberlandesgerichtsrat, Königsberg i. Pr., Hintertragheim 17.
Bürgerle, Landrichter, Konitz.
Burger, Heinrich, Rechtsanwalt, München, Kaufingerstr. 34 I.

Burger, Alfred, Gerichtsassessor, Karlsruhe i. B., Hirschstr. 32.
Burghardt, Geh. Ober-Justizrat, vortragender Rat im Justizministerium, Charlottenburg, Berlinerstr. 23.
Burgheim, Paul, Rechtsanwalt, Notar, Justizrat, Minden (Westfalen).
Burkhard, Rechtsanwalt, Erfurt, Regierungsstr. 72.
Busch, Justizrat, Tilsit.
Busch, Louis, Reichsgerichtsrat, Leipzig.
Buzengeiger, Landgerichtsrat, Karlsruhe i. B., Akademiestr. 69.
Bytinski, Felix, Rechtsanwalt, Karlsruhe i. B., Kaiserstr. 183.
Caesar, R., Geheimer Justizrat, Homburg v. d. Höhe.
Cahen II, Albert, Rechtsanwalt, Cöln, Kattenbug 19.
Cahen, Ludwig, Rechtsanwalt, Cöln a. Rh., Hildeboldplatz.
Dr. Cahn, Geh. Legationsrat, Berlin W. 12, Maienstr. 5.
Dr. Cahn, Hugo, Rechtsanwalt, Nürnberg, Hefnersplatz 10.
Dr. van Calker, Professor, Straßburg i. E.
Dr. Callmann, Max, Rechtsanwalt, Justizrat, Cöln a. Rh., Gereonshof 35.
Candidt, Gerichtsassessor, Danzig, Vogtgraben 10.
Dr. Cannedt, Carl, Rechtsanwalt, Notar, Berlin SW. 11, Anhaltstr. 12.
Dr. Cantor, O., Rechtsanwalt, Karlsruhe i. B.
Caro, Richard, Rechtsanwalt, Berlin C. 2, Stralauerstr. 3/6.
Carstens, Rechtsanwalt, Notar, Cottbus, Bahnhofstr. 19.
Casper, Rechtsanwalt, Danzig, Hundegasse 46.
Dr. D. E. Castorchis, Privatdozent an der Universität, Athen, Palace-Hotel.
Chodziesner, L., Rechtsanwalt, Berlin C. 2, Kaiser Wilhelmstr. 49.
Chodziesner, Max, Rechtsanwalt, Berlin NW 7, Unter den Linden 42.
Chodziesner, Siegfried, Rechtsanwalt, Charlottenburg, Berlinerstr. 121, I.
Dr. Chormann, Reinhard, Rechtsanwalt, Justizrat, Mülhausen i. E., Hoffnungstr. 9.
Dr. Cillis, Rechtsanwalt, Justizrat, Bonn, Wilhelmstr. 4.
Citron, Justizrat, Danzig.
Claasen, Geh. Ober-Regierungsrat und vortragender Rat in der Oberrechnungskammer, Potsdam, Jäger-Allee 16.
Dr. Claasen, Rechtsanwalt, Justizrat, Cöln, Apernstr. 19.
Clément, Edward, Landrichter, Magdeburg-Sudenburg, Westendstr. 31.
Dr. Cohen, Otto, Oberlandesgerichtsrat, Hamburg, Leinpfad 66.
Dr. Cohen, Max, Rechtsanwalt, Hamburg, Stadthausbrücke 43 I.
Dr. Cohn, Martin, Rechtsanwalt, Berlin W. 10, Corneliusstr. 5.
Cohn I, Justizrat, Berlin W. 8, Jägerstr. 20.
Dr. Cohn, Ludwig, Geheimer Justizrat, Breslau, Agnesstr. 1 II.
Cohn, Amtsgerichtsrat, Geh. Justizrat, Breslau, Goethestr. 16 II.
Dr. Cohn, Amtsgerichtsrat, Cöln a. Rh., Lochnerstr. 12/14.
Dr. Cohn, Georg, Professor, Zürich V., Carmenstr. 18.
Dr. Cohn, Ignatz, Rechtsanwalt, Berlin N. 54, Alte Schönhauserstr. 5.
Cohn, Louis, Rechtsanwalt, Notar, Justizrat, Berlin N. 54, Brunnenstr. 25.
Dr. Cohn, Oskar, Rechtsanwalt, Berlin C. 25, Landsbergerstr. 58.
Dr. Cohn, L., Rechtsanwalt, Bremen, Markt 15.

Dr. Cohn, Rechtsanwalt, Dessau, Kavalierstr. 8.
Cohn, Georg, Rechtsanwalt, Notar, Justizrat, Tilsit.
Cohn, Eugen, Rechtsanwalt, Charlottenburg, Kantstr. 123.
Correll, Albert, k. Oberlandesgerichtsrat, Nürnberg.
Dr. jur. Cosmann, Essen a. d. Ruhr (Adresse: Th. Goldschmidt, Literar. Abtlg.).
Dr. Cramer, Rechtsanwalt, Bielefeld, Gütersloherstr. 9a.
Crome, Paul, Rechtsanwalt, Justizrat, Berlin SW. 61, Belle-Alliancestr. 91.
Dr. Crome, Carl, Professor, Bonn, Kaiserstr. 61.
Dr. Crusen, Kaiserl. Oberrichter, Tsingtau (Kiautschau).
Daehnke, Amtsrichter, Mehlauken.
Daehnhardt, Chr. W., Rechtsanwalt, Notar, Hadersleben (Schleswig).
Danielcik, Kammergerichtsrat, Geh. Justizrat, Berlin W. 30, Victoria Louisenplatz 1, I.
Dr. Danziger, Jacques, Rechtsanwalt, Berlin W. 8, Leipzigerstr. 98.
Danziger, Max, Rechtsanwalt, Berlin C. 25, Alexanderstr. 71.
Dr. Danziger I, N., Rechtsanwalt, Berlin C. 2, Molkenmarkt 12/13.
Danziger, Rechtsanwalt, Notar, Brieg (Bez. Breslau).
Dr. Darmstaedter, Rechtsanwalt, Mannheim.
Daus, J., Justizrat, Altona (Elbe).
David, Hugo, Rechtsanwalt, Frankenthal (Pfalz).
Dr. Davidsohn, Leo, Rechtsanwalt, Berlin N. 4, Chausseestr. 8.
Davidsohn, Willy, Rechtsanwalt, Justizrat, Hildesheim.
Debolph, Justizrat, Rechtsanwalt, Notar, Cottbus.
Dr. Degen, Oberlandesgerichtsrat, Dresden, Dürerstr. 116.
Dr. Deiß, Justizrat, Leipzig, Bismarckstr. 2.
Dr. Delaquis, E., Privatdozent, Berlin-Wilmersdorf, Helmstedterstr. 2.
Delbrück, Geh. Oberregierungsrat, Gr. Lichterfelde, Sternstr. 15.
Dr. Delius, Kammergerichtsrat, Berlin W. 50, Schaperstr. 32.
Dr. Demler, Kgl. Notar, München.
Dr. Deneke, Rechtsanwalt, Göttingen.
Dr. Detmold, Georg, Professor, Göttingen.
Dettmar, Landgerichtsdirektor, Essen (Ruhr), Lortzingstr. 6.
Dr. Deutschmann, Landgerichtsrat, Danzig-Langfuhr, Hauptstr. 6.
Dr. Dickel, Karl, Gerichtsrat, Professor, Charlottenburg, Knesebeckstr. 22.
Dr. Dickel, Kammerrat, Wernigerode.
Dierchs, Geheimrat, Justizrat, Danzig, Langgarten 86/87.
Dietz, Kriegsgerichtsrat, Rastatt.
Dietz, Reichsanwalt, Leipzig, Kaiser Wilhelmstr. 64. c
Dr. Dietz, E., Rechtsanwalt, Karlsruhe i. B.
Dietz, G., Rechtsanwalt, Mülhausen i. E., Altkirchenstr. 33.
Dietrich, Rechtsanwalt, Justizrat, Prenzlau.
Dr. Dittenberger, Heinrich, Rechtsanwalt, Halle a. S., Bruderstr. 11.
Dr. jur. et phil. Dochow, Franz, Privatdozent der Rechte, Heidelberg, Ziegelhauser Landstr. 59.
Dr. jur. Dohna, Alexander Graf, Professor, Königsberg i. Pr.
Dr. Doelter, August, Oberlandesgerichtsrat, Karlsruhe i. B., Helmholzstr. 13.

Donnevert, Max, Rechtsanwalt, Metz, Bankstr. 7.
Dorendorf, Rechtsanwalt, Notar, Justizrat, Magdeburg, Kaiserstr. 25.
Doermer, Rechtsanwalt, Elberfeld.
Dr. Dormitzer I, S., Rechtsanwalt, Nürnberg.
Dr. Dorner, E., Oberlandesgerichtspräsident, Karlsruhe i. B., Reifstahlstr. 4.
Dorsch, L., Rechtsanwalt, Fürth, Königswarterstr. 8.
Dorst, Franz, Justizrat, Notar, Köln a. Rhein, Norbertstr. 26.
Dove, Heinrich, Landgerichtsrat a. D., Berlin W. 10, Friedrich Wilhelmstr. 10.
Drescher, Carl, Rechtsanwalt, Schweinfurt.
Dr. Dresdner, Emanuel, k. k. Oberlandesgerichtsrat, Lemberg.
Drewes, Amtsrichter, Stettin, Moltkestr. 19.
Dr. Dreyfuß, Ed., Rechtsanwalt, Mülhausen i. E., Sinnestr. 49.
Dronke, Ernst, Kammergerichtsrat, Mitglied der Justizprüfungskommission, Berlin-Wilmersdorf, Pfalzburgerstr. 17.
Drucker, Rechtsanwalt, Leipzig.
Dr. Drucker, Martin, Rechtsanwalt, Justizrat, Leipzig, Ritterstr. 1 II.
Dr. Dührenheimer, Rechtsanwalt, Mannheim B 4, 1.
Dümling, P., Rechtsanwalt, Durlach.
Dümmler, Rechtsanwalt, Justizrat, Mülhausen i. E.
Dünkelsbühler, Alexander, Rechtsanwalt, München, Dienerstr. 10 II.
Düring, Landgerichtsrat, Danzig-Langfuhr, am Johannisberg 2.
Dr. Düringer, A., Reichsgerichtsrat, Leipzig, Kaiser Wilhelmstr. 51.
Dürr, Reichsgerichtsrat, Leipzig.
Ebermayer, R., Reichsgerichtsrat, Leipzig, Hilterstr. 5.
Dr. Ebers, Privatdozent, Breslau IX, Domplatz 12.
Dr. Ebert, Senatspräsident, Königsberg i. Pr.
Eckert, L., Landgerichtsrat, Hirschberg i. Schl.
Dr. Eddelbüttel, F., Rechtsanwalt, Hamburg, Gr. Bleichen 12.
Dr. Eder, Carl, Rechtsanwalt, Mannheim.
Edzard, C., Rechtsanwalt, Notar, Bremen, Obernstr. 22/24.
Dr. Eger, Rechtsanwalt, Berlin W. 8, Markgrafenstr. 35.
Egger, Professor, Zürich V, Sprengenbühl 23.
Dr. Ehlers, Rechtsanwalt, Kiel, Beseler Allee 31.
Dr. Ehrenberg, Universitätsprofessor, Göttingen.
Ehrlich, Max, Justizrat, Berlin W. 8, Taubenstr. 16/18.
Dr. Ehrlich, Rechtsanwalt, Tilsit.
Eichelbaum, Julius, Reichsgerichtsrat, Leipzig, Ferdinand Rhodestr. 22.
Dr. Eichholz, M., Rechtsanwalt, Hamburg 36, Königstr. 15/19.
Dr. Eickhoff, Justizrat, Rechtsanwalt bei dem Reichsgericht, Leipzig, Marienstraße 11.
Dr. Eifert, Hermann, Rechtsanwalt, Berlin S.W. 61, Blücherplatz 2.
Eisele, A., Rechtsanwalt, Ellwangen.
Dr. Eisemann, Max, Rechtsanwalt, Nürnberg, .
Eisenmann, Justizrat, Berlin N. 4, Chausseestr. 10.
Eisenstädt, Rechtsanwalt, Berlin W. 8, Friedrichstr. 181.
Dr. Eisenstädt, Alfred, Rechtsanwalt, Berlin S.W. 68, Zimmerstr. 16/17.
Eisenzimmer, A., Rechtsanwalt, Mülhausen i. E., Hoffnungstr. 17.

Elsner, Stadtrechtsrat, Baden-Baden.
Dr. Ellenbogen, J., Rechtsanwalt, Karlsruhe i. B., Kaiserstr. 94.
Dr. Eller, Landgerichtsdirektor, Karlsruhe i. B.
Dr. Ellstätter, Carl, Justitiar, Beuthen, Parkstr. 2.
Dr. Elsässer, Senatspräsident, Stuttgart, Olgastr. 6.
Elsbach, Rechtsanwalt, Berlin W. 64, Behrenstr. 48.
Elsperger, W., Landgerichtspräsident a. D., Hof in Bayern.
Dr. Eltzbacher, Paul, Professor, Grunewald, Beymestr. 7.
Elze, Curt, Justizrat, Halle a. d. Saale, Rathausstr. 6 I.
Enderlein, E., Justizrat, Kgl. Advokat, Rechtsanwalt, Ansbach.
Engel, Amtsgerichtsrat, Danzig-Langfuhr, am Johannisberg 2 I.
Engel, J., Landgerichtspräsident, Hamburg-Hohenfelde, Eilenau 34.
Dr. Engelhardt, Richard, Gr. Oberamtsrichter, Karlsruhe i. B., Vorholzstraße 35.
Dr. Engler, K., Oberamtsrichter, Ettlingen.
Dr. Enneccerus, Geh. Justizrat, Professor, Direktor des juristischen Seminars, Marburg i. H.
Dr. Enneccerus, Geh. Justizrat, Professor, Marburg i. H.
Dr. Enzmann, Otto, Ober-Justizrat, Dresden-Blasewitz, Südstr. 2.
Dr. Ephraim, Martin, Rechtsanwalt, Frankfurt a. Main.
Dr. Epstein, Emil, Rechtsanwalt, Augsburg.
Dr. Epstein, Gotthardt, Justizrat, Breslau, Neue Schweidnitzerstr. 1.
Erichsen, Sophus, Rechtsanwalt, Notar, Hadersleben i. Schleswig.
Dr. Erlanger, Michael, Rechtsanwalt, Nürnberg, Karolinenstr. 22, I.
Dr. Erlanger, Rechtsanwalt, Stuttgart, Tübingerstr. 14 A I.
Dr. Erythropel, Geheimer Justizrat, Leipzig.
Dr. Esche, Arthur, a. o. Professor für Staats- und Rechtskunde an der technischen Hochschule, Dresden,16, Kommeniusstr. 22.
Eschenbach, August, Rechtsanwalt, Berlin SW. 48, Enkeplatz 3.
Esser, Robert, Geheimer Justizrat, Cöln a. Rh., am Hof 20.
Dr. Eulitz, Max, Rechtsanwalt, Justizrat, Dresden, Ringstr. 25.
Dr. Eyck, Erich, Rechtsanwalt, Berlin W. 9, Köthenerstr. 31.
Dr. Faber, Landrichter, Stuttgart, Alexanderstr. 17.
Fabian, Justizrat, Danzig.
Dr. Fahle, Rechtsanwalt, Münster i. W., Alter Steinweg 5.
Fahle, Norbert, Rechtsanwalt, Notar, Justizrat, Posen.
Falk, Rechtsanwalt, Cöln a. Rhein.
Falkenbach, Justizrat, Merzig.
Fassian, Amtsrichter, Tiegenhof.
Dr. Fecht, Hermann, Regierungsassessor, Karlsruhe i. B., Mathystr. 8.
Feilchenfeld I, Daniel, Rechtsanwalt, Berlin W. 8, Markgrafenstr. 62.
Dr. Antoine-Feill, H. N., Rechtsanwalt, Hamburg, Adolphsbrücke 4, Börsenhaus.
Dr. Feisenberger, Staatsanwalt, Magdeburg, Kaiser Otto Ring 17.
Dr. Feist, Walther, Rechtsanwalt, Mannheim.
Feist, Richard, Amtsrichter a. D., Freiburg i. Br., Schöneckstr. 6.
Dr. Felsmann, Landgerichtspräsident, Konitz, Westpreußen.

Dr. Fester, Hans, Rechtsanwalt, Frankfurt a. M., Stiftstr. 27.
Fiebler, C., Rechtsanwalt, Notar, Lehe, Hafenstr. 114.
Dr. Finger, August, Geh. Justizrat, ord. Universitätsprofessor, Halle a. S., Reichardtstr. 2.
Dr. Fischer, Otto, Geheimer Justizrat, Oberlandesgerichtsrat, Professor, Breslau, Monhauptstr. 3.
Fischer, Kammergerichtsrat, Wilmersdorf b. Berlin, Augustastr. 65.
Dr. Fischer, Robert, Rechtsanwalt, Augsburg, Maximilianstr. 9/10.
Dr. Fischer, Hans Albrecht, Univ.-Professor, Giessen, Westanlage 50.
Fischer, Julius, Rechtsanwalt, Karlsruhe i. B., Kaiserstr. 160.
Fitzau, Rechtsanwalt, Diedenhofen.
Dr. Fitzler, Kammergerichtsrat, Berlin W. 15, Bregenzerstr. 4.
Dr. Flad, Friedrich, Landgerichtsrat, Karlsruhe i. B., Maximilianstr. 2.
Flater, Amtsgerichtsrat, Danzig, Straußgasse 11.
Dr. Flechtheim, Rechtsanwalt, Cöln a. Rh.
Dr. Fleck, Otto, Amtsgerichtsrat, Düsseldorf, Göthestr. 12.
Fleischer, M., Rechtsanwalt, Konitz, Westpreußen.
Fleischer, Rechtsanwalt, Berlin C., 25 Dircksenstr. 24.
Dr. Fleischer, Arthur, Rechtsanwalt, Justizrat, Wiesbaden, Oranienstr. 13.
Dr. Fleischmann, Max, Univ.-Professor, Amtsrichter, Halle a. S., Ulestr. 10
Fließ, Rechtsanwalt, Notar, Justizrat, Fraustadt.
Fließ, Rechtsanwalt, Notar, Stettin, Schützenstr. 33/34.
Dr. Fontheim, Georg, Rechtsanwalt, Berlin W. 8, Mohrenstr. 41.
Dr. Foret, R., Rechtsanwalt, Metz, Esplanadenstr. 2.
Foehring, Curt, Rechtsanwalt, Notar, Justizrat, Halle a. S., gr. Steinstr. 75.
Dr. Förtsch, Senatspräsident am Reichsgericht, Leipzig, Albertstr. 32.
Dr. Frank, Reinh., Professor, Tübingen.
Frank, Eduard, Rechtsanwalt, Konstanz, Rosgartenstr.
Dr. Frank, Ludwig, Rechtsanwalt, Mannheim.
Francke, Fritz, Rechtsanwalt, Danzig, Hundegasse 94.
Francke, W. Th., Oberlandesgerichtsrat a. D., Hannover, Böckerstr. 10.
Dr. Fraenkel, Herbert, Rechtsanwalt, Berlin C. 25, Dirksenstr. 46.
Dr. Fraenkel, Walter, Rechtsanwalt, Berlin C. 19, Gertraudenstr. 18/19.
Frankenburger I, L., Rechtsanwalt, Nürnberg, Carolinenstr. 1.
Franzen, E., Rechtsanwalt, Notar, Justizrat, Kiel, Lange Reihe 11.
Dr. Freese, 1. Staatsanwalt, Nordhausen, Stolbergerstr. 11.
Frege, 1. Staatsanwalt, Geh. Justizrat, Liegnitz, Neue Goldbergerstr. 10.
Frenkel, Paul, Justizrat, Leipzig, Katharinenstr. 29.
Dr. Freudenthal, Professor, Frankfurt a. M., Park 72/73.
Freund, Ludwig, Rechtsanwalt, Mannheim.
Dr. Freund, Geh. Justizrat, Breslau I, Zwingerplatz 1.
Frey, Rechtsanwalt, Karlsrnhe i. B., Waldstr. 8.
Frey, Rechtsanwalt, Siegen.
Freytag, Otto Emil, Rechtsanwalt, Leipzig, Nicolaistr. 17.
Friedberg, Geh. Rat, Professor, Leipzig, Karl Tauchnitzstr. 43.
Friedberg, Landgerichtspräsident, Hannover.
Dr. Friedberg, L., Rechtsanwalt, Karlsruhe i. B.

Dr. Friede, Hugo, Rechtsanwalt, Hamburg, Gr. Theaterstr. 12.
Dr. Friedeberg, Edmund, Amtsgerichtsrat, Weißensee, Albertinenstr. 19.
Dr. Friedemann, Edmund, Justizrat, Berlin W. 35, Potsdamerstr. 36.
Friedenthal, Ernst, Justizrat, Breslau V, Museumstr. 11.
Dr. Friedenthal, Felix, Rechtsanwalt, Berlin W. 62, Kurfürstenstr. 83.
Friederich, Heinrich, Rechtsanwalt, Bad Dürkheim.
Friedlaender, Max, Amtsgerichtsrat, Berlin-Wilmersdorf, Holsteinische Straße 31 a.
Dr. Friedlaender, Georg, Bankdirektor, Justizrat, Berlin W. 64, Wilhelmstr. 71.
Friedlaender, Rechtsanwalt, Bromberg.
Dr. Friedlaender, Carl Erich, Rechtsanwalt, Berlin S.W. 11, Anhaltstr. 12.
Friedlaender, Fr., Justizrat, Berlin W. 35, Lützowstr. 46.
Friedlaender, Leo, Rechtsanwalt, Berlin SW. 68, Kochstr. 60, Justizrat.
Dr. Friedlaender, Rechtsanwalt, Notar, Lublinitz, Ob.-Schl.
Dr. Friedlaender, Max, Rechtsanwalt, München, Fluggenstr. 7.
Dr. Friedleben, Fritz, Geheimer Justizrat, Frankfurt a. M.
Friedmann, Justizrat, Glogau, Wilhelmplatz.
Dr. Friedmann, Rechtsanwalt, Karlsruhe i. B., Kaiserstr. 141.
Dr. jur. Friedmann, Alfred, Berlin-Grunewald, Hubertusstr. 36.
Friedmann, Leonhard, Rechtsanwalt, Berlin W. 8, Kronenstr. 75.
Dr. jur. Friedrichs, Carl, Rechtsanwalt, Düsseldorf, Gartenstr. 46.
Dr. Frisch, Hans, Ritter von, Professor, Basel i. Schw., Utengasse 5.
Fritze, Geh. Oberjustizrat, Berlin W. 62, Wormserstr. 11.
Froehlich, Stephan, Justizrat, Notar, Cöln a. Rh., Richmondstr. 4.
Froehlich, Rechtsanwalt, Danzig, Hundegasse 117.
Fromherz, Peter, Landgerichtsrat, Mosbach.
Fromm, Bruno, Kammergerichtsrat, Geh. Justizrat, Berlin W. 30, Speyererstr. 1.
Dr. Fromme, Justizrat, Halberstadt.
Dr. Frommhold, Georg, Professor, Greifswald.
Frowein, Oberverwaltungsgerichtsrat, Berlin W. 15, Kurfürstendamm 20.
Frühauf, Rechtsanwalt, Karlsruhe i. B., Kaiserstr. 215.
Dr. Fuchs, Eugen, Justizrat, Berlin W. 35, Potsdamerstr. 39 a.
Fuchs, Eugen, Rechtsanwalt, Berlin W. 8, Jägerstr. 19.
Fuchs I, Max, Justizrat, Berlin W. 9, Potsdamerstr. 13.
Fuchs, Amtsgerichtsrat, Danzig-Langfuhr, Johannisthal 22.
Fuchs, Ernst, Rechtsanwalt, Karlsruhe i. B., Moltkestr. 17.
Dr. Führ, Amtsrichter, Konitz, Westpreußen.
Dr. Fuhrmann, Landrichter, Greifswald, Steinbeckstr. 40.
Dr. Fuld, L., Rechtsanwalt, Justizrat, Mainz, Heidelberger Faßgasse 11.
Dr. Fürst, Rud., Rechtsanwalt, Fiskalanwalt, Heidelberg, Theaterstr. 11.
Dr. Fürst, Friedrich, Rechtsanwalt, Karlsruhe i. B.
Gaebel, E., Rechtsanwalt, Notar, Schneidemühl.
Gadebusch, Landrichter, Berlin N.W. 52, Thomasiusstr. 2.
Dr. Gaitzsch, Rechtsanwalt, Notar, Chemnitz (Sachsen), Theaterstr. 84.
Dr. Gallinger, Rechtsanwalt, Nürnberg.
Gaenßler, Albert, Justizrat, München, Brennerstr. 9/10.

Dr. Ganz, S., Rechtsanwalt, Professor, Leipzig, Bismarckstr. 12.
Gaettens, R., Amtsgerichtsrat, Rostock i. M.
Gebhardt, Rechtsanwalt, Notar, Justizrat, Frankfurt a. O.
Gehestiftung, Dresden, Kleine Brüdergasse 21.
Dr. Gehrke, Max, Rechtsanwalt, Frankfurt a. M., Schillerstr. 5.
Gehrmann, Amtsgerichtsrat, Danzig, Am Jacobstor 13.
Dr. Geiershoefer, Rechtsanwalt, Nürnberg.
Dr. Geiger, Alfred, Rechtsanwalt, Frankfurt a. M., Schillerstr. 22.
Dr. Geiger, Berthold, Geh. Justizrat, Frankfurt a. M., Schillerstr. 22.
Geiler, K., Rechtsanwalt, Mannheim.
Geißler, Oberjustizrat, Freiberg i. S.
Gentil, J., Rechtsanwalt, Mannheim.
Dr. Gerhard, Rechtsanwalt, Mannheim.
Gerhardt, Stephan, Justizrat, Berlin W. 66, Wilhelmstr. 90.
Dr. Gerland, Professor, Jena.
Geschke, Justizrat, Berlin W. 8, Jägerstr. 19.
Geselbracht, Rechtsanwalt, Notar, Justizrat, Dortmund.
Dr. Gerson, Rechtsanwalt, Justizrat, Berlin W. 9, Friedrichstr. 76.
Gessele, O., Rechtsanwalt, Memmingen.
Gessler, Ministerialrat, Stuttgart, Urbanstr. 34.
Dr. Gierke, Otto, Geh. Justizrat, Professor, Charlottenburg, Carmerstr. 12.
Dr. Gierke, Julius, o. Professor, Königsberg-Mittelhufen, Luisenallee 16.
Ginsberg, Emanuel, Rechtsanwalt, St. Petersburg, Bassejnaja 36.
Giesecke, Justizrat, Magdeburg, Breiteweg 230.
Dr. Glanz, Referendar, Danzig, Amtsgericht.
Glaser, Rechtsanwalt, Notar, Justizrat, Breslau, Karlstr. 15.
Glasmacher, H., Notar, Rombach i. Lothringen.
Dr. Glaß, Rechtsanwalt, Justizrat, Berlin W. 35, Potsdamerstr. 97.
Dr. Glücksmann, Alf., Stadtrat, Rixdorf, Jonasstr. 66.
Gmür, M., Professor, Bern i. Schweiz.
Goitein, Rechtsanwalt, Mannheim.
Goldberg, Justizrat, Rechtsanwalt, Notar, Marburg a. L.
Dr. Goldenring, Geh. Justizrat, Straßburg (Elsaß), Goethestr. 11.
Dr. Goldfeld, Jul., Rechtsanwalt, Hamburg, ABC-Straße 6.
Goldmann, Ed., Justizrat, Berlin W. 9, Potsdamerstr. 22 a.
Goldmann, L., Justizrat, Mülhausen i. E.
Goldschmidt, Ivan, Rechtsanwalt, Berlin W. 66, Leipzigerstr. 131.
Dr. Goldschmidt, a. o. Professor der Rechte, Berlin W. 62, Landgrafenstr. 9.
Dr. Goenner, R., Rechtsanwalt, Karlsruhe i. B., Karl Friedrichstr. 18.
Gonschorowski, Rechtsanwalt, Stallupönen.
Dr. Goepel, Amtsgerichtsrat, Altenburg S.-A., Langengasse 10.
Dr. von Gordon, Justizrat, Berlin W. 8, Mohrenstr. 19.
Dr. Gorius, Geh. Justizrat, Rechtsanwalt, Cöln a. Rh.
Dr. Goerres, Carl, Rechtsanwalt, Berlin W. 8, Charlottenstr. 59.
Goßmann, Georg, Rechtsanwalt, Notar, Justizrat, Berlin W. 66, Mauerstraße 66/67.
Dr. Gotthelf, Willy, Rechtsanwalt, Berlin W. 8, Französischestr. 52 II.

Dr. Gottschalk, Amtsgerichtsrat, Solingen.
Gottschalk, Leopold, Rechtsanwalt, Berlin W. 8, Leipzigerstr. 112.
Dr. Gottschalk, H., Rechtsanwalt, Leipzig, Thomasring 8.
Dr. Gottschall, Alfred, Rechtsanwalt, Berlin W. 50, Geisbergstr. 24.
Dr. Gradenwitz, Professor, Heidelberg, Neuenh. Landstr. 8 I
Dr. vom Grafen, Rechtsanwalt, Justizrat, Cöln a. Rh., Albertusstr. 12.
Dr. Graff, Rechtsanwalt, Freiburg i. B., Kaiserstr. 152.
Dr. Graßhoff, Rechtsanwalt, Berlin W. 57, Bülowstr. 21.
Graetzer, Landgerichtsrat, Breslau, Neudorfstr. 111.
Grau, Justizrat, Berlin N.W. 23, Flensburgerstr. 3.
Dr. Grégoire, A., Rechtsanwalt, Mitglied des Reichstags, Metz, Kaiser Wilhelm Ring.
Greiff, Geh. Oberjustizrat, Berlin W. 62, Nettelbeckstr. 10.
Dr. Grelling, Ernst, Rechtsanwalt, Justizrat, Berlin C. 2, Spandauerstr. 48.
Dr. Greve, Albert, Amtsrichter, Hamburg, Bundesstr. 8.
Griese, Amtsgerichtsrat, Wilmersdorf-Berlin, Kaiserplatz 19.
Grieser, Justizrat, Colberg.
Grobe, H., Rechtsanwalt, Notar, Justizrat, Calbe a. Saale.
von Gronow, Elsner, Kriegsgerichtsrat, Danzig-Langfuhr, Eschenweg 4 I.
Groß, Friedrich, Rechtsanwalt, Mergentheim.
Groth, Landgerichtsrat, Landsberg a. Warthe, Zechowerstr. 30 h.
Dr. Grote, H., Richter, Bremen, Mathildenstr. 27.
Dr. Grueber, Erw., Professor, München, Giselastr. 5.
Grumbacher, Otto, Rechtsanwalt, Karlsruhe i. B.
Grünbaum, S., Rechtsanwalt, Berlin C. 2, An der Spandauerbrücke 9.
Dr. Gründler, Carl, Rechtsanwalt, Justizrat, Berlin W. 8, Friedrichstr. 59/60.
Grünebaum, Oberlandesgerichtsrat, Hamm i. W.
Grünschild, Rechtsanwalt, Berlin W. 8, Leipzigerstr. 98.
Dr. Gryczewski, Oberlandesgerichtspräsident, Wirkl. Geh. Rat, Exzellenz, Posen.
Dr. Gugelmaier, Bürgermeister, Lörrach.
Dr. Guhrauer, Rechtsanwalt, Justizrat, Berlin SW. 68, Ritterstr. 66.
Dr. Gülland, Landrichter, Naumburg a. S., Hochstr. 16.
Dr. Günther, Privatdozent, Berlin SW. 68, Markgrafenstr. 94.
Dr. Güterbock, Geh. Justizrat, Professor, Königsberg i. Pr., Königstr. 63.
Dr. Gutfleisch, Rechtsanwalt, Geh. Justizrat, Gießen.
Dr. Gutherz, Rechtsanwalt, Beuthen, Bahnhofstr. 3.
Gutsche, Rechtsanwalt, Magdeburg, Breiteweg 198, I.
Guttmann, Julius, Rechtsanwalt, Justizrat, Berlin C. 2, Klosterstr. 83.
Guttmann, Eduard, Rechtsanwalt, Magdeburg, Breiteweg 146.
Guttmann, Rechtsanwalt, Notar, Justizrat, Wiesbaden, Moritzstr. 4.
Gyßling, Robert, Rechtsanwalt, Justizrat, Berlin S.W., 11, Anhaltstr. 12.
Haack, Oskar, Senatspräsident, Berlin W. 50, Joachimsthalerstr. 33/34.
Dr. Haas, Heinrich, Rechtsanwalt, Karlsruhe, Kaiserstr. 191.
Dr. Haas, L., Rechtsanwalt, Karlsruhe i. B.
Haas, Richard, Rechtspraktikant, Karlsruhe i. B.
Haber, Geh. Justizrat, Rechtsanwalt beim Reichsgericht, Leipzig, Schwägrichenstr. 13.

Dr. Häberlin, E. J., Rechtsanwalt, Justizrat, Frankfurt a. M., Brönnerstr. 20.
Dr. Haberling, G., Rechtsanwalt, Mainz, Kaiserstr. 7.
Haberstroh, August, Landgerichtsrat, Berlin N.W., 23, Bachstr. 4.
Dr. Hachenburg, Max, Rechtsanwalt, Mannheim C. 2 N. 23.
Häckermann, Rechtsanwalt, Justizrat, Greifswald.
Hadra, Arthur, Rechtsanwalt, Berlin W. 8, Kanonierstr. 45.
Dr. Hafter, E., Professor, Kilchberg b. Zürich.
Hagemann, Rechtsanwalt, Notar, Tönning.
Hagen, Otto, Kammergerichtsrat, Berlin W. 30, Haberlandstr. 5.
Hagens, R., Reichsgerichtsrat, Leipzig, Schwägrichenstr. 13.
Hahn, Julius, Amtsgerichtsrat, Zehlendorf, Katharinenstr. 7.
Hahn, Franz, Rechtsanwalt, Berlin C. 2, Spandauerbrücke 2.
Hahn, Max, Rechtsanwalt, Berlin W. 9, Potsdamerstr. 138.
Hahn, Rudolf, Rechtsanwalt, Justizrat, Berlin C. 2, Brüderstr. 39.
Haehne, Justizrat, Dirschau.
Haid, A., Rechtsanwalt, Reutlingen.
Dr. Halle, Rechtsanwalt, Notar, Justizrat, Berlin W. 8, Kronenstr. 56.
Hallensleben, Rechtsanwalt, Berlin C. 2, Spandauerstr. 63 a.
Dr. Halpert, Rechtsanwalt, Berlin W. 9, Potsdamerstr. 4.
Hamburger, Carl, Rechtsanwalt, Justizrat, Berlin W. 35, Potsdamerstr. 36.
Dr. Hamburger, Carl, Geh. Justizrat, Advokat, Notar, Frankfurt a. M.
Dr. Hamm, Wirklicher Geheimer Rat, Exzellenz, Ober-Landesgerichtspräsident, Bonn, Quantiusstr. 8.
Hammer, Oberjustizrat, Chemnitz (Sachsen).
Hammerschlag, Kammergerichtsrat, Berlin W. 50, Nürnbergerstr. 35/36.
Hammerschmidt, Rechtsanwalt, Hotar, Cottbus.
Handelskammer, Berlin N.W. 7, Dorotheenstr. 7/8.
Handt, Senatspräsident, Celle.
Hannemann, Landgerichtsdirektor, Berlin W. 30, Motzstr. 53.
Hannemann, Erster Staatsanwalt, Görlitz.
Hänschke, Carl, Rechtsanwalt, Berlin C. 2, Spandauerstr. 48.
Hänsel, Richard, Justizrat, Bergen a. Rügen.
Dr. Hansen, Landrichter, Flensburg.
Dr. Harburger, Heinrich, Rat am Bayerischen Obersten Landesgericht, Universitätsprofessor, München, Karlstr. 21.
v. Harder, Alexander, Rechtsanwalt, Mannheim O. 2. 1.
Hardung, Rechtsanwalt, Mannheim.
Dr. Harmening, Ernst, Rechtsanwalt, Jena.
Dr. Harnier, Aug., Wirklicher Geh. Oberjustizrat, vortragender Rat im Justizministerium, Berlin W. 62, Passauerstr. 4
Dr. Harnier, Ed., Rechtsanwalt, Justizrat, Cassel, Cölnischestr. 3.
Harries, Rechtsanwalt, Notar, Kiel, Klinke 26.
Dr. Hartmann, Adolf, Amtsgerichtsrat, Berlin W. 62, Courbièrestr. 6.
Dr. Hartmann, Landgerichtspräsident, Flensburg.
Hartmann, Leo, Rechtsanwalt, Mülhausen i. E.
Hartwich, Rechtsanwalt, Justizrat, Berlin S.W. 61, Belle Allianceplatz 9.
Hase, Rudolf, Rechtsanwalt, Notar, Altenburg S.-A.

Hasse, Justizrat, Konitz, Westpreußen.
Hauchecorne, Kammergerichtsrat, Charlottenburg, Carmerstr. 11.
Häuser, Justizrat, Frankfurt a. M., Guiolletstr. 46.
Hauptmann, Rechtsanwalt, Notar, Frankfurt a. O., Junkerstr. 20.
Dr. Hauser, Rechtsanwalt, Baden-Baden, Langestr. 60.
Dr. Haymann, Franz, Assessor, Frankfurt a. M., Gervinusstr. 24.
Hayn, Julius, Rechtsanwalt, Berlin W. 64, Behrenstr. 17.
Dr. Hayum, Rechtsanwalt, Tübingen.
Dr. Hecht, Ludwig, Rechtsanwalt, Notar, Justizrat, Frankfurt a. M., Roßmarkt 18.
Dr. Hecht, G., Rechtsanwalt, Mannheim.
Dr. Hecht, Otto Rechtsanwalt, Metz, Römerstr. 60.
Dr. Heck, Professor, Tübingen, Neckarhalde 68.
Dr. Heckscher, Cäsar, Rechtsanwalt, Hamburg, Kaiser Wilhelmstr.
Hebbe, Rechtsanwalt, Notar, Justizrat, Marne i. Holstein.
Hebicke, Max, Marineintendanturrat, Danzig.
Dr. Hegler, August, Professor der Rechtswissenschaften, Tübingen.
Dr. Heidemann, Rechtsanwalt, Köslin.
Heidensleben, Amtsgerichtsrat, Rostock i. M.
Dr. Heil, Richard, Rechtsanwalt, Metz, Römerstr. 60.
Heilberg, Rechtsanwalt, Justizrat, Breslau VI, Nicolai-Stadtgraben 26.
Dr. Heilborn, Professor, Breslau II, Tauentzienstr. 42.
Heilbrun, Landgerichtsrat, Charlottenburg, Leibnizstr. 22.
Dr. Heilbrunn, Rechtsanwalt, Frankfurt a. M., Neue Mainzerstr. 26.
Dr. Heilfron, Amtsgerichtsrat, Professor, Berlin-Charlottenburg, Fasanenstr. 6.
Heiliger, Geh. Justizrat, Cöln a. Rh., Hohenstaufenring 47.
Heim, Michael, Rechtsanwalt, Justizrat, Würzburg, Paradeplatz.
Heiman Rud., Amtsrichter, Dortmund, Hamburgerstr. 40.
Dr. Heimann, Jacob, Rechtsanwalt, Hamburg, Kaiser Wilhelmstr. 3.
Heimbach, Justizrat, Berlin S. 14, Neue Roßstr. 1.
Dr. Heimberger, Joseph, Professor der Rechte, Bonn, a. Rh., Beringstr. 3.
Dr. Heinemann, Rechtsanwalt, Berlin W. 8, Kronenstr. 8/9.
Dr. Heinemann II, Hans, Rechtsanwalt, Hannover, Georgstr. 12.
Dr. Heinemann, Justizrat, Magdeburg.
Dr. Heinemann, Rechtsanwalt, Notar, Essen a. Ruhr, Hagenstr. 50/52.
Heinitz, E., Justizrat, Berlin W. 8, Mohrenstr. 56.
Heinitz, Franz, Rechtsanwalt, Berlin W. 10, Viktoriastr. 5.
Dr. Heink, Paul, Advokat, Melide Tessin, Villa Isidora.
Dr. Heinrici, Landrichter, Cassel, Kölnischestr. 74½.
Dr. Heinsheimer, Carl, Professor an der Universität Heidelberg.
Dr. Heise, Rechtsanwalt, Danzig, Hundegasse 66.
Dr. Heiß, Cl., Regierungsassessor, Treptow, Parkstr. 2.
Dr. Helfritz, Stadt-Syndikus, Greifswald, Roonstr. 6.
Dr. Hellmann, Friedr., Professor, München, Gabelsbergerstr. 1 a.
Dr. Hellwig, Professor, Geh. Justizrat, Berlin-Grunewald, Auerbachstr. 7.
Henckel, Franz, Rechtsanwalt, Notar, Justizrat, Nienburg a. d. Weser.
Henrich, Justizrat, Rechtsanwalt, Notar, Völklingen a. d. Saar.

Henschel, M., Justizrat, Rechtsanwalt, Berlin C. 19, Roßstr. 3.
Henschel, Rechtsanwalt, Justizrat, Breslau V, Schweidnitzer Stadtgr. 10.
Henzler, P., Amtsrichter, Bergheim a. Erft.
Dr. jur. Hepner, Julius, Beuthen O.-Schl., Bahnhofstr. 46.
Hercher, Wolfgang, Rechtsanwalt, Berlin W. 8, Charlottenstr. 62.
Herhaus, Notar, Hillesheim a. d. Eifel.
Herold, Arthur, Landgerichtsrat a. D., Heroldshof b. Ranis, Kr. Ziegenrück.
Herr, Rechtsanwalt, Geheimer Justizrat, Rechtsanwalt beim Reichsgericht, Leipzig, Weststr. 19 b.
Dr. Herr, Rechtsanwalt, Hamm i. W.
Herrlitz, Richard, Gerichtsassessor, Königsberg i. Pr., Kneiphof, Langgasse 10.
Herrendoerffer, Justizrat, Swinemünde.
Dr. Herrmann, Gustav, Rechtsanwalt, Justizrat, Berlin W.66, Mauerstr. 81.
Herrmann, Johannes, Rechtsanwalt, Amberg i. Oberpfalz.
Dr. Herrmann, Ernst, Rechtsanwalt, Baden-Baden, Langestr. 60.
Dr. Hermanns, Ernst, Rechtsanwalt, Bonn a. Rh. Thomasstr. 11.
Herrmann, Justizrat, Memel.
Herrnberg, Amtsgerichtsrat, Berent.
Hertwig, A., Geh. Justizrat, Landgerichtsdirektor, Meiningen, Berlinerstr.
Dr. Hertz, R. Ph., Rechtsanwalt, Frankfurt a. M., Schillerstr. 14 e.
Dr. Hertz, G., Senator, Hamburg, Magdalenenstr. 3.
Herz, Felix, Rechtsanwalt, Berlin SW. 61, Belle Alliancestr. 105.
Dr. Herzfeld, Rechtsanwalt, Essen a. d. Ruhr, Bahnhofstr. 90/92.
Dr. Hesdörfer, M. H., Rechtsanwalt, Frankfurt a. M., Kaiserstr. 23.
Dr. Heß, Ludwig, Rechtsanwalt, Stuttgart, Kirchstr. 16.
Heucke, Rechtsanwalt, Notar, Wanzleben, Bez. Magdeburg.
van der Heyde, Fr., Rechtsanwalt, Notar, Justizrat, Rüdesheim a. Rh.
Heydweiler, Ernst, Oberlandesgerichtsrat, Karlsruhe i. B., Karlstr. 8.
Heyer, A., Notar, Justizrat, Berlin N. 24, Friedrichstr. 114.
Dr. Heyl, A., Syndikus, Hamburg, Agnesstr. 41.
Heymann, Julius, Geheimer Justizrat, Altona a. E.
Heymann, Eduard, Kammergerichtsreferendar, Berlin W. 50, Fürtherstr. 1.
Dr. jur. Heymann, E., Professor der Rechte, Marburg a. d. L.
Heymann, Adolf, Rechtsanwalt, Berlin N.O. 51, Blumenstr. 39.
Dr. Heymann, Eduard, Rechtsanwalt, Danzig, Karrenwall 5.
Dr. Heymann, S., Rechtsanwalt, Hamburg, Rosenhof.
Dr. Heymann, Hans, Schriftsteller, Berlin NW. 40, In den Zelten 8.
Heymann, Rechtsanwalt, Bromberg.
Dr. Hiedemann, Rechtsanwalt, Justizrat, Cöln a. Rh., Elisenstr, 11.
Hildebrand, H. C. F., Senator, Bremen, Domsheide 10/12.
Hilf, H., Justizrat, Rechtsanwalt, Notar, Limburg a. d. Lahn.
Hillebrand, Rechtsanwalt, Essen (Ruhr), Salkenbergsweg 18.
Dr. Hilpert, Justizrat, Kgl. Advokat, Nürnberg, Hauptmarkt 11 I.
Dr. Hilse, Benno, Kreisgerichtsrat a. D., Syndikus, Berlin SW. 46, Königgrätzerstr. 61.
Dr. Hilse, Carl, Syndikus, Professor, Berlin SW. 46, Königgrätzerstr. 61.
Dr. Hink, Otto, Oberlandesgerichtsrat, Karlsruhe, Westendstr. 22.

Dr. jur. Hinrichsen, Robert, Rechtsanwalt, Notar, Güstrow i. M.
Dr. Hinsberg, A., Rechtsanwalt, Barmen, Schillerstr. 4 a.
Dr. Hippe, Johannes, Rechtsanwalt, Dresden-Blasewitz, Marschallstr. 47.
Dr. v. Hippel, R., Professor, Göttingen, Hoher Weg 2.
Dr. Hirsch, Karl, Gerichtsassessor, Frankfurt a. M., Westendstr. 52.
Hirsch, Leonhard, Rechtsanwalt, Justizrat, Berlin W. 35, Lützowstr. 66.
Hirsch, Rechtsanwalt, Notar, Justizrat, Schwetz a. d. Weichsel.
Hirschberg, Landrichter, Tilsit, Kasernenstr. 18 b.
Hirschfeld, Landgerichtsrat, Langfuhr-Danzig, Parkweg.
Hirschfeld, Ernst, Amtsgerichtsrat, Charlottenburg, Wilmersdorferstr. 80.
Dr. Hirschfeld, Justizrat, Stettin.
Hirschfeldt, Rechtsanwalt, Berlin C. 25, Kaiser Wilhelmstr. 18.
Hirschhorn, G., Geheimer Justizrat, Gießen.
Dr. Hirschland, Georg, Essen a. d. Ruhr, Kettwigerstr. 42.
Hirsekorn, Felix, Rechtsanwalt, Berlin W. 8. Kanonierstr. 40.
His, R. Professor, Münster i. W., Heerdestr. 3.
Dr. Hoefer, Arno, Rechtsanwalt, Altenburg, S.-A.
Dr. Hoffmann, E., Wirklicher Geh. Oberregierungsrat, Direktor im Reichsjustizamt, Berlin W. 62, Courbièrestr. 10.
Hoffmann, Rechtsanwalt, Notar, Heydekrug, O.-Pr.
Dr. Hoffmann, Hans, Justizrat, Berlin NW. 7, Dorotheenstr. 76.
Dr. Hoffmann, Max, Rechtsanwalt, Justizrat, Notar, Berlin NW. 7, Unter den Linden 48/49.
Dr. Hoffmann, W., kgl. sächs. Notar, Rechtsanwalt, Loeßnitz i. Erzgebirge.
Dr. Hoffmann, Walter, Syndikus, Regensburg.
Dr. Hoffmann, Rechtsanwalt, Langfuhr-Danzig.
Hoffstaedt, W., Rechtsanwalt, Justizrat, Berlin SW. 68, Zimmerstr. 94.
Hofmackel, Friedrich, Landgerichtspräsident, Traunstein.
Dr. Hölder, Geh. Hofrat, Professor, Leipzig, Schwägrichenstr. 26.
Holland, W., Oberstaatsanwalt, Braunschweig, Am Stadtpark 2.
Dr. Hollaender, Carl, Rechtsanwalt, Berlin C. 25, Neue Königstr. 50.
Dr. Hollaender, Albert, Rechtsanwalt, Hamburg, Gr. Bleichen, 23.
Dr. Hollatz, Harry, Professor an der Universität Chateau de Paseux bei Neuchatel.
Dr. Holtgreven, Oberlandesgerichtspräsident, Hamm i. W.
Dr. Holtz, Leo, Geh. Regierungsrat, vortragender Rat im Ministerium für Landwirtschaft, Domänen und Forsten, Charlottenburg, Berlinerstr. 58 III.
Holtz, Louis, Referendar, Danzig, Karrenwall 5.
Holz, Rechtsanwalt, Justizrat, Berlin W. 9, Linkstr. 41.
Dr. Honig, L., Rechtsanwalt, Nürnberg.
Dr. Hoeniger, H., Privatdozent, Freiburg i. B., Basiusstr. 54.
Dr. Hoeniger, Landgerichtsrat, Karlsruhe i. B., Bismarckstr. 53.
Dr. Hoeniger, Rechtsanwalt, Berlin.
Dr. Hoepfner, Professor, Göttingen, Herzberger Chaussee 46.
Hoeppe, C., Rechtsanwalt, Metz, Wachtstraße.
Dr. Horn, Rechtsanwalt, Berlin W. 57, Potsdamerstr. 60.
Dr. Horwitz, Maximilian, Rechtsanwalt, Justizrat, Berlin SW. 68, Lindenstr. 11.

Dr. Horwitz, O., Rechtsanwalt, Hamburg, Gröningerstr. 10 II.
Dr. Horstmann, W., Rechtsanwalt, Mannheim, L. 614.
Dr. Hoewig, F., Rechtsanwalt, Baden-Baden.
Huber, R., Kammergerichtsrat, Wilmersdorf, Kaiser-Allee 173.
Hübsch, Ministerialdirektor, Karlsruhe i. B.
Hübschmann, Landrichter, Königsberg i. Pr., Hintertragheim 29.
Dr. Huch, Rechtsanwalt und Notar, Braunschweig.
Dr. Humbert, Justizrat, Magdeburg.
Dr. Humser, Geh. Justizrat, Rechtsanwalt und Notar, Frankfurt a. M.
Hündorf, Justizrat, Halle a. S.
Dr. Hüneberg, Rechtsanwalt, Notar, Hamm i. W.
Dr. Hünke, Landgerichtsdirektor, Braunsberg.
Hunrath, Rechtsanwalt, Posen, Justizrat, Danzig, Hundegasse 55.
Hüser, Rechtsanwalt, Flensburg, Norderstr. 7.
Jacob, Emil, Geh. Kommerzienrat, Berlin O. 27, Holzmarktstr. 65.
Dr. Jacobi, Ernst, Professor, Münster i. W.
Dr. Jacobi, Herbert, Rechtsanwalt, München, Rindermarkt 10.
Jacobi, Rechtsanwalt, Notar, Justizrat, Frankfurt a. O.
Jacobsohn, Max, Geheimer Justizrat, Berlin W 9., Linkstr. 1.
Dr. Jacobsohn, Julian, Rechtsanwalt, Berlin C. 2, Burgstr. 29/30.
Dr. Jacobsohn, H., Rechtsanwalt, Leipzig, Brühl 2.
Jacobsohn, Rechtsanwalt, Justizrat, Posen.
Jacobsohn, Rechtsanwalt, Notar, Rixdorf-Berlin, Bergstr. 145.
Jacobson, Oberlandesgerichtsrat, Königsberg i. Pr., Steindamm 67/69.
Dr. Jacoby, Rechtsanwalt, Bartenstein.
Jacoby, Ernst, Referendar, Berlin W. 62, Bayreutherstr. 41.
Jacusiel, Kurt, Rechtsanwalt, Berlin C. 2, Spandauerstr. 11/13.
Dr. Jaffa, Sally, Rechtsanwalt, Berlin C. 2, Neue Friedrichstr. 21 b.
Dr. Jaeger, Otto, Notar, Hochfelden.
Dr. Jaeger, Ernst, Professor, Leipzig, Plagwitz, Forststr. 2.
Dr. Jahn, Rechtsanwalt, Prenzlau.
Jankowski, Rechtsanwalt, Danzig.
Dr. Jansen, C. M., Rechtsanwalt, Hamburg, Kaiser Wilhelmstr. 76.
Janzer, Ludwig, Regierungsrat, Karlsruhe i. B., Eisenlohrstr. 10.
Jaredi, Rechtsanwalt, Posen, Neue Straße 1.
Jaspersen, Handelsrichter, Kiel, Bismarck Allee 30.
Jentzsch, C., Landgerichtsdirektor, Hannover, Bödeckerstr. 21.
Dr. Jeselsohn, Max, Rechtsanwalt, Mannheim.
Illch, Rechtsanwalt, Berlin SW. 9, Leipzigerstr. 57.
Imberg I, Franz, Rechtsanwalt, Berlin W. 9, Potsdamerstr. 136.
Dr. Immerwahr, W., Bankdirektor, Berlin W. 15, Joachimsthalerstr. 13.
von Ingersleben, Landgerichtsdirektor, Konitz (W.-Pr.), Schützenstraße.
Jodisch, Wilhelm, Amtsgerichtsrat, Berlin NW. 52, Spenerstr. 33.
Johannsen, Rechtsanwalt, Notar, Kiel.
Dr. Jonas, Julius, Rechtsanwalt, Altona, Fischmarkt 27.
Jonas, Paul, Rechtsanwalt, Justizrat, Berlin W. 8, Taubenstr. 16/18.
Dr. Joerges, Dr. jur et philos., Halle a. S., Seebenerstr. 61.

Joseph, Rechtsanwalt, Justizrat, Berlin C. 19, Jerusalemerstr. 16.
Dr. Joseph, L., Rechtsanwalt, Frankfurt a. M., Bethmannstr. 46.
Josephsohn, J., Rechtsanwalt, Potsdam, Am Kanal 45.
Josephsohn, R., Rechtsanwalt, Potsdam, Am Kanal 45.
Irmler, Richard, Rechtsanwalt, Justizrat, Berlin W. 8, Französischestr. 24.
Dr. Isaac, Martin, Rechtsanwalt, Berlin W. 8, Jägerstr. 63.
Isaacsohn, Rechtsanwalt, Berlin C. 2, Kaiser Wilhelmstr. 13.
Dr. Isay, Rechtsanwalt, Berlin SW. 61, Belle-Allianceplatz 13.
Dr. Isenbiel, Geh. Ober-Justizrat, Generalstaatsanwalt, Berlin W. 62, Kurfürstenstr. 81a.
Dr. Israel, Alfr., Rechtsanwalt, Hamburg, Heuberg 15.
Jübell, Otto, Justizrat, Rechtsanwalt, Notar, Hannover.
Juliusberg, Landgerichtsdirektor, Wilmersdorf, Helmstedterstr. 28.
Dr. Jung, Erich, Professor, Straßburg i. E., Ludwigshafenerstr. 14.
Dr. Junck, Johannes, Justizrat, Rechtsanwalt beim Reichsgericht, Leipzig, Ferdinand Rhodestr. 38.
Dr. Junkar, Emil, Richter bei den ägyptischen internationalen Reformgerichten, Tribunal mixte Le Cairo (Ägypten).
Jüßen, Peter, Justizrat, Rechtsanwalt, Cöln a. Rh., Gereonshof 31.
Kabilinski, Rechtsanwalt, Notar, Czersk, W.-Pr.
Kabe, Carl, Landgerichtsrat, Waidmannslust b. Berlin, Bondickstr.
DDr. Kahl, Geh. Justizrat, Professor, Univ.-Rektor, Berlin-Wilmersdorf, Kaiser-Allee 23.
Dr. jur. Kahane, Rechtsanwalt, Königsberg i. Pr.
Dr. Kaehne, Rechtsanwalt, Notar, Justizrat, Halle a. S., Rathausstr. 8/91.
Dr. Kaiser, Rechtsanwalt, Cöln a. Rh., Worringerstr. 16.
Dr. Kaiser, Rechtsanwalt, Leipzig, Ferdinand Rhodestr. 33.
Dr. Kaiser, Rechtsanwalt, Metz, Priesterstr. 25.
Kalischer, Landgerichtsrat, Berlin W. 15, Rosenheimerstr. 17.
Kaliski, Max, Rechtsanwalt, Breslau, Schweidnitzerstr. 43.
Kammler, Amtsgerichtsrat, Danzig.
Kante, Rechtsanwalt, Czersk.
Dr. Kantorowitz, Herm. U., Privatdozent, Freiburg i. B., Dreikönigstr. 30.
Kapferer, Rechtsanwalt, Cöln a. Rh.
Kassel, Eduard, Justizrat, Rechtsanwalt u. Notar, Berlin W. 9, Potsdamerstr. 7.
Dr. Katz, Edwin, Rechtsanwalt, Justizrat, Berlin W. 64, Behrenstr. 17.
Katz, S., Rechtsanwalt, Justizrat, Berlin C. 2, An der Spandauerbrücke 10.
Dr. Kauffmann., Carl, Rechtsanwalt, Mannheim C. 35.
Kauffmann, Arthur, Referendar, Frankfurt a. M., Gärtnerweg 20.
Kauffmann, Landgerichtsrat, Geh. Justizrat, Danzig,- Langfuhr, Hauptstr.
Dr. Kaufmann, Erich, Privatdozent a. D., Universität, Kiel, Esmarchstr. 57.
Kaufmann, Bruno, Gerichtsassessor, Berlin NW. 23, Brückenallee 3.
Dr. Kaufmann, Th., Rechtsanwalt, Heidelberg, Bienenstr. 1.
Dr. Kaufmann, Hugo, Rechtsanwalt, Krefeld, Nordwall 75.
Kaufmann, Emil, Rechtsanwalt, Magdeburg, Humboldstr. 2.
Dr. Kaufmann, Fritz, Rechtsanwalt, Mannheim C. 2. 2.
Dr. Kaufmann, Gustav, Rechtsanwalt, Mannheim C. 2. 2.

K a y s e r, Ludwig, Rechtsanwalt, Notar, Justizrat, Weißensee b. Berlin, Königschaussee 52.
K a y s e r, Notar, Zabern (Elsaß).
K e c k, H., Rechtsanwalt, Notar, Segeberg.
K e l l e r, Oberlandesgerichtsrat, Hamm i. W.
Dr. K e l l e r, Privatdozent, Bonn a. Rh., Göbenstr. 41.
K e m p f, Rechtsanwalt, Justizrat, Berlin W. 64, Unter den Linden 30.
Dr. K e m m e t e r, Rechtsanwalt, Kempten.
K e m p n e r, Amtsgerichtsrat, Brandenburg a. H.
K e n n e s, Rechtsanwalt, Justizrat, Potsdam, Am Kanal 57.
K e r s t e n, Oberlandesgerichtsrat, Königsberg i. Pr., Lobeckstr. 10 I.
K e r s t i n g, Landgerichtsdirektor, Kiel, Bartelsallee 9.
K e r u t h, Rechtsanwalt, Notar, Justizrat, Danzig, Holzmarkt 15.
Dr. K e s s e l, Rechtsanwalt, Justizrat, Luckau i. L.
Dr. K e y ß n e r, Amtsrichter, Pankow b. Berlin, Breitestr. 41.
Dr. K i e f e, Wilhelm, Rechtsanwalt, Stuttgart, Werastr. 3.
K i e h l, Johannes, Reichsgerichtsrat, Leipzig, Markgrafenstr. 10.
K i e w n i n g, Rechtsanwalt, Dirschau, Wilhelmstr. 1.
Dr. K i l z e r, W., Justizrat, Frankfurt a. M., Goethestr. 17.
K i m m i g, R., Direktor der Karlsruher Lebensversicherung a. G., Karlsruhe i. B., Kaiser-Allee 4.
K i n d e l, Wilh., Senatspräsident, Geh. Ober-Justizrat, Berlin W. 62, Bayreutherstr. 35.
K i n d o r, Paul, Rechtsanwalt, Notar, Marienburg W.-Pr.
Dr. K i n n e, H., Gerichtsassessor, Magdeburg, Awenstedterstr. 27 I.
K i n d e r l i n g, E., Amtsrichter, Birnbaum.
Dr. K i p p, Professor, Berlin W. 15, Meinekestr. 20.
Dr. v. K i r c h e n h e i m, Professor, Heidelberg, Greisbergstr. 59.
K i r s c h n e r, Fritz, Rechtsanwalt, Notar, Justizrat, Brandenburg a. H.
Dr. K i s c h, Universitäts-Professor, Straßburg i. E., Schwarzwaldstr. 6.
K i t z, Landgerichtspräsident, Krefeld.
K l a h o l t, Rechtsanwalt, Notar, Justizrat, Gelsenkirchen.
K l a w i t t e r, Rechtsanwalt, Danzig, Heizmarkt 12/14.
K l e e f e l d, Eduard, Justizrat, Rechtsanwalt, Notar, Sorau, N.-L.
K l e e f e l d, Rechtsanwalt, Worms a. Rh.
Dr. K l e i n f e l l e r, G., Professor, Kiel, Niemannsweg 101.
K l e i n r a t h, O., Rechtsanwalt, Hannover, Bahnhofstr. 12.
Dr. K l e n t e r, Rechtsanwalt, Elberfeld.
K l i n c k o w s t r o e m, Rechtsanwalt, Karlsruhe i. B., Kaiserstr. 153.
Dr. K l o ß, A., Oberlandesgerichtsrat, Hamm i. W.
Dr. jur. et phil. K l o e p p e l, E., Elberfeld, Bismarckstr. 17.
K l o e r, Landgerichtsdirektor, Graudenz.
K l o ß, Oberkriegsgerichtsrat, Danzig.
K l u g, Referendar, Danzig.
K l ü p f e l, L., Finanzrat a. D., Stuttgart, Danneckerstr. 21.
K n e b e l, Paul, Rechtsanwalt und Notar, Zehlendorf, Hauptstr. 1.
K n e i n, H., Landgerichtsdirektor, Aachen.

Dr. Kniep, Geh. Justizrat, Professor, Jena.
Dr. Knoke, Professor, Königsberg i. Pr., Herrmann-Allee 14.
Knöpfler, Geh. Justizrat, Marienwerder i. Westpr.
Koebel, Rechtsanwalt, Colmar i. E.
Koch, Landgerichtsrat, Berlin-Wilmersdorf, Güntzelstr. 15.
Koch, Max, Rechtsanwalt, Berlin W. 9, Potsdamerstr. 13.
Koch, Adolf, Rechtsanwalt, Bant.
Kochmann, Georg, Rechtsanwalt, Gleiwitz, Nicolaistr. 13.
Dr. Kockerols, Notar, Justizrat, Koblenz, Kaiser Wilhelm-Ring 4.
Koffka, Justizrat, Berlin N.W. 7, Neustädtische Kirchstr. 1.
Dr. Koffka, P., Kammergerichts-Senatspräsident, Geh. Ober-Justizrat, Berlin NW. 23, Siegmundshof 16.
Dr. Koehler, W., Rechtsanwalt, Mannheim.
Köhler, Amtsrichter, Konitz W.-Pr.
Dr. Köhler, August, a. o. Univ.-Professor, München, Theresienstr. 2.
Dr. Kohlrausch, E., o. Professor, Königsberg i. Pr., 9, Arndstr. 1.
Kohn, Fr., Rechtsanwalt, Dortmund.
Dr. jur. et phil. Köhne, Carl, Privatdozent an der technischen Hochschule, Berlin W. 62, Keithstr. 12.
Dr. Köhne, Paul, Amtsgerichtsrat, Berlin W. 50, Kurfürstendamm 241.
Koenig, Friedrich, Rechtsanwalt, Mannheim.
Dr. Koeppe, H., Professor, Marburg a. L., Weißenburgstr. 3.
Dr. Koppel, Friedrich, Rechtsanwalt, Justizrat, Berlin W. 57, Potsdamerstraße 66.
Köppel, Rechtsanwalt, Justizrat, Belgard (Pommern).
Dr. Koppenhagen, Rechtsanwalt, Gleiwitz, Ring 2.
Kortum, Karl, Geh. Justizrat, Naumburg a. d. Saale.
Kost, Justizrat, Pr. Stargard.
Köster, Landgerichtspräsident, Memel.
Dr. Koettgen, Geh. Justizrat u. vortragender Rat im Justizministerium, Berlin W. 15, Kurfürstendamm 197/198.
Kowalke, Amtsgerichtsrat, Danzig-Langfuhr, Friedenssteg 12 II.
Krah, Landrichter, Kiel, Dammstr. 21.
Krapp, Lorenz, kgl. Oberlandesgerichtspräsident, Bamberg.
Dr. Kratt, A., Rechtsanwalt, Pforzheim.
Dr. Kraemer, Wilhelm, Rechtsanwalt, Berlin W. 35, Potsdamerstr. 90.
Dr. Krätzer, Adolf, Gerichtsassessor, Wilmersdorf, Prinz Regentenstr. 56.
Kraus, Oberlandesgerichtsrat, Kiel.
Dr. Krause, Geh. Justizrat, Berlin W. 64, Behrenstr. 24.
Dr. von Kraewel, Landrichter, Duisburg, Emscherstr. 12.
Dr. Frhr. von Kreß, Georg, Justizrat, Rechtsanw., Nürnberg, Füll 12 II.
Dr. Kriegsmann, N. Herm., Privatdozent, Kiel.
Dr. Krohne, Berlin W. 50, Nürnbergerstr. 25/26.
Dr. Kronecker, Ernst, Geh. Justizrat, Kammergerichtsrat, Berlin, Charlottenburg, Schlüterstr. 34.
Dr. Kroner, Heinrich, Rechtsanwalt, Berlin W. 66, Leipzigerstr. 129.
Dr. Kronfeld, Rechtsanwalt, Justizrat, Berlin W. 8, Leipzigerstr. 100.

Dr. Kroschel, Landgerichtsdirektor, Langfuhr-Danzig.
Dr. Krückmann, Paul, Professor, Münster i. W., Burchhardstr. 14.
Krug, V., Rechtsanwalt, Frankfurt a. M., Savignystr. 6.
Dr. Krüger, E., Dozent, Calw.
Krüger, E., Justizrat, Halberstadt, Heinrich Juliusstr. 6.
Krüll, Georg, Rechtsanwalt, Elberfeld.
Krumbiegel, Notar, Elberfeld.
Kübler, Geh. Ober-Justizrat und vortragender Rat im Justizministerium, Mitglied des Heroldsamts, Berlin W. 15, Kurfürstenstr. 56.
Dr. Kübler, B., Professor, Gr.-Lichterfelde-Ost, Auguststr. 14.
Küchendahl, Geh. Justizrat, Rechtsanwalt, Notar, Stettin.
Kuhbier, Amtsrichter, Marienwerder.
Kukuk, Rechtsanwalt, Blankenese.
Kühn, Ernst, Rechtsanwalt, Notar, Meerane i. S.
Kulemann, W., Landgerichtsrat, Bremen, Kaiser Friedrichstr. 15.
Dr. Kulenkampff, Jul., Rechtsanwalt, Bremen, Domsheide 3.
Kulenkampff, Herm., Rechtsanwalt, Bremen, Domsheide 3.
Kunau, Justizrat, Rechtsanwalt, Notar, Obisfelde.
Kunckel, Max, Justizrat, Rechtsanwalt, Notar, Landsberg a. d. Warthe.
Kunkel, Bürgermeister, Königsberg i. Pr.
Kunze, Amtsrichter, Kiel, Beseler-Allee 32.
Küntzel, Ober-Landesgerichtsrat, Naumburg a. S., Breithauptstr. 3.
Dr. Küntzel, Wirklicher Geheimer Rat, Unterstaatssekretär im Justizministerium, Exzellenz, Berlin W. 35, Genthinerstr. 39.
Dr. Kunz, Geh. Justizrat, vortragender Rat im Kgl. Sächs. Justizministerium Dresden-N., Düppelstr. 1.
Kurlbaum, Rechtsanwalt, Leipzig, Sebastian Bachstr. 7.
Kurnick, Rechtsanwalt und Notar, Justizrat, Landeshut i. Schl.
Kusel, A., Rechtsanwalt, Karlsruhe i. B., Friedrichsplatz 10.
Dr. Küttner, Landrichter a. D., Privatdozent, Grunewald, Höhmannstr. 6.
Ladewig, Fritz, Rechtsanwalt, Berlin N. 39, Pankstr. 33; Privat: W. 30, Hohenstaufenstr. 52.
Lagro, Rechtsanwalt, Berlin W. 66, Mauerstr. 78/79.
Lähr, Amtsgerichtsrat, Belgard (Pommern).
Lamp, Theodor, Rechtsanwalt, Notar, Elmshorn i. Holstein.
Dr. Lamprecht, Landrichter, Hamburg, Sophienterrasse 3.
Landau, Adolf, Rechtsanwalt, Berlin C. 19, Kurstr. 20/21.
Dr. Landau, Felix, Rechtsanwalt, Justizrat, Berlin W. 8, Jägerstr. 58.
Landé, Amtsrichter, Berlin W. 15, Olivaerplatz 9.
Dr. Landsberg, Amtsrichter, Kiel.
Landsberg, Rechtsanwalt, Justizrat, Posen, Friedrichstr. 5.
Landsberger, Felix, Rechtsanwalt, Oels (Schlesien).
Langowski, J., Rechtsanwalt, Notar, Stuhm.
Lange, Rechtsanwalt, Justizrat, Straßburg (Elsaß), Am Roseneck 1.
Dr. Langen, Professor, Münster i. W.
Dr. Langenbach, Gerichtsassessor, Worms, Goethestr. 15.
Lasker, Justizrat, Landsberg a. W.

Lau, Justizrat, Danzig.
Laué, Walter, Rechtsanwalt, Notar, Justizrat, Berlin SW. 68, Kochstr. 9.
Dr. Lax, Amtsrichter, Bünde i. W.
Lazarus, M., Rechtsanwalt, Justizrat, Berlin SW. 68, Lindenstr. 112.
Dr. Leander, Rechtsanwalt, Berlin SW. 68, Zimmerstr. 16/17.
Dr. Lebin, Geheimer Justizrat, Berlin SW. 68, Friedrichstr. 44.
Dr. Lebin, Ernst, Rechtsanwalt, Berlin SW. 68, Friedrichstr. 44.
Lebram, Rechtsanwalt, Stettin.
Leers, Rechtsanwalt, Berlin SW. 68, Lindenstr. 10.
Dr. Lehfeld, Robert, Rechtsanwalt, Justizrat, Berlin W. 62, Schillstr. 32.
Dr. Lehmann, Staatsanwalt, Berlin-Charlottenburg, Knesebeckstr. 33.
Dr. Lehmann, Richard, Kaiserlicher Regierungsrat, ständiges Mitglied des Reichsversicherungsamts, Grunewald, Knausstr. 10.
Dr. Lehmann, Karl, Professor, Rostock i. M., Paulstr. 52.
Dr. Lehmann, Heinrich, Privatdozent, Bonn a. Rh., Argelanderstr. 124.
Dr. Lehmann, Rud., Rechtsanwalt, Leipzig-Schleußig, Moschelesstr. 11.
Dr. Lehmann, Rechtsanwalt, Potsdam, Brandenburgerstr. 25.
Dr. Lehmann, Rechtsanwalt, Stettin, Rosengarten 1.
Lehnebach, R. A., Rechtsanwalt, Straßburg i. E., Münstergasse 22.
Dr. Leibig, Regierungsrat a. D., Professor, Berlin W. 15, Pfalzburgerstraße 72a.
Dr. Leipziger I, Georg, Rechtsanwalt, Breslau, Ring 25.
Leiser, Julius, Rechtsanwalt, Metz, Kaiser Wilhelm Ring.
Dr. Lemberg, Arthur, Rechtsanwalt, Breslau V, Schweidnitzer Stadtgraben 10.
Dr. Lenel, Otto, Geheimer Rat, Professor, Freiburg i. B., Holbeinstr. 5.
Dr. Lennig, Rechtsanwalt, Straßburg i. E., Broglieplatz 20.
Lenzberg, Georg, Justizrat, Hannover, Artilleriestr. 29.
Dr. Leonhard, Franz, Universitäts-Professor, Marburg.
Leonhard, Rechtsanwalt und Notar, Swinemünde, Kl. Markt 6.
Dr. Leonhard, Rudolf, Geh. Justizrat, Professor, Breslau, Kleinburg, Lindenallee 6.
Dr. Leser, Walter, Ober-Amtsrichter, Mannheim, L. 4. 1.
Leuchert, Ober-Landesgerichtsrat, Colmar i. E., Hochlandsbergwall 24.
Levi, R., Rechtsanwalt, Stuttgart.
Dr. Levin, Robert, Rechtsanwalt, Justizrat, Berlin NW. 40, Roonstr. 10.
Dr. Levis, Otto, Oberamtsrichter, Pforzheim, Lindenstr. 17.
Dr. Levis, Arthur, Rechtsanwalt, Karlsruhe i. B., Kreuzstr. 8.
Levot, M., Rechtsanwalt, Justizrat, Cöln a. Rh., Elisenstr. 23.
Dr. Levy, J. A., Advokat, Amsterdam, Meerengracht 210.
Levy, Leopold, Amtsgerichtsrat, Wilmersdorf, Trautenaustr. 11.
Dr. J. Levy, Redakteur der Vossischen Zeitung, Berlin C. 2, Breitestr. 8.
Levy, H., Rechtsanwalt, Justizrat, Berlin C. 19, Seydelstr. 3.
Levy, Julius, Rechtsanwalt, Berlin C. 2, Stralauerstr. 13/14.
Dr. Levy, Rechtsanwalt, Cassel.
Lewek, Rechtsanwalt, Notar, Justizrat, Kalkberge-Rüdersdorf, Dampferstr. 11.
Lewin, G., Amtsgerichtsrat, Magdeburg, Oranienstr. 11.

Lewin II, Ludwig, Rechtsanwalt, Berlin W. 9, Potsdamerstr. 23.
Dr. Lewin, Max, Rechtsanwalt, Justizrat, Berlin SW. 11, Prinz Albrechtstraße 3.
Dr. Lewin, Rechtsanwalt, Stettin, Breitestr. 33.
Dr. Lewinski, Rechtsanwalt und Notar, Justizrat, Charlottenburg, Fasanenstraße 83.
Lewinski, Rechtsanwalt, Berlin N. 24, Friedrichstr. 112b.
Lewinsky, Adolf, Rechtsanwalt, Berlin SO. 26, Dresdenerstr. 135.
Lewinsky, Rechtsanwalt und Notar, Danzig-Langfuhr.
Dr. Lewinsohn, Josef, Rechtsanwalt, Berlin W. 8, Jägerstr. 20.
Dr. Leyser, Justizrat, Rechtsanwalt, Charlottenburg, Kurfürstendamm 243.
Dr. Leyser, Emil, Rechtsanwalt, Leipzig, Petersstr. 12.
Dr. Lichtenberger, Gustav L., Rechtsanwalt, Ludwigshafen a. Rh, Badische Anilin- und Sodafabrik.
Dr. Lichtenstein, Rechtsanwalt, Danzig.
Liebenthal, Justizrat, Berlin W. 35, Genthinerstr. 22.
Dr. Liebknecht, Karl, Rechtsanwalt, Berlin N. 4, Chausseestr. 121.
Dr. Liebke, Rechtsanwalt, Notar, Flensburg.
Liebtke, Rechtsanwalt, Berlin W. 62, Blumeshof 12.
Dr. Liefmann, Robert, Professor, Freiburg i. B., Goethestr. 33.
Liepmann, Professor, Kiel, Moltkestr. 42.
Lietzmann, Rechtsanwalt, Fritzlar.
Dr. v. Lilienthal, Karl, Professor, Geheimer Hofrat, Heidelberg, Ziegelhauser Landstr. 30.
Lilienthal, Rechtsanwalt, Justizrat, Berlin C. 2, Breitestr. 11.
Dr. Linckelmann, Rechtsanwalt und Notar, Justizrat, Hannover.
Lindeck, Anton, Rechtsanwalt, Mannheim.
Lindenberg, Landgerichtspräsident, Geh. Ober-Justizrat, Berlin W. 50, Ansbacherstr. 15.
Dr. Lippmann, Jul., Rechtsanwalt, Hamburg, Bleichenbrücke 10.
Lisco, Justizrat, Berlin W. 8, Mauerstr. 37.
Dr. Lisco, Wirklicher Geheimer Ober-Justizrat, Staatssekretär des Reichs-Justizamts, Berlin W. 9, Voßstr. 5.
Dr. Lissauer, Fritz, Rechtsanwalt, Fürstenwalde a. Spree.
Lißner, J., Rechtsanwalt, Berlin SO. 16, Brückenstr. 9.
Dr. v. Liszt, Franz, Geh. Justizrat, Professor, Charlottenburg, Hardenbergstr. 19.
Dr. jur. Litten, a. o. Professor a. d. Univ. Halle a. S., Burgstr. 43.
Dr. Loeb, J., Rechtsanwalt, Mannheim.
Dr. Lobe, Oberlandesgerichtsrat, Dresden, Reissigerstr. 9 II.
Dr. Löhmann, W., Justizrat, Rechtsanwalt, Notar, Flensburg.
Löhmann, R., Senatspräsident am Hanseatischen Oberlandesgericht, Hamburg, Uhlenhorstweg 11.
Dr. Loehr, Joseph, Direktor der Bayer. Handelsbank, kgl. Griechischer Generalkonsul, München, Akademiestr. 11.
Dr. Lohse, G., Geheimer Hofrat und Justizrat, Rechtsanwalt, Notar, Leipzig, Katharinenstr. 20.

Lohse, Rechtsanwalt, Oldenburg i. Gr., Kasinoplatz 4.
Dr. Loening, Edgar, Geh. Justizrat, Professor, Halle a. S.
Dr. Loock, Landrichter, Berlin, Charlottenburg, Schillerstr. 127 III.
Loening, Gerichtsassessor, Langfuhr-Danzig, Am Johannisberg 19.
Lorenz, Kammergerichtsrat, Berlin W. 30, Luitpoldstr. 13.
Dr. Lorenz, Oberlandesgerichtsrat, Breslau, Kaiser Wilhelmstr. 187.
Löser, Ottomar, Rechtsanwalt, Frankfurt a. d. Oder.
Dr. Loevinsohn, Amtsgerichtsrat, Marienburg, W.-Pr., Langgasse.
Dr. Loevinsohn, Martin, Rechtsanwalt, Justizrat, Berlin W. 35, Magdeburgerstr. 22.
Loewe, Fritz, Rechtsanwalt, Berlin NW. 7, Friedrichstr. 154.
Loewe II, Alphons, Rechtsanwalt, Spandau, Potsdamerstr. 40.
Dr. Loewenfeld, Rechtsanwalt, Justizrat, Berlin NW. 21, Rathenowerstraße 78.
Dr. Loewenfeld, Th., Rechtsanwalt und Universitätsprofessor, München, Pfandhausstr. 3 I.
Loewenstein. Rechtsanwalt, Paderborn i. W.
Löwenthal, Otto, Rechtsanwalt und Notar, Justizrat, Altona, Klopstockstraße 25.
Löwenthal, F., Rechtsanwalt, Notar, Schwerin (Mecklenburg).
Loewenthal, Max, Rechtsanwalt, Berlin W. 8, Kanonierstr. 8.
Dr. Loewy, Emil, Rechtsanwalt, Justizrat, Berlin W. 9, Leipzigerstr. 19 II.
Dr. Lubszinski, Julius, Rechtsanwalt, Berlin W. 21, Potsdamerstr. 23 a.
Dr. Lucas, Ministerialdirektor, Wirkl. Geh. Ober-Justizrat, Gr. Lichterfelde, Theklastr. 11.
Lückerath, C., Rechtsanwalt, Notar, Mettmann.
Ludwig, Prinz von Bayern, Kgl. Hoheit, München.
Dr. Lukas, Josef, Professor der Rechte, Münster i. W., Hufferstr. 4 a.
Lunglmayr, K., Oberlandesgerichtsrat, München, Tengstr. 5/3.
Lurje, Justizrat, Stettin, Reifschlägerstr. 17/18.
Lustig, Eugen, Rechtsanwalt, Justizrat, Gleiwitz.
Dr. Lütgebrune, Walter, Rechtsanwalt, Göttingen, Alleestr. 2.
Dr. Lütgens, A., Hamburg, Gr. Hausdorf.
Lüttemann, W., Notar, Hannover, Georgsplatz 10.
Lütkens, R., Justizrat, Altona a. E., Schillerstr. 22.
Lützeler, Aug., Kaiserl. Notar, Maasmünster.
Dr. Maas, Georg, Bibliothekar am Reichsmilitärgericht, Professor, Zehlendorf, Berlinerstr. 8.
Dr. Maas, Oberlandesgerichtsrat, Karlsruhe i. B.
Machol, Rechtsanwalt, Königstein a. Taunus.
Magnus, Julius, Rechtsanwalt, Berlin NW. 7, Dorotheenstr. 51.
Maier, Rudolf, Kgl. Amtsrichter, Wegscheid i. Niederbayern.
Mainhard, Oberlandesgerichtsrat, Karlsruhe i. B., Leopoldstr. 4.
Dr. Mallmann, Landgerichtspräsident, Coblenz.
Manasse I, Rechtsanwalt, Grünberg.
Dr. phil. et jur. Manes, Professor und Generalsekretär des deutschen Vereins für Versicherungs-Wissenschaft, Berlin W. 50, Pragerstr. 26.

Mangold, Referendar, Danzig, Amtsgericht.
Dr. Manigk, A., ord. Professor der Rechte, Königsberg i. Pr.
Mankiewitz, Georg, Rechtsanwalt, Justizrat, Berlin W. 64, Behrenstr. 22.
Dr. Mann, Richard, Rechtsanwalt, Frankenthal i. Pfalz.
Dr. Mann, R., Rechtsanwalt, Justizrat, Stettin.
Mansen, Justizrat, Dortmund, Ludwigstr. 10.
Dr. Mansfeld, Reichsgerichtsrat, Leipzig-Gohlis, Fechnerstr. 3.
Marba, Rechtsanwalt, Berlin W. 64, Behrenstr. 68/69.
Marcus, Josef, Amtsgerichtsrat, Berlin S. 59, Hasenheide 67.
Marcus, Gustav, Justizrat, Guben.
Marcus, Rechtsanwalt, Berlin W. 8, Friedrichstr. 61.
Marcuse, Th., Rechtsanwalt, Berlin SW. 48, Friedrichstr. 227.
Marggraf, Herrmann, Rechtsanwalt, Berlin W. 35, Potsdamerstr. 46.
Markowitz, Rechtsanwalt, Notar, Schildberg i. Posen.
Markwald, Alexander, Rechtsanwalt, Justizrat, Berlin W. 8, Mohrenstr. 10.
Marquardt, Rechtsanwalt, Rosenberg, W.-Pr.
Dr. Martin, R., Senatspräsident, Hamburg 37, Werderstr. 42.
Martin, Eugen, Justizrat, Rechtsanwalt, Nürnberg, Adlerstr. 33.
Dr. v. Martitz, Professor, Geh. Ober-Regierungsrat, Berlin W. 15, Pfalzburgerstr. 85/86.
Marum, Rechtsanwalt, Karlsruhe i. B.
Marwedel, Kgl. Zollsekretär, Danzig.
Dr. Marwitz, Oberlandesgerichtsrat, Kiel.
Dr. Marx, Adolf, Rechtsanwalt, Mannheim.
Dr. Marx, Rechtsanwalt, Karlsruhe i. B., Kaiserstr. 95.
Marxheimer, Rechtsanwalt, Wiesbaden, Adelheidstr. 46.
Maschke, Georg, Justizrat, Rechtsanwalt, Notar, Konitz i. Westpr., Denkmalsplatz 7.
Dr. Maschkowski, Rechtsanwalt, Karthaus W.-Pr.
Matthaei, F., Amtsgerichtsrat, Hannover, Ubbenstr. 5 I.
Dr. Matthias, Professor, Rostock i. M., Stefanstr. 13a.
Maubach, Justizrat, Notar, Koblenz.
Maur, Justizrat, Coblenz a. R.
Dr. Maut, Amtsgerichtsrat, Schleswig, Moltkestr. 5.
Dr. Mayer, Carl, Rechtsanwalt, Justizrat, Cöln a. Rh., Georgstr. 5a.
Dr. Mayer, Moritz, Rechtsanwalt, Frankenthal (Pfalz).
Dr. Mayer, F. Carl, Justizrat, Schwäb. Gmünd.
Dr. Mayer, Max Ernst, Professor, Straßburg i. E., Universitätsstr. 38.
Mayer, Bernhard, Rechtsanwalt, Straßburg i. E., Kleberstaden 16.
Dr. Mayer, Gustav, Rechtsanwalt, Mannheim.
Mayer, Oskar, Rechtsanwalt, Mannheim O. 4. 16.
Dr. Mayer, Otto, Professor, Leipzig, Kronprinzstr. 15.
Mecke, W., Amtsgerichtsrat, Düsseldorf, Mozartstr. 17.
Mehnert, Carl, Rechtsanwalt, Altenburg, S.-A.
Meibauer, Rechtsanwalt, Justizrat und Notar, Flatow i. Westpr.
Dr. Meier, W., Rechtsanwalt, Karlsruhe i. B., Kaiserstr. 112.
Dr. Meier, Rechtsanwalt, Pforzheim.

Meinhard, Rechtsanwalt, Berlin W. 8, Leipzigerstr. 98.
.Meinzinger, Rechtsanwalt, Landau.
Meisner, Christian, Rechtsanwalt, Würzburg.
Meister, Rechtsanwalt, Justizrat, Stettin, Bismarckstr. 6.
Dr. Mendel, Rechtsanwalt, Dresden, Marschallstr. 27 I.
Menzel, Rechtsanwalt, Notar, Dirschau, W.-Pr.
Menzen, Rechtsanwalt, Bonn a. Rh.
Dr. Menzen, Gerichtsrat, Frankfurt a. M.-Eschersheim, Villa Christa.
Merfeld, W., Landgerichtsrat, Berlin W. 50, Regensburgerstr. 34.
Merckle, Rechtsanwalt, Frankenthal (Pfalz).
Dr. Merkel, Professor, Greifswald, Steinstr. 11.
Dr. Merkel, R., Professor, Freiburg i. B., Zasiusstr. 49.
Merschberger, Staatsanwaltschaftsrat, Wilmersdorf, Xantenerstr. 1.
Merzbacher, Justizrat, Nürnberg.
Dr. Meschelsohn, Justizrat, Berlin W. 10, Hohenzollernstr. 24.
Messow, Alfred, Rechtsanwalt, Justizrat, Berlin C. 2, Burgstr. 29.
Metz, August, Rechtsanwalt, Justizrat, Gießen.
Dr. Metzel, Privatgelehrter, Stettin, Lindenstr. 21, p. l.
Dr. Meumann, Rechtsanwalt, Essen a. d. Ruhr, Hagenstr. 31.
Dr. Meurer, Professor, Würzburg.
Meuser, Paul, Rechtsanwalt, Justizrat, Cöln a. Rh., Spichernstr. 28.
Dr. med. et jur. Meyer, Th., Privatdozent, Jena, Herderstr. 3.
Dr. Meyer, Rechtsanwalt, Justizrat, Danzig, Jopengasse 53 I.
Dr. Meyer, Fritz, Justizrat, Frankfurt a. M., Neue Zeil 63.
Meyer, Otto, Oberlandesgerichtsrat, Celle, Hannoverschestr. 3 I.
Dr. Meyer, Oskar, Rechtsanwalt, Berlin SW. 61, Belle-Alliancestr. 92.
Meyer, Paul, Rechtsanwalt, Justizrat, Berlin SW. 48, Friedrichstr. 239.
Dr. Meyer, Friedrich, Arthur, Rechtsanwalt, Berlin SW. 61, Belle-Allianceplatz 3.
Meyer, Bernhard, Rechtsanwalt, Notar, Brandenburg a. H.
Dr. Meyer, Max, Rechtsanwalt, Justizrat, Frankfurt a. M., Stiftstr. 22 III.
Meyer, Eugen, Rechtsanwalt, Freiburg i. B.
Dr. Meyer III, Ludwig, Rechtsanwalt, Hannover, Schillerstr. 32.
Meyer, A. R. G., Rechtsanwalt, Notar, Geheimer Justizrat, Ostrowo.
Meyer, Edwin, Rechtsanwalt, Notar, Justizrat, Tilsit, Kasernenstr. 24.
Dr. Meyer von Schauensee, Pl., Obergerichtsvizepräsident, Luzern.
Meyerhoff, Georg, Rechtsanwalt, Nicolassee, Libellenstraße.
Meyerowitz, Martin, Rechtsanwalt, Königsberg i. Pr., Steindamm 50.
Meyerowitz, Arthur, Rechtsanwalt, Königsberg i. Pr., Mitteltragheim 16.
Meyerstein, Eduard, Rechtsanwalt, Syndikus der Handelskammer, Berlin NW. 7, Dorotheenstr. 7/8.
Dr. Meyßner, Erich, Justizrat, Berlin W. 8, Kronenstr. 73/74.
Michaelis, Richard, Oberlandesgerichtsrat, Colmar i. E.
Dr. Michaelis, Max, Rechtsanwalt, Berlin W. 64, Charlottenstr. 59.
Dr. Michaels, Walter, Assessor, Hamburg, Rotenbaumchaussee 65.
Michal, Julius, Ober-Regierungsrat, Direktor des Zellengefängnisses, Nürnberg, Fürtherstr. 114.

Dr. Michel, J., Notar, Oberbronn i. E.
Middeldorf, Georg, Amtsrichter, Vlotho a. W.
Mierzejewski, Rechtsanwalt, Notar, Justizrat, Myslowitz, O.-Schl.
Migge, Rechtsanwalt, Danzig.
Dr. Milch, Rechtsanwalt, Breslau I, Zwingerplatz 1.
Dr. Minden, Georg, Direktor des Pfandbriefamtes, Berlin W. 62, Kleiststr. 1.
Miquel, Amtsgerichtsrat, Harburg a. E.
Dr. Misch, Emil, Rechtsanwalt, Justizrat, Berlin C. 2, Neue Friedrichstr. 71.
Dr. Mitteis, L., Professor, Leipzig, Hillerstr. 9.
Dr. Mittelstaedt, Rechtsanwalt, Leipzig, Markgrafenstr. 4.
Dr. Mittelstein, Max, Oberlandesgerichtsrat, Hamburg, Klosterallee 49.
Dr. Mittelstraß, A., Rechtsanwalt, Hamburg, Gr. Bleichen 42.
Dr. Mittermaier, W., Professor, Gießen, Liebigstr. 36.
Mitzlaff, A., Landgerichtsrat a. D., Danzig, Sandgrube 27a.
Mohr, O., Rechtsanwalt, Rudolstadt i. Th.
Mohrmann, Justizrat, Verden i. Hannover.
Dr. Moll, H., Justizrat, Berlin W. 35, Karlsbad 26.
Möller I, C., Rechtsanwalt, Kiel, Holstenstr. 73, I.
Moninger, Carl, Direktor und Handelsrichter, Karlsruhe i. B., Friedenstr. 1.
von Morgenstern, Amtsrichter, Culm a. W.
Morris, Georg, Rechtsanwalt, Berlin SW. 48, Friedrichstr. 16.
Morsbach, Rechtsanwalt, Justizrat, Bonn.
Dr. Mothes, Rudolf, Rechtsanwalt, Leipzig, Burgstr. 35.
Motty, Rechtsanwalt, Justizrat, Grätz, (Posen).
Motzkau, Rechtsanwalt, Notar, Loetzen.
Mügel, Wirkl. Geh. Oberjustizrat, Direktor und vortragender Rat im Justizministerium, Berlin W. 15, Kurfürstendamm 32.
Moyk, Erich, Rechtsanwalt, Notar, Schlochau, Westpreußen.
Dr. Mühsam, Benno, Rechtsanwalt, Justizrat, Berlin SW. 19, Leipzigerstr. 57.
Müller, Rechtsanwalt, Oliva i. Pr.
Müller, Rechtsanwalt, Notar, Justizrat, Demmin.
Müller, L., Rechtsanwalt, Notar, Justizrat, Glogau, Poststr. 1.
Dr. Müller, Ernst, Rechtsanwalt, Justizrat, Metz, Esplanaden 4.
Dr. Müller, A., Rechtsanwalt, Metz, Esplanadenstr. 4.
Müller-Erzbach, Professor, Königsberg i. Pr.
Mundt, Amtsrichter, Danzig, Sandgrube 28 a.
Munk, Landgerichtsdirektor, Geh. Justizrat, Berlin-Dahlem, Cronbergerstr. 24.
Münsterberg, Kommerzienrat, Danzig.
Dr. Muskat, Eugen, Amtsgerichtsrat, Waldenburg i. Schl.
Mylord, Rechtsanwalt, Neumünster (Bez. Kiel).
Nathan, Rechtsanwalt, Breslau I, Schweidnitzerstr. 37.
Dr. Nauen, Victor, Rechtsanwalt, Mannheim.
Naumann, C., Rechtsanwalt, Notar, Justizrat, Lüchow (Prov. Hannover).
Neckel, Leopold, Oberlandesgerichtsrat, Karlsruhe i. B., Amalienstr. 22.
Nemnich, Landgerichtsrat, Cöln a. Rh., Richard Wagnerstr. 10.
Neßler, Landgerichtsrat, Karlsruhe i. B., Grashoffstr. 3.
Neubauer, Senatspräsident, Geh. Oberjustizrat, Berlin W. 50, Würzburgerstr. 3.

Dr. Neubecker, Professor an der Universität, Berlin-Charlottenburg, Kantstraße 118/119.
Neuber, Landrichter, Langfuhr-Danzig, Hochschulweg 7.
Neuburger, Rechtsanwalt, Baden-Baden.
Neuer, Wilhelm, Rechtsanwalt, Justizrat, Cöln a. Rh., Langgasse 23.
Neufeld, Rechtsanwalt, Berlin W. 35, Potsdamerstr. 29.
Neuhaus, Max, Rechtsanwalt, Frankfurt a. M., Kleiner Hirschgraben 4.
Dr. Neukamp, Reichsgerichtsrat, Leipzig.
Dr. Neukirch, Carl, Rechtsanwalt, Frankfurt a. M., Goethestr. 25.
Dr. Neumann, Amtsgerichtsrat, Breslau, Goethestr. 19, I.
Neumann, Victor, Justizrat, Notar, Breslau I, Königstr. 5.
Neumann I, S., Rechtsanwalt, Notar, Justizrat, Berlin W. 9, Linkstr. 16.
Neumann, Ad., Justizrat, Sorau (Niederlausitz).
Dr. Neumann, Hugo, Rechtsanwalt b. Kammergericht, Notar, Justizrat, Berlin W. 35, Potsdamerstr. 118.
Neumann, Rechtsanwalt, Rosenberg.
Neumann, Rechtsanwalt, Neustadt, Westpreußen.
Neumann, Gerichtsassessor, Danzig, Pfefferstadt 72.
Dr. Neumann, Ernst, Gerichtsassessor, Charlottenburg, Bismarckstr. 111.
Dr. Neumann, Staatsanwalt, Aachen, Lothringerstr. 109.
Neusch, Rechtsanwalt, Gleiwitz.
Dr. Nichterlein, Rechtsanwalt, Danzig, Karrenwall 9.
Niedner, Alexander, Kammergerichtsrat, Berlin NW. 23, Klopstockstr. 59.
Dr. Niemeyer, Professor, Kiel.
Dr. Niese, Otto, Magistratsassessor, Berlin NW. 21, Bochumerstr. 10.
Niese, Rechtsanwalt, Notar, Justizrat, Kiel, Holstenstr. 104.
Nitsch, Amtsgerichtsrat, Danzig, Am Stadtgraben 18.
Nowoczyn, Justizrat, Neustadt, Westpreußen.
Dr. Nußbaum, Julius, Rechtsanwalt, Berlin SW. 48, Wilhelmstr. 6.
Dr. Oberneck, Rechtsanwalt, Notar, Justizrat, Berlin W. 9, Potsdamerstraße 134 b.
Obrecht, G., Justizrat, Metz, Bankstraße.
Oehlschlaeger, Landgerichtsrat, Danzig, Straußgasse 1.
Ohrt, Friedrich, Rechtsanwalt bei dem Kgl. Oberlandesgericht Kiel.
Olbricht, Erster Staatsanwalt, Lüneburg.
Dr. Oelenheinz, Rechtsanwalt, Karlsruhe i. B., Amalienstr. 24.
Dr. Oelsner, Justizrat, Rechtsanwalt, Notar, Frankfurt a. M., Bockenheimer Landstr. 2.
Ollendorff, Rechtsanwalt, Breslau, Zwingerplatz 2.
Ollmann, P., Rechtsanwalt, Justizrat, Greifswald, Bahnhofstr. 50.
Dr. Olshausen, Wirklicher Geheimer Rat, Reichsgerichts-Senatspräsident a. D., Charlottenburg 5, Witzlebenstr. 31.
Dr. Olshausen, Landrichter, Potsdam.
Dr. Opet, Otto, Amtsgerichtsrat, Professor, Kiel, Holtenauerstr. 85.
Oppenheim, R., Rechtsanwalt, Berlin W. 10, Friedrich Wilhelmstr. 8.
Oppenheim, Rudolf, Assessor, Berlin W. 10, Friedrich Wilhelmstr. 8.
Dr. Oppenheimer, Paul, Amtsrichter, Altona.

Dr. Oppenheimer, E., Rechtsanwalt, Justizrat, Berlin W. 8, Mauerstr. 34.
Dr. Oppenheimer, J., Rechtsanwalt, Frankfurt a. M., Goethestr. 2.
Dr. Oppenheimer, R. L., Rechtsanwalt, Hamburg, Hohe Bleichen.
Oppenheimer, Salomon, Rechtsanwalt, Karlsruhe i. B., Kreuzstr. 8.
Dr. Oppermann, W., Gerichtsassessor, Wilsdruff b. Dresden.
Dr. Oppermann, Reichsgerichtsrat, Leipzig, Egelstr. 5.
Oppler, Leo, Oberlandesgerichtsrat, Colmar i. E.
Orgler, Kurt, Rechtsanwalt, Barmen.
Dr. Orgler, Rechtsanwalt, Posen.
Dr. Ortlieb, Gerichtsassessor, Berlin NW. 52, Spenerstr. 25 a.
Dr. jur. et phil. Oertmann, Paul, Professor, Erlangen.
Dr. jur. Osterrieth, Professor, Schriftsteller, Berlin W. 66, Wilhelmstr. 57/58.
Dr. Oswalt, Henry, Justizrat, Frankfurt a. M., Bockenheimer Landstr. 2.
Dr. von Otto, Viktor, Justizminister, Dresden, Bürgerwiese 25.
Dr. v. Overbeck, A., Freiherr, Professor der Rechte, Freiburg i. Schweiz, Villa Felix.
Dr. Pabst, Landrichter, Lübeck, Friedrich Wilhelmstr. 40.
Dr. Paechter, Rechtsanwalt, Berlin W. 35, Kurfürstenstr. 148.
Packscher, Rechtsanwalt, Berlin W. 15, Kurfürstendamm 29.
Pallaske, Rechtsanwalt, Notar, Justizrat, Liegnitz, Goldbergerstr. 17.
Dr. Panther, Rechtsanwalt, Mannheim.
Dr. Pape, Ernst, Kammergerichtsrat, Berlin W. 15, Meierottostr. 3.
Dr. Pappenheim, Max, Geheimrat, Professor, Kiel, Moltkestr. 57.
Partikel, Rechtsanwalt, Berent, Westpreußen.
Dr. jur. et phil. Passow, Rich., Professor, Aachen, Eupenerstr. 131.
Pauli, Emil, Landgerichtsrat, Berlin NW. 87, Alt-Moabit 73.
Pauli, Wilhelm, Staatsanwalt, Straßburg i. E.
Freiherr von Pechmann, W., Direktor der Bayerischen Handelsbank, München, Maffristr. 5, II.
Peiser, Heinrich, Landgerichtsrat, Danzig.
Dr. Perels, Leopold, Privatdozent, Gerichtsassessor, Heidelberg, Brückenstraße 39.
Dr. jur. Perels, Kurt, Professor des öffentlichen Rechts, Hamburg, Loogestieg 13.
Pergament, Michael, Professor, St. Petersburg, Wassili-Ostrow-Linie 10, Haus 41.
Dr. Perl, Rechtsanwalt, Justizrat, Berlin W. 35, Potsdamerstr. 108.
Dr. von Pestalozza, Anton, Graf, Rechtsanwalt, München, Sendlingerstraße 13, I.
Peters, J., Rechtsanwalt, Bonn a. Rh., Wilhelmstr. 30.
Dr. Peters, Reichsgerichtsrat, Leipzig, Beethovenstr. 14.
Peters, Norbert, Rechtsanwalt, Coblenz, Löhrstr. 31.
Dr. Petersen, Chr., Rechtsanwalt, Notar, Flensburg, Großestr. 1, I.
Petrich, Rechtsanwalt, Notar, Justizrat, Samter.
Petzall, Berthold, Rechtsanwalt, Berlin C. 2, Neue Friedrichstr. 21.
Dr. Pfefferle, Gerichtsassessor, Karlsruhe i. B., Lenzstr. 10.

Pfeiffer, Oberlandesgerichtsrat, Geh. Justizrat, Stettin, Karkutschestr. 2, I.
Dr. Pfersdorff, Fritz, Rechtsanwalt, Straßburg i. E., Eisernermannsplatz 4.
Pfitzner, Georg, Landgerichtsrat, Frankfurt a. M., Oberer Atzemer 4.
Dr. Pflüger, Professor, Bonn, Kaiser Friedrichstr. 7.
Philippi, Rechtsanwalt, Metz, Bärenstr. 4.
Dr. Philippsborn, Referendar, Berlin W. 15, Fasanenstr. 22.
Dr. Philipsen, Amtsgerichtsrat, Langfuhr-Danzig, Hauptstr. 56.
Pick, Amtsrichter, Berlin O. 112, Finowerstr. 20, II.
Dr. Pigge, Amtsrichter, Langfuhr-Danzig, Parkweg.
Dr. Pilling, Carl, Oberjustizrat, Dresden, Feldgasse 10.
Pincus II, Georg, Rechtsanwalt, Justizrat, Berlin W. 8, Französischestr. 8.
Pinner, Albert, Rechtsanwalt, Justizrat, Berlin W. 64, Behrenstr. 58.
Pinner, Sally, Gerichtsassessor, Berlin O. 27, Wallner Theaterstr. 7.
Dr. Piper, Landgerichtspräsident, Neustrelitz, Seestr. 32.
Pistorius, Rechtsanwalt, Magdeburg, Breiteweg 215.
Plaschke, Geh. Oberjustizrat, vortragender Rat im Justizministerium, Berlin W. 8, Motzstr. 51.
Dr. von Plehwe, Kanzler, Oberlandesgerichtspräsident, Königsberg i. Pr. Tragheim, Pulverstr. 19, I.
Pletscher, K., Rechtsanwalt, Rastatt, Schloßstraße.
Ploch, Staatsanwaltschaftsrat, Danzig.
Plonsker, Amtsgerichtsrat, Schwetz a. W.
Plonsker, Rechtsanwalt, Notar, Berlin N. 20, Badstr. 60.
Dr. Polzin, Gerichtsassessor, Hannover, Hallerstr. 1 b.
Pomorski, Rechtsanwalt, Justizrat, Ostrowo.
Ponath, Carl, Justizrat, Rechtsanwalt, Notar, Tuchel, Westpreußen.
Dr. Pöppel, Rechtsanwalt, Justizrat, Grunewald, Fontanestr. 8, I.
Posner, Herrmann, Rechtsanwalt, Berlin W. 66, Wilhelmstr. 88.
Dr. Posener, Paul, Assessor, Charlottenburg, Bleibtreustr. 18.
Dr. Pralle, R., Rechtsanwalt, Notar, Bremen.
Predari, Reichsgerichtsrat, Leipzig, Hardenbergstr. 23.
Preibisch, Rechtsanwalt, Justizrat, Berlin SO., Köpenickerstr. 116.
Preiß, Rechtsanwalt, Tarnowitz.
Prerauer, Rechtsanwalt, Notar, Justizrat, Berlin W. 8, Charlottenstr. 49.
Priester, Harry, Rechtsanwalt, Berlin SW. 68, Zimmerstr. 21.
von Prittwitz und Gaffron, Oberstaatsanwalt, Geh. Oberjustizrat, Naumburg a. S.
Prym, Emil, Rechtsanwalt, Düren i. Rhld., Südstr. 13.
Dr. Pudel, Rechtsanwalt, Mannheim.
Rabe, Oberstaatsanwalt, Cöln a. Rh., Richard Wagnerstr. 39.
Dr. Rabel, Ernst, Universitätsprofessor, Kiel.
Rabenhofer, Joseph, Oberlandesgerichtsrat, München, Sonnenstr. 3.
Dr. jur. Radbruch, Gustav, Privatdozent der Rechte, Ziegelhausen bei Heidelberg, Villa Stiftsmühle.
Radbatz, Oberlandesgerichtsrat, Geh. Justizrat, Posen, Friedenstr. 5.

Radlauer, Landgerichtsrat, Halle a. d. S., Martinsberg.
Radt, Justizrat, Thorn.
Dr. jur. Raschke, Marie, Gr.-Lichterfelde West, Sternstr. 4.
Dr. Rathenau, Fritz, Regierungsrat, Berlin W. 15, Meineckestr. 7.
Rathje, Hermann, Rechtsanwalt, Kiel, Holstenstr. 21, II.
Rau, Meinhold, Rechtsanwalt, München, Landwehrstr. 4, II.
Rau, Rechtsanwalt, Notar, Justizrat, Königsberg i. Pr., Junkerstr. 12.
Dr. Rauch, Carl, Professor, Königsberg i. Pr.
Dr. jur. Rauert, Rechtsanwalt, Kiel, Feldstr. 81, I.
Raumann, Oskar, Rechtsanwalt, Notar, Berlin N. 4, Chausseestr. 131.
Reck, Landgerichtspräsident, Geh. Oberjustizrat, Hechingen, Hohenzollern.
Dr. Regelsberger, Geheimrat, Professor, Göttingen.
Rehe, C., Rechtsanwalt, Cöln a. Rh., Appellhofplatz 2.
Dr. Rehm, H., Professor, Straßburg i. E., Hohenlohestr. 22.
Dr. Rehme, Paul, Professor der Rechte, Halle a. d. S.
Dr. Reichardt, Wolf, Assessor, Zittau i. S., Schillerstr. 40.
Reichardt, Geh. Oberregierungsrat, Karlsruhe i. B.
Dr. Reiche, Martin, Rechtsanwalt, Justizrat, Berlin SW. 68, Charlottenstr. 21.
Dr. jur. et phil. Reichel, Hans, a. o. Professor, Jena, Westendstr. 9.
Reichenbach, Rechtsanwalt, Berlin N. 58, Schönhauser Allee 168.
Dr. Reichert, Justizrat, Hannover.
Reichhold, F., Rechtsanwalt, Landau i. Pfalz.
Reimann, Justizrat, Danzig, Hundegasse 106/107.
Dr. Reinach, Justizrat, Mülhausen i. Elsaß, Sinnestr. 16.
Reinberger, Rechtsanwalt, Justizrat, Berlin C. 2, Breitestr. 11.
Dr. Reinhardt, Wirklicher Geheimer Rat, Exzellenz, Karlsruhe i. B.
Reinmuth, A., Rechtsanwalt, Mannheim, A 4, 5.
Dr. Reis, Gustav, Rechtsanwalt, Mannheim.
Reis, H., Staatsanwaltschaftsrat a. D., Danzig, Hundegasse 93.
Reißert, Justizrat, Erfurt, Gartenstraße.
Reiß, Paul, Justizrat, Frankfurt a. M., Weserstr. 51.
Reitinger, Th., Vorstand des Grundbuchamts, Rechtsrat, Mannheim, Mannheimerstr. 51.
Reuscher, Rechtsanwalt, Notar, Justizrat, Kottbus.
Rheinwald, Oberlandesgerichtsrat a. D., Stuttgart, Neckarstr. 48 b.
Rhode, Erster Staatsanwalt a. D., Zoppot.
Dr. Riber, Rechtsanwalt, Mülhausen i. E.
Richter, Landgerichtsdirektor, Danzig.
Richter, Max, Handelsrichter, Danzig.
Dr. Richter, Karl Albrecht, Regierungsassessor, Leipzig-Connewitz, Südstr. 108.
Rieck, Landgerichtspräsident, Geh. Oberjustizrat, Bromberg.
Riecke, Rechtsanwalt, Halle a. S.
Riedel, Sigmund, k. Amtsrichter, Fischbach b. Feucht.
Dr. Riedel, Oberlandesgerichtsrat, Naumburg a. d. S.
Dr. Riemenschneider, F. H., Rechtsanwalt, Notar, Bremerhaven.
Dr. Riesenfeld, Conrad, Ernst, Syndikus der Handelskammer, Professor, Breslau XVIII, Kaiser Wilhelmstr. 193.

Rieß, D., l. Magistratsassessor, Berlin W. 35, Blumeshof 1, III.
Dr. Rießer, J., Geh. Justizrat, Professor, Berlin W. 10, Lichtensteinallee 4.
Dr. Rietschel, Siegfried, Universitätsprofessor, Tübingen, Neckarhalde 55.
Dr. Riezler, E., Professor, Freiburg i. B., Reichsgrafenstr. 6.
Ring, Senatspräsident am Kammergericht, Berlin W. 35, Schöneberger Ufer 40.
Rintelen, Rechtsanwalt, Hagen i. W., Elberfelderstr. 20.
Rippner, M., Rechtsanwalt, Justizrat, Berlin SW. 68, Lindenstr. 108.
Rittau, Max, Referendar, Neustadt, Westpreußen.
Dr. Ritter, Erwin, Oberamtsrichter, Karlsruhe i. B.
Dr. Ritthausen, Rechtsanwalt, Berlin NW. 6, Luisenstr. 39.
Dr. Robinow, R., Rechtsanwalt, Hamburg, Neuerwall 69.
Dr. Roeder, Amtsrichter a. D., Direktor des Kgl. Strafgefängnisses Tegel, Seidelstr. 15.
Roediger, Rechtsanwalt, Mannheim.
Dr. v. Rohland, W., Geh. Hofrat, Professor, Freiburg i. B., Goethestr. 28.
Dr. Rohrbeck, W., Dr. jur. et phil., Berlin NW. 87, Levetzowstr. 21.
Röhrig, Rechtsanwalt, Berlin NW. 7, Mittelstr. 63.
Roll, Rechtsanwalt und Notar, Lissa i. P.
Dr. Roltsch, Wilhelm, Gerichtsassessor, Wiesbaden, Amtsgericht.
Dr. Romberg, Geh. Justizrat, Rechtsanwalt beim Reichsgericht, Leipzig, Sternwartenstr. 79.
Dr. Roemer, Rechtsanwalt, Notar, Justizrat, Bochum i. W.
Ronniger, P., Rechtsanwalt, Leipzig, Petersstr. 27.
Dr. Roscher, Th., Rechtsanwalt, Notar, Justizrat, Hannover.
Rose, E., Rechtsanwalt, Notar, Harburg a. E.
Rosenbaum, Rechtsanwalt, Danzig, Langermarkt 19.
Dr. Rosenberg, Rechtsanwalt, Gießen.
Rosenberg, Julius, Rechtsanwalt und Notar, Göttingen.
Dr. Rosenberg, Leo, Privatdozent an der Universität Göttingen.
Rosenberg, Oberlandesgerichtsrat, Colmar i. E.
Rosencrantz, Justizrat, Mewe a. Weichsel.
Dr. Rosendorff, Rich., Rechtsanwalt, Berlin W. 8, Charlottenstr. 33, II.
Dr. jur. et phil. Rosenfeld, Ernst, Staatsanwalt, Berlin W. 9, Voßstr. 13.
Dr. Rosenfeld, E. H., Professor, Münster i. W., Heerdestr. 9.
Dr. Rosenfeld, F., Rechtsanwalt, Mannheim.
Dr. Rosenfeld, J., Rechtsanwalt, Mannheim.
Dr. Rosenmeyer, Rechtsanwalt, Frankfurt a. M., Goethestr. 35.
Rosenthal, S. Amtsrichter, Gleiwitz, Kreidelstr. 10.
Rosenthal, Landgerichtsdirektor, Geh. Justizrat, Danzig, Lastadie 1.
Rosenthal, Landgerichtsrat, Langfuhr-Danzig, Kastanienweg 5 a.
Rosenthal, Walter, Rechtsanwalt, Berlin SW. 68, Lindenstr. 112.
Dr. Rosenthal, Wilhelm, Rechtsanwalt, München, Fürstenfelderstr. 10.
Dr. Rosin, Geh. Hofrat, Professor, Freiburg i. Baden, Güntersthal 64.
Dr. Roth, Kriegsgerichtsrat, Dresden-Blasewitz, Weinbergstr. 2.
Dr. Roth, Rechtsanwalt, Heidelberg, Theaterstr. 14.
Dr. Rothbart, Ph., Rechtsanwalt, Frankfurt a. M., Schillerstr. 7.
Dr. Rothe, Justizrat, Berlin C. 2, Kaiser Wilhelmstr. 39.

Rothenberg, Justizrat, Danzig.
Dr. Rothenbücher, Karl, Privatdozent, München, Brüderstr. 5, III.
Dr. Ruhbaum, Oberverwaltungsgerichtsrat, Berlin W. 50, Augsburgerstr. 23.
Dr. Rubensohn, Rechtsanwalt, Notar, Rybnik i. O.-Schl.
Dr. Rüdenberg, Alfred, Crefeld-Bockum, Tiergartenstr. 55.
Ruge, Albert, Regierungsrat, Danzig-Langfuhr, Baumbachallee 11.
Ruhm, Rechtsanwalt, Danzig, Hundegasse 106/107.
Dr. Ruland, Justizrat, Colmar i. E.
Dr. Rümker, Charles, Amtsrichter, Hamburg.
Dr. Rumpf, Hermann, Rechtsanwalt, Frankfurt a. M., Goethestr. 12.
Runge, Ewald, Rechtsanwalt, Berlin W. 66, Wilhelmstr. 45.
Dr. von Rüpplin, Freiherr, Landgerichtsdirektor, Konstanz.
Dr. Salfeld, Alfred, Rechtsanwalt, Berlin C. 25, Münzstr. 1/2.
Sassen, J. H., Justizrat, Notar, Bonn, Kaiserplatz 5.
Sachs, Emil, Geh. Justizrat, Leipzig, Promenadenstr. 10.
Sachse, Gerichtsassessor, Danzig.
Dr. Sachsenhausen, Rechtsanwalt, Danzig, Hundegasse 91/92.
Dr. jur. Sack, Th., Schriftsteller, München, Franz Josephstr. 20.
Salinger, Max, Justizrat, Rechtsanwalt, Notar, Berlin W. 10, Königin Augustastr. 35, II.
Dr. Salinger, George, Rechtsanwalt, Berlin W. 15, Fasanenstr. 67.
Salinger, Rechtsanwalt, Notar, Wollstein.
Dr. v. Salis, Professor, Schloß Marschlins b. Landquart i. Graubünden, Schweiz.
Salomon, Landgerichtsrat, Charlottenburg, Giesebrechtstr. 10.
Salomon, Alfred, Oberlandesgerichtsrat, Cöln a. Rh., Volksgartenstr. 24.
Dr. Salomon, J. Ph., Rechtsanwalt, Berlin W. 35, Lützowstr. 67.
Dr. Salomonsohn, Arthur, Geschäftsinhaber der Diskontogesellschaft, Berlin W. 64, Unter den Linden 35.
Dr. Samson, H., Rechtsanwalt, Hamburg, Bleichenbrücke 10.
Dr. Samson, M., Rechtsanwalt, Hamburg, Neuer Wall 19/23.
Dr. Samter, Hermann, Justizrat, Berlin W. 9, Königin Augustastr. 15.
Dr. Sammer, K., Geh. Regierungsrat, Bankdirektor, Gotha, Ohrdruferstr. 4.
Sandberg, Gustav, Rechtsanwalt, Justizrat, Berlin S. 42, Oranienstr. 45.
Dr. Sander, E., Rechtsanwalt, Berlin W. 57, Elsholzstr. 2.
Dr. Sanders, Rechtsanwalt, Karlsruhe i. B., Hebelstr. 9.
Sänger, A., Rechtsanwalt, Stuttgart.
Dr. Sartorius, Professor, Tübingen.
Saul, Immanuel, Rechtsanwalt, Duisburg, Königstr. 38.
Schachian, Rechtsanwalt, Justizrat, Berlin W. 56, Hinter der kath. Kirche 1.
Dr. Schachtel, Leo, Rechtsanwalt, Berlin SW. 48, Wilhelmstr. 100.
Schachtel, Rechtsanwalt, Notar, Lichtenberg, Frankfurter Allee 183.
Schaefer, August, Rechtsanwalt, Baden-Baden, Sophienstr. 29.
Dr. jur. Schaeffer, Hans, Breslau, Neudorffstr. 33.
Dr. Schall, R., Rechtsanwalt beim Reichsgericht, Justizrat, Leipzig, Kaiser Wilhelmstr. 12 b.

Dr. Schanze, Oskar, Professor, Kaiserl. Regierungsrat a. D., Dresden, Jacobistr. 5.
Scheff, Rechtsanwalt, Justizrat, Berlin W. 9, Potsdamerstr. 141.
Schellong, F., Oberverwaltungsgerichtsrat, Wirkl. Geheimer Oberregierungsrat, Charlottenburg, Carmerstr. 10.
Schenk, Oberlandesgerichtsrat, Karlsruhe i. B.
Schenck, Rechtsanwalt, Hagen i. W., Bergstr. 73.
Schenke, Friedr., Amtsgerichtsrat, Torgau a. E.
Schepers, Senatspräsident, Geh. Oberjustizrat, Berlin W. 50, Neue Ansbacherstr. 13.
Dr. Scherer, M., Rechtsanwalt, Leipzig, Harkortstr. 8.
Dr. Scherer, Otto, Rechtsanwalt, Mainz, Kaiserstr. 46.
Dr. Schieren, Referendar, Danzig, Goldschmiedegasse 8, I.
Schippang, Erich, Landgerichtsrat, Kiel, Beseler-Allee 32, I.
Schirren, Rechtsanwalt, Justizrat, Notar, Kiel, Klinke 26.
Dr. Schlauch, Walter, Syndikus der Diskonto-Gesellschaft, Berlin W. 15, Meineckestr. 2.
Schlesinger, Georg, Rechtsanwalt, Leipzig, Neumarkt 1.
Schlicht, Rechtsanwalt, Notar, Soegel (Prov. Hannover).
Schlodermann, Landgerichtsdirektor, Berlin W. 15, Hohenzollerndamm 5.
Dr. Schlotter, Oberlandesgerichtsrat, Düsseldorf-Obercassel.
Dr. Schlotter, A., Rechtsanwalt, Notar, Justizrat, Gera (Reuß).
Schlüter, Oberbergrat, Dortmund, Kronprinzenstr. 34.
Schmid, Paul, Rechtsanwalt, Notar, Berlin SW. 48, Friedrichstr. 248.
Schmid, Senatspräsident, Geh. Oberjustizrat, Kiel, Düsternbrook 59.
von Schmidlin, Staatsminister der Justiz, Stuttgart.
Dr. Schmidt, Arthur, Professor der Rechte, Geh. Justizrat, Gießen, Loenystr. 18.
Schmidt, Rechtsanwalt, Notar, Duderstadt i. Eichsfeld.
Schmidt, Gerichtsassessor, Syndikus der Norddeutschen Brauervereinigung, Detmold.
Dr. Schmidt, Richard, Geh. Hofrat, Professor, Freiburg i. B.
Dr. Schmidt, Carl, Justizrat, Rechtsanwalt, Fürth (Bayern).
Schmidt, A,. Rechtsanwalt, Notar, Alt-Landsberg, Berliner Allee 13.
Dr. Schmidt, Fritz, Landgerichtsrat, Karlsruhe i. B., Westendstr. 11.
Dr. Schmidt-Polex, C., Justizrat, Rechtsanwalt, Frankfurt a. M.
Dr. Schmidt-Scharff, Wolfgang, Rechtsanwalt, Frankfurt a. M., Hochstraße 10.
Schmitz, Fritz, Landgerichtsrat, Zabern i. E.
Schmitz, Emil, Rechtsanwalt, Justizrat, Cöln a. Rh., Gereonsdrisch 15.
Dr. Schneider, Otto, Landgerichtsrat a. D., Direktor der Rheinischen Hypothekenbank, Mannheim A. 2. 1.
Schneider, Amtsgerichtsrat, Posen, Königsplatz 5.
Dr. Schneider, Viktor, Justizrat, Rechtsanwalt, Berlin W. 64, Unter den Linden 12.
Schneider, Arnold, Rechtsanwalt, Notar, Berlin SW. 11, Königgrätzerstr. 100a.
Schneider, Johannes, Rechtsanwalt, Meerane i. S.
Schnitger, J., Rechtsanwalt, Justizrat, Detmold.

Dr. Schnitzler, Rechtsanwalt, Krefeld, Ostwall 149.
Dr. Scholtz, Amtsrichter, Wreschen.
Dr. Scholz, Oberverwaltungsgerichtsrat, Berlin W. 50, Rankestr. 13.
Schon, Hans, Rechtsanwalt, Bonn a. Rh., Mannheimerstr. 42.
Schoenfeld, Rechtsanwalt, Justizrat, Berlin C. 2, Königstr. 34.
Schoenlank, Hugo, Rechtsanwalt, Notar, Tegel.
Schoenlank, Arthur, cand. jur. Posen, Friedrichstr. 26.
Dr. Schoeps, Gustav, Rechtsanwalt, Justizrat, Berlin C. 25, Alexanderstr. 53.
Dr. Schoetensack, August, Privatdozent, Würzburg, Sanderglacisstr. 40.
Dr. Schott, Professor, Breslau XVI., Leerbeutelstr. 7.
Schöttländer, Rechtsanwalt, Posen.
Schrader, K., Eisenbahndirektor a. D., Mitglied des Reichstags, Berlin W. 35, Steglitzerstr. 68.
Schrader, H., Rechtsanwalt, Diedenhofen.
Dr. Schrag, Rechtsanwalt, Karlsruhe i. B., Waldstr. 41.
Schreiber, August, Rechtsanwalt, Donaueschingen.
Schreier, Oskar, Rechtsanwalt, Berlin C. 2, Neue Promenade 3.
Dr. Schreiner, M., Justizrat, Rechtsanwalt, Cöln a. Rh.
Schrock, Franz, Landgerichtsdirektor, Berlin W. 50, Spichernstr. 24.
Dr. Schrock, E., Rechtsanwalt, Justizrat, Marienwerder i. Westpreußen.
Dr. Schröder, R., Geheimrat, Professor, Heidelberg, Ziegelhäuser Landstr. 19.
Schroetter, Landgerichtspräsident a. D., Geh. Ober-Justizrat, Zoppot, Schulstraße.
Schüler, Gustav, Rechtsanwalt, Stolp i. P.
Schultz, Ernst, Rechtsanwalt, kgl. Notar, Filehne (Posen).
Schultz, Rechtsanwalt, Notar, Justizrat, Culm W.-Pr.
Schultze, Kammergerichtsrat, Geh. Justizrat, Berlin NW. 52, Calvinstr. 13a.
Dr. Schultze, Alfred, Professor, Freiburg i. B., Schwimmbadstr. 30.
Dr. Schultzenstein, Senatspräsident des Oberverwaltungsgerichts, Wirkl. Geh. Ober-Regierungsrat, Berlin W. 30, Motzstr. 86.
Dr. Schulz, Professor, Oberbibliothekar, Leipzig, Floßplatz 33.
Schulz, Landgerichtsrat, Danzig-Langfuhr, Heiligenbrunnerweg 7, II.
Dr. Schulz, Carl, Rechtsanwalt, Frankenthal i. d. Pfalz, Bahnhofstr. 31.
Schulz, Rechtsanwalt, Justizrat, Kottbus, Kaiser Friedrichstr. 130.
von Schulz, Magistratsrat, Berlin NW. 52, Thomasiusstr. 21.
Dr. Schulz, G., Rechtsanwalt, Ludwigshafen a. Rhein.
Schulze, Max, Rechtsanwalt, Notar, Kirchhain N.-L.
Schumann, Heinr., Rechtsanwalt, Mosbach i. Baden.
Schumann, Staatsanwalt, Bartenstein Ostpr.
Schürmann, Kriegsgerichtsrat, Danzig.
Schütt, Rechtsanwalt, Notar, Neumünster i. Holstein.
Schwabach, Geh. Regierungsrat, Berlin W. 10, Hildebrandstr. 16.
Schwandner, Direktor, Vorstand des Vereins Deutscher Strafanstaltsbeamten, Ludwigsburg i. Wttbg.
Schwartz, Landgerichtspräsident, Danzig.
Dr. Schwartz, Johann, Christoph, o. Professor der Rechte an der Universität, vorm. Ratsherr zu Riga, Halle a. S., Am Kirchtor 17.

Dr. Schwartze, M., Landrichter, Hamburg, Loogesteg 19.
Schwarzkopf, Landgerichtsrat, Danzig-Langfuhr, Hauptstr. 12.
Schwarz, Oberlandesgerichtsrat, Cöln a. Rh., Volksgartenstr. 23.
Dr. von Schwarze, Joh., Reichsgerichtsrat, Leipzig, Beethovenstr. 23.
Schweichler, Staatsanwalt a. D., Syndikus, Lübeck.
Schweickert, Carl, Rechtsanwalt, Frankenthal i. d. Pfalz.
Dr. Schweitzer, Adolf, Gerichtsassessor, Metz, Nanzigerstr. 19.
Dr. Schwering, J., Rechtsanwalt, Hamm.
Schwoerer, Staatsanwalt, Konstanz i. B.
Scriba, H., Syndikus der Landw.-Kammern für die Provinz Sachsen, Halle a. S., Ulestr. 8.
Dr. Seckel, E., Geh. Justizrat, Professor, Berlin W. 62, Kurfürstenstr. 76/77.
Dr. Sée, Edgard, Advokat, Paris, 4 rue le Peletier.
Seeger, A., Rechtsanwalt, Straßburg i. E., Brocklieplatz 2.
Dr. v. Seeler, Wilh., Professor, Berlin W. 50, Achenbachstr. 2.
Seelert, Landrichter, Danzig-Langfuhr, Am Johannisberg 19.
Dr. Seelig, Geh. Justizrat, Rechtsanwalt beim Reichsgericht, Leipzig, Schreberstr. 13.
Dr. Seelig, Rechtsanwalt, Berlin W. 9, Potsdamerstr. 9.
Dr. Seelig, Ludwig, Rechtsanwalt, Mannheim.
Dr. Seeligmann, Rechtsanwalt, Karlsruhe i. B., Königstr. 108.
Dr. Segalla, Rechtsanwalt, Hamburg.
Seibert, Richter, Bremen, Bismarckstr. 71.
Seibertz, Amtsgerichtsrat, Dortmund, Prinz Wilhelmstr. 16.
Dr. Seiler, Otto, Rechtsanwalt, Mannheim.
Selb, G., Rechts- und Fiskal-Anwalt, Mannheim, A. 3. 9.
Selck, Erwin, Gerichtsreferendar, Darmstadt.
Seligmann, Moritz, Handelsrichter, Cöln a. Rh., Kasinostr. 12/14.
Dr. Seligsohn I, Arnold, Justizrat, Rechtsanwalt, Berlin NW. 7, Prinz Louis Ferdinandstr. 1.
Semler, Amtsgerichtsrat, Berlin SW. 61, Plan-Ufer 15.
Senff, Rechtsanwalt, Justizrat, Berlin W. 8, Taubenstr. 44/45.
Senger, Max, Rechtsanwalt, Graudenz, Amtsstr. 19.
Senninger, Josef, Rechtsanwalt, Passau, Ludwigstr. 285.
Seyfert, E. H., Senatspräsident, Dresden, Stephanienstr. 30.
Siebert, Fritz, Rechtsanwalt, Justizrat, Wiesbaden, Adolfsallee 5.
Dr. Siecke, Rechtsanwalt, Leipzig, Thomaskirchhof 17.
Siegel I, Leopold, Rechtsanwalt, Justizrat, München, Dienerstr. 20.
Dr. Sieger, F., Rechtsanwalt, Notar, Frankfurt a. M.
Dr. Siegmann, Georg, Rechtsanwalt, Berlin SW. 68, Lindenstr. 37.
Dr. Siehr, Carl, Rechtsanwalt, Königsberg i. Pr.
Siehr, Ernst, Rechtsanwalt, Insterburg, Vorstadt 1.
Sieveking, C., Geh. Justizrat, Rechtsanwalt, Notar, Altona a. d. Elbe, Bahnhofstr. 20.
Dr. Silberschmidt, Oberlandesgerichtsrat, Zweibrücken.
Dr. Silberstein, Max, Rechtsanwalt, Justizrat, Berlin W. 10, Margarethenstr. 7.

Dr. Siméon, P., Kammergerichtsrat, Wilmersdorf, Eisenzahnstr. 44.
Dr. Simon, H. B., Justizrat, Rechtsanwalt, Berlin W. 10, Viktoriastr. 5.
Dr. Simon, Hans, Rechtsanwalt, Berlin W. 35, Lützowstr. 82.
Dr. Simonis, Adolf, Bürgermeister, Rostock i. Mecklenburg.
Simons, W., Landrichter, Gr. Lichterfelde-West, Steglitzerstr. 39.
Simonson, Reichsgerichtsrat, Leipzig, Schwägrichenstr. 21.
von Simson, Geh. Justizrat, Rechtsanwalt, Notar, Berlin W. 56, Jägerstr. 52.
Sinn, P., Rechtsanwalt und Notar, Justizrat, Rendsburg.
Sinsheimer, Ludwig, Rechtsanwalt, Grünstadt i. Rheinpfalz.
Dr. Sinzheimer, Hugo, Rechtsanwalt, Frankfurt a. M., Goethestr. 26, I.
Dr. Slibowski, Rechtsanwalt, Notar, Zoppot.
Dr. jur. Sluzewski, Emil, Syndikus der Allgemeinen Elektrizitätsgesellschaft, Charlottenburg, Leibnizstr. 73.
Sluzewski, Rechtsanwalt, Berlin C. 19, Wallstr. 3.
Smoira, Referendar, Cranz O.-Pr.
Smolla, Notar, Breslau, Neue Graupenstr. 17.
Dr. Sobernheim, Otto, Gerichtsassessor, Berlin NW. 40, Alsenstr. 3a.
Sobiecki, Rechtsanwalt, Karthaus, W.-Pr., Parkstraße.
Soldan, Hans, Rechtsanwalt, Mainz, Flachsmarktstr. 32 I.
Dr. Solmssen, Georg, Gerichtsassessor, Direktor d. Diskontogesellschaft, Berlin W. 64, Unter den Linden 35.
Sommer, Leo, Gerichtsassessor, Danzig, Faulgraben 23.
Sonnen, Theo, Amtsrichter, Köln-Marienburg, Goltsteinstr. 199.
Sonnenfeld, H., Rechtsanwalt, Berlin W. 8, Leipzigerstr. 108.
Dr. Sontag, Amtsrichter, Kattowitz, Oberschlesien, Lessingstr. 9.
Dr. Soetber, Generalsekretär des deutschen Handelstages, Wannsee, Lohengrinstr. 28.
Dr. Spahn, Oberlandesgerichtspräsident, Wirklicher Geheimer Oberjustizrat, Frankfurt a. M.
Spangenberg, Rechtsanwalt, Notar, Justizrat, Hannover, Georgstr. 13.
Dr. jur. Sperling, Heinrich, Landgerichtspräsident, Lyck, O.-Pr.
Spiegel, Wilhelm, Rechtsanwalt, Kiel, Dänischestraße 15.
Dr. Spittel, Rechtsanwalt, Kottbus, Kaiser Friedrichstr. 126.
Dr. Spohr, C., Rechtsanwalt, Gießen.
Springe, Werner, Rechtsanwalt, Altona a. E., Große Bergstraße.
Springer, Fritz, Referendar, Charlottenburg, Hardenbergstr. 10.
Staebel, E., Rechtsanwalt, Darmstadt, Elisabethenstr. 14.
Dr. Stadthagen, Jul., Justizrat, Notar, Berlin SW. 68, Zimmerstr. 16/17.
Dr. von Staff, Landgerichtspräsident, Geh. Oberjustizrat, Breslau XIII, Hohenzollernstr. 42.
Stahl, H., Rechtsanwalt, Metz, Kaiser Wilhelm-Ring 22.
Stahn, Eugen, Amtsgerichtsrat a. D., Berlin SW. 48, Puttkamerstr. 12 II.
Stambrau, Justizrat, Königsberg i. Pr., Domstr. 11.
Stammer, Rechtsanwalt, Notar, Justizrat, Altona a. E., Bahnhofstr. 46.
Dr. Stammler, Professor, Geh. Justizrat, Halle a. S., Reichardtstr. 13.
Stapff, A., Rechtsanwalt, Justizrat, Weimar.
Dr. Stauber I, Karl, Rechtsanwalt, Nürnberg, Obstgasse 2.

Dr. Stauß, Rechtsanwalt, Zwickau i. S.
Dr. Stebens, Rechtsanwalt, Notar, Justizrat, Berlin W. 8, Charlottenstraße 57, II.
Steffan, Landgerichtsrat, Straßburg i. Els., Apffelstr. 4.
Dr. Stein, Professor, Leipzig, Ferdinand Rhodestr. 28.
Dr. Stein, Oberlandesgerichtsrat, Karlsruhe i. B.
Stein, Oberlandesgerichtsrat, Marienwerder.
Dr. Stein, Rechtsanwalt, Bankier, Karlsruhe i. B., Weberstr. 1.
Dr. Stein, Justizrat, Thorn.
Steinel, Eugen, Rechtsanwalt, Pforzheim.
Steiner, Ludwig, Rechtsanwalt, Berlin C. 2, Königstr. 46.
Steinhardt, Justizrat, Danzig.
Dr. Steinitz, Rechtsanwalt, Justizrat, Berlin W. 15, Augsburgerstr. 45.
Dr. Steinitz, Max, Rechtsanwalt, Berlin N. 54, Brunnenstr. 25.
Dr. Steinitz, Curt, Rechtsanwalt, Breslau, Kaiser Wilhelmstr. 57.
Dr. Steinthal, M., Rechtsanwalt, Frankfurt a. M., Feuerbachstr. 56.
Dr. Stern, Bruno, Rechtsanwalt, Würzburg.
Dr. Stern, Jacques, Amtsrichter, Berlin W. 10, Friedrich Wilhelmstr. 24.
Stern, Max, Ober-Landesgerichtsrat, Düsseldorf, Schumannstr. 61.
Dr. Stern, Otto, Landrichter, Beuthen, O.-Schlesien.
Dr. Stern, Fedor, Justizrat, Rechtsanwalt, Notar, Berlin W. 64, Behrenstr. 23.
Dr. Stern, S., Rechtsanwalt, Mannheim.
Sternberg, Landgerichtsrat, Charlottenburg, Grolmanstr. 6.
Sternberg, Georg, Justizrat, Danzig, Jopengasse 61.
Sternfeld, Rechtsanwalt, Danzig, Hundegasse 42.
Stettiner, Otto, Rechtsanwalt, Justizrat, Notar, Berlin W. 8, Taubenstr. 58.
Steyrer, Fritz, Direktor der Bayer. Handelsbank, München, Maria Theresiastraße 13.
Dr. Stier-Somlo, Univ.-Professor, Bonn, Kaufmannstr. 81 a.
Stillschweig, Rechtsanwalt, Berlin W. 9, Potsdamerstr. 141.
Dr. Stintzig, W., Professor, Leipzig, Sidonienstr. 67.
Dr. Stockel, Reichsgerichtsrat, Leipzig, Waldstr. 56.
Dr. Stolze, Magistrats-Assessor, Charlottenburg, Schulstr. 14.
Dr. Stölzle, Hans, Rechtsanwalt, Kempten.
Stomps, Rechtsanwalt, Berlin W. 35, Potsdamerstr. 28.
Story, Alfred, Rechtsanwalt, Berlin S. 42, Oranienstr. 145/46.
Storz, Oberlandesgerichtsrat, Karlsruhe i. B.
Dr. v. Stoesser, K., Geheimer Rat, Senatspräsident a. D., Karlsruhe in Baden, Stephanienstr. 88.
Straehler, Kammergerichtsrat, Berlin W. 50, Geisbergstr. 12/13.
Dr. Stranz, M., Rechtsanwalt, Berlin W. 62, Kurfürstenstr. 73.
Strasser, F., k. Landgerichtsrat, Bayreuth.
Straub, Siegfried, Rechtspraktikant, Freiburg i. Br., Karthäuserstr. 46 III.
Straube, Landgerichtsrat, Halberstadt, Spiegelstr. 11.
Dr. Straus, Moritz, Rechtsanwalt, Karlsruhe i. B., Friedrichsplatz 1.
Dr. Strauß, Fritz, Rechtsanwalt, Karlsruhe i. B., Karl Friedrichstr. 3.
Dr. Strauß, Rechtsanwalt, Mannheim.

Streßler, Ludwig, Rechtsanwalt, Metz, Ponceletstr. 2.
Strelitz, Hugo, Berlin W. 57, Elßholzstr. 6.
Stroh, Justizrat, Rechtsanwalt, Notar, Elbing, Friedrich Wilhelmplatz 16.
Dr. Strohal, Emil, Geh. Hofrat, Professor, Leipzig, Salomonstr. 1.
Dr. Struckmann, Gustav, Geh. Regierungsrat im Reichsjustizamt, Berlin W. 30, Motzstraße 31.
Dr. Struckmann, Wirklicher Geh. Ober-Regierungsrat, Berlin W., Landgrafenstr. 15.
Dr. Struve, Karl, Referendar, Preetz i. H.
Stubenrauch, Paul, Kammergerichtsrat, Geh. Justizrat, Schöneberg, Motzstr. 56.
Sturm, Julius, Landgerichtsrat, Kaiserslautern, Schubertstr. 24.
Suchsland, Rechtsanwalt, Justizrat, Halle a. S., Rathausstr. 3.
Suchsland, Adolf, Landgerichtsdirektor, Geh. Justizrat, Naumburg a. S., Buchholzstr. 36.
Suckau, Justizrat, Danzig.
Dr. Suling, W., Rechtsanwalt, Bremen, Komturstr. 2.
Dr. Süpfle, Robert, Rechtsanwalt, Karlsruhe i. B., Seminarstr. 13.
Süßmann, Rechtsanwalt, Justizrat, Halberstadt.
Syring, Rechtsanwalt, Justizrat, Leipzig, Elsterstr. 8.
Dr. Szymanski, Rechtsanwalt, Danzig, Hundegasse 91/92.
Tachau, B., Rechtsanwalt, Hamburg, Stadthausbrücke 43.
Tannen, Rechtsanwalt, Notar, Justizrat, Wittmund i. Ostfriesland.
Dr. Taenzler, Fritz, Syndikus der Hauptstelle der deutschen Arbeitgeberverbände, Berlin W. 35, Karlsbad 5 a.
Tappermann, Kaiserl. Landrichter, Metz.
Techow, Magistratsrat, Berlin W. 10, Von der Heydtstr. 7.
Dr. Tentler, Rechtsanwalt, Hamburg, Stadthausbrücke 43.
Tesmer, Kriegsgerichtsrat, Danzig-Langfuhr, Baumbach-Allee 12.
Teuberger, Rechtsanwalt, Ruhrort.
von Thadden, Geh. Admiralitätsrat und vortragender Rat im Reichsmarineamt, Friedenau, Schmargendorferstr. 26.
Thal, Louis, Privatdozent, St. Petersburg, Spaßkaja 10.
Theremin, Landgerichtsrat a. D., Schweidnitz.
Thiel, Justizrat, Wreschen.
Thiele, M., Geh. Justizrat, Königsberg i. Pr., Steindamm 56/57.
Dr. Thieme, Hermann, Rechtsanwalt, Notar, Dresden, Marschallstr. 18.
Thiemann, Max, Rechtsanwalt, Braunschweig, Bohlweg 66.
Thinius, Wilhelm, Kammergerichtsrat a. D., Bankdirektor, Berlin NW. 52, Calvinstr. 14.
Dr. jur. Thiesing, Amtsrichter, Hilfsarbeiter im Justizministerium, Berlin W. 30, Heilbronnerstr. 16 III.
Dr. Thoma, Univ.-Professor, Tübingen.
Thomsen, H., Amtsgerichtsrat, Geh. Justizrat, Emden i. Ostfriesland.
Dr. Thomsen, Professor in der rechts- und staatswissenschaftlichen Fakultät der Universität Münster i. W., Georgscommende 1.
Thurn, E., Geh. Justizrat, Notar, Köln a. Rh., Margarethenkloster.

Dr. Thuyssen, Carl, Rechtsanwalt, Köln a. Rh., Zuckerberg 4.
Tichauer, Justizrat, Berlin SW. 68, Zimmerstr. 61.
Tillesen, Rechtsanwalt, Mannheim.
Timendorfer, Rechtsanwalt, Justizrat, Berlin S. 42, Oranienstr. 145/146.
Tittel, Amtsrichter, Tuchel.
Dr. Titze, Professor, Göttingen, Obere Karspule 35.
Tollkiemit, Rechtsanwalt, Geheimer Justizrat, Naumburg a. Saale.
Dr. Toeplitz, Leon, Justizrat, Dresden, Marschallstr. 1, I.
Traeger, Albert, Geh. Justizrat, Berlin SW. 11, Prinz Albrechtstr. 3.
Dr. Traeger, L., Universitäts-Professor, Marburg a. Lahn.
Trautner, H., Rechtsanwalt, Bamberg.
Treitel, Amtsgerichtsrat, Danzig, Breitgasse 29.
Treitel, Oberlandesgerichtsrat, Königsberg i. Pr., Traghenner Pulverstr. 8.
Dr. Trumpler, Syndikus der Handelskammer, Frankfurt a. M., Börse.
Dr. Trunk, Gustav, Rechtsanwalt, Karlsruhe i. B., Kaiserstr. 104.
von Tuhr, Dr. A., Professor, Straßburg i. E., Rupprechtsallee 64.
Türk, Rechtsanwalt, Justizrat, Berlin SW. 68, Zimmerstr. 87.
Uhles, Emil, Geh. Justizrat, Kammergerichtsrat, Berlin W. 10, Tiergartenstraße 3a.
Ule, R., Geh. Ober-Justizrat, vortragender Rat im Justizministerium, Vizepräsident der Justizprüfungskommission, Berlin SW. 11, Königgrätzerstr. 28.
Dr. von Ullmann, Geh. Rat, München, Ludwigstr. 29.
Ullmann, Justizrat, Magdeburg.
Ullmann, Rechtsanwalt, Notar, Justizrat, Posen.
Dr. Umhauer, Erwin, Gerichtsassessor, Pforzheim.
Unger, Rechtsanwalt, Prenzlau.
Viebig, C., Justizrat, Berlin W. 57, Bülowstr. 24.
Dr. Vierhaus, Felix, Oberlandesgerichtspräsident, Wirkl. Geheimer Ober-Justizrat, Professor, Breslau XIII, Hohenzollernstr. 95/97.
Vleugels, Notar, Justizrat, Köln, St. Apernstr. 7.
Dr. Vogel, Carl, Rechtsanwalt, Rastatt.
Vögele, Rechtsanwalt, Karlsruhe i. B.
Dr. Vormbaum, Landrichter, Berlin W. 50, Passauerstr. 38.
Vortisch, Fr., Rechtsanwalt, Lörrach.
Voß, Justizrat, Birnbaum.
Voß, Landgerichtsrat a. D., Zoppot, Eisenhardtstr. 7, II.
Dr. Vossen, Leo, Rechtsanwalt, Düsseldorf.
Dr. Wach, Wirklicher Geheimer Rat, Exzellenz, Professor, Leipzig, Goethestr. 9.
Dr. Wachtel, Rechtsanwalt, Leipzig, Peterskirchhof 7.
Dr. Wagenknecht, Rechtsanwalt, Dortmund.
Dr. Waldow, Rechtsanwalt, Stettin, Reifschlägerstr. 22.
Dr. Waldstein, F., Rechtsanwalt, Justizrat, Notar, Altona, Königstr. 145.
Dr. Wallach, Siegfried, Rechtsanwalt, Essen.
Dr. jur. et rer. polit. Wallerstein, Ernst, Straßburg i. E., Schirmecker Ring 15.
Dr. Wanow, Rechtsanwalt, Zoppot.
Dr. Waentig, H., Professor, Halle a. S., Bambergerstr. 31.

Dr. Warburg, Siegfried, Rechtsanwalt, Justizrat, Altona a. E., Palmallee 31.
Dr. Warburg, Fritz, Referendar, Hamburg, Ferdinandstr. 75.
Dr. Warnatsch, Landgerichtsdirektor, Wilmersdorf, Uhlandstr. 114.
Dr. Warneyer, Otto, Amtsgerichtsrat, Leipzig, Hardenbergstr. 18.
Warschauer, Rechtsanwalt, Justizrat, Notar, Tremessen.
Dr. Wassermann, Albert, Rechtsanwalt, Bamberg i. B.
Dr. Wassermann, M., Rechtsanwalt, Hamburg, Neuer Wall 34.
Wassermeyer, Geheimer Justizrat, Bonn.
Weck, Rechtsanwalt, Diedenhofen.
Wedekind, Geh. Justizrat, Landgerichtsrat, Danzig, Kohlengasse 5.
Dr. Wedemeyer, Werner, a. o. Professor der Rechte, Kiel, Adolfstr. 52, I.
Wehlan, Justizrat, Rechtsanwalt am Kammergericht, Notar, Berlin W. 10. Tiergartenstr. 1.
Wehrmann, Rechtsanwalt, Notar, Justizrat, Stettin, Königsplatz 18.
Dr. Weiblich, Rechtsanwalt, Höchst a. M., Rossertstr. 30.
Weidmann, Rechtsanwalt, Karthaus, W.-Pr.
Dr. Weigert, Erich, Rechtsanwalt, Cottbus.
Dr. Weil, Julius, Landgerichtsrat, Geh. Justizrat, Breslau XVIII., Scharnhorststr. 10.
Dr. Weill, Friedrich, Rechtsanwalt, Stadtrat, Karlsruhe i. B., Maximilianstraße 6.
Weinberg, Rechtsanwalt, Berlin C. 2, Königstr. 30.
Dr. Weingart, A., Oberlandesgerichtsrat, Dresden-A., Eliasstr. 4.
Dr. Weingart, Eugen, Rechtsanwalt, Mannheim.
Weingarten, Rechtsanwalt, Notar, Pößneck i. Th.
Dr. Weiß, Wilhelm, Rechtsanwalt, Breslau I, Zwingerstraße 6.
Dr. Weiß, Georg, Rechtsanwalt, Wiesbaden.
Dr. Weiß, Rechtsanwalt, Konitz, W.-Pr.
Weiß, Friedrich, Justizrat, Danzig.
Weißer, Th., Rechtsanwalt, Heidelberg, Klosestr. 17.
Weißler, Adolf, Rechtsanwalt, Justizrat, Halle a. S., Gr.-Steinstr.
de Weldige, Urban, Rechtsanwalt, Justizrat, Paderborn i. W.
Wenz, K. L., Rechtsanwalt, Zweibrücken, Bismarckstr. 3.
Dr. Werner, Joseph, Rechtsanwalt, Justizrat, Bamberg, Hainstr. 6.
Werner, Emil, Rechtsanwalt, Magdeburg, Kaiserstr. 13.
Wery v. Limont, Emil, Amtsgerichtsrat, Niederlahnstein.
Dr. Werthauer, Paul, Rechtsanwalt, a. D., Geh. Hofrat, Berlin W. 15, Kurfürstendamm 198.
Dr. Wertheimer, Ludwig, Rechtsanwalt, Frankfurt a. M., Steinweg 6.
Dr. Wertheimer, Rechtsanwalt, Baden-Baden.
Dr. Wertheimer, Emil, Rechtsanwalt, Kaiserslautern, Eisenbahnstr. 33.
Wertheimer, M., Rechtsanwalt, München, Karlsplatz 14.
Wessel, Justizrat, Rechtsanwalt, Notar, Danzig, Hundegasse 47 I.
West, Senatspräsident, Karlsruhe i. B.
Dr. Westerkamp, Alice, Leiterin d. Rechtsschutzstelle für Frauen, Frankfurt a. M., Sternstr. 16.
Dr. Westerkamp, J. B., Geh. Justizrat, Professor, Marburg i. Hessen.

Westphal, Oberlandesgerichtsrat, Hamburg 37, Hochallee 6.
Wex, Regierungsrat, Danzig.
Dr. Weyl, R., Professor, Kiel, Feldstr. 111/113.
Dr. Weyrather, Oberlandesgerichtsrat, Kiel.
Wiebe, Reichsgerichtsrat, Leipzig, Schenkendorfstr. 14.
Wiener, Senatspräsident, Breslau.
Wienskowski, Oberverwaltungsgerichtsrat, Berlin W. 30, Traunsteinerstraße 7.
Dr. Wildhagen, Rechtsanwalt, Justizrat, Leipzig, Ferdinand Rhodestr. 34.
Wilk, Rechtsanwalt, Thorn.
Dr. Wilke, Richard, Geh. Justizrat, Potsdam, Leipzigerstr. 31.
Wilke, Karl, Rechtsanwalt a. Kammergericht, Notar, Justizrat, Berlin SW. 61, Belleallianceplatz 4.
Dr. Willers, Oberregierungsrat, Danzig.
Willers, Hans, Referendar, Essen a. Ruhr, Henriettenstr. 3.
Dr. Wimpfheimer, H., Rechtsanwalt, Mannheim.
Winkelmann, Friedr., Rechtsanwalt, Dortmund, Ostenhellweg 3.
Winkler, Landgerichtsdirektor, Geh. Justizrat, Erfurt, Herderstr. 31, I.
Winkler, Georg, Rechtsanwalt, Notar, Langensalza.
Winkler, Oberamtsrichter, Karlsruhe i. B., Nowackanlage 7.
Winterfeld, Heinrich, Rechtsanwalt, Notar, Justizrat, Berlin S. 42, Oranienstraße 67.
Wistinetzki, Rechtsanwalt, Allenstein.
Dr. Witte, Landgerichtsrat, Danzig-Langfuhr, Heiligenbrunnerweg 2.
Dr. Wittelshöfer, Rechtsanwalt, Justizrat, Fürth in Bayern.
Dr. Wittkowsky, Paul, Rechtsanwalt, Berlin W. 8, Kronenstr. 72.
Wittmaack, Karl, Rechtsanwalt, Notar, Neumünster i. H.
Wölbling, P., Magistratsrat, Vorsitzender des Gewerbegerichts, Eichwalde b. Berlin.
von Woldeck, Landgerichtsdirektor, Karlsruhe i. B.
Dr. Wolf, Eduard, Justizrat, Rechtsanwalt u. Notar, Dresden, Johann Georgen Allee 5, II.
Wolfen, Justizrat, Rechtsanwalt, Notar, Bromberg, Wilhelmstr. 13.
Wolff, Ernst, Staatsanwalt, Landsberg a. W.
Dr. Wolff, Martin, Professor, Berlin W. 35, Lützowstr. 66.
Wolff, Franz, Rechtsanwalt, Notar, Mülheim a. Ruhr.
Dr. Wolff, Hans, Referendar, Potsdam, Behlerstr. 12.
Wolff, Eduard, Justizrat, Rechtsanwalt, Notar, Lissa i. P.
Dr. Wolff, Max, Rechtsanwalt, Lissa i. P.
Dr. Wolff, Rechtsanwalt, Berlin W. 8, Kronenstr. 2.
Wolff, Curt, Rechtsanwalt, Berlin SW. 48, Friedrichstr. 243.
Wolff, Eugen, Rechtsanwalt, Justizrat, Berlin W. 57, Bülowstr. 85.
Wolfram, Emil, Geh. Regierungsrat, vortragender Rat in der Oberrechnungskammer Potsdam, Eisenhartstr. 8.
Wolfsthal, Max, Landgerichtsrat, Regensburg, L. 63.
Wreschner, Ludwig, Justizrat, Rechtsanwalt, Notar, Berlin W. 66, Wilhelmstr. 55.

Wreschner, Semi, Rechtsanwalt, Justizrat, Berlin N. 24, Oranienburgerstraße 33.

Wronker, Rechtsanwalt, Justizrat, Berlin C. 2, Kaiser Wilhelmstr. 49.

Dr. Wrzeszinski, Richard, Rechtsanwalt, Berlin W. 8, Mohrenstr. 56.

Wubicke, Gerichtsassessor, Danzig-Langfuhr, Gustav Raddeweg 3.

Wulff, Paul, Rechtsanwalt, Berlin S. 14, Prinzenstr. 48.

Dr. Wulff, Franz Ch., Rechtsanwalt, Hamburg, Gr. Bäckerstr. 6/10.

Dr. v. Wulffert, Anton, Staatsrat, Prof., St. Petersburg, Turschtadska 49.

Dr. Wunderlich, C. R. G., Landrichter, Leipzig, Ritterstr. 21, I.

Dr. Wunderlich, Gerichtsassessor, Danzig.

Wunderlich, Rechtsanwalt, Oppeln.

Wundermacher, Th., Amtsgerichtsrat, Rixdorf.

Wundermacher, Rechtsanwalt, Neustadt.

Dr. Wüstendörfer, Privatdozent an der Handelshochschule Cöln.

Wüstenfeld, E., Reichsgerichtsrat a. D., Heidelberg, Bismarckstr. 19.

Yelin, Staatsanwalt, Stuttgart, Neue Weinsteige 12.

Zachariae, Otto, Senatspräsident, Berlin W. 50, Passauerstr. 11 a.

Dr. Zakrezecki, Horst, Gerichtsassessor, Schöneberg, Knausstr. 13, I.

Zander, Rechtsanwalt, Danzig.

Zander, Wilhelm, Rechtsanwalt, Notar, Justizrat, Erfurt, Neuwerkstr. 3.

Zborowski, Amtsgerichtsrat, Hohensalza.

Dr. Zehme, Felix, Rechtsanwalt, Leipzig, Schillerstr. 3.

Dr. Zeiß, H., Justizrat, Jena.

Dr. Zeller, Heinrich, Darmstadt, Hochstr. 66, II.

Zelter, Rechtsanwalt, Justizrat, Stettin, Augustaplatz 1.

Dr. Zenner, Rechtsanwalt, Straßburg i. E.

Dr. Ziegler, A. Gottfr., Rentier, Würzburg, Sander-Ring 20.

Dr. Ziemssen, F., Rechtsanwalt, Berlin NW. 6, Luisenstr. 35.

Dr. Ziese, Rechtsanwalt, Justizrat, Rendsburg.

Dr. Zimmermann, Landgerichtsrat, Danzig-Langfuhr, Johannisthal 22.

Zimmermann, E., Ministerialrat, Karlsruhe i. B.

Zindel, Ministerialdirektor, Stuttgart.

Dr. Zirndorfer, P., Rechtsanwalt, Justizrat, Frankfurt a. M., Kaiserstr. 18.

Dr. Zitelmann, Geh. Justizrat, Professor, Bonn, Coblenzerstr. 83.

Zoeller, Julius, Ritter von, Oberstaatsanwalt, München, Prinz Ludwigstraße 16, II.

Zopff, Carl, Stadtrat, Leipzig.

Dr. Zorn, Geh. Justizrat, Professor, Bonn.

Zündorf, Friedr., Rechtsanwalt, Justizrat, Köln a. Rh., Elisenstr. 13.

Dr. Zutt, Otto, Rechtsanwalt, Karlsruhe i. B.

Zweig, W., Amtsgerichtsrat, Berlin NW. 5., Rathenowerstr. 31.

Dr. Zweigert, Oberreichsanwalt, Leipzig, Weststr. 4.

Niederländischer Juristenverein, z. H. des Herrn Prof. Dr. G. A. van Hamel, Amsterdam, 48 Nicolas Witsenkade.

Schweizer Juristenverein, z. H. des Herrn Dr. G. Duttweiler, Bundesgerichtskanzlei, Lausanne.

Lese- und Redehalle der deutschen Studenten (Bücherei-Verwaltung) Prag.

Internationaler Anwalt-Verband, Wien I, Gonzagagasse 16.

Königl. Sächs. stenographisches Institut Dresden.

Bibliothek der Deputation des Deutschen Juristentages, Berlin W. 35, Potsdamerstr. 118.

Correspondenz Herzberg, Berlin SW. 48, Wilhelmstr. 147.

Königl. Bibliothek Berlin.

Universitätsbibliothek Berlin.

Verzeichnis
der
österreichisch-ungarischen Mitglieder des Deutschen Juristentages
im Jahre 1910.

Dr. Adler, Em., Professor, Wien VII, Neustiftgasse 19.
Dr. Adler, Karl, Universitätsprofessor, Czernowitz, Russische Gasse 13.
Dr. Adler, Adolf, Hof- und Gerichtsadvokat, Wien I, Graben 12.
Dr. Adler, Sigmund, Universitätsprofessor, Wien VIII, Feldgasse 10.
Dr. von Babitsch, Jacob, Ritter, Kreisgerichtsvizepräsident, St. Pölten N.Ö.
Dr. Bachrach, Adolf, Hof- und Gerichtsadvokat, Wien I, Rosenbursenstr. 8
Dr. Bachrach, Daniel, Hof- und Gerichtsadvokat, Wien I, Rosenbursenstr. 8.
Baltinester, Johannes, k. k. Notar, Wien XVI, Ottakringerstr. 30.
Dr. Baernreither, Josef, Minister a. D., Wien, Landgerichtsstr. 11.
Dr. Bartsch, Robert, Vizesekretär im k. k. Justizministerium, Privatdozent an der Universität Wien IX 4, Alserbachstr. 4a.
Dr. Benda, Eduard, Advokat, Teplitz-Schoenau, Langegasse 41.
Dr. Benedict, Edmund, Hof- und Gerichtsadvokat, Wien I, Stubenring 14.
Dr. Bernhart, Ludwig, k. k. Ministerial-Vizesekretär, Wien I, Schillerplatz 4.
Berthold, Carl, schles. Landesrat, Vorstand des landesstatistischen Amts, Troppau.
Bettelheim, Ernst, D., kgl. Bezirksrichter des Handelsgerichts, Wien.
Dr. Beurle, Carl, Advokat, Linz, Landstr. 9.
Dr. Blaas, Hermann, k. k. Auskultant, Gurk i. Kaernthen.
Dr. von Boschan, Eugen, Ritter, Hof- und Gerichtsadvokat, Wien I Oppolzergasse 5.
Dr. Boscovitz, Alfred, Hof- und Gerichtsadvokat, Wien I, Volksgartenstr. 1.
Dr. von Bozoki, Aloys, Kgl. Rat, Direktor der Kgl. Rechtsakademie, Nagy Varad.
Dr. Brecher, Bernhard, Hof- und Gerichtsadvokat, Wien I, Laurenzerberg 4.
Brielmayer, Alfred, k. k. Landesgerichtsrat, Moedling, Viechtlgasse 4.
Dr. Brunstein, Jos. L., Hof- und Gerichtsadvokat, Wien I, Krugerstr. 13.
Dr. von Call, Friedrich, Freiherr, k. k. Oberlandesgerichtspräsident, Exzellenz, Innsbruck, Anichstr. 42.

Dr. Coumont, Eduard, Hof- und Gerichtsadvokat, Wien I, Walfischgasse 4.
Dr. Dalnoky, Bela, Rechtsanwalt, Rechtskonsulent des Handels-Greniums, Budapest V, Leopoldring 8.
Danzer, Carl, Ober-Landesrat, Urfahr b. Linz, Hauptstr. 75.
Dr. Demattio, Anton, k. k. Finanzprokuratursekretär, Innsbruck, Anichstr. 6.
Dr. Durig, Ernst, k. k. Sektionsrat, Wien I, Schillerplatz 4.
Dr. Dworschak, Hans, Rechtsanwalt, Leibnitz a. d. Südbahn, Steiermark.
Dr. Ehrenzweig, Armin, Professor der Rechte, Wien VII, Neustiftgasse 51.
Dr. Eisenberger, Wilhelm, Advokat, Karlsbad.
Dr. Erler, Eduard, Advokat, Reichsratsabgeordneter, Vizebürgermeister, Innsbruck.
Dr. Ettinger, Marcus, Hof- und Gerichtsadvokat, Wien VII, Mariahilfstr. 8.
Dr. Farnik, Ignaz, Advokat, Schwaz, Tirol.
Dr. Feigl, Oskar, Hof- und Gerichtsadvokat, Wien I, Salvatorgasse 6.
Dr. von Feistmantel, Carl, Ritter, Hof- und Gerichtsadvokat, Wien, Habsburgergasse 5.
Dr. Fischer-Colbrie, Eduard, Privatdozent a. d. Universität, k. k. Ratssekretär des k. k. obersten Gerichts- und Kassationshofes, Wien VIII, Feldgasse 3.
J. U. Dr. Fleischmann, Carl, Advokat, Karlsbad.
Dr. Fluß, Jacob, k. k. Landesgerichtsrat, Wien IX, Alserbachstr. 31.
Dr. jur. von Forster, Alfred, Ritter, Sekretärstellvertreter der Handels- und Gewerbekammer Eger.
Dr. Fortner, Erich, k. k. Richter im Justizministerium, Wien I, Schillerplatz 4.
Dr. Frankl, Otto, Universitätsprofessor, Prag-Smichow, Ferdinandskai 16.
Dr. Frey, Friedrich, Hof- und Gerichtsadvokat, Wien I, Helferstorferstr. 3.
Dr. Fried, Alfred, Advokaturskandidat, Wien VII, Gumpendorferstr. 12.
Dr. Fritz, Ernst, k. k. Bahnkommissar, Prag, kgl. Weinberge 22, Chodengasse.
Dr. Froehlich, Victor, Landesgerichtsrat, Wien IX, Vegagasse 10.
Dr. Fuchs, Carl, Advokat, Prag, Hawliceplatz.
Dr. Gabl, Advokat, Hans, Landeck, Tirol.
Dr. Gallia, Adolf, Hof- und Gerichtsadvokat, Wien I, Biberstr. 2.
Dr. Gallia, Ludwig, Advokat, Wien 1, Wollzeile 33.
Dr. Geller, Leo, Hof- und Gerichtsadvokat, Wien I, Franz Josef-Quai 25.
Gerichtszeitung, allgem. österreichische, zu Händen Dr. Karl Schreiber, k. k. Sektionsrat im Eisenbahnministerium, Wien.
Dr. Geringer, Victor, k. k. Ober-Finanzrat, Graz, Lessingstr. 8.
Giegl, Julius, Hofrat des obersten Gerichts- und Kassationshofes, Wien XVIIII, Hans Sachsgasse 3.
Dr. Gleispach, Wenzislaus, Graf, ord. Universitätsprofessor, Prag, Smichow, Inselgasse 13.
Dr. Goldschmidt, Alfred, Advokat, Prag II, Mariengasse 17.
Dr. jur. Graetz, Victor, Wien I, Hansenstr. 6.
Dr. Greistorfer, Carl, Advokat, Graz.
Dr. Groß, Siegfried, Hof- und Gerichtsadvokat, Wien I, Schultergasse 5.
Dr. Gschmeidler, Arthur, Edler von, Hof- und Gerichtsadvokat, Wien I, Habsburgerstr. 5.

J. U. Dr. Hahn, Carl, Advokat, Karlsbad.
Dr. Hamm, Carl, k. k. Bezirksrichter, Mondsee.
Dr. Haemmerle, Otto, Advokat, Kufstein, Tirol.
Dr. Haerdtl, Heinrich, Freiherr von, Wien I, Stallburggasse 4.
Dr. Hanausek, Gustav, a. o. Universitätsprofessor, Graz, Elisabethstr. 20.
Handels- und Gewerbekammer Eger.
Handels- und Gewerbekammer Olmütz.
Dr. Hermann, Rudolf, Ministerialvizesekretär im Justizministerium, Wien I, Schillerplatz 4.
Dr. von Hernritt, Professor, Wien, Neustiftgasse 22.
Dr. Hilber, Hieronymus, Advokat, Bruneck, Tirol.
Dr. Hlavàc, Adolf von, Edler vom Rechtwall, k. k. Finanzrat der Finanzprokuratur, Wien VIII, Buchfeldgasse 4.
Dr. Höfler, Rudolf, Bezirksrichter, Leoben.
Dr. Hoegel, Hugo, k. k. Oberstaatsanwalt, Hofrat, Professor an der Konsularakademie, Wien VII, Neustiftgasse 17.
Dr. Hohenburger, Victor, R. v., k. k. Justizminister, Wien I, Schillerpl. 4.
Dr. Hollitscher, Marcus, Hof- und Gerichtsadvokat, Wien II, Praterstr. 8.
Dr. Hoenig, Friedrich, Generalsekretär des Beamtenvereins, Wien I, Wipplingerstraße 25.
Dr. Hugelmann, Carl, k. k. Hofrat, Wien XIX, Chimanistr. 19.
Dr. Hupka, Josef, Professor, Wien XVIII, Edelhofgasse 36.
Dr. Hye-Glunek, Frz., Freih. v., Wien I, Seilerstätte 7.
Dr. Huß, Johann, Julius, Bahnkommissar der k. k. Nordbahndirektion, Wien II, Wolfgang Schmalzlgasse 25.
Dr. Juch, Otto, Finanzprokuraturkonzipist, Wien.
Dr. Jung, Richard, k. k. Staatsanwalt, Innsbruck.
Juristische Gesellschaft, Troppau.
Dr. Kaiserfeld, Wilh., Edler von, Kanzleidirektor der steiermärkischen Sparkasse, Graz, Schmiedgasse 2.
Dr. Kaiserfeld, Max, Ritter v., Advokat, Graz, Sporgasse 32.
Dr. Kammerlander, Ludwig, Hof- und Gerichtsadvokat, Graz, Glacisstraße 27.
Dr. von Karnitschnigg, Hubert, Ritter, k. k. Ministerialvizesekretär, Wien I, Schillerplatz 4.
J. U. Dr. Kaufmann, Friedrich, Advokat, Prag, Graben 17.
Dr. Kecht, Arthur, Advokaturskandidat, Kitzbühel, Tirol.
Dr. Klang, James, Verwaltungsrat des österreich. Phönix, Wien I, Reischachgasse 3.
Dr. Kleibl, Eugen, k. k. Landesgerichtsrat, Wien IV, Favoritenstr. 17.
Dr. Klein, Franz, Exzellenz, Justizminister a. D., k. k. Geh. Rat, Sektionschef und Universitäts-Professor, Wien, Langegasse 8, I.
Dr. Kobatsch, Rudolf, Professor, Wien I, Eschenbachgasse 11.
Dr. Konirsch, Alfred, Hof- und Gerichtsadvokat, Wien I, Opolzergasse 4.
Dr. Koschacker, Paul, Professor, Prag III, Vschehedgasse 27, II.
Dr. Kowarz, Wilhelm, k. k. Bahnsekretär, Linz, Landstr. 15a.
Krapf, Carl, k. k. Landesgerichtsrat, Graz, Humboldstr. 21.

Dr. Krasa, Berthold, Hof- und Gerichtsadvokat, Wien I, Seilerstätte 17.
Dr. Krasny, Arnold, k. k. Sektionsrat, Professor a. d. Konsularakademie, Wien I, Elisabethstr. 9.
Dr. Kraus, Carl, Rechtsanwalt, Teplitz in Böhmen.
Dr. Kulisch, Max, Universitätsprofessor, Innsbruck, Colingasse 7.
Dr. Lamp, Carl, Universitätsprofessor, Czernowitz, Franzensgasse 54.
Dr. Landesberger, Julius, Universitätsprofessor, Hof- und Gerichtsadvokat, Wien I, Schottenring 17.
Landesverein der ungar. Eisenwerke und Maschinenfabriken, z. H. des Herrn Ministerialrat von Foerster, Budapest 190, V, Thonetudvar.
Dr. Langer, Josef, Hof- und Gerichtsadvokat, Wien I, Bäckerstr. 9.
Dr. Lauterstein, Rudolf, Hof- und Gerichtsadvokat, Wien I, Stubenbastei 10.
Dr. Leiter, Hans, Advokat, Bruneck, Tirol.
Dr. Lenz, A., Universitätsprofessor, Graz.
Dr. von Leon, Wilhelm, Ritter, k. k. Oberlandesgerichtsrat, Innsbruck.
Dr. Lévy Béla, Rechtsanwalt, Budapest V, Balvany-utza 21.
Dr. Licht, Stefan, Reichsratsabgeordneter, Wien.
Dr. Links, Emil, Hof- und Gerichtsadvokat, Wien I, Hohenstaufengasse 2.
Dr. Löffler, Alexander, Universitätsprofessor, Wien XVIII, Gentzgasse 38.
Dr. Lohsing, Ernst, Hof- und Gerichtsadvokat, Wien I, Elisabethstr. 1.
J. U. Dr. Löw, Gustav, Rechtsanwalt, Mähr.-Schönberg.
Dr. Loewenthal, Dagobert, Fabrikbesitzer, Iglau.
Dr. Luschin von Ebengreuth, Arnold, Hofrat, Universitätsprofessor, Graz, Merangasse 15.
Dr. Maier, Hugo, Hof- und Gerichtsadvokat, Wien I, Helferstorferstr. 2.
Marchesani, Anton, k. k. Landesgerichtsrat, Schruns, Vorarlberg.
Dr. Mathias, Adolf, Hof- und Gerichtsadvokat, Wien I, Wipplingerstr. 23.
Dr. von Mayr, Max, Freiherr, Hof- und Gerichtsadvokat, Wien I, Hoher Markt 8.
Dr. Mayrhoifer, Franz, k. k. Notar, Wien 1, Petersplatz 7.
Dr. Menger, Max, Hof- und Gerichtsadvokat, Wien VIII, Auerspergstr. 19.
v. Miklosich, Moriz, Ritter, k. k. Landesgerichtsrat, Wien VIII, Josefstädterstraße 11.
Dr. Morgenstern, Hugo, Hof- und Gerichtsadvokat, Wien VI, Mariahilferstraße 127.
Dr. Müller, Wilhelm, Landesrat, Klagenfurt i. Kaernthen, Landhaus.
Dr. Nechanski, August, Hof- und Gerichtsadvokat, Wien I, Stoß im Himmel 3
Dr. Ritter von Neumann-Ettenreich, Robert, kgl. Hofrat des k. k. Verwaltungsgerichtshofs, Wien I, Schellinggasse 3.
Dr. Neuner, Josef, k. k. Oberlandesgerichtsrat, Feldkirch, Vorarlberg.
Dr. Neußer, Hugo, Rechtsanwalt, Troppau.
Niederösterreichische Advokatenkammer, Wien I, Rotenturmstraße 13.
Dr. Ofner, Julius, Hof- und Gerichtsadvokat, Wien I, Wollzeile 12.
Dr. Pappenheim, Wilhelm, Hof- und Gerichtsadvokat, Wien I, Seilerst. 7.
Patryn, Ludwig, Landesregierungsrat, Troppau.
Dr. Peer, Josef, Advokat, Feldkirch, Vorarlberg.

Dr. Perlmann, Walter, Advokat, Prag, Ferdinandstr. 11.
Dr. Pfaff, Leopold, k. k. Universitätsprofessor, Wien III, Erdbergstr. 9.
Dr. von Pitreich, August R., Oberlandesgerichtspräsident, Graz.
Dr. Pollack, Richard, Hof- und Gerichtsadvokat, Wien IV, Hauptstr. 28.
Dr. Pibram, Karl, Privatdozent, Wien IV, Mühlgasse 5.
Probinger, Gustav, k. k. Richter, Bezau, Vorarlberg.
Dr. Puntschart, Paul, ord. Professor der Rechte a. d. Universität, Graz, Schubertstr. 19 II.
Dr. Putzker, Emil, Advokat, Brünn.
Dr. Rappaport, Achill, k. k. Landesgerichtsrat, Privatdozent an der Universität Czernowitz, Franzensgasse 39.
Dr. Rebensaft, Adolf, Hof- und Gerichtsadvokat, Wien I, Schülerstr. 22.
Dr. Reblich, Josef, Professor, Wien XIX, Armbrustergasse 15.
Dr. Reblich, Harry, Wien IV, Maderstr. 1.
Dr. Reich, Max, k. k. Notar, Knittelfeld, Steiermark.
Dr. Reisch, Theordor, Hof- u. Gerichtsadvokat, Wien XIX, Gatterburggasse 1.
Dr. Reitmayer, Alfred, k. k. Richter, Kufstein.
Dr. Reyer, em. Advokat, Triest, via Vienna 1—2.
Dr. Riehl, Anton, k. k. Ministerialkonzipist, Herausgeber der Revue „Die Sprachpraxis", Wien III 1, Hauptstraße 33.
Dr. Rietsch, Karl Friedrich, k. k. Notar, Neuern i. Böhmen.
Dr. Rintelen, Anton, Professor an der deutschen Universität Prag III.
Dr. von Rokitanski, Carl Freiherr, k. k. Richter, Loeben.
Dr. Roller, Abgeordneter, Wien IV, Victorgasse 18.
Dr. Rosenbacher, Arnold, Advokat, Prag, Zeltnergasse 2.
Dr. Schanzer, Oskar, Advokat, Aussig.
Dr. Scharff, Joh. M., k. k. Sektionschef im k. k. Justizministerium, Wien I, Schillerplatz 4.
Dr. Schauer, Hugo, k. k. Sektionschef, Wien V, Wiedner Hauptstr. 87.
Dr. Schellander, Franz, Advokat, Triest, Via de Nicolo 27.
Dr. von Schenk, Josef, Freiherr, k. k. Senatspräsident des Verwaltungsgerichtshofes, Wien III, Hehrgasse 16.
Dr. von Schey, Josef, Freiherr, Professor, Wien IV, Theresianumgasse 2a.
Dr. Schlosser, Alois, Präsident der Advokatenkammer, Graz.
Dr. Schoendorf, Friedrich, Schriftsteller, Wien 9, Liechtensteinstr. 45.
Dr. Schrutka, Emil Edler von Rechtenstamm, k. k. Universitätsprofessor, Wien, Währing-Cottagegasse 53.
Schuler, Ferdinand, Bezirksrichter, Nanders, Tirol.
Dr. Schuloff, Theodor, Hof- und Gerichtsadvokat, Wien I, Schellinggasse 6.
Dr. Schulz, Paul, k. k. Ministerialrat, 1, Vizepräsident des Patentamts, Wien 5, Babenbergerstr. 1.
Dr. Schulz, Fritz, o. Professor der Rechte, Innsbruck-Mühlau, Villa Andechs.
von Schwarzenau, Erwin, Freiherr, k. k. Statthalter, Exzellenz, Innsbruck, Burg.
Dr. von Schwarz, Georg Edler von, Wien VI 2, Gumpendorferstr. 125.
Dr. von Schwind, Ernst, Freiherr, Universitätsprofessor, Wien XIII, Perzingerstr. 66.

Dr. Seibl, Aloys, Professor an der landwirtsch. Akademie Tetschen a. E., Liebwerd.
Dr. Seidler, Gustav, k. k. Univ.-Professor, Wien IX, Hasenauerstr. 53.
Dr. v. Seiller, Freiherr Alfred, Hof- und Gerichtsadvokat, Wien I, Wallfischgasse 4.
Dr. Spiegel, Ludwig, Univ.-Professor, Prag II, Tyrsgasse 7.
Dr. von Sprung, Franz, Hof- und Gerichtsadvokat, Wien I, Fuhrichgasse 2.
Dr. Stahl, Philipp, Ritter v., k. k. Ministerialrat, Wien IV, Frankenberggasse12
Dr. Stein, Richard, Hofbuchhändler, Wien I, Kohlmarkt 20.
Dr. Steinlechner, Paul, k. k. Hofrat, o. ö. Universitätsprofessor, Graz, Glacisstr. 57.
Dr. Sternberg, Moritz, Verteidiger in Strafsachen, Wien I, Stubenring 14.
Dr. von Stourzh, Alois Edler, k. k. Hofrat, Vizepräsident des k. k. Kreisgerichts, Korneuburg bei Wien, Schaumanngasse 12.
Dr. Stransky, Heinrich, Hof- und Gerichtsadvokat, Wien I, Gonzagagasse 12.
Dr. Stroß, Emanuel, Hof- und Gerichtsadvokat, Wien I, Lugeck 3.
Dr. Tessadri, Pius, Staatsanwalt-Stellvertreter, Trient, Landesgericht.
Dr. Thanner, Friedrich, Universitätsprofessor, Graz, Paalsstr. 9.
Dr. von Thayenthal, Max, Sekretärstellvertreter der Wiener Handels- und Gewerbekammer, Wien I, Wipplingerstr. 34.
Theumer, Leo, k. k. emer. Notar, Elbogen.
Theumer, Emil, k. k. Notar, Elbogen.
Dr. Thomsen, Justizrat, Gries b. Bozen, Tirol, Wendlandhaus.
Dr. Thumim, Nathaniel, Hof- und Gerichtsadvokat, Wien I, Judenplatz 8.
Dr. Tinzl, Josef, Advokat, Schlanders, Tirol.
Dr. Torggler, Hans, k. k. Finanzrat, Innsbruck, Leopoldstr. 16.
Dr. Traunsteiner, Johann, Advokat, Kitzbühel, Tirol.
Dr. Trover, Otto, Hof- und Gerichtsadvokat, Salzburg, Kaigasse 7.
Dr. Ulbrich, Josef, Hofrat, k. k. Universitätsprofessor, Prag I, Jungmannsstr. 14.
Dr. Unger, Josef, Exzellenz, Minister a. D., Geh. Rat und Präsident des Reichsgerichts, Wien I, Kantgasse 3.
Dr. Uranitsch, Emil, Advokat, Graz, Kaiserfeldgasse 21.
J. U. Dr. Vock, Franz, k. k. Notar, Laibach i. Krain.
Dr. Wagner, Karl, k. k. Notar, Wien I, Tiefer Graben 9.
Dr. Walker, Gustav, k. k. Landesgerichtsrat, Wien VI, Kißlergasse 7.
Dr. Weil, Friedrich, Hof- und Gerichtsadvokat, Wien I, Passauerplatz 2.
Dr. Weis-Ostborn, Friedrich, Ritter v., Hof- und Gerichtsadvokat, Graz, Kaiserfeldgasse 22.
Dr. Weiß, Adolph, Ritter von Teßbach, Großgrundbesitzer, Wien I, Nibelungengasse 1.
Dr. Weiß, Gustav Ritter v. Wellenstein, Kaiserl. Rat, Wien IV 1, Tilgnerstr. 3.
Dr. Weishut, Albert, Hof- und Gerichtsadvokat, Wien (Schottenringviertel), IX/1, Maria Theresienstr. 11.
Dr. Weiß, Moritz Ludwig, Hof- und Gerichtsadvokat, Wien I, Rudolfsplatz 13a.
Dr. Weißel, Edmund, Hof- und Gerichtsadvokat, Wien I, Strauchgasse 1.
Dr. Wellspacher, Moritz, o. ö. Universitätsprofessor, Wien IX, Wasagasse 50.

von **Widmann**, Alphons Freiherr, 1. Präsident des Landeskulturrates, Mitglied des Herrenhauses des österr. Reichsrates, Bozen.

Dr. **Wien**, Franz, Advokat, Prag, Wenzelsplatz 7.

Dr. von **Winiwarter**, Franz Ritter, Hof- und Gerichtsadvokat, Wien I, Domgasse 6.

Dr. von **Winterhalder**, Rudolf Ritter, k. k. Notar, Wien IV., Margaretenstr. 34.

Dr. von **Wretschko**, A. Ritter, o. ö. Universitätsprofessor, Innsbruck, Bienerstr. 27.

Dr. **Wurmser**, Anton v., k. k. Landesgerichtsrat, Cilli.

Zentralbibliothek, z. H. des Herrn Bibliothekar Gerichtssekretär Dr. Eduard Fischer-Colbrie, Wien, Justizpalast.

Erste Plenarsitzung.

Montag, den 12. September 1910, vormittags 9 Uhr, im Saale des Schützenhauses.

Senatspräsident beim Reichsgericht Exzellenz Dr. **Olshausen** (Leipzig): Meine hochverehrten Damen und Herren! Ich habe die Ehre, die 30. Tagung des Deutschen Juristentages hiermit zu eröffnen. Ich sehe mich dabei nur an als den Stellvertreter desjenigen Herrn, dem, wenn er hier anwesend wäre, unbedingt diese Aufgabe zugefallen wäre. Es ist der Jubilar des Juristentages, den ich meine, Herr Staatsrat Dr. Karl v. Stoeßer zu Karlsruhe, der der Ständigen Deputation des Juristentages seit der Gründung des Juristentages angehört hat, der bisher sämtliche Juristentage, abgesehen von einem, besucht hat, und der heute leider durch sein hohes Alter am Erscheinen verhindert ist.

Die Aufgabe, die ich hier zu erfüllen habe, ist sehr kurz. Ich habe mich zu entledigen der Mitteilung eines Vorschlages, den Ihnen Ihre Ständige Deputation bezüglich des zu erwählenden Vorsitzenden der diesmaligen Tagung macht. Die Ständige Deputation glaubt, Ihnen keinen besseren Namen nennen zu können, als den desjenigen Herrn, der bei den letzten Tagungen regelmäßig den Vorsitz geführt hat, in vollendeter Meisterschaft, die in der Tat von niemanden übertroffen worden ist. (Bravo!) Sie wissen ja alle, wen ich meine. Es ist unser hochverehrter Ehrenvorsitzender, Herr Dr. Heinrich Brunner. (Lebhafter Beifall.)

Wenn kein Widerspruch erhoben wird, nehme ich an, daß der Deutsche Juristentag mit diesem Vorschlage einverstanden ist, und ich bitte Herrn Dr. Brunner, als Präsident des 30. Deutschen Juristentages die Verhandlungen zu leiten. (Lebhaftes Bravo und Händeklatschen.)

Geheimer Justizrat Professor Dr. Brunner übernimmt den Vorsitz.

Präsident Geheimer Justizrat Professor Dr. **Brunner** (Berlin):

Meine Herren! Ich nehme die ehrenvolle Wahl an und danke Ihnen dafür. Ich nehme sie an, nicht ohne einen leisen Zweifel, ob diese alt gewordenen Schultern der Bürde noch gewachsen sind, die der Vorsitzende des Deutschen Juristentages zu tragen hat. Diese Bürde wiegt diesmal um so schwerer, als wir in diesem Jahre auf eine halbhundertjährige Vergangenheit zurückblicken dürfen und aus diesem Anlaß die altehrwürdige Stadt Danzig zum Versammlungsorte gewählt haben.

Meine Herren! Eine Danziger Rechtsquelle, die ungefähr vor einem halben Jahrtausend entstanden sein dürfte, das in treuherzigem Deutsch geschriebene „Danziger Schöffenbuch", verpflichtet den „Vorsprecher", der etwa unserem heutigen Rechtsanwalt entsprechen dürfte, einen Eid zu leisten, daß er das Wort der Partei, die er vertritt, führen werde „nach seinem besten Sinn und nach seiner höchsten Vernunft". Dieser Danziger Vorsprechereid soll mir für unsere Danziger Tagung vorbildlich sein. Ich will Ihnen zwar keinen Eid leisten, aber versprechen — gestatten Sie das gewagte Gelöbnis in „gewagter", weil altertümlicher Form —, daß ich die Geschäfte dieser Versammlung leiten werde „nach meinem besten Sinn und nach meiner höchsten Vernunft". Ich verspreche Ihnen dies unter dem allerdings schwerwiegenden Vorbehalt, daß Sie die Höhe meiner „höchsten Vernunft" nicht überschätzen (Heiterkeit) sondern über etliche Mängel freundlichst hinwegsehen. (Bravo!).

Der Deutsche Juristentag hätte das Recht gehabt, diese Tagung zu einem Jubiläumsfeste zu gestalten. Die Ständige Deputation und ebenso der Ortsausschuß haben davon abgesehen, besondere Veranstaltungen dafür zu treffen. Nicht ohne Grund wird man sagen dürfen, daß wir jetzt in Deutschland eher zu viel als zu wenig jubilieren. Wir gedenken so oft geleisteter Arbeit, daß uns fast die Zeit zu knapp wird, neue gleichwertige Arbeit zu leisten! So scheint es mir denn die würdigste Feier unserer Vergangenheit zu sein, wenn dieser Jubiläums-Juristentag das wird, was seine Vorgänger in aller Regel gewesen sind: eine Tagung strammer und gewissenhafter Arbeit.

Diese Erwägung schließt einen kurzen Rückblick nicht aus. Fürchten Sie nicht, daß ich mich auf die Geschichte des Juristentages einlassen werde. Diese finden Sie in der trefflichen Festschrift des Herrn Landrichters Dr. Olshausen, die in Ihren Händen ist. Wohl aber erscheint es mir als eine Pflicht der Dankbarkeit, hier wenigstens mit einigen Worten einzelner Männer zu gedenken, die sich um den Deutschen Juristentag, sei es um seine Gründung, sei es um sein Gedeihen, besonders verdient gemacht haben.

Ich erinnere an Franz v. Holtzendorff, der, damals Privatdozent an der Universität Berlin, am 3. März 1860 in der Berliner Juristischen Gesellschaft die Anregung gab, den ersten Deutschen Juristentag auszuschreiben. Ich erinnere an die schlichte, klare und in sich abgeschlossene Persönlichkeit Georg v. Wächters, der auf den sechs ersten Juristentagen fünfmal das Präsidium führte. Ich erinnere an den vielgewandten, schlagfertigen, in Hegelscher Dialektik geschulten und durch virtuose Beredtsamkeit ausgezeichneten Rudolf v. Gneist, der als der eigentliche Dauerpräsident des Deutschen Juristentages ihm durch zwei Jahrzehnte hindurch den Stempel seines vielseitigen Geistes aufzudrücken verstand. Ich gedenke der sympathischen Persönlichkeit des Senatspräsidenten am Reichsgerichte Dr. Drechsler, der in unerschütterlicher Ruhe als ein unbeweglicher Turm die Redeschlachten unserer Versammlungen mit seinem gesunden praktischen Verstande beherrschte und auch des Abends beim Becher nicht wankte noch wich.

Doch ich darf mich im Überschwange persönlicher Erinnerungen an Verstorbene nicht hinreißen lassen, hier weitschweifig zu werden. Gestatten Sie mir nur, zwei Namen von ausgezeichneten Persönlichkeiten zu nennen, die schon vor 50 Jahren dem Deutschen Juristentage angehört haben und ihm heute noch angehören, aber durch Alter und Gesundheitszustand verhindert wurden, in unserer Mitte zu erscheinen. Die eine ist der schon genannte allverehrte Präsident Staatsrat v. Stößer in Karlsruhe, seit Gründung des Juristentages ohne Unterbrechung Mitglied der Ständigen Deputation und als solches eine Säule des Juristentages, seit langen Jahren unser ständiger Alterspräsident, der mir in einem herzlichen Briefe vom 9. September dieses Jahres schrieb: „In Gedanken werde ich in den Tagen der Vereinigung zu Danzig in Ihrer Mitte sein und an der ernsten Arbeit wie an den gebotenen Vergnügungen teilnehmen."

Die andere Persönlichkeit, die ich meine — ich bin in der Lage, auch hierin die Zusammensetzung des Deutschen Juristentages aus reichsdeutschen und deutsch-österreichischen Juristen zum Ausdruck zu bringen — ist der Reformator der österreichischen Privatrechtswissenschaft, Seine Exzellenz Herr Dr. Joseph Unger in Wien, Staatsminister a. D., der vor 50 Jahren als Schriftführer des Plenums fungiert hatte, an den unmittelbar folgenden Juristentagen lebhaften Anteil nahm und erst vor Kurzem sein sogenanntes 60 jähriges Doktorjubiläum gefeiert hat.

Ich darf wohl Ihr Einverständnis voraussetzen, wenn ich Ihnen vorschlage, die beiden Herren zu ihrer treuen 50 jährigen Mitgliedschaft im Namen des Deutschen Juristentages zu beglückwünschen. (Bravo!)

Nach dem Statut ist es meine erste Aufgabe, das Präsidium zu ergänzen und das Bureau zu bilden. Im Einklang mit der Ständigen Deputation bitte ich, den Mitvorsitz zu übernehmen, erstens einen Österreicher, Se. Exzellenz Herrn Dr. Franz Klein aus Wien, (Bravo!) zweitens Herrn Oberlandesgerichtspräsidenten Fromme aus Marienwerder, drittens Se. Magnifizenz den Herrn Prorektor der Universität Königsberg Professor Dr. Manigk, und viertens Herrn Justizrat Keruth aus Danzig. Ich bitte die Herren, an meiner Seite links und rechts Platz zu nehmen. — Als Schriftführer schlage ich vor: erstens Herrn Kammergerichtsrat Lorenz aus Berlin, zweitens Herrn Landgerichtsrat Boy aus Danzig, drittens Herrn Rechtsanwalt Zander aus Danzig, viertens Herrn Landrichter Dr. Olshausen aus Potsdam.

Der Herr Staatssekretär des Reichsjustizamtes wünscht zur Versammlung zu sprechen.

Staatssekretär des Reichsjustizamtes Dr. **Lisco**: Meine hochgeehrten Herren! Der verehrte Herr Präsident hat bereits den Namen Franz von Holtzendorff erwähnt. Es hat wohl selten ein Antrag in den Herzen der Berufsgenossen einen so lauten Wiederhall gefunden wie der Antrag, den Franz von Holtzendorff am 3. März 1860 in der Berliner juristischen Gesellschaft stellte auf Ausschreibung eines Deutschen Juristentages, und ebenso selten ist auch wohl eine große Versammlung von Juristen von der Bevölkerung und nicht zum wenigsten von den Regierungen der deutschen Bundesstaaten so freudig begrüßt worden, wie der erste Deutsche Juristentag, zu dem sich mehr als 700 Juristen aus allen deutschen Landen, Österreich eingeschlossen, in Berlin zusammengefunden hatten und der dann unter der bewährten Führung eines Karl Georg von Wächter glänzend verlief. Diese freudig bewegte Teilnahme war ein schlagender Beweis dafür, wie tief damals schon der Einheitsgedanke in unserem Volke wurzelte, und daß die Aufgabe, die sich der Juristentag gestellt hatte, die Vereinheitlichung des Rechtes, den intensivsten Bedürfnissen aller Schichten unserer Bevölkerung entsprach.

Und wie sehr haben sich nach dem ersten Zusammentritt des Juristentages die auf ihn gesetzten Hoffnungen in den nun abgelaufenen 50 Jahren erfüllt! Ich muß und kann es mir versagen, auf die Einzelheiten seiner Wirksamkeit einzugehen: die Festschrift, die Ihnen vorliegt, bezeugt es, und die gedruckten Gutachten und Verhandlungen der ersten 29 Juristentage sind wertvolle historische Dokumente dafür, wie viel treffliche Arbeit stets auf den Deutschen Juristentagen geleistet worden ist. Ein Blick in die Gesetzesblätter der Einzelstaaten, des Reiches und des uns befreundeten Österreichs ergibt, wie wertvolle Anregungen für die Gesetzgebung der Deutsche Juristentag auf den verschiedensten Gebieten unseres Rechtslebens gegeben hat.

Meine Herren! Zu der Bedeutung, zu der sich der Deutsche Juristentag von vornherein in erfreulichster Weise ausgewachsen hat, haben zwei Umstände besonders beigetragen. Einmal die Tatsache, daß sich die Männer der Theorie und der Praxis zu dem gleichen Ziele zusammengefunden haben, daß hier Rechtsgelehrte, Richter und Anwälte miteinander Fühlung gewinnen, daß sie hier ihre Ansichten und Gedanken austauschen und klären, und daß dadurch manche Einseitigkeit vermieden wird, die bei getrenntem Marschieren notwendigerweise eintritt. Und der zweite sehr wesentliche Faktor für die Bedeutung des Juristentages ist die weise Beschränkung, die er sich bewußterweise von vornherein gegenüber den gesetzgebenden Gewalten auferlegt hat. Der Juristentag hat es stets vermieden, Anträge an die gesetzgebenden Körperschaften zu richten, aber er hat gewirkt, wie es der Graf von Wartensleben in der ersten Sitzung der Tagung von 1860 ausgedrückt hat, durch die Macht der allgemeinen Überzeugung. Gerade diese Überzeugung so vieler bedeutender Juristen aus Theorie und Praxis, die in den Beschlüssen des Juristentages zum Ausdruck gekommen, ist es gewesen, die seine Wertung in der Öffentlichkeit so hervorragend gestaltet hat.

Meine Herren! In dankbarer Erinnerung alles dessen, was der Deutsche Juristentag für die Entwickelung unseres Rechtswesens und in Erfüllung seines Statuts für die Vereinheitlichung unseres Rechtes getan hat, was er an wertvoller Hilfe, insonderheit der Reichsjustizverwaltung in der Erfüllung ihrer schweren Aufgabe geleistet hat, erlaube ich mir, Sie alle, die Sie aus Nord und Süd wie aus Österreich zu gemeinsamem Tun sich vereint haben, namens der Reichsjustizverwaltung auf das wärmste zu begrüßen. (Bravo!)

Mein hochverehrter Herr Amtsvorgänger hat Ihnen vor Jahren gesagt, daß das Reichsjustizamt den Deutschen Juristentag „als die vornehmste Stätte betrachte, an der es mit den leise und langsam sich fortbildenden Rechtsanschauungen des Volkes, geläutert und geklärt durch den Gedankenaustausch in der Theorie und Praxis, in die engste und unmittelbarste Fühlung trete“, und daß es den Verhandlungen des

Juristentages stets mit dankbarem Interesse folge. Meine Herren! Ich kann in dieser Beziehung nur in den bewährten Bahnen meines Herrn Amtsvorgängers wandeln und Ihnen versichern, daß die Beschlüsse des Deutschen Juristentages auch in Zukunft von großer Bedeutung, von großem Gewicht für die Entschließungen der Reichsjustizverwaltung sein werden. (Bravo!)

Meine Herren! An dem nötigen Stoff für solche Anregungen und Beschlüsse auf gesetzgeberischem Gebiete wird es dem Deutschen Juristentage auch in den nächsten Jahren, ja wohl auch in den nächsten 50 Jahren nicht fehlen. Die Revision der Strafprozeßordnung ist bereits im Gange, im Deutschen Reiche wie in Österreich; die Revision der Strafgesetzgebung wird folgen und, nachdem sich in den letzten Jahren mehrfach, ich kann wohl sagen: leider: die zwingende Notwendigkeit ergeben, die Zivilprozeßordnung in einigen Teilen Änderungen zu unterziehen, wird in absehbarer Zeit auch eine Gesamtrevision der Zivilprozeßordnung nicht zu umgehen sein. Dazu kommt der gewaltige Aufschwung, den die Industrie und der Handel, den die Technik, den der Weltverkehr genommen hat, sowie die großartigen Veränderungen, die sich von Jahr zu Jahr auf sozialem und wirtschaftlichem Gebiete vollziehen. Meine Herren! Alle diese Gebiete werden der Gesetzgebung auf viele Jahre hinaus neue große Probleme und Aufgaben stellen, und es wird auch dem Juristentage die Möglichkeit gegeben sein, hier eine wesentliche Mitarbeit zu leisten. Ihr diesmaliges Programm beweist, wie Sie auch jetzt im Begriffe sind, zu einzelnen Fragen aus diesen verschiedenen Gebieten Stellung zu nehmen. Namens der Reichsjustizverwaltung kann ich nur dem herzlichen Wunsche Ausdruck geben, daß sich Ihre diesmalige Tagung schön und ersprießlich gestalte. (Bravo; Lebhafter Beifall!)

Präsident: Wenn es irgendeines Beweises bedürfte, daß die bisherige Wirksamkeit des Juristentages keine vergebliche war, so läge dieser Beweis in der Tatsache, daß der Staatssekretär des Reichsjustizamtes uns die hohe Ehre erweist, uns zu unserem Jubiläum in so auszeichnender Weise zu begrüßen. Vor 50 Jahren hätte auch der kühnste Optimist Ähnliches nicht zu hoffen gewagt. Wir wissen sehr wohl, welche gewaltigen Ereignisse den Umschwung in unserer politischen Lage herbeiführten durch den eine solche Begrüßung überhaupt möglich wurde. Allein so ganz unschuldig sind wir denn doch nicht daran, daß diese Begrüßung heute und daß sie in dieser Weise erfolgen konnte. Wenn der Norddeutsche Bund und dann das Deutsche Reich die Kompetenz in Sachen der Justizgesetzgebung erlangte, wenn diese Kompetenz dann 1873 auf das gesamte bürgerliche Recht ausgedehnt wurde, so hat der Deutsche Juristentag darauf wenigstens mittelbar eingewirkt, indem er den Ruf nach Rechtseinheit im deutschen Volke nicht verstummen ließ. Und wenn mit Rücksicht auf die steigenden Aufgaben, die dem Reiche durch die Ausdehnung seiner Gesetzgebung erwuchsen, im Jahre 1875 das Reichsjustizamt geschaffen und 1877 als selbständige Behörde vom Reichskanzleramte abgezweigt wurde, so kann sich der Deutsche Juristentag daran wenigstens das Verdienst zuschreiben, daß er durch seine zahlreichen mehr oder weniger berechtigten Gesetzesvorschläge redlich mitgeholfen hat, die Geschäftslast der Reichsbehörden zu vermehren. (Heiterkeit.)

Wenn ich auf die bisherige Tätigkeit des Juristentages zurückblicke, so möchte ich zwei Hauptphasen unterscheiden: in der ersten steuerten wir mit geradem Kurs auf die Rechtseinheit los; als diese im wesentlichen gesichert war, trat eine Wandlung ein, etwa gegen Ende der 80er Jahre. Der Deutsche Juristentag begann sich mit den schwierigen und weittragenden Problemen zu befassen, die auf eine soziale Ausgestaltung unseres Rechtes abzielten, indem er sich hierin dem mächtigen Einfluß nicht entziehen konnte, welchen die bekannte und berühmte Botschaft Kaiser Wilhelms I. auf die Richtlinien unserer Gesetzgebung ausübte. Nicht lange danach traten die dringend gewordenen Reformen des Strafrechtes und des Prozeßrechtes, deren Bedürfnis Ew. Exzellenz eben betont haben, in unseren Gesichtskreis. Zuletzt erfolgte die Ausdehnung unserer Wirksamkeit auf das innere Verwaltungsrecht. Im nächsten Jahrzehnt wird vermutlich eine neue Aufgabe an uns herantreten: die internationale Ausgleichung des Verkehrsrechtes, bei der es darauf zu achten gilt, daß unsere nationalen Rechtsgedanken nicht internationaler Verflachung zum Opfer fallen. (Bravo!)

So harren denn unser noch Aufgaben in Hülle und Fülle. Und es ist wohl nicht zu gewagt, namentlich im Hinblick auf die Worte, die Ew. Exzellenz eben an uns gerichtet haben, wenn ich die Erwartung hege, daß auch im nächsten halben Jahrhundert die Arbeiten des Deutschen Juristentages für das Reichsjustizamt nicht belanglos sein werden; nicht zu gewagt, wenn ich hoffe, daß in aber 50 Jahren ein künftiger Vorsitzender des Deutschen Juristentages Anlaß haben wird, einem Staatssekretär des Reichsjustizamtes oder dessen Vertreter ebenso aufrichtigen, ebenso tiefgefühlten, ebenso warmen und innigen Dank zu sagen, wie ich ihn heute Ew. Exzellenz im Namen des Juristentages für Ihre wohlwollende Begrüßung aus vollem Herzen aussprechen darf. (Bravo!) (Lebhafter Beifall.)

Oberpräsident **v. Jagow:** Gestatten Sie, meine Herren, daß ich nach den warmen und herzlichen Begrüßungsworten, die vorhin von diesem Platze von dem Herrn Chef der deutschen Justizverwaltung an Sie gerichtet worden sind, auch meinerseits als offizieller Vertreter der preußischen Staatsregierung und zugleich der Provinz Westpreußen Sie hier herzlich begrüße, Sie herzlich willkommen heiße und Ihnen aufrichtigen und warmen Dank für Ihr Erscheinen hier in Danzig, in Westpreußen ausspreche. Ihr verehrter Herr Vorsitzender hat zwar in seinen Einleitungsworten ausdrücklich abgelehnt, daß heute eine Jubiläumsfeier stattfinden sollte. Aber Ihr verehrter Herr Vorsitzender ist in diesem Ausnahmefalle sich nicht ganz konsequent geblieben, denn er hat dem Herrn Unterstaatssekretär für seinen herzlichen Willkommensgruß zu der „Jubiläums"feier selbst gedankt. Ich halte mich deshalb für ermächtigt, ohne mir eine Rüge des Herrn Vorsitzenden zuzuziehen, Ihre heutige Versammlung doch als eine Jubiläumsfeier zu betrachten, und zwar aus sehr egoistischen Gründen. Denn wir hier in Westpreußen empfinden es als eine ganz besondere Ehre, daß dieser Jubiläumstag des Deutschen Juristentages hier bei uns in Westpreußen gefeiert werden soll, und dieses Gefühl der Dankbarkeit und die Auffassung, daß diese Jubiläumsfeier bei uns eine Ehre sein sollte, ist wiederum verstärkt worden durch Worte Ihres geehrten Herrn Vorsitzenden. Ich zitiere diese Worte wörtlich. Vielleicht lege ich aber einen tieferen Sinn hinein, als der Herr Vorsitzende selbst beabsichtigt hat. Sie sagten, sehr geehrter Herr Vorsitzender: „Aus diesem Anlaß sind wir hier nach Westpreußen, nach Danzig gekommen." Ich entnehme für uns Westpreußen daraus, daß Sie glaubten, einen schöneren Platz für Ihre Jubiläumsfeier nicht finden zu können als Danzig. (Bravo!)

Darum danke ich Ihnen als Oberpräsident der Provinz Westpreußen und zugleich auch als Vorsitzender des Ehrenausschusses. Ich danke Ihnen nochmals herzlich dafür, daß Sie heute zu Ihrer Jubiläumsfeier hier erschienen sind. Wir freuen uns über Ihr Erscheinen, weil wir eine besondere Ehre für uns darin finden, wenn eine so zahlreiche Versammlung von Koryphäen der Jurisprudenz, von in Theorie und Praxis bewährten und berühmten Persönlichkeiten sich hier bei uns vereinigt. Wir freuen uns aber auch über Ihr Erscheinen hier, weil wir uns der, wie ich hoffe, nicht zu optimistischen Auffassung hingeben, daß diejenigen Herren, die hier erschienen sind, wenn sie von hier in ihre Heimat zurückkehren, nicht bloß eine befriedigende Erinnerung an ihre Tagung nach der juristischen Seite hin mit zurücknehmen, sondern daß sie auch die Empfindung mit zurücknehmen, daß es hier bei uns in unserer Ostmark schöner ist, wie mancher von ihnen vielleicht vor seinem Herkommen gedacht haben mag. Wir wünschen für unser Westpreußen, daß die hiesige Tagung dazu dienen möge, daß nach allen Gauen unseres lieben deutschen Vaterlandes, aus denen Vertreter erschienen sind, und auch in unserem lieben Nachbarstaat, der ja auch zu unserer Freude und Ehre Vertreter hierher gesandt hat, das Gefühl enger Liebe auch zu dem schönen Ostseestrande hier bei uns, zu unserer deutschen Ostmark mitgenommen wird. (Bravo!) Mit diesem Wunsche heiße ich Sie nochmals herzlich willkommen, meine Herren, und danke Ihnen nochmals aufrichtig für Ihr Erscheinen. (Lebhafter Beifall.)

Präsident: Euer Exzellenz! Die Antwort auf Ihre ehrenvolle Begrüßung hat mir im Grunde genommen schon der einmütige Beifall der Versammlung vorweggenommen; ich habe nur weniges hinzuzufügen. Der Deutsche Juristentag kommt jetzt zum ersten Male nach Westpreußen in das alte Kernland der deutschen Ordensmacht, deren Territorium dem preußischen Königtum und dem preußischen Staate den Namen gab. Wenn wir für diesen Juristentag, der sich allmählich zu einer Jubiläumsfeier auszuwachsen scheint (Große Heiterkeit), Danzig als Tagungsort wählten, so leitete uns dabei auch das Bestreben, der Provinz Westpreußen unsere Huldigung darzubringen und mit eigenen Augen zu schauen, was die preußische Verwaltung aus dem Lande geschaffen hat, welches Friedrich der Große einst sein Kanada oder sein Sibirien zu nennen liebte. Seien Sie überzeugt, Exzellenz, wir, die wir von auswärts kommen, werden Westpreußen verlassen in dem tröstlichen Bewußtsein, daß die Verwaltung des Landes nach wie vor in echt preußischem Geiste und in gut deutschem Sinne geführt wird. (Lebhaftes Bravo!) Ihnen aber, Herr Oberpräsident, schulden wir erhöhten Dank für das große Opfer, das Sie uns brachten, indem Sie mit Unterbrechung Ihres Erholungsurlaubes nach Danzig eilten, um uns hier in so ausgezeichneter Weise zu unserem Jubiläum zu begrüßen. (Lebhaftes Bravo!)

Meine Herren! Von Seiner Exzellenz dem preußischen Justizminister Herrn Dr. Beseler ist soeben folgendes Telegramm eingelaufen: „Bei Beginn seiner 30. Tagung begrüße ich den Juristentag mit den aufrichtigsten Wünschen für sein ferneres erfolgreiches Wirken zur Fortentwicklung unseres Rechtes und unserer Rechtspflege. Beseler." (Bravo!)

Herr Geh. Oberjustizrat **Kübler** (Berlin): Hochgeehrte Versammlung! Seine Exzellenz der preußische Herr Justizminister ist auf Urlaub und daher zu seinem Bedauern verhindert, an Ihren Verhandlungen persönlich teilzunehmen. Wie lebhaften Anteil er aber an diesen Verhandlungen nimmt, dafür gibt das Telegramm, das eben verlesen ist, Zeugnis, und findet seinen Ausdruck in der Abordnung zweier seiner Räte, des Herrn Geh. Oberjustizrats Plaschke und meiner Person.

Seine Exzellenz hat mir den besonders ehrenvollen Auftrag erteilt, dem Deutschen Juristentag seine besten Glückwünsche zum 50jährigen Bestehen zu übermitteln. 50 Jahre Zusammenhaltens bedeuten ja im menschlichen Leben einen wichtigen Abschnitt, dessen glückliche Vollendung man als golden zu bezeichnen pflegt. Mir scheint, als ob dieser Ausdruck im Leben einer vielköpfigen Vereinigung erst recht angezeigt ist. Auch die Mitglieder des Deutschen Juristentages sehen mit stolzer Befriedigung an ihrem — ich darf das Wort doch, nachdem Ihr Herr Vorsitzender den Tag eben so bezeichnet hat, auch aussprechen — goldenem Jubiläumstage auf 50 Jahre treuen Zusammenhaltens zurück, eines Zusammenhaltens in gemeinsamer Arbeit im Dienste der Gerechtigkeit. Auf dem Panier der Gerechtigkeit steht der Spruch: Suum cuique. Dieser Spruch ist auch die Devise der preußischen Könige und damit Preußens. Unter diesem Wahlspruch und Wahrspruch rufe ich daher an dem heutigen Tage als Vertreter der preußischen Justizverwaltung dem Juristentag für die nächsten 50 Jahre seines Bestehens und auch weiterhin hier, wo die schwarz-weiße Fahne Preußens uns entgegenweht, das Wort aus dem alten Preußenliede zu: Fest sei der Bund! Dieser Bund von Juristen aus allen deutschen Gauen und Stämmen, gerichtet auf das hohe Ziel, das deutsche Recht zu ergründen, auszubauen und zur Einheit zu führen.

Dies Ziel der Rechtseinheit sicherte dem Juristentag von vornherein das Interesse aller patriotisch Gesinnten und fand besonders freudigen Widerhall bei der preußischen Justizverwaltung. War es doch, wie ich aus dem Buch des Landrichters Olshausen, das uns hier vorliegt, über die Geschichte des Juristentages ersehen habe, der damalige preußische Justizminister, der dem Juristentage schrieb: „Der durch den Juristentag angestrebte letzte Zweck einer Förderung der Rechtseinheit im deutschen Vaterlande wird den Beifall eines jeden finden, der die Nachteile kennt, welche aus der Vielgestaltigkeit des Rechts in Deutschland für das Rechtsleben der Nation erwachsen."

Die Rechtseinheit ist im wesentlichen in ungeahnter Weise schnell erreicht worden. Die Entstehung eines neuen machtvollen Deutschen Reiches, die wenig mehr als ein Jahrzehnt nach der Begründung des Juristentages erfolgte, schuf ihr den Boden, und ich möchte es als eigenartige

Fügung ansehen, daß wir an demselben Tage, an dem wir des Sieges gedenken, durch welchen nach heißem, blutigem Ringen ein Grundstein für die deutsche Einheit gelegt wurde, am 18. August, auch die Erinnerung an den Tag festlich begehen können, an welchem Se. Majestät der Kaiser und König, unser allergnädigster Herr, durch seine Unterschrift dem Deutschen Bürgerlichen Gesetzbuch die Sanktion gab. Und ist dies nicht auch derselbe Tag, an welchem wir vor wenigen Wochen den 80. Geburtstag des ehrwürdigen Herrschers Österreichs feiern durften, unseres Nachbarstaates, mit dem wir, wie wir hoffen, in unzertrennlichem Bündnis und in der Gemeinsamkeit der Rechtsanschauungen vereint sind? (Bravo!)

Aber, so erhebt sich heute die Frage, wird es möglich sein, das kostbare Gut der Rechtseinheit zu erhalten? Ist es denn nicht oft schwerer, ein Gut zu erhalten als zu erringen? Die Frage scheint nicht ohne Grund aufgeworfen zu werden. Mit der politischen Einigung Deutschlands traten die wirtschaftlichen Interessen und Interessengegensätze schärfer und immer schärfer hervor, und damit erhob sich der Ruf nach Sonderrechten und Sondergerichten. Namentlich die staunenswerten Fortschritte der Technik und Industrie in den letzten Jahrzehnten, von denen gerade diese gastliche Stadt beredtes Zeugnis gibt, waren es, die neue Werte und neue wirtschaftliche Interessen schufen. Da heißt es nun, diese Werte wurzeln in Vorstellungen und Gedanken, die den Jüngern des Rechts verschlossen sind. Für sie fehle ihnen das Verständnis. Und so sehen wir denn gerade an seinem 50. Jahrestage vor dem Deutschen Juristentag die Frage aufgeworfen: „Empfehlen sich Sondergerichtshöfe in Streitigkeiten aus dem Gebiete des gewerblichen Rechtsschutzes?“ Diese Frage hat eine symptomatische Bedeutung. Die preußische Justizverwaltung, der das Zeugnis von Freunden und Gegnern der Sondergerichtsbewegung nicht wird versagt werden können, daß sie der Bewegung von Anfang an mit Aufmerksamkeit und, ich glaube, ohne Weltfremdheit gefolgt ist, vertraut, daß der Juristentag die Frage mit gewohnter Objektivität und Gründlichkeit erörtern und beurteilen wird.

Wenn ich gerade diese Frage aus der Reihe der Fragen, die dem Juristentag vorliegen, herausgegriffen habe, so fühlte ich mich dazu besonders berufen durch das vorher zitierte, dem Juristentage zu seinem Geburtstage gewidmete Wort des damaligen Amtsvorgängers meines Herrn Chefs von der Notwendigkeit der Rechtseinheit. So möchte ich denn auch mit dem Wunsche schließen: Möge es der 30. Tagung des Juristentages gelingen, wie in all den wichtigen Fragen, die ihr vorliegen, zu einer Einigung, so auch dazu zu gelangen, die Wege zu sehen, auf denen es bei Wahrung aller Bedürfnisse des praktischen Lebens möglich ist, die Einheit des Rechtes und der Rechtsprechung aufrecht zu erhalten. (Bravo und Händeklatschen.)

Präsident: Hochverehrter Herr Geheimrat! Seit seiner Gründung hat sich der Deutsche Juristentag der vollen Beachtung der Justizverwaltungen der Deutschen Staaten und Österreichs zu erfreuen, insbesondere auch der Beachtung des preußischen Justizministeriums, wie Sie dies eben in Einzelheiten ausgeführt haben. Als wir 1902 in Berlin tagten, da begrüßte uns der damalige preußische Justizminister Dr. Schoenstädt in einer denkwürdigen Ansprache. Und es geschieht nicht zum ersten Male, daß der preußische Justizminister den Deutschen Juristentag auf preußischer Erde durch hervorragende Vertreter willkommen heißt. Den württembergischen Justizminister haben wir seit 8 Jahren die Freude zu den eifrigsten Mitgliedern unserer Ständigen Deputation zu zählen. (Bravo!) Und was Österreich betrifft, so brauche ich nur auf meinen Nachbar zur Rechten zu verweisen, der dem Deutschen Juristentag unschätzbare Dienste erwiesen hat, ehe, während und nachdem er österreichischer Justizminister gewesen war. (Bravo!)

Nicht nur die statutenmäßige Aufgabe des Deutschen Juristentages, die Förderung unserer einheitlichen Rechtsentwicklung, nicht nur die Fähigkeit und der gute Wille des Deutschen Juristentages, den Faktoren der Gesetzgebung als ein außeramtliches und möglichst empfindsames Fühl- und Tastorgan für die wachsenden Bedürfnisse des Rechtslebens zu dienen, nicht nur dies darf die Beachtung der Justizverwaltungen in Anspruch nehmen. Noch ein anderer Umstand tritt hinzu, der gerade in unseren Tagen schwer ins Gewicht fällt. Wir leben in einer Zeit, in der mehr denn früher die gleichartigen Interessen sich zu Interessengemeinschaften, zu Interessenverbänden zusammenballen. Wir leben in der Zeit der Kartellierung, der Fachvereine, der Berufsgenossenschaften. Auch wir Juristen haben begonnen, uns in Berufsvereine zu gliedern. Ich will sie nicht im einzelnen aufzählen, sie haben ihre Existenzberechtigung, denn sie treten ein für die Ehre und das Ansehen des engeren Berufes, und ich wüßte keinen zu nennen, den ich vermissen möchte. Nichtsdestoweniger ist es von erheblicher Bedeutung, und zwar auch für die Justizverwaltungen, daß neben den engeren Berufsverbänden ein allgemeiner Verband existiert, in welchem Juristen aller Berufszweige, Praktiker und Theoretiker, Richter, Staatsanwälte, Rechtsanwälte und Notare, Verwaltungsbeamte und Lehrer des Rechts zu gemeinsamer Arbeit vereinigt sind. Ein solcher Verband ist der Deutsche Juristentag, der zugleich jede Interessenvertretung grundsätzlich ablehnt. (Bravo!) Als das umfassendste Organ der deutschen Juristen ist der Deutsche Juristentag zwar nicht nach dem Wortlaut des Statuts, aber nach Lage der Dinge und als eine Vereinigung zum lebendigen Meinungsaustausch unter den deutschen Juristen auch berufen, zum Wohle der Gesamtheit mitzuwirken an der nationalen Selbsterziehung der deutschen Juristen. Den Mut und die Spannkraft, auch diese Aufgabe zu erfüllen, stärken und spornen die anerkennenden Worte, die, Sie Herr Geheimrat, eben im Namen Sr. Exzellenz des Herrn Justizministers an uns gerichtet haben. Ich sage Ihnen dafür unseren verbindlichsten Dank und bitte Sie, unseren wärmsten Dank auch Sr. Exzellenz dem Herrn Justizminister zu überbringen. (Bravo und Händeklatschen.)

Herr Landgerichtspräsident Schwartz aus Danzig hat das Wort.

Landgerichtspräsident **Schwartz** (Danzig): Meine hochverehrten Herren! Sie haben zu Anfang Ihrer Tagung die Liebenswürdigkeit gehabt, den Herrn Oberlandesgerichtspräsidenten Fromme in Marienwerder zum Mitbeisitzer zu wählen. Ich bin von dem Herrn Oberlandesgerichtspräsidenten beauftragt, sein lebhaftes und aufrichtiges Bedauern auszusprechen, daß es ihm heute einer Krankheit wegen nicht vergönnt ist, an unserer Tagung teilzunehmen. Er läßt durch mich der Versammlung seine besten Grüße sagen und wünscht, daß der Erfolg dieser Tagung in altgewohnter Weise ein ergibiger sein möge.

Dann mögen Sie mir, meine Herren, als dem Präsidenten des örtlichen Landgerichts gestatten, Sie im Namen der hier ansässigen Juristerei herzlichst willkommen zu heißen und Ihnen ein fröhliches Glückauf und Grüß Gott zuzurufen. Meine Herren! Es ist ja schon vorhin teilweise angedeutet worden, daß wir uns hier in der Ostmark auf einem heiß umstrittenen Boden befinden. Der Boden ist für uns erworben worden nicht durch des Schwertes Spitze und Schärfe, nicht in wechselndem Kriegsglück, sondern ist erworben worden durch eine stete angestrengte, emsige, fleißige Arbeit im Dienste der deutschen Kultur. Und, meine Herren, jeder Kulturträger hier im Osten ist uns herzlich willkommen; wie sollte uns da nicht willkommen sein der Deutsche Juristentag, ein Kulturträger ersten Ranges, der mitgeratet und getatet hat an dem Zustandekommen des Bürgerlichen Gesetzbuches, dieses großen Kulturwerkes, der Deutsche Juristentag, dem wir im wesentlichen auch mit zu verdanken haben, daß wir endlich die langersehnte deutsche Rechtseinheit unser eigen nennen können.

Meine Herren! Der Juristentag ist 1860 gegründet worden, und wenn wir uns einmal zurückversetzen in jene Zeit — ja, wie stand es da mit unserem deutschen Recht und mit unserer deutschen Rechtseinheit? Genau so zerrissen und zerklüftet, wie damals die politischen Verhältnisse unseres deutschen Vaterlandes waren, genau so zerrissen und zerklüftet war auch das deutsche Recht. Man ging zwar in ein Kolleg, das sich Deutsches Privatrecht nannte, aber meiner Erinnerung nach hat man doch im wesentlichen wohl nur Reminiszenzen gehört; vom Rechte, das mit uns geboren war, von dem war leider nie die Frage.

Nun, meine Herren, wer wie ich bis zum Jahre 1900 in einem Gebietsteile des preußischen Staates tätig gewesen ist, der die Rechtseinheit nicht kannte, der nicht einmal die Rechtseinheit hatte, die die altpreußischen Provinzen im preußischen Landrechte besaßen, in Schleswig-Holstein, der wird besonders die Wohltat dieser Rechtseinheit empfinden können. Hatten wir doch damals in Schleswig-Holstein kaum einen Ort, der nicht ein anderes Recht gehabt hätte wie der Nachbarort. Jedes Städtchen, jeder kleine Flecken, jede Nordseeinsel hatte ihr besonderes Recht, jede kleine Hallig ein anderes Recht wie die Nachbarhallig. Wenn Sie nach Kiel zogen in die Hauptstadt des Landes, an den Sitz des Oberlandesgerichts, und Sie wollten sich dort ihr erstes eheliches Domizil gründen und es kam Ihnen darauf an, unter welchem Güterrechte Sie leben wollten, so mußten Sie sich wohl vorsehen, in welcher Straße Kiels Sie Ihre Wohnung nahmen. (Heiterkeit.) Ja, meine Herren, Sie mußten sich sogar in der Straße selbst vorsehen. Zogen Sie z. B. nach Lorenzendamm und mieteten Sie etwa in dem Hause Nr. 15 eine Wohnung, dann lebten Sie unter einem ganz anderen ehelichen Güterrecht, als wenn Sie zufällig im Nachbarhause Nr. 16 gemietet hätten. In dem einen Hause galt der Sachsenspiegel, und im anderen Hause galt das revidierte Lüb'sche Recht. Ich war Amtsrichter in Nordschleswig; da gab es zwei größere Rechte: das jütische Low und das dänische Recht; das jütische Low aber nicht etwa in den Teilen, die wir von Jütland übernommen hatten, um unsere Grenze 1866 zu arrondieren, sondern das jütische Low galt in den Teilen, die zu Schleswig gehörten und das dänische Recht wieder in den Teilen, die jütländisch gewesen waren. (Heiterkeit.) Und damit nicht genug: Innerhalb dieser jütländischen Grenze waren wieder einzelne Höfe eingesprenkelt, die schleswigsches Recht hatten; wenn nun solch ein Bauer sich seinen Hof umbaute und ein neues Wohnhaus aufführte, dann passierte es häufig genug, daß das Wohnhaus zu einer Hälfte auf jütischem Low stand und zur anderen Hälfte auf dänischem Recht. Und der Bauer mußte sich wohl vorsehen im Interesse seiner selbst und seines Amtsrichters, der seinen Nachlaß zu teilen hatte, daß er sein Sterbezimmer richtig wählte. (Heiterkeit.) Wenn er in dem einen Zimmer starb, wurde er ganz anders beerbt als in einem anderen Zimmer. (Heiterkeit.)

Meine Herren! Ich will nicht weitläufig werden, nur ein Erlebnis, das mir unvergeßlich geblieben ist, darf ich noch hinzufügen. Als ich als Referendar am Oberlandesgerichte zu Kiel meine letzte Station durchmachte, da galt in Schleswig neben diesen beiden Rechten in dritter Linie das gemeine Recht, aber beileibe nicht das gemeine Recht, wie es in den Pandekten stand, sondern nur das rationelle; die ratio des gemeinen Rechtes galt. Nun hatte ich in einem Referat eine Pandektenstelle angeführt in einer Sache, die unglückseliger Weise zu Schleswig gehörte. Der Oberlandesgerichtsrat, ein eifriger Verfechter des schleswigschen Rechts, strich die Pandektenstelle mit einem dicken Blaustiftstrich durch und schrieb an den Rand: Diese Pandektenstelle paßt nicht für Schleswig, denn in ihr ist wenig ratio vorhanden. (Lebhafte Heiterkeit.) Nun, meine Herren, Sie werden es empfinden, wie wir Schleswig-Holsteiner und wie viele auch außerhalb Schleswig-Holsteins in kleinen deutschen Staaten dankbar gewesen sind für das große Werk des Bürgerlichen Gesetzbuchs. Meine Herren! Es sind schon viele Aufgaben des Juristentages erwähnt worden. Darf ich vielleicht in aller Bescheidenheit eine Aufgabe noch kurz erwähnen? Es hat ja die Rechtseinheit zur unbedingten Voraussetzung, daß das Recht kodifiziert wird, und diese Kodifizierung des Rechts hat neben allen sonstigen schönen Seiten auch eine Schattenseite, nämlich die: Wenn wir, wie ich das eben aus Schleswig-Holstein schilderte, in einem Rechtsfalle zu entscheiden hatten, so waren wir doch immerhin gezwungen, aus allgemeinen Rechtsgrundsätzen uns jeden einzelnen Rechtssatz wieder neu herauszukonstruieren für die zu entscheidende Sache. Das wird ja jetzt den jungen Juristen und uns allen erspart. Appetitlich ist uns diese Arbeit in schön geschriebenen Paragraphen des Bürgerlichen Gesetzbuches vorgesetzt. Es besteht aber die Gefahr, namentlich für die spätere Generation, daß sie geneigt ist, alle Rechtsverhältnisse in irgendeinen dieser Paragraphen hineinzuschachteln und hineinzupressen und niemals zurückzugehen auf das lebendige Rechtsgefühl derjenigen, die dem Richterspruche unterworfen sind, zurückzugehen auf dem Vertragswillen, darauf, was die Parteien gewollt haben. Die kennen keinen Paragraphen, die wollen etwas Bestimmtes, und das soll aus ihrem Vertrage selber herausgeholt werden. Möge der Juristentag auch das als eine seiner späteren Aufgaben auffassen, uns vor Paragraphenweisheit zu schützen (Bravo!), immer den Grundsatz durchzukämpfen, daß das Bürgerliche Gesetzbuch, soweit es nicht öffentliches Recht betrifft, nur subsidiär anzuwenden ist und daß ihm vor allen Dingen der Vertragswille der Parteien vorgeht; denn der lebendige Fluß unseres täglichen Lebens, besonders unseres Erwerbslebens, fließt weiter, meine Herren, und läßt sich nicht aufhalten durch Gesetzesparagraphen, er fließt über einen Paragraphen hinüber, er läßt ihn versanden; wehe der Rechtsprechung, die solchen Paragraphen ausgraben wollte, um die Rechtsverhältnisse zu beurteilen, deren lebendiger Fluß diesen Paragraphen schon hat versanden lassen.

Meine Herren! Ich möchte aber nicht zu weitläufig werden und möchte darum schließen, indem ich Ihnen allen noch einmal herzlich zurufe: Grüß Gott die Herren! (Lebhafter Beifall.)

Präsident: Ich möchte das laute Echo, welches Ihre Worte, Herr Landgerichtspräsident, in der Versammlung eben hervorgerufen haben, nicht völlig verklingen lassen, ohne wenigstens einige Worte hinzuzufügen. Wir Juristen haben es jetzt nicht gerade leicht. Man anerkennt uns zwar mindestens als ein notwendiges Übel (Heiterkeit), aber daß wir besonders populär wären, kann man nicht gerade sagen. Und das ist gut so; und es wäre schlimm, wenn es anders wäre. Denn wir Juristen sind Diener der Gerechtigkeit, und die Gerechtigkeit hat ein ernstes und ein strenges Angesicht. Meine Herren! Sie kennen alle von der Schule her den Satz: Iustitia fundamentum regnorum. Aber mit Fundamenten pflegt man nicht Staat zu machen, und das wäre ein kurioser Baumeister, der mit den Fundamenten dekorative Wirkungen erzielen wollte (Lebhafte Heiterkeit) und das wäre ein kurioses Fundament, das sich nach außen drängte, um gesehen zu werden. Die deutsche Justiz hat nur den Ehrgeiz und darf nur den Ehrgeiz haben, ein möglichst sicheres Fundament zu sein. Dank ihrer Unabhängigkeit vermeidet sie es, nach irgend einer Seite hin um Gunst, geschweige denn um Popularität zu werben. Andererseits hat sie keinen Grund, die öffentliche Kritik zu scheuen. An Unparteilichkeit und an Gewissenhaftigkeit kann die deutsche Justiz sich getrost mit der jedes anderen Landes messen. Sie hält sich nicht für unfehlbar; sie weiß, daß sie an sich zu arbeiten hat; und wer hätte nicht an sich zu arbeiten! Daß sie aber an sich arbeitet, um den wachsenden Bedürfnissen des Rechtslebens möglichst gerecht zu werden, das beweist uns die lebhafte Teilnahme, welche der Deutsche Juristentag stets bei den deutschen und jetzt insbesondere bei den westpreußischen Richtern gefunden hat, das beweist uns die beachtenswerte Ansprache, durch die Sie, Herr Landgerichtspräsident, uns eben zu begrüßen die Güte hatten. (Lebhafter Beifall und Händeklatschen.)

Der Herr Oberbürgermeister der Stadt Danzig.

Oberbürgermeister **Scholtz** (Danzig): Meine sehr geehrten Damen und Herren! Namens der alten schönen Stadt Danzig heiße ich Sie herzlich willkommen. Als vor 50 Jahren der Deutsche Juristentag begründet wurde und gleich 710 Mitglieder erwarb, da konnte man schon hoffen, daß er den Einfluß auf die deutsche Rechtswissenschaft und auf die deutsche Gesetzgebung bekommen würde, den er tatsächlich erhalten hat. Aus allen deutschen Gauen strömten damals deutsch-denkende Juristen in Berlin zusammen, um mitzuwirken an dem großen Ziele: die Einheitlichkeit des bürgerlichen Rechtes, des Strafrechts und des Prozeßrechtes zu erlangen. Sind nun auch diese Ziele im wesentlichen erreicht, so bleibt doch, wie ja heute schon so oft ausgeführt worden ist, noch unendlich viel zu tun.

Ich glaube, die alten Ratsherren in den alten Städten hätten bedenklich mit dem Kopfe geschüttelt, wenn ihnen jemand gesagt hätte, daß später einmal ein einheitliches Recht im ganzen deutschen Lande gelten sollte. Hatten sie doch das lebhafteste Bestreben, stets Sonderrechte zu erwerben und diese Sonderrechte zu bewahren. Wie vielgestaltig unser Danziger Recht gewesen ist, das ist Ihnen schon von verschiedenen Herren mitgeteilt worden, das sehen Sie insbesondere aus der interessanten Denkschrift, die Ihnen der Arbeits- und Finanzausschuß des Danziger Ortsausschusses überreicht hat.

Die Rechtsvorschriften gelten nicht mehr, die Gerichte richten nicht mehr, aber geblieben sind die Stätten, geblieben sind die Gebäude, in denen die Gerichte tagten. Ich weise hin auf den schönen Artushof, wo Sie sich heute Abend in festlicher Versammlung einfinden werden, ich weise hin auf den mächtigen, hochragenden Stockturm mit seiner Peinkammer und weise vor allem hin auf unser altes, schönes Rathaus, wo sich noch der Schöffen- und der Wettgerichtssaal befinden. Zwar gerichtet wurde in diesen Sälen lange nicht mehr. Erst die neue Gesetzgebung, die das Kaufmannsgericht und das Gewerbegericht brachte, hat auch diesen Sälen wieder Gerichtssitzungen gebracht.

Ich hoffe, meine Damen und Herren, daß Sie sich die alten Stätten unserer Rechtswirksamkeit ansehen werden; ich hoffe ferner, daß Sie sich in unserer Stadt wohl fühlen werden, und ich wünsche Ihnen den besten Verlauf für Ihre Tagung. Wir Danziger sind stolz darauf, daß Sie gerade Ihren Jubeltag in unseren Mauern begehen wollen, und wir hoffen, daß Sie uns, wenn Sie wieder fern sind, ein freundliches Andenken bewahren werden; denn wir werden uns die größte Mühe geben, es Ihnen so behaglich wie nur irgend möglich in unseren Mauern zu machen. In diesem Sinne heiße ich Sie nochmals herzlich willkommen. (Lebhafter Beifall und Händeklatschen.)

Präsident: Herr Oberbürgermeister! 50 Jahre hat es gedauert, bevor der Deutsche Juristentag nach Danzig kam. Das war raffinierte Berechnung! (Große Heiterkeit.) Der Herr Oberpräsident hatte vollkommen Recht: Wir wollten uns für das Jubiläumsjahr das Beste vorbehalten, was uns zur Wahl stand. (Bravo!) Und so gingen wir denn erst jetzt nach Danzig, in die schönste unserer alten Städte, wie Heinrich v. Treitschke sie nennt, in der das Neue so stilvoll in das Alte hineingebaut ist, das Alte so kunst- und pietätvoll konserviert ist, daß Danzig zwar als eine moderne aufstrebende Stadt erscheint, aber von dem poetischen Zauber seiner Geschichte verklärt, durch die Patina fast tausendjährigen Ruhmes geadelt ist. So gingen wir denn in die einstige Fürstin des Baltischen Meeres, die sich nach langer Entfremdung wieder völlig und innig hineingelebt hat in die Gemeinschaft deutschen Volkstums. So gingen wir denn in das nordische Venedig, das nicht wie das südliche die Gegenwart im goldigen Schimmer der Vergangenheit verträumt, sondern rastlos „nec temere nec timide“ bestrebt ist, der Schwierigkeiten Herr zu werden, die einer Epoche neuen und kräftigen Aufschwunges im Wege stehen.

Nicht nur die Schönheit der Stadt, nicht nur die Rührigkeit des in ihr pulsierenden Handelsverkehrs nimmt uns gefangen, sondern auch die Herzlichkeit und die Gastfreundschaft, mit der wir hier empfangen werden. Sie entspricht in vollem Maße der Herzlichekit, mit der wir nach Danzig eingeladen worden sind. Diese Einladung, Herr Oberbürgermeister, ist noch von Ihrem Vorgänger, H e i n r i c h E h l e r s, ausgegangen, der lebhaft um den Juristentag bemüht war und, so viel ich weiß, als erster Vorsitzender des Ortsausschusses fungiert hat. Durch seinen frühen und unerwarteten Tod hat nicht nur die Stadt Danzig, deren Bürgerschaft ihn tief betrauert, sondern hat auch der Deutsche Juristentag einen schweren Verlust erlitten. Ich bitte Sie, das Andenken des Verstorbenen dadurch zu ehren, daß Sie sich von Ihren Plätzen erheben. (Die Versammlung hat sich erhoben.) Ich darf mich wohl als ermächtigt betrachten, der hinterbliebenen Tochter des Verewigten im Auftrage des Juristentages unser Beileid zur Kenntnis zu bringen. Sie, Herr Oberbürgermeister, haben mit dem Empfange des Juristentages ein Vermächtnis Ihres Vorgängers übernommen. Durch die Art, wie Sie der hinterlassenen Aufgabe gerecht wurden, haben Sie uns zu lebhaftem Danke verpflichtet. Möge Ihnen beschieden sein, Herr Oberbürgermeister, alles, was unter Ihren Vorgängern vorbereitet worden ist, möge Ihnen beschieden sein, Ihre eigenen Pläne ebenso glanzvoll zu gedeihlicher Ausführung zu bringen zum Wohle der Stadt Danzig, zum Ruhme Preußens und zum Heile unseres großen deutschen Vaterlandes! (Lebhafter Beifall.)

Herr Geheimrat Gierke wünscht im Namen der Berliner Juristischen Gesellschaft den Deutschen Juristentag zu begrüßen.

Geh. Justizrat Professor Dr. **Gierke** (Charlottenburg): Hochverehrte Herren! Kaum $1^1/_2$ Jahre sind vergangen, als bei dem 50jährigen Jubiläum der Berliner Juristischen Gesellschaft unser verehrter Herr Vorsitzender als Ehrenpräsident des Deutschen Juristentages dessen Glückwünsche überbrachte. Er sprach davon, daß die Tochter an diesem Tage der Mutter gratulierte. In ganz kurzer Frist ist jetzt die Tochter zu demselben Alter herangediehen! Und da nun doch einmal das Eis gebrochen ist und ein Jubiläum gefeiert wird, so ziemt es sich, daß auch die Mutter sich der Tochter naht und ihr Glück wünscht.

Neidlos sieht die Mutter, wie weit die Tochter ihr über den Kopf gewachsen ist. Denn bei der Gründung des Deutschen Juristentages war ja das gerade ihre Absicht und ihr Ziel, daß diese Tochter ein Größeres werde als sie selbst. Es war ihr Ziel, daß ein Band geschlungen werde, das nicht bloß die Berliner Juristen, sondern die Juristen aller deutschen Gaue verbinde, sie zu geistigem Zusammenwirken und zu persönlicher Berührung zusammenführe. Und dieses Ziel ist erreicht. Alle deutschen Gaue haben Mitglieder entsandt zu allen Tagungen des Deutschen Juristentages. Und als die politische Trennung des neu gegründeten Deutschen Reiches von Deutsch-Österreich stattfand, da hat dieses Band festgehalten und ist auch mit Deutsch-Österreich bis heute unzerreißbar geblieben. (Bravo!)

Gerade deshalb hat der Deutsche Juristentag nicht wie die Berliner Juristische Gesellschaft seine örtliche Residenz, sondern er ist eine Wanderversammlung; und wie einst die deutschen Kaiser bald in dieser, bald in jener Pfalz Hof hielten, so hält auch er Hof bald im Süden, bald im Norden, bald im Westen, bald im Osten. Auch damit wirbt er, denn an den Orten, in die er kommt, pflegt er manche neue Pflanze in seinen Garten aufzunehmen. Manchmal sind das leider nur einjährige Pflanzen, die nach kurzer Blüte im folgenden Jahre wieder verdorren, aber auch perennierende Gewächse schönster Art haben wir auf diese Weise für den Juristentag gewinnen sehen.

Nun, im Namen der Berliner Juristischen Gesellschaft wünsche ich dem Deutschen Juristentage, daß er auch fernerhin wachsen möge, daß möglichst oft perennierende Gewächse seinem Garten einverleibt werden und daß die Distanz zwischen der kräftig blühenden Mutter und der immer noch jugendlichen Tochter immer noch größer werde, immer noch mehr ihr der Juristentag über den Kopf wachse! (Beifall.)

Präsident: Diejenigen Herren unter Ihnen, die in ihrer Studienzeit deutsche Rechtsgeschichte gehört haben (Heiterkeit), werden sich erinnern, daß die Peinliche Gerichtsordnung Karls V., die sogenannte Carolina, aus einer Halsgerichtsordnung für Bamberg, aus der sogenannten Bambergensis hervorgegangen ist und daß deshalb die Bambergensis als die mater Carolinae bezeichnet wird. Ähnlich ist das Verhältnis, das zwischen der Berliner Juristischen Gesellschaft und dem Deutschen Juristentage obwaltet; jene ist die Mutter des Deutschen Juristentages. Jedoch besteht ein wesentlicher Unterschied, nämlich der, daß die Bambergensis schon 25 Jahre alt war, als sie die mater Carolinae wurde, wogegen die Berliner Juristische Gesellschaft es fertig brachte, schon mit 5 Vierteljahren (große Heiterkeit) die Mutter des Deutschen Juristentages zu werden.

Wie der Herr Vorredner schon hervorhob, hatte ich am 19. Mai des vorigen Jahres die Ehre, die Berliner Juristische Gesellschaft zur Feier ihres halbhundertjährigen Bestehens zu beglückwünschen. Heute wird uns bereits der Gegengruß zu unserer gleichartigen Feier zuteil. Ich erwidere ihn mit dem Wunsche, daß das Verhältnis zwischen uns und der Berliner Juristischen Gesellschaft auch in den nächsten 50 Jahren ein so herzliches und ein so freundliches bleiben möge wie bisher, und daß die Berliner Juristische Gesellschaft ihre Aufgabe, den geistigen und den wissenschaftlichen Mittelpunkt der Berliner Juristen zu bilden, in der Zukunft ebenso restlos erfüllen möge, wie es bisher geschehen ist. (Bravo!)

Der Herr Vorsitzende des Deutschen Anwaltvereins Geh., Justizrat Haber.

Geh. Justizrat **Haber** (Leipzig): Meine hochverehrten Herren! Ich habe namens des Deutschen Anwaltvereins dem Juristentage ein Glückwunschschreiben zu überreichen, in welchem auch der besondere Dank des Deutschen Anwaltstandes für diejenigen Verdienste ausgedrückt wird, die sich der Juristentag um die freie Organisation des Anwaltstandes und sein Gedeihen überhaupt erworben hat. Der Deutsche Anwaltverein hat sich nicht nur die Aufgabe gestellt, das Standesinteresse zu pflegen, sondern er hat sich auch die weitergehende allgemeine Aufgabe gegeben, für die Förderung der Rechtspflege und der Gesetzgebung im Deutschen Reiche überhaupt zu wirken. Daraus ergibt sich eine enge Berührung mit den Aufgaben des Deutschen Juristentages. Er ist nun selbstverständlich, daß wir uns darüber klar sind, daß eine Vereinigung wie der Anwaltverein, die lediglich einen bestimmten Teil der juristischen Praktiker umfassen soll, nicht mit derselben Kraft, nicht in der Art und mit dem gleichen Erfolge tätig sein kann für ihre großen Aufgaben, wie der Deutsche Juristentag, der, wie heute mehrfach hervorgehoben wurde, Theoretiker und Praktiker und die Praktiker ohne Unterschied ihrer besonderen Berufsstellung in sich vereinigt.

Ich möchte den Juristentag am Schlusse der wenigen Worte, die ich hier zu sprechen habe, dazu beglückwünschen, daß er eine solche Vereinigung bildet.

Wenn ich von meinem persönlichen Standpunkte aus noch einen besonderen Wunsch hinzufügen darf, so ist es der, daß der Deutsche Juristentag, in glücklicher Nebenwirkung seiner besonderen Verfassung, weiter lange Jahre imstande sein möge, einen solchen Vereinigungspunkt zu bilden, immer mehr auszugleichen die alten Gegensätze, die immer noch hier und da zwischen Praktikern und Theoretikern, zwischen den Praktikern nach ihrer besonderen Stellung, zwischen den Richtern, Staatsanwälten und den Rechtsanwälten bestehen, daß er auf lange Zeit, besonders in der heutigen schweren Zeit, die uns so große schwierige Aufgaben stellt, imstande sein möge, uns zusammenzuschließen zu gemeinsamer segensreicher Arbeit im Dienste der Rechtspflege. — Damit darf ich den Herrn Präsidenten bitten, unser Glückwunschschreiben freundlichst entgegenzunehmen. (Anhaltender Beifall.) *)

---

*) Der Text der vornehm ausgestatteten Adresse lautet:

Dem Deutschen Juristentage

sprechen wir zur Feier seines fünfzigjährigen Bestehens und seiner dreißigsten Tagung die herzlichsten Glückwünsche aus.

Wir begrüßen zu diesem Feste erfolggekrönter Arbeit eines halben Jahrhunderts den Deutschen Juristentag als die Vereinigung, welche die Gesamtheit der Juristen deutscher Zunge zu gemeinsamer Tätigkeit an der Fortbildung des Rechtes zusammenführt und in dem Bereiche deutscher Zunge die Früchte der

Präsident: Dem Deutschen Anwaltsverein sage ich unsern wärmsten und aufrichtigsten Dank für die so kunstvoll ausgestattete Adresse, die Sie, Herr Geheimrat, die Güte hatten, uns zu überreichen. Ich danke Ihnen insbesondere auch für die freundlichen Grüße, die Sie uns eben entboten haben. Dem Deutschen Juristentage muß es zur besonderen Freude gereichen, daß heute auch der Deutsche Anwaltverein seiner gedenkt, denn zahlreich sind die verbindenden Fäden, die den Deutschen Juristentag mit dem deutschen Anwaltsstande verknüpfen. Der Deutsche Juristentag hatte sich von jeher besonders zahlreicher Beteiligung der Rechtsanwälte zu erfreuen. Sie liefern wohl das relativ stärkste Kontingent unserer Mitgliederliste. Unter den Gutachtern und Referenten finden Sie in den vielbändigen Verhandlungen unserer 30 Juristentage zahlreiche und aus-

---

wissenschaftlichen Forschung und die Ergebnisse der praktischen Arbeit zum Segen der Allgemeinheit verbindet.

Wir begrüßen in dem Deutschen Juristentage den eifrigen Förderer der neuen deutschen Rechtsentwicklung, den erfolgreichen Mitarbeiter an dem gewaltigen Werke der Jahrhundertwende, das dem Deutschen Reiche die ersehnte Rechtseinheit gab.

Wir fühlen uns aber auch gedrängt, heute noch besonders hervorzuheben die mächtige Förderung, die der Deutsche Juristentag dauernd unserem Stande hat angedeihen lassen. In der richtigen Erkenntnis, daß ein gesunder und blühender Anwaltstand eine wichtige Vorbedingung für die gedeihliche Entwickelung der Rechtspflege, ein unentbehrliches Glied des modernen Staates ist, hat der Deutsche Juristentag stets sein Augenmerk auf die Festigung der Verhältnisse der Rechtsanwaltschaft gerichtet. Für die Freiheit und die Unabhängigkeit der Advokatur, für die disziplinare Zuständigkeit der Standesvertretungen der Rechtsanwaltschaft, für die gleichmäßige Vorbildung der Richter und Rechtsanwälte ist der Deutsche Juristentag eingetreten, und sein Einfluß war vielfach mitbestimmend für die gesetzliche Regelung der Verhältnisse des Anwaltstandes. Wenn die deutsche Rechtsanwaltschaft heute in der Lage ist, in freier Betätigung ihrer Kräfte ihrer wichtigen Mission getreu an der Verwirklichung des Rechts mitzuarbeiten, so kann sie nicht vergessen, mit welchem Eifer der Deutsche Juristentag bestrebt gewesen ist, ihr dies zu ermöglichen.

Wir halten uns daher für berechtigt und für verpflichtet, dem Deutschen Juristentage mit unsern Glückwünschen zu dem Abschluß halbhundertjähriger opferwilliger Arbeit und mit unseren herzlichen Wünschen für ein ferneres segensreiches Wirken im Dienste der Allgemeinheit den aufrichtigen Dank der deutschen Rechtsanwälte auszusprechen.

Leipzig, am 10. September 1910.

Der Vorstand des Deutschen Anwaltvereins.

gez. Haber, Geheimer Justizrat, Vorsitzender.

gez. Dr. M. Drucker, Rechtsanwalt, Schriftführer.

gezeichnete Namen von Rechtsanwälten vertreten. Dem Anwaltsstande gehört in der Regel dasjenige Mitglied der Ständigen Deputation an, welches die Hauptlast der Geschäfte zu tragen hat, der Schriftführer des Deutschen Juristentages. Von unserem gegenwärtigen Schriftführer darf ich nicht sprechen, weil er anwesend ist und weil er mir zu nahe steht. Aber es sei mir gestattet, auf die hervorragenden Verdienste hinzuweisen, die sich die Rechtsanwälte und Geheimen Justizräte Dr. von Wilmowski und Dr. Wilke um den Deutschen Juristentag errungen haben durch langjährige Verwaltung des mühsamen Schriftführeramtes. (Bravo!)

Meine Herren! In jedem Volke hängt die Gesundheit des Rechtslebens ab von dem Vorhandensein eines tüchtigen, integren und nationalgesinnten Anwaltstandes. Der Deutsche Anwaltverein verfolgt auch das Ziel, den deutschen Anwaltstand auf seiner Höhe zu erhalten; er ist uns darum ein geschätzter und werter Bundesgenosse in unseren, auf Förderung des deutschen Rechtslebens gerichteten Bestrebungen; daß dieses Verhältnis ein dauerndes bleiben wird, verbürgen uns die freundlichen Worte, mit denen Sie uns, Herr Geheimrat, heute begrüßt haben. (Bravo!)

Meine Herren! Im Deutschen Juristentage, der, wie Sie wissen, sich aus reichsdeutschen und deutsch-österreichischen Juristen zusammensetzt, spiegelt sich das enge Bundesverhältnis, welches zwischen dem Deutschen Reiche und Österreich zum Schutze des Weltfriedens besteht. Dieses Verhältnis kommt bei uns seit langen Jahren in der schönen Sitte zum Ausdruck, daß wir vor Beginn unserer Verhandlungen den Herrschern der beiden verbündeten Reiche unsere Huldigung darbringen. Ich schlage Ihnen daher vor, auch diesmal Seiner Majestät unserem Kaiser und König Wilhelm II., den Danzig vor kurzem innerhalb seiner Mauern mit stürmischer Begeisterung begrüßte und ebenso Seiner Kaiserlichen und Königlichen Apostolischen Majestät dem Kaiser Franz Joseph I. von Österreich-Ungarn, der vor etlichen Wochen unter dem Jubel seiner Untertanen seinen 80. Geburtstag feierte, den Ausdruck unserer ehrfurchtsvollen Huldigung telegraphisch zu übermitteln. (Bravo!)

Die Versammlung ist damit einverstanden. Das Bureau wird das Erforderliche veranlassen.

Dem Herkommen entsprechend, habe ich der Versammlung noch zu berichten über Veränderungen im Bestande der Ständigen Deputation. Die Ständige Deputation hat seit dem letzten Juristentage zwar keins ihrer Mitglieder durch den Tod verloren, aber trotzdem eine empfindliche Einbuße erlitten, indem Se. Exzellenz der Herr Oberlandesgerichtspräsident

a. D. Dr. Hamm in Ausführung eines schon mehrmals vertagten Entschlusses seinen Austritt aus der Ständigen Deputation endgültig erklärt hat, während er auch fernerhin noch Mitglied des Deutschen Juristentages bleiben will. Die Ständige Deputation sieht ihn mit schwerem Herzen scheiden. Oftmals hat er in gedankenreichen Referaten die Fackel seines Geistes leuchten lassen, oftmals mit schlagfertigen Argumenten entscheidend in unsere Debatten eingegriffen, oftmals in geist- und witzsprühenden Trinksprüchen unsere geselligen Zusammenkünfte erheitert. Die Ständige Deputation wird ihm ein treues Angedenken bewahren.

Kurz vor seinem Zusammentritt hat der deutsche Juristentag und insbesondere der Ortsausschuß einen herben Verlust erlitten durch das überraschende Hinscheiden des Herrn Justizrates Behrend in Danzig. Mitten in seiner aufopfernden Tätigkeit für die Vorbereitung des diesjährigen Juristentages — er war Vorsitzender des Wohnungsausschusses — ist der allgemein hochgeschätzte Mann von einem tückischen Leiden dahingerafft worden. Ich bitte Sie, sich zu Ehren des Verstorbenen von ihren Plätzen zu erheben (geschieht) und bitte Sie um die Ermächtigung, der trauernden Witwe des Verblichenen den Ausdruck unserer Teilnahme zu übermitteln.

Wir gelangen nunmehr zur Verteilung der vorliegenden Beratungsgegenstände. Unsere Tagesordnung zählt zwar nur 6, aber gewichtige Themata auf. Die Ständige Deputation schlägt Ihnen vor, diesmal nur drei Abteilungen zu bilden und der ersten Abteilung zuzuweisen die Themata 1 Hypothekenausfall, 2 Sammelvermögen und 3 Privatangestellte; der zweiten Abteilung wären zuzuweisen die Themata 5 Sondergerichtshöfe und 6 Reichsverwaltungsgericht. Die dritte, die strafrechtliche Abteilung wird sich selbstverständlich mit dem Thema 4 zu befassen haben, welches sich eigentlich in zwei Themata spaltet. Die erste und zweite Abteilung tagen hier im Schützenhaus, und zwar die erste Abteilung in diesem größeren Saal, die zweite Abteilung in dem kleinen Saal. Die dritte Abteilung, die strafrechtliche, die wahrscheinlich seßhafteste Abteilung, tagt im Landeshaus.

Meine Herren! Unsere Tagesordnung drängt sich diesmal mehr als sonst zusammen und steht mehr wie sonst im Konflikt mit dem Vergnügungsprogramm. Mit Rücksicht auf das Ende der Gerichtsferien mußte der herkömmliche Ausflug, den sich der durch westpreußische Willenskraft ausgezeichnete Vergnügungsausschuß durchaus nicht wollte nehmen lassen, am Dienstag Nachmittag eingeschoben werden. Selbstverständlich geht die Arbeit im Konfliktfalle dem Vergnügen vor, aber empfehlenswert ist es immerhin, daß die Abteilungen ihre Sitzungen möglichst früh beginnen und namentlich den heutigen Nachmittag gründlich ausnützen. Hoffentlich gelingt es dann, unser schwer beladenes Arbeitsschiffchen zwischen den Klippen des Vergnügungsprogramms glücklich hindurchzusteuern.

Die einzelnen Abteilungen wählen entweder noch heute oder morgen Vormittag je 10 Vertrauensmänner, welche in Gemeinschaft mit den Mitgliedern des Präsidiums der zweiten Plenarversammlung die neue Ständige Deputation vorzuschlagen haben. Die gewählten Vertrauensmänner versammeln sich zur Aufstellung der Vorschlagsliste am Mittwoch um $^1/_2$9 Uhr hier im Schützenhaus im kleinen Saal.

Meine Herren! Die Abteilungen bestimmen, ob ihre Beschlüsse dem Plenum vorgelegt werden sollen entweder nur zur Kenntnisnahme oder aber zur Erörterung und neuen Beschlußfassung. Die Herren Referenten, die von den Abteilungen gewählt werden, um Referate zu erstatten über Beschlüsse, die nur zur Kenntnis gebracht werden sollen, bitte ich, vorsichtshalber ihre Referate für die zweite Plenarversammlung auf die Zeitdauer von 10 Minuten einzuschränken. Die zweite Plenarversammlung beginnt am Mittwoch um 9 Uhr. Sie wird sich zu befassen haben mit den Beschlüssen der Abteilungen; außerdem wird sie sich mit einer Änderung des Statuts beschäftigen, nämlich mit einer Änderung des § 5 letzter Satz. Es handelt sich, meine Herren, um eine Finanzreform, die hoffentlich gelingen wird. (Heiterkeit.) Der Betrag für die Anmeldungskarte soll für die Zukunft von 3 auf 5 Mk. erhöht werden.

Schließlich habe ich Ihnen noch mitzuteilen, daß 100 Exemplare des dritten Heftes unserer Gutachten zur Verteilung auf dem Bureau des Ortsausschusses aufliegen. Dieses dritte Heft enthält ein Gutachten über die Sondergerichtshöfe von Herrn Rechtsanwalt Dr. Cahn, ein Gutachten über das Sammelvermögen von Herrn Geh. Rat Professor Dr. Seckel, und den Bericht über die Gesetzgebung der letzten zwei Jahre.

Ich schlage Ihnen vor, nun eine kurze Pause zu machen und pünktlich 11$^1/_4$ Uhr sich in den Abteilungen einzufinden.

Ich schließe die erste Plenarversammlung.

(Schluß 10 Uhr 48 Minuten.)

Erste Sitzung der ersten Abteilung.

Montag, den 12. September 1910, vormittags 11¼ Uhr.

Auf Vorschlag Sr. Exzellenz des Herrn Justizministers Dr. Klein wird Herr Geheimer Justizrat Professor Dr. Enneccerus zum Vorsitzenden der Abteilung ernannt. —

Geh. Justizrat, Professor Dr. **Enneccerus** (Marburg): Meine Herren! Ich danke Ihnen für das mir geschenkte Vertrauen. Ich schlage Ihnen vor, zum Vizevorsitzenden zu wählen Herrn Justizrat Heinitz (Berlin) (Bravo!), sowie zu Schriftführern die beiden Herren Landrichter Heinrici und Professor Dr. Wedemeyer. Ich bitte die Herren, neben mir Platz nehmen zu wollen.

Zu stellende Anträge bitte ich dem Herrn Landrichter Heinrici schriftlich einzureichen und Meldungen zum Wort an Herrn Professor Wedemeyer zu richten.

Meine Herren! Wir haben vom Plenum überwiesen erhalten drei Fragen. Nämlich Frage 1:

> Empfehlen sich gesetzgeberische Maßnahmen, durch welche die Haftung des persönlichen Schuldners für den Hypothekenausfall beschränkt wird, wenn der Gläubiger seine Hypothek nicht ausgeboten und das Grundstück weit unter dem Werte erstanden hat?

Ferner 2:

> Empfiehlt es sich, soziale Schutzvorschriften, in der Art der für die Handlungsgehilfen bestehenden, für Privatangestellte überhaupt zu treffen?

Endlich Frage 3:

> Empfehlen sich gesetzliche Vorschriften über die rechtliche Stellung des Sammelvermögens?

Es ist vielfach der Wunsch ausgesprochen worden, daß es einer großen Anzahl von Herren möglich werde, einerseits an den Verhandlungen über die Frage 2 über die sozialen Schutzvorschriften, anderseits an den Verhandlungen über die Frage der Sondergerichte teilnehmen zu können. (Sehr richtig!) Infolgedessen hat die Ständige Deputation beschlossen, Ihnen durch mich den Vorschlag machen zu lassen, daß wir die Frage jener Schutzvorschriften, in der Se. Exzellenz der Herr Justizminister Dr. Klein das Referat übernommen hat, voranstellen, während die andere Frage bezüglich der Sondergerichte in der II. Abteilung den Schluß der Verhandlung bilden soll.

In einer Geschäftsordnungsdebatte, an der sich die Herren Justizrat Dr. Neumann (Berlin), Geheimrat Professor Pappenheim (Kiel), Justizrat Fuchs (Berlin) beteiligen, einigt man sich über die Reihenfolge der zu beratenden Gegenstände.

Die Meinung der Versammlung scheint dahin zu gehen, zunächst den Hypothekenausfall zu behandeln und dann zu versuchen, heute auch noch das Sammelvermögen zu erledigen, damit der morgende Tag für die Schutzvorschriften frei bleibt. Sollte es nicht gelingen, heute das Sammelvermögen noch mit zu erledigen, so würde die Versammlung über die fernere geschäftliche Behandlung der Sachen Beschluß zu fassen haben, der voraussichtlich in dem Sinne ausfallen dürfte, daß die Schutzvorschriften morgen den ersten Gegenstand bilden.

Wenn kein Widerspruch erfolgt, so nehme ich an, daß die Versammlung in diesem Sinne beschlossen hat.

Wir wenden uns also dann zu der ersten Frage:

> „Empfehlen sich gesetzgeberische Maßnahmen, durch welche die Haftung des persönlichen Schuldners für den Hypothekenausfall beschränkt wird, wenn der Gläubiger seine Hypothek nicht ausgeboten und das Grundstück weit unter dem Werte erstanden hat"?

Gutachter sind die Herren Professor Dr. Biermann (Gießen) und Reichsgerichtsrat Predari (Leipzig), Berichterstatter die Herren Professor Dr. Litten (Königsberg) und Justizrat Dr. Eugen Fuchs (Berlin).

Von Herrn Dr. Litten ist ein Antrag eingegangen. Vielleicht übernimmt es der Herr Berichterstatter selbst — und ich möchte auch die übrigen Herren Berichterstatter darum bitten —, den Antrag im Anfange oder im Laufe des Referats vorzulesen, damit er mit in das Stenogramm kommt. Exemplare der Anträge liegen hier zur Entnahme aus.

Ich erteile nunmehr das Wort dem Berichterstatter Herrn Professor Dr. Litten.

Berichterstatter Professor Dr. **Litten** (Königsberg): Meine hochverehrten Herren! Dem Wunsche des Herrn Vorsitzenden entsprechend, bringe ich zunächst meine Anträge zur Verlesung, wenngleich ich hoffe, daß sie sich gedruckt in Ihren Händen befinden.

I. Ich beantrage prinzipaliter:

Der Juristentag wolle die gestellte Frage (aus rechtsdogmatischen und rechtspolitischen Erwägungen) verneinen.

II. Sollte der Juristentag jedoch eine Gesetzesänderung im Rahmen der gegebenen Fragestellung für erforderlich und durchführbar halten, so beantrage ich:

1. BGB. § 1166 folgendermaßen abzuändern:

„Der persönliche Schuldner kann die Befriedigung des Gläubigers wegen eines Ausfalls bei der Zwangsversteigerung verweigern, wenn dieser das Grundstück in einem auffälligen Mißverhältnis zum Werte erstanden hat. Der persönliche Schuldner kann jedoch die Befriedigung des Gläubigers insoweit nicht verweigern, als dieser sich nicht bereichern würde. Nimmt der Ersteher den persönlichen Schuldner wegen des Ausfalls ganz oder teilweise in Anspruch, so kann dieser die Übereignung des erstandenen Grundstücks Zug um Zug gegen Erstattung des von dem Ersteher gezahlten Betrages, der Kosten und des Ersatzes der Verwendungen fordern.

Der persönliche Schuldner kann die Befriedigung des Gläubigers wegen eines Ausfalls bei der Zwangsversteigerung auch insoweit verweigern, als er dadurch geschädigt ist, daß sein Gläubiger es unterlassen hat, ihn unverzüglich von dem Versteigerungstermin zu benachrichtigen. Die Benachrichtigung darf unterbleiben, wenn sie untunlich ist.

Diese Vorschriften finden auf den Bürgen sowie auf denjenigen entsprechende Anwendung, welcher für die Güte einer Hypothek Garantie geleistet hat."

2. Dem ZVG. § 85 Abs. 1 folgenden Satz anzufügen:

„Als Beteiligte im Sinne dieser Vorschrift gelten auch die Personen, welche der Gläubiger gemäß § 1166 des Bürgerlichen Gesetzbuchs zu benachrichtigen hat."

Und nunmehr zur Sache: „Empfehlen sich gesetzgeberische Maßnahmen, durch welche die Haftung des persönlichen Schuldners für den Hypothekenausfall beschränkt wird, wenn der Gläubiger seine Hypothek nicht ausgeboten und das Grundstück weit unter dem Werte erstanden hat"? — so lautet die Frage, deren Beantwortung vorzubereiten mir als Berichterstatter anvertraut ist. — Gestatten Sie mir, Inhalt und Tragweite des Problems sofort an einem kurzen praktischen Fall zu verdeutlichen, der unlängst die ostpreußischen Gerichte beschäftigt hat, ja sie vielleicht auch — je nach dem Ergebnis unserer heutigen Beratungen — noch hinkünftig beschäftigen wird: Auf einem Grundstück im Werte von $1^1/_2$ Millionen Mark lastete an erster Stelle eine Hypothek von 1 Million, der noch zwei Hypotheken im Gesamtbetrage von $^1/_4$ Million folgten. Der erste Hypothekar betrieb wegen einer Quartalszinsrate von 9000 M. die Zwangsversteigerung. Die Mitbieter blieben aus, sehr begreiflich; denn sie hätten ja doch den ersten Gläubiger mit einer Million herausbieten müssen. Und so erstand der erste Gläubiger das Grundstück für 3000 Mark, d. h. für das Minimum dessen, was er bieten mußte, um, wegen der Deckung der Kosten des Verfahrens, den Zuschlag zu erhalten.

Daß dies Ergebnis, demzufolge also ein Grundstück von $1^1/_2$ Millionen Wert für 3000 Mark zugeschlagen werden kann, den Vorschriften unseres geltenden Rechtes, insbesondere denen über das geringste Gebot entspricht, ist ja außer Zweifel. Aber sind diese Bestimmungen auch zweckmäßig? Ich bitte, die Erwägung dieser sich wohl jedem förmlich aufdrängenden Frage einen Augenblick aufschieben zu dürfen; denn ich will zunächst unseren Rechtsfall bis zu dem Punkte weiterführen, an welchem die uns zur Beantwortung gestellte Frage, nämlich die nach dem Schutze des persönlichen Schuldners erst auftaucht. Unser Gläubiger-Ersteher strengt nämlich nunmehr gegen den persönlichen Schuldner die der Hypothek zugrundeliegende Darlehnsklage an auf 1 Million + 6000 Mark. Das ist die Kapitalforderung + der Zinsrate von 9000 Mark abzüglich des Bargebotes. Man unterstelle dabei entweder, das Grundstück habe vor der Einleitung der Zwangsvollstreckung seinen Eigentümer gewechselt und der frühere Eigentümer sei aus der persönlichen Schuld nicht entlassen worden, oder, dinglicher und persönlicher Schuldner seien identisch, der Subhastat aber später wieder zu Vermögen gekommen. Gleichviel. Der Gläubiger-Ersteher, der also ein Grundstück von $1^1/_2$ Millionen Mark für 1 Million + 12 000 Mark (indem ich sein hingegebenes Darlehn und die fällige Zinsrate einrechne) erworben hat, will sich jetzt noch in Höhe von 1 Million + 6000 Mark am Schuldner „erholen“ und sonach — auf gut deutsch — das Grundstück von $1^1/_2$ Millionen Wert für 3000 Mark haben! Dies geht uns wohl allen gegen den Strich. Unser Rechtsgefühl bäumt sich auf: Wir vermissen bei diesem Begehren des Gläubigers — wenn ich ein Wort

Bismarcks zitieren darf — „dasjenige Maß von landesüblicher Schüchternheit, das wir bei den Leuten, mit denen wir zu verkehren haben, doch nur ungern vermissen". Und nicht nur Laien, auch manche Juristen werden hier kopfschüttelnd fragen, ob solches Verlangen des Gläubigers wirklich nach dem im Deutschen Reiche geltenden Rechte zulässig sei.

Diese Frage muß nun zunächst insofern rund bejaht werden, als die konstante Praxis einen etwa zu findenden Schutzbehelf des persönlichen Schuldners nicht anerkennt. Dies bezeugen auch die beiden so instruktiven Gutachten des Herrn Geh. Rat Biermann und des Herrn Reichsgerichtsrats Predari, unter Zitierung zahlreicher oberrichterlicher und oberstrichterlicher Judikate. (Die Herren Gutachter weichen an diesem Punkte nur insofern voneinander ab, als Predari die heute herrschende Praxis für die richtige Auslegung des bedauerlicherweise so eben geltenden Rechtes erachtet, während Biermann auch de lege lata eine Korrektur mittels der exceptio doli generalis für möglich und geboten hält.) Die entscheidende Bestimmung ist der § 91 Abs. 1 des Zwangsversteigerungsgesetzes, demzufolge die Hypothek in diesen Fällen zwar erlischt, die Forderung hingegen bestehen bleibt, wenn das Bargebot die Forderung des Gläubigers nicht erreicht hat, der Gläubiger also im Sinne des Gesetzes bei der Zwangsversteigerung ganz oder teilweise „ausgefallen" ist. —

Was uns bei dieser gesetzlichen Regelung, wenn wir auf die bedenklichen Konsequenzen erst einmal aufmerksam geworden sind, sofort stutzig macht, ist die Tatsache, daß hier der „Ausfall" ganz formal genommen ist, sofern eben der ausgefallene Gläubiger selbst der Ersteher ist. Denn auch materiell da von einem Ausfall zu sprechen, wo jemand (wie in unserem Rechtsfall) für kaum mehr als 1 Million ein Wertsurrogat von $1^1/_2$ Millionen empfing, wäre ja lächerlich. Aber noch weiter: Auch zu diesem formellen Ausfall ist es — wenigstens in solcher Höhe — in aller Regel gerade durch den Gläubiger selbst gekommen. Denn indem er durch seine Gläubigerqualität faktisch alle Mitbieter bis zur Höhe einer Million abschreckt, bleibt er allein und hat für sein Spottgebot freies Feld. Insbesondere der persönliche Schuldner scheidet als Konkurrent fast immer aus. Ist er gleichzeitig der Subhastat, so wird er pekuniär gar nicht in der Lage sein, mitzubieten und ist, wie Biermann treffend hervorhebt, durch das Verlangen, Sicherheit zu leisten (ZwVG. § 68 Abs. 3), leicht unschädlich zu machen. Ist der persönliche Schuldner aber nicht Eigentümer des Grundstücks, so wird er — wenn nicht gerade der später zu besprechende Tatbestand des § 1166 BGB. vorliegt — von der Einleitung der Zwangsversteigerung gar nichts erfahren. Der Gläubiger bietet also regulär ohne Konkurrenz und — kaum glaublich — je billiger er kauft, desto größer wird sein „Ausfall", desto höher bleibt also seine persönliche Forderung. Der Staat aber, unter dessen Leitung das Versteigerungsverfahren doch steht, sieht mit verschränkten Armen zu, wie der Gläubiger-Ersteher hier geradezu die Notlage des Subhastaten ausbeutet. Ja, der Staat wahrt nicht einmal seine fiskalischen Interessen. Denn wenn er auch ein die Kosten des Verfahrens deckendes geringstes Gebot verlangt, so büßt er doch, da er auf solche Spottpreise hin den Zuschlag erteilt, erheblich an Stempelgebühren ein. —

(Widerspruch. Zuruf.)

Ich danke Ihnen, meine Herren, und berichtige mich gern dahin, daß also der Staat durch eine neuerliche gesetzliche Bestimmung seine fiskalischen Interessen voll wahrt, und sich damit auch an diesem Punkte mit seinen sonstigen finanziellen Gepflogenheiten bestens im Einklange befindet.

(Bravo! Große Heiterkeit.)

Der andere, weit schwerer wiegende Vorwurf, daß nämlich der Staat eine solche Ausbeutung des Subhastaten zuläßt, bleibt aber bestehen.

(Sehr richtig.)

Geht man diesen Gedankengängen erst einmal nach, so kommt man zu recht respektlosen, beinahe revolutionären Gelüsten gegenüber dem Zwangsversteigerungsgesetze. Die Erwägung drängt sich auf, daß der Schutz des persönlichen Schuldners zumeist erst in Frage steht, nachdem das Unglück schon geschehen, nämlich das Grundstück verschleudert ist. Denn hier liegt offenbar die Wurzel des Übels. Daher ist wohl in jedem, der sich mit diesen Fragen einmal im Zusammenhange beschäftigt hat, mindestens vorübergehend der Gedanke aufgestiegen, einmal mit einem kräftigen Schnitt in das festverschlungene Gewebe unseres Versteigerungsrechtes einzugreifen, zumal man in Österreich mit dem „Mindestgebot" und „Übergebot", wo wenigstens eine ernsthafte untere Wertgrenze als condicio sine qua non für den Zuschlag festgesetzt ist, doch — soweit ich mich in der Kürze der Zeit habe informieren können — ganz gute Erfahrungen zu machen scheint. Aber einen solchen Wunsch heute zu einem Antrage zu verdichten, dazu würde mir, wie ich offen gestehe, der Mut fehlen. Es würde dies auch nichts Geringeres bedeuten, als unter völliger Sprengung der uns hier zur Beratung gegebenen Fragestellung einen Bruch mit gesetzlichen Normen herbeizuführen, auf die sich mindestens Preußen seit 1883 und mit ihm die Rechtsprechung, vor allem aber die wirtschaftliche Entwickelung eingerichtet hat.

Sicherlich ist solche konservative Tendenz kein schlechthin zwingendes Argument. Gewiß kann die Sachlage eine solche sein, daß es für den Gesetzgeber zur unabweislichen Pflicht wird, einzugreifen und eine ungesunde wirtschaftliche Entwickelung zum Stillstand oder zur Umkehr zu nötigen. Aber es wird zugegeben werden, daß beim Planen einer so folgenschweren Gesetzesänderung doppelt und dreifach Vorsicht am Platze ist. Und wir sind in unserer heutigen Tagung für die Lösung dieser, eine grundstürzende Änderung des Zwangsversteigerungsrechtes betreffenden Frage, ganz und gar nicht vorbereitet. Mit vollem Rechte ist sie daher von den Herren Gutachtern nur gestreift worden; sie gehe eben ganz extra causam. Ich könnte mir einen ersprießlichen Versuch ihrer Lösung überhaupt nur auf Grund einer vorbereitenden, umfassenden Enquete bei den Vertretungen des Handels und der Landwirtschaft, insbesondere auch bei den Hypothekenbanken und den Landschaften denken, sowie unter eingehender Verwertung der in Österreich gemachten wirtschaftlichen Erfahrungen, wo ja die Exekutionsordnung eben in dem entscheidenden Punkte von unserem Rechte abweicht. Denn nur so können wir hoffen, ein Bild zu gewinnen, welchen Einfluß eine solche Gesetzesänderung auf den Realkredit haben würde. Und das bleibt allemal der entscheidende Punkt. Sobald wir den an sich so sympathischen Wunsch, den Subhastaten gegen den Gläubiger-Ersteher zu schützen in gesetzlicher Ausprägung überspannen, schaden wir aufs Empfindlichste gerade denen, denen wir nützen wollen. Der Geldgeber zieht sich zurück, d. h. er legt sein Geld nicht mehr in Hypotheken an, und da der Grundstückseigentümer den Geldgeber leider nötiger braucht als umgekehrt, so ist der Grundstückseigentümer, der von einer zu seinem Schutze gedachten Maßregel am härtesten Betroffene. Damit scheiden eine Reihe radikaler Vorschläge ohne weiteres aus.

Ich stimme daher Herrn Biermann völlig zu, daß es derzeit nicht diskutabel ist, eine Lösungsmöglichkeit des Inhaltes zu befürworten, es solle der Zuschlag davon abhängig gemacht werden, daß das Meistgebot den Wert des Grundstückes oder einen von vorneherein fixierten Bruchteil dieses Wertes erreiche. Ja, auch wenn man diese Maßregel auf den Fall beschränken wollte, daß das Meistgebot in einem auffälligen Mißverhältnis zu dem Wert des Grundstücks steht und in diesem Falle nach Analogie von § 77 Abs. 2 des ZwVG. nur Zwangsverwaltung gestatten würde, so sind die Bedenken vielleicht etwas geringer; aber doch für mich derzeit noch ganz unüberwindliche. Auch in dieser Richtung den Weg der Gesetzgebung zu beschreiten, scheint mir heute unmöglich; denn er ist für deutsche Verhältnisse ganz unerprobt; auch er würde — wenn eine Vermutung auszusprechen gestattet ist — den Realkredit sehr ungünstig beeinflussen. Denn jeder, der mit diesen Dingen nicht nur auf dem Papiere, sondern in der Praxis zu tun gehabt hat, weiß, wie ungeheuer hoch die Kosten einer Zwangsverwaltung, namentlich bei der weitgehenden Selbständigkeit unserer „Landschaft", sind, wie wenig daher erfahrungsgemäß als Reinertrag zur Schuldentilgung übrig bleibt. Und ebenso stehen unüberwindliche wirtschaftliche Bedenken schließlich der Idee gegenüber, der Befriedigung aus dem Grundstück einer Befriedigung mit dem Grundstück gleichzustellen, also dem Gläubiger den gemeinen Wert des Grundstücks auf seine Forderung anzurechnen — ganz abgesehen von den Schwierigkeiten, die sich im einzelnen bei der Ermittelung des Wertes durch Taxe und besonders da zeigen würden, wo diese Taxe den Betrag der Hypothek des Gläubiger-Erstehers übersteigt, wo man also konsequenterweise dem Ersteher auferlegen müßte, die hyperocha an die nachstehenden Gläubiger herauszugeben. —

Es bedarf vielleicht, meine verehrten Herren, eines Wortes der Rechtfertigung dafür, daß ich so lange bei diesem Punkte verweilt habe, wiewohl ich hier zu einem rein negativen Ergebnis komme. Mir lag daran, als meine Meinung möglichst klar hervortreten zu lassen, daß wir entweder tief in die Normen des Versteigerungsrechtes eingreifen oder uns damit begnügen müssen, den Brunnen erst zuzudecken, nachdem das Kind hineingefallen ist, d. h. den persönlichen Schuldner schützen, nachdem das Grundstück verschleudert ist. Denn die kleinen prophylaktischen Mittel, die ich in der Erweiterung von § 1166 (auf meinem Druckblatt § 1166 Abs. 2) und § 85 Abs. 1 des ZwVG. selbst in eventum vorgeschlagen habe, sind, wie sich später ergeben wird, wenig wirkungsvoll. Das bedeutet unter Berücksichtigung der oben hervorgehobenen wirtschaftlichen Gesichtspunkte: Die Sachlage ist für eine wirklich durchgreifende und befriedigende Lösung der Frage heute noch nicht genügend geklärt. Da gewinnt die Frage erhöhte Bedeutung: brauchen wir denn überhaupt eine partielle Gesetzesänderung zum bloßen nachträglichen Schutze des persönlichen Schuldners. Ist dieser nicht schon im geltenden Rechte gegeben?

Diese Frage ist verhältnismäßig glatt zu bejahen, wenn es sich um qualifizierte Tatbestände handelt, — Fälle, in denen der Gläubiger-Ersteher andere Interessenten hinter den Kulissen abgefunden hat, um sie vom Mitbieten fernzuhalten oder daß sonstwie durch ein spezifisch doloses Verhalten des Erstehers der spottbillige Erwerb des Grundstücks und damit der Ausfall herbeigeführt worden ist. Denn packt nun der Gläubiger den persönlichen Schuldner an, so wird dieser ihm mit Erfolg — das ist auch in der Rechtsprechung des Reichsgerichts anerkannt — einen aus § 826 BGB. fließenden Behelf entgegensetzen können. Und ebenso käme § 823 Abs. 2 BGB. überall da in Betracht, wo hierdurch ein Schutzgesetz, wie in Preußen der § 270 des preußischen Strafgesetzbuches verletzt wäre.

Aber diese Schutzmittel versagen gegenüber unserem Normaltatbestande. Denn hier ist von einem speziell schuldhaften zum Schadensersatz verpflichtenden Verhalten keine Rede. Wie ist nun hier etwa zu helfen?

1. Ganz unwillkürlich stellt sich die Erwägung ein, die Vorschriften über die ungerechtfertigte Bereicherung heranzuziehen. Der Gläubiger würde ja in der Tat doppelt empfangen, da er sich einmal durch den spottbilligen Erwerb des Grundstücks gewissermaßen „eindeckt" und zum zweiten die Zahlung des persönlichen Schuldners erhält. Der Gläubiger ist also sicherlich bereichert. Aber ist die Bereicherung auch eine ungerechtfertigte, ist sie — um mit den Worten des § 812 BGB. zu sprechen, der mit seinem Generaltatbestand ja hier allein in Frage kommen kann — „ohne rechtlichen Grund" erlangt? Dies wird man bei richtiger dogmatischer Analyse des Gesetzes, in voller Übereinstimmung mit beiden Herren Gutachtern, verneinen müssen. Denn die persönliche Forderung des Gläubigers beruht ja gerade auf ausdrücklicher gesetzlicher Vorschrift — einer Vorschrift, welche dem mit der Hypothek bei der Zwangsversteigerung ausgefallenen Gläubiger die Forderung beläßt. Nun ist es freilich gewiß denkbar, (was ist bei dem Mosaik der in der Bereicherungslehre vertretenen Ansicht überhaupt nicht denkbar!) daß auch irgendwo einmal die Meinung vertreten ist oder vertreten werden wird, es liege auch in unserem Falle „ungerechtfertigte" Bereicherung im technischen Sinne vor. Hat man doch schon die Bereicherungsklage dazu benutzen wollen, um ganz allgemein der aequitas zum Siege zu verhelfen. Aber das braucht uns wenig zu kümmern. Denn, wenn wir erwägen, ob das geltende Recht ausreiche, um den Schuldner zu schützen, oder ob es dieserhalb einer Gesetzesänderung bedürfe, so kann natürlich nicht die Meinung irgendeines Eigenbrödlers — ihre etwaige

Richtigkeit ganz dahingestellt gelassen! — sondern nur die konstante Meinung in Rechtslehre und Rechtsprechung ins Gewicht fallen. Und danach ist ein Schutzbehelf aus ungerechtfertigter Bereicherung eben zweifellos zu verneinen.

2. Es könnte sodann die Frage aufgeworfen werden, ob etwa dem Schuldner der Einwand der Vorteilsausgleichung — compensatio lucri cum damno — zur Seite stehe, indem der Ausfall der Hypothek als damnum, der so günstige Erwerb als lucrum angesehen wird. Auch dies muß verneint werden. Zunächst begehrt der Gläubiger ja in unserem Normalfalle gar nicht Schadensersatz, sondern Erfüllung einer vertragsmäßigen Forderung. Und da ist, wie Oertmann abschließend nachgewiesen hat, für eine compensatio lucri cum damno überhaupt kein Raum. Mithin würde dieser Behelf gerade gegenüber der Gruppe der Normalfälle versagen. Aber selbst in jenen Fällen, in denen der Gläubiger-Ersteher nicht die Auszahlung der vertraglich gesicherten Forderung, sondern Schadensersatz begehrt, etwa wegen Verschleppung von Zubehör durch den Schuldner oder durch Dritte, mit denen er dann gesamtschuldnerisch haftet (das jedem unserer Richter im Osten wohlbekannte „kalt Abbrennen"), auch da ist die Gewährung des Einwandes der Vorteilsausgleichung keineswegs sichergestellt. Predari meint freilich, die Praxis neige zur Bejahung. Aber es ist mir doch recht zweifelhaft, ob man dies gegenüber dem so deutlichen Urteile des Reichsgerichts vom Jahre 1908 (Bd. 65 S. 57 ff.) das ja Predari selbst anführt, wird sagen dürfen: Es wird da, übrigens im Einklang mit dem OLG. München (Seuff. Arch. 63 Nr. 194) sehr bestimmt ausgesprochen, daß Schaden und Vorteil des Gläubigers aus derselben Wurzel entstanden sein müßten, während hier der Vorteil des Gläubigers, der nicht anders stehe als jeder dritte Ersteher, durch seine besondere selbständige Handlung als Frucht seiner Umsicht und seiner spekulativen Tätigkeit entstanden sei. Ich bin auch nicht der Meinung, daß hier ein Fehlspruch vorliegt, sondern glaube mit Oertmann, Biermann und vielen anderen, daß die Versagung des Behelfes auf einer richtigen Erfassung des Wesens der compensatio lucri cum damno beruhe.

Doch sei dem, wie ihm wolle. Jedenfalls ist die Rechtslage hier unsicher, das Schutzmittel daher schon um deswillen wenig wertvoll, und keinesfalls empfiehlt sich bei solcher Unsicherheit der Basis eine analoge Ausdehnung auf die hier vornehmlich in Rede stehenden Fälle bloßer Vertragsforderung des Gläubigers.

3. Ein weiterer spezieller Rechtsbehelf kann, soweit ich sehe,

de lege lata nicht in Frage kommen. Unsere Blicke wenden sich daher zu dem allgemeinen Schutzmittel, der sogenannten exceptio doli generalis. Merkwürdigerweise stößt man mit der Erwähnung dieses Hilfsmittels noch immer auf ein mißtrauisches Kopfschütteln. Die Blütenträume, die Eck von ihr hegte, als er in seinen Vorträgen zur Einführung in das BGB. von einer exceptio doli generalis von Gottes Gnaden sprach und ihr dieselben Funktionen für das neue Recht zuwies, die sie zu Zeiten der prätorischen Jurisprudenz gehabt hat, sind jedenfalls nicht gereift. — Manche Schriftsteller, Kipp, Oertmann, stehen ihrer Existenz sehr skeptisch gegenüber, desgleichen die Praxis der Instanzgerichte. Das Reichsgericht hingegen erkennt sie in Übereinstimmung mit der herrschenden Rechtslehre nicht nur in ständiger Judikatur ausdrücklich an, sondern ist auch in ihrer Verwendung keineswegs besonders zaghaft. Ich verkenne nun keineswegs, daß das Hilfsmittel der exceptio doli generalis mit Behutsamkeit angewendet werden muß, und daß es überhaupt nur in Frage kommen darf, wenn sich ein anderer Ausweg durch Spezialnormen nicht bietet. Ich stimme Konrad Schneider, der sehr verdienstlich hierauf aufmerksam gemacht hat auch durchaus darin bei, daß die Gefahr vorliege, einem unklaren Billigkeitsempfinden Tür und Tor zu öffnen.

Aber abusus non tollit usum! Wer hingegen die exceptio doli generalis überhaupt verwirft, der trifft m. E. das Gesetz, nicht seinen Ausleger. Nach meiner Überzeugung wenigstens kann gar kein Zweifel darüber sein, daß der Einwand des generell dolosen Verhaltens in unserem geltenden Rechte wurzelt. Er ergibt sich einfach aus § 242 BGB.: Der Schuldner ist danach verpflichtet, die Leistung so (aber eben auch nur so) zu bewirken, wie Treu und Glauben mit Rücksicht auf die Verkehrssitte es erfordern. Und dementsprechend kann der Gläubiger auch nur nach guten Treuen die Leistung von dem Schuldner fordern. Wenn aber nicht nur die Modalität der Leistung, sondern die Leistung selbst gegen Treu und Glauben läuft, so braucht der Schuldner sie eben nicht zu bewirken. Dies ist auch gar keine „exceptio", keine Einrede im technischen Sinne, sondern eine Gegendeduktion des Inhaltes, das Vorbringen des Klägers habe wegen § 242 BGB. keinen Obersatz, keine Gesetzesnorm für sich — es sei nicht schlüssig. Inwieweit im übrigen die Berufung auf Treu und Glauben sich auch als typisches Leistungsverweigerungsrecht darstellen kann, mag unerörtert bleiben. Denn die materiellrechtliche Existenz einer exceptio doli generalis wird ja durch diese Zweifel nicht berührt.

In Frage steht nun aber, ob in unserem Rechtsfall Raum für solchen Einwand gegen den Gläubiger ist. Biermann bejaht, Predari verneint es. Er meint, „der Vorwurf der Arglist treffe den nicht, der eine ihm gesetzlich zustehende Forderung geltend macht". Diese Deduktion geht meines Dafürhaltens ganz fehl. Das dolose Verhalten wird ja gar nicht in diesem Geltendmachen als solchem, sondern in Verbindung mit den gesamten Umständen des Falles dem Erwerb zum Spottpreis usw. gefunden. Es ist gerade der charakteristische Grundgedanke der exceptio doli generalis, im Gegensatz zum dolus specialis, daß das Geltendmachen eines an sich d. h. in Isoliertheit betrachtet, rechtmäßigen Anspruchs nach der gesamten Sachlage als mißbilligungswert, als gegen die gute Treue verstoßend erscheint. Daher kann die Entscheidung natürlich auch mit Sicherheit immer nur unter Berücksichtigung des ganzen Details des Einzelfalles gegeben werden. Immerhin wird man generell sagen dürfen, daß exceptio doli jedenfalls stets dann gegeben ist, wenn der Gläubiger-Ersteher schon in der Subhastation, also im ersten Akte des Rettungsgeschäftes, nachweislich reichlich auf seine Kosten gekommen ist und sich nun trotzdem noch die persönliche Forderung zu Gemüte führen will. Dies ist einleuchtenderweise da besonders glatt und klar, wo die Schadloshaltung des Gläubigers durch die günstige Ersteigerung schon liquide ist, d. h. wo das Grundstück bei Rechtshängigkeit der persönlichen Klage bereits weiter verkauft und mit dem Kaufpreise die Hypothek gedeckt ist. Aber es steht prinzipiell nicht anders, wenn ein Verkauf noch nicht stattgefunden hat. Auch hier darf der beklagte persönliche Schuldner einwenden: du könntest jederzeit günstig verkaufen, du hast schon solche Gebote, auf noch bessere hoffend abgelehnt oder: du ziehst aus dem Grundstück so hohe Beträge, daß du deine Hypothek reichlich verzinst und im raschen Tempo amortisierst oder dergleichen, so daß (dies ist allemal das Entscheidende) es gegen die gute Treue verstößt, wenn du dich auch noch an mir erholen willst.

Nach der anderen Seite hin wird der Behelf jedenfalls stets dann zu versagen sein, wenn der Ersteher trotz Erwerbs unter dem Werte gar nicht bereichert ist. Nehmen wir in Anlehnung an das Biermannsche Beispiel auf Seite 8 seines Gutachtens an, das Grundstück habe einen gemeinen Wert von 50 000 M., der zweite Hypothekar erwirbt es sub hasta um 40 000 M., indem er den ersten Hypothekengläubiger voll herausbietet. Seine eigene Hypothek betrug 5000 M., so hat er allerdings noch 5000 M. unter dem Werte erstanden. Gleichwohl kann das ein sehr schlechtes Geschäft sein, wenn etwa der Gläubiger-Ersteher Beamter in einer fern vom Grundstück gelegenen Stadt ist, sich daher einen Gutsverwalter halten muß usw. Hier dürfte der Gläubiger gewiß mit der persönlichen Klage vorgehen, ohne exceptio doli des Schuldners zu fürchten. —

Vergleichen wir nun diesen Behelf, den bekanntlich der erste Herr Gutachter als das von der lex lata bereits gegebene Schutzmittel vorschlägt, mit dem von dem zweiten Herrn Gutachter de lege ferenda geforderten neuen § 1166 BGB.:

> „Der persönliche Schuldner kann die Befriedigung des Gläubigers wegen eines Ausfalles bei der Zwangsversteigerung insoweit verweigern, als dieser das Grundstück unter dem Wert erstanden hat und sich auf Kosten des Schuldners bereichern würde."

so ergibt sich ein überraschendes Ergebnis in der Sache selbst. Soweit man nämlich für die exceptio doli generalis allgemeine Regeln überhaupt aufstellen kann, wird man sagen dürfen, daß sie grundsätzlich da zu gewähren ist, wo sich der Gläubiger-Ersteher mit der persönlichen Klage, im Sinne Predaris „bereichern würde". (Denn dann ist diese eben in aller Regel gegen die gute Treue). Und wiederum wäre die exceptio zu versagen, wo der Gläubiger zwar unter dem Werte erstanden hat, aber nach der konkreten Sachlage dennoch nicht bereichert ist. Mit anderen Worten: Predari wünscht eine Gesetzesänderung, die nach Biermanns Meinung unnötig ist, weil das gleiche Ergebnis bereits de lege lata erzielt werden kann.

Nun liegt es ja auf der Hand, daß niemand einer Gesetzesänderung ohne zwingende Not das Wort reden wird. Und es ist daher letztlich eine Frage praktischer oder taktischer Erwägung, nämlich — ob wir annehmen können und sollen, daß unsere Gerichte in diesen, das Rechtsgefühl so empfindlich verletzenden Fällen von der exceptio doli generalis Gebrauch machen werden.

Dies kann wissenschaftlich nicht deduziert werden; denn hier greifen nicht allein logische, sondern auch psychologische Erwägungen ein. Immerhin ist eine Abwägung des Für und Wider möglich.

Zunächst läßt sich nicht leugnen, daß die bislang bekannt gewordenen Entscheidungen (deren Zahl übrigens kaum groß genug ist, um von einer konstanten Judikatur sprechen zu dürfen) die exceptio doli generalis hier nicht gewährt haben. Und es muß ja auch betont werden, daß die beiden hervorragenden Praktiker, Herr Reichsgerichtsrat Predari und Herr Justizrat Dr. Fuchs zu der Praxis nicht das Vertrauen haben, sie werde umkehren, während Herr Geheimrat Biermann und ich optimistischer denken — vielleicht weil wir die Praxis nicht so gut kennen! Aber, meine Herren, wäre es denn wirklich das erste Mal, daß die Praxis „umgekehrt" wäre, um zur Beseitigung eines offenbar unbilligen Ergebnisses einen gangbaren Weg zu finden. Bildet es nicht einen Ruhmestitel unseres Reichsgerichts, daß es sich nicht in den bequemen Mantel seiner formellen Infallibilität hüllt, sondern seine Meinung wieder und wieder prüft, die kritischen Stimmen eingehend würdigt und daß es sich niemals gescheut hat, eine vielleicht durch Jahre vertretene Meinung auf Grund besserer Überzeugung preiszugeben. Ich brauche nur an die „fiduziarischen Rechtsgeschäfte", „an die Beeidigung des Zedenten", „an den Eigentumsvorbehalt bei Maschinen" zu erinnern. Wir wissen ja alle, was hier gemeint ist. Und meine Hoffnung, daß auch an dem uns interessierenden Punkte die Praxis einschwenken könnte, ist gar keine so fernliegende. Vor mir liegt eine ältere Entscheidung des Reichsgerichtes, die nicht veröffentlicht, mir aber durch die Freundlichkeit meines Herrn Mitberichterstatters zugänglich gemacht worden ist. Sie spricht besonders prägnant das aus, was das Reichsgericht wiederholt in gleichen Fällen gesagt hat: Es heißt hier: „Wenn Kläger andere Personen, die bereit waren, bis zum Betrage von 30 000 Mk. mitzubieten, durch die Erklärung zurückgehalten hat, daß er selbst bis zum vollen Betrag die Hypothek nebst Zinsen und Kosten mitbieten wolle, so liegt hierin an sich keine widerrechtliche Handlungsweise. Wenn aber der Kläger den Umstand, daß es ihm infolge des von ihm selbst veranlaßten Nichterscheinens anderer Bieter möglich gewesen ist, das Grundstück weit unter seinem wahren Werte zu erstehen, sich in der Weise zunutze machen will, daß er die . . . Ausfallsforderung in voller Höhe gegen den Beklagten geltend macht, so trifft ihn allerdings der Vorwurf eines arglistigen Verhaltens gegenüber dem Beklagten. Die hierauf gerichtete Einrede des Beklagten greift also durch." Hier bedarf es nur noch eines kleinen Schrittes weiter, der aber geradezu logisch geboten erscheint. Denn eine großzügige, die wirtschaftlichen Phänomene berücksichtigende Praxis muß sich sagen, daß der Gläubiger in der hier mehrfach geschilderten Gruppe von Fällen, faktisch das Nichtbieten anderer veranlaßt, auch wenn er diesen gar nichts sagt. Denn diese sagen sich das Nötige schon selbst, nämlich, daß sie den Gläubiger ja doch herausbieten müßten (denn sonst geht er so weit mit) daß sie also zu teuer kaufen müßten, als daß sich das Geschäft noch lohnte. —

Ich habe nun die zuversichtliche Hoffnung, daß das Reichsgericht, wenn ein Beschluß des Deutschen Juristentages hier unterstützend dazukäme, diesen Weg betreten und uns damit mittels des geltenden Rechtes das geben würde, was wir zunächst brauchen und was wir dann nicht erst de lege ferenda erbitten müßten.

Aber ich gehe noch weiter, ich würde eine Änderung im Sinne der Predarischen These nicht nur danach für überflüssig, ich würde sie für schädlich halten. Zunächst würde mit dieser Gesetzesänderung ein für die freie Rechtsanwendung recht gefährliches argumentum e contrario geschaffen, denn der Richter könnte sich alsdann mit einer gewissen Berechtigung sagen — und jedenfalls werden es viele tun! —: Wird hier, wo ein exceptio doli generalis mindestens möglich wäre, eine Änderung des Gesetzes und die Einführung eines spezialen Rechtsbehelfes aus der Bereicherungslehre für notwendig gehalten, so hat der generelle Behelf der exceptio doli offenbar keinen Boden im Gesetz. Dies würde aber, nach meiner besten Überzeugung, sich aufs schroffste zu dem Geist unseres Gesetzes in Widerspruch setzen.

Fast noch bedenklicher ist ein anderes argumentum e contrario speziell dogmatischer Natur. Gewährt man durch eine neue besondere Norm dem persönlichen Schuldner Schutz gegen den Hypotheken-Gläubiger, so ergibt sich daraus ganz ungezwungen die Ablehnung dieses Schutzes beim Mobiliarpfandrecht. Dies ist aber völlig ungerecht. Denn hier liegt das Problem nicht nur juristisch konstruktiv genau ebenso, sondern vor allem wirtschaftlich, insofern als ja — wie allbekannt — gerade bei Mobiliarversteigerungen, abgesehen von den berühmten Gold- und Silbersachen, völlige Spottpreise erzielt werden. Auch hier ist der Pfandgläubiger kraft seines Pfandrechts der Stärkste, auch hier kann er regulär am billigsten kaufen, auch hier behält er die persönliche Forderung in um so höherem Umfange, je billiger er gekauft hat. Man wird also sagen müssen, der Schutz, der dem persönlichen Hypothekenschuldner recht ist, ist dem persönlichen Pfandschuldner billig, und man wird daher eine Neuregelung, auf Grund deren nun diese beiden Schuldner ganz ungleich behandelt würden, ablehnen müssen.

Weiterhin: In der exceptio doli generalis haben wir einen Rechtsbehelf, welcher sich dem Detail des Einzelfalles anschmiegt und niemals schematisch wirkt. Dies muß aber jede Gesetzesänderung, die sich auf dem Predarischen Vorschlage aufbaut, und schon darum würde sie — weit mehr als die Anwendung der exceptio doli generalis — den Realkredit beunruhigen, zumal natürlich jede Gesetzesänderung viel mehr Staub aufwirbelt, als eine Änderung der Praxis. Die Praxis hat es zudem ganz in der Hand, nur die wirklich krassen Fälle zu treffen, die anderen passieren zu lassen.

Aber selbst wenn Sie, meine verehrten Herren, wirklich geneigt sein sollten, sich über alle diese Bedenken hinwegzusetzen — wir können ja im Rahmen der uns gegebenen Fragestellung doch niemals ganze Arbeit machen. Wir können allenfalls an einer Stelle die Symptome der Krankheit unterdrücken, aber die Krankheit selbst nicht heilen. Denn das Übel sitzt eben viel tiefer. Es liegt — ich habe mir gestattet, dies zu Beginn meines Vortrages auszuführen — in der Art unseres Zwangsversteigerungsverfahrens, das die Wertverschleuderung geradezu begünstigt. Wollen wir daher wirklich reformieren, so müssen wir hier einsetzen, und ich wäre sehr einverstanden, wenn heute zugleich mit der Annahme meines Prinzipalantrages verlangt würde, die Frage in erweiterter Gestalt, etwa unter der Etikette „die Schäden des geringsten Gebotes" auf dem nächsten Juristentage wieder aufzunehmen. Daß wir hierzu ein planmäßiges Zusammenarbeiten von Juristen und Nationalökonomen brauchen, möchte ich noch ausdrücklich betonen. —

Über meinen Eventualantrag, den ich unter II. des Druckblattes formuliert habe, will ich nur wenige Worte sagen. Es ist nach dem Ausgeführten klar, daß ich seine Ablehnung wünsche und nur der Not gehorchend, für ihn eintreten könnte. Aber ich habe mich für verpflichtet gehalten, nach besten Kräften mitzuarbeiten auch für den Fall, daß heute beschlossen werden sollte, im Rahmen der Fragestellung eine Gesetzesänderung zu empfehlen.

Auf Details will ich jetzt nicht eingehen. Ich habe mit meinem verehrten Herrn Korreferenten die Vorschläge de lege ferenda eingehend durchgesprochen. Die Herren ersehen aus unseren Leitsätzen, daß wir auch in den Einzelheiten nur bezüglich der sogen. „kleinen Mittel" zu einer Einigung gelangt sind. Vor allem aber besteht eine grundsätzliche Abweichung: Denn Herr Justizrat Dr. Fuchs vertritt prinzipaliter den Standpunkt, das Gesetz müsse geändert werden. Deshalb aber scheint es mir angemessen, wenn ich ihm zur Vertretung seiner legislatorischen Vorschläge auch das erste Wort lasse. Insoweit es erforderlich sein sollte, kann ich ja meine abweichende Formulierung und meine sehr erheblichen Bedenken gegen seine Fassung des Abs. 1 des § 1166 im Laufe der Debatte noch begründen. —

Hiermit, meine Herren, schließe ich, und zwar mit der Bitte, die ich meinem Prinzipalantrage entnehme: Verneinen Sie die gestellte Frage aus dogmatischen und aus rechtspolitischen Gründen!

(Lebhafter Beifall und Händeklatschen.)

Vorsitzender: Ich möchte den Herrn Referenten bitten, diejenigen Erwiderungen, die er auf die spezielleren Ausführungen des Herrn Korreferenten zu machen haben wird, nicht erst im Schlußwort zu bringen, in welchem Falle nicht mehr darauf geantwortet werden könnte, sondern, wenn er solche Erörterungen für notwendig hält, in der Debatte.

Nunmehr erteile ich Herrn Justizrat Fuchs als zweiten Berichterstatter das Wort.

Mitberichterstatter Justizrat Dr. **Fuchs** (Berlin): Meine Thesen liegen Ihnen vor. Lassen Sie mich zuvörderst zum Verständnis derselben ganz kurz meinen prinzipiellen Standpunkt hervorheben. Ich verlange gesetzgeberische Maßnahmen. Deshalb beginnen meine Thesen mit dem Satze: „Der Juristentag wolle die gestellte Frage „Empfehlen sich gesetzgeberische Maßnahmen?" bejahen". Es folgen dann die von mir vorgeschlagenen Gesetzesänderungen. Es wäre vielleicht richtiger gewesen, diese unter einer neuen Ziffer II zu bringen, damit auch den Herren, welche zwar gesetzgeberische Maßnahmen für notwendig erachten (Ziffer I), aber meine positiven Vorschläge (Ziffer II) nicht billigen, die Möglichkeit gegeben wird, ihre prinzipielle Zustimmung zu einer Abänderung der Gesetzgebung durch bloße Annahme der Ziffer I zum Ausdruck zu bringen.

Meine gesetzgeberischen Vorschläge lehnen sich in ihrem ersten Absatz (Ziffer 1 Abs. 1) an die Predarische These an. Sie weichen aber von Predari und Litten's Thesen darin ab, daß ich mit dem Begriff der Bereicherung nicht operiere. Ich vermeide ihn absichtlich und spreche nur von einem „auffälligen Mißverhältnisse" und von einem „unverhältnismäßigen Vermögensvorteil".

Ziffer 1 Absatz 2 und Ziffer 2 meiner Thesen decken sich mit Litten's Eventualvorschlägen. Die Übereinstimmung ist keine zufällige, sondern rührt daher, daß wir möglichst zu einer Übereinstimmung zu kommen versucht haben. Das Wesentliche dieser Sätze ist, daß wir anders wie Predari die Benachrichtigungspflicht aus § 1166 BGB. nicht aufheben sondern erweitern und daß wir in der Zwangsversteigerung auch dem persönlichen Schuldner eine Befugnis geben, die bisher nur ein Beteiligter, also der dingliche Schuldner, hatte.

Meine Thesen lauten also:

„Der Juristentag wolle

I. die gestellte Frage bejahen und

II. folgende Gesetzesänderungen vorschlagen:

1. Der § 1166 BGB. erhält folgende Fassung:

Ist das Grundstück zu einem Gebote zugeschlagen, das in auffälligem Mißverhältnisse zum Werte steht, so kann der persönliche Schuldner die Befriedigung des Gläubigers wegen eines Ausfalls bei der Zwangsversteigerung insoweit verweigern, als der Gläubiger durch den Zuschlag einen unverhältnismäßigen Vermögensvorteil erlangt hat.

Der persönliche Schuldner kann die Befriedigung des Gläubigers wegen eines Ausfalls bei der Zwangsversteigerung auch insoweit verweigern, als er dadurch geschädigt ist, daß sein Gläubiger unterlassen hat, ihn unverzüglich von der Zwangsversteigerung zu benachrichtigen. Die Benachrichtigung darf unterbleiben, wenn sie untunlich ist.

2. Dem § 85 Absatz 1 ZVG. folgenden Satz hinzuzufügen:

Als Beteiligter im Sinne dieser Vorschrift gilt auch ein Schuldner, der für eine auf dem Grundstück ruhende Hypothekenforderung nur persönlich haftet."

Und nun lassen Sie mich, meine Herren, zur Begründung meines Standpunktes übergehen.

I. Daß, meine Herren, in der Frage, die uns beschäftigt, der bestehende Rechtszustand unerwünscht ist, darüber scheint allseitiges Einverständnis zu herrschen. Gutachter und Berichterstatter sind darin einig, daß der bestehende Rechtszustand sich ä n d e r n muß, wenn dem berechtigten Rechtsempfinden Genüge geschehen soll. Ich will deshalb durch Aufzählung von Fällen aus der Praxis nicht Ihre Herzen rühren, sondern mich gleich den Vorschlägen zuwenden, die gemacht sind, um dem Übelstande abzuhelfen. Ich will nur einen Fall erwähnen, weil Sie aus ihm den Übelstand und die Stellung erkennen, welche die Praxis einnimmt, und weil er die Vorschläge beleuchten soll, die ich Ihnen zu machen mir erlauben werde.

Ich habe einen Fall vor mir, der vor mehreren Jahren in Westfalen gespielt hat. Der Schuldner konnte die Zinsen der ersten Hypothek von 30 000 Mk. nicht zahlen; der Gläubiger bringt das Grundstück zur Zwangsversteigerung und ersteht es für das Gebot von 1000 Mk. Der Schuldner behauptet, daß es einen Taxwert von 70 000 Mk. gehabt habe. Unstreitig hat es der Gläubiger kurz nach der Zwangsversteigerung für 58 000 Mark verkauft und hat, da nachträglich der Schuldner im Laufe der Jahre eine gute Anstellung erhalten und wieder zu Vermögen gekommen ist, ihn auf den Ausfall von 29 000 ℳ in Anspruch genommen. Der Schuldner hat im Prozeß neben einem hier nicht interessierenden Einwande der mangelnden Aktiv-Legitimation noch die beiden Einwendungen vorgebracht, daß der Gläubiger ihm die persönliche Haftung erlassen und daß er durch den Wert und erzielten Erlös des Grundstückes ausreichend gedeckt sei.

Der erste Richter hat den Schuldner verurteilt. Er führt aus, daß der Beklagte mit dem zweiten Einwande zu enthören sei, weil der Beklagte dadurch von seiner Darlehnsschuld nicht befreit werden könne, daß der Gläubiger das Grundstück billig erworben habe. Mit dem ersten Einwande, daß die persönliche Haftung ihm erlassen sei, sei er zu enthören, weil das Gericht mit Rücksicht auf das Verhältnis des Beklagten im Prozeß, der augenscheinlich von dem Bestreben geleitet sei, durch die verschiedensten haltlosen Einwendungen, den Gang des Prozesses aufzuhalten und eine Verurteilung möglichst hinauszuschieben, die Überzeugung gewonnen habe, daß die behaupteten mündlichen Abreden niemals getroffen seien.

Das Oberlandesgericht hat über den ersten Einwand Beweis erhoben und demnächst die Berufung zurückgewiesen. Zu einem neuen Einwande des Beklagten, der dahin ging, der Kläger habe einigen angeblich zum Kauf des Grundstückes geneigten Personen, vorher erklärt, daß er selber das Grundstück erwerben und bis zum vollen Betrage der Hypothek bieten wolle, führt das Oberlandesgericht aus, daß hierin nichts Widerrechtliches liege und daß, wenn die Erklärung des Klägers wirklich den Erfolg gehabt hätte, Kauflustige vom Bieten abzuhalten, daraus dem Kläger kein Vorwurf zu machen sei. Das Reichsgericht hat dieses Urteil kassiert mit folgenden Worten: Wenn Kläger andere Personen, die bereit waren, bis zum Betrage von 30 000 ℳ zu bieten, durch die Erklärung zurückgehalten habe, daß er selber bis zum vollen Betrage der Hypothek nebst Zinsen und Kosten bieten wolle, so liege hierin an sich keine widerrechtliche Handlungsweise. Wenn aber der Kläger den Umstand, daß es ihm infolge des *von ihm selbst veranlaßten Nichterscheinens* anderer Bieter möglich gewesen sei, das Grundstück weit unter seinem wahren Werte zu erstehen, sich in der Weise zunutzen machen will, daß er die Ausfallsforderung in voller Höhe gegen den Beklagten geltend mache, so treffe ihn allerdings der Vorwurf eines arglistigen Verhaltens dem Beklagten gegenüber. Die hierauf gegründete Einrede gegen den Klageanspruch sei insoweit durchgreifend, als eine durch das Verfahren des Klägers herbeigeführte Schädigung des Beklagten anzunehmen sei.

Bei der erneuten Verhandlung hat das Oberlandesgericht hierauf endgültig den Beklagten verurteilt, da sich nicht hätte erweisen lassen, daß der Kläger anderen Personen, die bis zu 30 000 ℳ hätten bieten wollen, erklärt habe, er werde selber das Grundstück erwerben und bis zum vollen Betrage der Hypothek nebst Zinsen und Kosten bieten.

II. Dieses Urteil ergibt den Stand der gegenwärtigen Praxis, und ich glaube nicht, daß nach Lage des bestehenden Rechtes der wohlwollendste, weiseste und gerechteste Richter anders würde entscheiden können. Der Praxis stehen bloß drei Rechtsbehelfe zu Gebote: Ungerechtfertigte Bereicherung, Vorteilsausgleichung und Arglist.

1. Daß de lege lata mit der Bereicherung nicht zu helfen ist, liegt auf der Hand. Der Kläger ist nicht ohne rechtlichen Grund bereichert. Er hat seinen Vorteil auf Grund des Zuschlags. Die Kondiktion, die zwar dazu da ist, formelles Recht und Billigkeit auszugleichen, darf nach Wortlaut und Geist des Gesetzes und nach feststehender Rechtssprechung nicht dazu führen, überall Ansprüche zu gewähren, wo allgemeine Billigkeitsgründe solche zu erfordern scheinen. Der Anspruch ist vielmehr nur anzuerkennen, wenn und insoweit das Gesetz ausdrücklich hervorhebt, daß dem Geschädigten der Ausgleich noch zukommt oder die Auslegung der gesetzlichen Vorschrift, auf welche der Vermögensübergang beruht, zu diesem Ergebnis führt. Den Vermögensvorteil hat, wie gesagt, der Gläubiger auf Grund des selbständigen Kaufgeschäftes, die Ausfallsforderung auf Grund des Darlehnsgeschäftes. Es ist auch damit nicht zu helfen, daß an dem Begriffe des Ausfalles herumgedeutet wird und daß beim Ausfall nicht das Meistgebot, sondern der angemessene Wert des Grundstückes als Rechnungsfaktor in Rücksicht zu ziehen wäre.

2. Aus demselben Grunde kann auch von Vorteilsausgleichung nicht die Rede sein. Um Schadensersatzansprüche handelt es sich überhaupt nicht. Vorteile und Nachteile beruhen überhaupt nicht auf demselben Ereignis. Daß Biermann mit Recht gegen Predari das Hilfsmittel der Vorteilsausgleichung für unanwendbar erachtet, darauf hat Ortmann bereits hingewiesen. Es bleibt daher nur übrig:

3. die Arglisteinrede. Biermann verkennt nicht, daß die Praxis bisher nicht immer geneigt gewesen ist, diese Einrede zuzulassen; er hält das für belanglos, denn die Aufgabe des Juristentages sei es nicht nur, neue Gesetze vorzuschlagen, sondern auch auf Mängel in der praktischen Handhabung des geltenden Rechtes aufmerksam zu machen und auf ihre

Beseitigung hinzuwirken. Sollte freilich diese Anregung fruchtlos bleiben, so seien neue gesetzliche Bestimmungen nicht zu vermeiden; aber solange noch die Aussicht bestehe, daß die Praxis von sich aus zu einem gesunden, dem Rechtsgefühl entsprechenden Rechtszustand gelangen werde, wäre es verkehrt, den stets unsicheren Weg der Gesetzgebung zu beschreiten.

Der erste Herr Berichterstatter hat sich diesen Ausführungen angeschlossen, während Predari die Klinke der Gesetzgebung für notwendig erachtet. So stehen sich Theoretiker und Praktiker gegenüber. Ich bin von Beruf Praktiker, und hieraus ergibt sich der Standpunkt, den ich einnehme. Mir erscheint die Anweisung auf die Praxis aussichtslos; wenn wir der Praxis 10 Jahre Zeit geben würden, um zu einem gesunden Rechtszustand zu gelangen, so glaube ich, daß wir in 10 Jahren wieder hier sein würden und über dieselbe Frage zu diskutieren haben würden. Die Praxis hilft nicht und wird nicht helfen. Nicht etwa, daß ich zum deutschen Richterstande nicht das Vertrauen habe, das ihm gebührt; mein Vertrauen ist ebensogroß wie das eines jeden von Ihnen hier in dieser Versammlung. Aber die Praxis wird nicht helfen, weil sie nicht helfen kann, will sie nicht in Willkür ausarten. Ich wünsche nicht, daß sie helfe, weil ich nicht haben möchte, daß die Praxis den Boden des Gesetzes unter den Füßen verliert und daß sie nach Sentiments urteilt, die mit dem Wortlaut und Geist des Gesetzes und mit anerkannten Rechtsgrundsätzen in Widerspruch stehen. Lieber eine schlechte Gesetzgebung als eine willkürliche Rechtsprechung!

Wenn Predari meint, der Vorwurf der Arglist treffe den nicht, der eine gesetzliche, ihm zustehende Forderung geltend macht, so ist damit allerdings zuviel gesagt. Auch durch rücksichtslose Ausbeutung seines Rechts kann man sittenwidrig und arglistig handeln. Wenn aber das Gesetz das Pfand verwerten läßt durch Versteigerung, wenn es dem Gläubiger gestattet, mitzubieten, so handelt der nicht arglistig, der so billig als nur möglich kauft und eine Forderung geltend macht, die weder befriedigt noch sonst erloschen ist. Von Ausbeutung des Zwanges der Notlage und der Unerfahrenheit kann nicht die Rede sein, denn es wird unter staatlicher Kontrolle verkauft. Das Gesetz selbst hat die Kautelen des Zwangsverkaufes normiert, ein geringstes Gebot festgelegt. Der Prozeßrichter darf dem Schuldner nicht den Einwand gestatten, daß das im Zwangsverfahren abgegebene Gebot arglistig oder sittenwidrig sei. Man kann nicht sagen, daß jemand sittenwidrig oder schikanös handelt, der, sei es um Kosten oder Steuern (Umsatzsteuern) zu sparen, so wenig wie möglich über das niedrigste Gebot herausgeht.

Gewiß wäre die Hoffnung begründet, es könnte die Praxis helfen, dann hätte Litten Recht, daß wir aus rechts-dogmatischen und rechtspolitischen Gründen jeden Eingriff in die Gesetzgebung ablehnen, daß wir die Arglisteinrede, die sich den Einzelfällen anschmiegt, um ihrer pädagogischen Funktion wegen bevorzugen sollen. Weil aber die Praxis nicht helfen kann und weil die Anweisung auf die Änderung der Rechtspraxis den allerschlimmsten Nachteil in der Folge hat, nämlich den der Unsicherheit der Rechtspflege, so rate ich Ihnen: Lehnen Sie die Thesen von Litten und Biermann ab und kommen Sie zu einer positiven These. Nicht der Weg der Gesetzgebung ist hier der unsichere, sondern der der Praxis. Sagen Sie lieber, daß der Rechtszustand nicht unerwünscht sei, sagen Sie, daß Sie nicht helfen wollen oder können, dann haben wir Sicherheit, aber sagen Sie nicht, daß Sie von der Praxis erwarten werden, sie solle sich selber helfen. An schlechte Gesetze gewöhnt sich der Verkehr. Er versteht es, sich ihnen anzuschmiegen und seine berechtigten Interessen auch schlechten Gesetzen gegenüber durchzusetzen. Aber das schlimmste ist die schwankende Praxis, bei der niemand weiß, was Recht oder Unrecht ist.

III. Wenn ich demnach Sie bitte, die gestellten Fragen zu bejahen und gesetzgeberische Maßnahmen vorzuschlagen, so verkenne ich nicht, daß damit erst die eigentlichen Schwierigkeiten beginnen. Wir müssen uns vor Normen hüten, die den Gerechten mit dem Ungerechten strafen. Wir müssen uns davor bewahren, allgemeine Daseinsmiseren durch Novellen aus der Welt zu schaffen. Wir müssen uns von vornherein klarmachen, daß wir die allgemeinen Miseren des Zwangsverkaufes nicht aus der Welt schaffen können. Bei jeder Zwangsvollstreckung gehen Werte verloren, und wenn wir daran gehen würden, die Zwangsversteigerung dahin zu reformieren, daß wir den Richter ermächtigen, den Zuschlag zu verweigern, sofern das Gebot nicht angemessen ist, so würden wir den Realkredit auf das tiefste schädigen.

Man könnte daran denken, Taxen einzuführen, unter denen nicht verkauft werden darf. Man könnte daran denken, daß bei offenbar unbilligem Gebot neue Versteigerungstermine anberaumt werden sollen. Alles das verzögert und verteuert das Zwangsversteigerungsverfahren und hilft nichts in der überwiegenden Mehrzahl der Fälle. Es schädigt den Gläubiger und verlängert den unleidlichen Zustand der Zwangsverwaltung, oder gibt dem Schuldner die Möglichkeit, Raubbau zu treiben. Ein radikales Hilfsmittel gäbe es nur, wenn öffentlich-rechtliche Zwangsverbände gebildet würden, welche dafür zu sorgen hätten, daß Grundstücke zu sachgemäßen Preisen zugeschlagen würden und die Grundstücke, die zurzeit zu angemessenen Preisen nicht verkäuflich sind, aufnehmen würden. Ich habe gehört, daß in einem Berliner Vorort die Gemeindeverwaltung einen Beamten in die Versteigerungstermine hinschickt, der die Weisung hat, durch Mitbieten auf Erzielung angemessener Preise hinzuwirken und Grundstücke, die besonders billig abgehen würden, zu erwerben. Das wäre der Ansatz zu einer großzügigen durchgehenden Reform, die den Krebsschaden radikal beseitigen würde. Ich bin nicht sanguinisch genug, um die Hoffnung zu haben, mit Vorschlägen auf dem Gebiete durchzudringen. Ich wollte auch nicht, als ich die ständige Deputation bat, das Thema auf die Tagesordnung zu setzen, allgemeine Miseren des Daseins aus der Welt schaffen, sondern schreiende Mißstände mit leicht erreichbaren Mitteln beseitigen. Die Leitsätze, die ich Ihnen vorschlage, sind meines Erachtens dazu geeignet. Sie halten sich frei von Verallgemeinerungen und sie beseitigen schreiende Übelstände ohne große Eingriffe in das Bürgerliche Gesetzbuch und in das Zwangsversteigerungsverfahren, die ich vermieden sehen möchte. Meine Leitsätze schließen sich der Predarischen These an, deren großes Verdienst darin besteht, daß er ohne Reform des Zwangsversteigerungsverfahrens empfindliche Übelstände des Verfahrens durch materiell-rechtliche Einreden zu beseitigen versucht.

Das Zwangsversteigerungsgesetz ist aufgebaut auf dem Deckungsprinzip. Dadurch berücksichtigt es die Rechte der dem betreibenden Gläubiger vorstehenden Realgläubiger. Ohne ihre Berücksichtigung darf das Grundstück nicht zugeschlagen werden. Die Interessen des Schuldners werden im wesentlichen nur durch formelle Vorschriften geschützt, welche im wesentlichen darauf abzielen, daß in breitester Öffentlichkeit das Grundstück unter gerichtlicher Kontrolle versteigert und der Bieterkreis nicht eingeschränkt wird.

Der Verkehr drängt auf möglichst schnelle Liquidation, und so wenig man erreichen kann, daß jeder Bauer Sonntags sein Huhn im Topf hat, so wenig kann man die Bestimmung geben, daß der Zuschlag nur zu angemessenem Gebot erteilt werden soll, daß im Wege des Zwangsverkaufes Jedem der angemessene Wert des Eigentums gewährleistet werden soll. Aber auf eins hat der Schuldner einen wohlbegründeten Anspruch. Der Bieterkreis darf nicht eingeschränkt werden. Das Gebot soll der zweifelsfreie Ausdruck dessen sein, was das Grundstück im Verkehr wert ist.

Aus dem Gebot muß zum mindesten mit zweifelsfreier Gewißheit sich ergeben, was denn die versteigerte Sache dem Gläubiger wert gewesen ist, der sie erstanden hat. Das wird verdunkelt in dem Fall, wo der Gläubiger eine Hypothek auf dem Grundstück stehen hat und diese Hypothek den Verkaufswert des Grundstücks absorbiert. Um es an dem vorliegenden Beispiel deutlich zu machen: hier hätte der Gläubiger auf einem angeblich 60 000 ℳ werten Grundstück eine Hypothek von 30 000 ℳ. Da niemand sich einfand, der den Gläubiger überbieten wollte, so darf man allenfalls sagen, daß das Grundstück für die Allgemeinheit keinen größeren Wert als 30 000 ℳ hatte. Aber niemand kann aus dem Zuschlag erkennen, welchen Wert das Grundstück im Rahmen von 1—30 000 ℳ für den Gläubiger hatte. Dadurch, daß der Gläubiger eine Hypothek von 30 000 ℳ hat, schreckt er alle Menschen vom Bieten ab, die n i ch t m e h r als 30 000 ℳ geben wollen. Bis zu 30 000 ℳ hat er völlig freie Hand, beherrscht die Subhastation ausschließlich, verdrängt auch ohne besondere Abreden den Bieterkreis, so daß aus dem Gebot gar nicht zu entnehmen ist, welchen Wert die Sache für ihn hat. Er wird natürlich nur eine Bagatelle mehr geben, als das geringste Gebot betragen hat. Er würde sicherlich bis zum Betrage seiner Hypothek mitbieten, wenn Leute da wären, die ihn treiben würden. Ist aber das Grundstück nicht mehr wie 30 000 ℳ wert, so findet sich keiner, der ihn treibt, es sei denn, daß er aus Schikane dem Hypothekengläubiger die Sache verteuern will. Der Gläubiger erwirbt das Grundstück also zu einem völlig in der Luft schwebenden Werte, nämlich fast zum geringsten Gebot. Er zahlt, wenn er erster Hypothekengläubiger ist, als Erwerbspreis für das Grundstück eigentlich nicht mehr als Stempel und Kosten an den Staat, wobei dieser sich natürlich keineswegs damit begnügt, seinen Gebührnissen den Versteigerungserlös zugrunde zu legen. Das Fazit ist: Der Schuldner wird von der Scholle gejagt, und kein Mensch weiß, was denn eigentlich das Grundstück objektiv, oder was es auch nur dem erstehenden Gläubiger wert gewesen ist.

Wollen wir daher das Zwangsversteigerungsverfahren nicht ändern, so müssen wir zum mindesten dafür Sorge tragen, daß dem Schuldner das Recht gegeben wird, i m P r o z e ß nachprüfen zu lassen, was das Grundstück dem erstehenden Gläubiger wert gewesen ist, und wir müssen, weil das Meistgebot des in seine Hypothek hineinbietenden Gläubigers das absolut nicht klar ergibt, dem Schuldner die Möglichkeit geben, im Prozeß zur Feststellung zu bringen, wie groß der Ausfall eigentlich gewesen wäre, wenn der Gläubiger nicht durch seine Machtstellung andere Bieter zurückgedrängt haben würde und wenn der Bieterkreis nicht durch die präponierende Machtstellung des Gläubigers eingeengt worden wäre.

Von diesem Standpunkte aus komme ich dazu, zu sagen: es entspricht der Billigkeit, daß der Schuldner einen materiellrechtlichen Rechtsbehelf erhält, sobald das Grundstück von dem Gläubiger unter dem Werte erstanden ist und das Gebot offensichtlich ergibt, daß es kein wahrer Ausdruck dessen ist, was das Grundstück der Allgemeinheit oder dem Ersteher wert gewesen ist.

IV. Meine Leitsätze ähneln der Predarischen These, aber weichen doch in erheblichen Punkten von ihr ab. Die Verschiedenheiten beruhen in folgenden Punkten:

1. Predari stellt seine Einrede auf die Bereicherung ab. Das möchte ich aus mehrfachen Gründen vermeiden. Er verlangt als Tatbestand der Einrede, daß der Gläubiger unter dem Werte erstanden hat und sich auf Kosten des Schuldners bereichern wollte. Man fragt zuerst schon: wie stehen die beiden Voraussetzungen zueinander? Weshalb beide, warum genügt nicht Erstehen unter dem Werte, und welche Bedeutung hat die Bereicherung neben dem Erstehen unter dem Werte? Will Predari die Einrede beseitigen, wenn in der Folgezeit der Wert des Grundstückes unverschuldet herabgeht, so würde es richtiger sein, die Norm so zu fassen, daß der Schuldner die Befriedigung insoweit verweigern darf, als der Gläubiger das Grundstück unter dem Werte erstanden hat, es sei denn, daß er nicht bereichert ist. Dann wäre das Erstehen unter dem Werte an sich der Tatbestand, der die Einrede dem Beklagten gibt und den der Gläubiger mit der Replik ausräumen könnte, daß, wenn auch das Gebot unter dem Werte zurückgeblieben sei, er dennoch aus einer Reihe persönlicher oder sachlicher Gründe nicht bereichert sei.

2. Dies nur nebenher, weil es sich insoweit mehr um formelle Redaktionsbedenken handelt. Wichtiger ist, daß ich es grundsätzlich vermeiden möchte, die Einrede auf den Leisten der Bereicherung zu bringen. An den fundamentalen Grundsätzen der Bereicherungslehre möchte ich nichts geändert wissen. Ungerechtfertigt bereichert ist nur der, der ohne rechtlichen Grund hat. Der Gläubiger hat aber den Vorteil, nicht ohne rechtlichen Grund, sondern auf Grund eines lästigen Erwerbsgeschäfts, wenn ihm dabei auch eine überlegene wirtschaftliche Position zugute gekommen ist. Dieses Moment einer rein wirtschaftlichen Stärke rechtfertigt die Anwendung der Bereicherungsnormen nicht. Deshalb vermeide ich das Wort „Bereicherung“ und spreche von unverhältnismäßigen Vermögensvorteilen. Bringt man den Einwand des Schuldners auf den Leisten der Bereicherung, dann ist nicht abzusehen, warum der Schuldner bloß eine Verweigerungseinrede, nicht einen Herausgabeanspruch erhält und warum der Rechtsbehelf auf das Liegenschaftsrecht und auf Hypotheken beschränkt und nicht auch im Fahrnisrecht und bei andern realen Sicherheiten gegeben ist.

3. Meine These weicht auch noch in einem andern Punkt von Predari ab. Ich möchte vermeiden, daß die Prozesse vervielfältigt werden und daß jeder Schuldner eine Handhabe erhält, im Prozeßwege nachprüfen zu lassen, ob denn das Gebot angemessen gewesen ist oder nicht. Deshalb verlange ich als Tatbestandsmerkmal, daß das Grundstück zu einem Gebote zugeschlagen ist, das im auffälligen Mißverhältnis zum Werte steht. Dadurch wird zahllosen Prozessen von vornherein der Boden entzogen. Erst wenn ein auffallendes Mißverhältnis vorliegt, hat der Schuldner ein Recht, eine Beschränkung der Ausfallshaftung zu verlangen, und zwar insoweit, als der Vermögensvorteil des Gläubigers unverhältnismäßig ist.

Analoga zu den von mir vorgeschlagenen Normen haben wir bei der Herabsetzung unverhältnismäßiger hoher Vertragsstrafen und bei der Ermäßigung von Anwaltshonoraren, die die Grenzen der Ermäßigung überschreiten.

Aus allen diesen Gründen bitte ich Sie, meiner These vor der Predaris und der Eventual-These meines Herrn Mitberichterstatters den Vorzug zu geben. Was sonst gegen sie gesagt werden könnte, ist meines Erachtens nicht stichhaltig.

a) Die Beschränkung der Verweigerungseinrede auf das Liegenschaftsrecht ergibt sich aus dem Umstande, daß hier der Übelstand ein schreiender ist. Im Mobiliarrecht ist eine Sonderbestimmung nicht notwendig, schon weil dort eine so präponderierende Stellung des Pfandgläubigers nicht besteht, wenigstens nicht so evident ist, wie im Hypothekenrecht, und weil wir ja nicht gegen allgemeine Miseren des Vollstreckungsrechtes, sondern nur gegen besonders schreiende Mißstände einschreiten wollen und sollen.

b) Daß die Einrede auch dem Bürgen zusteht, wird die Praxis ohne weiteres annehmen. Fraglich ist für mich, wie es mit dem Ausbietungsgaranten und der Versicherungsgesellschaft zu halten ist, die dem Hypothekengläubiger gegenüber die Gefahr des Ausfalls zu tragen übernommen haben. Ich habe in jüngster Zeit einen besonders markanten Fall gehabt.

Eine große Baufirma hatte einer süddeutschen Hypothekenbank gegenüber die Ausbietungsgarantie übernommen, und diese Verpflichtungen nicht erfüllt. Die Bank bot selbst und erstand das Grundstück für das geringste Gebot von 4000 ℳ, während Grundstück und Bau einen ungefähren Wert von 400 000 ℳ hatten. Sie klagte den ihr erwachsenen Schaden ein.

Ich bin nicht geneigt, in einem solchen Falle die Einrede zuzubilligen. Ausbietungsgarant und Versicherungsgesellschaft bedürfen des Schutzes nicht in dem gleichen Maße wie der persönliche Schuldner. Sie sind zumeist kapitalkräftig und mögen ihre Interessen durch Mitbieten wahren, sie mögen sich ausbedingen, daß der Gläubiger sie von dem Bietungstermin benachrichtigt.

c) Ob die Einrede auf Hypotheken zu beschränken oder auch dem Schuldner einer Grundschuld zu gewähren ist, muß die Praxis finden. Ich habe keine Bedenken, wenn jemand eine Grundschuld zur Sicherung einer persönlichen Forderung bestellt, ihm die Einrede zu geben, denn die Einrede hat mit der Singularität der Hypothek nichts zu tun. Für die Grundschuld muß das gleiche Recht gelten wie für die Hypothek.

d) Es bedarf der Hervorhebung nicht, daß es sich hier um zwingendes Recht handelt, das durch Abrede der Parteien nicht aufgehoben werden kann.

e) Daß der Gläubiger nicht selbst das Grundstück ersteht, sondern durch Andere erstehen läßt, insbesondere durch Angehörige oder durch eine G. m. b. H., die er zu diesem Zwecke bildet, darf ihn vor der Einrede nicht schützen. Ich habe absichtlich den Leitsatz nicht dahin gefaßt, „hat der Gläubiger das Grundstück erstanden", sondern dahin, „ist das Grundstück unter dem Werte zugeschlagen" usw. Es kommt also nicht darauf an, ob der Gläubiger selbst erstanden oder durch andere für sich hat erstehen lassen, sondern nur darauf, ob er es ist, der durch den Erwerb des Grundstückes einen unverhältnismäßigen Vermögensvorteil erlangt hat. Dieses Requisit kann auch dann erfüllt sein, wenn der Gläubiger durch Angehörige oder durch Gesellschaften, an denen er beteiligt ist, das Grundstück hat erwerben lassen. Natürlich wird es kaum möglich sein, alle Fälle unlauterer Machenschaften zu treffen; indessen darf dieser Umstand nicht uns von der Erreichung des Erreichbaren abhalten.

f) Die Lösung der Frage, welcher Zeitpunkt für den Vermögensvorteil der entscheidende ist, wie es zu halten ist, wenn das Grundstück nach der Versteigerung einen Wertzuwachs oder ohne Verschulden des Gläubigers eine Wertminderung erleidet, wird keine Schwierigkeiten machen. Entscheidend ist m. E. der Zeitpunkt des Zuschlages; spätere Versteigerungen geben dem Schuldner kein Recht, spätere Wertminderungen gehen auf Gefahr des Gläubigers. Ich verkenne nicht, daß man in letzterer Beziehung anders denken und daß man es als billig erachten könnte, daß ein späterer Wegfall des Vermögensvorteils die Verweigerungseinrede ausschließt; den Vorzug größerer Einfachheit hat jedenfalls die erstere Lösung.

g) Eine völlige Beseitigung des § 1166 BGB. scheint mir nicht geboten.

Ich bin nicht wie Predari der Meinung, daß die Benachrichtigungspflicht, wie sie § 1166 BGB. statuiert, durch unsere neu materiell-rechtliche Verweigerungseinrede überflüssig geworden ist. Im Gegenteil, sie bedarf der Erweiterung. Der Schutz, den wir neu einführen, betrifft nur den Fall, daß der Gläubiger selbst oder durch andere das Grundstück unter dem Werte erstanden und dadurch einen Vermögensvorteil erlangt hat. Es ist aber auch dafür Vorsorge zu treffen, daß der Bieterkreis möglichst erweitert wird und daß der Gläubiger, mag er auch das Grundstück nicht erstehen, den persönlichen Schuldner von der Versteigerung in Kenntnis setzen soll, falls er ihn auf den Ausfall in Anspruch nehmen will. In dieser Beziehung bietet der gegenwärtige § 1166 nicht genügenden Schutz. Er legt eine Benachrichtigungspflicht nur dem betreibenden Gläubiger auf und gibt eine Verweigerungseinrede nur dem ersatzberechtigten Schuldner. Ich sehe keinen Grund ein, weshalb die Benachrichtigungspflicht nicht jedem, auch dem nicht betreibenden Gläubiger, auferlegt werden soll und warum die Verweigerungseinrede nur dem ersatzberechtigten Schuldner gegeben werden soll.

Bei der Emanation des BGB. wurde darauf hingewiesen, daß man die Benachrichtigungspflicht nicht zu weit statuieren darf, und daß es dem nicht ersatzberechtigten Schuldner gleichgültig sein könne, ob er dem Eigentümer oder dem Gläubiger zahlen müsse.

Die erste Erwägung ist meines Erachtens durch das Interesse des Realkredites nicht geboten und die zweite hat, wenn wir nunmehr die Verweigerungseinrede geben, keine Bedeutung mehr.

Auf die Erweiterung des § 1166 hat bereits Biermann hingewiesen. Wird dem persönlichen Schuldner von dem Versteigerungstermin Kenntnis gegeben, so sehe ich auch keinen Grund ein, ihm die Rechte des § 85 ZVG. zu versagen. Das Nähere ergibt sich aus dem Biermannschen Gutachten, dem ich insoweit in völliger Übereinstimmung mit dem ersten Herrn Berichterstatter durchaus beipflichte.

V. Die Vorschläge, die Örtmann in der neuesten Nummer der „Deutschen Juristen Zeitung" gemacht hat, möchte ich nicht zur Annahme befürworten. Örtmann will dem Schuldner nicht bloß eine Bereicherungseinrede, sondern den zahlenden Schuldner nachträglich einen Bereicherungsanspruch gegen dem befriedigten Gläubiger gewähren, wenn der Gläubiger das Grundstück nachher verkauft hat, nachdem er den Schuldner auf den Ausfall in Anspruch genommen hat. Das hängt damit zusammen, daß Örtmann den Schuldner so lange nicht glaubt schützen zu können, so lange der Gläubiger das ersteigerte Grundstück unverwertet in seiner Hand hat, und daß er es verhüten will, daß der Gläubiger mit dem Weiterverkauf des ersteigerten Grundstückes so lange wartet, bis er den in der Zwischenzeit verbliebenen Anspruch erfolgreich durchgeführt hat.

Der diesseitigen These gegenüber kommen die Örtmannschen Erwägungsgründe nicht in Betracht. Ich gebe dem Schuldner die eventuell auch noch in der Vollstreckungsinstanz zulässige Verweigerungseinrede, auch wenn der Gläubiger das Grundstück noch unverwertet in seiner Hand hat, und kann sie ihm geben, weil ich darauf Gewicht lege, ob der Gläubiger durch den Erwerb des Grundstückes einen unverhältnismäßigen Vermögensvorteil erlangt.

1. Ich lehne es grundsätzlich ab, dem Schuldner mehr als eine Verweigerungseinrede, nämlich einen positiven Anspruch auf Herausgabe der Bereicherung, d. i. des Grundstücksmehrwertes, zu geben. Den Vorteil, den der Gläubiger über den Wert seiner Forderung hinaus hat, hat er auf Grund erworbenen Rechtes. Hat er in unserem Fall das Grundstück, das 60 000 M. wert war, für 1000 M. erworben, während seine Forderung 30 000 M. betrug, so hat er den Mehrwert von 30 000 Mark von Rechtswegen auf grund des Kaufgeschäfts. Insoweit hat er Bieter nicht ausgeschlossen. Jeder hätte bieten können. Die ersten 30 000 M. gebühren ihm auf Grund seines Hypothekenrechts. Er hat daher nichts herauszugeben und nur, wenn er die persönliche Forderung noch obendrein geltend macht, wird sein Gebot nachgeprüft und festgestellt, ob der Ausfall nicht bloß ein scheinbarer ist und ob er nicht durch Geltendmachung der Ausfallsforderung ungebührliche Vermögensvorteile beansprucht. Begnügt sich der Gläubiger mit dem Grundstücke, so kann keine Rede davon sein, daß die Angemessenheit nachgeprüft und der Gläubiger zur Herausgabe des Mehrwertes verurteilt werde.

2. Noch mehr widerrate ich dem Örtmannschen Vorschlage, den auch der erste Berichterstatter aufgenommen hat, dem persönlichen Schuldner einen Einlösungsanspruch zu gewähren. Dieser Gedanke, der an die Ewigsatzung des alten deutschen Rechts erinnert, bei welcher der Gläubiger das Pfand behält, bis dem Schuldner die Einlösung gelingt, muß auf den ersten Anblick bestechend sein; aber er ist, ganz abgesehen davon, daß der Gläubiger das Grundstück rechtmäßig erworben hat, kreditschädlich und verewigt Zustände, die im hohen Grade unerwünscht und im Interesse eines gesunden Verkehrs zu vermeiden sind. Wer wird ein ersteigertes Grundstück meliorieren? Wer wird sich des

ruhigen Besitzes erfreuen können, wenn über ihm das Damoklesschwert der Einlösung steht? Wie lange soll der Schuldner das Einlösungsrecht haben? Bemessen Sie die Zeit lang hinaus, so kommen die Verhältnisse nicht zum ruhigen Abschluß. Bemessen Sie sie auf kurze Zeit, so ist das Einlösungsrecht wertlos, weil der Schuldner in kurzer Zeit nicht kapitalkräftig wird werden können. Solche Vorschläge schädigen den Realkredit.

3. Ähnliche Bewandtnis hat es mit den Vorschlägen von Raddatz und Zelter, die mir erst gestern in der „Jurist. Monatsschrift für die östlichen Provinzen" zu Gesicht gekommen sind. Sie wollen dem persönlichen Schuldner Ersatzgrundschulden, Einlösungsansprüche geben, Zelter will sogar, daß die persönliche Forderung erlöschen soll, soweit der Steigerungspreis unter die Grenzen der Mündelsicherheit heruntergegangen ist. Alle diese Vorschläge schießen m. E. über das Ziel hinaus; denn die Vorteile, die dem Gläubiger erwachsen sind, hat er auf Grund wohlerworbenen Rechts, des Meistgebots; sie schaffen Schwebezustände der Ungewißheit, die im Interesse der Verkehrssicherheit zu vermeiden sind.

VI. Es würde zu weit führen, die Konsequenzen meiner These in allen Einzelheiten hier zu verfolgen.

Ich bitte mir zu gestatten, auf die einzelnen Folgewirkungen zurückzukommen, falls Bedenken aus dem Schoße der Versammlung geltend gemacht werden. Nur wenige Worte noch. Man könnte mir entgegenhalten, daß der Vordersatz der These überflüssig ist und daß eine These genügt, die weiter nichts besagt, als daß der persönliche Schuldner die Ausfallsbefriedigung verweigern kann, wenn der Gläubiger durch die Ersteigerung des Grundstückes einen unverhältnismäßigen Vermögensvorteil erlangt hat. Ich lege aber Gewicht darauf, hervorzuheben, daß die ganze Frage überhaupt nur zum Prozesse kommt, wenn der Tatbestand eines auffallenden Mißverhältnisses zwischen Wert und Gebot gegeben ist, und daß dadurch einer Reihe von Prozessen von vornherein der Boden entzogen wird. So wie die Thesen formuliert sind, stehen ihnen weder rechtsdogmatische noch rechtspolitische Bedenken entgegen. Die Schlagworte: Paragraphenjustiz und Gängelung der Richter sind hier nicht am Platze. Wir wollen nicht die Richter gängeln, sondern ihnen die Möglichkeit eröffnen, einen Tatbestand unter das Bereicherungs- oder Deliktsfundament zu bringen, der sich de lege lata nicht darunter bringen läßt. Wir wollen den Richtern den festen Rahmen geben, innerhalb dessen sie den Geboten der Billigkeit Rechnung tragen können. Ich fürchte nicht, daß wir dadurch den Realkredit schädigen und bitte Sie, sich durch das Schlagwort von der Schädigung des Realkredits nicht in dem beirren zu lassen, was sie im Interesse der Verwirklichung von Recht und Billigkeit als notwendig erachten. Ich glaube nicht, daß die Maßnahmen, die wir vorschlagen, die Geldverleihenden schrecken, die Geldsuchenden schädigen, das Geld verteuern oder den Zinsfuß zum Steigen bringen werden. Und wenn wirklich die Novelle das Geld verteuern sollte, so würde ich das lieber in Kauf nehmen, als die Fortdauer des gegenwärtigen Rechtszustandes, bei welchem zahllose Schuldner zur Verzweiflung getrieben, in ihrem Rechtsempfinden gekränkt, in ihrem Vertrauen zu Staat und Gerechtigkeit erschüttert werden. Der Realkredit wird sich mit der vorgeschlagenen Novelle zu setzen wissen. Das Volksempfinden und das Volksbewußtsein wird sich niemals damit zu setzen wissen, daß der Gläubiger das Grundstück, das 30 000 M. wert ist, zugeschlagen erhält, wenn er nur dem Fiskus Stempel und Kosten bezahlt und daß er dann noch den von der Scholle getriebenen Schuldner auf Zahlung des vollen Ausfalles von 29 000 M. in Anspruch nimmt.

Ich habe vor mir einen Zeitungsausschnitt der Hagener Zeitung, der schon vor Jahren den am Eingang meines Vortrages erwähnten Fall behandelt und in dem mit Recht gefragt wird: Wo sind unsere Richter und Gesetzgeber? Sorgen wir dafür, daß das Volk nicht Vertrauen zu den Gesetzen und Gerichten, zu Staat und Recht verliert, das halte ich für schwerwiegender als die Befürchtung, daß wir durch unsere Maßregeln den Realkredit schädigen sollten.

Ich bin der ständigen Deputation dankbar, daß sie die Frage auf die Tagesordnung gesetzt und mich zum Berichterstatter gemacht hat. Ich zweifle nicht daran, so schwer es auch ist etwas Positives zu schaffen, daß der Juristentag ein Mittel finden wird, durch welches wirtschaftliche und ethische Bedürfnisse versöhnt, die Interessen des Verkehrs mit den Postulaten von Billigkeit und Gerichtigkeit in Einklang gebracht und der schöne Wahrspruch des Danziger Rathauses: Pro lege et grege militemus wahr gemacht wird.

Behandeln Sie, meine Herren, und damit komme ich zum Schluß, die Frage auch nicht dilatorisch. Ich bin überzeugt, daß man mir entgegenhalten wird, die Sache sei noch nicht spruchreif, man müsse noch statistisches Material haben. Da alle Welt darüber einig ist, daß der gegenwärtige Rechtszustand unerwünscht ist, so sehe ich nicht ein, wozu wir noch statistisches Material brauchen. Führt uns auch nur ein Fall, wie der vom ersten Herrn Berichterstatter oder der von mir mitgeteilte, zum Bewußtsein, daß der bestehende Rechtszustand mit unserem Rechtsempfinden nicht im Einklang ist, so müssen wir Wandel schaffen. Die Frage, ob die Praxis helfen solle oder ob gesetzgeberische Maßnahmen notwendig sind, wird niemals spruchreifer werden, als sie heute ist, und wenn Sie noch soviel statistisches Material sammeln. Nicht darum, welche gesetzgeberischen Maßnahmen zu treffen sind, sondern darum, ob solche zu treffen sind, handelt es sich vorerst.

Ich bitte Sie, diese Frage zu bejahen. Ob wir dann mit Predari gehen oder die Eventualthesen von Litten oder Fuchs annehmen oder eines Anderen, alles das kommt erst in zweiter Reihe. Über das „wie" wird so schnell und hier kaum eine Entscheidung getroffen werden können. Stellen Sie sich aber wenigstens auf den Standpunkt, daß Sie aussprechen: Wir wollen gesetzgeberische Maßnahmen, weil wir die Bedürfnisse der Gerechtigkeit mit den Bedürfnissen des Verkehrs versöhnen wollen. Ich glaube, daß sich schon damit der Juristentag ein dauerndes Verdienst erwerben wird. (Lebhafter Beifall und Händeklatschen.)

Rechtsanwalt Dr. **Sichr** (Königsberg): Meine sehr verehrten Herren und Kollegen! Auch ich stehe auf dem Standpunkte, daß wir gesetzgeberischer Maßnahmen in diesem Falle unbedingt bedürfen. Herr Justizrat Dr. Fuchs hat es mit beredten Worten klargelegt, und ich stehe auch auf dem Standpunkte, daß mit der exceptio doli generalis die Mißstände nicht aus der Welt geschafft werden können, die seit dem Jahre 1900 bestehen. Es bedarf gesetzgeberischer Maßnahmen. Es genügt jetzt meiner Auffassung nach, diese vier Worte auszusprechen und die Frage zu bejahen. Die weitere Ausgestaltung des Weges wird uns und die Literatur und die gesetzgebenden Faktoren später beschäftigen können. Über die Vorfrage aber: Können wir es bei dem bisherigen Zustande belassen oder bedürfen wir gesetzgeberischer Maßnahmen? können wir beschließen, weil diese mindestens spruchreif ist.

Ist der Juristentag aber der Meinung, daß in Details eingetreten werden muß, und daß die Frage nicht nur zu einem solchen Zwischenurteil, möchte ich sagen, sondern zu einer endgültigen Entscheidung bereits jetzt reif ist, so mache ich ebenfalls meine Vorschläge. Im allgemeinen aber stehe ich auch auf dem Standpunkte von Herrn Justizrat Dr. Fuchs, daß es weniger wesentlich ist, welchen Weg wir heute vorschlagen, den Fuchsschen oder den Predarischen oder irgendeinen anderen, sondern daß wir vor allem dem Mißstande wirksam zu Leibe gehen müssen durch Feststellen seiner Existenz.

Ich schlage für den Fall, daß der Juristentag positive Vorschläge für angebracht hält, im Gegensatze zu Herrn Justizrat Dr. Fuchs vor:

I. Aufhebung des § 1166 BGB.;

II. Ergänzung des 24. Titels des II. Buchs durch folgenden § 822a:

Der persönliche Schuldner kann die Befriedigung des Gläubigers wegen eines Ausfalls bei der Zwangsvollstreckung insoweit verweigern, als dieser das Versteigerte unter dem Wert erstanden hat.

Wie der Wortlaut des Vorschlags zeigt, stehe ich im wesentlichen trotz der geistvollen und in einer Reihe von Punkten unanfechtbaren Ausführungen Biermanns und Örtmanns, Littens, Zelters und Raddatz, unter Ablehnung ihrer Endergebnisse auf dem Standpunkte Predaris. Von seinem Resultate unterscheidet sich das meinige nur durch Streichung der meines Erachtens entbehrlichen Schlußworte und dadurch, daß es die Mobiliarzwangsvollstreckung mit in sich schließt und, deshalb und wegen des obligationenrechtlichen Charakters der persönlichen Forderung und der Bereicherungseinrede, der neuen Norm ihre Stelle nicht hinter § 1165 anweisen will, sondern hinter § 822.

Es handelt sich um ein Durchbrechen des das Buch II Titel 24 beherrschenden Prinzips, daß Ausgleich nur dann erfolgen soll, wenn die Bereicherung ohne rechtlichen Grund eingetreten ist. Nichts hindert den Gesetzgeber, Härten, wie die hier in Rede stehenden, dadurch aus der Welt zu schaffen, daß er dem an sich aus dem Gesetze folgenden Vorteile die causa nimmt oder verordnet, daß die an sich auf gerechtfertigter Unterlage beruhende Bereicherung aus Billigkeitsgründen einer ungerechtfertigten gleichgestellt, als solche behandelt werden soll. Es ist nicht ausgeschlossen, daß im Laufe der Zeit weitere Ausnahmen von dem in § 812 aufgestellten Erfordernisse „ohne rechtlichen Grund" an § 816 und § 822 sich anreihen.

Der Grund, aus dem ich die Ausdehnung des Predarischen Vorschlags auch auf Mobiliarzwangsversteigerungen wünsche, liegt in der Übereinstimmung der ratio legis. Wenn ich zur Versteigerung gestellte Pferde als Pfandgläubiger für eine Kleinigkeit erstehe und dann meine Ausfallforderung geltend mache, so dürfte nicht zu erkennen sein, warum ich dann besser dastehen soll, als wenn der Versteigerungsgegenstand ein Grundstück wäre.

Das einzige Moment, daß der von Biermann, Örtmann und Predari übereinstimmend mit Recht konstatierte Mißstand häufiger bei Immobilien in die Erscheinung tritt als bei Mobilien ist kein Grund, beide Fälle verschieden zu behandeln. So stark, wie die drei Gutachten es meinen, ist übrigens der gerügte Mißstand meines Erachtens nicht. Die Fälle, in denen billiger Erwerb und dann Beitreiben der persönlichen Forderung wirklich gelingt und dem Schuldner dadurch Unbilliges widerfährt, sind selten. Häufig ist der unbillige Vorteil ein nur scheinbarer, Verwendung, Konjunkturänderung, Bemühung um eingehende Erforschung der gesamten Nachfrage, Aufwand für Agenten, Geschick und Glück des Erstehers eine erst nachträgliche Ursache des beim Weiterverkaufe erzielten Mehrerlöses, dessen Erzielung dann dem Schuldner oder einem Dritten als Ersteher auch nur unter gleichen Opfern möglich gewesen wäre. Sie auf den Gläubiger abwälzen und dann ihm gleichwohl den Gewinn abnehmen zu wollen, wäre nichts weniger, als ein billigenswertes Vorgehen des Schuldners.

Richtig ist es, wenn Örtmann dem Weiterverkaufspreise als einem greifbaren festen Punkte gegenüber dem Ergebnisse von Schätzungen eine erhebliche Bedeutung beimessen will: Aber nicht zuzugeben ist es, daß es empfehlenswert sei, auf diesen festen Punkt die neue Norm abzielen zu lassen oder gar dem Gläubiger unter allen Umständen die Beweislast zuzumuten. Den Wert, den der Erwerb dem Ersteher einbrachte, seine Bereicherung, unter Beachtung des § 286 ZPO. festzustellen, heißt nicht, wie Örtmann meint, nahezu die Quadratur des Zirkels versuchen. Es ist genau die gleiche Aufgabe, die den Gerichten — und auch anderen Behörden — in zahllosen Fällen obliegt, überall, wo es sich um Abschätzung des Werts eines bis auf weiteres nicht oder vorläufig nicht vorteilhaft realisierbaren Grundstückes für einen bestimmten Zeitpunkt handelt.

Eine Fiktion, der Wert zurzeit des Erwerbs sei gleich dem Weiterverkaufspreise, würde richtige Ergebnisse nie fördern, oft sie hindern. Als Beweisargument den Weiterverkaufspreis mit zu berücksichtigen, ist dem Richter nicht verwehrt. Und der Umstand, daß Ersteher die Ursachen seines Mehrerlöses nicht oder nur teilweise nachweisen kann? Er wird je nach den Verhältnissen eine ganz verschiedene Bedeutung für die Beweiswürdigung haben müssen. Geschieht der Weiterverkauf sehr bald nach der Subhastation, so wird oft der Mehrerlös prima facie als Reingewinn erscheinen können, da Ersteher dann wohl noch Beläge über Ausgaben haben würde, falls er Ausgaben gehabt hat und da dann eine gewisse tatsächliche Präsumption dafür spricht, daß der Mehrerlös im wirklichen Werte des Ersteigerten seine Ursache habe, ein

Erfahrungssatz einen Spekulationsgewinn einigermaßen wahrscheinlich macht, soweit Ersteher Aufwendungen nicht erweisen kann.

Umgekehrt, wenn der Zwischenraum ein langer ist. Die zeitlichen Zwischenräume, die Ereignisse auf dem Hypothekenmarkte und mancherlei anderes sind wiederum Beweisargumente für und wider; und Sache der Beurteilung des Einzelfalles muß es sein, wann man den dem Beklagten obliegenden Beweis des Bereicherungseinwandes prima facie als geführt ansehen und die Beweislast dann als umgekehrt ansehen darf, und wann man annehmen kann, das Ersteigerte sei durch nachträgliche Ereignisse, durch den Ersteher oder anderswie in die Höhe gebracht. Dabei darf nie vergessen werden, daß seinerzeit niemand mehr, als er bieten wollte, und auch seit dem Zuschlage lange Zeit niemand ihm das Ersteigerte abnahm. Eine Zeitlang Verwendungsbeläge aufzubewahren, das ist nicht zu viel verlangt. Man denke an die Zahl „2 Jahre", die die Normen über kurze Verjährung aus ähnlichem Grunde gewählt haben. Erkennt man den Mißstand als groß genug an, um zu einer Änderung des Bürgerlichen Gesetzbuches zu schreiten, so begnüge man sich damit, ausnahmsweise einen Bereicherungseinwand trotz vorhandenen Rechtsgrundes zuzulassen.

Man würde juristisch über das Ziel hinausschießen und dem Hypothekenverkehre einen fühlbaren Stoß versetzen, wenn man die Beweislast, die selbst bei ungerechtfertigter Bereicherung den trifft, der sie behauptet, in dem Ausnahmefalle umgekehrt verteilen wollte, in dem man jemand auf Bereicherung sich berufen läßt, obwohl sie des Rechtsgrundes nicht entbehrt.

Ist das Ergebnis des Weiterverkaufs nur Beweisargument, so wird auch klar, daß dem Schuldner nicht gestattet werden kann, nach Anerkennung und Zahlung der persönlichen Forderung wegen eines späteren Weiterverkaufergebnisses mit einem Rückzahlungsverlangen zu kommen.

Nirgends im Rechtssystem genügt zur Rechtfertigung der Kondiktion des Geleisteten das Auftauchen irgendeines neuen Beweisarguments. Nur die Voraussetzungen der condictio indebiti können genügen; und wenn auf Grund rechtskräftiger Entscheidung gezahlt ist, so müssen die Voraussetzungen einer Wiederaufnahmeklage hinzutreten.

Mit Predari gegen Biermann nehme ich an, daß die bisherige Rechtsprechung zutreffend ist und der Arglisteinwand nicht imstande ist, den Mißstand ohne Gesetzesänderung zu beseitigen. Zwar ist die Geltung der allgemeinen Arglisteinrede für das Gebiet des Bürgerlichen

Gesetzbuches anzuerkennen. Aber ihre Voraussetzung ist Arglist, und Geltendmachung des persönlichen Anspruches durch den als Gläubiger ausgefallenen Ersteher ist ein gesetzliches Vorgehen, das nur unter besonderen Voraussetzungen arglistig genannt werden könnte, nicht aber deshalb, weil das Gebot geringer war als der Wert, oder der Erlös beim Weiterverkaufe größer ist als das Meistgebot.

Der Herr Referent Professor Dr. Litten ist zu der Meinung gekommen, man könnte weiter gehen und die Erzielung eines solchen Gewinnes stets als Verstoß gegen die gute Treue betrachten. Ich bin der Meinung, man kann es einen seltenen Fall nennen, wenn jemand es für seine Anstandspflicht gehalten hat, mehr zu bieten, als er nötig hatte, oder es für ein Gebot der guten Treue gehalten hat, die ihm persönlich vom Gesetze gegebene Forderung nicht geltend zu machen, trotz Anerkennung durch das Gericht. Bei der Verkehrsanschauung, die herrscht, wird man nicht sagen können, sie sehe das als einen Verstoß gegen die gute Treue an, was fast jeder Mensch so zu machen pflegt.

Der Weg, den Herr Professor Litten vorschlägt, ist ein gefährlicher Weg, jede Bereicherung mit causa würde einer exceptio doli generalis unterliegen. Es wäre eine vollständige Beseitigung des Erfordernisses „sine causa" durch die Rechtsprechung möglich, wenn sie in diesem Punkte möglich wäre. Der Gesetzgeber gibt mit gutem Grunde eine festere Begrenzung der Ansprüche, erkennt eine exceptio doli generalis in solchem Umfange zunächst nicht an, die das Erfordernis, daß eine Bereicherung regelmäßig nur als ungerechtfertigte Ansprüche schafft, aus der Welt schaffen könnte.

Nun ist versucht worden, Arglist für alle solche Fälle zu konstruieren. Das sagen sich die Leute selbst, daß der Gläubiger seine Forderung ja ausbieten kann, meinte der Berichterstatter. Deshalb bieten sie nicht erst zwecklos mit und daher bekommt der Gläubiger das Grundstück billig. Ja, der Vorrang gibt dem Hypothekengläubiger tatsächlich diese Macht. Aber dieser Vorrang ist auch nur sein gesetzliches Recht; er hat diesen Vorrang vom Gesetze erhalten. Nutzt er ihn nicht aus, so mag das Noblesse sein; nutzt er ihn, so ist das aber nicht ohne weiteres Arglist; er ist nicht aktiv tätig, wie bereits hervorgehoben worden ist, und er handelt regelmäßig weder bewußt unrecht, noch auch im Gegensatze zur Verkehrsauffassung; das aber ist eine Voraussetzung der exceptio doli generalis.

Und wenn man das argumentum e contrario fürchtet, das Herr Professor Litten für so besorgniserregend hält, nun, so meine ich, das argumentum e contrario, daß von der exceptio doli generalis nicht mehr im Sinne der Reichsgerichtsrechtsprechung Gebrauch gemacht werde, wenn man hier ein Spezialgesetz für nötig erkläre, das fürchte ich nicht. Ich meine, wenn ein Spezialgesetz geschaffen wird, so ist das eine geradezu hervorragende Gelegenheit, die Geltung der exceptio doli generalis im heutigen Rechte zu fixieren und nötigenfalls zu begrenzen. Ein argumentum e contrario kann also dann ein neues Gesetz unmöglich zulassen. Eine Beunruhigung des Realkredits ist nicht zu befürchten. Der Herr Referent hat das meiner Auffassung nach trefflich bewiesen.

Ein Abwarten, was die Nationalökonomen sagen würden, bringt uns auch nicht weiter. Wir haben das ja schon alles gehabt, was wir jetzt hier einführen wollen, wir haben es nur in viel weiterem Maße gehabt. Nach § 41 unseres Eigentumserwerbsgesetzes wurden die Schuldner in viel häufigeren Fällen völlig frei, als ein solches Spezialgesetz es bewirken würde. Das Bürgerliche Gesetzbuch ging in logischer Konsequenz zu dem entgegengesetzten Prinzip über und ging über das Ziel dabei ein wenig hinaus, so daß es nur einer ganz geringen Einschränkung bedarf, der Einschränkung nämlich, die diese Fälle hier trifft. Es ist das eine gesunde Mittelstraße, die die Unbilligkeiten aus der Welt schafft. Häufig ist ja eine eklatante Bereicherung der in Rede stehenden Art nicht, aber sie kommt doch nicht ganz selten vor; und da gebe ich Herrn Justizrat Dr. Fuchs recht, auch wenige Fälle genügen, um das Verlangen hervorzurufen, einem derartigen Übelstande für die Zukunft vorzubeugen, dem Schuldner für diese Fälle Abhilfe zu schaffen und entsprechend der Billigkeit gegen den geltenden Rechtszustand Einspruch zu erheben. Es ist kein Grund ersichtlich, diese Abhilfe erst später zu schaffen, wenn das Bürgerliche Gesetzbuch vielleicht jahrzehntelang in Wirksamkeit gewesen ist und erst in künftigen Generationen den Schuldnern das zuteil werden zu lassen, was die aequitas gebietet; was die Billigkeit gebietet, können wir jetzt schon erfüllen. Anderseits kann ich keinen Grund erkennen, den Schuldner besser zu stellen, als es den Forderungen der Billigkeit entspricht, besser, als einen durch Bereicherung sine causa Geschädigten.

Professor Dr. **Biermann** (Gießen): Ich möchte mir den Vorschlag erlauben, die Verhandlung jetzt zu vertagen und erst am Nachmittag wieder anzufangen. Es hat sich der Saal jetzt in einer so stürmischen Weise entleert, daß wir fürchten müssen, vor vollkommen leeren Bänken zu verhandeln. Und wenn wir jetzt zu einem Beschlusse kämen, so ist das ein reiner Zufallsbeschluß, der irgendeine Bedeutung nicht mehr beanspruchen kann. Es dürfte also im Interesse der Sache liegen, jetzt die Mittagspause eintreten zu lassen.

Vorsitzender: Angesichts der auffallenden Leere des Saales bin ich genötigt, mich, entgegen den früheren Beschlüssen des Bureaus, diesem Vorschlage anzuschließen. Ich muß aber noch einiges bemerken.

Zunächst sind zwei Anträge eingegangen, welche im wesentlichen dieselbe Bedeutung haben, einer von Herrn Geheimrat Strohal, der andere von den Herren Landsberg, Haber, v. Blume und einigen anderen Herren.

Der Antrag des Herrn Professor Strohal lautet:

„Die Bedeutsamkeit der den Gegenstand der Verhandlung bildenden Frage anerkennend und für deren wesentliche Förderung und Klärung den Herren Gutachtern und den Herren Referenten lebhaften Dank sagend, hält der 30. Deutsche Juristentag das weitverzweigte durch die vorliegende Einzelfrage keineswegs erschöpfte und gesetzgeberisch überaus schwierige Problem für noch nicht völlig spruchreif und überweist deshalb dessen durch umfassende Erhebung vorzubereitende sachliche Erledigung dem nächsten Deutschen Juristentage."

Der zweite Antrag läuft in der Hauptsache auf dasselbe hinaus. Er lautet:

„Der Juristentag wolle beschließen:

Bei der großen Wichtigkeit der vorliegenden Frage für den Realkredit empfiehlt es sich, die Beschlußfassung noch auszusetzen und sie durch weitere Untersuchungen vorzubereiten.

Es erscheint nötig, für einen längeren Zeitraum der Vergangenheit Erhebungen anzustellen über Zahl und Bedeutung der wegen des Mißverhältnisses zwischen Meistgebot und Grundstückswert anstößigen Zwangsversteigerungsfälle, ferner Organe der beteiligten Berufsstände in Stadt und Land zu hören über die zu erwartende Einwirkung gesetzgeberischer Maßnahmen auf den Realkredit, endlich zu erwägen, ob nicht Abhilfe geschaffen werden kann durch Änderung des Zwangsversteigerungsgesetzes. Insbesondere würden in Betracht kommen:

1. eine Erweiterung der Befugnisse des Versteigerungsrichters dahin, im Falle eines auffällig geringen Meistgebots den Zuschlag zu versagen und mit kurzer Frist einen neuen Versteigerungstermin anzusetzen, den Grund in der Bekanntmachung darzulegen und zugleich darauf hinzuweisen, daß der bisherige Meistbietende an sein Gebot gebunden bleibt, falls nicht in dem neuen Termin ein höheres Gebot abgegeben wird;

2. Einführung einer Taxe, die rechtzeitig vor dem Versteigerungstermin zu den Gerichtsakten einzureichen ist und dem Versteigerungsrichter als Grundlage seiner Entschließung zu 1 zu dienen hat;

3. Ergänzung des § 85 des Zwangsversteigerungsgesetzes durch Aufnahme der nach § 1166 BGB. zu benachrichtigenden Personen in den Kreis der Beteiligten."

Was den Wiederbeginn der Sitzung betrifft, so sind wir bei dem Umfange der zu erledigenden Sachen gezwungen, die Mittagspause etwas kurz zu machen und ich würde Ihnen als den spätesten Termin vorschlagen: 3 Uhr präzis.

Professor Dr. **Litten** (Königsberg): Zur Geschäftsordnung! Ich möchte an den Herrn Vorsitzenden zur Vermeidung von Mißverständnissen eine Frage richten: Soll nach dem Wiederbeginn der Sitzung um 3 Uhr sofort über diese beiden Anträge Beschluß gefaßt werden oder geht die Debatte weiter?

Vorsitzender: Die Diskussion geht ruhig weiter und erstreckt sich auch mit auf diese beiden Anträge. Die Referenten werden dann gesondert oder im Schlußworte diese beiden Anträge behandeln müssen.

(Schluß 1 Uhr 50 Minuten.)

(Pause.)

Nachdem der Vorsitzende die Sitzung wieder eröffnet hat, erhält das Wort der Direktor der Bayrischen Handelsbank Freiherr von Pechmann (München).

Direktor der Bayrischen Handelsbank Freiherr **von Pechmann** (München): Meine verehrten Herren! Wenn ich als Direktor einer Hypothekenbank mir Ihre Aufmerksamkeit erbitte, so läge es mir an sich nahe, den beiden Referaten, die wir hier vernommen haben, ein drittes hinzuzufügen. Denn Sie können sich denken, daß ich in den 24 Jahren meiner Tätigkeit über all die Fragen, die heute besprochen worden sind, ein großes Maß unmittelbarer Erfahrungen gesammelt habe, die mit vielen der Dinge, die hier besprochen worden sind, in Beziehung stehen. Ich werde mich aber bemühen, nur das zu sagen, was für Sie, meine verehrten Herren, von Interesse sein kann, insofern, als sich zeigt, wie sich das schwierige Thema in der Auffassung eines Hypothekenbankdirektors darstellt; nur dann können meine bescheidenen Worte auf irgendwelchen Wert Anspruch machen.

Nur im Vorbeigehen möchte ich zunächst einen Punkt richtigstellen, auf den der zweite Berichterstatter Herr Justizrat Fuchs wiederholt mit großem Nachdruck zurückgekommen ist, einen Punkt, in dem meine Erfahrungen von den seinigen wesentlich abweichen, das ist die Präponderanz des Hypothekengläubigers. Ich bin in unzähligen Versteigerungen gewesen. Jene Präponderanz stellt sich nun aber wirklich nicht so dar, wie sie hier geschildert worden ist. Es kommt ganz und gar auf die Zeitumstände an. In einer Zeit, in der Kauflust herrscht, drängen sich die Bieter und lassen sich nicht dadurch zurückschrecken, daß sie wissen: hier ist ein Hypothekengläubiger, der möglicher-, wahrscheinlicherweise bis zur vollen Deckung seines Guthabens bieten wird. Sie lassen es darauf ankommen. In anderen Fällen, wo wenig Kauflust herrscht, bleiben die Leute weg, nicht, weil sie abgeschreckt werden durch die voraussichtliche Haltung des Hypothekengläubigers, sondern weil sie nicht Lust haben, etwas zu kaufen.

Wenn so auffallende Tatsachen vorkommen, daß Grundstücke weit unter dem Preis verschleudert werden, so erklärt es sich nicht aus der Präponderanz des Hypothekengläubigers, sondern aus den allgemeinen Verhältnissen, die darauf bestimmend einwirken, ob man Lust hat zu kaufen oder nicht. Das nur nebenbei.

Was ich demnächst feststellen möchte, das ist: mir ist in 24 Jahren ein Fall, in dem wir selbst einen Anspruch gegen den persönlichen Schuldner geltend gemacht hätten, obwohl wir in dem Grundstücke schon Deckung gefunden hatten, nie vorgekommen. (Bravo!)

Ich kann mich aber auch in den 24 Jahren, in denen ich, auch abgesehen von unserem Institute, viel gesehen habe, glücklicherweise keines einzigen auch nur annähernd so empörenden Falles erinnern, wie heute zwei mitgeteilt wurden.

Für den Kreis, den ich übersehe, schwindet die praktische Tragweite der Frage, um die wir uns bemühen, auf ein Minimum, wenn nicht auf Null zusammen. Ich gebe zu, das mag vielleicht anderswo anders sein. Aber ich habe Bedenken. Doch verfolge ich dies nicht weiter.

Ich habe mich hauptsächlich zum Worte gemeldet, um eines festzustellen, das, was ich für Verkehrsanschauung halte. Wenn wir uns entschließen, zur Deckung eines Guthabens ein Grundstück zu übernehmen, so kommt für uns die Inanspruchnahme der persönlichen Haftung lediglich als ein subsidiärer Behelf in Frage. Wir suchen das Grundstück los zu werden, sobald und so gut es geht. Wenn wir dabei wirklich einen Ausfall erlitten haben, würden wir glücklich sein, uns im Wege der Inanspruchnahme des persönlichen Schuldners erholen zu können. Aber das kann ich mit aller Bestimmtheit sagen: es ist für mich absolut ausgeschlossen, daß wir auch nur einen Pfennig von dem persönlichen Schuldner verlangen würden, den wir nicht zuvor verloren haben. (Bravo!)

Um mich exakt auszudrücken: wenn das Grundstück eingesteigert wird, so wird es auf das Immobilienkonto übertragen, das Saldo des Immobilienkontos wird auf das persönliche Konto des Schuldners übertragen, auf Mark und Pfennig; und es würde, wenn der Fall eintreten würde, nur der so festgestellte ziffermäßige Ausfall geltend gemacht.

Ich weiß nicht, von welcher Bank Herr Dr. Fuchs gesprochen hat. Aber für mich kann ich — und ich übersehe die Tragweite meiner Worte — nur erklären, daß ich es für absolut unzulässig, verwerflich und unanständig in des Wortes weitester Bedeutung halten würde, im Wege der Inanspruchnahme der persönlichen Haftung einen Pfennig mehr zu verlangen, als die Forderung der Bank beträgt.

Warum lege ich so großen Wert darauf, das hier mit allem Nachdruck festzustellen? Der Juristentag hat es gewöhnlich mit legislatorischen Fragen zu tun. In meiner Erinnerung ist kein Fall lebendig, wo der Juristentag schon den Versuch gemacht hätte, auf die Praxis als solche einzuwirken. Heute aber liegt der Schwerpunkt der ganzen Frage darin: soll die Abhilfe von der Praxis, der Rechtspflege, oder soll sie von der Gesetzgebung erwartet und verlangt werden? Hilfe wollen wir alle. Wenn nun aber Abhilfe geschaffen werden soll durch die Praxis, so ist offenbar die Verkehrsanschauung von Leuten wie von unsereinem von nicht ganz geringer Bedeutung; und deshalb sage ich, nach meiner Verkehrsanschauung — und ich stehe wahrhaftig nicht allein — unterliegt es nicht dem geringsten Zweifel, daß es unstatthaft ist, daß es den guten Sitten widerspricht, wenn man die persönliche Haftung über den Betrag des tatsächlichen Ausfalles hinaus in Anspruch nimmt. Und ich verzage nicht daran, daß es möglich sein wird, diese Anschauung, diese Überzeugung mit Erfolg auf die Praxis zu übertragen. In einem Falle, wie ihn Herr Justizrat Dr. Fuchs dargestellt hat, von dem Bankier, der die 28 000 ℳ für die Forderung von 30 000 ℳ gegeben hat, der das Grundstück dann um 58 000 ℳ weiterverkauft hat, und dann noch die persönliche Haftung des Schuldners in Anspruch genommen hat, in diesem Falle, meine Herren, hat nach meiner festen Überzeugung nicht das Gesetz versagt, sondern der Richter. Wenn der Richter sich darauf besinnt, was er dem Rechte schuldig ist, und wenn er sich auf die Mittel und Wege besinnt, die ihm das Bürgerliche Gesetzbuch teils ausdrücklich und teils durch den gesamten Inhalt, durch die gesamte Tendenz, die ihm innewohnt, an die Hand gibt; so muß er in solchen Fällen sagen: Dazu ist die Rechtspflege nicht da, daß sie einen so unerhörten Mißbrauch des Gesetzes sanktioniert, einer solchen bodenlosen Niedertracht zum Siege verhilft. (Zustimmung.)

Meine Herren! So lange nur noch ein Schimmer von Hoffnung dafür besteht, daß die Praxis sich dazu entschließt, in Fällen solcher Art, wie sie hier dargestellt sind, zu helfen, so lange halte ich diesen Weg für unvergleichlich viel besser, als den Weg der Gesetzgebung zu beschreiten.

Es ist in Zweifel gezogen worden, ob es den Realkredit schädigt oder nicht, wenn derartige gesetzgeberische Vorschläge mit Erfolg gemacht werden, wenn gesetzliche Bestimmungen, wie sie hier vorgeschlagen sind, getroffen werden. Es ist davon die Rede gewesen, ob der Zinsfuß um $^1/_4$ oder $^1/_2$ % steigen würde, oder ob der oder jener Schuldner kein Geld mehr bekäme. Darüber, meine Herren, glaube ich, ist wahrlich kein Zweifel möglich, und dazu brauchen wir nicht erst Nationalökonomen von Fach zu hören, um zu sagen, daß, wenn solche komplizierten Bestimmungen getroffen werden, das auf den Realkredit schädigend einwirkt. Dadurch untergräbt man das Vertrauen des Gläubigers dazu, daß er schließlich zu seinem Gelde kommt. Die Bestimmungen an sich wären ja schließlich ganz harmlos, wenn sie so angewandt würden, wie sie jetzt den verehrten Herren vorschweben, aber denken Sie nur an den Mißbrauch, wozu sie herausfordern, namentlich die Bestimmungen, die darauf gerichtet sind, daß der Wert ermittelt werden soll. Das ist ein Quell von Prozessen der allerunerquicklichsten Art, und diese Prozesse verbessern die Verhältnisse des Realkredits nicht. Auf die Einzelheiten kann ich jetzt nicht eingehen.

Der verehrte Herr Korreferent hat gemeint, es müsse überhaupt etwas geschehen, wie?, das sei mehr nebensächlich. Nachträglich hat das Herr Justizrat Heinitz allerdings richtiggestellt — aber zunächst hat es den Eindruck gemacht: auf das Wie, darauf käme es weniger an. Dazu gestatten Sie mir, meine Herren, wohl eine allgemeine Betrachtung. Das ist das Gefährlichste, was ich kenne! ich kenne in der Tat keine größere Gefahr als die, daß man aus dem Gefühl heraus: Hier liegt ein Übelstand vor, hier muß etwas geschehen, nun rasch ein Gesetz macht. Wenn mir eine ganz kurze Abschweifung verziehen wird, so möchte ich bemerken: Wir haben in Bayern gerade in der allerjüngsten Zeit eines der abschreckendsten Beispiele gehabt, die es geben kann. Güterzertrümmerung! Keiner wird sich für Güterzertrümmerung, wenigstens für einen großen Teil derselben erwärmen können, keiner wird sich den Mißständen, die damit verbunden sind, verschließen. Aber nun ist es bei uns so gekommen. Jahrzehntelang hat man auf allen landwirtschaftlichen Versammlungen und Tagungen geklagt und Gesetze verlangt und schließlich hat die Regierung ein Gesetz vorgelegt, das zu den schwersten Bedenken Anlaß gab. Wir haben in einem kleinen Kreise von Kollegen darüber gesprochen, und es fand sich nur ein einziger, der für das Gesetz eintrat, und mit welcher Begründung? Er ließ sich nicht davon abbringen, das Gesetz müsse angenommen werden, denn es müsse etwas geschehen, sonst verewigten sich die Mißstände, und ob die Gesetze etwas besser oder schlechter gemacht würden, darauf käme nicht viel an. Der weitere Verlauf war ganz ähnlich; aus der nämlichen Erwägung heraus, daß etwas geschehen müsse, gelangte das Gesetz trotz aller Bedenken in beiden Kammern des Landtags zur Annahme; die Folgen aber werden ohne Zweifel schlimmer sein als die Schäden, die bekämpft werden sollen. Die Werte werden sinken und der Realkredit wird empfindlich leiden, denn mit einem Male ist die Nachfrage nach Grundstücken so gut wie verschwunden.

Diese Abschweifung, meine Herren, soll nur rechtfertigen, warum ich gerade unter dem frischen Eindruck eines solchen Vorkommnisses so sehr bedenklich bin in bezug auf gesetzgeberische Vorschläge positiver Art, die nicht auf das allerreiflichste durchdacht sind. Und nun möchte ich sagen, meine verehrten Herren: Primär stimme ich mit dem Herrn Referenten Professor Litten, dessen Referat ich Satz für Satz und Wort für Wort auf Grund meiner nicht gerade geringen Erfahrungen unterschreibe, ganz überein, eventuell aber, wenn die verehrten Herren zu unserer Rechtsprechung, sei es zu ihrem guten Willen oder zu ihrem Vermögen, nicht das nötige Vertrauen sollten aufbringen können, wenn sie durchaus meinen sollten, die Übelstände müßten gesetzgeberisch angefaßt werden, dann bitte ich dringend, vertagen Sie die Frage heute und nehmen Sie davon Abstand, über die verschiedenen positiven Vorschläge, die in den Anträgen teils gedruckt, teils mündlich bekanntgegeben worden sind, heute zu diskutieren oder sie heute zum Beschluß zu erheben; es würde nichts dabei herauskommen, was auf der Höhe der Aufgabe stände, es würde nichts herauskommen, was die Autorität des Juristentages zu stärken geeignet wäre, es würden heute doch nur mangelhaft durchgedachte, mehr oder minder — verzeihen Sie das Wort — nicht genügend gereifte Vorschläge sein, mit denen der Gesetzgeber nichts anzufangen wüßte, und damit würde das Vertrauen auf die Autorität des Juristentages, in dessen Licht und Wärme wir uns heute vormittag zwei Stunden lang gesonnt haben, schwer geschädigt werden.

Ich fasse mich ganz kurz zusammen. Die praktische Tragweite der

Frage wird nach meiner Erfahrung überschätzt. Die vereinzelten Übelstände sind aber allerdings so himmelschreiend, daß geholfen werden muß; die Hilfe liegt jedoch bei der Rechtsprechung, nicht bei der Gesetzgebung. Wenn wir aber doch den Gesetzgebungsweg beschreiten wollen, dann muß die Sache gründlicher vorbereitet werden. (Lebhafter Beifall.)

Professor Dr. **Strohal** (Leipzig): Meine sehr verehrten Herren! Mit den Ausführungen meines Vorredners, des Herrn v. Pechmann, stimme ich vielfach überein. Es geht dies auch aus dem von mir eingebrachten Antrag hervor. Er lautet:

> „Die Bedeutsamkeit der den Gegenstand der Verhandlung bildenden Frage anerkennend und für deren wesentliche Förderung und Klärung den Herren Gutachtern und Referenten lebhaften Dank sagend, hält der 30. Deutsche Juristentag das weitverzweigte, durch die vorliegende Einzelfrage keineswegs erschöpfte und gesetzgeberisch überaus schwierige Problem für noch nicht völlig spruchreif und überweist deshalb dessen durch umfassende Erhebungen vorzubereitende sachliche Erledigung dem nächsten Deutschen Juristentage."

Zur Begründung habe ich nur sehr wenig zu bemerken, denn ich möchte vermeiden, zu den vielen Haupt- und Nebenreferaten noch ein weiteres zu geben. Das Problem, mit dem wir uns beschäftigen, ist ein überaus wichtiges. Das Leben und die Praxis hat die Frage aufgeworfen; und wir haben Ursache, dem Herrn Justizrat Fuchs dankbar zu sein, daß er die Frage zur Diskussion gestellt hat. Sie hat eine solche verdient. Die Diskussion ist geeignet gewesen, eine Lösung wenigstens vorzubereiten. Aber, meine Herren, die Frage ist so, wie sie uns vorliegt, doch nur ein Ausschnitt aus einer viel größeren Frage. Dies soll in kurzen Worten dargelegt werden.

In den uns vorgelegten, zum Teil sehr drastisichen Fällen ist der persönliche Schuldner gewiß schutzbedürftig. Allein die im übrigen analogen Verhältnisse können auch so gestaltet sein, daß ein anderer als der persönliche Schuldner schutzbedürftig ist, ja daß ein persönlicher Schuldner überhaupt nicht in Frage kommt. Ich denke dabei vorzugsweise an eine Gesamtgrundschuld und nehme zugleich an, daß neben der Haftung der, verschiedenen Eigentümern gehörenden Grundstücke eine persönliche Haftung nicht besteht.

Hier ist es möglich, daß der Grundschuldgläubiger eines der mit der Grundschuld belasteten Grundstücke um einen Spottpreis ersteht und hierauf, obschon praktisch durch den Wert des Grundstücks vollständig gedeckt, die beim erstandenen Grundstück formell ausgefallene Grundschuld dem Eigentümer des anderen Grundstücks gegenüber geltend macht. Muß sich dieser die Befriedigung des Grundschuldgläubigers gefallen lassen? Da spielt also die Frage, ob ein persönlicher Schuldner geschützt werden soll, nicht im geringsten mit. Es handelt sich vielmehr darum — der Punkt ist in dem Gutachten des Herrn Kollegen Biermann wenigstens indirekt berührt — ob man sagen kann, daß der Grundschuldgläubiger als aus dem von ihm erstandenen Grundstück befriedigt anzusehen ist, so daß infolgedessen die Grundschuld auf dem anderen Grundstück als erloschen zu gelten hat.

Nun lassen Sie mich die Sache noch von einem anderen Gesichtspunkte aus betrachten. Es kann bei einer Hypothek, wenn der Eigentümer des Grundstücks eine vom persönlichen Schuldner verschiedene Person ist, leicht vorkommen — den Praktikern ist das ja geläufig — daß im Verhältnis zwischen dem Grundstückseigentümer und dem persönlichen Schuldner die Last der Schuld von dem persönlichen Schuldner zu tragen ist. In Fällen solcher Art entsteht, wenn das zur Versteigerung gebrachte Grundstück von dem formell ausfallenden aber praktisch gedeckten Gläubiger erstanden worden ist, die besondere Frage: kann der Grundstückseigentümer mit Berufung darauf, daß der Gläubiger sich aus seinem Grundstück befriedigt habe, gegen den persönlichen Schuldner Regreß nehmen? Abermals zeigt sich, daß eine lediglich den Schutz des persönlichen Schuldners, und zwar im Wege der exceptio doli generalis, anstrebende Lösung nicht ausreicht.

Ich möchte aber noch einen weiteren sehr wichtigen Punkt hervorheben. Es ist in den Anträgen und Vorschlägen, soweit sie auf Änderung des Gesetzes gerichtet sind — Herr Kollege Litten ist in dieser Beziehung sehr vorsichtig und zurückhaltend gewesen — doch immer nur davon die Rede, daß das subhastierte Grundstück von dem Gläubiger erstanden worden ist. Es kann aber sehr wohl auch vorkommen, daß das Grundstück unter sonst gleichen Umständen nicht vom Gläubiger selbst, sondern im stillen, aber schwer nachweisbaren Einverständnis mit ihm, z. B. von dessen Frau oder Sohn oder einer anderen mit ihm unter einer Decke spielenden Person erstanden wird.

Ich habe privatim Herrn Kollegen Fuchs auf diese Möglichkeit aufmerksam gemacht, worauf er meinte, daß seine Fassung auch in solchen Fällen Hilfe bringe. Ich kann dem nicht zustimmen. Nach dem Vorschlag des Herrn Justizrat Fuchs soll § 1166 folgende Fassung erhalten:

„Ist das Grundstück zu einem Gebote zugeschlagen, das in auffälligem Mißverhältnisse zum Werte steht, so kann der persönliche Schuldner die Befriedigung des Gläubigers wegen eines Ausfalls bei der Zwangsversteigerung insoweit verweigern, als der Gläubiger durch den Zuschlag einen unverhältnismäßigen Vermögensvorteil erlangt hat."

Obschon hier im Eingang: „Ist das Grundstück zu einem Gebote zugeschlagen" usw. die Worte „dem Gläubiger" ausgelassen sind, so ergibt sich doch aus der Fortsetzung, daß dabei als selbstverständlich vorausgesetzt wird, der Gläubiger sei zugleich der Ersteher. Denn wenn der Zuschlag nicht an den Gläubiger erfolgt ist, dann kann man doch niemals sagen, daß der Gläubiger durch den Zuschlag einen unverhältnismäßigen Vermögensvorteil erlangt habe. (Widerspruch.) Ich bitte insbesondere zu beachten, daß im Falle einer solchen Machination der Gläubiger selbst möglicherweise nichts über seine ihm gegen den persönlichen Schuldner formell jedenfalls noch zustehende Forderung hinaus erlangt, während der unverhältnismäßige Vermögensvorteil dem vom Gläubiger verschiedenen Ersteher zuteil wird.

Es kommt aber noch anderes in Betracht. Ich freue mich, daß ich in dieser Beziehung an die Ausführungen des Herrn v. Pechmann anknüpfen kann. Rechtssätze, welche den persönlichen Schuldner und andere Beteiligte gegen Gefahren, wie sie uns hier vorgeführt worden sind, mit Erfolg schützen sollen, müssen praktisch gedacht und verhältnismäßig leicht zu handhaben sein. Sie sind dies nicht, wenn der Schutz nur durch weitläufige und kostspielige Prozesse mit unsicherem Ausgang erstritten werden kann. In krassen Fällen ist der persönliche Schuldner meines Erachtens gegenüber dem Anspruch des Gläubigers schon nach dem geltenden Rechte durch exceptio doli zu schützen. Allein dieser Schutz ist schwer und nur mit einem großen Kostenaufwande durchführbar. Er ist aber auch materiell unzureichend.

Wie schwierig liegt insbesondere die Situation in dem schon früher erwähnten Falle, wo das Grundstück nicht vom Gläubiger, sondern von einem anderen, der mit dem Gläubiger vielleicht im Einverständnisse steht, erstanden worden ist! Wie soll hier vorgegangen werden? Strikter Beweis wird selten zu führen sein. Soll also eine unter gewissen Voraussetzungen eingreifende Doluspräsumtion aufgestellt werden oder was soll sonst helfen?

Ich kann darnach nicht finden, daß die hier gemachten positiven Vorschläge das Übel an der Wurzel fassen und geeignet sind, eine ausreichende Abhilfe zu schaffen. Wohl aber haben wir dankbar zu sein für die

Anregungen, die hier gegeben worden sind, und den aufgeworfenen Fragen nach allen Seiten hin gründlich nachzugehen. Es dürfte sich insbesondere eine statistische Vorarbeit notwendig machen (Bravo!), bevor die juristische Lösung mit Erfolg in die Hand genommen werden kann. Es mag sich dabei vielleicht herausstellen, daß es zahlreiche Fälle gibt, wo auf dem Wege des Zivilrechts überhaupt nicht Abhilfe geschaffen werden kann, sondern wo diese nur möglich ist durch das Wirken selbsttätiger Kräfte, durch die Organisierung von Interessenverbänden, welche der im Wege der Zwangsversteigerung stattfindenden Grundstücksverschleuderung entgegentreten. Auch nach dieser Richtung wäre Umfrage zu halten, und es würde sich dabei wahrscheinlich ein recht interessantes Material ergeben.

Ich bekenne ferner ganz offen, daß ich auch vor einer teilweisen Reform des Zwangsversteigerungsgesetzes nicht zurückscheue. Es wäre aber verfrüht, in dieser Beziehung schon heute einen Vorschlag zu machen.

Völlig gewiß ist nur das eine, daß das weitverzweigte und komplizierte Problem durch eine Formel, zufolge derer dem persönlichen Schuldner ein Leistungsverweigerungsrecht zugebilligt wird, bei weitem nicht erledigt ist. Der Juristentag wird deshalb gut tun, die endgültige Beschlußfassung bis zu dem Zeitpunkte zu vertagen, wo weiteres und reichlicheres Material vorliegt. Damit glaube ich — denn ich will Ihre Geduld nicht länger in Anspruch nehmen — meinen Antrag begründet und gerechtfertigt zu haben. Ich empfehle ihn Ihnen zur Annahme. (Lebhafter Beifall.)

Professor Dr. **Litten** (Königsberg): Meine Herren! Ich habe mich zum Wort gemeldet in der Hoffnung, die Diskussion dadurch zu vereinfachen. Ich kann anknüpfen an die Ausführungen der Herren v. Pechmann und Strohal. Beide vertreten, wenn auch in verschiedener Beleuchtung, einen Standpunkt, der mir außerordentlich sympathisch ist.

Ich darf daran erinnern, daß ich mir erlaubte, am Ende meines Referates wörtlich zu sagen:

> „Wollen wir daher wirklich reformieren, so müssen wir hier — bei dem Zwangsversteigerungsgesetze — einsetzen, und ich wäre sehr einverstanden, wenn heute zugleich mit der Annahme meines Prinzipalantrages verlangt würde, die Frage in erweiterter Gestalt, etwa unter der Etikette „Die Schäden des geringsten Gebotes", auf dem nächsten Juristentage wieder aufzunehmen."

Jetzt darf ich hinzufügen, daß ich auch nichts dagegen hätte, wenn dieser Vertagungsantrag, sei es in der Formulierung Strohal, sei es in der Formulierung Landsberg, Haber und v. Blume, unter

Ablehnung meines Prinzipalantrages angenommen werden würde. Ich bin ohne weiteres bereit, meinen Antrag zugunsten dieses Antrages zurückzustellen, denn auch so würde das mir Wesentliche erreicht werden. Vertagen wir heute, so wird jedenfalls die so außerordentlich gefährliche — und ich kann nur wiederholen: aus rechtsdogmatischen und aus rechtspolitischen Erwägungen heraus abzulehnende — „gesetzliche Festlegung" vermieden, und zum zweiten wird, gleichfalls ganz meinem Wunsche entsprechend, künftig die Regelung auf breiterer Basis versucht.

Wie falsch es wäre, heute bestimmte Thesen für eine gesetzliche Regelung anzunehmen, geht auch daraus hervor, daß fast jeder Redner in seinen Vorschlägen nicht unerheblich von den anderen abgewichen ist, und es ergibt sich weiterhin aus den dogmatisch so feinen Ausführungen des Herrn Geh. Rat Strohal, die von neuem gezeigt haben, daß die uns zur Erörterung gegebene Frage in einer Isolierung herausgeschnitten ist, in der eine wirklich fruchtbare Behandlung des Problems nicht möglich war. Niemand von uns kann eben heute die Verantwortung übernehmen, daß wir mit einzelnen positiven Vorschlägen alle hier einschlagenden Fälle decken, und deshalb empfiehlt sich der Vertagungsantrag.

Aber auch wenn sich heute eine Majorität für die Gesetzesänderung finden sollte, und wenn sich diese Majorität wirklich auf eine bestimmte Formulierung einigen könnte, immer würde doch hier gegen eine starke Minorität beschlossen werden. Und ich glaube, das Schicksal eines solchen Beschlusses könnte hinsichtlich seiner praktischen Relevanz nicht zweifelhaft sein.

Landgerichtspräsident **Schwartz** (Danzig): Wenn ich in letzter Stunde noch einmal das Wort ergreife, so möchte ich es tun, um dem Antrage auf Vertagung zu widersprechen. Ich glaube, daß, wenn wir vertagen und auf dem nächsten Juristentage in zwei Jahren wieder zusammenkommen, wir nicht weiter sind wie heute und das Ergebnis auch wieder eine Vertagung sein wird. Ich kann mir kein praktisches Resultat von der Vertagung versprechen, denn praktisches Material dafür zu sammeln, um zu überzeugen, daß oft ein Unrecht geschieht, und daß es unbedingt nötig ist, diesem Unrecht zu steuern, das halte ich nicht für notwendig. Im übrigen muß ich Herrn Dr. Fuchs beitreten. Wenn nur in ein bis zwei Fällen — es sind aber zehnmal so viel in der Praxis nachgewiesen — materielle Ungerechtigkeit hat gedeckt werden müssen durch formelle Rechtsprüche, dann muß die Gesetzgebung ohne Zweifel eingreifen. Eine ganz andere Frage ist es, ob der Juristentag die Aufgabe gehabt hat, der Justizverwaltung detaillierte Gesetzesvorschläge zu machen. Ich glaube, wir überschätzen da unsere Arbeitskraft und verkennen unsere Aufgabe. Ich halte es für unmöglich, daß eine Versammlung, die ad hoc zusammentritt, einen detaillierten Gesetzesvorschlag machen kann. Das gehört zur Zuständigkeit der Ministerien, der Ausschüsse im Parlament usw. Das können wir hier gar nicht. Wir sehen ja, wie heute die Vorschläge so tüchtiger Juristen, wie sie hier versammelt sind, alle miteinander Angriffsflächen geboten haben. Das wird sich nach zwei Jahren genau so wiederholen. Die Frage, in welcher Gesetzesform geholfen werden soll, kann der Juristentag nicht entscheiden, sich wohl aber im allgemeinen darüber schlüssig machen, daß im Wege des Gesetzes geholfen werden kann und muß.

Meine Herren! Ich darf Ihnen da ein Beispiel aus meiner Erfahrung geben. Ich war junger Assessor und hatte einen Hof zu verkaufen, der 180 000 M. wert und mit einer Hypothek von 180 000 M. belastet war. Die Gläubiger der Hypothek waren Unmündige. Ich war Vormundschaftsrichter und hatte zugleich die Zwangsversteigerung zu leiten. Das geringste Gebot war einige hundert Mark. Der Vormund bot dieses geringste Gebot und bekam den Hof im Werte von 180 000 M. für diese kleine Summe zugeschlagen. Es war eine Menge Leute da, die mitbieten wollten; als sie aber hörten, daß der Vormund bieten wollte, unterließen sie es, zu bieten, da sie wußten, daß der Vormund die Hypothek herausbieten werde. Ich war damals noch ein junger Assessor und in der Maienblüte der juristisch-theoretischen, von irgendwelcher Erfahrung nicht angekränkelten Kenntnisse, die man sich so zum Assessorexamen einzuheimsen pflegt. Ich ging auf meinen Vormund zu, einem verständigen Bauern und sagte: Sie haben zwar jetzt den Zuschlag, aber die 180 000 M. persönliche Forderung sind nicht erloschen; wenn Sie auch die Forderung zurzeit nicht werden eintreiben können, so würde ich Ihnen doch raten, um sich vor späteren Regreßansprüchen der Mündel zu sichern, vorsichtshalber die persönliche Forderung in Ihrer Abrechnung als Vormund als noch bestehend aufzuführen. Da guckt er mich an und sagt: „Nee — Herr Assessor, dat dau ick nich. De Mann is mi nix mehr schüllig, Ick heff ja sinen Hof." (Nein Herr Assessor. Das tue ich nicht. Der Mann ist mir nichts mehr schuldig. Ich habe ja seinen Hof.) Als ich ihm dann mit der Weisheit des Reichsgerichts kam, schüttelte er den Kopf und sagte: „Nee, dat steiht nich in unsere Schrift. Dat versteiht sick ganz von sülben, det he mi nix mehr schüllig is." — (Das steht nicht in unserem Vertrage. Das versteht sich ganz von selbst, daß er mir nichts mehr schuldig ist.)

Wenn wir das ins Juristische übersetzen, so heißt das: Es entspricht nicht unserem selbstverständlichen Vertragswillen, den wir bei Schließung unseres Darlehns- und Hypothekenvertrags gehabt haben, daß ich jetzt noch die persönliche Forderung sollte geltend machen können, trotzdem ich mich durch den Besitz des Hofes in voller Höhe meiner Forderung gedeckt habe. Es entspricht vielmehr meiner Vertragspflicht, nach Treu und Glauben, daß ich bei der Verwertung des mir zur Sicherheit übergebenen Pfandes mein Bestes tue. Wenn ich aus formellen Gründen — weil ich nicht höher getrieben wurde — nur das geringste Gebot geboten habe, so muß ich mir meinem Schuldner gegenüber jedenfalls den Wert auf die Forderung anrechnen lassen, den der Hof für mich hat. —

Meine Herren! Trifft der Mann nicht den Nagel auf den Kopf? Der Standpunkt, daß man als Richter helfen kann, wenn man das Verlangen des Gläubigers auf Zahlung der persönlichen Forderung, trotzdem er durch den Wert des erstandenen Grundstücks gedeckt ist, als eine Zuwiderhandlung gegen den Vertragswillen behandelt, den er und sein Schuldner bei Eingehung des Darlehns- und Hypothekenvertrages gehabt haben, ist meines Wissens zwar noch nicht in der Praxis vertreten worden. Aber diesen Standpunkt möchte ich den erkennenden Gerichten dringend ans Herz legen und zur Erwägung anheimgeben, ob hiermit nicht dem Unrecht abzuhelfen ist. Der Vertragswille bei einem Darlehns- und Hypothekenvertrag ist eben in den meisten Fällen ein anderes, als wie die nicht zwingende Vorschrift des Gesetzes, das hier einen Fehltritt getan hat, und das als subsidiär zurücktreten muß hinter dem gerechter denkenden Vertragswillen.

Man könnte mir jetzt den Vorwurf machen, daß diese Ausführung die Notwendigkeit einer von mir zu Anfang betonten gesetzlichen Regelung widerlege. Ich habe dies aber nur angeführt, um praktisch darauf aufmerksam zu machen, ob man nicht vorläufig aus dem Vertragswillen heraus wird helfen können, so lange wir keine gesetzliche Regelung haben. Eine solche halte ich nach wie vor für notwendig oder jedenfalls für nützlich. Denn meine Ansicht über den Vertragswillen kann möglicherweise in der Praxis Widerspruch finden.

Das Reichsgericht hat diesen meinen doch sehr nahe liegenden Gesichtspunkt noch nicht berührt; ich muß deshalb als möglich annehmen, daß es sich diesem Gesichtspunkt nicht anschließen wird. Aus allem Zweifel aber, ob die Praxis einen bestimmten Weg zur Abhilfe mit der Zeit finden wird oder nicht, kommen wir durch eine gesetzliche Regelung heraus. Warum also diese nicht vornehmen? Sind doch auch die meisten Bestimmungen des BGB. auf dem Gebiete des Vertragsrechtes — soweit sie nicht öffentlich rechtliche Natur haben, nichts anderes, als die Wiedergabe dessen, was man unter normalen Umständen als verständigen Vertragswillen der Parteien ansehen kann.

Deshalb bitte ich Sie, teilen Sie die vorliegende Frage. Lassen Sie uns beschließen: es ist praktisch möglich und sachlich geboten, durch gesetzliche Regelung den persönlichen Schuldner einer Hypothekenforderung vor unbilliger Doppelzahlung zu schützen; der Juristentag lehnt es aber ab, als nicht zu seiner Kompetenz gehörend — den Wortlaut gesetzlicher Bestimmungen im einzelnen zu formulieren.

Vorsitzender: Ich möchte darauf hinweisen, ohne meine eigene Ansicht entwickeln zu wollen, daß die gestellten Anträge, wenn sie auch spezielle Paragraphen formulieren, doch vom Juristentage niemals so aufgefaßt worden sind und nicht so aufgefaßt werden können, als wenn das eine ganz genaue, von jedem, der etwa für einen solchen Antrag gestimmt, in allen Einzelheiten gebilligte Vorschrift sein sollte. Der Herr Vorredner hat ganz recht, der Juristentag ist zu einer derartigen Bearbeitung der Frage nicht imstande und hat sie auch niemals versucht. Deshalb sind auch gewöhnlich die Anträge allgemeiner gefaßt worden ohne Formulierung spezieller Paragraphen. Aber ich möchte doch hervorheben, auch wenn ein Paragraph formuliert ist, kann er doch in einer so großen Versammlung ohne vorherige Kommissionsberatung unmöglich in dem Sinne verstanden werden, daß jedes einzelne Wort dieses Paragraphen nun von jedem einzelnen, der im Sinne des Antrages stimmt, gutgeheißen wäre.

Justizrat **Landsberg** (Posen): Meine Herren! Der Antrag, den ich zusammen mit den Herren Geheimrat H a b e r und Professor v. B l u m e gestellt habe, ist eigentlich eng verwandt mit dem Antrage des Herrn Geheimrats S t r o h a l; er ist nur etwas weiter und konkreter angelegt. Er ist heute im Laufe dieser Sitzung geboren, und ich bitte, ihm die Mängel seiner äußern Gestalt zu verzeihen.

Dieser Antrag ist nicht etwa — gegen einen solchen Verdacht möchte ich ihn zunächst in Schutz nehmen — eine verschleierte Vertagung ad calendas graecas, sondern er enthält das entschiedene Bekenntnis, daß es sich hier um eine wichtige und ernste Frage handelt, die eingehend und gründlich geprüft werden muß, aber, wie ich meine, auch ruhig und ohne Hast. Trotz aller Hochachtung, die wir der wertvollen Arbeit der Herren Gutachter und Berichterstatter zollen müssen, meinen wir doch, daß die Frage heute noch nicht spruchreif ist. Persönlich bin ich sogar der Ansicht, — ich weiß freilich nicht, ob ich da im Sinne der Mitantragsteller sprechen darf, das tue ich auch nicht — daß wir heute noch nicht einmal sagen dürfen, es müsse etwas geschehen. (Sehr richtig!) Denn wenn wir erst abwarten und weiter prüfen und untersuchen wollen, wie es unserm Antrag entspricht, so können wir möglicherweise zu dem Ergebnis kommen: es kann und soll nichts geschehen. Also dürfen wir uns heute nicht schon grundsätzlich festlegen. Jedenfalls, meine Herren, können wir heute noch keinen Beschluß fassen; denn wir geraten dann in die Gefahr, ab irato zu beschließen. Und beschließen, nur ut aliquid fieri videatur, dürfen wir auch nicht.

Meine Herren! Ich brauche meinen Antrag wohl nicht in allen Einzelheiten zu begründen. Ich kann nicht zugeben, daß die krassen Ausnahmefälle, die heute vorgeführt worden sind, schon einen Anlaß bieten, die Klinke der Gesetzgebung zu ergreifen. Wir haben seit 10 Jahren eine gesunde Scheu davor, gar zu schnell in das Bürgerliche Gesetzbuch Bresche zu legen. Ich erinnere an den erfolglosen Vorstoß gegen § 313 BGB. Das Bürgerliche Gesetzbuch muß, so lange nicht bittere Not Änderungen fordert, unangetastet bleiben. Viel eher verträgt, wie uns die Reform der Zivilprozeßordnung lehrt, das Prozeßrecht Eingriffe. Wir sind also der Ansicht, daß wir noch abwarten und lernen müssen, und daß uns die Ausnahmefälle, von denen wir heute gehört haben, noch nicht zu der Entschließung drängen dürfen: es muß etwas geschehen, dies und das muß geschehen. Deshalb haben wir es zunächst für erforderlich gehalten,in dem Antrage zu sagen:

> „Es erscheint nötig, für einen längern Zeitraum der Vergangenheit Erhebungen anzustellen über Zahl und Bedeutung der wegen des Mißverhältnisses zwischen Meistgebot und Grundstückswert anstößigen Zwangsversteigerungsfälle.“

Wir müssen der Sache auf den Grund gehen und wissen: Handelt es sich hier um die schlummernden Symptome einer Rechtskrankheit, die sofort geheilt werden muß, oder in der Tat nur um ganz seltene Fälle, denen der Richter mit einer weitherzigen, dem gesunden Rechtsbewußtsein entsprechenden Rechtsprechung Abhilfe bringen kann.

Wir sagen weiter, daß

> „Organe der beteiligten Berufsstände in Stadt und Land zu hören sind über die zu erwartende Einwirkung gesetzgeberischer Maßnahmen auf den Realkredit.“

In dieser Beziehung kann ich mich nur dem anschließen, was Herr Freiherr v. Pechmann Ihnen heute ausgeführt hat. Der Realkredit ist keine Mimose, aber er ist doch sehr empfindlich. Man weiß nicht, was man sich unter der Wirkung der neuen gesetzlichen Vorschriften, die ihnen hier empfohlen worden sind, vorstellen soll. Vom Standpunkt des Realkredits wird man sagen: da entsteht möglicherweise ein Rattenkönig von Prozessen; jeder persönliche Schuldner, dem die Sache unangenehm ist, wird den Richter anrufen, und wir haben keine Veranlassung, durch neue gesetzgeberische Maßnahmen die Zahl der Prozesse noch zu vermehren.

Ferner glauben wir, daß — was ich vorhin schon andeutete — wenn etwas geschehen soll, es besser geschieht durch Änderung des Zwangsversteigerungsgesetzes.

Nun haben wir uns, meine Herren, bei der Fassung des Antrags nicht etwa beschränkt auf diese allgemeine Anregung, daß das Zwangsversteigerungsgesetz geändert werden könne, sondern haben gleich einige besondere Hinweise gegeben. Das sind aber nicht etwa Gesetzgebungsvorschläge, sondern ganz allgemeine einfache Anregungen, die hier unter 1, 2 und 3 zusammen gefaßt worden sind. Wir haben nur gesagt: „Insbesondere würden in Betracht kommen" usw. Das würde zur Erörterung zu stellen sein. Es soll eben zum Ausdruck gebracht werden: Das ist Material für die Beratung dieser Frage, für die Beratung, die in der Folgezeit in unserem Sinne nun stattfinden soll.

Da ist also vorgeschlagen:

> 1. eine Erweiterung der Befugnisse des Versteigerungsrichters dahin, im Falle eines auffällig geringen Meistgebots den Zuschlag zu versagen und mit kurzer Frist einen neuen Versteigerungstermin anzusetzen, den Grund in der Bekanntmachung darzulegen und zugleich darauf hinzuweisen, daß der bisherige Meistbietende an sein Gebot gebunden bleibt, falls nicht in dem neuen Termin ein höheres Gebot abgegeben wird."

Meine Herren! Ich bin der Ansicht, daß mit einer solchen Ergänzung des Zwangsversteigerungsgesetzes ganz gewiß kein Schaden angerichtet werden würde.

Es ist in Nummer 2 dann weiter gesagt: es sollen Taxen eingeführt werden, die rechtzeitig vor dem Versteigerungstermin zu den Gerichtsakten einzureichen sind und dem Versteigerungsrichter als Grundlage seiner Entschließung zu dienen haben. Wir müssen unterstellen, daß es keine weltfremden Richter gibt, daß sogar ein Assessor, der sich kurz nach dem Examen mit Zwangsversteigerungen zu befassen hat, kundig genug ist, um die Grundstücks- und Hypothekenverhältnisse von Stadt und Land zu übersehen. Aber wir wollen in diesem Optimismus nicht zu weit gehen. Jedem Richter, ob er jung oder alt sein mag, wird es in hohem Grade erwünscht sein, wenn er für seine Entschließung die Grundlage aus der Feder eines Sachverständigen besitzt. Es soll nicht jene Taxe aus dem alten Subhastationsrecht sein, die wir von früher her kennen, aber eine Taxe, die geeignet ist, den Versteigerungsrichter zu informieren und ihm zu sagen: merke auf, ob sich hier nicht einer der eklatanten und übelbeleumdeten Fälle wiederholt! Wenn der Versteigerungsrichter im Termine dann erkennt, daß ein Akt der Unanständigkeit droht, wie er hier gebrandmarkt worden ist und in solcher Form ja glücklicherweise selten vorkommt, dann soll er befugt sein, einzugreifen, aber nur so, daß er zunächst einen Verkündungstermin und dann einen neuen Versteigerungstermin ansetzt. Er soll erklären: hier herrscht ein außerordentliches Mißverhältnis zwischen Meistgebot und Grundstückswert, Ihr Bieter, die ihr fern geblieben seid, interessiert Euch! Der persönliche Schuldner wird auch aufmerksam gemacht; mag er sich um seine eigene Haut kümmern. Und andere, die aus Indolenz ferngeblieben sind, können dem Gläubiger, der sich bereichern möchte, in den Arm fallen. Eine Erneuerung des Zwangsversteigerungstermins würde das Gebot in die Höhe treiben können. Geschieht es nicht, so ist der Versteigerungsrichter und sind wir alle belehrt; dann ist kein höheres Gebot zu erzielen, dann muß der erste Meistbietende das Grundstück, das ihm schon vorher hätte zugeschlagen werden können, auch erhalten, er soll auch an das Gebot gebunden bleiben. Damit wird nicht ein großes Loch in das Zwangsversteigerungsverfahren gerissen. Es ist nur ein kleines Mittel, das in Ausnahmefällen seine Wirkung nicht verfehlen wird. Dazu das Mittel der Ergänzung des Zwangsversteigerungsgesetzes durch Aufnahme der nach § 1166 BGB. zu benachrichtigenden Personen in den Kreis der Beteiligten. Das gereicht zum besonderen Schutze des persönlichen Schuldners, von dem Unheil abgewendet werden kann. Aber wie dem auch sei, heute dürfen wir uns jedenfalls nicht entschließen, auch nur anzuregen zu einer sofortigen Gesetzesänderung.

Vorsitzender: Herr Hofrat Dr. Schreiber hat Schluß der Debatte beantragt. (Bravo!) Zum Worte sind noch gemeldet die Herren Dr. Assmann (Berlin), Justizrat Fuchs (Berlin) und Professor v. Blume (Halle).

Ich werde nach der Abstimmung über den Schluß der Debatte darüber abstimmen lassen, ob diese Herren mit einer beschränkten Redezeit von 5 oder 10 Minuten noch zu hören sind, und zwar würde diese Frage auf 5 Minuten zu richten sein, da Herr Justizrat Neumann ohnehin beantragt hatte, die Zeit auf 5 Minuten zu beschränken.

Der Schluß der Debatte wird mit großer Majorität angenommen.

Ferner wird beschlossen, daß die oben genannten Herren mit der Beschränkung der Redezeit auf 5 Minuten noch gehört werden sollen.

Rechtsanwalt Dr. **Aßmann** (Berlin): Ich würde nicht das Wort ergreifen, wenn ich nicht eine besondere Veranlassung dazu hätte. Ich habe vor Jahren an einer Hypothekenbank gearbeitet. Da wurde diese Frage auch von Juristen besprochen. Ich bin sehr erstaunt, daß man sagt, es handele sich um eine neue Frage. Für uns ist das eine abgedroschene Sache.

Der größte Teil der Juristen steht auf dem Standpunkte, daß den Subhastaten nach Lage der Gesetzgebung nicht zu helfen ist. Die Geldgeber wollen auch auf dieses Recht der persönlichen Inanspruchnahme nicht verzichten. Das ist erklärlich, da die Banken natürlich ihre Interessen vertreten.

Ich möchte zunächst auf die Ausführungen des Herrn Bankdirektors von Pechmann zurückkommen. Herr Baron von Pechmann sagt, daß er solche Fälle nicht erlebt hätte. Das will ich ihm einfach erklären. Die Bank, die Herr von Pechmann verwaltet, ist eine so vorzügliche Bank, daß sie keine schlechten Hypotheken hat.

Sie haben in Berlin sogar eine große Anzahl Hypothekenbanken, bei denen nie eine Subhastation vorkommt. Es ist der Stolz der guten Hypothekenbanken, daß sie sagen können: Wir haben nicht eine Subhastation gehabt. Diese Banken können also gar nicht in die Lage kommen, eine Klage gegen den persönlichen Schuldner zu erheben. Herr von Pechmann hat eben bei der guten Bank, die er leitet, keine Erfahrungen sammeln können.

Ein weiterer Punkt ist der, daß Bankdirektoren wie Herr von Pechmann uns dafür bürgen, daß sie mit einem solchen Rechte keinen Mißbrauch treiben. Aber dafür bürgen uns nicht alle Bankdirektoren. Denken Sie an die Niederdeutsche Bank. Sie hat zahllose Hypothekengeschäfte gemacht, zum Teil, um die Grundstücke später billig in der Subhastation erwerben zu können. Das war der Grund. Sonst ist ihr Verhalten gar nicht erklärlich.

Wir brauchen Gesetze gegen unsaubere Banken, nicht gegen die guten Banken. Man muß das deutsche Publikum sichern. Wir werden es nicht erreichen, daß alle Geldgeber durchaus vornehme Leute sind.

Noch ein weiterer Punkt ist der, daß früher das Geld meist von Privatpersonen gegeben wurde. Heute kaufen die Privatpersonen Hypothekenbankpfandbriefe. Ein Privatmann wird sich wohl überlegen, ob er so vorgehen soll, wie eine Aktiengesellschaft. Er wird es nicht tun. Aber wenn eine Aktienbank nur eine geringe Dividende verdient, dann werden die Aktionäre sagen: wir wollen eine höhere Dividende haben. Und gegen den Ansturm der Aktionäre ist, wie die Erfahrung lehrt, nicht jeder Bankdirektor gewappnet, denn die Aktionäre bestehen aus einer großen Anzahl von Personen, und eine große Anzahl von Personen kennt keine Rücksichtnahme. Die werden sagen: wenn uns das Recht der persönlichen Inanspruchnahme zusteht, verlangen wir dies. Jeder von uns kann als Syndikus in die unangenehme Lage kommen, eine Klage anstrengen zu müssen. Haben wir aber eine gesetzliche Handhabe, da kann man sagen: „Ich bin nicht in der Lage, dies zu tun." Aber heute muß der Jurist eine Klage einfach durchführen. Ich möchte den Juristen sehen, welcher sagt: „Die Majorität hat beschlossen, die persönliche Klage zu erheben, ich führe den Beschluß nicht aus." Wenn eine unverantwortliche Personenmehrheit beschlossen hat, die Sache durchzuführen, so muß der Jurist die Sache annehmen. Der Richter kommt in dieselbe unangenehme Lage. Er muß dem Geldgeber, der unmoralische Zwecke verfolgt, recht geben. Ist das Gesetz geändert, so ist auch dem Syndikus und jedem beteiligten Juristen geholfen.

Ich schlage vor, den Antrag des Herrn Justizrat Fuchs oder einen ähnlichen Antrag anzunehmen.

Professor Dr. **v. Blume** (Halle): Ein kurzes Wort noch, meine Herren. Ich möchte gegen den Satz, der heute mehrfach mit großer Bestimmtheit ausgesprochen worden ist, ebenso bestimmt Widerspruch einlegen, gegen den Satz nämlich, daß, wenn auch nur ein einziger Fall nachgewiesen sei, in dem die Rechtsprechung zu einer krassen Ungerechtigkeit geführt habe, darauf hinzuwirken sei, daß die Gesetzgebung eingreifen müsse. Meine Herren! Wenn wir in allen Fällen, in denen die Rechtsprechung unserer Gerichte ein befriedigendes Ergebnis nicht erzielt hat, sofort die Gesetzgebungsmaschine arbeiten lassen müßten, wenn das wirklich nötig wäre, denn müßte ich mir sagen: Ich danke! (Heiterkeit.) (Bravo!) Wir haben heute von zwei Seiten einige Tatsachen unmittelbar aus dem Leben heraus vortragen hören, und die Bemerkungen, die von den beiden Herren gemacht worden sind, deckten sich nicht vollständig. Um so mehr haben wir Veranlassung, genau darüber nachzuforschen, wie die Dinge heute eigentlich beschaffen sind, die wir mit unserer Gesetzgebung bearbeiten wollen.

Es ist, glaube ich, nicht der geringste der Gründe, die zu dem Vorwurfe geführt haben, unsere Rechtsprechung sei mitunter welt- und volksfremd, der, das wir eine genügende Statistik der Vorgänge des wirtschaftlichen Lebens nicht haben. Unsere Wissenschaft wird nicht selten und nicht ganz mit Unrecht verglichen mit der Medizin. Wir haben es mit Menschen zu tun wie jene auch. Aber ich glaube nicht, daß irgendwo eine Versammlung von Medizinern sich aussprechen würde über die Mittel, die angewendet werden sollten zur Heilung einer Krankheit, ehe sie nicht die Tatsache genau erkannt haben, die als Krankheit bezeichnet wird. Wir können also, wenn wir nicht in die Gefahr geraten wollen, in dem Augenblicke, wo wir vielleicht einen Fehler beseitigen, zehn neue Fehler zu begehen, und wo wir eine ungerechte Entscheidung vielleicht unmöglich machen wollen, zehn neue ungerechte Entscheidungen herbeizuführen, wir können also, wenn wir nicht in diese neue Gefahr geraten wollen, heute keine positiven Vorschläge machen, ohne zu wissen, welche Tatsachen eigentlich von uns in der Gesetzgebung behandelt werden sollen.

Das war der Grund, warum ich schon mit dem Vorsatze hierherkam, einen Antrag zu stellen, daß Material gesammelt werden sollte. Ich kann nur sagen, daß die heutige Diskussion die Richtigkeit dieses Gedankens nur noch bestätigt hat. Ich bitte daher dringend, daß der Antrag Strohal, der sich mit dem von mir mitunterschriebenen deckt, angenommen wird, daß jedenfalls der Deutsche Juristentag vermeide, Gesetze vorzuschlagen, ohne zu wissen, was eigentlich mit diesen Gesetzen erreicht werden soll. (Bravo!)

Vorsitzender: Das Schlußwort hat der Herr Korreferent.

Mitberichterstatter Justizrat Dr. **Fuchs** (Berlin): Infolge des ungünstigen Standortes des Redners zum Stenographentisch schwer verständlich.) In zwei Punkten hat mich Herr v. Pechmann mißverstanden. Ich habe nicht behauptet, daß die Mißerfolge der Zwangsversteigerungen ihren Grund in der Präponderanz des Hypothekengläubigers haben. Ich weiß sehr wohl, daß hier wie sonst Angebot und Nachfrage den Preis bestimmen; ich habe nur gesagt, daß durch die präponderierende Stellung des Hypothekengläubigers der Bieterkreis unter gewissen Umständen beschränkt und dadurch der wahre Wert des Grundstücks verdunkelt wird. Ich habe gerade ausgeführt, daß, wenn ein Grundstück mit einer Hypothek von 30 000 ℳ belastet ist und sich kein Bieter findet, der über 30 000 ℳ hinausgeht, man dann mit Recht annehmen könne, daß das Grundstück keinen größeren Verkehrswert als

30 000 ℳ besitze. Niemand aber könne sagen, welchen Wert das Grundstück, wenn es der Hypothekengläubiger schließlich für ein im Rahmen seiner Hypothek liegendes Gebot zugeschlagen erhalten habe, tatsächlich besitze und daß der Wert des Grundstücks dem letzten Gebote des Hypothekengläubigers entspreche. Der Hypothekengläubiger schließt durch seine Präponderanz alle diejenigen aus, die seine Hypothek nicht ausbieten wollen, und deshalb ist sein Gebot kein zuverlässiger Ausdruck des positiven Werts. Dieser Übelstand hat Predari mit Recht veranlaßt, dem Schuldner einen Rechtsbehelf zu geben, der gegenüber dem nominellen Wert den wahren effektiven Wert zur Geltung bringt.

Herr v. Pechmann hat mich noch in einem zweiten Punkte mißverstanden, der sehr erheblich ist und der die Stimmung der hohen Versammlung zu beeinflussen geeignet ist. Ich soll den Rat gegeben haben, man ändere nur die Gesetzgebung, auf das „wie" käme es nicht an. — Nein, meine Herren, dazu stehe ich doch als Anwalt zu lange in der Praxis, um einen solchen Rat geben zu können. Ich habe vielmehr gesagt: wir müßten vorerst Stellung zu der Frage nehmen: ob Abhilfe durch die Praxis möglich oder ob Abhilfe durch Gesetz geboten sei: wie das Gesetz zu fassen sei, darauf komme es vorläufig nicht an. Ich bin der Mühe überhoben, diesen Standpunkt weiter zu begründen nach den überzeugenden Ausführungen des Herrn Landgerichtspräsidenten Schwartz und vor allen Dingen nach der Darlegung, die der Abteilungsvorsitzende, Herr Geheimrat Enneccerus gemacht hat. Wir haben danach hier nicht das neue Gesetz schon in allen Einzelbestimmungen zu formulieren, sondern zuvörderst nur zu der Frage Stellung zu nehmen, ob sich gesetzgeberische Maßnahmen empfehlen. Diese Fragen bitte ich zu bejahen unbekümmert darum, ob die vorgeschlagenen Änderungen Ihnen durchweg zusagen. Ich kann nicht finden, daß in der Diskussion irgendein erhebliches Moment hiergegen geltend gemacht ist. Beachtlich erscheinen mir am meisten von den Ausführungen meiner Gegner die des Herrn v. Pechmann; ich messe ihnen eine größere Bedeutung bei, als den Bedenken, die Herr Geheimrat Strohal vorgebracht hat und denen ich mich zuvörderst zuwenden möchte. Herr Geheimrat Strohal meint, daß das Problem nicht erschöpft und durch weitere Erhebungen vorzubereiten sei.

Lassen Sie, meine Herren, ein Gremium der auserlesensten Juristen tagen und irgendeinen Gesetzesvorschlag machen, immer wird man sagen können, daß das Problem in seiner ganzen Tiefe noch nicht erfaßt, der und jener Punkt noch nicht hinreichend geklärt sei, noch der Vorbereitung durch statistisches Material und nationalökonomische Untersuchungen bedürfe.

Alle Probleme sind unbegrenzt und unerschöpflich. Jedenfalls rechtfertigen die Bedenken, die Herr Geheimrat Strohal vorgebracht hat, es nicht, das Problem für noch nicht spruchreif zu erklären. Unser Problem besteht darin:

Wie schützen wir den persönlichen Schuldner gegen eine doppelte Inanspruchnahme?

Herr Geheimrat Strohal meint, daß unter Umständen nicht der persönliche Schuldner, sondern lediglich der dingliche Schuldner des Schutzes bedürftig sei und er führt zwei Fälle an, einmal den Fall der Gesamtschuld, dann den Fall, daß der persönliche Schuldner dem Eigentümer gegenüber sich zur Beseitigung der Hypothek verpflichtet gehabt und diese Pflicht nicht erfüllt habe. Auf den letzteren Fall hat bereits Raddatz in seinem beachtenswerten, in der Juristischen Monatsschrift für die östlichen Provinzen erschienenen Aufsatz hingewiesen. Er meint, daß es in einem solchen Falle unbillig sei, dem Eigentümer, aus dessen Mitteln der Gläubiger Befriedigung erlangt habe und dessen Ansprüche auf Bezahlung der Hypothek wegen ihres Ausfalles in der Zwangsversteigerung gegenstandslos geworden seien, jedes Ausgleichsrecht zu versagen, ihm also den ganzen Schaden aufzubürden.

An beide Fälle habe ich sehr wohl gedacht, nur liegt die Lösung dieses Problems auf einem anderen Gebiete. Die Lösung dieser Frage beruht auf dem Problem der Ausgleichungspflicht zwischen den Gesamtschuldnern, die alle oder teilweise dinglich haften. Das führt uns in die tiefsten Probleme der Dinglichkeit, in die Frage, ob die dinglichen Verpflichtungen Schuldverhältnisse sind, den Ausgleichsnormen der Gesamtschuldverhältnisse unterliegen; wenn Sie monatelang sitzen und beraten werden, so werden Sie finden, daß das Problem sich immer mehr erweitert. Es geht mit ihm, wie mit dem Horizont, der immer weiter wird, je weiter der Wanderer vorschreitet. Natürlich soll der persönliche Schuldner nur geschützt werden, wenn der Gläubiger auf seine Kosten einen unverhältnismäßigen Vermögensvorteil erlangt hat.

Schutz dagegen, daß der Gläubiger nicht selbst ersteht, sondern andere erstehen läßt, habe ich zu geben versucht. Daß es nicht möglich sein wird, alle Fälle zu treffen, darf uns nicht beirren, Schutz da zu geben, wo er möglich ist. Wenn Herr Geheimrat Strohal meint, die zu gewährenden Rechtsbehelfe sollten leicht zu handhaben sein, sie seien es aber nicht, wenn der Schutz nur durch weitläufige Prozesse erstritten werden könne, so wundert es mich, das erste Argument gerade aus dem Munde des Kommentators des Erbrechts zu hören. Man sehe sich doch nur unsere Kommentare des Erbrechts oder des Sachenrechts an! Wo sind die Rechtsbehelfe so einfach? Die meisten Bestimmungen versteht man erst, wenn man seitenlange Erläuterungen der Kommentatoren gelesen hat. Will man Rechtsschutz gewähren, so lassen sich natürlich weitläufige und kostspielige Prozesse nicht vermeiden. Gerade, um eine Unzahl von Prozessen von vornherein abzuschneiden, verlange ich, daß das Gebot im „auffallenden" Mißverhältnis zum Werte steht. Wenn Oertmann meint, es hieße die Quadratur des Zirkels zu versuchen, sofern man feststellen wolle, inwieweit jemand durch den Erwerb eines an sich wertvollen bis auf weiteres nicht realisierbaren Grundstücks wirklich bereichert sei, so unterschätzt doch Oertmann das Können der Praxis. Wir stellen in der Praxis noch ganz andere Dinge fest. Wir haben festzustellen, welchen Wert ein Grundstück vor 20 oder 30 Jahren an einem bestimmten Tage gehabt habe. Wir haben festzustellen, um wieviel Prozent der Erwerbsfähigkeit ein Mann gemindert worden ist, der vor so und sovielen Jahren von der Straßenbahn gefallen und einen Nervenchock erlitten hat. Das müssen unsere Sachverständigen feststellen und wenn sie das nicht können, nun, dann können wir Rechtsschutz dem Schutzsuchenden überhaupt nicht angedeihen lassen. Gerade, weil ich nicht haben will, daß im Prozeßwege darüber gestritten wird, ob das Grundstück 26 oder 27 000 ℳ wert gewesen ist, habe ich die Thesen so gewählt, daß ein „auffallendes" Mißverhältnis von Gebot und Wert des Grundstücks verlangt wird. Hier handelt es sich einzig und allein um die Frage, ob die Praxis imstande ist, einen unerwünschten Zustand zu beseitigen oder ob es hierzu der Hilfe der Gesetzgebung bedarf. Um diese Frage zu entscheiden, bedürfen wir keines statistischen Materials, keiner nationalökonomischen Untersuchungen, sondern hier heißt es, kurz und rundweg ja oder nein zu sagen. Ob die Praxis helfen will oder kann, darüber muß sich jeder heute klar sein und da ist mir doch in hohem Grade beachtlich, was uns hier Herr v. Pechmann gesagt hat. Ich muß gestehen, ich war gefaßt darauf, von dem Vertreter einer Hypothekenbank zu hören, daß das Vorgehen des Gläubigers weder arglistig noch sittenwidrig sei, daß jeder das Recht habe, so billig er kann, zu kaufen und daß niemand verpflichtet sei, sich den Gewinn eines riskanten Spekulationsgeschäftes auf seine Darlehnsforderungen anrechnen zu lassen. Um so mehr erfreut war ich, von Herrn v. Pechmann, dem Vertreter einer Hypothekenbank, so scharfe Worte zu hören, der das Vorgehen des Gläubigers in unserem Falle als „bodenlose Niedertracht" erklärte. Ich bitte, daß Sie sich diese Worte gegenwärtig halten, aber ich bitte sich auch gegenwärtig zu halten, wie sehr die Auffassungen über Anstand und Niedertracht verschieden sind. Schon hunderte von Prozessen sind über ähnliche Streitfragen entschieden, zu wiederholten Malen von höchsten Gerichten entschieden und nie habe ich gelesen, daß die Ausfallsklage des Gläubigers wegen bodenloser Niederträchtigkeit abgewiesen worden ist. Nicht auf die Auffassung des vornehmen Mannes und des vornehmen Vertreters einer vornehmen Bank kommt es an, sondern auf die allgemein gültige Auffassung des Verkehrs. Ich bin fest überzeugt, von allen, die wir hier im Saale sind, wird jeder es mit dem nobile officium seines Berufes und seines Standes für unvereinbar halten, den Schuldner auf Deckung eines Ausfalls in Anspruch zu nehmen, wenn er durch den Wert des Grundstücks gedeckt ist. Aber wir haben als Richter der Entscheidung der Rechtsstreitigkeiten nicht die Auffassung des vornehmen Mannes, sondern die Durchschnittsauffassung des Verkehrs zugrunde zu legen. In zahllosen Fällen werden wir das Vorgehen der Parteien für nicht schön, nicht korrekt, nicht vornehm finden und doch nicht in der Lage sein, mit der exceptio doli generalis zu helfen. Was Herr v. Pechmann für eine vornehme Bank zu tun sich scheut, das scheuen sich die weniger vornehmen Geldgeber keineswegs, und wenn bisher die Praxis mit der Einrede der Arglist nicht geholfen hat, so wird das wohl seinen Grund darin haben, daß sie gemeint hat, nicht helfen zu können und damit müssen wir für die Zukunft rechnen. Das Reichsgericht ist sicherlich immer mehr und mehr dem sozialistischen Zuge der Zeit gefolgt und doch hat es bis in die jüngste Zeit hinein nicht geholfen.

Wenn die Theoretiker anerkennen müssen, daß bisher in der Praxis nicht einmal eine Stimme laut geworden ist, die in Fällen der vorliegenden Art die Einrede der Arglist gibt, wenn sie auf die zukünftige Praxis vertrösten, ihnen aber ein Mann wie Predari sagt, daß die Praxis nicht helfen könne und werde, dann müssen wir meines Erachtens die Frage bejahen, daß sich gesetzgeberische Maßnahmen zum Schutz des persönlichen Gläubigers empfehlen.

Ich verkenne nicht, weder Predaris positive Vorschläge, noch die meinen sind der Weisheit letzter Schluß. In den Kommissionen der gesetzgebenden Körperschaften werden sicherlich unsere Leitsätze nach vielen Beziehungen geändert und verbessert werden, aber verschaffen Sie dem Volke die Genugtuung, daß in einer Frage, wo sich Rechtsempfindung und Rechtszustand nicht decken, wir bereit sind, alles zu tun, um Abhilfe zu schaffen. (Bravo! Lebhafter Beifall.)

Berichterstatter Professor Dr. **Litten** (Königsberg): Zwei Vertreter bedeutender wirtschaftlicher Institute und der schlichte Bauer aus Schleswig, von dem der Herr Landgerichtspräsident Schwarz gesprochen hat, haben erklärt, ein solches Verfahren, wie es hier der Gläubiger beliebt, ist unanständig. Nun verstehe ich wirklich nicht, weshalb etwas, was unanständig ist, nicht mit der exceptio doli generalis getroffen werden kann. Ich würde also eigentlich keine Veranlassung haben, meinen Prinzipalantrag zurückzuziehen. Aber ich habe es bereits in der Debatte gesagt und wiederhole es hier, unter ausdrücklicher, mir erklärter Zustimmung des ersten Herrn Gutachters: Mein Prinzipalantrag mag fallen, wenn wir alsdann nur eine Majorität für die Vertagung bekommen.

Ich stimme Herrn Justizrat Dr. Fuchs vollkommen bei: Je mehr wir forschen und untersuchen, je mehr wir Erwägungen anstellen, das Problem — so sagte er wörtlich — wird immer tiefer werden und unser Horizont immer weiter. Ich sehe darin aber keinen Mangel, sondern einen Vorzug. Wenn also auch der Herr Korreferent davon überzeugt ist, daß bei weiterem Forschen unser Problem immer tiefer und unser Horizont immer weiter wird, so gibt es meiner Ansicht nach für jeden, der das Problem nicht künstlich verflachen und seinen Horizont nicht künstlich verengen will, nur die eine Möglichkeit, dem Vertagungsantrage zuzustimmen. Und damit lassen Sie mich schließen. (Lebhafter Beifall.)

Vorsitzender: Ich muß mitteilen, daß soeben noch ein neuer Antrag eingegangen ist:

„Der Juristentag wolle die gestellte Frage, daß sich gesetzgeberische Maßnahmen empfehlen, bejahen. Fuchs-Siehr."

Die Zulässigkeit dieses Antrages würde bezweifelt werden können. Allein dieser Antrag stimmt vollkommen überein mit den ersten Worten des Herrn Korreferenten Dr. Fuchs, und dieser hatte schon bei der Verkündung seines ersten Antrages mitgeteilt, daß er bitte, diese ersten Worte seines Antrages als gesonderte Abteilung des Antrages zu betrachten, über die also auch gesondert abgestimmt werden muß. Somit ist die geschäftsmäßige Zulässigkeit dieses Antrages nicht zweifelhaft.

Bei der Abstimmung würden zunächst die beiden Anträge der Herren Lindsberg und Genossen und Strohal in Betracht kommen. Beide Anträge stimmen darin überein, daß sie eine gegenwärtige Entscheidung ablehnen und die Beschlußfassung nach weiteren eingetretenen Ermittelungen dem nächsten Juristentage überweisen. Im übrigen unterscheiden sich die beiden Anträge dadurch, daß der Antrag Landsberg ausführlicher ist und in der Form von Andeutungen auf mehrere Wege hinweist, auf welchen dem Übelstande abgeholfen werden könne, während der Antrag Strohal diese näheren Hinweisungen nicht aufgenommen hat. Infolgedessen glaube ich, den Antrag Landsberg als den spezielleren zuerst zur Abstimmung bringen zu müssen und dann, falls er abgelehnt werden sollte, den Antrag Strohal. Sollten beide Anträge abgelehnt werden, so würde der Antrag Fuchs in seinem ersten Teile: bis zu dem Worte „bejahen" zur Abstimmung kommen, und wenn dieser Antrag abgelehnt würde, würde die Abstimmung überhaupt beendet sein, da der Eventualantrag von Herrn Kollegen Litten alsdann ebenfalls als gefallen betrachtet werden müßte. (Professor Dr. Litten: Jawohl, er ist zurückgezogen.) Sie hatten den Antrag 1 Ihres Antrages, wenn ich recht verstanden habe, zurückgezogen; das soll sich also auf 2 mitbeziehen? (Professor Dr. Litten: Jawohl!) Danach würde sich also die Abstimmung recht einfach gestalten. (Der Antrag Landsberg-v. Blume wird zugunsten des Antrages Strohal ebenfalls zurückgezogen.)

Ich nehme an, daß sämtliche Unterzeichner des Antrages mit der Zurückziehung einverstanden sind. Da kein Widerspruch erfolgt, stelle ich das fest. Es würde also dann zunächst der Antrag Strohal zur Abstimmung kommen.

Der Antrag Strohal wird mit überwiegender Majorität, die durch Auseinandertreten nach rechts und links festgestellt wird, angenommen.

Nun müssen wir noch über die Berichterstattung im Plenum bestimmen. Ich darf wohl annehmen, daß es die Versammlung für ungeeignet hält, diese Sache, die wir vertagen wollen, ins Plenum zu bringen, Wenn kein Widerspruch erfolgt, wird also nur Bericht zu erstatten und zwar der Herr Referent, dessen Antrag im wesentlichen durchgedrungen ist, damit zu beauftragen sein. Es erfolgt kein Widerspruch. Ich bitte also Herrn Professor Dr. Litten, die Berichterstattung zu übernehmen.

Wir treten nun in den zweiten Punkt der Tagesordnung, die Frage des Sammelvermögens ein.

Die beiden Herren Referenten, Herr Professor Dr. Knoke (Königsberg) und Herr Hof- und Gerichtsadvokat Dr. Coumont (Wien) haben sich über gemeinschaftliche Anträge geeinigt, die sich in den Händen der Teilnehmer dieser Versammlung befinden werden.

Ich erteile Herrn Professor Dr. Knoke das Wort.

Berichterstatter Professor Dr. **Knoke** (Königsberg): Meine geehrten Herren! Wie Ihnen eben bereits mitgeteilt worden ist, haben der Herr Mitberichterstatter und ich uns auf gemeinschaftliche Anträge geeinigt. Ich muß dazu bemerken, daß in den gedruckten Leitsätzen zwei kleine Einzelheiten hinzuzufügen sind, die zur größeren Deutlichkeit noch eingefügt werden sollen.

Unsere Anträge lauten hiernach folgendermaßen:

I. Für das Deutsche Reich empfiehlt sich die Schaffung gesetzlicher Vorschriften über die rechtliche Stellung des Sammelvermögens nicht.

II. Im Hinblick auf die in Österreich im Zuge befindlichen Gesetzes-Reformen empfiehlt der Deutsche Juristentag für Österreich folgende Leitsätze:

1. Vermögen, welches durch Sammlung für einen vorübergehenden, gemeinnützigen Zweck zusammengebracht ist, muß abgesondert verwaltet werden und unterliegt dann nicht dem Zugriffe der persönlichen Gläubiger der Spender und Sammler.

2. Bei Wegfall des Sammlers oder bei vorkommenden Mißbräuchen hat die Bestellung eines Pflegers durch das Gericht zu erfolgen.

3. Für Vereinigungen mehrerer Personen zur Erreichung eines vorübergehenden gemeinnützigen Zweckes hat unter der Voraussetzung, daß sie einen von dem Zwecke des Unternehmens abzuleitenden Namen annehmen und eine Geschäftsführung schriftlich bestellen, folgendes zu gelten:

   a) Sie können unter dem angenommenen Namen Rechte erwerben und Verbindlichkeiten eingehen, vor Gericht klagen und verklagt werden;

   b) für die im Namen der Vereinigung eingegangenen Verbindlichkeiten haftet den Gläubigern nur das Vermögen der Vereinigung;

   c) die Geschäftsführer der Vereinigung haften bei ordnungswidriger Gebarung auch den Gläubigern der Vereinigung auf Ersatz des Schadens, welchen die Gläubiger hierdurch erlitten haben.

Meine Herren! Sie sehen daraus, daß Herr Dr. Coumont und ich übereinstimmend der Meinung sind, daß diese Frage für Deutschland und für Österreich verschieden zu beantworten ist. Schon aus dieser Tatsache glaube ich die Berechtigung ableiten zu dürfen, daß ich mich in meinem Berichte auf die deutschen Verhältnisse, auf das deutsche bürgerliche Recht beschränke und die Berücksichtigung der österreichischen Verhältnisse dem Herrn Dr. Coumont überlasse.

Das Gutachten des Herrn Dr. Bartsch will die gestellte Frage dahin verallgemeinern, ob sich gesetzliche Vorschriften über die rechtliche Stellung von Vermögen empfehlen, die zu uneigennützigen Zwecken bestimmt sind. Ich glaube, im Gegensatz zu ihm und im Einverständnis mit dem Gutachten des Herrn Geheimrats Seckel, das mir wenigstens im Revisionsabzuge vorlag, mich auf das Sammelvermögen beschränken zu sollen, wie die ständige Deputation das Thema formuliert hat: empfehlen sich gesetzliche Vorschriften über die rechtliche Stellung des Sammelvermögens?

Unter dem Sammelvermögen verstehe ich ein Vermögen, das durch die Tätigkeit einer oder mehrerer Personen, der Sammler, für einen vorübergehenden, den Sammlern fremden Zweck zusammengebracht wird. Seckel will sein Gutachten auf das durch öffentliche Sammlungen zusammengebrachte Vermögen beschränken. Ich glaube, von dieser Beschränkung absehen zu sollen. Freilich liegen die meisten Schwierigkeiten auf dem Gebiete der öffentlichen Sammlungen. Aber darum können die privaten nicht ganz außer Betracht bleiben, denn wenigstens gewisse Fragen erheischen legislativpolitisch bei öffentlichen und privaten Sammlungen dieselbe Regelung. Demgegenüber kann die Erwägung Seckels, daß eine einheitliche Konstruktion der öffentlichen und privaten Sammlungen und der privaten unter sich nicht möglich sei, nicht ins Gewicht fallen.

Mit den Herren Gutachtern lasse ich die Frage, wie das Sammelvermögen zustande kommt, außer Betracht. Die Fragen, die das vorhandene Sammelvermögen uns stellt, sind schon zahlreich genug. Auch dürfte die Frage nach der Entstehung des Sammelvermögens für seine legislativpolitische Behandlung von geringerer Bedeutung sein.

Meine Herren! Das gegenwärtig bei uns in Deutschland geltende Recht enthält über das Sammelvermögen nur eine einzige positive Gesetzesvorschrift, den bekannten § 1914 BGB.

„Ist durch öffentliche Sammlung Vermögen für einen vorübergehenden Zweck zusammengebracht worden, so kann zum Zwecke der

Verwaltung und Verwendung des Vermögens ein Pfleger bestellt werden, wenn die zu der Verwaltung und Verwendung berufenen Personen weggefallen sind."

Aus dieser Bestimmung ergeben sich mit Notwendigkeit für das Sammelvermögen folgende Rechtssätze: erstens, daß zunächst die Sammler zur Verwaltung und Verwendung des Sammelvermögens berufen, d. h. berechtigt und verpflichtet sind, zweitens, daß das Sammelvermögen auch in der Hand der Sammler eine irgendwie geartete selbständige Existenz besitzt, daß es mindestens ein Sondervermögen ist, womit meines Erachtens von selbst gegeben ist, daß auch der Grundsatz der Surrogation darauf angewendet werden muß, denn ich glaube, daß für jedes Sondervermögen dieser Grundsatz Geltung beanspruchen kann.

In allen übrigen Fragen sind Theorie und Praxis auf sich selbst angewiesen.

Die Praxis ist im Verhältnis zu der Häufigkeit der Sammlungen außerordentlich selten in die Lage gekommen, über Fragen des Sammelvermögens zu entscheiden. Die bekannt gewordenen Entscheidungen — im ganzen 7 — sind in dem Seckelschen Gutachten zusammengestellt.

Auch die Aufmerksamkeit der Literatur ist sehr spät auf das Sammelvermögen gelenkt. Obwohl die öffentlichen Sammlungen längst bekannt waren — ich erinnere an die Sammlung für den Wiederaufbau der Marienburg, die nach den Freiheitskriegen eingeleitet wurde, an die Sammlungen für die Göttinger Sieben und für die deutsche Flotte — ging die Rechtswissenschaft achtlos an diesen Erscheinungen vorüber, bis Brinz, wohl der selbständigste Kopf unter den Zivilisten der zweiten Hälfte des 19. Jahrhunderts, die Sammlungen als Bausteine für seine geistvolle Theorie vom Zweckvermögen verwendete und gleichzeitig mit ihm der Rechtsanwalt Puchta die Sammlungen auf ihr juristisches Wesen untersuchte. Unter der Herrschaft des gemeinen Rechts haben noch Dernburg, Bekker, Regelsberger, Gierke, Krückmann, Isay diese Frage erörtert, aber ein völliger Umschwung trat erst mit dem BGB. und seinem § 1914 ein. Seitdem ist die Literatur über das Sammelvermögen ganz außerordentlich angeschwollen, so, daß Binder das Sammelvermögen das Lieblingskind der Theorie und das Stiefkind der Gesetzgebung nennen konnte, während Seckel mit Rücksicht auf die vielen Dissertationen über das Sammelvermögen es vorzieht, mit launiger Bosheit von dem Lieblingskind der Doktoranden zu sprechen. Die Literatur ist von Seckel sehr sorgfältig zusammengestellt. Nachzutragen wäre, so viel ich sehe, nur eine 1909 erschienene Erlanger Dissertation von Kayser und der Aufsatz von Hölder in der letzten Nummer der Juristenzeitung.

Es kann nicht meine Aufgabe sein, Ihnen all die verschiedenen Schattierungen der Theorien über das Sammelvermögen vorzutragen. Ich beschränke mich darauf, sie nach den entscheidenden Gesichtspunkten zu gruppieren. Die von Regelsberger begründete herrschende Ansicht, die auch gelegentlich vom Reichsgericht gebilligt ist, schreibt das Eigentum am Sammelvermögen den Sammlern zu, aber als fiduziarisches Eigentum. Dabei nehmen die meisten nur eine obligatorische Verpflichtung der Sammler an, während andere, zunächst Krückmann, dann namentlich Schultze, die Macht des Treuhänder-Sammlers durch Annahme einer Resolutivbedingung dinglich beschränken wollen.

Eine zweite Ansicht, die auf Otto Gierke zurückgeht, schreibt das Eigentum den zu einer Gesellschaft des bürgerlichen Rechts verbundenen Spendern zu, wobei einzelne Vertreter dieser Ansicht auch die Sammler zur Gesellschaft rechnen. Gierkes ursprüngliche Ansicht ist von Hellwig unter Gierkes Beifall dahin weiter gebildet, daß die Spender einen nicht rechtsfähigen Verein bilden. Die Sammler sind nach dieser Theorie Geschäftsführer der Spender.

Auch Fischbach, dem Kisch und Krückmann beigetreten sind, schreibt das Eigentum den Spendern zu, er nimmt aber nicht eine Gemeinschaft zur gesamten Hand an, sondern jeder Spender soll Eigentümer seiner Spende bleiben; sind die Gaben vermischt, was ja bei Geld die Regel bilden wird, soll gewöhnliches Miteigentum der Spender entstehen. Den Sammlern schreibt Fischbach ein eigenartiges durch den Sammelzweck gebundenes dingliches Verwaltungs- und Verfügungsrecht zu nach Analogie des Rechts des Ehemanns und des Testamentsvollstreckers.

In verschiedenen Spielarten erscheint die Theorie von der juristischen Person des Sammelvermögens. Zu ihr gehören Dernburg, Kohler, Leonhard, auch Seckel sieht in seinem Gutachten das Sammelvermögen als juristische Person an.

Der Theorie der juristischen Person des Sammelunternehmens zum mindesten nahe verwandt ist die Theorie von Brinz und Bekker, die in dem Sammelvermögen ein herrenloses Zweckvermögen und in den Sammlern dessen Verwalter sehen.

Auch Hölder sieht in dem Sammelvermögen herrenloses Gut, nach ihm liegt ein interimistisches Amtsvermögen ohne juristische Person vor, die Sammler sind Träger eines öffentlichrechtlichen Amtes.

Nach dieser kurzen Skizze der bisher aufgestellten Theorien halte ich mich für verpflichtet, meine eigene Stellung zu der Konstruktionsfrage nicht zu verschweigen.

Meines Erachtens verdient die Theorie des fiduziarischen Eigentums der Sammler den Vorzug.

Die Theorie des interimistischen Amtseigentums scheitert an der Klippe, die Hölder auch nicht übersieht, daß es den Privaten nicht ohne einen ermächtigenden Rechtssatz gestattet sein kann, öffentlichrechtliche Macht zu verleihen. Hölder glaubt zwar, eine solche Ermächtigung aus § 1914 ableiten zu können. Meines Erachtens mit Unrecht. Daraus, daß die Stellung des vom Staate berufenen Pflegers als amtliche aufzufassen ist, folgt nicht, daß auch der Sammler, an dessen Stelle er tritt, ein Amt im öffentlichrechtlichen Sinne hatte.

Die Annahme eines herrenlosen Vermögens enthält zwar keine juristische Unmöglichkeit, wie manche meinen, aber sie hat doch immer etwas Mißliches, man sollte daher nur dann dazu greifen, wenn jeder andere Ausweg versperrt ist.

Ob außer den im BGB. als solchen erwähnten juristischen Personen noch andere anerkannt werden müssen, möchte ich dahingestellt sein lassen. Auf jeden Fall aber muß meines Erachtens bestritten werden, daß die Privaten die Macht haben sollten, durch privates Rechtsgeschäft eine juristische Person ins Leben zu rufen, ohne die Kautelen zu beobachten, die das BGB. dafür aufgestellt hat.

Sie erinnern sich ja, meine Herren, daß von der gemeinrechtlichen Theorie vielfach die Ansicht der freien Körperschaftsbildung aufgestellt wurde, daß aber bei der Schaffung des BGB. darauf gehalten worden ist, daß Vereine nur unter ganz bestimmten Voraussetzungen die Rechtsfähigkeit erlangen könnten, daß Stiftungen nur mit staatlicher Genehmigung rechtsfähig werden könnten. Ich glaube, dieser Stellungnahme des Gesetzbuches würde es nicht entsprechen, wenn jetzt der einzelne Privatmann oder mehrere Privatleute in der Lage wären, nun doch ohne Mitwirkung des Staates, ohne Beobachtung von Kautelen juristische Personen ins Leben zu rufen.

Fischbachs Theorie scheitert meines Erachtens an dem numerus clausus der Sachenrechte.

Die Theorie der Spendervereinigung trifft gewiß für private Sammlungen vielfach das Richtige. Bei öffentlichen Sammlungen aber dürfte den Spendern die Absicht fehlen, einer organisierten Vereinigung beizutreten. Außerdem wird bei diesen Sammlungen die Annahme einer Spendervereinigung praktisch bedeutungslos, da sie doch wohl niemals in Aktion treten dürfte.

Soweit nicht eine Spendervereinigung im einzelnen Falle vorliegt, ist fiduziarisches Eigentum der Sammler anzunehmen. Die Sammler erhalten dadurch freilich eine Macht, die weit über den Zweck des Sammelunternehmens hinausgeht, aber die Spender müssen diesen Überschuß an Rechtsmacht auf seiten der Sammler in Kauf nehmen, weil der Zweck der Sammlung nur auf diesem Wege mit privatrechtlichen Mitteln erreicht werden kann.

Man hat dieser Theorie vorgeworfen, daß § 1914 nach ihr entbehrlich sei, weil bei Wegfall der Sammler das fiduziarische Eigentum auf ihre Erben übergehen müßte. Mit Unrecht! Meines Erachtens werden zwar die Erben ebenfalls fiduziarische Eigentümer des Sammelvermögens, aber sie dürfen im Gegensatze zum Erblasser über dieses Sammelvermögen nicht für die Zwecke der Sammlung verfügen. Denn ihnen ist das Vertrauen nicht geschenkt. Das Eigentum in ihrer Hand ist wirtschaftlich tot. Sie haben das Vermögen an diejenigen Personen herauszugeben, die auf Grund von § 1914 zur Verwaltung des Sammelvermögens berufen werden.

Was sodann die praktischen Einwendungen gegen die Fiduziartheorie angeht, so hoffe ich, daß sie in den weiteren Ausführungen, die ich zu machen habe, ihre Widerlegung finden werden. Das eine kann ich dabei natürlich niemals verkennen, daß die fiduziarische Theorie nicht immer auf die bequemste Weise diejenigen Resultate ermöglicht, die vielleicht im Interesse einer glatten Abwicklung der Sammelunternehmungen zu wünschen wären. Aber das ist ja das Wesen jedes fiduziarischen Rechtsverhältnisses, daß der wirtschaftliche Zweck und das juristische Mittel nicht genau zueinander passen. Da heißt es eben, sich etwas nach der Decke zu strecken, und ich glaube, daß die Decke noch lang genug ist.

In dem Streite der fiduziarischen Theorien untereinander folge ich der romanistischen Auffassung, da sie in allen Fällen eine zweckmäßige Gestaltung des Verhältnisses ermöglicht oder wenigstens ermöglichen wird, während die deutschrechtliche Theorie meines Erachtens bisweilen zu ziemlich künstlichen Aushilfsmitteln greifen müßte.

Zu einer eingehenden Erörterung der Konstruktionsfrage dürfte hier kein Anlaß gegeben sein. Der Juristentag hat m. E. nicht über Konstruktionsfragen abzustimmen. Er ist kein Konzil, das juristische Dogmen festzulegen hätte. Seine Aufgabe ist vielmehr legislativ-politischer Natur. Wir haben uns darüber schlüssig zu werden, ob wir für Fragen von unmittelbarer praktischer Bedeutung aus praktischen Erwägungen heraus eine bestimmte gesetzliche Regelung vorschlagen sollen.

Dabei werden wir im Einklang mit der bisherigen Stellungnahme des Juristentages zur Novellengesetzgebung auf dem Gebiete des BGB. davon auszugehen haben, daß eine Änderung des Gesetzbuches nur dann zu empfehlen ist, wenn der vorhandene rechtliche Zustand so dringende Mißstände aufweist, daß ihre Beseitigung unbedingt geboten ist, und wenn eine Beseitigung auf anderem Wege nicht zu erwarten ist.

Diese Voraussetzung für ein Eingreifen der Gesetzgebung ist nach meiner Ansicht nicht gegeben. Die Erfahrung zeigt, daß Rechtsstreitigkeiten über das Sammelvermögen zu den allergrößten Seltenheiten gehören. Die Sammlungen haben sich also bei dem bisherigen gesetzlosen Zustande sehr wohl befunden und, wie wir alle wissen, eine ungeahnte Entwicklung erfahren. Unsere vielbeschäftigte Gesetzgebung hat schon aus diesem Grunde wichtigeres zu tun, als sich mit dem Sammelvermögen zu befassen.

Dazu kommt aber noch folgendes hinzu. So lebhaft der Streit der Theorien entbrannt ist, so läßt sich doch in wichtigen Fragen das legislativ wünschenswerte Ergebnis fast von jedem theoretischen Standpunkte aus begründen. In anderen Fragen führen zwar die Theorien zu verschiedenen Ergebnissen, aber die Differenzen lassen sich praktisch auf ein geringes Maß beschränken; in anderen Fragen wieder bleiben bestimmte Theorien hinter dem zurück, was vielleicht wünschenswert wäre, aber dann handelt es sich um Fragen von allgemeinerer Tragweite, deren Regelung nur für das Sammelvermögen bedenklich wäre. Freilich gibt es auch einzelne Fragen von großer praktischer Tragweite, in denen nur vom Standpunkte einer bestimmten Theorie aus ein erträgliches Ergebnis zu gewinnen ist. Hier muß und darf man m. E. darauf vertrauen, daß die Praxis gegebenenfalls den richtigen Weg einschlagen wird.

Meine Herren! Die wichtigste Frage dürfte die sein, ob das bisherige Recht die erforderliche Sicherheit dafür bietet, daß das Sammelvermögen seinem Zwecke nicht entfremdet wird. Ich stehe nicht an, diese Frage zu bejahen, und zwar führen hier alle Theorien, wenigstens in den meisten Punkten, zu einem befriedigenden Ergebnis.

Das Sammelvermögen muß zunächst dem Zugriffe der Privatgläubiger der Spender wie der Sammler entzogen sein, und zwar in gleicher Weise dem Zugriffe im Wege der Einzelzwangsvollstreckung, wie durch das Konkursverfahren.

Diese Forderung wird ohne weiteres befriedigt durch die Annahme einer juristischen Person, nicht minder durch die Theorie Hölders vom interimistischen Amtsvermögen.

Aber auch die Theorien, welche das Eigentum den Spendern zuschreiben, gewähren hinreichenden Schutz. Bilden die Spender eine Gemeinschaft zur gesamten Hand, so ist ihr Anteil an den einzelnen Bestandteilen des Sammelvermögens nach § 859 der ZPO. der Pfändung nicht unterworfen. Damit ist er nach § 1 der KO. auch von der Konkursmasse ausgeschlossen. Aber auch der Anteil an dem Sammelvermögen als solchem dient nicht zur Befriedigung der Gläubiger des einzelnen Spenders. Denn man müßte den Vertrag zwischen den Spendern dahin auslegen, daß der Spender, dessen Anteil gepfändet würde oder der in Konkurs verfiele, aus der Vereinigung ausscheidet, und weiter, daß jeder Spender von vornherein für den Fall seines Ausscheidens aus der Vereinigung auf sein Auseinandersetzungsguthaben verzichtet. Dieser Verzicht wäre auch den Gläubigern gegenüber wirksam.

Würde man der Theorie Fischbachs zu folgen haben, so würde das dingliche Verwaltungs- und Verfügungsrecht der Sammler die Zwangsvollstreckung durch Privatgläubiger der Spender hindern und nicht minder die Einbeziehung der betreffenden Gegenstände in die Konkursmasse der Spender. Eine Verwertung des Verwaltungs- und Verfügungsrechtes der Sammler durch ihre Gläubiger würde aber auch durch den eigentümlichen Charakter dieses Rechtes ausgeschlossen sein, wie ja auch das Recht des Mannes am eingebrachten Gut und das Recht des Vaters am unfreien Kindesvermögen der Pfändung nicht unterliegt.

Das fiduziarische Eigentum der Sammler kann natürlich von den Gläubigern der Spender nicht gepfändet werden. Aber auch die Gläubiger der Sammler sind davon ausgeschlossen. Dies ist zweifellos in dem Regelfalle, daß eine Mehrheit von Sammlern vorhanden ist. Da sie sich vertragsmäßig zur Förderung des Sammelzweckes verbunden haben, so bilden sie entweder einen nicht rechtsfähigen Verein oder eine Gesellschaft. In beiden Fällen steht ihnen das Sammelvermögen zur gesamten Hand zu, und damit ist es dem Zugriff der Privatgläubiger entzogen, wie ich bereits dargelegt habe. Aber auch, wenn nur ein Sammler vorhanden ist, ist das Sammelvermögen dem Zugriffe seiner Gläubiger entzogen.

Für die deutschrechtliche Treuhänder-Theorie folgt dies aus der Resolutivbedingung, unter der das Eigentum der Sammler steht. Dafür ergeben sich freilich nach anderen Richtungen Schwierigkeiten. Die Hauptschwierigkeit besteht darin, daß das Eigentum an der Spende infolge des

Eintritts der Resolutivbedingung an die Spender zurückkommen muß, und daß damit die Gabe dem Sammelzweck dauernd entfremdet wird. Dem könnte man allerdings wohl auf eine doppelte Weise begegnen, entweder durch die Annahme einer Verpflichtung der Spender zur Rückübertragung nach Beseitigung der Gefahr oder dadurch, daß man den Inhalt der Bedingung in der Weise bestimmt, daß das Eigentum erst heimfällt, wenn der Gläubiger und der Konkursverwalter die Sache in Anspruch nimmt und dabei trotz Widerspruchs der Sammler oder des Spenders verbleibt.

Das Künstliche solcher Annahmen ist natürlich nicht zu verkennen. Die romanistische Treuhändertheorie ist hier meines Erachtens in einer besseren Lage. Denn nach der in der Theorie herrschenden, vom Reichsgericht angenommenen, durch die Materialien der Konkursordnung unterstützten Ansicht hat der Fiduziant ein Aussonderungsrecht im Konkurse des Fiduziars und dementsprechend ein Widerspruchsrecht bei der Pfändung gegen den Fiduziar. Freilich ist dies nicht unbestritten, wenn auch die Gegner zum großen Teile zugeben, daß diese Bewehrung des Rechtes des Fiduzianten de lege ferenda vorzuziehen sei. Bei dieser Sachlage wäre es meines Erachtens allerdings erwünscht, wenn das Aussonderungsrecht des Fiduzianten durch allgemeingesetzliche Bestimmungen anerkannt würde. Eine Sondervorschrift nur für das Sammelvermögen scheint hier nicht am Platze. Der Einzelsammler ist, wie wir sahen, eine verhältnismäßig seltene Erscheinung. Nach dem heutigen Stande der Literatur und höchstrichterlichen Judikatur darf man annehmen, daß das Zugriffsrecht seiner Gläubiger in der Praxis allgemein verneint werden wird. Eine Sondervorschrift für das Sammelvermögen dürfte daher entbehrlich sein, ja, sie könnte sogar schaden, denn sie könnte leicht als argumentum e contrario verwendet werden und dadurch die angemessene Behandlung anderer Fälle der Fiduzia erschweren.

Die Charybdis des Zugriffs der Gläubiger der Sammler auf das Sammelvermögen wird also auch durch die Theorie des fiduziarischen Eigentums der Sammler im romanistischen Sinne vermieden. Aber fallen wir nicht nur hier in Scyllam, wird nicht das Sammelvermögen infolge des Konkurses der Sammler oder infolge der Spezialzwangsvollstreckung durch einen Privatgläubiger der Sammler dem Sammelzwecke dadurch entzogen, daß das Sammelvermögen den Spendern wieder anheimfällt? Seckel scheint diese Konsequenz für unabweisbar zu halten und glaubt offenbar durch diese Erwägung der Theorie vom fiduziarischen Eigentum der Sammler einen tödlichen Streich zu versetzen.

Wie mir scheinen will, mit Unrecht. Die Geltendmachung der fiduziarischen Klausel gegenüber den Gläubigern des Sammlers hat nur eine negative Bedeutung: die Gläubiger können das Sammelvermögen nicht in Anspruch nehmen, es steht ihnen ein die Zwangsvollstreckung hinderndes Recht entgegen. Daraus folgt aber keineswegs, daß die Rechte des Sammlers am Sammelvermögen erlöschen. Das Sammelvermögen gehört nach wie vor den Sammlern und bleibt seinem Zwecke gewidmet. Die Rechtslage ist ähnlich wie im § 392 Abs. 2 des Handelsgesetzbuches. Wie hier der Kommittent ein Aussonderungsrecht hinsichtlich bestimmter Forderungen des Kommissionärs hat, ohne ipso iure infolge des Konkurses des Kommittenten Gläubiger zu werden, so besteht auch hier ein Aussonderungsrecht, ohne daß die Sache dem Fiduzianten heimfällt.

Als Ergebnis der bisherigen Erörterungen glaube ich feststellen zu dürfen: gegenüber den Gläubigern der Sammler und Spender ist das Vermögen hinlänglich gesichert, welcher Theorie man auch folgt. Ein gesetzliches Einschreiten ist infolgedessen hier nicht geboten.

Das Sammelvermögen muß aber auch gegen die Untreue der Sammler und den Zugriff der Spender geschützt sein. Dieser Schutz muß vor allem Sache des Strafrechtes sein. Der Eingriff der Spender in das Sammelvermögen würde nach allen Theorien als Diebstahl strafbar sein, die das Eigentum an den zum Sammelvermögen gehörigen Sachen nicht den Spendern zuschreiben. Aber auch wenn es den Spendern zur gesamten Hand zusteht, würde Diebstahl vorliegen. Und selbst nach der Theorie, die den Spendern als unverbundenen Einzelnen das Eigentum zuschreibt, würden die Spender, die in das Sammelvermögen eingreifen, sich in der Mehrzahl der Fälle des Diebstahls schuldig machen, da die Spenden in der Regel in Geld bestehen und an dem gespendeten Gelde durch Vermischung Miteigentum entstehen würde. Würde aber die Spende noch individuell erkennbar sein, so würde wenigstens eine Bestrafung nach § 289 des Strafgesetzbuches in Betracht kommen.

Praktisch ungleich größer ist die Gefahr einer Veruntreuung des Sammelvermögens durch die Sammler. Hier führen ohne Zweifel alle die Theorien zu einem befriedigenden Ergebnis, die das Eigentum am Sammelvermögen nicht den Sammlern zuschreiben. Aber auch die Theorie der deutschrechtlichen Treuhand, die den Sammlern das Eigentum im Moment der Untreue entzieht, ermöglicht die Bestrafung der Sammler. Nicht minder die Theorie der römischrechtlichen Fiduzia in dem Regelfalle, daß eine Mehrheit von Sammlern vorhanden ist und nur einer oder einige veruntreuen. Dagegen muß unumwunden eingestanden werden, daß diese Theorie keinen strafrechtlichen Schutz gewähren kann, wenn das ganze Komitee im wechselseitigen Einverständnis veruntreut, was ja leider vorkommen kann, oder wenn der Einzelsammler Untreue begeht. Es muß aber auf der anderen Seite scharf betont werden, daß die hier sich ergebende Lücke nicht der Theorie vom fiduziarischen Eigentum der Sammler zur Last fällt, sondern dem ungenügenden Zustande unseres jetzigen Strafrechts, das durch seinen § 266 die Untreue des Fiduziars straflos läßt. Und das Strafrecht ist auf dem besten Wege, diese Lücke zu beseitigen. Der Tatbestand der Untreue ist im Vorentwurfe des neuen Reichsstrafgesetzbuches so allgemein gefaßt, daß er die Untreue des Fiduziars mit umfaßt. § 277 lautet:

„Wer absichtlich das Vermögen eines anderen dadurch beschädigt, daß er die ihm durch Gesetz oder Rechtsgeschäft eingeräumte Befugnis, über dieses Vermögen zu verfügen, mißbraucht, wird mit Gefängnis oder Haft oder mit Geldstrafe bis zu 10 000 M. bestraft."

Die Begründung spricht es ausdrücklich aus, daß durch den § 277 gerade auch die Untreue des Fiduziars getroffen werden soll. An der Annahme dieser oder einer inhaltsgleichen Vorschrift ist nicht zu zweifeln, sie entspricht einem dringenden legislativen Bedürfnis, den Forderungen der Kriminalisten und steht im Einklang mit den neuen strafrechtlichen Entwürfen des Auslands. Wird diese Bestimmung aber Gesetz, so ist damit auch nach der Theorie des fiduziarischen Eigentums der Sammler in allen Fällen ihrer Untreue ein strafrechtlicher Schutz gegeben. Die Verschiedenheit der Theorien würde freilich auch strafrechtlich von Bedeutung bleiben. Die einen hätten den Sammler wegen Unterschlagung, die anderen wegen Untreue zu bestrafen. Irgendein Nachteil dürfte sich aus dieser Unsicherheit der Konstruktion nicht ergeben. Das Sammelvermögen ist hinlänglich geschützt, wenn der ungetreue Sammler überhaupt bestraft wird, aus welchem rechtlichen Gesichtspunkte, kann uns vom praktischen Standpunkte aus gleichgültig sein.

Es fragt sich nun weiter, inwieweit das Zivilrecht das Sammelvermögen gegen Verfügungen der Sammler schützt, die dem Sammelzwecke widerstreiten.

Die stärkste Wirkung, die das Zivilrecht gewähren könnte, wäre die, daß Verfügungen der Sammler, die dem Sammelzwecke widerstreiten, für unwirksam erklärt würden. Zu diesem Ergebnis führt die Theorie der deutschrechtlichen Treuhand durch die Annahme der auflösenden Bedingung.

Im Gegensatze hierzu muß die romanistische Theorie des fiduziarischen

Eigentums der Sammler die zweckwidrigen Verfügungen der Sammler für gültig erklären. Denn das Wesen des fiduziarischen Rechtsgeschäfts besteht ja gerade darin, daß es dem Fiduziar eine über den erstrebten wirtschaftlichen Zweck hinausgehende Verfügungsgewalt gewährt.

Zu demselben Ergebnis müssen m. E. auch die Theorien vom dinglichen Verwaltungsrecht der Sammler, vom interimistischen Amtsvermögen und von der juristischen Persönlichkeit des Sammelvermögens führen. Fischbach will freilich den Sammlern nur ein durch den Zweck begrenztes Verfügungsrecht einräumen. M. E. aber steht diese Ansicht im Widerspruch zu der Regelung der Fälle, in denen das BGB. wirklich ein Recht zur Verfügung über fremdes Vermögen im eigenen Namen gewährt. Soweit der Ehemann überhaupt über Frauengut verfügen kann, kann er unbeschränkt verfügen, und ebenso ist das Verfügungsrecht des Testamentsvollstreckers grundsätzlich unbeschränkt. Nur für unentgeltliche Verfügungen besteht bekanntlich eine Ausnahme.

Von den Vertretern der juristischen Persönlichkeit des Sammelvermögens will Seckel ebenfalls den Sammlern nur eine durch den Sammelzweck begrenzte Verfügungsmacht zugestehen. Mir scheint der Theorie der juristischen Persönlichkeit nur eine unbeschränkte Verfügungsmacht der Sammler zu entsprechen, und dasselbe gilt für die Amtstheorie. Nach § 26 II des BGB., der auf alle juristischen Personen anwendbar ist, ist die Vertretungsmacht des Vorstandes an sich unbegrenzt. Sie kann freilich durch die Satzung mit Wirkung gegen Dritte beschränkt werden, Dazu ist aber m. E. ein unzweideutiger Ausdruck in der Satzung erforderlich, aus dem Zwecke des Vereins oder der sonstigen juristischen Person darf man eine solche Beschränkung der Vertretungsmacht nicht ableiten. Dies ergibt sich m. E. zur Evidenz aus dem § 64, der für eingetragene Vereine vorschreibt, daß Bestimmungen, die den Umfang der Vertretungsmacht des Vorstandes beschränken, im Vereinsregister einzutragen sind. Gegen die Beschränkung der Vertretungsmacht der Sammler sprechen weiter praktische Erwägungen. Überall, wo der Umfang der Vertretungsmacht beschränkt ist, muß der Dritte, der mit dem Vertreter kontrahiert, prüfen, ob der Vertreter sich auch an die ihm gezogenen Schranken gehalten hat. Das Ergebnis dieser Prüfung geht auf seine Gefahr. Der Dritte wird infolgedessen in Zweifelsfällen darauf bestehen, daß der Vertretene oder bei juristischen Personen ein anderes zuständiges Organ dem Geschäft zustimmt. Beim Sammelvermögen aber würde ein Organ fehlen, dessen Zustimmung eingeholt werden könnte. Daher müßte die Beschränkung der Vertretungsmacht der Sammler in vielen Fällen die Erreichung des Sammelzweckes geradezu gefährden.

Die Theorie von der Spendervereinigung würde an sich zwar eine Beschränkung der Vertretungsmacht der Sammler zulassen, aber aus den angedeuteten praktischen Erwägungen glaube ich, daß wir auch hier eine unbeschränkte Vertretungsmacht anzunehmen haben.

Wenn ich das zusammenfasse, so zeigt sich, daß in dieser Frage alle Theorien zu einer unbeschränkten Vertretungsmacht der Sammler führen, nur die deutschrechtliche Treuhandtheorie führt zu einer Beschränkung der Vertretungsmacht. Da würde es sich nun fragen, ob wir diese Frage durch Gesetz zu erledigen hätten. Ich glaube nicht; dazu ist sie nicht wichtig genug, und namentlich kommt folgendes in Betracht. Wer der deutschrechtlichen Treuhandtheorie zuneigt, muß auch den § 161 Abs. 3 des BGB. in Anwendung bringen, wonach Verfügungen, die der Vertretungsberechtigte getroffen hat, gutgläubigen Dritten gegenüber wirksam sind. Es würde also hier in den meisten Fällen das Resultateinzutreten haben, daß die Verfügungen der Sammler praktisch wirksam sind. Im allgemeinen wird daher das Zivilrecht das Sammelvermögen gegen zweckwidrige Verfügungen der Sammler nur durch die obligatorische Verpflichtung der Sammler zum Schadensersatze schützen können. Eine solche Verpflichtung läßt sich natürlich nach allen Theorien über das Sammelvermögen begründen. Wem der Anspruch zusteht, und wie er zu begründen ist, mag hier zunächst unerörtert bleiben, im allgemeinen wird dieser obligatorische Schutz genügen.

Es bliebe nun noch die Frage zu erörtern, ob das Sammelvermögen durch ein Zusammenwirken der Spender und der Sammler seinem Zwecke entzogen werden kann, d. h. ob die Sammler und Spender die Sammlung rückgängig machen können. Diese Frage ist zu verneinen von der Theorie der juristischen Person und von der Amtstheorie; von den Theorien, die das Eigentum den Sammlern oder den Spendern zuschreiben, ist sie zu bejahen. Von einer näheren Erörterung dieser Frage glaube ich hier aber absehen zu können, denn, meine Herren, wenn eine Änderung des Zweckes der Sammlung erfolgen soll, so wird dazu immer eine Einstimmigkeit unter den Sammlern und Spendern nötig sein, und, daß diese Einstimmigkeit der Sammlung und Spender bei öffentlichen Sammlungen jemals zu erreichen sein sollte, das halte ich für ausgeschlossen. Praktisch kommen also auch hier alle Theorien darauf hinaus, daß das einmal gegründete Sammelvermögen seinem Zwecke dauernd erhalten bleibt. Ein Eingreifen von seiten der Gesetzgebung ist infolgedessen nicht nötig.

Ich wende mich nun der zweiten praktisch außerordentlich wichtigen Frage zu, nämlich der Frage der Haftung für die im Verfolg des Sammelzweckes entstandenen Verbindlichkeiten. Natürlich führen die verschiedenen Theorien auch hier zu einer verschiedenen Antwort auf die Frage, wer Schuldner dieser Verbindlichkeiten ist. Aber darin stimmen alle Theorien überein, daß den Sammelgläubigern das Sammelvermögen haftet, wen man auch als Eigentümer ansieht. Insofern hat also der Streit der Theorien wieder keine praktische Bedeutung. Dagegen ist die Konstruktion des Sammelvermögens wichtig für die Frage, ob den Sammelgläubigern n u r das Sammelvermögen haftet, oder ob ihnen die Sammler auch mit ihrem Privatvermögen aufzukommen haben.

Eine Haftung der Spender mit ihrem Privatvermögen könnte nur nach der Theorie begründet werden, die das Eigentum am Sammelvermögen einer Spendervereinigung zuschreibt. Aber auch wenn man dieser Theorie folgen wollte, würde man doch in aller Regel zur Verneinung der persönlichen Haftung der Spender gelangen müssen. Es kann gar keinem Zweifel unterliegen, daß die Spender keine weiteren Opfer für das Sammelunternehmen bringen wollen als die Spende, die sie gestiftet haben. Deshalb würde die Annahme berechtigt sein, daß sie die Sammler nur bevollmächtigt hätten, sie unter Beschränkung der Haftung auf ihren Anteil am Sammelvermögen zu verpflichten.

Was die persönliche Haftung der Sammler anlangt, so könnte man vielleicht meinen, diese Frage sei durch § 1914 BGB. erledigt. Nach diesem Paragraphen wird ein Pfleger bestellt. Daß dieser Pfleger für die Sammelschulden nur beschränkt haftet, kann natürlich einem Zweifel nicht unterliegen. Nun liegt es vielleicht nahe, hieraus den Schluß zu ziehen: Wenn der Pfleger nur beschränkt haftet, haften auch die Sammler nur beschränkt. Ich würde diesen Schluß für übereilt halten, und zwar aus folgendem Grunde. Der Pfleger kann zur Übernahme seines Amtes gezwungen werden, und es würde die Bürgerpflicht allerdings gar zu weit getrieben sein, wenn er nun auch noch persönlich in Anspruch genommen werden sollte für die Schulden, die im Laufe des Sammelunternehmens kontrahiert werden. Ganz anders liegt die Sache dagegen bei den Sammlern. Sie haben sich freiwillig zu diesem Amt erboten, und wenn also eine Theorie zu dem Ergebnis führt, daß die Sammler persönlich mit ihrem eigenen Vermögen haften, so kann man hier von allzu großer Unbilligkeit nicht reden.

Es kommt also auf die theoretische Grundanschauung an. Wer das Sammelvermögen für eine juristische Person erklärt, muß die persönliche Haftung der Sammler verneinen, wer der Theorie der Spendervereinigung oder einer Fiduziartheorie folgt, muß sie prinzipiell bejahen. Auch Hölder bejaht sie, während Fischbach sie wieder verneint. Ob der Standpunkt der beiden letzterwähnten Theorien folgerichtig ist, mag hier dahingestellt bleiben.

Die ganze Frage der Haftung darf nun aber auch nicht überschätzt werden. Wir müssen uns namentlich eines klar machen. Es handelt sich nicht um einen zwingenden, sondern um einen dispositiven Rechtssatz. Haben wir die beschränkte Haftung der Sammler für die Sammelschuld, dann steht nichts im Wege, daß die Sammler auch noch eine Garantie übernehmen für die Erfüllung der Verbindlichkeiten. Und haben wir andererseits die unbeschränkte Haftung der Sammler, dann steht nach der in Theorie und Praxis herrschenden Ansicht nichts im Wege, daß durch Abmachung mit den Gläubigern die Haftung vertragsmäßig auf das Sammelvermögen beschränkt wird. Es handelt sich demnach nur darum, ob beschränkte oder unbeschränkte Haftung anzunehmen ist, wenn mit dem Gegner keine Abmachungen über die Haftung getroffen sind.

Die beiden Herren Gutachter sind der Meinung, daß sich in dieser Frage eine Verkehrsanschauung zugunsten der beschränkten Haftung gebildet habe. M. E. kann man das nicht sagen. Die Parteien machen sich über diese Frage keine Gedanken. Würde man sie aber fragen, so würde der Lieferant sagen: ich will auf jeden Fall mein Geld, und der Spender: ich will natürlich nicht mit meinem Privatvermögen in Anspruch genommen werden.

De lege lata kann daher in dieser Frage keine Einigkeit erzielt werden.

Praktische Mißstände sind bislang in Deutschland aus dieser Uneinigkeit nicht erwachsen. Meistens wird es mindestens als eine Anstandspflicht empfunden werden, das Geld anderweit zu beschaffen, wenn das Sammelvermögen nicht ausreicht.

De lege ferenda können m. E. für beide Ansichten erhebliche Gründe geltend gemacht werden. Der Grundsatz der unbeschränkten Haftung der Sammler für die Sammelschulden würde m. E. den außerordentlich großen Vorteil bieten, daß er dazu führte, beim Sammelvermögen mit der nötigen Solidität vorzugehen. Will man ein Denkmal für einen verdienten Mann errichten, so soll man erst den Sammelfonds zusammenbringen, ehe man den Künstler veranlaßt, mit der Arbeit zu beginnen. Auf der andern Seite verkenne ich nicht, daß der unbeschränkten Haftung auch große Bedenken entgegenstehen können. Es wird in dem Gutachten des Herrn Dr. Bartsch geltend gemacht, daß die Bereitwilligkeit, einem Sammelkomitee beizutreten, außerordentlich geringer werden würde, wenn sich die Sammler sagen müßten: eventuell hast du für die Schulden des Sammelunternehmens aufzukommen. Dies Argument fällt für das deutsche Recht um so mehr ins Gewicht, als jedes einzelne Mitglied des Komitees auf das Ganze zu haften hätte.

Wenn man sich aber de lege ferenda für die beschränkte Haftung entscheiden wollte, so müßte als Korrelat hinzukommen, daß den Lieferanten ein unmittelbares Zugriffsrecht gegen die Verwalter des Sammelvermögens gegeben würde, wenn sie unsorgfältig gewirtschaftet und dadurch Anlaß gegeben haben, daß das Sammelvermögen nicht ausreicht, um die Lieferanten zu befriedigen.

Weil sich aber de lege ferenda für die unbeschränkte und die beschränkte Haftung Gründe anführen lassen, glaube ich, daß die Gesetzgebung guttut, einstweilen zu schweigen. Vielleicht wird einmal ein einzelner Fall die Aufmerksamkeit weiterer Kreise auf diese Frage lenken. Der Prozeß der Radboder Witwen wird ja vielleicht Anlaß geben, daß die Komitees sich in Zukunft sorgfältig aussprechen, ob den Bedachten ein klagbarer Anspruch erwachsen soll oder nicht. Ebenso möchte ein einzelner Fall Anlaß dazu geben, daß in Zukunft die Komitees bei den Verträgen, die sie schließen, eine Klausel aufnehmen, es haftet nur das Sammelvermögen. Dadurch könnte sich dann die bisher fehlende Verkehrssitte bilden. Einstweilen aber glaube ich, wie bemerkt, daß ein Anlaß zu gesetzlichem Eingreifen nicht vorliegt.

Das Sammelvermögen ist nach allen Theorien ein Vermögen, das rechtlich von dem Privatvermögen der Sammler und der Spender scharf geschieden ist. Es fragt sich nun weiter, ob dieses selbständige Vermögen aktive und passive Parteifähigkeit, Konkursfähigkeit und Grundbuchfähigkeit besitzt.

Die Frage nach der aktiven Parteifähigkeit des Sammelvermögens ist natürlich von denen zu bejahen, die das Sammelvermögen als juristische Person ansehen, und wohl auch von der Theorie des interimistischen Amtsvermögens. Wenn man den Sammlern oder den Spendern das Eigentum an dem Sammelvermögen zuschreibt, muß man die aktive Parteifähigkeit des Sammelvermögens meines Erachtens de lege lata verneinen, nach diesen Theorien müssen vielmehr die Spender oder die Sammler als Kläger auftreten. Das geltende Recht gewährt freilich der offenen Handelsgesellschaft das Recht, unter ihrer Firma zu klagen, und es wäre natürlich auch bei anderen Sondervermögen durchaus denkbar, wobei die Frage der Konstruktion dieses Verhältnisses hier auf sich beruhen muß. In der Tat schreibt bekanntlich Hellwig allen Sondervermögen aktive Parteifähigkeit zu. Ich glaube aber nicht, daß seine Ansicht de lege lata zutrifft, insbesondere glaube ich mit der weitaus herrschenden Meinung, die aktive Parteifähigkeit der nicht rechtsfähigen Vereine leugnen zu müssen.

De lege ferenda spricht freilich viel für die Ausdehnung der aktiven Parteifähigkeit auf alle Sondervermögen, und ich stimme mit den Herren Gutachtern insbesondere darin überein, daß es erwünscht wäre, wenn bei öffentlichen Sammlungen das Komitee als solches unter dem von ihm für seinen Geschäftsverkehr gewählten Namen klagen könnte. Aber es liegt meines Erachtens kein Anlaß für den Gesetzgeber vor, diese Frage der aktiven Parteifähigkeit des Sondervermögens nicht allgemein zu bejahen, sondern durch Spezialgesetz nur für das Sammelvermögen. Solange der nicht rechtsfähige Verein die aktive Parteifähigkeit entbehren muß, liegt wahrlich kein Grund vor, sie dem Sammelkomitee oder dem Sammelvermögen zu gewähren. Und die Mißstände, die sich aus der fehlenden aktiven Parteifähigkeit ergeben, sind auch nicht allzu groß. Wie die nicht rechtsfähigen Vereine sich bisher ohne aktive Parteifähigkeit kräftig entwickeln konnten, so wird auch dem Gedeihen des Sammelvermögens durch das Fehlen der aktiven Parteifähigkeit kein Abbruch getan. Insbesondere bietet die Möglichkeit, den einzuklagenden Anspruch einem oder einzelnen Sammlern zu treuen Händen abzutreten, auch bei großen Komitees eine bequeme Handhabe, um den Anspruch gerichtlich zu verfolgen.

Die Frage der Grundbuchfähigkeit des Sammelvermögens, die sich übrigens wohl nicht allzu oft erheben dürfte, ist natürlich nach denselben Grundsätzen zu beurteilen wie die aktive Parteifähigkeit. Auch hier kommt man praktisch damit aus, daß die Grundstücke und Grundbuchsrechte, sei es auch nur vorsorglich, auf den Namen der Sammler oder einzelner Sammler gebucht werden. Gegen eine gesetzgeberische Anerkennung der Grundbuchfähigkeit des Sammelvermögens spricht für Deutschland zurzeit wieder ausschlaggebend die Behandlung der nicht rechtsfähigen Vereine. Wenn wir die nicht rechtsfähigen Vereine durch unsere Gesetzgebung von dem Grundbuche ausschließen, dann können wir die ephemeren Erscheinungen der Sammelunternehmungen um so leichter vom Grundbuche ausscheiden. Hier werden die Mißstände viel seltener und weniger schwer hervortreten als bei den nicht rechtsfähigen Vereinen. Auch hier hat die Gesetzgebung momentan keinen Anlaß, einzugreifen. Wollen die Sammler sicher gehen, so können sie den Antrag stellen, daß sie oder einzelne im Grundbuche eingetragen werden. Außerdem will ich bemerken, daß die Praxis geneigt zu sein scheint, die Eintragungsfähigkeit der Sammelvermögen zu bejahen.

Wer dem Sammelvermögen juristische Persönlichkeit zuschreibt, wird dem Sammelvermögen auch die passive Parteifähigkeit zuzuschreiben haben. Nicht minder führt die Annahme eines nicht rechtsfähigen Spendervereins zur Anerkennung der passiven Parteifähigkeit des Sammelvermögens, wenn ich mich dieser abgekürzten Ausdrucksweise bedienen darf. Die übrigen Theorien müssen meines Erachtens de lege lata die passive Parteifähigkeit des Sammelvermögens leugnen. Wer, wie ich, de lege ferenda die aktive Parteifähigkeit des Sammelvermögens für wünschenswert erklärt, wird natürlich dem Sammelvermögen auch die passive Parteifähigkeit wünschen. Aber hier handelt es sich auch um eine Frage von allgemeiner Bedeutung, die zunächst nicht gerade für das Sammelvermögen entschieden zu werden braucht. Und auch hier ergeben sich kaum besondere Unzuträglichkeiten, wenn die Anerkennung der passiven Parteifähigkeit unterbleibt. In der Regel werden die Sammler nicht zu zahlreich sein. Bei großen Komitees wird wohl immer ein geschäftsführender Ausschuß vorhanden sein, dessen Mitglieder dann allein als die eigentlichen Sammler zu betrachten sein würden, so daß es genügt, wenn gegen sie die Klage gerichtet wird. Außerdem hat der Gläubiger es in der Hand, sich durch sorgfältigen Abschluß der Verträge eine bequeme Klagemöglichkeit gegen einzelne Sammler zu sichern, und andere Klagen als Vertragsklagen werden ja bei einem Sammelvermögen so gut wie nie in Frage kommen.

Wer die passive Parteifähigkeit des Sammelvermögens leugnet, muß auch seine Konkursfähigkeit leugnen; wer jene bejaht, wird auch diese bejahen. Gewiß wäre auch hier eine gesetzliche Vorschrift bejahenden Inhalts an sich wünschenswert, namentlich für die Fälle, in denen den Gläubigern nur das Sammelvermögen haftet. Aber auch hier ist das gesetzgeberische Problem allgemeinerer Natur, und es empfiehlt sich meines Erachtens wiederum nicht, einen praktisch verhältnismäßig unwichtigen Fall durch eine Spezialnorm zu regeln. Übrigens möchte ich noch auf eins aufmerksam machen, daß nämlich die Zulassung eines Spezialkonkurses in allen Fällen der beschränkten Haftung schließlich dahin führen müßte, ein Konkursverfahren zuzulassen über einzelne Sachen, wenn nämlich die Haftung vertragsmäßig verschiedenen Gläubigern gegenüber auf dieses eine Vermögensobjekt zu beschränken ist. Ob sich das aber empfiehlt, ist jedenfalls zweifelhaft.

Es bedarf nur noch eines kurzen Eingehens auf die Rechte und Plichten der Sammler. Das Recht der Sammler, über das Sammelvermögen zu verfügen, ergibt sich unmittelbar aus § 1914 BGB.; das bedarf keiner weiteren Darlegung. Bei der Ausübung dieser Verwaltungsrechte sind die Sammler wohl an ihr Programm, wie es im Sammelaufrufe festgelegt ist, nicht aber an die Weisungen der Spender gebunden. Dies entspricht der tatsächlichen Übung und läßt sich nach allen Theorien begründen, wie ich wohl nicht näher auszuführen brauche.

Ebensowenig sind die Sammler einer fortlaufenden Kontrolle unterworfen. Die Sammler sind verpflichtet, das Sammelvermögen ordnungsmäßig zu verwalten und zweckentsprechend zu verwenden. Dafür, daß der Zweck der Sammlung wirklich erreicht wird, sind sie natürlich nicht verantwortlich. Bei ihrer Verwaltung haben die Sammler meines Erachtens für jedes Verschulden einzustehen, wie ja auch der Pfleger, der nach § 1914 BGB. an ihre Stelle tritt, für jedes Verschulden aufzukommen hat. Zur Haftung für omnis culpa führen von vornherein alle Konstruktionen des Sammelvermögens ohne weiteres, nur wenn die Sammler als geschäftsführende Gesellschafter oder als Vorstand eines nicht rechtsfähigen Vereins zu betrachten wären, würden sie an sich nach § 708 und 54 nur für die Sorgfalt einstehen, die sie in eigenen Angelegenheiten anzuwenden pflegen. Indessen handelt es sich bei § 708 ja nur um eine ergänzende Rechtsvorschrift. Aus den Umständen, namentlich aus der freien Stellung der Sammler und ihrem unbeschränkten Verwaltungsrecht darf man meines Erachtens als Willen der Parteien ableiten, daß die Sammler andererseits auch für jedes Verschulden aufkommen sollen. Haben die Sammler schuldhaft gehandelt, so haben sie Schadenersatz zu leisten, und zwar in das Sammelvermögen.

Die Sammler pflegen bei örtlichen Sammlungen, die sich über einen längeren Zeitraum erstrecken, von Zeit zu Zeit durch die Presse Mitteilungen über den Stand des Unternehmens zu machen. Von einem ordentlichen Sammler darf man das auch erwarten, und ich würde daher annehmen, daß eine Rechtspflicht zu solchen Mitteilungen besteht; sie ist mit allen Theorien vereinbar.

Die Sammler sind schließlich zur Rechnungslegung verpflichtet. Dabei wird der Unterschied von öffentlichen und nichtöffentlichen Sammlern von Bedeutung. Bei diesen wird die Rechnung in der gewöhnlichen

Weise zu legen sein, bei jenen kann nur die summarische Rechnungslegung durch die Presse in Frage kommen, so wie sie bei solchen Sammlern üblich ist. Auch der Anspruch auf Rechnungslegung braucht zurzeit nicht gesetzlich festgelegt werden.

Die Frage, wer berechtigt ist, die Verpflichtungen der Sammler geltend zu machen, stelle ich einstweilen zurück, um sie mit der ähnlichen Frage zu verbinden, wer den ungetreuen oder unfähigen Sammler absetzen kann.

Das Recht der Sammler zur Verwaltung und Verwendung des Sammelvermögens endigt nach allen Theorien mit dem Tode des Sammlers; die persönliche Vertrauensstellung, die der Sammler einnimmt, geht nicht auf seine Erben über. Sie endigt ferner durch den Verlust oder die Beschränkung der Geschäftsfähigkeit des Sammlers.

Zweifelhaft ist, ob der Sammler seine Stellung niederlegen darf. Die Frage dürfte von der Konstruktion des Sammelvermögens unabhängig sein, da die in Betracht kommenden Sätze doch nur dispositiven Charakter hätten. Meines Erachtens ist ein freies Kündigungsrecht der Sammler zu verneinen; nur beim Vorliegen eines wichtigen Grundes dürfen sie zurücktreten. Dieses Ergebnis wird Sie vielleicht zunächst befremden, aber für mich ist dabei ausschlaggebend die Bestimmung des § 1914. Jeder Deutsche hat die Rechtspflicht, nötigenfalls die Pflegschaft für ein Sammelvermögen zu übernehmen. Wenn der Sammler beliebig sein Amt niederlegen könnte, dann würde er dadurch andere in die unangenehme Situation bringen können, das Amt übernehmen zu müssen, das er nicht mehr verwalten mag. Das, glaube ich, geht nicht an, und ich würde daher annehmen, daß wir uns zunächst an denjenigen halten, der die Verwaltung freiwillig übernommen hat, und ich würde nur aus wichtigen Gründen den Rücktritt gestatten. Übrigens wird man es dabei mit dem Erfordernis des „wichtigen Grundes" um so ernster nehmen müssen, je kleiner die Zahl der Sammler ist, je näher deshalb die Möglichkeit rückt, daß § 1914 zur Anwendung kommt. Bei einem großen Komitee wird das Ausscheiden eines Sammlers nur geringe Schwierigkeiten bereiten. Daß hier für diese Frage eine Einzelgesetzgebung einzugreifen hätte, ist auch zu verneinen.

Wie die Sammler in der Art ihrer Geschäftsführung von den Weisungen der Spender unabhängig sind, so können sie auch von den Spendern nicht beliebig abgesetzt werden. Dieser Satz, der den tatsächlichen Verhältnissen entspricht, bedarf wiederum keiner gesetzlichen Festlegung, da er sich vom Standpunkte aller Theorien aus begründen läßt.

Wie aber, wenn die Sammler sich als untreu oder unfähig erweisen? Daß es in diesem Falle dringend erwünscht ist, sie absetzen zu können, liegt auf der Hand. Aber wie sollen sie beseitigt werden? Die Frage liegt im Grunde nicht anders als die, wer die Verpflichtungen der Sammler geltend machen kann. Nun daran kann wohl kein Zweifel sein, daß, wenn mehrere Sammler vorhanden sind, jeder von den übrigen die Erfüllung dieser Pflichten fordern kann, und daß der nach § 1914 ernannte Pfleger von den abgetretenen Sammlern Schadensersatz wegen Nichterfüllung ihrer Pflichten verlangen kann. Ebenso können meines Erachtens die übrigen Sammler einen ungetreuen Sammler aus ihrer Vereinigung, sei es eine Gesellschaft oder ein nichtrechtsfähiger Verein, ausschließen.

Wo aber die eben genannten Voraussetzungen nicht vorhanden sind, da ergeben sich Schwierigkeiten. Hölder und Seckel wollen der Verwaltungsbehörde das Recht einräumen, die Sammler zur Erfüllung ihrer Pflicht anzuhalten und den ungetreuen oder unfähigen Sammler abzusetzen, wie ja auch die Stiftungen der Kontrolle des Staates unterstellt sind. Meines Erachtens ist diese Ansicht de lege ferenda wie de lege lata nicht richtig. Das staatliche Aufsichtsrecht über die Stiftungen ist reichsrechtlich zugelassen durch § 85 BGB. Eine Ausdehnung von Vorbehalten zugunsten der Landesgesetzgebung im Wege der Analogie halte ich für unzulässig; wir haben meines Erachtens keinen Anlaß, die Verlustliste der deutschen Rechtseinheit auf diese Weise zu vergrößern. Außerdem scheint es mir bei der hier in Frage stehenden Analogie an der erforderlichen Gleichheit des Grundes zu fehlen. Die Zulässigkeit von landesgesetzlichen Vorschriften über die Stiftungsverfassung und damit des staatlichen Aufsichtsrechtes scheint mir im engsten Zusammenhange damit zu stehen, daß die Stiftung nur mit staatlicher Genehmigung ins Leben treten kann. Der gleiche Zusammenhang findet sich in Artikel 82. Dieser Artikel enthält einen Vorbehalt zugunsten der Landesgesetzgebung über die Verfassung derjenigen Vereine, deren Rechtsfähigkeit auf staatlicher Verleihung beruht. Bei dem Sammelvermögen fehlt ein solcher Zusammenhang und damit der Grund für das Eingreifen der Verwaltungsbehörde. Die gegnerische Ansicht ist ferner unvereinbar mit § 1914. Diese Vorschrift wäre gänzlich überflüssig, wenn die Verwaltungsbehörden berechtigt wären, in das Sammelvermögen einzugreifen, ja § 1914 könnte, wie Seckel nicht zu verkennen scheint, zu den schwersten Zuständigkeitsstreitigkeiten führen. Endlich spricht gegen die Gegner die Entstehungsgeschichte des § 1914. Diese Vorschrift begegnet uns zuerst in der revidierten Fassung des Entwurfes II zum Bürgerlichen Gesetzbuch. Hier wie in der Reichstagsvorlage hat sie aber noch den bedeutungsvollen Zusatz: „Oder wenn diesen Personen gegenüber ein wichtiger Grund für die Entziehung der Verwaltung und Verwendung vorliegt; ein solcher Grund ist insbesondere grobe Pflichtverletzung oder Unfähigkeit zur ordnungsmäßigen Geschäftsführung.“

Die Reichstagskommission hat diese Worte gestrichen und der Reichstag selbst ist ihr gefolgt. Der Grund war ausgesprochenermaßen die Befürchtung, daß diese Bestimmung mißbraucht werden könnte, um Sammlungen, die dem Staate nicht gefielen, zu bekämpfen. Der Reichstag, dessen Beschlüsse die verbündeten Regierungen beigetreten sind, wollte also das Eingreifen des Staates in die engsten Grenzen bannen, obwohl als zuständiges Organ das Vormundschaftsgericht in Betracht kam. Und da sollte es dem Bürgerlichen Gesetzbuche entsprechen, daß die Landesgesetze ein viel weitergehendes Eingreifen der Verwaltungsbehörden vorschreiben könnten?

Auch de lege ferenda muß ich Hölders und Seckels Meinung bekämpfen. Schon Joerges hat darauf hingewiesen, welche Entrüstung es im deutschen Volke hervorrief, als der Gedanke auftauchte, die Zeppelinspende unter Kontrolle zu stellen. Ich glaube, eine Kontrolle der öffentlichen Sammlungen selbst würde nicht minderem Widerstande begegnen. Seckel appelliert an den Takt und die Unparteilichkeit der Verwaltungsbehörden und fordert, daß der Staat sein Aufsichtsrecht nicht dazu mißbrauche, um die Durchführung solcher Sammlungen zu unterbinden, die weder gegen das Gesetz noch gegen die gute Sitte verstoßen. Nun gibt es aber Sammlungen, die den Verwaltungsbehörden im höchsten Maße unwillkommen sein müssen. Man nehme eine Sammlung zugunsten eines gemaßregelten Beamten. Ist nicht mit absoluter Sicherheit darauf zu rechnen, daß das Mißtrauen rege wird, wenn die Verwaltungsbehörden eingreifen? Sie mögen mit allem Takt und mit voller Unparteilichkeit verfahren, die Gegner werden es ihnen nicht glauben und aus dem Fall Kapital schlagen. Und umgekehrt bürdet Seckel den Verwaltungsbehörden eine Aufgabe auf, die ihnen in vielen Fällen höchst unerwünscht sein muß. Bekanntlich ist in diesem Jahre in Krakau am Tage der 500jährigen Wiederkehr der Schlacht vom Tannenberg ein Denkmal errichtet worden, das ein polnischer Künstler seinem Volke gestiftet hat. Nehmen wir nun einmal an, die Gelder wären durch öffentliche Sammlungen zusammengebracht und das preußisch-polnische Komitee hätte sich Pflichtwidrigkeiten zuschulden kommen lassen. Da sollten die Verwaltungsbehörden eingreifen und durch Bestellung anderer Verwalter die Bestrebungen fördern müssen, welche sie sonst auf Schritt und Tritt bekämpfen? Es würde das bei einfachen Leuten eine große Verwirrung der Begriffe erzeugen und die Autorität der Verwaltungsbehörden schmälern.

Aus allen diesen Gründen hat meines Erachtens ein Einschreiten der Verwaltung zu unterbleiben.

Wer der Theorie der Spendergemeinschaft folgt, wird die Gesamtheit der Spender nach § 712, 54 BGB. für berechtigt erklären, die Ansprüche gegen die Sammler geltend zu machen und sie beim Vorliegen eines wichtigen Grundes abzusetzen. Praktisch wird dies Recht bei großen öffentlichen Sammlungen nicht werden, weil es gar nicht möglich sein wird, alle Spender zu einer gemeinsamen Aktion zusammenzubringen.

Die Treuhändertheorien wie die Theorie Fischbachs müssen dahin führen, die Ansprüche gegen die Sammler jedem einzelnen Spender einzuräumen. Jedem Spender sind die Sammler zur ordnungsmäßigen Verwaltung verpflichtet. Jeder Spender kann verlangen, daß in den öffentlichen Blättern Auskunft über den Stand des Unternehmens gegeben und Rechenschaft gelegt wird. Meines Erachtens wird man auch jedem einzelnen Spender das Recht einräumen müssen, die Beseitigung des pflichtvergessenen Sammlers herbeizuführen. Natürlich kann er ihn nicht einfach absetzen.

De lege ferenda würde es sich vielleicht empfehlen, im Anschluß an das Handelsgesetzbuch § 140 einen Anspruch gegen das Gericht zu geben. De lege lata ist dieser Weg verschlossen. Aber folgender Weg ist gangbar. Jeder Spender kann verlangen, daß der Sammler sein Amt niederlegt, wenn er sich eine grobe Pflichtverletzung hat zuschulden kommen lassen. Dabei handelt es sich hier wie bei den übrigen Ansprüchen der einzelnen Spender gegen die Sammler um eine Anwendung des § 432 des BGB. Die auf Verlangen des einen erfolgende Leistung kommt allen zugute. Wenn also das Verlangen des einen erfüllt wird, sind alle befriedigt.

Diese Ansicht, daß der einzelne Spender auf Niederlegung des Amtes klagen kann, bietet sogar gegenüber der ursprünglichen Fassung des § 1914 noch einen Vorteil, der nicht ganz unbeachtlich sein wird. Die Frage, ob eine grobe Pflichtverletzung vorliegt, ist nämlich nicht durch das Vormundschaftsgericht im Wege der freiwilligen Gerichtsbarkeit zu entscheiden, sondern durch das Prozeßgericht im Wege der streitigen Gerichtsbarkeit mit der immerhin größeren Garantie, die dieses Verfahren bietet.

Das Recht jedes einzelnen Spenders, von den Sammlern die Erfüllung ihrer Verbindlichkeiten und nötigenfalls die Niederlegung ihres

Amtes zu verlangen, wird kaum mißbraucht werden. Im Gegenteil, nur sehr selten wird der einzelne Spender ein solches Interesse an dem Sammelunternehmen haben, daß er die Unannehmlichkeiten und Kosten der Geltendmachung seines Rechtes auf sich nimmt. Praktisch scheint also auch diese Ansicht darauf hinauszulaufen, daß niemand da ist, der die Ansprüche gegen die Sammler geltend macht. Indessen gibt sie die Möglichkeit, da bei öffentlichen Sammlungen nicht alle Spender bekannt sind, für die unbekannten Spender gemäß § 1913 BGB. einen Pfleger einzusetzen, der die Rechte der Spender gegen die Sammler geltend machen kann und nötigenfalls die Beseitigung der Sammler herbeiführt.

Zum Eingreifen des Gesetzgebers liegt auch hier kein Anlaß vor. Allerdings bin ich mir bewußt, daß sich das von mir für richtig gehaltene Ergebnis nicht von allen Theorien aus rechtfertigen läßt. Aber ich bin der Meinung, daß schließlich die Praxis sich für eine Ansicht entscheiden wird, die einerseits das Eingreifen der Verwaltungsbehörden vermeidet und andererseits doch die Möglichkeit gibt, im Wege des Zivilrechts und im Wege des Zivilprozesses gegen die ungetreuen Sammler vorzugehen.

Wenn ich aber meine Ausführungen nun noch einmal kurz zusammenfassen darf, so würde ich sagen: so wünschenswert vielleicht eine gesetzliche Regelung des Sammelvermögens sein würde, wenn wir vor einer Neuschöpfung unseres Bürgerlichen Gesetzbuches ständen, so wenig angebracht scheint mir eine Regelung dieser Materie im Wege der Novellengesetzgebung. In den allermeisten Fällen können wir schon jetzt zu einem praktischen Ergebnis kommen, und da, wo vielleicht das Ergebnis nicht so ist, wie wir es wünschen, können wir sagen: Tolerari potest; und ich glaube, damit kann sich das Rechtsleben begnügen. (Lebhafter Beifall und Händeklatschen.)

Mitberichterstatter Hof- und Gerichtsadvokat Dr. **Eduard Coumont** (Wien): Meine Herren! Nach den ausgezeichneten Ausführungen des Herrn Berichterstatters, die gerade derjenige, der sich mit diesem Thema zu beschäftigen Gelegenheit hatte, voll zu würdigen vermag, bitte ich, mir als einen Praktiker aus Österreich einige Bemerkungen zu gestatten, welche aber schon mit Rücksicht auf die vorgeschrittene Zeit natürlich nur außerordentlich kurz sein können.

Ich glaube, daß die Verhältnisse in Österreich anders liegen, als in Deutschland. Wir haben in Österreich das Hauptbedenken, welches von den deutschen Herren gegen eine novellistische Regelung dieses Gegenstandes geltend gemacht worden ist, nicht zu befürchten. Dieses Bedenken ist naturgemäß ein außerordentlich gerechtfertigtes. Wir haben ja auch in Österreich einen erheblichen Widerstand dem entgegengesetzt, daß man z. B. unsere Zivilprozeßordnung, diese Perle unserer Gesetzgebung, einer vorzeitigen Reform unterwirft: wir haben ferner dagegen mit Recht opponiert, daß man Teile unserer Steuergesetzgebung vorzeitig einer Revision unterzieht, bevor sich diese Gesetzgebung noch voll eingelebt hat. Aber in bezug auf diesen privatrechtlichen Gegenstand haben wir in Österreich vollkommen freie Hand. Eine Novelle zu unserem Bürgerlichen Gesetzbuche, welches ja im nächsten Jahre seine Zentenarfeier begehen wird, ist in parlamentarischer Behandlung, das Strafgesetzbuch liegt vor, die Reform des Konkursrechtes ist angebahnt; kurz, wir können überall dort, wo ein gesetzgeberisches Eingreifen zu einer entsprechenden Regelung des Problems notwendig erscheint, vorgehen, ohne befürchten zu müssen, daß wir hier vorzeitig einen nicht wohl überlegten Schritt unternehmen.

Wenn wir also für Österreich die Frage aufwerfen, ob die bestehende Gesetzgebung und Judikatur ausreicht, um auf diesem Gebiete zu einem befriedigenden Ergebnis zu gelangen, so erlaube ich mir — ich wiederhole es — als schlichter Praktiker und nur auf Grund der Erfahrungen, die ich in einer ziemlich reichhaltigen Praxis zu sammeln Gelegenheit gehabt habe, diese Frage absolut zu verneinen. Wir haben gerade vor kurzem, erst vor zwei Jahren Gelegenheit gehabt, außerordentlich umfassende Erfahrungen auf dem Gebiete des Komiteerechtes zu sammeln.

Es ist wohl nicht nur den Herren aus Österreich bekannt, daß im Jahre 1908 ein großer Kaiser-Jubiläums-Festzug in Wien abgehalten wurde, der, künstlerisch und ästhetisch durchaus gelungen, eine unvergeßliche Erinnerung für diejenigen bilden wird, die ihn gesehen haben. Das durch dieses Unternehmen herbeigeführte wirtschaftliche Debacle aber konnte nur durch die Anspannung der Opferwilligkeit der beteiligten Kreise vermieden werden; und in demselben Moment, in dem es sich darum gehandelt hat, die rechtlichen Verhältnisse der Beteiligten vor Gericht festzulegen, entstand eine große Verlegenheit. Von den beteiligten Rechtsanwälten, mich inbegriffen, haben sich die meisten nicht ausgekannt. Man war vor die Frage gestellt, wen soll man für die Verbindlichkeiten des Komitees belangen? — Das Komitee bestand aus mehreren Hundert Personen. Es bestand aus Geschäftsleuten und einzelnen Privatpersonen. Davon hatten einige Bestellungen gemacht und Bestellzettel unterschrieben, andere nicht. Es bestand eine Zusammenstellung von Lieferungsbedingnissen, welches einzelnen Gläubigern zugekommen war und anderen nicht.

In diesen gedruckten Lieferungsbedingnissen war u. a. der völlige Ausschluß der persönlichen Haftpflicht der einzelnen Komitee-Mitglieder stipuliert; aber daß ein jeder Lieferant, um den es sich handelt, die Lieferung unter den derart vorgesehenen Bedingungen bekommen und akzeptiert hatte, war in den einzelnen Fällen sehr schwer nachzuweisen. Allerdings hängt dies mit der in einem anderen Zusammenhange zu besprechenden Abneigung der österreichischen Praxis gegenüber schriftlichen Verträgen zusammen, und diese Abneigung ist wieder eine Konsequenz unserer leidigen gebührenrechtlichen Bestimmungen, welche für derartige Verträge einen sehr bedeutenden Stempelsatz erfordern.

Man war also im Zweifel, gegen wen man klagen sollte; man wußte nicht, ob das Festzugsunternehmen als juristische Persönlichkeit oder ob das Komitee und dann, welche Mitglieder des Komitees in Anspruch zu nehmen seien. Manche Personen, die zur Zeit der Bestellungen Komiteemitglieder waren, sind später ausgetreten, dagegen waren neue Mitglieder dazu gekommen, die zur Zeit der Bestellungen noch nicht im Komitee waren. Auch die Judikatur hat an diesem Rechtsfalle eine Unsicherheit aufgewiesen, welche zu höchst unbefriedigenden Ergebnissen geführt hat. Das allerunbefriedigendste Ergebnis dieser Lücke der Gesetzgebung und dieses Mangels der Einheitlichkeit in der Judikatur ist aber die erhebliche Beunruhigung gewesen, welche dieser Vorfall gerade in jenen Kreisen erweckt hat, auf welche man bei derartigen gemeinnützigen Unternehmungen angewiesen ist.

Es ist der Natur der Sache nach entsprechend, daß Veranstaltungen von eminent humanitärem Charakter zumeist dadurch zustande gebracht werden, daß sich eine Anzahl von gemeinnützig denkenden Persönlichkeiten vereinigt, welche mit ihren persönlichen Leistungen für die betreffende Sache eintreten. Und da ist nun allerdings in diesen Kreisen eine Beunruhigung entstanden, welche jedoch, wie ich glaube, in dem Augenblicke, in dem die Gesetzgebung freie Hand hat, zum Schutze solcher gemeinnütziger Ideen einen vollkommen klaren Rechtszustand zu schaffen, verschwinden muß.

Meine verehrten Herren! Nicht minder als bei Ihnen prallen bei uns in Österreich die nationalen, religiösen und wirtschaftlichen Gegensätze aufeinander, und ich glaube, daß es zu den schönsten Aufgaben der Gesetzgebung gerechnet werden muß, in diesem Kampfe der Gegensätze einen neutralen Boden zu schaffen, auf welchem sich, ohne befürchten zu müssen, eine materielle Gefährdung zu erleiden, Persönlichkeiten aller Klassen und jeder Gruppe zusammenfinden können.

Wir haben also, meine Herren, in Österreich die Möglichkeit, durch eine gesetzgeberische Aktion, durch Ausgestaltung unserer Gesetzgebung das als richtig Erkannte zu kodifizieren. Wir sind nun der Meinung gewesen — ich habe mir erlaubt, diese Anregung zu geben, und der verehrte Herr Berichterstatter hat die Güte gehabt, sie zu überprüfen und sie theoretisch als nicht unrichtig zu erklären —, daß bei einer derartigen Kodifikation folgende Gesichtspunkte maßgebend sein sollen.

In erster Linie handelt es sich natürlich darum, daß sowohl für die Spender als auch für die Sammler eine Sicherheit in der Richtung geschaffen wird, daß das von den Spendern zusammengebrachte Vermögen als Separatgut äußerlich erkennbar anzusehen ist. Dieses ist ein Postulat, welches in Österreich durch ein außerordentlich geschickt verwaltetes Institut wesentlich erleichtert wird; das ist das Institut der Postsparkasse. Es ist ganz überraschend, daß, ohne daß es bisher eine gesetzliche Regelung auf diesem Gebiete gegeben hat, lediglich dadurch, daß durch das Entgegenkommen der Postsparkassenverwaltung die Möglichkeit der Schaffung besonderer Konti besteht, wir nicht nur ganz wesentliche Erleichterungen für das Sammeln selbst erhalten haben, sondern auch in die Möglichkeit versetzt worden sind, eine ganz besonders scharfe Begrenzung der Verwaltung eintreten zu lassen. Eine solche gesonderte Verwaltung ist aber ein wesentliches Postulat.

Nur dadurch, daß eine separate Vermögensmasse äußerlich erkennbar geschaffen wird, kann die betonte absolute Notwendigkeit erreicht werden, daß die Vermögensmasse dem Zugriff der persönlichen Gläubiger, der Spender und der Sammler entzogen wird. Man wird fragen: Welche Sanktion gibt es, daß dieses Postulat praktische Verwirklichung findet? Die Antwort ist einfach: diese Sanktion wird sich strafrechtlich verwirklichen lassen. Es wird, soweit es nach dem österreichischen Entwurfe nicht schon der Fall sein sollte, so sein, daß jeder eigenmächtige Zugriff als strafbare Handlung erklärt wird.

Es ist eine wiederholt beklagte Erscheinung bei derartigen Veranstaltungen, daß das Komitee, welches ursprünglich in ausreichender zweckentsprechender Zahl gebildet wurde, später im Laufe der Zeit versagt, indem aus dem Komitee zu viele Personen ausscheiden, welche die Veranlassung zu den eingelaufenen Spenden gegeben haben und daß dann die Notwendigkeit entsteht, für diese Veranstaltung ein Verwaltungsorgan zu schaffen. Dieser Vorgang scheint für die künftige Kodifikation wichtig zu sein. In völliger Übereinstimmung mit dem Herrn Berichterstatter, mit welchem mich auszusprechen ich gestern Gelegenheit hatte, perhorreszieren wir in Österreich für diesen Fall jedes Eingreifen der Verwaltungsbehörden, bei aller Anerkennung der Tüchtigkeit ihrer Organe; es hieße, jede Kodifikation auf diesem Gebiete unmöglich machen, wollte man der Verwaltung irgendwelche Rechte in bezug auf Sammlungen und Unternehmungen dieser Art einräumen.

Ich bitte, nur an einen Fall zu denken, den schon der Herr Berichterstatter erwähnte und der auch bei uns hundertmal vorkommt, nämlich, daß zu Parteizwecken gesammelt wird, sei es zu sozialdemokratischen, deutschnationalen, oder was Sie sonst wollen. Wenn man hier die Möglichkeit zu befürchten hätte, daß in dem Augenblick, wo Mißstände vorkommen, oder wo behauptet wird, daß Mißstände vorgekommen sind, die behördliche Untersuchung einer Verwaltungsbehörde Platz greifen, und z. B. bei einer Spende für sozialdemokratische Zwecke konstatieren könnte, daß so und so viele Personen beigesteuert haben ... wie unangenehm wäre das. —

Alle diese Momente haben mich veranlaßt, den Anschauungen des Herrn Berichterstatters in diesem Punkte vollkommen beizutreten; und so sehr ich sonst auf dem Boden der Ausführungen stehe, welche Herr Dr. Bartsch geboten hat, der in diesem Punkte den Eingriff einer Verwaltungsbehörde für zulässig erachtet, muß ich ihm hier entgegentreten und dafür plädieren, daß, wenn ein Eingreifen notwendig ist und soweit eine Kontrolle sich als notwendig erweist, diese nur darin gesucht werden darf, daß im Wege gerichtlichen Beschlusses durch Absetzung der bisherigen Geschäftsführung und durch Bestellung einer neuen Geschäftsführung für die gute Erfüllung des Sammelzweckes gesorgt wird.

Eine weitere Frage bildete naturgemäß die Behandlung der Rechtsfähigkeit derartiger Unternehmungen, die Frage ihrer aktiven und passiven Prozeßfähigkeit. Gerade hier sind die verschiedenartigsten Konstruktionen angewendet worden, um schließlich zu einem höchst zweifelhaften Resultat zu führen. Eine Rechtssicherheit auf diesem Gebiete bedingt auch den völligen Ausschluß jeder Möglichkeit, daß die dem uneigennützigen Zwecke sich hingebenden Persönlichkeiten in Prozesse zweifelhaften Ausganges verwickelt werden können. Das führt dazu, daß man der Veranstaltung das Recht zuerkennt, unter ihrem Namen Rechte zu erwerben. Sowie dies z. B. für die offene Handelsgesellschaft gilt, wobei zu beachten ist, daß auch für Österreich die Mehrzahl der Schriftsteller die Frage nach der juristischen Person der offenen Handelsgesellschaft verneint.

Verbindlichkeiten, welche gemeinnützige Unternehmungen eingehen, können in doppelter Weise erledigt werden, einerseits, indem man die

Gläubiger auf das Vermögen der Unternehmung beschränkt und anderseits, indem man den Komiteemitgliedern außerdem noch persönliche Haftung für derartige Schulden aufbürdet.

Ich glaube, meine Herren, es wird bei dieser Konstruktion davon abhängen, ob man im höheren Maße die Sicherung gemeinnütziger Zwecke ins Auge faßt oder aber die Sicherung der in Betracht kommenden Gläubiger. Ich stehe nicht an, zu erklären, daß mir die erste Sicherung die höherstehende, die sozial und moralisch empfehlenswertere ist. Schließlich kommt es bei den Gläubigern doch regelmäßig auf Persönlichkeiten an, die ihre Rechte in vortrefflicher Weise wahrzunehmen verstehen, also wenn nötig, Kreditgewährung von Garantien abhängig machen werden.

Die Frage des Gläubigerschutzes spielt, wie ich glaube, in solchen Fällen keine Rolle. Dazu kommt noch, daß eine derartige gemeinnützige Veranstaltung mit ihren Bedürfnissen nicht zu dem regelmäßigen Konsumentenkreis der betreffenden Gewerbsleute gehört, sondern eine Ausnahmestellung einnimmt, so daß ein Gläubiger, welcher gegen die Solvenz der Unternehmung Bedenken hat, in der Lage sein wird, sich durch das Verlangen einer persönlichen Garantie zu schützen, und zwar ohne sein reguläres Absatzgebiet zu schmälern. Wenn ich in solchen Fällen etwas schützen will, so schütze ich die Idee der Gemeinnützigkeit. Ich will jene Personen, welche in aufopfernder Weise ihre Zeit und Mühe in den Dienst gemeinnütziger Unternehmungen stellen, davor schützen, daß sie eventuell durch eine ihre Haftung verschärfende Interpretation des Gesetzes in Prozesse verwickelt werden, welche sie zum mindesten in eine bedenkliche Unruhe zu versetzen geeignet sind. — Prozeß ist Prozeß, wie er ausgeht, weiß bekanntlich kein Mensch vorher. Will man die gemeinnützigen Unternehmen in entsprechender Weise schützen, will man opferwillige Persönlichkeiten zum Eintritt in ein derartiges Komitee veranlassen, so muß man sie in klarer unzweideutiger Weise davor schützen, daß sie für Schulden der Veranstaltung unter keinen Umständen herangezogen werden können.

Ich stimme vollkommen dem ersten Herrn Berichterstatter darin bei, daß die Geschäftsführung der betreffenden Veranstaltung eine ordnungsmäßige Gebahrung voraussetzt. Machen sich die Geschäftsführer Pflichtwidrigkeiten schuldig, dann nehme ich keinen Anstand, sie hierfür haften zu lassen, wenn hieraus ein Schaden entstanden ist.

Als Voraussetzung, bei deren Vorhandensein diese Begünstigungen für derartige Veranstaltungen eintreten sollen, möchte ich mir, ebenfalls anknüpfend an Bartsch zwei formelle Postulate aufzustellen gestatten: Die Vereinigung muß äußerlich erkennbar sein und einen Namen führen so wie eine geregelte Geschäftsführung besitzen.

Daß dabei der Name der Veranstaltung von dem Zwecke des Unternehmens abgeleitet sein muß, ist eine in der Natur der Sache gelegene und schon damit begründete Forderung, deren Erfüllung in keinem Falle auf Schwierigkeiten stoßen wird.

Die zweite Forderung, meine Herren, besteht darin, daß eine geregelte Geschäftsführung besteht. Es muß, wenn sich eine Reihe von Personen zu einem derartigen gemeinnützigen Unternehmen vereinigt, von vornherein eine Persönlichkeit als Präsident des betreffenden Komitees fungieren und dieser, sein Stellvertreter oder sonstige ad hoc designierte Mitglieder müssen als Organe der Geschäftsführung das Unternehmen repräsentieren. Daß die Geschäftsführung in schriftlicher Form bestellt werden muß, ist ein formelles Erfordernis, welches schon des Beweises wegen einer Rechtfertigung wohl kaum bedarf. Es wird namentlich im Prozesse wohl oft die Notwendigkeit bestehen, daß der Richter die Legitimation der auftretenden Persönlichkeiten von Amts wegen prüft. Dies ist ohne schriftliche Unterlage kaum möglich.

Es ist selbstverständlich, meine Herren, daß diese Gedankensplitter das gesetzgeberische Thema in keiner Weise zu erschöpfen vermögen. Zu erwägen wäre beispielsweise noch die Frage des Ausschlusses, die Frage der Austrittsfähigkeit von Komiteemitgliedern. Ich würde die Berechtigung allen Mitgliedern des Komitees unbedingt zugestehen, mit Ausnahme des Geschäftsführers, so daß sie, wenn es ihnen in dem Komitee nicht mehr behagt und sie nicht gerade Mitglieder der Geschäftsführung sind, austreten können. Ein Zwang auf die betreffenden Persönlichkeiten bis zur Erreichung des Vereinigungszweckes im Komitee zu bleiben, soll im allgemeinen nicht ausgeübt werden. Nur wer Geschäftsführung übernommen hat, soll sich der erwählten Aufgabe nicht vorzeitig entziehen dürfen.

Eine weitere Frage ist die, ob auch bei einer Einzelpersönlichkeit, welche eine derartige Veranstaltung unter ihrem Namen vornimmt, ein solcher Schutz notwendig ist; darüber kann man höchst verschiedener Ansicht sein. Ich wäre beispielsweise der Meinung, daß es für einen solchen Fall eines besonderen Schutzes nicht bedarf, da es sich um eine eminente Vertrauensfrage handelt, wenn eine Persönlichkeit mit ihrem Namen und ihrem Renommee der Öffentlichkeit gegenüber als Einzelsammler auftritt.

Die Frage der staatlichen Kontrolle habe ich bereits berührt.

Alles, was ich gesagt habe, und was in Punkt II der Thesen als Vorschlag für Österreich aufgestellt worden ist, bezieht sich auf derartige gemeinnützige Unternehmungen, welche einen vorübergehenden Zweck verfolgen, denn soweit es sich um dauernde Zwecke handelt, ist auch von der österreichischen Gesetzgebung bereits vorgesorgt worden. Es wird freilich gewiß auf Schwierigkeiten stoßen, den Unterschied zwischen dauernden und vorübergehenden Zwecken in entsprechender Weise zu lösen. Vielleicht ist es da ein Ausweg, wenn man eine Grenze für die Zeit der Lebensfähigkeit von vornherein festsetzt, die derartige Unternehmungen haben sollen, und daß man die Genehmigung zur Bildung solcher Vereinigungen nur dann erteilt, wenn sie sich von vornherein in ihrer Wirksamkeit auf eine bestimmte Zeit beschränken, wobei allerdings nicht zu übersehen ist, daß derartige provisorische Veranstaltungen sehr häufig nur die Vorstufe zu einer dauernden sind, und daß derartige Komiteebildungen oft das Provisorium bedeuten für ein künftiges dauerndes, in den Rahmen der Gesetzgebung vollkommen eingepaßtes, nicht auf bestimmte Zeit beschränktes gemeinnütziges Unternehmen.

Was hat zu geschehen, wenn der Zweck nicht erreichbar ist? wenn der Zweck weggefallen ist? wenn Vermögen übrig geblieben ist? Das sind auch ganz wichtige Fragen, welche, allerdings außerhalb des Rahmens meiner jetzigen Auseinandersetzung gelegen bei einer eventuellen Kodifikation im höchsten Maße Beachtung verdienen.

Damit meine Herren, habe ich wenigstens das Versprechen erfüllt, sehr kurz zu sein; ich habe mir lediglich erlaubt, einige allgemeine Gesichtspunkte hervorzuheben und ich möchte jetzt nur in gewohnter Weise als Anwalt zu einem Schlußpetitum kommen. Ich möchte die Bitte an Sie richten, daß Sie sich nicht nur mit der in Punkt I angeführten Negation einer momentanen Normierung gesetzlicher Bestimmungen im Deutschen Reiche begnügen, sondern daß Sie auch durch Akzeptierung des Punktes II das, wie ich glaube, für Österreich unleugbar vorhandene Bedürfnis, eine Ergänzung unserer Gesetzgebung eintreten zu lassen, anerkennen, daß Sie, meine verehrten Herren, durch Akzeptierung dieser Vorschläge dasjenige, was wir uns Ihnen hier vorzuschlagen erlaubt haben, als richtig bezeugen. (Lebhafter Beifall und Händeklatschen.)

Ministerial-Vizesekretär Professor Dr. **Robert Bartsch** (Wien): Meine Herren! Ich werde mich sehr kurz fassen und kann das um so mehr, als ich in meinem Gutachten Gelegenheit hatte, mich über die Frage des Sammelvermögens ausführlich auszusprechen. Ich bin erst gestern in den Besitz des Gutachtens von Herrn Geheimrat Seckel gekommen und habe bei der flüchtigen Durchlesung, die mir bisher nur möglich war, mit Befriedigung feststellen können, daß wir in allen praktischen Punkten der gleichen Meinung sind. Was ich dem Juristentage an Wünschen nach einer Gesetzgebung zur Beschlußfassung unterbreite, lehnt Seckel eigentlich nur darum ab, weil er meint, daß diese Wünsche im Deutschen Reiche bereits verwirklicht sind. Seckel kommt zu dieser Meinung weil er auf dem Standpunkte steht, das Sammelvermögen sei schon nach dem heutigen Rechte als juristische Person zu betrachten. In dieser Hinsicht muß ich aber die Bedenken teilen, die der Herr Referent, Professor Dr. Knoke, heute hier ausgesprochen hat, und ich weiß, aufrichtig gestanden, nicht, ob sich die Übereinstimmung unserer Meinungen, d. h. der Konsequenzen, die ich aus der Sachlage ziehe, und der Konsequenzen, die Seckel daraus zieht, auf der Grundlage des geltenden Rechts auch dann noch herstellen läßt, wenn man grundsätzlich auf verschiedenen theoretischen Standpunkten steht. Meine Vorschläge sind eben davon ausgegangen, die praktischen Bedürfnisse gegen jede Änderung des theoretischen Standpunktes sicherzustellen.

Professor Dr. Knoke stellt sich auf den Standpunkt des fiduziarischen Eigentums der Sammler, einen Standpunkt, dem ich selbst sehr nahe stehe, wenn ich ihn auch nicht vollständig und für alle Fälle teile, aber im großen und ganzen bin ich hier doch der gleichen Ansicht wie er.

Meine Herren! Die Leitsätze der beiden Berichterstatter erwecken den Eindruck, als ob für das Deutsche Reich und für Österreich Verschiedenes geplant wäre. Ich stelle auch hier mit Vergnügen fest, daß das nicht der Fall ist, sondern daß das, was für uns Österreicher de lege ferenda erwünscht ist, im Deutschen Reiche nur teils als nicht so dringend notwendig, teils schon als zu Recht bestehend angesehen wird. Wenn ich tiefer gehe, so möchte ich darauf hinweisen, daß der eigentliche Unterschied in der Auffassung allerdings anderswo liegt. Er liegt darin, daß Sie im Deutschen Reiche Ihre Meinung über das Sammelvermögen im wesentlichen auf Dissertationen, wir Österreicher dagegen, wie Herr Dr. Coumont ausgeführt hat, auf Prozesse zurückführen. Darum der Unterschied in der Stärke des Bedürfnisses nach gesetzlicher Regelung: Uns drückt der Schuh stärker, Sie weniger.

Wenn ich mich diesen Anträgen, insbesondere trotz meiner abweichenden Ansicht im Gutachten auch dem Antrage I, daß für das Deutsche Reich von einer gesetzlichen Regelung derzeit abgesehen werden soll, anschließe, so geschieht das freilich nicht darum, weil ich davon so innerlich überzeugt wäre, daß alle die Rechtssätze, die die beiden Herren Antragsteller in wesentlicher Übereinstimmung mit meinem Gutachten für Österreich vorschlagen, wirklich auch lex lata in Deutschland sind, sondern aus einer Art bundesfreundlichen Taktes, aus einer gewissen Rücksicht auf Ihre konservativen Tendenzen und Ihr pietätvolles Bestreben, Ihr Bürgerliches Gesetzbuch in den ersten Jahrzehnten seines Bestehens vor jedem Eingriff zu schützen.

Um diese Abstimmung mit meiner wissenschaftlichen Überzeugung in Einklang zu bringen, möchte ich mich aber noch mit ein paar Worten an den Herrn ersten Referenten wenden und ihn um Aufklärung über einige Bedenken bitten.

Der Herr Referent hat bei einigen Punkten angeführt, daß de lege ferenda wirklich Rechtsänderungen wünschenswert wären. Es wäre wünschenswert, hat er gesagt, daß die Frage der aktiven Parteifähigkeit und damit die Frage der Konkursfähigkeit in bejahendem Sinne gelöst werde. Er hat es auch, wenn ich ihn richtig verstanden habe, als wünschenswert bezeichnet, daß die Frage der beschränkten Haftung der Sammler festgelegt wird. Und er hat schließlich die Sache damit abgetan, daß er sagte: Tolerari potest. Er hat es abgelehnt, auf viele Probleme einzugehen, weil sie ihm als zu unbedeutend erscheinen, oder weil damit Probleme allgemeiner Natur aufgegriffen werden.

Was das erste Bedenken anlangt, daß die Sache zu unbedeutend ist, so trifft das eigentlich nicht die einzelnen Fragen, die ich durch mein Gutachten in den Vordergrund der Diskussion gestellt habe, sondern die Aufwerfung des Themas durch die Ständige Deputation. Wenn die Frage des Sammelvermögens wirklich etwas so unbedeutendes ist, um dessentwillen man in das geltende bürgerliche Recht nicht eingreifen soll, so hätte man das Thema nicht auf die Tagesordnung stellen dürfen. Meine Auffassung ging dahin, daß durch die Stellung des Themas die Hauptfragen des Sammelvermögens als wichtig genug empfunden werden, daß sich eine Erörterung gesetzgeberischer Maßnahmen daran anknüpfen kann.

Was den zweiten Punkt betrifft, daß damit Probleme allgemeiner Natur aufgeworfen werden, so stimme ich dem Referenten vollständig bei. Ich selbst habe in meinem Gutachten bemerkt, daß die Frage des Sammelvermögens, wenn man sie auf die Technik des Sammelns abstellt, absolut nicht gelöst werden kann. Es liegt ein viel tieferes Problem verborgen, das Problem der Uneigennützigkeit, das ich in einer eigenen Abhandlung weiter verfolgt habe. Ich glaube nicht, den Juristentag mit dieser Frage beschweren zu sollen, ich möchte nur bemerken, daß wir hier die auffälligste Erscheinung der Uneigennützigkeit vor uns haben, und zwar diejenige Erscheinung, die zuerst verlangt, daß man sie gesetzlich regelt. Hier ist wirklich ein Gebiet uneigennützigen Tuns, auf dem wir praktische Bedürfnisse empfinden, wie das Herr Dr. Coumont bereits ausführte. Haben wir, den Bedürfnissen der Uneigennützigkeit entsprechend, das Sammelvermögen, eine ihrer wichtigsten Erscheinungsformen, geregelt, so ergibt sich daraus die wertvolle Möglichkeit, auf dem Wege der Analogie auch für die anderen Formen der Uneigennützigkeit die Grundsätze anzuwenden, die wir für das Sammelvermögen anwenden wollen.

Ich möchte dann den Herrn Referenten insbesondere bitten, uns zu erklären, wie er sich zu den Leitsätzen unter II, die für Österreich aufgestellt werden, von seinem Standpunkte des Reichsdeutschen aus stellt. Ich habe beim Lesen dieser Leitsätze den Eindruck gehabt, daß die beiden Referenten dadurch, daß sie die Leitsätze gemeinsam aufstellen, der Ansicht sind, daß für das Deutsche Reich dasjenige, was für Österreich wünschenswert ist, ohnedies schon gilt. Nun habe ich aber aus dem ersten Referat zum Teil einen anderen Eindruck gewonnen, als ob z. B. auch im Gegensatz zu Seckels Meinung die aktive Prozeßfähigkeit gar nicht so feststünde, sondern eigentlich nur wünschenswert wäre. Ich habe den Eindruck gewonnen, als ob, wiederum im Gegensatz zu Seckel, die Frage der Beschränkung der Haftung der Sammler in Deutschland nicht entschieden ist. Ja, wenn ich sogar noch etwas mehr aus den Worten des Herrn Referenten schließen darf, so kommt es mir fast so vor, als wenn er mit seinem Herzen mehr auf seiten der unbeschränkten als der beschränkten Haftung stünde. Der Herr Referent sprach von der Notwendigkeit eines Warnungssignals. Von diesem Warnungssignal habe ich im Gutachten auch gesprochen, und zwar sehe ich das Warnungssignal in der Anerkennung des Ausschlusses persönlicher Haftung der Sammler. Es genügt aber nicht als Warnungssignal, wenn man diese Frage der Auslegung des Gerichtes in jedem einzelnen Falle überläßt. Das ist eine viel zu unsichere Garantie für die Gläubiger, diese brauchen vielmehr einen allgemein anerkannten Rechtssatz. Wenn z. B. für die Unterstützung von Überschwemmten durch ein Komitee gesammelt wird und zu diesem Zwecke Schulden eingegangen werden, so ist der Gläubiger bei der Frage, ob er kreditieren soll oder nicht, vor die Frage gestellt: Kreditiere ich mit Rücksicht auf das zu erwartende Vermögen oder auf die Kreditwürdigkeit der Personen, die sich daran beteiligen. Für den Unternehmer ist das eine Lebensfrage, denn er muß wissen, woran er ist. Da ist das Warnungssignal in der Form des Ausschlusses der Haftung für Lieferungen usw. gegeben. Ich stehe, wie das Herr Dr. Coumont in so ausgezeichneter Weise vertreten hat, auch auf dem Standpunkte, daß die Uneigennützigkeit geschützt werden muß. Damit der Lieferant weiß, woran er ist, habe ich vorgeschlagen, man möge eine gesetzliche Dispositivnorm als das Warnungssignal annehmen. Wir brauchen eine Norm, die den Ausschluß persönlicher Haftung dispositiv ausspricht und zugleich die Bedingungen festsetzt, wann ein Unternehmen als uneigennütziges Sammelunternehmen anzusehen ist. Kontrahiert jemand beim Bestande einer solchen Norm mit einem Sammelkomitee, dann ist damit, soweit nicht das Gegenteil vereinbart wird, ausgesprochen, daß die Haftung auf das vorhandene Vermögen beschränkt sein soll.

Um nicht weiter aufzuhalten, will ich mich mit diesen Bemerkungen — es ließe sich zwar noch eine Reihe anderer Bemerkungen an das Referat anschließen — begnügen. Ich hoffe, daß der Herr Referent in seinem Schlußworte entsprechende Aufklärungen geben wird, damit ich auch für Punkt I der Referentenanträge beruhigt stimmen kann. (Lebhafter Beifall und Händeklatschen.)

Vorsitzender: Ich möchte einen kleinen Druckfehler berichtigen. Es heißt unter c: „Die Geschäftsführung der Vereinigung haftet.“ Es muß wohl heißen: „Die Geschäftsführer der Vereinigung haften usw.“

Der Herr Korreferent hat zu dieser Verbesserung bereits seine Zustimmung erklärt. Der Herr Referent ist der gleichen Ansicht. Da Abänderungsanträge nicht vorliegen, so glaube ich, die Anträge zusammen zur Abstimmung bringen zu sollen. Nur werden wir über I, der das Deutsche Reich betrifft, und über II, der Österreich betrifft, gesondert abzustimmen haben.

Der Herr Korreferent verzichtet. Das Schlußwort hat der Herr Referent.

Professor Dr. **Knoke** (Königsberg): Meine Herren! Mit Rücksicht darauf, daß Herr Dr. Bartsch von mir noch eine Äußerung wünscht, erlaube ich mir, kurz zu wiederholen, wie ich für Deutschland zu den von ihm aufgestellten Thesen stehe.

Er empfiehlt die aktive und passive Parteifähigkeit und die Eintragungsfähigkeit. Ich habe in meinem Referate hervorgehoben, daß diese Frage für Deutschland bestritten ist, daß aus dem theoretischen Standpunkte, den ich annehme, zurzeit das Gegenteil hervorgehen würde, vielleicht mit einem Zweifel für die passive Parteifähigkeit. Ich bin aber der Meinung, daß es wünschenswert wäre, wenn wir für Deutschland die Regelung hätten, die für Österreich vorgeschlagen worden ist. Trotzdem bin ich der Ansicht, daß wir in Deutschland keinen Anlaß zur Gesetzgebung haben, nicht nur, weil wir eine Novellengesetzgebung im allgemeinen scheuen, sondern auch weil die Frage der nicht rechtsfähigen Vereine erheblich wichtiger sein würde, als die Frage der Sammelunternehmungen und weil ich auf dem Standpunkt stehe: wir können dem Sammelvermögen nicht das geben, was wir dem nicht rechtsfähigen Vereine versagen. Der Gesetzgeber hat keinen Anlaß, hier ein Gesetz zu geben. So stehe ich zu der Ziffer I.

Was Ziffer 2 anlangt, so glaubte ich nachgewiesen zu haben, daß die Forderung zu a bei uns nach allen Theorien erfüllt ist. Ebenso steht es mit Punkt c und im wesentlichen mit Punkt d. Die Frage der persönlichen Haftung der Sammler für die Schulden des Sammelunternehmens ist de lege lata je nach der Verschiedenheit des theoretischen Standpunktes verschieden zu beantworten. Auch de lege ferenda kann man verschiedener Ansicht sein.

Mit Recht hat Herr Dr. Bartsch den Unterton aus meinen Ausführungen herausgehört, daß ich vielleicht es für deutsche Verhältnisse vorziehen würde, wenn es bei der persönlichen Haftung der Sammler bliebe. Immerhin glaube ich, daß sich für das andere soviel sagen läßt, daß ich mich mit der Forderung nach beschränkter Haftung der Sammler einverstanden erklären konnte, unter der Voraussetzung der direkten Haftung der Sammler, der Geschäftsführer der Sammlung, gegenüber den Gläubigern, die infolge ihrer unordentlichen Geschäftsführung geschädigt sind.

Entschieden ausgesprochen habe ich mich gegen ein Eingreifen der Verwaltungsbehörden, im Einklang mit dem Herrn Dr. Coumont; Man muß die Wahrung der Rechte gegen die Sammler den einzelnen Spendern überlassen.

Wenn ich dann schließlich sagte: Teils ist bei uns alles befriedigend geregelt, teils sind zwar noch Lücken vorhanden, aber „Tolerari potest" so glaube ich, das aufrecht erhalten zu können, denn in der Tat sind bei uns wirkliche Mängel nicht hervorgetreten, und unser Reichstag ist jetzt mit Gesetzesvorschlägen derart überhäuft und eine Neuregelung des bürgerlichen Rechts steht bei uns nicht vor der Tür, daß ich glaube, im Sinne der reichsdeutschen Juristen gesprochen zu haben, wenn ich der Meinung bin, daß für das Deutsche Reich die Schaffung gesetzlicher Vorschriften über die rechtliche Stellung des Sammelvermögens nicht nötig ist. (Bravo!)

Der Vorsitzende läßt hierauf über die gemeinsamen Thesen der beiden Herren Referenten abstimmen.

Der Teil I wird gegen 1 Stimme angenommen.

Der Teil II wird ebenfalls fast einstimmig angenommen.

Hiermit ist dieser Punkt erledigt. Es wird noch beschlossen, über den Punkt im Plenum nur Bericht erstatten zu lassen. Als Berichterstatter für das Plenum wird der Berichterstatter Professor Dr. Knoke gewählt.

(Schluß 7 Uhr.)

Zweite Sitzung der ersten Abteilung.

Dienstag, den 13. September 1910, vormittags 9 Uhr.

Vorsitzender: Die Sitzung ist eröffnet.

Wir haben zunächst 10 Vertrauensmänner zu wählen für den Zweck der Wahl der Deputation, die durch diese morgen vor der Plenarversammlung erfolgen wird. Ich schlage Ihnen für diese Wahl von Vertrauensmännern vor: die Herren Oberlandesgerichtspräsident von Call, Oberlandesgerichtspräsident Dr. Dorner, Professor Dr. Gierke, Professor Dr. Hanausek, Freiherr von Pechmann, Justizrat Heinitz, Professor Dr. Litten, Justizrat Junck, Dr. Simeon, Hof- und Gerichtsadvokat Coumont und Professor Dr. Knoke.

Wenn kein Widerspruch erfolgt, würde ich annehmen, daß die Versammlung mit diesem Vorschlage einverstanden ist. Es erfolgt kein Widerspruch. Die betreffenden Herren sind gewählt. Ich bitte die Herren, zu erklären, soweit sie anwesend nind, ob sie die Wahl annehmen. (Zurufe: Ja.)

Meine Herren! Wir haben uns mit der einzigen noch übrigen Frage zu beschäftigen:

> „Empfiehlt es sich, soziale Schutzvorschriften, in der Art der für die Handlungsgehilfen bestehenden, für Privatangestellte überhaupt zu treffen?"

Gutachter: Professor Dr. Oertmann (Erlangen) und Syndikus Dr. Potthoff, Mitglied des Reichstages (Düsseldorf). Berichterstatter: Justizminister Dr. Klein, Exzellenz (Wien), Justizrat Dr. Junck (Leipzig).

Ich erteile zunächst Exzellenz Dr. Klein das Wort mit der Bitte, im Interesse der stenographischen Aufnahme seinen Antrag, sei es im Anfang, sei es im Verlaufe des Vortrages, verlesen zu wollen.

Staatsminister a. D. Dr. **Klein**, Exzellenz (Wien): Meine Herren! Eine kurze Vorbemerkung. Es ist ein Gegenstand der deutschen Gesetzgebung, dem wir uns jetzt zuwenden, und das wird für mein Referat maßgebend sein. Recht und Verhältnisse meiner Heimat werde ich nur soweit erwähnen, als das neue österreichische Handelsgehilfengesetz vom vergleichenden Standpunkte aus in Ihren Überlegungen eine Rolle spielen kann.

Es ist keine Uraufführung, zu der wir beiden Berichterstatter den Prolog zu sprechen haben. Im Frühjahr 1909 hat die Gesellschaft für soziale Reform über das Dienstrecht der Privatbeamten verhandelt. Wenngleich damals formell die Frage im Vordergrunde stand, ob ein einheitliches Arbeitsrecht der Privatangestellten möglich und zu wünschen wäre, so ist doch klar, daß es dabei hauptsächlich auf die „sozialen Schutzvorschriften" ankommt, wie sich die uns vorgelegte Frage ausdrückt, die übrigen hergebrachten oder gleichgültigen Regeln kaum viel Kopfzerbrechen machen würden. Und in der Tat hat sich in Frankfurt die Diskussion nur mit der Konkurrenzklausel, dem Koalitionsrecht und dem Erfindungsschutz beschäftigt. Daß wir alle die gegenwärtige Zerfahrenheit und Zersplitterung der Rechtsquellen für den Dienstvertrag schädlich halten, brauche ich wohl ebensowenig erst auszusprechen wie zu begründen. Trotzdem geht es meines Erachtens nicht an, prinzipiell über die Einheit des Privatangestellten-Rechtes zu entscheiden, bevor feststeht, welche Normen, welche Rechtsinhalte und in welcher Begrenzung sie allen Prviatangestellten gemeinsam werden könnten. Daran litt die Fragestellung der Gesellschaft für soziale Reform. Der Juristentag hat — wie mir scheint — den richtigeren Weg eingeschlagen, wenngleich die Fassung der Frage — darin stimme ich den Gutachtern bei — nicht einwandfrei ist.

Sie umschließt zwei verschiedene Probleme der Gesetzgebung. Ausdehnung der für Handelsgehilfen bestehenden Schutzvorschriften auf Privatangestellte überhaupt heißt nämlich einerseits Herstellung von Rechtsgleichheit, wo sie bis jetzt noch nicht vorhanden ist, und andererseits Übertragung von Normen, die für einen konkreten Tatbestand gegeben sind, auf möglicherweise davon abweichende Tatbestände, denn daß die verschiedenen Arten von Dienstverhältnissen, ungeachtet der Gleichheit ihrer generischen Elemente, je nach Gewerbe, Geschäft, Verkehrszweig usw. sich sozial und wirtschaftlich von einander unterscheiden, das ist nicht zu bestreiten. Die Rechtsgleichheit ist weder geschichtlich noch soziologisch ein konstanter Wert. Daß sie aber in den gegenwärtigen Zeitläufen ein für Anerkennung, Geltung und Wirksamkeit der Rechtsordnung unschätzbarer Vorzug ist, weiß jeder, der dem Seelischen im Rechte nachspürt. Sofern die Ausdehnung der handelsrechtlichen Vorschriften auf andere Privatangestellte die Rechtsgleichheit vernünftig erweitert, wird daher unsere Frage ohne Zögern rückhaltlos zu bejahen sein. Der zweite Gesichtspunkt ist nicht so einfach. Wir müssen es uns eingestehen, das Recht als soziale Zweckodnung muß stets in gewissem Maße mit den gegebenen Realitäten rechnen, die Gesetzgebung wird fast immer nur das relativ Rechte, Richtige zur Norm erheben können. Diese Bedingtheit hat die Rechtsphilosophie allzu lange nicht genug gewürdigt. Deshalb ist auch Recht um so schwerer von seinem Tatbestande ablösbar, je mehr es einer bestimmten Interessenlage angepaßt ist, und nur soweit übertragbar, als ungefähr analoge Voraussetzungen gegeben sind. Die sozialen Schutzbestimmungen sind keineswegs für alle im Handel Bediensteten die gleichen. Die große Prosperität, deren sich der Handel während der letzten Jahrzehnte fast beständig erfreute, hat eine seinen Hilfskräften günstigere Rechtsentwicklung mit sich gebracht. Alle übrigen mit Angestellten arbeitenden Unternehmungen sind nicht durchweg gleich gut gebettet. Es kann daher kaum bei ihnen der Kreis der Personen generell weiter gezogen werden, welchen die Schutzvorschriften des Handelsgesetzbuches zustatten kommen sollen. Um Schutzvorschriften „in der Art der für Handlungsgehilfen bestehenden", kann es sich außerhalb kaufmännischer Betriebe nur betreffs solcher Angestellten handeln, die nach Beruf und Dienstleistung den Handlungsgehilfen gleichstehen oder doch einigermaßen ähnlich sind. Wo und in welchem Umfange das im einzelnen zutrifft, können wir hier nicht untersuchen, wir müssen uns mit einem allgemeinen Kriterium bescheiden. Ein solches liegt im Begriff „Privatangestellter" allein noch nicht, wenigstens nicht unzweifelhaft. Die Höflichkeit des Sprachgebrauchs und die Prätensionen der Selbstschätzung geben diesem Worte ohne zu strenge Rücksicht auf bestimmte sachliche Merkmale immer weitere Verbreitung. Wohl aber können wir uns für diesen Zweck der Differenzierung bedienen, die im Handelsgesetzbuche selbst verwendet ist, und von Personen sprechen, die zur entgeltlichen Leistung von Diensten „höherer Ordnung" oder von höheren (technischen, industriellen, kaufmännischen, landwirtschaftlichen, geistigen usw.) Diensten bestellt sind. Was dieser Umgrenzung an sich an Präzision fehlen mag, das ist reichlich eingebracht durch das kasuistische und theoretische Material, das sich darüber aufgestapelt hat. Die Gesetzgebung kann seinerzeit die Grenze schärfer ziehen, für unsere Beratung ist das kaum notwendig.

Warum in diesem Zusammenhange speziell für Arbeiter und das

Gesinde nicht gesorgt werden kann, hat Professor Oertmann in seinem Gutachten dargelegt. Eine solche Begrenzung des Themas wird sich auch auf die Vorgänge bei der jüngst abgeschlossenen Kodifikation des Handelsgehilfenrechtes in Österreich beziehen können.

Das österreichische Handlungsgehilfengesetz hat bekanntlich unsere Frage schon anticipando beantwortet, indem es in der Ausdehnung der sozialen Schutzvorschriften zwar nicht bis ans Ende, aber doch sehr weit gegangen ist. An Bestrebungen, die Wohltaten dieses Gesetzes auch Personen zuzuwenden, die in den fraglichen Unternehmungen untergeordnete Hilfsdienste versehen, hat es nicht gefehlt, sie haben jedoch, während sonst die Erweiterungstendenz kräftig gefördert wurde, keine Erfolge erzielt. Der Bericht des sozialpolitisch ziemlich vorurteilslos denkenden Ausschusses des Abgeordnetenhauses begründet seine ablehnende Haltung damit, daß Personen, die grundverschiedene Dienstleistungen versehen, nicht rechtlich gleichgestellt werden können, daß der ökonomische Wert der Leistungen, die wirtschaftliche und soziale Stellung der Bediensteten ungleich seien und eine Ausdehnung des Handlungsgehilfenrechts auf diese Hilfsarbeiter auch von dem mittleren und kleineren Gewerbe nicht ertragen werden könnte. Diese Argumente würden vielleicht zum guten Teile wegfallen oder schlagenden Gegenargumenten weichen, wenn die Frage nicht unter der Perspektive der Analogie betrachtet worden wäre, sondern als selbständiger Gesetzgebungsakt. Darum will auch, das möchte ich besonders hervorheben, mit der Ausscheidung der niederen Kategorien von Angestellten und Bediensteten aus unserer Diskussion keineswegs deren Anspruch auf ähnliche soziale Schutzvorschriften verneint oder aberkannt sein, soweit sie einem berechtigten und erfüllbaren Bedürfnisse entsprechen. Nur die Masse und Motive des Handelsgesetzbuches passen nicht für sie, und damit schwindet die Basis für die gleichzeitige Erörterung beider Dinge.

Was die Dienstverhältnisse anlangt, für welche das Beispiel der kaufmännischen Betriebe vorbildlich sein könnte, so werden wir in erster Linie an Dienstverhältnisse in geschäftlichen Betrieben, noch allgemeiner: an Anstellungen, die mit irgendeinem Erwerbsinteresse des Dienstgebers verknüpft sind, zu denken haben. Was wir der Kürze halber „sozialen Schutz im Dienstverhältnis" nennen wollen, verursacht entweder effektive Auslagen oder es hindert zum mindesten an der vollen, nur durch das wirtschaftliche Interesse des Unternehmers bestimmten Ausnutzung der für ihn tätigen Arbeitskräfte. Nach beiden Seiten ist es eine in Geld auszudrückende Rechnungspost. So sprechen Industrie, Geldinstitute,

Eisenbahnverwaltungen immer von „sozialpolitischen Lasten" und berechnen sie annähernd. Die Forderung, daß diese Lasten zu den Mitteln und Erträgnissen des Unternehmens in einem gewissen Verhältnisse stehen müsse, läßt sich nicht schlechthin abweisen. Es darf dem Unternehmer nicht zuviel zugemutet werden, sonst hebt die Fürsorge sich selbst auf. Daraus ergibt sich für die Übertragbarkeit des Handlungsgehilfenrechtes eine zweite Begrenzung. Diese kann jedoch nur insofern Beachtung verlangen, als die zu übertragenden Schutzvorschriften ein gewisses Ausmaß überschreiten. Solange sie dagegen nur eine Art soziales Existenzminimum für den Dienstnehmer darstellen, kann ihre Übertragung nicht durch die Rücksicht auf irgendwelche Proportionalität ausgeschlossen werden. Ein Geschäft, daß seine Regie nicht deckt, ist nicht lebensfähig. Zu den unvermeidlichen Betriebskosten gehört auch jenes sozialpolitische Existenzminimum. Die Zeit, da man es für selbstverständlich hielt, Betriebe auf Kosten von Gesundheit und Wohlfahrt der Bediensteten aufrecht zu halten, sind vorüber. Der Betrieb muß nicht nur seinen Mann, d. h. seinen Träger, seinen Besitzer nähren, sondern er muß auch die Angestellten und Bediensteten des Besitzers leben lassen. Die Erfüllung dieser Forderung hat allerdings eine Regieverteuerung zur Folge. Wer letztere zu bezahlen hat, darauf kann ich hier nicht eingehen. Ihre volle Überwälzung auf die Preise und damit auf den Konsum ist gewiß nicht die einzige denkbare Lösung dieses gegenwärtig besonders aktuellen Problems. Das fühlen die Konsumenten ganz richtig und bleiben darum für die Lockungen, sie als Bundesgenossen für den Kampf gegen sozialpolitische Fortschritte zu gewinnen, ziemlich unzugänglich. Einiges können, nebenher bemerkt, hier und da vielleicht auch die Angestellten beitragen, um die durch strengere sozialpolitische Vorschriften etwa verursachten Mehrkosten minder drückend zu machen. Gewisse Erscheinungen zeigen in manchen Branchen zunehmende Neigung der Angestellten, soweit nicht feste Ortsgebräuche im Wege stehen, ihre Aufgabe und ihre Leistungen eifersüchtig und, man möchte sagen, mit formalistischer Spitzfindigkeit aufs Engste zu begrenzen, auch wo es sich nicht um Arbeiten handelt, die offenbar einer niederen Kategorie von Hilfsarbeitern zufallen. Sozialpolitisches Verständnis des Unternehmers und ökonomisches Verständnis der Angestellten müssen sich ergänzen. Kostspielige Verpflichtungen für die Angestellten auf sich nehmen und zugleich, ohne daß der Betrieb und sein Ertrag sich ändern, beständig das Personal vermehren, das dürfte zuviel aufgebürdet sein. Diese Brunnen sind nicht unerschöpflich. Wer vom Anderen Geben mit offener Hand erwartet, darf nicht selbst engherzig mit größter Zurückhaltung messen. Durch tunlichste Vermeidung einer noch stärkeren Belastung des internen Betriebes kann manches geschehen, damit die Kosten- und Preisfrage für den sozialen Schutz der Angestellten nicht verhängnisvoll werde.

Von den wirtschaftlichen Betrieben durch das Abhandensein eines direkten Erwerbsinteresses des Unternehmers gesondert und ihnen doch in bezug auf die Dienstverhältnisse durchschnittlich ziemlich nahestehend sind viele Anstalten, Verwaltungen und Organisationen des öffentlichen Lebens, wenn ich so sagen darf, mögen Politik, Berufsfragen, soziale oder humanitäre Bestrebungen usw. ihr Arbeitsfeld bilden. Ihre Zahl ist groß und scheint noch im Steigen begriffen zu sein, und damit mehren sich auch derlei Dienststellen. An sie darf nicht vergessen werden. Auch diese Organisationen müssen ihren Sekretären und dem sonstigen zu höheren Leistungen berufenen Personale das sozialpolitische Existenzminimum gewähren. Daß sie keinen Ertrag abwerfen, daß ihre Mittel und Einnahmen limitiert sind, kann nur für das, was darüber hinausgeht, in Anschlag kommen. Dagegen kann die Analogie der kaufmännischen Betriebe nicht genützt werden für den eigentlichen Privatdienst, für Dienste in der häuslichen Gemeinschaft und für sie. Das sind ganz andere Atmosphären und Gedankenreihen.

Damit, meine verehrten Herren, habe ich flüchtig die allgemeinen Richtlinien angedeutet, die legislativpolitische Logik einzuhalten gebietet, wenn eine harmonische Rechtsfortbildung gelingen soll. Und letzteres ist, wo es sich um sozialpolitische Maßregeln handelt noch wichtiger als sonst. Diese Richtlinien betreffen aber, genau besehen, etwas Quantitatives, den Umfang der Ausdehnung. Die Grundfrage, ob überhaupt Ausdehnung gewisser handelsrechtlicher Normen stattfinden soll, ist damit nicht erledigt. Muß diese Ausdehnung erfolgen und warum? Jede Zeit frägt anders. In der Art des Fragens spiegelt sich das Niveau der Erkenntnis, der Kultur einer Periode. Und so entspricht es dem Geiste unserer Zeit wohl besser, wenn wir nicht die Frage aufwerfen, warum auch andere Angestellte die sozialen Schutzvorschriften des Handelsrechtes genießen sollen, sondern wenn wir als Kinder des zwanzigsten Jahrhunderts ohne viel Umschweife lieber fragen: warum sollen diese Schutzvorschriften den Anderen versagt sein? warum sollen sie auf die Handlungsgehilfen beschränkt, deren Privileg bleiben? Daß diese Umstellung das Richtige trifft, sehen wir sofort daran, wie schwer es ist, eine Antwort darauf zu finden. Sofern die früher erwähnten Schranken beobachtet werden, gibt es fürwahr keinen plausiblen Grund, den nichtkaufmännischen Privatangestellten gleichen sozialen Schutz zu verweigern. Was man immer als Voraussetzung oder Bedingung einer ähnlichen Fürsorge ansehen mag: Art der Dienste, ihren Wert für das Unternehmen, die Lebensführung des Angestellten, seine Vorbildung, sein Verhältnis zum Unternehmer, die Lage des Unternehmens, in nichts zeigen sich prinzipielle Abstände und Verschiedenheiten, die hier unrichtig, unangebracht, überflüssig oder unmöglich erscheinen ließen, was die Rechtsordnung dort für so notwendig hält, daß sie das Meiste davon zwingend vorgeschrieben hat. Die Eigenschaften, die ehemals die Handlungsgehilfen an die Spitze der geschäftlichen Hilfskräfte stellten, sind heute nicht mehr ihr Alleinbesitz. Einerseits nimmt im kaufmännischen Dienst zufolge der Arbeitsteilung und anderer Momente das Mechanische einen viel größeren Raum ein als einst und auf der anderen Seite sind unzählige Dienstverhältnisse entstanden und in die Breite gewachsen, die technische, literarische, wissenschaftliche, künstlerische, m. e. W. geistige Vorbildung und Kenntnisse erheischen, die in jeder Beziehung der Schulung und dem Wissen der Handlungsgehilfen zum mindesten ebenbürtig sind. Die Aussichten, sich selbständig zu machen, deren Verringerung ein gern gebrauchtes Argument für die rechtliche und wirtschaftliche Besserstellung der Handlungsgehilfen ist, sie sind auch für die meisten Angestellten nicht viel hoffnungsvoller. Nach und nach wird das Kapital überall zum überwiegenden Faktor. Das bekommt der Einzelunternehmer ebenso zu fühlen wie der Angestellte. Die Ansprüche des Haushaltes, der Kindererziehung und Versorgung, des gesellschaftlichen Verkehrs usw. sind für zahlreiche Gruppen nichtkaufmännischer Angestellter, verglichen mit den Handlungsgehilfen, eher größer als geringer. Unterschiede, Abstufungen der Aufgaben, der Verantwortlichkeit, der gesellschaftlichen Geltung kommen in beiden Lagern vor. Im Durchschnitt sind die nichtkaufmännischen Angestellten voll berechtigt, für sich die gleichen sozialpolitischen Rücksichten zu fordern. Dazu kommt, daß die Divergenzen im heutigen Dienstrecht zum größten Teile, wie auch Herr Dr. P o t t h o f f hervorhebt, auf Zufälligkeiten, historischen oder politischen Gründen, auf äußeren Momenten im Gange der sozialen Entwickelung beruhen, nicht als Konsequenzen innerer Ungleichheiten gewollt, absichtlich geschaffen sind. Und endlich: Die Ausdehnung würde nur vereinzelt wahrhaft neue Zugeständnisse bringen. Mein Bericht darf sich bei diesem Detail nicht aufhalten, aber in den Gutachten ist es in interessanter Weise dargelegt, wie von der den Handlungsgehilfen gewährten sozialpolitischen Fürsorge schon heute bald mehr bald weniger den übrigen Gruppen von Privatangestellten höherer Ordnung durch das BGB., die Gewerbeordnung und andere Reichsgesetze oder durch die Landesgesetzgebung gesichert ist. Einen viel größeren, gewagteren Schritt hat die österreichische Gesetzgebung getan, als sie die Bestimmungen des neuen Handelsgehilfengesetzes für eine große Zahl von nichtkaufmännischen Unternehmungen und Anstalten gültig erklärte, denn zur Vorbereitung des Überganges war bei uns sehr wenig geschehen. Es ist bei dieser Sachlage zu begreifen, daß man davor zurückscheute, das Gesetz auf alle gewerbsmäßig betriebenen Unternehmungen schlechtweg auszudehnen. Nur hätte die Begrenzung folgerichtiger sein können. Die Einbeziehung z. B. der höheren Angestellten von Ärzten und in Heilanstalten, Privatunterrichts- und Erziehungsinstituten, der Angestellten der Binnenschiffahrt und Flößerei, der Angestellten von politischen, wirtschaftlichen und sozialen Organisationen, Vereinen, Gewerkschaften, Fachkammern und Gremien und mancher anderen Gruppen, die nun nach wie vor auf das unzulängliche bürgerliche Recht angewiesen sind, konnte kaum unübersteiglichen Schwierigkeiten begegnen. Trotzdem sind Tausende und Tausende von Angestellten außerhalb des Handels — Dr. Potthoff meint, ungefähr 90% der gesamten Privatbeamtenschaft, eine vielleicht zu hoch gegriffene Schätzung — nun in Österreich mit einem Schlage des sozialpolitischen Schutzes der Handlungsgehilfen teilhaftig geworden und indem damit unter dem Namen des Handlungsgehilfengesetzes ein Prviatbeamtengesetz allerdings beschränktem Inhaltes geschaffen wurde, sind auch Boden und Bahn geebnet, um gleichen Schutz den übrigen Angehörigen des sogenannten abhängigen Mittelstandes erreichbar zu machen. Zugegeben, daß es für das Deutsche Reich vielfach eine Ausgleichung nach oben ist, wenn Normen nach dem Muster der handelsrechtlichen Sätze gleichmäßig für alle zu höheren Diensten berufenen Privatangestellten an Stelle des jetzigen bunten und in seinen Abweichungen und Besonderheiten sehr oft ganz unverständlichen Rechts treten, so sind die materiellen Unterschiede doch nirgends erheblich genug, um ihrerwegen sich unter dem Titel der Wahrung wichtiger und legitimer Interessen an den heutigen Rechtszustand zu klammern. Um so weniger dann, wenn sich herausstellt, daß selbst diese Ausgestaltung den sozialpolitischen Schutz der Privatbediensteten über das unumgänglich Notwendige nirgends hinaushebt.

Welche Errungenschaften kommen denn eigentlich in Frage? Worin zeigt sich die dem Rechte der Handlungsgehilfen besonders eigene intensivere Rücksicht auf die Person des Dienstnehmers, auf die Erhaltung seiner Arbeitskraft, seine Erwerbsfähigkeit, seine natürlichen Interessen als gleichberechtigtes Glied der Volkswirtschaft? Denn auf dieses Besondere stellt es unsere Frage ab, sonst würden nicht die Handlungsgehilfen als tertium comparationis herausgehoben werden, sonst hätte man ebensogut die Gewerbeordnung als Vergleichungsglied wählen können. Die Bestimmungen, die für die eben erwähnten Ziele allein von Erheblichkeit sein können, sind, wie die Herren wissen, die Bestimmungen über die Einrichtung des Geschäftsbetriebes und der Arbeitszeit, über die Fürsorge für den Fall der Erkrankung, über die Lohnzahlung, das Dienstzeugnis und die Konkurrenzklausel. Wenn man daraus, daß alle diese Seiten des Dienstverhältnisses, wie gesagt, im Bürgerlichen Gesetzbuche und in der Gewerbeordnung größtenteils zwingend geregelt wurden, den Schluß ziehen darf, daß das in diesen Gesetzen zum Schutze der Dienstnehmer angeordnete in der Tat nur das soziale Existenzminimum bilde — und dafür spricht wohl namentlich auch der Umstand, daß das Bürgerliche Gesetzbuch diesen Schutz selbst im häuslichen, rein persönlichen Dienste für unerläßlich hält, obgleich man sich hier aus bekannten Gründen leider mit der geringstmöglichen Belastung des Dienstgebers begnügen muß — wenn man diesen Schluß ziehen darf und dann überschlägt, um was nach unseren Gutachten die „sozialpolitische Last" durch den Übergang zum Handelsgesetze schlimmstenfalls sich erhöhen kann, so wird man mit voller Überzeugung sagen dürfen, daß dieser Übergang eine für das geschäftliche Leben bedrohliche Steigerung der Pflichten des Dienstgebers keineswegs zur Folge haben kann.

Wir müssen nun noch bei den zu übertragenden Rechtsnormen verweilen, denn abgesehen von allem anderen, warum wir es mit ihrem Inhalt genauer zu nehmen haben, sind sie nur scheinbar eine feste Größe. Das Zeitalter der Mode, in dem wir leben, bosselt ebenso unruhig und ungeduldig an seinen Gesetzen, wie es Kleider, Hüte, Wohnungseinrichtung und Kunstgeschmack unaufhörlich wechselt. Auch die eben aufgezählten handelsrechtlichen Schutzvorschriften sind nicht ganz von diesem Schicksal verschont geblieben.

Zur unveränderten Übernahme eignet sich vor allem die Vorschrift über die Lohnzahlung. Hier hat sich aber wieder während der Beratungen des neuen Entwurfes der Gewerbeordnung ein Gegensatz offenbart, der es zweifelhaft macht, ob die Ausdehnung der §§ 64 und 65 des Handelsgesetzes auf alle Privatangestellten den Beifall der Regierung finden wird. Doch das ist jetzt nicht unsere Sorge. Die Übertragung selbstredend als zwingendes Recht, kommt einem Wunsche der Privatangestellten entgegen und sie ist, wie das Gutachten des Prof. Oertmann nachweist, auch sachlich richtig und begründet. Auch in diesem Punkte laufen die

Interessen der kaufmännischen, gewerblichen, technischen und sonstigen Angestellten unbestritten parallel. Sobald monatsweise Abrechnung oder Zahlung im Verkehr üblich geworden ist, trifft dies die Angestellten aller Art in gleicher Weise und die Geschäftssitten haben sich heute fast überall so sehr nach kaufmännischem Muster ausgebildet, daß wenige Gruppen von Unternehmern durch Einführung obligatorischer monatlicher Lohn- oder Gehaltszahlung in Verlegenheit geraten dürften. Das österreichische Handelsgehilfengesetz hat sie deshalb auch für die dem Gesetze unterworfenen nichtkaufmännischen Angestellten angenommen, und zwar — bemerkenswerter Weise — auf Wunsch der Organisationen der Dienstnehmer und Dienstgeber, die im Widerspruche zu der Regierungsvorlage die obligatorische Festsetzung monatlicher Gehaltszahlung ohne Rücksicht auf die Höhe der Bezüge verlangten.

Hinsichtlich der Dauer und Endigung des Dienstverhältnisses empfiehlt es sich gleichfalls, die nichtkaufmännischen Angestellten auf gleichem Fuße mit den kaufmännischen zu behandeln. Die einschlägigen Normen des Handelsgesetzes verdienen in einigen Punkten den Vorzug vor denen des Bürgerlichen Gesetzbuches, und ihrer Ausdehnung ist teilweise schon durch die Gewerbeordnung vorgearbeitet worden (Betriebsbeamte und Werkmeister). Worauf es aber hier in erster Reihe ankommt, ist, daß auch die nichtkaufmännischen Privatangestellten in den Stand gesetzt werden, sich der Zumutung zu erwehren, auf den ihnen gesetzlich zugedachten Schutz vertragsmäßig zu verzichten. Das Bürgerliche Gesetzbuch hilft ihnen nach herrschender Ansicht nicht. Die Handlungsgehilfen sind besser daran. Diese Verschiedenheit rührt, wie leicht erkennbar, an das Fundament des Dienstverhältnisses. Dieses erhält dadurch ein anderes Gesicht und was sonst dem Dienstnehmer gewährt wird, büßt durch diese Lücke an Wert ein. Eine solche grelle Rechtsverschiedenheit ist kaum zu motivieren. Daß unter einer starren, unabänderlichen Regel die Beweglichkeit der geschäftlichen Organisation nicht leide, dafür ist durch die Ausnahmen gesorgt, die das Handelsgesetzbuch für Dienstverhältnisse zuläßt, die auf Probe oder für die Zeit vorübergehenden Bedarfes eingegangen sind. Wird, wie es angeregt wurde, die Beschränkung auf „höhere Dienste" beibehalten, so greift die Übertragung der handelsrechtlichen Norm auch den Bestrebungen der Hilfsarbeitergruppen nicht vor, die heute auf leichte und möglichst rasche Lösbarkeit des Arbeitsverhältnisses Gewicht legen. In der Frage, ob die Gründe der vorzeitigen Auflösung im Gesetze zu exemplifizieren seien, schließe ich mich der Meinung Prof. Oertmanns an, der mit Recht das System des Handelsgesetzbuches als das praktisch richtigere billigt. Wir gelangen so zu dem Ergebnis, daß der Komplex der handelsrechtlichen Vorschriften, der die Kündigung und vorzeitige Auflösung betrifft, im ganzen ohne wesentliche Modifikationen auch für die sonstigen Angestellten gültig zu erklären wäre, wie es im österreichischen Handelsgehilfengesetze geschehen ist.

Auf geringen Widerstand dürfte die Rezeption der handelsgesetzlichen Normen über das Dienstzeugnis stoßen. Der Übergang vom bürgerlichen Rechte und von der Gewerbeordnung zum § 73 des Handelsgesetzbuches bietet gewisse kleine Vorteile, namentlich insofern er auch vorübergehend angestellten Personen Anspruch auf das Dienstzeugnis gibt. Gegen den Vorschlag, gleichzeitig die bekannte Kontroverse darüber zu erledigen, wann das Zeugnis verlangt werden könne, ist natürlich nichts zu bemerken. Ebensowenig dagegen, die Bestimmungen über das Dienstzeugnis, die man heute schon überwiegend als unabdingbares Recht behandelt, ausdrücklich als solches zu bezeichnen. Die meisten unter uns werden mit gemischten Gefühlen es ansehen, wie die Zwangsklausel in den neueren Gesetzen überhand nimmt. Was dawider vorgebracht wird, hat viel guten Sinn und ich möchte es namentlich nicht zugeben, daß — wie Herr Dr. Potthoff in seinem Gutachten sagt — soziales Recht Zwangsrecht ist, nur bindende Zwangsmaßregeln als soziale Schutzvorschriften anzusehen sind. Das hängt von dem moralischen und politischen Charakter einer Epoche ab, ist nichts dogmatisches. Von denjenigen, die dem neuen Rechte im breiteren Umfange die Geschmeidigkeit bloß erlaubender Normen bewahren möchten, trennt uns kein prinzipieller Gegensatz der Weltanschauung und auch keiner der Rechtsauffassung. Der Zwangspaß ist eine bedauerliche Erscheinung, die hoffentlich vorübergehen wird, jetzt aber an gewissen Stellen, wo alter und neuer Zeitgeist noch miteinander ringen, vorläufig unentbehrlich ist. Das positive Recht wird — wie wir immer wieder hören — oft mißbraucht, um die Ziele der Gesetzgebung zu vereiteln. So lange dieses Symptom in manchen Rechtssphären ein typisches bleibt, kann die Gesetzgebung auf dieses Mittel der Selbsterhaltung nicht verzichten. Aber eines wird man schon jetzt verlangen können, nämlich die tunlichste Einengung des zwingenden Rechts auf die den sozialen und wirtschaftlichen Kämpfen am meisten ausgesetzten Rechtsbeziehungen und seine Verwendung bloß zum Schutze wahrhaft wichtiger Rechtsgüter. Dagegen glaube ich mich bisher nicht vergangen zu haben.

In den Rechtssätzen über Einrichtung der Arbeiten, Arbeitsräume und Arbeitsmittel sowie Ordnung der Arbeitszeit stimmen Bürgerliches Gesetzbuch und Handelsgesetzbuch nicht ganz überein und daß diese Divergenzen für das angewandte Recht nicht ohne Belang sind, hat Professor Oertmann in seinem Gutachten gezeigt. Die Vorschrift des Handelsgesetzbuches sucht sich eben tunlichst der Technik und dem Mechanismus geschäftlicher Betriebe anzupassen, während die korrespondierende Bestimmung des Bürgerlichen Gesetzbuches statt der arbeitsteiligen Zerlegung des Gesamtwerkes in relativ selbständige Tätigkeiten, hauptsächlich die bloße Unterstützung des Dienstgebers, eventuell nur in seiner privaten Tätigkeit im Auge hat. Darum wird von der Einrichtung des Geschäftsbetriebes und der Arbeitszeit nicht gesprochen, nur der Vorrichtungen und Gerätschaften gedacht, die der Dienstgeber zu beschaffen hat, und überhaupt lediglich für die unter Leitung des Arbeitsgebers vorzunehmenden Arbeiten gesorgt. Den in geschäftlichen oder doch geschäftsmännisch organisierten Unternehmungen tätigen Angestellten das ihrer Verwendungsart adäquatere Recht zu geben, ist gewiß keine unbegründete Forderung. Zugegeben, daß dadurch wie fast durch alles, was zur Behauptung der Interessen der Dienstnehmer beitragen soll, die Verfügungsfreiheit des Unternehmers eine gewisse Einengung erfährt, ist nicht einzusehen, warum, was dem Kaufmanne recht sein muß, es nicht auch für andere Unternehmer sein sollte. Im Gegenteil, wenn auch nicht mehr so fest verbunden wie einst, halten sich Kaufmannstand und die meisten übrigen nach Handelsrecht lebenden Unternehmungen noch heute vergleichsweise weit mehr an einheitliche Usanzen und Gepflogenheiten als andere Geschäftszweige. Das Bedürfnis nach gesetzlichem Schutz ist letzteren gegenüber daher präsumtiv sogar größer. Der Gesichtspunkt des Leistenkönnens darf aber gerade hinsichtlich dieser primitivsten Forderung nicht entscheiden. Wer nicht einmal das allernötigste tun kann, um den für ihn Arbeitenden abwendbare sittliche und gesundheitliche Schädigungen durch das Arbeitsverhältnis fernzuhalten, der hat, wenn ich mich so ausdrücken darf, überhaupt kein Recht, andere für sich arbeiten zu lassen. Es ist wohl genug, wenn der Angestellte die Gefahren für Leben und Gesundheit auf sich nimmt, welche die Natur des Betriebes oder der Dienstleistung mit sich bringen. Zu allem dem nähert sich schon die Gewerbeordnung in diesem Punkte dem Handelsgesetzbuche, ein weiteres Argument für die Ausdehnung der handelsrechtlichen Normen auf die übrigen Angestellten. Freilich ist damit noch nicht alles getan, es wird auch für die Ausführung vorgesehen werden müssen. Es ist darauf aufmerksam gemacht worden, daß der Dienstnehmer selbst in der Regel nicht imstande sein wird, die Befolgung des Gesetzes zu erzwingen, da der Unternehmer jeden solchen Versuch durch Kündigung parieren kann. Diese Möglichkeit wird natürlich abschreckend wirken. Mit der Befugnis zum sofortigen Austritt aus dem Dienste — die zweite Form der Reaktion — ist aber trotz aller Schadenersatzansprüche weder dem Angestellten noch dem Gesetze geholfen. Sobald über das Gebiet der Fabriks- oder Gewerbeinspektion hinausgegangen wird, dürfte in der Tat hier eine Ergänzung des öffentlich-rechtlichen Schutzes notwendig sein. Das österreichische Handlungsgehilfengesetz hat dem etwas schwächlich entsprochen, indem der Regierung die „Ermächtigung“ erteilt wurde, die Aufsicht über die Einhaltung der bezüglichen Gesetzesvorschriften den Gewerbeinspektoren zu übertragen. Doch wenigstens ist der richtige Gedanke gerettet.

Die beiden noch übrigen, vielleicht wichtigsten Partien des Rechtsschutzes der Handlungsgehilfen: Dienstverhinderung durch unverschuldetes Unglück, insbesondere Krankheit und Konkurrenzklausel befinden sich zurzeit ganz offiziell unter den Händen der Ärzte. Sie kennen die Geschichte des Gesetzentwurfes betr. Änderung des § 63 HG. und Sie wissen, daß gerade jetzt über eine Novellierung des Rechtes der Konkurrenzklausel eine Umfrage im Gange ist, so daß der Juristentag den Ereignissen nachhinken würde, wenn er diese beiden Normen in ihrer gegenwärtigen Gestalt als nachahmenswerte Modelle für das künftige Dienstrecht der Angestellten bezeichnen wollte. Jedenfalls ist es für uns eine fatale Situation. Das Alte, Geltende wankt, das Neue ist noch nicht bekannt, und uns incidenter zur Reform zu äußern, wäre angesichts der Natur der beiden Fragen und ohne besondere Vorbereitung kaum am Platze. Ich möchte daher in diesem einleitenden Berichte zunächst nur angeben, unter welchen allgemeinen Voraussetzungen wir meines Erachtens die beiden letzten sozialen Schutzvorschriften der Handlungsgehilfen auch für die anderen Privatangestellten befürworten könnten, und möchte es im übrigen der Debatte überlassen, ob Geneigtheit besteht oder es als notwendig erachtet wird, die Revision der §§ 63 und 74 HGB. in Erörterung zu ziehen.

Was die erstere Gesetzesstelle anlangt, so geht der Streit um zweierlei: wie weit die Bestimmungen des § 63 zwingendes Recht sein sollen und ob die gegenwärtige Nichtanrechenbarkeit der Krankengelder aufzuheben sei. Mein eigenes Urteil darüber hätte wahrscheinlich für Sie nicht genug Autorität, deswegen will ich ohne Weiterungen mich gleich auf eine höhere Autorität, auf die eines Gesetzes berufen. Ich weiß ganz gut, ein verabschiedetes Gesetz ist an und für sich kein unanfechtbarer Beweis für die Richtigkeit seines Inhalts. Doch in sozialen, sozialpolitischen Dingen, überhaupt in Dingen, die auch der Laie kennt, versteht und zu beurteilen vermag, hat ein neues Gesetz immerhin eine gewisse symptomatische Bedeutung. Gar heutigen Tages, wo das Werden des Gesetzes — ob immer zum Vorteile der Sache, gehört auf ein anderes Blatt — im hellen Lichte der Öffentlichkeit vor sich geht, wo auch die entferntest dadurch Berührten sich rechtzeitig vernehmlich machen, wenn sie von dem Gesetz unangenehme Rückwirkungen auf ihre Interessen befürchten, und dann in Materien, die abseits des politischen Streites liegen, wo also die bürgerliche über die politische Moral zumeist noch die Oberhand behält, in solchen Fällen wird man immerhin im Gesetze einen Ausdruck des allgemeinen Urteils darüber erblicken dürfen, was recht und angemessen ist. Das gilt zumal, wenn es sich um bloß Opportunes, Utilitäres handelt, wie im Falle der Krankenfürsorge, denn der Versuch, je nach dem Interessenstandpunkt die Anrechnung oder Nichtanrechnung des Versicherungsgeldes als die einzig mögliche, allein der Gerechtigkeit gemäße Lösung hinzustellen, dürfte wohl bei vielen skeptisches Lächeln hervorrufen. Er gehört zu den in der Jurisprudenz häufiger als in einer anderen Wissenschaft vorkommenden Beweisführungen, wo im Anfang der Wille ist und dann das Wort. Man sollte sich nicht scheuen, Zweckmäßigkeitsfragen im Rechte als das anzuerkennen, was sie sind; sie haben dort als solche ihre besondere Funktion und brauchen sich nicht als Gerechtigkeitsprobleme zu maskieren.

Das zur Erläuterung der Absicht vorausgeschickt, in der dies geschieht, möchte ich darauf hinweisen, daß das österreichische Handelsgehilfengesetz für kaufmännische und nichtkaufmännische Angestellte, soweit auf letztere das Gesetz Anwendung findet, beide obgedachten kontroversen Punkte, wenn man so sagen darf, zugunsten der Angestellten geordnet hat. Der Dienstnehmer, der durch Krankheit oder Unglücksfall an der Leistung seiner Dienste verhindert ist, ohne die Verhinderung vorsätzlich oder durch grobe Fahrlässigkeit herbeigeführt zu haben, behält den Anspruch auf das Entgelt bis zur Dauer von 6 Wochen; wenn die Verhinderung durch Erfüllung der Militärdienstpflicht bewirkt ist, bleibt ihm der Anspruch auf seine Geldbezüge bis zur Dauer von 4 Wochen, vorausgesetzt, daß das Dienstverhältnis schon ununterbrochen ein Jahr gedauert hat. Das gilt nicht bei Einberufung zur Ableistung der gesetzlichen Präsenzdienstpflicht. Beträge, die der Dienstnehmer bei Verhinderung durch Krankheit oder Unglücksfall auf Grund einer öffentlich-rechtlichen Versicherung bezieht, dürfen auf die Geldbezüge nicht angerechnet werden. Wegen einer Dienstverhinderung, die den Zeitraum nicht übersteigt, für den der Anspruch auf Fortbezug des Entgelts besteht, darf der Dienstnehmer nicht entlassen werden. Eine in der Zwischenzeit stattfindende Kündigung läßt die angeführten Ansprüche unberührt. Alles dies ist zugleich zwingendes Recht. Die Regierung bot ursprünglich nicht so viel: vierwöchentlichen Gehaltsanspruch bei militärischer Einberufung, zwingendes Recht in vollem Umfange, aber Anrechnung der Krankengelder nach Verhältnis der Beiträge des Dienstgebers zur Versicherung. Während der parlamentarischen Beratung errang jedoch, und dadurch wird diese Bestimmung zu einer um so deutlicheren Äußerung der öffentlichen Meinung in der Anrechnungsfrage, die liberalere Auffassung den Sieg, mit der Begründung, daß die Versicherung nicht zugunsten des Dienstgebers wirken dürfe und sonst eine Verschlechterung des bestehenden Zustandes die Folge wäre, da bis dahin stets neben dem Gehalte auch das volle Krankengeld gewährt wurde, ohne daß Beschwerden laut geworden. Es sei auch der Dienstnehmer im Krankheitsfalle der Unterstützung besonders bedürftig, der Besorgnis aber, daß damit der Simulation Vorschub geleistet würde, komme wegen der Kontrolle der Krankenkassen keine allzugroße Bedeutung zu. Das Gesetz ist zu kurze Zeit in Wirksamkeit, um schon von Erfahrungen zu sprechen, die man damit gemacht hat. Soweit ich die Sache verfolgen konnte, läßt sich nicht sagen, daß gerade diese Vorschriften über die Krankenfürsorge bei den Unternehmern besonderen Unwillen erregt hätten oder angefeindet worden wären. Ich betone nochmals: Es steht mir nicht zu, das österreichische Handelsgehilfengesetz der deutschen Gesetzgebung als Muster hinzustellen, man braucht meinen Rat nicht und hat mich auch nicht darum gebeten. Ich wollte nur statt meines persönlichen Urteils ein überindividuelles, allgemeines Urteil anführen, in dem alle durch diese Frage aufgerüttelten Interessen- und Meinungsgegensätze schon verarbeitet und bilanziert sind. Die mit einer solchen Lösung verbundenen Opfer würden — nebenbei bemerkt — zu der Konstitution des deutschen Geschäftslebens gewiß in einem viel günstigeren Verhältnisse stehen als bei uns. Daß es etwas anderes ist, was man kraft Gesetzes schon besitzt, zu entziehen und mit einer bloßen Gewohnheit zu brechen, wird man begreifen. Dieser Grund würde gegebenenfalls nur noch mehr für einen der österreichischen Auffassung parallelen Schritt sprechen.

Völlig im Dunkel der Zukunft verbirgt sich, was aus dem Rechte der Konkurrenzklausel werden soll.

Wie die Gutachten zeigen, die man nun bald da, bald dort liest, gehen die Ansichten über die Reform der einschlägigen Bestimmungen des Handelsgesetzbuches und der Gewerbeordnung noch ziemlich auseinander. Ein Verbot der Konkurrenzklausel werden wir nicht erwarten dürfen, obwohl gewiß bessere Formen für die Bekämpfung des unlauteren Wettbewerbs und der Verletzung des Geschäftsgeheimnisses ersonnen werden könnten als diese Methode, die einer möglichen Verletzung nur beizukommen weiß, indem sie die gesamte Tätigkeit eines Menschen in seinem Berufe zeitlich oder örtlich lahmlegt, ein Mittel, das, streng genommen, auf der Höhe der Repression mittels Verbannung oder ähnlicher Arten des Unschädlichmachens steht. Es wird sich also höchstens um ein besseres Kompromiß handeln, um eine Erleichterung für die Angestellten; denn daß eine Modifikation des gegenwärtigen Rechtszustandes zu ihren Gunsten wünschenswert sei, wird in vielen Gutachten bestätigt. Als solches Kompromiß, sagen wir: als Kompromiß 1910, denn die Entwicklung wird dabei nicht Halt machen, könnte ich mir die einschlägigen Vorschriften des österreichischen Handelsgehilfengesetzes denken, wenn nicht die der Umfrage zugrunde gelegten Vorschläge der Reichsregierung derlei Hoffnungen eitel erscheinen ließen.

Um nur das Wesentlichste hervorzuheben, wodurch sich das österreichische Handelsgehilfengesetz von dem Deutschen Handelsgesetzbuche und der Gewerbeordnung unterscheidet, verbietet das österreichische Recht die Konkurrenzklausel für alle Dienstverhältnisse, in welchen der Dienstnehmer weniger als 4000 Kronen jährliches Entgelt bezieht, ein Betrag, der vielleicht noch etwas zu niedrig ist. Bei höheren Bezügen ist die Konkurrenzklausel nur wirksam, wenn sie sich auf die Tätigkeit im Geschäftszweige des Dienstgebers und auf den Zeitraum eines Jahres beschränkt. Was die Ausdehnung der Konkurrenzklausel auf die übrigen Privatangestellten betrifft, so ist es sicher, daß auch jenseits des Kreises der Handlungsgehilfen und der Angestellten, die der Gewerbeordnung unterworfen sind, rechtliche Schranken für solche Übereinkommen nicht überflüssig wären. Es sei nur daran erinnert, was speziell von Angestellten technischer Berufe über dieses Kapitel gehemmter Bewegung und das nicht seltene Misverhältnis zwischen dem, was die Stellung bietet und was sie an Pflichten auferlegt, berichtet wird. Man ist auch in allen möglichen Branchen immer rascher zur Hand, mit Hilfe solcher Abreden Annehmlichkeiten der Geschäftsführung zu erreichen, die mit dem Schutze des Betriebs- oder Geschäftsgeheimnisses nicht viel Zusammenhang haben. Wie ich in einem Artikel der uns übergebenen Nummer der „Deutschen Juristen-Zeitung" lese, hat jüngst jemand, der darüber gut unterrichtet sein kann und nichts den Unternehmern Ungünstiges sagen wollte, ungescheut zugestanden, daß es sich bei der Konkurrenzklausel keineswegs nur um die Wahrung von Geheimnissen handelt, sondern die „Konkurrenzklausel, wie ihr Name sagt, bis zu einem gewissen Grade die Konkurrenz ausschließen soll". Eine köstliche Probe unerschrockener Auslegungskunst, aber wohl auch eine Mahnung für die Gesetzgebung, nicht unter einer falschen Annahme zu scharfe Waffen zu schmieden! Vom rechtspolitischen Standpunkte müßte eindringlichst geraten werden, die Bedingungen und Grenzen zulässiger Konkurrenzbeschränkung für so viele Kategorien von Angestellten, als es nur immer tunlich ist, gleich zu machen. Denn gerade in solchen überaus reizbaren Beziehungen hat die Rechtsgleichheit etwas Kalmierendes. Diese Einheitlichkeit ist auch im österreichischen Handelsgehilfengesetz zur Geltung gekommen. Den Unterschied zwischen Handelsgesetzbuch und Gewerbeordnung zu perpetuieren und für technische Angestellte z. B. abweichend von den Handlungsgehilfen die Konkurrenzklausel ohne jede zeitliche Beschränkung zuzulassen, würde mir daher verfehlt erscheinen. Noch verfehlter aber, zwei auf gespanntem Fuße stehende Parteien zu fortwährenden Verrechnungen über die Entschädigung nötigen und den Angestellten zwingen, seinem ehemaligen Prinzipal wie einer Polizeibehörde über seinen Erwerb und Nichterwerb periodisch Rechenschaft abzulegen. Das sind nicht Mittel zum sozialen Frieden, wenn man selbst davor die Augen schließen will, daß die Idee eines solchen — gut oder schlecht — bezahlten Stillegens von Unternehmungslust und Arbeitskraft an sich volkswirtschaftlich und ethisch gleich unrichtig und ungesund ist.

Doch es hat keinen Zweck auf einzelnes einzugehen, da dem Juristentage doch nicht vorgeschlagen werden kann, sich für die eine oder andere Norm schon jetzt bindend auszusprechen. Wir müssen uns zufriedengeben, zu erklären, daß auch die sozialen Schutzvorschriften, die sich auf die Konkurrenzklausel beziehen, für Privatangestellte überhaupt gelten sollen, mit dem selbstverständlichen Vorbehalt, daß es Unternehmungen und Dienstverhältnisse geben wird, in denen derartige Abreden nicht vorkommen. Wenigstens nach der gegebenen Rechtslage fehlt es für eine differenzielle Behandlung der nichtkaufmännischen Angestellten an zwingenden Gründen. Etwaige Verbesserungen des Rechtes der Handlungsgehilfen wären natürlich auf die übrigen Privatangestellten zu erstrecken.

Damit sind die wichtigsten der den Handelsgehilfen spezifisch eigenen Schutzvorschriften erschöpft, deren Übertragung zu prüfen war. Die positive Teilung der Gesetzgebungskompetenzen kann es mit sich bringen, daß sich die meines Erachtens empfehlenswerten Übertragungen nicht für alle Arten von Privatangestellten in demselben Gesetze und zur selben Zeit bewerkstelligen lassen. Der heutige Rechtszustand oder Zweckmäßigkeitserwägungen können dazu nötigen, diese Übertragung für einzelne Gruppen von Angestellten in andere Formen zu kleiden als für die übrigen. Meritorisch soll aber für das zu höheren Leistungen berufene Personal der früher bezeichneten Betriebe und Unternehmungen in sozialpolitischer Beziehung gleiches Recht gelten.

Und nun zum Schluß. Meine Herren! Das von uns zu beratende Thema ist, wenn wir aufrichtig sein wollen, je näher wir ihm gekommen sind, desto mehr zusammengeschrumpft. Aus der Ausdehnung des Handelsrechts sind der Mehrzahl nach nicht allzu imposante Ausgleichungen im Detail geworden, und in zwei besonders wichtigen Punkten haben wir im Handelsgesetzbuche statt der Antwort neue Fragen gefunden. Ein gelehrter Franzose sagt: l'histoire des civilisations se compose de lentes adaptations, de petites transformations successives. Einverstanden, wir halten unsere Arbeit nicht für vergeblich, aber welche Distanz, welche Kluft trennt uns nach der Beantwortung unserer Frage noch von dem Ziel, den nichtkaufmännischen Angestellten nicht ein einheitliches, nein auch nur ein durchweg angemessenes Dienstrecht zu verschaffen! Was wir hier behandelten, sind einige wenige Bausteine dafür, ob und was sie taugen, hängt davon ab, was noch dazu kommt. Nebst der Pensionsversicherung, Arbeits- und Ruhezeit, Urlaub, Koalitionsrecht, Ausdehnung der gewerbegerichtlichen Zuständigkeit, besseren Schutz für Erfindungen der Angestellten, Bar- und Vollzahlung, Sicherung der Dienstkautionen, Erweiterung der Exekutionsfreiheit des Einkommens, Schutz für den Fall von Geschäftsauflösung und Betriebsreduktion infolge Syndikatsbildung o. ä., Tarifverträge, Inspektion usw. In allen diesen Richtungen bestehen Wünsche nach Rechtsänderung und mahnen uns daran, daß die Statuierung von Schutzvorschriften, wie sie das Handelsgesetzbuch für Handlungsgehilfen aufstellt, nur Stückwerk und für sich allein wohl kaum ausführbar wäre. Das Dienstverhältnis ist organisch eines, man kann nicht die eine Hälfte davon nach anderen Ideen als die zweite regeln. In dieser Hinsicht haftet auch der österreichischen Gesetzgebung, von der wir öfter gesprochen, manche Unvollkommenheit an.

Ähnliche Erwägungen dürften es gewesen sein, die Herrn Dr. Potthoff bewogen, das Thema in seinem Gutachten in größerem Stile aufzufassen und anstatt nach einem Teile zu fragen, sich gleich auf das Ganze zu richten. So gern ich ihm darin folgen möchte, kann ich doch nicht verkennen, daß der Juristentag augenblicklich nicht in der Lage wäre, auch über alle außerhalb des Handelsgesetzes gelegenen Materien zu entscheiden. Der Juristentag kann nur, wenn er die ihm vorgelegte Frage beantwortet, zugleich aussprechen, daß man diese Antwort nicht so deuten dürfe, als ob damit der sozialpolitische Inhalt des künftigen Dienstrechts der Privatangestellten erledigt sei. Und das wird er auch tun müssen, sonst wäre, was wir empfehlen, ein sehr anfechtbarer Torso. Die formelle Vereinheitlichung des Dienstvertragsrechts für die Gesamtheit der Privatangestellten kann uns dabei zunächst nur als ein vielleicht mögliches Ziel vorschweben. Wie schon der artige Pyramidenbau im Gutachten des Herrn Dr. Potthoff ahnen läßt, werden hier noch manche harten Nüsse zu brechen sein, bevor sich darüber halbwegs Übereinstimmung der Ansichten herstellen dürfte. Ich möchte nicht das Gewicht der Juristentags-Beschlüsse an ein noch so unübersehbares Projekt wagen. Gehen wir lieber systematisch vor. Statt es bei einem mehr gefühlsmäßigen Wunsch bewenden zu lassen, werden wir dann — und gewiß nicht zu spät — genau angeben können, mit welchem Inhalte und in welcher Gestalt wir uns das einheitliche Dienstrecht als empfehlenswert und realisierbar vorstellen. Das allein erwartet man von uns. Es ist die Gewohnheit des Juristentages, der Gesetzgebung oder Praxis anwendungsreife Lösungen zu bieten und nicht Probleme. So gelange ich zu den Vorschlägen, die Sie in der Hand haben:

> Die für Handlungsgehilfen bestehenden sozialen Schutzvorschriften sind als zwingendes Recht auf alle Privatangestellten auszudehnen, die höhere Dienste zu leisten haben.
>
> Hierbei empfiehlt es sich, betreffs der Fürsorge für den Fall unverschuldeten Unglücks oder Erkrankung an der Nichtanrechnung der Beträge festzuhalten, die dem Dienstnehmer für die Zeit seiner Verhinderung aus einer Kranken- oder Unfallsversicherung zukommen.
>
> Die Ausdehnung der Vorschriften des Handelsgesetzbuches über die Konkurrenzklausel wird mit dem Vorbehalte empfohlen, daß etwaige Verbesserungen dieser Vorschriften sich auf alle im ersten Absatze bezeichneten Angestellten zu erstrecken haben.
>
> Die ständige Deputation wird ersucht, auf die Tagesordnung eines der nächsten Juristentage die Frage zu setzen, welche sonstigen sozialen Schutzvorschriften gleichmäßig für alle im ersten Absatze bezeichneten Privatangestellten zu treffen wären.

Diese Sätze im einzelnen zu begründen, halte ich nach dem Gesagten zunächst für überflüssig. Ich behalte mir aber vor, falls es die Debatte notwendig macht, auf das eine oder andere im Schlußworte zurückzukommen. (Lebhafter, anhaltender Beifall.)

Justizrat Dr. **Junck** (Leipzig): Meine sehr geehrten Herren! Ich gebe zunächst der Freude des reichsdeutschen Juristen Ausdruck darüber, daß es ihm vergönnt ist, zusammen zu arbeiten mit dem Vertreter eines Staates, der uns gerade in der Ausbildung des Angestelltenrechtes zunächst einmal überflügelt hat, wobei ja das Urteil über die Bewährung dieser seiner neuen Gesetzgebung im einzelnen selbstverständlich vorbehalten bleibt. Ich spreche ferner meine Genugtuung darüber aus, daß die Ausführungen meines hochgeschätzten Herrn Vorredners, trotz aller Zurückhaltung — was ich betonen muß, insbesondere gegenüber der scharfen Hervorhebung der Tatsache, daß alle Sozialpolitik ihre Grenze finden müsse an der Leistungsfähigkeit der Industrie und der Belastungsfähigkeit des Unternehmers —, trotz aller dieser Vorbehalte in einem sozial warmen Tone gehalten waren, und daß sie sich bewegten in der Linie des sozialpolitischen Fortschrittes. Sagte doch der Vorredner, daß kein Grund bestehe, dasjenige, was die Handlungsgehilfen für sich errungen haben, anderen Berufen vorzuenthalten und daß alles dies nicht der Schlußstein der sozialpolitischen Schutzvorschriften sein solle. Mit der Betonung der Tatsache, alle Sozialpolitik müsse ihre Grenze haben, ist zwar etwas Wahres, aber auch etwas Selbstverständliches ausgesprochen worden, weil eben jede Übertreibung des Guten das Gegenteil des Guten bewirkt. Man kann mit solchen Vorhalten immer nur einzelne Maßnahmen bekämpfen und vor einem Zuviel in concreto warnen, aber keinen prinzipiellen Grund dafür schaffen, daß überhaupt keine Sozialpolitik mehr gepflegt werden solle. Sie bleibt die eigentliche Aufgabe unserer Zeit. In summa darf ich mit Freude konstatieren, daß ein Mann, der die Verantwortlichkeit des Gesetzgebers an so hoher Stelle kennen gelernt hat, hier für sozialpolitischen Fortschritt eingetreten ist.

Die uns von der Deputation vorgelegte Frage ist nach meiner Überzeugung weniger technisch-juristischer Natur und bietet von diesem Standpunkt aus wenig Schwierigkeiten. Es handelt sich mehr um ein sozialpolitisches Bekenntnis, um das Prinzip sozialpolitischen Fortschrittes überhaupt. Ich bin nicht im geringsten in Zweifel, daß die Antwort des Juristentages lauten wird: für sozialpolitischen Fortschritt auch auf diesem Gebiete. Daß Sozialpolitik getrieben werden muß, nicht, weil sie einmal angefangen worden ist, sondern der Gerechtigkeit wegen, ist eine Erkenntnis, die der Deutsche Juristentag seit langem zu der seinigen gemacht hat. Das zeigt wiederum die Aufstellung unseres Themas in erfreulicher Weise.

Unsere Frage geht in anderer Formulierung dahin: ob die Schutzvorschriften, die sich ein einzelner Stand errungen hat, nämlich der Handlungsgehilfenstand, auf diesen beschränkt bleiben sollen, ob sie nicht vielmehr ausgedehnt werden sollen auf andere Berufsstände, die trotz Verschiedenheit der von ihnen zu leistenden Arbeit doch im Grunde derselben sozialen Schicht angehören, überhaupt auf alle Angestellten, auf den großen Stand der Privatangestellten.

Der reichsdeutsche Rechtszustand ist folgender: ein Teil der Privatangestellten hat sich ein Sonderrecht errungen, die Handlungsgehilfen; desgleichen gewisse Kategorien der Gewerbsgehilfen, womit die Werkmeister, Betriebsbeamten, Techniker gemeint sind. Im übrigen enthält ja die Gewerbeordnung Vorschriften, die auch für die Handlungsgehilfen gelten, weil auch die Ausübung des Handels ein Gewerbe ist. Ferner kommen einzelne Spezialgesetze in Betracht, von denen ich die Seemannsordnung- und das Binnenschiffahrts- und Flößereigesetz hervorheben will, alles Sonderrechte, denen das Bürgerliche Gesetzbuch subsidiär ist. Daneben eine Anzahl von Sonderrechten auf sog. vorbehaltenen Gebieten, wo nicht das Bürgerliche Gesetzbuch, sondern das Landesrecht subsidiär ist. In erster Linie stehen die Handlungsgehilfen. Wie ihnen andere Berufe schrittweise nachgefolgt sind, dafür kann im einzelnen auf die Zusammenstellung in dem Oertmannschen Gutachten verwiesen werden.

Hielte man sich nun äußerlich an die gestellte Frage, so könnte man alle diejenigen Berufe ausschalten, die außer den Handlungsgehilfen bereits ein Sonderrecht für sich erlangt haben. Denn sozialpolitische Schutzvorschriften „in der Art der für die Handlungsgehilfen bestehenden" sind eben für sie schon vorhanden, die Frage ist bereits tatsächlich zu ihrem Gunsten bejaht. Diese Ausscheidung empfiehlt sich um so mehr, als sogar einzelne dieser Berufe, z. B. die Werkmeister, Techniker und Betriebsbeamte der GewO. im Begriffe sind, die sozialpolitischen Schutzvorschriften für Handlungsgehilfen zu überflügeln; ihr Sonderrecht befindet sich gerade jetzt im Flusse der Gesetzgebung. Eine ins Einzelne gehende Vergleichung der verschiedenen Sonderrechte miteinander liegt gewiß nicht im Rahmen der uns gestellten Frage, ebenso nicht eine Untersuchung darüber, ob es sich empfiehlt, die bestehenden Schutzvorschriften in sich, z. B. über Konkurrenzklausel, noch weiter auszudehnen, oder gar, ob neue soziale Schutzvorschriften geschaffen werden sollen. Ich brauche hier nur an die von meinem Herrn Vorredner schon angeführte Frage des Rechtes der Angestellten auf ihre Erfindungen, ferner der Sonntagsruhe, eines Vorrechts des Anspruchs auf die Dienstkaution im Konkurse des Dienstgebers, des Urlaubs, des Koalitionsrechtes usw., hinzudeuten. Durch die bloße Nennung dieser Fragen werden sich den Kennern ganze Gedankenreihen öffnen, die aber hier nicht weiter verfolgt werden können. Für uns handelt es sich nur um die eventuelle Übertragung bestehenden sozialen Schutzrechtes auf die Angestellten anderer Berufe, und zwar solcher, die noch kein Sonderrecht genießen, kurz: um die Gegenüberstellung des Rechtes der Handlungsgehilfen mit dem Rechte des Bürgerlichen Gesetzbuches, welches ausschließlich gilt für diejenigen, welche keine Sonderrechte für sich erstritten haben.

Daß das Bürgerliche Gesetzbuch auf dem Gebiete des sozialen Dienstvertragsrechtes etwas karg und lückenhaft ist, dürfen wir jetzt wohl aussprechen. Zum mindesten befleißigt es sich einer großen Zurückhaltung, die übrigens historisch begründet ist, da das ganze Gebiet damals noch nicht in der Bewegung war, wie jetzt.

Als diejenigen Beamten- und Angestellten-Kategorien, für die nur das Bürgerliche Gesetzbuch gilt, kommen namentlich in Betracht die Bureaubeamten solcher Arbeitgeber, die nicht der Gewerbeordnung unterstehen, z. B. die in der letzten Zeit viel genannten Bureaubeamten der Rechtsanwälte. Es kommen ferner in Betracht die Privatangestellten wissenschaftlichen Charakters, z. B. die Ärzte in Sanatorien, künstlerischen Charakters, z. B. die Bühnenangehörigen, politischen Charakters, z. B. der Parteisekretär, oder sozialpolitischen Charakters, z. B. Angestellte der Berufsgenossenschaften. Alle diese sind auf das Bürgerliche Gesetzbuch angewiesen, und für sie ist eben festzustellen, daß ihr Recht im Punkte sozialpolitischer Schutzvorschriften mehrfach hinter dem Handelsgesetzbuche zurückbleibt.

Dieses Zurückbleiben kann zwar nicht anerkannt werden in dem Punkte des Schutzes der Person, der analog ist dem bekannten Arbeiterschutz der Gewerbeordnung. Das Bürgerliche Gesetzbuch trifft ja in den §§ 618, 619 sozialpolitische Vorschriften über Geschäftsbetrieb, Arbeitszeit, Gerätschaften. Das Handelsgesetzbuch geht scheinbar hierüber hinaus, indem es ganz allgemein in § 62 auch die guten Sitten und den Anstand als Rücksichten anführt, die hierbei zu nehmen sind. Ich meine aber, eine fortschreitende Rechtsprechung sollte genügen, dasjenige, was im Handelsgesetzbuche über das Bürgerliche Gesetzbuch hinaus ausdrücklich vorgeschrieben ist, auf das allgemeine Bürgerliche Recht zu übertragen, wenn man daran festhält, daß im Dienstvertrage nicht nur die Arbeitskraft eines anderen gemietet wird, sondern, daß sich der eine verpflichtet, dem anderen als freie Person Dienste zu leisten, und daß alle seine Verpflichtungen selbstverständlich (§ 242) unter dem Begriffe von Treu und Glauben stehen. Auf diesem Wege sollte es nicht schwer sein, die Rücksichten auf Anstand und gute Sitte auch hier zur Geltung zu bringen. Ich kann also im Ergebnisse nicht finden, daß in diesem Punkte das Bürgerliche Gesetzbuch, richtig angewandt, wesentlich hinter dem Handelsgesetzbuche zurückbleibt.

Dagegen ist zweifellos wichtig die Frage der Fortzahlung des Gehalts in Behinderungsfällen und die Anrechnung der Beträge aus Versicherungen, der Kranken- und Unfallversicherung, während der bekannten sechs Wochen. Hier steht die Sache so — und das beruht auf der historischen Entwicklung — daß das Handelsgesetzbuch in § 63 die Nichtanrechenbarkeit dieser Versicherungsbeträge vorschreibt, gleichgültig, ob sie aus einer freiwilligen oder einer gesetzlichen Versicherung fließen. Der Handlungsgehilfe braucht sich nicht anrechnen zu lassen auch die Bezüge, die er aus der Ortskrankenkasse oder von der Berufsgenossenschaft erhält. Hier bleibt bekanntlich das Bürgerliche Gesetzbuch hinter dem Handelsgesetzbuche zurück. Nach dem System unseres Bürgerlichen Rechts brauchte sich der Angestellte die Bezüge aus einer f r e i w i l l i g e n Versicherung selbstverständlich nicht anrechnen zu lassen, weil er diese Bezüge durch seine eigenen freiwilligen Beiträge selbständig erwirbt. Anders bei Zwangsversicherung. Hier führen schon BGB. § 323 und 281 zu folgendem Ergebnisse: dem Dienstverpflichteten ist die Leistung seiner Dienste unmöglich geworden, er muß sich aber dasjenige anrechnen lassen, was er als Ersatz für die ihm unmöglich gewordenen Dienste erhält. Hiernach müßte der Privatangestellte sich ganz zweifellos die Bezüge aus der Zwangsversicherung anrechnen lassen. Dies de lege lata, de lege ferenda, also rechtspolitisch, denke ich ganz anders. Wie der Herr Vorredner schon betont hat, besteht hier eine ganz offene und unverdeckte Differenz zwischen den Beschlüssen des Deutschen Reichstages und dem Reichsjustizamt. Der Reichstag wünscht, daß die Nichtanrechnung der Bezüge aus der Zwangsversicherung Recht bleibe und wo es nicht schon der Fall, Recht werde, während die Reichsregierung sich auf den entgegengesetzten Standpunkt stellt.

Indem ich nun nicht verkenne, daß sich für beide Meinungen erhebliche Gründe geltend machen lassen, namentlich auch für die Stellung der Reichsregierung, meine ich, in Übereinstimmung mit dem Herrn Vorredner, daß die Nichtanrechnung der Bezüge auch aus der Zwangsversicherung doch wohl dem Gedanken der öffentlich rechtlichen Versicherung besser gerecht wird. Es kommt die wirtschaftliche Erwägung hinzu, daß der notwendige Aufwand des Angestellten während einer Krankheit sich nicht zu verringern, sondern zu vermehren pflegt, und daß es daher gewiß nicht unbillig ist, wenn der Erkrankte oder Verunglückte außer seinem Gehalt noch einen mäßigen Zuschuß in Gestalt der Krankengelder bezieht. Ich stimme also der These 2 des Herrn Referenten, die wohl in dem Sinne zu verstehen ist, daß damit auch die Bezüge aus gesetzlicher Versicherung gemeint sind, durchaus zu.

Was die Lohnzahlung anlangt, so bestimmt das Handelsgesetzbuch in § 64, und zwar zwingend — inwiefern zwingendes Recht aus dem Begriffe der Sozialpolitik folgt, darüber später —, daß die Lohnzahlung zu erfolgen hat monatlich, während das Bürgerliche Gesetzbuch in § 614 auf dem Standpunkte steht, daß der Dienstlohn zu zahlen ist n a ch der Dienstleistung. Als Zeitabschnitt für die Bemessung der Vergütung kommt eventuell ein ganzes Jahr in Betracht (§ 621). Es besteht also nach dem Bürgerlichen Gesetzbuche auch bei dauernden Dienstverhältnissen die Möglichkeit, den Lohn erst nach einem vollen Jahre zu zahlen, was sozialpolitisch falsch ist, weil monatliche Entlohnung die wirtschaftliche Regel bildet; nicht nur Privatangestellte, auch öffentliche Beamte beziehen ihren Gehalt in der Regel monatlich, womit unser ganzes wirtschaftliches Leben rechnet. Hier würde ich also dafür votieren, daß die Zwangsvorschrift des Handelsgesetzbuches bei monatlicher Gehaltszahlung übertragen wird auf alle Privatangestellten.

Was die Kündigung anlangt, so ist auch hier das Handelsgesetzbuch gegenüber dem Bürgerlichen Gesetzbuche im Vorsprung, indem jenes in § 67 und zwar zwingend vorschreibt, daß die Kündigung immer für den Schluß eines Monats erfolgen muß und daß die Kündigungsbedingungen für beide Teile gleich sein müssen. Sozialpolitisch und rechtspolitisch empfiehlt sich auch die im Handelsgesetzbuche, nicht im Bürgerlichen Gesetzbuche, vorgesehene Aufzählung der Gründe für fristlose Aufkündigung. Es ist immer gut, dem Richter typische Fälle an die Hand zu geben, die Gefahr des argumentum e contrario muß zurücktreten.

Was das Dienstzeugnis anlangt, so stimmen beide Gesetzbücher äußerlich fast überein. Nur ist das Handelsgesetzbuch nach § 73 insofern im Vorsprunge, als es ein Recht auf Dienstzeugnis gewährt, auch wo es sich nicht um ein dauerndes Dienstverhältnis handelt, vgl. dagegen BGB. § 630. Es ist aber zweifellos richtig, daß z. B. auch der Bücherrevisor, der die Bücher eines Kaufmannes in Ordnung gebracht und vielleicht eine sehr schwierige und dankenswerte Arbeit verrichtet hat, Anspruch auf

Erteilung eines Dienstzeugnisses haben muß, desgl. die Krankenpflegerin oder der Krankenpfleger, der in einer wichtigen Periode, also nicht dauernd, einem anderen Dienste leistete. Übrigens ist es interessant, daß gerade bei der Frage des Dienstzeugnisses sich die Rechtsprechung noch nicht allgemein zu einer gewissen Freiheit der Betrachtung hat aufraffen können. Es heißt in beiden Gesetzbüchern: das Dienstzeugnis ist auszustellen bei Beendigung des Dienstverhältnisses. Man streitet nun: ist das Dienstzeugnis auszustellen, schon wenn die Auflösung sicher ist, also nachdem gekündigt worden ist, oder erst, wenn der Angestellte tatsächlich aus dem Dienste ausscheidet? Nimmt man die Gesetze wörtlich, so kommt nur letzterer Zeitpunkt in Frage. Sozialpolitisch ist das natürlich falsch: das Dienstzeugnis wird vom Angestellten in der Regel verwertet, um sich eine neue Stelle zu suchen. Wenn aber das Bürgerliche Gesetzbuch in § 629 vorschreibt, daß der Arbeitgeber dem Arbeitnehmer angemessene Zeit gewähren muß zum Aufsuchen eines anderen Dienstverhältnisses, so sollte es nicht schwer sein, beide Gesetze dahin zu interpretieren: das Dienstzeugnis ist auszustellen, sobald die Beendigung des Dienstverhältnisses in sicherer Aussicht steht.

Den Schluß ausdehnungsfähiger Vorschriften bildet — last not least — die Konkurrenzklausel, über die festzustellen ist, daß das Bürgerliche Gesetzbuch im Gegensatz zum Handelsgesetzbuch und zur Gewerbeordnung keine besonderen Vorschriften enthält, abgesehen etwa von der richterlichen Befugnis, eine Vertragsstrafe herabzusetzen. Die hierüber bestehenden sozialen Schutzvorschriften der Gesamtheit der Privatangestellten vorzuenthalten, sehe ich keinen Grund. Von ganz besonderen Fällen abgesehen, ist die Bedeutung der Konkurrenzklausel im Handelsrecht keine andere als im Rechte der anderen Angestellten. Die Frage, ob die Beschränkungen der Konkurrenzklausel auszudehnen oder ob sie etwa ganz zu beseitigen seien, gehört ja an sich nicht in den Rahmen der uns gestellten Frage. Ich möchte aber, da auch der Herr Vorredner darauf eingegangen ist, mit meiner persönlichen Meinung nicht zurückhalten. Ich glaube fast, daß die schließliche unabwendbare Entwickelung zu einem gänzlichen Verbot der Konkurrenzklausel führen wird, auf einen Ersatz durch andere Vorschriften, die sich in der Linie einer nur teilweisen Beschränkung des Angestellten an Stelle der vollkommenen Lahmlegung seiner Dienstkraft bewegen. Ehe aber die Notwendigkeit, die Konkurrenzklausel zu verbieten, zur allgemeinen Rechtsüberzeugung geworden sein wird, muß nach einer Vermittelung gesucht werden. Ich glaube nicht, daß die neueren Vorschläge des preußischen Handelsministers zum Ziele führen. Der

Gedanke der bezahlten Karenz wird der Ethik der ganzen Bewegung kaum gerecht. Dem Angestellten ist nicht damit gedient, daß ihm das wirtschaftliche Niveau erhalten wird, auf dem er schon steht, nein, er will weiter, er strebt empor. Dieser Rücksicht wird die bezahlte Karenz nicht gerecht. Dagegen dürfte es kein ungesunder Gedanke sein, die Konkurrenzklausel zu binden an gerichtliche oder notarielle Form, weil dadurch ausgeschlossen wird, daß die Klausel so nebenbei, formularmäßig ausbedungen wird. Es ist gut, wenn sie mit Schwierigkeiten verknüpft wird. Ich glaube ferner, daß es sich schon jetzt empfiehlt, nach Maßgabe des österreichischen Gesetzbuches die Konkurrenzklausel bis zu einer unteren Gehaltsgrenze ganz zu verbieten. Wie hoch man gehen soll, ob bis zu 4000 Kr., bleibe heute dahingestellt. Die Entwicklung geht im allgemeinen g e g e n den Gedanken der Konkurrenzklausel, und ich halte es für einen gesunden Gedanken, der jüngst in der Reichstagskommission vorgebracht wurde, die Geltendmachung der Konkurrenzklausel wenigstens zu binden an den Nachweis eines erheblichen wirtschaftlichen Interesses.

Es ist vom Standpunkte der Volkswirtschaft aus schwer zu verstehen und bedarf mindestens der Untersuchung, wie es eigentlich dazu gekommen ist, daß das soziale Angestelltenrecht in so viele Sonderrechte zersplittert ist und daß die Handlungsgehilfen gegenüber anderen im Vorsprung sind. Sieht man näher zu, so ist die Entwicklung begreiflich. Das Kaufmannsrecht ist immer vorbildlich gewesen, es war an sich ein Fortschritt auf dem Gebiete des Rechtes. Ich erinnere daran, wie der berühmte Artikel 278 von der Engherzigkeit befreite, mit der in der guten alten Zeit Rechtsgeschäfte vom Richter ausgelegt wurden. Auch in sozialer Beziehung ist denn auch das kaufmännische Recht vorausgegangen. Ferner ist garnicht zu zweifeln daß die Wichtigkeit des ganzen Angestelltenstandes uns erst in neuerer Zeit mehr und mehr zum Bewußtsein gekommen ist. Der Angestelltenberuf war früher mehr als jetzt ein Durchgang zur Selbständigkeit. Speziell der Handlungsgehilfe hat wohl auch jetzt noch am ehesten die Möglichkeit, zur Selbständigkeit zu gelangen, der Techniker besitzt in dieser Beziehung schlechtere Chancen, und gar keine Chancen hat das große Heer der Bureaubeamten, am allerwenigsten z. B. der Bureaubeamte des Rechtsanwalts. Der große Angestelltenstand schiebt sich zwischen das sog. Proletariat auf der einen Seite und das Großunternehmertum auf der anderen Seite. Hier darf auf den ungeheuren Ernst hingewiesen werden, den die ganze Angestelltenfrage für uns hat. Nach der bekannten sozialistischen Theorie der Konzentration und der Verschärfung der Klassengegensätze müßte eigentlich schon jetzt das Proletariat dem Unternehmertum mehr oder weniger unvermittelt gegenüberstehen; jenen Theorien zum Trotze hat sich der Angestelltenstand dazwischen geschoben. Es ist eine tiefernste politische Aufgabe, diesen großen Angestelltenstand dem Staatsgedanken und unserer Gesellschaftsordnung zu erhalten. (Bravo!) Das mögen alle Unternehmer beherzigen, wenn sie über die Konkurrenzklausel nachdenken.

Die Handlungsgehilfen haben sich zuerst, wie mehrfach betont, ihr Sonderrecht erkämpft; sie sind eben zuerst aufgestanden, haben sich zuerst bedeutende Organisationen geschaffen, die jetzt noch Gegenstand unserer Bewunderung sind. Infolgedessen haben sie zuerst vermocht, unter Betonung der Unsicherheit und Unselbständigkeit ihres Standes, soziale Schutzvorschriften zu erlangen. Es ist übrigens erfreulich, daß jetzt an der Hand einer großen gemeinsamen Frage der Stand der Privatangestellten sich vereinigt hat, nämlich der der Pensions- und Hinterbliebenenversicherung; auch hier ist uns der befreundete österreichische Staat vorangegangen.

Eine weitere Erklärung für die Tatsache, daß unser Angestelltenrecht in Sonderrechte gespalten ist, bietet folgendes: die Notwendigkeit einer Sozialpolitik für den gewerblichen Arbeiter ist eher erkannt worden als die Notwendigkeit gleicher Fürsorge für den Mittelstand, von dem der Stand der Angestellten nur ein Teil ist und ein Teil sein soll. Diese Säumnis — die Arbeiter-Sozialpolitik war für uns eben zeitweise dringlicher — wird jetzt schrittweise nachgeholt, und daraus, daß eben immer nur Schritte gemacht werden, ergibt sich die des Rechtsstaates nicht ganz würdige Zerrissenheit des Angestelltenrechts.

Es ist schwer, den einzelnen Angestellten richtig zu rubrizieren, wohin er eigentlich gehört, noch schwerer, das für ihn geltende Recht verantwortlich festzustellen. Ich darf vielleicht einige besonders anmutige Beispiele für die Schwierigkeit der Rechtsfindung anführen. Die Blumenbinderin oder Putzmacherin würde an sich Gewerbegehilfin sein, sobald sie aber, was nahe liegt und sehr häufig ist, im Blumen- oder Putzgeschäft ständig verkauft, wird sie Handlungsgehilfin und wechselt dann ihr Recht. Der Braumeister, der Kassenbote, der Zuschneider sind rechtlich lebhaft umstrittene Persönlichkeiten. Der Fabrik- und Werkmeister, der für einen Zweig der Fabrik Arbeiter engagiert, die Arbeit verteilt, Bücher führt, die auf den Gewerbebetrieb Bezug haben, ist an sich unbestritten Beamter im Sinne der §§ 133a ff. der Gewerbeordnung; sobald er aber dazu fortschreitet, auch Rohstoffe mit einzukaufen, wird er zum Handlungsgehilfen und wechselt damit sein Recht. Welcher Kategorie der Fahrradlehrer zuzuweisen ist, hängt davon ab, ob er sich darauf beschränkt, Unterricht im Radfahren zu geben, oder ob er zugleich im Kontor mit arbeitet. Der Angestellte, der erst in einem kaufmännischem Geschäfte Kunden bediente und als Handlungsgehilfe dem Handelsrechte mit seinen sozialen Schutzvorschriften unterstand, dann aber in das Bureau eines Rechtsanwalts eintritt, genießt von da ab das sozial mindere Recht des Bürgerlichen Gesetzbuches.

Ich wiederhole, diese Rechtszerrissenheit entspricht nicht der Würde eines Rechtsstaates. Rechtsunsicherheit vermindert das Vertrauen zur Rechtspflege und hindert Fortbildung der Rechtssätze in Wissenschaft und Praxis, noch dazu auf einem Gebiete, das durchaus einheitlich sein sollte. Was den Handlungsgehilfen anlangt, besteht keine Veranlassung mehr, ihn sozial zu trennen von seinem gewerblichen Mitarbeiter, mit dem er in derselben Fabrik an einem Pulte sitzt. Der Korrespondent und der Zeichner in der Fabrik werden nach verschiedenem Rechte beurteilt; sie sind aber Glieder derselben sozialen Schicht. Warum also den Handlungsgehilfen noch sozialpolitisch isolieren? Wird doch an sich der Handlungsgehilfe infolge des Zurücktretens des reinen Zwischenhandels gegenüber der Fabrik immer mehr Industriebeamter. Der frühere Grund eines sozialpolitischen Sonderrechts schwindet nach der volkswirtschaftlichen Entwicklung allmählich dahin. Ich glaube nicht, daß die Befürchtungen, die in einer in den letzten Tagen verteilten Broschüre ausgesprochen worden sind, berechtigt sind, Befürchtungen, die dahin gehen: Werfen wir die Handlungsgehilfen mit den anderen Angestellten in einen Topf, so wird der weitere sozialpolitische Fortschritt der Handlungsgehilfen zurückgehalten, erschwert. Es ist nicht richtig, daß die Schwerkraft der Handlungsgehilfenorganisationen für sich allein größer sei, als die des gesamten Angestelltenstandes. Der Ruhm, Pioniere gewesen zu sein auf dem Gebiete der sozialen Fürsorge, wird den Handlungsgehilfen stets bleiben.

Es ist mir nach dem, was ich mir auszuführen erlaubt habe, nicht der geringste Zweifel, daß die uns vorgelegte Frage bejaht werden muß, mit anderen Worten, daß das, was den Handlungsgehilfen recht ist, den Privatangestellten billig ist. Angesichts der schon bestehenden sozialen Gesetzgebung, welche ganze Kategorien von Angestellten schon ergriffen und für sie bereits sozialpolitische Schutzvorschriften „in der Art der für die Handlungsgehilfen bestehenden“ geschaffen hat, könnte man überhaupt sagen, die vorgelegte Frage dünkte uns etwas klein; sie zu beantworten sei nicht schwer. Umso schwerer aber ist es, sie richtig zu lösen. Man muß also dem Ja, ein Aber hinzufügen:

Ja. — Aber! wie soll die Übertragung des Handelsgehilfenrechts auf die anderen Privatangestellten bewerkstelligt werden? Soll man sich damit begnügen, das, was für die Handlungsgehilfen gilt, in allen Einzelheiten, durch einen Akt der Gesetzgebung zu übertragen auf alle Privatangestellten? Das würde gesetzgeberisch sehr einfach sein, würde aber das Übel nur verschlimmern, da das — stellenweise sogar schon überholte — Handlungsgehilfenrecht selbst und das Recht der benachbarten Berufskategorien sich gegenwärtig recht eigentlich im Flusse der Gesetzgebung befinden.

Ich glaube daher im Gegensatz zu meinem hochverehrten Herrn Vorredner, daß doch der Potthoffsche Gedanke der richtige ist: das Ziel der Gesetzgebung muß ein einheitliches Angestellten- und Beamtenrecht sein. Soweit freilich, wie Potthoff, dieser Prophet des Angestelltenrechtes, geht, der auch ein einheitliches Recht des Dienstvertrages im Rahmen eines Spezialgesetzes schaffen will, soweit möchte ich doch nicht gehen. Es liegt im Interesse der sozialpolitischen Entwicklung, daß das Recht des Angestellten von dem des Arbeiters getrennt bleibt. Die wirtschaftlichen Bedürfnisse, die Standesbedürfnisse des Arbeiters auf der einen, des Angestellten auf der anderen Seite, können und sollen nicht dieselben sein. Vergleichen wir nur einmal das Interesse des Angestellten, eine möglichst dauernde, gesicherte Anstellung mit langer Kündigungsfrist zu haben, mit dem Interesse des Arbeiters, der wegen seines Koalitionsrechtes möglichst freizügig bleiben will. Die historisch gewachsene Trennung zwischen Arbeitern und Angestellten muß aufrecht erhalten bleiben, auch im Rechte. Aber auch das so beschränkte Ziel eines einheitlichen Angestelltenrechtes erfordert einen über allen Parteien stehenden, mit weitem Blick ausgerüsteten, geistig souveränen Gesetzgeber, und es wird kaum eine nahe Zukunft sein, die uns diese große Rechtsbildung bringen wird; aber das Ziel muß festgehalten werden, wie übrigens schon die Reichstagskommission bei Beratung des Bürgerlichen Gesetzbuches erkannt und in einer Resolution zum Ausdruck gebracht hat.

Wie schwierig das Gesetzgebungswerk sein wird, zeigt sich schon, wenn man sich einmal anschickt, auch nur den Begriff des Angestellten festzulegen. Das wird wohl nur mit Hilfe zweier positiver Merkmale geschehen können: die Anstellung muß eine dauernde, wenigstens auf längere Zeit berechnete, muß eine endgeltliche sein. Im übrigen kann man nur negativ abgrenzen: Privatangestellter ist, wer nicht Arbeiter, nicht Gesinde und nicht öffentlicher Beamter ist. Auch der bekannte Ausschuß für die Vorbereitung der Pensions- und Hinterbliebenenversicherung für die Angestellten bedient sich dieser negativen Abgrenzung des Begriffes.

Diese Schwierigkeit dürfte der österreichische Gesetzgeber schon deutlich empfunden haben. Man hört, daß das neue österreichische Gesetz über die Angestelltenversicherung gerade dort auf Unsicherheiten stößt, wo es gilt, in concreto festzustellen: ist der Betreffende überhaupt Angestellter, fällt er unter diese Kategorie? Das neue Handlungsgehilfengesetz, das mein Herr Vorredner mehrfach erwähnt hat, hat den Begriff des Angestellten im wesentlichen zu erfassen gesucht durch eine Aufzählung der einzelnen Kategorien. Wir sehen aufgezählt die Handlungsgehilfen, Gewerbegehilfen bis zu den Angestellten der K. K. Tabak-Trafik. Um eine Aufzählung wird auch unser Gesetzgeber nicht herumkommen.

Übrigens muß ich dem Herrn Vorredner gegenüber, der hier etwas skeptisch war, bemerken, daß das neue österreichische Handlungsgehilfengesetz diesen Namen im Sinne des lucus a non lucendo trägt, indem es sich tatsächlich nicht auf die Handlungsgehilfen beschränkt, sondern den ganzen großen Kreis der Privatangestellten umfaßt, nicht nur die Angestellten, welche kaufmännische Dienste, sondern alle die, die höhere Dienste leisten. Auch sie unterstehen dem sog. Handlungsgehilfengesetz. Und dieses treffliche Gesetz begnügt sich nicht mit den bei uns bestehenden sozialpolitischen Schutzvorschriften, sondern regelt das gesamte Recht der Angestellten bis zum Akkordvertrag, bis zu den Urlaubsbedürfnissen der Angestellten. Von dem Gesetzgeber in Österreich ist hiernach die Frage, ob sich ein einheitliches Angestelltenrecht schaffen läßt, zunächst einmal im bejahenden Sinne gelöst. Ob sich das Gesetz bewährt, ist eine Frage, die jetzt noch nicht einmal aufgeworfen werden kann. Aber der Gesetzgeber hat zunächst das Problem gelöst. Um so weniger sollten wir davor zurückschrecken, wenigstens als eine Aufgabe der Zukunft zu bezeichnen: ein einheitliches Angestelltenrecht.

Mein Herr Vorredner will einen anderen Weg. Er will zunächst eintreten in eine Prüfung einzelner sozialpolitischer Vorschriften, die vielleicht später einmal Gegenstand eines einheitlichen Rechts sein können. Sollten nicht gerade diese einzelnen Vorschriften, die nicht nur sozialpolitisch, sondern auch politisch lebhaft umstritten sind, außerhalb der Aufgabe eines Juristentages stehen? während es für den Juristentag durchaus angemessen wäre die Forderung aufzustellen: im Sinne des Ansehens unseres Rechtes, im Sinne seiner Übersichtlichkeit, der wissenschaftlichen und praktischen Durchdringung ist es geboten, als ein zukünftiges Ziel des Gesetzgebers ein einheitliches Angestelltenrecht aufzustellen?

Ich bin deshalb der Ansicht, habe aber, weil es sich heute mehr um ein sozialpolitisches Bekenntnis als um Formulierung von Rechtssätzen handelt, bis jetzt davon abgesehen, bestimmte Thesen aufzustellen, daß es genügen sollte auszusprechen 1. die von der Deputation formulierte Frage ist zu bejahen, 2. die Kodifikation des gesamten Angestelltenrechtes ist eine Aufgabe der Gesetzgebung der Zukunft. (Bravo!)

Lassen Sie mich, meine Herren, hiermit schließen, indem ich nochmals die Überzeugung, die tief begründet ist, ausspreche: Sozialpolitik auch zugunsten des großen Standes der Angestellten ist die Aufgabe unserer Generation, über die wir einmal Rechenschaft abzulegen haben werden.

(Lebhafter Beifall und Händeklatschen.)

Vorsitzender: Von Herrn Rechtsanwalt Weinberg (Berlin) sind Anträge eingegangen. Zunächst ein Hauptantrag, welcher lautet:

„Der Juristentag empfiehlt, soziale Schutzvorschriften, in der Art der für die Handlungsgehilfen bestehenden, für Privatangestellte zu treffen unter gleichzeitiger Schaffung eines den Dienstvertrag von Privatangestellten einheitlich regelnden Gesetzes nach dem Vorbilde des österreichischen Handlungsgehilfengesetzes vom 16. Januar 1910."

Diesem Hauptantrage hat Herr Rechtsanwalt Weinberg einen Eventualantrag beigefügt, der im ersten Satz wörtlich denselben Inhalt hat, den ich verlesen habe, der zweite Absatz fügt hinzu:

„Die Ständige Deputation wird beauftragt, auf die Tagesordnung des nächsten Juristentages die Frage zu setzen, ob und wie weit sich eine Abweichung von den Vorschriften des österreichischen Gesetzes für die Reichsgesetzgebung empfiehlt."

Sodann hat Herr Rechtsanwalt Weinberg eine zweite Resolution eingebracht, welche folgendermaßen lautet:

„Der Juristentag empfiehlt die Vorschrift des § 150 der Zivilprozeßordnung entsprechend auszudehnen auf Verweisung von Rechtsstreitigkeiten von seiten der ordentlichen Gerichte an Kaufmanns- oder Gewerbegerichte oder umgekehrt oder letzterer untereinander. Die Verweisung hätte auch ohne Antrag von Amts wegen zu erfolgen. Der die Verweisung aussprechende Beschluß dürfte einer Anfechtung nicht unterliegen, ebenso müßten gegen eine Entscheidung des angerufenen Gerichtes, durch die es seine Zuständigkeit bejaht, keine Rechtsmittel gegeben seien, ebensowenig gegen eine in der Hauptsache ergangene Entscheidung deswegen, weil das Gericht unzuständig gewesen sei."

Diese zweite Resolution weicht meines Erachtens soweit von der gestellten Frage ab, daß ich nicht imstande bin, diese Resolution II überhaupt zur Diskussion zu stellen. (Sehr richtig!)

Die in dieser zweiten Resolution berührte Frage ist gänzlich unvorbereitet, und ich halte es für unzulässig, daß sich die Abteilung damit beschäftige. Ich werde aber, wenn es der Herr Antragsteller wünscht, die Versammlung darüber entscheiden lassen. — Der Herr Antragsteller, Rechtsanwalt Weinberg, wünscht zur Geschäftsordnung zu sprechen.

Rechtsanwalt **Fritz Weinberg** (Berlin): Meine Herren! Ich war mir ohne weiteres bewußt, als ich diese Resolution einbrachte, daß sie nicht im engsten Zusammenhange mit dem Thema, das uns heute beschäftigt, steht, allein ich glaubte, wenn wir schon darüber beraten, ob und welche Vorschriften materiellen Inhalts der sozialen Gesetzgebung zu übernehmen seien aus dem Handlungsgehilfenrecht auf die anderen Angestellten, daß dann auch für unbedingt notwendig gehaltene Verbesserungen prozeßrechtlicher Vorschriften mit zur Debatte gestellt werden könnten. Ich bin mit sehr vielen der Ansicht, daß es sich gerade bei der von mir angeregten Frage um eine dringend notwendige, schleunige Reform zur Abstellung der allerschwersten Übelstände, die sich tagtäglich dem Praktiker aufdrängen, handelt, daß eine Verzögerung in der Erledigung dieser Frage von großen Unzuträglichkeiten begleitet sein würde.

Ich bin auch der Meinung, daß eine Vorbereitung jener Frage keineswegs notwendig ist, denn ich habe noch von keiner Seite irgendwelchen Widerspruch dagegen gehört, daß die Regelung der Zuständigkeitsgrenzen, wie sie die heutige Gesetzgebung ermöglicht, gänzlich unbefriedigend ist und daß diese unfruchtbaren Zuständigkeitsstreitigkeiten, die in der Praxis in zahllosen Fällen entstehen, durch entsprechende gesetzliche Bestimmungen ein für allemal beseitigt werden müssen. Jeder würde eine Abänderung dieser Mißstände durch Schaffung praktischer gesetzgeberischer Maßnahmen mit Freude begrüßen. Es spricht meines Erachtens nichts dagegen, sondern alles dafür; und schon aus diesem Grunde glaube ich, wird man von der Notwendigkeit einer besonderen Vorbereitung nicht reden können, so daß auch aus diesem Grunde die Zulassung dieser Frage zu einer eventuellen Abstimmung oder Resolution kein irgendwie bedenkliches Experiment darstellt.

Sollte aber die Versammlung nach dieser Richtung hin die Bedenken des Herrn Vorsitzenden teilen, so würde ich ein Amendement dahin stellen, daß ich eventuell beantrage, die ständige Deputation zu ersuchen, diese Frage auf die Tagesordnung des nächsten Juristentages zu stellen.

Ich halte die Frage — darauf kann ich allerdings im Rahmen dieser geschäftsordnungsmäßigen Bemerkung nicht eingehen — für so außerordentlich dringend und für so außerordentlich wichtig, daß sie meines Erachtens gelöst werden muß, und daß auch aller Anlaß dazu besteht, daß der Juristentag als solcher sich mit der Frage befaßt. Ich würde also eventuell dieses Amendement zu meiner Resolution stellen.

Vorsitzender: Da der Herr Antragsteller, wie ich ihn verstanden habe, darauf besteht, daß die Versammlung entscheide, so muß ich die Entscheidung der Versammlung unterbreiten. Ich muß aber bei meiner Ansicht bestehen bleiben, daß die Behandlung dieser Frage der Geschäftsordnung direkt zuwider ist (Sehr richtig!), welche verlangt, daß das Thema entsprechend durch Gutachten vorbereitet und von Referenten behandelt wird. Ich bitte also die Herren, die gleichwohl diese Verhandlung auf diese Resolution 2 ausgedehnt wissen wollen, die Hand zu erheben.

Es sind nur ganz wenige, die sich dafür erklären.

Sodann hat zur Geschäftsordnung das Wort erbeten Herr Rechtsanwalt Dr. Mittelstädt.

Rechtsanwalt Dr. **Mittelstädt** (Leipzig): Ich beantrage:

> Die Versammlung wolle beschließen, die Redezeit in der Diskussion auf 10 Minuten festzusetzen, vorbehaltlich natürlich des Rechtes der Versammlung, die Redezeit zu verlängern.

Vorsitzender: Ich bringe den Antrag des Herrn Dr. Mittelstädt, der eine Beschränkung der Redezeit auf 10 Minuten vorsieht, zur Abstimmung. —

Der Antrag wird mit sehr großer Majorität angenommen.

Vertreter des Deutschen Technikerverbandes Dr. **Günther** (Berlin): Meine Herren! Ich glaube, es wäre vielleicht angezeigt, angesichts einer bei dieser Frage so außerordentlich interessierten Gruppe die Vertreter dieses Standes etwas länger zu hören, damit diese ihre Ansichten etwas klarer zum Ausdruck bringen können.

Vorsitzender: Die Versammlung hat stets das Recht, wenn der Antrag angenommen worden ist, eine Verlängerung der Redezeit über die 10 Minuten hinaus zu beschließen. Ich werde im gegebenen Falle eine solche Frage an die Versammlung stellen.

Nunmehr erteile ich das Wort Herrn Victor Blobel (Hamburg).

Da der Herr seiner Meldung zum Worte hinzugefügt hat: „Mitglied der Verwaltung des Deutschnationalen Handlungsgehilfen-Verbandes", so glaube ich, darauf aufmerksam machen zu müssen, daß er hier natürlich nur als Mitglied des Juristentages spricht und nicht in seiner Eigenschaft als Vertreter eines anderen Verbandes.

Vertreter des Deutschnationalen Handlungsgehilfen-Verbandes **Viktor Blobel** (Hamburg) (mit Unruhe aufgenommen): Meine sehr geehrten Herren! Mir liegt daran, die Auffassung der Handlungsgehilfen, die an dieser Frage ja zweifellos außerordentlich beteiligt sind, klarzulegen, und ich bin der Meinung, daß es bei Beratung einer so wichtigen Frage für die Juristen erwünscht ist, die Meinung der sachverständigen Handlungsgehilfen ebenfalls zu hören. Freilich ist das im Rahmen einer Zeitspanne von 10 Minuten nicht in der erforderlichen Weise möglich. Denn das Bild, das Ihnen gegeben werden muß, muß vollständig sein. Ein oberflächliches genügt nicht für den, der diese Frage nicht so genau kennt, wie ich es für nicht bloß erwünscht, sondern für notwendig ansehe. Ich will versuchen, damit recht weit zu kommen, in der Hoffnung, daß ich nachher noch einige Zeit weiter sprechen darf.

Meine verehrten Herren! Ich vertrete im allgemeinen nicht nur meine Meinung, sondern zugleich die Meinung des Deutschnationalen Handlungsgehilfen-Verbandes, und da dieser Verband 120 000 Mitglieder zählt, die anderen kaufmännischen Vereine aber in den wichtigsten, grundlegenden Fragen sich den Anschauungen dieses Verbandes mehr oder minder zu nähern pflegen, so glaube ich wohl sagen zu dürfen, daß das, was ich hier ausdrücke, letzten Endes die Meinung der überwiegenden Mehrheit der Handlungsgehilfen ist.

Schon in dem Abdrucke aus dem „Archiv für kaufmännische Sozialpolitik", der Ihnen mit den anderen Zeitschriften für den Juristentag vorgelegt worden ist, habe ich Ihnen einen Grundriß unserer Anschauungen zu geben gesucht. Aber ich möchte Ihnen mündlich vorführen, daß man auf anderem Wege zu demselben Ergebnis gelangt, das jenen Abdruck schließt.

In den Gutachten von Professor Oertmann und Dr. Potthoff sind die Schriften des Deutschnationalen Handlungsgehilfen-Verbandes gar nicht berücksichtigt. (Ruf: Ist auch nicht nötig.)

(Vorsitzender: Ich bitte, den Herrn Redner nicht zu unterbrechen.)

Und doch ist dieses Schriftenmaterial wichtig und umfangreich. Der Anstellungsvertrag der Handlungsgehilfen ist in den Abteilungen Kündigungsfrist und Konkurrenzklausel des Deutschen Handlungsgehilfentages ständig erörtert, die Ergebnisse sind in Schriften niedergelegt worden. Ferner ist die Verbesserung des Handlungsgehilfenrechtes auf dem Handlungsgehilfentage 1909 in Stuttgart in umfassender Weise behandelt worden. (Unruhe.) Meine Herren! (nach der einen Seite des Saales:) Wenn Sie mich nicht als Vertreter des Deutschnationalen Handlungsgehilfen-Verbandes ruhig anhören wollen, dann hören Sie mich doch wenigstens als Mitglied des Juristentages an. Schließlich hat der Ausschuß des Handlungsgehilfentages im vorigen Juni zahlreiche Forderungen zur Verbesserung des Privatrechts der Handlungsgehilfen erhoben. (Zuruf des Oberlandesgerichtsrats Dr. Grünbaum (Hamm): Das wollen wir gar nicht wissen.) Ich nehme an, daß es für Sie wichtig ist, die Quellen des Gegenstandes unserer Tagesordnung kennen zu lernen. Das können Sie nicht, wenn ich sie nicht mitteile. Darum gehört es nach meiner Meinung zur Sache.

Ich nehme ferner an, daß nur wenige von Ihnen meine Ausführungen in dem Archiv gelesen haben. Ich habe dort an der geschichtlichen Entwicklung darzulegen versucht, wie das jetzt geltende Handlungsgehilfenrecht entstanden ist und wie es aus dieser geschichtlichen Entwicklung heraus weiter ausgebaut werden müßte.

Vor allen Dingen habe ich darauf hingewiesen, daß die Handlungsgehilfenschaft jetzt in dem Handelsgesetzbuche behandelt wird und daß sie dort als Teil des Handelsstandes gilt. Es ist hier also eine Rechtsfestlegung nach dem Berufe vorgenommen worden. Was dagegen der eine der Gutachter in die zur Tagesordnung stehende Frage hineingelegt hat, geht hinaus, wie es auch von dem Herrn Vorredner dargestellt worden ist, auf die Schaffung eines einheitlichen Privatbeamtenrechts. Das würde bedeuten, daß die Handlungsgehilfen aus ihrer rechtlichen Berufsgemeinschaft mit dem Kaufmann herausgenommen und in eine rechtliche Gemeinschaft mit der Gesamtheit der Privatangestellten gebracht werden. Dieses Ziel erscheint uns bedenklich, vor allen Dingen bedenklich aus den Gründen, die der Herr Vorredner kurz berührt hat, nämlich, daß man fürchten muß, daß dadurch die Handlungsgehilfenschaft einen Nachteil haben würden, dem kein entsprechender Vorteil der gesamten Privatangestelltenschaft gegenüber stände.

Machen wir uns einmal ein Bild von dem Zwecke, den die Berufsorganisationen gerade unter den Handlungsgehilfen verfolgen. Es ist selbstverständlich, daß der Zweck in erster Linie derselbe ist, den alle sozialen

Gemeinschaften haben. Aber es kommt doch hier manches hinzu, was in dem Maße nicht bei anderen Berufsvereinigungen vorhanden ist.

Wenn Sie die Forderungen, die auf Grund meines Vortrages auf dem Handlungsgehilfentage in Stuttgart von dem Ausschusse in diesem Jahre aufgestellt worden sind, prüfen, so werden Sie finden, daß wir vor allen Dingen unser Augenmerk darauf richten, die Ausbildung der Handlungsgehilfen auf eine wesentlich höhere Stufe zu bringen, als es bis jetzt der Fall ist. In der richterlichen wie der Rechtsanwaltstätigkeit, soweit sie sich mit dem kaufmännischen Dienstvertrage befaßt, werden Sie oft genug Gelegenheit gehabt haben zu der Wahrnehmung, daß die Lehrlingsausbildung keineswegs ihrem Zwecke entspricht. Die Lehrlinge werden vielfach anstatt auf ihren Beruf, auf die Tätigkeit eines Arbeiters, eines Dienstboten vorbereitet. (Zuruf des Oberlandesgerichtsrats Dr. Grünbaum (Hamm): Zur Sache!)

Vorsitzender: (unterbrechend): Ich muß den Herrn Redner darauf aufmerksam machen, daß seine Ausführungen, wenn sie auch nicht einen gewissen ganz schwachen Zusammenhang mit dem Thema verkennen lassen, doch außerhalb des Themas liegen. Es handelt sich um die Frage, ob die für Handlungsgehilfen bestehenden Schutzvorschriften ausgedehnt werden sollen auf Privatangestellte. Über diesen Punkt hat er, wenn ich mich nicht täusche, im Wesentlichen nur das eine gesagt, daß das nicht wünschenswert sei, weil die bevorzugte Stellung der Handlungsgehilfen dadurch abgeschwächt oder herabgesetzt werden würde. Im übrigen sind seine gesamten Ausführungen — er spricht bereits 8 Minuten — auf Gegenstände gerichtet gewesen, die innerhalb dieser Frage nicht liegen. Er kann es der Versammlung in der Tat nicht übelnehmen, daß aus der Versammlung heraus selbst Zurufe erfolgen, die darauf hingewiesen haben. (Bravo!)

Ich bitte fortzufahren.

Blobel (Hamburg) (fortfahrend): Ich füge mich der Meinung des Herrn Vorsitzenden. Aber Sie würden gewiß zu einer anderen Anschauung gekommen sein, wenn Sie meine Ausführungen im Zusammenhang gehört hätten. Gerade die bessere Vorbildung der Handlungsgehilfen würde eine andere Festsetzung des Begriffs Handlungsgehilfe ermöglichen und diese andere Festsetzung würde einen großen Teil der Privatangestellten zu Handlungsgehilfen machen, ihnen also auch deren Recht geben. Ich wollte ausführen, daß die Handlungsgehilfen den Wunsch haben, das jetzt geltende Handlungsgehilfenrecht auszubauen, wie es im Archiv für kaufmännische Sozialpolitik dargestellt worden ist. Es lag mir zugleich daran, festzustellen, daß der dort geforderte Ausbau des Handlungsgehilfenrechts keine zuweit gehende Forderung ist wie es den Eindruck erwecken könnte. Ich wollte Ihnen die weitausschauenden Pläne der Handlungsgehilfen-Organisation darstellen, um Ihnen zu zeigen, daß die darauf beruhende Entwicklung durch ein einheitliches Privatangestelltenrecht unterbunden würde. Wenn wir die Handlungsgehilfenschaft weiter bringen wollen in der Richtung, die sich die Organisation als Endziel gesetzt hat, so wird das Ziel unvollkommen oder gar nicht erreicht werden, wenn nicht das jetzt geltende Recht ausgebaut wird.

Es ist nicht richtig, wie der eine Gutachter sagt, daß das jetzige Recht nur auf die Macht der Organisation zurückzuführen ist. Als das Handelsgesetzbuch geschaffen wurde, gab es noch gar keine mächtige Organisation. Erst jetzt will die Organisation eingreifen und hat den Wunsch, dieses Recht auszubauen. Die Handlungsgehilfen meinen aber, wenn es jetzt schon Schwierigkeiten macht, der Gesamtheit der Privatangestellten das zu geben, was die Handlungsgehilfen bereits besitzen, so wird es noch viel schwerer durchzudrücken sein, daß die Gesamtheit der Privatangestellten die Verbesserungen mit bekommt, die die Handlungsgehilfen erstreben. Daher unser Standpunkt: Wir sind durchaus nicht dagegen, daß die Gesamtheit der Privatangestellten dieselben sozialen Rechte genießt, die die Handlungsgehilfen bereits haben; aber, da unsere Bestrebungen über den geltenden Zustand hinausgehen, befürchten wir, daß man den Handlungsgehilfen nicht das Mehr wird geben wollen, das sie verlangen müssen.

Auch in den vorliegenden Leitsätzen des Justizministers K l e i n ist betont worden, daß in Beziehung auf § 63 HGB. den Privatangestellten der Fortschritt gegeben werden müßte, den die Handlungsgehilfen zur Verbesserung ihrer Lage fordern. Dasselbe gilt für die Wettbewerbsabrede. Wir haben es aber schon erlebt, daß die Wünsche der Handlungsgehilfen auf Schwierigkeit stoßen, sobald gleichartige Wünsche der übrigen Privatangestellten laut werden. Nun wird die Gesamtheit der Unternehmer noch mehr stutzig werden, als sie es bisher schon ist, sobald sie hört, daß auch auf anderen Gebieten die von den Handlungsgehilfen erhobenen Forderungen für alle Privatangestellten gelten sollen. Die Privatangestellten werden nicht ihre Forderungen deswegen durchdrücken, weil sie eine größere Masse darstellen als die Handlungsgehilfen allein, sondern die Entwicklung wird sich so gestalten, daß die gemeinsamen Forderungen noch mehr bekämpft und verurteilt werden, als es jetzt schon der Fall ist. Mindestens werden die Handlungsgehilfen keine Verbesserungen ihres Rechtes erreichen.

Zum Schlusse erlauben Sie mir noch eine politische Erwägung. Wir haben jetzt einen ziemlich einheitlichen Arbeiterstand. Dieser geschlossene Stand bildet unbestritten ein reiches Feld für parteipolitische Agitation. Setzen wir nun neben diesen geschlossenen Stand der Arbeiter einen geschlossenen Stand der Privatangestellten, so würde auch diese Geschlossenheit parteipolitisch nutzbar gemacht werden. Auch solchen allgemeinen staatspolitischen Erwägungen muß der Gesetzgeber größte Aufmerksamkeit schenken.

Aus allen diesen Gründen glaube ich unter keinen Umständen ein einheitliches Privatangestelltenrecht empfehlen zu sollen. Man dehne die für die Handlungsgehilfen bereits bestehenden Schutzvorschriften auf die Gesamtheit der Privatangestellten aus. (Es kommen hier nur die privatrechtlichen in Frage. Die öffentlich-rechtlichen können aus unseren Erörterungen ausscheiden, weil in dieser Beziehung die Privatangestellten von jeher ebenso behandelt worden sind wie die Handlungsgehilfen.) Die privatrechtlichen Schutzvorschriften also dehne man auf alle Privatangestellten aus. Man gehe dabei jedoch vorsichtig vor aus taktischen und praktischen Erwägungen. Sonst besteht die Gefahr, daß gar nichts erreicht wird, und das möchten wir zu verhüten suchen.

Vorsitzender: Es ist ein neuer Antrag eingegangen von Herrn Rechtsanwalt Dr. J a f f a (Berlin) und von Herrn Rechtsanwalt S a u l (Duisburg). Er lautet:

> „Die Ausdehnung der für Handlungsgehilfen bestehenden sozialen Mindest-Schutzvorschriften auf sämtliche Privatangestellte genügt nicht, vielmehr ist ein einheitliches Privatbeamtenrecht für sämtliche Privatangestellte notwendig. Die in ihm enthaltenen Mindestvorschriften müssen zwingender Natur sein.
>
> Die Ständige Deputation wird ersucht, auf die Tagesordnung des nächsten Juristentages die Frage zu setzen, welche sozialen Schutzvorschriften gleichmäßig für alle Privatangestellten zu treffen sind."

Ich erteile nunmehr das Wort Herrn G ü n t h e r.

Vertreter des Deutschen Techniker-Verbandes Dr. **Günther** (Berlin): Meine Herren! Es besteht nach der Rede des Herrn Vorredners die Gefahr, daß rein politische Gesichtspunkte in dieser juristischen und sozialpolitischen Erwägungen allein zugänglichen Versammlung die Oberhand bekommen könnten. Ich bestreite zunächst dem Vertreter des Deutschnationalen Handlungsgehilfenverbandes jede Legitimation, im Namen aller Handlungsgehilfen zu sprechen. Der Leipziger Handlungsgehilfenverband und auch der 1858er Verein haben sich in dieser Richtung wiederholt auf das entschiedenste gegen den Deutschnationalen Verband gewendet. Vor allem der Leipziger Verband hat das getan, der auch hier durchaus mit unserem Technikerverbande zusammengeht; und wir freuen uns, daß die großen Techniker-Organisationen in diesen beiden Handlungsgehilfen-Organisationen eine Unterstützung finden. — Das, meine Herren, zur Richtigstellung!

Nunmehr möchte ich auf das Thema im engeren Sinne eingehen, und ich hoffe, daß es mir möglich sein wird, mich genau daran zu halten. Selbstverständlich ist es für den Vertreter eines Angestellten-Verbandes nicht gut möglich, durchaus nur als Mitglied des Juristentages zu sprechen, und ich glaube, daß der Juristentag selbst ein gewichtiges Interesse daran hat, die sachlichen Erwägungen der Privatangestellten in dieser Frage zu hören. Aber da wir doch hier ein geschlossenes Votum des Juristentages erreichen wollen, wird man selbstverständlich auf zuweit gehende Vorschläge verzichten müssen und sich vorteilhaft auf die ausgezeichneten Referate beziehen, in denen wirklich dem Privatangestelltenstande seit langer Zeit wieder einmal etwas Positives geboten worden ist.

Meine Herren! Etwas Positives ist notwendig gewesen, denn es sind in der letzten Zeit gesetzgeberische Vorschläge gemacht worden, welche durchaus im engen Zusammenhang mit dem heutigen Thema stehen, welche allerdings eine gewisse Vereinheitlichung des Privatbeamtenrechtes bezwecken, und welche doch so durchaus rückständiger Natur sind, daß man sie ablehnen muß. Ich meine die Vorschläge des Handelsministers zu der Frage der Konkurrenzklausel. Der Herr Vorsitzende wird mir gewiß gestatten, da auch die Herren Referenten auf die Konkurrenzklausel so eingehend Bezug genommen haben, und da sie so eminent im Mittelpunkte der ganzen Frage steht, sie etwas eingehender zu behandeln.

Die Vorschläge des Handelsministers bedeuten in einem wesentlichen Teile eine Vereinheitlichung des Privatbeamtenrechtes auf der Linie des Technikerrechts im Gegensatze zu der fortgeschritteneren Linie des Handlungsgehilfenrechtes. Es soll nämlich neben geringfügigen Verbesserungen künftig die Klage zugelassen werden auf Erfüllung der Konkurrenzklausel und Schadenersatz neben der Konventionalstrafe. Die durchaus bedauerliche Bestimmung, daß die Konkurrenzklausel erzwungen werden kann, die mit dem Geiste der Zivilprozeßordnung geradezu im Widerspruche steht, die auch vom Handlungsgehilfenrecht beseitigt wurde, sie soll wieder für alle Angestellte Geltung haben. Es ist selbstverständlich, daß eine derartige Vereinheitlichung und Rückschraubung unseres Rechtes einen einhelligen Widerspruch erfahren wird (und daß in dieser Beziehung auch der Deutschnationale Handlungsgehilfenverband mit uns kämpft); hier ist der Fall gegeben, wo die Handlungsgehilfen Hilfe von den Technikern erfahren werden, wo sich zeigen wird, daß die gesamte machtvolle Privatangestellten-Organisation mehr erreicht, als die Handlungsgehilfen-Organisation allein, über deren Bedeutung übrigens gar kein Zweifel bestehen kann.

Nun, meine Herren, möchte ich mich den Thesen des Herrn Staatsministers Dr. Klein zuwenden. Prinzipiell muß ich als Vertreter des Deutschen Techniker-Verbandes selbstverständlich einer Resolution und einem Antrag, die das Weitgehendste fordern, ein einheitliches Privatangestelltenrecht und möglichst Beseitigung der Konkurrenzklausel, zustimmen. Ich möchte aber, wenn die genannten Thesen zur Grundlage der Beschlüsse des Juristentages gemacht werden, Herrn Staatsminister Dr. Klein doch bitten, wenigstens einige Änderungen insofern vorzunehmen, daß er den ersten Satz dahin abändert, daß — und da möchte ich mir einen Antrag zu stellen erlauben — allgemein von Privatangestellten die Rede ist. Der Satz:

> „Die für Handlungsgehilfen bestehenden sozialen Schutzvorschriften sind als zwingendes Recht auf alle Privatangestellten auszudehnen, die höhere Dienste zu leisten haben",

ist gewiß, richtig verstanden, zu begrüßen; tatsächlich wird er aber Mißverständnisse ermöglichen, und ich fürchte, daß dieser Satz die pièce de resistance der ganzen Bestimmungen sein könnte. Man müßte mindestens von Privatangestellten sprechen, die „im Sinne der bestehenden Gesetze" höhere Dienste leisten.

Dann müßte es heißen:

> „Die Ausdehnung der Vorschriften des Handelsgesetzbuches über die Konkurrenzklausel wird mit dem Zusatze empfohlen, daß Verbesserungen dieser Vorschriften, die der Juristentag als unerläßlich erachtet, sich auf alle im ersten Absatze bezeichneten Angestellten zu erstrecken haben."

Unter dieser Voraussetzung, meine Herren, glaube ich, können wir diesen Thesen zustimmen, denn sie halten sich im Gegensatze zu einer allgemeinen theoretischen Behandlung der Frage doch sehr auf dem Boden der Wirklichkeit, und ich glaube gerade aus dem Widerspruche des Deutschnationalen Handlungsgehilfen-Verbandes entnehmen zu können, daß die gewählte Formulierung besonders praktisch für unseren Zweck ist; sie bedeutet eine unmittelbare und leicht zu bewerkstelligende Reform, nämlich die Herübernahme der fortschrittlichen Bestimmungen des Handelsgesetzbuches für die Techniker und die übrigen Klassen von Privatbeamten.

Das Referat des Herrn Korreferenten hätte ich nur nach einigen Richtungen hin erweitert gewünscht. Im übrigen ist mancher vorzügliche Gedanke in dem Referate enthalten gewesen. Es ist gesagt worden, meine Herren, es gibt keinen plausibeln Grund, die Schutzvorschriften, welche für die Handlungsgehilfen bestehen, nicht auf das übrige Recht zu übertragen. Demgegenüber wendet man ein: der Handlungsgehilfenstand ist allein eine ganz geschlossene Masse, die übrigen Privatangestellten sind zerrissen. Ich möchte bezweifeln, ob der Handlungsgehilfenstand diese geschlossene Masse ist, ob nicht zwischen dem kleinen Ladengehilfen und dem Prokuristen eine tiefgehende Kluft besteht; und wenn man imstande war, selbst auf ganz kleine Angestellte die weitgehenden Vorschriften des Handelsgesetzbuches anzuwenden, dann dürfte man dies für Ingenieure, Techniker auch unbedenklich tun.

Man kann sagen, daß, wenn bei dem Privatangestelltenstand heute von homogener Masse vielleicht noch nicht stets die Rede ist, dies jedenfalls nach Schaffung und Anwendung einheitlicher rechtlicher Bestimmungen für diesen Privatangestelltenstand der Fall sein würde. Wir müssen die Phrase, daß es überhaupt keinen Privatangestelltenstand als solchen gebe, bekämpfen. Es war nicht die richtige Gelegenheit, vor dem Juristentage diese Frage aufzurollen, da der Juristentag nach § 1 seiner Satzungen die Vereinheitlichung des Rechtes zu seiner vornehmsten Aufgabe macht. Daß überhaupt dieses Thema gewählt worden ist, wird dem Juristentage bezeugen, daß in seinen Kreisen ein warmes Interesse und Verständnis für die Privatangestelltenfrage besteht.

Es wäre nun außerordentlich verlockend, gerade vom Standpunkte der Angestellten aus auf die mangelhafte Rechtsprechung hinzuweisen. Es ist bezeichnend, daß die Rechtsprechung auch für Techniker in vielen Fällen heute die günstigeren Bestimmungen des Handelsgesetzbuches zugrunde legt. Diese spielen besonders bei der Zeugnisfrage eine Rolle. Dieser Umstand zeigt, daß wir notwendig den Weg der Fortbildung des Privatangestelltenrechtes beschreiten müssen.

Nun muß ich noch ganz kurz auf die Konkurrenzklausel zu sprechen kommen und in diesem Zusammenhange mit einigen Worten den Erlaß kennzeichnen.

Die Grundlage des Privatangestelltenrechtes — darin sind wir ganz gewiß alle einig — ist die Koalition und die Koalitionsfreiheit. Das ist die Grundlage jeder modernen gewerblichen Ordnung. Der Entwurf des Handelsministers sieht nun vor, daß eine Strafe gesetzt wird auf gemeinsame Kündigung. Es soll rechtens sein, daß die Entschädigung, die in geringem Maße den Angestellten zugebilligt wird, dann wegfällt, wenn Angestellte gemeinsam kündigen und wenn die Kündigung geschieht, um die Konkurrenzklausel zu beseitigen.

Denken Sie an den Fall, der häufig ist, daß die Konkurrenzklausel erst dann vorgelegt wird, wenn ein mehrjähriger Vertrag besteht, wenn der Angestellte für den Arbeitgeber nützlich geworden ist. Auch in diesem Falle soll es künftig nicht mehr möglich sein, die Konkurrenzklausel durch Kündigung zu beseitigen. Die Verbände nehmen für sich in Anspruch, daß sie in derartigen Fällen, wo ganz krasse Konkurrenzklauseln vorliegen, durch organisierte Selbsthilfe ihren Mitgliedern beizustehen suchen. Wir sehen in dem Verbote der gemeinsamen Kündigung einen Eingriff in das Koalitionsrecht. Es ist unzweifelhaft, daß, wenn man die eine Bresche gelegt hat, diese Bestimmung auf weitere Punkte des Arbeitsvertrags übergreifen wird. Warum soll man nicht auch verfügen können, daß andere Vergünstigungen des Vertrages in Wegfall kommen sollen, wenn von der Koalitionsfreiheit Gebrauch gemacht worden ist?

Ich möchte damit schließen, den allgemeinen volkswirtschaftlichen Gesichtspunkt, der über dem Einzelinteresse steht, zur Geltung zu bringen. Der Entwurf über die Konkurrenzklausel, wie gesagt, sieht vor, daß eine Entschädigung gewährt werden soll, eine äußerst minimale Entschädigung; aus naheliegenden Gründen muß die Entschädigung gering sein. Es ist selbstverständlich, daß die Summen, die hier für Entschädigung gezahlt werden sollen, unproduktiver Natur sind, daß man hier der Volkswirtschaft, dem Volksganzen für die erzwungene Karenz der Angestellten, dafür, daß Angestellte nicht arbeiten dürfen, noch Summen entzieht. Man will den Angestellten seine Branchekenntnisse nicht verwerten lassen, schaltet ihn oft ganz aus dem Produktionsprozesse aus; andererseits soll er für diese künstliche Entziehung seiner Arbeitskraft noch entschädigt werden, natürlich nicht in allzu hoher Weise. Vom allgemeinen Volkswohle aus weisen wir eine derartige, dem Einzelnen gelegentlich vielleicht günstige, Lösung zurück. Wir möchten davor warnen, aus unvolkswirtschaftlichen Gesichtspunkten heraus Einzelfragen zu lösen.

Ich danke Ihnen für das Interesse und möchte bemerken, daß wir dem Juristentage verpflichtet sind für seine Anregung, daß die Augen der Privatangestellten auf dieser Tagung ruhen, und daß wir dankbar sind für jede Verbesserung, selbstverständlich immer mit dem Endziel, wie es die Herren Referenten dargelegt haben, der Vereinheitlichung des Privatangestelltenrechtes, die auch praktisch leicht möglich sein wird. Wenn wir diesen grundsätzlichen Wunsch hochhalten, werden wir doch durch Annahme der Thesen des Herrn Justizministers Klein, mit der Änderung, die ich vorgeschlagen habe, befriedigt sein; dann wird auch dem Ansturme von anderer Seite wieder begegnet sein. Wir danken dem Juristentage, wenn er uns die Möglichkeit gibt, wenigstens langsam uns zu dem zu entwickeln, was Herr Blobel ablehnt, zu dem neuen einheitlichen Mittelstande, der ein gut Teil deutscher Zukunft in sich verkörpert.

Vorsitzender: Der Herr Redner hat beantragt, in dem Antrage des Herrn Referenten, Justizminister Dr. Klein, die Worte „die höhere Dienste geleistet haben", zu streichen. Ich werde dem Antrage dadurch Folge leisten, daß ich eine getrennte Abstimmung über diese Worte eintreten lasse.

Freiherr **von Pechmann** (München): Meine verehrten Herren! Ich entschließe mich ungern, das Wort zu ergreifen. Ich tue es nur, weil ich in einem Punkte schwere Bedenken habe, in dem ich unmöglich zustimmen kann. Dieser Punkt betrifft den zweiten Absatz: „Hierbei empfiehlt es sich, betreffs der Fürsorge für den Fall unverschuldeten Unglücks oder Erkrankung an der Nichtanrechnung der Beträge festzuhalten, die dem Dienstnehmer für die Zeit seiner Verhinderung aus einer Kranken- oder Unfallversicherung zukommen." Der zweite Herr Referent hat mit großer Klarheit die Bestimmungen vor Augen geführt, um die es sich hier handelt, den Unterschied zwischen Handelsgesetzbuch und Bürgerlichem Gesetzbuch. Ich kann mir nicht helfen, ich halte die Bestimmungen des Handelsgesetzbuches für zu weitgehend und für bedenklich, weil sie eine schwere Gefahr in sich schließen. Der Zustand, daß der Angestellte für die Zeit der Krankheit mehr bekommt, als für die Zeit normaler Tätigkeit, ist unmöglich. Er setzt den Angestellten einer Versuchung aus, der, so wie die Menschen nun einmal sind und voraussichtlich bleiben werden und nicht zuletzt unter dem Einflusse des Versicherungswesens bleiben werden, viele von den Angestellten nicht gewachsen sind. (Sehr richtig!) Diese Bestimmung ist geeignet, das Pflichtgefühl der Angestellten empfindlich zu gefährden. Ich nehme diese Bedenken so schwer, daß ich in diesem Punkte nicht in der Lage bin, mich den Thesen anzuschließen, und daß ich bitte, den zweiten Satz jedenfalls zum Gegenstande einer gesonderten Abstimmung zu machen. (Bravo!) Es ist ja ganz richtig, es kommen Fälle vor, und sie werden sogar häufig sein, in welchen die Krankheit ein Mehr von Ausgaben mit sich bringt, so daß, wenn der Angestellte sich die Beträge anrechnen lassen muß, er materiell schlecht wegkommt. Ich nehme aber diesen Übelstand mit in den Kauf als das geringere der beiden Übel, und ich mache noch auf eins aufmerksam, und da liegt mir allerdings am Herzen, meine, wenn Sie so wollen, rückständigen Anschauungen rückhaltlos zum Ausdruck zu bringen.

Es ist von dem ersten Herrn Referenten in außerordentlich eindringlicher Weise von den zwingenden Charakter der Maßnahmen gesprochen worden, um die es sich hier handelt. Nun ich meine, dieses zwingende Recht, mit dem wir den Angestellten schützen wollen, muß sich auf das unbedingt notwendige Maß auch deshalb beschränken, damit für die Freiwilligkeit doch noch etwas übrig bleibt. Das ist auch ein sozialpolitisches Bekenntnis. Ich spreche hier nicht als einer, der die Dinge nicht aus eigener Erfahrung kennt, ich habe doch etwa 500 bis 600 Untergebene unter mir, und ich darf mich auf das übereinstimmende Zeugnis dieser Untergebenen beziehen, von dem ältesten Prokuristen bis zu dem jüngsten Kommis und Lehrling und bis zu dem letzten Hausdiener, daß es mir an sozialpolitischem Verständnis und Empfinden nicht fehlt; sie werden alle wie ein Mann dafür Zeugnis ablegen, daß sie in jeder Lebenslage nirgendwo auf der ganzen Welt einen treueren Freund und einen zuverlässigeren Freund finden, als ihren Vorgesetzten. Das ist aber die Wirkung dessen, was freiwillig geschieht.

Der erste Referent hat in außerordentlich dankenswerter Weise daran erinnert, daß es die Angestellten sich doch zur Aufgabe machen müßten, das sozialpolitische Verständnis und die sozialpolitische Opferwilligkeit der Arbeitgeber damit zu erwidern, daß sie ihrerseits das Maß der ihnen obliegenden Leistungen nicht allzu ängstlich abgrenzen. So habe ich es wohl richtig verstanden. Nun, meine Herren, dieser praktische Nutzeffekt ist nur dadurch zu erzielen, daß freiwillig mehr geschieht, als nach dem Gesetze unbedingt geboten ist, daß der Arbeitnehmer auch fühlt, daß in der Brust des Arbeitgebers ein Herz für ihn schlägt, daß er von ihm Hilfe erfährt, wo er Hilfe nötig hat. Und diesem Gebiete freiwilliger sozialpolitischer Tätigkeit möchte ich die Erwägung anheimstellen und überlassen, die der Herr Korreferent zur Rechtfertigung der Vorschriften des Handelsgesetzbuches gegenüber den Vorschriften des Bürgerlichen Gesetzbuches allein angeführt hat.

Ich weiß, meine Herren, diese Anschauung ist etwas rückständig. Aber, meine Herren, auch die Bremse ist ein ganz unentbehrliches Instrument für jedes Fortbewegungsmittel; und je rascher die Fahrt geht, um so mehr sind gute Bremsvorrichtungen notwendig. Und schließlich sind die Leute, die den Mut haben, sich zu vermeintlich veralteten Anschauungen zu bekennen, auch ganz nützliche Werkzeuge an dem sozialpolitischen Gesetzeswagen unserer Zeit. (Lebhafter Beifall.)

Rechtsanwalt **Fritz Weinberg** (Berlin): Meine sehr verehrten Herren! Auch ich habe mit besonders großem Vergnügen den warmherzigen Ausführungen meines Herren Vorredners zugehört. Wenn ich nicht in allen Punkten seiner Ansicht bin, so ist das wohl in erster Linie darauf zurückzuführen, daß er eben nur seinen Betrieb, den Betrieb, der von ihm in der Weise geleitet wird, wie er uns heute erklärt hat — was ich ihm nach seinen Ausführungen aufs Wort glaube — vor sich hat, während ich als Syndikus und Prozeßvertreter einer großen Angestelltenorganisation Gelegenheit habe, im Laufe des Jahres in viele hundert Betriebe hineinzublicken, und da sieht es zum sehr großen Teile ganz anders aus.

Ich möchte behaupten, das, was heute als das Minimum an sozialpolitischen Vorschriften beispielsweise von dem österreichischen Gesetzgeber als zwingende Gesetzesvorschrift gefordert wird, das ist bereits in jedem sozial vorgeschrittenen Betriebe freiwillig gewährt. Derartige Betriebe werden aso durch die Zwangsvorschriften des Gesetzes in keiner Weise getroffen; denn nur das, was sie bereits als freiwilliges Geschenk durch den Arbeitsvertrag mit den Angestellten ihnen gewährleistet haben, das verlangt der Gesetzgeber von ihnen. Aber wir haben zahlreiche Betriebe, in denen es nicht so ist. Da muß der Gesetzgeber kommen und muß die Unternehmer zwingen. Er muß sagen: So und nicht anders! Das muß sein!

Meine Herren! Es ist in weiten Kreisen lebhaft bedauert worden, daß die Gewerbegerichtsnovelle vom Jahre 1907 infolge der vorgeschrittenen Session und des Schlusses des Reichstages nicht zur Verabschiedung gelangte, denn die Neuregelung des Rechtes der technischen Angestellten insbesondere war eine dringende und drängende Aufgabe. Aber ich glaube, es ist vielleicht ganz gut gewesen, daß die Novelle damals nicht Gesetz geworden ist, denn die Novelle wäre schließlich nur ein Stückwerk geworden, ein Flickwerk, wie es auch die jetzigen Entwürfe — die Vorschläge der Regierung sind ja neuerlich durch die Zeitungen gegangen — zu werden drohen.

Ich bin der Auffassung, daß die Schaffung eines einheitlichen Angestelltenrechtes nicht nur ohne weiteres möglich ist, in Zukunft möglich ist, wie der Herr Korreferent Justizrat Dr. Junck erwähnte, sondern daß diese Frage bereits in allernächster Gegenwart in befriedigender Weise gelöst werden kann. Und, meine Herren, wir haben ja für die Lösung dieser Frage ein Beispiel, ein Vorbild, wie wir es uns besser gar nicht wünschen können. Mir ist es nicht recht verständlich, wie der hochverehrte Herr Referent Exzellenz Klein so etwas zaghaft, etwas schüchtern von seinem österreichischen Gesetze gesprochen hat. Wer Gelegenheit gehabt hat, sich das österreichische Gesetz näher anzusehen — und es ist vielleicht bedauerlich, daß sich die Mitglieder des Juristentages, da sie zum weitaus größten Teile Reichsdeutsche sind, mit diesen Bestimmungen noch nicht in der richtigen Weise haben vertraut machen können — der wird mir der der Überzeugung sein müssen, daß das, was dort lex lata ist, ohne weiteres auf unsere deutschen Verhältnisse angewandt werden kann, von Kleinigkeiten, von geringfügigen Änderungen vielleicht abgesehen.

Mit Recht hat der Vertreter unseres preußischen Justizministers, Herr Geheimrat Kübler, von der Gemeinsamkeit der Rechtsanschauungen, die uns mit Österreich verbinden, gesprochen. Es ist nun an keiner Stelle ersichtlich, daß das österreichische Gesetz über dasjenige, was in sozial fortgeschrittenen Kreisen unserseits erstrebt wird, nur irgendwie hinausgeht. Es ist hier auf wenig Seiten, ich glaube, in 42 Paragraphen, meiner Erachtens in mustergültiger und vorbildlicher Weise das Angestelltenrecht kodifiziert.

Es ist nun von einer anderen Seite, von den Herren Kollegen Jaffa und Saul, noch ein Antrag gestellt worden, der sich meines Erachtens vollkommen deckt mit der von mir gestellten Resolution, die dahin geht, die uns gestellte Frage zu bejahen, gleichzeitig aber die Schaffung einer einheitlichen Kodifikation des Angestelltenrechtes zu verlangen. Diese Resolution ist eine meines Erachtens mit meinem Antrage vollkommen identische. Ich glaube, es wird ja zweckmäßig sein, um keine Zersplitterung herbeizuführen, daß einer von uns zugunsten des anderen seine Resolution zurückzieht. Es hat keinen Zweck, dieselbe Resolution, bei der es sich nur um eine Verschiedenheit im Wortlaut handelt, zweimal zur Abstimmung zu bringen.

Nun habe ich, von dem Bewußtsein ausgehend, daß gerade die nächste Zukunft nicht die Vorbereitung, sondern bereits die befriedigende Regelung der Frage des Angestelltenrechtes mit sich bringen muß, in erster Linie beantragt, die Resolution zu fassen, daß unsere Kodifikation nach dem Vorbilde des österreichischen Gesetzes, das ohne weiteres von dem

Juristentage als geeignete Grundlage für die Gesetzentwürfe der Regierung und die Beratungen des Reichstages angenommen werden kann, geschaffen werden soll. Sollte der Juristentag mit Rücksicht darauf, daß er vielleicht über die Bestimmungen des österreichischen Gesetzes noch nicht hinreichend unterrichtet zu sein glaubt, eine Nachprüfung für unerläßlich halten, so habe ich einen Amendementantrag gestellt: „die Ständige Deputation zu beauftragen, auf die Tagesordnung des nächsten Juristentages die Frage zu setzen, ob und wieweit sich eine Abweichung von den Vorschriften des österreichischen Gesetzes für die Reichsgesetzgebung empfiehlt." Ich muß es Ihrer Entschließung anheimstellen, ob Sie meinem Prinzipalantrage folgen oder den Eventualantrag annehmen wollen.

Der Vertreter — darauf möchte ich noch mit einem Worte eingehen — des deutschnationalen Handlungsgehilfenverbandes konnte aus seiner Haut nicht heraus, trotz der Mahnung des Herrn Vorsitzenden. Die Ausführungen sind mir, was die Sachlichkeit der Gründe anlangt, nicht verständlich gewesen, ich kann sie mir nur erklären aus einem gewissen Futterneide, den die Handlungsgehilfenschaft zum Teil empfinden mag, deshalb, weil andere Angestelltenkreise, die bisher in sozialpolitischer Beziehung nicht so gut gestanden haben wie die Handlungsgehilfen, zu derselben Stellung kommen sollen. Das ist die Sache von der vollen Kompottschüssel, aus der der Handlungsgehilfe gegessen hat und nun anderen großen Kreisen nicht gönnt, daß sie derselben vollen Kompottschüssel teilhaftig werden.

Um mich zu resümieren: ich möchte Ihnen nochmals empfehlen, die gestellte Frage zu bejahen. Darüber sind wir wohl alle einig, um uns auszusprechen für den Ausbau eines einheitlichen Rechtes für alle Angestellten unter möglichster Anlehnung an den österreichischen Entwurf.

Vorsitzender: Ich mache bekannt, daß Herr Justizrat Junck seinen angekündigten Antrag eingebracht hat. Er lautet:

> „Der Juristentag wolle beschließen, erstens: die gestellte Frage zu bejahen, zweitens: die Zusammenfassung des gesamten Angestelltenrechtes ist eine Aufgabe der Gesetzgebung der Zukunft."

Ich mache noch darauf aufmerksam, daß verschiedene andere Anträge gestellt sind, die in der Hauptsache auf das gleiche hinauslaufen. Dahin gehört auch der Antrag Weinberg und Dr. Jaffa, Saul. Es würde vielleicht angezeigt sein, daß die Herren sich untereinander verständigten, ob der eine oder andere Antrag zugunsten des Antrages des Herrn Referenten zurückgezogen werden kann.

Ich gebe nunmehr zur Geschäftsordnung Herrn Regierungsassessor H e i ß das Wort.

Regierungsassessor Dr. **Heiß** (Berlin): Es sind soviele Vertreter von Angestelltenverbänden gehört worden, daß Sie dem Vertreter einer großen Angestelltenorganisation, des Bundes der technisch-industriellen Beamten, in billigem Erwägen das Wort kaum versagen dürften.

Mit der Annahme des Antrages wäre die ganze Debatte sofort geschlossen. Nun wäre nichts mehr zu beraten.

Vorsitzender: Ich verstehe nicht, wie Sie auf den Gedanken kommen, daß die Debatte geschlossen würde. Herr Regierungsassessor H e i ß (Berlin) hat das Wort.

Regierungsassessor Dr. **Heiß** (Berlin): Meine Herren! Ich bitte um Entschuldigung wegen des kleinen Mißverständnisses, das mir hier unterlaufen ist. Ich muß umsomehr um Entschuldigung bitten, als es mir schwer fällt, in dieser illustren Versammlung das Wort zu ergreifen, nach dem ganz ausgezeichneten Referate Sr. Exzellenz des Herrn Justizministers Dr. K l e i n und nach dem ebenso vortrefflichen Korreferate des Herrn Reichstagsabgeordneten Dr. J u n c k.

Dem Herrn Korreferenten sind aber einige sehr entschuldbare Irrtümer unterlaufen, die ich richtigstellen möchte, weil diese Irrtümer trotz des Sprichwortes: Lügen haben kurze Beine — ziemlich zählebiger Natur sind.

In unserer Zeit der gottgewollten Abhängigkeiten ist es überhaupt Mode geworden, von dem neuen Mittelstande der Privatangestellten zu sprechen. Ich muß es verneinen, daß die Privatangestellten den neuen Mittelstand darstellen. Dazu fehlt ihnen die Unterlage, die Unterlage der wirtschaftlichen und sozialen Unabhängigkeit. Das ist kein Mittelstand zwischen Arbeitgeber einerseits und Arbeitnehmer anderseits, sondern in diesem sog. neuen Mittelstande der Privatangestellten haben die Privatangestellten nur Arbeitnehmerinteressen und gehören zu den Arbeitern, weshalb die Organisation der Privatangestellten, deren wissenschaftlicher Hilfsarbeiter zu sein ich die Ehre habe, sich niemals geschämt hat, ihre Organisation eine Gewerkschaft zu nennen. Ich möchte das ganz besonders scharf betont haben.

Einen zweiten Irrtum hat wohl durch das tiefe Niveau, auf dem diese Broschüre steht, Herr B l o b e l am besten selbst widerlegt. Ich bestreite, daß Herr Blobel die Voraussetzungen erfüllt hat, um nach den Statuten Mitglied des Juristentages sein zu können. Ein abgeschlossenes juristisches Studium hat er nicht hinter sich. Ich tue das deshalb, weil mir einmal in einer Versammlung des Deutschnationalen Handlungsgehilfen-Verbandes, als ich mich als Doktor zum Worte gemeldet hatte, der Zuruf entgegenhallte, ob ich Kaufmann sei. Aber die Broschüre spricht trotz ihrer Kürze Bände. Auf so tiefem Niveau steht der Juristentag wirklich nicht, daß man ihm eine derartige Broschüre versetzen kann.

Vorsitzender: Ich muß den Herrn Redner ersuchen, derartige, das hier Zulässige weit überschreitende Ausdrücke zu unterlassen. Sie stimmen nicht zu dem Niveau, das der Juristentag einzuhalten gewohnt ist. (Bravo!)

Regierungsassessor Dr. **Heiß** (Berlin): (fortfahrend): Ich bedauere, daß ich diese Ausführungen, so sehr ich die Meinung des Herrn Präsidenten schätze und hochachte, nachdem ich die Broschüre genau gelesen habe, nicht zurücknehmen kann. (Zurufe: Schluß!)

Vorsitzender: Hiernach bin ich genötigt, an die Versammlung die Frage zu richten, ob sie den Herrn Redner noch weiter hören will? (Zurufe: Nein!)

Rechtsanwalt **Saul** (Duisburg): Meine Herren! Hier sind verschiedene Anträge eingegangen, die im wesentlichen einander decken, wie bereits der Herr Vorsitzende gesagt hat. Ich kann hier — auch namens meines Herrn Mitantragstellers — die Erklärung abgeben, daß es uns um Einzelheiten gar nicht zu tun ist, daß wir z. B. ohne weiteres bereit sind, in eine Verständigung mit Herrn Rechtsanwalt Weinberg darüber einzutreten, welche Anträge aufrechtzuerhalten seien. Es ist uns immer nur um die Sache zu tun. Mir scheint, daß wir mit unserem Antrage das treffen, was die beiden Herren Referenten hier ausgeführt haben. Der erste Referent, Herr Minister Dr. Klein, hat allerdings, wie schon einer meiner Herren Vorredner zutreffend gesagt hat, sich etwas zaghaft an die ganze Frage herangewagt, und ist meiner Auffassung nach — vielleicht aus übertriebener Bescheidenheit — zu wenig darauf eingegangen, was das österreichische Gesetz Gutes und Vorbildliches geschaffen hat.

Mir scheint, daß wir doch wohl gut daran tun, weiterzugehen, als der Herr Referent wünscht, und so weit zu gehen, wie der Korreferent Herr Justizrat Jundsachlich eigentlich gehen will. Ich vermisse allerdings bei ihm die Konsequenz, die gebieten würde — nicht als eine

Aufgabe der Gesetzgebung der Zukunft, sondern der Gesetzgebung der Gegenwart — die Schaffung eines einheitlichen Reichsarbeitsgesetzes anzustreben. Es ist nicht zuviel gesagt, wenn ich hier ausspreche, daß sich das Recht der Handlungsgehilfen und der technischen Angestellten, der zahllosen Bureauangestellten einheitlich gestalten lassen muß, schon aus dem Grunde, weil die wirtschaftlichen und sozialen Voraussetzungen vorhanden weil die gesamten Lebensverhältnisse bei allen Angestelltengruppen im Wesentlichen gleichmäßig sind. Ich vermisse trotz der Ausführungen des Herrn Vertreters des Deutschnationalen Handlungsgehilfenverbandes jeden sachlichen Grund gegen die Ausdehnung der von den und für die Handlungsgehilfen erstrebten und erreichten Schutzbestimmungen auf die technisch-industriellen Beamten, auf das große Heer der Privatangestellten.

In dem Gutachten des Herrn Dr. Potthoff, der auf diesem Gebiete gewiß als Autorität gelten kann, finden Sie eine Zusammenstellung von Zahlen. Für diese Zahlen kann man wirklich das Wort gelten lassen, daß Zahlen beweisen. Da finden Sie, daß im Jahre 1907 die Zahl der Handlungsgehilfen sich auf eine halbe Million beläuft, dagegen allein die Zahl der in der Industrie beschäftigten Angestellten nahezu 700 000, die sämtlicher nichtkaufmännischen Privatbeamten rund $1^1/_2$ Millionen betrug. Diese Zahlen reden Bände. Wir haben eine im Wesentlichen ausreichende Regelung für die Handlungsgehilfen; für das weit größere Heer der technisch-industriellen Beamten und der sonstigen Privatbeamten fehlt es an einer befriedigenden Regelung. Es ist nicht abzusehen, warum nicht das, was die Handlungsgehilfen erreicht haben, ausgedehnt werden soll auf die übrigen Privatangestellten, und ferner ist nicht ersichtlich, warum die Regelung nicht erfolgen soll im Rahmen eines einheitlichen, den ganzen Dienstvertrag regelnden Reichsarbeitsgesetzes. Über den Namen wird sich reden lassen; er ist gleichgültig. Es kommt auf die Sache an, darauf also, daß wir die ganzen, sozial und wirtschaftlich, ihrer Vorbildung, ihren Erwerbsverhältnissen und Interessen nach im Wesentlichen gleichartigen Berufsarten mit einem einheitlichen Gesetze erfassen.

Nun zu den einzelnen Positionen unseres Antrages. Da heißt es an erster Stelle:

> „Die Ausdehnung der für Handlungsgehilfen bestehenden sozialen Schutzvorschriften auf sämtliche Privatangestellte genügt nicht."

Dieser Teil des Antrages richtet sich nach zwei Seiten hin. Zunächst wird hier ausgesprochen, daß die Wesensart des Berufes, insbesondere bei den technisch-industriellen Beamten, vielfach eine gesonderte Regelung erfordere. Ich möchte nicht mißverstanden werden —; gemeint ist nicht eine besondere Regelung, die innerlich den Beruf als solchen charakterisiert, sondern eine solche, die in einzelnen, nur für gewisse Berufsarten geltenden Bestimmungen ihren Ausdruck finden muß. Solche, für besondere Berufsarten geltenden, sozialen Sonderschutzvorschriften werden m. E. dadurch erforderlich gemacht, daß z. B. der technisch-industrielle Beamte in Fabriken, also in Betrieben mit wesentlich größerer Gefahr arbeitet, als der Handlungs- oder Bureaugehilfe, und daß deshalb besondere, charakteristische Schutzbestimmungen für ihn erforderlich sind.

Ferner aber richtet sich dieser Teil des Antrages dahin — und ich glaube, daß ich da meinen Mitantragsteller, der den Antrag selbst entworfen hat, richtig verstanden habe — daß die zurzeit für die Handlungsgehilfen schon geschaffenen Schutzvorschriften nicht das höchste erreichbare, nicht das höchste wünschenswerte Maß von sozialen Schutzvorschriften darstellen, sondern daß die Forderungen nach weiteren sozialen Schutzvorschriften, die die Handlungsgehilfen selbst noch erheben, zugunsten aller Privatbeamten gleichmäßige Berücksichtigung finden müssen.

Es heißt dann weiter:

„Vielmehr ist ein einheitliches Privatbeamtenrecht für sämtliche Privatangestellte notwendig."

Darüber habe ich mich bereits geäußert.

Der dritte Satz deckt sich mit den Thesen Seiner Exzellenz des Herrn Ministers Dr. Klein. Daß soziale Schutzvorschriften zwingender Natur sein müssen, liegt meiner Meinung nach im Wesen der Sache begründet. Denn soziale Schutzvorschriften, die nicht zwingender Natur sind, werden selbstverständlich im Wege privater Vereinbarungen immer ausgeschaltet werden können, da der Unternehmer, der Arbeitgeber, als der wirtschaftlich Stärkere, dem Schwächeren diejenige Vertragsform aufzwingen kann, die ihm wünschenswert erscheint. Soziale Schutzvorschriften, die nicht als zwingend vorgeschrieben werden, wirken wie das berühmte Lichtenbergsche Messer ohne Heft, dem die Klinge fehlt; sie sind praktisch wertlos.

Ich meine, wir können und müssen uns schon heute dahin schlüssig machen, daß die einheitliche Regelung des Privatbeamtenrechts, und zwar in der Weise, daß die Handlungsgehilfen aufgefaßt werden als ein Teil der Privatbeamten, als eine Gruppe dieses großen Berufsstandes, den man meinetwegen als neuen Mittelstand bezeichnen kann, daß diese einheitliche Regelung tatsächlich als eine Aufgabe der Gesetzgebung der Gegenwart von uns aufgefaßt und bezeichnet wird, und daß diese Regelung baldmöglichst erfolgen muß, um der immer unerträglicher werdenden Zersplitterung des Privatbeamtenrechtes ein für alle Mal ein Ende zu machen. Es wird sich dabei meines Erachtens empfehlen, daß auch die Bestimmungen öffentlich-rechtlicher Natur, die sich jetzt in der Gewerbeordnung finden, mit diesen Bestimmungen zusammen in das künftige Reichsarbeitsgesetz eingefügt werden. Damit wird man gleichzeitig auch den Erfolg erreichen, daß mit der ewigen Novellenwirtschaft in dem Rechtsgebiete der Gewerbeordnung aufgeräumt wird. Und darum meine ich, daß es angezeigt sein dürfte, wie es am Schlusse unseres Antrages heißt, die Ständige Deputation zu ersuchen:

> „auf die Tagesordnung des nächsten Juristentages die Frage zu setzen, welche sozialen Schutzvorschriften gleichmäßig für alle Privatangestellten zu treffen sind."

Ich möchte noch hinzufügen, daß ich mir vorbehalte, den Antrag nach dieser Richtung hin noch zu erweitern und insbesondere zu beantragen, daß der Juristentag ein die Verhältnisse sämtlicher Privatangestellter einheitlich regelndes Arbeitsgesetz in Vorschlag bringe.

Vorsitzender: Meine Herren! Ich habe zunächst mitzuteilen, daß Herr Oberlandesgerichtspräsident Dr. Dorner, den wir zum Vertrauensmann für die morgende Wahl gewählt haben, wegen Abreise nicht teilnehmen kann. Es würde also notwendig sein, einen anderen Vertrauensmann an seiner Stelle zu wählen. Ich bitte, mir aus der Versammlung einen Vorschlag zu machen.

Aus der Versammlung heraus wird Herr Professor Apt vorgeschlagen, welcher die Wahl annimmt.

Rechtsanwalt **Fritz Weinberg** (Berlin): Ich werde zugunsten des Antrages Jaffa-Saul meinen Antrag zurückziehen. Die Anträge decken sich inhaltlich fast vollständig. Ich habe auf das österreichische Gesetz hingewiesen, was vielleicht deshalb bedenklich ist, weil ein großer Teil von Ihnen noch nicht damit vertraut sein kann. Eine Zersplitterung will ich vermeiden und bitte die Anträge Jaffa-Saul anzunehmen.

Vorsitzender: Herr Professor Rauch (Königsberg) hat Schluß der Debatte beantragt. Zum Wort sind noch gemeldet Herr Rechtsanwalt Jaffa (Berlin) und Herr Geheimrat Pappenheim (Kiel), sowie Herr Oberlandesgerichtsrat Grünewald (Hamm).

Der Vorsitzende läßt über den Antrag auf Schluß der Debatte abstimmen. Die Debatte wird geschlossen; die drei zum Worte gemeldeten Redner sollen noch gehört werden.

Rechtsanwalt **Jaffa** (Berlin): Meine Herren! Ich glaube, der Gang der Debatte hat uns gezeigt, daß irgendeine Verschiedenheit in materieller Hinsicht zwischen den Ansichten der Herren Referenten und aller Debatteredner, vielleicht mit der einzigen Ausnahme des Herrn vom Deutschnationalen Handlungsgehilfenverbande und des Freiherrn von Pechmann nicht besteht. Denn alle bis auf diese beiden Herren sind der Ansicht, daß ein einheitliches Privatbeamtenrecht notwendig ist und nur die Frage war streitig, ob dieses einheitliche Privatbeamtenrecht in naher Gegenwart oder in ferner Zukunft geschaffen werden soll. Ich glaube, darüber werden wir schließlich auch alle einig sein müssen, daß eine erhebliche Verschiedenheit zwischen dem, was von unseren übrigen Rednern gesagt worden ist, und zwischen dem, was Freiherr von Pechmann ausgeführt hat, ebenfalls nicht besteht; denn Freiherr von Pechmann wünscht auch, daß alle die Schutzvorschriften erfüllt werden sollen, nur auf freiwilligen Wege, und wenn die Arbeitgeber alle so wären, daß sie diese Forderungen auf freiwilligem Wege erfüllten, dann brauchten wir auch sicherlich die Schutzvorschriften nicht, wie mein Herr Vorredner eben ausgeführt hat.

Da nun, meine Herren, das Votum des Juristentages ja sicherlich besonders dann von großer Bedeutung ist, wenn es möglichst einheitlich gefaßt worden ist, so möchte ich mir hier doch noch einige Vorschläge für die Vereinigung der noch bestehenden Anträge erlauben.

Da alle Redner darüber einig sind, daß das einheitliche Privatbeamtenrecht irgendwann einmal kommen muß und erforderlich ist, so würde es sich fragen, ob es sich überhaupt lohnt, die Schutzvorschriften, die heute für die Handlungsgehilfen bestehen, auf sämtliche übrigen Privatangestellten auszudehnen, und ich glaube, in dieser Hinsicht haben die beiden Gutachter doch eigentlich sehr überzeugend ausgeführt, daß die Schutzvorschriften, die heute bestehen, sehr geringfügiger Natur sind, und daß es nicht recht lohnt, die Gesetzgebungsmaschine nur zu dem Zwecke in Tätigkeit zu setzen, um diese wenigen Schutzvorschriften auf die Privatangestellten auszudehnen.

Und. meine Herren, wenn Sie auf dem Standpunkte stehen, daß die heutige Zersplitterung des Privatbeamtenrechtes eine sehr bedauerliche Erscheinung ist — und man wird meines Erachtens auf diesem Standpunkte stehen müssen, denn selbst dem zünftigen Juristen, der mit diesen

Dingen sich täglich beschäftigt, ist es schwer genug, die positiven Rechtsnormen, geschweige denn die zu ihnen gehörigen prinzipiellen Entscheidungen zu kennen —, so werden Sie nicht wünschen können, daß auf dieses bestehende Flickwerk nun noch neues Flickwerk aufgesetzt wird, und daß einige wenige Schutzvorschriften von größerer oder geringerer Bedeutung den bereits bestehenden hinzugefügt werden. Wenn man die Leitsätze des Herrn Justizministers Dr. Klein annehmen wollte, so würde es vielleicht scheinen, als ob gerade die drei Vorschriften, die in diesen Leitsätzen angeführt sind, von hervorragendster Bedeutung für das Privatangestelltenrecht sind. Das, meine Herren, ist doch zweifellos nicht der Fall. Es mögen wohl Rechtssätze sein, die eine gewisse Bedeutung für die Privatangestellten haben, aber wenn Sie einmal an die viel wichtigeren Fragen herangehen, z. B. an die wichtige Frage, die den vorigen Juristentag beschäftigt hat, die Frage des Erfinderrechtes der technischen Angestellten, oder die Frage der Pensionsversicherung, die Frage des Koalitionsrechtes, der Ausdehnung der Gewerbeinspektion auf die kaufmännischen Betriebe usw. usw., so scheinen mir alle diese Fragen doch noch von erheblich größerer Bedeutung zu sein als z. B. die Frage, ob die Bezüge aus Krankenversicherungen auch bei den Privatangestellten angerechnet werden sollen oder nicht.

Deshalb, meine Herren, um nicht den Anschein zu erwecken, als ob es gerade diese drei Dinge sind, die von besonders hervorragender Bedeutung sind, deshalb, glaube ich, wird man diese Thesen nicht so annehmen können, wie sie aufgestellt worden sind.

Gegen diese Thesen spricht ein weiterer Grund: Es ist die Frage der Konkurrenzklausel hier behandelt worden, und Herr Justizminister Dr. Klein hat mit Recht hervorgehoben, daß über die lex lata zu reden nicht so recht lohnt, denn wir sind im Begriffe, sie zu ändern. Über die lex ferenda konnten wir so recht nicht reden, denn darüber sind wir nicht genügend vorbereitet. Insbesondere sind die Vorschläge des Handelsministers heute in der Debatte kaum gestreift worden. Wenn wir nun diese Thesen des Herrn Justizministers Dr. Klein annehmen, so wird damit doch die Ausdehnung von Schutzvorschriften, die wir als gut keineswegs anerkennen können, befürwortet, und ich glaube, auch das Amendement, das vorgeschlagen worden ist, genügt nicht. Viele stehen auf dem Standpunkte, jede Beschränkung der Gültigkeit der Konkurrenzklausel müsse wegfallen, es dürfe der Vertragsfreiheit in dieser Richtung keine Schranke gesetzt werden. Dagegen befürworten andere den Vorschlag, jeder Konkurrenzvereinbarung die Gültigkeit zu versagen. Ich glaube deshalb, wir werden heute sehr viel praktische Arbeit in dieser Richtung sicher nicht leisten können. Ich weiß sehr wohl, daß es die vornehmste Aufgabe des Juristentages ist, gerade mit praktischen Vorschlägen zu kommen. Es mag das vielleicht an dem Thema gelegen haben, an der Art, wie das Thema gestellt worden ist, daß so wenig praktisches Ergebnis heute herauskommt, aber wir können uns heute unmöglich auf drei Vorschriften festlegen und alles andere unberührt lassen; wir müssen vielmehr meines Ermessens nur das Ziel angeben, und als solches die Schaffung eines einheitlichen Privatbeamtenrechtes betrachten. Wenn Seine Exzellenz Herr Dr. Klein gesagt hat, wir werden hier nicht den Rahmen zeichnen können, ohne vorher zu wissen, wie dieser Rahmen ausgefüllt werden soll, so werden wir doch eins berücksichtigen müssen: Wenn der Deutsche Juristentag ein einheitliches Privatbeamtenrecht fordert, so wird damit zweifellos ein Recht in sozialfortschrittlichem Sinne gemeint sein. Auf den Gedanken wird keiner kommen, daß es ein Recht in sozial rückschrittlichem Sinne sein könnte. Wenn wir ein einheitliches Privatbeamtenrecht fordern, so wird damit gesagt sein: Wir fordern ein in sozial fortschrittlichem Sinne zu gestaltendes einheitliches Privatbeamtenrecht.

Wenn wir dieses einheitliche Recht fordern, meine Herren, so erfüllen wir damit meines Ermessens nicht nur eine soziale Pflicht, sondern auch volkswirtschaftlich betrachtet ist ein solches Recht sicherlich von erheblichstem Vorteil. Es wird heute kein Mensch mißbilligen können, daß das Recht zwingender Natur sein muß, und ich möchte diejenigen Herren — es sind einige darunter, die auf dem vorigen Juristentage die interessante Debatte über das Erfinderrecht gehört haben — an diese Debatte erinnern. Da haben wir auch darüber gesprochen, ob zwingende Vorschriften notwendig seien, und wir sind zu dem Ergebnis gekommen, daß zwingende Vorschriften nötig sind, da nicht alle Arbeitgeber Engel sind.

Haben wir den Rahmen dahin gezeichnet, daß ein zwingendes einheitliches Recht, daß soziale Mindestvorschriften notwendig sind, so werden wir die weitere Ausdehnung des Rahmens dem nächsten Juristentage überlassen können.

Ich möchte demgemäß, da wir materiell nicht gerade sehr verschiedener Ansicht sind, dem Herrn Referenten und Korreferenten vorschlagen, sich auf unseren Antrag, auf den sich auch Herr Rechtsanwalt Weinberg mit geeinigt hat, zu einigen. Sollte es nicht möglich sein, so können beide Anträge angenommen werden. In beiden ist das einheitliche Privatbeamtenrecht gefordert. Wenn Sie einiges hervorheben wollen, so würde das durch eine redaktionelle Bearbeitung möglich sein. Ich möchte bitten, diesen Antrag anzunehmen, eventuell unter Vereinigung mit dem Antrage des Herrn Justizministers Dr. Klein.

Geheimrat Professor Dr. **Pappenheim** (Kiel): Meine Herren! Der Herr Vorredner hat bemerkt, daß die nach seiner Meinung vorhandene geringe Ertragsfähigkeit der heutigen Verhandlung vielleicht durch die Art gegeben sei, wie das Thema gestellt ist. Das führt mich dazu, über das eigentümliche Schicksal, das die Behandlung des Themas gehabt hat, etwas zu sagen.

Das Thema ist hier nicht so behandelt worden, wie es gestellt ist. Es umfaßt allgemein die sozialen Vorschriften, die für die Handlungsgehilfen bestehen, keineswegs nur diejenigen sozialen Vorschriften, die nur für die Handlungsgehilfen bestehen. Von der Deputation ist das Thema so formuliert worden, weil sie gerade Raum lassen wollte für die Behandlung auch der übrigen reichsgesetzlichen Vorschriften außer den im Handelsgesetzbuche enthaltenen. Das Thema ist aber schon in dem Gutachten des Herrn Professor Oertmann enger, nämlich so verstanden worden, als ob es sich nur auf die besonderen Schutzvorschriften für die Handlungsgehilfen bezöge. Diese Auffassung ist auch hier für die Verhandlung maßgebend gewesen. Damit hat das Thema eine Einengung erfahren. Der erste Referent, Herr Minister Dr. Klein, hat sich naturgemäß ebenfalls auf diesen Boden gestellt, und ich glaube, daß es ihm gelungen ist, gerade alles dasjenige in seinen Thesen zum Ausdruck zu bringen, was wir heute auf Grund genügender Vorbereitung auch annehmen können. Das muß man im Auge behalten. Andererseits ist nicht zu befürchten, daß es einen falschen Schein erwecken kann, wenn wir heute die Bestimmungen des Handelsgesetzbuches allein nennen, ohne auf die übrigen einzugehen. Niemand kann auf den Gedanken kommen, daß diejenigen Punkte, die auf Grund genügender Vorbereitung hier allein erwähnt werden, deshalb höher gestellt werden sollten als andere, zu denen wir nicht Stellung nehmen können, weil sie nicht genügend vorbereitet sind. Diese sind meiner Auffassung nach deshalb in den von Exzellenz Klein vorgeschlagenen vierten Absatz verwiesen worden, weil gleich ein erster Schritt dazu getan werden soll, ihre Verhandlung in die Wege zu leiten. Das ist für mich der entscheidende Gesichtspunkt, aus dem heraus ich mich für den Antrag des ersten Herrn Referenten erkläre.

Der Antrag des Herrn Korreferenten scheint mir dem gegenüber zurücktreten zu müssen. Er beantragt, die gestellte Frage zu bejahen.

Soll sie in dem Sinne bejaht werden, wie sie lautet, oder in dem Sinne, wie sie hier behandelt worden ist? Wenn sie so bejaht wird, wie sie lautet, wird sie in einem Umfange bejaht, in dem sie nicht erörtert, und in dem sie nicht durchweg vorbereitet worden ist. Es ist deshalb m. E. ausgeschlossen, daß wir die gestellte Frage einfach bejahen.

Was die zweite Nummer in dem Antrage des Herrn Referenten betrifft, daß die Zusammenfassung des gesamten Privatangestelltenrechtes eine Aufgabe der Zukunft sei, so hat der Herr Antragsteller hervorgehoben, daß es sich hier im allgemeinen um die Feststellung eines bestehenden Wunsches handelt. Aber soweit ein Anlaß vorliegt, sich darüber hinaus schon jetzt zu äußern, nämlich soweit Nr. 4 seines Antrages in Frage kommt, geht der Herr Referent weiter, indem er hier nicht der Gesetzgebung der Zukunft eine Aufgabe stellt, sondern von dem Juristentage die Inangriffnahme der Materie für die nächste Tagung wünscht. Ich glaube, daß wir recht daran täten, den Vorschlägen des Herrn Referenten zu folgen.

Der Annahme der ersten drei Absätze des Referentenantrages steht m. E. auch kein Bedenken insofern entgegen, als in ihnen die Privatangestellten gemeint sind, soweit sie höhere Dienste zu leisten haben. Damit ist nicht gesagt, daß die übrigen Privatangestellten ausgeschlossen bleiben sollen. Der Juristentag würde nur seine Überzeugung aussprechen, daß sich die Erstreckung der Vorschriften des Handelsgesetzbuches auf die höheren Privatangestellten empfiehlt. Die Frage, ob sie sich darüber hinaus empfiehlt, würde noch nicht erörtert, darum auch noch nicht beantwortet sein. Sie würde nach Maßgabe des Absatzes 4 geprüft werden können. Auch ist m. E. kein Grund vorhanden, warum wir den Begriff der zu Diensten höherer Art verpflichteten Angestellten, mit dem das Gesetz operiert und der durch die Praxis genügend geklärt ist, nicht ebenfalls adoptieren sollten.

Im Absatz 3 des Antrages sehe ich den Gedanken ausgesprochen, daß hinsichtlich des Rechts der Konkurrenzklausel, gleichviel, wie es sich in Zukunft gestalten möge, die Gleichstellung der Privatangestellten höheren Ranges mit den Handlungsgehilfen stattfinden soll. Nur dies würde mit der Annahme des Absatzes 3 gesagt sein. Die Frage der Veränderung und Verbesserung des Rechtes der Konkurrenzklausel selbst bliebe offen.

Endlich glaube ich dem Herrn Vorredner darin beistimmen zu können, daß hinsichtlich der noch übrig bleibenden Differenzen eine Verständigung möglich sein wird. Ich möchte der Hoffnung Ausdruck geben, daß die

Herren Antragsteller selbst eine Vereinfachung der Sachlage herbeiführen könnten.

Oberlandesgerichtsrat **Grünebaum** (Hamm): Meine Herren! Ich komme als der letzte zum Worte, und ich könnte vielleicht auf das Wort verzichten, da es sich bei der geschäftlichen Behandlung in der Hauptsache nur darum drehen wird, ob eine Einigung unter den betreffenden Antragstellern über ihre Anträge erzielt wird. Jedenfalls würden meine Ausführungen zum großen Teil unnötig sein, wenn ein einheitlicher Antrag vorläge. (Kurze Pause.)

Da eine solche Einigung vorher nicht erzielt worden ist, möchte ich in erster Linie sagen, nach meiner Auffassung ist es die Aufgabe des Juristentages, eine positive Arbeit zu leisten und positive Vorschläge zu machen. Aus diesem Grunde scheinen mir die Vertröstungen auf die Zukunft und die vagen Anträge, die in den Vorschlägen der Herren Rechtsanwälte Jaffa und Saul enthalten sind, durchaus nicht geeignet, als Grundlage für einen Beschluß des Juristentages zu dienen. Es genügt mir deshalb auch der Antrag des Herrn Korreferenten jedenfalls nicht zu dieser Frage, da er nichts weiter besagt als: die gestellte Frage wird bejaht. Vielmehr kann ich mich im großen und ganzen nur befreunden mit dem Antrage des Herrn Referenten Exzellenz Klein, der den Juristentag weingstens zwingt, in bestimmten Fragen eine positive Stellung einzunehmen und der Gesetzgebung — was nun doch einmal seine Aufgabe ist — positive Vorschläge zu machen.

Ich würde daher — ich werde mich sehr kurz fassen — dem Juristentage in erster Linie empfehlen, die Thesen des Herrn Referenten anzunehmen.

Dabei habe ich allerdings auch eine so rückständige Ansicht wie der Herr Freiherr von Pechmann. (Bravo!) Ich gehöre, das darf ich hier wohl hervorheben, seit einer Reihe von Jahren einem Senate des Oberlandesgerichts an, ih dem die Unfallsachen verhandelt werden. Meine Herren! Wer mit den Unfallkrankheiten, der sog. Unfallneurose zu tun hat und mit den fortgesetzten Simulationen, die dabei vokommen, wer diesen schweren Kampf auszukämpfen hat vom Richterstuhle aus, um zu entscheiden, ob da wirkliche Krankheit vorliegt oder nur Simulation, der muß doch ganz entschieden dagegen ankämpfen, daß von der Gesetzgebung eine Bestimmung aufgenommen wird, die — das läßt sich nicht verhehlen — indirekt als ein Anreiz zur Simulation angesehen werden muß. (Sehr richtig!) Als einen solchen Anreiz muß ich den zweiten

Absatz der Thesen des Herrn Referenten ansehen. Ich gehe dabei davon aus — und ich bitte den Herrn, wenn ich ihn mißverstanden habe, mich zu berichtigen — der § 63 — der ist es ja wohl, um dessen Absatz 1 eine Kontroverse besteht — läßt diesen ersten Absatz nach der überwiegenden Auffassung als dispositiv erscheinen. Wenn nun der Herr Referent in Absatz 1 seiner Thesen ausgeführt hat, daß die für Handlungsgehilfen bestehenden sozialen Schutzvorschriften als zwingendes Recht für die Privatangestellten eingeführt werden müssen, so gehe ich davon aus, daß er damit annimmt, der Absatz 1 des § 63 solle hier künftig zwingendes Recht sein, und das würde ich für richtig halten. Ich komme aber durchaus auf den Vorschlag der österreichischen Regierung zu ihrem Handlungsgehilfengesetz zurück: Dementsprechend würde ich die Anrechnungsfähigkeit der Bezüge, die die Handlungsgehilfen aus den Versicherungen haben, jedenfalls insoweit für gerechtfertigt halten, als sie solche auf Grund der Beiträge der Unternehmer, der Dienstherren beziehen. Ich vermag auch nicht einzusehen, daß jemand dann, wenn er nicht arbeitet, mehr haben soll, als wenn er seinen Dienst versieht.

Auf die Konkurrenzklausel, wie sie künftig ausgestaltet werden soll, brauche ich mich nicht weiter einzulassen, denn das wird ja eben noch im Dunkel gelassen und bleibt unbestimmt. Mit Rücksicht darauf, daß diese Frage sich augenblicklich im Flusse der Gesetzgebung befindet, wird auch mit Recht eine nähere Bestimmung darüber nicht getroffen.

Was im übrigen den letzten Absatz der Thesen angeht, so verkenne ich ja nicht, daß die Zersplitterung der Bestimmungen über den Dienstvertrag einen großen Mißstand in sich birgt. Trotzdem glaube ich, daß wir uns nicht einfach damit begnügen zu sagen, die Zusammenfassung des gesamten privaten Beamtenrechts ist Aufgabe der Gesetzgebung der Zukunft. Damit wäre nach meiner Auffassung auch recht wenig gesagt, denn die Frage ist heute bereits so akut geworden, daß sich die Gesetzgebung ohne weiteres schon dessen bewußt sein wird, daß dies eine Aufgabe der Zukunft ist. Es wird vielmehr nach meiner Meinung die Gesetzgebung fördern, wenn wir die Ständige Deputation ersuchen, auf eine weitere Tagesordnung die Frage positiver Vorschriften zu setzen. Das scheint mir, intendiert der vierte Absatz der Thesen des Herrn Referenten, und daher würde ich die Bitte an den Juristentag richten, diese Leitsätze anzunehmen mit der Maßgabe einer Änderung nach Anhalt des Antrages Pechmann in Absatz 2. (Beifall.)

Vorsitzender: Die Debatte ist geschlossen.

Bevor ich den Herren Referenten das Schlußwort erteile, und bevor ich frage, ob eine Pause zur Verständigung über die Anträge gewährt werden soll — es wird wohl eine kurze Pause genügen — möchte ich den Stand der Frage mit einigen Worten kurz erläutern, da die Anträge doch so kompliziert sind, daß ihre Stellung zueinander vielleicht nicht ohne weiteres übersehen wird.

Zunächst würde zu fragen sein, ob der Absatz 1 des Antrages des Herrn Referenten oder, was ungefähr gleichbedeutend ist, der Absatz 1 des Antrages des Herrn Korreferenten anzunehmen sei. Nach dem ersten würde in spezieller, nach dem anderen in ganz allgemeiner Weise die Frage bejaht werden. Es würde die spezielle Bejahung nach dem Antrage des Referenten zuerst zur Abstimmung kommen, und dabei würde eine gesonderte Abstimmung über die Schlußworte des Antrages Absatz 1 „die höhere Dienste zu leisten haben" stattzufinden haben.

Wird nun der Absatz 1 des Herrn Referenten angenommen — aber auch wohl, wenn der Absatz 1 des Herrn Korreferenten angenommen werden sollte — so würde in der Astimmung folgen zunächst der Absatz 2 des Herrn Referenten. Das ist der Absatz, zu dem Herr Freiherr von Pechmann gesonderte Abstimmung beantragt hat.

Dann würde folgen der dritte Absatz des Herrn Referenten.

> „Die Ausdehnung der Vorschriften des Handelsgesetzbuches über die Konkurrenzklausel wird mit dem Vorbehalte empfohlen, daß etwaige Verbesserungen dieser Vorschriften sich auf alle im ersten Absatze bezeichneten Angestellten zu erstrecken haben."

Hierbei würde aber dem Antrage des Herrn Syndikus Günther Rechnung zu tragen und zu fragen sein, ob nicht die Worte „etwaige Verbesserungen" zu ersetzen wären durch die Worte „die vom Juristentage als notwendig anerkannte Verbesserung". Darüber würde gesondert abzustimmen sein, und zwar vorher, wenn nicht etwa der Herr Referent sich mit dieser Abänderung einverstanden erklären sollte.

Sodann würden die auf die Zukunft gerichteten Anträge zur Abstimmung kommen. Das sind die Anträge Jaffa, Antrag Junck Nr. 2 und der vierte Absatz des Antrages des Herrn Referenten Klein. Hier würde der Antrag Jaffa als der weit speziellere und weitergehende zuerst zur Abstimmung zu bringen sein, dann der Antrag des Herrn Korreferenten Junck, zuletzt der vorsichtigere, sich auf das zunächst Gegebene beschränkende Antrag des Herrn Referenten. In bezug auf den letzteren Antrag darf ich vielleicht noch darauf aufmerksam machen, daß dieser Antrag in der Rede des Herrn Geheimrat Pappenheim mißverstanden zu sein scheint, vielleicht aber auch eine Änderung angezeigt wäre. Es heißt: Die Ständige Deputation wird ersucht, auf die Tagesordnung eines der nächsten Juristentage die Frage zu setzen, welche sonstigen sozialen Vorschriften gleichmäßig für alle im ersten Absatz bezeichneten Privatangestellten zu treffen wären. Herr Pappenheim hatte verstanden: für alle Privatangestellten.

Geheimrat Professor Dr. **Pappenheim** (Kiel): Nein, ich habe nur gesagt, im Anschluß hieran könnte man dann die Frage erörtern, ob man darüber hinausgehen wollte. Das würden die bisher gestellten Anträge sein, da die Anträge von Herrn Rechtsanwalt Weinberg zurückgezogen sind.

Justizrat Dr. **Junck** (Leipzig): Ich gebe zu, daß mein Antrag 1, der schlechthin die gestellte Frage bejahen will, sich deckt mit der These 1 des Herrn Staatsministers Dr. Klein. Ich erkläre, daß ich meinen Antrag 1 für den Fall, daß diese These angenommen wird, für erledigt betrachte. Mein zweiter Antrag würde sich dann vielleicht erledigen, wenn der Herr Staatsminister die Güte hätte, seine vierte These mit wenigen Worten dahin zu ergänzen, daß in Zukunft nach einem einheitlichen Rechte zu streben ist. Ich versteife mich in keiner Weise auf meine Formulierung, und bin ganz einverstanden, wenn sie in den Thesen des Herrn Referenten aufgeht.

An der weiteren Geschäftsordnungsdebatte beteiligen sich Herr Rechtsanwalt Doermer und Herr Günther, welcher darauf verzichtet, daß die Worte: „die höhere Dienste zu leisten haben" gestrichen werden.

Staatsminister a. D Dr. **Klein**, Exzellenz (Wien): Ich würde Sie gern damit erfreuen, dem Worte „Verzichte" des Herrn Korreferenten eine gleiche Erklärung hinzuzufügen, doch der Verlauf der Debatte gestattet mir das nicht. Ich halte es für meine Pflicht, meine Anträge gegen manche mir nicht ganz begründet erscheinende Einwände zu verteidigen.

Es freut mich, daß in meritorischer Beziehung zwischen mir und Herrn Justizrat Dr. Junck volle Übereinstimmung besteht. Er kennt die für die deutsche Gesetzgebung speziell maßgebenden Verhältnisse ungleich besser als ich und meine Vorschläge erhielten daher erst durch die Ausführungen des Herrn Korreferenten sozusagen das Visum, daß sie sich für die deutsche Gesetzgebung eignen. Die „Kollision örtlicher Statuten", die sich auf diesem Platze in mir abspielt und nach verschiedenen Richtungen mir Beschränkungen auferlegt, ist nicht von allen meinen Vorrednern voll gewürdigt worden. Man meint, ich hätte das österreichische Handelsgehilfengesetz nicht genug in den Vordergrund gestellt, sei zu bescheiden gewesen. Diese liebenswürdige Auslegung will mir wohl den Vorwurf versüßen, doch er ist meines Erachtens überhaupt nicht begründet. Sie vergessen dabei die schwierige Position, in der ich mich bei diesem Referate als nicht Reichsdeutscher befinde. Ich habe mich auf das österreichische Gesetz mit wenigen Vorbehalten sowohl hinsichtlich der allgemeinen Fragen als der einzelnen Schutzvorschriften gestützt und es fast immer als das Hauptargument für meine Vorschläge benutzt. Das ist doch klar und verständlich genug. Sie würden es mir mit Recht übel genommen haben, wenn ich Ihnen unser neues Handelsgehilfengesetz als unübertreffliches Muster wie einen Artikel angepriesen hätte, um dessen Absatz man sich bemüht. Ich dachte nicht, was für uns paßt, passe nicht für das deutsche Recht, sonst hätte ich nicht die Lösungen, die man im österreichischen Gesetze angenommen hat, in dem für die Zwecke der deutschen Gesetzgebung bestimmten Referate als billig und beachtenswert hingestellt. Das aber schien mir in diesem Kreise vorerst genug; hätte die Debatte unrichtige Kritik des österreichischen Gesetzes gebracht, so würde nachdrückliche Abwehr gewiß nicht unterblieben sein.

Die wichtigste Frage, die uns trennt, ist die der Vereinheitlichung des Dienstvertragsrechts. Sie mögen mir theoretische Pedanterie oder Schwerfälligkeit vorwerfen. Wir leben ja in Zeiten der vorgeschrittensten Technik, in der man auch beginnt, die Häuser von oben herab zu bauen. Aber die Gesetzgebung wird dieses Beispiel nicht nachahmen können. Sie wird Stein auf Stein legen müssen, wenn sie die Sicherheit haben will, die Stabilität und das Gleichgewicht zu erzielen, die ihr verbürgen, daß sie ein gerechtes, gutes, für längere Zeit brauchbares Gesetz geschaffen habe.

Es ist in manchen Bemerkungen zum Ausdruck gekommen, daß man fürchtet, bei einer derartigen Einzelrevision auf Schwierigkeiten zu stoßen, auch auf politische Schwierigkeiten. Diesen Schwierigkeiten, meine Herren, entgehen Sie nicht. Mögen Sie heute den Wunsch aussprechen, ein einheitliches Dienstrecht zu schaffen, was an Unklarheiten, an verschiedener Beurteilung, kurz an inneren, sachlichen Hindernissen der Vereinheitlichung vorhanden ist, wird in dem Moment sich geltend machen, wo die Regierung oder die Gesetzgebung sich mit der Angelegenheit beschäftigt. Es ist daher viel besser, im Stadium der Vorbereitung alles dies zu bereinigen, als später, wenn der Stein im Rollen ist, in das Detail einzugehen, an dem doch alles hängt. Man kann eben nicht anders, als von unten hinauf bauen! Ich habe die Schriften des begeisterten Apostels des einheitlichen Privatbeamtenrechts, Dr. Potthoff, eifrig gelesen und habe mir seine Argumente wohl überlegt, doch ich konnte zu keinem anderen Schlusse gelangen, als den ich im Referate darlegte und in dem mich bestärkt, was wir jetzt bei dem Rückblick auf die fünfzigjährige Tätigkeit des Juristentages und bei der Feier dieses Jubiläums wieder sehen: die Beachtung und große Bedeutung, die man dem Votum des Juristentages beimißt und die uns Pflichten auferlegt. Wir können ein einheitliches Privatbeamtenrecht als mögliches Ziel weiterer Arbeiten hinstellen, aber dürfen es nicht fordern, bevor wir sicher wissen, daß und wie es im einzelnen gemacht werden kann. In der Gesellschaft für soziale Reform, in den vorbereitenden Schriften ihrer vorjährigen Versammlung namentlich ist zutage getreten, wie fast jede Gruppe der Privatangestellten ihre eigenen Wünsche und Bedürfnisse hat, wie eine jede die Einheitlichkeit nur von ihrem Standpunkte aus ansieht. Die eine wünscht hauptsächlich den Schutz der Erfindungen, eine andere das Koalitionsrecht, jeder Zweig hat etwas anderes, wo ihn der Schuh drückt und er Umänderung dringend nötig hält. Gerade das wollen die verschiedenen Gruppen im Rechte vorzugsweise zum Ausdruck gebracht sehen. Was für ein Monstrum von Gesetz müßte das werden, wenn man das alles in einem einheitlichen Gesetze zusammenfassen wollte! Nicht einmal Herr Dr. Potthoff schlägt ein solches vor. Ich konnte diesen Punkt im Referate nur kurz streifen, aber selbst Dr. Potthoff denkt, wenn ich ihn recht verstanden habe, an drei Komplexe von Regeln: an allgemeine Regeln des Dienstvertrages, dann an ein Dienstvertragsrecht für große Kategorien von Privatbeamten und für gewisse sachliche Gebiete und endlich an Sonderbestimmungen für einzelne Berufsgruppen. Es liegt auf der Hand, daß dabei die Arbeit des Vereinigens ebenso groß und schwierig ist als die des Absonderns. Über dieses System ins Klare zu kommen, so daß auch nur eine übersichtliche und innerlich harmonische Gesetzgebung das Resultat ist, ich will gar nicht von den bei dieser Gelegenheit doch auch mitspielenden Versuchen inhaltlicher Verbesserung des Rechts sprechen, also über alles das ins Klare zu kommen, ist eine fast erdrückende Aufgabe. Die Möglichkeit eines Fehlschlagens ist nicht ausgeschlossen. Und angesichts alles dessen, was nicht die Gegner des einheitlichen Dienstvertrages einwenden, sondern was sich dessen Freunde nicht verhehlen können, sollen wir nun sagen: ein einheitliches Gesetz müsse geschaffen werden? Das politische Moment bleibe beiseite, soll der Juristentag hier fordern, was vielleicht später sich als logisch, technisch oder juristisch unausführbar erweist? Deshalb gibt es nur einen Weg. Wie wir jetzt die handelsrechtlichen Vorschriften geprüft haben, so müssen wir auch alle übrigen für Gruppen von Privatangestellten derzeit geltenden Normen unter dem nämlichen Gesichtspunkt prüfen. Um nochmals das Beispiel des Hausbaues zu gebrauchen, der Baumeister muß zunächst den Grund untersuchen, auf dem er bauen will, die Bauweise, die Konstruktion und das Baumaterial muß er der geologischen Beschaffenheit des Terrains anpassen. So müssen auch wir von einer zur anderen Bestimmung schreiten. Ich habe nicht ohne Absicht die große Zahl von Fragen erwähnt, die dabei in Betracht kommen, das Koalitionsrecht, den Schutz der Erfindungen, Pensionsversicherung und Tarifverträge usw. Wie wenig von diesen — für den sozialpolitischen Wert des einheitlichen Dienstrechts höchst maßgebenden — Einzelheiten abgesehen werden kann, zeigt sich, wenn man die Bemerkung des Herrn Rechtsanwalts Jaffa überlegt, der meinte, es genüge ein sozial fortschrittliches Dienstvertragsrecht für alle Privatangestellten zu fordern. Meiner Ansicht würde damit unsere Forderung überhaupt alles Inhalts ledig werden, wäre eine reine Blankettforderung, mit der wir uns jedes Einflusses, jedes Urteils über das begeben würden, was doch das Erste und Wichtigste ist, nämlich darüber, was die Norm enthält, ob und wie sie ihren sozialen Zweck erfüllt. Sozialfortschrittlich, das ist etwas anderes für den Unternehmer und für den Angestellten, für den fortschrittlichen und für den konservativen Politiker und wahrscheinlich werden darüber auch unter uns schon die Ansichten geteilt sein. Wenn Sie sich in den verschiedenen Schichten der Gesellschaft umsehen, werden Sie gleichfalls finden, daß der eine für einen großen oder viel zu großen sozialen Fortschritt betrachtet, was der andere für eine Kleinigkeit oder für zu wenig ansieht. Wenn irgendwo, kommt es gerade in solchen sozialpolitischen Fragen auf das Maß an und das lassen wir dann ganz im Zweifel. Mit einer derart unbestimmten Forderung würde der Juristentag der Sache kaum dienen.

Klarer spricht sich einer der eingebrachten Resolutionsanträge aus, wenn er ein einheitliches Gesetz über den Dienstvertrag der Privatangestellten nach dem Vorbild des österreichischen Handelsgehilfengesetzes verlangt. Ob Sie ausdrücklich auf das österreichische Handelsgehilfengesetz verweisen wollen, muß ich Ihrem Ermessen überlassen. Darüber kann oder besser, will ich aus den eingangs angedeuteten Gründen kein Wort sprechen. Sie werden sich nur, bevor Sie dies beschließen, überlegen müssen, ob die neuen österreichischen Normen in das System Ihrer gesamten dienstrechtlichen Vorschriften hineinpassen, ob die Basis, auf der in Österreich das neue Handelsgehilfengesetz aufgebaut wurde, auch bei Ihnen die nämliche ist und auch Sie sich dem anschließen können. Das allerdings müßte auch ich warm befürworten, daß Sie den Angestellten und deren Forderungen ebenso viel Entgegenkommen erweisen als dies in dem neuen österreichischen Gesetze geschehen ist, daß von dessen sozialpolitischen Zugeständnissen nichts abgezogen und weggenommen wird. Denn in dieser Richtung halte ich das österreichische Gesetz für einen außerordentlichen Fortschritt, bin darauf stolz und freue mich nicht bloß über die Höhe seines sozialpolitischen Niveaus, sondern auch darüber, daß das Gesetz ohne zu große Schwierigkeiten ins Leben getreten und auch von den Geschäftsinhabern mit Verständnis als eine sozial unerläßliche Entwicklung aufgenommen wurde. Dieser Stolz ist aber naturgemäß territorial begrenzt. Ich kann nicht sagen: Seien auch Sie darauf stolz, betrachten auch Sie es mit meinen Augen! Das müssen Sie mit sich selbst abmachen.

Noch auf ein anderes muß ich aufmerksam machen, damit nicht etwas Widerspruchsvolles beschlossen werde. Der verehrte Herr Korreferent hat gesagt, daß wir in unserem Handlungsgehilfengesetze schon ein Beamtengesetz hätten. Ja und nein, wie man es nehmen will. Ich habe das schon in meinem Referate betont, wo ich es allerdings wie so vieles andere leider in ein paar Worte zusammenpressen mußte. Wir haben das Beamtengesetz insofern nicht, als sich die sozialpolitischen Schutzvorschriften des österreichischen Handlungsgehilfengesetzes nur auf die — ich glaube —: sieben Normen beziehen, die ich besprochen habe, und auch insofern nicht, als das Gesetz keineswegs auf die Gesamtheit der Privatangestellten Anwendung findet. Ich habe ausdrücklich erwähnt, daß Gruppen von Privatangestellten, die Sie in das neue Gesetz gewiß einbeziehen würden, aus dem österreichischen Gesetze ausgeschlossen sind. Nach diesen beiden Richtungen, nach Inhalt und Umfang würde also die Verweisung der deutschen Gesetzgebung auf das österreichische Vorbild lückenhaft sein. Es müßte zum mindesten beigefügt werden, was der Juristentag über die im Handlungsgehilfengesetze nicht geregelten Fragen des Dienstrechtes denkt. Und dann wiederhole ich es: jetzt, ohne vorgängiges Studium mehr auszusprechen, als daß wir die gegenwärtige Zersplitterung für schädlich halten und sie daher zu beseitigen wäre, wäre unrichtig.

Vielleicht gäbe es aber ein Kompromiß zwischen den beiden Anschauungen. Ich halte selbstverständlich an den von mir vorgeschlagenen Thesen fest, kann aber, wie Sie aus den Schlußausführungen meines Referates und aus dem gerade früher Gesagten entnehmen, in der Frage der einheitlichen Gesetzgebung den Herren, welche diese Forderng in erste Linie stellen, dadurch entgegenkommen, daß zu dem vierten Absatz meiner Leitsätze, in dem die Ständige Deputation ersucht wird, die Ausdehnung nicht handelsrechtlicher Schutzvorschriften auf die Tagesordnung eines der nächsten Juristentage zu setzen, daß also zu diesem vierten Absatze ein Beisatz gemacht werde, in dem das einheitliche Dienstvertragsrecht gewissermaßen als das Ziel, auf das wir hinarbeiten, bezeichnet wird. Das könnte in der Art geschehen, daß zur Motivierung des im vierten Absatz ausgesprochenen Wunsches gesagt würde, die Diskussion über die außerhalb des Handelsgesetzbuchs bestehenden Schutzvorschriften sei fortzusetzen und damit die Schaffung eines einheitlichen Dienstrechtes für die Privatangestellten vorzubereiten oder in anderer Weise. Damit haben die Herren, denen der vierte Absatz nicht genug bietet, und ebenso ich erreicht, was wir wollen. Mir sichert die dann von beiden Seiten gleichmäßig in Aussicht genommene weitere Verhandlung eine genaue Prüfung des übrigen für das einheitliche Dienstrecht bestimmten Stoffes, und es ist dann verbürgt, daß nur auf durchweg sicherer Grundlage der Juristentag seinen Beschluß über das einheitliche Dienstrecht faßt, meinen verehrten Herren Gegnern aber bleibt der Ruhm, weitblickende freie Geister zu sein, die solchen Ballast und solche Krücken nicht bedürfen und überzeugt, daß der Beschluß seinerzeit ausfallen wird, wie sie es heute schon für richtig halten, der Bedachtsamkeit lächelnd dieses überflüssige Zugeständnis machen. (Heiterkeit.)

Das wäre mein Vorschlag. Wir könnten zur Abfassung des Amendements später eine kleine Pause eintreten lassen, und damit zugleich auch dem Herrn Korreferenten entgegenkommen.

Nun möchte ich bitten, nach diesen allgemeinen Ausführungen — obwohl ich noch manches am Herzen hätte, muß ich mich mit dem Gesagten bescheiden — einiges über die vier Leitsätze vorbringen zu dürfen.

Was zunächst die Taktik, die Methode anlangt, wie wir den kaufmännischen Angestellten die sozialen Schutzvorschriften des Handelsgesetzbuches am sichersten verschaffen können, so möchte ich mich auf das gewiß kompetente Urteil eines der Herren, des Herrn G ü n t h e r vom Deutschen Technikerverbande berufen. Ich habe gleichfalls die Empfindung — ich stehe den Arbeiten der verschiedenen Angestelltengruppen praktisch ziemlich fern, kenne sie nur literarisch — wir sollen die Gelegenheit nicht vorübergehen lassen, in einem für die deutsche Gesetzgebung, soweit ich es jetzt zu beurteilen vermag, ziemlich kritischen Momente von Juristentagswegen auszusprechen, was wir für die nächsten möglichen Schritte halten. Ich gebe gern zu, eine Übertragung der handelsrechtlichen Vorschriften unter Novellierung einer Menge von Gesetzen und Vorschriften wäre kaum zweckmäßig. Aber das ist Sache der Durchführung, die ich einstweilen nicht berühren möchte, eine Sache, in die sich der Juristentag auch in der Regel nicht einmischt. Die Entscheidung darüber können wir getrost den ausgezeichneten Kräften des Reichsjustizamtes und der Gesetzesvorbereitung überlassen. Für das: alles oder nichts des Herrn Rechtsanwalts Saul kann ich mich nicht begeistern. Es sind einzelne Partien entscheidungsreif, warum nicht über sie entscheiden? Zu den heute vorliegenden Fragen kann das Spätere nichts mehr beifügen. Wir dürfen unser Ziel nicht aus den Augen lassen und deshalb meine ich, sollten wir bei diesen vier Thesen bleiben. Sie enthalten meines Erachtens ein sehr klares Programm, das nichts meritorisch Wichtiges innerhalb seines Rahmens übergeht und ebenso deutlich sich als ein bloßer Anfang, als Teil eines größeren, ebenfalls zunächst hinreichend skizzierten legislativen Programms gibt. Wird in nächster Zeit im Rahmen der handelsrechtlichen Schutzvorschriften am Angestelltenrechte von der Gesetzgebung gearbeitet, so weiß man, was der Juristentag für richtig und was er für verfehlt hält. Wir betrachten das Problem noch als offenes, aber als Einleitung ist, was wir sagen, bestimmt genug.

Danach möchte ich nun meine zweite und dritte These verteidigen. Diese Verteidigung wird mir erleichtert durch die Bemerkungen zur Geschäftsordnung, die von geschätzter Seite gemacht wurden. Mein verehrter Herr Vorredner hat ganz richtig herausgefunden, daß es keineswegs meine Meinung ist, es kämen nur Krankenfürsorge und Konkurrenzklausel in Betracht, und daß eben irrig ist, anzunehmen, es seien hier zwei einzelne Punkte willkürlich herausgegriffen worden, wie Herr Rechtsanwalt Jaffa glaubt, da er mir entgegenhielt, es gebe noch viel wichtigere Punkte. Ob gerade in den Grenzen, in denen wir heute das Problem verhandeln, das möchte ich dahingestellt sein lassen, aber daß die beiden Punkte nicht von den übrigen getrennt werden dürfen, darüber, meine verehrten Herren, war ich nicht einen Augenblick zweifelhaft, das zeigt wohl mein Referat zur Genüge. Nach meiner Meinung sollten das nicht beliebige Punkte sein. Wenn ich im ersten Absatz sage: Die für die Handlungsgehilfen bestehenden sozialen Schutzvorschriften sind als zwingendes Recht auf alle Privatangestellten auszudehnen, so muß ich in Würdigung dessen, daß die handelsrechtlichen Bestimmungen betreffs der Fürsorge für den Erkrankungsfall von verschiedenen Seiten als abänderungsbedürftig bezeichnet wurden und deren Revision auch tatsächlich in Angriff genommen ist, doch etwas darüber sagen, wie wir uns zu dieser Revision verhalten. Es kann doch nicht unsere Absicht sein, die Kontroverse über die Anrechenbarkeit der Krankengelder als etwas Gleichgültiges mit Stillschweigen zu übergehen. Es geht gar nicht anders; mit Rücksicht auf die gegebene, Ihnen bekannte und in meinem Referate geschilderte Lage müssen Sie den zweiten Absatz annehmen. Sie können das Ganze verwerfen oder das Ganze annehmen, unmöglich aber den ersten Absatz allein beschließen.

Dasselbe gilt von dem dritten Absatz. Gerade weil das Recht der Konkurrenzklausel amtlich als abänderungsbedürftig erklärt wurde, müssen wir davon besonders sprechen. Wir können die betreffende handelsrechtliche Norm nicht vorbehaltslos empfehlen. Wir können sie nur unter der selbstverständlichen Voraussetzung empfehlen, daß, wenn aus der geplanten Revision etwas wird und sie Verbesserungen herbeiführt, diese dann jedenfalls auch den anderen Privatangestellten höherer Ordnung zuteil werden müssen. Ich wiederhole, die ersten drei Absätze sind nicht voneinander zu trennen, weil der zweite und dritte Leitsatz nur logische Ergänzungen zum ersten Satze sind und unser Beschluß durch sie als unter einer bestimmten historischen Perspektive gedacht sich geben soll.

Was Herr Baron Pechmann sachlich gegen den zweiten Absatz vorgebracht hat, kann mich nicht zu einer Zurückziehung dieser These bestimmen, so sehr ich auch von seiner humanen und wohlwollenden Denkungsart überzeugt bin und ebenso gerne zugebe, daß Männern seiner Gesinnung gegenüber die Strenge des zwingenden Rechts entbehrlich ist. Nur darf nicht vergessen werden, für den, der freiwillig tun will, was das Gesetz zu tun heißt, ist der zwingende Charakter des Rechts überhaupt nicht fühlbar. Er ist auch keine Schranke für den, der etwa mehr geben will, als das Gesetz zur Pflicht macht. In dieser Beziehung läßt auch zwingendes Recht der Freiwilligkeit genug Spielraum. Hinsichtlich der Anrechenbarkeit der Krankengelder kann ich dem Argumente, daß Simulation durch die Nichtanrechnung befördert werde, deswegen kein durchschlagendes legislatives Gewicht beimessen, weil es bedeutet, daß wegen eines Ungerechten hundert Gerechte Nachteil leiden sollen! Wenn Sie sich vorstellen, was es heißt, wenn in einer unbemittelten Familie, die mit Kindern gesegnet ist, Krankheiten einreißen und nun im selben Augenblicke, wo die Auslagen wachsen und der gewöhnliche Lebensbedarf weitergeht, noch eine Gehaltsverkürzung eintritt, so scheint es doch unmöglich, eine solche Not durch eine gesetzliche Vorschrift bewußt zu schaffen. Alle Mittel, die Sie brauchen, gegen die Simulanten, aber nur nicht die Simulation am völlig Unschuldigen strafen! Das wäre ein Widerspruch zum Zwecke der sozialen Versicherung, die doch Notlage mildern soll. Ich habe im Referate erzählt, wie auch im österreichischen Abgeordnetenhause das der Simulationsgefahr entnommene Bedenken verworfen wurde.

Dieser Standpunkt scheint mir der richtige. Mit der Möglichkeit eines vereinzelten Mißbrauches haben fast alle rechtlichen Institutionen zu kämpfen; aber unter dieser Besorgnis darf kein guter Zweck leiden. Man muß dann die Norm danach einrichten, ein schutzwürdiges Interesse deshalb preisgeben, wäre nicht zu rechtfertigen. Nebenbei bemerkt, würde übrigens das Recht nicht auf der Höhe stehen, die es jetzt einnimmt, wenn es keinen Mißbrauch gegeben hätte. Und schließlich muß man sagen, wenn Sie das Rechtsleben im großen Durchschnitt nehmen, so stellt der Mißbrauch fast immer nur einen geringen Prozentsatz dar. Wir dürfen daher gerade für eine so wichtige Maßregel nicht vom Mißbrauch ausgehen, sondern vom Normalfall. (Bravo!)

Ich muß nochmals auf das zwingende Recht zurückkommen, um nun auf der zweiten Front mich zu wehren. Gegen Herrn Baron Pechmann hatte ich für das zwingende Recht im Umfange der sozialen Schutzvorschriften des Handelsrechts zu plädieren, nun muß ich mich gegen diejenigen Herren wenden, die mir in dem Verlangen nach zwingendem Rechte zu weit zu gehen scheinen. Als Ideal der Gesellschaftsentwicklung betrachte ich eine Anhäufung von Zwangsnormen ganz und gar nicht, das Ideal scheint mir der freie, zweckmäßige und mit dem Interesse der Gesellschaft verträgliche Gebrauch der menschlichen Fähigkeiten. Infolgedessen stelle ich das dispositive Recht entwicklungsgeschichtlich höher, als das zwingende Recht. Das österreichische Bürgerliche Gesetzbuch ist vor einem Säkulum erlassen worden. Nun begann man vor einiger Zeit zu überlegen, ob nicht manche Partien sich schon überlebt hätten, um zunächst vielleicht einzelnes am Gesetze zu ändern. Dabei wurde man gewahr, wie wenig eigentlich im Bereiche des Vertragsrechtes zu reformieren sei. Man ist fast in Verlegenheit, wenn man Bestimmungen bezeichnen soll, die absolut nicht mehr zur Gegenwart passen, so daß man sich die Frage vorlegen mußte, ob man nicht besser tue, das alte zu lassen, als neues einzuführen. Man hatte eben damals das Vertragsrecht überwiegend als nachgiebiges Recht behandelt und mit diesem Rechte ist man während der sich folgenden durchaus verschiedenen Gesellschaftsepochen immer gut ausgekommen. Wie oft hätte man inzwischen zwingendes Recht ändern müssen? Zwingendes Recht ist nur, wie ich auch bereits im Referat erwähnt habe, am Anfange einer neuen Entwickelung am Platze, um zu verhüten, daß das neue Recht von den ihm feindlichen alten Gewohnheiten und Neigungen unterdrückt werde. Es ist gesunde Entwicklung, wenn dasjenige, was ursprünglich erzwungen war, dann von allen freiwillig getan wird, weil es zur Gewohnheit geworden ist. In dem Maße, als der zwingende Charakter aufgesaugt wird, nähern wir uns dem Ziele aller Rechtsordnung, das nur sein kann freies Handeln gemäß der durch die Rechtsordnung sanktionierten Zwecke der Gesellschaft.

Es wurde von Herrn Günther beantragt, in der ersten These die Beschränkung auf die Angestellten höherer Ordnung fallen zu lassen. Ich habe auch daran gedacht, bin jedoch nach reiflicher Überlegung aus den im Berichte angeführten Gründen zu dem Schlusse gelangt, daß diese Beschränkung doch einen gewissen Wert hat. Wenn wir von Privatangestellten schlechthin sprechen, haben wir damit einen schwer abgrenzbaren Begriff aufgenommen. Heute kann uns niemand sagen, was ein Privatangestellter ist, und der beste Beweis dafür ist, daß man sich für die Schwierigkeit keine andere Lösung weiß als die Aufzählung der einzelnen Kategorien von Bediensteten, für die das Gesetz gelten soll. Ein Versuch der österreichischen Gesetzgebung, den Begriff „Privatbeamter" zu definieren, ist nach allgemeiner Ansicht nicht gelungen. Die Fragestellung legte zudem nahe, auch unser Votum nur betreffs derjenigen Angestelltengruppen abzugeben, für die allein im Handelsgesetzbuche die zu übertragenden sozialen Schutzvorschriften gelten, nämlich für die zu „höheren Diensten" Berufenen. Damit ist jedenfalls erreicht, daß nicht zu weitgehende und die Sache schädigende Analogien sich auf unseren Beschluß berufen können. Da Sie aber das österreichische Handlungsgehilfengesetz als vorbildlich oder als Argument gelten lassen, so bitte ich Sie, vielleicht auch zu berücksichtigen, daß dieses Handlungsgehilfengesetz oder das Quasi-Privatbeamtengesetz aus sehr einleuchtenden, ernsten Gründen, die ich Ihnen mitzuteilen die Ehre hatte, mit demselben Begriffe der „höheren Dienste" operiert. In § 2 heißt es: „Die Bestimmungen dieses Gesetzes finden ferner Anwendung auf das Dienstverhältnis von Personen, die vorwiegend zur Leistung kaufmännischer oder höherer, nichtkaufmännischer Dienste usw. usw. angestellt sind."

Die Gründe, die das österreichische Abgeordnetenhaus zu dieser Formulierung bewogen haben, dürften wenigstens zum Teil auch für das deutsche Recht Anwendung finden. Deshalb danke ich Herrn Professor Pappenheim recht sehr für seine Unterstützung und bin der Meinung, daß der Antrag, den Schluß des ersten Absatzes zu eliminieren, abzulehnen wäre.

Mit dem von Herrn Günther zum dritten Absatze vorgeschlagenen Amendement, statt „etwaige Verbesserungen" zu sagen: „die vom Juristentage für notwendig befundenen Verbesserungen" könnte ich mich wohl befreunden. Nur steht ihm das eine im Wege, daß ich mich im Referate nur sehr hypothetisch über diese Frage äußern konnte und ebensowenig der Stand der Sache den verehrten Herren erlaubte, Positives zu fordern oder abzulehnen. Worüber soll der Juristentag sich aussprechen? Wenn er den Leitsatz mit dieser Änderung annimmt, welche Verbesserungen des Rechts der Konkurrenzklausel hat er damit für notwendig befunden? Aus diesem Gesichtspunkte dürfte der Text meines Vorschlages vorzuziehen sein.

Endlich bitte ich um Annahme des vierten Absatzes mit dem Zusatze, den ich salva redactione vorgeschlagen habe.

Ich glaube, auf diese Art kämen wir zu einem richtigen einheitlichen Beschlusse. Es würden die verschiedenen Auffassungen damit zur Geltung gelangen und es würde allen Wünschen so Rechnung getragen, daß sie sich zu einer gemeinsamen Kundgebung für die Ausdehnung der handelsrechtlichen Schutzvorschriften unter der Perspektive einheitlichen Angestelltenrechts vereinigen und so sämtlich das Gewicht des Beschlusses erhöhen.

Meine Stellung zu diesem Problem der deutschen Gesetzgebung sowie zum österreichischen Handlungsgehilfengesetz kennen Sie nun genau. Es täte mir leid, wenn Sie finden sollten, daß ich noch immer zu diskret war, aber lieber zu diskret als indiskret. (Lebhafter Beifall.)

Vorsitzender: Herr Justizrat Dr. J u n c k zur Geschäftsordnung!

Mitberichterstatter Justizrat Dr. **Junck** (Leipzig): Zur Geschäftsordnung! Dadurch, daß Herr Staatsminister seine These 4 in dem Sinne ergänzt, daß die Gleichmäßigkeit des Rechtes sozusagen der Finalabschluß unserer Bestrebungen sein soll, ist der Zweck, den ich von vornherein durch meinen zweiten Antrag verfolgte, erreicht, und ich ziehe ihn nun zurück. (Bravo!)

Vorsitzender: Es tritt jetzt eine kurze Unterbrechung ein. Ich bitte aber die Herren, diesen Saal nicht zu verlassen. Voraussichtlich wird die Sitzung in kurzer Zeit wieder eröffnet werden können. (Pause.)

Vorsitzender: Die Sitzung ist wieder eröffnet.

Ich erteile dem Herrn Referenten das Wort, um das Ergebnis der versuchten Verständigung mitzuteilen.

Staatsminister a. D. Dr. **Klein**, Exzellenz: Meine Herren, ich erlaube mir mitzuteilen, daß ich mich über den Text der von mir vorgeschlagenen Leitsätze, wie vorauszusehen war, mit den verschiedenen Herren

Antragstellern geeinigt habe und erlaube mir nun, die Thesen in ihrer neuen Fassung vorzulesen:

Die für Handlungsgehilfen bestehenden sozialen Schutzvorschriften sind als zwingendes Recht auf alle Privatangestellten auszudehnen, die höhere Dienste zu leisten haben.

Hierbei empfiehlt es sich, betreffs der Fürsorge für den Fall unverschuldeten Unglücks oder Erkrankung an der Nichtanrechnung der Beträge festzuhalten, die dem Dienstnehmer für die Zeit seiner Verhinderung aus einer Kranken- oder Unfallversicherung zukommen.

Die Ausdehnung der Vorschriften des Handelsgesetzbuches über die Konkurrenzklausel wird mit dem Vorbehalte empfohlen, daß Verbesserungen dieser Vorschriften sich auf alle im ersten Absatze bezeichneten Angestellten zu erstrecken haben.

Die ständige Deputation wird ersucht, auf die Tagesordnung des nächsten Juristentages die Frage zu setzen, welche sonstigen sozialen Schutzvorschriften gleichmäßig für alle im ersten Absatze bezeichneten Privatangestellten zu treffen wären, um die Schaffung einheitlichen Rechts für den Dienstvertrag der Privatangestellten vorzubereiten.

Vorsitzender: Wir kommen zur Abstimmung.

Zunächst meine Herren, wird über die Bejahung oder Verneinung der gestellten Frage zu beschließen sein. Da der Herr Korreferent seinen Antrag Nummer 1 zurückgezogen hat zugunsten des Antrages des Herrn Referenten, so ist in dieser Beziehung nur der eine Antrag des Herrn Referenten übrig geblieben.

Was diesen betrifft, muß ich zunächst über den Absatz 2 abstimmen lassen, und zwar, da Herr Freiherr v. Pechmann zwar anfangs die gesonderte Abstimmung beantragt, sich dann aber mit meinem Vorschlage einer Modifikation, den ich nur im Sinne einer Verbesserung, nicht im Sinne einer Zustimmung gemacht habe — einverstanden erklärt hat, zunächst in der von Herrn v. Pechmann beantragten Fassung. Ich werde also zunächst die Frage dahin stellen: Soll der zweite Absatz dem modifizierten Antrage des Herrn Freiherrn v. Pechmann gemäß jetzt dahin lauten:

„Jedoch empfiehlt es sich nicht, betreffs der Fürsorge für den Fall unverschuldeten Unglücks oder Erkrankung an der Nichtanrechnung der Beträge festzuhalten, die dem Dienstnehmer für die Zeit seiner Verhinderung aus einer Kranken- oder Unfallversicherung zukommen?"

Sollte dieser Antrag angenommen werden, so ist damit der Absatz 2 des Herrn Referenten beseitigt, und es kommt nun Absatz 1 im Zusammenhange mit diesem Antrage Pechmann zur Abstimmung. Wird er abgelehnt, so kommt der Absatz 1 im Zusammenhange mit dem Absatz 2 des Herrn Referenten zur Abstimmung.

Sodann würde der Absatz 3 in der jetzt festgesetzten Form zur Abstimmung zu bringen sein, da die Abänderungsvorschläge, die in dieser Beziehung gemacht worden waren, zurückgezogen sind. Ich bemerke, es ist in dem gedruckten Antrage nur das Wort „etwaige" gestrichen.

Sodann würde die allgemeine Frage für die Zukunft zu erörtern sein. Auch hier hat der Herr Korreferent Dr. Junck seinen Antrag Nr. 2 zurückgezogen, und ebenso haben die Herren Jaffa und Saul ihren Antrag zurückgezogen, so daß nur der vierte Absatz der Anträge Klein übrig geblieben ist, mit dem soeben verlesenen Zusatze.

Justizrat Dr. **Junck** (Leipzig): Ich würde bitten, diesen Absatz 4 noch zu teilen und über den Zusatz besonders abstimmen zu lassen.

Vorsitzender: Einem solchen Antrage kann ich ohne weiteres stattgeben.

Ich beginne mit der Abstimmung.

(Abstimmung.)

Nachdem der Antrag v. Pechmann abgelehnt worden ist, werden die Absätze 1, 2 und 3 der Thesen des Berichterstatters Justizministers Dr. Klein mit sehr großer Majorität angenommen.

Sodann wird der Zusatz zu Absatz 4:

„um die Schaffung eines einheitlichen Rechtes für den Dienstvertrag der Privatangestellten vorzubereiten"

fast einstimmig und darauf der Absatz 4 mit diesem Zusatze mit sehr großer Majorität angenommen. Schließlich wird der Antrag in seiner Gesamtheit mit den beschlossenen Abänderungen gegen 2 Stimmen angenommen.

Wir müssen beschließen, ob wir die Frage zur Beschlußfassung oder Berichterstattung überweisen wollen. Dazu wünscht Herr Justizrat Heinitz zu sprechen.

Justizrat **Heinitz** (Berlin): Meine Herren! Zwar hat von den beiden anderen Abteilungen keine einzige den Beschluß gefaßt, eine der dort behandelten Fragen dem Plenum zur Beschlußfassung zu unterbreiten.

Es würde deshalb und im Hinblick auf die Wichtigkeit der Frage vielleicht naheliegen, die Frage zur Beschlußfassung zu überweisen. Ich bitte aber, davon Abstand zu nehmen, und die Frage nur zur Berichterstattung zu überweisen. Sie ist eingehend erörtert, alle Momente sind aufgerollt worden. Ich fürchte, wir bekommen im Plenum nur eine Wiederholung der Debatten, ohne daß neue Gesichtspunkte geltend gemacht werden, auch von den Herren nicht, die heute ferngeblieben sind.

Rechtsanwalt Dr. **Eyck** (Berlin): Ich habe nur noch ergänzend mitzuteilen, daß die Strafrechtsabteilung auch nicht beschlossen hat, eins der Themata ans Plenum zur Beschlußfassung und Abstimmung zu überweisen, daß aber der Antrag, die Todesstrafe im Plenum zu erörtern, bereits zirkuliert, so daß also die Behandlung der Frage doch jedenfalls in Aussicht steht.

Vorsitzender: Es ist kein Widerspruch erfolgt dagegen, daß nur Berichterstattung beschlossen wird. Ich betrachte es als selbstverständlich, daß wir den Herrn Referenten Exzellenz Dr. Klein bitten, diese Berichterstattung zu übernehmen.

Dann erteile ich noch das Wort Herrn Justizrat Neumann zur Geschäftsordnung.

Justizrat Dr. Hugo **Neumann** (Berlin): Meine Herren! Ich denke, ehe wir auseinandergehen, haben wir die angenehme Pflicht, dem Herrn Präsidenten unseren Dank auszusprechen für seine vorzügliche, umsichtige Leitung. Er hat uns mit sicherem Blick und sicherer Hand durch die Klippen geführt, die unsere Verhandlungen gefährdeten. Ich nehme an, daß Sie alle mit meinen Worten einverstanden sind. (Bravo!) (Lebhafter Beifall.)

Vorsitzender: Ich kann meinerseits diesen Dank nur annehmen, indem ich den größeren Teil auf die Herren Schriftführer und den Herrn Vizevorsitzenden abführe.

Aber, meine Herren, ich möchte noch etwas hinzufügen. Ich habe es mit Absicht unterlassen, irgendeinem der Herren Referenten oder Korreferenten einen besonderen Dank für die Referate zu sagen. Ich habe das getan, weil es von altersher im Juristentage nicht Sitte war und weil diese Sitte als gut zu bezeichnen sein dürfte. Ich kann es aber nicht unterlassen, im allgemeinen den Herren Referenten und Korreferenten und Gutachtern, die sämtlich in ausgezeichneter Weise referiert haben, unsern Dank zu sagen. Ich glaube, Sie werden dem alle zustimmen. (Bravo!) (Lebhafter Beifall.)

(Schluß der Sitzung 2 Uhr 5 Min.)

Erste Sitzung der zweiten Abteilung.

Montag, den 12. September, vormittags 11¼ Uhr.

Auf Vorschlag des Oberlandesgerichtspräsidenten Dr. Vierhaus wird Geh. Justizrat Prof. Dr. Gierke zum Vorsitzenden der Abteilung gewählt.

Der Vorsitzende ernennt zu seinem Stellvertreter Justizrat Wildhagen, zu Schriftführern Gerichtsassessor Kauffmann und Rechtsanwalt Wagner.

Der **Vorsitzende:** Meine Herren! Wir haben nur zwei, aber sehr schwerwiegende Themata zu behandeln, über Sondergerichte für gewerblichen Rechtsschutz und über einen Reichsverwaltungsgerichtshof. Von diesen ist nun das eine Thema, über die Sondergerichte, besonders aktuell und in der Gegenwart lebhaft umstritten. Bei dem anderen Thema, Verwaltungsgerichtshof, handelt es sich doch wohl etwas mehr um Zukunftsmusik. Auf der anderen Seite aber ist es unbedingt erforderlich, daß wir das Thema über den Verwaltungsgerichtshof diesmal erledigen; denn es ist schon für den vorigen Juristentag vorbereitet worden, konnte aber damals nicht erledigt werden, und es entspricht unseren Gepflogenheiten, daß wir ein solches Thema nicht länger als ein Jahr verschieben. Darum müssen wir uns über einen Weg einigen, der, wenn wir auch das Thema über die Sondergerichte voranstellen, die Erledigung des zweiten Themas unbedingt sichert.

Die Versammlung beschließt, am Montag zunächst Thema Nr. 5 zu behandeln.

Berichterstatter Landgerichtsdirektor Dr. **Degen** (Leipzig): Meine hochverehrten Herren! In der Jahreszeit, wo nach altpreußischer und nunmehr alldeutscher Wehrsitte die Regimenter über Stoppeln und Sturzäcker zu friedlichen und doch bedeutungsvollen Entscheidungskämpfen dahinziehen, und wo auch so mancher von uns, den Säbel in der Faust, „Stolz in der Brust, siegesbewust" auf die feindlichen Schützen oder Flaggen losgestürmt ist, vereinen wir uns in dem ehrwürdigen Stützpunkte für die Kämpfe des deutschen Ordens gleichfalls zu einem friedlichen Entscheidungskampfe, zum Kampfe um die Sondergerichte für die Streitigkeiten des gewerblichen Rechtsschutzes. Und wenn auch dieser Kampf hoffentlich noch friedlicher verlaufen und jedenfalls ohne die geräuschvollen Begleiterscheinungen der Manöverkämpfe und, was mehr gilt, ohne „die Furcht vor oder die Sehnsucht nach dem Zylinder" ausgefochten wird, so ist der Kampf darum nicht weniger bedeutungsvoll; handelt es sich doch um eine grundsätzliche Entscheidung von großer rechtspolitischer Tragweite.

Zur Entscheidung steht aber nicht, wie ich doch klarstellen möchte, ob und inwieweit etwa für die Rechtspflege als Ganzes noch Verbesserungen zu erstreben sind, wie beispielsweise durch eine Umgestaltung des Sachverständigenbeweises, sondern allein, ob für den gewerblichen Rechtsschutz als einzelnen Teil dieses Ganzen eine besondere Gerichtseinrichtung wünschenswert ist. Nur hierum dreht sich heute unser Kampf.

Die mir anvertraute ehrenvolle Aufgabe, den Kampf zu eröffnen, und aus der Verteidigungsstellung der Gegner der Sondergerichte Ihnen Bericht zu erstatten, erweist sich zugleich als eine leichte und schwere, und zwar in dreifacher Beziehung:

Einmal ist die Berichterstattung schon durch drei Gutachten vorbereitet. Die Gutachter Ritter von Stahl, Regierungsrat Dr. Rathenau und Rechtsanwalt Dr. Cahn haben mit deutscher Wissenschaftlichkeit und Gründlichkeit sowohl von den reichsdeutschen wie von den österreichischen Verhältnissen aus wohl nahezu alles klargelegt, was für die Beantwortung der Frage irgendwie in Betracht kommen kann. Namentlich wir Gegner der Sondergerichte können unserem hochgeschätzten Mit- und Vorkämpfer Rathenau frei nach Goethe zurufen: „Sie haben schon viel so für uns getan, daß uns zu tun fast nichts mehr übrig bleibt." — Meine Aufgabe ist daher leicht, insoweit ich mich auf eine auszugsweise Wiedergabe des Rathenauschen Handbuchs und der beiden anderen Gutachten zu beschränken habe; sie ist aber dafür um so schwerer, wo es den Versuch gilt, Neues hinzuzufinden oder doch das Alte in eine neue Beleuchtung zu rücken.

Die zweite Schwierigkeit bedeutet eine nicht mindere Genugtuung. Mein hochverehrter Mitberichterstatter, Justizrat Dr. Seligsohn, bekennt sich als ein ebenso entschiedener Gegner der Sondergerichte wie ich. Das erschwert die Berichterstattung nicht, weil wir gezwungen sind, uns in sie zu teilen, wohl aber, weil die strenge Durchführung der Teilung — ich meine das Bestreben, die vereinbarte Abgrenzung gewissenhaft einzuhalten — bei dem vielfachen Ineinandergreifen der einzelnen Teile, das Gefühl einer gewissen Unfreiheit erzeugt. Dafür erleichtert andererseits das Bewußtsein, den allgeschätzten Meister des Patentrechts zum Streitgenossen zu haben.

Die Teilung selber haben wir so vereinbart, daß ich ausschließlich die Frage erörtere:

I. Läßt die Zuziehung von Technikern zu der Rechtsprechung und die dadurch gebotene Einrichtung besonderer Gerichte für die Rechtspflege auf dem Gebiete des gewerblichen Rechtsschutzes Vorteile erwarten?

II. und weil nein, anschließend in Kürze: Gibt es andere Mittel, die eine weitere Verbesserung verbürgen?

Justizrat Dr. Seligsohn dagegen wird vornehmlich untersuchen, ob und in welchem Umfange jetzt überhaupt noch Mißstände vorhanden sind. Ich bin Herrn Justizrat Dr. Seligsohn aufrichtig dankbar, daß er gerade diesen Teil der Berichterstattung übernommen hat; denn er überhebt mich dadurch der Mißlichkeit, über Verhältnisse zu urteilen, in denen ich doch mehr oder minder Richter in eigener Sache wäre.

Drittens kenne ich die österreichischen Verhältnisse nicht aus eigener Anschauung und Erprobung. Ohne solche, bloß auf Grund dessen, was ich darüber zusammengehört und zusammengelesen habe, mein Urteil aufzubauen, widerspräche der hohen Achtung, die dem verbündeten Nachbarstaate für seine Rechtsgestaltung und nicht zuletzt für seine vielfach vorbildliche Franz Klein'sche Prozeß-Gesetzgebung gebührt. Deshalb muß ich mich insoweit einer kritischen Würdigung enthalten.

I. Dies vorausgeschickt, meine hochverehrten Herren, wende ich mich zu dem ersten Teile meiner Aufgabe und frage: Läßt die Zuziehung von Technikern oder weiter gefaßt, von Fachleuten als Mitrichtern für die Rechtspflege auf dem Gebiete des gewerblichen Rechtsschutzes Vorteile erwarten?

Ich verallgemeinere den Ausdruck „Techniker" in „Fachleute", weil ich in Übereinstimmung mit von Stahl (a. a. O. S. 219) die Aufgabe nicht so völlig in der von Rathenau (a. a. O. S. 305 f.) gewählten engen Abgrenzung anfassen möchte. Denn so gewiß die Sondergerichtshöfe weitaus am lautesten für Patent- und Gebrauchsmustersachen gefordert werden, so gewiß regt sich dasselbe Verfahren mehr oder minder auch für die anderen Gebiete des gewerblichen Rechtsschutzes: für das Warenbezeichnungsrecht, das Geschmacksmusterrecht, das Urheber- und Verlagsrecht, das Namens- und Firmenrecht und auch für das Recht auf Schutz gegen unlauteren Wettbewerb; für dieses freilich mit dem feinen Unterschiede, daß die beiden Hauptgruppen von Interessenten: die Fabrikanten und die Kleinhändler einerseits und die großen Warenhäuser andererseits die Fachrichter je gerade aus ihren Kreisen entnommen wissen wollen. Es scheint daher zweckmäßig, auch diese anderen Gebiete des gewerblichen Rechtsschutzes einigermaßen mitzustreifen; „der kluge Mann baut vor".

Unerörtert lasse ich dagegen trotz der geistvollen Ausführungen von Stahls hierzu die Behördeneinrichtung für die Angelegenheiten des gewerblichen Rechtsschutzes und die in Deutschland und Österreich sehr verschiedene Regelung der Entscheidungszuständigkeit der Gerichte im Vergleiche zu der Entscheidungszuständigkeit der betreffenden Verwaltungsbehörden. Das ist ein Kapitel für sich; es hat zwar mit der hier zu behandelnden Bewegung viele Berührungsflächen, erfordert aber wegen der Menge der darin aufgespeicherten Zweifel eine selbständige Besprechung.

Vorteile, welche die Einrichtung der Sondergerichtshöfe mit sich bringen könnte, sind an sich denkbar sowohl für **die Rechtspflege im allgemeinen** als auch für **den gewerblichen Rechtsschutz im besonderen**, sei es für die Gerichtsverfassung, sei es für das Verfahren, sei es für die Rechtsfindung, sei es für die Zwangsvollstreckung.

Sind solche Vorteile nun in der Tat zu erwarten?

A. Vorteile für **die Rechtspflege im allgemeinen** behaupten wohl nicht einmal unsere Gegner, wenigstens nicht, soweit sie Juristen sind. Im Gegenteil, Wildhagen weist in seinem feurigen Rufe nach Sondergerichten für Schiffahrtsprozesse (Gerichtsbarkeit in Schiffahrtsprozessen S. 1) selbst mit allem Nachdrucke auf die Gefahr hin, die jede Bewegung zugunsten von Sondergerichten in sich birgt, die Gefahr eines allmählichen Verfalls der allgemeinen Rechtspflege. Mit dem Verfalle der allgemeinen Rechtspflege aber verfiele unabwendbar auch die innere Kraft des allgemeinen Rechts.

Und dennoch haben wir die Bewegung, dennoch überall das Bestreben nach „Sondergerichten für Sonderwerte".

Alle möglichen Berufsarten, von denen Rathenau eine Anzahl lehrreich zusammenstellt, erheben schon jetzt ihre begehrende Stimme, Handwerker, Schiffseigner, Bauunternehmer, Schauspieler u. v. a. m. Eine merkwürdige Erscheinung in dem nach Einheitlichkeit ringenden Deutschen Reiche, ein unbegreiflicher Widerspruch zu den jüngsten Erscheinungen unseres Rechtslebens. Ist es doch, als wäre die Zeit nie gewesen, da die Rechtsprofessoren aus ihren Studierzimmern nach Berlin auf die Reichstagstribüne eilten und nach ihrer Rückkehr den trampelnden Studentenscharen frohbewegt kündeten: die Prozeßgesetze sind angenommen; wir haben jetzt den deutschen Richter. Ist es doch, als wäre selbst die Jahrhundertwende vergessen, da die Silvesterglocken in die Lande hinausläuteten: wir haben jetzt das deutsche Recht.

Aber die Erklärung für dieses Vergessen? Allem voran unser eigenes inneres Wesen, dem es so unglaublich schwer fällt, das kleine Ich restlos in das große Ganze zu versenken (vgl. auch Dove, Leipziger Berichte S. 93); daneben die Enttäuschung über so manches Ungesunde in unserem Wirtschafts- und Erwerbsleben, eine Enttäuschung, die sich nicht zuletzt gegen die Richter als diejenigen zu entladen sucht, die auch das Ungesunde zuweilen schützen müssen.

Aber die Erklärung für die Ausbreitung der Bewegung? Einmal der in den Verhältnissen liegende Übelstand, daß selbst eine — menschlich genommen — vollkommene Rechtsprechung die Laienmenge von ihrer Vollkommenheit nicht recht überzeugen wird. Dem Tadel des im Rechtsstreit Unterlegenen: vor einem Sondergerichte hätte ich gewonnen, hält nie ein entsprechendes Lob des Siegers die Wage; denn dieser erklärt natürlich, daß er vor dem Sondergerichte auch gewonnen hätte, wo nicht, daß er trotz der ordentlichen Gerichte gewonnen habe. Sodann: die Bewegung ist Mode geworden. Ich meine das ohne jeden herabsetzenden Beigeschmack im Sinne einer einfachen tatsächlichen Feststellung. Ich behaupte auch nicht etwa, daß gerade die Sondergerichtsbewegung des gewerblichen Rechtsschutzes eine solche Modeerscheinung sei; sie ist, wie Rathenau (a. a. O. S. 310 ff.) klarlegt, älter als die Mode; durch die Energie aber, mit der sie hier einsetzte, und durch die Ausdauer, mit der sie hier fortgeführt wurde und noch wird, hat sie die Mode mitgeboren und mitgenährt. Hierneben hat fraglos auch die gesetzliche Einführung der Kaufmanns- und Gewerbegerichte und ähnlicher verkappter Einigungsämter der Mode zur Ausbreitung verholfen; mangels innerer Verwandtschaft mit den jetzt geforderten Gerichten aber schwerlich in demselben Umfange; jene sind Klassengerichte aus subjektivem Mißtrauen, diese wären Fachgerichte aus objektivem Mißtrauen; und nur solche bilden den Gegenstand der jetzigen Mode. Ihr Sieg für die Streitigkeiten des gewerblichen Rechtsschutzes wäre das Signal zu dem allgemeinen Ansturme der anderen Berufskreise. Die Gegner bestreiten das; sie meinen: bei der verhältnismäßig geringen Anzahl derartiger Streitigkeiten werde ihre Ausscheidung keinen tieferen Eindruck machen. Ich kann das nicht zugeben. Die Streitigkeiten des gewerblichen Rechtsschutzes stehen um der Bedeutung willen, die viele von ihnen über den eigentlichen Streitgegenstand hinaus für das allgemeine, Erwerbs- und Wirtschaftsleben haben, so sehr im Vordergrunde des allgemeinen Interesses, daß eine sie betreffende Neuerung niemals übersehen werden wird; sie gehören gewissermaßen zur „Kavallerie" der Prozesse. Ein besonderes Gericht für sie würde als Bevorzugung empfunden werden. Weite Kreise — das ist allgemein menschlich und sonderlich gut deutsch — würden nunmehr glauben, sich etwas zu vergeben, wenn sie sich weiter mit den ordentlichen Gerichten begnügten; in ihrer Einbildung würde dadurch — um einmal ein bayrisches Bild zu gebrauchen — ihren Prozessen der Stempel von Dreier-Prozessen aufgedrückt. Darum kein Anfang, sonst gibt es kein Ende. Denn wesentliche bessere Gegengründe wie hier würden auch den anderen Sondergerichtssehnsuchten nicht entgegenzusetzen sein. Der Damm wäre also gebrochen, und die Flut der Fachgerichte könnte hereinbrechen, bis — wie ich schon auf dem Leipziger Kongresse sagte — die ordentlichen Gerichte tatsächlich herabgewürdigt wären, zu „Sondergerichten für Zeitgenossen", vorausgesetzt natürlich, daß nicht auch die Zeitgenossen noch Sondergerichte begehrten. Schon jetzt aber verwünschen viele Kaufleute und Gewerbetreibende die erst so begrüßten Sondergerichte. Fluteten die Fachgerichte heran, so riefen später wohl auch die vielen anderen Zauberlehrlinge wiederum nach dem Meister Gesetzgeber:

„Herr, die Not ist groß,
Wir riefen die Fachgerichte,
O, wären wir sie los!"

Das wäre freilich ein Triumph für unser Richtertum. Aber die ungeheure Einbuße an Rechtssicherheit und dadurch an Rechtsempfinden, vor allem aber an Zusammengehörigkeits- und Einheitsgefühl würde durch solchen Triumph nicht aufgewogen.

Wegen dieser schweren Gefährdung des großen Ganzen, meine hochverehrten Herren, würde ich darum — das betone ich mit aller Entschiedenheit — Fachgerichte selbst da als unannehmbar ablehnen, wo deren Einrichtung für einen einzelnen Teil, ich meine für einen bestimmten Interessentenkreis, gewisse Vorteile erhoffen ließe.

B. Für die erstrebten Fachgerichte des gewerblichen Rechtsschutzes vermag ich indessen auch derartige besondere Vorteile nicht anzuerkennen. Möglich wären sie, wie schon gesagt, für die Gerichtsverfassung, für das Verfahren, für die Rechtsfindung oder für die Zwangsvollstreckung.

1. Zu der Frage der Verfassung der Sondergerichte läßt sich kaum Stellung nehmen; dazu sind die Meinungen im gegnerischen Lager noch zu wenig geklärt. Vereinigung zu einer Reichsbehörde (Zentralisation) und Vereinzelung (Dezentralisation), Loslösung von der jetzigen Gerichtseinrichtung und Angliederung an diese, Fachrichter im Hauptamte und Fachrichter im Ehrenamte; ortsständige und fliegende Richter werden mit den verschiedensten Abtönungen und vielfach ohne die unumgängliche Einzeldurcharbeitung in Vorschlag gebracht. Soweit eine Beurteilung schon jetzt möglich, hat Rathenau (S. 404) die überwiegenden Nachteile jedes einzelnen Vorschlags überzeugend auseinandergesetzt. Für den kürzeren Bericht beschränke ich mich auf folgende Feststellungen:

a) Nach §§ 2, 4 des GVG. wird für die berufsmäßige Ausübung des Richteramts die dort geordnete Vorbildung verlangt. Durch die Zulassung von diese Vorbildung nicht besitzenden Fachkundigen zu Richtern im Hauptamte würde — darauf hat schon der Vertreter des Preußischen Justizministeriums Geh. O.-J.-R. Kübler (Kongreßbericht S. 55) auf dem Leipziger Kongresse eindringlich und beredt hingewiesen — zum ersten Male der Boden abgegraben, auf dem unsere bewährte jetzige Gerichtseinrichtung aufgebaut ist. Eine solche Unterwühlung wäre nur zu rechtfertigen, wenn durch die Vernichtung des Guten Besseres geboren würde.

In der Tat träumten im Anfange der Bewegung viele von dem zukünftigen Ideal-Fachrichter, einem Wesen, das neben allen Bürgertugenden höchstes fachliches Kennen und Können mit feinstem Rechtsempfinden und hellster Folgerungsklarheit in sich vereinigen sollte.

Dieses Traumwesen ist schon jetzt zerflossen. Genies und Talente würden — dessen bescheiden sich auch viele Gegner — als Fachrichter nicht zu gewinnen sein: zum Hauptamte nicht, weil die Besoldung — selbst nach der Wildhagenschen Erhöhung (a. a. O. S. 11) nicht anreizen und die für die Fachrichter geringere Aussicht auf Beförderung und Vorwärtskommen abschrecken würde; zum Ehrenamte nicht oder nur ausnahmsweise, weil die nach ihrer Leistungskraft bemessene Arbeitskraft des Hauptberufs die Ausübung eines so zeitraubenden Nebenamts verböte. Auch die Neigung dazu wäre vermutlich nicht allzu groß. Fachgenies und Fachtalente finden auf der Richterbank keine Befriedigung ihres Betätigungsdranges; sie fühlen, daß sie anderswo der Menschheit nützlicher sind. Der Hoffnung Bolzes auf den opferfreudigen Wetteifer aller Auserwählten setzt Cahn (a. a. O. S. 543) mit Recht den trocknen Zweifel entgegen: Theorie und Praxis. — Zu rechnen wäre also bloß auf Mittelmäßigkeiten (vgl. Düringer: Richter und Rechtsprechung S. 34, Degen a. a. O. S. 13) oder meinetwegen auf Durchschnitt.

Selbst die Beschaffung von Durchschnitts-Fachrichtern aber würde mindestens dann recht schwierig werden, wenn die gleichzeitige völlige Zentralisierung um der ihr anhaftenden Nachteile willen aufgegeben würde. Die Tatbestände in den Streitsachen des gewerblichen Rechtsschutzes sind ausnehmend vielgestaltig. Auch ein Universalfachrichter ist nur ein Traumbild. Wollauslaugemaschinen und Zigarrenstummelentferner, Porzellanmalereien und Dampfhauben, den Alkohol 2 c und die Geschäftskniffe der Warenhäuser, den Roman eines Hausknechts und die versenkte Schraube, Landkarten und Klosettventile, Operetten-Melodien und elektrolytische Vorgänge, Bieretiketten und Gespinnstfasern, die Schutzrechte der „Fliegenden Blätter" und die fliegenden Blätter der Druckmaschine, Fraiser und Paraphrasen, Beleuchtungs- und Befeuchtungsgegenstände, sie alle mit gleicher Sachkenntnis beurteilen zu können: dieser Weisheit „ungemischte Freude wird keinem Irdischen zu teil" (Beifall und Heiterkeit) — auch keinem Fachrichter. Deswegen wäre die Anstellung einer ganzen Kolonne von Fachrichtern nicht zu umgehen, und der einzelne Fachrichter könnte nur unzureichend beschäftigt werden, dies selbst dann noch, wenn die örtliche Zuständigkeit des Fachgerichts erweitert und der Richterersatz tunlichst in Kreisen gesucht würde, die — wie z. B. die Patentanwälte — auf einem umfassenderen Gebiete unterrichtet sind. Folge: Die Fachrichterstellen im Hauptamte würden vielfach zu kostspieligen Sinekuren werden, die Fachrichterstellen im Nebenamte zu einer für die beteiligten Kreise nicht minder kostspieligen Belastung.

b) Neben der Besetzung würde durch das zu ergänzende Gerichtsverfassungsgesetz die Zuständigkeit der Fachgerichte zu bestimmen sein. Allein selbst ein Papinian dürfte hier keine halbwegs brauchbare Abgrenzung zu förmeln wissen. Die äußerlich bestechende Formel, daß die Fachfragen durch das Fachgericht, die Rechtsfragen durch das ordentliche Gericht zu entscheiden seien, ist entweder eine nichtssagende Umschreibung oder praktisch undurchführbar. Hierüber hat namentlich Rathenau (a. a. O. S. 401 f.) viel Zutreffendes gebracht.

Ich will daher bloß einen Fall aus meiner Praxis als Beispiel reden lassen:

Ein französischer Maschinenfabrikant hat ein deutsches Patent auf eine Maschine. Ein deutscher Maschinenfabrikant schließt brieflich mit ihm einen Lizenzvertrag und erhält daraufhin von ihm alle Zeichnungen und sonstigen Anweisungen übersendet; er baut jedoch keine Maschine nach dem Patente des Franzosen, sondern „erfindet" nun eine ähnliche Maschine, die ihm auch patentiert wird. Diese Maschine stellt er her und bringt sie, ohne die Lizenz zu zahlen, in den Handel. Der Franzose behauptet Abhängigkeit und klagt auf Unterlassung. Die Klage würde zweifellos vor das Sondergericht gehören. Wie aber, wenn der Franzose zugleich auf Schadenersatz klagt? wie wenn er die Klage von vornherein oder nachträglich auch auf den Lizenzvertrag oder auf § 826 BGB. stützt? wie wenn er den Klaggrund der Patentverletzung später fallen läßt? wie wenn der Deutsche die Einrede der mangelnden Prozeßfähigkeit oder eine andere prozeßhindernde Einrede erhebt? wenn der Deutsche im Wege der Widerklage vorher die Nichtigkeit des von seinem angeblich geschäftsunfähigen Sohne geschlossenen Lizenzvertrags festgestellt wissen will oder seinerseits ebenfalls Unterlassung verlangt, weil der Franzose seine Erfindung nachahme? Was ergäbe hier die Durchführung der Teilung anderes als eine Analogie des bekannten Manöverbildes: „'rein in die Kartoffeln" — 'raus aus den Kartoffeln". — Und was sollte gar werden, falls die gegenseitige Verweisung zwischen ordentlichen und Sondergerichten unzulässig wäre, wie ein von keinem geringeren als Wach ausgearbeiteter Beschluß des Landgerichts Leipzig, allerdings im Gegensatze zu Stein, aber mit überzeugender Begründung annimmt.

Den Ausweg, daß etwa unter gesetzlichem Ausschlusse der Einrede der Rechtshängigkeit der Kläger denselben Klageanspruch gleichzeitig mit fachlicher Begründung bei dem Fachgerichte und mit allgemein rechtlicher

Begründung bei dem ordentlichen Gerichte sollte erheben dürfen, wird ernstlich niemand befürworten wollen.

So würde diese und mehr oder minder auch jede andere Zuständigkeitsbestimmung, die sachlich abzugrenzen versucht, eine Quelle fruchtloser Zuständigkeitsstreite, eine unerschöpfliche Fundgrube für böswillige Prozeßverschlepper, ein ständiges Hemmnis für den wirksamen Schutz der betreffenden Ansprüche.

Nur eine Zuständigkeitsregelung sichert zuverlässig gegen solche Mißbräuche, diejenige, die in Sachsen oder wenigstens in Leipzig gegenüber den sogenannten Patentkammern im allgemeinen eingehalten wird: daß nämlich alle Streitsachen, in die eine Frage des gewerblichen Rechtsschutzes irgendwie hineinspielt, ja ich möchte fast sagen, in denen das Wort Patent, Gebrauchsmuster, Urheberrecht, Verlagsrecht usw. überhaupt ausgesprochen wird, unterschied- und ausnahmslos an die Patentkammer abgegeben werden. Dies ist für die jetzige Einrichtung das einzig zweckmäßige; für die künftigen Fachgerichte wäre es ein bedenklicher Ballast, sie würden sich dann etwa zu drei Vierteln mir reinen Rechtsfragen befassen müssen.

Die Einrichtung von Fachgerichten macht demnach unsere Gerichtsverfassung schwerfälliger, umständlicher und nicht zuletzt auch kostspieliger; denn der Verbrauch an Fachkundigen würde nach meiner Auffassung der gegnerischen Vorschläge durch eine entsprechende Ersparnis an Rechtskundigen nirgends voll ausgeglichen. Fachgerichte empfehlen sich also nicht einmal vom fiskalischen Standpunkte.

2. Wie steht es nun mit dem Verfahren? Dieselben Nachteile und noch andere dazu.

Nach den meisten Vorschlägen sollen die Fachgerichte bereits im ersten Rechtszuge mit fünf Richtern, drei Juristen und zwei Fachrichtern besetzt sein; die früher befürwortete Besetzung mit einem Juristen und zwei Fachrichtern scheint ziemlich allgemein fallen gelassen, vermutlich in der Erkenntnis, daß der eine Jurist außerstande wäre, alle Entscheidungen auszuarbeiten. Infolgedessen würde selbst bei Fachrichtern im Hauptamte die Gefahr von Neuverhandlungen wegen Richterwechsels um genau $^2/_5$ erhöht, bei Fachrichtern im Nebenamte um noch weit mehr. Zu solchen werden bekanntlich Fachkundige, die auch im Hauptberufe staatlich angestellt oder doch zugelassen sind, z. B. Professoren an Technischen Hochschulen, Patentanwälte usw. als besonders geeignet empfohlen. Gerade diese aber würden, sobald eine Arbeitshäufung eintritt, den Geschäften ihres Hauptamts oder Hauptberufs den Vorzug geben müssen. Das ist in minderem Maße schon jetzt bei der Einholung von Gutachten zu beobachten. So empfing ein derartiger Fachkundiger, der noch dazu auf Vorschlag der zuständigen Behörde zum Sachverständigen gewählt worden war, Mitte Juni 1909 Prozeßakten aus meiner Kammer zur Erstattung eines Gutachtens. Er behielt die Akten, ohne den Empfang zu bestätigen und schwieg beharrlich auf alle Anfragen und Erinnerungen. Anfang Januar 1910 entschloß ich mich deshalb zu einem Telegramme mit bezahlter Rückantwort. Darauf traf die drahtliche Zusicherung ein, daß das Gutachten Mitte Februar 1910 eingehen werde; sie ist die einzige Rückäußerung des Sachverständigen geblieben. Von Ende Februar ab neue Erinnerungen, höfliche und weniger höfliche, darauf Strafandrohungen und schließlich zwei empfindliche Geldstrafen, alles umsonst; nicht einmal die Akten erhielt ich auf wiederholtes Verlangen zurück; ich mußte sie durch einen Gerichtsdiener des zuständigen Amtsgerichts abholen lassen; und gerade Mitte Juni 1910 gelangte die Kammer wieder in den Besitz der natürlich gutachtenlosen Akten und suchte nun einen anderen Sachverständigen. Ein volles Jahr war verloren.

Nichts liegt mir natürlich ferner, meine hochverehrten Herren, als diesen oder den ebenso unheimlichen Cahnschen Fall (a. a. O. S. 541) zu verallgemeinern. Das eine aber bleibt doch unbestreitbar: Zu den Schwierigkeiten, welche die rechtzeitige Beschaffung der ja nicht entbehrlich werdenden Gutachten (s. jedoch Stahl S. 244) verursacht, treten noch größere Schwierigkeiten in der Besetzung der jeweiligen Richterbank hinzu, weil die für die einzelne Verhandlung gerade geeigneten Fachrichter vielfach abgehalten sein werden. Das richterliche Nebenamt wird zurücktreten müssen, sobald Hauptamt oder Hauptberuf außergewöhnliche Anforderungen stellen, und weitere Verzögerungen wären die unausliche Folge.

Außer der Abhaltung wäre vielfach eine Ablehnung der Fachrichter zu besorgen und zwar auch der Fachrichter im Hauptamte. Der wirtschaftliche Wettbewerb an sich, frühere Beziehungen, eigene Erfindungen, vorausgegangene Veröffentlichungen in Fachschriften u. a. m. würden hier verhältnismäßig oft die Besorgnis der Befangenheit auslösen. Die Durchführung des Ablehnungsgesuchs, nach Befinden durch mehrere Instanzen, bildete dann gleich zum Beginne des Rechtsstreits ein Hemmnis. Aber auch da, wo sich die Besorgnis nicht zu einem Ablehnungsgesuche verdichtete, wäre sie deswegen ebensowenig erstickt wie durch eine etwaige Zurückweisung des Gesuchs. Ein mälig wachsendes

Mißtrauen gegen die Fachgerichte wäre die unerwünschte Begleiterscheinung doppelt unerwünscht, weil hier nicht bloß die Fähigkeit, sondern die Unparteilichkeit der Richter bezweifelt würde. Davor hat schon der Präsident des Kaiserlichen Patentamtes auf dem Leipziger Kongresse mit Ernst gewarnt.

Im Verlaufe des Rechtsstreits hätten nach dem geltenden Prozeßrechte die Fachrichter bei allen Beschlußfassungen der Gerichts mitzuwirken, auch bei denen ohne jeden fachlichen Einschlag, z. B. über die Aktivlegitimation, die Zulässigkeit der Feststellungsklage, die Wiedereinsetzung in den vorigen Stand, die Aussetzung des Verfahrens, ja sogar über Erinnerungen gegen die Kostenfestsetzungsbeschlüsse des Gerichtsschreibers Solche das Verfahren wiederum verlangsamende Zeit- und Kräftevergeudung wäre aber immer noch das kleinere Übel. Die naheliegende Abhilfe durch die gesetzliche Beschränkung der fachrichterlichen Mitarbeit auf die Fachfragen des einzelnen Falles wäre noch gefährlicher, hier weniger wegen der schon besprochenen Schwierigkeit der gesetzgeberischen Fassung und der deswegen zu besorgenden Zusammenstöße, als weil damit der erste Schritt zu einem Sonderverfahren, d. i. zu einem Sonderrechte für die Sondergerichte getan und die Rechtseinheit auch in dieser Einrichtung gefährdet würde.

Mehr Zeit oder richtiger noch mehr Zeit würde endlich auch die mündliche Verhandlung beanspruchen. Denn die Rechtsausführungen der Parteivertreter müßten nunmehr auch für das Verständnis der Fachrichter zugeschnitten, also viel breiter angelegt werden, während die fachlichen Ausführungen um des Verständnisses der rechtsgelehrten Richter willen nicht gekürzt werden könnten.

Auch das Verfahren stünde sonach allenthalben unter dem Zeichen der Langsamkeit.

3. Schwerfälligkeit des Verfahrens wäre aber gern in den Kauf zu nehmen, würde durch die Teilnahme der Fachrichter die von den Gegnern erhoffte bessere Rechtsfindung gewährleistet. Dem ist aber nicht so.

Nicht so schwerwiegend scheint mir allerdings die von Stahl (a. a. O. S. 243) und Rathenau (a. a. O. S. 420, 421) erneut ausgesprochene Befürchtung: der Fachrichter ebenso wie der Sachverständige hinter der Barre entbehre der Kontrolle durch die Parteien, und deshalb würden Überraschungen der Parteien durch die Urteilsfällung häufiger als bisher vorkommen. Das dürfte sich der Regel nach vermeiden lassen. Gerade in den Streitigkeiten des gewerblichen Rechtsschutzes hat sich fast überall ein besonders verständnisvolles Zusammenarbeiten zwischen Gericht und

Anwälten ausgebildet, eine gegenseitige Förderung „mit offenem Visir“, und diese gesunde Handhabung würde ein halbwegs geschickter Vorsitzender, erforderlichenfalls unter Wiederaufnahme der Verhandlung, auch dem Fachgerichte zu bewahren wissen.

Abzuweisen scheint mir ferner die Besorgnis, daß die rechtsgelehrten Richter versucht sein könnten, den sachlichen Teil der Entscheidung den Fachrichtern völlig zu überlassen; davor schützt sie ihr Pflichtgefühl. Eher schon wäre es möglich, daß die Fachrichter diesen Teil der Entscheidung für sich allein beanspruchen könnten. Ein wenig deutet dahin ein Erlebnis, das ich Ihnen nicht vorenthalten möchte. In einem Abhängigkeitsstreite besichtigte meine 12. Zivilkammer in einem preußischen Städtchen mehrere Maschinen, noch dazu an einem Sonntage, da die Maschinen zerlegt werden mußten. An Ort und Stelle begrüßte uns der aus einem dritten Orte zugereiste Sachverständige, ein Professor von altem Schrot und Korn in kerniger Offenheit also: „Sagen Sie einmal, was wollen Sie denn eigentlich hier? Den Prozeß entscheidet doch der Sachverständige. Weisen Sie die Klage ruhig ab.“ Dabei stellte sich aber bald heraus, daß der Herr Professor den Begriff der „Abhängigkeit“ durchaus verkannte und erst durch die Fragen, die das Gericht in seiner Gegenwart förmelte, über die eigentlichen Streitpunkte aufgeklärt wurde. Offen wie vorher erklärte er dann zu unserer Genugtuung: „Das wird ja jetzt höllisch genau gemacht; aber eigentlich ist die neue Art gar nicht so dumm.“ — Wie hier beim Sachverständigen, würde sonach auch bei den Fachrichtern eine Verkennung ihrer Stellung unschwer zu beheben sein.

Eine ernste Gefahr für die Rechtsfindung liegt dagegen darin, daß die Fachrichter nicht zum Richten erzogen sind: zu jenem objektiv betrachtenden, juristisch abwägenden, logisch zergliedernden Durchdenken, das allein die richtige Rechtsanwendung verbürgt. Für uns Juristen beginnt dieses Denkenlernen sofort im ersten Studiensemester, wo der hierzu hervorragende geeignete römische Formularprozeß die Ausbildung einleitet; und es setzt sich, weil in der Rechtswissenschaft verkörpert, mit deren Erlernung fort, bis die Praxis selber als Lehrmeisterin eintritt und jeden Rechtsbeflissenen zu der Erkenntnis zwingt: Richten heißt wissend denken, nicht denkend wissen.

Diese Denkschule entbehrt der Fachrichter. Sie läßt sich ihm auch nicht schaffen. Ausbildungskurse und ähnliche Halbheiten können die Erziehung durch das Rechtsstudium und durch das Rechtsleben nie voll ersetzen. Zuweilen wird sogar der Wille fehlen, juristisch denken zu lernen; klagt doch selbst Isay im Vorworte zu seinem Patentrechte, daß „die

Techniker ihre schon von Reuleux beklagte Abneigung vor der logischen Behandlung technischer Fragen noch immer nicht überwunden haben." Geborene Richter wären vereinzelt gewiß auch unter den Fachrichtern zu finden; weitaus in der Mehrzahl aber würden sie — gleich einer Minderzahl von rechtsgelehrten Richtern — richten, ohne Richter zu sein.

Hierzu käme als weitere Erschwernis, daß auch in den rein fachlichen Fragen unter den Fachrichtern dieselben Meinungsstreite herrschen würden, die uns Juristen in Rechtsfragen nachgesagt werden. So erlebte ich bei einer Besichtigung in einem Gebrauchsmusterstreite, daß die ihr beiwohnenden beiden und beide als besonders tüchtig anerkannten Patentanwälte in einen geradezu erbitterten Streit darüber gerieten, ob eine bestimmte Vorrichtung ein „Preßbalken" sei oder nicht, und daß sie sich sogar über den technischen Begriff des Balkens nicht zu einigen vermochten. Nach der Beendigung der Besichtigung konnte ich mir darum den Vorhalt nicht versagen: Meine Herren, wenn Sie beide nun Fachrichter in derselben Sondergerichtskammer wären, dann müßten ja doch die rechtsgelehrten Richter Ihren Streit in der Fachfrage entscheiden. Als Antwort erhielt ich das halbe Zugeständnis: „Ja, daß wir Techniker noch viel seltener derselben Meinung sind, das wissen wir schon lange." Trifft das aber zu, dann wird der rechtsgelehrte Richter aus den entgegenstehenden Gutachten der jeweils bestgeeigneten Spezialsachverständigen, die ihre abweichenden Meinungen eingehend begründen, zweifellos ein schärferes Bild gewinnen, als aus derselben Meinungsverschiedenheit zwischen zwei nur über die allgemeine Fachbildung verfügenden Mitrichtern.

4. Im Zwangsvollstreckungsverfahren endlich, zumal im Verfahren nach § 890 ZPO., könnte die Mitwirkung von Fachrichtern zuweilen die Befragung eines Sachverständigen ersetzen und so zur Beschleunigung des Verfahrens beitragen; ebenso oft aber würde deren, wie oben dargelegt, unumgängliche Zuziehung zur Entscheidung reiner Rechtsfragen verzögernd wirken. Für die vorausgenommene Zwangsvollstreckung, die einstweilige Verfügung, aber dürfte das Vorhandensein von Fachrichtern dazu führen, daß der rechtsgelehrte Vorsitzende von der Befugnis aus § 944 ZPO. nur noch selten Gebrauch macht; es wäre wenigstens menschlich begreiflich, wenn er es vorzöge, nunmehr jene große Verantwortung mit den angeblich besser geeigneten Fachrichtern zu teilen. Infolge der hierdurch bedingten Notwendigkeit eines Gerichtsbeschlusses aber würde ein dringendes Gesuch, auf das der Vorsitzende jetzt in ein bis zwei Stunden verfügt, in etwa ebensoviel Tagen Erledigung finden.

Aus alledem, meine hochverehrten Herren, schöpfe ich die bestimmte Überzeugung, daß die Einführung der Fachgerichte auch für den gewerblichen Rechtsschutz im besonderen Nachteile mit sich brächte. Allein ein vorsichtiger Jurist stellt nie mehr fest, als er nötig hat; deshalb beschränke ich mich auf die Verneinung: Vorteile sind davon für den gewerblichen Rechtsschutz nicht zu erwarten.

II. Als vorteilhaft werden sich dagegen die Ihnen bekannten Maßnahmen erweisen, die innerhalb der gegenwärtigen Gerichtseinrichtung zur Besserung der gewerblichen Rechtspflege ergriffen oder angeregt worden sind; ja dank der eifrigen Förderung vieler Justizverwaltungen haben sie sich teilweise schon bewährt. Die Erörterung dieser Maßnahmen geht streng genommen über den Rahmen der gestellten Frage hinaus; sie hängt aber andererseits so nahe mit ihr zusammen, daß Rathenau und Cahn sie mit Grund in ihre Begutachtung einbezogen haben. Ich verweise zwecks Vermeidung von Wiederholungen im allgemeinen auf die trefflichen Darlegungen in den beiden Gutachten und gehe nur auf drei Punkte kurz ein, wo ich teils ergänzen, teils widersprechen möchte.

1. Freund und Feind stimmen darin überein, daß die Vor- und Ausbildung der Richter des gewerblichen Rechtsschutzes zweckmäßiger ausgestaltet werden muß. Wann? Wo? in welcher Weise? und in welchem Umfange? dieser besondere Ausbildungsgang einsetzen soll, darüber gehen die Ansichten und Vorschläge weit auseinander. Deswegen könnte der Gedanke auftauchen, die Entscheidung der Frage über die Sondergerichtshöfe bis zur Klärung der Ausbildungsfrage zu vertagen. Das wäre abwegig. Wir müssen wissen und bestimmen, welche Art von Richtern wir für die Sachen des gewerblichen Rechtsschutzes haben wollen, ehe wir erörtern können, wie wir sie ausbilden. Die erste Frage ist Vorfrage und muß trotz mancher Berührungsflächen zuerst gelöst werden.

2. Die auszubildenden Richter werden den Nachwuchs für die jetzt schon bestehenden sogenannten Patentkammern und Patentsenate bilden. Denn der Anregung von Magnus und den ihr nachgehenden Ministerialerlassen danken wir die jetzt in allen größeren Bundesstaaten durchgeführte Zuweisung aller bei dem einzelnen Gerichte anhängig werdenden Streitsachen des gewerblichen Rechtsschutzes an eine bestimmte Kammer und einen bestimmten Senat. In Sachsen sind derartige Kammern an jedem Landgerichte eingerichtet. Andere Bundesstaaten haben eine noch größere Konzentration dadurch zu erreichen gesucht, daß sie die Einrichtung auf eine

Auswahl von Landgerichten beschränkten. Die Erwartung, daß diesen ausgewählten Kammern auch die betreffenden Streitigkeiten aus den benachbarten Landgerichtsbezirken durch Gerichtsstandvereinbarung zufließen würden, hat jedoch getrogen. Rathenau (a. a. O. S. 441) und Reichsgerichtsrat Dr. Hagens (Leipziger Kongreßberichte S. 122) schlagen deshalb vor, reichsgesetzlich das ganze Reichsgebiet in große Bezirke einzuteilen und je die Patentkammer eines bestimmten Landgerichts und den Patentsenat eines bestimmten Oberlandesgerichts für alle gewerblichen Rechtsschutzstreite aus diesem Bezirk ausschließlich für zuständig zu erklären. Allein mit diesem Vorschlage kann ich mich nicht recht befreunden. Die bisher unangetasteten allgemeinen Vorschriften über die örtliche Zuständigkeit der Gerichte würden damit zum ersten Male durchbrochen; eine Durchbrechung, die leicht andere Durchbrechungen bis zum Fachgerichte und zum Sonderverfahren ungewollt vorbereiten könnte. Daneben würden ohne zwingenden Grund den Rechtsanwälten vieler Landgerichtsbezirke die Streitigkeiten des gewerblichen Rechtsschutzes wo nicht rechtlich, so doch tatsächlich entzogen; endlich würde infolge der größeren Entfernungen die Rechtsdurchführung auch im übrigen für die Parteien erschwert und verteuert (vgl. Degen a. a. O. S. 17).

Nun halte ich es nach wie vor keineswegs für notwendig, ja nicht einmal für wünschenswert, daß die Patentkammern und Patentsenate ausschließlich Streitigkeiten des gewerblichen Rechtsschutzes bearbeiten; behalten sie daneben eine nicht zu kleine Zahl anderer Zivilstreite, so verbleibt ihnen dadurch der anregende Zusammenhang mit der allgemeinen Zivilrechtspflege. Erforderlich ist nur, daß die besondere Beschäftigung des einzelnen Gerichts umfangreich genug ist, um ein Vertrautwerden und Vertrautbleiben mit dem besonderen Rechtsstoff und mehr noch mit den Anschauungen und Bedürfnissen der beteiligten Kreise zuverlässig zu gewährleisten.

Dies kann aber meines Erachtens — zum mindesten für Bundesstaaten, die durchgängig viel Industrie haben, — einfacher auf folgenden Wegen erreicht werden:

a) Die Kammern für Handelssachen sind durch Aufhebung der betreffenden Zuständigkeitsbestimmungen für die Streitsachen des gewerblichen Rechtsschutzes völlig auszuschalten. Der Vorschlag entspricht, während von Stahl (a. a. O. S. 252) für Österreich das Gegenteil bezeugt, in Deutschland auch den Wünschen der beteiligten Kreise; er hat insbesondere im Deutschen Vereine für den Schutz des gewerblichen Eigentums überwiegend Billigung gefunden. Diese bisherigen Handelssachen und ferner, was in Sachsen schon jetzt geschieht, alle anderen Streitsachen des gewerblichen Rechtsschutzes in dem eingangs gebrauchten weitesten Sinne, vielleicht noch unter Hinzunahme der Streitsachen über die aus §§ 823 824, 826 BGB. zu schützenden Gewerbebetriebs- und sonstigen Persönlichkeitsrechte, sind den Patentkammern zuzuteilen.

b) Auch alle Strafsachen des gewerblichen Rechtsschutzes, einschließlich der Privatklagsachen, sind den Richtern der Patentzivilkammern zur Erledigung mitzuübertragen, die Patentstrafkammern und -senate also bei den Patentzivilkammern, bez. -senaten mitzubilden. Damit wäre zugleich eine erhebliche Ersparnis an richterlicher Arbeitskraft und auch sonst mancher Vorzug verbunden.

c) Endlich wären für Sachen des gewerblichen Rechsschutzes die Landgerichte ohne Rücksicht auf den Wert des Streitgegenstandes für ausschließlich zuständig zu erklären. (Beifall eines Teiles der Versammlung.)

Der letzte Vorschlag bedeutet freilich eine Durchbrechung der allgemeinen Vorschriften über die sachliche Zuständigkeit und ist mir deshalb leicht geworden. Allein die Ausnahmestellung ist insoweit nicht ohne Vorgang und bringt keine nennenswerte Umwälzung. Streitwerte von 600 M. und darunter sind hier erfahrungsgemäß nicht allzu häufig; sie kommen etwa bei kleinen Gebrauchs- und Geschmacksmustern, bescheidenen Warenzeichen, kümmerlichen Wettbewerbsversuchen und ebensolchen Literaturerzeugnissen, öfter z. B. bei sogenannten Cabaretpoesien vor und sind jedenfalls zu selten, als daß die Einführung von „Patent-Amtsrichtern" selbst bei größeren Amtsgerichten verlohnen würde.

Soll jedoch das Amtsgericht zuständig bleiben, so müssen wenigstens die Berufungen an dieselbe Patentkammer geleitet werden; beim Landgerichte Leipzig geschieht es bereits.

3. Was das Verfahren anlangt, so bleibe ich der Überzeugung, daß die dem Reichsgerichte für die Nichtigkeitsstreite gebotene Möglichkeit, auch zu den Beratungen Sachverständige zuzuziehen, bei vorsichtigem Gebrauche für alle Streitsachen des gewerblichen Rechtsschutzes und für alle Instanzen ersprießlich wirken könnte. Eine wie immer geartete besondere Regelung des Verfahrens dagegen ist gern zu entbehren, ausgenommen allein, daß den fachlichen Beiständen der Parteien (vgl. auch Springe: Gewerbeanwälte und in Z. d. V. deutscher Diplom-Ingenieure S. 142 f.) das ihnen tatsächlich schon jetzt wohl ausnahmslos gewährte Gehör gesetzlich gesichert werden sollte.

Im übrigen sind unsere Prozeßgesetze, die österreichischen wie die deutschen, schon jetzt elastisch genug, um, sobald nur Gericht und Anwälte Hand in Hand gehen, das jeweils Zweckmäßige herbeiführen zu können; nur dürfen beide Teile nie vergessen, daß neben jedem Prozeßgesetze das höhere Gesetz der gesunden Vernunft fortdauernd Geltung behält, ein Gesetz, das keine Prozeßordnung erwähnt, aber auch keine ausschließen will und kann (vgl. Börngen in Thür. Bl. 57 S. 11).

Das jeweils Zweckmäßige zu erkennen, bleibt die Aufgabe des einzelnen Falles. Zur Erleichterung mögen Ratschläge und Erfahrungen amtlich veröffentlicht werden, aber bloß vorschlags- und wahlweise, ohne schärferen Druck zur Nachachtung. Denn die örtlichen und sachlichen Verhältnisse werden immer verschieden liegen und deshalb verschiedene Behandlung bedingen. So hebe ich z. B. mit der viel empfohlenen (auch von Rathenau a. a. O. S. 454) Zusammenlegung aller Streitsachen des gewerblichen Rechtsschutzes auf einzelne bestimmte Terminstage in Leipzig keine günstigen Ergebnisse erzielt, um so bessere mit der Verlegung dieser meist zeitraubenden Verhandlungen auf ungewöhnlich frühe Terminsstunden; schon früh bald nach 7 Uhr sind die Parteien und ihre Vertreter pünktlich zur Stelle gewesen. Darum Zurückhaltung mit allgemeinen Anordnungen, aber Anregung und Erziehung zum verständnisvollen Erfassen der Bedürfnisse des einzelnen Falles, zum Arbeiten nach Gesetz und Leben, nicht nach Vorgängen und Schablone.

Damit, meine hochverehrten Herren, bin ich am Schlusse und bei der Schlußantwort, dem glatten Nein. (Zustimmung.)

Wenn Sie, meine hochverehrten Herren, in Ihrer Mehrheit sich dem anschließen, so wird das versagende Nein des deutschen Juristentages gewiß neuen Unmut und neue Unzufriedenheit in den beteiligten Kreisen entzünden. Einseitigkeit und Weltfremdheit, zuweilen selbst Eigensucht, Technikerunterschätzung und Industriefeindlichkeit werden uns Juristen wiederum vorgeworfen werden. Das darf uns nicht kränken, aber auch nicht beirren. Wissen und fühlen wir doch, daß wir in ehrlicher Begeisterung für unsere emporblühende deutsche Industrie und in dankbarer Anerkennung für diejenigen, die sie groß gemacht haben, hinter keinem anderen Berufszweige zurückstehen. Wir sind freudig bereit, unserer Industrie jedes vernünftige Opfer zu bringen. Indeß unsere Industrie ist noch in den Jünglingsjahren der Entwicklung; in überschäumender Jugendkraft vergißt sie die Grenzen ihres Arbeitsgebiets und drängt nach Betätigung in Dingen, die ihrem Wesen fremd sind. Hiergegen unser Nein. Es wird uns von der Industrie einst selbst gedankt werden; auf der Höhe und Mann geworden wird sie die Jugendverirrung erkennen; sie wird zu demselben Urteile gelangen, das der große englische Dichter dem zum Throne gerufenen Prinzen Heinrich in seiner Antwort an den ihm streng gewesenen Oberrichter in den Mund legt:

Ihr habt Recht, Richter, und erwägt dies wohl.
Führt denn hinfort die Wagschal' und das Schwert.
Das reine Schwert, das Ihr zu führen pflegtet.
Mit dieser Mahnung: daß Ihr selbes braucht,
So kühn, gerecht und unpartei'schen Sinnes.
Wie damals wider mich.

Jetzt aber ist es noch nicht so weit. Jetzt gilt es dem Richter zu wahren, was des Richters ist, zu erfüllen, was wir geschworen haben: das Recht zu wahren und dem Unrecht zu wehren nach unserer Kraft, auch dem Unrecht gegen uns selber. Denn das rechtsgelehrte Richtertum ist das erreichbar Beste, solange Gott selber nicht das Richtschwert in die Hand nimmt. Das wollen wir dem deutschen Volke beschützen.

Im Manöver — um so zu enden, wie ich angefangen — ruft der Befehl „An die Gewehre" die rastende Truppe zu neuen Kämpfen. Auch unser Kampf ist noch nicht ausgekämpft. Feldgeschrei: Ein Reich, ein Recht, ein Richter. Deutsche Juristen! an die Gewehre! (Lebhafter Beifall.)

2. Berichterstatter Rechtsanwalt Dr. **Isay** (Berlin): Meine verehrten Herren Kollegen! Ich habe, fürchte ich, einen etwas schweren Stand, denn ich besitze nicht den erfrischenden Humor, mit dem mein verehrter Herr Vorredner die Frage behandelt hat, und der uns allen eine so außerordentlich vergnügte Stunde bereitet hat. Ich muß mich deshalb damit begnügen, nur ernste Töne anzuschlagen. Denn es handelt sich tatsächlich nach meiner Ansicht um eine ziemlich ernste Frage, ernst für die Industrie und ernst für uns Juristen. Mein Herr Vorredner hat die Industrie als noch ziemlich weit in den Kinderschuhen steckend hingestellt, er meint, sie sei zu schnell gewachsen, und man müsse sie deshalb vor den Torheiten bewahren, die sie mit der Forderung nach gemischten Gerichtshöfen begehen will, und wenn sie einst Mann geworden sei, würde sie uns danken, daß wir sie vor dieser Torheit bewahrt haben. Ich glaube, mein verehrter Herr Vorredner hat das Alter und die Reife der deutschen Industrie doch ein bißchen stark unterschätzt, denn dieses Wachstum ist nicht erst allerjüngsten Datums, sondern geht ziemlich weit zurück. Ich denke dabei gar nicht an die allerersten Anfänge, aber Tatsache ist wohl,

daß das Ende des vorigen Jahrhunderts der deutschen Industrie eine so fabelhafte, vielleicht auch fabelhaft schnelle Entwicklung gebracht hat, daß wir heute wohl sagen können: die deutsche Industrie steht in der Blüte ihrer Mannesjahre; und während dieses schnelle Wachstum der deutschen Industrie dem deutschen Geistesleben des letzten Jahrhunderts und natürlich auch des jetzigen seinen Stempel aufgedrückt hat, können wir uns dagegen nicht verschließen, daß die praktische Rechtsanwendung in dieser Beziehung zurückgeblieben war. Die deutschen Gerichte standen bis in die letzten Jahre hinein in ihrer Mehrzahl — ich nehme dabei das Reichsgericht aus — den technischen Prozessen, den Patent- und Gebrauchsmusterprozessen ziemlich fremd, ziemlich gleichgültig und manchmal auch ziemlich ablehnend gegenüber. Unser Gutachter Herr Dr. Cahn hat als Ausspruch eines deutschen Richters mitgeteilt:

„Patentprozesse sind für den Richter am leichtesten; über die Verletzungsklage entscheidet der Sachverständige, über die Schadenersatzklage der Bücherrevisor."

Ich will es dahingestellt sein lassen, ob dieses Wort wirklich gefallen oder nur mehr oder weniger gut erfunden ist, aber in jedem Falle kennzeichnet es ziemlich treffend die Art und Weise, in welcher noch bis wenige Jahre zurück von den meisten deutschen Gerichten die Patent- und Gebrauchsmusterprozesse entschieden wurden. Und dabei bin ich weit entfernt, den deutschen Gerichten daraus einen besonderen Vorwurf zu machen. Denn es ist selbstverständlich, daß diejenigen Gerichte, die verhältnismäßig selten mit solchen Prozessen zu tun haben, dieser Materie ziemlich fremd, sowohl in ihren rechtlichen Besonderheiten wie namentlich in ihren technischen Schwierigkeiten gegenüberstehen mußten.

Die Bewegung, welche also gegen Ende des 19. Jahrhunderts eingesetzt hat, und welche sich innerhalb der Industrie dagegen gesträubt hat, daß fernerhin ihre wichtigsten Lebensinteressen von diesen Gerichten entschieden würden, diese Bewegung war in ihrem Kerne ganz zweifellos berechtigt, eine Berechtigung, die auch in dem zuletzt erschienen Aufsatz z. B. von Oberlandesgerichtsrat Lobe in der Deutschen Richterzeitung ganz unumwunden zugegeben wird. Ich kann es deshalb eigentlich sehr wenig begreiflich finden, daß der Gutachter Herr Dr. Rathenau in seinem Gutachten meint, diese Bewegung erkläre sich daraus — und in dem Sinn hat sich, glaube ich, auch mein Vorredner geäußert, daß die Überproduktion der Technischen Hochschulen an akademisch gebildeten Technikern zur Folge gehabt habe, daß die letzteren ein immer größeres Betätigungsfeld erstrebten. Hieraus erkläre sich auch die Erscheinung der letzten Jahre, der bisher der größte Teil der Juristen teilnahmslos gegenüberstehe, daß sie versuchten, in gewissen Rechtsangelegenheiten Sitz und Stimme auf der Richterbank zu erhalten.

Rathenau hat diesen Gedanken nicht weiter verfolgt. Er verschwindet bei ihm, und ich nehme an, daß er in Wahrheit die Gründe dieser Bewegung nicht auf ihn zurückführt.

Unbegreiflich dagegen ist es, wenn der andere Gutachter Herr Dr. Cahn diese Erklärung überhaupt zum Angelpunkt seiner ganzen Ausführungen gemacht hat. Er erklärt nämlich in seinem Gutachten, daß es sich lediglich um einen Ansturm gegen das Juristenmonopol handle, daß die revolutionäre Bewegung zugunsten der Sondergerichte lediglich daraus entstanden sei, daß der Techniker mit fanatischer Energie sich denen angeschlossen habe, die in der großen Ständefamilie den Juristen, den älteren Bruder um die vermeintlich besseren Portionen beneideten, daß aber nur einzelne Sondergerichtsfreunde in dieser Hinsicht etwas mehr Farbe bekannt hätten. Allerdings sagt er dann weiter, daß diese fanatischen Techniker denn doch gesehen hätten, daß sie mit diesem offenen Ansturm nicht weiter kämen und daß sie wohl oder übel der neuen Bewegung das Merkmal eines dringenden Bedürfnisses verleihen und als Ziel die Sicherung einer besseren Rechtsprechung bezeichnen mußten. Dann will er zugeben, daß einzelne tatsächlich sich später selber eingeredet haben, daß nur der ethische Trieb, zu bessern, sie angestachelt hätte, und er betont als Vorzug seines Gutachtens, daß er der erste gewesen ist, der diese Behauptung in solcher Nacktheit aufgestellt, also den verkappten Neidern des Juristenstandes die ethische Larve vom Gesicht gerissen habe.

Ich muß sagen, daß mir das aus verschiedenen Gründen unbegreiflich ist, erstens einmal, weil es zweifellos unrichtig ist, dann aber, weil ich es nicht verstehen kann, wie man glauben kann, mit dieser Behauptung auf dem Juristentag auch nur den geringsten Eindruck zu machen. Ich fasse es sogar fast als Beleidigung des Juristenstandes auf, daß man glaubt, dadurch auf das Votum des Juristentages einwirken zu können. Wir betrachten es als einen Ehrentitel der Juristen, alle Fragen, die streitig an uns herankommen, mit vollster Objektivität auf ihre Berechtigung zu prüfen und das um so mehr und mit um so größerer Objektivität, je mehr der Verdacht auftauchen könnte, als ob hier ein eigenes Interesse irgendwie ins Spiel kommen könnte. Unser Juristentag — des bin ich ganz gewiß — wird diese Frage ebenfalls mit voller Objektivität prüfen. Wenn er zu der Auffassung kommen sollte, daß diese Bewegung in ihrem Kern und in ihrem Ziele eine Berechtigung hat, so wird er diese Berechtigung anerkennen, mag sie hervorgegangen sein aus welchen Wurzeln sie will.

Daß fast alle namhaften industriellen Verbände, namentlich der Zentralverband Deutscher Industrieller, der Bund der Industriellen, der Verein Deutscher Ingenieure, der Verein Deutscher Chemiker, der Verein Deutscher Maschinenbauanstalten sich in den Dienst dieser Bewegung gestellt haben, hat zunächst in der Öffentlichkeit und namentlich in den Juristenkreisen geringe Beachtung gefunden. Die genauen Daten sind in dem eingehenden Gutachten von Rathenau aufgeführt, ich brauche sie nicht zu wiederholen. Erst als der aus Juristen und Industriellen zusammengesetzte Deutsche Verein für den Schutz des gewerblichen Eigentums unter der Führung seines Vorsitzenden, des allverehrten unvergeßlichen Präsidenten von Schütz sich zum Träger dieser Bewegung gemacht hatte, erst seitdem wurde die weitere Öffentlichkeit auf die Bewegung aufmerksam. Und demgemäß hat sich der Juristentag einer Stellungnahme zu dieser Frage nicht länger entziehen können und auf unsere Tagesordnung die Frage gesetzt:

„Empfehlen sich Sondergerichtshöfe in Streitigkeiten auf dem Gebiete des gewerblichen Rechtsschutzes?"

Welche Bedeutung die Ständige Deputation des Juristentages dieser Frage beigelegt hat, darf man vielleicht daraus ersehen, daß sie, abweichend von ihrer sonstigen Übung drei Gutachter und drei Berichterstatter bestellt hat.

Bevor ich auf die gestellte Frage eingehe, möchte ich kurz ein Wort über die Frage selber sagen. Die Frage lautet auf Sondergerichtshöfe. Ich fasse sie aber in Übereinstimmung mit Herrn Regierungsrat Dr. Rathenau so auf, wie sie auch in den Beschlüssen des Vereins für gewerblichen Rechtsschutz gemeint ist, nämlich nicht in dieser Ausdehnung, wie sie zum Beispiel Herr Landgerichtsdirektor Degen auffassen zu sollen geglaubt hat, sondern beschränkt auf die Patent- und Gebrauchsmusterprozesse. Von einer weiteren Ausdehnung ist niemals die Rede gewesen. Ich beschränke mich also in meinem Referate auf dasselbe Gebiet, auf das sich Herr Regierungsrat Dr. Rathenau beschränkt hat, auf die Patent- und Gebrauchsmusterprozesse. Ich bitte, gestatten Sie mir, immer nur von Patentprozessen zu sprechen. Sonst würde ich Ihre Zeit zu sehr in Anspruch nehmen.

Bei der Behandlung dieser gestellten Aufgabe sind zwei Fragen scharf voneinander zu scheiden. Die eine Frage ist die, ob die Bewegung und die Unzufriedenheit innerhalb weiter Kreise der Industrie berechtigt ist und die andere die Frage nach dem Ziele der Bewegung. Mit anderen Worten, die eine Frage die: genügt die von Gerichtverfassungsgesetz für den Richter heute vorgeschriebene Vorbildung zur Entscheidung von eigentlichen Patentprozessen? Und wenn man diese Frage verneint, kommt man zu der zweiten Frage: Wie ist die Vorbildung zu ändern und wie ist einer geänderten oder andersartigen Vorbildung bei der Besetzung der Kammern und Senate Rechnung zu tragen!

Bei der Untersuchung der Frage, ob für die Entscheidung von Patentverletzungsprozessen die von § 2 des Gerichtsverfassungsgesetzes geforderte Vorbildung der Richter ausreicht, muß zunächst zu der Tatsache Stellung genommen werden, die in dem Referate meines verehrten Vorredners bisher vollkommen unter den Tisch gefallen ist, nämlich zu der Tatsache, daß für die Entscheidung von Patentstreitigkeiten, d. h. der Nichtigkeits- und Zurücknahmeklage in erster Instanz das Gesetz von den Richtern eine andere Vorbildung fordert.

Nach § 14 Abs. 4 des Patentgesetzes werden Patentstreitigkeiten, d. h. Nichtigkeits- und Zurücknahmeklagen entschieden von der Nichtigkeitsabteilung in einer Besetzung von zwei Rechtsgelehrten und drei technischen Mitgliedern des Patentamtes, während der Verletzungsrichter zur Entscheidung von Patentprozessen nach dem Gerichtsverfassungsgesetz geeignet ist, wenn er sich drei Jahre lang dem Studium der Rechte auf einer Hochschule gewidmet hat und dann den Nachweis erbringt, daß er drei Jahre bei einem Gericht, Rechtsanwalt oder Staatsanwalt ausgebildet worden ist. Da diese letztere Regelung des Zustandes für die Nichtigkeits- und Zurücknahmeklagen ganz allgemein als auf das Glänzendste bewährt gepriesen wird — ich zitiere nur die Worte des Herrn Dr. R a t h e n a u —, da die Regelung eines aus Technikern und Juristen gemischten Gerichts für die Nichtigkeitsklage als glänzend bewährt anerkannt wird, so ergibt sich ohne weiteres die Frage, ob die Tätigkeit des Richters im Verletzungsprozeß so fundamental verschieden von der im Nichtigkeitsprozeß ist, daß eine Regelung, die für die eine Entscheidung als glänzend anerkannt ist, für die andere als gefährlich, ja als Zusammenbruch unserer ganzen Rechtspflege, wie es hier geschehen ist, hingestellt werden kann.

Bis vor kurzem haben sich nach der gebrauchten Terminologie diese beiden Tätigkeiten in einem sehr wesentlichen Punkte berührt. Sowohl für die Nichtigkeits-, wie für die Verletzungsprozesse war das Wesentliche die „A u s l e g u n g" der Patente, wozu dann noch für den Nichtigkeitsrichter die Aufgabe kam, über den Wert des Patentes ein Urteil abzugeben.

Es schien so nach der Terminologie einerseits keine große Verschiedenheit in der Tätigkeit beider Behörden obzuwalten, andererseits schien gerade dasjenige Gebiet, auf welchem sie sich berühren, also das Gebiet der Auslegung der Patente, gerade auf demjenigen Felde der Tätigkeit zu liegen, das von altersher die ureigenste Krondomäne der Juristen war. Denn gerade diese geistige Tätigkeit, die wir zusammenfassen unter dem Begriff der Auslegung, ist sozusagen das tägliche Brot unserer rechtsgelehrten Gerichte. Es ist dasjenige Gebiet, für welches unsere Juristen auch auf der Universität in allererster Linie ausgebildet werden, die Auslegung von Gesetzen, die Auslegung von Rechtsgeschäften. Und in diesem Zusammenhang war bis vor kurzem die Auslegung der Patente eigentlich nur ein Teilgebiet dieses gesamten Tätigkeitsbereiches der Juristen. Deshalb begegnet uns auch überall auf Schritt und Tritt der Satz, die Auslegung der Patente sei eine reine Rechtsfrage, ein Satz, der bisher so zum Dogma und Axiom geworden war, daß er auch in den Schriften der Gegner, der Anhänger der gemischten Gerichte ganz unbezweifelt wiederkehrt.

Inzwischen hat sich im Laufe gerade der jüngsten Zeit ein Umschwung vollzogen, der dieser bisher herrschenden Auffassung vollkommen den Boden entzieht. Heute ist die Erkenntnis fast allgemein, daß die Auslegung der Patente nichts zu tun hat mit dem Worte „Auslegung", das wir für die übrige Tätigkeit der Juristen anwenden.

Früher hatte man nämlich angenommen, da die Patenterteilung eine Willenserklärung des Patentamtes darstelle, die auf die Patentanmeldung, also auf eine Willenserklärung des Anmelders hin erfolge, so sei die Auslegung des Patentes durch den Richter nichts anderes, als die Aufgabe, den Umfang des Patentes nach dem Willen des Patentamtes und nach dem Willen des Anmelders zu ermitteln, also nichts anderes, als was auf dem übrigen Gebiete die Auslegung der Gesetze nach dem Willen der Gesetzgeber und die Auslegung der Verträge nach dem Willen der Parteien sei.

Diese noch vor ganz kurzer Zeit fast allgemein herrschende Auffassung kann man heute wohl ruhig als überwunden betrachten. Die überwiegende Mehrzahl der Vertreter der Patentrechtswissenschaft, an der Spitze das Reichsgericht, hat ausgesprochen, daß die Auslegung der Patente in erster Linie nicht nach dem Willen des Anmelders, nicht nach dem Willen des Patentamtes, sondern nach der objektiven Bedeutung der Erfindung, nach dem Stande der Technik zu erfolgen hat. Das Patentamt hat im Erteilungsverfahren lediglich die Aufgabe, den Gegenstand der Erfindung, oder wie unser verehrter Herr Professor Schanze gesagt haben will, den Gegenstand des Patentes — ich streite mich darüber nicht mit ihm —, zu kennzeichnen, während der Verletzungsrichter die Aufgabe hat, den Umfang des Patentschutzes zu ermitteln und diese Aufgabe hat er, wie ich schon sagte, im wesentlichen nach dem Stande der Technik ohne Rücksicht auf die Meinung des Patentamtes und des Anmelders. Das Patentamt hat lediglich die Aufgabe, dasjenige, was erfunden ist, möglichst deutlich zu beschreiben, den Gegenstand der Erfindung möglichst klar zu stellen. Erst im Verletzungsprozeß kommt der Richter dazu, den Umfang des Patentschutzes zu ermitteln, d. h. das Patent auszulegen.

Dem Richter ist also nicht mehr die vielleicht etwas subaltern anmutende Aufgabe gesetzt, einem fremden Willen nachzuspüren, fremde Gedanken nachzudenken, er hat vielmehr die souveräne Aufgabe, das Gebiet abzugrenzen, die Grenzen des Patentschutzes abzustecken, und zwar nach dem Stande der Technik abzustecken, nach der Bedeutung der Erfindung, nach dem Fortschritt, den sie dem technischen Besitzstande der Nation gebracht hat. Die Worte, mit denen einst Hartig, der Begründer der Patentpraxis, gerade die Tätigkeit des Patentamtes kennzeichnen zu dürfen geglaubt hat, als „Markscheidekunst der Patentverwaltung", diese Worte passen viel besser auf die Tätigkeit der Gerichte. Wie der Markscheider die Grenzen der Bergwerksgerechtigkeit festsetzt, so setzt der Richter die Grenzen des Patentschutzes fest. Er setzt sie fest lediglich oder vorwiegend auf Grund des objektiven Standes der Technik, und er ist also hierbei im besten und höchsten Sinne schöpferisch tätig, er schafft die Grenzen des Patentrechtes, die vorher zu bestimmen gar kein Anlaß vorlag.

Ein Beispiel! Es hat jemand eine neue Tiegeldruckpresse erfunden, die sich kennzeichnet durch besondere Vorrichtungen, und meldet sie an. Das Patentamt prüft lediglich, ob die neue Vorrichtung ein genügender Fortschritt ist, um darauf ein Patent zu erteilen, und erteilt dann ein Patent darauf, falls sie einen Fortschritt bedeutet. Jetzt kommt ein anderer und entdeckt, daß diese neue Vorrichtung sich glänzend bewährt auch für Kalander und bringt sie an einem Seidenfinish-Kalander an; oder ein anderer wird angeregt durch die neue Vorrichtung zum Bau einer anderen Tiegeldruckpresse, deren Vorrichtung sich an die ältere anlehnt. Jetzt entsteht die Frage: Fällt der Seidenfinish-Kalander und die neue Tiegeldruckpresse unter das Patent? Das Patentamt im Verteilungsverfahren hat nicht einmal die Möglichkeit, sich über diese Fragen auszusprechen. Hier greift der Verletzungsrichter ein und ermittelt zunächst den Stand der Technik für Tiegeldruckpressen und Seidenfinish-Kalander, er prüft die Bedeutung des Fortschrittes, die auf dem Gebiete geschehen ist, er beurteilt also, ob es sich um ein „Pionier"- oder ein „Konstruktionspatent" handelt, und setzt darnach die Grenzen des Patentschutzes und den Umfang des Patentes fest. In dieser Hinsicht ist er völlig souverän und unabhängig von gelegentlichen Äußerungen des Patentamtes, abgesehen von dem ausdrücklichen Verzicht auf das Patent.

Überblickt man diese Tätigkeit des Richters und wird man sich ihrer überragenden Bedeutung klar bewußt, so sieht man deutlich eins: der Satz, daß die „Auslegung" von Patenten eine „reine Rechtsfrage" sei, versagt vollkommen. Gegenüber dieser rechtsschöpferischen Wirksamkeit des Richters ist er entweder unrichtig oder vollständig nichtssagend geworden.

Wenn man eine Frage als reine Rechtsfrage bezeichnet, so bedeutet das in der hergebrachten Auffassung, daß zu ihrer Lösung der rechtsgelehrte Richter berufen sei und daß zu ihrer Beantwortung eine rein juristische Vorbildung und Schulung erforderlich sei. Der Boden, auf dem diese Auffassung erwachsen ist, ist die durch jahrhundertlange alte Überlieferung ehrwürdig gewordene Auffassung, daß alle streitigen Fragen schon im voraus durch die Rechtsordnung, also im modernen Staate durch das Gesetz, ihre Lösung gefunden hätten, und daß da, wo eine ausdrückliche Vorschrift im Gesetz nicht vorhanden sei, der Richter den nur latent vorhandenen Willen des Gesetzes, den immanenten Willen des Gesetzes zu ermitteln habe, daß der ordentliche Richter im Wege der Auslegung durch Analogie oder argumentum e contrario den Willen des Gesetzgebers zu erforschen und lediglich das ermittelte Gesetz anzuwenden habe. Die Tätigkeit des Richters ist dabei als ein logischer Schluß betrachtet, so daß die richterliche Entscheidung ganz einfach nach den Gesetzen des logischen Schließens zu ermitteln ist. Wie Herr Dr. D e g e n es vorhin ausdrückte: die richterliche Tätigkeit ist denkend wissen, ich kann allerdings nicht sagen, ob er nicht vielleicht gesagt hat: wissend denken, weil der Unterschied zwischen beidem mir nicht ganz klar geworden ist. (Zuruf des Dr. D e g e n: Wissend denken!) Also die Tätigkeit des Richters ist: wissend denken. Diese Methode ist bis in die jüngste Zeit das gewesen, was der Jurist als die wissenschaftliche Behandlung des Rechtes bezeichnet hat, sie erforderte die Zerlegung des konkreten Tatbestandes in die begrifflichen Elemente, erforderte dann die Anwendung des Gesetzes, wie ich es eben geschildert habe, auf diese Begriffselemente und gelangte dann durch Subtraktion oder Addition der Ergebnisse zum Endresultat, ebenso wie der Mathematiker seine Aufgaben löst.

Wenn Sie die letzte Auflage der Pandekten von Windscheid durchsehen, so finden Sie, daß Windscheid, unter dessen Einfluß wir alle groß geworden sind, wenigstens die etwas ältere Generation, daß Windscheid unter der Überschrift „wissenschaftliche Behandlung des Rechts" folgendes gelehrt hat:

„Auch der eigentliche Rechtssatz stellt sich noch dar in Begriffen, d. h. in Zusammenfassungen von Denkelementen; es kommt darauf an, die Begriffe in ihre Bestandteile aufzulösen, die in ihnen enthaltenen Denkelemente aufzuweisen .....

Die neuere Rechtswissenschaft hat die entschiedene Tendenz, in der Zerlegung der Begriffe möglichst weit zu gehen. Und dies ist ihr Verdienst. Denn in der Tat hängt von der erschöpfenden Erfassung des Inhalts der in den Rechtssätzen enthaltenen Begriffe nicht nur das volle Verständnis des Rechts ab, sondern auch die Sicherheit seiner Anwendung. In dieser letzteren Beziehung bemerke man noch folgendes. Selten entspricht der Tatbestand eines zu entscheidenden Falles dem Tatbestande eines einzigen Rechtssatzes; regelmäßig stellen die verschiedenen Teile des Tatbestandes sich unter verschiedene Rechtssätze. Die von diesen Rechtssätzen geordneten rechtlichen Wirkungen bestimmen und durchkreuzen sich; die Endentscheidung ist das Resultat einer Rechnung, bei welcher die Rechtsbegriffe die Faktoren sind; die Rechnung muß natürlich ein um so sicheres Fazit ergeben, je fester der Wert der Faktoren steht. ...."

Nur unter der Herrschaft dieser Lehre ist überhaupt das Wort von der reinen Rechtsfrage zu begreifen. Eine reine Rechtsfrage liegt dann vor, wenn die Beurteilung des streitigen Sachverhalts durch Zerlegung in seine einzelnen Begriffe und durch Ermittelung der auf diesen Begriffen aufgebauten, im Gesetz ausdrücklich oder verborgen vorhandenen Rechtssätze geschaffen wird und wenn dann das Resultat auf dem Wege dieser Rechnung mit Begriffen ermittelt wird, und zwar einer Rechnung, die mit Analogie- oder mit Gegenteilsschlüssen erfolgt. Solange eine Anschauung herrscht, welche diese Behandlung des Rechtes als die wissenschaftliche Behandlung charakterisiert, solange es also als Ziel der juristischen Vorbildung, welche der § 2 des Gerichtsverfassungsgesetzes fordert, angesehen wird, den Richter zu dieser Rechenarbeit mit Begriffen zu erziehen, solange wird auch die Folgerung gerechtfertigt erscheinen, daß die richterliche Tätigkeit die juristische Vorbildung zur absoluten Voraussetzung hat.

Allein die Herrschaft dieser Anschauung ist, wenn nicht alle Anzeigen trügen, endgültig vorüber. Durch unsere Zeit geht ein frischer Wind, der uns die Erlösung von dieser Behandlung des Rechts verheißt, unter welcher wir als Nachwirkung zwar nicht der romanistischen Rechtsquellen, aber ihrer scholastischen Behandlung allzulange gelitten haben.

Und an diesem Punkte zeigt sich, daß die Frage der Gerichtsbarkeit in Patentsachen nur ein kleiner Ausschnitt ist aus der großen Frage, die heute, ich kann wohl sagen, die besten Köpfe des Juristenstandes bewegt, nämlich aus der Frage nach der Vorbildung des Richters, nach der Anwendung des Rechts, nach der Behandlung des Rechts, nach der Stellung des Richters zum Gesetz.

Das alte Dogma, daß die Aufgabe des Richters lediglich in der Anwendung des Gesetzes auf dem Wege des logischen Schließens bestehe, also darin bestehe, wissend zu denken, diese Anschauung ist überwunden. Ich brauche diese Sache nicht im einzelnen auszuführen, weil das den Rahmen des heutigen Themas überragen würde, es genügt, wenn ich die Namen derer nenne, die in den letzten Jahren auf diesem Gebiete vorangegangen sind: Börngen, Bozi, Wildhagen, Ehrlich, Düringer, Fuchs, Rumpf, Riß, Gmelin, Geny. Sie brauchen nur die Exemplare derjenigen juristischen Zeitschrift, welche heute zweifellos die am besten redigierte juristische Zeitschrift ist, in die Hand zu nehmen: der Deutschen Richterzeitung, so werden Sie finden, daß in allen Heften dieser deutschen Richterzeitung ein Geist und ein Wind weht, der mit der alten Behandlung des Rechtes nichts gemein hat. Wir sind uns heute klar bewußt, daß die richterliche Tätigkeit nicht in dem Zerlegen der Tatbestände in begriffliche Elemente, im bloßen Ermitteln des Willens des Gesetzgebers und in der Subsumtion der Tatbestände unter diese Normen besteht, daß das richterliche Urteil keineswegs bloß ein logischer Schluß ist, sondern daß der Richter das Recht für jeden Streitfall erst schafft, daß er schöpferisch tätig ist, daß er sich allerdings dabei leiten lassen muß von dem Geist des Gesetzes, daß er aber unter allen Umständen niemals sein Ziel aus dem Auge lassen darf, den Streitfall so zu regeln, daß das Ergebnis auch seinem geschulten Rechtsgefühl entspricht.

Damit ist dasjenige allgemein bestätigt, was ich über die Auslegung der Patente ausgeführt habe, daß nämlich die Tätigkeit des Richters nicht in der Beantwortung reiner Rechtsfragen im Sinne der alten „wissenschaftlichen Behandlung" des Rechtes besteht, und daß für die Tätigkeit des Richters im Patentprozeß dieser Gedanke überhaupt schlechthin unvorstellbar ist.

Man nehme irgendein Urteil in Patentsachen, welches allgemeinen

Beifall gefunden hat, und versuche einmal, den richterlichen Gedankengang an der Hand der vorhin vorgelesenen Windscheidschen Sätze zu verfolgen, und man wird sehen, daß er auch nicht von einem Hauche des Geistes berührt ist, welcher aus den Windscheidschen Sätzen weht.

Sie sehen, wenn man die Auslegung von Patenten als eine reine Rechtsfrage bezeichnet, so identifiziert man einfach das Wort „reine Rechtsfrage" mit der Tätigkeit des Richters, und wir kommen mit dem Satze, daß die Auslegung von Patenten Sache des juristischen Richters ist, einfach zu dem Satze: Die Auslegung von Patenten ist Sache des Richters, weil sie Sache des Richters ist.

Der Satz besagt also nicht das geringste über die Art der Vorbildung, welche der Richter nötig hat für die Auslegung von Patenten, wenn seine Tätigkeit wirklich das Ziel erreichen soll, den streitigen Sachverhalt so zu regeln, daß das Ergebnis seinem geschulten Rechtsgefühl entspricht, daß es der Bedeutung der Erfindung entspricht und dem Erfinder den Lohn gewährt, auf den er durch seine Erfindung Anspruch hat.

Damit ist das Hindernis gefallen, welches einer zutreffenden Beantwortung der Frage im Wege stand, ob wirklich zwischen der Tätigkeit des Verletzungsrichters im Patentprozeß und der Tätigkeit des Nichtigkeitsrichters ein so tiefgreifender Unterschied, ein so wesentlicher Gegensatz besteht, daß die Vorbildung, welche für die einen Prozesse als notwendig und segensreich vom Gesetz beansprucht wird, für die anderen Prozesse schädlich und nachteilig sein soll.

Die Aufgabe des Verletzungsrichters hatte ich in Übereinstimmung mit dem Reichsgericht dahin formuliert, daß im Gegensatz zum Erteilungsverfahren der Verletzungsrichter den Umfang des Patentes festzustellen hat, während das Erteilungsverfahren den Gegenstand des Patentes festzustellen hat. Der Nichtigkeitsrichter hat das Ergebnis des Erteilungsverfahrens nachzuprüfen, seine Aufgabe ist die gleiche; auch der Nichtigkeitsrichter hat deshalb den Gegenstand der Erfindung zu ermitteln; und diese Prüfung, sowohl die Prüfung und Ermittelung des Umfanges wie des Gegenstandes der Erfindung beschäftigt sich in beiden Fällen damit, festzustellen, ob ein Überschuß des Patentes gegenüber dem Stande der Technik vorhanden ist und wie groß dieser Überschuß ist, und nur das Ziel der Tätigkeit ist verschieden: im einen Falle Ermittelung des Schutzumfanges und andererseits Ermittelung der Patentmöglichkeit.

Rathenau hat aus dieser Verschiedenheit des Zieles den Schluß gezogen, das Nichtigkeitsverfahren erfordere in viel höherem Maße technische Kenntnisse als der Verletzungsprozeß allein. Diese Schlußfolgerung ist nach meiner Ansicht ganz zweifellos durch gar nichts begründet, wie denn dieser Unterschied der Teilung der Behörden lediglich nach deutschem Rechte vorhanden ist; in allen anderen Ländern ist es ein und dieselbe Instanz, welche über den Gegenstand der Erfindung und über den Umfang des Patentschutzes befindet, in Frankreich und England bekanntlich z. B. rein juristische Gerichte, in Österreich und Ungarn sind es die aus Technikern und Richtern gemischten Gerichte, d. h. Patentamt und Patentgerichtshof.

Und auch bei uns in Deutschland ist bekanntlich diese Trennung nur in der ersten Instanz vorhanden, während das Reichsgericht sowohl für die Feststellung der Patentfähigkeit wie für die Zustellung des Umfanges zuständig ist. Man darf also davon ausgehen, daß die Aufgaben und die Tätigkeit des Verletzungsrichters und des Nichtigkeitsrichters sich im wesentlichen nur durch die Verschiedenheit ihrer Ziele, nicht aber durch eine Verschiedenheit der zur Lösung dieser Aufgaben erforderlichen Denktätigkeit unterscheiden. Und so bleibt die Tatsache festzustellen, daß das Gesetz für die ersprießliche Ausübung dieser Denktätigkeit in dem einen Falle eine andere Vorbildung erfordert als in dem anderen.

Beides kann nun aber nicht gleichzeitig zutreffend sein, und so ergibt sich die Notwendigkeit, sich für den einen oder den anderen Standpunkt zu entscheiden.

Ein Fingerzeig, in welcher Richtung die Entscheidung zu suchen ist, kann man wohl daraus entnehmen, daß, wie ich schon hervorhob, Zweifel gegen die Zulänglichkeit der Vorbildung der Nichtigkeitsabteilung des Patentamtes niemals erhoben worden sind. Auch mein Vorredner hat trotz seiner Begeisterung für den Juristenstand nicht gefordert, daß die Nichtigkeitsabteilung bloß mit rechtsgelehrten Richtern besetzt werden solle.

Anders steht es mit den Gerichten, die zur Entscheidung von Verletzungen berufen sind. Es hat sich eine große Anzahl von Industriellen und Juristen dafür ausgesprochen, die Art der Besetzung dieser Gerichte, der Besetzung der Nichtigkeitsabteilung nachzubilden. Sie haben also damit ausgesprochen, daß für die Rechtsprechung in diesen Prozessen die rein rechtsgelehrte Fachbildung nicht ausreichend sei.

Denn das möchte ich gegenüber meinem Vorredner in allerschärffster Weise betonen, es handelt sich in allererster Linie um die Frage der Vorbildung. Alle anderen Argumente haben nichts mit dieser Frage zu tun, es handelt sich lediglich um die Frage, ist die rechtsgelehrte Vorbildung zur Entscheidung der Patentprozesse allein ausreichend.

Und wenn man nun die Äußerungen zu dieser grundlegenden Frage prüft, so gewahrt man nicht ohne Überraschung, daß es heute eigentlich niemanden — auch meinen Herrn Vorredner nicht — mehr gibt, der zu behaupten wagt, die Vorbildung des Richters, wie sie durch § 2 des GVG. ihm vorgeschrieben ist, also die rein rechtsgelehrte Fachbildung reiche für die Rechtsprechung in Patentverletzungsprozessen aus. Ich erinnere in Ergänzung an diejenigen Zitate, die in den Gutachten angeführt sind, daran, daß auch die letzten Aufsätze, die erschienen sind, von Lobe, Schlichting und von Düringer, übereinstimmend davon ausgehen, daß auch in der Entscheidung der Patentverletzungsprozesse die reine rechtsgelehrte Fachbildung nicht ausreicht, sondern daß zu der juristischen eine technische Vorbildung nötig ist.

Herr Regierungsrat Dr. Rathenau fordert in seinem Gutachten für den Richter in Patentprozessen

> „neben klarem Denken und angespanntem Fleiß eine so weitgehende Vertrautheit mit den Grundzügen der Technik, daß die Tatfrage von der Rechtsfrage, das Technisch-Wesentliche vom Unwesentlichen, das Streitige vom Unstreitigen getrennt werden kann ....
>
> Was allein von ihm logischerweise gefordert werden kann, daß er die technischen Fragen für den Sachverständigen richtigstellen, die Vorträge der Parteien und der hinzugezogenen Sachverständigen richtig verstehen, die Sachverständigen in gewissem Sinne kontrollieren und die Zuverlässigkeit ihrer Gutachten und deren Begründung prüfen kann. Dieses Maß technischer Kenntnisse, sowie eine gewisse Routine wird aber ein Richter sich verschaffen müssen und können, der es mit seinen Pflichten ernst nimmt und der sich die nötige Ausbildung, wenn er sie noch nicht vorher erworben hat, in seinem Amte aneignet.“

Ich sehe zunächst einmal davon ab, daß hier wieder mit dem Begriff „der Rechtsfrage“ operiert wird, bezüglich deren ich nur das wiederholen kann, was ich vorhin gesagt habe.

Aber davon abgesehen, auch Rathenau gibt hier zu, der Richter im Patentprozeß, der es mit seinen Pflichten ernst nimmt, müsse sich das Maß technischer Kenntnisse verschafft haben, um die technischen Fragen für den Sachverständigen richtig zu stellen und sein Gutachten prüfen und kontrollieren zu können.

Bedenkt man, daß derselbe Richter vielleicht am gleichen Tage je einen Prozeß auf dem Gebiete der Klosettspülmaschinen, der Beleuchtungs-

und Befeuchtungseinrichtungen und der Wollwebmaschinen — ich habe den Katalog meines Vorredners nicht mehr im Kopfe — zu behandeln hat, so kann man sich von dem Maße der technischen Fachbildung ungefähr eine Vorstellung machen, das Rathenau von dem Richter fordert, der auf allen diesen Gebieten so weit zu Hause sein soll, um die technischen Fragen für die Sachverständigen richtig stellen zu können.

Ist das nun eine Vorbildung, die der Richter durch seine Ausbildung gemäß § 2 GVG. erlangt hat?

Die Frage ist — das werden Sie mir alle zugeben — ohne weiteres zu verneinen, und wir stehen also vor dem unerhörten und unhaltbaren Zustand, daß das Gesetz dem Richter die Entscheidung von Fällen zumutet, für die es ihm nicht die erforderliche Vorbildung gegeben hat, daß es ihm eine Entscheidung zumutet, die er mit der ihm nach § 2 GVG. gewährten Vorbildung gar nicht geben kann.

Herr Regierungsrat Rathenau führt zur Entschuldigung dieses Zustandes an, daß der junge Jurist „weder während seines Studiums noch während seiner Vorbereitungszeit genügend Zeit habe, um sich die nötige technische Vorbildung einigermaßen zu erwerben."

Daß diese Tatsache aber, mag sie auch als mildernder Umstand betrachtet werden, in keinem Falle den heutigen gesetzlichen Zustand rechtfertigen kann, verkennt auch Rathenau selbst nicht. Er führt sie nur an, um daran die Folgerung zu knüpfen, daß die technische Ausbildung nicht vor, sondern nach dem zweiten Examen stattzufinden habe und faßt seine Ansicht in die Worte zusammen: „Darüber, daß auch unter den Richtern eine Arbeitsteilung und infolgedessen für sie eine Spezialausbildung erfolgen muß, kann ein Zweifel nicht obwalten."

Die Antwort auf die erste der Fragen, die ich vorhin formuliert habe, ist nach dem Gesagten dahin zu geben:

Die vom Gerichtsverfassungsgesetz für den Richter in Patentprozessen vorgeschriebene rein rechtsgelehrte Fachbildung genügt nicht zur sachgemäßen Entscheidung dieser Prozesse.

Damit ergibt sich die Notwendigkeit, auf die zweite jener beiden Fragen einzugehen, und also zu erörtern, welche Fachbildung und in welcher Weise sie für die Patentprozesse zu verlangen ist.

Aus den bisherigen Erörterungen ging bereits hervor, daß die Entscheidung von Patentprozessen eine gewisse technische Vorbildung für den Richter bedingt.

Es lassen sich nun zwei Wege denken, auf denen die Herstellung dieses Erfordernisses möglich ist.

Der eine ist der von Rathenau vorgeschlagene, wonach der rechtsgelehrte Richter zunächst eine technische Ausbildung durchzumachen hat, bevor er in die für Patentprozesse zuständige Kammer bzw. Senat berufen wird, wobei zugleich eine Konzentrierung der Patentsachen auf einige wenige Kammern und Senate stattzufinden hätte.

Der andere Weg ist der von dem Deutschen Verein für gewerblichen Rechtsschutz vorgeschlagene, nämlich in den Kammern und Senaten neben juristisch vorgebildeten Richtern auch technisch vorgebildete Richter zu berufen.

Es fragt sich, welcher dieser beiden Wege zu empfehlen ist.

Von vornherein dürfte der erste Weg als der bessere erscheinen, allerdings unter der Voraussetzung, daß der Richter eine ebenso gründliche technische Vorbildung erfährt, wie er eine rechtsgelehrte erfahren hat.

Und das ist der Punkt, wo sich meine Auffassung entschieden voü der Auffassung Rathenaus scheidet.

Rathenau hält eine Vorbereitungszeit von zwei Jahren für ausreichend, innerhalb deren der Gerichtsassessor nach bestandenem Examen durch speziell zu diesem Zwecke gehaltene Vorlesungen in die Anfangsgründe der Physik, Chemie, Mechanik, Elektrizität und Wärmelehre eingeführt würde.

Mir dagegen scheint eine derartige universelle Halbbildung nicht ausreichend, um dem Richter eine befriedigende Lösung der Aufgaben einer Rechtsprechung in Patentsachen zu ermöglichen.

Auch würde gerade nach meiner Auffassung die Gefahr, die Rathenau von den gemischten Gerichten besorgt, für diese Gerichte viel eher zutreffen, daß nämlich die Gerichte in Überschätzung ihrer Sachkunde ohne Zuziehung eines Spezialsachverständigen entscheiden. Denn nichts verleitet so sehr zur Überschätzung seines geistigen Besitzstandes, wie die Halbbildung.

Der Weg einer gleichmäßigen Vorbildung des Richters mit juristischer und technischer Fachbildung verspricht deshalb nur dann Erfolg, wenn der Richter eine wirklich volle technische Bildung genossen hat, wenn er sich als ordentlicher Hörer einer Universität, einer Technischen Hochschule oder einer Bergakademie einer staatlichen oder akademischen Fachprüfung unterzogen hat.

Allein dieser Weg, fürchte ich, wird in absehbarer Zeit völlig ungangbar sein. Seine Schwierigkeiten liegen einmal darin, daß die Patentkammern und Senate mit Richtern verschiedener Fachbildung besetzt werden müssen; denn selbstverständlich nützt es für einen chemischen Patentprozeß nichts, wenn die amtierenden Richter nur Elektrotechnik oder Maschinenbau studiert haben. Die Hauptschwierigkeit aber wird wohl darin liegen, daß ein Gerichtsassessor nach bestandenem Examen kaum bereit sein wird, noch einmal ein neues Studium von vorn zu beginnen, und zwar auch dann nicht, wenn ihm die Garantie sofortiger Anstellung gegeben würde. Und diese Garantie würde zweifellos eine Justizverwaltung gar nicht geben können.

Diesen Schwierigkeiten gegenüber erscheint der zweite Weg, die Bildung gemischter Kammern und Senate nach meiner Auffassung weit einfacher und gangbarer, und zwar insofern, als er sich an ein bereits bestehendes und bewährtes Vorbild anlehnt, nämlich an die Vorbildung der Nichtigkeitsabteilung des Patentamtes.

Die Gründe, mit denen die Gegner diese Auffassung bisher bekämpft haben, sind bei einer näheren Prüfung in keiner Weise als stichhaltig anzuerkennen, um so weniger, als eine Durchprüfung der verschiedenen Gegner zeigt, daß jeder einen anderen Grund für ausschlaggebend erklärt und den, den der andere für durchschlagend erklärt, nicht für stichhaltig hält. Mit ein paar Stichproben kann ich Ihnen das vielleicht zeigen. Die eine Befürchtung, daß eine Zersplitterung der Rechtspflege eintreten werde, eine Befürchtung, die Herr Landesgerichtsdirektor Degen in seinem Vortrag besonders erwähnt hat, ist von Herrn Regierungsrat Rathenau mit dem einfachen Hinweis abgetan worden, daß nichts im Wege stände, die Kammern und Senate, die mit Juristen und Technikern besetzt sind, den ordentlichen Gerichten in derselben Weise anzugliedern wie die Kammern für Handelssachen.

Dann kommt das Argument, daß mit dem gleichen Rechte, wie die Industrie für ihre Patentprozesse, auch die anderen Berufsstände, Landwirte, Schiffer, Schriftsteller, Maler, Baumeister usw., und zu denen Herr Dr. Degen auch noch den Stand der Zeitgenossen gezählt hat, für ihre Prozesse Sondergerichte fordern könnten.

Ich möchte demgegenüber darauf hinweisen, daß bisher die Industrie noch niemals für sich besondere Prozesse gefordert hat. Es ist ihr zum Beispiel niemals eingefallen, für Streitigkeiten aus Lieferungen von Maschinen usw. Sondergerichte zu fordern.

Es handelt sich nur darum, den Patentprozessen eine besondere Gerichtszusammensetzung zu schaffen, nicht etwa für alle Prozesse, welche irgendein Industrieller führt. Wenn wirklich einmal von einem industriellen Heißsporn der Gedanke ausgesprochen sein sollte, so wissen alle Herren, die sich mit dieser Frage beschäftigt haben, ganz genau, daß er keinen

Boden gefaßt hat in dem Kreise derer, welche sich zu Trägern der Bewegung gemacht haben, um die es sich heute handelt. Daß wir nicht für jeden Aufsatz, den irgendjemand einmal schreibt, verantwortlich gemacht werden können, ist selbstverständlich. Es handelt sich also nicht um eine Forderung der Industrie für ihre Prozesse allgemein, sondern um die Forderung einer besonderen Vorbildung für den Patentrichter im Verletzungsprozeß, und tatsächlich liegt die Frage ganz anders in allen anderen Streitigkeiten, Schiffahrts- usw. Streitigkeiten. Bei diesen handelt es sich um die Behandlung einer konkreten Frage, für welche Sachkunde notwendig ist, dort handelt es sich, wie ich schon ausführte, um eine schöpferische Tätigkeit des Richters in der Abgrenzung eines bestimmten technologischen Gebietes.

Dann kommt das Argument, welches daraus entnommen ist, daß die Zahl der Patent- und Gebrauchsmustersachen nur für die Beschäftigung einiger weniger Kammern und Senate ausreiche. Auch das ist hinfällig, da aus ihm nichts weiter folgt als die Konzentration an einigen wenigen Gerichten. Im übrigen gilt das Argument für die Rathenauschen Vorschläge genau ebenso. Das ist also keine besondere Frage der gemischten Gerichte. Gegenüber den Ausführungen des Herrn Landgerichtsdirektor Degen bemerke ich, daß diese Forderung in Leipzig von Seligsohn und Hagens vertreten worden und dort, so weit ich mich erinnere, mit Einstimmigkeit angenommen worden ist.

Es kommen dann noch zwei Argumente. Das sind eigentlich die einzigen, die noch übrig bleiben. Das eine geht dahin, durch die Ernennung von Technikern als Richter im Hauptamte werde der § 2, der Fundamentalsatz der Gerichtsverfassung, durchbrochen, daß nur juristisch vorgebildete Personen, die eine dreijährige Vorbildung hinter sich haben, zu Richtern im Hauptamte ernannt werden können. Das zweite Argument schöpft Befürchtungen aus der Möglichkeit, daß etwa der technische Richter dem juristischen Richter im Beratungszimmer ohne Kontrolle der Parteien neue technische Gesichtspunkte entwickeln könne.

Was das erste Bedenken betrifft, so hat schon Herr Geheimrat Kübler als Vertreter des preußischen Justizministers auf dem Leipziger Kongresse des Deutschen Vereins für gewerblichen Rechtsschutz diese Bedenken vorgetragen; und ich muß gestehen, daß ich auch damals das Bedenken so wenig verstanden habe, wie ich es heute verstehe und wie in Übereinstimmung mit mir auch in seinem letzten Aufsatze Düringer das Gewicht dieses Bedenkens nicht recht anerkennen will. Wenn die Eigenart einer bestimmten Art von Prozessen bedingt, daß in die betreffenden Kammern und Senate technisch vorgebildete Richter hineinkommen, so muß eben der Fundamentalsatz eine Ausnahme erleiden. Daß mit dieser Ausnahme eine Säule der Gerichtsverfassung oder die Gerichtsverfassung selbst zusammenstürzen oder, wie Herr Dr. Degen sagt, unterwühlt würde, und daß, wenn man die Sache weiter ausmalt, unter ihren Trümmern das ganze blühende Rechtsleben der Nation verschwindet, das kann ich, wie gesagt, nicht zugeben. Ich kann nicht einmal zugeben, daß dieser Fundamentalsatz wirklich eine fundamentale Bedeutung hat, und ich verstehe das um so weniger, als ja im übrigen doch der Zug der Zeit, auch unserer Gerichtsverfassung, dahingeht, in weitgehendem Maße nichtrechtsgelehrte Richter an der Rechtsprechung zu beteiligen. Ob das im Haupt- oder Ehrenamt geschieht, kann keinen fundamentalen Unterschied begründen. Außerdem ist es durchaus nicht notwendig, daß die Techniker, die in Zukunft in die Gerichte hineinkommen, keine rechtsgelehrte Vorbildung haben. Ich würde es sogar für äußerst wünschenswert halten, wenn sie eine ähnliche Vorbildung genössen, wie sie z. B. für die Patentanwälte vorgeschrieben ist, so daß sie wenigstens mit den Gesetzen über den gewerblichen Rechtsschutz vertraut sind.

Jedenfalls würde hier ein Zusammenarbeiten, ein Einarbeiten erfolgen, welches aus einer solchen Spezialkammer ebenso einen einheitlichen Körper zusammenschweißen würde, wie es heute schon bei den gemischten Gerichten im Patentamt und in Österreich-Ungarn der Fall ist.

Das zweite Argument gegen die gemischten Gerichte ist dahin präzisiert worden, daß der technische Richter im Beratungszimmer der Kontrolle der Parteien entzogen wäre, daß also technisch neue Gesichtspunkte oder auch technische Irrtümer entstehen könnten, ohne daß die Parteien davon Kenntnis erlangen.

Dieses Argument ist bisher von vielen als das stärkste Argument betrachtet worden, von Düringer z. B. in seinem letzten Aufsatz als das einzige Argument, das gegen die gemischten Gerichte sprechen kann, es ist auch von Lobe als das einzige Argument betrachtet worden, welches gegen die gemischten Gerichte spricht. Dieses Argument entbehrt, wie Herr Dr. Degen zutreffend ausgeführt hat, jeglicher Begründung. Es ist schon vorgekommen und kommt noch vor, daß auch ein rechtsgelehrter Richter im Beratungszimmer rechtliche Gesichtspunkte entwickelt, die den Parteien noch nicht bekannt waren, und daß die Parteien überrascht werden von Entscheidungen, deren Gründe vorher nicht bekannt geworden sind. Das kommt äußerst selten vor, und hat noch niemanden zu der Forderung veranlaßt, den rechtsgelehrten Richter von der Rechtsprechung auszuschließen; häufiger wird auch das andere nicht vorkommen; ein tüchtiger Vorsitzender wird schon dafür sorgen, daß, wenn neue technische Gesichtspunkte auftauchen, die Verhandlung wieder eröffnet wird. Die Erfahrungen im Patentamt sprechen nicht für eine solche Befürchtung.

Dieses Argument hängt eng zusammen mit der Befürchtung, daß der Sachverständige, wenn er in das Beratungszimmer zugezogen wird, ähnlich handeln würde, wie der technische Richter. Denn das ist klar: Es kann keinen Unterschied machen, ob der Sachverständige im Beratungszimmer ohne Kontrolle der Parteien solche Äußerungen tut oder Irrtümer begeht, oder ob es der technische Richter tut. Diese Zuziehung der Sachverständigen in das Beratungszimmer ist von Degen aber ausdrücklich gefordert worden (Berichterstatter Dr. Degen: Auch heute!) — ich begrüße das sehr dankbar — wird also auch heute noch gefordert, und zwar sogar in allen Prozessen, daß also überall, wo überhaupt ein Sachverständiger zugezogen werden soll, der Sachverständige mit in das Beratungszimmer hineingenommen wird, entsprechend wie ja heute schon das Reichsgericht die Befugnis hat, das in Patentstreitigkeiten zu tun. Herr Dr. Degen hat diese Forderung sogar zum Gegenstand eines Leitsatzes gemacht und dieser Leitsatz des Herrn Dr. Degen ist von dem Verein Sächsischer Richter und Staatsanwälte einstimmig in zwei stark besuchten Bezirkstagen angenommen worden. Wie ich ohne weiteres voraussetzen darf, hat auch der Vorsitzende des Vereins für den Leitsatz gestimmt, nämlich Lobe. (Berichterstatter Dr. Degen: War nicht dabei!) Also jedenfalls der gesamte sächsische Richterstand teilt diese Befürchtung nicht, daß die Richter im Beratungszimmer hinter dem Rücken der Parteien irgend etwas zum besten geben werden, das vorher nicht Gegenstand der Verhandlung war. Wenn dieses Bedenken wegfällt, wäre nach der Meinung von Düringer und Lobe kein ernsthaftes Bedenken mehr gegen die Zuziehung von Technikern in die gemischten Gerichte vorhanden. Wenn aber der sachverständige Techniker tatsächlich das Urteil mit finden hilft, dann soll er auch die Verantwortung mit tragen. Daß es tatsächlich nicht der Würde der Sachverständigen entspricht, das Urteil mit zu finden, ohne die Verantwortung zu übernehmen, und daß es wohl auch nicht der Würde des Richters entspricht, einfach einen fremden Gedanken mit seinem Namen zu decken, hat kein Geringerer als Bolze in Leipzig auf dem Kongreß ausgesprochen.

„Ich habe," sagte er, „nicht einen einzigen Fall gehabt, wo die Herren als Gutachter zugezogen wurden und bei der Beratung teilgenommen hätten, wo ich nicht froh gewesen wäre, wenn ich hätte das Urteil unterschreiben können, nachdem die Herren mit ihrem Namen als Richter eingetreten wären, weil es sich um technische Fragen handelte, und die Herren die Verantwortung übernommen hätten dafür: Das ist unser Urteil, so entscheiden wir."

Ein letztes Bedenken von Rathenau war die Befürchtung, solche gemischte Gerichte möchten in Überschätzung ihres Wesens ohne Sachverständige entscheiden. Wenn das zu befürchten wäre, so würde diese Befürchtung vielmehr gegen diejenigen Richter zu gelten haben, welche nur einen zweijährigen Vortragskursus über alle Gebiete der Technik durchgemacht haben. Ein Nebenvorteil, obwohl nicht der entscheidende Gesichtspunkt der Einrichtung wäre, daß der spezifisch juristische Scharfsinn, der in einzelnen Fällen mit dem Richter durchzugehen sich erlaubt, durch die Anwesenheit von Technikern etwas im Zaume gehalten wird.

Ich bin am Schluß meiner Betrachtungen. Als ihren hauptsächlichsten und leitenden Gesichtspunkt möchte ich noch einmal mit aller Schärfe hervorheben, daß die Frage nach der Besetzung der Gerichte in den Streitigkeiten des gewerblichen Rechtsschutzes in allererster Linie eine Frage der Vorbildung ist und nicht eine Frage der Gerichtsverfassung, und daß sie damit als ein Teil derjenigen Frage erscheint, welche im Vordergrund unseres Interesses stehen sollte, nämlich der Frage nach der Vorbildung des Richters im allgemeinen.

Ich hatte im vorigen Jahre beantragt, diese Frage auf die Tagesordnung des Anwaltstages in Rostock zu setzen; das ist leider wegen Überfüllung der Tagesordnung abgelehnt worden. Dagegen hat der preußische Richtertag sich damit in diesem Jahre beschäftigt, und ich halte es für eine Pflicht des Deutschen Juristentages, hier nicht zurückzubleiben. Die Frage, die heute zur Erörterung steht, bildet nur einen kleinen Ausschnitt aus dem ganzen Gebiete, einen Ausschnitt, bezüglich dessen man bezweifeln könnte, ob der Deutsche Juristentag mehr Erfahrung und Sachkunde und Autorität für sich in Anspruch nehmen kann als der Deutsche Verein für den Schutz des gewerblichen Eigentums.

In jedem Falle aber scheint es angebracht, entsprechend dem allgemeinen Charakter des Juristentages und entsprechend dem umfassenderen Geiste seiner Bestrebungen, wenn der Juristentag die Erörterungen, die heute über diese Frage gepflogen werden, im wesentlichen als Material betrachtet für die Behandlung dieser allgemeinen Frage, und wenn er dann auf die Tagesordnung des nächsten Juristentages die Frage setzte:

„Die Vorbildung des Richters."

Die Leitsätze, die ich als Ausdruck, als Niederschlag dieser Ausführungen mir vorzuschlagen erlaubt habe, lauten:

1. Die Frage nach der Bildung der Gerichte für Patent- und Gebrauchsmusterprozesse ist im wesentlichen die Frage nach der für diese Prozesse erforderlichen Vorbildung des Richters.
2. Der Richter in diesen Prozessen bedarf außer der juristischen auch einer besonderen technischen Vorbildung.
3. Zwei Wege führen zu diesem Ziel:
   a) entweder der Richter muß außer der juristischen noch eine abgeschlossene technische Fachbildung aufweisen,
   b) oder die Gerichtsbarkeit in Patent- und Gebrauchsmusterprozessen wird durch aus Juristen und Technikern gebildete Kammern und Senate ausgeübt.
4. Da der erste Weg heute nicht gangbar erscheint, empfiehlt der Juristentag den zweiten.

(Lebhafter Beifall.)

Berichterstatter Justizrat Dr. **Arnold Seligsohn** (Berlin):

Meine hochgeehrten Herren! Der erste Herr Berichterstatter, Dr. Degen, hat auf die schweren Mißstände hingewiesen, welche mit der Einführung von Sondergerichten im allgemeinen verbunden sind. Die Rechtseinheit wird auch nach meiner Ansicht dadurch gefährdet. Denn damit die Rechtseinheit gewahrt wird, ist es notwendig, daß eine gleichmäßige Rechtsanwendung stattfindet, und diese wird nur gewährleistet durch eine gleichmäßige einheitliche Vorbildung. Er hat ferner zutreffend darauf hingewiesen, daß es widerspruchsvoll ist, in demselben Atem den Richtern Weltfremdheit vorzuwerfen und ihnen so nach und nach durch Atomisierung der Rechtspflege alle Gebiete, welche gerade mit dem pulsierenden Leben in Verbindung stehen, zu entziehen. Gegenüber diesen Nachteilen ist für mich die Frage, die uns hier beschäftigt, folgende: Sind die Mißstände auf dem Gebiete der Rechtsprechung in gewerblichen Rechtsstreitigkeiten wirklich so schwerwiegend, wie es sonst, allerdings nicht heute, behauptet worden ist? Und kann diesen Mißständen nur durch das Mittel der Sondergerichte abgeholfen werden?

Ich beabsichtige, diese Fragen nur, ich möchte sagen, vom praktischen Standpunkt auf Grund der Erfahrungen zu beantworten. Herr Kollege Isay hat sich nach dieser Richtung hin mehr analytisch-deduktiv verhalten, er hat über den Begriff der Rechtsfrage uns sehr eingehend vorgetragen, er hat von dem Gegenstand, welcher von den Gerichten zu entscheiden ist, durch seine Ausführungen dargetan, daß dieser Gegenstand sich nicht wesentlich von dem der Nichtigkeitsabteilung unterscheidet. Ich glaube, Herr Kollege Isay, der auch auf dem Gebiete der von mir aufgeworfenen Frage eine reiche praktische Erfahrung besitzt, hat bei diesen seinen deduktiven Ausführungen etwas den Schalk im Nacken gehabt. Ich glaube, er wollte uns zeigen, daß selbst ein Jurist, der viel mit technischen Fragen zu tun hat, sich doch nicht ganz von dieser — wie sagte er doch bei Windscheid? — Rechenarbeit mit Begriffen losmachen kann, wie sie uns durch das römische Recht und die scholastische Behandlung desselben eingeimpft worden sei.

Ich werde, wie gesagt, die Frage mehr auf Grund meiner Erfahrungen zu beantworten versuchen. Ich habe mit dieser Materie über 20 Jahre zu tun, sowohl praktisch im Berufe als auch literarisch, ich habe dabei Gelegenheit gehabt, die Rechtsprechung der verschiedensten deutschen Gerichte kennen zu lernen. Wenn ich gefragt werde: „Sind die Zustände auf dem Gebiete der Rechtsprechung in dieser Materie wirklich so bös, wie es vielfach geschildert worden ist?" so muß ich sagen: Das traf für die frühere Zeit zu. Früher — ich werde gleich darauf kommen, seit wann das nicht mehr zutreffend ist — früher war es so: Auf der Universität hatte man Vorlesungen über Patentrecht nicht gehört, in der Praxis kamen Patentprozesse überaus selten vor, so daß der Richter weder Neigung noch Verständnis für diese Materie hatte. Diese Zustände existieren heute nicht mehr, es ist anders geworden. Die technischen Verbände und insbesondere der bereits hervorgehobene Verband für gewerblichen Rechtsschutz haben auf diese Mißstände der Rechtsprechung wiederholt hingewiesen. Sie haben mit diesen Klagen bei den Justizverwaltungen ein offenes Ohr gefunden. Schon im Jahre 1904 hat der preußische Justizminister den Gerichtshöfen nahegelegt, sie möchten die Rechtsprechung über diese Fragen zentralisieren. Dann kam die bekannte Rundverfügung des preußischen Justizministers vom Oktober 1907, in welcher außer der Zentralisation noch eine Reihe ganz trefflicher Ratschläge für die Behandlung von Patentprozessen erteilt wird. Die Justizverwaltungen anderer deutscher Bundesstaaten folgten diesem Beispiel und haben ebenfalls eingehende Verfügungen nach dieser Richtung erlassen. Ferner wurden für Referendare an den Gerichten der verschiedenen Bundesstaaten Ausbildungskurse eingerichtet, auf den Universitäten gehören die Vorlesungen über diese Materie jetzt zu dem eisernen Bestande der Vorlesungsverzeichnisse, endlich besitzen wir jetzt eine so reichhaltige Literatur über Patentrecht, daß es nicht mehr zu große Schwierigkeiten für einen Richter bietet, sich über diese Materie eingehend zu orientieren.

Wenn wir uns das gegenwärtig halten, dann müssen wir sagen, es ist unrichtig, für die Beratung der vorliegenden Frage die Mißstände, die früher geherrscht haben, immer wieder heranzuziehen, sondern wir müssen uns mit den Zuständen befassen, wie sie heutzutage bei den deutschen Gerichten herrschen. Insbesondere bilden die Verfügungen des preußischen Justizministers von 1907 und die korrespondierenden Verfügungen der anderen deutschen Bundesstaaten einen Markstein in der Entwickelung der Patentrechtsprechung. Wir haben also zu fragen: Wie sind die Erfahrungen, die wir in den letzten drei Jahren gemacht haben? Ist der heutige Zustand derart schlecht, daß wir eine grundlegende Änderung, wie sie angeregt worden ist, verlangen müssen? Was vorher liegt, scheidet aus. Denn wir haben hier nicht Kritik an der Vergangenheit zu üben, sondern wir haben Vorschläge für die Zukunft zu machen.

Ebenso scheiden für die vorliegende Frage aus diejenigen Fälle, in welchen Urteile der deutschen Gerichte unter Verletzung von patentrechtlichen oder allgemeinrechtlichen Grundsätzen erlassen worden sind. Hier hat die Zuziehung von Technikern keine Bedeutung; denn das juristische Niveau der Richterbank wird doch nicht dadurch gehoben, daß man sie durch Nichtjuristen verstärkt. (Sehr gut! und Bravo!) Herr Dr. Rathenau hat in seinem Gutachten die Zahl der Patentprozesse, in welchen eigentlich nur eine Rechtsfrage streitig war und die technische Frage nicht in Betracht kam, auf ein Drittel aller Fälle geschätzt. Ich kann nach meiner Erfahrung sagen, daß diese Schätzung wohl zutreffend sein wird.

Ich möchte aber hier noch eine weitere Kategorie von Fällen ausscheiden. Oft erhält jemand ein Patent, welches sich nicht mit der von ihm gemachten Erfindung deckt. Es wird ihm vom Patentamt mehr oder weniger bewilligt, als er nach seiner Erfindung zu beanspruchen hatte. Der Grund kann in dem Versehen des Anmelders, in dem Versehen seines Beraters, aber auch in dem Versehen der Behörde liegen. Wenn nun jemand aus einem solchen Patent nachher vor den Gerichten klagt und nicht einen Rechtsschutz bekommt, der seiner materiellen Erfindung entspricht, dann ist er erstaunt und klagt das Gericht an, es habe seine Erfindung gar nicht verstanden, sondern sich an den Wortlaut des Patents gehalten. Er denkt, das Schwert der Themis sei stumpf, während doch seine Waffe stumpf ist. Es wird in diesen Fällen die Entrüstung des Klägers sich gegen die Behörde wenden, bei der diese Inkongruenz zwischen Erfindung und

Patent praktisch zutage getreten ist, ohne daran zu denken, daß die Fehlerquelle anderswo liegt. Ähnlich ist es, wenn jemand auf Grund eines zu weiten Patents verurteilt ist. Dabei möchte ich aber betonen, daß unsere Schriftsteller und unsere Gerichte sich gegenüber solchen Patenten, die sich mit der wahren Erfindung nicht decken, keineswegs nur resignierend verhalten. Das Reichsgericht insbesondere hat in den letzten Jahren stets nach Möglichkeit versucht, diese Inkongruenz zu beseitigen, dem materiellen Rechte zum Siege zu verhelfen und trotz des Wortlautes des Patentes die Erfindung doch so auszulegen, wie sie es wirklich verdient. Und nicht bloß das Reichsgericht, sondern auch die Juristen, die sich sonst mit dieser Frage beschäftigt haben, insbesondere der Herr Vorredner, haben zu ihrem großen Teile dazu beigetragen, daß diese Fehlerquelle, die ihren Sitz anderswo hatte als bei dem Gerichte, nach Möglichkeit ausgeschaltet wird.

Wenn man diese drei Kategorien — die lange zurückliegenden Urteile, die juristisch unrichtigen Urteile, die Urteile, deren Fehlerquelle in der Erteilung eines unrichtigen Patentes liegt — ausscheidet, dann spitzt sich die Frage zu — so hat es auch Herr Kollege I s a y aufgefaßt! — Kann unser Richter den technischen Tatbestand, soweit er zur Entscheidung von Patentprozessen notwendig ist, in sich aufnehmen und würdigen? Das ist der Kernpunkt der Frage. Ich sage: „den technischen Tatbestand, soweit er zur Entscheidung des Prozesses nötig ist", denn weiter, meine Herren, braucht der Richter den technischen Tatbestand nicht zu beherrschen. Er braucht nicht, wie Herr Kollege I s a y will, das Gebiet der Technik, über das er zu entscheiden hat, souverän zu beherrschen. Haben denn nicht Laien, um auf andere Technik zu sprechen zu kommen, auch ein zutreffendes Urteil über Bilder, auch wenn sie nicht selbst Maler sind? Kann ein Kritiker, der sich mit der Malerei eingehend beschäftigt hat, nicht auch zutreffend ein Urteil über das Bild abgeben? Ähnlich liegt es hier. Kann der Richter, der an die Sache mit Lust und Liebe herangeht, den technischen Tatbestand so weit in sich aufnehmen, als zur Entscheidung des Prozesses notwendig ist? Ich muß sagen, nach meiner Erfahrung kann er das. Weder unsere Wissenschaft noch der Richterberuf hindern den Richter, anschaulich, konkret, plastisch zu denken. Dieses Rechnen mit Begriffen, von dem wir vorhin gehört haben, ist, wie Herr Kollege I s a y selbst anerkannt hat, heutzutage in der Rechtsprechung nicht mehr vorherrschend, und wir haben uns doch hier nicht mit dem von I s a y bekämpften W i n d s c h e i d schem Doktrinarismus zu befassen, sondern mit der Praxis der Gerichte. Der Richter, der nach seinem Berufe täglich mit den weltumfassenden Geschäften des Handels, mit den Finanztransaktionen des Immobiliarrechtes, mit den zarteren Beziehungen innerhalb der Familie zu tun hat, der soll nicht imstande sein, Lebensvorgänge anschaulich zu beurteilen? Der Strafrichter, der ja hauptsächlich Tatsachen zu würdigen hat, vor dem sich das Leben in allen seinen Leidenschaften und Impulsen abspielt, der soll nur analytisch deduzierend vorgehen können?

Nun wird man sagen, aber der Patentprozeß ist ein ganz besonderes Kraut. Warum denn? Verstehen denn unsere Juristen nicht auch die verwickelten börsen-technischen Sachen zu entscheiden? Sind sie nicht gezwungen, wenn es sich um Unfallprozesse handelt, auch in technische Fragen einzudringen? Wer über bestimmte Fragen zu entscheiden hat, muß sich eben mit dieser Materie bekannt machen. Und demgegenüber geht es nicht an, auf den § 2 des GVG. zu verweisen. Das ist nur das allgemeine gleiche Minimum, das jeder Richter haben muß. Wenn aber der Richter, der Vorsitzende der Kammer für Handelssachen ist, sagen würde, „ich habe mein Assessorexamen gemäß § 2 GVG. bestanden, folglich brauche ich nichts weiter zu lernen," so wäre das ein miserabler Richter. Wir setzen von jedem Vorsitzenden einer Kammer für Handelssachen voraus, daß er selbstverständlich außer der allgemeinen juristischen Vorbildung sich mit den Transaktionen des Handels, mit den Geschäften, die in seiner Rechtsprechung vorkommen, beschäftigt, daß er auch das wirtschaftliche Moment zu erfassen sucht. Das alles muß ein solcher Richter tun, wenn er sein Amt richtig ausfüllt. Und ganz dasselbe gilt für das Patentwesen. Der Richter, der mit dieser Materie zu tun hat, darf sich eben nicht mit den gemäß § 2 GVG. gemachten Examina bescheiden, sondern er muß Interesse und Neigung dafür haben, auch die technische Materie, mit der er sich zu beschäftigen hat, kennen zu lernen. Und dies vermag auch der Jurist!

Gegen den Vorredner spricht ein argumentum ad hominem. Die Rechtsprechung des ersten Zivilsenats des Reichsgerichtes über Patentsachen war und ist mustergültig. Seinen Mitgliedern ist es gelungen, in ihren Urteilen nicht nur patentrechtliche Begriffe fein herauszuschälen und fortzubilden, sondern auch den technischen Tatbestand so zu durchdringen, daß wir alle oft genug von unseren technischen Parteien und deren technischen Beiständen gehört haben: „Es ist kaum glaublich, wie es die Herren in Leipzig fertig gebracht haben, diese schwierige Materie zu verstehen." Man wird nur einwenden, das sei die Elite des Juristenstandes. Aber die Herren, die heute Reichsgerichtsräte sind, waren gestern Oberlandesgerichtsräte und ehedem Landrichter. Und ihre Intelligenz datiert doch nicht erst von dem Augenblick, wo sie Reichsgerichtsräte wurden. Sie muß doch schon vorher existiert und Früchte getragen haben.

Auch die Anwälte, die sich mit den Patentprozessen ex professo beschäftigen, verstehen es doch, in den technischen Tatbestand einzudringen. Sonst würden die Parteien kaum dieselben neben ihren ständigen Anwälten zur Führung dieser Prozesse zuziehen.

Folglich ist es keineswegs unmöglich für den Juristen, den technischen Tatbestand zu verstehen. Er muß nur, wie ich schon wiederholt gesagt habe, Interesse dafür haben. Dazu gehört natürlich, daß er häufig mit diesen Sachen zu tun hat. Man kann nicht von jemandem, der einmal ein paar Prozesse zu entscheiden hat, verlangen, daß er deswegen die ganze Patentrechtsliteratur durchforscht und sich außerdem mit Chemie, Elektrotechnik usw. sehr eingehend beschäftigt. Aber w e n n das die Juristen tun, weil sie damit häufiger zu tun haben, dann können sie ihre Aufgabe auch erfüllen. Das zeigen uns die Patentkammern, die wir bei den Landgerichten haben. Ich exemplifiziere z. B. auf die Patentkammer des Landgerichtes I zu Berlin, die etwa die Hälfte aller preußischen Patentprozesse entscheidet. Als dieses Gericht auf dem Kongreß in Leipzig erwähnt und seine Rechtsprechung von allen Anwesenden, besonders von den anwesenden Technikern anerkannt wurde, wurde hinzugefügt: Das liegt an den Personen, die zufällig gerade Mitglieder dieser Kammer sind. Nun, diese Personen haben gewechselt, nicht bloß einmal, sondern teilweise zum zweiten Male, und die Rechtsprechung dieser Patentkammer, auch in ihrer heutigen Besetzung, bildet nach wie vor den Gegenstand der höchsten Anerkennung, nicht bloß der Anwälte, sondern insbesondere auch der Techniker. Wir Rechtsanwälte bekommen ja die Meinung der Partei zu hören, und es wird stets anerkannt, in welcher eingehenden Weise gerade technische Fragen behandelt werden.

Man sehe sich die Verhandlung einer solchen Kammer einmal an! Der Sitzungssaal gleicht an den Tagen, wo Patentsachen verhandelt werden, einem technischen Museum, Zeichnungen liegen auf den Gerichtstischen und hängen an den Wänden; auf dem Fußboden, auf Tischen und Stühlen stehen Modelle. Der Anwalt spricht, setzt rechtlich und technisch das auseinander, was er zugunsten der Partei anzuführen hat. Neben ihm kommen — und das möchte ich ganz besonders betonen — die technischen Beistände der Parteien: die Patentanwälte, die Angestellten der Parteien, die Parteien selbstverständlich auch, alle vollauf zum Wort. Der Vorsitzende und die beiden Richter — nicht bloß der Referent — beteiligen sich eingehend an der Diskussion, fragen ein Mal, fragen zum zweiten und dritten

Male über dieses und jenes technische Moment, fragen insbesondere auch darnach, was vor der Anmeldung des Patents auf diesem Gebiete dagewesen ist, um den wahren Wert der Erfindung kennen zu lernen. Genügt nicht die Vorführung der Modelle an Gerichtsstelle, dann geht man in die Fabrik: es werden die Maschinen im Gange besichtigt. Ist die Sache noch schwieriger, dann wird von vornherein ein Sachverständiger nach § 244 der Zivilprozeßordnung zugezogen, der sowohl durch einen einleitenden Vortrag das Gericht über das allgemeine Gebiet orientiert, als auch während der Verhandlung selbst das Wort ergreift, um aufklärend zu wirken, um zu ergänzen und den Richtern die Materie vollständig klar zu machen.

Ich sprach bisher vom Landgericht Berlin I, weil es mir am nächsten liegt, aber so ist es auch bei anderen Patentkammern, insbesondere an den Brennpunkten der deutschen Industrie. Ich erinnere mich z. B. an einen Prozeß, den ich beim Oberlandesgericht Dresden hatte; es handelte sich um eine Glasblasemaschine. Der Präsident setzte den Termin in einer Glasfabrik in Dresden an, die Parteien mit ihren technischen Beratern, die Rechtsanwälte, natürlich auch die Patentanwälte, begaben sich dorthin, der Senat war vollzählig mit dem Gerichtsschreiber zur Stelle. Es wurden die Maschinen vorgeführt, an der Hand der Maschine wurden die Patente erläutert. Dann begaben wir uns alle in den Sitzungssaal des Aufsichtsrates, und dort wurde sofort unter dem Eindruck der Besichtigung zur Verhandlung geschritten. Das ist ein procedere im Sinne der Zivilprozeßordnung, auch wenn dabei alle beteiligten Faktoren der Amtstracht entbehrten.

Dieses Verfahren zeigt uns, daß die Zivilprozeßordnung in ihrer Elastizität, wenn sie richtig gehandhabt wird, wenn die Richter erkennen, daß die ganze Zivilprozeßordnung nur Mittel zum Zweck und nicht das Wesen selbst ist, es einem verständigen Richter ermöglicht, in das Wesen der Technik tief einzudringen und die Prozesse so zu handhaben, wie es dem wahren Rechtsgefühl entspricht. Ich will nicht etwa sagen, daß das so überall ist, sondern es wird bei zahlreichen deutschen Gerichten nicht so verhandelt, wie ich es geschildert habe. Das sind aber hauptsächlich diejenigen Gerichte, die nur selten mit dieser Materie zu tun haben. Wie ich schon sagte, kann man es einem Gericht, das vielleicht im Jahre einen oder zwei Patentprozesse oder alle zwei bis drei Jahre einen Patentprozeß hat, nicht zumuten, daß es mit diesem Interesse und Verständnis sich in diese spröde Materie einarbeitet. Deswegen holte ich es natürlich für richtig, daß eine weitere Zentralisierung eintritt. Ich komme nachher noch darauf zu sprechen.

Unsere Justizverwaltungen könnten zu der Verallgemeinerung des von mir geschilderten Verfahrens beitragen, wenn sie darauf halten würden, daß diese Patentkammern nicht zu sehr belastet würden, daß sie insbesondere mit anderen Sachen nicht zu sehr belastet würden. Selbstverständlich müssen die Richter, die in Patentkammern beschäftigt sind, noch andere Sachen entscheiden, damit sie im Kontakt mit dem Grundstamme des Rechtes bleiben, und damit ihnen, um praktisch zu sprechen, nicht die Möglichkeit des Avancements nach einer Reihe von Jahren genommen ist. Denn wenn sich jemand 10 oder 15 Jahre ausschließlich mit Patentrechtsfragen befaßt, so ist die unwillkürliche Folge die, daß er mehr und mehr von dem anderen Jus vergißt. Es müßte auch bei der Besetzung dieser Kammern ganz besonders darauf geachtet werden, daß diejenigen Richter, welche Mitglieder der Kammer werden, besondere Neigung und Befähigung für technische Fragen haben. Ich komme darauf auch noch zu sprechen.

Wenn das Verfahren so gehandhabt wird, wie ich es schilderte, wenn die technischen Beistände der Parteien zum Worte verstattet werden, die meist die Spezialsachverständigen sind, dann wird die Bedeutung des vom Gericht ernannten Sachverständigen immer mehr und mehr zurücktreten. Oft wird er mir keineswegs mehr sagen können, als die speziellen Sachverständigen, die die Parteien zur Stelle gebracht haben, sagen können. Das wäre ein bedeutender Vorzug. Denn wir haben es vorhin gehört — Herr Landgerichtsdirektor Dr. Degen hat insbesondere das sehr treffend ausgeführt —, wie das Verfahren durch die Vernehmung von gerichtlichen Sachverständigen verzögert wird, und zwar wird es verzögert einmal dadurch, daß der gerichtliche Sachverständige nicht Zeit hat, dann aber — und das möchte ich als Anwalt betonen — auch dadurch, daß die Parteien stets von Mißtrauen gegen den gerichtlichen Sachverständigen erfüllt sind und ängstlich nachforschen, ob er nicht irgendwelche geschäftliche oder private Beziehungen zu einer der Parteien hat. Ich möchte in dieser Beziehung hervorheben, daß einer der Hauptwortführer gegen die Sondergerichte, der zugleich Vorstand eines der größten deutschen technischen Etablissements ist, auf dem Leipziger Kongreß gesagt hat: „Der springende Punkt ist der, daß der Sachverständige nicht unparteiisch ist, so sehr er sich auch bemüht. Er kann es nicht und wird es nie sein." Das sind die Gefühle, die die Partei gegen den gerichtlichen Sachverständigen hat. Wie wird dies erst werden, wenn wir technische Sachverständige nebenamtlich auf die Richterbank setzen würden. Auch hier wird die Partei dieses unheimliche Gefühl haben: der ist nicht ganz unparteiisch. Deshalb muß ich mich auch gegen den Vorschlag meines Streitgenossen Dr. Degen wenden, den gerichtlichen Sachverständigen zur Beratung hinzuzuziehen. Er gehört vor die Barre, damit die Parteien und ihre technischen Beistände die Möglichkeit haben, durch Kreuz- und Querfragen zu eruieren, ob er nicht seine Ansicht vielleicht ändert, wenn sie ihm dieses und jenes vorhalten, und um dem Richter zu zeigen, daß der technische Sachverständige nicht der unfehlbare ist, als welcher er öfter dem Juristen gegenüber erscheint.

Nun wurde der Behandlung der Patentprozesse bei den ordentlichen Gerichten stets ein Vorwurf daraus gemacht, die Prozesse dauern entsetzlich lange, sie werden nie fertig. Es wurde geschildert, wie die dickleibigen Akten von einem Jahre zum anderen wieder vorkommen, die Richter kämen nie zum Entschlusse. Dieser fable convenue hat Rathenau unzweifelhaft ein Ende gemacht, so daß heute Herr Kollege Isay darauf auch nicht mehr zurückgekommen ist. Rathenau hat schon früher in der Leipziger Zeitschrift und jetzt in seinem Gutachten eine Statistik veröffentlicht, aus der sich ergibt, daß z. B. in Preußen in der Zeit vom 1. Juli 1907 bis zum 30. Juni 1909, also in den letzten zwei Jahren, von 100 Patentprozessen in erster Instanz erledigt wurden:

binnen weniger als 6 Monaten über 58 %,
in der Zeit von 6 Monaten bis 1 Jahr $26^1/_2$ %, und
in einer Frist von über einem Jahre $15^1/_2$ %.

Wenn man damit den Reichsdurchschnitt für die gewöhnlichen Prozesse erster Instanz vergleicht, so ergibt sich, daß die Patentprozesse in kürzerer Zeit erledigt werden als die gewöhnlichen Prozesse des täglichen Lebens. Dieses Resultat ist verblüffend. Es ist aber nicht nur in Preußen, sondern auch in Sachsen ein ganz ähnliches Resultat ermittelt worden. Da wo die Kammern viel mit Patentprozessen zu tun haben, ist das Resultat noch viel besser. So wurden z. B. in Berlin in der Patentkammer in erster Instanz in weniger als 6 Monaten erledigt über 63 %, in Frankfurt a. M. über 66 %, in Dresden über 73 %.

Demgegenüber hat mein verehrter Nachbar und Kollege Wildhagen in Leipzig auf dem Kongreß darauf hingewiesen: Ja, dann dauern die anderen Prozesse eben viel zu lange, und man muß doch auf die Besonderheiten des Patentprozesses Rücksicht nehmen! Gewiß nehme ich darauf Rücksicht, ich verkenne gar nicht, daß der Patentschutz von beschränkter Dauer ist und daß er daher einer besonders kräftigen und schnellen Justiz bedarf. Wenn man aber erwägt, daß es sich hier oft um einen schwierigen und verwickelten technischen Tatbestand handelt, daß die Heranziehung der — oft nicht gleich erhältlichen — patentamtlichen Erteilungsakten regelmäßig viel Zeit erfordert, daß die Anwälte die Informationen von den Parteien und den Vertretern nicht immer rechtzeitig bekommen, daß häufig ein Sachverständiger vom Gericht vernommen wird, — wenn man das alles berücksichtigt, so muß man, ich möchte geradezu sagen, es als eine Ruhmestat der deutschen Gerichte hinstellen, daß sie diese Prozesse in kürzerer Zeit erledigen als die gewöhnlichen Prozesse. Übrigens ist dieses günstige statistische Ergebnis nicht bloß in der ersten Instanz vorhanden; auch in der Berufungsinstanz werden diese Prozesse schneller erledigt als die übrigen Prozesse.

Nun könnte man vielleicht noch sagen, es würde noch viel schneller gehen, wenn Techniker dabei säßen. Nach dieser Richtung hätte Herr Dr. Isay die Nichtigkeitsabteilung des Patentamtes, die er heute genügend erwähnt hat, mit verwerten können, denn hier sitzen Juristen und Techniker zusammen. Außerdem herrscht hier Offizialbetrieb insofern, als eine Vertagung der Termine auf Antrag der Parteien regelmäßig nicht bewilligt wird, sondern der angesetzte Termin innegehalten werden muß; daneben hat sich noch die Praxis herausgebildet, daß Sachverständige fast nie vernommen werden. Und in welcher Zeit fällt die Nichtigkeitsabteilung des Patentamtes ihre Entscheidungen? Es dauert durchschnittlich mindestens 1 bis $1^1/_2$ Jahre, ehe die Entscheidung der ersten Instanz ergeht!

Ja, wird man einwenden, die Fixigkeit allein macht es nicht, es kommt auch auf die Güte der Entscheidung an. Wie ist nun die Qualität der Entscheidungen der Gerichte? Es ist, meine Herren, ziemlich schwer, hierüber ein allgemeines Urteil abzugeben. Hört man die Parteien, so wissen wir alle aus unserer Erfahrung, daß für diese nur maßgebend ist, ob sie Erfolg gehabt haben. Ich habe noch nie gehört, daß die Partei, die Erfolg gehabt hat, gesagt hat: das ist ein miserables Urteil. Umgekehrt wird auch bei der unterlegenen Partei selten eine Lobesstimmung platzgreifen. Aber wir, die wir der Sache kühler gegenüberstehen, müssen uns fragen: Wie ist die Qualität? Wir müssen die Entscheidung unserer Gerichte vergleichen mit den Patententscheidungen, die in anderen Ländern ergehen, in Ländern, in welchen die Patentrechtsprechung schon seit Jahrhunderten zum Teil bei den ordentlichen Gerichten ist, England, Nordamerika, Frankreich. Das Resultat ist nach meiner Ansicht, daß wir den Vergleich mit der Rechtsprechung aller dieser Länder sehr wohl aushalten können. Ich bin neugierig, ob mir die Herren Kollegen darin widersprechen werden. Ich möchte nur hervorheben, daß wir von den anderen Ländern regelmäßig nur die Entscheidungen der höchsten Gerichte sehen. Infolgedessen müssen wir auch nicht jeden verfehlten Ausspruch eines Landgerichts zum Vergleiche heranziehen, sondern zum Vergleichsobjekt unsere höchsten Gerichtshöfe wählen. Andererseits bin ich aus den angegebenen Gründen dafür, daß wir die Rechtssprechung in erster Instanz immer mehr und mehr konzentrieren, damit sich auch diese Gerichte vollauf mit der Materie befreunden. Insofern weiche ich von Herrn Dr. Degen ab.

Infolgedessen ist es selbstverständlich, daß ich den Richter nicht auf die Vorbildung beschränken will, die der § 2 des GVG. vorschreibt, sondern ich wünsche, daß die Ausbildungskurse für Referendare, wie sie jetzt bei uns bestehen, weiter durchgeführt werden, daß auch für Assessoren, wie Herr Dr. Rathenau vorgeschlagen hat, ebenfalls eine Ausbildung in den technischen Wissenschaften stattfindet. Die Angst, der Herr Dr. Isay Ausdruck gab, daß sich dann ereignen könnte, daß der Richter in seiner Halbbildung zu Unrecht nun glaubt, die Sache ohne fremde Hilfe völlig zu verstehen, ist bei diesen Prozessen deswegen nicht zu befürchten, weil, wenn die Parteien durch ihre technischen Beistände die Frage eingehend im Termine auseinandersetzen, der Richter nicht Anstand nehmen dürfte, sein Wissen durch das ihm Vorgetragene zu ergänzen. Auch könnte man das technische Element — möchte ich sagen — der Richterbank dadurch heben, daß ein regerer Austausch zwischen den juristischen Mitgliedern des Patentamtes und den Beisitzern der Patentkammern stattfindet, wie es insbesondere bei der Patentkammer des Landgerichtes I der Fall ist und war.

Wenn ich mir nun die Thesen ansehe, die Herr Dr. Isay vorgeschlagen hat, so muß ich sagen, wir weichen gar nicht so sehr voneinander ab, wie es der Fall zu sein schien. (Sehr richtig!) Es handelt sich nicht um einen fundamentalen Gegensatz zwischen uns, wie es nach der heftigen Polemik außerhalb dieses Saales den Anschein hatte. Wenn Herr Dr. Isay in seinen Thesen vorschlägt:

1. „die Frage nach der Bildung der Gerichte für Patent- und Gebrauchsmusterprozesse ist im wesentlichen die Frage nach der für diese Prozesse erforderlichen Vorbildung des Richters."
so stimme ich mit ihm wörtlich überein. Es kommt nur darauf an, was man unter „erforderlich" versteht. (Heiterkeit.)

2. „der Richter in diesen Prozessen bedarf außer der juristischen

auch einer besonderen technischen Vorbildung." Diese besondere technische Vorbildung halte auch ich teilweise für erforderlich, wie ich bereits gesagt habe.

Der Richter darf sich nicht damit begnügen, daß er das zweite Examen gemacht hat, sondern er muß sich sagen, daß der Richter, der mit Patentsachen zu tun hat, auf technischem Gebiete sich noch auszubilden und zu lernen hat.

„Zwei Wege führen zu diesem Ziel", fährt die These fort.

a) „entweder der Richter muß außer der juristischen noch eine abgeschlossene technische Fachbildung aufweisen."

Das halte ich für zu viel. Das ist der Unterschied zwischen uns beiden. Nach meiner Ansicht ist es nicht notwendig, daß der Richter, der im Patentprozeß zu entscheiden hat, eine abgeschlossene technische Fachbildung hat. Solche Doppelwesen, die gleichzeitig eine hervorragende juristische Ausbildung und eine abgeschlossene technische Fachbildung haben, gibt es bei uns nicht. Man will das dadurch ersetzen, daß man noch Techniker auf die Richterbank setzt und daß dann der eine Teil der Richterbank das Technische, der andere das Juristische zu erledigen hat, wie Herr Senatspräsident Bolze in Leipzig, der vorhin zitiert worden ist, sehr anschaulich ausführte. Er sagte etwa: „Da assoziiert im kaufmännischen Leben sich ein Kaufmann und ein Fabrikant. Der Kaufmann geht den Geschäften nach, der Fabrikant macht das Fabrikatorische. So müssen wir dem Prinzip der Arbeitsteilung folgen und Techniker auf die Richterbank setzen." Das halte ich für grundfalsch, das wäre die Auflösung der Richterbank. Wir dürfen nicht sagen: Ihr drei Richter beschäftigt Euch mit dem Juristischen, Ihr zwei Richter beschäftigt Euch mit dem Technischen; erst schreibt der eine Teil seine Entscheidungsgründe, dann der andere Teil die seinigen, und dann unterschreibt alle fünf. Das mag im kaufmännischen Leben gelten, bei uns ist es ausgeschlossen, und ich muß sagen: Außer Herrn Präsidenten Bolze habe ich noch keinen Juristen dafür sprechen hören.

b) „oder die Gerichtsbarkeit in Patent- oder Gebrauchsmusterprozessen wird durch aus Juristen und Technikern gebildeten Kammern und Senate ausgeübt."

4. Da der erste Weg heute nicht gangbar erscheint, empfiehlt der Juristentag den zweiten."

Der Kernpunkt ist, „da der erste Weg heute nicht gangbar erscheint." Selbstverständlich in diesem maßlosen Postulat, wie er hier steht, ist er nicht gangbar, aber in den Grenzen, die zur Erreichung des Zweckes vollkommen ausreichen, ist der Weg gangbar, und deswegen komme ich zu dem Resultat, daß wir auf diesem Wege weiter fortfahren müssen.

Meine Herren! Für mich, der ich die Fortschritte auf dem Gebiete der Technik staunend bewundere, verfolge, anerkenne, ist die ganze Frage ja selbstverständlich gar keine Standesfrage. Ich muß sagen, den Ruf „Hie Techniker! Hie Juristen!" halte ich für vollkommen verfehlt. (Sehr richtig!) Darin stimme ich mit Herrn Dr. Isay vollkommen überein und ich freue mich fast, daß sich für Sondergerichte auch Juristen aussprechen, damit die Techniker sehen, daß das von uns nicht als Standesfrage aufgefaßt wird. Ich möchte aber andererseits nicht verschweigen, daß auch von den Technikern eine Reihe Persönlichkeiten, die in Patentprozessen eine große Erfahrung haben, sich für uns ausgesprochen haben. Ich erwähne z. B. von den Chemikern Herrn Dr. von Martius, von den Mechanikern den gerichtlichen Sachverständigen, Professor der Technischen Hochschule in Charlottenburg Schlesinger, ferner den bekannten Industriellen Dr. Goldschmidt in Essen. Die haben sich scharf gegen Sondergerichte ausgesprochen. Also eine Standesfrage ist das für mich gar nicht. Ich möchte nur nicht, daß die erfreuliche organische Entwickelung, welche unsere Rechtsprechung genommen hat, durch Experimente jäh unterbrochen wird. Es ist vorhin auch schon darauf hingewiesen und Herr Dr. Rathenau hat es in seinem Gutachten eingehend ausgeführt — daß in keinem einzigen der Länder mit hochentwickelter Industrie (Nordamerika, England, Frankreich, Belgien) solche Patentprozesse von anderen als von gelehrten Richtern entschieden werden. Österreich-Ungarn macht eine kleine Ausnahme insofern, als es teilweise diese Fragen dem Patentamte überweist. Aber direkte Verletzungsklagen werden auch dort vor den ordentlichen Gerichten ausgefochten.

Meine Herren! Wenn von dem großen Stamme der Rechtseinheit ein Zweig nach dem anderen abgesplittert wird, leidet selbstverständlich der Stamm darunter. Es verdorrt aber auch der Ast, der von dem großen Stamme nicht Saft und Kraft erhält. Deswegen bin ich gegen den jähen Bruch mit unserer Tradition und gegen die Unterbrechung der erfreulichen organischen Entwickelung. Ich habe daher im Einverständnis mit Herrn Landgerichtsdirektor Dr. Degen folgende Resolution vorgeschlagen:

> „Die Einführung von Sondergerichten für Streitigkeiten aus dem Gebiete des gewerblichen Rechtsschutzes entspricht nicht dem Interesse der Rechtspflege und ist deshalb abzulehnen."

Wir haben uns hier auf die Frage, die uns gestellt war, eng beschränkt und nicht positive Vorschläge gemacht, wie wir den jetzigen Zustand erfreulich weiter ausbilden können. Vielleicht werden solche Vorschläge noch im Laufe der Diskussion gemacht werden. Ich bitte Sie aber, die These, die ich eben verlesen habe, möglichst einstimmig anzunehmen. (Lebhafter Beifall.)

(Pause.)

Wiederbeginn der Verhandlungen $3^1/_2$ Uhr.

Der Vorsitzende: Es sind mehrere Anträge eingegangen. Zunächst sollen die Thesen der Berichterstatter als Anträge gelten. Sodann lautet ein Antrag des Herrn Regierungsrates Dr. Rathenau:

Ich beantrage: Der Juristentag möge beschließen:

1. Es ist wünschenswert, daß die einzelstaatlichen Bundesregierungen ermächtigt werden, die Verhandlung und Entscheidung von Streitigkeiten aus dem Gebiete des Patent- und Gebrauchsmusterrechts

für alle oder mehrere Landgerichte,

je eines oder mehrerer Oberlandesgerichtsbezirke

nur einem Landgericht als örtlich ausschließlich zuständig zu überweisen und auch diesem Landgerichte die Entscheidung in zweiter Instanz gegen amtsgerichtliche Urteile zu übertragen.

2. Es ist wünschenswert, daß bei der Auswahl der für solche Sonderkammern bestimmten Richter auf ihre allgemeine technische Ausbildung besondere Rücksicht genommen wird.

Ein Antrag des Herrn Prof. Dr. Apt lautet:

Der Juristentag verneint die Bedürfnisfrage für die Einführung von Sondergerichten für Streitigkeiten aus dem Gebiete des gewerblichen Rechtsschutzes. Er hält vielmehr die in den einzelnen Bundesstaaten erfolgte Zentralisation der einschlägigen Rechtsstreitigkeiten für ausreichend. Er hält es für selbstverständlich, daß in die betreffenden Spezialkammern der Senate Richter berufen werden, welche über die erforderliche technische Eignung verfügen.

Herr Rechtsanwalt Meinhardt beantragt:

Der Juristentag wolle beschließen:

1. Die Frage der Bildung der Gerichte für Patent- und Gebrauchsmusterprozesse ist im wesentlichen die Frage nach der

für diese Prozesse erforderlichen Vorbildung des Richters. 2. Der Juristentag hält es deshalb nicht für ersprießlich, zu dieser Frage gesondert von der allgemeinen Frage nach der Vorbildung des Richters Stellung zu nehmen; er empfiehlt dagegen, diese allgemeine Frage auf die Tagesordnung des nächsten Juristentages zu setzen.

Ich möchte um Erläuterung bitten, ob damit die ganze Frage der Vorbildung gemeint ist: Universitätsstudium, Referendar- und Assessor-Examen, praktische Ausbildung?

(Rechtsanwalt Meinhardt: Jawohl!)

Ich eröffne nun die Diskussion.

Geheimer Oberjustizrat **Kübler**: Meine Herren! Es ist nicht meine Absicht, bei dieser Debatte mich so eingehend zu beteiligen, wie ich es auf den Kongressen in Düsseldorf und in Leipzig getan habe; ich beabsichtige vielmehr im wesentlichen, nur das, was vom Juristentag erörtert und empfohlen wird, ad referendum zu nehmen.

Damit will ich aber nicht gesagt haben, daß ich überhaupt und auch bei solchen Punkten, bei denen mir die Debatte ein Eingreifen nahelegt, schweigen werde, und so möchte ich gleich im Anschluß an das Referat des Herrn Dr. Isay von heute Vormittag einen Punkt hervorheben, der mich persönlich mitbetrifft. Ich habe in Leipzig darauf hingewiesen, daß nach § 2 des Gerichtsverfassungsgesetzes die Ausbildung unserer Juristen an bestimmte Voraussetzungen gebunden sei, und daß es zu bedenklichen Folgen führen könne, wenn diese Voraussetzungen für die Ausbildung hinsichtlich der Sachen des gewerblichen Rechtsschutzes geändert würden. Herr Rechtsanwalt Isay hat demgegenüber heute Vormittag in seinem Referat diesen § 2 des Gerichtsverfassungsgesetzes nach zwei Richtungen hin behandelt. Er sagte erstens, der § 2 fordere eine nur einseitige Ausbildung der Juristen, und diese reiche für die Sachen des gewerblichen Rechtsschutzes nicht aus, und zweitens, es sei ja eine Kleinigkeit, den Paragraphen umzugestalten.

Was den ersten Punkt anlangt, so möchte ich bemerken: In der fachlichen Ausbildung, die das Gerichtsverfassungsgesetz dem Juristen vorschreibt, erschöpft sich nicht, wie heute Herr Justizrat Dr. Seligsohn in überzeugender Weise ausgeführt hat, die von dem praktischen Juristen verlangte Bildung, sondern wir erwarten von dem praktischen Juristen, außerdem, daß er sich im Leben umsieht und sich eine umfassende allgemeine Bildung erwirbt. Es wird den Richtern und den Anwälten, den Richtern in erster Linie, ja heute oft der Vorwurf gemacht, daß sie weltfremd seien. Herr Dr. Seligsohn hat aber schon entwickelt, daß es eine ganz selbstverständliche Voraussetzung ist, daß jeder Richter auf dem Tatsachengebiet, mit dem er zu tun hat, sich besonders orientiert. Ich bin vielleicht nicht mehr so ganz sicher in den römischen Rechtsquellen zu Hause, aber ich glaube mich doch zu erinnern, daß schon dort für einen Juristen verlangt wird: omnium rerum scientia; damit ist nicht gesagt souveräne Beherrschung aller Dinge, aber ein Verständnis für alle die Dinge, die aus dem Leben an ihn herantreten.

Nun ist ja zuzugeben, daß die Lebensverhältnisse bei uns verwickelter geworden sind und infolgedessen die an den praktischen Juristen herantretende Aufgabe sich mit den jedesmaligen Lebensverhältnissen eingehender vertraut zu machen, die in seinem Berufe vor ihn gebracht werden, immer schwieriger wird, daß aber ihre Erfüllung unmöglich sein sollte, kann ich nicht einsehen. Wenn Herr Rechtsanwalt Isay in seinem Referat auf die neuere Rechtsprechung des Reichsgerichts hingewiesen hat, wonach es Pflicht der ordentlichen Gerichte sei, ihrerseits den Schutzanspruch abzugrenzen, während man früher annahm, daß der Schutzanspruch abgegrenzt werde durch das Patentamt und der Richter nur den für die Patenterteilung entscheidend gewesenen Willen des Patentamtes durch Auslegung der formulierten Patentansprüche zu ermitteln habe, daß hieraus aber folge, daß dem Richter heute eine weitere und zwar technologische Tätigkeit zugemutet werde, wie früher, wo der Richter lediglich auf den bloßen Begriffsschluß angewiesen gewesen sei, so waren doch auch schon früher zum Verständnis der Rechtsfrage die tatsächlichen Verhältnisse und damit die technischen Fragen zu prüfen. Ich bin jahrelang Patentrichter gewesen; wir haben uns, wie ich aus dieser meiner Tätigkeit feststellen kann, auch früher bei einer Patentverletzung gefragt, wie war der Standpunkt der Technik zu der Zeit, als das Patent erteilt wurde. Zur Prüfung dieser Frage trat früher nur noch die weitere Frage: Welchen Willen hat das Patentamt gehabt, als es das Patent erteilte, was wollte es nach dem Stande der Technik als patentfähig mit den Patentansprüchen ausscheiden. Nach der Seite der technologischen Prüfung wird also, glaube ich, die neue Rechtsprechung des Reichsgerichts kaum eine große Veränderung für die richterliche Tätigkeit bringen, wenn sie auch rechtlich in der grundsätzlichen Auffassung über die Aufgaben des Gerichts und des Patentamtes eine Veränderung bringen mag.

Was den zweiten Punkt anlangt, so gebe ich Herrn Rechtsanwalt Isay selbstverständlich ohne weiteres zu, daß die Gesetzgebung jeden Augenblick den § 2 des GVG. ändern kann, es fragt sich nur, was für eine Folge das hat. Ich habe in Leipzig ausgeführt, daß dieser Paragraph des GVG. ein Eckstein unserer heutigen Rechtsorganisation ist. Ob hier etwas zu ändern sei, kann meines Erachtens entweder nur fundamental oder gar nicht in Frage kommen, und somit gelangt die Frage dahin, ob es zweckmäßig oder gar erforderlich ist, an Stelle der heutigen Richterbank, die nur aus rechtsgelehrten Richtern besteht, eine Richterbank zu schaffen, die aus Rechtsgelehrten und Zivilschöffen besteht. Was ich hierzu schon in Leipzig gesagt, gilt auch heute. Diese Frage steht nicht zur Diskussion, das ist eine Frage von so allgemeiner Bedeutung, daß sie hier nicht erörtert werden kann. Jedenfalls aber wird der Gesichtspunkt festzuhalten sein, was auch Herr Präsident Bolze im Jahre 1907 in der Deutschen Juristenzeitung in einem Aufsatz über „Technische Sondergerichte" hervorhebt, daß nichts schlimmer ist, als „an bewährten Einrichtungen zu rütteln". Mir war es interessant, noch folgende andere Stelle in diesem Aufsatz zu finden. Bolze sprach sich hier kurz vor dem Leipziger Kongreß dahin aus:

> „Die deutschen Richter gehören zu den festesten Stützen des Staates und der Staatsordnung. Es wäre wohl keine erfreuliche Änderung, wenn in diese Ordnung Elemente als ständige Mitrichter eingeschoben würden, welche unter der Herrschaft der Konkurrenz und in dem berechtigten Bestreben nach einer Besserung ihrer pekuniären Lage groß geworden sind. Damit soll nicht der leiseste Tadel gegen persönliche Tüchtigkeit und Ehrenhaftigkeit ausgesprochen werden. Der Richter taugt nicht zum Industriellen und Kaufmann, aber er taugt besser als der Industrielle und Kaufmann zum ständigen Richter."

Daran möchte ich noch die Bemerkung knüpfen, daß die Achtung vor den Technikern, wie wir schon von Herrn Justizrat Seligsohn gehört haben, im ganzen Juristenstand eine große ist. Dies gilt auch von der Justizverwaltung, deren Maßnahmen, wie ich glaube, hiervon Zeugnis ablegen.

Justizrat Dr. **Wildhagen** (Leipzig): Meine hochverehrten Herren! Der erste Berichterstatter, Herr Dr. Degen, hat mir — ich muß das offen bekennen — eine große Überraschung bereitet. Ich wußte bereits, daß er ein vortrefflicher Richter ist; mir war auch bekannt, da wir ja nun jahrelang uns gemeinschaftlich, wenn auch von sehr verschiedenen Auffassungen aus mit derselben Frage beschäftigt haben, daß er gewohnt ist, auch diese Frage mit tiefem sittlichem Ernst zu behandeln. Und wenn sein glückliches Temperament ihm nicht versagte, manche gute, uns herzlich erfreuende, scherzhafte Wendung in seinem Vortrag zum Gehör zu bringen, so wird doch jedem von uns auch der tiefe sittliche Ernst und die treibende Kraft und Gewalt seiner inneren Überzeugung durchgeklungen haben, mit der er uns seine Gründe vorgetragen hat. (Bravo!) Nach diesen Richtungen hin hat er mir also keine Überraschung bereitet. Wohl aber nach einer anderen. Ich habe nämlich aus seinem Vortrage den Eindruck empfangen, daß er jedenfalls auch ein vorzüglicher Advokat ist. Er hat nämlich gleich seine Frage außerordentlich geschickt gestellt, indem er sagte, ich überlasse die Erörterung, ob Mißstände vorhanden sind, meinem Mitreferenten, und ich beschränke die Frage darauf, ob diejenigen Einrichtungen, die vorgeschlagen werden, uns Vorteile gewähren gegenüber dem, was wir haben. Bei dieser Fragestellung wird stillschweigend davon ausgegangen, daß dasjenige, was wir bisher haben, im großen und ganzen doch als ein guter Zustand anzusehen ist, den wir nur in dem Sinne verbessern dürfen, daß wir an Stelle des Guten, das Bessere setzen.

Nun ist aber, wie aus den Ausführungen des zweiten Berichterstatters, Herrn Dr. Seligsohn hervorging, von ihm und von anderen als erforderlich anerkannt worden, an dem jetzigen Zustand gewisse Veränderungen vorzunehmen. Die Anerkennung der Notwendigkeit von Änderungen beweist doch zweifellos, daß nicht alles ganz so ist, wie es berechtigterweise gewünscht und verlangt werden kann. Die Vorschläge, Patentkammern einzurichten, die Zuständigkeit besonders zu regeln, die Sachverständigen zur Beratung hinzuzuziehen, laufen doch alle darauf hinaus, daß an dem Bestehenden gebessert werden soll. Und obwohl Herr Justizrat Seeligsohn meint, daß nach der Verfügung des preußischen Justizministers sich manches geändert hat, so glaube ich doch, wird der genaue Kenner der Verhältnisse noch heute zugeben müssen, daß nicht alles gut, jedenfalls nicht so ist, wie es sein könnte.

Die Versuche, sich damit zu trösten, daß man sagt: der Unterlegene im Rechtsstreite würde stets das Urteil mißbilligen, das ihn getroffen habe, versagen selbstverständlich. Die Parteien des einzelnen Prozesses müssen als Kritiker ausscheiden. Davon kann keine Rede sein, daß deren Urteil maßgebend sei. Der Unterlegene wird stets gegen das Urteil sein, und der Sieger wird gewöhnlich meinen, daß es eine ganz vortreffliche Leistung ist. Ich könnte Ihnen aber auch von Fällen erzählen, in denen der Sieger sagte: die Sache war mir recht zweifelhaft, ich habe den Prozeß aber doch gewonnen, weil der Gerichtshof die Sache nicht vollkommen durchschaut hat.

Wir Juristen dürfen bei der Stellung, die wir zu den Klagen über die Rechtspflege einzunehmen haben, nicht vergessen, daß wir die Kritisierten nicht die Kritiker sind. Wenn ich mir ein Paar Schuhe habe machen lassen und sie kneifen mich, so gehe ich zum Schuster und beklage mich. Von dem Schuster aber werde ich regelmäßig die Antwort erhalten: „die Schuhe sind einwandfrei gemacht, tragen Sie sie nur erst mal eine Zeitlang, dann werden Sie sich schon daran gewöhnen". Ich ziehe das zum Vergleiche heran, um davor zu warnen, daß wir es ebenso machen. Daß eine Mißstimmung vorhanden ist, daß, um bei dem Bilde zu bleiben, nicht nur die Parteien des einzelnen Prozesses, sondern weit darüber hinaus viele Beteiligte der Schuh drückt, darüber kann wirklich leider kein Zweifel bestehen. Ich will nur daran erinnern, wie wir von sachkundigen Männern den Ausspruch haben hören müssen, daß, so tief beklagenswert es sei, man sich der Tatsache doch nicht verschließen könne, daß das Vertrauen in die Rechtspflege im Schwinden begriffen sei. Es ist selbstverständlich, daß dabei nicht gemeint ist, das Vertrauen in die Charakterfestigkeit und die Unabhängigkeit der Gerichte, sondern zu dem Können der Gerichte.

An der Stelle, an der ich seit einer Reihe von Jahren arbeite, wird mir Gelegenheit geboten, im Laufe des Jahres Hunderte von Urteilen aus den verschiedensten Teilen des Reiches durch meine Hände gehen zu sehen, und da frage ich mich, wenn Mißstimmungen über die Rechtspflege laut werden, worin haben sie eigentlich ihren Grund. Ich habe mir die Frage im Laufe der Jahre nicht anders beantworten können, als dahin, daß regelmäßig nicht die Entscheidung der Rechtsfrage Mißstimmung erzeugt. Mit dieser findet man sich bei Nachprüfung des Urteils meist leichter ab. Mit wenigen Ausnahmen sind fast alle Rechtsfragen so zweifelhaft, daß man sie so und auch anders entscheiden kann. Mir ist selten eine wirkliche Mißstimmung deswegen begegnet, weil die Entscheidung der Rechtsfrage nach Meinung dessen, der ein Urteil zum Gegenstande seiner Kritik machte, anders getroffen ist, als er es für richtig hielt. Eine Mißstimmung macht sich vielmehr dann bemerkbar, wenn der Vorwurf und meines Erachtens häufiger nicht ohne Grund erhoben wird, daß das Gericht, welches die Entscheidung gefällt hat, nicht in der Lage gewesen ist, mit derjenigen Gründlichkeit, derjenigen Erfahrung und derjenigen Sicherheit sich in die ganze Lage der *tatsächlichen Verhältnisse* hineinzufinden, welche zu einer Beurteilung des Falles erforderlich sind. Wenn nach dieser Richtung eine Entscheidung zu Bedenken Anlaß gibt, so erzeugt das in der Tat eine schwere Mißstimmung, weil man sich unwillkürlich sagt: aber wenn ein Gericht entscheiden soll, so ist doch die erste Voraussetzung, daß es wirklich auf dem tatsächlichen Gebiet, über das es zu entscheiden hat, vollständig bewandert ist. Ich habe bei anderer Gelegenheit — im Rahmen der jetzigen Diskussion kann ich unmöglich auf diese Frage näher eingehen — vor einigen Jahren es gewagt, wie ich gestehe, damals noch etwas zögernd, das Wort von der schöpferischen, rechtschaffenden Tätigkeit des Richters im einzelnen Falle auszusprechen. Ich habe die freudige Genugtuung gehabt, daß dieses Wort Propaganda gemacht hat. Nachdem die Lehre von der Lückenlosigkeit des Rechtes schon vor langer Zeit wissenschaftlich auf das Gründlichste widerlegt war, habe ich mit Freude gesehen, daß die Konsequenzen für die Bedeutung und die Stellung des Richters in einzelnem Falle, die ich glaubte daraus ziehen zu sollen, auch von anderer Seite wohl anerkannt worden sind. Der Richter wendet nicht lediglich ein fertig vorhandenes Recht an. Damit kann er gar nicht auskommen. Sondern er muß das Recht erst finden, es schaffen für den einzelnen Fall. In Erfüllung dieser hohen Aufgabe muß er die Tat- und die Rechtsfrage lösen. Zur Lösung beider Fragen ist ihm nicht nur Rechtskunde, sondern auch Sachkunde nötig. Auch bei der Tatfrage ist Rechtskunde unentbehrlich, sonst würde die Untersuchung der Tatfrage uferlos werden. Der Sachverhalt, wie er der Wirklichkeit entspricht, muß ermittelt werden mit Rücksicht auf die zur Anwendung zu bringenden rechtlichen Gesichtspunkte. Und umgekehrt muß bei der Entscheidung der Rechtsfrage Sachkunde obwalten. Nicht nur der Sachverhalt des einzelnen konkreten Falles, sondern sein ganzes Milieu muß richtig erkannt und begriffen sein. Also sowohl für die Sachfrage auch Rechtskunde wie für die Rechtsfrage auch Sachkunde!

Wenn wir nun also die Gerichte auf Grund dieser Erkenntnis besetzen wollen, so müssen im Gericht beide Eigenschaften vertreten sein: die Rechtskenntnis und die Sachkunde. Der Rechtsgelehrte als Mitglied des Gerichtes erfüllt die Bedingung, dem Gericht die nötige Rechtskenntnis zuzuführen; die Sachkunde, so wie sie nötig ist, um die Aufgabe richtig zu erfüllen, kann aber der Rechtsgelehrte jedenfalls nicht für alle vorkommende Fälle besitzen. In der Stelle des corpus juris, die Herrn Geheimrat Kübler vorschwebte, ist in der Tat noch etwas mehr gesagt, nicht bloß: „omnium rerum scientia", sondern es ist noch hinzugesetzt: „humanarum ac divinarum". Vielleicht in einfachen wirtschaftlichen Verhältnissen, wo die verschiedenen Gebiete des wirtschaftlichen Lebens einfach und klar liegen, sich vor jedermanns Augen abspielen, so daß man sagen kann: jeder Gebildete wird mit den verschiedenen Gebieten des wirtschaftlichen Lebens genügend vertraut sein — da werden die Juristen allein diese Bedingungen ganz erfüllen können. Bei den heutigen Verhältnissen aber ist das ganz unmöglich. Herr Dr. Seligsohn meinte, der Jurist lebe sich doch ein, auf anderen Gebieten als dem technischen sei das auch der Fall, z. B. auf dem sehr verwickelten Gebiete des Börsenverkehrs, da müsse der Rechtsgelehrte auch entscheiden. Ich glaube aber, die wirklichen Kenner des Börsenverkehrs haben denn doch gegen eine Reihe grundlegender Entscheidungen der Rechtsgelehrten die schwersten Bedenken erhoben. Das ist geschehen von Männern, die mit dem Börsenleben vertraut sind und die von der Unhaltbarkeit der Entscheidungen tief durchdrungen waren, nicht etwa vom Interessenstandpunkte des Geldbeutels, sondern von Gesichtspunkten aus, die unter allen Umständen äußerst beachtlich sind.

Es ist ferner darauf hingewiesen worden, daß bei einzelnen Gerichten doch das Vorhandensein des nötigen Sachverständnisses anerkannt wird. Es sind beispielsweise die Entscheidungen des ersten Zivilsenats am Reichsgericht erwähnt. In der Tat spielen sich dort nicht nur in Nichtigkeitsprozessen, wo das Reichsgericht Berufungsinstanz ist, sondern sogar in der Revisionsinstanz in Patentverletzungssachen die Verhandlungen so ab, wie es uns Herr Dr. Seligsohn aus der ersten Instanz erzählt hat. Sie sehen da Zeichnungen an den Wänden und Modelle im Saale, in den Kellerräumen des Reichsgerichts werden ganze Maschinen aufgestellt; es wird alles nur Mögliche aufgeboten, um dem Gerichtshofe eine klare und richtige Anschauung zu verschaffen. Und dann sind die mit den Parteien erschienenen oder vom Gerichte herangezogenen Sachverständigen bemüht, die Dinge klarzumachen, bei dem einen mit größerem, bei dem anderen mit geringerem Erfolge. Ich frage: wozu dieser Umweg!? Wenn das Gericht auch Sachkunde zur Erfüllung seiner Aufgabe nicht entbehren kann, so soll man doch Sachkundige mit in das Gericht setzen — anstatt den sachunkundigen Rechtsgelehrten mit Mühe und Not, aber doch immer zweifelhaftem Erfolge, erst für den einzelnen Fall einige Sachkunde beizubringen. Wie oft bleibt dem Juristen keine andere Möglichkeit — das können wir unter uns ja dreist aussprechen — als zum Brockhaus oder Meyer zu greifen, um sich wenigstens einigermaßen über eine Frage zu orientieren, von der er bisher nichts oder so gut wie nichts wußte. Und nun sollen die Sachverständigen ihn in das bislang fremde Gebiet so einführen können, daß er darüber sicher zu urteilen vermag. Es wird gesagt, wir Anwälte müßten diese Aufgabe ja auch erfüllen. Ich habe ziemlich viel mit technischen Sachen zu tun, aber ich muß gestehen, ich bin immer froh, wenn es mir gelungen ist, ganz notdürftig in eine Materie einzudringen, wenigstens so, um mir selbst die Sache genügend klarzumachen, damit ich in der Lage bin, sie Berufsgenossen, also Juristen, verständlich und zutreffend vorzutragen. Aber dabei kann ich doch niemals ganz das unbehagliche Gefühl loswerden, ob es mir wirklich gelungen ist, das Wesentliche von dem Unwesentlichen zu scheiden und das Wichtige richtig erkannt zu haben. Und die Aufgabe des Anwalts ist dabei doch eine erheblich leichtere, als die, eine Entscheidung zu fällen.

Man hat auch vorgeschlagen, den Sachverständigen mit in das Beratungszimmer zu nehmen, wie es das Reichsgericht nach der kaiserlichen Verordnung in Patentnichtigkeitssachen machen kann. Darauf kann ich nur erwidern: wenn man den Sachverständigen an der Beratung teilnehmen läßt, und wenn man ihn sogar, wie es beim Reichsgericht vereinzelt vorgekommen sein soll, bei Abfassung der Entscheidungsgründe, sehr verständigerweise, zuzieht, dann sehe ich nicht ein, warum man ihm nicht auch eine entscheidende Stimme geben soll. Es ist eingewendet worden, solche Sachverständige gibt es nicht, die mit den verschiedenen Materien, die uns in bunter Reihenfolge Herr Dr. Degen vorgeführt hat, gleichmäßig vertraut sind. Daraus kann doch aber nicht der Schluß gezogen werden, daß man deshalb als Richter besser Personen nimmt, die gar nicht sachverständig sind! Ich glaube, man wird mit solchen Argumenten dem Verlangen, daß neben Rechtskenntnis in den Gerichten auch Sachkunde vertreten sein muß, seine Berechtigung wohl nicht absprechen können. Daß dem Nichtjuristen die nötige Rechtskenntnis etwa durch Ausbildungskurse nicht beigebracht werden könnte, das werden die Anhänger der von mir vertretenen Ansicht wohl akzeptieren. Aber dann können sie mit demselben Rechte auch sagen: ebensowenig ist es bei dem Rechtsgelehrten möglich, daß er durch technische Ausbildungskurse zu dem Grade von Kenntnissen gelangt, um die Sachkunde im Gerichte wie ein wirklicher Sachverständiger zu vertreten. Daß Fälle vorkommen können, wie sie erwähnt worden sind, daß man von bummligen Sachverständigen kein Gutachten bekommen kann, ist ja richtig; aber das hat mit unserer Frage nichts zu tun.

Sodann ist eine Kräftevergeudung befürchtet worden. Über das Kapitel der Kräftevergeudung wollen wir lieber schweigen. Denn eine Kräftevergeudung treiben wir schon heute, die fast unbegreiflich ist. Es ist nicht lange her, daß sich das Reichsgericht mit einem Falle aus Schleswig-

Holstein zu beschäftigen hatte. Es war ein Gut parzelliert worden, und es handelte sich darum, ob der eine Kaufvertrag, der bei dieser Gelegenheit abgeschlossen war, richtig verstempelt war oder ob ein Stempel von 20 ℳ mehr erhoben werden mußte. Es war keine grundsätzliche Frage, sondern es drehte sich im wesentlichen nur um die Beurteilung dieses konkreten Vertrages. Der Stempelfiskal verfügte, es sollten 20 ℳ eingezogen werden. Die Gerichtskasse ordnete es an. Man beschwerte sich, zunächst entschied der Amtsrichter, dann in zweiter Instanz das Landgericht. Darauf ging die Sache im Beschwerdewege an das Kammergericht, das waren im ganzen 9 Richter. Sodann wurde der Prozeßweg beschritten: Landgericht, Oberlandesgericht, endlich Reichsgericht, das Urteil wurde aufgehoben und zurückverwiesen an das Oberlandesgericht, dann kam sie zum zweiten Male an das Reichsgericht. Wenn Sie nur die Richter zusammenzählen, nicht die Anwälte, so bekommen Sie im ganzen 3 Dutzend Rechtsgelehrte heraus, die sich über diese Frage die Köpfe zerbrochen haben. Das muß man doch wahrlich Kraftvergeudung nennen!

Daß man den Nichtrechtsgelehrten nicht entbehren kann, sowohl für die Tatfrage wie für die Rechtsfrage, das sagen uns schon ältere deutsche Quellen. Ich habe gerade eine Stelle zur Hand, die lautet: „Swer noch ze rehte rihten soll, der musz gemeine liute urteilde vragen."

Das Argument kann ich nicht gelten lassen, daß der Nichtjurist nicht zur Entscheidung von Rechtsfragen befähigt sei. Ich will nur auf eins hinweisen: wer macht denn heute unsere Gesetze!? Sie sind doch unsere wichtigste und bedeutendste Rechtsquelle. Wenn sie von Leuten gemacht werden können, die nicht Rechtsgelehrte zu sein brauchen, wenn man diese Nichtrechtsgelehrten für fähig hält, grundsätzliche Fragen auf Jahrzehnte hinaus zu entscheiden, dann weiß ich wirklich nicht, warum der Nichtrechtsgelehrte nicht auch mitwirken könnte, wenn es sich darum handelt, die Rechtsfrage des einzelnen Falles zu entscheiden. Und nicht nur die Gesetze läßt man von Nichtjuristen mitmachen, auch zur Vorbereitung der Gesetze werden Kommissionen einberufen, zu denen verständigerweise von den Justizverwaltungen keineswegs bloß Rechtsgelehrte herangezogen werden, sondern es wird Wert darauf gelegt, auch Nichtrechtsgelehrte aus den betreffenden Kreisen dabei zu haben, um deren Meinungen und Auffassungen über die in Betracht kommenden Rechtsfragen zu hören.

Wenn ich die Notwendigkeit anerkenne, daß im Gericht außer Rechtskenntnis auch Sachkenntnis vertreten sein muß, und wenn ich es deswegen befürworte, daß das Gericht aus Rechtskundigen und Sachkundigen zusammengesetzt wird, so soll dabei gewiß nicht daran gedacht werden, daß der eine Teil die Tatfrage und der andere Teil die Rechtsfrage entscheidet — sondern alle zusammen sollen gemeinsam beide Fragen entscheiden. Wie machen wir es denn, wenn z. B. in der Kommunal- oder Staatsverwaltung Fragen entschieden werden müssen, zu deren Entscheidung Kenntnisse aus verschiedenen Gebieten, Kenntnisse des öffentlichen Rechts, Zivilrechtskenntnis, vielleicht auch die Kenntnisse eines Architekten, Ingenieurs oder Hygienikers nötig sind? Dann bilden wir ein Kollegium und setzen verschiedene Leute hinein, von denen die einen über diese, die anderen über jene Kenntnisse verfügen. Sie zusammen sind in der Lage, die Fragen von den verschiedenen Gesichtspunkten aus zu betrachten, von denen aus sie betrachtet werden müssen, um sie verständig zu beurteilen.

Und nun der Einwurf, der erhoben wird: wenn wir erst einmal anfangen, Sondergerichte für einzelne Gebiete zu befürworten, dann ist die Schleuse gezogen und die Flut der Sondergerichte bricht herein. Herr Geheimrat Kübler hat ganz richtig angedeutet, diese ganze Frage läßt sich kaum aus ihrem Zusammenhange mit der Gesamtorganisation des bürgerlichen Rechtsstreits lösen. Die Bezeichnung eines in bestimmter Weise zusammengesetzten Gerichtes als „Sondergericht" ist nur solange berechtigt, als sie eine Ausnahme von der sonstigen Besetzung der Gerichte bildet, also ähnlich wie heute die Kammern für Handelssachen. Sobald aber anerkannt wird, daß auch über das Gebiet des gewerblichen Rechtsschutzes hinaus, das uns heute allein beschäftigt, das Bedürfnis besteht, im Gericht neben der Rechtskenntnis die Sachkunde vertreten zu sehen, und sobald man sich entschließt, dieser Forderung ganz allgemein gerecht zu werden, von diesem Augenblicke an fällt die Bezeichnung eines aus Rechtskundigen und Sachkundigen gebildeten Gerichtes als „Sondergericht". Ich bin weit davon entfernt zu befürworten, daß wir die Bedeutung der uns gestellten Frage über ihren engeren Kreis hinaus irgendwie ausdehnen. Dazu sind wir gar nicht in der Lage. Es ist vollkommen richtig, die Frage in der Weise zu behandeln, daß sie für einzelne abzugrenzende Gebiete des Rechtslebens zunächst gesondert geprüft wird. Nur darf man sich nicht dadurch schrecken lassen, daß, wenn wir zu dem Ergebnis kommen: in das Gericht gehören neben den Rechtsgelehrten auch Sachkundige — daß dann Sondergerichte über Sondergerichte entstehen und schließlich nicht einmal das Gericht für Zeitgenossen übrigbleibt, sondern das bloß rechtsgelehrte Gericht überhaupt verschwindet, oder nur noch tätig wird, wenn die Parteien damit zufrieden sind. Denn damit würden wir ja einer vorurteils- und bedingungslosen Prüfung der Frage von vornherein den Boden entziehen.

Es wird sich voraussichtlich bald Gelegenheit bieten, auch zu dieser Frage allgemein Stellung zu nehmen. Denn wie wir in der Eröffnungssitzung gestern gehört haben, hat der Herr Staatssekretär des Reichsjustizamtes erklärt, daß man sich nicht lange mehr der Notwendigkeit wird verschließen können, an eine durchgreifende Reform des bürgerlichen Rechtsstreites heranzutreten, sobald nur erst die große Reform des Strafrechts und der Strafrechtspflege erledigt sein wird. Ich darf dazu mitteilen, — es ist ja kein Geheimnis — daß die Ständige Deputation des Juristentages sich dieser Situation vollkommen bewußt und deshalb entschlossen ist, daß der Juristentag nicht wartet, bis künftig etwa ein Gesetzentwurf vorliegt, sondern daß er die Vorbereitung einer allgemeinen Neugestaltung des bürgerlichen Rechtsstreites schon jetzt selbständig in sein Arbeitsprogramm aufnimmt. (Bravo!)

Was endlich die Befürchtung betrifft, daß man mit gemischten Gerichten einen Sprung ins dunkle Ungewisse tun würde, so scheint es mir doch einen Weg zu geben, um ihr zu begegnen. Warum sollte man nicht, bevor man an eine gesetzliche Festlegung herangeht, ich möchte sagen Laboratoriumsversuche anstellen können. Es ließen sich z. B. bei den Juristenfakultäten Einrichtungen treffen, die etwa den Seminaren angegliedert werden könnten, und die die Möglichkeit bieten würden, daß sie von den Parteien als Schiedsgerichte angerufen werden. Auch an die Handelskammern kann man dabei denken. Diese haben zum Teil schon organisierte Schiedsgerichte. An diesen Stellen könnten die nach verschiedenen Gesichtspunkten zusammengesetzten Gerichte in praktischen Versuchen erprobt und studiert werden, und es müßte sich zeigen, welche Resultate nach diesem oder jenem Vorschage erzielt werden. Da die endgültige Lösung der Frage noch nicht in den nächsten Jahren, vielleicht in einem Jahrzehnt erfolgen kann, so wäre Gelegenheit geboten, inzwischen wertvolle Beobachtungen und Erfahrungen in zuverlässiger Weise zu machen.

Für die heutige Verhandlung komme ich zu dem Ergebnisse, daß der Antrag, welcher von Herrn Dr. Degen und Herrn Dr. Seligsohn gestellt ist — derselbe soll doch so bestehen bleiben, wie er gedruckt überreicht ist?:

„Die Einführung von Sondergerichten für Streitigkeiten aus dem Gebiete des gewerblichen Rechtsschutzes entspricht nicht dem Interesse der Rechtspflege und ist deshalb abzulehnen“

von mir nicht befürwortet werden kann. Schon deshalb nicht, weil es doch nicht entscheidend ist, ob es im Interesse der Rechtspflege liegt, sondern ob es den Interessen der Rechtsuchenden entspricht. (Zuruf: Das ist doch kein Gegensatz!) Ich habe diesen Einwand aus der Begründung entnommen, hauptsächlich des Herrn Dr. Degen, da er betont, daß die bestehende Organisation gründlich erschüttert werden würde (Widerspruch des Herrn Dr. Degen). Danach würde ich, wenn das als identisch betrachtet werden soll, dieses eine Bedenken fallen lassen. Meine übrigen Gründe gegen den Antrag aber bleiben bestehen.

Was die anderen Anträge anlangt, so scheint mir der Antrag des Herrn Dr. Rathenau im wesentlichen mit dem Antrag des Herrn Professor Dr. Apt übereinzustimmen. Im großen und ganzen gehen sie dahin, daß die im Rahmen der jetzt bestehenden Einrichtungen bereits durchgeführten Maßnahmen ausreichend sind, um den berechtigten Wünschen Genüge zu leisten. In Einzelheiten unterscheiden sie sich noch. Ich brauche darauf nicht einzugehen, denn schon ihren gemeinsamen Inhalt muß ich ablehnen, weil die im Rahmen der bestehenden Einrichtungen vorgeschlagenen und durchgeführten Maßnahmen sich keineswegs als ausreichend erwiesen haben, um den begründeten Beschwerden Abhilfe zu leisten.

Und so komme ich zu dem Antrag Isay. Mir persönlich würde es sehr erwünscht sein, wenn der Juristentag zu einem Beschlusse gelangen könnte, der einfach dahin lautet:

> „Es empfiehlt sich, für Sachen des gewerblichen Rechtsschutzes aus Rechtsgelehrten und technischen Richtern zusammengesetzte Gerichte einzurichten."

Ich erkenne aber an, daß das ja auch der wesentliche Kernpunkt des Antrages Isay ist, und daher möchte ich Sie bitten, die sämtlichen vier Thesen des Herrn Dr. Isay eventuell, wenn gegen die vierte These zurzeit noch Bedenken bestehen sollten, jedenfalls die drei ersten Punkte dieses Antrages anzunehmen. (Bravo und Händeklatschen.)

Regierungsrat Dr. **Rathenau** (Berlin): Meine Herren! Zunächst möchte ich meiner Verwunderung darüber Ausdruck geben, daß sich in der Diskussionsrede des Herrn Justizrat Dr. Wildhagen keine neuen Momente befunden haben im Vergleich zu denen, die wir schon in Leipzig auf dem Kongreß des Deutschen Vereins für gewerblichen Rechtsschutz im Jahre 1908 gehört haben. Ziemlich genau das, was er in Leipzig gesagt hat, hat er hier wiederholt. Ich habe besonders ein Eingehen auf das Hauptargument des Herrn Justizrat Dr. Seligsohn vermißt, daß sich nämlich seit dem preußischen Justizministerialerlaß vom 11. 10. 1907 und der sich daran anschließenden entsprechenden Erlasse der anderen Bundesstaaten die Zustände auf dem einschlägigen Gebiete erheblich gebessert haben. Justizrat Dr. Wildhagen hat die Sache auch heute noch so dargestellt, als ob die Verhältnisse auch jetzt noch dieselben wären, wie vor dem preußischen Erlasse vom 25. 11. 1904 und dem genannten Erlaß von 1907. Das ist aber nicht zutreffend. Wir müssen heute bei unseren Erörterungen davon ausgehen, daß sich die Verhältnisse geändert und gebessert haben, wie Ihnen dies Justizrat Dr. Seligsohn auseinandergesetzt hat. —

Sodann hat Justizrat Dr. Wildhagen gemeint, es sei ein Unding, daß die Juristen erst durch die Sachverständigen in technischen Dingen informiert werden müßten; es solle der Sachverständige mit ins Beratungszimmer gehen und mit vollem Stimmrecht auf der Richterbank sitzen. Er meint, hierzu bedürfe es keines großen Schrittes. Das ist meines Erachtens aber gerade die zu entscheidende Frage, ob wir den Sachverständigen in das Beratungszimmer mitnehmen, oder nicht. Gerade das ist ja der springende Punkt, daß der Sachkundige nicht mit am Richtertisch sitzen soll, und zwar, abgesehen von allem andern, aus Gründen, die der Reichsgerichtsrat Dr. Düringer ganz besonders scharf noch jüngst in der Leipziger Zeitschrift für Handels-, Konkurs- und Versicherungsrecht 1910, S. 664 ff. hervorgehoben hat und die sich im wesentlichen auch mit dem decken, was ich in meinem Gutachten ausgeführt habe. Ich möchte nur folgende Stelle aus dem Aufsatz Düringers verlesen:

„Entweder ist der Technikerrichter in der zu entscheidenden Frage überhaupt nicht Sachverständiger, weil er, wie es sehr oft vorkommen wird, keine Spezialkenntnisse oder Erfahrungen auf dem betreffenden Gebiete besitzt. Dann ist seine Position im wesentlichen dieselbe, wie die des gelehrten Richters, der sich gewisse allgemeine Kenntnisse auf technischem Gebiete durch längere Praxis in Sachen des gewerblichen Rechtsschutzes erworben hat. Oder aber der Technikerrichter ist und fühlt sich sachverständig. Dann stehen sich, wenn er mit dem vom Gericht aufgestellten Sachverständigen differiert, wissenschaftliche Ansichten gegenüber. Die zur Entscheidung mitberufenen gelehrten Richter sind dann jeweils vor die Frage gestellt, ob sie dem unter der Garantie der Parteiöffentlichkeit erstatteten Gutachten des Sachverständigen oder ob sie dem in der geheimen Beratung abgegebenen Votum ihres technischen Richterkollegen mehr

Autorität zukommen lassen wollen. Einen Vorteil für die Urteilsfindung, eine Garantie für ein objektiv richtigeres Erkenntnis vermag ich hierin nicht zu erblicken, wohl aber die ernste Gefahr einer Verschlechterung der Rechtspflege auf dem Gebiete des gewerblichen Rechtsschutzes."

Wenn das ein Mann, wie der Reichsgerichtsrat Dr. Düringer, der die Sache aus allernächster Nähe kennt, sagt, so kann man darüber schlechterdings nicht hinweggehen.

Sodann hat Justizrat Wildhagen darauf hingewiesen, daß man gewissermaßen „Laboratoriumsversuche" in Gestalt von Schiedsgerichten einführen könnte. Ich habe bereits früher in einem Aufsatze in der Leipziger Zeitschrift 1908, S. 494 darauf hingewiesen, wie wenig Gebrauch von den Schiedsgerichten im allgemeinen gemacht wird. In Ergänzung dieser Angaben kann ich heute mitteilen, was der Verein zur Wahrung der wirtschaftlichen Interessen der elektrotechnischen Industrie Deutschlands im April dieses Jahres bezüglich der Schiedsgerichte in Gebrauchsmusterstreitigkeiten in seinem Tätigkeitsbericht für das Jahr 1909 zur Kenntnis gebracht hat. Dieser Verein besitzt eine Schiedsgerichtsordnung für Streitigkeiten seiner Mitglieder in Gebrauchsmustersachen; er empfiehlt seinen Mitgliedern ausdrücklich, davon Gebrauch zu machen! Da hat sich nun in der Praxis ergeben, daß von acht Fällen, in denen während der drei Jahre des Bestehens der Schiedsgerichtsordnung die Einleitung des Schiedsgerichtsverfahrens beantragt worden war, nur vier durch Schiedsspruch erledigt worden sind. In zwei Fällen konnte von der Bildung eines Schiedsgerichtes abgesehen werden, da die Parteien sich auf Intervention des Berichterstatters gütlich einigten, in einem Falle bestand der Beklagte auf Austrag der Streitigkeiten vor den ordentlichen Gerichten. Das sind also acht Fälle in drei Jahren! Ich meine, das zeigt so deutlich, daß von den Schiedsgerichten wenig Gebrauch gemacht wird, daß man nicht weiter darauf verweisen sollte. — Andere Fälle von ständigen Schiedsgerichten auf technischem Gebiete sind mir nicht bekannt geworden. Die Schiedsgerichte im Handelsverkehr, Theater-, Börsen- und andere ähnliche Schiedsgerichte kommen hier zum Vergleich nicht in Betracht. Soviel als Entgegnung auf das, was Herr Justizrat Dr. Wildhagen soeben ausgeführt hat.

In Ergänzung meines schriftlichen Gutachtens muß ich aber auf einige Punkte eingehen, um Bedenken zu widerlegen, die dagegen geltend gemacht worden sind. Ich halte zunächst das, was Oberlandesgerichtsrat Dr. Finger in der Deutschen Juristenzeitung 1910, S. 952 gegen die Statistik eingewendet hat, nicht für stichhaltig; er meint, daß, „wenn auch die Zahl der in Betracht kommenden Rechtsstreite eine verhältnismäßig geringe sei, dies doch niemals die Überlassung an ungeeignete Richter rechtfertigen würde." Darin ist ihm natürlich durchaus beizustimmen. Aber dieser oder auch nur ein ähnlicher Gedankengang lag bei Erhebung der Statistik durchaus fern; sonst hätten doch wohl auch die Justizverwaltungen nicht in so dankenswerter Weise das Material geliefert! Die Statistik war aus anderen Gründen notwendig! Vor dem Leipziger Kongreß war zunächst die Behauptung aufgestellt worden, die Prozesse dauerten zu lange. Das ist durch die Statistik bündig widerlegt, wie Justizrat Dr. Seligsohn schon dargelegt hat. Dann war behauptet worden, die für Preußen gewonnenen Zahlen seien nicht maßgeblich. Auch das ist durch meine neuere Statistik widerlegt; zu ihrer Ergänzung habe ich ferner den bayrischen Herrn Justizminister gebeten, mir das einschlägige bayerische Material zur Verfügung zu stellen; obwohl auch der Herr Mitgutachter, Rechtsanwalt Dr. Cahn das Material von dem bayrischen Herrn Minister erhalten hat, wird er wohl nichts dagegen haben, wenn ich es hier vorbringe, zumal ich mich bereits im Mai an den Herrn Minister gewandt hatte. Ich möchte mir erlauben, eine auf Grund des amtlichen Materials von mir gefertigte Zusammenstellung als Protokollanlage zu überreichen, damit das gesamte Material, nach einheitlichen Gesichtspunkten geordnet, an einer Stelle beisammen ist. -- (Überreicht dem Vorsitzenden die Zusammenstellung.) —Da ich Sie nicht mit vielen Zahlen behelligen will, möchte ich augenblicklich nur folgende recht interessante Ziffern mitteilen: die Zahl der Rechtsstreitigkeiten aus dem Gebiete des Patentrechtes stellte sich während der fünf Jahre 1905 bis 1909 im ganzen Königreich Bayern unter Berücksichtigung sämtlicher Landgerichte auf 129, die Zahl der Gebrauchsmustersachen auf 166, zusammen 295 Sachen! Die meisten Sachen hat natürlich das Landgericht München, doch kommt es in Patentsachen nicht über zehn pro Jahr hinaus, in Gebrauchsmustersachen hatte es deren einmal 11. Nürnberg bleibt auch unter 10 Patentsachen jährlich zurück. Die sämtlichen fünf Oberlandesgerichte hatten im selben Zeitraum 51 Patent- und 19 Gebrauchsmustersachen zu bearbeiten! Interessant ist es, zu beobachten, daß die bayrischen Verhältniszahlen sich durchaus mit den Zahlen decken, die ich in meinem Gutachten (S. 361) festgestellt habe, und zwar dahin, daß die Zahl der Patent- und Gebrauchsmustersachen, berechnet auf die Zahl der landgerichtlichen Sachen, in dem Jahre 1908 sich in sämtlichen 5 Oberlandesgerichtsbezirken Bayerns durchschnittlich auf nicht mehr als 0,3 % beläuft; nur für das Oberlandesgericht Nürnberg stellt sich diese Ziffer auf

0,4 %, dagegen für Bamberg auf 0,04 %, für München auf 0,145 %, für Augsburg auf 0,266 % und endlich für Zweibrücken auf 0,323 %! Es bestätigt sich also das, was ich für Preußen, Sachsen, Hamburg und Baden festgestellt hatte, daß die Zahl der Patent- und Gebrauchsmustersachen nicht mehr als 0,3 % aller Landgerichtssachen ausmacht. — Die Justizverwaltung in Hessen hat mir leider Material nicht zur Verfügung stellen können; nach Mitteilungen, die mir von maßgebender Seite geworden sind, sollen die Zahlen ebenfalls nicht erheblich sein; jedenfalls wird Hessen verhältnismäßig nicht mehr solcher Sachen haben, als die anderen Bundesstaaten. Wenn wir nun diese geringe Zahl von Sachen haben feststellen können, so müssen wir weiter erkennen, daß eben für so wenige Sachen keine Sondereinrichtungen getroffen werden können. Das einzige, was wir tun können, ist, auch für diese wenigen Sachen im Rahmen der bestehenden Rechtsordnung die besten und geeignetsten Richter zu bestellen; hierauf komme ich noch zurück. Unzutreffend ist auch die Behauptung, daß, wenn nicht die Zahl, so doch die wirtschaftliche Bedeutung der Patentsachen ausschlaggebend sein müsse; denn auch mit Bezug auf ihren materiellen Wert, stehen die Patentsachen nicht einzig da: es ist schon an die schwierigen Börsensachen erinnert, bei denen weitgehende wirtschaftliche Interessen auf dem Spiele stehen. Es kann ferner erinnert werden an die so wichtigen Stempelsachen, die von großem fiskalischem Interesse sind — ich denke nicht an das vorhin erwähnte Beispiel mit den 20 ℳ —, es seien weiter genannt das Gesellschaftsrecht, die Statusrechte u. a. mehr. Dieses Argument von den hohen Objekten kann also nicht verfangen, da sie auch auf anderen Gebieten vorkommen. So glaube ich, daß auch die Statistik bei unseren Erörterungen ein gewichtiges Wort mitzusprechen hat, und ich möchte deshalb hier nochmals den Justizverwaltungen, die mich bei der Sammlung des Zahlenmaterials unterstützt haben, meinen ehrerbietigsten Dank aussprechen. — Im Anschluß hieran muß ich noch auf das eingehen, was Rechtsanwalt Dr. Cahn besonders in bezug auf Bayern gegen meine Statistik und die daran geknüpften Folgerungen auszusetzen gefunden hat, daß nämlich nach meiner Behauptung Bayern kein Interesse daran haben könne, einen zentralisierten Patentgerichtshof für das ganze Deutsche Reich in Bayern zu etablieren. Die bayrischen Zahlen sind wahrlich doch so gering, daß niemand ernstlich daran denken kann, die sämtlichen Sachen aus dem Reich nach Bayern zu bringen. Ich glaube nicht, daß die Stimmung dafür besonders günstig sein dürfte, selbst wenn die Bedeutung des gewerblichen Rechtsschutzes in Mittelfranken so groß ist, wie es Rechtsanwalt Cahn schildert!

Und noch in einem andern Punkte muß ich meinem Mitgutachter Cahn auf das entschiedenste entgegentreten: Er hat nämlich,— wie Rechtsanwalt Dr. Isay, der in dieser Sache mein Gegner ist, dem ich aber insoweit zustimme, schon bemerkt hat, — in seinem Gutachten die Ansicht vertreten, daß es sich bei der Frage der Patentsondergerichte um einen Interessenstreit zwischen Juristen und Technikern handele und daß diese ganze Frage der Sondergerichte eine Standesfrage sei. Ich lege das größte Gewicht darauf, gerade als Mitglied einer gemischten Behörde, ausdrücklich zu betonen, daß von einer Standesfrage im Sinne eines Interessengegensatzes zwischen Juristen und Technikern, oder von einem Einbruch in das Juristenmonopol oder von einer Bevorzugung des Juristen und dergleichen nicht die Rede sein kann. Im Gegenteil, wir Juristen wollen und müssen mit den Technikern zusammenarbeiten, und zwar der Techniker nach Ansicht der einen: „vor", nach Ansicht der anderen: „hinter" der Barre; gerade deshalb dürfen wir zwischen Juristen und Technikern keinen Zwiespalt säen; wir Juristen sind auf ihre Mitarbeit mehr oder minder angewiesen. Die technische Intelligenz durchdringt das ganze öffentliche Leben so, daß es rückständig wäre, wenn wir den Forderungen der Techniker, soweit sie berechtigt sind und sich im Interesse des Ganzen und der Rechtspflege rechtfertigen lassen, Schwierigkeiten in den Weg legten. Aber zwischen dem, was ich sage, und dem, was die Anhänger der Sondergerichte vertreten, ist ein himmelweiter Unterschied. Denn — ich brauche das wohl nicht noch einmal näher darzulegen — es ist selbstverständlich, daß über die Patentsachen als Richter nur ein Jurist und nur jemand urteilen kann, der in der Rechtswissenschaft und Rechtskunde durchaus erfahren ist. Sehr treffend hat Reichsgerichtsrat Dr. Burlage (in Gruchots Beiträgen Bd. 54, S. 700) ausgeführt, wie „die Durchdringung des Erfinderrechts mit dem Untergrundpfluge des allgemeinen bürgerlichen Rechtes zu den vornehmsten Aufgaben gehören möchte, die auf patentrechtlichem Ackerfelde der Lösung harren". Diese Durchdringung des Patent- mit dem Zivilrecht ist unmöglich für jemand, der nicht wirklich Rechtswissenschaft studiert und nicht juristisch zu denken und urteilen gelernt hat. Das liegt aber nicht in der Vorbildung und ist nicht Aufgabe der Techniker. Wir dürfen doch nicht vergessen, daß in einer ganzen Reihe von Sachen wirklich nur reine Rechtsfragen zu entscheiden sind, die der Techniker ohne volle juristische Durchbildung gar nicht lösen kann. Ich erinnere an die Abhängigkeitspatente, an die Kombinationspatente, über die sich selbst die hervorragendsten Juristen noch nicht einigen können, ferner an die Frage der Unteransprüche, die alle die intrikatesten Rechtsfragen in sich schließen. Daß da die Techniker als solche etwas helfen können, ist ziemlich ausgeschlossen. Weiter möchte ich auf das hinweisen, was ein Rechtslehrer an der Technischen Hochschule zu Charlottenburg kürzlich gesagt hat, der die Dinge einigermaßen überschaut; Professor Dr. Koehne schreibt in der Zeitschrift des Verbandes Deutscher Diplomingenieure 1910, S. 354, „daß für das Studium des Technikers Rechts-, Verwaltungs- und Wirtschaftskunde als Wissenschaft im engeren Sinne nicht in Betracht kommen können." Was die Techniker sich aneignen können, ist also nur oberflächliche Kenntnis der Patentrechtswissenschaft, neben der Wissenschaft ihres engsten Fachgebietes. Damit ist es aber für die Entscheidung der Patentprozesse nicht getan! Wir gebrauchen auch unabhängige, absolut objektive Richter, und ein solcher Richter kann nach alledem, was ausgeführt ist, nur der speziell ausgebildete Jurist sein.

Ich komme damit auf die Thesen des Herrn Dr. Isay, deren zweite ich nicht unbedingt ablehnen möchte. Ich stehe ebenfalls auf dem Standpunkte, daß unsere Juristen, insbesondere die Richter in Patentsachen eine besondere technische Ausbildung haben müssen, die sie für gewöhnlich heute noch nicht erhalten können, weil sie eben beim Studium oder nachher in der Referendarzeit nicht wissen, daß sie auf diesem Gebiete beschäftigt werden. Deshalb habe ich in meinem Gutachten vorgeschlagen, man solle erst die Assessoren bzw. die Richter, die in die sog. Patentkammern gesetzt werden, besonders ausbilden. Wenn nun auch Isay im Prinzip scheinbar dasselbe verlangt, so widerspricht er sich doch, wenn er in These 2 eine „besondere technische Vorbildung" und in These 3a eine „abgeschlossene technische Vorbildung" verlangt. Nach der sonstigen scharfen Ausdrucksweise des Herrn Dr. Isay muß ich annehmen, daß er da tatsächlich einen Unterschied machen will, indem er grundsätzlich das Minus einer „besonderen technischen Vorbildung", für die praktische Ausgestaltung dagegen das Majus, nämlich die „abgeschlossene technische Fachbildung" fordert. Daß letzteres überflüssig und absolut undurchführbar ist, hat Herr Justizrat Dr. Seligsohn unwiderleglich nachgewiesen. Der Jurist kann nicht auf allen Gebieten sach- und fachkundig sein! Das kann aber der Techniker auch nicht! Ein Chemiker kann nicht in elektrischen Prozessen und ein Mechaniker nicht in chemischen Sachen als fachkundiger Richter gelten! Wir können andererseits aber auch nicht für jeden Prozeß einen besonderen, in dem betreffenden Fache ausgebildeten Juristen haben. Das ist utopisch. Man muß mit den Dingen rechnen, wie sie sich praktisch gestalten! Man kann daher nur verlangen, daß der Jurist so weit vorgebildet ist, um die Sachverständigen richtig zu vernehmen und ihre Gutachten richtig zu beurteilen, wie ich dies in meinem Gutachten näher dargelegt habe (S. 341).

Herr Dr. Kloeppel hat in der Zeitschrift „Markenschutz und Wettbewerb" 1910, S. 343 bei Besprechung der Münchener Hauptversammlung des Vereins Deutscher Chemiker ausgeführt, es hätte sich aus meiner Statistik ergeben, daß wir bereits in Berlin ein zentralisiertes Gericht hätten. Das ist in gewissem Sinne für Preußen richtig; es werden mehr als die Hälfte der einschlägigen Prozesse in Berlin geführt. Nun sagt aber Dr. Kloeppel weiter, es würde kein weiter Schritt mehr sein, von zentralisierten Patentgerichten überzugehen zu dem Patentgericht der Sondergerichtsanhänger. Ich glaube, darüber nicht viel Worte verlieren zu brauchen. Das ist eben der Kardinalpunkt: gehört der Sachverständige mit ins Beratungszimmer oder nicht? Herr Dr. Kloeppel glaubt zwar, sich auf die 16. Zivilkammer des Landgerichts I Berlin berufen zu können, „die vielleicht die theoretischen Bedenken gegen die Mitarbeit von Technikern bei der Rechtsprechung am wenigsten teilen" würde; er wird aber wohl durch den Aufsatz meines früheren Kollegen Landrichter Dr. Schlichting eines besseren belehrt worden sein, der unzweideutig erklärt hat, daß er nicht auf diesem Standpunkt steht.

Nun noch folgendes: Es ist mehrfach die Rede gewesen von der neueren Rechtsprechung des Reichsgerichtes hinsichtlich der Auslegung von Patenten. Ich will mich über diese außerordentlich schwierige Frage, die Professor Schanze auch in der letzten Nummer von „Markenschutz und Wettbewerb" 1910, S. 358 ff. behandelt hat, nicht weiter auslassen; aber folgendes ist doch unstreitbar: Das Reichsgericht hat in der bekannten Entscheidung vom 9. Februar 1909, der noch andere gefolgt sind, unzweideutig ausgesprochen, daß man in der Auslegung der Patente — was man unter „Auslegung" versteht, will ich dahingestellt sein lassen — nicht mehr, wie ich sagen möchte, die Buchstabeninterpretation, die bis dahin bei den Gerichten ziemlich gang und gäbe war, weiter verfolgen solle, sondern daß man mehr und mehr auf den Stand der Technik z. B. der Anmeldung zurückgreifen müsse, wie es schon Reichsgerichtsrat Dr. Hagens in einem Aufsatze im „Gewerblichen Rechtsschutz und Urheberrecht" 1908 S. 341 ff. ausgeführt hatte. Das ist ganz zweifellos ein Schritt auf dem Wege zur gemäßigten Freirechtsbewegung, eine Konzession an diese Freirechtsbewegung. Es gilt für das Reichsgericht, auch in dieser Beziehung mehr die objektive materielle Wahrheit zu erforschen. Diesem Standpunkte des Reichsgerichtes werden sich die Untergerichte nicht entziehen können. Auch sie werden auf den Stand der Technik Rücksicht nehmen müssen und von der Buchstabeninterpretation immer mehr Abstand nehmen. Geht man davon aus, so kann man die Hoffnung hegen, daß mehr und mehr die Rechtssprüche der Untergerichte der materiellen Wahrheit entsprechen und zu objektiv befriedigenden Ergebnissen führen werden, mit denen höchstens der unterliegende Teil, nicht aber mehr beide Parteien unzufrieden sein werden. Ich halte diese neuere Reichsgerichtsjudikatur für außerordentlich wertvoll, weil sie zeigt, daß wir auch in der Patentrechtsprechung materiell auf eine andere Bahn kommen können. Es muß sich erst zeigen, ob sich diese Erwartung verwirklichen wird und ob nicht gerade auf diesem Wege, also in der materiellen Rechtsprechung sich noch Besserungen, so weit sie nötig sind, werden erreichen lassen; erst wenn auch diese Hoffnung fehlschlüge, könnte man an Fehler in der Organisation der Gerichte glauben!

Die Angriffe Cahns gegen das Institut der Handelsrichter glaube ich nicht eingehender widerlegen zu sollen; vielleicht wird von kompetenterer Seite darauf reagiert werden. Ich erwähne sie hier nur, weil auch ich die Handelsrichter und die Kammern für Handelssachen nicht für geeignet zur Entscheidung schwieriger technischer Aufgaben erklärt habe; zwischen meinen Ausführungen und denen des Herrn Rechtsanwalt Cahn besteht ein wesentlicher Unterschied; jedenfalls geht es zu weit, die Rechtsprechung der Kammer für Handelssachen en bloc zu verwerfen.

Ich komme nun zur Begründung meiner Anträge. Ich stehe auf dem Standpunkte, daß wir hier allerdings das Bedürfnis für Sondergerichte auf dem Gebiet des gewerblichen Rechtsschutzes prinzipiell und einstimmig verneinen sollen. Das schließt aber meines Erachtens nicht aus, daß wir anerkennen, es könnten in gewisser Hinsicht Maßnahmen ergriffen werden, die eine weitere Besserung der Rechtsprechung gewährleisten, die zwar heute schon ergriffen sind, aber noch verstärkt werden können; keine neue Bahn will ich einschlagen, das Prinzip der Rechtseinheit will ich nicht durchbrechen, und nach Möglichkeit an den allgemeinen Prinzipien festhalten, wie dies ganz grundsätzlich Herr Direktor Degen will. Wir haben nun heute bereits in fast sämtlichen Bundesstaaten zentralisierte Gerichte für die Sachen des gewerblichen Rechtsschutzes, indem bei einzelnen größeren Landgerichten sog. Spezialkammern gebildet worden sind; in Sachsen ist, soviel mir bekannt ist, dies bei allen Landgerichten der Fall, in Bayern, glaube ich, ebenso; wenn in Preußen nur bei einzelnen größeren Landgerichten solche Kammern gebildet sind, so hat dies seinen Grund darin, daß das Bedürfnis dafür nur in beschränktem Umfang besteht;

meine Statistik hat ja ergeben, daß sich nur bei einigen wenigen Gerichten die einschlägigen Sachen häufen. Hiervon ausgehend, bilden meine Anträge ein einheitliches Ganzes: der erste bezweckt eine Konzentration der Gerichte und der zweite eine Sonderausbildung der Richter. Wenn wir nämlich nur an einigen Orten solche Sonderkammern haben, dann können die Justizverwaltungen auch dafür sorgen, daß für diese wenigen Gerichte besonders geeignete und gut vorgebildete Juristen als Richter fungieren. Dies wäre nicht möglich, wenn an jedem oder an vielen Landgerichten solche Kammern eingerichtet würden. Je geringer die Zahl der Kammern, desto geringer notwendigerweise auch die Zahl der Richter, die dafür gebraucht werden. Wir brauchten ja nun allerdings keine gesetzlichen Maßnahmen zu ergreifen, um die Zahl der in Betracht kommenden Gerichte möglichst gering zu halten, wenn von der Prorogation des Gerichtsstandes weitgehender Gebrauch gemacht würde, also nur wenige Gerichte in die Lage kommen könnten, sich mit Patent- oder Gebrauchsmustersachen zu befassen. Wir wissen aber — ich habe das auch in meinem Gutachten ausgeführt —, daß mit der Prorogation in diesen Sachen nichts anzufangen ist. Eine Prorogation — ich glaube, das wird der Herr Vertreter des Ministers auch bestätigen können — ist schlechterdings in diesen Sachen unmöglich. Denn entweder sagt eine Partei: „ich vereinbare überhaupt nicht", oder sie sagt: „vor dem vorgeschlagenen Gericht bekomme ich ja gewiß Unrecht, da von ihm schon Präjudize vorliegen", oder es paßt sonst etwas nicht oder der Anwalt sagt: „ich will die Sache nicht aus den Händen geben". Es ist deshalb nicht genug, wenn wir wirklich dem Publikum so und soviel Sonderkammern zur Verfügung stellen und es ihm überlassen, sich eine von ihnen auszuwählen. Deshalb scheint es mir das Beste zu sein, daß das Publikum von Gesetzes wegen gezwungen wird — wie, das lasse ich vorläufig dahingestellt — in diesen Sachen vor bestimmten Gerichten Recht zu nehmen. Für diese wenigen Gerichte kann man dann auch die geeignetsten Richter stellen. Deshalb geht mein Antrag dahin:

1. Es ist wünschenswert, daß die einzelstaatlichen Bundesregierungen ermächtigt werden, die Verhandlung und Entscheidung von Streitigkeiten aus dem Gebiete des Patent- und Gebrauchsmusterrechts für alle oder mehrere Landgerichte je eines oder mehrerer Oberlandesgerichtsbezirke nur e i n e m Landgericht als örtlich ausschließlich zuständig zu überweisen und auch diesem Landgerichte die Entscheidung in zweiter Instanz gegen amtsgerichtliche Urteile zu übertragen.

Dieser letzte Zusatz ist notwendig, weil wir für die Amtsgerichte solche Sonderabteilungen zweifellos nicht schaffen können, bei der Ausdehnung der Kompetenz der Amtsgerichte diese aber häufiger als bisher mit solchen Prozessen zu tun haben werden, und wir deshalb wenigstens die Gewähr haben wollen, daß die Rechtsprechung in der zweiten Instanz einheitlich von besonders geeigneten Richtern gehandhabt wird. Die sonach erforderliche geringe Zahl von Patentrichtern kann man unschwer besonders ausbilden oder wenigstens in den Stand setzen, sich selbst besonders auszubilden, sei es in zwei oder drei Jahren; es erscheint mir unzweifelhaft, daß ein zweijähriges Studium hierzu genügt.

Also geht mein zweiter Antrag dahin:

> 2. Es ist wünschenswert, daß bei der Auswahl der für solche Sonderkammern bestimmten Richter auf ihre allgemeine technische Ausbildung besondere Rücksicht genommen wird.

Auch dieser mein zweiter Antrag bewegt sich in bekannten Bahnen. Zweckmäßig dürfte auch ein Austausch des Richterpersonals mit dem Patentamt sein, wie er auch seitens Preußens schon versucht worden ist; wie weit er sich allgemein durchführen läßt, entzieht sich meiner Beurteilung.

So glaube ich, daß wir durch juristische Richter das zu leisten in der Lage sind, was unsere Gegner durch Hinzuziehung technischer Richter günstigstenfalls zu erreichen hoffen könnten. Deshalb kann ich prinzipiell der These der Herren Degen-Seligsohn zustimmen; bitte aber meine Anträge als Zusatz anzunehmen.

Nur ein Wort noch zum Schlusse! Es ist mir vor wenigen Tagen in Berlin von technischer Seite entgegengehalten worden, wir trieben „Berufschauvinismus in Reinkultur". Das klingt ja sehr schön und ist wieder ein neues Schlagwort; aber ich glaube, wir können diesem Vorwurf in Ruhe entgegentreten. Wir treiben keinen Chauvinismus und keine Standespolitik, sondern wir wollen nur das Beste für die Allgemeinheit. Wovon wir uns leiten lassen, das ist nichts weiter wie Selbstbewußtsein, vielleicht stolzes Selbstbewußtsein; es ist aber auch früher schon von hervorragenden Juristen, und besonders seitens eines Herrn, der sich schon seit Jahren lebhaft mit dieser Frage beschäftigt hat, dem Herrn Reichsgerichtssenatspräsidenten a. D. Dr. Bolze gesagt worden: wir glauben der uns gestellten Aufgaben gewachsen und imstande zu sein, das zu leisten, was von uns erwartet wird, und wir werden das leisten! (Bravo und Händeklatschen.)

Geh. Oberjustizrat **Kübler**: Meine Herren! Ich möchte nur etwas kurz berichtigen. Herr Regierungsrat Dr. Rathenau sagte, der Vertreter des Ministers würde wohl zugeben, daß eine Prorogation unmöglich sei. Ich nehme an, daß Herr Regierungsrat Rathenau lediglich in seinem Ausdruck zu weit gegangen ist. Denn die Prorogation ist möglich, Herr Regierungsrat Rathenau hat selbst angeführt, daß sie bei der 16. Zivilkammer in Berlin in weitem Umfange durchgeführt wird. Dagegen ist richtig, daß die Prorogation nach den erstatteten Berichten an vielen Stellen auf praktische Schwierigkeiten gestoßen ist. Im Schoße der verbündeten Regierungen schweben Erwägungen, wie die Schwierigkeiten zu beseitigen und die Vorteile, die die Konzentration der Sachen des gewerblichen Rechtsschutzes bringt, etwa in anderer Weise zu erreichen sind. Über das Nähere bin ich gegenwärtig nicht ermächtigt, Auskunft zu geben.

Es wird beschlossen, die Rednerliste zu schließen und die Redezeit auf fünf Minuten zu beschränken.

Dr. jur. et phil. **Kloeppel** (Elberfeld): Meine Herren! Ich hätte als Techniker viel auf dem Herzen, aber ich muß mich mit Rücksicht auf die fünf Minuten Redezeit so kurz wie möglich fassen. Ich habe verschiedentlich schon die Ehre gehabt, mich an den Tagungen des Juristentages zu beteiligen und habe dabei gefunden, daß, wenn man da als Vertreter von Bedürfnissen der Industrie auftritt, man leicht in den Verdacht kommt, daß man Interessenvertreter wäre. Ich könnte das begreiflich finden, wenn wir uns über Interessen der Angestellten usw. unterhielten. Aber ich meine, hier bestehen solche Interessengegensätze nicht, und ich freue mich ganz besonders, aus dem bisherigen Verlauf der Debatte feststellen zu können, wie nahe wir eigentlich schon einander gekommen sind. Der Herr Vorredner hat zwar eben betont, wir wären noch weit voneinander, innerlich sind wir aber, glaube ich, sehr nahe. Es ist heute ausdrücklich betont worden, nicht der Gegensatz zwischen Technikern und Juristen sei Gegenstand des Streites, vielmehr ist der Technik nur in sehr liebenswürdiger Form von dem verehrten Herrn Berichterstatter Dr. Degen zugerufen worden — wie heißt es doch gleich mit dem Dichter: „Mein Kind, Du fragst nach Dingen, die Dir nicht geziemen." Das ist jedenfalls eine sehr friedliche Form des Streites, und ich freue mich, das konstatieren zu können.

Nun möchte ich, da die Ausführungen des Herrn Reichsgerichtsrat Düringer, auf dessen Urteil wir alle großen Wert legen, gegen die

Sondergerichte angeführt worden sind, auch darauf hinweisen, daß Düringer andererseits betont hat, er würde es nicht als capitis deminutio des Richterstandes betrachten, wenn man die Möglichkeit geben würde, einen Techniker zur Urteilsfällung zuzuziehen. Düringer sagt in seinem zitierten Aufsatz wörtlich:

„Es handelt sich m. E. im wesentlichen um eine Zweckmäßigkeitsfrage. Insbesondere scheiden — wenigstens für mich — alle prinzipiellen allgemeinen Gesichtspunkte aus, von denen aus man manchmal an die Frage herangetreten ist. Ich würde es nicht im geringsten für eine capitis deminutio des Richterstandes halten, wenn man zu der Erkenntnis gelangt wäre, daß der sogen. gelehrte Richter (d. h. der nur juristisch vorgebildete) den in Frage kommenden Aufgaben nicht gewachsen ist, oder wenn die Annahme wirklich begründet wäre, daß ein aus Juristen und Technikern besetztes Gericht qualitativ besser arbeitet.“

Nun ist verschiedentlich auseinandergesetzt worden, eine solche Organisation, wie wir sie vorschlagen, würde Schwierigkeiten machen. Ich bin aber nicht bange, daß wir in unserem Kreise Männer genug finden werden, die, wenn wir erst über das Prinzip einig sind, dafür auch die geeignete gesetzestechnische Formulierung finden werden. Auch die Personenfrage macht mir keine Sorge. Wenn wir demnächst sowieso zu einem zentralisierten Patentgericht in Berlin gekommen sein werden, werden sich genug technische Sachverständige in Berlin finden, die hauptamtlich oder nebenamtlich als Beisitzer fungieren können.

Damit komme ich auf einen Punkt, den ich in meinem kleinen, von dem Herrn Vorredner zitierten Aufsatz schon hervorgehoben habe. Herr Dr. Cahn sagt in seinem Gutachten: La vérité est en marche. Ich sage: La centralisation est en marche. Als größtes Bedenken, das auf mich den meisten Eindruck gemacht hat, wurde uns immer der Widerstand der Bundesstaaten angeführt. Wir haben dem in den Leipziger Vorschlägen durch den Gedanken der Dezentralisation Rechnung zu tragen versucht. Diesem Vorschlage wurde aber wieder entgegengehalten, dann werde es an dem nötigen Richtermaterial mangeln. Nun hat die Sache mit einem Male ein anderes Gesicht bekommen durch den wertvollen Plenarbeschluß des Reichsgerichts vom Oktober vorigen Jahres, der dem Verletzten die Möglichkeit bietet, sich unter den verschiedenen fora delicti commissi das für die Behandlung der Sache Geeignetste auszusuchen, an dem er dann alle Verletzungsfälle verfolgen kann. Ist nach den bemerkenswerten Mitteilungen in dem Rathenauschen Gutachten (S. 364) schon 1909 die Hälfte aller preußischen Sachen in Berlin anhängig gemacht worden, so zeigt die (ebenda in der Anmerkung erwähnte) Zunahme im I. Quartal 1910, daß dieser Plenarbeschluß schon sehr gewirkt hat. Über kurz oder lang werden also die etwa vorhandenen theoretischen Bedenken der Bundesstaaten durch die Praxis erledigt und überholt sein, und wir haben bald alle wichtigen Sachen bei der Berliner Patentkammer, die sich dann wohl längst zu mehreren ausgewachsen haben wird, versammelt! Dann ist es aber nur ein kleiner Schritt, wenn wir die Möglichkeit geben, nach Analogie der Kammern für Handelssachen diese bisher dreiköpfigen Patentkammern an den „Patenttagen" durch Zuziehung zweier technischer Richter zu einem fünfköpfigen Kollegium zu erweitern. Die Sache würde sich sehr einfach wie folgt gestalten können: Eine Änderung des Gerichtsverfassungsgesetzes ist ja auch nach dem Antrag Rathenau notwendig, der die ausschließliche Zuständigkeit einer kleinen Zahl von Landgerichten für Patentsachen usw. festsetzen will. In demselben Gesetz, durch das die Gerichtsverfassung reichsgesetzlich in dieser Weise abgeändert wird, kann man dann gleichzeitig den Bundesstaaten die Ermächtigung geben, soweit sich ein Bedürfnis dafür herausstellt, im Wege der landesherrlichen Verordnung die Zuziehung von technischen Beisitzern in geeigneter Weise vorzuschreiben. Bei einer Besprechung dieses Gedankens bin ich gestern seitens eines namhaften Parlamentariers darauf aufmerksam gemacht worden, daß dies durchaus kein gesetzgeberisches Novum sein würde, daß wir vielmehr ein sehr instruktives Beispiel der Art bereits in dem Gesetz über die Sicherung der Bauforderungen vom 1. Juni 1909 haben. Dieses Gesetz zerfällt in zwei Abschnitte, der erste enthält die allgemeinen Sicherungsmaßregeln, schreibt insbesondere die Führung eines Baubuches vor; der zweite enthält Vorschriften über die dingliche Sicherung der Bauforderungen, insbesondere über die Bauhypothek. Der erste Abschnitt dieses Gesetzes ist im ganzen Deutschen Reiche bereits in Kraft getreten, der zweite Teil soll dagegen gemäß § 9 des Gesetzes nur „in den durch landesherrliche Verordnung bestimmten Gemeinden" in Kraft treten. In ganz analoger Weise könnten wir also auch bei der vorgeschlagenen Zuziehung von technischen Richtern verfahren. Wir könnten reichsgesetzlich vorschreiben, in welcher Weise die Zuziehung der technischen Richter, da wo sie eingeführt wird, erfolgen soll; dagegen würde die Bestimmung derjenigen Gerichte, bei denen solche erweiterte Patentkammern zu bilden wären, der landesherrlichen Verordnung überlassen bleiben. Also irgendwelche gesetzestechnischen oder praktischen Bedenken gegen die Durchführbarkeit unserer Vorschläge bestehen nicht.

Nun zum Schluß noch eine Bemerkung: Es ist gesagt worden, Sie würden mit einer Ablehnung unserer Vorschläge den Unmut der beteiligten industriellen und gewerblichen Kreise erregen. Ich kann Ihnen versichern, Unmut werden wir nicht empfinden, denn wir erwarten hier von vornherein nichts anderes wie die Annahme der Anträge der Herren Degen und Seligsohn; andererseits werden Sie es uns aber auch nicht übel nehmen, wenn wir uns auch durch diese Abstimmung die Hoffnung auf den endlichen Sieg unserer Auffassung nicht rauben lassen! (Bravo!)

Justizrat Dr. **Edwin Katz** (Berlin): Meine Herren! Bei der kurzen Zeit, die der Herr Vorsitzende gegeben hat, muß ich darauf verzichten, Ihnen die Argumentation, die ich Ihnen unterbreiten wollte, vorzutragen, und mich darauf beschränken, Leitworte zu geben, und zwar nicht von mir, sondern von zwei Persönlichkeiten, die für die ganze Beurteilung der Sache vielleicht von Interesse sein könnten, und auf die Entschließung, die sie fassen können, nicht ohne Einfluß sein werden. Das erste Leitwort habe ich zitiert gefunden in einem Aufsatz von Lobe. Es stammt von den Persönlichkeiten, die für die Urfrage: Sind Mißstände da? von Bedeutung sein werden. Lobe zitiert nämlich die Erklärung, welche ihm der Vorsitzende des Verbandes Sächsischer Industrieller Dr. Albert Steche gegeben hat, und dieser Herr sagte zu ihm:

Es will „mir doch scheinen, als ob die Änderung unserer gewerblichen Rechtsprechung in Sachsen nicht so unbedingt notwendig sei, wie uns das die rheinische Industrie teils mit, teils ohne Beweis, vorspiegelt. Ich habe mich hier bei unserem Verbande erkundigt und wir haben festgestellt, daß wir seit 7 Jahren, soweit wir überhaupt nachkommen können, noch keine Klage eines unserer Mitglieder über eine mangelhafte gewerbliche Rechtsprechung zwecks Weiterverfolgung gehört haben. Sie wollen uns jetzt mit Sondergerichten doch ein Erfordernis erfüllen, eine Wohltat erweisen. Bei uns in Sachsen hat aber noch niemand angefragt, ob wir denn diese Wohltat der Sondergerichte und die mit ihr verbundenen Kosten und Lasten auch auf uns nehmen wollen".

Das ist eine Bemerkung eines Industriellen.

Das zweite Leitwort, zu dessen Fürsprecher ich mich mache, ist die Gegenüberstellung der Tätigkeit des Patentamtes, auf die heute morgen einzelne Herren hingewiesen haben, indem sie sagten: Ihr habt doch eine Gerichtsbehörde, die angeblich glänzend gearbeitet hat und gezeigt hat, daß es mit einer solchen Gesetzgebung vortrefflich geht! Es war vor 2 Jahren auf dem Kongreß des Deutschen Vereins zum Schutze des gewerblichen Eigentums in Leipzig. Diesem wohnte der Präsident des Kaiserlichen Patentamtes bei. Die Frage der gewerblichen Sondergerichte bildete fast den einzigen Gegenstand und zwar den Gegenstand sehr heftiger und eingehender Erörterungen. An diesen beteiligte sich der Präsident des Patentamtes, er sagte: „Sie würden fehlgehen, wenn Sie die Erfahrungen, die wir im Patentamt gemacht haben, auf die Gerichte anwenden. Dieses gemischte Amt hat andere Aufgaben zu erfüllen." Und in Anknüpfung daran hat der Präsident des Patentamtes dringend gewarnt, gemischte Gerichtshöfe einzuführen.

Ich habe mich beschränkt auf Zitate, weil eigene Ausführungen bei 5 Minuten Redezeit nicht leicht möglich sind. Ich bitte, diese Bemerkungen so erfahrener Männer, die von verschiedenen Gesichtspunkten über die streitige Frage geurteilt haben, entscheidend sein zu lassen und die Frage, die der Deutsche Juristentag gestellt hat, glatt zu verneinen.

Regierungsrat a. D. Dr. **Bartels** (Breslau): Ich halte es für richtig, daß ich erwähne, daß ich längere Zeit, fast 2 Jahre, im Zentralverband Deutscher Industrieller der Industrie und den industriellen Interessen nahe gestanden habe. Ich möchte anknüpfen an die Worte des Herrn Vorredners, der Herrn Dr. Steche für die sächsischen Verhältnisse zitiert hat. Über die Wünsche der sächsischen Industrie kann ich nicht aus eigener Erfahrung urteilen. Ich weiß aber aus den Kreisen der Rheinisch-Westfälischen Großindustrie, insbesondere aus denen des Vereins Deutscher Maschinenbauanstalten in Düsseldorf, daß diese sich mit dem Verfahren, welches durch die Verfügung des Justizministers von 1907 eingeführt worden ist, nicht befriedigt fühlen.

Es ist etwas bei diesem Punkte noch nicht erwähnt worden. Diese Verfügung ist lediglich ein Verwaltungsakt, der jederzeit widerrufen werden kann, es ist keine Gewähr dafür vorhanden, daß die Justizverwaltung dauernd auf diesem Standpunkt stehen wird. Deshalb scheint es sehr wesentlich, die Forderung erfüllt zu sehen, daß im Wege der Gesetzgebung bessere und weitgehendere Maßnahmen getroffen werden, die übrigens von Herrn Dr. Rathenau empfohlen und von Herrn Geheimrat Dr. Kübler auch in Aussicht gestellt worden sind.

Die Industrie meint aber auch, mit ihrer Forderung der Beteiligung des technischen Elements an der Rechtsprechung nicht im eigentlichen Sinne Sondergerichte zu verlangen. Auch die leitenden Männer in der Industrie sind sich dessen wohl bewußt, daß eine weitere Absplitterung von unserer ordentlichen Gerichtsbarkeit große und schwere Bedenken hat. Die Industrie ist sich aber nicht, wie Dr. Rathenau in seinem Gutachten ausgeführt hat, darüber schon schlüssig, daß Techniker im Ehrenamt abzulehnen seien. Soweit ich unterrichtet bin, hat sich nur die chemische Industrie gegen solche erklärt. Jedenfalls hat die im Zentralverband Deutscher Industrieller vereinigte Industrie dazu noch nicht Stellung genommen.

Ich wage nicht zu entscheiden, welche Lösung besser ist, ob Techniker im Hauptamt oder als ehrenamtliche Beisitzer zur Rechtsprechung zuzuziehen sind; das scheint mir übrigens mehr eine Frage praktischer Erwägungen, die sich die Industrie noch wird vorlegen müssen, und die sie vermutlich in einer Eingabe an die Reichsregierung, die sich auf große Gruppen unserer gewerblichen Kreise stützen wird, beantworten dürfte. Das eine kann ich aber erfreulicherweise feststellen, daß auch in dem Gutachten des Herrn Dr. Rathenau bestätigt ist, daß die jetzigen Maßnahmen, so anerkennenswert sie sind, nicht genügen, daß sie vielmehr weiter auszubilden sind. Möglicherweise kann auf dem Wege, den Dr. Rathenau zur Annahme empfiehlt, schon eine wesentliche Milderung der Beschwernisse erzielt werden. Vielleicht empfiehlt es sich sogar für die Industrie, nicht auf ein allzu rasches Vorgehen zu drängen, sondern abzuwarten, wie sich nach den weiteren Maßnahmen der Regierung die Dinge entwickeln. Ergibt sich dann, daß wir auf diesem Wege nicht vorwärts kommen, so wird der weitere Schritt sein, sich dazu zu entschließen, technische Elemente an der Rechtsprechung zu beteiligen. Ich stehe in erster Linie auf seiten der Resolution Isay, in zweiter Linie würde ich mich auch den Vorschlägen des Herrn Dr. Rathenau anschließen können. (Bravo!)

Rechtsanwalt Dr. **Hugo Cahn** (Nürnberg): Bei der Herbstübung, von der Herr Direktor Degen eingangs seines feurigen Referats gesprochen hat, hat man seitens des kriegsbereiten Herrn Kollegen Isay auch eine Kavallerieattacke gegen meine Anschauungen über angebliche Interessenbestrebungen geritten, eine Kavallerieattacke, die aber einen markierten Feind aufweist und deshalb, wie alle markierten Kavallerieattacken, nach der Anschauung sachverständiger Militärs, ziemlich wertlos für die moderne Zeit ist. Denn es ist nichts, wie ein markierter Feind. Wenn Sie mein Gutachten ansehen, so steht in diesem von dem, was mir der Kollege imputiert, kein Wort. Ich habe lediglich als Antezedentien der Bewegung geschildert, daß die Techniker vorwärts streben und daß sie es sind, die unter Führung von Prof. Franz (Charlottenburg) und anderen über ihr Gebiet expandieren wollen. Ich habe dargelegt, daß diese Bestrebung sehr ernst zu nehmen ist und volle Beachtung verdient. Wenn wir Techniker in den Gerichtssaal hineinnehmen — nach meinem Gutachten weit mehr und ausgiebiger wie bisher —, so müssen sie vor, nicht hinter die Barre. Daß wir indes als Juristen diese bedeutsame Bewegung nur nach dem einseitigen Standpunkt unserer Interessen zu beurteilen, daß wir etwa bloß zu prüfen hätten, ob die verlangte Reform dem Interesse des Juristenstandes entspricht, davon steht in meinem Gutachten kein Wort.

(Ich habe leider auch nur 5 Minuten Zeit, obgleich man sich in Referaten und Diskussion mehr als 5 Minuten mit meiner Person beschäftigt hat. Dies wird der Herr Vorsitzende gewiß würdigen.) In meinem Gutachten habe ich den Gedanken entwickelt, daß wir den Technikern im neuzeitlichen Gerichtssaal sehr wohl eine moderne Stellung geben können, insbesondere wenn wir die tadellosen Ideen des Ingenieurs Springe (Neumünster) beachten, der neuerdings vorgeschlagen hat, daß man unterscheiden solle zwischen den beweisenden und den belehrenden Sachverständigen. Der beweisende Sachverständige hat bereits bisher funktioniert im Gerichtssaal. Der belehrende — der übrigens nach meinem Dafürhalten im Gegensatz zu dem Degenschen nicht in das Beratungszimmer zu gehen braucht — hat noch zu wenig seines Amtes gewaltet. Gerade der belehrende Sachverständige ist in der Lage, die Schwächen, die zweifellos vorhanden sein mögen, zu paralysieren, Schwächen der einseitigen juridischen Vorbildung der Berufsrichter, welche übrigens allmählich immer mehr gemildert und behoben werden durch Kurse, durch Bibliotheken und all die anderen Maßnahmen, die von den verschiedenen Ministerien anempfohlen sind.

Denn, meine Herren, Sie dürfen es anfangen, wie Sie wollen: in bezug auf irgendwelche Spezialfälle werden Sie diese Schwächen auf seiten der Richterbank immer vorfinden müssen. Wie stünde es denn in der Praxis mit den Spezialbeisitzern? Wenn Sie vollständig dem Ideengang Wildhagens folgten, dann müßten Sie bei literarischen Sachen berühmte Literaturkenner hereinbringen. Dann bekämen wir bei Ehesachen Ehefrauen herein, weil nur diese als Fachbeisitzer richtig funktionieren könnten. Quousque tandem? Wenn ich aber die bereits vorhandenen Gerichte, in welchen Nichtjuristen mit tagen, einer näheren Prüfung in meinem Gutachten unterzogen habe, so geschah dies, weil ich glaube, daß wir im Deutschen Reich eine Menge von sehr verständigen Leuten haben, die nach den Erfahrungen der Praxis darüber entrüstet sind, daß diese Bewegung immermehr um sich greift und eine Menge von sehr eingeweihten Leuten, die insbesondere erkannt haben, daß das berühmte Handelsrichterinstitut, das Kaufmanns- und Gewerberichterinstitut, und alle diese Einrichtungen, die man zuerst sehnsüchtig in Volksversammlungen und Parteischriften herbeigesehnt hat, durchaus nicht das gewährt haben, was man von ihnen erhofft hat. (Sehr richtig!) Die Handelsrichter sind — wie man auch in Leipzig 1908 feststellte — sehr häufig — und Sie müssen eben an die konkreten Verhältnisse und Individuen denken — Statisten. Damit ist nicht gesagt, daß ich die hervorragenden Kapazitäten, die wir auch aus dem Kaufmannsstande haben, ungenügend bewerte. Lesen Sie in diesem Punkte ebenfalls mein Gutachten nach, und Sie werden finden, daß Rathenau, welcher meine diesbezüglichen Argumente bemängelte, in dieser Beziehung einseitig vorgegangen ist! Ich weiß die Vorzüge des Kaufmannsstandes und des Technikerstandes wohl zu schätzen, des Technikerstandes nicht zuletzt, für den ich erst im Vorjahre in einem Aufsatze „Reformpläne des Technikers" eine Lanze gebrochen habe *).

Nun ist von Isay gesagt worden: Wie können die Sondergerichtsgegner sagen, daß noch weiter und weiter Sondergerichte angestrebt werden? M. a. W.: Isay stellt die Sache so hin, als sei die heutige Bewegung eine vereinzelte oder gar die letzte aus dem Sondergerichtsressort. Das sind nur Redensarten. Ich erinnere an den Aufsatz des Herrn Justizrats Guttmann in Wiesbaden, der am 8. September in der Frankfurter Zeitung erschienen ist. Darin ist offen bekannt, man wolle nicht nur den Techniker als Zivil-Schöffen haben, sondern man wolle im allgemeinen und für alle zivilrechtlichen Gebiete an den Gerichten den Zivilschöffen einführen. Hier haben Sie die Antwort auf die Frage, die Isay gestellt hat. Die Anforderung der Sonderrechtler geht weiter und wird weiter gehen. Wenn man also unsererseits hier sagt: „caveant consules", so ist das nicht ein einseitiger Standesstandpunkt, sondern der Standpunkt der Rechtspflege, daß unser allgemeines Recht, unsere Rechtseinheit — wie Degen schön entwickelte — nicht konstant durchbrochen wird dadurch, daß wir immerzu Sonder- und Laiengerichte hereinlassen. Und, meine Herren, ist es nicht an dem, daß wir bei vielen Kongressen keine

---

*) Dieser Aufsatz ist in der Berliner Zeitung deutscher Ingenieure erschienen, in ihm habe ich insbesondere detailliert gezeigt, wie sehr wir den Techniker berücksichtigen müssen, wie wir ihn im Verwaltungsleben benötigen, wie wir ihn als Beistand und Experten nicht entbehren dürfen, wie wir ihn indes nur nicht hinter die Barre lassen dürfen.

Anlage zum Gutachten und Diskussionsvorbringen des Herrn Rechtsanwalt Dr. Hugo Cahn-Nürnberg.

Tabelle I.

Rechtsstreitigkeiten aus dem Gebiete des Patentrechts.

Bezeichnung der Landgerichte	Zahl der Rechtsstreitigkeiten, die in erster Instanz anhängig wurden in den Jahren				
	1905	1906	1907	1908	1909
München I . .	7	2	8	6	7
München II . .	—	—	—	1	1
Traunstein. . .	—	—	—	—	—
Deggendorf . .	—	—	—	—	—
Landshut . . .	—	1	—	—	—
Passau	—	—	1	—	—
Straubing . .	—	—	—	—	—
Amberg . . .	—	—	—	—	—
Regensburg . .	—	1	—	3	—
Weiden	—	—	—	—	—
Ansbach . . .	—	—	—	—	—
Fürth	2	1	—	3	—
Nürnberg . . .	4	7	2	9	4
Bamberg . . .	1	1	—	—	—
Bayreuth . . .	—	—	1	—	1
Hof.	1	3	1	—	—
Aschaffenburg .	—	—	—	—	—
Schweinfurt . .	—	—	3	—	1
Würzburg . . .	2	2	1	—	1
Augsburg . . .	—	—	2	3	4
Kempten . . .	—	—	—	—	2
Memmingen .	1	—	—	—	—
Neuburg . . .	—	—	—	—	—
Eichstätt . . .	—	—	—	—	—
Frankenthal . .	6	3	3	3	—
Kaiserslautern .	—	—	—	—	2
Landau	3	—	2	—	—
Zweibrücken . .	—	—	—	4	2
Summe	27	21	24	32	25

Tabelle II.

Rechtsstreitigkeiten aus dem Gebiete des Gebrauchsmusterrechts.

Bezeichnung der Landgerichte	Zahl der Rechtsstreitigkeiten, die in erster Instanz anhängig wurden in den Jahren				
	1905	1906	1907	1908	1909
München I . .	4	9	11	6	10
München II . .	1	—	1	2	2
Traunstein. . .	—	—	1	—	1
Deggendorf . .	—	—	—	—	—
Landshut . . .	—	—	—	—	—
Passau	—	—	—	—	—
Straubing . .	—	—	—	—	1
Amberg . . .	1	1	—	—	—
Regensburg . .	—	1	—	—	—
Weiden	—	—	—	—	1
Ansbach . . .	—	—	—	—	2
Fürth	2	3	3	1	3
Nürnberg . . .	17	12	9	9	8
Bamberg . . .	2	1	1	—	1
Bayreuth . . .	—	—	—	—	1
Hof.	1	—	—	2	—
Aschaffenburg .	—	—	—	—	—
Schweinfurt . .	—	—	—	—	—
Würzburg . . .	—	—	—	—	2
Augsburg . . .	—	2	1	2	2
Kempten . . .	—	—	—	—	—
Memmingen .	1	1	—	3	1
Neuburg . . .	—	—	—	—	—
Eichstätt . . .	—	—	—	—	—
Frankenthal . .	6	—	—	1	2
Kaiserslautern .	—	2	2	2	1
Landau	3	—	—	—	—
Zweibrücken . .	—	1	—	1	—
Summe	38	33	29	29	38

Tabelle III.

Rechtsstreitigkeiten aus dem Gebiete des Patentrechts.

Ober-Landesgericht	Zahl der Rechtsstreitigkeiten, die in zweiter Instanz anhängig wurden in den Jahren				
	1905	1906	1907	1908	1909
München . . .	5	5	6	5	—
Nürnberg . . .	2	2	—	—	2
Bamberg . . .	1	2	—	4	1
Augsburg . . .	—	—	1	1	3
Zweibrücken . .	2	—	—	2	7
Summe	10	9	7	12	13

Tabelle IV.

Rechtsstreitigkeiten aus dem Gebiete des Gebrauchsmusterrechts.

Ober-Landesgericht	Zahl der Rechtsstreitigkeiten, die in zweiter Instanz anhängig wurden in den Jahren				
	1905	1906	1907	1908	1909
München . . .	2	1	2	2	1
Nürnberg . . .	1	1	—	1	—
Bamberg . . .	1	1	—	1	—
Augsburg . . .	—	—	—	2	—
Zweibrücken . .	—	2	—	1	—
Summe	4	5	2	7	1

schmeichelhaften Worte gehört haben für das Kaufmanns- und Gewerbegericht? Man wird sagen, das ist nicht mit dem heutigen Thema zu verquicken. Ich bin andrer Meinung: es geht auf dieselben Bestrebungen hinaus, auf die Bestrebungen, die Fachgerichte hereinzubringen, jedes einzelne große und kleine Interesse dadurch zum Wort kommen zu lassen, daß man ihm am Richtertisch Plätze einräumt. Und wie ist es mit den Erfahrungen bei den Kaufmanns- und Gewerbegerichten, Institutionen, die bei verflossenen Tagungen als unentbehrlich für Handel und Wandel hingestellt wurden? Hier wissen und glauben Sie gewiß allgemein, daß ungünstige Erfahrungen vorliegen und weiter nichts wie Sozialpolitik, eine ganz einseitige Sozialpolitik, getrieben wird.

Und weiter gegen Isay: Ich bin der Anschauung, es gibt noch eine Reihe von Maßnahmen, mit denen man rechnen kann, um die Mängel des Berufsjuristentums abzuschwächen. Es ist nicht, wie Isay in seinem Leitsatz gesagt hat, daß man nur die Alternative hat: entweder wird der Jurist Volltechniker oder man schafft Sondergerichte. Es gibt andere sehr brauchbare und diskutierbare Maßnahmen. Diese bestehen insbesondere darin, daß wir viel weniger formalistisch, wie bis jetzt, sind, daß wir mancherlei Vorwürfe, die von anderer Seite kommen, anerkennen, daß wir die Steifheit und die geringe Elastizität, die noch an manchen Gerichten herrscht, abstreifen und daß wir es insbesondere verstehen, innerhalb des Rahmens des Zivilprozesses praktisch zu handeln. Wie machen wir die Sache? Wir verhandeln mit den Sachverständigen und dann kommt nicht der bekannte Beweisbeschluß, der mit Recht von Wildhagen lächerlich gemacht worden ist: „Man soll untersuchen, ob das oder das Patent kollidiert." Das ist allerdings ein lächerlicher Beweisbeschluß. Nehmen wir ferner die Parteibeistände herein! Wer uns Belehrung gibt, den nehmen wir herein! Das ist ein richtiger moderner Gedanke. Mit Standesdünkel und Pedanterie, die da fragt: „Wie heißen Sie, was haben Sie im Gerichtssaal zu suchen?" ist nichts anzufangen. Wer es für nötig findet, einen Patentanwalt oder einen Gewerbeanwalt mitzubringen, der mag es tun. Man hat diese vollständig ausreden zu lassen. Das ist ja der Hauptgedanke des Stettiner Kongresses 1909, der heute noch gar nicht erwähnt worden ist. Bei dem Stettiner Kongreß für gewerblichen Rechtsschutz hat man mit Recht gefunden, daß dem technischen Parteibeistand viel mehr, wie bisher, das Wort erteilt werden soll.

Meine sehr geehrten Herren! Es ist von Rathenau erwähnt worden, daß wir, falls wir die Statistik näher ins Auge fassen, konstatieren müssen, daß der zweite Bundesstaat, nämlich Bayern, in bezug auf Patentsachen bedeutend hinter Preußen zurückstehe. Wenn man daraus die Folgerung zieht, daß in einem großen Teile des Reiches das Bedürfnis für solche Sondergerichte schon aus diesem numerischen Grunde nicht besteht und daß man annehmen muß, daß von diesem Gesichtspunkte aus die bisherigen Einrichtungen (wenn auch nicht die freiwillige Prorogierung, so doch eine gesetzliche Maßnahme in dieser Richtung) mit den Patentprozessen fertig werden, dann sind die beiden Gutachter in diesem Punkte einig. Allein, ich kann die Rathenausche Behauptung (wenn mein Standpunkt auch nur ein Parteistandpunkt sein mag) nicht anerkennen, Bayern hätte, falls es zu einem Zentralgerichtshof kommt, kein Interesse an solchem. Man hat wiederholt seit Reichsgründung von zuständiger Stelle aus gezeigt, nicht der Staat habe die Berechtigung, eine Zentralstelle zu erhalten, der am meisten in diesem Fache tätig ist, sondern man hat die eine und andre Wahl des Gerichtshofsitzes getroffen, um den im Reiche in mancher Hinsicht bestehenden partikularistischen und ähnlichen Tendenzen zu begegnen. Man hat vom Standpunkte einer gewissen politischen Courtoisie aus gehandelt. Wenn man von solchen Erwägungen aus nach Sachsen das Reichsgericht gelegt hat, so darf der Vorschlag nicht mit Achselzucken behandelt werden, nach München den Patentzentralgerichtshof zu legen. Es ist nach der Ihnen von Rathenau und mir unterbreiteten Statistik wohl richtig, daß Bayern nicht annähernd soviel Patentsachen produziert, wie Preußen. Allein in Gebrauchsmustersachen kommt Bayern in hervorragendem Maße in Betracht. Ich verweise in dieser Beziehung auf die Details meines Gutachtens.

Meine Herren! Ich werde nun von seiten des Herrn Vorsitzenden gemahnt, Schluß zu machen. Immerhin glaube ich Ihnen trotz Kürze der Diskussionszeit dargelegt zu haben, daß man sehr wohl innerhalb des Rahmens der bestehenden Prozeßordnung, bei geschickter, neuzeitlicher Anwendung derselben, zum Ziele kommen kann.

Wenn wir aber noch einen Schritt weitergehen, dann müssen wir — gerade weil der Juristenstand objektiv denkt und handelt — mit Nachdruck feststellen, daß es etwas Unzeitgemäßeres nicht gibt, als die Gegenleistung, die wir den Technikern als Sachverständigen gewähren. Und es ist angesichts der allgemeinen Stimmung gegen die veralteten Gebührennormen vielleicht ganz rätlich, wenn an dieser Stelle in Gegenwart der Vertretung des hohen Justizministeriums betont wird, daß bei einer künftigen Gebührenordnung für Sachverständige in praktischer und moderner Weise vorgegangen werden möge. Nicht nur mit Entschließungen und Instruktionen, mit neuen Gesetzen muß hier abgeholfen werden. (Sehr richtig!)

Wenn wir die bestehenden Mittel ausbauen, dann werden wir die neuen Isayschen Mittel nicht gebrauchen, so daß ich dahin resümiere, daß in den Vorschlägen der Berichterstatter Degen und Seligsohn das Rechte getroffen ist. Zurzeit ist ein Bedürfnis für Sondergerichte in keiner Weise vorhanden. In der Rathenau-Aptschen Resolution ist eine nähere Begründung und eine gewisse Zukunftsverheißung enthalten. Die Begründung scheint mir indeß nicht notwendig zu sein, weil diejenigen Argumente, die in der Rathenau-Aptschen Resolution angegeben werden, nur ein Teil der vielen stichhaltigen Argumente sind.

Also: Mit Degen-Seligsohn gegen Isay: der Techniker hat am Richtertisch selbst nichts zu tun. (Lebhafter Beifall.)

Rechtsanwalt **Wagner** (Ludwigshafen): Meine sehr verehrten Herren! Im Gegensatz zu sämtlichen Herren Vorrednern möchte ich mich bei meinen kurzen Bemerkungen auf den Standpunkt stellen, daß ich nicht einen umfassenden Überblick über die ganze hier interessierende Frage gebe, sondern mich nur mit einem Ausschnitt beschäftige, der mit Bewußtsein wesentlich enger gewählt ist.

Man hat den Anhängern der Sondergerichte entgegengehalten: Ihr beklagt und rügt Mißstände, aber gebt uns Beweise, gebt uns Beispiele. Ich möchte Ihnen ganz kurz zwei Beispiele geben.

Es handelt sich beide Male um einen Abhängigkeits-, um einen Verletzungsprozeß und zwar vor einer sogenannten Patentkammer. Es war beide Male auch nach der bekannten Verfügung des preußischen Justizministers vom 11. Oktober 1907. Im ersten Falle hatte man durchaus den Eindruck, daß das Gericht dem Vortrag in der mündlichen Verhandlung mit Verständnis und Eifer folgte; man hatte auch diese genannte Verfügung mitgebracht und dem Gerichte noch einmal ausdrücklich vorgetragen. Darauf wurde zur Verkündung der Entscheidung auf drei Wochen vertagt und der Beweisbeschluß lautete: „Der Sachverständige hat zu untersuchen, ob das Verfahren des Beklagten in das Verfahren des Patentes des Klägers eingreift". Das war der eine Fall.

Im anderen Falle waren die äußeren Verhältnisse genau die gleichen. Es handelte sich auch um eine außerordentlich intrikate chemische Frage, und die ganze Frage wurde ohne Zuziehung irgendwelches Sachverständigen entschieden.

Nun, für den ersten Fall würde nach dem Gutachten von Herrn Regierungsrat Dr. Rathenau daran zu denken sein, daß in einem solchen Falle eine gewisse Lässigkeit — Denkfaulheit der Richter nennt er es —

vorläge. Mit nichten, meine Herren; ich habe die Überzeugung, die Herren haben sich alle Mühe gegeben, aber dann im Beratungszimmer haben sie über der außerordentlich schwierigen Frage den Faden verloren, das Gericht wußte sich nicht anders zu helfen und so kam als Verlegenheitsprodukt dieser Beweisbeschluß zustande.

Der zweite Fall war umgekehrt. Das Gericht hat geglaubt, derartig spezielle Fragen der Chemie allein mit seinen juristischen Kenntnissen entscheiden zu können, und es war höchst selbstverständlich, daß das darauffolgende Oberlandesgericht gesagt hat: Hier muß ich zwei Sachverständige hören.

Meine Herren! Ich möchte sagen, die Bewegung der Sondergerichte will nicht dem Juristen entziehen, was des Juristen ist, beileibe nicht. Insofern stimme ich Herrn Dr. Bartels zu. Was wir wollen, ist die Gewährleistung, daß in jedem Augenblick der Beratung und Urteilsfindung mit dem juristischen Urteil einhergehe das Maß technischer Kenntnisse, die Fähigkeit zu technischer Erwägung, welche insbesondere im Hinblick auf das durch die jüngste Rechtsprechung des Reichsgerichtes erweiterte Arbeitsgebiet im Verletzungs- und Abhängigkeitsfragen zur allseitigen Durchdringung und Prüfung des Streitstoffes unbedingt erforderlich ist. Eine Vereinigung dieses Maßes von juristischen Kenntnissen und von technischen Kenntnissen in einer Person scheint mir unmöglich zu sein. Ich kann mich daher nur auf den Standpunkt des Herrn Dr. Isay stellen. der Ihnen gemischte Gerichte, Sondergerichte für diese Patent- und Gebrauchsmusterprozesse empfiehlt. (Bravo!)

Rechtsanwalt **Fritz Weinberg** (Berlin): Meine Herren, ich halte die Sondergerichtsbestrebungen lediglich für den Ausklang einer Mißstimmung und Unzufriedenheit, die in bestimmten örtlichen Bezirken — ich denke hierbei an die rheinisch-westfälischen Industriebezirke — vorhanden gewesen ist. Ich bin der Überzeugung, daß diese Mißstimmung unter dem Einfluß der dankenswerten Erlasse des Herrn Justizministers aus den Jahren 1904 und 1907, die wohl überall befolgt sind, bereits erheblich geschwunden ist, und ich bin ferner der Überzeugung, daß diese Mißstimmung vollständig beseitigt werden kann, wenn die Vorschläge, die Herr Dr. Rathenau Ihnen in seinem Gutachten unterbreitet hat und die in seinen Leitsätzen wiedergegeben werden, Gesetzeskraft erlangen. Ich meine, wer die Berliner Verhältnisse kennt, und wer, wie es bei dem Herrn Referenten Dr. Isay der Fall ist, mit der vorbildlichen Judikatur der Patentkammer des Berliner Landgerichtes I —

ich sehe von den gegenwärtigen Mitgliedern der Kammer niemanden hier und kann dies daher ruhig aussprechen -- vertraut ist, von dem verstehe ich nicht recht, wie er nicht das Zutrauen zu einem Gerichtshof, der nur aus gelehrten Richtern zusammengesetzt ist, haben kann, daß er nicht nur in zufriedenstellender, sondern sogar in hervorragender Weise befähigt ist, Streitigkeiten auf dem Gebiete des gewerblichen Rechtsschutzes zu entscheiden. Daß alle mit Patentsachen befaßten Körperschaften im Reiche in ihrer Zusammensetzung, Tätigkeit und Judikatur diesem Vorbilde der 16. Zivilkammer gleichkommen, das ist ein Ziel, aufs innigste zu wünschen, aber dies kann nur dadurch erreicht werden, daß eine Konzentration der Prozesse eintritt, und das kann nur in dem gewünschten und erforderlichen Maße gewährleistet werden durch die Zwangszuständigkeit. Die Prorogation hat bereits Erhebliches geleistet, es ist Ihnen schon gesagt worden, daß in Berlin vor der 16. Zivilkammer bereits ungefähr die Hälfte aller Patentprozesse in Preußen verhandelt wird. Ich glaube, wenn man ein Gesetz mit der Zwangszuständigkeit erläßt, daß aus jedem Oberlandesgerichtsbezirk oder aus mehreren Oberlandesgerichtsbezirken mit geringer industrieller Entwicklung ein Landgericht als zuständig bestellt wird, daß wir damit in Deutschland eine beschränkte Anzahl von Patentkammern bekommen werden, für die wir jederzeit brauchbares Richtermaterial zur Verfügung haben und bei denen wir gleichzeitig diesem tüchtigen Richtermaterial auch Gelegenheit geben können, genügend zu judizieren; wir können ihnen dann die nötige Zahl von Prozessen zur Bearbeitung überweisen, so daß nicht ein besonders vorgebildetes und besonders erfahrenes Gericht im Jahre vielleicht nur drei Patentprozesse zu entscheiden haben wird. Mit einer gewissen Einschränkung müßte allerdings diese ausschließliche Zuständigkeit gelten: es müßte den Parteien unbenommen sein, auf irgendeines der Gerichte zu prorogieren, die in anderen Bezirken als zuständige Bezirksgerichte festgesetzt sind. Z. B., wenn Parteien statt des zuständigen Landgerichts Köln das Landgericht Berlin I prorogieren wollten, so dürfte das nicht verboten werden. Durch diese Prorogation könnte erreicht werden, daß wir ein allen Ansprüchen gerecht werdendes Gericht und ein ausgiebiges Betätigungsfeld für das Gericht haben.

Ich möchte noch auf ein Argument gegen die Sondergerichtsbestrebungen hinweisen, auf das bisher weder in der Debatte noch in den Referaten hingewiesen ist. Schon heute sind Prozesse nicht selten, in denen es sich um die Ansprüche von Firmen an Angestellte auf Übertragung von Patenten handelt oder um die Gewinnbeteiligung Angestellter an

Patenten. Würden wir Sondergerichtshöfe einführen, so wäre die unausbleibliche Konsequenz, daß die Laienrichter zum größten Teile aus den Kreisen der Industriellen genommen werden müßten oder aus solchen Kreisen, die den Industriellen nahestehen. Es würden demgemäß diejenigen Prozesse, die ihren Urgrund in Anstellungsverhältnissen haben und bei denen es sich für die Angestellten unter Umständen um Lebensfragen handelt, vor einem Gerichtshofe zur Entscheidung gelangen, der zum Teil aus Laienrichtern besteht, die einseitig Arbeitgeberinteressen vertreten, ein Ergebnis, das man unmöglich billigen kann. Eine solche Judikatur würde in den Kreisen der Angestellten den Verdacht erregen, daß sie nicht unparteiisch sei. Dieses Argument ist zwar von untergeordneter Bedeutung, aber immerhin mit in die Wagschale zu werfen. Ich bitte, die Resolution Rathenau anzunehmen, die Verwerfung der Sondergerichtsbestrebungen, bei gleichzeitiger Konzentration der Gerichte durch Zwangszuständigkeit verlangt.

Rechtsanwalt **W. Meinhardt** (Berlin): Ich glaube, die Verhältnisse bei der Berliner Patentkammer ebensogut zu kennen, wie der Herr Vorredner. Trotzdem bin ich nicht in der Lage, mich seinen Ausführungen anzuschließen. Ich stehe in vollem Umfange auf den Standpunkt der Isayschen Thesen. Ich bin der Ansicht, mit dem Schlachtruf: „Juristen, an die Gewehre!" oder: „Hie Richter, hie Techniker!" sind die Fragen, die uns beschäftigen, nicht zu beantworten. Das haben schon die Ausführungen der Herren Dr. Seligsohn und Dr. Rathenau gezeigt. Auch das Schreckensgespenst, das Herr Dr. Degen von der Zersplitterung der Rechtspflege grau in grau gemalt hat, kann kein Argument gegen die Richtigkeit der Isayschen Thesen sein. Denn das Sondergericht, vor dem Herr Dr. Degen warnt, haben wir bereits in Gestalt der Spezialkammern. Nicht nur die Bestrebungen der preußischen Regierung und der der anderen Bundesstaaten, sondern auch unsere schärfsten Gegner auf dem Gebiete der Sondergerichtsbarkeit halten Maßnahmen für nötig und schlagen sie vor, die sich zusammenfassen lassen in den Worten: Spezialisierung und Konzentrierung. Also eine besondere Einrichtung für Patentprozesse muß geschaffen werden und ist bereits geschaffen worden; und wenn wir die Frage erörtern: Sollen wir Techniker hinzuziehen? so können wir nicht diesen allgemeinen Gesichtspunkt, nicht die Sorge des Juristen im Kampf mit den Technikern, nicht die Rechtszersplitterung ins Feld führen, sondern lediglich die Frage so stellen: Reicht die Vorbildung der Juristen aus, um den Anforderungen zu genügen, die wir im Interesse der gar nicht so jungen, sondern recht gut ausgewachsenen Industrie zu stellen haben? Ich sage: die Vorbildung des Juristen reicht nicht aus, die Vorschläge, die Herr Dr. Rathenau über die Vorbildung der Juristen macht, reichen auch nicht aus. Wir kriegen etwas halbes, einen technisch gebildeten Juristen und einen juristisch gebildeten Techniker, vor denen wir warnen müssen. Wir brauchen Männer, die vollständige Rechts- und vollständige Sachkunde im Kollegium vertreten. Darum bin ich der Ansicht, daß die Vorschläge Isays die richtigen sind; event. aber meine ich, daß die Frage selbst, wie auch die Ausführungen des Herrn Regierungsrats Rathenau und seine These beweisen, nicht zu trennen ist von der Frage der Vorbildung des Richters, eine Frage, die augenblicklich die beteiligten Kreise außerordentlich beschäftigt und die, wie uns Herr Dr. Wildhagen wohl mit Zustimmung der Ständigen Deputation verraten hat, auch der Gegenstand der Beratungen des nächsten Deutschen Juristentages sein soll.

Darum möchte ich mir erlauben, Ihnen prinzipiell die Isayschen Thesen, eventuell den von mir bereits überreichten Antrag zu empfehlen, der dahin geht: Sprechen Sie prinzipiell aus, daß die Frage der Besetzung der Patentgerichtshöfe zusammenhängt mit der Frage der Vorbildung der Richter; und wollen Sie heute nicht Stellung nehmen, dann sagen Sie: Wir wollen beide Fragen gleichzeitig erledigen, wir wollen abwarten, was aus der Reform der Ausbildung der Juristen herauskommt. In diesem Sinne empfehle ich meinen Antrag als Eventualantrag für den Fall, daß die Isayschen Thesen nicht angenommen werden.

Der Vorsitzende: Das ist ein Vertagungsantrag, der zunächst zur Abstimmung gebracht werden müßte.

Rechtsanwalt **W. Meinhardt:** Ich habe ihn nicht als Vertagungsantrag aufgefaßt, er hat materiellen Inhalt. Ich stelle es aber anheim, ihn als solchen zu behandeln.

Rechtsanwalt **Doermer** (Elberfeld): Meine Herren! Da ich im wesentlichen anführen wollte, was der Herr Vorredner ausgeführt hat, verzichte ich auf das Wort.

Handelskammersyndikus Rechtsanwalt **Eduard Meyerstein** (Berlin): Meine Herren! Ich möchte zuvörderst ganz kurz die Ausführungen des Herrn Rechtsanwalt Meinhardt berühren. Ich halte sie nicht für richtig. Insbesondere gilt dies von der Bemerkung, wir hätten auf dem hier fraglichen Gebiete bereits Sondergerichte, weil die Konzentration der Prozesse schon in gewissem Umfange durchgeführt sei. Es besteht ein qualitativer Unterschied zwischen dem, was Herr Regierungsrat

Dr. Rathenau verlangt und dem, was die Befürworter der Sondergerichte fordern. Herr Regierungsrat Dr. Rathenau will das geltende Recht nicht ändern und nur einer quantitativen Erweiterung bereits bestehender Verwaltungsgrundsätze das Wort reden; in dieser Richtung sind m. E. seine Ausführungen durchaus schlüssig. Auch ich lege besonderen Wert darauf, daß bei Annahme der These Degen-Seligsohn eine Begründung hinzugefügt wird, wie sie Herr Dr. Rathenau gibt, mag dies in der spezialisierten oder vielleicht besser noch in einer etwas einfacheren Form geschehen. Gerade die von den Befürwortern der Sondergerichte hervorgehobenen Mißstände können jedenfalls vorläufig im Wege sachgemäßer Geschäftsverteilung durch eine Konzentration der Prozesse bei bestimmten Kammern und Senaten Berücksichtigung finden. Dies würde auch einen für alle Teile befriedigenden Waffenstillstand zur Folge haben. Im übrigen bin ich der Überzeugung, daß man den Beschlüssen der industriellen Verbände, die sich für die Schaffung der Sondergerichte ausgesprochen haben, zuviel Gewicht beigelegt hat, nicht weil die Verbände nicht bedeutungsvoll seien, sondern weil man in den Verbänden nicht genügend gewürdigt hat, daß ein großer Teil der Beschwerden durch die angeregte Konzentration der Prozesse bei bestimmten Kammern und Senaten abgestellt werden kann. Ich möchte auf Grund meiner Erfahrungen als Handelskammersyndikus mitteilen, daß auch die Industrie nicht so geschlossen die Forderung der Sondergerichte vertritt, wie es nach den Darlegungen der Vertreter einiger industrieller Verbände den Anschein haben könnte.

Hervorragende Männer der Industrie, wie der kürzlich verstorbene Geheimrat Dr. Loewe, Geheimrat Dr. Rathenau, Dr. v. Martius haben als Mitglieder der Handelskammer zu Berlin bei den Handelskammerberatungen nie den scharfen Sondergerichtsstandpunkt eingenommen, und das mit gutem Recht. Sie vertreten die allgemeinen Interessen von Handel, Industrie und Gewerbe; in dem Bestreben, Sondergerichte zu schaffen, kann oder muß aber doch wohl mehr oder weniger eine Betätigung von Interessen eines, wenn auch gewichtigen Teiles der gewerblichen Bevölkerung erblickt werden. Mit dieser Feststellung möchte ich gegen niemanden einen Vorwurf erheben, im Gegenteil, man sollte auch die Beschlüsse der Sondergerichte fordernden Verbände berücksichtigen und gerade deshalb in den hier zu fassenden Beschluß aufnehmen, daß man die gerügten Mißstände, wenn auch auf anderem Wege, behoben wissen will. Ich glaube, man wird auf dem Wege, den die Landesjustizverwaltungen bisher eingeschlagen haben, ruhig fortfahren können. Für die Annahme, daß, wie von einem der Herren Vorredner angedeutet worden ist, die Landesjustizverwaltungen die Konzentrationsbewegung jederzeit wieder rückwärts revidieren könnten — rechtlich wäre dies ja möglich — fehlt jede tatsächliche Unterlage. Auch ich glaube deshalb empfehlen zu können, daß wir im Rahmen des geltenden Rechts fortschreiten, nicht aber die Gesetzgebung ändern.

Auch auf einem anderen Gebiete haben die preußischen Landesjustizverwaltungen, wie ich beiläufig bemerken möchte, kürzlich den Weg der Konzentration betreten, nämlich durch Schaffung besonderer schiffahrtskundiger Kammern für Handelssachen beim Königlichen Landgericht I Berlin, ohne die Gesetzgebung zu ändern.

Nun zu einem anderen Punkte: Herr Rechtsanwalt Cahn hat mit Recht darauf hingewiesen, daß die Frage der Honorierung der gerichtlichen Sachverständigen nicht sachgemäß geregelt ist. Ein Betrag bis zu 2 M. für die Stunde ist für die Arbeit der Sachverständigen meist kein angemessenes Entgelt. Wenn die Gebührenordnung für Zeugen und Sachverständige den Ausweg eingeführt hat, unter Umständen auch eine höhere Forderung anzuerkennen, sofern der Nachweis geführt wird, daß für die Betätigung ein höheres Entgelt üblich ist, so ist das ein recht gekünstelter Ausweg, der auch praktische Schwierigkeiten bietet. Denn im einzelnen Falle wird es oft schwer sein, einen „üblichen Preis" für schwierige Untersuchungen und Sachprüfungen festzustellen, es könnte hier allenfalls die Angemessenheit für die Frage der Honorierung entscheidend sein.

Die Befürworter der Sondergerichte auf dem Gebiete des gewerblichen Rechtsschutzes erklären, um zum Thema wieder zurückzukommen, m. E. mit Unrecht, es bestände eine Analogie zwischen den von ihnen erstrebten Sondergerichten mit den Kammern für Handelssachen und den Kaufmanns- und Gewerbegerichten. Auch die in der Diskussion aufgestellte Behauptung, daß die Kaufleute insbesondere den Kammern für Handelssachen mit dem größten Mißtrauen begegnen, muß ich nach meiner Kenntnis der Dinge wenigstens für die Landgerichtsbezirke Berlins bestreiten. Wie dem aber auch sei, jedenfalls paßt die Analogie der hier verlangten Sondergerichte mit den Kammern für Handelssachen nicht. In den Kammern für Handelssachen entscheiden die Richter auf Grund ihrer Sach- und Rechtskenntnisse. Die Handelsrichter sind deswegen als Richter tätig, weil sie die im Handelsverkehr geltenden Gebräuche und somit den für den Streitfall maßgeblichen Vertragswillen ermitteln und somit auch das maßgebende objektive Recht anwenden wollen, während man bei den hier fraglichen Sondergerichten von den juristisch gebildeten Richtern Rechtskenntnis, von den Technikern aber eben nur Sachkenntnis verlangen will und kann. Auf die Kaufmanns- und Gewerbegerichte will ich nicht weiter eingehen, sie sind m. E. keine so erfreulichen Schöpfungen, daß sie hier als Vorbild gelten sollten. Ich komme zum Schluß.

Auch ich bitte die Thesen des Herrn Referenten anzunehmen und mit einem Zusatz zu versehen. Mir würde es genügend und ausreichend erscheinen, wenn dieser Zusatz etwa dahin lautete:

> „Die von den Befürwortern der Sondergerichte auf dem Gebiete des gewerblichen Rechtsschutzes hervorgehobenen Mißstände können und sollen vorläufig dadurch Berücksichtigung finden, daß die Landesjustizverwaltungen die Rechtsstreitigkeiten des gewerblichen Rechtsschutzes möglichst auf bestimmte Kammern und Senate konzentrieren und bei der Auswahl der Richter für diese besonders vorgebildeten Richtern den Vorzug geben."

Syndikus Professor Dr. **Apt** (Berlin): Meine Herren! Ich bin ein Gegner der Sondergerichtsbarkeit und stehe im Prinzip auf dem Standpunkte, der in den Vorschlägen Seligsohn und Degen niedergelegt ist. Ich habe mir nur gestattet, eine etwas mildere Fassung vorzuschlagen, da mir die Worte, daß die Einführung von Sondergerichten für Streitigkeiten aus dem Gebiete des gewerblichen Rechtsschutzes nicht „dem Interesse der Rechtspflege" entspreche, etwas zu scharf erscheinen.

Ich bin deshalb ein Gegner der Sondergerichtsbarkeit, weil ja die Befürworter dieser Sondergerichtsbarkeit selbst anerkennen, daß das Reichsgericht mustergültig gearbeitet hat, weil die Befürworter dieser Sondergerichtsbarkeit selbst anerkennen, daß die in Berlin errichtete Patentkammer mustergültig arbeitet, weil die Herren selbst anerkennen, daß eine große Reihe hervorragender Richter und Anwälte da sind, die als Juristen die technischen Dinge vollkommen beherrschen. Ich bin auch deshalb Gegner, weil von den Befürwortern der Sondergerichtsbarkeit anerkannt wird, daß selbst, wenn gemischte Gerichte eingerichtet würden, doch die Techniker, die dazu herangezogen würden, nicht über alle technischen Fragen aus eigener Anschauung Bescheid wissen, sondern weil in der Technik eine so weitverzweigte Spezialisierung stattgefunden hat, daß auch der technische Beisitzer auf Sachverständige angewiesen sein würde, und es nicht abzusehen ist, warum der technisch geschulte Richter nicht ebenso gut Sachverständige vernehmen kann wie der Techniker selbst.

Es ist darauf hingewiesen worden, daß eine Reihe von industriellen Verbänden sich für die Einführung dieser Sondergerichtsbarkeit erklärt haben. Ich möchte Wert darauf legen, festzustellen, daß sich gerade die Kaufmannschaft, die doch als Handelsrichter an den Kammern für Handelssachen beteiligt ist, sich gegen die Sondergerichtsbarkeit ausgesprochen hat (Hört, hört!) — abgesehen von den Gremien der Berliner Handelskammer und der Ältesten der Kaufmannschaft von Berlin — so z. B. der Deutsche Handelstag. Und in dem Deutschen Handelstag sind nicht nur die Kaufleute vertreten, sondern auch Industrielle, und dieses Votum scheint mir außerordentlich schwer zu wiegen.

Wenn ich mich gegen die Worte wende, daß die Einführung von Sondergerichten „nicht im Interesse der Rechtspflege" liege, so tue ich das deshalb, weil es gleichgültig ist, ob es rechtsgelehrte oder nichrechtsgelehrte Richter sind. Die Kammer für Handelssachen übt die Rechtspflege auch aus, obgleich Laien darin sind. Ich möchte bei dieser Gelegenheit die scharfen Angriffe, die Herr Rechtsanwalt Cahn gegen die Institutionen der Kammer für Handelssachen und der Kaufmannsgerichte erhoben hat, zurückweisen. Diese Institutionen haben ebensowohl Vorzüge wie Mängel, wie auch die rechtsgelehrten Instanzen, und heute ist nicht die Zeit, eine so weitgehende Frage zu erörtern. Das eine kann man aber sagen, daß diese Institutionen für die Fortentwicklung des Rechtes unschätzbare Dienste leisten und daß kein Grund vorhanden ist, dieselben in dieser Weise anzugreifen.

Ich würde also für den Fall, daß sich die Referenten entschließen könnten, die Begründung „im Interesse der Rechtspflege" wegzulassen, die gestellte Frage so zu beantworten, wie sie gestellt ist: Sondergerichtshöfe in Streitigkeiten aus dem Gebiete des gewerblichen Rechtsschutzes empfehlen sich nicht, meinen Antrag zurückzuziehen. Wenn das nicht der Fall ist, so möchte ich eine etwas mildere Fassung vorschlagen, daß sich ein „Bedürfnis" nicht herausgestellt hat, dem Gedankengang des Herrn Justizrat Seligsohn entsprechend, der gesagt hat: Früher mögen die Klagen begründet gewesen sein, aber seit einer Reihe von Jahren sind die Verhältnisse besser geworden, so daß heute kein Bedürfnis für eine derartige Neuregelung vorliegt. Und ich möchte dann weiter noch hinzusetzen, daß die von den Justizverwaltungen eingeführte Zentralisierung der Patentsachen genügt, um den Klagen abzuhelfen. Daß in die Spezialkammern und Spezialsenate nur Richter einberufen werden, die die erforderliche technische Eignung besitzen, dafür werden die Justizverwaltungen im Interesse der Sache von selbst Sorge tragen.

Geheimrat Prof. Dr. **Pappenheim** (Kiel): Meine Herren! Es ist vorhin von einem Redner gesagt worden, daß allgemeine Gesichtspunkte in dieser Debatte nicht zur Verwendung gelangen sollten. Ich glaube nicht, daß eine Frage, die von allgemeinster Bedeutung ist, nur nach speziellen Erwägungen beantwortet werden darf. Ich beschränke mich darauf, einen allgemeinen Gesichtspunkt hervorzuheben, der zwar in den Vorarbeiten und Erörterungen schon gelegentlich gestreift, aber wie mir scheint, nicht so grundsätzlich und so bestimmt betont worden ist, wie er das in diesem Kreise beanspruchen darf.

Es handelt sich hier, glaube ich, um eine Frage, die unmittelbar an das Fortbestehen und die Weiterentwicklung der Jurisprudenz und unseres Rechtslebens in deren bisheriger Gestalt heranreicht. Jurisprudenz, juristische Betrachtung ist ja nichts anderes als eine eigentümliche Art der Betrachtung menschlicher Lebensverhältnisse. Im Laufe der Geschichte hat sich diese Betrachtungsweise zu einer selbständigen, von anderen Betrachtungsweisen unterschiedenen gestaltet. Sie wissen alle, daß sie dies auch in Deutschland nicht immer gewesen ist. Die Frage lautet daher so: Ist gegenwärtig noch Veranlassung vorhanden, diese Selbständigkeit der juristischen Betrachtungsweise aufrecht zu erhalten oder nicht? Wenn man die Frage bejahend beantwortet, dann scheint mir damit auch die verneinende Antwort auf die uns gestellte Frage gegeben zu sein, ob man zu Trägern dieser eigentümlichen juristischen Betrachtung im Dienste unseres Rechtslebens auch solche Männer machen soll, die nicht geschult sind, jene eigentümliche Art der Betrachtung zu handhaben. Ich glaube nun nicht, daß sich unsere Lebensverhältnisse so entwickelt haben, daß wir die Jurisprudenz entbehren könnten. Es scheint mir aber ferner, daß die Bewegung, die darauf abzielt, trotzdem Männern, die nicht in dieser Betrachtungsweise geübt sind, die Entscheidung in Rechtsstreitigkeiten zu übertragen, reaktionär gegenüber unserer augenblicklichen Entwicklung genannt werden muß. (Beifall.) In unserem Rechtsleben vollzieht sich seit einigen Jahrzehnten eine bedeutsame Veränderung, die auch schon einer der Herren Vorredner mit einem Worte gestreift hat. Mehr und mehr zeigt sich das Bestreben, dem immanenten Rechte zu der ihm gebührenden Stellung zu verhelfen, den Juristen zu bestimmen, daß er nicht von außenher, als ob das Recht den Dingen gegenüber etwas Fremdes wäre, mit ihm als einem fremden Maßstabe an die Dinge herantrete, sondern im Einzelfalle diejenige Entscheidung zu finden sich bemühe, welche sich unmittelbar aus den Verhältnissen heraus ergibt, die also das der Sache Entsprechende trifft. Das kann der Jurist natürlich nur, wenn er stets und stetig mit den Lebensverhältnissen im Zusammenhange bleibt, wenn er sich bei jedem Rechtssatz fragt: Wie ist der Rechtssatz aus dem Leben herausgewachsen, warum ist er so und nicht anders gestaltet und zu gestalten? Wenn demgegenüber das Verlangen nach Sondergerichten mit dem Hinweise auf die Notwendigkeit der Trennung von Rechts- und Tatfragen begründet worden ist, so müssen wir alle, denen es um die weitere Entwicklung des Rechtes in dem angedeuteten Sinne zu tun ist, dagegen auf das Allerentschiedenste Einspruch erheben. Dies gilt aber natürlich nicht nur für gewerberechtliche Streitigkeiten. Es handelt sich um eine Frage von ganz allgemeiner Bedeutung, und zwar nicht nur in der Beschränkung auf das zivile Recht, mit dem wir es hier zu tun haben. Wenn wir hier den ersten Schritt getan haben, so ist es vollständig klar und selbstverständlich, daß dann nach anderen Seiten die weiteren Schritte folgen werden. Denn besondere Gründe, wie sie hier für die Schaffung einer Sondergerichtsbarkeit geltend gemacht werden, wird auch jeder andere Interessentenkreis für sich geltend machen können. Darum dürfen wir hier nicht ja sagen. Wir würden dadurch ein ganz gefährliches Präjudiz schaffen, ein Präjudiz, das im Ergebnis herankommen würde an einen Selbstmord der Jurisprudenz, wenigstens in dem Sinne, wie sie jetzt verstanden wird. Ich glaube, daß der Juristentag am allerwenigsten das Forum ist, vor welchem eine solche Entscheidung fallen sollte. Und wenn gesagt wird, hier seien Standesfragen oder Standesinteressen mit im Spiele, so meine ich, wir Juristen als Gesamtheit, wie wir hier, übrigens in den verschiedensten Stellungen befindlich, eine solche darstellen, wir haben nur ein einziges Standesinteresse, nämlich zu unserm Teile dafür zu sorgen, daß unser Volk ein gutes Recht habe, bei dem es sich wohl fühlt. Dieses Standesinteresse aber können wir getrost gegen jedermann als solches ausgeben und wahrnehmen.

Nach alle dem zögere ich nicht, mich dem Antrage der Herren Dr. Degen und Dr. Seligsohn vollständig anzuschließen. Ich glaube, daß das Bedenken, welches Herr Prof. Apt soeben hervorgehoben hat, nicht so erheblich ist, daß wir um seinetwillen ein Auseinandergehen in dieser wichtigen Frage herbeiführen sollten. Es scheint mir klar, daß mit dem Ausdrucke „Rechtspflege" diejenige Rechtspflege gemeint ist, die den wohlverstandenen Aufgaben der Rechtsprechung entspricht, und ich möchte wünschen, daß auch Herr Kollege Apt sich von dieser Auffassung überzeugte, um ein möglichst einstimmiges Votum im Sinne des Herrn Referenten herbeizuführen. (Lebhafter Beifall.)

Rechtsanwalt Dr. **Mittelstaedt** (Leipzig): Meine Herren! Das Für und Wider in den berühmten fünf Minuten zu erörtern, ist unmöglich. Ich möchte nur ein taktisches Moment berühren. So sehr sich die Herren Referenten der Sachlichkeit und Gründlichkeit befleißigt haben, so hat doch die heutige Diskussion für den Unbeteiligten den Eindruck einer Prozeßverhandlung gemacht. Angefochten ist der Leipziger Beschluß, Berufungskläger sind Herr Dr. Degen und Herr Dr. Seligsohn Beklagter Herr Kollege Isay. (Heiterkeit.) Ich weiß nicht, warum man darüber lacht, aber es ist doch der Fall.

Nun meine ich, daß der angefochtene Beschluß und die Thesen, die Herr Dr. Degen formuliert hat, nicht in gleicher Wagschale stehen. Durch den Leipziger Beschluß wurde die Frage der Sondergerichte nicht absolut entschieden und mit allen Einzelheiten festgestellt, sie wurde nur in Fluß gebracht und sollte weiter entwickelt werden. Der Zweck und die Bedeutung der Thesen Degen-Seligsohn geht aber dahin, die Frage ein für allemal totzuschlagen. Deshalb möchte ich Sie bitten, abgesehen von der Frage, wer Recht hat, ob Sondergerichte sein sollen oder nicht — nur die taktische Tragweite der These, ins Auge zu fassen. Ich halte es für bedenklich, heute eine These von solcher Tragweite zu beschließen, wie die Herren Referenten es wollen, denn wir haben noch keine praktischen Erfahrungen. Ich zitiere Herrn Dr. Seligsohn, er sagt, das Verlangen nach Sondergerichten wäre berechtigt, wenn Mißstände da wären; es seien Mißstände dagewesen, aber seit der Einrichtung der Patentkammern nach dem Erlaß des Justizministeriums seien keine Mißstände mehr da. Aber wie lange bestehen die Patentkammern, wie lange ist es her, daß die Mißstände beseitigt sind? Das ist zwei bis drei Jahre her. Ich habe die Ehre gehabt, mit der Leipziger Patentkammer von Beginn ihrer Tätigkeit an sehr intensiv arbeiten zu dürfen, und ich will der letzte sein, der den Patentkammern, besonders der Leipziger Patentkammer keine Anerkennung zollt. In Berlin und Leipzig sind hervorragende Männer in den Patentkammern. Diese Patentkammern sind deshalb noch kein Beweis für die Richtigkeit des Systems. Daß durch die Patentkammern die Mißstände beseitigt sind, dürfen wir nach so kurzer Erfahrung noch nicht sagen. Deshalb muß die Frage noch in Fluß bleiben und eine These, wie sie die Herren Dr. Degen und Dr. Seligsohn vorschlagen, wäre heute verfrüht. Wenn wir sagen wollen: Wir haben keine Sondergerichte nötig, weil keine Mißstände existieren, so sollen wir erst abwarten, ob das System, das wir jetzt haben, sich dauernd bewährt, wir sollen abwarten, ob es sich auch außerhalb von Berlin und Leipzig bewährt; erst dann wäre die These Seligsohn gerechtfertigt. Auch die Ausbildung der jungen Juristen ist besonders erwähnt worden als eine Einrichtung, welche die Frage nach Sondergerichten nicht mehr dringlich erscheinen läßt. Ich habe die Ehre, selbst Referendaren Vorträge über gewerblichen Rechtsschutz in Leipzig zu halten; ich habe aber das Gefühl, daß seit dem Leipziger Kongreß, der die Juristen lebhaft erregt hatte, allmählig das Interesse abflaut. Mag es in Leipzig an meiner Person liegen, aber ich weiß von anderen Städten, daß die Vorträge überhaupt eingeschlafen sind. Wenn das Interesse am gewerblichen Rechtsschutz einschläft, mag es bald kommen, daß, trotz der Patentkammern, die Mißstände, die, wie Herr Dr. Seligsohn anerkennt, früher bestanden, wieder eintreten. Deshalb empfehle ich, die Frage in Fluß zu lassen und nicht durch die These Degen-Seligsohn ein für allemal abzuschneiden. Damit komme ich auf den Antrag des Herrn Rechtsanwalts Meinhardt zurück. Er ist an erster Stelle zu beschließen, denn es ist ein motivierter Vertagungsantrag. Ein solcher Vertagungsantrag wird Ihnen sicher unsympatisch sein. Aber bedenken Sie, meine Herren, daß man mit diesem Antrage die so schwerwiegende Frage, bei der zur Zeit hüben und drüben mißgestimmte Parteien sich gegenüber stehen, wenigstens noch in Fluß läßt und nicht ganz abschneidet zu einer Zeit, in der wir keine oder nur kurze Erfahrung über die Patentkammern haben.

Übrigens dürften wir die These Degen-Seligsohn ihrem Wortlaut nach auch deshalb nicht annehmen, weil sie nicht konzis gefaßt ist. Was sind Sondergerichte? Was wir meinen, ist die Zuziehung technischer Richter. Sondergerichte sind die Patentkammern, die Seligsohn befürwortet, ja auch. Nach dem Gutachten des Herrn Dr. Rathenau sollen sie nicht nur mit besonders vorgebildeten Richtern besetzt sein, sondern auch ein besonderes Verfahren, eine Ausbildung der Offizialmaxime erhalten. Da sind die Patentkammern doch auch Sondergerichte, wenn auch im Rahmen des ordentlichen Gerichtes. Die technischen, gemischten Gerichte, die in Leipzig empfohlen wurden, sind auch nichts weiter als Zivilkammern, bei denen zwei technische Beisitzer zugezogen werden. Wenn man sie präzis fassen will, so müßte die These Degen-Seligsohn lauten:

> Die Zuziehung technischer Richter liegt nicht im Interesse der Rechtspflege.

Ich glaube aber, es ist verfrüht, heute schon das Kind mit dem Bade auszuschütten. Man soll abwarten, wie sich das jetzige System der Patentkammern bewährt, und die Frage der Vorbildung der Juristen für Patentkammern erst näher prüfen. Damit schließe ich mich dem Antrag des Herrn Rechtsanwalts Meinhardt an, und bitte die Frage der Sondergerichte zu vertagen und mit der Frage der Vorbildung der Patentrichter zusammen zu behandeln.

Justizrat Dr. **Edwin Katz** (Berlin) (Zur tatsächlichen Berichtigung): Ich möchte in bezug auf das, was Herr Dr. Mittelstaedt soeben gesagt hat über die Ausbildung der Referendare, mitteilen, daß diese Befürchtung des Abflauens für Berlin keinesfalls zu besorgen ist, denn dort ist folgendes Ergebnis festzustellen. Die Ausbildung der Referendare in Berlin begann 1900 oder 1901 mit 18 Referendaren, und im vorigen Jahre hatten sich bei dem Präsidenten des Landgerichtes I in Berlin über 360 Referendare eingeschrieben, um an den Vorträgen teilzunehmen. Das kann man doch nicht Abflauung nennen!

(Die Diskussion wird geschlossen.)

Justizrat Dr. **Arnold Seligsohn** (Berlin) (Schlußwort): Meine Herren! Die Diskussion, die im Anschluß an die Vorträge stattfand, hat nur in einem Punkte Gelegenheit gegeben, etwas nachzutragen. Ich möchte dem entgegentreten, daß durch die Spezialisierung, die wir für die Gerichte empfehlen, irgendwie indirekt auch Sondergerichte geschaffen werden. Ich glaube, das ist nicht der Fall. Was wir unter dem Begriff Sondergericht verstehen, hat die Diskussion klar gezeigt. Im Übrigen glaube ich, der Worte sind genug gewechselt, wir werden jetzt zur Abstimmung kommen.

Gegen den Antrag Meinhardt auf Vertagung bin ich durchaus. Die überaus große dialektische Gewandheit des Herrn Dr. Mittelstaedt kann mich doch nicht, trotz des rührenden Appells, bewegen, diesem Vertagungsantrag zuzustimmen; und auch die feinen Ausführungen die er darüber gemacht hat, daß das eine Frage ist, über die man heute so und in 10 bis 20 Jahren anders denkt, ändern daran nichts. Wenn wir sagen: „Die Einführung von Sondergerichten usw. entspricht nicht dem Interesse der Rechtspflege“, so ist das ein Präsens und bezieht sich auf die heutigen Verhältnisse. Daß das nicht hindert, daß in 10 bis 20 Jahren, wenn wirklich Mißstände vorkommen, Herr Dr. Mittelstaedt die Frage nochmals vor das Plenum bringt, ist selbstverständlich. Ich fasse unseren Antrag nur so auf, daß das vom heutigen Standpunkte aus gemeint ist und daß das für die Zukunft nicht bindet.

Gegen Herrn Professor Apt möchte ich betonen, diese Motivierung „entspricht nicht dem Interesse der Rechtspflege“, enthält durchaus keinen Affront. Nach den heutigen Verhältnissen entspricht nach unserer Ansicht die Einführung von Sondergerichten nicht dem Interesse der Rechtspflege; die Rechtspflege ist so geordnet, daß wir auch ohne dieses Mittel vollständig auszukommen glauben. Deshalb meine ich, wir wollen uns nicht über Worte streiten. Da Herr Professor Apt in der Sache mit uns übereinstimmt, würde es unrichtig sein, wenn wir ihm zuliebe einzelne Worte an der These ändern. Das würde dann wieder anderen nicht gefallen. Ich glaube, es ist klar ausgedrückt, was gesagt sein soll, und ich bitte, unsere These anzunehmen.

Außerdem möchte ich mich dafür aussprechen, daß im Anschluß daran auch der Antrag Rathenau angenommen wird. Dagegen bin ich für Ablehnung der Isay'schen Thesen.

Landesgerichtsdirektor Dr. **Degen** (Leipzig) (Schußwort): Meine Herren! Im Interesse der Kürze will ich vollständig darauf verzichten, Ihnen auseinanderzusetzen, ein wie außerordentlich viel besserer Rechtsanwalt Herr Justizrat Dr. Wildhagen ist, als ich es sein würde. Ich will, da im übrigen Herr Dr. Seligsohn bereits nahezu alles erschöpft hat, was ich noch hatte sagen wollen, nur noch auf einen einzigen Punkt hinweisen. Würden Sondergerichte eingerichtet, so würde deren Mitgliedern voraussichtlich — schon um besonders tüchtige Kräfte zu erlangen — gegenüber denen der ordentlichen Gerichte eine, sei es durch Titel, sei es durch Besoldung, etwas herausgehobene Stellung eingeräumt werden müssen. Die juristischen Stellen in ihnen aber würden nahezu gewiß mit den jetzigen Vorsitzenden und Mitgliedern der Patentkammern und Patentsenate besetzt werden; diese hätten also in der jetzigen Zeit der Überfüllung eine immerhin angenehme Aussicht, vorwärts zu kommen. Wenn sie trotzdem und meines Wissens wohl einmütig die ihren eigenen Interessen förderlichen Sondergerichtsbestrebungen ablehnen, so ist das ein weiterer Beweis dafür, wie fest sie von deren Schädlichkeit für unser Rechtsleben überzeugt sind.

Meine hochgeehrten Herren, die Geschichte lehrt, daß in jedem Jahrhundert ein bestimmter Stand — freilich selten ohne eigene Schuld — unter der Mißstimmung der Mitwelt besonders zu leiden hat, und daß dann die — anfänglich vielleicht verdiente — Geringschätzung der Leistungen des Standes nur sehr allmählich überwunden wird, sie dauert noch an, wenn die Voraussetzungen dafür nicht mehr bestehen. So büßen auch wir Juristen noch jetzt mehr oder weniger die früheren Mißstände in der Rechtspflege. Durch die ernste Arbeit aber, die wir geleistet haben und noch leisten, haben wir uns das Recht verdient, nach dem gewertet zu werden, was wir jetzt sind. Freudig bessern, „nicht totschlagen", wie Herr Dr. Mittelstaedt fürchtet, wollen wir auf dem Gebiete des gewerblichen Rechtsschutzes mit aller unserer Kraft. Werfen wir aber noch das hohe Ansehen in die Wagschale, das wir für die deutsche Rechtspflege im Auslande überall erworben haben, dann dürfen wir auch von unseren eigenen Stammesgenossen ein volles Vertrauen beanspruchen, und dieses kann sich nur darin betätigen, daß uns, den rechtsgelehrten Richtern, die Rechtsprechung im eigentlichen Sinne in vollem Umfange belassen wird und daß kleine Unzuträglichkeiten in Würdigung des großen Ganzen willig ertragen werden. Schon jetzt tagt die Morgenröte. Wir sind uns in der Tat recht nahe gekommen. Denn heute ist nicht ein einziges Mal den Richtern, wie einst in Leipzig, vorgeworfen worden, daß sie von allen Patentprozessen, die sie entschieden haben, so viel „wie von Herrn Schwertleins Tod gewußt." Möge diese Morgenröte bald Tag werden. Wie einst Hans Sachs zum Schutze seiner Zunftgenossen von den Meistersingern sagte, so dürfen wir in berechtigtem Selbstbewußtsein unseren Gegnern zurufen:

Verachtet mir die Richter nicht
Und ehrt mir ihre Kunst.
Sie schaffen treu und echt.
Bleib frei von Dunst
Das heil'ge Deutsche Reich
Und mit ihm gleich
Das heil'ge Deutsche Recht.

(Lebhafter Beifall.)

Rechtsanwalt Dr. **Isay** (Berlin): Meine Herren! Ich habe es leider nicht so einfach, wie meine Herren Mitberichterstatter, nämlich mich „einfach den sehr zutreffenden Ausführungen der Diskussionsredner anzuschließen." Denn es erscheint beinahe sicher, daß die Stimmung im großen und ganzen hier der von mir vertretenen These nicht günstig ist. Trotzdem werde ich versuchen, Ihnen noch bis zu letzten Stunde klar zu machen, daß sie nicht so leichten Herzens hier abgelehnt werden sollte, als es die Versammlung anscheinend vorhat.

Zunächst die Ausführungen betreffend die allgemeinen Gesichtspunkte, die hier Herr Professor Pappenheim gemacht hat! Ich kann nur annehmen, daß Herr Professor Pappenheim bei Beginn der Sitzung nicht zugegen gewesen ist, denn ich habe es kaum für möglich gehalten, die Ausführungen, die wir gemacht haben, so gründlich mißzuverstehen, wie er sie mißverstanden hat. Er warnt uns davor, die Rechtsfrage von der Tatfrage zu trennen, beide müßten vielmehr einheitlich beantwortet werden. Ich weiß tatsächlich nicht, wie aus den Ausführungen, die ich gemacht habe, irgendwo herausgehört werden konnte, daß wir die Rechtsfrage von der Tatfrage trennen wollten, wir haben vielmehr gerade immer auf das Eingehendste betont, daß das nicht möglich ist, sondern daß die Auslegung der Patente einheitlich sein muß, bei der es gar nicht zulässig ist, die Rechtsfrage von der Tatfrage zu trennen.

Dann hat er Ausführungen gemacht, auf die im Einzelnen einzugehen, zu weit führen würde. Er hat uns vorgeworfen, daß wir die Vertreter der schärfsten Reaktion seien, wenn wir anders vorgebildete Richter in den Gerichtshof einführen wollten. Alle diese Vorwürfe stehen mit anderen Fragen in Zusammenhang und ich kann sie deshalb übergehen, weil wir einig waren, daß das, worüber wir streiten und auseinandergehen, eine reine Zweckmäßigkeitsfrage gewesen ist. Denn darüber waren wir einig, daß erstens einmal der Richter eine technische Vorbildung haben muß, und zweitens, daß es hieß, darüber nachzudenken, wie hier Abhilfe geschaffen werden könnte. Da war nun unsere Differenz lediglich, daß die einen Herren meinten, es sei möglich, nach der abgeschlossenen Rechtsbildung sich die technischen Kenntnisse noch in der Praxis selbst anzueignen, und wir waren der Ansicht, daß das nicht möglich sei, daß vielmehr technisch vorgebildete Richter hingesetzt werden müßten. Das war die ganze Differenz. Und deshalb möchte ich mich in diesem Zusammenhange auch auf das Schärfste gegen die Ausführungen des Herrn Rechtsanwalts Meyerstein wenden, die uns, die wir einen andern Weg für zweckmäßig halten, Sonderinteressen vorwarfen. Ich kann mir vorläufig gar kein Bild machen, was das bedeuten soll. Wir wollen alle zusammen, daß in den Patentprozessen so gut entschieden wird wie möglich. Wir gehen denselben Weg, den auch die anderen gehen. Wie uns da Sonderinteressen vorgeworfen werden können, verstehe ich nicht, und ich glaube auch nicht, daß das zu verstehen ist.

Dagegen hat uns die Diskussion eine andere Entdeckung gebracht, und die war mir sehr interessant. Herr Dr. Rathenau hat nämlich Herrn Dr. Wildhagen vorgeworfen, seine Ausführungen seien „olle Kamellen", er habe nämlich nicht berücksichtigt daß sie nur für die Zeit vor dem Erlaß der bekannten Justizministerialverordnung vom Jahre 1907 zuträfen, daß sich seine Ausführungen deshalb nur auf die frühere Zeit bezögen und nicht auf die heutige Zeit. Das war mir allerdings vollkommen neu. Denn als wir damals unsere Klagen vortrugen, wurde uns und zwar auch von Herrn Dr. Rathenau, in seiner damaligen Schrift über den Sachverständigen die Frage entgegengehalten: Wo denn Mißstände bestünden? Es sei alles wunderschön, und wir wollten ändern, bloß, weil wir nicht zufrieden sein dürften. Heute wird zugegeben: damals war es schlecht bestellt, die Sache lag sehr im Argen, aber jetzt habe sich infolge der Justizministerialverfügung die Sache vollkommen geändert. Ich akzeptiere dieses Zugeständnis und wende mich zu der Behauptung: Heute sei alles gut und wunderschön. Ist das wirklich auch so? Meine Herren! Sie hören immer von Verbesserungsvorschlägen. Wildhagen war es, glaube ich, der darauf hingewiesen hat: Wenn man bessern will, muß etwas zu verbessern sein. Wenn alles so ideal wäre, wie beteuert worden ist, hätte es keinen Sinn, Besserungsvorschläge zu machen. Und da möchte ich ein Wort betonen, das ich mir sofort aus den Ausführungen des Herrn Regierungsrats Rathenau aufgeschrieben habe; er sagte: „Die Juristen brauchen eine technische Vorbildung, die sie heute noch nicht erhalten können." Das meinte er in bezug auf die Vortragskurse, um den Assessoren eine technische Ausbildung angedeihen zu lassen. Darin liegt aber das Zugeständnis, daß heute noch nicht alles so wunderschön ist, wie es hier versichert worden ist. Ich glaube, darüber sind wir uns alle einig, daß die Sache durchaus noch nicht von einer idealen Vollkommenheit ist und daß wir sie deshalb so gut machen wollen, wie es überhaupt möglich ist.

Da ist nun gesagt worden: Techniker auf die Richterbank zu setzen, das ist ein Experiment, und wer weiß, wie das ausschlägt. Und es ist ferner gesagt worden, die Industrie solle abwarten, ob nicht ihre Klagen verstummen. Aber die Industrie ist nicht der Ansicht, daß sie an ihrem eigenen Leibe experimentieren lassen soll. Denn darauf kommt der Hinweis hinaus, daß der Richter in der Praxis lernt. Er bekommt Patentprozesse zu entscheiden, znuächst mehr oder weniger falsch, und nun lernt er immer mehr, bis er 100 Patentprozesse entschieden hat. Dann kann er die Sache. Meine Herren! Wenn Sie diesen Zustand nicht wollen, dann ist die notwendige Schlußfolgerung die, daß die Vorbildung des Richters vorhanden sein muß, bevor ihm die Entscheidung von Patentprozessen anvertraut wird.

Natürlich können wir nicht garantieren, daß die Sache ideal sein wird, sobald unser Weg eingeschlagen wird. Sie können uns aber auch nicht das Gegenteil garantieren.

Dagegen möchte ich aber auf ein Argument zurückkommen, auf das merkwürdigerweise von den Herren Rednern nicht eingegangen worden ist. Das ist die Nichtigkeitsabteilung. In der Nichtigkeitsabteilung arbeiten Juristen und Techniker zusammen, und ich habe vorhin ausgeführt, daß die Art der richterlichen Denktätigkeit hier die gleiche ist wie im Verletzungsprozeß. Auf diesen Punkt ist, wie gesagt, überhaupt nicht eingegangen worden. Dagegen hat sich Herr Justizrat Seligsohn angeklammert an einen Ausspruch des Herrn Senatspräsidenten Bolze, es wäre bei den gemischten Gerichten so, wie wenn sich ein Kaufmann und ein Techniker geschäftlich vereinigten. Das Gleichnis war dem alten Herrn vielleicht nicht ganz gelungen. Worauf es uns aber ankommt, das ist mit den Ausführungen Seligsohns keineswegs getroffen. Denn das, was wir wollten, war, daß die Techniker und die Juristen ein einheitliches Kollegium bilden und die Frage gemeinschaftlich behandeln, nicht, daß der eine die Rechts- und der andere die Tatfrage erledigt. So macht es auch nicht das Patentamt, daß der juristische Beisitzer die Rechtsfrage und der technische die technische Frage behandelt, sondern die Frage wird gemeinschaftlich besprochen und die Entscheidungsgründe werden gemeinschaftlich festgelegt. So würde es auch bei dem gemischten Gerichtshof der Fall sein. Dies Zusammenarbeiten hat auch Herr Präsident Hauß bestätigt, und bezüglich der Abhängigkeitsprozesse hat es Herr Präsident Beck für die österreichischen Verhältnisse ebenso bestätigt. Auch da hat sich herausgestellt, daß ein harmonisches und einheitliches Zusammenarbeiten von Juristen und Technikern möglich ist. Wenn das aber möglich ist, fallen alle Argumente weg, die gegen ein solches Zusammenarbeiten vorgebracht worden sind.

Es sind dann weitere Kronzeugen vorgeführt worden, z. B. Herr Dr. Steche von Justizrat Dr. Katz. Wenn Herr Justizrat Dr. Edwin Katz den Passus zu Ende gelesen hätte, so hätte er gefunden, daß Steche gesagt hat: „Daß der technische Richter kommen muß, ist selbstverständlich. Wir wollen aber keine ehrenamtlichen Richter. Ich meine, daß wir an Geld und Zeit keine Opfer bringen wollen.“ Aber gegen den technischen Richter im Hauptamte hat Steche nichts gesagt. Also mit dem Kronzeugen Dr. Steche ist nichts zu machen.

Dann ist die Stimme der Korporation der Kaufmannschaft von Berlin erwähnt worden. Das ist aber auch nicht richtig, daß sie sich einstimmig gegen die Sondergerichte ausgesprochen hätte. Herr Professor Dr. Apt als Syndikus hat dagegen, aber Herr Antrick hat dafür gestimmt, Antrick ist ein Industrieller, so daß also das Gewicht der Korporation der Kaufmannschaft ausscheiden kann.

Wenn ich nun die einzelnen Gründe überlege, die gegen die gemischten

Gerichte geltend gemacht worden sind, so muß ich sagen, sie sind nichts weniger als schlagend. Da sind z. B. als Beweis dafür, daß der Techniker sich nicht zum Richter eigne, zwei Fälle angeführt worden, in denen ein Techniker als Sachverständiger die Akten ein Jahr lang verbummelt habe, und daraus gefolgert, daß der Techniker als Richter ebenso pflichtvergessen sein würde (Zuruf des Herrn Landgerichtsdirektors Degen: Das war in einem ganz anderen Zusammenhang!) Nun dann beweist die ganze Sache nichts.

Dann ist über die Dauer der Patentprozesse gesagt worden, daß die gemischten Gerichte nicht schneller arbeiten würden. Das beweise das Beispiel des Patentamts. Das beweist dies Beispiel aber gar nicht. Es ist zunächst zu berücksichtigen, daß die Richter dort vielfach im Nebenamt tätig und im Hauptamt z. B. Professoren sind, auf die bei der Anberaumung des Termins die weitestgehende Rücksicht genommen wird. Ferner ist das Verfahren vor dem Patentamte ein Offizialverfahren. Ja, es wird zwar immer gesagt, das trüge zur Beschleunigung bei. Ich als Anwalt habe aber im Gegenteil gerade die Erfahrung gemacht, daß das Offizialverfahren zur Verzögerung beiträgt. Im Zivilprozeß bekomme ich einen nicht sehr weiten Termin und vielleicht kann der Gegner einmal eine Vertagung erreichen, aber spätestens im zweiten Termin kann ich die Verhandlung erzwingen. Bei dem Patentamt dagegen reiche ich eine Klage ein, und selbst wenn ich das größte Interesse an der Beschleunigung habe, es ist mir nicht möglich, eine Beschleunigung zu erzielen. Der Beklagte erhält zunächst eine Frist zur Beantwortung. Hierauf erbittet er Fristverlängerung, die bekommt er unter allen Umständen, das ist ständige Praxis —, nun kommt das Ende der zweiten Frist heran, und wenn er dann ein weiteres Fristgesuch mit Begründung einreicht, bekommt er eine neue Frist zur Einreichung der Klagebeantwortung. Nun kommt die Klagebeantwortung, die wird dem Kläger zugestellt, damit er sich äußert. Er äußert sich, die Äußerung geht an den Beklagten. Nun beginnt dasselbe Spiel. Darin liegt die Ursache, weshalb beim Patentamt die Verzögerungen eintreten. Daß man das auf die Mitarbeit der Techniker zurückführen könnte, davon kann nicht die Rede sein. Trotzdem würden diese Argumente nicht weiter führen, als zu einem non liquet. Denn der Beweis dafür, daß die gemischten Gerichte besser arbeiten würden, als die aus rein rechtsgelehrten Richtern bestehenden, ist nicht mathematisch zu führen. Wenn Sie die Analogie des Patentamtes, das sich glänzend bewährt hat, nicht gelten lassen wollen, dann ist ein anderer Beweis heute nicht zu führen. Aber unter allen Umständen bestreite ich Ihnen die Möglichkeit, auszusprechen, daß sich Sondergerichte nicht empfehlen, selbst wenn sich das auf die gemischten Gerichte bezieht. Woher Sie die Begründung dazu hernehmen wollen, das heute apodiktisch auszusprechen, verstehe ich aus dem Gange der Diskussion und aus dem Material überhaupt nicht.

Es kommt noch eins hinzu. Es ist hier eine Menge gegen die Techniker gesagt worden, nur beeilten sich die Herren Redner jedesmal hinzuzufügen: damit solle aber nichts gegen die Techniker gesagt sein. Es ist z. B. gesagt worden, die verfolgten Sonderinteressen, aber das solle kein Vorwurf sein, im Gegenteil, man schätze und liebe sie ja.

Es handelt sich heute um eine Frage, die die Industrie sehr ernst berührt. Sie wollen sich als Juristen auf den Standpunkt stellen: wir als Juristen lehnen die Zuziehung von Technikern ab, lediglich im Interesse der Industrie selbst und wenn die Industrie sich beklagt, so weiß sie nicht, was sie will, wir wissen es besser.

Ich glaube, es wäre für den Juristentag nicht empfehlenswert, wenn Sie, wie Herr Dr. Mittelstädt gesagt hat, die Frage einfach totmachen wollen. Zwar kann von Totmachen nicht die Rede sein. Täuschen Sie sich nicht über die Bedeutung, die Ihr Votum hat, die Frage selbst machen Sie damit nicht tot. Die Industrie wird sich das Votum des Juristentages sehr genau ansehen, aber sie wird sich auch die Zusammensetzung des Juristentages ansehen und dann vielleicht doch herausfinden, daß die Mehrheit dieser Versammlung in ihrer heutigen Zusammensetzung nicht sachverständig ist. (Oho-Rufe.) Dann wird sich die Industrie um dies Votum überhaupt nicht kümmern. Sie protestieren, aber Sie werden im Innern selbst zugeben müssen... (Große Unruhe.) Ich verstehe Ihre Entrüstung, aber ich bedauere, sie nicht teilen zu können. Sachverständig meine ich natürlich in dem Sinne, daß diejenigen von Ihnen, die sich mit Patentprozessen beschäftigt haben, nur in der Minderzahl sind. Das ist kein Vorwurf. Deshalb teile ich Ihre Entrüstung nicht. Das ist die Konstatierung einer Tatsache. Wenn Sie sich darüber entrüsten, daß ich eine Tatsache konstatiere, so heißt das Vogel Strauß-Politik treiben, denn draußen in der Industrie wird diese Tatsache konstatiert werden. Wenn der Juristentag sagt: „es ist gegen das Interesse der Rechtspflege, gemischte Gerichte einzuführen", so wird gefragt werden, so wird festgestellt werden, wer das sagt, und die Industrie wird zu demselben Ergebnis kommen wie ich. Das war auch der Grund, weshalb ich die Ansicht vertreten habe, daß diese Frage tatsächlich eine so spezielle Frage ist, die dem eigentlichen Arbeitsgebiet der Mehrzahl der Teilnehmer des Juristentages so fern liegt, daß es viel ratsamer ist, wenn der Juristentag die Frage im allgemeinen behandelt und nicht in der Beschränkung auf dieses spezielle Gebiet, das der Natur der Sache nach unter den Juristen nur einen ganz kleinen Kreis von Interessenten hat. Und das ist der Grund, weshalb ich bei dieser Sachlage, d. h., da die Vorarbeiten auf Seiten des Juristentages nicht in dieser Allgemeinheit und mit dieser Breite der Grundlage getroffen werden können, wie es für diese Frage notwendig wäre, es für viel richtiger halte, diese Frage mit der allgemeinen Frage der Vorbildung der Richter im Zusammenhang zu behandeln. Deshalb möchte ich den Antrag unterstützen, die Frage im Zusammenhang mit der ganzen Frage zu behandeln; er wird, so weit ich den Herrn Präsidenten verstanden habe, an erster Stelle zur Abstimmung gestellt werden.

Ich bitte noch einmal, nicht bloß im Interesse der Frage, sondern mit im Interesse des Juristentages, sich Ihr Votum sehr zu überlegen und sich zu überlegen, ob es nicht tatsächlich besser ist, wenn diese Frage, die für den Juristentag nach den widersprechenden Ansichten, die in der Debatte zutage getreten sind, in keiner Weise geklärt ist, auf die Tagesordnung des nächsten Juristentages, dann aber nicht in der Beschränkung, sondern in der allgemeinen Ausdehnung gestellt wird.

Ich schließe damit, daß ich Sie bitte, trotz allem sich noch einmal die Frage zu überlegen. Für uns, die wir diese Frage seit langem behandeln, steht die Entscheidung fest, und es kann sich an unserem Urteil nichts ändern. Ich hoffe aber, daß der Juristentag nicht ab irato, sondern sine ira et studio diese Frage entscheiden wird.

Geheimrat Professor Dr. **Pappenheim** (Kiel) (zur persönlichen Bemerkung): Herr Dr. Isay glaubt annehmen zu müssen, daß ich seine Ausführungen nicht von Anfang an angehört hätte, weil ich ihn sonst nicht hätte mißverstehen können. Dem gegenüber will ich auf die Gefahr hin, daß es Herrn Dr. Isay unbegreiflich ist, feststellen, daß ich seiner Darlegung von Anfang an gefolgt bin, und daß dieser Umstand mit in erster Linie für meine Ausführungen bestimmend gewesen ist.

Handelskammersyndikus Rechtsanwalt **Meyerstein** (Berlin) (zur persönlichen Bemerkung): Ich möchte Herrn Kollegen Isay erwidern, weder gegen ihn, noch gegen einen andern der Vorredner habe ich den Vorwurf erhoben, hier Sonderinteressen zu vertreten. Ich habe lediglich auf den Gegensatz zwischen den Beschlüssen einiger industrieller Verbände auf der einen Seite und einiger allgemeiner Handelsvertretungen auf der anderen Seite hingewiesen, und hierbei auf die Beratungen der Handelskammer zu Berlin und des Deutschen Handelstages aufmerksam gemacht.

Ich glaube nicht, daß Herr Dr. Isay berechtigt war, aus meinen Worten einen persönlichen Angriff zu entnehmen und möchte deshalb seine Bemerkungen, so weit sie meine Person angehen, als nicht zur Sache gehörig bezeichnen.

Syndikus Professor Dr. **Apt** (Berlin): Ich habe behauptet, daß die Ältesten der Kaufmannschaft von Berlin sich gegen die Sondergerichtsbarkeit ausgesprochen haben. Das hat Herr Dr. Isay geglaubt widerlegen zu können, indem er anführt, daß sich ein Mitglied dieses Kollegiums für die Sondergerichtsbarkeit ausgesprochen hat. Herr Dr. Isay wird bei seinem Scharfsinn wissen, daß kollegiale Beschlüsse zuweilen Mehrheitsbeschlüsse sind. Das Ältestenkollegium hat sich nicht nur in der überwiegenden Mehrheit gegen Sondergerichtsbarkeit ausgesprochen, sondern ist auch die erste kaufmännische Korporation gewesen, die an den Justizminister gegangen ist, um die Zentralisation der Patentsachen zu beantragen.

Was meinen Antrag anlangt, so kam es mir darauf an, daß sich die Gegner der Sondergerichtsbarkeit möglichst zahlreich auf den Antrag einigen. Da Herr Justizrat Dr. Seligsohn annimmt, daß sein Antrag diesen Zweck erfüllen wird, so ziehe ich meinen Antrag zurück. (Bravo!)

Der Antrag Meinhardt (S. 251) wird gegen 9 Stimmen abgelehnt.

Berichterstatter Dr. Isay wünscht über seine Thesen geteilte Abstimmung.

Zunächst wird über den Antrag Rathenau abgestimmt.

(Verlesung des Antrages.)

Ich beantrage: Der Juristentag möge beschließen:

1. Es ist wünschenswert, daß die einzelstaatlichen Bundesregierungen ermächtigt werden, die Verhandlung und Entscheidung von Streitigkeiten aus dem Gebiete des Patent- und Gebrauchsmusterrechts

für alle oder mehrere Landgerichte,

je eines oder mehrerer Oberlandesgerichtsbezirke

nur einem Landgericht als örtlich ausschließlich zuständig zu überweisen und auch diesem Landgerichte die Entscheidung in zweiter Instanz gegen amtsgerichtliche Urteile zu übertragen.

2. Es ist wünschenswert, daß bei der Auswahl der für solche Sonderkammern bestimmten Richter auf ihre allgemeine technische Ausbildung besondere Rücksicht genommen wird.

Vorsitzender: Also ich frage die Versammlung, ob für den Fall der Annahme des Antrags der Referenten Degen und Seligsohn dieser Zusatz gemacht werden soll? — Der Zusatz wird angenommen.

Dann bringe ich den Hauptantrag der Herren Degen und Seligsohn zur Abstimmung:

„Die Einführung von Sondergerichten für Streitigkeiten aus dem Gebiete des gewerblichen Rechtsschutzes entspricht nicht dem Interesse der Rechtspflege und ist deshalb abzulehnen."

Der Antrag wird gegen 9 Stimmen angenommen.

Damit ist nun meines Erachtens der Antrag Isay erledigt.

Rechtsanwalt Dr. **Isay** (Berlin): Nr. 4 sicher, Nr. 1 nach meiner Auffassung ebenso sicher nicht.

Vorsitzender: Dann wollen wir abstimmen. Wer stimmt nun noch für die Annahme der Nr. 1 des Isayschen Antrags:

„Die Frage nach Bildung der Gerichte für Patent- und Gebrauchsmusterprozesse ist im wesentlichen die Frage nach der für diese Prozesse erforderlichen Vorbildung des Richters?"

Der Antrag wird gegen 9 Stimmen abgelehnt.

Nun haben wir ferner zu beschließen, ob die Sache im Plenum behandelt werden soll. Ich möchte vorschlagen, daß wir die Sache nur zur Berichterstattung an das Plenum verweisen. Der Referent wird selbstverständlich die Hauptargumente nicht nur der Mehrheit, sondern auch der Minderheit mitteilen. Gemäß bisheriger Übung würden wir wohl Herrn Landgerichtsdirektor Degen zum Berichterstatter im Plenum erwählen. Sind die Herren damit einverstanden? (Zustimmung.)

Es wird ferner beschlossen, die Beratungen am Dienstag früh um 9 Uhr fortzusetzen.

Schluß abends 6 Uhr 55 Minuten.

Zweite Sitzung der zweiten Abteilung.

Dienstag, den 13. September, vormittags 9 Uhr.

Nach Eröffnung der Sitzung werden als Vertrauensmänner zur Erstattung von Vorschlägen für die Wahl der Ständigen Deputation folgende 10 Herren gewählt:

Geheimer Justizrat Professor Dr. Enneccerus (Marburg),
Justizrat Dr. Hugo Neumann (Berlin),
Geheimer Justizrat Professor Dr. Max Pappenheim (Kiel),
Geheimer Justizrat Professor Dr. J. Riesser (Berlin),
Oberlandesgerichtspräsident Wirklicher Geheimer Oberjustizrat Professor Dr. Felix Vierhaus (Breslau),
Landesgerichtsdirektor Dr. Degen (Leipzig),
Rechtsanwalt Dr. Isay (Berlin),
Rechtsanwalt Dr. Seligsohn (Berlin),
Professor Dr. Lukas (Königsberg) und
Regierungsrat Dr. Rathenau (Berlin).

Vorsitzender: Dann treten wir in die Tagesordnung ein. Wir haben heute noch die Frage nach dem Bedürfnis für ein Deutsches Verwaltungsgericht zu behandeln. Es ist dies überhaupt das erste Mal, das wir eine spezifisch verwaltungsrechtliche Frage auf Grund der Änderung der Statuten in unseren Beratungskreis ziehen.

Ich erteile zunächst das Wort Herrn Präsidenten Dr. Vierhaus.

Oberlandesgerichtspräsident Wirklicher Geheimer Oberjustizrat Dr. **Vierhaus:** Meine Herren! Die Worte, die gestern in der Eröffnungs-Plenar-Sitzung von allen Seiten über die Notwendigkeit der Rechtseinheit und über die Aufgabe des Juristentags bei Erreichung dieser Rechtseinheit geredet worden sind, überheben mich der Notwendigkeit, meinen Ausführungen zu der uns beschäftigenden Frage eine allgemeine Einleitung voranzustellen. Es kann ja keinem Zweifel unterliegen, daß es eine der vornehmsten und erfolgreichsten Aufgaben des Juristentages gewesen ist, diese Rechtseinheit zu fördern.

Von der Rechtseinheit ist bis jetzt ein großes und bedeutendes Gebiet unberührt geblieben, abgesehen von der Regelung einiger Spezialzweige, nämlich das Verwaltungsrecht. Wer das preußische Oberverwaltungsgericht in seiner lebensvollen und bedeutsamen Wirksamkeit beobachtet, wer aus seiner Judikatur sieht, welcher reiche Stoff von reichsrechtlichen Normen dort den Gegenstand der Entscheidung bildet, der wird leicht geneigt sein, die Schaffung eines obersten Reichsverwaltungsgerichtes neben dem Reichsgericht als ein Postulat anzusehen, das bereits a priori die Meinung für sich hat, und es als unsere Aufgabe zu betrachten, dieses Postulat zu verwirklichen. Dabei würde uns auch der Umstand in tatsächlicher Hinsicht zunächst nicht stutzig machen dürfen, daß die Reichsverfassung eine solche Einrichtung nicht kennt. Denn zu jener Zeit, als der Norddeutsche Bund, das Deutsche Reich begründet wurden, waren erst die ersten Anfänge der Entwicklung vorhanden, die jetzt im Verwaltungsstreitverfahren ihre reichen Blüten getragen haben.

Bei der Stellung der Frage nach dem Bedürfnis eines deutschen Reichsverwaltungsgerichts kann es sich selbstverständlich nur darum handeln, ob ein o b e r s t e s, e i n h e i t l i c h e s Reichsverwaltungsgericht geschaffen werden soll. Denn oberste Gerichtshöfe mit Verwaltungs-Jurisdiktion auf einzelnen Gebieten haben wir bereits im Reiche, und andererseits kann es nicht Aufgabe des Reiches sein, sich in die Verwaltungsgerichtsorganisation der Bundesstaaten an einer anderen Stelle als der höchsten einzuschieben.

Es könnte von vornherein die Frage aufgeworfen werden, ob wir in der Lage sind, eine solche Forderung zu stellen, da ja die Verwaltungsgerichtsbarkeit nicht zu den Gebieten gehört, die in Art. 4 RV. der Reichskompetenz zugewiesen sind. Aber darüber würde hinweghelfen die Möglichkeit einer formellen Verfassungsänderung. Und dieser würde es nicht einmal bedürfen, weil ja das Reich nach feststehender staatsrechtlicher Anschauung die Kompetenz hat, also durch ein einfaches Gesetz seine Kompetenz erweitern kann, sofern nur die verfassungsrechtliche Voraussetzung gegeben ist, daß nicht 14 Stimmen im Bundesrate dagegen abgegeben wurden.

Die Frage nach dem Bedürfnis des Reichsverwaltungsgerichts hat zwei Seiten. Erstens: Ist die Forderung eines Reichsverwaltungsgerichts so sehr mit dem Wesen des Rechtsstaates verknüpft, daß aus der Befugnis, das materielle Recht zu regeln, auch die Befugnis und die Notwendigkeit folgen muß, ein einheitliches oberstes Gericht zu schaffen? Und zweitens: Ist die Schaffung eines solchen obersten Reichsverwaltungsgerichts tatsächlich zweckmäßig, ja überhaupt nur möglich?

Kennzeichnend für die Sachlage ist die verschiedene Stellung der drei Gutachten, durch die unsere heutige Verhandlung vorbereitet worden ist. Thoma und Anschütz gelangen in ihren Gutachten — wie ich glaube, unter nicht genügender Berücksichtigung der praktischen Schwierigkeiten — sofort zu einer prinzipiellen Bejahung der Frage und bewegen sich in der Richtung der Ausgestaltung dieses Gedankens. Schultzenstein hingegen gelangt in Wahrheit zur Verneinung des Bedürfnisses, wenn er es auch in etwas verklausulierter Form tut. Denn sein Leitsatz geht dahin, daß das Bedürfnis für einen Verwaltungsgerichtshof anzuerkennen sei, der, soweit das Reichsverwaltungsrecht gilt, auf diesem Gebiete die Verwaltungsstreitsachen in letzter Instanz entscheidet. Gleichwohl aber meint Schultzenstein, daß sich zur Zeit das Bedürfnis nicht befriedigen lasse, vielmehr nur die künftige Befriedigung dieses Bedürfnisses in Aussicht zu nehmen und zu fördern sei. In der jüngsten Zeit hat Schultzenstein im Verwaltungsblatt diesen Gedanken weiter ausgeführt und ihn namentlich auch gegen die Vorschläge von Thoma und Anschütz verteidigt. Wenn also, wie ich glaube, Schultzenstein der prinzipiellen Seite der Frage nicht ganz gerecht wird, und wenn auf der anderen Seite wiederum Thoma und Anschütz meines Erachtens die praktische Frage zu leicht nehmen und sie nicht im Einzelnen verfolgen, so will ich darum doch den großen Wert der Gutachten in keiner Weise herabsetzen, namentlich in Beziehung auf die Darstellung der gegenwärtig in den Bundesstaaten geltenden Organisationen. In dieser Beziehung, in der Verweisung auf die allerdings nur sporadische Literatur und in der Verwertung praktischer Gesichtspunkte und Erfahrungen bieten uns jene Gutachten reichliches Material.

Die Beantwortung der Frage, ob ein Bedürfnis nach einem Reichsverwaltungsgericht vorliegt, ist natürlich nur möglich, wenn man sich über die Aufgaben dieses Reichsverwaltungsgerichtes vollkommen klar ist.

Nun begegnet man heutzutage vielfach noch der landläufigen Anschauung, die die rechtsanwendenden Behörden in drei Kategorien teilt: Gerichte, Verwaltungsbehörden, Verwaltungsgerichte, und diese landläufige Anschauung findet eine gewisse Stütze in der Fassung des § 13 des Gerichtsverfassungsgesetzes. Es mag dahingestellt bleiben, wie man wissenschaftlich-systematisch die Sache zu behandeln hat. Wir haben uns auf den Standpunkt der tatsächlichen Entwickelung zu stellen, und diese

Entwickelung ist nicht in dem Sinne erfolgt, daß die Verwaltungsgerichte als gleichwertiges drittes Glied neben die Gerichte und neben die Verwaltungsbehörden treten.

Seit der Trennung der Justiz und der Verwaltung, die ja namentlich in Preußen schon früh erfolgt ist, waren zwei Systeme denkbar, das eine, weitaus herrschende: eine Verwaltung, die der Rechtskontrollen entbehrt, und daneben entscheidende Gerichtsbehörden. Auf der anderen Seite war eine Entwickelung in einzelnen deutschen Bundesstaaten, namentlich in Kurhessen und Mecklenburg eingetreten, die den Rechtsschutz auf dem Verwaltungsgebiete den ordentlichen Gerichten übertrug. Beides war eine unvollkommene Entwicklung, auch die letztere, denn sie übertrug Entscheidungen an Behörden, die über die dazu nötigen Erfahrungen nicht verfügten, und vor allen Dingen, wie das Beispiel Kurhessens lehrt, hatten die ordentlichen, außerhalb der Verwaltung stehenden und doch zur Verwaltungskontrolle berufenen Gerichte nicht die Machtmittel, um ihre Rechtsansicht gegenüber den Verwaltungsbehörden durchzusetzen.

Wie hat man sich das Verhältnis jener drei Gruppen von Behörden zu denken? Man hat dabei auch noch mit einem anderen, jetzt wohl überwundenen Irrtum aufzuräumen, der lange Zeit gang und gäbe war: die Verwaltung erfolge nach Zweckmäßigkeitsrücksichten, die Gerichte entschieden aus Rechtsgründen. Darüber kann kein Zweifel mehr sein, daß jede Verwaltung, auch die absolutistische, nach Rechtsnormen geführt werden muß und nach Rechtsnormen geführt worden ist. Diese Rechtsnormen erzeugten ein Schutzbedürfnis, und diesem Schutzbedürfnis hat in rascher Entwicklung das Verwaltungsstreitverfahren die Befriedigung verschafft. Das Verwaltungsstreitverfahren ist eine unter Rechtskontrolle gestellte Verwaltung. Das erhellt schon daraus, daß wir hier nicht, wie im Zivilprozeß, notwendig Parteien haben, es gibt ein Verwaltungsstreitverfahren mit Parteien, es gibt aber auch ein Verwaltungsstreitverfahren, das sich gegen den Einzelnen richtet oder das der Einzelne gegen den Staat richtet, ohne daß ein eigentliches Parteienverhältnis stattfindet. Ferner ist das Verwaltungsstreitverfahren durchaus beherrscht vom Offizialprinzip, in einer Weise, wie es beim Zivilprozeß niemals der Fall ist. Sieht man genauer zu, so ist das Prozessuale im Streitverfahren nur eine Technik des Verwaltungsstreitverfahrens für seine Aufgabe der Rechtskontrolle, welches die Formen des Zivilprozesses dankbarst benutzt und ausgestaltet hat, ohne daß darum das Verwaltungsstreitverfahren wirklicher Prozeß wurde. Es ist daher anstelle jener Dreiteilung eine Zweiteilung zu setzen: Justiz, Tätigkeit der Gerichte und

Verwaltung, und in der Verwaltung wieder zu unterscheiden, wie § 54 des preußischen Landesverwaltungsgesetzes es tut: einfache Verwaltung zwar nach Rechtsnormen, aber ohne andere Rechtskontrolle als durch die Aufsichtsbehörde — und zweitens Verwaltungsstreitverfahren, also unter Rechtskontrolle gestellte Verwaltung. Wer ganz genau sein will, mag, wie es Schultzenstein in seinem Gutachten tut, auf Seite der Verwaltung noch ein drittes Glied einschalten und scheiden: Verwaltung, Verwaltungsbeschlußverfahren, also Kollegialverwaltung, und Verwaltungsstreitverfahren. Ist aber das Verwaltungsstreitverfahren Verwaltung, so folgt daraus auch, daß man es politisch im weitesten Sinne genommen als solches bewerten muß. Wenn das Privatrecht und seine Einrichtungen dem Schutze der Gerichte unterstellt sind und wenn dieser Schutz seinen Gipfelpunkt findet im Reichsgericht, so ist dem nicht ein oberstes Verwaltungsgericht ohne weiteres vergleichbar. Ein oberstes Verwaltungsgericht ist die Spitze für eine ganz andere Staatstätigkeit, als es die Rechtsprechung ist, und nur insofern würde eine Analogie anzuerkennen sein, als in beiden Fällen die Wahrung der Rechtseinheit, auf Seite der Rechtspflege im Reichsgericht, auf Seite der Verwaltung in einem einmal vorausgesetzten Reichsverwaltungsgericht sich verkörpern würde.

Für die Wahrung der Rechtseinheit — auch hierüber muß man sich klar werden, wenn man unsere Themafrage beantworten will — kann man sich verschiedene Formen denken. Man kann sich die Form denken, daß, wie es bei den Plenarbeschlüssen des Reichsgerichtes geschieht, die Rechtsfrage losgelöst wird und für sich allein einem Kollegium unterbreitet wird, oder man kann — und so will es Anschütz — die Entscheidung der obersten Instanz, sagen wir des Reichsverwaltungsgerichtes, auf das Reichsrecht beschränken, allerdings auf das Reichsrecht in der Gestaltung des konkreten Falles, dann mit der Wirkung, daß, wenn das Reichsrecht verletzt ist, das Reichsverwaltungsgericht nichts zu sagen hat als: Hier ist das Reichsrecht verletzt, ich hebe die Entscheidung auf; und dann geht das Verfahren weiter. Oder endlich, man kann die volle Entscheidung der Sache, auch soweit sie über Verletzung des Reichsrechtes hinausgeht, in die Hände des höchsten Gerichtshofes legen.

Es kann meines Erachtens keinem Zweifel unterliegen, daß der letzte Weg der einzige ist, der dem Wesen einer Rechtsprechung gemäß ist. Es ist ja gestern bereits hier von der rechtschaffenden Macht des Richters die Rede gewesen, die Tatfrage und Rechtsfrage in eins zusammenzieht. Eine Rechtsanwendung ist nur möglich in Anwendung auf einen bestimmten Tatbestand, und dieser bestimmte Tatbestand muß einen Gegenstand auch der höchstrichterlichen Entscheidung bilden, wenn auch, wie bei dem Rechtsmittel der Revision im Zivilprozeß, eine weitere tatsächliche Feststellung als die bereits in den Vorinstanzen getroffene nicht möglich ist. Nur dadurch, daß das Reichsgericht sich konstant die Beurteilung der Tatfrage im Rahmen des Rechtsmittels gesichert hat, nur dadurch ist jene lebendige Rechtsanwendung entstanden, die wir der Judikatur des Reichsgerichtes verdanken; und es kann auch dabei nicht außer acht gelassen werden, daß, wenn man die einzelnen Rechtsfragen entscheiden will unter Berücksichtigung aller Tatbestandsmomente, man ein Präjudiz von solcher Bedingtheit und Beschränktheit erhält, daß ihm ein Wert für die Wahrung der Rechtseinheit nicht zugemessen werden kann. Unsere Frage würde sich nach dem von mir noch näher auszuführenden, kurz skizzierten Grundgedanken dahin stellen:

„Ist es ein Bedürfnis, eine oberste reichsrechtliche Instanz zu schaffen, welche in das von den einzelnen Bundesstaaten geordnete Verwaltungsstreitverfahren insofern eingreifen kann, als es sich um die Anwendung von Reichsrecht handelt?"

Unsere Gutachten und auch die Thesen meines verehrten Herrn Mitberichterstatters ziehen hier eine zweite, genau genommen, vom Thema nicht berührte Frage mit hinein:

„Ist es ein Bedürfnis, eine reichsrechtliche Instanz zu schaffen, welche die einheitliche Handhabung reichsrechtlicher Normen auf dem Gebiete des Verwaltungsrechtes gewährleistet?"

Der Unterschied ist der, daß dieser Schutz verlangt wird auch für Fälle, die nicht dem Verwaltungsstreitverfahren unterliegen, also auch für Fälle des reinen Verwaltungsverfahrens; und zweitens geht dieser Schutz insofern weiter, als er auch in anderer Form gedacht werden kann, als in der Form eines Reichsverwaltungsgerichtes. Ich glaube, da die Gutachten diese Frage streifen, wohl die Zuständigkeit zu haben, über das Thema etwas hinauszugehen und auch die zweite Frage mit in das Bereich meiner Betrachtungen zu ziehen, umsomehr, als ich da zu einem verneinenden Ergebnis gelange.

Das geltende Reichsrecht kennt eine ganze Anzahl von Fällen der Verwaltung nur durch Organe des Reichs oder doch durch Organe des Reichs, die sich auf eine ihnen speziell angepaßte Landesorganisation stützen (z. B. das Bundesamt für Heimatwesen). Das Material dafür, wo wir eine Reichsverwaltung haben, wo ein Reichsverwaltungsrecht und eine Reichsverwaltung zusammen, ist in den Gutachten bereits eingehend — statistisch, darf ich sagen — zusammengestellt. Ich kann mich daher hier auf eine kurze Aufzählung beschränken. Es ist das Reichsversicherungsamt mit seiner rechtsprechenden Tätigkeit, das Bundesamt für Heimatwesen, das verstärkte Reichseisenbahnamt, das verstärkte Aufsichtsamt für Privatversicherung, dann das Patentamt, sofern es im Beschlußverfahren auf dem Wege einer Art von Verwaltungsstreitverfahren zu einer höchsten und letzten Entscheidung über Patenterteilung gelangt. Ferner kommen in Betracht das Oberseeamt und endlich diejenigen Fälle, in denen das Reichsgericht reichsrechtliches Verwaltungsgericht ist: der gestern hier bereits wiederholt gestreifte Fall des Nichtigkeitsverfahrens in Patentsachen, dann Streitigkeiten zwischen Senat und Bürgerschaft in Hamburg.

Alle drei Gutachter wollen diese Reichsverwaltungsgerichte, von denen ich nur die wichtigsten nannte, vereinigen und hier schon ein einheitliches Reichsverwaltungsgericht für die Reichsverwaltung schaffen. Auf den ersten Blick erscheint dies außerordentlich einfach und einleuchtend, und doch ist es meines Erachtens ganz unausführbar. Denn diese Behörden, die ich eben nannte, sind sämtlich nicht rein entscheidende Behörden, sie sind gleichzeitig auch Reichsverwaltungsbehörden, in ihnen vereinigen sich trotz aller Kautelen der Gerichtsbarkeit die Funktion des Gerichtes und die Funktion der Verwaltung. Dem entspricht auch ihre Organisation. Ihre Organisation ist angepaßt den Bedürfnissen der Verwaltung.

Am klarsten tritt dies hervor bei dem Reichsversicherungsamt, und zwar so, wie es bereits jetzt konstruiert ist und wie es der Entwurf der Reichsversicherungsordnung vorsieht. Wie dieser Entwurf ausdrücklich dem Reichsversicherungsamte die drei Funktionen zuweist als Beschluß-, Aufsichts- und Spruchbehörde — also zwei Verwaltungsfunktionen und eine Verwaltungsgerichtsfunktion —, so ist auch die ganze Organisation unserer sozialpolitischen Gesetzgebung, dieser ganze stattliche, kühne Bau darauf berechnet, daß beide Tätigkeiten sich durchdringen und ergänzen. Man kann aus diesem Grunde nicht die rechtsprechende Tätigkeit des Reichsversicherungsamtes herausnehmen und es gleichwohl als reine Verwaltungsbehörde bestehen lassen.

Überhaupt, meine Herren, gestatten Sie mir hierbei einen einzigen etwas abschweifenden Satz. Wir sind, wenn nicht alles täuscht, durch das Verwaltungsstreitverfahren und seine Entwicklung über das alte Dogma von der Trennung der Justiz und Verwaltung hinweggekommen, und wir sind in eine Periode der Wiederannäherung beider Staatszweige eingetreten, weil wir einen Grund der Trennung, die Abhängigkeit der

Verwaltung, durch Schaffung des Verwaltungsstreitverfahrens überwunden haben. Der Wohlfahrtszweck des modernen Staates fordert, daß nicht scharfe Scheidung stattfindet, sondern zum Wohle des Ganzen eine Verquickung beider Tätigkeiten.

Wenn im Anschluß an die gestrige Debatte gegen die verwaltungsrechtliche Tätigkeit des Reichsgerichtes in Patentsachen Bedenken erhoben werden, so geschieht das nicht in dem Sinne, in dem hier eine Vereinheitlichung verlangt wird, daß nun etwa in dieses Reichsverwaltungsgericht diese oberste Instanz in Patentsachen auch noch hineingenommen würde, sondern in dem Sinne, einen Gerichtshof zu schaffen, in dem das sachverständige Element stärker vertreten ist, also einen Gerichtshof, der von der reinen Rechtsprechung eines Reichsverwaltungsgerichts weit entfernt ist.

Gerade die notwendige Elastizität der Verwaltung verlangt, daß hier eine gewisse Freiheit herrscht, und ich glaube daher, so weit es sich um die bis jetzt bestehenden Reichsverwaltungsgerichte handelt, die These vertreten zu können:

> „Für diejenigen Verwaltungsgebiete, auf denen bereits eine reichsrechtliche verwaltungsgerichtliche oberste Instanz besteht, kann — unbeschadet einer etwaigen Vereinfachung im einzelnen — das Bedürfnis eines einheitlichen obersten Verwaltungsgerichts nicht anerkannt werden."

Unter einer etwaigen Vereinfachung im einzelnen verstehe ich vor allen Dingen eine Verschmelzung der verschiedenen sozialpolitischen Gesetze und namentlich die Einbeziehung der Krankenfürsorge, die jetzt zum großen Teile der ordentlichen Rechtspflege unterstellt ist, in die Rechtsprechung des Reichsversicherungsamtes.

Im Vergleiche zu dem weiten Gebiete, in dem reichsrechtliche Normen durch die Landesbehörden zur Anwendung gelangen, sind jene von mir bisher behandelten reichsrechtlichen Verwaltungsgerichte unbedeutend. Der Hauptschwerpunkt in der Wahrung des Reichsrechtes liegt eben in der Handhabung durch die Verwaltungsbehörden und Verwaltungsgerichte der einzelnen Staaten, und man ist erstaunt, welchen reichen Stoff an verwaltungsrechtlichen Normen unsere Reichsgesetzgebung auf diesem Gebiete bereits gezeitigt hat. Ich darf in dieser Beziehung auf einen sehr bemerkenswerten und auch weite Ausblicke eröffnenden Aufsatz von Wilhelm Kahl im 27. Band der Schmollerschen Jahrbücher (1903) verweisen, in dem diese Zweige des Reichsverwaltungsrechts weiter dargestellt sind. Hier will ich nur an einzelne Gebiete erinnern, an das gesamte Gewerbewesen, an die Paß- und Fremdenpolizei, die reichsrechtlich geregelt sind, aber von Landesbehörden wahrgenommen werden, an das Nahrungsmittelwesen, das Vereins- und Versammlungsrecht und viele andere Gebiete.

In klarer bewußter Grenzscheidung hat man diese ganzen Gebiete den Einzelstaaten zur Handhabung überlassen. Bejaht man diese berechtigte Existenz der Einzelstaaten — und die Bejahung dieser Frage ist identisch mit der Bejahung des Bestehens des Reichs, — dann muß man ihnen das Besondere, Individuelle überlassen. Das Allgemeine dem Reiche; das Einzelne unter Berücksichtigung der örtlichen Verhältnisse den einzelnen Bundesstaaten. Die verschiedenen wirtschaftlichen Verhältnisse allein schon fordern diese Trennung: das Allgemeine, Einheitliche dem Reiche, das Mannigfaltige, Besondere den Einzelstaaten, so hat der große Schöpfer unseres Reiches sich den Bau gedacht.

Nun kann das Reich nicht durch Schaffung einer eigenen Organisation, was an sich zulässig wäre, die Handhabung des Reichsverwaltungsrechts bis in die unterste Instanz auf sich nehmen. Eine doppelte Garnitur von Verwaltungsbehörden würde die Folge sein; es kann nicht in jedem Staate auf jeder Instanzenstufe eine Reichsverwaltungsbehörde und eine Landesverwaltungsbehörde nebeneinander tätig sein. Es liegt dies auf der Hand. In dem Aufsatz Labands, der uns hier bei der Begrüßung überreicht wurde, finden sich ähnliche Ausführungen. Es ist also nötig, daß die Landesbehörden die reichsrechtlichen Normen durchführen. Eine Konstruktion aber, die auf landesrechtlichen Unterbau einen reichsrechtlichen Oberbau, das Reichsverwaltungsgericht setzte, ist meines Erachtens unmöglich. Denn er würde die Einheitlichkeit der Verwaltung, von praktischen Schwierigkeiten ganz abgesehen, in den Einzelstaaten völlig aufheben und zerstören. Das Verhältnis zwischen reiner Rechtsanwendung und Zweckmäßigkeitsrücksichten gestaltet sich in den einzelnen Verwaltungszweigen nach der Organisation der Verwaltung verschieden. Wir können ein Verwaltungsstreitverfahren nur abgrenzen, wie es auch Preußen tut, — da stimme ich mit Kahl vollkommen überein — im Wege der sogenannten Enumerations-Methode. Wenn das aber richtig ist, dann folgt daraus, daß jeder Bundesstaat nach seinem Bedürfnis diese Enumeration vornimmt und daß daher die Gestaltung des Verwaltungsstreitverfahrens, die Abgrenzung seines Gebietes in den einzelnen Staaten eine durchaus verschiedene ist. Auf einen solchen Boden kann man unmöglich das Reichsverwaltungsgericht aufsetzen.

Und wenn Anschütz den Rat gibt, doch nur immer das Dach zu bauen, das Haus würde sich schon finden, so glaube ich, daß der einfachste Maurerlehrling wissen wird, daß man zunächst das Fundament zu legen hat, ehe man an die Begründung des Daches gehen kann. Ich stimme also Kahls Aufsatz in den Schmollerschen Jahrbüchern bei, und ich bitte, etwas daraus verlesen zu dürfen, weil er den Gedanken am besten wiedergibt.

„Das Reich kann zwar reichsgesetzlich garantierten Individualrechten den landesverwaltungsgerichtlichen Schutz sichern. Das Reich kann auch selbst eine besondere Verwaltungsgerichtsbarkeit zum Schutze reichsgesetzlich gewährleisteter öffentlicher Rechte ausüben. Das Reich aber kann mangels eines generellen Zuständigkeitsprinzips nicht den im Landesrecht begründeten subjektiven öffentlichen Rechten einen allgemeinen verwaltungsgerichtlichen Schutz garantieren. Ein Reichs- oder Verwaltungsgericht, ausgerüstet nach Analogie einer ordentlichen Zuständigkeit des Reichsgerichts in Zivil- oder Strafsachen mit einer ordentlichen Verwaltungsgerichtsbarkeit, könnte es nach der dermaligen landesstaatlichen Anlage des Reiches überhaupt nicht geben."

Später hat Kahl diesen Aufsatz noch ergänzt in seiner Festrede beim Jubiläum der Juristischen Gesellschaft in Berlin, und er hat sich dort etwas günstiger ausgesprochen für eine Zentralisation in dem Satze:

„Das nächste Ergebnis wird wohl nun sein, daß der Gedanke festgehalten, seine Verwirklichung auch in bestimmten Grenzen möglich und wünschenswert, und die folgende Entwickelung des Einheitsgedankens sogar notwendig, daß aber die Zeit seiner Erfüllung noch nicht gekommen ist."

Aber auch wenn man von den grundsätzlichen Bedenken absehen wollte, so ergeben doch auch praktische Gründe die Unmöglichkeit eines obersten Verwaltungsgerichtes über den Landesverwaltungsbehörden. Kein Geringerer als einer der gründlichsten und erfahrensten Kenner unseres Verwaltungsrechtes und namentlich unseres Verwaltungsstreitverfahrens, Schultzenstein, hat auf diese Unmöglichkeit im einzelnen entschieden hingewiesen, und er hat diese Ausführungen in einem von mir bereits vorher erwähnten Aufsatze im Verwaltungsblatte noch ergänzt.

Organisation und Verfahren sind in den einzelnen Bundesstaaten von Grund aus verschieden; das Maß des verwaltungsgerichtlichen Rechtsschutzes, das Ineinandergreifen einer rein verwaltenden und einer rechtlich gesicherten Tätigkeit sind ungleich; das Ergebnis der Rechtsprechung eines Reichsverwaltungsgerichtes wird darnach ein durchaus verschiedenes sein. Auch die Gestaltung der Beziehungen zwischen reiner Verwaltungsbehörde und Verwaltungsgericht, das Eingreifen der obersten Behörde namentlich in den Kleinstaaten; alles dieses würde unüberwindbare Schwierigkeiten bieten.

Meine Herren! Ich betone schon hier, wir wollen vereinfachen auf dem ganzen Gebiete der Staatsverwaltung. Schon der Umstand, daß hier Verwirrungen und Erschwerungen ganz unvermeidlich sind, warnen davor, den Weg zu betreten, der uns von den beiden anderen Gutachtern empfohlen wird.

Nun haben beide Gutachter formulierte Vorschläge gemacht und sie zu prüfen, dürfte die beste Probe auf das Exempel sein. Auch mein Herr Mitberichterstatter hat formulierte Leitsätze vorgelegt. Ich halte es aber für meine Pflicht, erst seine Begründung abzuwarten, ehe ich darauf eingehe.

Thoma weist dem Reichsverwaltungsgericht die Streitsachen zu, in denen die Verletzung des Reichsrechtes gerügt wird, und zwar so, daß das Reichsverwaltungsgericht als neu zu schaffende oberste Instanz über dem ganzen bisherigen landesgesetzlichen Instanzenzug steht. Ich glaube, es wird lediglich ein kleiner Flüchtigkeitsfehler sein, wenn Thoma in einem zweiten Satze die Fälle §§ 20 und 21 R.-Gew.-O. auch dem Reichsverwaltungsgericht zuweist und bei dieser Gelegenheit die Beschränkung auf die Verletzung des Reichsrechts vergißt. Ich glaube die Leitsätze in diesem Sinne ergänzen zu dürfen. Aber hier entsteht gleich eine andere Lücke. Nur die Verletzung des Reichsrechtes begründet die Revision, für welche das Reichsverwaltungsgericht eingesetzt ist; so verstehe ich Thoma. Dann ist dieses Reichsverwaltungsgericht mit der ganzen Sache befaßt, also, meine Herren, auch mit dem Landesrecht. Um dem Preis der Einheit des Reichsrechtes erreichen wir also eine Duplizität in der Rechtsprechung des Landesverwaltungsrechtes.

Wenn Thoma ferner dem Reichsverwaltungsgericht die Entscheidung von Kompetenzkonflikten zwischen Verwaltungsbehörden und Verwaltungsgericht geben will, so ist das ein ganz unannehmbarer Eingriff in die Verwaltungshoheit der Bundesstaaten, zu dem eine Notwendigkeit von Thoma nicht dargetan ist.

Ganz unannehmbar ist meines Erachtens ferner die Instanzenhäufung bei Thoma. Ich erwähnte schon, daß er sein Reichsverwaltungsgericht über die Verwaltungsinstanzen setzen will. Er sieht ein, daß diese dann bis auf vier, ja bis auf fünf Instanzen vermehrt würden. Daß dies möglich sei, gibt Thoma selbst zu. Es bleibt nur ein Weg über, den Landesgesetzgebungen zu befehlen, ihren Instanzenzug in gewisser Weise einzuschränken. Die überaus künstliche Verwirklichung dieses Gedankens in Anlehnung an das Badische Vorbild möchte ich hier, um nicht unnütz Zeit zu verlieren, nicht darlegen. Sie steht auf Seite 110 des Thomaschen Gutachtens. Aber, wenn es überhaupt rechtlich zulässig ist, so ist es doch wenigstens im höchsten Maße politisch bedenklich, hier ohne jedem Vorgang, nicht etwa Landesbehörden die Ausführung von Reichsgesetzen zu übertragen — das haben wir ja in vielen Fällen —, sondern den Landesgesetzgebungen anzubefehlen, ihre innere Gesetzgebung auf einem den Bundesstaaten vorbehaltenen Gebiete zu ändern. Ich meine, daß dies direkt als eine politische Unmöglichkeit bezeichnet werden muß, und auch hierin glaube ich mich auf die Zustimmung Labands in der Festzeitung für den diesjährigen Juristentag berufen zu können.

Einfacher ist der Vorschlag von Anschütz. Anschütz will nicht ein Reichsoberverwaltungsgericht über die Instanzen stellen, sondern er will es an die Stelle der obersten Instanz treten lassen, aber er will es auch wieder, einen Teil der eben geäußerten Bedenken vermeidend, entscheiden lassen nur, wie ich schon sagte, darüber, ob eine Verletzung des Reichsrechtes vorliegt oder nicht. Wird diese Frage bejaht, dann geht die Sache an das Landesgericht zurück. Dies gibt ein Hin und Her — denn das Landesverwaltungsgericht kann wiederum in anderer Beziehung Reichsrecht verletzen —, ein Hin und Her, das trotz der Vermeidung der übereinandergebauten Instanzen durch Vermehrung der nebeneinandergebauten in dieselben Fehler gerät, die ich glaubte an Thoma rügen zu müssen.

Eine allgemeine Bemerkung darf ich mir gestatten. Vereinfachung, sagte ich schon, und Praktikabilität, das ist die Aufgabe unserer Behördenorganisation und der Regelung des Verfahrens auf jedem Gebiete des Verfahrens, sei es Zivilprozeß, sei es Strafprozeß, sei es Verwaltung. Nicht darauf kommt es an, ob eine solche Organisation a priori gefundenen Konstruktionen entspricht, sondern wie sie funktioniert, und ich fürchte, wir Juristen werden den Vorwurf der Weltfremdheit solange nicht los, bis wir nicht dem Rechtsuchenden in aller und jeder Beziehung ein seinen Zwecken dienendes, rasch wirkendes Verfahren bieten können; der Vorschlag Thomas bewegt sich hier in ganz entgegengesetzter Richtung.

Die praktischen Schwierigkeiten, die sich aus den Vorschlägen der

Gutachter Dr. Anschütz und Dr. Thoma ergeben, sind in einem Aufsatz von Dr. Schultzenstein im Verwaltungsblatt noch einmal zusammengestellt worden, sie decken sich zum großen Teil mit dem, was ich anführte. Es handelt sich vor allen Dingen um die Schwierigkeit der Entscheidung, wann das Reichsrecht verletzt ist. Stellenweise sind Reichsrecht und Landesrecht, wie Schultzenstein überzeugend darlegt, so verquickt, daß in jeder Verletzung des Landesrechtes auch eine Verletzung des Reichsrechtes steckt. Ein Beispiel dafür! Das preußische Landesverwaltungsgesetz schreibt für die Zustellungen die Anwendung der Vorschriften der Zivilprozeßordnung vor. Ist nun, wenn behauptet wird, daß eine Zustellung unter Verletzung des Reichsrechtes erfolgt sei, dies eine Verletzung des Landesrechts oder des Reichsrechts? Und dieses Beispiel ergibt schließlich, daß es beinahe gar kein Verwaltungsstreitverfahren geben kann, in dem man nicht mit einem Scheine Rechtens die Verletzung von Reichsrecht behaupten könnte; kann man sie aber behaupten, so ist, da Anschütz wie Thoma beide die Zuständigkeit des Reichsverwaltungsgerichtes lediglich abhängig machen von dem Anrufen durch die Partei unter der Behauptung, daß Reichsrecht verletzt sei, ein bequemes Mittel gegeben, um das Streitverfahren auf das Unerträglichste in die Länge zu ziehen.

Man hat sich für die Möglichkeit einer solchen Organisation ohne Unterbau auf das Bundesoberhandelsgericht, spätere Reichsoberhandelsgericht, berufen, meines Erachtens sehr zu Unrecht. Ich erinnere wieder daran, daß nach meiner Auffassung das Verwaltungsstreitverfahren Verwaltung ist, wenn auch unter rechtliche Kontrolle gestellte Verwaltung. Dort handelte es sich aber nur um Rechtsanwendung. Ferner beruhte damals die Organisation der Gerichte, abgesehen vielleicht von dem Gebiete des rheinisch-französischen Rechtes, im ganzen deutschen Reiche oder im Norddeutschen Bunde wesentlich auf einheitlichen Grundgedanken, während unsere Verwaltungsbehörden der Einzelstaaten zum Teil noch die größten Verschiedenheiten zeigen. Ich erinnere noch an ein Beispiel, welches Schultzenstein nicht gibt. Die Organisation unserer Kleinstaaten ist meist so, daß das Ministerium die Funktionen unserer Mittelbehörden, also für Preußen der Regierungen, und der obersten Behörden vereinigt, in der Regel so, daß als Mittelbehörde ein einzelner Beamter entscheidet und auf Beschwerde das Kollegium des betreffenden Ministeriums. Wie soll man sich in dieses Verfahren eingeschoben denken ein Streitverfahren beim obersten Verwaltungsgericht?

Ganz unannehmbar für mich ist, wie ich schon ausführte, der Gedanke, auf den Anschütz Wert legt, daß gegen jede Verwaltungsverfügung, nicht blos Verwaltungsstreitentscheidung, ein Verfahren des Reichsverwaltungsgerichtes unter der Behauptung der Verletzung von Reichsrecht stattfinden kann. Das würde ein so tiefer Eingriff in die in den Einzelstaaten vorgenommene Scheidung von Verwaltung und Verwaltungsstreitverfahren sein, und es würde daneben eine solch furchtbare Belastung der obersten Instanz zur Folge haben, die natürlich sofort angegangen werden müßte, ohne daß die Vorinstanzen gefragt worden sind, daß ich glaube, auch praktisch wird dieser Gedanke unausführbar sein. Ich komme daher zu dem Leitsatze:

„Die Schaffung einer reichsrechtlichen obersten verwaltungsgerichtlichen Instanz, soweit zurzeit eine solche Instanz überhaupt nicht besteht oder nur landesrechtlich geordnet ist, empfiehlt sich nicht, und zwar auch nicht in der Beschränkung auf Fälle, in denen das Rechtsmittel auf die Verletzung einer in den Reichsgesetzen enthaltenen Rechtsnorm gestützt wird."

Dieses Ergebnis hat, wie ich nicht verkenne, in einer Richtung etwas Unbefriedigendes, nämlich nach dem Gesichtspunkte, daß die notwendige Einheit der Rechtsanwendung nicht gesichert ist. Nun kann ich es nicht unterschreiben, daß es das Postulat jeder Rechtsanwendung sei, daß die Möglichkeit einer einheitlichen Entscheidung gewahrt bleibt. Bei der Vielgestaltigkeit unseres Instanzenzuges ist diese Möglichkeit niemals geschaffen, und vor allen Dingen würde der Gegensatz der Entscheidung der Verwaltungs- resp. der Verwaltungsgerichtsbehörden und der ordentlichen Gerichte bestehen bleiben. Es ist allerdings richtig, daß die Gefahr besteht, daß sich das Recht nach verschiedenen Seiten entwickelt. In den Gutachten sind lehrreiche Beispiele gegeben. Von diesen lehrreichen Beispielen ist namentlich eines besonders bezeichnend, die bekannte verschiedene Auslegung des § 3 des Freizügigkeitsgesetzes, indem sich eine förmliche Mainlinie ausgebildet hatte, bis die norddeutsche Auffassung vor der süddeutschen kapitulierte. Hilse hat uns in einem neueren Aufsatze in der „Selbstverwaltung", einem in Magdeburg erscheinenden Blatte, noch eine Reihe solcher Fälle gegeben. Dabei ist ihm aber folgendes untergelaufen. Der erste Fall, nämlich die Verpflichtung des Verletzten, sich einem Heilverfahren zu unterwerfen, wird verschieden entschieden vom Reichsgericht und vom Reichsversicherungsamt, also zwei Behörden, deren Zusammenfassung unter eine einheitliche Oberinstanz zurzeit gewiß unmöglich ist. Das zweite Beispiel von Hilse, Begriff des Lehrlings, betrifft verschiedene Verwaltungsbehörden verschiedener Bundesstaaten, die den Begriff des Lehrlings verschieden auffassen; und nur bei dem dritten Beispiel, Führung des Baumeistertitels, wäre ein Verwaltungsstreitverfahren denkbar.

Ich bleibe dabei: so wünschenswert auch die Rechtseinheit ist, voll läßt sie sich nicht erreichen, und damit ist die prinzipielle Notwendigkeit der Forderung widerlegt, und man ist berechtigt, sich lediglich auf den Boden des praktischen Bedürfnisses zu stellen. Es ist aber vielleicht wohl, wenn man sich auf den Boden des praktischen Bedürfnisses stellt, die Frage gestattet, ob ein Reichsverwaltungsgericht die einzige Form sei, in der man die Rechtseinheit herstellen könnte, und zweitens kann man auch die Frage aufwerfen, ob man jedem als Rechtsschutz das Recht gewähren müsse, Verletzung des Reichsrechtes mit der Wirkung zu behaupten, daß eine oberste Reichsbehörde eingreift, ob es nicht möglich ist, die Wahrung der Rechtseinheit auf anderen Bahnen zu erlangen als auf denen des Reichsverwaltungsgerichtes. Schwierig und geradezu brennend wird die Frage der Anwendung des Reichsrechtes nur da, wo zwei oberste Instanzen voneinander abweichen. Wenn eine Frage der Gewerbeordnung entschieden ist durch alle Instanzen bis zum preußischen Oberverwaltungsgericht, so besteht meiner Meinung nach kein Bedürfnis, dem Bäckermeister Hinz oder Kunz das Recht zu geben, noch eine Reichsinstanz anzurufen, blos weil er behauptet, eine Reichsrechtsnorm sei verletzt, während in Wahrheit die Auffassung des Oberverwaltungsgerichtes mit der des Reichsverwaltungsgerichtes, wenn es bestände, übereinstimmt. Die Notlage besteht nur dann, wenn das eine höchste Gericht in Verwaltungsstreitsachen von dem anderen abweichen will. Die Zahl dieser Fälle ist viel beschränkter, und ich glaube daher, es verlohnt sich der Mühe, zu untersuchen, ob nicht die Wahrung der Rechtseinheit in diesen extremsten Fällen ohne das Reichsverwaltungsgericht erreicht werden kann.

Wenn ich im folgenden den Plan, der mir in dieser Beziehung vorschwebt, zu skizzieren unternehme, so verkenne ich nicht das Bedenkliche dieses Unternehmens, da mir die verwaltungsgerichtliche Praxis fernliegt. Ich will das offene Bekenntnis ablegen, daß mein hochgeschätzter Freund Schultzenstein auf briefliche Mitteilung meines Planes an allen seinen Bedenken festgehalten hat, aber mir scheint wenigstens das gerechtfertigt, einmal einen Schritt in einer Richtung zu gehen, den Berufenere vielleicht weitergehen mögen mit dem Ergebnis, sei es, daß er zum Ziele führt oder auf einem Holzwege im Walde verläuft. Der Gedanke wäre: Nicht jede Reichsrechtsverletzung begründet die Revision, sondern nur die Abweichung zweier oberster Behörden, und hierbei darf ich mich an einen Vorgang anlehnen, den wir in der Reichsgesetzgebung finden und der ihnen allen bekannt und geläufig ist. Bekanntlich endet das Rechtsmittel der weiteren Beschwerde in Sachen der freiwilligen Gerichtsbarkeit beim Oberlandesgericht, und man hat, um eine Differenz der Oberlandesgerichte zu vermeiden, die bekannte Vorschrift, die sich in § 79 der Grundbuchordnung und § 28 des Reichsgesetzes über die Angelegenheiten der freiwilligen Gerichtsbarkeit findet, deshalb eingeführt:

„Will das Oberlandesgericht bei der Auslegung einer das Grundbuchrecht betreffenden reichsgesetzlichen Vorschrift von der auf weitere Beschwerde ergangenen Entscheidung eines anderen Oberlandesgerichts, falls aber über die Rechtsfrage bereits eine Entscheidung des Reichsgerichts ergangen ist, von dieser abweichen, so hat es die weitere Beschwerde unter Begründung seiner Rechtsauffassung dem Reichsgerichte vorzulegen. Der Beschluß über die Vorlegung ist dem Beschwerdeführer mitzuteilen."

In den Fällen des Abs. 2

— also des vorgelesenen Absatzes —

„entscheidet über die weitere Beschwerde das Reichsgericht."

Ich glaube, wenn dieser Weg sich hier als gangbar erweisen würde, so würde ein großer Teil der Bedenken vermieden werden, allerdings auch noch immer ein gewisser Eingriff in die Judikatur der Einzelstaaten vorhanden sein, aber gerechtfertigt durch den Notstand des Reichsrechts, allerdings ferner auch eine Entscheidung einer obersten Behörde, die nicht landesrechtlich organisiert ist, aber meines Erachtens in einer Weise konstruierbar, die die Bedenken auf ein Minimum herabmindert.

Zwei Abweichungen von der Vorschrift der Grundbuchordnung, zu denen die Sachlage zwingt, sollen dabei nicht verkannt werden. Die Grundbuchordnung und das Gesetz über die freiwillige Gerichtsbarkeit fanden eine zur Wahrung des Reichsrechts berufene und geeignete Instanz bereits vor im Reichsgericht. Hier muß man eine solche Instanz neu schaffen. Daraus erwachsen besondere Schwierigkeiten, die ich noch berühren werde. Und zweitens: die Vorschrift, die ich anführte, beschränkt sich auf Fragen des Grundbuchsrechtes und des Rechtes der freiwilligen Gerichtsbarkeit, während man hier das gesamte Reichsverwaltungsrecht notwendig einbeziehen müßte. Beides sind aber meines Erachtens nur praktische Schwierigkeiten, keine Gründe, sich prinzipiell gegen meinen Plan ablehnend zu verhalten. Ich verweise übrigens schon auf die eine

Erweiterung des Kreises der Rechtsnormen, bezüglich deren das Reichsgericht angerufen werden kann, nämlich daß bezüglich der Abweichung vom Reichsgerichte selbst die Abweichung von jeder reichsgerichtlichen Entscheidung, nicht bloß von einer Entscheidung in einer Grundbuch- oder freiwilligen Gerichtsbarkeits-Angelegenheit, das eigentümliche Rechtsmittel der Abgabe ans Reichsgericht eröffnet.

Praktische Bedenken, auf die ich noch kommen werde, bestehen lediglich in der Überlastung, die dieser Behörde drohen würde. Ich glaube nach den Erfahrungen, die man mit der freiwilligen Gerichtsbarkeit gemacht hat, daß diese Belastung kaum als eine dauernde veranschlagt werden kann. Es wird sich um den Austrag einiger Prinzipienfragen handeln, und dann werden die Sachen stetig abnehmen. Ich gelange daher zu folgendem Leitsatz:

> „Nur das Bedürfnis nach einer reichsrechtlich zu regelnden Instanz zur Verhütung einer widersprechenden Auslegung des Reichsrechts auf dem Gebiete des Verwaltungsrechts ist anzuerkennen."

Meine Herren! Hiermit möchte ich diejenigen Leitsätze schließen, die ich Ihrer Beschlußfassung unterbreite. Ich habe mich für verpflichtet gehalten und werde mir gleich noch die bezüglichen näheren Ausführungen gestatten, den Plan auch im Einzelnen weiter zu führen und zu skizzieren, um die Ausführbarkeit meines unmaßgeblichen Gutachtens klarzustellen. Ich bitte also, das, was ich sagen werde und wozu ich die Unterlagen mir erlaubt habe in Ihre Hände zu legen, lediglich als Motive und nicht als Gesetzestext zu behandeln.

Das Reichsverwaltungsgericht soll in einem geordneten Verfahren eine rechtliche Entscheidung treffen. Nach dem, was ich vorhin prinzipiell ausführte, folgt daraus, daß diese oberste Reichsbehörde nur eintreten soll in Streitfällen. Ich werde diese oberste Behörde hier kurz „Reichsverwaltungsgericht" nennen, weil es zwecklos wäre, einen anderen gekünstelten Namen zu erfinden. Ich verstehe aber von jetzt ab unter den Namen Reichsverwaltungsgericht lediglich und ausschließlich die von mir vorgeschlagene besondere Behörde zur Wahrung der Rechtseinheit.

Welche Sachen dem Verwaltungsstreitverfahren zu überweisen sind, bleibt der Bestimmung der einzelnen Staaten zu überlassen. Unvollkommen ist mein Vorschlag allerdings, insofern daneben die Unanfechtbarkeit der Verwaltungsentscheidung mit diesem Rechtsmittel bestehen bleibt und der Schutz der Interessen gegen Verletzung des Reichsrechtes durch Klage gegen Verwaltungsverfügungen ganz entfällt.

Wenn man die Fassung wählt, die ich mir erlaubt habe in der allgemeinen These vorzuschlagen, so würde auch die Möglichkeit bestehen, eine Abweichung des von mir so genannten Reichsverwaltungsgerichts von den übrigen obersten Reichsinstanzen in gleicher Weise zu behandeln. Wenn also etwa das Bundesamt für Heimatwesen und das Reichsversicherungsamt von einander abwichen in reichsrechtlichen Fragen, dann würde die von mir vorgeschlagene Behörde ebenso zur Lösung dieses Konfliktes berufen sein, als wenn es sich um einen Widerspruch verwaltungsgerichtlicher Landesinstanzen handelt.

Die Gewerbeordnung kennt lediglich einen sehr rudimentären Ansatz zum Verwaltungsstreitverfahren. In den §§ 20—21 sind die subsidiären Bestimmungen über den Rekurs auf dem Gebiete des Gewerberechts enthalten für diejenigen Staaten, die keine eigentliche Verwaltungsgerichtbarkeit haben. Diese beiden Paragraphen sind vielfach auch auf andere Verhältnisse, auch im Bürgerlichen Gesetzbuch, ausgedehnt, sodaß hier eine Reihe von Fällen zusammenkommt, die man nicht als eigentliches Verwaltungsstreitverfahren, sondern als Ansätze zu einem solchen bezeichnen kann. Diese Fälle mit einzubeziehen in die Tätigkeit des Reichsverwaltungsgerichtes in meinem Sinne, würde keine Schwierigkeiten bieten. Ich komme daher zu dem Satze:

> „Die zu schaffende Instanz (Reichsverwaltungsgericht) ist zu beschränken auf Angelegenheiten, in denen ein verwaltungsgerichtliches Verfahren nach Reichsrecht (einschließlich der Fälle der §§ 20, 21 der Gewerbeordnung) oder nach Landesrecht Platz greift."

Der Zweck ist lediglich die Wahrung der Rechtseinheit. Aber auch hier weisen uns die von mir angezogenen Bestimmungen den Weg und greift das Platz, was ich prinzipiell ausführte. Die Wahrung der Rechtseinheit kann nur in der Entscheidung des Einzelfalls, nicht in der Lösung der abstrakten Rechtsfrage geschehen. Wir werden hier daran festhalten müssen, daß die ganze Sache devolviert wird an das Reichsverwaltungsgericht, daher die These:

> „Dem Reichsverwaltungsgericht ist nicht die Beantwortung einer Rechtsfrage als solcher, sondern die Entscheidung in der Sache selbst zu übertragen."

Abweichungen und Unstimmigkeiten in rechtskräftig werdenden Entscheidungen in den unteren Instanzen sind nirgends zu vermeiden. Dafür sind die Rechtsmittel da. Will sich jemand die Entscheidung gefallen lassen, obwohl er sie für verkehrt hält, nun gut, dann ist kein Anlaß vorhanden, im Interesse der Wahrung der Rechtseinheit einzugreifen. Aber dieses Bedürfnis tritt erst ein, wenn kein Rechtsmittel mehr zulässig ist. Daher Beschränkung dieses eigentümlichen Verfahrens auf Abweichung von Beschlüssen der obersten Verwaltungsgerichte und nicht der mittleren und unteren. Ob man das „oberste Verwaltungsgericht" dahin präzisieren will, daß es das oberste landesrechtliche Verwaltungsgericht überhaupt sein soll, oder ob man die letzte Instanz als oberste Instanz betrachtet, so daß also eine Überweisung stattfindet, wenn eine Abweichung von einer letztinstanzlichen, aber darum nicht höchstrichterlichen Entscheidung vorliegt, ist eine praktische Frage. Dazu muß man sich die Organisation der einzelnen Bundesstaaten ansehen, ehe man zu der Beantwortung dieser Frage kommt. Daher gelange ich zu folgender These:

> „Will eine in letzter Instanz zur Entscheidung einer Verwaltungsstreitsache berufene Behörde bei der Auslegung einer reichsgesetzlichen Vorschrift von der in letzter Instanz ergangenen Entscheidung eines anderen Reichs- oder Landesverwaltungsgerichts, falls aber über die Rechtsfrage bereits eine Entscheidung des Reichsverwaltungsgerichts ergangen ist, von dieser abweichen, so hat die Behörde unter Begründung ihrer Rechtsauffassung die Sache dem Reichsverwaltungsgerichte vorzulegen."

Die Fassung ist ganz genau dem § 79 der Grundbuchordnung nachgebildet.

Die Organisation des von mir so genannten Reichsverwaltungsgerichtes bietet große Schwierigkeiten. Jede ständige Behörde hat eine einheitlich lebendig fortschreitende Praxis. Diese Behörde könnte nur in einzelnen Fällen entscheiden. Ich glaube aber, man könnte diesem Bedenken in der Zusammensetzung Rechnung tragen, wenn man nicht eine hauptamtliche Behörde schüfe, sondern lediglich eine Behörde, die besetzt ist mit Mitgliedern der obersten Verwaltungsgerichte der deutschen Bundesstaaten, also Herren, die beständig in der verwaltungsgerichtlichen Praxis stehen, und die nun in dieser besonderen Gestaltung die Frage noch einmal unter einem anderen Gesichtspunkte zu prüfen haben. Wenn man diesem Gedanken nachgeht, dann bietet sich auch eine Möglichkeit, die bei den gegenwärtigen Organisationen nicht besteht, die auch bei der Schaffung eines Reichsverwaltungsgerichtes in dem gewöhnlichen Sinne sich nicht bieten würde, nämlich die Möglichkeit einer Ausgleichung von Rechtsverschiedenheiten zwischen dem Reichsgericht und den obersten Verwaltungsgerichten. Wenn man nämlich die von mir geplante Behörde angliederte an das Reichsgericht in der Gestalt, daß neben Mitgliedern, die dem Reichsgericht entnommen würden, nebenamtliche Mitglieder der obersten Verwaltungsgerichte, unter denen sich auch Mitglieder des Reichsversicherungsamtes befinden könnten, säßen, dann hätte man die Möglichkeit, die Tätigkeit des Reichsverwaltungsgerichts auch auf diejenigen Fälle auszudehnen, in denen ein oberstes Verwaltungsgericht vom Reichsgericht abweichen will. Ich beschränke mich ausdrücklich auf diesen Fall, nicht auf den umgekehrten Fall, weil das Reichsgericht unabhängig sein muß von der Judikatur der Verwaltungsgerichte. Wenn man zur Entscheidung ein Reichsverwaltungsgericht anruft, in dem das Reichsgericht mit vertreten ist, und wenn den Gegenstand eine Meinungsverschiedenheit dieses Verwaltungsgerichtes mit dem Reichsgerichte bildet, dann wird dieses Bedenken vermindert, und wenn man den Satz hinzufügt, daß, wenn ein Zwiespalt zwischen einem obersten Landesverwaltungsgericht und dem Reichsgericht besteht, im Reichsverwaltungsgericht der Vorsitzende und die Hälfte der Mitglieder aus dem Reichsgericht entnommen sein müßten, so würde dem Bedenken Rechnung getragen, daß die Entscheidung des Reichsgerichts in gewissem Sinne unter die Entscheidung des Reichsverwaltungsgerichts gestellt sein würde.

Eine Schwierigkeit ist es ja immerhin, in welcher Weise die obersten Verwaltungsgerichte von der Rechtsprechung anderer gleichartiger Behörden Kenntnis erhalten sollen. Dies ist aber meines Erachtens eine Frage, die, wie sie bei der freiwilligen Gerichtsbarkeit gelöst worden ist, auch hier zu lösen sein würde. Ich gelange also zum letzten Satze:

> „Das Reichsverwaltungsgericht ist dem Reichsgericht anzugliedern und mit Richtern aus diesen und mit Mitgliedern deutscher oberster Verwaltungsgerichte nebenamtlich zu besetzen.“

— ich meine damit Mitglieder der Reichs- und der Landesverwaltungsgerichte. —

> „Die Verweisung an das Reichsverwaltungsgericht findet auch statt, wenn ein Verwaltungsgericht in letzter Instanz von der Auslegung einer reichsrechtlichen Vorschrift durch das Reichsgericht abweichen will. In diesem Falle müssen der bei der Entscheidung mitwirkende Vorsitzende und mindestens die Hälfte der übrigen mitwirkenden Mitglieder dem Reichsgericht angehören.“

Für ein solches beschränkt tätiges Reichsverwaltungsgericht ein besonderes Verfahren zu schaffen, würde nicht lohnen und würde bei der Verschiedenheit des Unterbaues auch hier zu großen Schwierigkeiten führen. Ich glaube aber, es ist angängig und zulässig, das Reichsverwaltungsgericht in dem Verfahren entscheiden zu lassen, das für die Sache, die an das Reichsverwaltungsgericht gebracht wird, sonst gilt, also in bayerischen Sachen nach bayerischem Verwaltungsstreitverfahren, in preußischen nach preußischem. Daß dieser Modus möglich ist, hat bereits das Bundesoberhandelsgericht bewiesen. Denn das Verfahren bei den einzelstaatlichen Gerichten vor der Zivilprozeßordnung war so buntscheckig und mannigfaltig, wie nur irgend ein Verfahren sein kann. Ich betonte vorhin, daß die Organisation ähnlich war, und daher möchte ich mich gegen den Vorwurf des Widerspruchs verwahren. Das Verfahren war buntscheckig, aber was damals möglich war, wird auch jetzt namentlich an höchster Stelle wohl zu erreichen sein.

Daß die Entscheidung, die das Reichsverwaltungsgericht zu treffen hat, die ganze Sache zu erfassen hat, folgt aus dem, was ich bereits ausführte. Den Schwierigkeiten, die dadurch entstehen, daß das Reichsverwaltungsgericht auch Landesrecht anzuwenden haben würde, läßt sich damit begegnen, daß man bei der Auswahl der Mitglieder tunlichst alle größeren Landesrechtsgebiete berücksichtigt und geschäftsordnungsmäßige Vorschriften trifft, daß das Mitglied des betreffenden Bundesstaates seine Einwirkung gerade in diesem Falle genügend sichert. Ich komme daher zu dem letzten Grundsatze:

> „Das Verfahren vor dem Reichsverwaltungsgerichte bestimmt sich nach den Vorschriften über das Verfahren vor der Behörde, welche die Sache dem Reichsverwaltungsgerichte vorgelegt hat; diese Behörde hat die Beteiligten von der Vorlegung in Kenntnis zu setzen. Nach den bezeichnenden Vorschriften bestimmt sich insbesondere auch, in welchen Fällen das Reichsverwaltungsgericht die Sache in die frühere Instanz zurückzuverweisen hat."

Ich wiederhole, dieser detaillierte Plan soll nur eine Skizze sein, die hoffentlich den Beweis führt, daß mein Gedanke ausführbar ist. Gegen den Plan eines Reichsverwaltungsgerichts in dem Sinne der drei Gutachter (auch des negativen Gutachtens von Schultzenstein) muß ich mich nach wie vor auf das Entschiedenste erklären.

Kahl und Schultzenstein hegen die Hoffnung auf eine bessere Zukunft. Ja, meine Herren, wir sollen entscheiden, ob gegenwärtig ein Bedürfnis besteht. Das ist die einzige Frage, die wir zu lösen haben. Daß möglicher Weise später eine Rechtsentwickelung Platz greifen kann, die ein Reichsverwaltungsgericht ermöglicht, ist eine Voraussetzung, deren Eintreten vielleicht der Einzelne erhoffen kann, vielleicht auch mit Recht erhofft, deren Verwirklichung aber ganz der unbestimmten Zukunft anheimfällt. Wir können unmöglich beschließen, daß etwas geschehen soll, wenn etwas anderes Unbestimmtes geschehen sein wird. Ein Wechsel auf die Zukunft ohne Verfalltag und ohne Bezeichnung der Leistung ist ein juristisch wertloses Stück Papier. Deshalb kann ich mich nicht entschließen, eine Resolution vorzuschlagen, die etwa lediglich zurzeit das Bedürfnis verneint; entwickelt sich unser Verwaltungsrecht nach den Aussichten, die Kahl gegeben hat, weiter, so wollen wir uns in 10 oder 20 Jahren einmal wieder über die Frage unterhalten, und andere werden dann vielleicht ebenso unseren heutigen Beschluß begreifen, wie sie dann für einen anderen zu stimmen in der Lage sein werden.

Ich habe auch heute Sie wieder vielleicht dadurch enttäuscht, daß ich an Stelle wagemutiger Einheitsgedanken, die uns gestern in schönen beredten Worten nahegelegt sind, die nüchterne Betrachtung unseres Staatswesens gesetzt habe, unseres Staatswesens, das ein Bundesstaat ist, ein Bundesstaat bleiben soll, eine Staatsform, die gerade dem Wesen unserer Nation besonders entspricht. Die Einheit des Verfahrens und die Einheit des Rechtszwanges reicht nicht weiter als der Machtbereich des Reiches selbst. Was möglich ist, ist eine Sicherung der Rechtseinheit in engsten Grenzen. Das habe ich mich bemüht, Ihnen nahezulegen, die Ausführbarkeit darzutun. Ich bitte daher um wohlwollende Prüfung und Kritik meiner Vorschläge. (Lebhafter Beifall.)

Berichterstatter Prof. Dr. **Lukas** (Königsberg): Meine sehr geehrten Herren! Ich möchte meine Ausführungen mit dem Ausdrucke aufrichtigen Dankes an die Herren Gutachter einleiten, die den überaus schwierigen Beratungsgegenstand von allen Seiten beleuchtet, alles Wesentliche hervorgehoben haben, so daß ich die Gesichtspunkte, von denen aus ich zu den heute vor Ihnen, meine Herren, zu vertretenden Leitsätzen gelangt bin, im großen und ganzen den Untersuchungen der Herren Gutachter zu entnehmen in der Lage war.

Was nun den Inhalt meines Korreferats betrifft, so werden Sie bereits aus den gedruckt vor Ihnen liegenden Leitsätzen entnommen haben, daß dieses sich in einer anderen Richtung bewegen wird, als die Ausführungen des ersten Herrn Referenten. Es ist sicherlich kein geringes Wagnis, bei diesem vornehmlich Fragen der Praxis betreffenden Gegenstand gegenüber der in Praxis und Theorie so angesehenen Persönlichkeit des Herrn Vorredners eine abweichende Auffassung zu entwickeln. Wenn ich es gleichwohl unternehme, so geschieht es in der Absicht, Ihnen noch eine Möglichkeit der Lösung des Problems vor Augen zu führen und auf diese Weise Ihnen Ihre Aufgabe zu erleichtern, die darin bestehen wird, nach Erwägung aller in Frage kommenden Momente schließlich eine heilsame Entscheidung zu treffen.

Meine sehr geehrten Herren! Meine Anträge suchen einem Prinzip Rechnung zu tragen, daß Ihnen allen ebenso am Herzen liegt, wie mir: dem Prinzip der Rechtseinheit auf allen jenen Gebieten, für welche das Reich die Gesetzgebung in Anspruch genommen und damit das Bedürfnis nach Rechtseinheit anerkannt hat. Diese Rechtseinheit nun wird durch die Einheit der Gesetzgebung nicht vollkommen gewährleistet, sondern es muß noch die Einheitlichkeit der Rechtsanwendung hinzutreten. Das ist ein längst anerkannter Satz. Er gilt für alles Recht ohne Unterschied, für das Privatrecht ebenso wie für das öffentliche, im besonderen daher auch für das Reichsverwaltungsrecht, oder, um es anders auszudrücken: für das den Verwaltungsbehörden und Verwaltungsgerichten zur Anwendung überlassene Reichsrecht.

Wie sieht es nun gegenwärtig mit den Garantien für eine einheitliche Anwendung des Reichsverwaltungsrechts aus? Wenn man von den wenigen Spezialverwaltungsgerichten des Reichs, wie Bundesamt für das Heimatwesen, Reichsversicherungsamt usw. absieht, kommen für diesen Zweck lediglich ein paar Bestimmungen der Reichsverfassung in Betracht: Art. 4 RV. überträgt dem Reiche für jene Rechtsgebiete, auf denen es die Gesetzgebung innehat, auch die Beaufsichtigung, und die Ausübung derselben ist in der Weise geregelt, daß nach Art. 17 dem Kaiser die Überwachung der Ausführung der Reichsgesetze zukommt, und nach Art. 7 der Bundesrat über Mängel zu beschließen hat, die bei der Ausführung der Reichsgesetze hervortreten. Dazu kommt für die Erhebung und Verwaltung der Reichssteuern durch die Einzelstaaten noch die Spezialbestimmung des Art. 36 RV. Auf diesen Apparat ist die große, täglich wachsende Masse des Reichsverwaltungsrechts angewiesen! Daß dieser Weg nicht geeignet ist, zu einer Einheitlichkeit der Rechtsanwendung zu führen, ist in den Gutachten der Herren Professoren Thoma und Anschütz eingehend dargelegt. Trotz der eben gekennzeichneten Reichsaufsicht weichen die Verwaltungsbehörden und Verwaltungsgerichte der Einzelstaaten gelegentlich der Anwendung des Reichsverwaltungsrechts in wichtigen Rechtsfragen voneinander ab. Zahlreiche Fälle dieser Art gibt es im Gewerberecht, worauf das Gutachten des Herrn Prof. Anschütz hingewiesen hat, ferner auf dem Gebiete des

Krankenversicherungsrechts, aber auch dort, wo man es nicht vermuten würde, sind zuweilen solche Differenzen in der Praxis der Einzelstaaten wahrzunehmen, so hinsichtlich des § 3 Abs. 2 des Freizügigkeitsgesetzes, wie das Gutachten des Herrn Prof. Anschütz dartut. Endlich sei, um die Reihe dieser Beispiele abzuschließen, der Befürchtung Ausdruck gegeben, daß auch in der Auslegung des neuen Reichsvereinsgesetzes bedeutsame Abweichungen an den Tag treten werden; denken Sie nur z. B. an die Abgrenzung des so wichtigen Begriffs des politischen Vereins, auf deren Schwierigkeiten neulich von Calker aufmerksam gemacht hat. — Ein solcher Zustand der Zerklüftung muß vom Standpunkte der Rechtseinheit aus als auf die Dauer unhaltbar bezeichnet werden.

Aus solchen Erwägungen heraus ergibt sich der erste der von mir beantragten Leitsätze:

> „Es besteht ein Bedürfnis nach Schaffung eines Reichsverwaltungsgerichts, weil erst hierdurch jene Einheitlichkeit in der Anwendung des Reichsverwaltungsrechts erzielt zu werden vermag, die erforderlich ist, damit die Rechtseinheit auch auf diesem Gebiete voll zur Geltung komme."

Bereits mit diesem Satze stelle ich mich zu dem ersten Herrn Referenten in Widerspruch, denn dieser erklärt in seinem ersten Leitsatze, die Frage, ob ein Bedürfnis eines deutschen Reichsverwaltungsgerichts vorliegt, lasse sich in dieser Allgemeinheit überhaupt nicht beantworten, bedürfe vielmehr näherer Bestimmung. Meine Meinung ist die entgegengesetzte: Ja, die Frage läßt sich in dieser Allgemeinheit beantworten; auf dem Gebiete des Reichsverwaltungsrechts besteht grundsätzlich ein Bedürfnis nach einem Reichsverwaltungsgericht, aus den Gründen, die ich vorhin erörtert habe.

Aus meinen bisherigen Ausführungen ergibt sich auch die Aufgabe, die das Reichsverwaltungsgericht zu erfüllen hätte. Ich habe sie in meinem zweiten Leitsatz in folgender Weise formuliert:

> „Das Reichsverwaltungsgericht hat überall dort, wo Verwaltungsbehörden oder Verwaltungsgerichte der Einzelstaaten und Elsaß-Lothringens die letzte ordentliche Instanz bilden, darüber zu wachen, daß Verletzungen von Reichsrecht durch Nichtanwendung oder unrichtige Anwendung einer Rechtsnorm des Reichs verhütet werden."

Mein Vorschlag geht also dahin, der Rechtskontrolle des Reichsverwaltungsgerichts im Gebiete des Reichsverwaltungsrechts alle Verwaltungsakte der Einzelstaaten zu unterwerfen, einerlei, ob es sich um

Urteile von Verwaltungsgerichten oder um Verfügungen und Entscheidungen von einfachen Verwaltungsbehörden handelt. Die Judikatur des Reichsverwaltungsgerichts soll sich auf beide Gruppen von einzelstaatlichen Verwaltungshandlungen erstrecken. Damit nehme ich zu einer wichtigen Streitfrage Stellung, nämlich, ob das Reichsverwaltungsgericht auch jene einzelstaatlichen Verwaltungshandlungen überprüfen solle, bei denen es an einem verwaltungsgerichtlichen Verfahren mangelt. Die Gutachten widersprechen einander in diesem Punkte: Herr Prof. Thoma ist der Ansicht, daß Verwaltungssachen dieser Art aus dem Wirkungskreis des Reichsverwaltungsgerichts grundsätzlich auszuscheiden seien, denselben Standpunkt nimmt Herr Senatspräsident Schultzenstein ein, da er das Bedürfnis eines Reichsverwaltungsgerichts nur für Verwaltungs**streit**sachen anerkennt, und in derselben Richtung bewegen sich auch die Ausführungen des Herrn Oberlandesgerichtspräsidenten Vierhaus.

Im Gegensatz dazu will das Gutachten des Herrn Prof. Anschütz die Tätigkeit des Reichsverwaltungsgerichts auch auf einfache Verwaltungsakte, bei denen ein Verwaltungsstreitverfahren ausgeschlossen ist, erstreckt wissen. Mir scheint der Anschützsche Standpunkt der richtige zu sein. Wird die Zuständigkeit des Reichsverwaltungsgerichts auf die Akte des Verwaltungsstreitverfahrens, also auf die verwaltungsgerichtlichen Urteile, eingeschränkt, so bedeutet das praktisch so viel, als daß jene Einzelstaaten, die es bis zum heutigen Tag zu einer Verwaltungsgerichtsbarkeit noch nicht gebracht haben, von der Rechtskontrolle des Reichsverwaltungsgerichts vollständig frei sein würden. Eine solche Bestimmung würde, wie das Gutachten des Herrn Prof. Anschütz mit Recht sagt, geradezu eine Prämie auf die Wiederabschaffung der Verwaltungsgerichtsbarkeit setzen. Und dann noch ein Argument: Die **Beaufsichtigung** der Anwendung des Reichsrechts ist bereits nach Art. 4 der Reichsverfassung eine der Aufgaben des Reichs, und diese Reichsaufsicht soll sich gerade in erster Linie auf die von Verwaltungs**behörden** der Einzelstaaten ausgehenden Akte erstrecken. Meine Vorschläge aber sind nichts anderes als eine Ausführung dieses Gedankens der Reichsverfassung, die Neuerung liegt nur darin, daß eine meiner Meinung nach zweckmäßigere Ausgestaltung angestrebt wird, als dies durch Art. 17 und 7 RV. geschehen ist. Wir halten also an unserer Auffassung fest, daß der Rechtskontrolle des Reichsverwaltungsgerichts **alle** Verwaltungsakte der Einzelstaaten zu unterwerfen sind, gleichgültig, ob sie von Verwaltungsgerichten oder einfachen Verwaltungsbehörden stammen.

Ich möchte diese Darlegungen nicht beschließen, ohne die interessanten einschlägigen Ausführungen des ersten Herrn Referenten zu streifen. Herr Oberlandesgerichtspräsident Dr. Vierhaus glaubt, die Überordnung eines Reichsverwaltungsgerichts über die landesrechtliche Verwaltung auf dem Gebiete des Reichsverwaltungsrechts lasse sich im Bundesstaate praktisch deshalb nicht gut verwirklichen, weil die Verwaltungsgerichtsbarkeit Verwaltung sei und in den einzelnen Staaten nicht ein gleichmäßiges Bedürfnis für Abtretung von Verwaltung an das Reichsverwaltungsgericht vorhanden wäre. So glaube ich die Argumente des ersten Herrn Referenten verstanden zu haben.

Dieser Einwand geht aber von einem anderen Typus der Verwaltungsgerichtsbarkeit aus als meine Vorschläge. Es gibt nämlich hinsichtlich der Organisation der Verwaltungsgerichtsbarkeit bekanntlich zwei Typen. Der eine Typus, wie er namentlich in Preußen verwirklicht ist, besteht — ich halte mich da am besten an die Worte Gneists, die er auf dem 12. Deutschen Juristentag über diesen Gegenstand gesprochen hat — in folgendem:

„Es handelt sich wesentlich darum, dem Verwaltungsdezernat in gewissen wichtigen Fragen eine solche Gestalt zu geben, daß den Beteiligten ein volles Gehör und die Garantien einer kollegialischen Entscheidung im wesentlichen so gegeben werden, wie unsere deutsche Gerichtsverfassung solche für Privatrechtsentscheidungen und Strafsachen gewährt." Das ist der eine Typus.

Der andere Typus — ich zitiere aus dem Gutachten des Herrn Professor Thoma, S. 60 — läßt sich folgendermaßen kennzeichnen: „Kontrolle der auf dem Gebiete des Verwaltungsermessens frei sich bewegenden Verwaltungsbehörden durch andere Behörden daraufhin, ob die Verwaltung sich innerhalb der vom Rechte ihr vorgezeichneten „Bahnen und Grenzen" gehalten habe."

Meine Herren! Nur gegenüber der Verwirklichung des ersten Typus vermag der früher erwähnte Einwand des ersten Herrn Referenten erhoben zu werden, dagegen nicht gegenüber dem zweiten Typus, wie er namentlich in Österreich und Württemberg verwirklicht ist. Gerade dieser zweite Typus aber liegt meinen Vorschlägen und auch den Vorschlägen der Herren Professoren Thoma und Professor Anschütz zugrunde.

Der erste Herr Referent hat sich ferner dagegen gewendet, daß eine Rechtskontrolle für diejenigen einzelstaatlichen Verwaltungshandlungen stattfinde, die von einfachen Verwaltungsbehörden gesetzt werden, weil dies einen zu tiefen Eingriff in den Dualismus von Verwaltungs- und Verwaltungsstreitverfahren bedeutet. Wenn ich den ersten Herrn Referenten richtig verstehe, so meint er, dieser Gegensatz sei eine Angelegenheit der Verfassungen der Einzelstaaten, und in diese dürfe das Reich nicht eingreifen, ein Gedanke, der bereits von Thoma in seinem Gutachten S. 82 ausgesprochen worden ist. Aber dieser Satz stünde im Widerspruch mit den Tatsachen, wie sie durch die Existenz eines Bundesstaates an sich gegeben sind. Ich brauche gar nicht daran zu erinnern, wie sehr die Reichsverfassung in die Verfassungen der Einzelstaaten eingegriffen hat. Aber auch durch einfache Reichsgesetze ist in ganz auffallender Weise in die Verfassungen der Einzelstaaten eingegriffen worden. Ich erinnere nur daran, daß § 11 StGB. eine wichtige Bestimmung über das Recht der Immunität der Landtagsabgeordneten enthält. Das ist aber an sich doch eine spezifisch einzelstaatliche Verfassungsangelegenheit! Diesen Einwand kann ich also nicht als stichhaltig anerkennen.

Gehen wir nun einen Schritt weiter! In welchem Verhältnis soll dieses Reichsverwaltungsgericht zu den landesrechtlichen Verwaltungsbehörden und Verwaltungsgerichten stehen? Diese Frage ist die schwierigste des ganzen Problems, bei ihr werden wir geraume Zeit verweilen müssen.

Für die Stellung des Reichsverwaltungsgerichts gegenüber den Verwaltungsbehörden und Verwaltungsgerichten der Einzelstaaten kommen vor allem zwei Möglichkeiten in Betracht: Die eine besteht darin, daß Verwaltungsrechtsfälle, in denen Reichsverwaltungsrecht eine wichtige Rolle spielt, deren endgültige Erledigung aber gegenwärtig trotzdem durch die Einzelstaaten erfolgt, künftighin in letzter Instanz durch das Reichsverwaltungsgericht erledigt werden sollen, und zwar in der Weise, daß die Rechtskontrolle des Reichsverwaltungsgerichts sich sowohl auf das Reichsrecht als auch auf das Landesrecht erstreckt, soweit beides den konkreten Rechtsfall betrifft. Diese Form der Zuständigkeit des Reichsverwaltungsgerichts schwebt dem Gutachten des Herrn Senatspräsidenten Schultzenstein (S. 11 f.) vor. Bei ihm natürlich mit Einschränkung auf Verwaltungs*streit*sachen.— Über *diese* Lösung des Problems ist folgendes zu sagen: Gewiß ist es sehr zu begrüßen, wenn Verwaltungsrechtsfälle, in denen das Reichsverwaltungsrecht eine Rolle spielt, in ihrer Totalität, d. h. sowohl in Reichs- als auch in landesrechtlicher Beziehung, in letzter Instanz durch ein Reichsverwaltungsgericht entschieden werden. Aber wollte man die Kompetenz des Reichsverwaltungsgerichts ausschließlich in dieser Weise regeln, so hätte das zur Folge, daß die Judikatur des Reichsverwaltungsgerichts sich nur auf eine beschränkte Anzahl von Rechtsfällen des Reichsverwaltungsrechts erstrecken könnte, nämlich auf jene Fälle, in denen Reichsverwaltungsrecht im Vordergrund steht, und das

Landesverwaltungsrecht quantitativ nur eine sekundäre Rolle spielt. Als Rechtsmaterien, in denen es Rechtsfälle dieser Art in Hülle und Fülle gibt, kommen in Betracht z. B. das Gewerberecht, das Krankenversicherungsrecht — das übrige Arbeiterversicherungsrecht des Reichs ist bekanntlich schon der Spezialverwaltungsgerichtsbarkeit des Reichs zugewiesen — ferner das Recht der Erwerbs- und Wirtschaftsgenossenschaften, das Vereinsrecht. Ich wiederhole: Durch diese Art der Kompetenzregelung würden nur bestimmte Kategorien von Verwaltungsrechtsfällen, in denen Reichsverwaltungsrecht in Frage kommt, unter die Kontrolle des Reichsverwaltungsgerichts gestellt werden können; die große Masse aller jener Fälle, in denen quantitativ das Landesverwaltungsrecht die primäre Rolle spielt, und das Reichsverwaltungsrecht nur eine sekundäre Stellung einnimmt, würde der überprüfenden Tätigkeit des Reichsverwaltungsgerichts entzogen sein. Beispiele dieser Art lassen sich in Menge finden, wenn man die Entscheidungen der obersten Verwaltungsgerichte in den Einzelstaaten durchgeht. So hatte, um aufs Geratewohl aus der Fülle des vorhandenen Materials einige wenige Beispiele herauszugreifen, das preußische Oberverwaltungsgericht gelegentlich einer Entscheidung über Teilnahme an den städtischen Gemeindelasten, also in einer an sich rein landesrechtlichen Verwaltungsrechtsfrage, sich über eine Bestimmung des Zollvereinsvertrages zwischen dem Norddeutschen Bund und den süddeutschen Staaten vom 8. Juli 1867, ferner über den Art. 40 RV. auszusprechen (XVII. 187 ff.). In einer anderen Entscheidung über denselben Gegenstand mußte das Oberverwaltungsgericht den § 42 des Reichsgesetzes über die Gesellschaften mit beschränkter Haftung in den Kreis seiner Betrachtungen ziehen (IL., 26 ff.). Endlich wird in einer Entscheidung dieses Gerichts über die Gemeindebesteuerung des Einkommens des Staatsfiskus der so wichtige Art. 54 RV. interpretiert (XXV. 141 ff.), alles Fälle, in denen Reichsrecht zur Diskussion steht, die aber gleichwohl nicht so geartet sind, daß sie in ihrer Totalität, also auch in landesrechtlicher Beziehung, der Judikatur eines Reichsverwaltungsgerichts unterworfen werden könnten.

Wir sehen also: Wenn man das Reichsverwaltungsgericht von vornherein auch mit der Handhabung von Landesrecht betraut, dann kann man zu keiner generellen Kompetenznorm zugunsten des Reichsverwaltungsgerichts gelangen, sondern nur zu spezialisierenden Kompetenznormen, durch welche jene Kategorien von Verwaltungsrechtsfällen namhaft gemacht werden, in denen das Reichsverwaltungsrecht so überwiegt, daß sie sich zur Entscheidung durch das Reichsverwaltungsgericht eignen; alle anderen Rechtsfälle des Reichsverwaltungsrechts hingegen wären dem Reichsverwaltungsgericht entzogen. Damit würde aber der Zweck des Reichsverwaltungsgerichts nicht erreicht werden, der darin besteht, Einheitlichkeit in der Anwendung des gesamten von den Einzelstaaten gehandhabten Reichsverwaltungsrechts zu bringen.

Daraus ergibt sich, daß die Judikatur des Reichsverwaltungsgerichts sich auf das Reichsverwaltungsrecht beschränken muß. Nur dann, wenn man aus den einzelnen Verwaltungsrechtsfällen das Reichsverwaltungsrecht herauslöst und in solcher Isolierung dem Reichsverwaltungsgericht zur Kontrolle überweist, wird sich jene generelle Kompetenznorm finden lassen, die das gesamte von den Einzelstaaten gehandhabte Reichsverwaltungsrecht der Kontrolle durch das Reichsverwaltungsgericht unterstellt. Diesen Weg haben die Gutachten der Herren Prof. Thoma und Anschütz beschritten; daß auch ich ihn für den richtigen halte, ergibt sich aus meinen bisherigen Ausführungen von selbst.

Mit der Feststellung der Tatsache, daß die Judikatur des Reichsverwaltungsgerichts sich auf das Reichsverwaltungsrecht beschränken muß, ist aber die Frage nach dem Verhältnis dieses Gerichts zu den landesrechtlichen Verwaltungsbehörden und Verwaltungsgerichten nicht erschöpfend beantwortet. Es erübrigt vielmehr noch, darüber klar zu werden, ob das Reichsverwaltungsgericht dem ordentlichen Instanzenzug eingegliedert oder außerhalb desselben gestellt werden soll. Die Gutachten der Herren Professoren Thoma und Anschütz haben sich für den ersteren Modus erklärt, aber gegenüber ihren Vorschlägen müssen gewichtige Bedenken geltend gemacht werden. Herr Prof. Thoma will das Reichsverwaltungsgericht einfach als Revisionsinstanz den bisherigen landesrechtlichen Instanzen überordnen. Daraus würde sich aber in vielen Fällen eine unerträgliche Instanzenhäufung ergeben; dieser Erkenntnis verschließt sich auch Herr Prof. Thoma nicht, und deshalb schlägt er vor, daß in all den Fällen, in denen das Reichsverwaltungsgericht die 5. Instanz, bei einem lediglich aus Verwaltungsgerichten bestehenden Instanzenzug die 4. Instanz wäre, das Rechtsmittel der Revision beim Reichsverwaltungsgericht nicht stattfinden solle. Allein das würde eine Privilegierung jener Einzelstaaten bedeuten, die einen vielgliedrigen verwaltungsgerichtlichen Instanzenzug besitzen. In Preußen z. B. würde, wie Herr Prof. Anschütz mit Recht hervorhebt, die gesamte Gebarung der ländlichen Polizei- und Gemeindebehörden der Reichskontrolle entzogen sein. — Herr Prof. Anschütz hat nun auf einen anderen Weg hingewiesen, auf dem er zu dem erwünschten Ziel, nämlich Eingliederung des

Reichsverwaltungsgerichts in den ordentlichen Instanzenzug unter gleichzeitiger Vermeidung einer unzweckmäßigen Instanzenhäufung, gelangen zu können glaubt. Herr Prof. Anschütz schlägt vor, das Reichsverwaltungsgericht solle nicht, wie Thoma anregt, dem obersten Landesverwaltungsgericht übergeordnet, sondern neben dasselbe gestellt werden, in der Weise, daß die Revision des Landesverwaltungsrechts dem obersten Landesverwaltungsgericht zukommt, die Revision des Reichsverwaltungsrechts dem Reichsverwaltungsgericht. Diesem Vorschlag muß entgegengehalten werden, daß in diesem Falle ebenso eine Verlängerung des Verfahrens Platz greift, wie wenn eine neue Instanz hinzugefügt worden wäre; ich möchte da auf die Bemerkungen hinweisen, die Herr Senatspräsident Schultzenstein im preußischen Verwaltungsblatt jüngst zu diesem Gegenstand gemacht hat.

Einen dritten Weg endlich hat Herr Oberlandesgerichtspräsident Vierhaus beschritten: In seinem 4. Leitsatze Z. 3 heißt es:

> „Will eine in letzter Instanz zur Entscheidung einer Verwaltungsstreitsache berufene Behörde bei der Auslegung einer reichsgesetzlichen Vorschrift von der in letzter Instanz ergangenen Entscheidung eines anderen Reichs- oder Landesverwaltungsgerichts, falls aber über die Rechtsfrage bereits eine Entscheidung des Reichsverwaltungsgerichts ergangen ist, von dieser abweichen, so hat die Behörde die Sache unter Begründung ihrer Rechtsauffassung dem Reichsverwaltungsgericht vorzulegen."

Gegen diesen Vorschlag muß ich namentlich drei Einwände erheben:

1. Werden alle obersten Landesverwaltungsgerichte in der Lage sein, alle Judikate sämtlicher Reichs- und obersten Landesverwaltungsgerichte über die große Masse des Reichsverwaltungsrechts so zur Verfügung zu haben, daß sie in jedem Momente zu konstatieren vermögen, ob sie bei Auslegung einer Bestimmung des Reichsverwaltungsrechts nicht von der Rechtsansicht irgendeines dieser Gerichte abweichen? Wird es gelingen, den hierfür erforderlichen Evidenzhaltungsapparat in der Weise zu gestalten, daß er in jedem einzelnen Falle klaglos funktioniert?

2. Der Vorschlag des ersten Herrn Referenten schaltet die Parteien in bezug auf die Frage, ob das Reichsverwaltungsgericht in Funktion zu treten habe, vollständig aus. Lediglich interne Amtsvorgänge entscheiden darüber, ob das Reichsverwaltungsgericht in Tätigkeit gesetzt werden soll oder nicht. Das widerspricht dem in der Verwaltungsgerichtsbarkeit sonst herrschenden Grundsatze, daß die Parteiinitiative ein

wichtiges Hilfsmittel in der Aufrechterhaltung der Verwaltungsrechtsordnung darstelle.

3. Das wichtigste Argument aber, das ich gegen den Vorschlag des ersten Herrn Referenten geltend machen muß, besteht darin, daß dieser sich nur dann verwirklichen läßt, wenn man die Funktion des Reichsverwaltungsgerichts auf Verwaltungs s t r e i t sachen, also auf jene Fälle einschränkt, die in dem betreffenden Einzelstaate ihre Erledigung durch Verwaltungsg e r i c h t e finden. Ich habe bereits in einem anderen Zusammenhang dargelegt, daß diese Einschränkung zu schwerwiegenden Bedenken Anlaß gibt, namentlich in der Richtung, daß dann jene Einzelstaaten, die eine Verwaltungsgerichtsbarkeit überhaupt nicht oder nur in geringem Umfang besitzen, von der Rechtskontrolle des Reichsverwaltungsgerichts ganz oder fast ganz emanzipiert wären.

Alle diese Erwägungen führen zu dem Schlusse, daß es sich nicht empfiehlt, das Reichsverwaltungsgericht in den ordentlichen Instanzenzug einzugliedern. Und damit gelangen wir zu den Vorschlägen, die ich Ihnen in meinen gedruckten Leitsätzen Nr. 3—6 unterbreitet habe. Auf daß eine unzweckmäßige Instanzenhäufung vermieden werde, bleibt der ordentliche Instanzenzug in den Einzelstaaten, wie er heute geregelt ist, vollkommen unberührt, und das Reichsverwaltungsgericht wird als eine ganz außerhalb stehende Behörde eingerichtet, die lediglich über die Tatsache der Verletzung von Reichsrecht zu erkennen hat. Eine kassatorische Wirkung ist mit einem solchen Erkenntnis nicht verbunden.

Anderseits aber wäre es ein unbefriedigender Zustand, wenn die Erkenntnisse des Reichsverwaltungsgerichts gar keine rechtliche Wirkung hätten. Infolgedessen schlage ich Ihnen in meinem 7. Leitsatze vor, daß derjenige, auf dessen Beschwerde hin das Reichsverwaltungsgericht auf Verletzung von Reichsrecht erkannt hat, das Recht haben solle, Wiederaufnahme des Verfahrens zu begehren, und daß in diesem Falle die Verwaltungsbehörden bezw. Verwaltungsgerichte des Einzelstaates verpflichtet sein sollen, in dem wieder aufgenommenen Verfahren sich an die Rechtsauffassung des Reichsverwaltungsgerichts zu halten.

Fragen wir uns nun, ob durch meine Vorschläge wirklich jene gefürchtete Instanzenhäufung vermieden wird. Ich glaube, die Frage bejahen zu dürfen. Würde das Reichsverwaltungsgericht als Revisionsinstanz dem ordentlichen Instanzenzug e i n g e g l i e d e r t sein, so würden all die unzähligen Fälle einer Anrufung des Reichsverwaltungsgerichts die Fortdauer der Litispendenz bewirken, was insofern von praktischer

Bedeutung wäre, als bekanntlich auch im Verwaltungsverfahren die ordentlichen Rechtsmittel grundsätzlich aufschiebende Wirkung haben. Nach meinem Vorschlag jedoch wird in der überwiegenden Mehrzahl der Fälle, dann nämlich, wenn die Anrufung des Reichsverwaltungsgerichts einen negativen Erfolg hat, die betreffende Verwaltungs- oder Verwaltungsstreitsache von der Tatsache der Beschwerdeführung beim Reichsverwaltungsgericht in keiner Weise berührt; nur dann, wenn wirklich einmal Verletzung von Reichsrecht festgestellt werden sollte, tritt möglicherweise Remedur in Gestalt der Wiederaufnahme des Verfahrens ein.

Meine sehr geehrten Herren! Meine Anträge stellen das schon jetzt erreichbare Minimum dar, das wir von einem Reichsverwaltungsgericht verlangen müssen, soll das von uns angestrebte Ziel erreicht werden: Einheitlichkeit in der Anwendung des gesamten Reichsverwaltungsrechts, soweit diese in den Händen der Verwaltungsbehörden und Verwaltungsgerichte der Einzelstaaten liegt. Anderseits aber — das muß schon heute stark betont werden — würde diese allgemeine Kompetenz des Reichsverwaltungsgerichts nur die Grundlage bilden, auf welcher im Laufe der Zeit für einzelne Materien des Reichsverwaltungsrechts eine weitere Ausgestaltung des Reichsverwaltungsgerichts erfolgen könnte: Es wird nämlich im Laufe der Zeit — ich bin in dieser Beziehung optimistischer als der erste Herr Referent — vielleicht dahin kommen, daß gewisse Kategorien von Verwaltungsrechtsfällen in ihrer Totalität, also nicht nur in reichs- sondern auch in landesrechtlicher Beziehung, dem Reichsverwaltungsgericht überwiesen werden. Das wäre insofern ein zu begrüßender Fortschritt, als das Reichsverwaltungsgericht für diese Fälle dem ordentlichen Instanzenzug als höchste Instanz eingegliedert werden könnte, und zwar erforderlichenfalls unter Ausschaltung des obersten Landesverwaltungsgerichts, damit die Gefahr einer übermäßigen Instanzenhäufung vermieden werde. Bei welchen Kategorien von Verwaltungsrechtsfällen eine solche intensivere Funktion des Reichsverwaltungsgerichts möglich wäre, diese Frage ist in den Gutachten nicht angeschnitten, ich möchte daher hier darüber nicht weiter sprechen; es wird Aufgabe späterer Tagungen des Deutschen Juristentages sein, sich mit dieser Frage eingehend zu beschäftigen. Aber, mögen auch immerhin solche Spezialkompetenzen des Reichsverwaltungsgerichts für besonders qualifizierte Verwaltungsrechtsfälle geschaffen werden, in subsiduo wird die allgemeine Kompetenz, wie sie in meinen Vorschlägen umschrieben ist, stets erforderlich sein, um der Anwendung des gesamten Reichsverwaltungsrechts in den Einzelstaaten die Einheitlichkeit zu sichern.

Mein Bestreben war, Ihnen, meine sehr geehrten Herren, das Grundsätzliche über die Gestaltung eines Reichsverwaltungsgerichts hervorzuheben. Auf die Erörterung von Fragen zweiten Ranges, mögen sie auch noch so interessant sein, habe ich daher verzichtet. So auf die in den Gutachten behandelte Frage, ob dem Reichsverwaltungsgericht die schon heute bestehenden Spezialverwaltungsgerichte des Reichs einzuverleiben seien; das ist eine Frage, die ich vorläufig offen lassen möchte, im Gegensatz zu dem von vornherein ablehnenden Standpunkt, den der erste Herr Referent in seinem zweiten Leitsatz einnimmt. Desgleichen unterlasse ich, auf die Frage des Verfahrens vor dem Reichsverwaltungsgericht einzugehen, nur das eine möchte ich da gegenüber dem Vorschlage des ersten Herrn Referenten in Ziffer 6 seines 4. Leitsatzes bemerken, daß es meiner Meinung nach der Stellung des Reichsverwaltungsgerichts, wie ich sie mir denke, mehr entsprechen würde, wenn die Reichsgesetzgebung einheitliche Vorschriften für das Verfahren vor dem Reichsverwaltungsgericht ins Leben rufen würde. Schließlich muß ich mich aus prinzipiellen Gründen gegen den Vorschlag des ersten Herrn Referenten im 4. Leitsatz Ziffer 4 wenden, das Reichsverwaltungsgericht dem Reichsgericht anzugliedern. Ich darf in dieser Beziehung auf die vortrefflichen Ausführungen verweisen, die Herr Senatspräsident Schultzenstein in seinem Gutachten zu diesem Punkte gemacht hat: „Die gesamte Verwaltungsgerichtsbarkeit in Deutschland hat sich nicht mittelst einer Ausdehnung derjenigen Rechtsprechung, welche innerhalb der Justiz den ordentlichen und den besonderen Gerichten zusteht, gebildet, sondern in bewußtem Gegensatz hierzu bloß als eine teilweise Neu- und Umgestaltung der Verwaltung selbst, d. i. des Teiles der Staatsgewalt, der nach Ausscheidung der gesetzgebenden Gewalt und der Justiz übrig bleibt. An dieser geschichtlichen Entwicklung muß festgehalten werden. Auch der Reichsverwaltungsgerichtshof ist daher in die Verwaltung, nicht in die Justiz einzugliedern; er kann und soll zwar ein höchstes Verwaltungsgericht, aber eben auch nur ein höchstes Verwaltungsgericht werden." So die Worte Schultzensteins. Es sei mir gestattet, hinzuzufügen, daß das Reichsverwaltungsgericht, wenn es als ein Annex, als eine Art Spezialsenat des Reichsgerichts konstituiert würde, der Entwicklungsfähigkeit entbehren müßte, die es als eine selbständige Reichsbehörde zweifellos besitzen würde. Ich habe vorhin ausgeführt, daß auf der Grundlage der allgemeinen Kontrollkompetenz des Reichsverwaltungsgerichts eine Ausgestaltung in der Richtung stattfinden könnte, daß für gewisse Kategorien von Verwaltungsrechtsfällen eine intensivere verwaltungsgerichtliche Funktion des Reichsverwaltungsgerichts geschaffen wird. Dieser allmähliche Ausbau würde durch eine Angliederung an das Reichsgericht unmöglich gemacht oder zum mindesten in hohem Maße erschwert werden.

Damit bin ich am Ende meines Berichtes angelangt, und es erübrigt nur noch, entgegen den Anträgen des ersten Herrn Referenten, Sie, meine Herren, um Annahme meiner Leitsätze zu bitten. Sie enthalten, wie ich vorhin bereits betont habe, das für die Einheit des Reichsverwaltungsrechts notwendige Minimum, können aber auch vom Standpunkte des Föderalismus aus unbedenklich akzeptiert werden. Allerdings ist in dieser Richtung vor wenigen Tagen von angesehener Seite ein Warnungsruf ergangen, ich meine den Aufsatz Labands in der dem Deutschen Juristentag gewidmeten Festnummer der Deutschen Juristenzeitung. Die Ausführungen Labands sind im letzten Grunde ein Appell an die verbündeten Regierungen, sich zu sammeln gegen das Reichsverwaltungsgericht, aber nicht gegen das Reichsverwaltungsgericht im allgemeinen, sondern gegen das Reichsverwaltungsgericht in der Gestalt, die Herr Prof. Anschütz ihm geben will. Laband meint, die Verwirklichung des Anschützschen Vorschlages würde im Laufe der Entwicklung notwendig zu einer reichsrechtlichen Organisierung des Verwaltungsstreitverfahrens in den Einzelstaaten in Sachen des Reichsverwaltungsrechts führen, und dadurch würde endlich selbst die Organisation der Verwaltungsgerichtsbarkeit auf denjenigen Gebieten, welche der Reichsgesetzgebung nicht unterworfen sind, tatsächlich der freien Selbstbestimmung der Einzelstaaten entzogen werden. Dabei würde die Entwicklung aber — damit schließt Laband — wahrscheinlich nicht haltmachen, sondern in unitarischer Richtung noch weiter gehen. — Sei dem wie immer, die bescheidenen Forderungen, die ich für das Reichsverwaltungsgericht aufgestellt habe, lassen eine solche für jeden Föderalisten düstere Prognose nicht als gerechtfertigt erscheinen. (Lebhafter Beifall.)

Rechtsanwalt Dr. **Siehr** (Königsberg): Meine sehr geehrten Herren! Gestatten Sie mir nur wenige Bemerkungen! Wir werden uns in eintägiger Beratung unmöglich über Kompetenz und Organisation des erwünschten Reichsverwaltungsgerichts einigen können. Ein Reichsverwaltungsgerichtsgesetz setzt jahrelange Detailarbeit des Juristen und vor allen Dingen des Politikers voraus, wie jedes große Justizgesetz. Deshalb empfiehlt es sich nach meiner Auffassung, durchaus im Einklange mit den Gepflogenheiten des deutschen Juristentages, lediglich den Leitsatz zum Ausdruck zu bringen, daß ein Reichsverwaltungsgericht erwünscht sei. Das halte ich im Gegensatze zu Exzellenz Vierhaus nicht für einen wertlosen Wechsel auf die Zukunft, sondern für einen wichtigen Grundstein eines neuen Rechtseinheitsgebäudes, das durch ernste, jahrelange Arbeit fest fundiert werden wird. Die Bauplanskizzen, die uns schon vorliegen, zeigen, daß ein schöner Bau ausführbar ist, daß man freilich bei der Ausführung auch vorsichtig verfahren muß. Vielleicht hat Herr Professor Dr. Lukas die Güte, zur Erzielung eines möglichst einmütigen Votums seinen Antrag auf dessen ersten Satz zu beschränken. Ich behalte mir vor, eventuell meinerseits später einen so formulierten Antrag einzureichen, bezw. getrennte Abstimmung über die einzelnen Teile des Antrages Lukas zu beantragen.

Ich enthalte mich in Konsequenz der von mir geäußerten Ansicht jedes Eingehens auf Sonderfragen. Aber ein allgemeiner Gesichtspunkt kann meines Erachtens nicht genug betont werden. Ich wende mich gegen folgenden Satz des Anschützschen Gutachtens:

> „Ein so weitgehender Eingriff in die Autonomie der Einzelwürde gegen den Grundsatz verstoßen, daß in einem Bundesstaate, wie das Deutsche Reich einer ist, die Einheit nicht so weit als möglich, sondern nur soweit als nötig herzustellen ist: in necessario unitas."

Die hier und auch von Herrn Präsidenten Vierhaus vertretene Auffassung des Wesens und Zweckes des Bundesstaates ist meiner Auffassung nach viel zu enge: unitas überall, wo sie dem deutschen Volke nützlich ist, nicht nur in necessariis. Ein Staatenbund mag sich darauf beschränken, gemeinsamen Notwendigkeiten mit gemeinsamen Maßnahmen zu begegnen. Ein Bundesstaat, und speziell das Deutsche Reich, bedarf größerer Einheit. Möge der Deutsche Juristentag seinen Ruhmestitel als Förderer der Einheit deutschen Rechts sich bei den vorliegenden wichtigen Fragen erneut verdienen! Möge er ihn sich erneut erwerben durch ein Votum für ein Reichsverwaltungsgericht und dadurch, daß er keine engherzige Auffassung über den Kreis der ihm zuzuweisenden Aufgaben betätigt.

Die von Herrn Oberlandesgerichtspräsidenten Dr. Vierhaus betonten staatsrechtlichen und praktischen Schwierigkeiten verdienen vollste Beachtung, aber nicht als Hemmungen der Rechtseinheit, sondern als Wegweiser für die zwecks ihrer Erzielung notwendigen Arbeiten. Es ist zweifellos richtig, wenn Vierhaus ausführte, die Existenz unserer Einzelstaaten sei eine notwendige Lebensbedingung des Reiches selbst. Nicht schlüssig aber erscheint mir seine Folgerung, deshalb müsse dem Reiche nur allgemeines, alles Besondere den Einzelstaaten bleiben. So habe sich sein großer Schöpfer das Reich gedacht. War so sein Gedankengang, so gestattet das πάντα ῥεῖ, das ewig fortschreitende Leben des Rechts und das Interesse des Reichs nicht, ewig als unverrückbar jene Grenze festzuhalten. Ich stehe auf dem Standpunkte: Einheit überall, wo sie dem Reiche **nützlich** ist, innerhalb der derzeitigen Reichskompetenz, ebenso aber auch da, wo sie noch erweiterungsbedürftig ist. Ich halte es mit den Ausführungen des Justizministers Exzellenz Klein, die soeben in der ersten Abteilung gemacht worden sind: Man soll mit den Realitäten des Lebens überall bei Beratungen de lege ferenda rechnen, aber jede bei Berücksichtigung jenes Erfordernisses vernünftige Erweiterung der Rechtseinheit ist zu begrüßen. (Lebhafter Beifall.)

Vorsitzender Professor Dr. **Gierke** (Berlin): Es wäre wünschenswert, wenn wir uns auf einen prinzipiellen Standpunkt einigten. Es handelt sich jetzt nur um die beiden Vorschläge Vierhaus und Lukas, und da besteht nun freilich ein Gegensatz, der durch eine Resolution nicht so einfach zu überbrücken ist. Herr Präsident Vierhaus hat ausdrücklich erklärt, daß das, was er von einer höchsten Instanz im Verwaltungsrechte will, nicht eigentlich als Reichsverwaltungsgericht bezeichnet werden darf. Sonst würde Herr Präsident Vierhaus dem ersten Satz auch zustimmen können, aber beides ist doch schwer vereinbar. Wir müssen uns auf einen bestimmten Standpunkt einigen: Ist es richtig, daß man ein Reichsverwaltungsgericht nur in dem Sinne des Herrn Präsidenten Vierhaus fordert, oder wollen wir schon heute so weit gehen, ein Reichsverwaltungsgericht im umfassenderen Sinne zu verlangen?

Freilich in dem Sinne, wie das Herr Proffessor Dr. Lukas eben dargestellt hat, scheint mir das denn doch unmöglich zu sein. Eine unüberwindliche Schwierigkeit sehe ich in dem zweiten Satze, wonach dieses Reichsverwaltungsgericht auch kompetent sein soll, einzugreifen, wenn eine reine Verwaltungsbehörde gegen Reichsrecht verstößt. Das will mir allerdings unvereinbar erscheinen mit der jetzigen Gestaltung unseres Bundesstaates. Ich würde also unter allen Umständen diesen Thesen nur zustimmen können, wenn die Kompetenzen beschränkt würden auf ein Rechtsmittel gegen verwaltungsgerichtliche Entscheidungen, nicht gegen reine Verwaltungsakte.

Syndikus Professor Dr. **Apt** (Berlin): Ich möchte nur kurz meine Auffassung dafür zum Ausdruck bringen, daß mir der Vorschlag des ersten Herrn Diskussionsredners außerordentlich akzeptabel erscheint. Ich glaube, es ist nicht nötig, daß sich der Deutsche Juristentag heute bereits im einzelnen mit der Kompetenzfrage eines zu schaffenden Reichsverwaltungsgerichts befaßt. Ich halte es sogar nicht einmal für nötig, daß der Juristentag gerade ein „Reichsverwaltungsgericht" fordert. Was ich aber für nötig halte und wovon ich glaube, daß es geradezu eine Notwendigkeit für einen Rechtsstaat darstellt, das ist, daß ebenso, wie es in bürgerlichen Rechtsstreitigkeiten ein Reichsgericht gibt, auch für die Verwaltungsstreitigkeiten, mögen es nun Verwaltungsstreitigkeiten im engeren oder weiteren Sinne sein, soweit Reichsrecht in Frage kommt, nun auch ein höchster Gerichtshof besteht, welcher die Rechtskontrolle ausübt. Mögen Sie diesen höchsten Gerichtshof zu einem Verwaltungsgerichtshof gestalten, oder mögen Sie für diese Streitigkeiten selbst das Reichsgericht in Aussicht nehmen, solange ein Reichsverwaltungsgericht nicht besteht, das ist gleichgültig.

Meine Herren! Es gibt doch eine Reihe von Reichsgesetzen, welche eine Reihe von reichsgesetzlichen Begriffen aufstellen und die Ausführung den Landesbehörden überlassen. Meistens heißt es: die Landesregierung hat das oder das zu tun. Die Landesregierung, das ist der Minister, und der Minister führt das Reichsgesetz aus. Nach den partikularistischen Verwaltungsgesetzen ist aber gegen einen solchen Erlaß des Ministers in vielen Fällen ein Rechtsweg nicht zulässig, mit anderen Worten, alle diese sehr wichtigen Fragen werden lediglich durch das Votum des Ministers entschieden, gegen den ein Rekurs nicht zulässig ist. Nun ist es doch gegen den Sinn eines Reichsgesetzes, wenn eine einzelstaatliche Regierung den Begriff in einem Sinne auslegt, der möglicherweise durch das Reichsgesetz nicht gerechtfertigt wird. Für derartige Fälle ist es unbedingt nötig, daß die Frage wie ein reichsrechtlicher Begriff auszulegen ist, nur durch eine reichsrechtliche Behörde beantwortet werde. Wie Sie nun diese Behörde nennen werden, ist gleichgültig. Ich würde der Ansicht sein, daß wir uns heute mit Einzelfragen nicht belasten, daß wir die Frage der näheren Kompetenz denjenigen Instanzen überlassen, die berufen sein werden, die Schaffung eines Reichsverwaltungsgerichtes in die Hände zu nehmen, dem Reichstag und dem Bundesrat, daß wir aber heute zum Ausdruck bringen, daß es eine Konsequenz des Rechtsstaates ist, daß es möglich sein muß, über reichsrechtlich geregelte Begriffe nun auch eine reichsrechtliche Rechtskontrolle auszuüben, und daß diese Kontrolle am zweckmäßigsten ausgeübt wird durch Schaffung eines neuen Verwaltungskörpers. Wie er heißen mag, das bleibt dahingestellt.

Ich würde vorschlagen, daß sich Herr Professor Dr. Lukas damit einverstanden erklärt, daß er seine weiteren Thesen für heute zurückzieht, um ein Einverständnis dahin zu erzielen, daß ein Bedürfnis nach Schaffung — und so möchte ich nicht einmal „Reichsverwaltungsgericht" sagen, sondern — einer höchsten reichsrechtlichen Instanz anerkannt wird. Es ist eine Konsequenz unserer ganzen Rechtseinheit, daß wir auch auf dem Gebiete des Verwaltungsrechtes eine Instanz haben, welche unabhängig von politischen Gesichtspunkten nach rein juristischen Gesichtspunkten entscheidet.

Vorsitzender Professor Dr. **Gierke** (Berlin): Meine Herren! Ich halte das, was Sie soeben gehört haben, für durchaus zutreffend, und ich bin der Ansicht, daß wir eigentlich im Grunde alle einer Meinung sind, daß es daher doch möglich sein wird, zu einem einhelligen Beschlusse zu kommen, wenn wir eben kein so hohes Gewicht auf die Firma legen, unter welcher die neue Instanz ins Leben treten soll. Wenn wir z. B. sagten: Es besteht ein Bedürfnis nach Schaffung einer reichsrechtlich geordneten höchsten richterlichen Instanz für Verwaltungsstreitigkeiten, um eine Einheitlichkeit in der Anwendung des Reichsverwaltungsrechts zu sichern, so würde das zu den Vorschlägen des Herrn Oberlandesgerichtspräsidenten Vierhaus stimmen, und Herr Professor Dr. Lukas würde ebenfalls damit einverstanden sein können.

Professor Dr. **Lukas** (Königsberg): Ich möchte nur kurz erklären: Ich stehe dem Vorschlag, daß über meine Leitsätze Nummer 2 bis 7 heute kein Beschluß gefaßt werden solle, nicht unbedingt ablehnend gegenüber, könnte mich aber damit nur unter der Voraussetzung einverstanden erklären, erstens, daß auch Herr Präsident Vierhaus seine Leitsätze zurückzieht und sich auf den Boden meines ersten Leitsatzes stellt, und zweitens, daß mein erster Leitsatz im wesentlichen so angenommen wird, wie er von mir formuliert worden ist. Ich muß in letzterer Beziehung namentlich den Ausführungen unseres hochverehrten Herrn Vorsitzenden insofern entgegentreten, als er gesprochen hat von einer „höchsten Instanz für Verwaltungsstreitsachen". Ich möchte an der allgemeinen Fassung meines Satzes festhalten, in welcher noch nicht entschieden wird, ob Verwaltungsstreitsachen oder Verwaltung im allgemeinen. Das wollen wir heute noch nicht entscheiden. Sollte aber gleichwohl zu dieser Frage schon heute Stellung genommen werden, dann müßte ich an meinen übrigen Leitsätzen festhalten.

Ich wiederhole, ich versteife mich nicht darauf, daß über meine Leitsätze 2 bis 7 heute abgestimmt wird. Ich gebe selbst zu, daß ich in meinen Vorschlägen Neuerungen beantrage, und es wäre ganz gut, wenn in der Literatur oder auf einer späteren Tagung des Deutschen Juristentages über diese Vorschläge diskutiert würde. Aber, wie gesagt, ich könnte einer derartigen Vertagung nur unter der Bedingung zustimmen, daß der Leitsatz 1 so, wie ich ihn beantragt habe, angenommen wird, und daß Herr Präsident Vierhaus sich damit einverstanden erklärt.

Vorsitzender Professor Dr. **Gierke** (Berlin): Ich kann die Meinung des Herrn Kollegen Lukas nicht als ganz zutreffend anerkennen. Ein Verwaltungsgericht kann immer nur in Verwaltungsstreitsachen entscheiden. Die Frage, ob Sachen, die in erster Instanz nicht Prozeßsachen, sondern reine Verwaltungssachen sind, nun in die höhere Instanz als Verwaltungsstreitsachen gebracht werden, ist eine ganz andere Frage. Auch der österreichische Verwaltungsgerichtshof entscheidet doch nur in Verwaltungsstreitsachen, obwohl bekanntlich eben das gerichtliche Verfahren hier nur in der obersten Instanz stattfindet. Jede Sache wird dadurch, daß sie vor das Verwaltungsgericht kommt, Verwaltungsstreitsache. Die Möglichkeit eines derartigen Ausbaues ist durch die vorgeschlagene Fassung keineswegs abgeschnitten.

Berichterstatter Wirkl. Geh. Oberjustizrat Oberlandesgerichtspräsident Dr. **Vierhaus** (Breslau): Ich möchte dem Vorschlage des Herrn Geh.-Rats Gierke beitreten. Ich könnte mich beschränken auf die These unter IV:

> „Das Bedürfnis nach einer reichsrechtlich zu regelnden Instanz zur Verhütung einer widersprechenden Auslegung des Reichsrechtes auf dem Gebiete des Verwaltungsrechts ist anzuerkennen."

Aber ich muß an dem Satze, der sich hier in einem einzelnen „Grundzuge" findet und daher in dem einleitenden Satze fortgelassen ist, daß das nur für das Gebiet des Verwaltungs**streit**verfahrens gilt, festhalten. Ich würde daher vorschlagen, zu sagen:

> „Das Bedürfnis nach einer reichsrechtlich zu regelnden Instanz **im Verwaltungsstreitverfahren** zur Verhütung einer widersprechenden Auslegung des Reichsrechtes auf dem Gebiete des Verwaltungsrechtes ist anzuerkennen."

Damit würde ich mich einverstanden erklären können. Ich darf dabei daran erinnern, daß wir in Preußen polizeiliche Verfügungen haben, die im Verwaltungsweg erlassen werden und dann durch Klage beim Bezirksausschuß, in einzelnen Fällen sogar direkt beim Oberverwaltungsgericht angefochten werden können, dadurch wird der Fall Streitsache. Aber der Satz, den Herr Prof. Lukas empfiehlt, würde dahin führen, daß in den reichsrechtlichen Fällen jede beliebige Polizeiverfügung ohne Rücksicht auf Landesrecht zur Streitsache gemacht werden könnte durch Ergreifung der Beschwerde an den Verwaltungsgerichtshof, und das ist nicht vereinbar mit dem Wesen des Bundesstaats.

Berichterstatter Prof. Dr. J. **Lukas** (Königsberg i. Pr.): Es ist richtig, daß jede Sache dadurch, daß sie vor das Verwaltungsgericht gebracht wird, Verwaltungsstreitsache wird. Wenn ich trotzdem die Worte „höchste Instanz für Verwaltungsstreitsachen" perhorresziere, so geschieht das, weil dadurch eine mißverständliche Auffassung in der nicht so informierten Außenwelt hervorgerufen werden könnte, nämlich die, daß diese Instanz nur auf solche Fälle beschränkt werden soll, wo bereits im Einzelstaat die Sache im Sinne des Herrn Präsidenten Vierhaus streitig verhandelt worden ist. Ein solches Mißverständnis liegt um so mehr nahe, als die Ausführungen des ersten Herrn Referenten gerade, wie wir soeben gehört haben, in dieser Richtung tendieren. Deshalb muß ich unbedingt daran festhalten, daß die Sache so allgemein wie nur möglich gefaßt wird.

Ich möchte gegen die Ausführungen des Herrn Oberlandesgerichtspräsidenten nochmals hervorheben: wenn wir die Frage nicht offen lassen, sondern heute schon entscheiden, ob wir die Zuständigkeit des zukünftigen Gerichts beschränken sollen auf Angelegenheiten, die im Einzelstaat bereits im Verwaltungsstreitverfahren erledigt worden sind, oder ob wir die Zuständigkeit auch auf einfache Verwaltungshandlungen ausdehnen wollen, — ich sage, wenn wir zu dieser Frage heute Stellung nehmen, dann nehmen wir bereits zu der Ausgestaltung der künftigen Instanz Stellung, und dann bin ich nicht in der Lage, auf die Beschlußfassung über meine Leitsätze zu verzichten, sondern müßte meine Leitsätze aufrechterhalten und die Beschlußfassung darüber beantragen. Nur unter der Voraussetzung, daß diese Resolution heute so allgemein gehalten wird, daß die Frage offen gelassen wird, ob die Kompetenz dieser künftigen Instanz sich auch auf einfache Verwaltungshandlungen der Einzelstaaten erstreckt oder nicht, nur unter dieser Voraussetzung könnte ich einem solchen Arrangement zustimmen. Ob die Formulierung so gehalten ist, wie in meinem ersten Leitsatz oder wie in der Einleitung zum vierten Leitsatz des Herrn Präsidenten Vierhaus, ist egal. Ich stelle mich mit großem Vergnügen auf die Basis des Einleitungssatzes zu der vierten These des Herrn Oberlandesgerichtspräsidenten, aber nicht in der Weise, daß hinzugefügt wird: „nur für verwaltungsgerichtlich entschiedene Angelegenheiten".

Berichterstatter Wirkl. Geh. Oberjustizrat Oberlandesgerichtspräsident Dr. **Vierhaus** (Breslau): Ich stelle also den Antrag, unter Weglassung meiner übrigen Thesen, der Nr. IV meiner Leitsätze folgende Fassung zu geben:

„Das Bedürfnis nach einer reichsrechtlich zu regelnden Instanz im Verwaltungsstreitverfahren"

— daran halte ich fest —

„zur Verhütung einer widersprechenden Auslegung des Reichsrechts auf dem Gebiete des Verwaltungsrechts ist anzuerkennen".

Ich bitte, über die Worte „im Verwaltungsstreitverfahren" besonders abstimmen zu lassen. Damit ist Herrn Professor Lukas Genüge geschehen.

Syndikus Professor Dr. **Apt** (Berlin): Ich fasse das so auf, daß diese reichsrechtlich geordnete Instanz erst in Kraft treten kann, wenn in den Einzelstaaten bereits die Behörde im Verwaltungsstreitverfahren sich geäußert hat. Gerade die Fälle sind jedoch praktisch geworden, wo es im Landesverwaltungsverfahren gar nicht möglich war, gegen die Entscheidung der Landesregierung anzukämpfen, weil wir ja z. B. in Preußen das System haben, daß man nur in denjenigen Fällen etwas unternehmen kann, die im Gesetz ausdrücklich zum Ausdruck gebracht sind. Da nun die Reichsgesetze ganz neue Fälle geschaffen haben, an die das Zuständigkeitsgesetz in Preußen nie gedacht hat, so ist es oft in Preußen nicht möglich, im Landesverwaltungsverfahren überhaupt etwas zu unternehmen; und ich meine, daß diese neue reichsrechtliche Behörde gerade für solche Fälle, wo man im Landesverwaltungsverfahren überhaupt nichts unternehmen kann, eingreifen muß. Man muß dann in der Lage sein, diese höchste Behörde sozusagen als erste und letzte Instanz anzurufen. Ich möchte Herrn Präsident Vierhaus bitten, gerade diese Fortentwicklung der Rechtskontrolle, die er sicher nicht verweigern will, nicht dadurch zu verschließen, daß er als Voraussetzung dieses höchsten Gerichtshofes ein vorheriges Streitverfahren verlangt. Ich glaube, es würde genügen, wenn der Juristentag ausspricht, daß ein Bedürfnis für die Einführung reichsrechtlich geordneter Rechtskontrollen besteht, und daß man im übrigen die nähere Ausgestaltung, ob ein Verwaltungsstreitverfahren vorhergehen muß oder ob diese höchste Instanz auch bereits als erste und letzte Instanz fungieren kann, der zukünftigen Ausgestaltung überlassen kann. Ich glaube, daß die Gegensätze, die sich herausgestellt haben, nicht so groß sind, als daß wir nicht zu einer einheitlichen Formulierung kommen können, wie sie der Herr Vorsitzende bereits in sehr glücklicher Weise vorgeschlagen hat.

Justizrat Dr. **Wildhagen** (Leipzig): Meine Herren! Wenn ich die Diskussion recht verstehe, so sind die Herren, die sich geäußert haben, darüber einig, daß das Bedürfnis nach einer einheitlichen Instanz anzuerkennen ist. Eine Differenz besteht nur darüber, in welchem Umfange dieser Instanz Sachen überwiesen werden sollen. Nun glaube ich aus der Diskussion herausgehört zu haben, daß keiner der Herren Wert darauf legt, auch diese Frage heute bereits positiv zu entscheiden. Sie wollen sich nur nicht durch die Fassung des Beschlusses für die künftige Behandlung jener Frage präjudizieren lassen (Zustimmung). Deshalb glaube ich, daß die noch bestehende Differenz dadurch beseitigt werden kann, daß Sie weder von „Streitigkeiten" noch von „Streitsachen", sondern von „Verwaltungssachen" sprechen. Mein Vorschlag würde also dahingehen — ich mache ihn im Einverständnisse mit Herrn Prof. G i e r k e —, folgendes zu sagen:

> „Es besteht ein Bedürfnis nach Schaffung einer reichsrechtlich geordneten höchstrichterlichen Instanz für Verwaltungssachen, um die Einheitlichkeit in der Anwendung des Reichsverwaltungsrechtes zu sichern."

Dann bleibt die Frage offen, was unter „Verwaltungssachen" zu verstehen ist, und ich glaube, beide Herren haben — wenigstens insofern — erreicht, was sie wollen, als sie nicht festgelegt sind. Wenn ein besserer Ausdruck gefunden wird, so würde ich ihn gern annehmen, einstweilen scheint mir „Verwaltungssachen" der geeignete indifferente Ausdruck zu sein.

Berichterstatter Wirkl. Geh. Oberjustizrat Oberlandesgerichtspräsident Dr. **Vierhaus** (Breslau): Ich bin gern bereit, auf diese Brücke zu treten, wenn dabei ausdrücklich festgestellt wird, durch den Gang der Diskussion, daß der Frage, wie Herr Justizrat W i l d h a g e n sagte, nicht vorgegriffen wird, ob es, wie ich annehme, mit dem Wesen des Reiches unvereinbar, politisch unvereinbar ist, die allgemeine Ausdehnung, wie sie Herr Prof. L u k a s wünscht, über das Streitverfahren hinaus herbeizuführen, oder ob man, den Ausführungen des Herrn Prof. L u k a s folgend, diese Fälle mit einbegreift. Wenn das ausdrücklich festgestellt ist, wie aus der Erklärung des Herrn Dr. Wildhagen hervorging, daß dieser Frage nicht präjudiziert werden soll, so daß ich bei späterer Erörterung noch in der Lage wäre, meinen Widerspruch gegen Herrn Professor Lukas geltend zu machen, dann kann ich mich auch einverstanden erklären.

(Die Diskussion ist geschlossen. Der erste Berichterstatter Dr. Vierhaus erhält das Schlußwort.)

Wirkl. Geh. Oberjustizrat Oberlandesgerichtspräsident Dr. **Vierhaus** (Breslau): Ich möchte nur in gewisser Hinsicht das, was ich gesagt habe, noch klarstellen gegen einige Ausführungen meines verehrten Herrn Korreferenten. Die Reichsaufsicht kann man, glaube ich, nicht als Werkzeug zur Erhaltung der Rechtseinheit anführen, denn die Reichsaufsicht richtet sich gegen den Bundesstaat, dessen Behörden das Reichsrecht verletzt haben oder nicht richtig anwenden, während es sich hier handelt um die Schaffung einer Instanz, die über die Interessen einzelner entscheidet. Das bewegt sich auf ganz anderen Gebieten.

Was den Eingriff in die Rechte der Einzelstaaten betrifft, so gebe ich ja Herrn Prof. Lukas und Herrn Dr. Siehr vollkommen recht, daß die formale Möglichkeit zu einer Ausdehnung der Reichszuständigkeit besteht. Ich glaube das im Eingange meines Referates selbst hervorgehoben zu haben. Aber ich glaube, bei solchen Fragen der Gesetzgebung wird man in erster Reihe den politischen Erwägungen Raum gönnen müssen, und da scheint es mir nach der ganzen Entwicklung bedenklich, an der Selbständigkeit der Einzelstaaten zu rütteln. Sie ist geschaffen, natürlich nicht mit unabänderlichen Grenzen, aber doch als Grundgedanke, und daran wollen wir festhalten. Mein Spezialvorschlag hinsichtlich der Schaffung einer Instanz sollte nur einen Weg zeigen, den man möglicherweise gehen könnte; er würde zurzeit ganz ausscheiden, wenn wir uns auf die Aussprechung des prinzipiellen Gesichtspunktes einigen, daß der Frage nicht präjudiziert wird, ob die neu zu schaffende oberste Instanz Verwaltungsgericht im Sinne der bisherigen Entwicklung der Verwaltungsgerichtshöfe sei, oder irgend etwas anderes.

Ich glaube also, daß die einstimmige Annahme der Resolution Gierke-Wildhagen unsere Aufgabe am besten lösen wird.

Vorsitzender: Dann betrachte ich die beiderseits vorgelegten Leitsätze als wertvolle Beilagen, die aber nicht zur Abstimmung gebracht werden, und bringe den von Herrn Justizrat Wildhagen und mir gestellten Antrag zur Abstimmung. (Verlesung.)

Der Antrag ist einstimmig angenommen.

Es wird beschlossen, im Plenum nur Bericht zu erstatten, und zwar durch den ersten Berichterstatter Dr. Vierhaus.

Dem Vorsitzenden wird aus der Mitte der Versammlung der allerverbindlichste Dank für die vorzügliche Leitung der Geschäfte ausgesprochen.

(Schluß 11 Uhr 45 Min.)

Erste Sitzung der dritten Abteilung.

Montag, den 12. September 1910, vormittags 11 Uhr.

Auf Vorschlag von Senatspräsident Dr. Olshausen, Exzellenz, Leipzig, wird Exzellenz Dr. Freiherr von Call (Innsbruck) zum Vorsitzenden der dritten Abteilung gewählt.

Oberlandesgerichtspräsident Dr. Freiherr **von Call** übernimmt den Vorsitz mit folgenden Worten:

Meine sehr geehrten Herren! Ich danke Ihnen aufrichtig für die Güte, mit der Sie mich berufen wollen, Ihre Verhandlungen zu leiten. Ich kann Sie nur bitten, mir dabei Ihre gütige Unterstützung und Ihre Mitwirkung zu gewähren. Zunächst habe ich Ihnen Vorschläge zu machen bezüglich der Ergänzung des Bureaus. Zu meinen Stellvertreter erlaube ich mir vorzuschlagen den Herrn Landgerichtspräsidenten Schwartz (Danzig); ich bitte ihn, an meiner Seite Platz zu nehmen. Das Bureau ist weiter zu bilden durch zwei Schriftführer. Ich schlage dazu vor den Herrn Amtsrichter Pigge (Danzig) und den Herrn Landrichter Dr. Bumke (Langfuhr). Sie sind anwesend, ich bitte sie, hier Platz zu nehmen.

(Das Bureau konstituiert sich.)

Sie wissen, meine Herren, daß wir mit unserer Zeit außerordentlich sparsam sein müssen, sparsam besonders deshalb, weil wir morgen nur über den Vormittag zu verfügen haben, während wir bei den früheren Juristentagen den ganzen zweiten Tag für die Sektionssitzungen benutzen konnten. Ich gestatte mir daher den Vorschlag zu machen, daß wir von einer Mittagspause heute absehen, die Verhandlungen möglichst weit fortführen, um uns dann nach getaner Arbeit den Vergnügungen hingeben zu können.

Die erste Frage, die uns zu beschäftigen hat, ist die der Strafmittel im allgemeinen, also die Unterfrage a) von Thema 4:

„Die Strafmittel nach dem Vorentwurfe zum Deutschen Strafgesetzbuche.“

Als Berichterstatter zu dieser Frage a) sind, wie Sie wissen, Se. Exzellenz Herr Senatspräsident Dr. Olshausen und Herr Geh. Justizrat Professor D. Dr. Kahl bestimmt. Ich bitte Se. Exzellenz, uns zunächst Vortrag zu erstatten.

Berichterstatter Senatspräsident Dr. **Olshausen**, Exzellenz (Leipzig): Meine Herren! Für den 29. in Karlsruhe abgehaltenen Deutschen Juristentag waren Gutachten über die Frage erfordert: „Welches Strafmittelsystem empfiehlt sich für das künftige Strafgesetzbuch?"

Sie wurden von Herrn Reichsgerichtsrat Ebermayer sowie von Herrn Geh. Oberregierungsrat Dr. Krohne in Berlin erstattet. (Verh. des 29. D. J.-T. 1, 259; 4, 199.)

Die gestellte Frage kam in Karlsruhe nicht zur Verhandlung; sie mußte aber selbstverständlich ihre Erledigung finden, und diese wurde für den nächsten Juristentag in Aussicht genommen. Mit Rücksicht auf die bereits vorliegenden Gutachten erschien die Einforderung neuer Gutachten behufs weiterer Vorbereitung um so weniger erforderlich, als die von dem einen für Karlsruhe in Aussicht genommenen Berichterstatter, Reichsgerichtsrat a. D. Galli, ausgearbeiteten Thesen gleichfalls in den Verhandlungen des Karlsruher Juristentages (am Schlusse des 4. Bandes) zum Abdrucke gelangt sind.

Gegen Ende des vorigen Jahres trat aber ein für die kriminalistische Welt wichtiges Ereignis ein; es gelangte auf Anordnung des Reichsjustizamtes der von einer dazu bestellten Sachverständigenkommission ausgearbeitete Vorentwurf zu einem Deutschen Strafgesetzbuch nebst Begründung zur Veröffentlichung. Dieser Vorentwurf hat höchst erfreulicher Weise im ganzen und großen die fast ungeteilte Billigung aller Fachgenossen gefunden, derartig, daß man ihn ganz überwiegend als eine geeignete Grundlage für den Aufbau eines neuen Deutschen Strafgesetzbuches ansah, eine Auffassung, die ich persönlich durchaus teile.

Dieser Vorgang gab in der letzten Tagung der Ständigen Deputation des Deutschen Juristentages im vergangenen Frühjahr zu der Anregung Anlaß, die Fassung des Themas dahin zu ändern, wie es jetzt zur Verhandlung steht:

> „Die Strafmittel nach dem Vorentwurfe zum Deutschen Strafgesetzbuche",

ein Vorschlag, der den Beifall der Deputation fand, dem ich mit Freuden zustimmen konnte, da das vorher im allgemeinen vom Vorentwurf Gesagte insbesondere auch von seinem Strafmittelsystem gilt. Es empfiehlt sich aus dem angegebenen Grunde, den Vorentwurf zum Deutschen Strafgesetzbuch zur Grundlage für unsere Verhandlungen zu machen, obschon für ihn weder die Reichsregierung, insbesondere das Reichsjustizamt, noch aber das preußische Justizministerium, welches als Vorsitzenden der Kommission eines seiner hervorragendsten Mitglieder, den damaligen Ministerialdirektor Wirkl. Geh. Rat Dr. Lucas stellte, irgendeine Verantwortung übernimmt.

Wir wollen uns hier an der Kritik, der der Vorentwurf für die Dauer dieses Jahres ausgesetzt ist, beteiligen, und, so weit es nötig erscheint, die bessernde Hand anzulegen versuchen.

Das große — an sich einheitliche — Thema ist lediglich im Interesse einer zweckmäßigeren Gestaltung der Beratung in zwei Unterfragen zerlegt, von denen die nach den „Strafmitteln im allgemeinen" nuturgemäß zunächst zur Verhandlung steht. Wenn daran anschließend die „Freiheitsstrafen im besonderen" behandelt werden sollen, so ergibt sich schon aus dieser Gegenüberstellung, daß die für den allgemeinen Teil bestellten Berichterstatter auch ihre Stellung zu den Freiheitsstrafen im allgemeinen werden darlegen müssen; das erfordert deren Bedeutung im Strafmittelsystem ohne weiteres. Dagegen werden eingehendere Ausführungen sowohl für die Berichterstattung wie für die Debatte in diesem Stadium unserer Verhandlungen auszuscheiden haben.

Gehen wir an unsere Aufgabe heran, so glaube ich zunächst zwei Strafmittel, denen gegenüber der Vorentwurf sich negativ verhält, ganz kurz behandeln zu können. Über die Nichtaufnahme der Prügelstrafe verliere ich kein Wort; sie kann heutzutage bei uns als Strafmittel ernstlich nicht mehr in Frage kommen; so Ebermeyer und im Ergebnis auch Krohne.

Ebenso vermag ich dem Vorentwurf darin nur beizutreten, daß er die Strafverschickung (Deportation) nicht nur als eigenartiges Strafmittel verwirft, sondern sie auch — wenn ich das hier vorwegnehmen darf — als „besondere Vollzugsart langjähriger Freiheitsstrafen" nicht aufnehmen will. Schon der Posener Juristentag hatte sich im Jahre 1898 ablehnend ausgesprochen, und man kann der Begründung des Vorentwurfs meines Erachtens nur beistimmen, wenn er das Ergebnis der mehrfachen Erörterungen über Einführung dieses Strafmittels dahin zusammenfaßt, daß „die rechtlichen, finanziellen, wirtschaftlichen und politischen Bedenken, die gegen die Einführung geltend gemacht seien, die von ihr zu erwartenden Vorteile weitaus überwögen."

Damit im Ergebnis übereinstimmend ruft uns Krohne, wesentlich aus politischen Gründen, zu: Hands off von der Deportation! Anderseits freilich Ebermayer, der in These 7 seines Gutachtens sagt: „Als neues Strafmittel im Gebiete der Freiheitsstrafen käme lediglich die Deportation in Betracht" — allerdings unter der Voraussetzung, daß „es gelänge, die ihrer Durchführung entgegenstehenden praktischen Bedenken zu beseitigen." Diese praktischen Bedenken sind aber gerade sehr schwerwiegend. Und wenn Ebermayer sich auf unseren Mitberichterstatter Kahl beruft, so hat dieser allerdings in einem öffentlich gehaltenen Vortrag die Deportation „an sich und prinzipiell" als „ein vorzüglich geeignetes Strafmittel" bezeichnet. Aber er fügt hinzu: „Wir müssen zurzeit noch darauf verzichten, weil wir geeignete Strafkolonien nicht besitzen; unsere Schutzbezirke können wir im gegenwärtigen Stadium deutscher Kolonialpolitik, vom Kostenpunkt ganz abgesehen, für ein solches Experiment nicht preisgeben." Hiernach teilt Kahl den ablehnenden Standpunkt des Vorentwurfes. Befürwortet wird dagegen wenigstens „ein Versuch mit der Strafverschickung von ca. 500 Mann" seitens des Prof. Heimberger (Bonn), während Galli in These 3 die Deportation als besondere Vollzugsart bei Zuchthausstrafen empfiehlt.

Die weit überwiegende Mehrzahl der dem Vorentwurf gewidmeten Besprechungen hat aber dessen Standpunkt geteilt und ich vermag, insbesondere gegenüber der bekannten preisgekrönten Kornschen Schrift über die Verwendbarkeit der Deportation als Strafmittel den entgegenstehenden Ausführungen eine durchschlagende Beweiskraft nicht beizumessen.

Wenden wir uns zu den positiven Vorschlägen des Deutschen Vorentwurfs, so ist naturgemäß mit der schwersten Strafe, der Todesstrafe, zu beginnen, mag sie auch relativ eine seltene Anwendung finden. Der Vorentwurf behält sie im § 13, im wörtlichen Anschluß an das Strafgesetzbuch bei, nicht folgend dem im Jahre 1849 im Preußischen Justizministerium aufgestellten Entwurf „Das (Preußische) Strafgesetzbuch", der die Todesstrafe entbehren zu können glaubte. Auch beide Gutachter wollen sie beibehalten; sie erklären, übereinstimmend mit der Begründung des Vorentwurfs, eine nähere Erörterung der Frage ihrer Beibehaltung für überflüssig; aus Gründen der praktischen Zweckmäßigkeit erscheine sie zurzeit für Deutschland unumgänglich, und niemals werde man regierungsseitig für ein jetzt zu erlassendes Strafgesetzbuch ihrer Abschaffung beistimmen. Ich glaube hinzufügen zu können: die allgemeine

Volksstimmung würde die Beseitigung der Todesstrafe unter den jetzigen Verhältnissen sicher scharf mißbilligen. Auch Prof. Kahl hat sich in dem bereits erwähnten Vortrage für Beibehaltung der Todesstrafe ausgesprochen. Die Bejahung der prinzipiellen Frage ihrer Beibehaltung steht sonach wohl außer Zweifel, wenn auch der 4. Deutsche Juristentag (Mainz 1863) den Beschluß gefaßt hat, daß in ein künftiges Deutsches Strafgesetzbuch — abgesehen von den Fällen des Kriegs- und des Seerechts — die Todesstrafe nicht mehr aufgenommen werden solle. Aber damit ist dieser erste Punkt noch lange nicht erledigt; bei der hervorragenden Bedeutung, die dieser schwersten Strafart ihrer Natur nach zukommt, muß notwendig auch noch ihr Anwendungsgebiet und die Frage der Zulässigkeit ihrer ausschließlichen Androhung erörtert werden.

Bei der Beantwortung der Frage des Anwendungsgebietes der Todesstrafe ist — im Gegensatz zu anderen Strafmitteln — ein Eingehen auf die einzelnen Verbrechensfälle, in denen ihre Androhung zu erfolgen hat, unumgänglich, aber, nach Maßgabe unseres Themas, meiner Auffassung nach nur, soweit es sich um die Anwendung innerhalb des künftigen Deutschen Strafgesetzbuches selbst handelt, nicht auch in den sogenannten Strafnebengesetzen.

Das geltende Reichsstrafgesetzbuch kennt die Todesstrafe lediglich in den Fällen des § 80 beim Mord und Mordversuch an dem Kaiser, dem eigenen Landesherrn und dem des Aufenthaltsortes sowie im Falle des § 211 (dem gemeinen Mord), in beiden Fällen als ausschließlich angedrohte Strafe.

Wie das Reichsstrafgesetzbuch § 44, 2 die Todesstrafe beim Versuch ausschließt, wenn das vollendete Verbrechen mit dem Tode bestraft wird, so auch der Vorentwurf (§ 46, 2), und folgeweise, wie heute (Strafgesetzbuch § 57, 1) auch gegen nicht voll Strafmündige; an beidem wird man nicht rütteln, ebensowenig aber dem entgegentreten wollen, daß sie nach dem Vorentwurf (§ 63, 2) auch gegen vermindert Zurechnungsfähige ausgeschlossen sein soll, wenn man überhaupt eine derartige Kategorie milder zu bestrafender Personen schaffen will — wie ich meine, mit Recht.

Mit diesen Maßgaben will der Vorentwurf die Todesstrafe nur für die jetzigen Fälle beibehalten, d. h. für die schwersten Fälle des Hochverrats (§ 100) und den Mord (§ 212). Freilich hat der Tatbestand des § 100 des Vorentwurfs gegenüber demjenigen des § 80 des Strafgesetzbuches insofern Erweiterungen erfahren, als einmal nicht bloß „der

Mord und der Versuch des Mordes", sondern auch die vorsätzliche Tötung und deren Versuch alles zusammengefaßt als „Angriff gegen das Leben" in den § 100 einbezogen wurden, dann aber der Kreis der angegriffenen Personen ausgedehnt werden soll: der Kaiser oder andere Bundesfürsten — ganz allgemein — und die Regenten eines Bundesstaates sollen die durch die Strafandrohung geschützten Personen sein. Darin liegt, wie auch die Begründung des Vorentwurfs zum § 100 anerkennt, „eine Verschärfung des gegenwärtigen Gesetzes" durch Ausdehnung der Anwendbarkeit der Todesstrafe. Die in der Begründung des Vorentwurfs nach beiden Richtungen gegebenen Erwägungen sind meines Erachtens geeignet, die erweiterte Anwendung der Todesstrafe zu rechtfertigen.

Fraglich erscheint aber, ob die Todesstrafe ausschließlich anzudrohen sei, und zwar um so mehr, als auch bei der vorgeschlagenen Fassung der bloße Versuch, wie die Begründung des Vorentwurfs sagt, „gemeinverständlich", durch den Ausdruck „Angriff" mit umfaßt werden soll, er somit der Vollendung, wie bisher, tatbestandlich gleichgestellt bleibt. Abgesehen von dem Beschlusse des 4. Deutschen Juristentages (Mainz 1863), der auf grundsätzliche Verwerfung absoluter Strafandrohungen überhaupt lautete, haben sich gewichtige Stimmen insbesondere gegen die ausschließliche Androhung der Todesstrafe ausgesprochen, so zunächst allgemein Ebermayer (These 5 seines Gutachtens) und Galli in seiner These III, 3; an anderer Stelle (Recht 1910 Nr. 1 Sp. 23) erklärt dieser die absolute Androhung speziell bei Hochverrat für unannehmbar, weil die grundsätzliche Auffassung — wie der Vorentwurf vorschlägt — die Ausdehnung auf Tötung im Affekte verlange; ebenso Aschrott (Reform 72). Und auch heute werden wir den Herrn Mitberichterstatter gegen die ausschließliche Androhung entschieden Stellung nehmen sehen. Umgekehrt erscheint es Krohne „bedenklich, neben der Todesstrafe wahlweise lebenslängliche Freiheitsstrafe zuzulassen", weil dies leicht dazu führen könne, daß die gesetzlich zugelassene Todesstrafe durch Gerichtsgebrauch beseitigt würde, was für die Rechtsordnung gefährlich sei, zumal wenn es sich um solche mit Todesstrafe bedrohte Verbrechen handele, die aus politischen Motiven hervorgingen oder denen man solche andichten könne.

Diesen Ansichten gegenüber scheint mir der Vorentwurf das Richtige zu treffen, wenn er im Strafgesetzbuch die ausschließliche Androhung der Todesstrafe zwar für den schwersten Fall des Hochverrats beibehalten will, jedoch beim Morde (§ 212) für den Fall der Annahme mildernder Umstände Zuchthausstrafe zuläßt. Die ausschließliche Androhung der Todesstrafe gegenüber dem schwersten Falle des Hochverrats erachte ich für eine staatspolitische Notwendigkeit und ich habe das Vertrauen, daß seitens des Kaisers und der Deutschen Bundesfürsten gerade in diesem Falle vom Begnadigungsrechte eine derartige Anwendung gemacht werden wird, daß in wirklich milder liegenden Fällen die Todesstrafe nicht zur Vollstreckung gelange; dagegen aber, diese Entscheidung der Gnadeninstanz zu überlassen, wenden sich wiederum Galli und Aschrott.

Der Vorentwurf hält eine Erweiterung des Anwendungsgebietes der Todesstrafe — abgesehen von dem vorher erwähnten Punkte — nicht für erforderlich; auch keiner der beiden Gutachter hat sich dafür ausgesprochen, Ebermayer vielmehr ausdrücklich dagegen. Demgegenüber vertritt Galli (im Recht 14 Nr. 1) den Standpunkt, daß (unter Verzicht auf die Sonderbestimmung des § 5 Abs. 3 des Sprengstoffgesetzes) der Tod als Regelstrafe in größerem Umfange sowohl für „vorsätzliche Tötung und Tötungsversuche" als auch für einige andere besonders bezeichnete Verbrechen unter gewissen Voraussetzungen Anwendung zu finden habe.

Ich halte es für ausgeschlossen, daß diese Vorschläge Gesetz werden könnten.

Während ich glaube, es mir hier grundsätzlich versagen zu müssen, auf auswärtige Gesetzgebungen sowie auf Entwürfe für Strafgesetzbücher auswärtiger Staaten einzugehen, halte ich anderseits eine Berücksichtigung des fast gleichzeitig mit dem Deutschen Vorentwurf erschienenen „Vorentwurf zu einem Österreichischen Strafgesetzbuch und zum Einführungsgesetz" geradezu für meine Pflicht; denn Österreich ist für den Deutschen Juristenttag kein auswärtiger Staat.

Beide Vorentwürfe befinden sich hinsichtlich der Todesstrafe im wesentlichen in erfreulicher Übereinstimmung. Auch der Österreichische Vorentwurf hat sie zwar beibehalten, will sie jedoch im Strafgesetzbuch selbst nur in ähnlich beschränktem Umfange verwenden wie der Deutsche Vorentwurf; denn sie soll eingeschränkt werden auf die „schwersten Fälle" der Verbrechen, d. h. auf den Versuch, den Kaiser zu töten (VE. § 109, 1) — also, wie im Deutschen Vorentwurf, ohne Unterscheidung zwischen Mord und Totschlag — und zwar hier gleichfalls ausschließlich. Ferner soll sie Anwendung finden auf qualifizierte Fälle des Mordes (VE. § 286), worunter der Vorentwurf die vorsätzliche Tötung eines Menschen versteht, sofern sie nicht in einer durch die Umstände gerechtfertigten, heftigen Gemütsbewegung begangen wird. Übereinstimmend mit dem Deutschen Vorentwurf ist die Todesstrafe hier nicht ausschließlich, sondern alternativ neben Kerker angedroht.

Mein Schlußurteil kann ich bei diesem Punkte dahin abgeben, daß den Vorschlägen des Deutschen Vorentwurfs betreffs Anwendung der Todesstrafe durchweg zuzustimmen sei. Noch ein Punkt bedarf der Erwähnung; es fragt sich, ob mit der Verurteilung zur Todesstrafe der Verlust der bürgerlichen Ehrenrechte notwendig zu verbinden oder ob die Aberkennung der bürgerlichen Ehrenrechte nur für zulässig zu erklären sei, wie es das Reichsstrafgesetzbuch § 52 und ihm insoweit folgend der Vorentwurf § 45 tut. Wer, wie ich, auf dem Standpunkt steht, daß der Verlust der bürgerlichen Ehrenrechte mit einer Verurteilung zur Zuchthausstrafe von Rechts wegen verbunden sein müsse, muß folgeweise ein gleiches für den Fall der Verurteilung zur Todesstrafe verlangen, wenn — wie es der Vorentwurf meines Erachtens mit Recht tut — bei Mord im Falle mildernder Umstände Zuchthaus statt Todesstrafe für zulässig erklärt wird. Diese Konsequenz wird namentlich auch für den ausschließlich mit Todesstrafe bedrohten Fall des schwersten Hochverrats gezogen werden müssen; so soll auch nach dem Österreichischen Vorentwurf § 33, 1 die Schmälerung der bürgerlichen Ehrenrechte mit der Verurteilung zum Tode stets verbunden sein. Etwas anderes wäre nur möglich, wenn man alternativ nicht bloß Zuchthaus, sondern noch Haft zulassen wollte.

Daß endlich der Vollzug der Todesstrafe für das Reichsgebiet einheitlich ausgestaltet wird, erachte ich für wünschenswert. Soll es gesetzlich geschehen, so würde meines Erachtens das zu erwartende Strafvollzugsgesetz eventuell die Strafprozeßordnung der richtige Platz dazu sein, während der Vorentwurf sich mit dem Ausspruch begnügen konnte, daß die Vollziehung durch Enthauptung erfolge.

Über die Freiheitsstrafen habe ich mich nur im allgemeinen zu äußern. Sie werden, soweit wir überhaupt in die Zukunft sehen können, wesentlichstes Strafmittel bleiben, den „Mittelpunkt unseres Strafensystems" bilden, wie Kahl und Aschrott sich ausdrücken. Das ist auch die Ansicht der Verfasser des Deutschen Vorentwurfs, wenn in dessen Begründung bemerkt wird, brauchbare Ersatzmittel für langdauernde Freiheitsstrafen gebe es überhaupt nicht, für die kurzzeitigen nur im beschränkten Maße. Ähnlich die erläuternden Bemerkungen im Österreichischen Vorentwurf.

Es ist mir persönlich eine besondere Freude, daß ich mit der Aufstellung der verschiedenen Freiheitsstrafen, wie der Deutsche und im wesentlichen auch der Österreichische Vorentwurf sie vorsieht, mich einverstanden erklären kann; denn die Regelung ist im ganzen in einer Weise erfolgt, wie ich sie in einem bereits im Jahre 1899 in der Leipziger Juristischen Gesellschaft gehaltenen Vortrage ins Auge gefaßt hatte. Namentlich findet es meine Zustimmung, daß man in der sogenannten Vereinfachung der Freiheitsstrafen nicht zu weit gegangen ist, daß insbesondere nicht eine Herabminderung ihrer Zahl auf zwei stattgefunden hat.

Im wesentlichen stellen beide Vorentwürfe drei Arten von Freiheitsstrafen auf: Zuchthaus (Kerker), Gefängnis, Haft.

Während der Österreichische Vorentwurf (§ 22) noch hilfsweise den „Hausarrest" kennt, und zwar nach Maßgabe des § 60 als Ersatzstrafe für Haft, hat auch der Deutsche Vorentwurf — abgesehen von Differenzierungen bei Zuchthaus und Gefängnis durch Zulassung von Schärfungen für gewisse Fälle (VE. § 18) sowie weiter von solchen bei einer gegen gewerbs- und gewohnheitsmäßige Verbrecher erkannten Zuchthausstrafe (VE. § 89) — im § 24 bei strafbaren Handlungen, die „auf Liederlichkeit und Arbeitsscheu zurückzuführen sind", unter gewissen Voraussetzungen an Stelle einer 3 Monate nicht übersteigenden erkannten Gefängnis- oder Haftstrafe die Verurteilung „auf Unterbringung des arbeitsfähigen Verurteilten in ein Arbeitshaus auf die Dauer von 6 Monaten bis zu 3 Jahren" zugelassen. Dadurch erhält die Unterbringung in ein Arbeitshaus den Charakter einer Ersatzstrafe, so gut wie der Hausarrest nach dem Österreichischen Vorentwurfe.

Mit allen diesen Vorschlägen des Vorentwurfs vermag ich mich im allgemeinen durchaus einverstanden zu erklären, während ich von einer Kritik im einzelnen absehe. Hervorheben will ich nur, daß ich es insbesondere billige, wenn der Vorentwurf die Zuchthaus- und Haftstrafe als lebenslängliche und als zeitige, die Gefängnisstrafe dagegen nur als zeitige zulassen will.

Grundsätzlich weiche ich nur in einem Punkte ab, in der Frage nämlich der Gestaltung des Verhältnisses der Freiheitsstrafen zu den Ehrenstrafen; hier stehe ich völlig auf den von Ebermayer in seiner These 6 vertretenen Standpunkt: stets entehrende Zuchthausstrafe, nie entehrende Haftstrafe, dazwischen die in der Regel nicht entehrende Gefängnisstrafe.

Das Mindeste, was verlangt werden muß, wäre, daß die gesetzlich eintretenden Folgen einer Verurteilung zur Zuchthausstrafe (RStGB.

§ 31, VE. § 44) vermehrt würden; darin stimme ich mit Aschrott (Reform 158) durchaus überein.

Die Behandlung der Geldstrafe innerhalb des Strafmittelsystems ist ein schwieriges Problem. Und die schwierigste dieses Strafmittel betreffende Frage ist wohl die nach der Art ihrer Androhung. Sollen in Summen ausgedrückte Höchstbeträge festgesetzt werden, oder soll in jedem Falle die Auferlegung der Geldstrafe proportional den Vermögensverhältnissen des Verurteilten erfolgen? So formuliert Ebermayer in seinem Gutachten die Frage, und er entscheidet sich in letzterem Sinne, läßt es jedoch dahingestellt, welcher Weg sich dafür am besten empfehle, während er es bei den Übertretungen, die als bloße Ordnungswidrigkeiten sich darstellen, den „reinen Polizeidelikten", bei dem bisherigen System belassen will. Krohne spricht geradezu aus: nachdem die Einkommensteuer fast überall durchgeführt ist, sollte die regelmäßige Geldstrafe nur nach Monatssteuern bemessen werden (auf die Dauer von höchstens 24 Monaten); da das aber für gewisse Verbrechen und Vermögenslagen nicht ausreichend sei, so solle statt derselben noch eine außerordentliche Geldstrafe zulässig sein, eventuell für Straftaten, durch welche große Gewinne eingeheimst werden sollen oder wirklich sind. Es werden dann beispielsweise bestimmte Delikte aufgeführt, wie der Höchstbetrag bei den einzelnen Straftaten festgestellt werden soll. So kommt Krohne zu einem gemischten System, indem er anerkennen muß, daß das an erster Stelle empfohlene gerade für die wichtigsten Fälle nicht ausreicht. Und auch Ebermayer empfiehlt ein gemischtes System, nur daß er umgekehrt bei den im ganzen leichtesten Straftaten es bei der alten Art bewenden lassen will — ohne übrigens in der Lage zu sein, die Ausgestaltung des neuen Systems näher darzulegen.

Dagegen haben beide Vorentwürfe sich für das System der Höchstbeträge nach bestimmten Summen entschieden, wie ich, allerdings nach Schwanken in der Ansicht, meine, mit Recht.

Daß zunächst die Verurteilung des Angeklagten zur Zahlung eines gewissen Teiles seines Vermögens abgelehnt worden ist, wird wohl von keiner Seite einem Tadel begegnen; gelangt doch selbst Krohne, wie wir gesehen, in den Fällen der „außerordentlichen Geldstrafe" zum Vorschlage fester Summen, trotzdem er sich dahin ausspricht, daß bei diesen Verbrechen Geldstrafen müßten verhängt werden können, „die hart an die Grenze des halben oder ganzen Vermögens gehen."

Aber die Begründung des Deutschen Vorentwurfs wendet sich mit guten Gründen auch gegen die „mit größerem Gewicht" aufgestellte Forderung, die Geldstrafe solle einen im Einzelfalle größeren oder geringeren Teil des zu ermittelnden Einkommens betragen.

Es wird zunächst darauf hingewiesen, daß an eine vollkommene Durchführung des neuen Grundsatzes deshalb nicht gedacht werden könne, weil die Mehrzahl der Gesetzesverletzer ein in Betracht zu ziehendes Einkommen überhaupt nicht habe; ferner sei die Durchführung des Prinzips gerade da unmöglich, wo die Geldstrafe am häufigsten angewendet werden könne und müsse, nämlich bei den Übertretungen; aber auch bei den leichteren Vergehensfällen machten sich annähernd dieselben Bedenken geltend; da bei den Verbrechen die Geldstrafe nur als kumulative (Neben-) Strafe vorkäme, so blieben als Anwendungsgebiet hauptsächlich nur die erheblicheren Vergehen übrig, bei denen aber ebenfalls der Durchführung große Schwierigkeiten entgegenstehen würden. In der Hauptverhandlung werde meist nicht festgestellt werden können, welcher Einkommensklasse der Verurteilte zuzuweisen sei, weshalb der Richter sich auf die Verurteilung zu „Geldstrafe einer bestimmten Stufe" werde beschränken müssen, während der wirkliche Betrag der Strafe erst in einem Nachverfahren zu ermitteln sei; bei diesem werde häufig der Verdacht der Verfolgung fiskalischer Interessen entstehen, auch die Durchforschung der Erwerbsverhältnisse häufig als ein Übel empfunden werden, dessen Schwere die des Strafübels selbst beträchtlich vermehren werde. Es sei endlich aber auch zu bezweifeln, daß der fragliche Grundsatz den Forderungen der Gerechtigkeit und Billigkeit durchaus entspreche; denn die gerechte Strafe müsse ein dem Grade der Verschuldung des Täters und von der Schwere des rechtverletzenden Eingriffes entsprechendes Übel sein, während der von der Begründung bekämpfte Gedanke die Schwere der Schuld und der Tat zu sehr in den Hintergrund stelle, dagegen die Erwägung, daß der Täter vorwiegend nach seiner Leistungsfähigkeit verurteilt werden müsse, einseitig in den Vordergrund schiebe.

Was nun die Grenzen betrifft, innerhalb deren nach den Vorschlägen des Deutschen Vorentwurfs sich die für die einzelnen strafbaren Handlungen angedrohten Geldstrafen zu bewegen haben, so kommt für die Mindestbeträge, soweit ich sehe, lediglich die Vorschrift des Allgemeinen Teiles in § 30 in Betracht, wonach der Mindestbetrag bei Verbrechen und Vergehen 5, bei Übertretungen 1 M. betragen soll, während der Österreichische Vorentwurf durchweg — mit einer Ausnahme — einen solchen von 2 Kronen vorsieht. In der Begründung des Deutschen Vorentwurfs wird hervorgehoben, daß — trotz des gesunkenen Geldwertes — bei Übertretungen der Betrag von 1 M. als Mindestmaß beibehalten sei, weil hier in der überwiegenden Mehrzahl der Fälle der Gesichtspunkt der Strafe hinter dem der Mahnung zum gesetzlichen Verhalten zurücktrete, während es sich bei Verbrechen und Vergehen um die Auferlegung eines „fühlbaren Strafübels" handele, weshalb sich behufs schärferer Betonung des Unterschiedes die Heraufsetzung des Mindestbetrages bei ihnen von 3 auf 5 M. empfehle. Auf demselben Standpunkt steht die Gallische These 13c, während Aschrott die Erhöhung ablehnt, weil ihm zweifelhaft ist, ob man Unvermögenden heute eine Geldstrafe von 5 M. ebenso leicht werde auflegen können, wie vor 30 Jahren eine solche von 3 M. Allein der Unterschied ist meines Erachtens so gering, daß ich ihm in dem Streite nur sehr untergeordnete Bedeutung beimesse und es im ganzen für gleichgültig erachte, ob das Mindestmaß auf 3 oder auf 5 M. bestimmt werde. Vielleicht aber empfiehlt es sich aus einem Grunde, auf den nachher noch zu kommen sein wird, den Mindestbetrag bei Vergehen auf 3, bei Verbrechen auf 4,50 M. festzusetzen.

Während bei den einzelnen im Besonderen Teile sich findenden Strafandrohungen Mindestbeträge für Geldstrafen, abgesehen von dem eigentümlichen Falle des § 47 (betr. unerlaubte Ausgabe von Inhaberpapieren) nirgends festgesetzt sind, so daß es stets bei den Mindestbeträgen des § 30, 1 bewendet, enthält umgekehrt der Allgemeine Teil abweichend vom Österreichischen Vorentwurf, der im § 27, 1 einen Höchstbetrag von 50 000 Kr. vorsieht, keine Bestimmung über die Höchstmaße der Geldstrafe; sie werden vielmehr ausschließlich im Besonderen Teile festgesetzt.

Die vom Deutschen Vorentwurf in Aussicht genommenen Höchstbeträge bewegen sich in den Grenzen von 100 bis 50 000 M. Es sind angedroht bei den Übertretungen solche von 100, 200, und 300 bei den Vergehen von 1000, 1500, 2000, 3000, 5000, 10 000, 20 000 und 50 000 M. Damit ist dem Beschlusse des 22. Deutschen Juristentages (Augsburg 1893) entsprochen, wonach die in Summen ausgedrückten Höchstbeträge der Geldstrafe, von solchen Übertretungen abgesehen, bei denen die Strafe nur die Bedeutung einer Rüge hat, zu vermehren seien.

Wenn man einerseits die geringe Höhe der Mindestbeiträge, anderseits die zulässige Höhe der Höchstbeträge ins Auge faßt, so erhellt, welcher Spielraum dem Richter in jedem Einzelfalle eingeräumt ist, da er im Ausmaße innerhalb der bezeichneten Grenzen in keiner Weise beschränkt ist.

Es stellt jedoch der Deutsche Vorentwurf in § 30 bezüglich der Bemessung der Geldstrafe den Grundsatz auf, daß sie „unter Berücksichtigung der Vermögensverhältnisse des Verurteilten" geschehen solle, womit — nach der Begründung — hat zum Ausdrucke gebracht werden sollen, daß die Berücksichtigung der Vermögensverhältnisse „neben allen anderen Gründen der Strafbemessung", die der Einzelfall biete, zu erfolgen habe und immer nur mit derjenigen Betonung, welche nach Lage des Einzelfalles geboten erscheine; sie soll in der Regel stattfinden, aber sie kann — ausnahmsweise — auch unterbleiben, dann nämlich, wenn andere Gründe so hervortreten, daß neben ihnen die Besitz- und Erwerbsverhältnisse von keinem Gewicht sind. Die Begründung hält den „ausdrücklichen Hinweis" des Richters auf die Berücksichtigung der Vermögensverhältnisse des Angeschuldigten „nicht ohne praktischen Wert", weil die Berücksichtigung jetzt — ohne solchen Hinweis — mitunter unterbleibe. Ob sich die Hoffnung erfüllen wird, mag dahingestellt bleiben, keinesfalls kann die Vorschrift schaden. In sachlicher Übereinstimmung mit dem Vorentwurf befindet sich Aschrott, wenn er Berücksichtigung der „wirtschaftlichen Gesamtlage" empfiehlt; denn die ist — ausweislich der Begründung — mit dem Ausdruck „Vermögensverhältnisse" gemeint. Auch der von der dritten Abteilung des 22. Deutschen Juristentages gefaßte Beschluß: Die Geldstrafe ist im Sinne des Grundsatzes, daß die Strafe bei gleicher Strafbarkeit gleich empfindlich treffen soll, unter Berücksichtigung aller Vermögens-, Erwerbs- und Einkommensverhältnisse festzusetzen — welcher Fassung Ebermayer (These 15) und Galli (These 13 d) sich anschließen — will sachlich dasselbe besagen, erscheint aber in der Häufung der Ausdrücke tautologisch.

Als weiteren Schritt in der Richtung, eine bessere Einbringlichkeit der erkannten Geldstrafe zu erreichen, zieht der § 31 des Deutschen Vorentwurfs vor, das Gericht zu ermächtigen, dem Verurteilten zur Zahlung der Geldstrafe a) Frist bis zu 3 Monaten zu gewähren; b) spätestens innerhalb eines Jahres zu leistende Teilzahlungen zu bewilligen, und entspricht im letzteren Punkte dem Beschluß des 22. Deutschen Juristentages. Wesentlich übereinstimmend der Österreichische Vorentwurf (§ 27, 2), nur daß die Frist nicht über 3 Monate hinaus erstreckt werden darf, was zu wenig erscheint. Man wird dem Deutschen Vorentwurf voll beistimmen können. So schlägt auch Ebermayer „Zulassung und genaue Regelung von Teilzahlungen" vor, während sich bei dem Krohneschen Vorschlage Teilzahlungen insofern von selbst ergeben, als er die regelmäßigen Geldstrafen von den Steuerkassen mit den Steuern vierteljährlich einziehen lassen will. Die Bestimmung der Fristen für die Teilzahlungen völlig dem richterlichen Ermessen zu überlassen, halte ich nicht für empfehlenswert; es würde meines Erachtens leicht dazu führen können, die Einheitlichkeit des Charakters dieses Strafmittels aufzuheben und der Geldstrafe die Eigenschaft eines Strafübels fast völlig zu nehmen.

Endlich will § 32 des Vorentwurfs dem Verurteilten, sofern sich Gelegenheit dazu bietet, die Möglichkeit gewähren, die Tilgung der Geldstrafe durch seine Arbeit zu bewirken.

Alle diese Vorschläge zielen darauf hin, die Fälle der Notwendigkeit des Eintrittes einer Ersatzstrafe so viel wie möglich einzuschränken, ein Bestreben, das sicherlich vollste Billigung verdient.

Es fragt sich nun, eine wie ausgedehnte Anwendung die Geldstrafe finden soll. Es wird — man darf wohl sagen: allgemein — anerkannt, daß sie in weiterem Umfange anzudrohen sei wie bisher; dies wurde auch in dem Beschlusse des 22. Deutschen Juristentages (Augsburg 1893) zum Ausdruck gebracht. Das ist insbesondere ferner die Ansicht Ebermayers, aber wohl auch der Standpunkt Krohnes, wenn er den Satz aufstellt, daß die „Rechtsbrecher" durch die ihnen zuerkannten Geldstrafen den gesetzmäßig lebenden Staatsbürgern die Steuerlast, welche der Kampf gegen die Rechtsordnung von ihnen fordere, erleichtern müsse — mag auch der Schwerpunkt seiner Vorschläge nicht sowohl in der Erweiterung des Anwendungsgebietes der Geldstrafe sondern in anderer Richtung liegen. Namentlich aber teilen die beiden Vorentwürfe den Standpunkt, indem sie die Erweiterung der Anwendung für eine Notwendigkeit ansehen. Während aber der Deutsche Vorentwurf wesentlich aus drei Gründen „in bescheidenen Grenzen sich halten zu müssen" glaubt, steckt der Österreichische Vorentwurf sich offenbar weitere Ziele, die in den „Erläuternden Bemerkungen" dahin angegeben werden: das Anwendungsgebiet der Geldstrafe sei zu erweitern, „um das schwerere Übel der Freiheitsstrafe überall dort zu vermeiden, wo es nicht unbedingt notwendig sei."

Der Deutsche Vorentwurf läßt sie bei allen „Übertretungen" — nach dem diesem Begriffe gegebenen weiten Umfange — zu, abgesehen von den im § 305 unter fünf Nummern behandelten. Der Österreichische Vorentwurf zieht engere Grenzen, wenn er bei allen sogenannten „Ordnungsübertretungen" Geldstrafe wahlweise mit Freiheitsstrafe androht; denn obschon er auch nach § 2, 2 unter „Übertretungen" Handlungen versteht, die mit einer Freiheitsstrafe bis zu 6 Monaten oder mit Geldstrafe bis zu 2000 Kr. bedroht sind, falls das Gesetz sie nicht als Vergehen bezeichnet, so sind doch die Strafandrohungen, insbesondere auch die Freiheitsstrafen, gegen die im XXXVI. Hauptstück behandelten Ordnungsübertretungen im ganzen niedriger als in den §§ 306—309 des Deutschen Vorentwurfs.

Der Deutsche Vorentwurf droht ferner bei allen Fahrlässigkeitsdelikten Geldstrafe wahlweise mit Freiheitsstrafe an, mit nur zwei Ausnahmen; sie soll nicht zulässig sein bei fahrlässigem Meineid (§ 165, 2), ferner bei fahrlässiger Tötung (§ 219, 1,2). Der Österreichische Vorentwurf läßt, was ich billige, den fahrlässigen Falscheid straflos, aber wenn, wie nach dem Vorschlage des Deutschen Vorentwurfs, die Strafe desselben bis auf 1 Tag Freiheitsstrafe (Gefängnis oder Haft) hinuntergehen darf bei einem Höchstbetrage von 1 Jahr, so vermag ich nicht einzusehen, warum nicht auch bei diesem Fahrlässigkeitsdelikt wahlweise Geldstrafe zulässig sein soll. (Sehr richtig!) Im Gegensatz auch zum Österreichischen Vorentwurf (vgl. § 312, insbesondere letzten Absatz) würde ich sogar bei fahrlässiger Tötung wahlweise Geldstrafe zulassen und den Grundsatz, daß Fahrlässigkeitsdelikte unter Umständen mit Geldstrafe hinreichend gesühnt werden könnten, ausnahmslos aufstellen. Im Österreichischen Vorentwurf ist bei Fahrlässigkeitsdelikten wiederholt Geldstrafe kumulativ neben Freiheitsstrafe zugelassen; der Deutsche Vorentwurf hat dies zwar nicht in Einzelbestimmungen getan, läßt aber die Möglichkeit auf Grund der gleich zu erörternden allgemeinen Vorschrift des § 36 zu.

Dagegen vermeidet der Österreichische Vorentwurf, trotz des vorher erwähnten grundsätzlichen Gesichtspunktes für die Anwendung von Geldstrafen, völlig die ausschließliche Androhung von solchen. Der Deutsche Vorentwurf macht von der ausschließlichen Anwendung zwar keinen umfangreichen Gebrauch — ich zähle im ganzen vier Fälle (§§ 147, 161 Abs. 2 S. 2, 188, 304 Abs. 2 S. 2.) — aber lehnt eine solche Strafandrohung doch nicht grundsätzlich ab; hier stelle ich mich auf seiten des Deutschen Vorentwurfs.

Während der Österreichische Vorentwurf nicht selten fakultativ Geldstrafe neben Freiheitsstrafe häufungsweise androht, tut der Deutsche Vorentwurf das nur in dem einen besonderen Falle des § 261, d. h. bei der Verleumdung, hat dagegen eine dies in weiterem Umfange ermöglichende Bestimmung im Allgemeinen Teile § 36, wonach neben einer wegen eines Verbrechens oder Vergehens verwirkten Freiheitsstrafe wenn die Handlung auf Gewinnsucht beruht, auf Geldstrafe bis zu 10 000 M. erkannt werden kann. Entscheidend ist für die Verhängung von Geldstrafe nach § 36 VE. nicht die allgemeine Qualität des in Betracht kommenden Delikts, sondern ob die strafbare Handlung im Einzelfalle „auf Gewinnsucht" beruht. Das Motiv der Gewinnsucht soll also entscheiden, was ich für zweckmäßig und billigungswert halte. Damit findet sich auch Ebermayer in These 15 seines Gutachtens in Übereinstimmung, während abweichend der Beschluß des 22. Deutschen Juristentags die Anwendung der Geldstrafe insbesondere auf alle diejenigen Delikte empfohlen hatte, welche erfahrungsgemäß meist aus Gewinnsucht begangen werden. Mit Recht bemerkt übrigens die Begründung, daß dieses Motiv auch beim Fahrlässigkeitsdelikt zutreffen kann; ist das der Fall, dann wird die Häufung von Freiheitsstrafe und Geldstrafe auch bei fahrlässigen Delikten nicht unangebracht sein, während ich ihr sonst nicht das Wort reden möchte. Da übrigens die aus § 36 DVE. zu verhängende Geldstrafe den Charakter von Nebenstrafe trägt, ist später bei dieser noch näher auf sie einzugehen.

Ebensowenig wie der Österreichische Vorentwurf kennt der Deutsche Vorentwurf eine obligatorische Häufung von Freiheitsstrafe und Geldstrafe; die nicht zahlreichen Fälle, die das Reichsstrafgesetzbuch kennt (§§ 264, 265, 302 a—e, 349), hat er — einer häufig geäußerten Ansicht, insbesondere auch dem Beschlusse des 22. Deutschen Juristentages (Augsburg 1893) entsprechend — fallen lassen und sich mit fakultativer Häufung auf Grund des § 36 begnügt. Es ist übrigens, wie die Begründung bemerkt, nicht beabsichtigt, etwa grundsätzlich die obligatorische Androhung auch für Strafnebengesetze auszuschließen. Einem jüngst gemachten Vorschlag, „behufs Besteuerung des Verbrechens" neben allen wegen Vergehen oder Verbrechen verwirkten Freiheitsstrafen gleichzeitig auf Geldstrafe zu erkennen, vermag ich aber keineswegs beizustimmen.

Von der Geldstrafe macht der Deutsche Vorentwurf in ausgedehntem Umfange Anwendung, wie ein Blick auf die einzelnen Strafandrohungen ergibt. So sind — von den Übertretungen abgesehen — z. B. angedroht, wenn ich recht gezählt habe, Geldstrafen bis zu 1000 M. 26 mal, bis zu 2000 M. 12 mal, bis zu 3000 M. 29 mal und bis zu 5000 M. 22 mal. — Vergleicht man die Strafandrohungen des Vorentwurfs mit denjenigen des Reichsstrafgesetzbuches, so ergibt sich, daß in viel weiterem Umfange von der Geldstrafe Gebrauch gemacht wird, als bisher. Es sei auf einige der praktisch wichtigsten Fälle hingewiesen; so zunächst auf die gegenüber dem Reichsstrafgesetzbuch § 370, 5 durch § 272 VE. erheblich erweiterte Möglichkeit ihrer Anwendung bei Diebstählen; ferner auf ihre sehr wichtige Zulassung bei der **Untreue** (VE. § 277, StGB., § 266), ferner die bei: des Vorteils wegen geleisteter **Begünstigung**, falls die Vortat Diebstahl, Raub und Unterschlagung (VE. § 280, StGB. § 258), **Sachhehlerei** (VE. § 281, StGB. § 259) und **Urkundenfälschung** (VE. § 282, StGB. § 267), namentlich aber auch auf die Fälle des jetzigen sogenannten qualifizierten Hausfriedensbruchs (§ 123, 3), die in Zukunft nach VE. § 242 mit Geldstrafe gesühnt werden können.

Mag auch die mit Einzelheiten sich beschäftigende Kritik glauben, daß noch in einigen weiteren Fällen Geldstrafe hätte angedroht werden können, so wird man doch dem Vorentwurf zugestehen müssen, daß er das Anwendungsgebiet für die Geldstrafe weit gesteckt hat, weiter als man nach dem in der Begründung angenommenen grundsätzlichen Standpunkt anzunehmen in der Lage war und jedenfalls so weit, daß eine **erheblich** größere Ausdehnung für ausgeschlossen erachtet werden muß.

Schon aus den bisherigen Darlegungen ergibt sich, daß die Geldstrafe im Deutschen Vorentwurf ganz überwiegend wahlweise neben Freiheitsstrafe angedroht ist, und zwar, da das, wie begreiflich, nicht neben Zuchthaus geschehen ist, neben Gefängnis und Haft. Es ist das wieder **regelmäßig** (etwa in 80 Fällen) neben diesen **beiden**, gleichfalls zur Wahl gestellten, Freiheitsstrafen geschehen, **seltener** neben **Haft allein**, **niemals** neben **Gefängnis allein**. Dieses System der Aufstellung zahlreicher alternativer Strafandrohungen entspricht übrigens der von **Ebermayer** in These 2 seines Gutachtens erhobenen Forderung, der dadurch — wohl mit Recht — eine stärkere Berücksichtigung der „Gesinnung" des Täters zu erreichen hofft.

Es fragt sich nun, ob die Verfasser des Deutschen Vorentwurfs bestrebt gewesen sind, die **Höhe** der alternativ angedrohten **Geldstrafe** mit der **Höhe** der angedrohten **Freiheitsstrafen** in ein **gewisses Verhältnis** zu setzen. Im Österreichischen Vorentwurf ist dies zwar nicht grundsätzlich ausgesprochen, aber doch tatsächlich geschehen, und zwar so, daß bei Androhung von Freiheitsstrafen (meist Gefängnis oder Haft oder nur letztere) bis 2 Wochen der Höchstbetrag der alternativ zugelassenen Geldstrafe beträgt . . . . 200 K.

bis 4 Wochen	300 -
- 6 -	500 -
- 3 Monat	1000 -
- 6 -	2000 -
- 1 Jahr	4000 -

Mit einer Ausnahme im § 381, 1 (Verleitung zum Börsenspiel) ist eine einjährige Freiheitsstrafe der höchste Straffatz, neben dem der Österreichische Vorentwurf noch wahlweise Geldstrafe androht (vgl. Graf Gleispach 41).

Es erscheint von vornherein klar, daß bei Androhung von kleinen Freiheitsstrafen im allgemeinen nicht die alternative Androhung von sehr hohen Geldstrafen und umgekehrt bei Androhung von hohen Freiheitsstrafen nicht alternativ die Androhung einer geringen Geldstrafe sich rechtfertigt. Wenn nun der Gesetzgeber nicht von „einer einheitlichen Relation" (Graf Gleispach) ausgeht, so wird sehr leicht Willkür Platz greifen, wofür der Deutsche Vorentwurf einen augenfälligen Beweis liefert. Daß er bei Aufstellung der alternativen Strafandrohung von Freiheits- und Geldstrafe ein bestimmtes System befolgt habe, ist weder in ihm selbst noch in der Begründung zum positiven Ausdruck gelangt, und ein Blick auf die einzelnen derartigen Strafandrohungen zeigt, daß ein bestimmtes Prinzip bei der Aufstellung offenbar nicht vorgelegen hat.

Zum Beweise greife ich aus dem DVE. einen ganz beliebig gewählten Abschnitt des besonderen Teiles heraus.

Da ergibt sich nun für den 7. Abschnitt (Verbrechen und Vergehen gegen die öffentliche Ordnung), daß in 3 Fällen (§§ 141, 143, 146) bei Androhung von Gefängnis oder Haft bis zu 6 Monaten alternativ Geldstrafe bis zu 1000 M. zugelassen ist, dagegen gleichfalls nur eben diese Geldstrafe in 3 anderen Fällen (§§ 139, 142, 144), in denen dieselben Freiheitsstrafen bis zu 1 Jahr angedroht sind. Warum dieser Unterschied innerhalb desselben Abschnitts? Dabei ist nicht etwa der Umstand entscheidend gewesen, ob die Freiheitsstrafe oder die Geldstrafe an erster Stelle angedroht ist, denn in jenen Fällen, wo die Freiheitsstrafe nur 6 Monate beträgt, ist sie zweimal an erster (§§ 141, 146) und einmal an zweiter Stelle (§ 143) angedroht, während in den Fällen, die Freiheitsstrafe bis zu 1 Jahre kennen, diese zweimal (§§ 139, 142) an erster, einmal aber (§ 144) an zweiter Stelle steht. In demselben Abschnitt ist bei Androhung einer Freiheitsstrafe bis zu 1 Jahr dreimal (in den bereits erwähnten §§ 139, 142, 144) nur eine Geldstrafe bis zu 1000 M. angedroht, dagegen in einem anderen Falle (§ 136) eine solche bis zu 2000 M., während einerseits nur eine gleich hohe Geldstrafe alternativ zugelassen neben den auf 2 Jahre Freiheitsstrafe lautenden Androhungen der §§ 122, 137, 138, andererseits aber neben der gleichen Freiheitsstrafe von 2 Jahren in den §§ 140, 145 Geldstrafen bis zu 3000 M. alternativ angedroht sind — auch hier wieder ohne jede Rücksicht, in welcher Reihenfolge die einzelnen Strafen alternativ angedroht sind, denn in § 145 ist Geldstrafe ebenso wie in den §§ 137, 138 vorangestellt, während umgekehrt im § 132 die Freiheitsstrafe ebenso an erster Stelle steht wie im § 140.

Es herrscht also völlige Systemlosigkeit; ich will mit anderen Beispielen nicht ermüden, bemerke aber, daß sie durchgängig sich zeigt und noch erheblich verstärkt, sobald man die Vergleichung nicht nur innerhalb desselben Abschnittes anstellt. Im übrigen kann ich mich darauf beschränken, auf die Ausführungen zu verweisen, die Kahl in der Festnummer der Deutschen Juristenzeitung über das Verhältnis der Strafandrohungen des VE. untereinander gemacht hat. Aus ihnen ist leicht eine Bestätigung meiner Darlegungen zu entnehmen.

Der DVE., der, wie ich mich überzeugt halte, absichtlich auf jedes Prinzip verzichtet, bedarf hier meines Erachtens einer Korrektur. Eine wenigstens für die Regel maßgebende Relation muß gefunden werden, mag auch bei einzelnen besonders gearteten Delikten ausnahmsweise ein anderes Verhältnis sich rechtfertigen.

Man kann die Relation, abgesehen von den Übertretungen, bei denen nach deren Begriffsbestimmung der Höchstbetrag der Geldstrafe über 300 M. nicht hinausgehen kann, derartig gestalten, daß bei Androhung von Haft — denn nur diese kommt in Betracht, da Geldstrafe alternativ lediglich mit Gefängnis im VE. nicht vorgesehen ist — in Höhe von je 3 Monaten eine Geldstrafe von 500 M. zulässig sei, also bei einer solchen

bis 6 Monate	Geldstrafe	bis 1000	M.
„ 1 Jahr	„	„ 2000	„
„ 2 Jahre	„	„ 4000	„
„ 3 „	„	„ 6000	„
„ 5 „	„	„ 10000	„

für zulässig erklärt wird. Die Sätze sind im ganzen niedriger gehalten als nach dem Österreichischen Vorentwurf, der neben 3 Monaten Haft Geldstrafe bis 1000 K., neben 6 Monaten bis 2000, neben 1 Jahr bis 4000 K. alternativ vorsieht, hiermit aber schließt, da, wie erwähnt, alternative Androhungen von Geldstrafe neben einer höheren Freiheitsstrafe nicht vorkommen, während der Deutsche Vorentwurf Geldstrafe alternativ mit Freiheitsstrafe bis zu 5 Jahren zuläßt. Mit dem

Deutschen Vorentwurf läßt sich nach dem eben Mitgeteilten nicht wohl ein Vergleich ziehen.

Wenn trotz aller Kautelen, die der Deutsche Vorentwurf trifft, dennoch die erkannte Geldstrafe nicht bezahlt oder auch nicht abgearbeitet wird, so hat nach § 33 desselben für die Regel die Beitreibung einzutreten, deren Versuch nur ausnahmsweise soll unterlassen werden dürfen, wenn die Uneinbringlichkeit als feststehend anzunehmen ist. Ich muß es mir hier versagen, auf die Durchführung der Beitreibung, insbesondere auch auf die Streitfrage, gegen welche Vermögensobjekte sie sich richten dürfe, näher einzugehen, wende mich vielmehr gleich der Frage zu, was zu geschehen habe, wenn die Beitreibung nicht oder nicht vollständig zur Tilgung der erkannten Geldstrafe führt.

Abzulehnen ist mit beiden Vorentwürfen der Vorschlag Mittelstädts, d. h. nicht unseres jetzt anwesenden Mitglieds, sondern des verstorbenen bekannten Kriminalisten, die Geldstrafe in Fällen der Uneinbringlichkeit fallen zu lassen, obgleich Krohne, der an sich Leistung von Gefängnisarbeit eintreten lassen will, dies wenigstens gegenüber Verurteilten empfiehlt, die krank und dauernd arbeitsunfähig sind; aber selbst der Beschluß des 23. Deutschen Juristentages (Bremen 1895), der bei Nichtbeitreiblichkeit von Geldstrafen Umwandlung der Pflicht zur Zahlung in eine solche zu geldwerten Arbeitsleistungen empfahl, wollte bei absolut Arbeitsunfähigen als Ersatzstrafe „einfache Haft" eintreten lassen. Mit Recht bemerkt Ebermayer in der Begründung des Deutschen Vorentwurfs, daß das gänzliche Fallenlassen eine Prämie für die Nichtbezahlung darstelle.

Beide Vorentwürfe lassen übereinstimmend für den Fall der Uneinbringlichkeit als „Ersatzstrafe" „Haft" (nach Maßgabe des Österreichischen Vorentwurfs § 60 statt dessen auch „Hausarrest" bis zu 14 Tagen) eintreten, und nur wenn die Geldstrafe neben einer anderen Freiheitsstrafe erkannt ist, diese (Deutscher Vorentwurf § 34, Österreichischer Vorentwurf § 29). Der Deutsche Vorentwurf bestimmt ausdrücklich einen oder richtiger zwei Höchstbeträge für die Ersatzstrafe, nämlich bei Übertretungen zwei Monate, sonst 1 Jahr (§ 34, Abs. 2) und bei Umwandlung mehrerer Geldstrafen, die wegen mehrerer strafbarer Handlungen verwirkt sind, wenn sie nur wegen Übertretungen erkannt sind, 6 Monate, sonst 2 Jahre (§ 92, Abs. 2). Anders der Österreichische Vorentwurf, der nichts darüber sagt; er kommt aber für die Fälle, wo neben Freiheitsstrafe wahlweise Geldstrafe angedroht ist, insofern indirekt zu demselben Ergebnis, als hier das Höchstmaß der Freiheitsstrafe 1 Jahr beträgt; für die Fälle kumulativer Androhung von Geldstrafen mit Freiheitsstrafen kennt er grundsätzlich keine Höchstbetragsgrenze (Graf Gleispach 44 f.).

Stimmt man dem Vorschlage des Deutschen Vorentwurfs, wie ich befürworte, zu, so ist man vor die schwierige Frage nach dem bei der Umwandlung anzuwendenden Maßstabe gestellt.

Der Österreichische Vorentwurf hat nur die eine Bestimmung im § 29, Abs. 2: „Die Dauer der Ersatzstrafe bestimmt das Gericht nach den allgemeinen Grundsätzen der Strafzumessung und stellt dabei das tägliche Einkommen oder den täglichen Verdienst des Verurteilten annäherungsweise einem Tage Freiheitsstrafe gleich."

Anders der Deutsche Vorentwurf § 30, Abs. 1, der — in Anlehnung an die Mindestsätze im § 30 und in Erweiterung des Rahmens nach oben hin — gegenüber dem geltenden Recht (RStGB. § 29, Abs. 1) festsetzt: bei Verbrechen und Vergehen den Betrag von 5—30 M., bei Übertretungen von 1—30 M. Die Erhöhung wird begründet teils mit der Minderung des Geldwertes, teils damit, daß der Richter in den Stand zu setzen sei, den großen Verschiedenheiten der Einzelfälle besser gerecht zu werden; da die Ersatzstrafe nur zu verbüßen sei, wenn der Verurteilte weder zahlen noch abverdienen könne, so trete die Berücksichtigung der Vermögensverhältnisse gegenüber anderen Strafzumessungsgründen in den Hintergrund. Krohne hält dafür, daß, wer seine Strafsteuer nicht bezahle, sie im Gefängnis abzuarbeiten habe; da aber die Gefängnisarbeit nur höchstens 1 M. für den Tag wert sei, so stehe der zu Geldstrafe Verurteilte vor der Frage, ob er für 1 M. Gefängnisarbeit leisten oder von seinem Verdienst bei seiner Arbeit zahlen wolle. Das erscheint hart. Aber praktisch ist der Gedanke Krohnes im höchsten Grade, und daß er von einem im Strafanstaltswesen so erfahrenen Manne ausgeht, fällt für mich sehr ins Gewicht; ich bin deshalb bereit, den Krohneschen Vorschlag im wesentlichen anzunehmen und damit mich auf den Boden des „starren" Prinzips zu stellen. Daß das sehr unmodern gefunden werden wird, dessen bin ich mir wohl bewußt; allein selbst die Begründung des Deutschen Vorentwurfs erkennt an, daß bei der Bildung und Vollstreckung der Ersatzstrafe „die Vermögensverhältnisse" des Verurteilten „in den Hintergrund" treten, ja, ich möchte sagen, sie liegen bei allen gleich schlecht; jeder, gegen den eine Ersatzstrafe zur Vollstreckung gelangt, besitzt kein Vermögen, aus dem die Geldstrafe beigetrieben werden könnte. Somit erscheint es auch nicht unbillig, alle Verurteilten bei Bildung der Ersatzstrafe gleich zu behandeln. Allein eine Abänderung muß der Krohnesche Vorschlag erfahren, wenn man als Ersatz der Geldstrafe eine Freiheitsstrafe als solche ansieht, und nicht, wie Krohne, die im Gefängnis zu leistende Arbeit. Daraus ergibt sich, daß man je nach der Freiheitsstrafe, die als Ersatzstrafe eintritt, unterscheiden muß. Obschon Haft die Regel bildet, so können doch auch „Gefängnis" oder „Zuchthaus" in Betracht kommen. Je nach der eintretenden Ersatzstrafe wird mit Rücksicht auf ihre Verschiedenheit der Schwere nach eine kleinere oder größere Summe der uneinbringlichen Geldstrafe für getilgt zu erachten sein. Weiter aber wird, wenn nicht sowohl der Wert der Arbeitsleistung das Entscheidende ist, sondern die Art der zur Vollstreckung gelangenden Freiheitsstrafe, wohl den heutigen allgemeinen Arbeitsverdienstsätzen nach eine etwas größere Summe als 1 M. = 1 Tag Freiheitsstrafe anzusetzen sein; mein Vorschlag geht deshalb dahin, daß in Anlehnung an Vorentwurf § 25 für getilgt zu erachten seien durch eine Ersatzstrafe von

1 Tag Haft	2,00 M.
1 Tag Gefängnis	3,00 "
1 Tag Zuchthaus	4,50 "

Einer unbilligen Höhe der Ersatzstrafen werden durch die im Deutschen Vorentwurf §§ 34, Abs. 2 und 92, Abs. 2 in Aussicht genommenen Höchstbeträge der Ersatzstrafen Schranken gezogen.

Endlich wird die Frage, ob eine Vollstreckung der bei Lebzeiten des Verurteilten rechtskräftig erkannten Geldstrafe in den Nachlaß des nachher Verstorbenen zulässig sei, was das geltende RStGB. in § 30 bejaht, in den beiden Vorentwürfen verschieden beantwortet; der § 35 des Deutschen Vorentwurfs verneint die Frage, der Österreichische Vorentwurf § 28, Abs. 2 läßt die Vollstreckung zu. Das Entscheidende bleibt meines Erachtens, daß die Strafe gegen den Täter sich richtet; ist er nach seiner Verurteilung, aber vor Beitreibung einer erkannten Geldstrafe gestorben, so kann er das Strafübel nicht mehr erleiden, und damit ist es hinfällig geworden, also auch in den Nachlaß nicht mehr zu vollstrecken.

Der Verweis, die einzige Ehrenstrafe, die das RStGB. als Hauptstrafe kennt, und zwar nur gegen Nicht-Vollstrafmündige „in besonders leichten Fällen", soll nach dem Deutschen Vorentwurf §§ 37 und 83 eine erweiterte Anwendung finden, und zwar auch dann, wenn „die besonders leichten Fälle" — die in Zukunft gleichfalls die Voraussetzung bilden — von Personen über 18 Jahren begangen werden. Der Österreichische Vorentwurf dagegen kennt den „Verweis“ nicht, kann seiner auch mit Rücksicht auf den in ihn aufgenommenen „Hausarrest“ leichter entbehren. (§§ 22, 60.)

Nach der Begründung des Deutschen Vorentwurfs soll die erweiterte Anwendung des „Verweises“ als Hauptstrafe zwar von mehreren Seiten befürwortet sein, aber „bei der überwiegenden Meinung der Vertreter der Wissenschaft und der Praktiker einer Abneigung begegnen“. Ich weiß nicht, ob die Charakterisierung der Stellung der Parteien in dieser Frage eine ganz richtige ist — jedenfalls haben sich beide Gutachter, Ebermayer und Krohne, dafür erklärt. Auch die Gallische These 10 befürwortet seine Anwendung, und Kahl empfiehlt die Ausdehnung der Strafe des Verweises auf alle Altersstufen. Dem kann ich mich nur aus voller Überzeugung anschließen; ich finde es erfreulich, wenn — wenigstens in engerer Begrenzung — davon abgesehen werden kann, mit Geld- und Freiheitsstrafen vorzugehen.

Der Deutsche Vorentwurf droht den „Verweis“ nirgends im besonderen Teile an, sondern die Zulässigkeit seiner Anwendung ist nur darauf gegründet, daß das Gericht „in besonders leichten Fällen“ die Strafe „nach seinem Ermessen“ mildern kann, wenn es nicht da, wo dies im Gesetze ausdrücklich zugelassen ist, von einer solchen überhaupt absieht. Die Zulässigkeit der „Milderung“ schließt die Befugnis in sich, insbesondere auf die im § 37 aufgenommene Strafe des Verweises zu erkennen.

Nach Maßgabe der Einzelbestimmungen des Vorentwurfs, denen zufolge „besonders leichte Fälle“ Berücksichtigung in der Aufstellung des Strafrahmens finden sollen, erscheint die in Aussicht genommene Erweiterung der Anwendung des Verweises ausreichend. Im allgemeinen Teil des Vorentwurfs werden sie berücksichtigt beim Versuch (§ 56 Abs. 3) und folgenweise bei: geminderter Zurechnungsfähigkeit (§ 63 Abs. 2), Notwehrüberschreitung (§ 66 Abs. 2), jugendlichen Personen (§ 62 Abs. 1) und Beihilfe (§ 79), im besonderen Teil nach den §§ 168 Abs. 3 (falsche uneidliche Aussage), 227 (einfache Körperverletzung), 259 (Beleidigung), 272 (Entwendung), 296 Abs. 1 (unberechtigtes Fischen) und nach § 310 Abs. 1 bei den im StGB. mit Strafe bedrohten Übertretungen (§§ 305 bis 309). Bei der im § 1 Abs. 3 vorgeschlagenen Ausdehnung des Begriffs der Übertretungen erscheint dem Verweise ein hinreichendes Anwendungsgebiet durch die Vorschläge des Vorentwurfs gesichert, so daß meines Erachtens von weiteren allgemeinen Bestimmungen wird abgesehen werden können.

Über die Art, wie die Rüge zu erteilen sei, enthält der § 37 des Vorentwurfs nur die Vorschrift, daß sie „mündlich oder schriftlich" zu erfolgen habe. Der Erlaß näherer Vorschriften wird zweckmäßig sein, aber wohl am richtigsten im Strafvollstreckungsgesetze zu erfolgen haben, eventuell in der StPO. Die „schriftliche Form" wird meines Erachtens praktisch nicht zu entbehren sein, wird aber auch an sich in geeigneten Fällen den Vorzug vor der mündlichen verdienen — allerdings nur unter der Voraussetzung, daß sie nicht auf dem formellen Wege der Zustellung geschieht, sondern, daß die persönliche Behändigung stattfindet.

Beide Vorentwürfe lehnen es ab, andere Ehrenstrafen zu Hauptstrafen zu erheben, wie ich, in Übereinstimmung mit Ebermayer, These 17, meine, mit Recht. Freilich wird die gegenteilige Ansicht von gewichtigen Stimmen vertreten, so von Krohne, der die Strafe der „Entziehung bürgerlicher Rechte" als Hauptstrafe „besonders für böswillige und verleumderische Angriffe auf die bürgerliche und Familien- oder geschäftliche Ehre" für geeignet erachtet; daran denkt wohl auch Galli, wenn er in seiner These 14a die Aberkennung der bürgerlichen Ehrenrechte sowie der Fähigkeit zur Bekleidung öffentlicher Ämter als Hauptstrafe an Stelle von Gefängnis zulassen will. Endlich aber rät Kahl in dem mehrfach erwähnten Vortrage dringend, den Verlust der bürgerlichen Ehrenrechte als selbständige Hauptstrafe aufzunehmen. Trotz dieser Gegnerschaften vermag ich dem Vorentwurf nur beizustimmen. Undenkbar scheint es mir, den Verlust der bürgerlichen Ehrenrechte — denn um diesen handelt es sich doch im wesentlichen — als ausschließliche Hauptstrafe anzudrohen; er könnte als solche doch nur alternativ neben Freiheitsstrafe angedroht werden. Mir will nun scheinen, daß, wer einer strafbaren Handlung in dem Grade sich schuldig gemacht hat, daß er mit Verlust der bürgerlichen Ehrenrechte zu bestrafen ist, dann sicher auch eine Freiheitsstrafe verdient hat, und zwar sogar eine von erheblicherem Umfange. Das ist ja auch der Gedanke, der im geltenden StGB. dem § 32 zugrunde liegt, wenn er bestimmt, daß neben Gefängnis Verlust der bürgerlichen Ehrenrechte nur erkannt werden könnte, falls deren Dauer 3 Monate erreiche, was im Vorentwurf § 45 noch insofern verschärft ist, als sogar eine Mindeststrafe von 6 Monaten Gefängnis für erforderlich erklärt wird. Hierauf wird alsbald näher einzugehen sein. Mit einer solchen Behandlung der Nebenstrafe des Verlustes der bürgerlichen Ehrenrechte ist aber dessen selbständige Androhung als Hauptstrafe völlig unvereinbar und deshalb zu verwerfen.

Wir kommen nunmehr zu den Nebenstrafen.

Nebenstrafen an der **Freiheit** kennt der Deutsche Vorentwurf im Grunde nicht, sondern nur die Freiheit entziehende oder wenigstens beschränkende „Präventivmaßregeln".

So ist zunächst die nach Vorentwurf § 42 zulässige Unterbringung des arbeitsfähigen Verurteilten in ein Arbeitshaus eine die Freiheit des dazu Verurteilten entziehende „sichernde Maßnahme". Daß sie, wenn die wegen einer auf Liederlichkeit oder Arbeitsscheu zurückzuführenden strafbaren Handlung erkannte Freiheitsstrafe 3 Monate nicht übersteigt, den Charakter einer Ersatzstrafe an Stelle der Gefängnis- oder Haftstrafe annimmt, ist bereits erwähnt. Darüber, ob dem nicht eine weitere Ausdehnung zu geben sei, ist hier nicht zu handeln, sondern muß der Erörterung über die Freiheitsstrafen insbesondere überlassen bleiben.

Als bloße polizeiliche Präventivmaßregel aber liegt sie außerhalb des gestellten Themas, das nur die „Strafmittel" nach dem Deutschen Vorentwurf ins Auge faßt. Dieser aber unterscheidet die Überweisung in ein Arbeitshaus als „sichernde Maßnahme" von der zu verhängenden Strafe, wobei ihm allerdings **insofern** eine Unklarheit unterläuft, als die Überweisung, wie wir gesehen, eine Ersatz**strafe** darstellen **kann**.

Dasselbe gilt bezüglich der die Freiheit **beschränkenden** Maßnahmen, namentlich bezüglich des Wirtshausverbots und der Unterbringung in einer Trinkerheilanstalt (Vorentwurf § 43), sowie der Aufenthaltsbeschränkung (Vorentwurf § 53), die an Stelle der bisherigen Zulässigkeit der Polizeiaufsicht treten soll (RStGB. §§ 38 f.), insbesondere auch in der Form der Ausweisung aus dem Reichsgebiet, falls der Verurteilte ein Ausländer ist (Vorentwurf § 53, Abs. 3).

Demgegenüber kann es sich nur fragen, ob ein **praktisches** Interesse vorliegt, diesen Maßregeln — abweichend vom Vorentwurf — ausdrücklich den Charakter von Neben**strafen** beizulegen. Ich verneine das und meine, daß dem praktischen Bedürfnisse durch die Vorschläge hinreichend Rechnung getragen ist, daß aber auch die Kennzeichnung der Maßregeln als polizeilicher den Kern der Sache mehr trifft als die Bezeichnung als „Nebenstrafen". **Ebermayer** bezeichnet allerdings in seiner These 18 „die Stellung unter Polizeiaufsicht" als „unentbehrlich", ihm genügt also die „bloße Aufenthaltsbeschränkung", die an ihre Stelle getreten ist, nicht. Allein darin dürfte er doch vereinzelt dastehen, und, soweit ich sehe, ist die Zurückführung der früheren Zulassung der Polizeiaufsicht auf eine bloße Zulassung von Aufenthaltsbeschränkungen des allgemeinen Beifalls sicher. Nur glaube ich Grund zu der Annahme zu haben, daß der Herr Mitberichterstatter in der Tat Wert darauf legt, die Aufenthaltsbeschränkung als Nebenstrafe hingestellt zu sehen; ich vermag aber auch insbesondere bei dieser Maßregel einen durchgreifenden Grund dafür nicht zu finden, und verneine namentlich, daß ein Bedürfnis besteht, die Befugnis der Einzelstaaten zu sicherheitspolizeilichen Aufenthaltsverboten einzuschränken.

Was alsdann die Nebenstrafen am Vermögen anbetrifft, so kommt zunächst die Geldstrafe in Betracht. Nach dem RStGB. ist sie — wenigstens gemäß der Auffassung des Reichsgerichts — stets Hauptstrafe, auch wenn sie mit einer Freiheitsstrafe verbunden werden kann oder muß. Anders nach dem § 36 des Vorentwurfs, dahin lautend: „Neben der wegen eines Verbrechens oder Vergehens verwirkten Freiheitsstrafe kann, wenn die Handlung auf Gewinnsucht beruht, auf Geldstrafe bis zu 10 000 M. erkannt werden." Die Begründung des Vorentwurfs hebt ausdrücklich hervor, daß die Geldstrafe hier als Nebenstrafe auftrete. Es ist das von großer Wichtigkeit gegenüber der — vom Prinzip des § 73 des RStGB. abweichenden — im Vorentwurf § 90, Schlußsatz, in Aussicht genommenen Bestimmung, wonach bei Verletzung mehrerer Strafgesetze durch eine Handlung die Strafe zwar aus dem Gesetze zu bestimmen ist, das die schwerste Strafe, bei ungleichen Strafarten die schwerste Strafart androht, aber — „Nebenstrafen und sichernde Maßnahmen hierbei nicht zu berücksichtigen" sind, auf sie vielmehr erkannt werden muß oder kann, „wenn sie in einem der verletzten Gesetze vorgeschrieben oder zugelassen sind". Angesichts dieses Vorschlags, dessen Annahme meines Erachtens sehr zu empfehlen ist, erscheint die Charakterisierung der auf Grund des § 37 zu verhängenden Geldstrafe als einer Nebenstrafe neben der verwirkten Hauptstrafe ein sehr glücklicher Gedanke, da — wenn eines der idealkonkurrierenden Verbrechen und Vergehen „auf Gewinnsucht beruht" — die Möglichkeit der Verhängung von Geldstrafen jedenfalls angebracht ist, mag auch die Hauptstrafe nach Vorentwurf § 10 aus einem anderen Gesetze zu entnehmen sein, das gegen eine strafbare Handlung sich richtet, die — im besonderen Falle — nicht auf Gewinnsucht beruht.

So verdient die Anwendung der Geldstrafe auch als Nebenstrafe meines Erachtens entschieden Billigung. Sie aus anderen allgemeinen Gesichtspunkten, als dem des § 36 des Vorentwurfs, gleichfalls als Nebenstrafe zu verwenden, wird kaum möglich und wohl auch nicht erforderlich sein. Wieweit ihr durch die Straffatzungen des Besonderen Teils dieser Charakter beizulegen, ist hier nicht zu untersuchen,

— die Möglichkeit dazu ist auf Grund der Anerkennung der Eigenschaft der Geldstrafe als Nebenstrafe im § 36 gegeben. Soweit ich sehe, kommt sie übrigens als Nebenstrafe höchstens bei der Verleumdung (Vorentwurf § 261) in Frage, indem hier die angedrohte Strafe Gefängnis ist, „neben dem auf Geldstrafe bis zu 10 000 M. erkannt werden kann". Die Begründung des Vorentwurfs läßt sich nicht darüber aus, ob in diesem einzigen Falle der — zulässigen — Häufung von Freiheits- und Geldstrafe die letztere in der Tat als Nebenstrafe gedacht ist, was namentlich für den möglichen Fall einer Idealkonkurrenz mit „falscher Beschuldigung" (Vorentwurf § 171) von Bedeutung sein würde. Ein jeden Zweifel ausschließender Wortausdruck würde erwünscht sein.

Was die „Urteilsbekanntmachung" auf Kosten des Verurteilten betrifft (nach dem Vorentwurf in den Fällen der §§ 171 und 266 — falsche Beschuldigung und Beleidigung — statthaft), so hat sie allerdings für den Verurteilten auch vermögensrechtliche Nachteile im Gefolge, allein es erscheint dennoch nicht ganz zutreffend, sie — mit Ebermayer — unter die Nebenstrafen am Vermögen zu stellen; ihre eigentliche Bedeutung liegt in etwas anderem als dem Erwachsen eines Vermögensschadens für den Verurteilten, und sie wird deshalb später an anderer Stelle zu erwähnen sein. Dasselbe gilt in dem Verbot der Ausübung eines bestimmten Berufes usw., soweit es sich nicht um Anerkennung im Sinne eines bürgerlichen Ehrenrechtes handelt.

Als Nebenstrafe am Vermögen kommt vielmehr nach dem Vorentwurfe — abgesehen von der Verfallerklärung des Empfangenen oder dessen Wertes nach § 199 des Vorentwurfs entsprechend dem § 335 RStGB. — nur noch die „Einziehung und Unbrauchbarmachung" in Betracht, die in den §§ 54 bis 56 wesentlich in Übereinstimmung mit den §§ 40 bis 42 des RStGB. geregelt ist.

Der Österreichische Vorentwurf trifft in dieser Beziehung in dem Abschnitt „Strafen und Straffolgen" nur die einzige Bestimmung im § 30, wonach Sachen, die der Täter als Lohn oder Geschenk für eine strafbare Handlung empfangen hat, vorbehältlich der Rechte dritter, an der strafbaren Handlung unbeteiligter Personen einzuziehen sind, mit Zulässigkeit der Vollstreckung der Einziehung in den Nachlaß des nach Rechtskraft des Urteils verstorbenen Verurteilten und Eintritt von Geldstrafe in Höhe des Wertes der Sache im Falle der Veräußerung oder des Verbrauchs der Sache seitens des Täters. Dagegen wird die Verfallserklärung (Österreichischer Vorentwurf § 41), der nur zur Begehung einer strafbaren

Handlung bestimmten Sachen, desgleichen der durch eine solche hervorgebrachten oder zu einer solchen verwendeten, lediglich als „Sicherungsmittel“ — im Gegensatz zu „Strafe“ — aufgefaßt.

Ebermayer erachtet in seinem Gutachten eine Änderung der bestehenden Bestimmungen in wesentlichen Punkten nicht geboten, höchstens daß dem Täter gehörige Gegenstände auch dann, wenn sie zum Weiterbetrieb der gewerbsmäßigen Straftat bestimmt sind, mindestens bei gewerbsmäßigem Verbrechen, einzuziehen seien, was nach der dem § 40 des RStGB. durch das Reichsgericht gegebenen Auslegung nur schwer möglich sei. Dieser Anregung hat der Deutsche Vorentwurf nicht stattgegeben, trotzdem sie beachtlich scheint; die erwähnte Bestimmung im Österreichischen Vorentwurf § 41, wonach Sachen für verfallen zu erklären sind, die „ihrer Beschaffenheit nach nur zur Begehung einer strafbaren Handlung bestimmt sind“, würde nicht geeignet sein, die fragliche Lücke auszufüllen.

Einige andere Unebenheiten der geltenden Bestimmungen hat der Deutsche Vorentwurf, wesentlich im Anschluß an die Praxis des Reichsgerichtes, ausgeglichen, und namentlich ist zu billigen, daß im § 55 (abweichend von § 41 Abs. 1 RStGB.) bei Strafbarkeit des gesamten Inhalts einer Schrift „Einziehung“ (und nicht bloß „Unbrauchbarmachung“) auszusprechen ist.

Unter den Nebenstrafen an der Ehre nimmt der Verlust der bürgerlichen Ehrenrechte die erste Stelle ein. Die Regelung im Vorentwurf ist im ganzen in Übereinstimmung mit dem geltenden Recht des RStGB., aber doch mit einigen nicht unerheblichen Abweichungen erfolgt. Darüber, daß eine derartige Nebenstrafe beizubehalten sei, besteht kein Zweifel.

Der Vorentwurf stellt sich — in ausdrücklicher sinngemäßer Ergänzung des bisherigen Rechts — auf den Standpunkt, daß auf Verlust der bürgerlichen Ehrenrechte nur erkannt werden dürfe, wenn die Feststellung, die Tat sei „aus ehrloser Gesinnung“ hervorgegangen, getroffen werden kann. Soweit der Verlust der bürgerlichen Ehrenrechte neben Gefängnis in Frage kommt, vermag ich dem nur zuzustimmen, während ich — wohl im Gegensatz zu dem Beschlusse des 3. Deutschen Juristentages (Wien 1862), der die Schmälerung der Ehrenrechte nur an die Verurteilung wegen solcher Handlungen, die aus verächtlicher Gesinnung hervorgehen, knüpfen wollte — bezüglich der Zuchthausstrafe und folgeweise auch der Todesstrafe einen grundsätzlich abweichenden Standpunkt einnehme, nämlich den eines — neben diesen Hauptstrafen von Rechts wegen —

stattfindenden Verlustes der bürgerlichen Ehrenrechte. Was aber die Aberkennung der bürgerlichen Ehrenrechte neben Gefängnis betrifft, so führt der hier vertretene Standpunkt, daß wir in der Gefängnisstrafe eine solche — der Schwere nach in der Mitte stehende — Freiheitsstrafe brauchen, die zwar in der Regel nicht, wohl aber unter Umständen entehrend sei, mit Notwendigkeit dahin, das unterscheidende Merkmal darin zu finden, ob die Tat aus ehrloser Gesinnung hervorgegangen ist. Nur, wenn dies der Fall, ist die Aberkennung der bürgerlichen Ehrenrechte neben der Gefängnisstrafe zu rechtfertigen.

Nicht läßt sich umgekehrt sagen, daß das Vorliegen einer solchen Gesinnung notwendig diese Nebenstrafe verlange; dazu ist die Nebenstrafe von zu einschneidenden Folgen und zu empfindlich. Schon das RStGB. hatte sich deshalb auf den Standpunkt gestellt, daß die Hauptstrafe einen gewissen Mindestbetrag, den es auf 3 Monate Gefängnis festsetzte, erreicht haben müsse; der Vorentwurf geht darüber noch hinaus, indem er als Mindestmaß eine Gefängnisstrafe von 6 Monaten vorschlägt, womit er den Vorschlägen entgegentritt, entweder den Verlust der bürgerlichen Ehrenrechte neben Gefängnis überhaupt nicht zuzulassen oder in noch beschränkterem Maße. Man wird wohl annehmen können, daß der Vorentwurf die richtige Mittellinie einhält, und es ferner billigen, wenn er — gegenüber der allgemeinen Voraussetzung: Begehung der Tat aus ehrloser Gesinnung in Verbindung mit Verwirkung einer Gefängnisstrafe von mindestens 6 Monaten — die Zulässigkeit der Aberkennung für alle Verbrechen und vorsätzlichen Vergehen zuläßt — abgesehen von den in den Abschnitten 1—9 und 21 des Besonderen Teiles aufgeführten strafbaren Handlungen, bei denen auf Verlust der bürgerlichen Ehrenrechte nur erkannt werden darf, soweit dies dort ausdrücklich vorgesehen ist.

Übereinstimmend mit dem RStGB. will der Vorentwurf dauernden Verlust der bürgerlichen Ehrenrechte lediglich neben der Todesstrafe und lebenslänglicher Zuchthausstrafe zulassen, sonst aber nur zeitigen, dessen Dauer gleichmäßig mit RStGB. § 32 Abs. 2 geregelt wird, wobei die nähere Festsetzung der Zeitdauer dem Richter im Einzelfalle überlassen bleibt, was meines Erachtens dem Vorschlage des Österreichischen Vorentwurfs vorzuziehen ist, nach dem der Zeitraum bei Verbrechen stets 10, bei Vergehen stets 5 Jahre betragen soll.

In Erweiterung des dem § 35 des RStGB. zugrunde liegenden Gedankens nimmt § 47 des Vorentwurfs eine „Teilaberkennung" der im § 46 bezeichneten bürgerlichen Ehrenrechte in Aussicht unter Voraussetzung der allgemeinen Vorbedingungen des Verlustes der bürgerlichen Ehrenrechte, ferner unter der besonderen Voraussetzung, daß „nach der Art der Tat" ein „Mißbrauch" der abzuerkennenden Einzelrechte zu besorgen ist. Ob es auch zulässig sein soll, innerhalb der einzelnen Nummern des § 46 Abs. 2 wiederum zu teilen, insbesondere was die Nummer 3 betrifft, nur ein einzelnes oder einzelne „öffentliche Ämter" herauszuheben, ist nach der Wortfassung nicht zweifellos und deshalb einer Klarstellung bedürftig; meines Erachtens wird einer solchen Heraushebung ein Bedenken nicht entgegenstehen.

Hiernach würde ich — abgesehen von der im Eingange dieser Erörterungen hervorgehobenen Abweichung — mit der Regelung dieser Nebenstrafe mich einverstanden erklären können, auch mit dem Namen, obschon ich den Ausdruck des Österreichischen Vorentwurfs, „Schmälerung der bürgerlichen Ehrenrechte", vorziehen würde; doch es kommt darauf nicht viel an, wenn auch die Annahme dieser Bezeichnung vielleicht endlich dazu führen würde, die unrichtige Ausdrucksweise „Ehrverlust" zu beseitigen.

Andere Nebenstrafen an der Ehre kennt der Vorentwurf — von der noch zu erwähnenden Bekanntmachungsbefugnis der Verurteilung abgesehen —, soweit ich sehe, auch im Besonderen Teile nicht, namentlich hat das Aussprechen der „dauernden Unfähigkeit des wegen Meineides verurteilten, als Zeuge oder Sachverständiger eidlich vernommen zu werden" (RStGB. § 161), keine Aufnahme gefunden, während Ebermayer (These 24 seines Gutachtens) für Aufrechterhaltung der Vorschrift sich ausspricht. Ich bin hier geneigt, mich auf die Seite der Verfasser des Entwurfes zu stellen. Es ist ferner auch — entsprechend dem Beschluß des 28. Deutschen Juristentages (Kiel 1906) — die Ehrenerklärung, die Abbitte und der Widerruf als Strafmittel nicht verwertet worden.

Die Verfasser des Deutschen Vorentwurfs haben nach der Begründung (Seite 169) insbesondere keine genügende Veranlassung für vorliegend erachtet, weiter in die Berufs- und Erwerbstätigkeit, als geschehen, durch eine allgemeine Vorschrift einzugreifen, und zwar namentlich deshalb nicht, weil unsere Verwaltungsgesetzgebung, insbesondere angesichts GewO. § 53, eine solche gerichtliche Befugnis entbehrlich mache. Wenn Krohne in den — von ihm trotz der Wirkung auf vermögensrechtliche Verhältnisse wohl nicht ganz zutreffend als Vermögensstrafe bezeichneten — Verbot, „einen Beruf, ein Gewerbe oder ein Handelsgeschäft" auszuüben, für eine ganze Reihe von Rechtsbrüchen allein oder in Verbindung mit anderen Strafen „eine der gerechtesten und wirksamsten“ erblickt, von der in ausgedehntem Maße Gebrauch zu machen sei, so will er schwerlich eine allgemein gefaßte Vorschrift empfehlen, sondern nur auf die Angebrachtheit einer derartigen Strafe bei einer größeren Zahl strafbarer Handlungen hinweisen. Eine allgemeine Strafandrohung möchte kaum faßbar und auch überhaupt abzulehnen sein. Damit erscheint die Frage hier erledigt.

Wir haben endlich noch die Bekanntmachung des Urteils im Falle einer Verurteilung zu erörtern.

Der Deutsche Vorentwurf kennt sie in seinem allgemeinen Teile nicht, im besonderen nur im § 171, Abs. 2 (RStGB. § 165) sowie im § 266 bei allen Beleidigungen und zwar in der Art, daß dem fälschlich Beschuldigten bzw. dem Antragsteller (bei einer Beleidigung) auf ihr Ansuchen die Befugnis zugesprochen werden kann, die Verurteilung auf Kosten des Verurteilten öffentlich bekannt zu machen.

Dagegen enthält der Österreichische Vorentwurf — in dem Abschnitt „Strafen und Straffolgen“ — im Abs. 1 des § 35 die allgemeine Bestimmung:

„Auf Veröffentlichung des Urteils ist zu erkennen, wenn sie im öffentlichen Interesse gelegen ist.“

Im Absatz 2 desselben Paragraphen wird bestimmt, daß in den im Gesetz bezeichneten Fällen bei einer Verurteilung auf Antrag des Verletzten, bei Freisprechung auf Antrag des Freigesprochenen die Veröffentlichung angeordnet werden könne, wenn der Antragsteller ein berechtigtes Interesse nachweist. Im Besonderen Teile sind bezeichnet Verurteilung wegen falscher Aussage und falscher Anschuldigung (§ 190), öffentlichen Angriffs auf die Ehre (§ 334) und Schädigung des wirtschaftlichen Rufes (§ 389). Es ist hiernach sicher, daß der Österreichische Vorentwurf die Bekanntmachung einer erfolgten Verurteilung mindestens als eine Straffolge ansieht. Es muß die Eigenschaft als „Straffolge“ nach der systematischen Stellung des Paragraphen auch für den Fall der Verurteilung nach Absatz 2 des § 35 gelten, obgleich hier ein Antrag des Verletzten und der Nachweis eines berechtigten Interesses desselben erfordert wird.

Zweifelhafter kann sein, wie der Deutsche Vorentwurf die Bekanntmachung des Urteils auf Kosten des Verurteilten ansieht, da sie im Allgemeinen Teile unter den Strafen gar nicht erwähnt ist. Allein das ist bei anderen Nebenstrafen, denen keine allgemeine Bedeutung zukommt, auch nicht geschehen. Die Zweifel werden auch mehr durch den Inhalt der maßgebenden Bestimmung in § 266 des Vorentwurfs rege. Die Bekanntmachungsbefugnis kann — wie in den Fällen des Absatzes 2 § 35 des Österreichischen Vorentwurfs — nur „auf Ansuchen" des Beschuldigten bzw. Antragstellers zugesprochen werden, und zwar lediglich „die Befugnis", so daß es von diesem Interessierten abhängt, ob die Bekanntmachung erfolgt oder nicht, während nach dem Österreichischen Vorentwurf § 35, Abs. 2 eintretendenfalls die „Veröffentlichung — gerichtsseitig — angeordnet wird." Darnach erscheint es allerdings im höchsten Grade zweifelhaft, ob es sich im Deutschen Vorentwurf um eine Strafe oder um eine bloße Privatgenugtuung handelt. Die Frage ist mit Rücksicht auf den schon erwähnten § 90 des Deutschen Vorentwurfs, so weit er Vorschriften über die „Nebenstrafen und sichernden Maßnahmen" in den Fällen der Idealkonkurrenz enthält, nicht ohne erhebliche praktische Bedeutung. Unmöglich aber wird man die Zuerkennung einer Bekanntmachungsbefugnis — wenigstens nicht in den hier allein in Frage stehenden Fällen des Deutschen Vorentwurfs — als eine „sichernde" Maßnahme bezeichnen können, woraus folgen würde, daß auf die Befugnis in dem hervorgehobenen Falle einer Idealkonkurrenz nicht würde erkannt werden können, wenn ihr nicht Strafcharakter beiwohnte. Es wird deshalb dieser Punkt entweder in dem Sinne klarzustellen sein, daß die Eigenschaft der Bekanntmachung einer Verurteilung auf Grund zuerkannter Befugnis als Strafe ausdrücklich anerkannt wird oder — meiner Meinung nach — der Vorentwurf in dem § 90 richtiger eine Ergänzung dahin erfahren müssen, daß auch auf Maßnahmen, die sich als eine „Privatgenugtuung" darstellen, erkannt werden kann (oder muß), wenn sie in einem der verletzten Gesetze zugelassen (oder vorgeschrieben) sind; ich vermag — wie schon nach dem geltenden RStGB. — entgegen der Ansicht des Reichsgerichts in der Zuerkennung der Bekanntmachungsbefugnis nur eine „Privatgenugtuung" zu sehen, deren Zuerkennung aber unter allen Umständen in den Konkurrenzfällen strafbarer Handlungen ermöglicht werden muß.

Der Deutsche Vorentwurf hat im ganzen lediglich die im RStGB. bestehenden Bestimmungen, zu deren Änderung Ebermayer in seiner These 21 keinen Anlaß sieht, beibehalten. Er ist namentlich nicht dem Vorschlage Gallis in seiner These 21 gefolgt, überall, wo der Verurteilte als Täter oder Teilnehmer am Verbrechen eine ihm wegen seines Gewerbes besonders obliegende Verpflichtung verletzt hat, die Bekanntmachung des Urteils anzuordnen.

Das dürfte auch nach meiner Ansicht zu weit gehen; die aus jenem Gesichtspunkte gegebenen Vorschriften in den Sondergesetzen bleiben bestehen, im übrigen würde es sich wohl nur darum handeln können, inwieweit dem Gedanken auch in anderen Einzelfällen Rechnung zu tragen sei.

Wohl aber ist in Übereinstimmung mit dem Beschlusse des 28. Deutschen Juristentags (Kiel 1906) und mit Galli in der eben erwähnten These — abweichend allerdings vom § 334 des Österreichischen Vorentwurfs — die Zuerkennung der Bekanntmachungsbefugnis nicht bloß bei öffentlichen Beleidigungen, sondern bei allen Beleidigungen zugelassen, denn § 266 des Deutschen Vorentwurfs enthält in dieser Beziehung keine Beschränkung. Es ist lediglich in das richterliche Ermessen gestellt, ob die Befugnis nach der Sachlage des Einzelfalls angemessen erscheint oder nicht. Fesseln sind dem Richter nicht auferlegt, und das wird zu billigen sein. Der Empfehlung des Kieler Juristentages, daß die Veröffentlichung auch auf die Urteilsgründe ganz oder teilweise ausgedehnt werden könne, ist durch Absatz 2 des zitierten § 266 wenigstens für den Fall entsprochen, daß die Beleidigung in einer Zeitung oder Zeitschrift erfolgt ist.

Die Frage, ob die Zuerkennung der betreffenden Befugnis auch in anderen Fällen des StGB. selbst zweckmäßig zu ermöglichen sei, gehört kaum in den Rahmen unseres Themas; es sei nur bemerkt, daß der Fall der „Schädigung des wirtschaftlichen Rufes“, den der Österreichische Vorentwurf (abgesehen von dem Fall der falschen Aussage) noch kennt, für den Deutschen Vorentwurf deshalb nicht in Frage kommt, weil er das Delikt der Kreditgefährdung (StGB. § 187) im Hinblick auf die Bestimmungen des Gesetzes zur Verhütung des unlauteren Wettbewerbs (jetzt vom 7. Juni 1909 § 15, bzw. § 23 Abs. 2) überhaupt nicht aufgenommen hat.

Meine Herren! Ich bin damit am Ende, an dem, wie ich wohl annehmen darf, allseitig ersehnten Ende. Es erübrigt jetzt nur, daß ich zur Zusammenfassung meiner Ergebnisse die Thesen noch vortrage, obwohl sie in Ihren Händen sind.

Es erscheint mir richtig, zunächst einen allgemeinen Satz aufzustellen, den ich dahin empfehle:

I.

Das Strafmittelsystem des Deutschen Vorentwurfs ist im allgemeinen durchaus zu billigen; namentlich sind andere Strafmittel, als die in ihm vorgeschlagenen, nicht zu empfehlen.

Sodann im besonderen:

II.

Die einzelnen Strafmittel des Deutschen Vorentwurfs betreffend.

A. Todesstrafe.

1. Insbesondere ist zu billigen, daß sie
   a) in den schwersten Fällen des Hochverrats (§ 100) ausschließlich, beim Morde (§ 212) wahlweise neben Zuchthaus angedroht ist,
   b) im Rahmen des StGB. weiter keine Anwendung findet;
2. dagegen ist zu fordern, daß mit ihr der Verlust der bürgerlichen Ehrenrechte von Rechtswegen verbunden sei.

B. Geldstrafe.

1. Insbesondere ist zu billigen, daß
   a) ihr Anwendungsgebiet gegenüber dem RStGB. bedeutend erweitert ist,
   b) ihre Androhung mit Höchstbeträgen erfolgt, die in bestimmten Summen ausgedrückt sind,
   c) sie bei strafbaren Handlungen, die auf Gewinnsucht beruhen, auch als Nebenstrafe Anwendung finden kann (§ 36),
   d) als „Ersatzstrafe" für den Fall ihrer Uneinbringlichkeit Haft und, wenn auf die Geldstrafe neben einer anderen Freiheitsstrafe erkannt ist, diese einzutreten hat (§ 34);
2. dagegen ist zu fordern, daß
   a) bei wahlweiser Androhung von Geldstrafe mit Freiheitsstrafen — von Ausnahmen abgesehen — die Summen der zulässigen Höchstbeträge der Geldstrafe in ein bestimmtes Verhältnis zu dem Höchstbetrage der wahlweise angedrohten Haftstrafe gesetzt werden;
   b) bei Festsetzung der „Ersatzstrafe" für uneinbringliche Geldstrafen feste Summen zugrunde gelegt werden, die lediglich danach abgestuft sind, ob die Ersatzstrafe in Haft, Gefängnis oder Zuchthaus besteht.

C. Verweis.

Insbesondere ist zu billigen,
daß er auch gegen Personen über 18 Jahren als Hauptstrafe Anwendung finden kann.

D. Verlust der bürgerlichen Ehrenrechte.

Insbesondere ist zu billigen, daß
a) die Aberkennung der bürgerlichen Ehrenrechte nur als Nebenstrafe angedroht ist (§ 45),

b) die Teilaberkennung der bEN. in größerem Umfange, als bisher, zugelassen ist (§ 47).

Ich habe sowohl nach der einen Richtung wie nach der andern selbstverständlich nur die mir am wichtigsten erscheinenden Punkte zu Papier gebracht und hier als Thesen aufgestellt. Ich schließe, indem ich meinen herzlichen Dank ausspreche für die große Geduld, mit der Sie mir zugehört haben. (Lebhaftes Bravo!)

Das Wort erhält sodann Mitberichterstatter Geh. Justizrat Professor D. Dr. **Kahl:** Meine Herren! Mit dem ersten Herrn Referenten erinnere ich daran, daß das Strafmittelsystem, vorbereitet durch sorgfältige Gutachten von Krohne und Ebermayer, bereits auf der Tagesordnung von Karlsruhe im Jahre 1908 gestanden hatte. Ich erinnere noch einmal daran, weil ich damals der Leidtragende gewesen bin. Denn dieses Thema wurde, nachdem man sich in der Abteilungssitzung vom 11. September über Strafzumessung und Legalitätsprinzip ausreichend gestritten hatte, auf meinen eigenen Antrag bei sinkender Sonne wieder abgesetzt. Das war ein Akt der Entsagung, weil ich meine schön gedruckten Thesen wiederum einpacken mußte, wobei ich bemerke, daß sie für Rechtshistoriker in der Zeitschrift für Strafrechtswissenschaft aufbewahrt worden sind.

In der Sache selbst hat sich die Entsagung von damals sehr gelohnt. Denn durch den deutschen Vorentwurf vom Oktober 1909 ist nunmehr eine neue Grundlage gelegt und ein fester Boden der Diskussion geschaffen worden.

Nachdem der erste Herr Referent die damaligen Gutachten von Krohne und Ebermayer des näheren berücksichtigt hat, darf ich mir hier im Interesse der Zeitersparung und mit Rücksicht auf die neue Quelle der Diskussion gestatten, nicht mehr näher auf jene Gutachten zurückzugreifen.

Ich teile zunächst den Standpunkt des Herrn Referenten, den er in These I zum Ausdruck gebracht hat: daß auf andere Strafmittel als die in den Vorentwurf aufgenommenen heute nicht mehr zurückzugreifen sei, wie auf Deportation, Prügelstrafe, Strafarbeit ohne Einsperrung, Friedensbürgschaft und Hausarrest. Ich möchte aber doch ganz kurz auch meinen eigenen Standpunkt dazu festlegen, weil ich die Möglichkeit nicht für ausgeschlossen erachte, daß das eine oder andere dieser Strafmittel bei der Diskussion wiederum aufgegriffen werde. Für keines dieser, von der Begründung des Entwurfs ausdrücklich abgelehnten Strafmittel hat sich, so weit ich es beobachten kann, eine ausgesprochene Mehrheitsstimmung, geschweige denn eine communis opinio der deutschen Juristen gebildet. Zweifellos ist, daß wohl in allen diesen Straf- oder Straf-Ersatzmitteln ein gesunder Kern und ein relativ guter Gedanke gelegen ist: in der Deportation die Möglichkeit der völligen äußerlichen und innerlichen Lebenserneuerung des Verbrechers; in der Prügelstrafe die unmittelbare Befriedigung des empörten Rechtsbewußtseins und die Wirkung der Abschreckung; in der freien Strafarbeit und im Hausarrest die Entlastung der Strafanstalten von wechselnder Tagesbevölkerung; in der Friedensbürgschaft die Bindung des Verantwortlichkeitsbewußtseins gegenüber dem Staat und der Gesellschaft. Aber allen diesen Idealen stehen auch Realitäten entgegen, welche die Durchführbarkeit in Frage stellen: der Deportation der gänzliche Mangel eines geeigneten Verschickungsortes und Überfluß an Geldmangel; der Prügelstrafe ihre unserer Kulturanschauung zuwiderlaufende Art, — mit einem Vorbehalt: wäre es möglich, die Prügelstrafe alsbald post actum zu applizieren, so würde sie für viele Fälle außerordentlich empfehlenswert sein — (Sehr richtig!) —; ferner der Strafarbeit die Schwierigkeit der Beschaffung geeigneter Arbeitsgelegenheit und die nicht immer zutreffende Voraussetzung der körperlichen Leistungsfähigkeit; dem Hausarrest der an sich mehr disziplinare Charakter und der Mangel derjenigen bürgerlichen Lebensverhältnisse, welche seine Anwendbarkeit im Militärstrafrecht so wertvoll erscheinen lassen; endlich der Friedensbürgschaft ihre beschränkte Anwendbarkeit auf Besitzende und die, wie ich glaube, nach deutschen Verhältnissen fast sichere Unmöglichkeit der Gewinnung von geeigneten Bürgen. Gründe und Gegengründe sorgfältig gegeneinander abgewogen, wird der Unbefangene mindestens bekennen müssen, daß keines dieser Mittel dem künftigen Deutschen Strafrecht einen unbedingten, einen zweifelsfreien Gewinn sichern würde. Dann aber empfiehlt es sich meines Erachtens bereits im gegenwärtigen Stadium der Reform, die Zahl der Streitpunkte nicht weiter zu vermehren und von der Verfolgung theoretischer aussichtsloser Ziele abzustehen. Ohne Verzicht ist es freilich nicht möglich. Für den Hausarrest hatte ich mich schon vor vielen Jahren auf dem Evangelisch-Sozialen Kongreß in Frankfurt, und zwar unter sehr warmer Zustimmung der Hörerschaft erwärmt. Ich hatte es mir als ganz besonders wirkungsvoll gedacht, wenn über den im Hausarrest befindlichen Ehegatten die Ehefrau die obrigkeitlichen Funktionen übernimmt. (Heiterkeit.) Aber der Verzicht auf dieses wie auf manches andere wird mir dadurch erleichtert, daß der Entwurf immerhin einigen Ersatz bietet; für die Deportation in der schärferen Behandlung des gewohnheits- und gewerbsmäßigen Verbrechertums, für die Friedensbürgschaft in der bedingten Strafaussetzung, für den Hausarrest im Wirtshausverbot, für welches ich, sofern es andere betrifft als mich, mit der Plerophorie der Überzeugung eintrete. (Heiterkeit.)

Ich stimme also zu, daß die vom Entwurf abgelehnten Strafmittel nicht weiter aufgenommen werden sollen.

Im weiteren will ich nun in meinem Korreferat von allem, was die Freiheitsstrafe betrifft, gänzlich absehen und mich auf die übrigen vom Herrn Referenten ausgeführten Punkte beschränken. Im großen und ganzen teile ich wohl den Standpunkt des Referenten; der Unterschied ist nur der, daß, während Exzellenz Olshausen überwiegend das Positive seiner Zustimmung zum Entwurf zum Ausdruck bringt, meine kurzen Thesen den Geist verraten, welcher stets verneint.

Den grundsätzlichen Streit über die Todesstrafe, welchen Feuerbach schon 1804 zu den Gemeinplätzen gerechnet hat, wird, denke ich, heute niemand mehr in altem Umfange und jedenfalls nicht mit der Leidenschaft alter Zeit wieder eröffnen. Immerhin dürfen wir den zu erwartenden Widerspruch gegen die Beibehaltung der Todesstrafe durchaus nicht unterschätzen. (Sehr richtig!) Ich denke dabei nicht an eine Einwirkung der Thesen des Internationalen Sozialistenkongresses in Kopenhagen, die mehr auf russische als auf deutsche Zustände berechnet gewesen sind; aber auch in unserem Blätterwalde erscheinen immer und immer wieder die Stimmen von Gegnern, und ich zweifle nicht, daß seinerzeit sehr energisch die Bewegung gegen die Todesstrafe einsetzen wird. Man kann grundsätzlicher Gegner der Todesstrafe sein, man kann ihre Beseitigung als Ziel im Auge behalten und trotzdem vernünftigerweise darauf verzichten, einen in der Gegenwart gänzlich aussichtslosen Kampf gegen sie zu führen. Man kann anderseits ihr Anhänger sein, ohne doch darum entfernt mit allen Gründen ihrer Verteidiger sich zu identifizieren. Das ist meine Lage. Ich lehne jede Motivierung aus religiös-biblischen Indikationen, aus den Gesichtspunkten der Talion, aus der Idee der absoluten Gerechtigkeit, aus der arithmetischen Gleichung, daß das schwerste Verbrechen auch die schwerste Strafe treffen müsse — einer Gleichung, bei der Voraussetzung und Folge gleich falsch sind — ich lehne alle diese Gründe ab. Ich bin Anhänger der Todesstrafe von Anfang an bis heute aus der empirischen Erwägung, daß der Staat für gewisse äußerste Fälle sich das Recht der Vernichtung des verbrecherischen Menschenlebens vorbehalten müsse, und ergänzend aus meiner Auffassung vom Wesen des Staates, daß er dazu ein grundsätzliches Recht habe. (Bravo!) Die Notwendigkeit solchen Vorbehaltes finde ich auch durch den Gang, den die Todesstrafe gerade im 19. Jahrhundert und ganz speziell in den wenigen Jahren des 20. Jahrhunderts genommen hat, lediglich bestätigt. Ich bin endlich insbesondere überzeugt, daß ihre Aufhebung dem überwiegenden Volksbewußtsein in Deutschland widerspricht. (Sehr richtig!) Aus diesen Gründen verschwende ich nicht die Zeit und Kraft auf einen aussichtslosen Kampf gegen ein Strafmittel, von welchem ich überzeugt bin, daß es noch lange Zeit einen eisernen Bestandteil unseres Strafmittelsystems bilden wird.

Es gibt rein juristisch meines Erachtens nur einen durchschlagenden Einwand gegen die Todesstrafe: ihre Unteilbarkeit, die Unmöglichkeit der Berücksichtigung von Schuldunterschieden. Mit dieser Unmöglichkeit ist eines der Grundgesetze des Strafrechts überhaupt verleugnet. Dies war auch der Einwand und ist noch das Bedenken, welches gegen das geltende Recht zu erheben ist: es bedroht qualifizierten Hochverrat und Mord mit der Todesstrafe allein. Wir wissen, der Entwurf hat diesen Grundfehler für den Tatbestand des Mordes beseitigt und läßt in § 212 bei mildernden Umständen lebenslängliches Zuchthaus oder Zuchthaus nicht unter 10 Jahren zu. Zwar auch lebenslängliche Zuchthausstrafe ist unteilbar, aber sie bietet die Möglichkeit der Reparabilität. Dagegen sind für Hochverrat nach § 100 des Entwurfes mildernde Umstände nicht zugelassen, die ausschließliche Androhung der Todesstrafe ist beibehalten. Auch der Herr Referent hat diese Bestimmung empfohlen. Die Motive meinen, für Zulassung mildernder Umstände sei bei der grundsätzlichen Auffassung dieses Verbrechens als des schwersten Angriffes gegen den Staat selbst kein Raum. Kein Raum? Mir klingt das nicht überzeugend. Gerade das Verbrechen des Hochverrates muß nicht notwendig aus gemeinen, es kann, wenn gewiß in jedem Falle aus schwer irregeleiteten, so doch nicht aus schlechthin verwerflichen und unsittlichen Motiven begangen werden. Dazu kommt, worauf der Herr Referent bereits hinwies, was ich aber auf der Linie meiner Gedanken verwerten möchte, daß der Tatbestand des § 100 des Vorentwurfs im Vergleich zu dem des § 80 des geltenden Strafgesetzbuches erheblich erweitert ist. Seine Strafe schützt nicht mehr bloß die privilegierten Staatsoberhäupter, sondern alle; seine Strafe trifft jeden Angriff auf das Leben, ob in der Ausführung mit oder ohne Überlegung, ob Versuch oder Vorbereitungshandlungen; es sind also durch den § 100 eine Reihe von Tatbeständen mit dem Tode bedroht, welche es nach dem geltenden Rechte nicht gewesen sind. Zu meiner Befriedigung hat auch Aschrott in seinen Beiträgen zur Strafgesetzreform diesen Gesichtspunkten Ausdruck gegeben. Aus allen diesen Erwägungen komme ich zu dem Schluß, daß auch hier eine mildere Strafe zugelassen werden müsse. Diesem Wunsch habe ich in meiner ersten These zur Todesstrafe Ausdruck gegeben. Ich stelle durchaus anheim, ob es in der Form geschehen soll, daß man mildernde Umstände zuläßt, oder so, daß die Androhung einer lebenslänglichen oder zeitigen Zuchthausstrafe wahlweise für den Richter offen gelassen wird. Das ist nicht entscheidend, sondern daß vom Richter, nicht erst im Gnadenwege — gerade in dem Falle sollte man den Gnadenweg meiden, weil sich das Delikt gegen Staatsoberhäupter selbst richtet — daß schon von Gesetzeswegen die mildernden Umstände berücksichtigt werden können.

Über den Vollzug sagt § 13 des Entwurfs nur: die Todesstrafe ist durch Enthauptung zu vollstrecken. Die Art der Enthauptung ist nach wie vor dem Landesrechte überlassen. Den Anträgen auf einheitliche Regelung des Vollzuges ist also nicht entsprochen. Die Motive sagen: diese das Wesen der Strafe nicht berührende Verschiedenheit sei unschädlich, sie trage alten Gewohnheiten Rechnung. Gewiß, aber das Recht auf Partikularismus kann ich in diesem Punkte nicht verstehen. Um „liebgewordene Gewohnheiten" kann es sich doch hier nicht handeln! (Heiterkeit.) Es ist nach wie vor eine einheitliche Gestaltung des Vollzugs für das Reichsgebiet zu fordern. Wie der Vollzug sein soll, ist eine andere Frage. Aschrott hat sich für das Fallbeil erwärmt; ich meinerseits wünsche, daß die abscheuliche Guillotine in Museen untergebracht und durch das von Menschenhand geführte Schwert ersetzt werde. Aber ich möchte um Gotteswillen keine Diskussion über die angenehmsten Methoden der Enthauptung hier entfacht haben (Heiterkeit), wozu die reizende Abhandlung von Landgerichtsdirektor Kroschel in der schönen Festgabe: „Aus dem Danziger Rechtsleben" uns leicht verlocken könnte; ich habe sie mit dem größten Genuß gelesen. Zu billigen ist, daß die Anwendung der Todesstrafe, wie auch schon der Herr Referent sagte, auf vermindert Zurechnungsfähige jeden Alters ausgeschlossen ist, auf Jugendliche ohnehin, weil sie nur die Versuchsstrafe trifft. Meine beiden Abänderungsvorschläge gehen also dahin, auch bei Hochverrat im § 100 des VE. die Berücksichtigung mildernder Umstände zuzulassen und für diesen Fall wahlweise lebenslängliches Zuchthaus oder Zuchthaus nicht unter 10 Jahren anzudrohen, und sodann: einheitliche Weise des Vollzugs. Auf ein Strafvollzugsgesetz lasse ich mich nicht vertrösten; denn das Strafvollzugsgesetz schwebt noch in absolut nebelhafter Ferne. (Sehr richtig!)

Ich komme zur Geldstrafe. Bei der Behandlung, die der Herr Referent der Geldstrafe hat zuteil werden lassen, beschränke ich mich auf solches, was mir besonders am Herzen liegt, oder worin ich abweiche.

Der Entwurf bringt hierin — man könnte fast sagen — eine neue Regelung, jedenfalls wesentliche Fortschritte. Fasse ich alles in allem zusammen, so mache ich dem Entwurfe das Kompliment: er nutzt den kriminalpolitisch bedeutsamen Wert des Strafmittels der Geldstrafe ungleich mehr aus als das geltende Recht. In 14 Abstufungen droht der besondere Teil 142 mal die Geldstrafe an, teils allein, teils wahlweise, akzessorisch, fakultativ, an erster Stelle, an zweiter Stelle. Eine obligatorische Kumulation ist nicht darin enthalten, und eine erhebliche fakultative Erweiterung in § 36 durch die vortreffliche Bestimmung eingeführt, daß bei Verbrechen oder Vergehen, die aus Gewinnsucht begangen worden sind, auch eine Geldstrafe bis 10 000 M. verhängt werden kann. Es wäre mir lieber, wenn höher gegriffen werden könnte; denn gerade diejenigen Verbrecher, welche hier in Betracht kommen, werden meist solche sein, die sich durch 10 000 M. noch nicht wesentlich belästigt fühlen. Was mir bei Absteckung des Geldstrafengebietes anmutend ist, ist dies, daß die Androhung viel mehr als im geltenden Recht sich nicht auf solche Delikte beschränkt, welche nach der subjektiven oder objektiven Seite eine notwendige Beziehung zum Vermögen selbst in sich tragen. Darin kommt die Bedeutung des Strafmittels an und für sich zur Geltung. Man hört wohl sagen, in der Geldstrafe werde das Walten der Gerechtigkeit weniger als in irgendeinem anderen Strafmittel verspürt. Die mit ordentlichen Geldstrafen Bestraften bestätigen diese Behauptung nicht. Gewiß gibt es Delikte, bei welchen sich die Geldstrafe als alleinige Strafe ausschließt; man denke an Tötung, Sittlichkeitsverbrechen, Meineid; sie erfordern Strafmittel, welche unmittelbar dem Leibe des Übeltäters fühlbar sind. Kumulativ kann die Geldstrafe selbst hier wertvoll sein, wie etwa da, wo der Meineid seinerseits aus Habgier geschworen war. Aber von wenigen individuellen Tatbeständen abgesehen, stehe ich auf dem Standpunkte, daß die Geldstrafe grundsätzlich für jedes Delikt geeignet ist. Es bedarf keiner symbolischen Proportionalität zwischen Strafmittel und Verbrechensobjekt. Jene würde uns lediglich zur Talion zurückführen. Der absolute Wert der Geldstrafe liegt darin, daß sie an einem Rechtsgute straft, dessen Minderung von jedem schwer empfunden wird, und ihre Schwäche ist nur die, daß dieses Rechtsgut nicht jeder besitzt. Aber selbst diese Schwäche läßt sich durch richtige Gestaltung der Geldstrafe einigermaßen korrigieren.

Damit zur Sache selbst ein paar Bemerkungen. Der Entwurf kommt dem Bestreben, eine richtige Anwendung der Geldstrafe zu sichern, verdienstvoll entgegen. Aus allen Einzelbestimmungen erscheint mir die verdienstvollste der § 31 mit Zulassung von Fristen für die Zahlung und mit Zulassung von Teilzahlungen. Insbesondere das Prinzip der Teilzahlungen ist ein kriminalpolitisch und sittlich wertvolles. Es gestattet eine weitere, eine gerechtere und eine sicherere Anwendung der Geldstrafe; weiter, insofern auch der Minderbemittelte, d. h. der nicht über größere Barmittel Verfügende ihr unterworfen werden kann; gerechter insofern, als der Richter nicht in die Versuchung gedrängt wird, wegen vermuteter Zahlungsunfähigkeit eine zu geringe Geldstrafe aufzuerlegen oder an ihrer Stelle überhaupt zu einer Freiheitsstrafe zu greifen; endlich sicherer insofern, als die Notwendigkeit der Ersatzfreiheitsstrafe dadurch verringert wird. Denn ist diese Ersatzfreiheitsstrafe, wie ich anerkennen muß, nicht zu entbehren, so bleibt sie doch immer ein Übel, und jede Möglichkeit der Einschränkung dieses Übels muß man lebhaft begrüßen. Zu diesen Vorzügen der Teilzahlung tritt nach meiner persönlichen Anschauung noch ein anderer, ein idealer hinzu. Der Bestrafte bleibt bei der Teilzahlung länger unter der Einwirkung der Strafe. Die Geldstrafe bewährt dadurch sogar eine wertvolle Eigenschaft der Freiheitsstrafe. Der Bestrafte muß für den Zweck der Leistung seiner Teilzahlungen sparen, arbeiten, er bleibt an Schuld und Verantwortlichkeit gemahnt. Ist hiernach das System der Teilzahlungen an sich kriminalpolitisch hoch zu veranschlagen, so kann ich um so weniger mit der Bestimmung einverstanden sein, daß die Teilzahlung spätestens innerhalb eines Jahres zu leisten sei, also das richterliche Ermessen für die Teilzahlung nur den Spielraum innerhalb eines Jahres haben soll. Wird diese Bestimmung festgehalten, so kann dadurch der vortreffliche Erfolg der ganzen Maßregel wieder illusorisch gemacht werden. (Sehr richtig!) Geldstrafen von 10-, auch nur 4-, 3-, 2000 M. kommen häufig vor. Wer diese Summen nicht besitzt, sondern darauf angewiesen ist, sie in Teilzahlungen zu erarbeiten, kann, wenn es sich auch nur um 1000 M. handelt, sie in allen Fällen in einem Jahre nicht erarbeiten. Darum muß, soll wirklich der innere Wert dieser Maßregel zur Entwicklung kommen, hier dem Richter ein größerer Spielraum gelassen werden. Darum habe ich in meiner These beantragt, daß die gesetzliche Frist für Teilzahlungen in eine richterliche umgewandelt werde. Zur Unterstützung meiner Auffassung bemerke ich noch, daß auch der Schweizer Entwurf eine gesetzliche Frist nicht kennt, sondern der richterlichen Entscheidung vollen Spielraum läßt.

Ein kriminalpolitisch wertvolles Moment ist weiterhin, daß außer durch Teilzahlungen die Geldstrafe auch durch freie Arbeit, soweit sich dazu Gelegenheit bietet, mit richterlicher Gestattung getilgt werden kann. Das ist neu. Der Entwurf hat zwar davon abgesehen, nach dem Vorbilde des norwegischen Gesetzes allgemein die freie Arbeit einzuführen, aber er hat doch dies wenigstens zugelassen, daß da, wo sich Arbeitsgelegenheit bietet, die Geldstrafe abverdient werden kann. Alle Bedenken gegen die freie Arbeit als allgemeines Strafmittel treten völlig zurück, wenn die freie Arbeit bloß als Tilgungsmittel für Geldstrafen zugelassen wird, wo sich „Gelegenheit“ bietet. Daß der entsprechende Grundgedanke der Wertung der persönlichen Arbeitsleistung im Strafensystem damit gerettet ist, ist mir die Hauptsache. Mag sich nun ausnahmsweise diese Arbeitsgelegenheit — so wird es wohl praktisch kommen — entweder nur in großen Städten oder umgekehrt nur in kleinen Landgemeinden finden, so würde es nach der zutreffenden Ausführung der Begründung doch volkswirtschaftlich und kriminalpolitisch nicht zu verantworten sein, von der Gelegenheit grundsätzlich keinen Gebrauch zu machen. Denn geldwerte Arbeit ist Geld, und ihre Leistung trägt sogar ein sittliches Moment in sich, welches der Barzahlung fehlt.

Nun haben aber die Ausführungen des Herrn Referenten mich noch auf einen Punkt aufmerksam gemacht, den ich mit zwei Worten erörtern muß. Er verlangt die Festsetzung von festen Summen für die Ersatzstrafe für uneinbringliche Geldstrafen, Summen, „die lediglich darnach abgestuft sind, ob die Ersatzstrafe in Haft, Gefängnis oder Zuchthaus besteht“. Ich muß gestehen: erst während der Ausführungen des Herrn Referenten ist mir die Tragweite dieses Vorschlages zu vollständigem Bewußtsein gekommen und während ich ursprünglich der Meinung war, keinen Widerspruch dagegen erheben zu sollen, so möchte ich nun doch mich ablehnend äußern. Er hat es das starre System genannt. Ich bin ein Anhänger des starren Systems, insofern die Luftschiffahrt in Betracht kommt. (Heiterkeit.) Aber ich möchte mich hier doch für das gemischte System entscheiden aus folgenden Gründen. Ich habe Bedenken gegen die erhebliche Einschränkung der richterlichen Freiheit, die sich durch solche Bindung ergeben muß. Sie wirkt die Unmöglichkeit des Richters, die individuellen Vermögensverhältnisse im einzelnen Falle entsprechend zu berücksichtigen. Daher ist es richtiger, die Summe nicht zu fixieren. Außerdem muß ich gestehen, daß das Taxensystem von 1, 2, 3, 4,50 M. wenig befriedigt. Ich möchte der Versammlung empfehlen, diese These des Herrn Referenten nicht anzunehmen. Wie gesagt, eine selbständige Gegenthese habe ich nicht gestellt, weil mir der Entschluß, diesen Vorschlag zu bekämpfen, erst während des Vortrages des Herrn Referenten gekommen ist.

Eine ganz besondere Genugtuung darf ich zuletzt noch darüber aussprechen, daß ausdrücklich ein Strafzumessungsgrund für die Geldstrafe in den Vorentwurf aufgenommen ist. Die Geldstrafe soll „unter Berücksichtigung der Vermögensverhältnisse des Verurteilten" bemessen werden. Das klingt selbstverständlich, aber die ausdrückliche Hervorhebung ist gegenüber den bisherigen Erfahrungen doch nicht überflüssig. Diese Bestimmung ist der Niederschlag einer, wie Sie wissen, weitergehenden Reformbewegung, die auch der Herr Referent berührt hat, deren letztes Ziel die — kurz gesagt — prozentuale Vermögensstrafe war. Ich bin noch heute grundsätzlicher Anhänger dieses Gedankens der prozentualen Vermögensstrafe, und mir fällt es nicht leicht, das System fallen zu sehen, weil erst dieses im vollen Umfange die Individualität der Verbrecher und der Vermögen zu erfassen in der Lage wäre. Indessen räume ich ein, daß praktische Schwierigkeiten entgegenstehen. Das zu freie richterliche Ermessen würde mich nicht schrecken, im Gegenteil, ich bin dem Entwurf im allgemeinen für seinen Grundgedanken daß er überall die Grenzen des richterlichen Ermessens erweitert hat, nur dankbar, weil ich ein unbegrenztes Vertrauen zu unserem Richterstande habe. Aber in der Tat: die praktische Schwierigkeit, die Vermögen in foro im Momente der Verurteilung richtig zu erfassen, ohne steuerpolizeilich gegen den Verbrecher vorzugehen, ist erheblich. Insofern stimme ich den Bedenken, die in den Motiven ausgeführt sind, zu. Hauptsache ist, daß die Geldstrafe so gestaltet sei, daß sie, was bisher nicht der Fall war, in der Verbrecherwelt einen genügenden Respekt verbreitet. Diesen Dienst kann die Geldstrafe des Vorentwurfs leisten, wenn sie vom Richter streng angewendet wird. Aus dem ganzen Gebiete der Geldstrafe bleibt also für mich nur der Antrag: In § 31 aus der gesetzlichen Frist eine richterliche Frist zu machen und, wie ich anfüge, dem Vorschlage auf feste Summen der Ersatzstrafe für uneinbringliche Geldstrafen nicht zuzustimmen.

Was den Verweis betrifft, so bin ich mit der Ausdehnung auf Erwachsene über 18 Jahre vollkommen einverstanden. Diese Erweiterung habe ich meinerseits häufig empfohlen. Aber um so mehr muß mir daran gelegen sein, daß das Strafmittel in seinem Vollzug richtig gestaltet sei. Soll der Verweis seine Funktion als Strafe erfüllen, so muß er nach Inhalt und Vollzug sinngemäß eingerichtet sein. In dieser Beziehung können mir die Ausführungen des Herrn Referenten nicht genügen, auch nicht der § 37 des Vorentwurfs. Dieser Paragraph bestimmt einfach: „Die Strafe des Verweises besteht in der Erteilung einer Rüge in mündlicher oder schriftlicher Form." Ich muß dazu einige Wünsche bringen, Wünsche, ohne deren Berücksichtigung für mich der ganze Verweis als allgemeines Strafmittel seinen Wert verlieren würde. Zunächst auch hier: ich möchte mich nicht verweisen lassen auf das künftige Strafvollzugsgesetz, aus dem schon erwähnten Grunde, weil es noch in nebelhafter Ferne ist und weil überhaupt der Vorentwurf in anderen Fällen nicht so ängstlich war, wenigstens normative Vollzugsbestimmungen zu treffen. Warum also nicht in diesem Falle? Was gut ist, soll man sogleich regeln. Zunächst also erachte ich: ein Verweis in bloß schriftlicher Form sei wirkungslos, ein solcher Verweis sollte überhaupt nicht zugelassen werden. Ein Verweis in schriftlicher Form ist keine Strafe. Ihn kann sich der Verurteilte zu Hause einrahmen lassen, und die Enkel werden darüber lächeln; eine Strafe kann nicht in absentia auferlegt werden. Im Grunde ist der Herr Referent, wenn ich ihn richtig verstanden habe, darin mit mir grundsätzlich einverstanden. Der Verweis ist meines Erachtens stets mündlich und, was wichtiger ist, in öffentlicher Sitzung, d. h. in notwendiger Anwesenheit der Personen, die in der Hauptverhandlung anwesend sein müssen, zu erteilen. Sonst fehlt ihm, möchte ich fast sagen, die innere Vernunft und der Öffentlichkeit wie dem Verbrecher gegenüber jede Eindrucksfähigkeit. Man möge nicht mit dem Einwand kommen, auch sonst sei der Strafvollzug nichts Öffentliches. Das hängt allein mit der Natur der sonstigen Strafmittel und ihrer Verschiedenartigkeit zusammen. Die Vernunft dieses Strafmittels erfordert die eindrucksfähige Gestaltung des Vollzugs in der Öffentlichkeit. In der Öffentlichkeit liegt die einzige Garantie seiner Wirksamkeit. Es wird darin zugleich zur Anschauung gebracht, daß die Ehre ein wirkliches Rechtsgut ist, empfänglich für Strafe so gut wie Leben, Freiheit und Vermögen. Es liegt ein volkspädagogischer Sinn und Zweck in der Öffentlichkeit des Vollzuges gerade des Verweises. Und damit wiederum unmittelbar zusammenhängend meine ich: der Verweis kann in jedem Falle nur vom Richter vollzogen werden. Mit der Forderung, daß dieses in § 37 ausdrücklich gesagt werde, möchte ich also an einem für mich außerordentlich wichtigen Punkte die These über den Verweis ergänzt wissen. Die gesetzliche Festlegung: der Richter muß den Verweis erteilen, ist von prinzipieller Wichtigkeit. Sie ist notwendig, um die bisherige Rechtsunsicherheit und Rechtsungleichheit zu beseitigen. Ich beantrage also, wie hier in meiner These steht, daß dem § 37 die Fassung gegeben werde: „Die Strafe des Verweises besteht in Erteilung einer Rüge. Der Verweis wird vom Richter in öffentlicher Sitzung erteilt."

Wenn ich zuletzt noch über die Nebenstrafen ein kurzes Wort sagen darf, so muß ich freilich vorausschicken, daß der Entwurf eine genaue Abgrenzung des Begriffes nicht kennt, man möchte fast sagen, ängstlich vermieden hat. Ich beschränke mich vorläufig darauf, einen einzigen Punkt hervorzuheben. Auf alles, was über die bürgerlichen Ehrenrechte, ihre

Aberkennung, Abstufung, Verwertung als Hauptstrafe usw. ausgeführt worden ist, möchte ich nicht näher eingehen und nur das Eine bekennen: ich habe allerdings früher lebhaft vertreten, die Aberkennung der bürgerlichen Ehrenrechte als alleinige Hauptstrafe, namentlich bei Verleumdungen und dergl., zuzulassen, verzichte aber, darauf zurückzugreifen. Nur in einem Punkte — und der liegt mir außerordentlich am Herzen — muß ich von dem Herrn Referenten abweichen. Ich meine in Beziehung auf die in den § 53 des Vorentwurfs eingestellte Aufenthaltsbeschränkung. Diese Aufenthaltsbeschränkung tritt und erscheint an Stelle der im Entwurf verschwundenen Polizeiaufsicht. Die Polizeiaufsicht ist unbezweifelt Nebenstrafe, wenn auch ihre Durchführung teilweise materielle Verwaltungsfunktion ist. Die Begründung bestreitet nun (Band I Seite 179 ff.) jeden Zusammenhang dieser neuen Maßregel mit der bisherigen Polzieiaufsicht und bezeichnet sie wörtlich als eine „polizeiliche Sicherungsmaßregel besonderer Art", der jeder Strafcharakter fehle. Handelte es sich hier lediglich um einen Wortstreit, um eine Begriffsdifferenz, so würde ich keine Silbe darüber verlieren. Aber die Sache hat bei näherem Zusehen eine viel tiefere und ernstere Bedeutung. Die Begründung legt auf die Betonung des rein polizeilichen, verwaltungsrechtlichen Charakters der Maßregel so entscheidendes Gewicht, um die landesrechtliche Zuständigkeit über Aufenthaltsbeschränkungen zu reservieren — und der Herr Referent hat, wenn auch nur kurz, erklärt, daß er keine Möglichkeit einsehe, hier die landesrechtliche Zuständigkeit zu beschränken. An der Bestimmung dieser neuen Aufenthaltsbeschränkung selbst setze ich nichts aus aber sie bietet zu wenig, sie bietet das Entscheidende nicht. Das Unerträgliche, das Anstößige, ja, ich gehe noch weiter, das Gemeingefährliche an der bisherigen Polizeiaufsicht liegt nicht in den drei Wirkungen des § 39 des geltenden Gesetzes: Aufenthaltsbeschränkung, Reichsverweisung gegen Ausländer und zeitliche Unbeschränktheit der Haussuchung. Die beiden ersteren Wirkungen sind mit etwas erweiterten Vollmachten in den § 53 des Vorentwurfs übergegangen und können so bleiben; die dritte Wirkung ist in die Strafprozeßordnung übergegangen, wohin sie gehört. Insoweit ist die Polizeiaufsicht, so weit sie strafgesetzlich geregelt ist, jetzt nur in verschiedenen Rechtsquellen verteilt. Das Unerträgliche, Anstößige und Gemeingefährliche der Polizeiaufsicht lag und liegt vielmehr in dem, was nicht reichsgesetzlich gebunden ist, daß es nämlich in Kraft und Vollmacht des Landesrechtes geschehen konnte und geschehen kann, daß unter Polizeiaufsicht stehende Personen, die nach Verbüßung der Freiheitsstrafe redliche Arbeitsgelegenheit gesucht und gefunden hatten, aus Angst für die Landessicherheit von Grenzpfahl zu Grenzpfahl gejagt werden konnten und können, um schließlich als Hauptmann von Cöpenick oder als andere Kriminalfiguren wieder aufzutauchen. Diese Möglichkeit, welche nicht der Verbrechensverhinderung, wohl aber der Verbrechens förderung dient, muß beseitigt werden, wenn irgend etwas Förderliches auf diesem Gebiete geschehen soll. Hier kann meines Erachtens nicht Halt gemacht werden vor dem Landesrecht, weil es sich um eine rein polizeiliche, also grundsätzlich um eine einzelstaatliche Funktion handele. Gesetzt, es handele sich darum, so doch jedenfalls um eine solche, welche in materieller Konnexität mit der vernünftigen Durchführung einer reichsgesetzlichen Regel steht. Da gibt es meines Erachtens keinerlei Halt vor der Landesgesetzgebung. Ich stehe in dieser Auffassung nicht allein. Auch August Köhler in einer seiner Schriften zum Entwurf, Annalen des Deutschen Reiches 1910 Nr. 3, hat mit vollem Rechte darauf aufmerksam gemacht, der Reichsgesetzgeber müsse dem Landesrecht eine Anweisung geben; die Kontrolle dürfe nicht so geübt werden, daß das redliche Fortkommen dadurch gefährdet werde. Wie nun diese Anweisung im Gesetzestext zu formulieren sei, möchte ich heute nicht in einem bestimmten Antrag vorlegen. Mein letzter Satz begnügt sich mit der prinzipiellen Forderung. Diese ist mir wichtiger als alles andere, was ich vorher an Abänderungs- oder Zusatzvorschlägen Ihnen zu unterbreiten mir erlaubt hatte. Denn in der Tat, wenn es nicht gelingt, an diesem Punkte eine Einschränkung des Landesrechtes durchzusetzen, so werden wir dauernd den Erfahrungen, die bisher so mißliebig beobachtet werden mußten, ausgesetzt sein. Die Begründung sagt: in diese außerhalb des Gebietes des Strafrechts liegenden Verhältnisse einzugreifen, sei nicht Aufgabe des Strafgesetzbuches, und vertröstet damit, es werde Sache der Bundesstaaten sein, zu prüfen usw. Das kann mich nicht beruhigen. Darüber habe ich keinen Zweifel: wird die Sache hier, bei diesem Punkte und bei dieser Gelegenheit nicht geregelt, so wird sie überhaupt nicht geregelt.

Ich beschränke mich auf diese wenigen hors d'oeuvres meinerseits, um dem vorhandenen Appetit zur Diskussion keine Beschränkung aufzuerlegen. (Lebhafter Beifall!)

Der Vorsitzende läßt nun im Zusammenhange die Abänderungsvorschläge des Mitberichterstatters D. Dr. Kahl zu den Leitsätzen des Berichterstatters Exzellenz Dr. Olshausen verlesen. Die Anträge D. Dr. Kahl lauten:

I. Zur Todesstrafe. 1. Auch bei Hochverrat nach § 100 des V.E. ist die Berücksichtigung mildernder Umstände zuzulassen und für diesen Fall lebenslängliches Zuchthaus oder Zuchthaus nicht unter 10 Jahren anzudrohen.

2. Es ist wünschenswert, daß der Vollzug der Todesstrafe für das Reichsgebiet einheitlich gestaltet werde.

II. Zur Geldstrafe. Es empfiehlt sich, § 31 des V.E. dahin abzuändern, daß die Bestimmung der Fristen für Teilzahlungen einer Geldstrafe dem richterlichen Ermessen überlassen wird.

III. Zum Verweis. Für § 37 des V.E. wird folgende Fassung vorgeschlagen: „Die Strafe des Verweises besteht in Erteilung einer Rüge. Der Verweis wird vom Richter mündlich in öffentlicher Sitzung erteilt".

IV. Zu den Nebenstrafen. Sollen die aus dem bisherigen Institut der Polizeiaufsicht hervorgegangenen Übelstände mit Eintritt des neuen Strafgesetzbuchs beseitigt werden, so bedarf § 53 des V.E. einer zusätzlichen Normativbestimmung, durch welche die Befugnis der Einzelstaaten zu sicherheitspolizeilichen Aufenthaltsverboten insoweit beschränkt wird, als notwendig ist, um bestraften Personen eine gesicherte Arbeitsgelegenheit zu erhalten und ihren Rückfall ins Verbrechen zu verhindern.

Landgerichtsdirektor Dr. **Aschrott** (Berlin) (zur Geschäftsordnung) schlägt vor, eine Mittagspause eintreten zu lassen, dann das Thema a) zu Ende zu führen und den morgenden Tag dem Thema b) zu widmen. Redner fährt fort:

Die Debatte wird nach meiner Meinung recht umfänglich werden, und, da ich das Wort zur Geschäftsordnung habe, möchte ich dazu gleich jetzt etwas bemerken. Ich habe sehr große Bedenken, ob wir über das ganze, was uns die beiden Herren Referenten vorgetragen haben, überhaupt heute beraten können, und ob es nicht vielmehr richtiger wäre, zunächst einzelne Abschnitte, die auch den Herren Referenten als besonders wichtig erschienen sind, zur speziellen Diskussion zu stellen, die Generaldiskussion aber erst am Schlusse der ganzen Tagung, also morgen, eintreten zu lassen. Der erste Herr Referent hat als erste These aufgestellt: „Das Strafmittelsystem ist im allgemeinen zu billigen." Ja, meine Herren, ob wir dieser These zustimmen oder nicht, darüber können wir doch erst entscheiden, wenn wir uns über die Freiheitsstrafen, die erst morgen zur Debatte stehen, ausgesprochen haben. Also ich glaube, These I des Herrn Referenten kann heute überhaupt nicht zur Beratung gestellt werden, das kann erst am Schlusse der ganzen Verhandlung geschehen.

Die Herren Referenten haben besonders eingehend behandelt 1. die Todesstrafe, 2. die Geldstrafe, 3. den Verweis, und insbesondere die Art seiner Erteilung, 4. den Verlust der bürgerlichen Ehrenrechte und 5. die Polizeiaufsicht resp. die Aufenthaltsbeschränkung. Ich würde nun vorschlagen, diese fünf Themata zur Spezialdiskussion zu stellen, damit es vermieden wird, daß der eine Redner zu dem ersten, der nächste zu dem dritten oder vierten Thema spricht; wir müssen die einzelnen Themata, Todesstrafe usw. hintereinander zu Ende erörtern. (Sehr richtig!) Allerdings habe ich bei einem dieser Themata, nämlich bei dem Verluste der bürgerlichen Ehrenrechte, Bedenken, ob es möglich sein wird, es zum Abschluß zu bringen, ehe wir das Thema der Freiheitsstrafe erörtert haben; denn wir werden dabei zu der prinzipiellen Frage Stellung nehmen müssen: Sind die Freiheitsstrafen nicht auch zu differenzieren in ihrer Wirkung auf die bürgerlichen Ehrenrechte? Und ich glaube nicht, daß wir heute sagen können, die Vorschläge des Vorentwurfes bezüglich des Verlusts der bürgerlichen Ehrenrechte sind zu billigen, ehe wir uns über diese andere Frage — Wie sind die Freiheitsstrafen zu differenzieren? — ausgesprochen haben.

Mein Vorschlag geht also dahin, heute zu debattieren 1. über die Todesstrafe, 2. über die Geldstrafe, 3. über den Verweis, 4. über die Polizeiaufsicht. Das sind vier Themata, die von den beiden Referenten vorzüglich vorbereitet worden sind. Alles andere sollten wir heute weglassen, ebenso das allgemeine Urteil, das in These I von Exzellenz Olshausen enthalten ist. Morgen können wir dann vielleicht auch hierüber abstimmen, aber heute dürfen wir nicht mit dieser These I anfangen.

Mein weiterer Vorschlag geht dahin, jetzt eine Pause eintreten zu lassen.

Der **Vorsitzende** bittet demgegenüber, die Verhandlungen etwas mehr zu fördern, da auf morgen nachmittag 3 Uhr der Ausflug nach Zoppot angesetzt sei. Es möchte also heute außer der Diskussion über die gehörten Berichte wenigstens noch ein Referat zu b) erledigt werden, um morgen bald nach Mittag schließen zu können.

Exzellenz Dr. **Olshausen** erklärt sich mit den Ausführungen Direktor Aschrotts einverstanden. Er habe auch in seinem Referate betont, daß es sich um ein einheitliches Thema handle und habe von vornherein angenommen, daß eine Abstimmung heute unmöglich stattfinden könne.

Geh. Justizrat Dr. **Kahl** spricht sich für eine Mittagspause bis 3 Uhr und dann eventuell unbegrenzte Ausdehnung der Debatte bis zum Abend aus.

Justizrat **Lenzberg** (Hannover) macht den Vorschlag, heute noch die beiden ausstehenden Referate zu hören und die Diskussion dann auf morgen zu verschieben, weil dadurch manche Wiederholungen vermieden werden würden.

Landgerichtspräsident Dr. **v. Staff** hält vier Referate an einem Tage für die menschliche Aufnahmefähigkeit für zu viel; die Aufmerksamkeit der Versammlung werde zum Schaden der wichtigen Sache darunter leiden. Eine Mittagspause zu machen, sei aber auf alle Fälle angezeigt. Redner fährt fort:

Dann möchte ich meinen, daß wir von der heutigen Debatte, soweit es dem einzelnen Redner menschenmöglich sein wird, die Besprechung der These I von Exzellenz Olshausen, vollkommen auszuscheiden haben werden und daß wir auch die Debatte über die Ehrenstrafen und die Ersatzstrafen werden ausscheiden müssen, denn diese beiden Dinge sind nach meiner Auffassung untrennbar vereint mit demjenigen Thema, über das morgen, eventuell heute nachmittag Prof. Goldschmidt und ich die Ehre haben werden, zu Ihnen zu sprechen. Die Debatte über diese Punkte wird also erst nach Anhörung aller Vorträge zu eröffnen sein. Ich möchte aber meinen, daß dann die Diskussion nicht notwendigerweise auf die dann noch bleibenden Themen der Todesstrafe, der Geldstrafe und des Verweises beschränkt zu werden braucht, sondern daß es wohl angehen wird, daß jeder seine Ausführungen so weit ausdehnt, wie ihm selbst notwendig erscheint. Ich möchte mir den Vorschlag erlauben, daß wir in dieser Hinsicht unserm Herrn Vorsitzenden durch einen Beschluß die Vollmacht geben, in dem Augenblicke, wo es ihm wünschenswert erscheint, die Bestimmung zu treffen, daß nur über einzelne dieser Themen gesprochen werden darf. Bis diese Notwendigkeit aber hervortritt, könnten wir zunächst wohl den Versuch machen, daß jeder über alles sprechen darf. Es würde dadurch den einzelnen Rednern auch die immerhin unangenehme Situation erspart werden, wenn sie zu verschiedenen Dingen zu reden wünschen, allzu oft das Wort zu ergreifen.

Es folgt die Abstimmung.

Der Vorschlag, eine Pause eintreten zu lassen, wird angenommen.

Der Antrag Lenzberg, nach der Pause noch die beiden Referate zu 4 b) zu hören, wird abgelehnt; demnach findet nach der Pause Diskussion über die erstatteten Berichte statt, und zwar bittet der Vorsitzende sich zu beschränken auf die Punkte A, B und C.

(Mittagspause.)

Nach Wiedereröffnung der Sitzung nach 3 Uhr wird in die Diskussion eingetreten. Der Vorsitzende bittet die Redner, der besseren Verständlichkeit halber von der Tribüne aus zu sprechen.

Das Wort erhält zunächst Landgerichtsdirektor Dr. **Aschrott** (Berlin):

Meine sehr verehrten Herren! Ich stimme mit den beiden Herren Referenten darin überein, daß man die Frage der Todesstrafe nicht zu einer irgendwie maßgebenden für die Annahme des neuen Gesetzes machen darf. Daraus ergibt sich aber, daß bei den Bestimmungen über die Todesstrafe alles zu vermeiden ist, wodurch etwa — wie es bei den parlamentarischen Verhandlungen über unser Reichsstrafgesetzbuch der Fall gewesen ist — das Zustandekommen des neuen Gesetzbuches in Frage gestellt werden könnte. Damals hat die Zahl der Gegner der Todesstrafe diejenige der Anhänger zunächst überstiegen; bekanntlich sind nachher die Nationalliberalen abgeschwenkt, und es ist dadurch die Annahme des Strafgesetzbuches erst ermöglicht worden. Ich stimme deshalb mit Herrn Geheimrat Kahl darin überein, daß man, soweit wie es irgend möglich ist, ganz gleichgültig, ob man Anhänger oder Gegner der Todesstrafe ist, der öffentlichen Meinung, insoweit sie Gegnerin der Todesstrafe ist, entgegenkommen soll.

Es wird sich deshalb dringend empfehlen, auch in Fällen des § 100 des Vorentwurfs neben der Todesstrafe die Zuchthausstrafe zuzulassen. Fraglich ist mir aber, ob nicht schon nach dem Vorentwurfe eine derartige Möglichkeit vorhanden ist. Der Vorentwurf bestimmt ganz allgemein in § 83: In besonders leichten Fällen darf das Gericht die Strafe nach freiem Ermessen mildern. Davon, daß das bloß bei Freiheitsstrafen gelten soll, steht im Vorentwurf, wenigstens dem Wortlaute nach, gar nichts, und es ist also, falls die Voraussetzungen des Absatzes 2 des § 83 zutreffen, falls nämlich auf der einen Seite die Folgen der Tat unbedeutend sind, und auf der anderen Seite der verbrecherische Wille, die verbrecherische Gesinnung, nur gering war, nach meiner Auffassung auch im Falle des § 100 möglich, daß der Richter statt auf Todesstrafe auf Zuchthaus erkennt. Immerhin gebe ich zu, daß man Zweifel darüber haben kann, und daß es unter allen Umständen angebracht wäre, hierüber Klarheit zu schaffen, Klarheit, ob es schon nach dem § 83 möglich ist, in besonders leichten Fällen statt auf Todesstrafe auf Zuchthaus zu erkennen. Falls das verneint wird, wäre eine ausdrückliche Bestimmung in den § 100 aufzunehmen, damit in besonders gelagerten Fällen statt der Todesstrafe auf Zuchthaus erkannt werden kann.

Es entsteht dann aber die weitere Frage, ob man, falls es einer besonderen Bestimmung in § 100 bedürfen sollte, die Bestimmung so zu fassen hat, daß im Falle mildernder Umstände Zuchthaus zulässig sein soll, oder ob man die Strafandrohung einfach alternativ stellen soll: Todesstrafe oder Zuchthaus. Die Sache würde für die Fälle, die bisher Gott sei Dank niemals vorgekommen sind und hoffentlich auch nie vorkommen werden, wo ein Schwurgericht über diesen schwersten Fall des Hochverrats zu entscheiden hat, eine praktische Bedeutung haben, weil in dem Falle mildernder Umstände die Geschworenen das Urteil darüber abzugeben hätten, ob Todesstrafe oder Zuchthaus einzutreten habe, und weil allerdings — darin gebe ich Herrn Geheimrat Krohne Recht — eine Gefahr bestände, daß von seiten der Geschworenen mildernde Umstände angenommen würden, lediglich weil sie in ihrer Mehrheit gegen die Todesstrafe sind und deshalb die Todesstrafe nicht als Strafe erkannt haben wollen.

Es ist das also eine Frage, die nicht so ohne weiteres in dem einen oder anderen Sinne zu beantworten ist. Übrigens würde auch im Falle des § 83 die Frage von Bedeutung sein, wie die besonders leichten Fälle strafprozessual behandelt werden. Darüber wissen wir augenblicklich nichts. Anzunehmen ist ja, daß in Schwurgerichtssachen darüber, ob ein besonders leichter Fall vorliegt oder nicht, eine Frage an die Geschworenen gestellt wird. Bestimmt läßt sich aber auch das nicht sagen.

Ich möchte deshalb Herrn Geheimrat Kahl bitten, seine These zu der Frage der Todesstrafe so allgemein zu fassen, daß alle diese Möglichkeiten, über die wir heute nichts bestimmt voraussagen können, dadurch getroffen werden, also vielleicht in der Weise: „Auch bei Hochverrat im Falle des § 100 ist die Möglichkeit, neben der Todesstrafe auf Zuchthaus zu erkennen, gesetzlich zu gewährleisten" — oder in einer ähnlich allgemeinen Weise.

(Geheimrat Dr. Kahl: Ich bin damit einverstanden!)

Ich wende mich dann zu dem zweiten Strafmittel, das für die Strafjustiz entschieden wichtiger als die Todesstrafe ist, zu der Geldstrafe.

Nach meiner Meinung enthält der Deutsche Entwurf hier ganz außerordentliche Fortschritte gegenüber dem bestehenden Rechtszustande, und ich gestehe offen, daß ich der Regelung im Deutschen Entwurfe vor der im Österreichischen wie im Schweizerischen Entwurfe den Vorzug gebe. Der Deutsche Entwurf enthält nicht nur die Verbesserung, die vom ersten Referenten, Exzellenz Dr. Olshausen, betont worden ist, daß er der Geldstrafe ein weiteres Anwendungsgebiet als bisher sichert, er führt auch durch die Zulassung von Fristen und Teilzahlungen zur Erlegung der Geldstrafe sowie durch die Möglichkeit der Abarbeitung der Geldstrafe zu wesentlichen Einschränkungen in der Notwendigkeit, eine Ersatzstrafe für uneinbringliche Geldstrafen zu verhängen.

Aber freilich, ganz werden wir eine Ersatzstrafe für die nicht einbringliche Geldstrafe nicht entbehren können. Ich kann mich nicht damit einverstanden erklären, die Sache so wie im Schweizerischen Vorentwurf zu regeln, der darauf hinausläuft: ist die Geldstrafe nicht einbringlich, so wird die Strafe niedergeschlagen, und nur für den Fall, daß der Verurteilte aus Liederlichkeit usw. die Geldstrafe nicht bezahlt und die Arbeit nicht geleistet hat, kann eine andere Strafe eintreten. Auch die Geldstrafe soll ein Strafübel bleiben und als solches empfunden werden. Ich glaube, wir sollten sogar darauf hinwirken, daß derjenige, der zu Geldstrafe verurteilt worden ist, alles daran setzt, die Geldstrafe zu zahlen, und nicht frivoler Weise es vorzieht, die Sache mit der Ersatzstrafe abzumachen. Herr Geheimrat Krohne hat diesbezüglich einmal den Fall, ich glaube, eines Hökerweibes angeführt, die, als sie zu einer Geldstrafe von 5 Mark oder zu einem Tage Haft verurteilt worden war, erklärte: „Ja, soviel verdiene ich mein ganzes Leben nicht in einem Tage, da sitze ich die Strafe lieber ab." Solche Fälle müssen vermieden werden, wir müssen dem, der zu einer Geldstrafe verurteilt ist, einen Anlaß geben, alles daran zu setzen, die Geldstrafe zu bezahlen und es nicht zu einer Freiheitsstrafe kommen zu lassen.

Wir kommen, so wenig erwünscht es ist, eine Freiheitsstrafe für die nicht einbringliche Geldstrafe zu substituieren, nicht darum herum. Der Vorschlag des deutschen Entwurfs, als zu substituierende Freiheitsstrafe dabei regelmäßig die Haftstrafe zu wählen, scheint mir das Richtige zu sein. Die Haftstrafe soll, ganz allgemein gesagt, in einfacher Freiheitsentziehung bestehen; die Haftstrafe ist also diejenige Strafe, die der Geldstrafe am nächsten steht, sie wird deshalb rationell da eintreten, wo jemand eine Geldstrafe nicht zahlen kann.

Exzellenz Olshausen hat nun gegenüber der Regelung der Geldstrafe im Entwurf eine Anzahl von Änderungen gewünscht. Ich kann mich mit den vorgeschlagenen Änderungen nicht einverstanden erklären, halte vielmehr die Bestimmungen des Vorentwurfs für besser.

In erster Linie hat er unter B, 2a seiner Leitsätze verlangt, daß bei wahlweiser Androhung von Geldstrafe mit Freiheitsstrafen die Summen der zulässigen Höchstbeträge der Geldstrafe in ein bestimmtes Verhältnis zu dem Höchstbetrage der Haftstrafe gesetzt werden — also eine feste Relation zwischen Geldstrafe und der wahlweise angedrohten Freiheitsstrafe. Ja, meine Herren, ich halte es gerade für einen großen Fortschritt, daß durch den Entwurf das freie richterliche Ermessen bei der Bemessung der Strafe erweitert und der Richter insbesondere in die Lage gesetzt ist, den so außerordentlich verschiedenartigen Verhältnissen bei Bemessung der Geldstrafe in weitgehendem Maße Rechnung zu tragen. Mit dieser Tendenz aber dürfte eine feste Relation zwischen Geldstrafe und Freiheitsstrafe nicht verträglich sein. Wenn bei einer

Reihe von Delikten gleichmäßig ein Monat Haft als die höchste Strafe bestimmt ist, die für das betreffende Delikt, falls auf Freiheitsstrafe erkannt wird, zulässig sein soll, so kann bei einem Delikte eine Maximalgeldstrafe von 100 M. angemessen sein, bei einem anderen Delikte dagegen die Maximalstrafe höher bestimmt werden müsse, um den Täter in genügend scharfer Weise zu treffen, damit er die Strafe auch als Strafübel empfindet. Ich meine also, es ist ganz richtig, daß der Entwurf an sich von einer festen Relation zwischen der Geldstrafe und der wahlweise zugelassenen Freiheitsstrafe abgesehen hat.

Ob so viele Kombinationen, wie sie der Entwurf enthält — der vorzügliche Aufsatz von Herrn Geheimrat Kahl in der Festnummer der Deutschen Juristenzeitung hat uns davon ein treffendes Bild gegeben — ob so viele Kombinationen nötig sind, das ist eine andere Frage. Möglicherweise läßt sich die Zahl dieser Kombinationen etwas einschränken. Aber eine feste Relation möchte ich gesetzlich nicht aufgestellt haben.

Das ist, was ich zu B, 2 a der Thesen von Exzellenz Olshausen zu bemerken habe. In der These 2 b verlangt er weiter, bei Festsetzung der Ersatzstrafe für uneinbringliche Geldstrafen feste Summen zugrunde zu legen, und zwar, wie er in seinem Vortrage näher ausgeführt hat, in Abstufungen derart, daß, falls als Ersatzstrafe Haft eintritt, 2 M., im Falle der Gefängnisstrafe 3 M., im Falle der Zuchthausstrafe 4,50 M. = 1 Tag gerechnet werden. Von eigentlich praktischer Bedeutung würde, wenn sonst die Bestimmungen des Entwurfs Geltung bekommen, nur die Ersatzstrafe für die Haft sein. Neben Zuchthaus kann Geldstrafe nur als Nebenstrafe erkannt werden; und auf Gefängnis als Ersatzstrafe kann nur erkannt werden, wenn sonst schon auf Gefängnis erkannt ist und also die eine Strafe neben der anderen zur Anwendung kommen würde. Von erheblicher praktischer Bedeutung ist dagegen der Vorschlag, daß 2 M. Geldstrafe = 1 Tag Haft sein sollen. Nun halte ich schon die jetzigen Grenzen des Vorentwurfs, nämlich 1 bis 30 M. = 1 Tag Haft kaum für ausreichend. Aber hier ist doch wenigstens einigermaßen die Möglichkeit gegeben, den so verschiedenartigen Vermögensverhältnissen Rechnung zu tragen, indem bei dem einen Angeklagten 1 M. = 1 Tag, bei einem anderen 30 M. = 1 Tag Haft gerechnet werden. Dafür eine feste Summe zu setzen, 2 M. = 1 Tag, das würde unbilliger Weise die außerordentlich verschiedenartig gelagerten Vermögensverhältnisse ganz außer Beachtung lassen.

Ich möchte also bitten, die beiden Anträge Olshausen zu B (Geldstrafe) nicht anzunehmen.

Herr Geheimrat Kahl hat zu der Geldstrafe die Änderung beantragt: „Es empfiehlt sich, § 31 des Vorentwurfs dahin abzuändern, daß die Bestimmung der Fristen für Teilzahlungen einer Geldstrafe dem richterlichen Ermessen überlassen wird." Ich stimme in dem, was er zur Begründung des Antrags gesagt hat, ihm vollkommen bei, aber ich weiß nicht, ob hier eine Änderung des Entwurfs notwendig ist. § 31 bestimmt, daß das Gericht dem Verurteilten zur Zahlung der Geldstrafe Frist bis zu 3 Monaten bewilligen, auch dem Verurteilten die Abtragung der Geldstrafe durch bestimmte, spätestens innerhalb eines Jahres zu leistende Teilzahlungen gestatten kann. Also, der Richter hat die Möglichkeit zu sagen: Die Geldstrafe muß binnen 3 Monaten bezahlt werden; er hat auch die Möglichkeit zu sagen: die Geldstrafe kann in Teilzahlungen innerhalb eines Jahres bezahlt werden; er kann dabei weiter sagen: die erste Zahlung muß im nächsten Monat erfolgen, er kann aber auch die erste Zahlung bis auf 3 Monate hinausschieben; er kann bestimmen, daß die Zahlung nach 3, 6, 9 Monaten nud einem Jahr, also in vier Teilen erfolge, — kurzum, der möglichen Kombinationen, die dem Richter gelassen sind, ist schon nach dem Vorentwurf eine sehr große Zahl. Ich würde gar nichts dagegen haben, wenn die Maximalfrist, die im Entwurfe auf ein Jahr festgesetzt ist, vielleicht auf zwei Jahre erhöht würde, aber ohne eine Maximalfrist die Sache ganz dem richterlichen Ermessen zu überlassen, scheint mir bedenklich. Die Sache muß einmal zu Ende gebracht werden, und es geht nicht, daß, wenn jemand zu einer Geldstrafe verurteilt ist, die Sache 5 Jahre hingehalten wird und er dann nach Ablauf der 5 Jahre, weil er möglicherweise einen Teil der Geldstrafe nicht beigebracht hat, noch in die Haftanstalt kommt, um den Rest abzubüßen. Ich glaube, es würde dem Volksbewußtsein widersprechen, wenn jemand nach so langer Zeit noch wegen Nichtbezahlung der Geldstrafe eine Freiheitsstrafe verbüßen müßte.

Ich meine also, eine Höchstgrenze muß dem Richter gesetzt werden, innerhalb der er die Fristen für Teilzahlungen zu bemessen hat. Ob die im § 31 auf ein Jahr bestimmte Höchstgrenze ausreicht — ich nehme es an, aber schließlich hätte ich auch nichts dagegen, wenn sie auf zwei Jahre bemessen würde. Aber allgemein nach dem Vorschlage von Kahl die Frist für Teilzahlungen dem richterlichen Ermessen zu überlassen ohne Höchstgrenze, das halte ich nicht für angängig.

Ich komme endlich zum Strafmittel des Verweises. Bezüglich

des Verweises bin ich nicht ganz so optimistisch, wie die Herren Referenten. Ich halte den Verweis für eine nützliche Strafe bei Jugendlichen, aber ich bin bedenklich, ob die Strafe b e i E r w a c h s e n e n in einer erheblichen Zahl von Fällen wirklich angebracht wäre. Daß sie auch bei Erwachsenen zugelassen wird, dagegen habe ich nichts, und ich habe insbesondere nichts gegen die Regelung im Entwurf, wo sie bei keinem einzigen Delikt als eigentliche Strafe festgesetzt ist, sondern immer nur für besonders leichte Fälle bestimmt ist. Ich glaube, allzu häufig wird die Strafe bei Erwachsenen nicht zur Anwendung kommen. Aber sie mag so, wie sie im Entwurf geregelt ist, einen Fortschritt bedeuten, indem sie die Möglichkeit gibt, in besonders leichten Fällen bei solchen Delikten, bei denen von einem völligen Absehen von Strafe nach § 83 des Vorentwurfs nicht die Rede sein kann, den Angeklagten ohne eine erhebliche Strafe davonkommen zu lassen.

Nun beantragt zu dem Strafmittel des Verweises Herr Geheimrat K a h l für den § 37 des Vorentwurfs folgende Fassung: „Die Strafe des Verweises besteht in Erteilung einer Rüge. Der Verweis wird vom Richter mündlich in öffentlicher Sitzung erteilt."

Ich stimme mit Herrn Geheimrat K a h l durchaus darin überein, daß die Erteilung des Verweises durch den Richter derjenigen durch die Strafvollstreckungsbehörde vorzuziehen ist. Ich habe auch in meiner Schrift über die Strafen im Vorentwurf schon darauf hingewiesen, daß der Vorentwurf zum Strafgesetzbuch sich hier nicht im Einklang mit dem Entwurf zur Strafprozeßordnung befindet. In dem Entwurf zur Strafprozeßordnung steht nämlich im § 482 ausdrücklich, daß der Verweis durch die Vollstreckungsbehörde zu erteilen ist. Dagegen wird in dem § 37 des Vorentwurfs zum Strafgesetzbuch über diejenige Behörde, die den Verweis zu erteilen hat, überhaupt nichts gesagt, in der Begründung aber, soweit ich sie im Gedächtnis habe, wird davon ausgegangen, daß der Verweis ebenso wie bisher sowohl vom Richter wie von der Strafvollstreckungsbehörde erteilt werden könne. Ein direkter Widerspruch zwischen dem Entwurf zur Strafprozeßordnung und dem Entwurf zum Strafgesetzbuch besteht aber darin, daß im § 37 des Vorentwurfs zum Strafgesetzbuch ausdrücklich die Erteilung der Rüge in mündlicher o d e r schriftlicher Form zugelassen ist, während nach § 482 des Entwurfs der Strafprozeßordnung der Verweis stets mündlich zu erteilen ist. Selbstverständlich muß dieser Widerspruch gelöst werden, es ist unmöglich, daß in dieser Beziehung Strafgesetzbuch und Strafprozeßordnung etwas Verschiedenes bestimmen.

Herr Geheimrat K a h l verlangt die m ü n d l i c h e Erteilung des Verweises. Ich stimme an sich darin mit K a h l überein, daß ich die mündliche Erteilung des Verweises für wirkungsvoller halte, und ich würde deshalb im allgemeinen die mündliche Erteilung vorziehen, aber ich kann mir doch eine ganze Anzahl Fälle denken, wo die mündliche Erteilung des Verweises auf große Schwierigkeiten stoßen würde. Nehmen Sie an, der Verurteilte ist weit weg verzogen, wie soll der Verweis dann mündlich erteilt werden? Soll dem Verurteilten durch den ersuchten Richter der Verweis erteilt werden oder soll er etwa an das erkennende Amtsgeircht zurückgeschafft werden, um dort den Verweis erteilt zu bekommen? Das letztere wird wohl kaum befürwortet werden. Ich sehe in solchen Fällen, wo derjenige Richter, der das Urteil gesprochen hat, und der den Mann und seine persönlichen Verhältnisse genau kennt, nicht in der Lage ist, den Verweis zu erteilen, die schriftliche Form für die richtigere an. Ich möchte deshalb Herrn Geheimrat Kahl fragen, ob er nicht geneigt wäre, seinen Antrag insofern zu ändern, als er die mündliche Erteilung des Verweises nur als Regel verlangt; ganz allgemein zu sagen, daß der Verweis mündlich erteilt wird, scheint mir für die praktische Ausführung große Bedenken zu haben.

Sodann verlangt Herr Geheimrat Kahl, daß die Erteilung des Verweises in einer öffentlichen Sitzung erfolgt. Dagegen bin ich ganz entschieden. Ich habe in langjähriger Praxis, in der ich häufig Verweise zu erteilen hatte, nicht ein einziges Mal den Verweis in öffentlicher Sitzung erteilt, sondern ich habe den Verurteilten immer auf einen Tag geladen, wo ich keine Sitzung hatte, und ich habe dann unter vier Augen, resp. unter 6 Augen, nämlich in Gegenwart des Protokollführers, die Verweiserteilung vorgenommen. Ich halte das für viel wirksamer als die öffentliche Erteilung, die außerdem leicht einen beschämenden Charakter gewinnt, den wir doch in einem modernen Strafgesetzbuche nicht einführen wollen.

Also ich möchte Herrn Geheimrat Kahl bitten — ich stelle vorläufig keinen Gegenantrag — seinem Zusatz zu § 37 die Form zu geben: „Die Strafe des Verweises besteht in Erteilung einer Rüge. Der Verweis wird vom Richter und zwar tunlichst mündlich erteilt." — also die Worte „und zwar tunlichst" hinzuzufügen, dagegen die Worte „in öffentlicher Sitzung" fallen zu lassen.

Das ist es, meine Herren, was ich zu diesen drei Strafmitteln habe anführen wollen. Ich möchte auf die Polizeiaufsicht vorläufig noch nicht eingehen, sondern erst die Debatte über die drei anderen Strafmittel abwarten.

Professor Dr. **Goldschmidt** (Berlin): Meine Herren! Ich wollte mich eigentlich heute in der Debatte nicht zum Worte melden, denn ich werde ja morgen noch — ich weiß nicht, ob als Referent oder als Korreferent — Gelegenheit haben, mich speziell über die Freiheitsstrafe zu äußern. Aber ich glaube, daß es doch im allgemeinen Interesse der Sache und der Versammlung ist, wenn ich heute schon spreche. Ich kann nämlich dann mein Referat morgen wesentlich abkürzen und glaube, daß das allseitig dankbar begrüßt wird.

Ich nehme zunächst einmal die erste These, welche die beiden Herren zur Todesstrafe aufgestellt haben. Hier stehen sich ja beide eigentlich diametral gegenüber. Exzellenz Olshausen billigt beim schwersten Falle des Hochverrats die ausschließliche Androhung der Todesstrafe, während Geheimrat Kahl auch hier mildernde Umstände zulassen will. Auf die Schwierigkeiten, die hier entstehen, habe ich schon seinerzeit in der Strafrechtsvergleichung hingewiesen; ich hatte ja daselbst die Todesstrafe ex professo zu behandeln. Wenn im ersten Absatz von einem so schweren Verbrechen die Rede ist wie in § 100 des Vorentwurfs, dann kann kein zweiter Absatz kommen, in dem es heißt: „Sind mildernde Umstände vorhanden" usw. Gegen eine solche Zusammenstellung sträubt sich schon unser Gefühl. Und unser Gefühl weist uns hier auf den tiefer liegenden Grund der Bedenklichkeit einer derartigen Regelung hin. Wenn in § 100 ausdrücklich mildernde Umstände zugelassen werden müssen für den Fall, daß man sie daselbst haben will, dann liegt das daran, daß der Entwurf auf dem allgemeinen Standpunkte steht, mildernde Umstände nicht bei allen Delikten zuzulassen, sondern nur bei ganz bestimmten. Er stellt sich also auf den Standpunkt: Es gibt Delikte, welche die Aufstellung mildernder Umstände nicht vertragen. Von diesem allgemeinen Standpunkt aus gibt es aber bezüglich des § 100 des Vorentwurfs eigentlich nur die Stellungnahme, die der Vorentwurf für richtig erachtet hat, nämlich: zu den Delikten, welche die Zulassung von mildernden Umständen nicht vertragen, gehört der schwerste Fall des Hochverrats.

Nun frage ich aber: Warum hat man nicht, wie es der Schweizer Entwurf tut, mildernde Umstände allgemein zugelassen? Das System, mildernde Umstände nur bei ganz bestimmten Delikten zuzulassen, ist schon deshalb verfehlt, weil es ohne eine gewisse Willkür undenkbar ist. In der Tat ist der Gedanke der mildernden Umstände ein begrifflich auf alle Delikte anwendbarer. Prüft man den Vorentwurf genau durch, so ergibt sich auch, daß es verhältnismäßig nur wenige Delikte sind, bei denen mildernde Umstände ausgeschlossen sind. Ich glaube daher, man würde nur logisch folgerichtig und dem Geiste der Entwickelung entsprechend handeln, und dabei zugleich aus den in concreto vorliegenden Schwierigkeiten mit einem Schlage herauskommen, wenn man den § 82 des Vorentwurfs dahin änderte, daß allgemein bei „mildernden Umständen" Strafmilderung zugelassen werde. Die Begründung hat das abgelehnt, weil sie meint, mit Einräumung eines allgemeinen richterlichen Milderungsrechts bei „mildernden Umständen" werde der Willkür und einer „schlaffen" Strafrechtspflege Tür und Tor geöffnet. Aber schon v. Liszt hat dem Vorentwurf entgegengehalten, wer ein allgemeines Milderungsrecht bei mildernden Umständen fordere, verlange doch damit noch nicht, daß dieses Milderungsrecht ein „freies" sei, wie es § 83 des Vorentwurfs in „besonders leichten Fällen" einräumt. Vielmehr muß eine allgemeine Skala aufgestellt werden, welche sagt: Wenn Todesstrafe die ordentliche Strafe ist, dann tritt bei mildernden Umständen lebenslängliches Zuchthaus oder Zuchthaus nicht unter 10 Jahren ein, und so immer fort im Sinne einer Milderung nach Stufen, so daß der Richter immer noch wesentlich beschränkt bleibt.

Das ist der eine Punkt, und das ist gleich die Erledigung einer These, die ich aufgestellt habe allerdings aus anderen Gründen. Ich habe unter II 3b meiner Thesen beantragt, daß beim Vorliegen mildernder Umstände dem Richter allgemein ein nach den ordentlichen Strafrahmen abgestuftes Strafmilderungsrecht einzuräumen sei, darunter das Recht, ohne erhöhtes Minimum angedrohtes Zuchthaus durch Gefängnis zu ersetzen. Ich habe diese These aufgestellt aus dem Grunde, um zu ermöglichen, daß, wo Zuchthaus die ordentliche Strafe ist, immer auf Gefängnis erkannt werden kann. Ich muß darauf um so mehr Wert legen, weil ich persönlich bei Zuchthaus gern ein Strafminimum von zwei Jahren haben möchte. Da wäre es besonders wünschenswert, im Falle mildernder Umstände auf Gefängnis herabzugehen.

Ein weiteres wollte ich zum Anwendungsgebiet der Geldstrafe bemerken, und auch dabei habe ich Gelegenheit, einen ganzen Teil meiner für morgen bestimmten Ausführungen schon jetzt vorweg zu nehmen. Es ist nämlich von Exzellenz Olshausen die These aufgestellt unter IIB 1a, daß es zu billigen sei, daß das Anwendungsgebiet der Geldstrafe gegenüber dem RStGB. bedeutend erweitert ist. Ich kann mich dem — es wird da gar keine Dissonanz möglich sein — nur vollkommen anschließen. Ich möchte aber einen Wunsch hinzufügen, nämlich, daß bei „Übertretungen" prinzipiell nur Geldstrafen angedroht werden. Allerdings setzt das etwas voraus — und ich komme da auf ein Lieblingsgebiet von mir — nämlich, daß die Übertretungen in ganz anderer Weise von den kriminellen Delikten abgegrenzt werden, als es im Vorentwurf geschehen ist. (Sehr richtig!) Wenn man die Übertretungen auf reine Polizeiübertretungen beschränkt, kommt man ganz gut mit Geldstrafe aus. Der Entwurf hat gerade den entgegengesetzten Weg eingeschlagen, er droht gegen Übertretungen sogar Gefängnis an. Das ist eine der schwersten Enttäuschungen, die mir der Entwurf angetan hat. Wenn ich auch nicht zu hoffen gewagt hatte, daß der dringend notwendigen Trennung von Verwaltungs- und Justizstrafrecht freie Bahn gebrochen würde, so hatte ich doch mindestens erwartet, daß der Weg nicht geflissentlich verbarrikadiert würde, und hier wird er verbarrikadiert. Die Übertretungen, die im Entwurfe mit Gefängnis bedroht werden, sind gar keine Übertretungen. Jeder wird es billigen, gegen Bettel, Landstreicherei usw. Gefängnis zuzulassen. Die heute gegen diese Delikte anwendbare geschärfte Haft ist ja weiter gar nichts als Gefängnis, ist im Gegenteil ein schweres Gefängnis, ist eigentlich Zuchthaus. Aber das logische Ergebnis ist, daß diese Delikte, die gefängniswürdig sind, „Vergehen" werden. Diese Konsequenz ist ja jetzt auch durchaus als eine notwendige anerkannt worden. Im Entwurfe der kleinen Strafgesetznovelle wird u. a. die Tierquälerei mit Gefängnis bedroht, und da hat der Entwurf daraus mit Recht die Konsequenz gezogen und hat sie unter die „Vergehen gegen die öffentliche Ordnung" gestellt. Wenn ich also gegen Übertretungen ausschließliche Verwendung der Geldstrafe fordere, so denke ich nicht daran, etwa zu fordern, daß Bettel und Landstreicherei usw. nur mit Geldstrafe bedroht werden sollen; sie sollen vielmehr mit Gefängnis bedroht werden, aber sie sollen dann auch als „Vergehen" bezeichnet werden. Was sonst von der Freiheitsstrafe würdigen „Übertretungen" übrig bleibt — ich denke dabei auch an gewohnheitsmäßige Übertretung von Polizeivorschriften oder an Übertretung von Polizeivorschriften im Rückfall oder in bewußter Auflehnung gegen das Gesetz — könnte gleichfalls zu kriminellen Tatbeständen erhoben werden. Und wenn alle diese und ähnliche Delikte ausscheiden, so können die auf solche beschränkten reinen „Polizeiübertretungen" nur mit Geldstrafe bestraft werden. Die Kriminalstatistik schweigt ja leider, aber ich habe die Überzeugung, daß die Überzahl der wegen Übertretungen erkannten Freiheitsstrafen schon jetzt subsidiäre sind. Ich kann mich auch darauf berufen, daß Oberlandesgerichtsrat Rosenberg, ein erfahrener Praktiker, sich durchaus auf den von mir vertretenen Standpunkt gestellt und verlangt hat, daß „Polizeiübertretungen" nur mit Geldstrafen bedroht werden. Er kommt allerdings zu einer Vierteilung: Verbrechen, Vergehen, kriminelle Übertretungen und Polizeiübertretungen. Dagewesen ist auch das schon einmal: der bayerische Gesetzgeber von 1861 hat es schon gehabt. Aber ich würde das nicht empfehlen; ich würde die kriminellen Übertretungen zu „Vergehen" erheben.

Der Grund, aus dem ich gerade heute bei Übertretungen ausschließliche Verwendung von Geldstrafe fordere, bezieht sich wiederum auf mein morgiges Referat. Ich glaube nämlich, daß die „Haft" des künftigen Rechts Übertretungsstrafe nicht bleiben kann.

Dann noch eine Bemerkung betreffs der Geldstrafe, die sich auf These II B 1d von Olshausen bezieht. Sie geht schon auf die Ersatzstrafe ein. Ich weiß nicht, ob mir ein solches Eingehen gestattet ist, aber im Interesse der Abkürzung der morgigen Verhandlungen möchte ich mir mit Zustimmung des Herrn Präsidenten erlauben, darauf einzugehen. Exzellenz Olshausen billigt, daß als Ersatzstrafe Haft im Entwurfe eingesetzt wird, und ich begreife das vollkommen. Die Begründung rechtfertigt diese Abweichung vom geltenden Recht mit einem Argument, das auf den ersten Blick, ich möchte fast sagen, unwiderleglich erscheint. Sie sagt: Es versteht sich von selbst, als Ersatzstrafe kann nur die mildeste Freiheitsstrafe in Frage kommen. Das Bild verändert sich aber, sobald als man sich die praktische Durchführung vorstellt. Man wolle erwägen: Die Bestimmungen des Vorentwurfes über die Bemessung der Geldstrafe nach der wirtschaftlichen Lage, über die Eintreibung in Form von Teilzahlungen, Gewährung von Zahlungsfristen erleichtern in dankenswertester Weise die Zahlung der Geldstrafe so sehr, daß diejenigen, welche die Geldstrafe trotzdem nicht zahlen, nicht nur zu den ärmsten, sondern zu den sozial minderwertigsten Elementen gehören werden. Diese aber kann man nicht mit Duellanten und politischen Verbrechern in Gemeinschaftshaft zusammensperren. Darauf hat Aschrott schon hingewiesen. Nun ist die Frage: was soll geschehen, soll man Gefängnis wieder einsetzen? Das geht nur dann, wenn man hier noch etwas dazwischen schiebt und sagt: nur für den Fall, daß aus Arbeitsscheu oder Liederlichkeit die Geldstrafe nicht eingebracht wird, dann kann man Gefängnis verhängen. Ich habe versucht, in meiner These unter II 1b auf zwei Wege hinzuweisen, diesen Gedanken zu verwirklichen.

„Uneinbringliche Geldstrafen sind nicht in Freiheitsstrafe zu verwandeln. Sie sind entweder, entsprechend dem Beschluß des 23. Juristentages, in Anstalten (Gefängnis, Arbeitshaus), unter Festsetzung einer Maximaldauer der Anhaltung, abzuarbeiten, oder sie sind, entsprechend dem neuesten schweiz. V. E. (1908), zwar niederzuschlagen, dafür ist die Nichtleistung einer Geldstrafe aus Arbeitsscheu oder Liederlichkeit mit selbständiger Strafe (Gefängnis, eventuell verbunden mit Arbeitshaus) zu bedrohen."

Praktisch kommen beide Wege auf dasselbe heraus. Es bietet sich übrigens noch ein dritter Weg, der an einen Gedanken anknüpft, den Aschrott ausgesprochen hat. Aschrott will, daß die substituierte Freiheitsstrafe erst festgesetzt wird, wenn die Geldstrafe uneinbringlich ist. Ich halte das für einen sehr gesunden Gedanken. Über dem Verurteilten schwebt das Damoklesschwert, daß er, wenn er sich nicht alle Mühe gibt, die Geldstrafe zu tilgen, ins Gefängnis kommt. Dieser Gedanke wird nur noch klarer herausgebracht, wenn man ergänzt: die Geldstrafe ist nachträglich in Gefängnis zu verwandeln, wenn der Richter die Überzeugung gewinnt, daß die Geldstrafe aus Arbeitsscheu oder Liederlichkeit nicht eingebracht worden ist. Eine solche Regelung mag neue prozessuale Probleme stellen, ich gebe das zu; aber ich glaube, daß es wert wäre, diese Schwierigkeiten in Kauf zu nehmen. Jedenfalls — darauf werde ich morgen noch eingehen — die Haft kann Ersatzstrafe nach meiner Überzeugung nicht bleiben, das halte ich für ausgeschlossen.

Ich möchte also meine These II 1b als Zusatzantrag einbringen zu dem Leitsatz II B 1d Olshausens etwa so:

> „An Stelle der „Haft" als Ersatzstrafe hat gegen Arbeitsfähige, entsprechend dem Beschlusse des 23. Juristentages und dem Gutachten Krohnes, Abverdienen der uneinbringlichen Geldstrafen in einer Anstalt (Gefängnis, Arbeitshaus) zu treten unter Bestimmung einer Maximaldauer der Anhaltung."

Danach würde das „Abverdienen" nur an Stelle der Ersatzstrafe „Haft" treten. Neben Zuchthaus oder Gefängnis erkannte Geldstrafen sollen im Falle ihrer Uneinbringlichkeit nach wie vor in diese Freiheitsstrafen verwandelt werden. Auch soll „Abverdienen" nur für Arbeitsfähige in Aussicht genommen werden. Für Arbeitsunfähige möchte ich, entsprechend dem Beschlusse des 23. Juristentages, an der „Haft" als Ersatzstrafe festhalten; das sind auch Personen, die mehr unser Mitleid als unseren Zorn verdienen.

Endlich noch ein dritter Antrag, der freilich über das hinausgeht, was ich zur Entlastung des morgigen Referats zu sagen habe. Er betrifft die Aufenthaltsbeschränkung und schließt sich an die

These IV von Kahl an. Die „Aufenthaltsbeschränkung" — auch sie gehört zu den Enttäuschungen, die mir der Entwurf bereitet hat. Ich habe erst mit großer Freude begrüßt, daß der Entwurf die Polizeiaufsicht beseitigt hat. Ich hatte die Notwendigkeit dazu eingehend in der Rechtsvergleichung auszuführen versucht und war beglückt, als ich in der Begründung die Billigung las. Aber bei näherem Zusehen mußte ich mir doch sagen; es bleibt tatsächlich alles beim alten. Von den Wirkungen der Polizeiaufsicht hat der Vorentwurf nur die Bestimmung über die Haussuchung gestrichen, und auch das nur, weil sie ohnehin schon in der Strafprozeßordnung steht. Die Ausweisungsbefugnis gegenüber Ausländern ist geblieben und vor allem die schlimmste Wirkung der Polizeiaufsicht: die Aufenthaltsbeschränkung. Deswegen möchte ich über die These IV von Herrn Geh.-Rat Kahl hinausgehen und würde ihn bitten, sich vielleicht mit folgender Formulierung seiner These IV einverstanden zu erklären:

> „Sollen die aus dem bisherigen Institut der Polizeiaufsicht hervorgegangenen Übelstände mit Eintritt des neuen Strafgesetzbuchs beseitigt werden, so ist § 53 des Vorentwurfs zu streichen, und es bedarf im Einführungsgesetz einer zusätzlichen Normativbestimmung, durch welche die Befugnis der Einzelstaaten zu sicherheitspolizeilichen Aufenthaltsverboten insoweit beschränkt wird, als notwendig ist, um bestraften Personen eine gesicherte Arbeitsgelegenheit zu erhalten und ihren Rückfall ins Verbrechen zu verhindern."

Das war es, meine Herren, was ich heute sagen wollte.*)

Professor **Liepmann** (Kiel): Meine Herren! Ich möchte Ihre Aufmerksamkeit in Anspruch nehmen zunächst zur Frage der Todesstrafe. Ich stehe auf dem Standpunkte, daß der § 100 des Vorentwurfs schlechterdings unannehmbar ist. Der § 100 lautet ungefähr — es kommt hier auf den Wortlaut nicht an —, daß mit dem Tode bestraft wird ein Angriff auf das Leben eines deutschen Bundesfürsten. Nun wollen Sie beachten, was an diesem Paragraphen neu ist. Zunächst ist neu, daß mit dem Tode, und zwar schlechthin mit dem Tode, bestraft werden soll auch die vorsätzliche Tötung, die im Affekt, die unter dem Einfluß vorausgegangener Erregung, vorausgegangener Erbitterung vollzogen wird, der Totschlag also in der Sprache des Strafgesetzbuches. Weiter: Was ist Angriff auf das Leben eines deutschen Bundesfürsten?

*) Die von Prof. Dr. Goldschmidt zu Thema 4b entworfenen Leitsätze sind auf Seite 517 ff. abgedruckt.

Wenn wir Laien fragen würden, so antworten uns die vielleicht: ein Angriff liegt auch schon vor, wenn sich jemand einen Revolver kauft und die Absicht hat, damit irgendeinen deutschen Bundesfürsten bei nächster Gelegenheit zu erschießen. Die Begründung sagt freilich: Angriff soll nur sein der „Versuch", so daß Vorbereitungshandlungen, Unternehmen und ähnliches ausscheiden. Aber, meine Herren, wer bürgt uns dafür, daß diese Auffassung der Begründung auch die Auffassung des Gerichtsgebrauches wird? Und beachten Sie weiter, meine Herren: Versuch! „Versuch" ist bekanntlich für den Kriminalisten ein höchst bestrittenes Gebiet, und die Begründung sagt uns in der Lehre vom Versuch, daß zum Versuch auch der untaugliche Versuch gehört, der Versuch, der mit absolut untauglichen Mitteln am absolut untauglichen Objekt verübt wird. Denken Sie sich die Konsequenz! Ich glaube nicht, daß Richter in einem solchen Falle sich leicht entschließen werden, hier etwa einen Angriff im Sinne des Gesetzes anzunehmen und damit den Mann rettungslos von Rechts wegen der Todesstrafe zu überliefern, aber die Möglichkeit ist nicht von der Hand zu weisen. Und schließlich, wenn Sie selbst über alle die genannten technischen Bedenken hinweg kommen sollten, so bleibt ein schwerer innerer Mangel übrig. Es ist ja gegen jede Kriminalpsychologie, gegen jede feine Menschenbeurteilung und -Beobachtung, daß es in diesem Falle des schwersten Hochverrates keine Milderungsgründe geben soll. Nun ist gesagt worden: ja es gibt Milderungsgründe, wir brauchen sie aber nicht im Gesetz zu berücksichtigen, können uns vielmehr in solchen Fällen auf die Begnadigungsinstanz verlassen. Meine Herren! Die Begnadigungsinstanz ist eine höchst vornehme, aber auch eine höchst unsichere Instanz. Wir müssen uns darüber klar werden, daß wir es schlechterdings nicht in der Hand haben, irgendwie zu wissen oder vorauszusehen, in welcher Beleuchtung dem Inhaber der Gnadeninstanz die Dinge dargestellt werden. Wir wissen nichts darüber, wir können nichts darüber wissen, und weiter scheint es mir in jedem Falle auch unwürdig, wenn man Richtern die Aufgabe zumutet, eine Strafe auszusprechen, die ihnen ungerecht erscheint, und sich damit zu trösten: die Gnadeninstanz wird das wieder gut machen. Das ist eine Kapitulation, die der modernen Rechtspflege Gefahr bringen kann. § 100 ist unannehmbar, zum mindesten muß an Stelle von Todesstrafe Zuchthausstrafe zugelassen werden. Insofern stehe ich auf den Standpunkt des Herrn Korreferenten Kahl und muß mich leider gegen die Ausführungen von Exzellenz Olshausen aussprechen.

Ich gehe aber noch weiter, ich muß mich überhaupt als Gegner der Todesstrafe aussprechen. (Bravo!) Wenn man bedenkt, daß im Jahre 1863 der Juristentag in Mainz sich prinzipiell gegen die Todesstrafe ausgesprochen hat, so muß man die heutige Tagung von diesem Gesichtspunkt aus betrachtet, fast als ein Zeichen von Alterserscheinung bei dem Deutschen Juristentag betrachten. (Widerspruch.) Ich meine, daß es nicht angeht, zu dieser Frage in so kühl-souveräner Weise Stellung zu nehmen und die ganze Frage so leicht zu nehmen, wie das hier geschehen ist, wie es heute überhaupt namentlich bei Juristen üblich zu werden scheint. Gewiß, wenn die Todesstrafe für den Staat unentbehrlich, eine Notwendigkeit ist, so werde ich sagen, dann muß eben von der Todesstrafe Gebrauch gemacht werden. Es fehlt aber an jeglichem Beweis für diese Unentbehrlichkeit der Todesstrafe. Große Staaten haben die Todesstrafe abgeschafft — ich will Sie nicht mit einer Statistik im einzelnen behelligen —, und in anderen Staaten ist sie ohne gesetzliche Änderung in völligen Verruf gekommen. Wir haben Zeiten erlebt, in denen bei uns die Todesstrafe abgeschafft war, wir haben sie wieder eingeführt, aber wir haben nie das Geringste weder durch die Statistik noch sonst von ihrem Nutzen erfahren. Ja, wir haben sogar Anzeichen dafür, daß bei bestimmten Delikten — denken Sie an anarchistische Propaganda der Tat und ähnliches mehr — der Gedanke an ein politisches Martyrium für unreife Köpfe geradezu einen besonderen Reiz ausüben kann. Ich bin der Meinung, daß die Unentbehrlichkeit der Todesstrafe — ich sehe ganz ab von Fällen des Kriegszustandes — nicht feststeht. Ist das aber der Fall, so scheint es mir auch ganz unvermeidlich zu sein, daß wir dann Rücksicht nehmen auf andere Gesichtspunkte, die leider bei den Ausführungen von Herrn Geh. Rat Kahl nach meinem Gefühl doch nicht so zum Ausdruck gekommen sind, wie sie es von der Schwere dieser Probleme aus verdienten. Ich kann nicht hinwegkommen über den Gedanken, daß die Todesstrafe der einzige Rest ist einer Strafauffassung, die uns heute ganz allgemein als unmöglich erscheint, jener Strafe, die, wie es in dem alten Worte heißt, „deum imitatur", Gott nachahmt — der letzte Rest dieser sonst längst überwundenen Auffassung. Und ich glaube, daß aus religiös-ethischen Gründen der Gedanke, daß man einen Menschen von Staats wegen methodisch umbringt und eine Gesellschaft von Herren im schwarzen Rock dazu einlädt, für einen Kulturstaat unwürdig ist. Ich denke weiter an die Unwiderruflichkeit der vollzogenen Todesstrafe: die Gefahr eines Justizmordes, die bloße Möglichkeit eines solchen macht mich zum Gegner dieser Strafe. Ich bin der Meinung, daß auf dem Juristentage zu diesen Fragen Stellung genommen werden muß. Ich werde einen Antrag auf Beseitigung der Todesstrafe aus dem Entwurf stellen, wenn der Wunsch ausgesprochen wird, jedenfalls aber glaube ich, kann man nicht so leicht über diese Frage hinwegkommen, wie es geschehen ist.

Nun muß ich Ihre Aufmerksamkeit noch für einen zweiten Punkt in Anspruch nehmen. Es betrifft eine harmlose Frage, die aber auch prinzipielle Bedeutung hat, es betrifft den Verweis. Ich bin Gegner des Verweises und halte es für falsch, den Verweis als kriminelle Strafe anzuwenden, und zwar — darin unterscheide ich mich von Aschrott — sowohl Jugendlichen wie auch Erwachsenen gegenüber. Jugendlichen gegenüber aus einem bestimmten Grunde. Wir sind in der Frage der Behandlung Jugendlicher gerade in den letzten Jahren sehr weit gekommen, und es ist der Gesichtspunkt immer schärfer zutage getreten; wenn wir einen Jugendlichen vor dem kriminellen Verfahren bewahren können, sollen wir es tun; wir sollen an Stelle der Bestrafung vorbeugende Maßregeln setzen, Überwachung, Fürsorge usw.; Sie wissen, was ich meine. Und nun soll ein Jugendlicher vor den Strafrichter kommen, und der Strafrichter soll ihm einen Verweis erteilen. Meine Herren! Wenn der Strafrichter den Verweis noch so würdig und noch so wenig geschäftsmäßig erteilt, so hilft es doch nichts. Denn unsere kriminelle Jugend ist andere Reaktionsformen gewöhnt als Verweise. Solch ein Jugendlicher, der einen Verweis bekommt, wird innerlich lachen und sagen: Weiter nichts? Dann aber ist das Gefühl, daß eine Kriminalstrafe eine ernste Sache sei, die Bedeutung für sein ganzes Leben haben könne, dahin, und das ist ein schwerer Schaden für den Jugendlichen, wie für die Rechtspflege. In solchen Fällen, wo ein Richter zum Verweise kommt, sollte er daher von der Strafe überhaupt absehen und sich auf erzieherische Maßnahmen beschränken. Aber auch dem Erwachsenen gegenüber halte ich den Verweis für unannehmbar. Herr Geh. Rat Kahl hat ausgeführt, wie ein solcher Verweis Erwachsenen gegenüber wirken kann, und wenn er mit seinem schönen sonoren Organ uns das so schildert, so kann es glaublich erscheinen. Aber abgesehen davon, daß unsere Richter nicht alle in solcher Weise einen Verweis erteilen werden, habe ich auch prinzipielle Bedenken gegen das ganze Strafmittel.

Wenn ich mich in die Lage versetze, einem Erwachsenen gegenüber als Richter einen Verweis zu erteilen, was soll ich ihm dann sagen? Ich kann ihm nur sagen: Sie haben sich im höchsten Maße ungehörig benommen, so daß die Staatsanwaltschaft gegen Sie einschreiten und es zu einer öffentlichen Gerichtsverhandlung kommen mußte, und nun haben wir die Überzeugung gewonnen: der Fall liegt nicht schwer genug, daß wir Sie ins Gefängnis schicken, auch nicht einmal so schwer, daß wir Ihnen eine Geldstrafe androhen, aber — und nun kommt der Verweis. Wir vertreten immer den Standpunkt, daß unsere Strafe ein ultimum remedium sein soll. Aber dieser Auffassung widersprechen die „Übertretungen" des letzten Teils auch des Vorentwurfs, jene Bestimmungen, von denen man nicht weiß, ob sie zum Rechtsschutz da sind, oder auf daß man sich nicht zu wohl in der Welt fühlt. Wollen wir den Standpunkt aufrecht erhalten, daß die Strafe ein ernstes Mittel ist, das nur einsetzt, wenn es notwendig ist, so muß man sagen: der Verweis ist eine Lapalie; wenn die Sache mit einem Verweis abschließt, dann sollen wir so verfahren, wie es der Entwurf in einzelnen Fällen schon erlaubt, nämlich von Strafe absehen. Der Verweis ist kein geeignetes Strafmittel.

Lassen Sie mich schließlich noch eine dritte und letzte Frage anschneiden, die Frage der Polizeiaufsicht. Da ist mir die These von Geheimrat Kahl zunächst — verzeihen Sie — etwas zu professoral. Selbst ein Jurist wird sie nur schwer verstehen, niemals aber die öffentliche Meinung, die gerade für die Frage der Polizeiaufsicht ein erhebliches Interesse hat. Ich glaube, daß man an die Stelle dieser Formulierung eine andere setzen muß. Ich stehe nicht auf dem Standpunkt des Herrn Kollegen Goldschmidt, daß die Polizeiaufsicht überhaupt nicht mehr zu brauchen ist, sondern ich bin der Meinung, daß diese Einrichtung, die durch Taktlosigkeiten unserer Polizeiorgane gänzlich um den Kredit gekommen ist, doch nach einzelnen Richtungen hin notwendig bleibt. Und zwar gerade, wenn es sich um die sogenannten Aufenthaltsverbote handelt. Es ist kein Zufall, daß eine unzählige Menge vorbestrafter Menschen in die Großstadt flüchten. Das ist ganz begreiflich, weil sie in der Großstadt die einzige Möglichkeit haben, ihre kriminelle Vergangenheit zu verbergen und Arbeitsgelegenheit zu finden. Kommt in solchen Fällen eine Ausweisung, so ist sie brutal und kriminalpolitisch verkehrt. Es gibt aber auch kriminelle Personen, die nach der Großstadt ziehen, weil sie in ihr allein die Welt erblicken, in der man sich nicht langweilt, wo sie eine Befriedigung ihrer perversen Neigungen finden. Wenn hier die Staatsordnung durch Ausweisung vorgeht, so wird man sagen müssen: Es ist notwendig, einem Hochstapler, einem Bauernfänger, einem gewerbsmäßigen Sittlichkeitsverbrecher das Arbeitsfeld in der Großstadt zu verlegen und dafür zu sorgen, daß diese Leute in kleinere Städte abgeschoben werden, wo ihnen infolge der größeren Kontrolle die Befriedigung ihrer kriminellen Neigungen wesentlich erschwert, wenn nicht gar unmöglich gemacht wird. Die Aufenthaltsbeschränkung wird in solchen Fällen also gar nicht zu entbehren sein, aber sie allein genügt nicht, weil man damit einen Verbrecher nur einem anderen Gebiete zuschiebt. Viel wichtiger ist das Mittel, das ursprünglich auch speziell in Berlin zur Anwendung kam, und das erst durch die neue Rechtsprechung des Kammergerichts unmöglich gemacht wurde. Früher hat man dem Betreffenden bedingt den Zuzug in die Großstadt erlaubt, hat ihm also gesagt: Du kannst so lange in Berlin bleiben, als du dich unserer Kontrolle unterwirfst — damals Polizeikontrolle, heute Schutzaufsicht, Fürsorgemaßnahme. In dem Augenblick aber, wo wir erfahren, daß du dich z. B. wieder in Kaschemmen herumtreibst, in dem Augenblicke dulden wir dich nicht mehr. An die Stelle des Aufenthaltsverbotes müßte treten eine bedingte Aufenthaltsgenehmigung, und mit dieser bedingten Aufenthaltsgenehmigung wäre etwas anderes zu verbinden, nämlich der Gedanke: Wenn wir einen Menschen ausweisen, so heißt das: er ist für dieses Gebiet gefährlich. Wir dürfen ihn dann nicht einer zweiten Großstadt beliebig zutreiben, sondern mit dieser bedingten Aufenthaltsgenehmigung müßte meines Erachtens verbunden sein die Anweisung eines bestimmten Aufenthalts, d. h. wir sagen dem Manne: Du gehst jetzt aus Berlin heraus und gehst in die und die kleine Stadt oder auf das Land, wo wir für dich eine Arbeitsgelegenheit haben. Wenn wir diese Maßregel dem Entwurfe einverleiben könnten, würden wir nach meiner Überzeugung etwas Großes erreichen. Es ist ja klar: Wenn wir das Verbrechen wirklich bekämpfen wollen, dann müssen wir das einmal kriminell gewordene Individuum davor bewahren, rückfällig zu werden, und müssen im Wege der Fürsorge Anläufe zur Besserung möglichst unterstützen. Das können wir nur dann, wenn wir die Betreffenden in der von mir charakterisierten Weise überwachen, und ich meine, daß eine solche bedingte Aufenthaltsgenehmigung und diese Anweisung eines bestimmten Aufenthaltes praktisch zu verwirklichen sind. Ich werde nachher noch Gelegenheit nehmen, mit Herrn Geheimrat Kahl über diese Frage zu sprechen. Ich hoffe, es wird sich Gelegenheit finden, eine These nach dieser Richtung hin aufzustellen. (Beifall.)

Vorsitzender: Die Anregung des letzten Herrn Redners bezüglich der Todesstrafe hat im Kreise des Auditoriums bereits ein Echo gefunden, indem mir Herr Justizrat Friedmann (Glogau) einen Antrag übergeben hat, der lautet:

Die Todesstrafe ist als Strafmittel in das StGB. nicht aufzunehmen.

Professor Dr. **Köhler** (München): Der Verweis ist eine Strafart, welche als leichter gedacht ist, wie die Freiheitsstrafe und als leichter wie die Geldstrafe. Eine solche Strafart ist nicht überflüssig, denn es gibt immerhin geringfügige Deliktsfälle, bei welchen wir nicht einfach von einer Strafe absehen können, wo es anderseits nach der ganzen Sachlage durchaus nicht notwendig ist, eine Bewährungsfrist aufzuerlegen. Hier bietet sich der mit Ernst und Nachdruck erteilte Verweis als ein gelegentlich sehr angemessenes Ersatzmittel der Geldstrafe und der kurzzeitigen Freiheitsstrafe dar.

Nun ist es mir allerdings ganz zweifellos, daß der Verweis am wirksamsten erteilt wird von dem erkennenden Richter selbst, und zwar besonders, wenn er mündlich erteilt wird. Aber auf der anderen Seite erkenne ich vollständig die Bedenken an, die Herr Direktor Aschrott heute gegen den mündlichen Verweis geltend gemacht hat; ich meine jedoch, daß man beides verbinden kann, indem man sagt: Der Verweis soll tunlichst mündlich vom erkennenden Gerichte erteilt werden. Die Fälle, die Herr Aschrott im Auge hat, kommen vor, sind aber doch weitaus die selteneren; daher möchte ich auch den schriftlichen Verweis als eine ausnahmsweise Möglichkeit vorbehalten sehen.

Wie steht es aber mit der Öffentlichkeit des Verweises? Da glaube ich Herrn Direktor Aschrott entgegentreten zu sollen. Wenn der erkennende Richter in öffentlicher Sitzung den Straffall behandelt hat, so ist es auch nicht schlimm, wenn er in einer anderen öffentlichen Sitzung den Verweis erteilt. Ich würde das am Platze finden, würde aber weitergehend auch sagen: der Verweis soll prinzipiell öffentlich erteilt werden. Wenn dies als Regel bestimmt ist, so bekommt der Betreffende beim Vollzug in den meisten Fällen keine schwerere Strafe, als er sie verdient hat. Allerdings ausnahmsweise kann sich bei öffentlichem Verweise das Strafmaß im Vollzugsstadium erheblich ändern. Es hat beispielsweise ein Studiosus in München irgendwie Unfug getrieben. Er ist aus einer kleinen Stadt. Nun wird er zur Strafe des Verweises verurteilt. Dieser wird wegen Wegzugs des Studenten in einer öffentlichen Sitzung des Gerichts der Heimatsstadt ausgesprochen, zu der vielleicht alle seine guten Freunde und zahlreiche Bekannte kommen. Der Student wird bei solchem Verweis öffentlich in der kleinen Stadt bloßgestellt und wird da unter Umständen vielleicht mehr bestraft, als wenn er 500 M.

Geldstrafe bekommen hätte. Der öffentliche Verweis ist daher wohl nur da am Platze, wo ihn das erkennende Gericht erteilen kann, nicht im Falle des ersuchten Richters.

Ich wende mich nun zur Geldstrafe. Es erscheint mir etwas zu weitherzig, wenn unser Entwurf dem Richter bloß die „Berücksichtigung der Vermögensverhältnisse" vorschreibt. Schon etwas besser wäre die Formel, die Aschrott in seiner Schrift vorgeschlagen hat, woselbst er sagt: „unter Berücksichtigung der wirtschaftlichen Gesamtlage". Hiermit kann sich der Richter doch ein klareres Bild des Gewollten schaffen, als wenn nur von „Vermögensverhältnissen" die Rede ist. Aber ich glaube, auch jene Fassung wird nicht ganz genügen. Der Gesetzgeber kann seine Aufgabe, dem Richter sichere Grenzen der Rechtsanwendung zu setzen, nicht ganz von sich abwälzen. Ob der Gesetzgeber eine Abstufung nach Quoten des Vermögens oder nach Quoten des Einkommens oder eine mäßige Progression für die richtigste Berücksichtigung hält, spricht er nicht aus. Diese zu sehr verschiedenen praktischen Konsequenzen führende Entscheidung wird vielmehr ganz der zufälligen Theorie und ganz dem Ermessen des Richters überlassen. Ich glaube also, daß es wünschenswert wäre, wenn der Entwurf die Mühe nicht scheuen und sich besinnen würde auf eine nähere Direktive für den Richter. Etwas mehr Rechtsinhalt könnte man dem Richter entschieden an die Hand geben, damit nicht ungleiches Recht für gleiche Fälle entsteht.

Bei der Geldstrafe ist noch eine Frage erörtert worden, die der Teilzahlung. Da glaube ich, daß es entschieden richtiger wäre, wenn wir für die Teilzahlung eine gewisse Frist setzten, etwa so wie Herr Direktor Aschrott sie angegeben hat, denn es ist wirklich eine Kalamität, wenn sich die Abtragung der Geldstrafen unendlich lange hinschleppt. Ich erinnere mich, in einer populären Schrift über englische Rechtsverhältnisse einen Fall gelesen zu haben, der dem Verfasser außerordentlich imponiert hat, der aber unserm deutschen Rechtsbewußtsein kaum ganz entspricht. Da hat jemand als Richter gesagt: ich muß dich verurteilen zu einer Summe von 10 Pfund Sterling, aber du sollst sie pennyweise abtragen, jeden Monat einen Penny. Wenn solche Dinge in England vorgekommen sind auf Grund richterlicher Machtvollkommenheit, so sehen wir, daß es zur Vermeidung ähnlicher Gesetzesumgehungen vernünftig ist, daß von vornherein das Gesetz erklärt: „innerhalb eines Jahres" oder meinetwegen auch: „innerhalb zwei Jahren" muß die Schuld abgetragen sein. Wenn man auch für die Praxis nicht gleich an so exorbitante Fälle zu denken braucht wie jenen, der sich in England zutrug, so erscheint es mir doch wünschenswert, wenn die Sache auch einmal zur Ruhe kommt, und wenn der Betreffende nicht immer wieder an seine Tat erinnert wird. Namentlich wenn es nur kleine Geldstrafen und kleine Verfehlungen waren, ist es zweckmäßig, daß wir die Teilzahlungen auf höchstens 1—2 Jahre beschränken.

Nun zur Todesstrafe. Ich kann mich den eingebrachten Anträgen nicht anschließen, welche besagen wollen, daß die Todesstrafe im gegenwärtigen Zeitpunkte in Deutschland abschaffungsreif sei. Ich muß mich nach meinen Erfahrungen — und ich habe mich vielfach zu informieren gesucht — dahin aussprechen, daß sie, in der Regel wenigstens, auf die Masse am stärksten generalpräventiv wirkt, d. h. durchschnittlich am meisten eine abschreckende Wirkung ausübt. Darüber kommt man beim Gros des Volkes nicht hinweg: wo Todesstrafe angedroht ist, scheuen sich die Leute viel eher, die in dieser Weise bedrohte Handlung zu begehen als wenn bloß lebenslängliche Freiheitsstrafe vorgesehen ist. In dem Vorentwurfe zum Strafgesetzbuch ist diese Androhung auf wenige Fälle beschränkt, und zu diesen Fällen gehört auch der § 100. Es leuchtet mir zwar von vornherein alles das ein, was Herr Prof. Liepmann über das Wort „Angriff" auf das Leben des Kaisers usw. gesagt hat. Aber es erscheint mir für die Aufhebung der Todesstrafe nicht als durchschlagend. Ich glaube vielmehr, daß man das, was Exzellenz Olshausen gesagt hat, vereinigen kann mit dem, was Herr Geheimrat Kahl als Zusatz vorgeschlagen hat. Ich glaube nämlich, daß die Todesstrafe, wenn wir sie überhaupt beibehalten — und daß sie beibehalten wird, erscheint mir sehr wahrscheinlich — unbedingt am Platze ist für Mord und Mordversuch am Kaiser und anderen Bundesfürsten mit Einschluß der Regenten. Ich glaube auch, daß die wünschenswerte Abstufbarkeit der Strafmittel, die bei der Todesstrafe keine Rolle mehr spielt, nicht entscheidend ist für die Frage, ob wir hier mildernde Umstände zulassen sollen. Wenn überhaupt Todesstrafe, dann ist sie auch für Mordversuch am Platze, aber nicht für Totschlag, oder jedenfalls nicht ebenso absolut; und ebensowenig ist sie absolut am Platze für Vorbereitungshandlungen. Daher würde sich vielleicht eine Kombination der beiden Anträge Olshausen und Kahl in der Weise ergeben, daß es wirklich wünschenswert erscheint, die vielen Attentate, die, glücklicherweise außerhalb Deutschlands, in den letzten Jahrzehnten erfolgt sind, durch möglichst zuverlässige Generalprävention von unseren Grenzen fernzuhalten, um das Leben der Bundesfürsten zu schützen. Infolgedessen glaube ich, daß es richtig sei, für Mord und Mordversuch an Bundesfürsten und Regenten die absolut angedrohte Todesstrafe beizubehalten, für die übrigen etwa für todeswürdig erachteten Delikte scheint es mir dagegen richtiger, Zuchthaus nicht unter 10 Jahren oder auf Lebenszeit n e b e n der Todesstrafe anzudrohen.

Oberstaatsanwalt Geh. Oberjustizrat **v. Prittwitz und Gaffron** (Naumburg a. S.): Meine Herren! Es liegt mir selbstverständlich fern, hier die Gründe für und wider die Todesstrafe abzuwägen, es muß dem aber entgegengetreten werden, was Herr Professor L i e p m a n n gesagt hat, daß, wenn heute der Juristentag sich für Beibehaltung der Todesstrafe ausspräche, darin gewissermaßen ein Rückfall in die Barbarei und ein Abweichen von der besseren Erkenntnis des Juristentages in Mainz zu erblicken sei. Ich glaube, man kann annehmen, daß der Juristentag der Zeitentwicklung gefolgt ist und erkannt hat, daß die damaligen Gründe, die vielleicht aus übertriebener Auffassung von Humanität hervorgegangen sind, für die Abschaffung der Todesstrafe nicht stichhaltig sind. Ich bitte die heutige Versammlung dringend, sich für Beibehaltung der Todesstrafe auszusprechen. Jedoch muß ich mich dagegen aussprechen, daß bei Verbrechen, für welche Todesstrafe angedroht ist, mildernde Umstände zugelassen werden und bei Vorliegen solcher nicht auf Todesstrafe erkannt werden soll. Die Gründe, die Exzellenz O l s h a u s e n für die Ablehnung der mildernden Umstände im Falle des § 100 angeführt hat, sind meines Erachtens vollkommen zutreffend. Sind sie das aber, so treffen sie in noch schärferem Maße zu bei dem gewöhnlichen Mord. Exzellenz O l s h a u s e n hat die mildernden Umstände für alle Fälle des § 100 abgelehnt, und zwar mit Recht. Es läßt sich meines Erachtens aber nicht verkennen, was auch mein Herr Vorredner gesagt hat, daß in Fällen des § 100 vielleicht hier und da mildernde Umstände in Frage kommen könnten, daß die nach § 100 strafbaren Verbrechen nicht immer aus ohne weiteres verwerflichen Beweggründen hervorgehen müßten; also ich glaube, wenn man überhaupt mildernde Umstände in den Fällen, wo die Todesstrafe angedroht ist, zulassen will, daß dann allerdings in d i e s e n Fällen vielleicht Bejahung in Frage kommen könnte. Ich betone aber, daß ich aus den von Exzellenz O l s h a u s e n angeführten Gründen d a g e g e n bin. Aus denselben Gründen aber können auch im Falle des Mordes mildernde Umstände nicht zugelassen werden. Ich sehe keinen Grund ein, warum man einem Menschen, der einem anderen vorsätzlich und mit Überlegung das Leben genommen hat, gegenüber nicht berechtigt sein soll, ihm ohne weiteres das Leben abzusprechen. Mein Hauptgrund, die mildernden Umstände im Falle des Mordes abzulehnen, ist, daß deren Zulassung meines Erachtens einer Aufhebung der Todesstrafe im wesentlichen gleichkommen würde, insbesondere wenn nach wie vor die Geschworenengerichte über den Mord abzuurteilen haben würden. Ich bin überzeugt, daß dann in der weitaus überwiegenden Mehrzahl der Fälle die Geschworenen dazu gelangen würden, mildernde Umstände anzunehmen, sei es aus Mitleid mit dem Täter, sei es, weil sie sich scheuen, das Todesurteil auszusprechen, sei es, weil sie Gegner der Todesstrafe sind. Ich bitte deshalb, die Zulassung mildernder Umstände in allen Fällen, bei denen als Hauptstrafe Tod angedroht ist, abzulehnen. (Bravo!)

Vorsitzender: Es ist ein weiterer Abänderungsantrag betreffend die Todesstrafe eingegangen; er lautet:

„Zur Todesstrafe.

a) Die Androhung der Todesstrafe ist nicht über das geltende Recht hinaus auszudehnen.

b) An Stelle der Todesstrafe ist nur, wenn ein besonders leichter Fall vorliegt, lebenslängliches Zuchthaus oder Zuchthaus nicht unter zehn Jahren zuzulassen."

Gezeichnet: Landgerichtsdirektor Geh. Justizrat Winkler, Erfurt.

Das Wort hat Seine Exzellenz der Herr Oberlandesgerichtspräsident Dr. von Plehwe.

Oberlandesgerichtspräsident Dr. von **Plehwe**, Exzellenz (Königsberg i. Pr.): Meine Herren! Gestatten Sie mir als alten Kriminalisten nur ein kurzes Wort. Ich stehe auf dem Standpunkt des Herrn Referenten und Korreferenten und bin der Ansicht, daß ein großer Staat, ein Rechtsstaat, die Todesstrafe keinesfalls entbehren kann. Ich meine, daß ein solcher Staat nie auf das Recht wird verzichten können, Individuen, die sich gänzlich außerhalb der Rechtsordnung stellen, zu vernichten, wie dies der Herr Korreferent ausgeführt hat. Ich gehe in einem Punkt noch weiter, ich meine, das Rechtsgefühl des deutschen Volkes in seiner großen Majorität verlangt gebieterisch die Beibehaltung der Todesstrafe. Ich glaube, es ist dem deutschen Volke, dem germanischen Rechtsbewußtsein absolut unverständlich, daß ein Verbrecher, der mit der Menschheit nur ein Menschenantlitz, sonst nichts gemein hat, wie jener, der damals die Kaiserin von Österreich — die edelste deutsche Frau — niederstieß aus Bosheit und aus Niedertracht, unter Menschen weiterleben darf, ohne daß ihn der strafende Arm der Gerechtigkeit so trifft, wie er es verdient und ihn ausstreiche aus der menschlichen Gesellschaft. Das ist mein

Gefühl und meine Empfindung, die Empfindung eines alten Kriminalisten, der den größten Teil seines Lebens auf diesem Gebiete gearbeitet hat und dem wahrlich nie der Vorwurf gemacht wurde, daß es ihm an Wohlwollen fehlt. Es ist mir nicht bloß Sache des Verstandes allein, sondern auch Sache meines Gefühls, die Todesstrafe beizubehalten, und ich meine, daß ich damit nicht allein stehe, daß ich den großen Teil des deutschen Volkes in seinem Rechtsbewußtsein hinter mir habe. Das ist sodann meine persönliche Ansicht nicht nur — ich stehe auch auf dem Standpunkt des ersten Herrn Berichterstatters Exzellenz Olshausen —, und meine, daß beim Hochverrat mildernde Umstände auszuschließen sind; wer sich am schwersten vergeht gegen die Existenz nicht nur eines Einzelnen, sondern des ganzen Volkes, der muß auch die schwerste Strafe erleiden. Es muß dann nur der Gnade des Staatsoberhauptes überlassen werden, zu entscheiden, ob er leben bleiben soll oder nicht.

In einem Punkte differiere ich von dem Herrn Vorredner; bei dem Morde gibt es meines Erachtens doch manchmal mildernde Umstände. Es ist mir der Fall vorgekommen, daß eine verzweifelte Mutter beschließt, sich das Leben zu nehmen und ebenso ihrem Kinde. Die Frau springt ins Wasser; die Mutter wird gerettet, das Kind ist tot, der Mord am Kinde ist ausgeführt. Da, meine Herren, ist zwar nach dem Buchstaben unseres Gesetzes die Todesstrafe anzuwenden, und das widerspricht hier durchaus dem Rechtsgefühl.

Ich möchte mir noch auf einen Punkt hinzuweisen erlauben. Es ist gesagt worden: Wollte man beim Morde mildernde Umstände zulassen, dann würden die Geschworenen immer mildernde Umstände annehmen, um die Todesstrafe zu umgehen. Meine Herren! Ich verwahre mich gegen diese Annahme! Unsere deutschen Geschworenen tun ihre Pflicht; sie mögen irren in den einzelnen Fällen, aber ihr Pflichtgefühl ist nicht anzutasten. Wenn man den Geschworenen bei dem wichtigsten Verfahren das größte Pflichtgefühl zutraut, darf man dem Institut der Geschworenen nicht Mißtrauen entgegenbringen und sagen: Ihr werdet das Gesetz in der Weise umgehen, daß ihr bei dem schwersten Verbrechen gegen die Sachlage entscheidet und immer mildernde Umstände annehmt. Ich stelle mich also auf den Standpunkt des Herrn Referenten in Bezug auf seine Auffassung der Todesstrafe, und verwahre mich dagegen, daß solche Auffassungen hier Platz greifen, die die Ehre und das Pflichtbewußtsein unserer Herren Geschworenen in falsches Licht stellen. Diese kurzen Worte waren mir nicht nur Sache des Herzens, sondern auch Sache meines Gewissens. (Bravo!)

Vorsitzender: Der Antrag des Justizrates Friedmann auf Abschaffung der Todesstrafe ist nachträglich unterzeichnet worden von Dr. Levy (Berlin), Rechtsanwalt Saul (Duisburg), Professor Liepmann (Kiel).

Das Wort hat der Herr Antragsteller.

Justizrat **Friedmann** (Glogau): Meine Herren! Wenn man sich die Lage klar machen will, welche Strafen anzuwenden sind, muß man vor allen Dingen wissen, wie die Strafmittel in der Praxis aussehen. Das trifft zu bei der Frage nach den Strafmitteln: Zuchthaus, Gefängnis, Festung, Haft. Es ist nach meiner Meinung notwendig, daß gleichzeitig mit der Vorlegung des neuen Strafgesetzbuches ein Reichsstrafvollzugsgesetz vorgelegt wird. Bei der Frage, ob die Todesstrafe beibehalten werden wird, kommt es nicht darauf an, wie das Strafvollzugsgesetz aussehen wird, die Vollziehung der Todesstrafe ist knapp, reinlich und entschieden. Aber es würde eigentümlich erscheinen, wenn der Deutsche Juristentag, der jetzt nach langer Zeit wiederum vor die Frage gestellt ist, ob die Todesstrafe im neuen Strafgesetzbuch als Strafmittel beibehalten werden soll oder nicht, darüber stillschweigend hinweggehen würde, wie dies seitens der beiden Herren Referenten geschehen ist, als ob die Aufnahme der Todesstrafe in das neue Strafgesetzbuch bereits feststehe, als feststehende, unabänderliche Tatsache auftrete. Die Frage muß nach meiner Ansicht ex professo entschieden werden. Es würde eigentümlich aussehen, wenn wir, die wir heute früh den Manen Franz von Holtzendorffs, wenn ich mich so ausdrücken darf, durch den Mund des Herrn Präsidenten gehuldigt haben, wenn wir vergessen wollten, daß Franz von Holtzendorff derjenige war, der ganz besonders für die Abschaffung der Todesstrafe eingetreten ist.

Die Gründe pro und contra vorzubringen, dürfte hier nicht nötig sein, zumal die Frage nicht erst seit dem letzten Jahrzehnt erörtert wird. Die Frage, ob die Todesstrafe beibehalten werden soll oder nicht, ist eine uralte Frage, seit Jahrhunderten wird sie erörtert. Die Todesstrafe ist, wie bereits Herr Professor Liepmann ausgeführt hat, in verschiedenen Kulturstaaten abgeschafft und wenn gesagt wird, es müsse dem Staate dieses Mittel vorbehalten werden, so sage ich: wenn das Mittel ein unzulässiges ist, wenn man zu der Überzeugung gelangt, daß das Mittel nicht mehr angewandt werden soll, so hat der Staat das Mittel nicht mehr anzuwenden.

Wenn ferner hervorgehoben worden ist, das allgemeine Rechtsbewußtsein spreche für die Beibehaltung der Todesstrafe, so muß ich mich dagegen wenden. Ich bin auch ein alter Praktiker im Kriminalrecht, ich kann ebensogut beanspruchen, eine Anschauung über die Auffassung der Bevölkerung zu haben. Dazu braucht man keine wissenschaftliche Befähigung, man braucht bloß zu hören und zu sehen, und wer in der Praxis steht, kann darüber eine Anschauung haben. Ich muß das bestreiten, daß das allgemeine Rechtsempfinden dahin geht, wir müßten die Todesstrafe behalten. Und wenn gesagt wird, die Todesstrafe sei nötig, wir könnten ohne dieselbe nicht sein, so verweise ich auf die lange Zeit der Regierung Kaiser Wilhelms I. Ich glaube mich nicht zu irren, von dem Moment ab, wo Wilhelm I. Prinzregent geworden ist, während der langen Zeit als Prinzregent, als König und Kaiser hat er, glaube ich, nie ein Todesurteil bestätigt (Widerspruch), oder doch nur sehr selten. Die allgemeine Meinung im Volke ging dahin, daß eben, wenn auch einzelne Fälle vorgekommen sein mögen, der König von Preußen von seinem Begnadigungsrecht stets Gebrauch machte. Wenn auch vielleicht — ich bin im Augenblick nicht so genau informiert — ab und zu in der Tat unter der Regierung Kaiser Wilhelms I. ein Todesurteil bestätigt worden ist, so war es doch eine Seltenheit. Nun frage ich: Sind damals in Preußen und Deutschland bei der faktischen Abschaffung der Todesstrafe, sind in diesen Zeiten mehr Mordtaten verübt worden als zu den Zeiten, wo die Todesstrafe vollzogen worden ist? Das wird man nicht bestätigen können. Ich meine also: Man wird sagen müssen, daß in der Entwicklung der Anwendung der Todesstrafe von Zeit zu Zeit ihr Herrschaftsgebiet vermindert worden ist. Der Entwurf, über den wir zu beraten haben, vermindert ebenfalls das Gebiet der Anwendung der Todesstrafe, und heute in der kurzen Zeit zwischen dem Referate des ersten Referenten Olshausen und dem Referate des Korreferenten Geheimrat Kahl hat sich auch noch eine Verminderung eingestellt. Während der Referent bei Hochverrat keine Milderung zulassen will, plädierten der Herr Korreferent und noch einige Herren, die gesprochen haben, dafür, daß auch in diesem Gebiet die Todesstrafe eingeschränkt werden soll. Ich meine, über die Frage ist schon viel gesprochen worden. Man muß als Richter immer den Mut der Entscheidung haben, man muß endlich dazu kommen, zu sagen: ein so irreparables Strafmittel, wie die Todesstrafe darf nicht zur Anwendung kommen, und wenn wir sehen, daß bei faktischer Abschaffung der Todesstrafe sich keine Mißstände eingestellt hatten, so sehe ich nicht ein, weshalb wir lediglich auf Grund der allgemeinen, unbestimmten Auffassung, daß man ohne die Todesstrafe nicht auskommen könnte, oder, um es gemütlich auszudrücken: Wenn du gemordest hast, mußt du auch gemordet werden, bei der alten Auffassung verharren sollen; damit, glaube ich, können wir die Frage nicht lösen. Wenn schon früher der Juristentag ausgesprochen hat, die Todesstrafe sei nicht als zulässiges Strafmittel aufzufassen, so wollen wir auch heute am Jubiläum des Juristentages nicht davon abgehen und nicht davon ausgehen, daß sie ein unentbehrliches Strafmittel sei, ohne das es für den Staat nicht ginge. Wenn es heißt, daß die Regierungen ohne die Todesstrafe nicht durchkommen zu können glauben, so ist das für uns nicht maßgebend. Die Vertreter der Staatsregierung versichern uns ja, daß sie die Beratungen des Juristentages mit der gebührenden Beachtung verfolgen und seine Beschlüsse tunlichst in die Gesetzgebung zu übernehmen bereit sind. Nun, hier wäre dazu Gelegenheit. Ich schließe mit dem bekannten Worte aus Wallenstein:

„Den blut'gen Spruch soll man nicht rasch vollziehen,.
Ein Wort nimmt sich, ein Leben nie zurück!"

Ich bitte Sie, meinen Antrag anzunehmen.

Vorsitzender: Ich habe zunächst mitzuteilen, daß der soeben vertretene Antrag eine weitere Fertigung erhalten hat durch Rechtsanwalt Mehnert (Altenburg). Ferner ist mir ein Antrag übergeben worden von Oberstaatsanwalt v. Prittwitz und Gaffron, der lautet:

An Stelle des Leitsatzes A 1a von Exzellenz Dr. Olshausen ist zu setzen:

> Doch ist die Todesstrafe außer in den schwersten Fällen des Hochverrates auch beim Mord (§ 212) ausschließlich anzudrohen.

Rechtsanwalt **Saul** (Duisburg): Meine Herren! Es ist hier von den letzten Herren Redner so viel gegen die Todesstrafe angeführt worden, daß ich eigentlich kaum noch etwas hinzuzufügen hätte. Nur ein wesentliches Moment scheint mir nicht genügend zum Ausdruck gebracht worden zu sein, und das ist gerade dasjenige, das entscheidend gegen die Todesstrafe spricht und sprechen muß. Es ist das die Irreparabilität der Todesstrafe. Wir haben in dem neuen Entwurf zur Strafprozeßordnung ebenso wie in der jetzt geltenden Strafprozeßordnung die Wiederaufnahme des Verfahrens. Wir haben also die Möglichkeit, ein bereits zum Abschluß gebrachtes Verfahren wieder aufzunehmen.

Unsere Rechtsordnung geht demnach davon aus, daß Fälle eintreten, in denen ein Urteil sich nachher als ungerecht erweist, und sie trifft daher Vorkehrungen, um ein solches ungerechtes Urteil zu beseitigen. Da scheint mir, daß die Todesstrafe als die einzige Strafe, die sich überhaupt nicht wieder beseitigen läßt, sich nicht organisch in den Rahmen unseres Strafensystems einfügt. Man hat hier gesagt, die Todesstrafe müsse beibehalten werden, weil der Staat das Recht haben müsse, Individuen, die sich durchaus der Rechtsordnung nicht fügen wollen, die in moralischer Beziehung das Menschliche sozusagen gänzlich abgestreift hätten, auszurotten und auszutilgen. Meine Herren! Die Argumente, gegen die Todesstrafe die man aus der Rüstkammer der humanitären Erwägungen holt, sollen hier nicht in erster Linie sprechen, sondern es sollen im wesentlichen praktische Erwägungen sein, die uns dazu führen, gegen die Todesstrafe hier aufzutreten. Und da sind meiner Meinung nach nicht nur die Bedenken, die sich gegen die Todesstrafe wegen ihrer Irreparabilität erheben, zu beachten, sondern es ist auch weiter zu beachten, daß die Todesstrafe eigentlich praktisch zwecklos ist. Im Sinne der Generalprävention, sagt man, sei die Todesstrafe brauchbar und nützlich. Meine Herren! Ich glaube das bestreiten zu müssen. Es ist schon von einer Seite hier hervorgehoben worden — ich glaube von Herrn Professor Liepmann — daß die Todesstrafe unter Umständen sogar einen Ansporn, einen Anreiz enthalte für gewisse Individuen, Verbrechern, die mit der Todesstrafe belegt worden sind, auf ihrer Verbrechensbahn zu folgen, daß z. B. Anarchisten von der Propaganda der Tat gewöhnlich von Gesinnungsgenossen, die sich im politischen Verbrechertum betätigt haben, zu ähnlicher Betätigung angereizt werden, weil ihnen jene in der Glorie des Martyriums erscheinen. Das ist doch wohl zu beachten. Es hat sich gezeigt, daß gerade in politisch bewegten Zeiten, in denen mit der Todesstrafe doch wirklich nicht sparsam umgegangen wird, die Nacheiferer von politischen Verbrechern, weil diese eben solche Törichten und Irregeleiteten als Märtyrer erscheinen, förmlich aus der Erde wachsen, daß immer neue und neue kommen, daß also die Todesstrafe nach dieser Richtung hin vollständig versagt. Unser längst verstorbener Altmeister Berner hat gerade mit Rücksicht auf das so oft angeführte Argument, daß das Volk in seiner großen Mehrheit für die Todesstrafe sei, gesagt: Die wahre Volksmeinung komme zum Ausdruck in dem traditionellen Abscheu gegen die Person des Henkers, in dem Widerwillen fast jedes Kulturmenschen gegen die persönliche Anwesenheit bei Hinrichtungen. Darin scheint auch mir die wahre Volksmeinung sich kundzugeben. Wenn man auch im ersten Ingrimm über eine Schandtat sagt: dieses Individuum muß vernichtet werden! — wie wird derjenige, der so spricht, sich zu der Frage stellen, ob er der Hinrichtung des von ihm so verabscheuten Verbrechers selbst beiwohnen will? Ich habe mir von Fällen erzählen lassen, wo vier, fünf Missetäter hintereinander hingerichtet worden sind; ich habe es aus dem Munde von Staatsanwälten und Verteidigern gehört, daß sie einen unüberwindlichen Abscheu gegen die Todesstrafe gerade von dem Momente an in sich aufgenommen hätten, wo sie einer solchen Exekution hätten beiwohnen müssen. Ich bin der Meinung, die Todesstrafe ist für uns praktisch nicht notwendig, sie ist entbehrlich, sie ist aber vor allen Dingen, weil sie in das Strafensystem unserer Strafgesetzgebung als einzige irreparable Strafe gar nicht hineinpaßt, durchaus abzulehnen, und darum bitte ich sie, meine Herren, den Antrag des Herrn Justizrats Friedmann anzunehmen. Möge der Juristentag heute denselben Standpunkt vertreten, auf den er sich vor 47 Jahren schon gestellt hat. Es ist auch nicht zuzugeben, daß seither die Auffassung in weitesten Kreisen sich erheblich verändert habe. Sie ist im wesentlichen dieselbe geblieben, und ich bin überzeugt, daß sich im Parlament wiederholen kann und wiederholen wird, was im Jahre 1870 geschehen ist. Damals war bekanntlich zunächst eine Mehrheit gegen die Todesstrafe vorhanden, die sich erst dann zugunsten der Todesstrafe verschob, als Bismarck sein berühmtes Argument gegen die Abschaffung der Todesstrafe vorgebracht hatte, nämlich daß der Hauptgrund gegen die Todesstrafe eine gewisse moralische Feigheit sei.

Nun, meine Herren, ich meine: Nach dem, was ich gesagt habe und was die anderen Herren gesagt haben, wird man uns zugeben müssen, daß sehr gewichtige Gründe gegen die Todesstrafe sprechen, Gründe ganz anderer Art, als jenes Argument, von dem Bismarck seinerzeit gesprochen hat. Ein Staat, der so gefestigt ist in seiner Rechtsordnung, wie der unsrige, bedarf dieses Schreckmittels nicht mehr und kann es ruhig in die Dunkelkammer werfen, in der Folterung und qualifizierte Todesstrafe und ähnliche Dinge längst verschwunden sind.

Kriegsgerichtsrat **Elsner v. Gronow** (Danzig): Meine Herren! Ich will zunächst nur wenige Worte zu Punkt 3 der Abänderungsvorschläge des Herrn Geheimrats Kahl über den Verweis vorbringen. Der Verweis in seiner jetzigen Abgrenzung hat für uns Militärjuristen keine erhebliche praktische Bedeutung, weil Persönlichkeiten unter 18 Jahren der Militärgerichtsbarkeit nur in geringer Zahl unterstehen. Aber vom Standpunkte der Militärjustiz aus möchte ich es doch als ganz wünschenswert ansehen, daß die Grenze über das 18. Jahr hinaus erweitert wird, denn wir haben auf einem anderen Gebiete, nämlich auf dem der Disziplinarbestrafung, die Erfahrung gemacht, daß der Verweis sich als ein sehr segensreiches und praktisches Strafmittel bewährt hat. Es würde jedenfalls im Rahmen der Militärstrafrechtspflege zweckmäßig sein, wenn wir in der Lage wären, den Verweis an Persönlichkeiten zu erteilen, die über 18 Jahre alt sind, und damit eine Freiheitsstrafe oder eine Geldstrafe zu vermeiden.

Was nun die Art der Vollstreckung des Verweises anlangt, so könnte ich dazu ein Wort aus meiner früheren Praxis als Amtsrichter sprechen. In meiner jetzigen Tätigkeit habe ich keinen Verweis erteilt, aber als Amtsrichter habe ich es wiederholt getan. Ich möchte mich auf den Standpunkt stellen, daß es zweckmäßig sein dürfte, den Verweis in mündlicher Form zu erteilen. Vielleicht ist es auch zweckmäßig, das ausführen zu lassen nicht durch den erkennenden Richter selbst, sondern durch den Vormundschaftsrichter. Der ist die Persönlichkeit, die es am besten versteht, zur Jugend zu reden, und oft genug Gelegenheit dazu hat. Wenn der erkennende Richter den Spruch getan hat, kann er das Übrige vertrauensvoll in die Hände des Vormundschaftsrichters legen und es ihm überlassen, den Spruch dem Verurteilten bekanntzugeben. Ich glaube auch, daß es zweckmäßig wäre, den Verweis nicht gerade in großer öffentlicher Verhandlung vorzunehmen, sondern in einer beschränkten Öffentlichkeit, indem etwa nur die Familienangehörigen des betreffenden Verurteilten zugelassen werden. Das würde nach meiner Auffassung sehr segensreich wirken, wenn die Familienangehörigen in der Lage wären, bei den verweisenden und mahnenden Reden des Vormundschaftsrichters mit gegenwärtig zu sein. Eine allgemeine Öffentlichkeit würde ich nicht für zweckmäßig ansehen, weil sonst gerade das geschehen würde, was jetzt sorgfältig vermieden wird, daß nämlich solch ein jugendlicher Mensch vor der Öffentlichkeit gebrandmarkt wird oder nach seiner Meinung eine große Rolle spielt.

Zur Geldstrafe habe ich nichts weiter anzuführen. Was aber die Todesstrafe anbelangt, so möchte ich gerade mit Rücksicht auf § 100 RStGB. mich auch auf den Standpunkt stellen, daß sie unter keinen Umständen abgeschafft werden dürfte. (Sehr richtig!) Ich meine, in der heutigen Zeit anarchistischer und revolutionärer Regungen können wir nicht scharf genug die Autorität des Kaisers und der Landesfürsten umwehren, die Autorität des Staatsoberhauptes und damit des Staates selbst. Wer sich an dieser Autorität vergreifen will, muß eben mit der Möglichkeit des Todes rechnen, und ich meine, daß man aus diesem Grunde allein die Todesstrafe unter allen Umständen wird beibehalten müssen. Aber dann auch keine Konzessionen machen, keine mildernden Umstände einführen! Sie muß dann in der absoluten Nacktheit bestehen bleiben. Auch Todesstrafe für denjenigen, welcher sich irreleiten läßt! Der hat eben die Irreleitung mit zu verantworten. Läßt er sich irreleiten und ist nicht verantwortlich zu machen, so gehört er ins Irrenhaus. (Bravo!)

Landgerichtspräsident Dr. **von Staff** (Breslau): Meine Damen und Herren! Ich glaube, es ist wohl ebenso wie mir auch einer großen Anzahl von Ihnen unerwartet gekommen, daß in der heutigen Tagung sich eine grundsätzliche Debatte über die Frage der Beibehaltung der Todesstrafe im Vorentwurf des Strafgesetzbuches entwickelt hat. Ich hatte auch angenommen, daß dem Standpunkt, auf den sich die beiden Herren Referenten gestellt hatten, diese Bestimmung des Vorentwurfs als etwas Gegebenes anzusehen, auch die heutige Versammlung sich würde anschließen können. Es wäre damit meiner Auffassung nach für die Anhänger der Abschaffung der Todesstrafe ja keineswegs aus der Welt geschafft gewesen, die grundsätzliche Stellung, die im Jahre 1863 der Juristentag angenommen hat. Wenn die Herren die heutige Debatte nicht angeregt hätten, so hätten sie immer noch theoretisch auf dem Standpunkt stehen bleiben können, daß damals der Juristentag ihre Anschauung in der Mehrheit geteilt hat. Es wird also nach meiner Auffassung eine gegenwärtige Erörterung dieser Frage nur durch die Annahme gerechtfertigt werden können, daß ein Antrag, in den Vorentwurf die Abschaffung der Todesstrafe aufzunehmen, Erfolg haben könnte. Nun möchte ich mir aber die rhetorische Frage an jeden der verehrten Anwesenden erlauben: Ist wohl einer unter uns, der glaubt, daß der Vorentwurf Gesetz werden würde in einer Bestimmung, in welcher er die Todesstrafe abschaffen wollte? (Sehr richtig)! Ich glaube, auch diejenigen, welche in ihres Herzens Tiefe die Abschaffung der Todesstrafe wünschen und für gerechtfertigt halten, werden diese Frage mit „Nein" beantworten müssen, mindestens in ihrer großen Mehrheit.

Es ist nun für die Abschaffung der Todesstrafe vieles angeführt worden, aber ich stehe auf dem Standpunkt, das waren zwar m u l t a, s e d n o n m u l t u m. Ich habe aus all den Ausführungen nicht ein einziges Moment herauszuhören vermocht, welches, auf mich wenigstens, irgendwie den Eindruck eines durchschlagenden Beweises gemacht hätte. (Sehr richtig!) Die Frage, die man sich zunächst vorzulegen haben wird, scheint mir doch die zu sein, ob der Staat das Recht hat, einen seiner Bürger aus dieser irdischen Existenz auszutilgen dann, wenn er sich in seiner durch das Leben der einzelnen Staatsglieder gewährleisteten Existenz in der allerschwersten Weise bedroht sieht. Dieses Recht aber, meine ich, muß der Staat haben, mit dem Augenblick, wo man zu der Überzeugung gelangt, daß die Todesstrafe ein notwendiges und geeignetes Repressionsmittel ist. Nun, meine Herren, es ist eine Redewendung, die Sie ja an jedem Tage hören; von dem „Kampf gegen das Verbrechertum", und ich sehe in der Tat nicht ein, warum der Staat nicht das Recht haben sollte, in diesem Kampf dem Gegner gegenüber, der mit dem Morde vorgeht, auch seinerseits mit der Todesstrafe kämpfend zu antworten. Hat der Staat aber dieses Recht, so kann die zweite Frage aufgeworfen werden, ob besondere Momente nachgewiesen werden können, welche die Anwendung dieses Rechtes zur Ungerechtigkeit machen, oder mindestens inopportun erscheinen lassen. Von all den Argumenten, die nach dieser Richtung hin angeführt worden sind, hat nach meiner Auffassung nur eines einen gewissen Schein der Berechtigung — ich sage wohlbewußt: einen Schein der Berechtigung — das ist das Argument der Irreparabilität, in dem Falle, daß ein Unschuldiger zum Tode verurteilt und an ihm die Strafe vollstreckt worden ist. Da möchte ich mir gestatten, an die Herren Befürworter der Aufhebung der Todesstrafe eine zweite Frage zu richten: Können Sie aus unserem deutschen Rechtsleben mir Fälle aus moderner Zeit angeben, in denen festgestellt worden ist, daß eine Todesstrafe zu Unrecht ausgesprochen und vollstreckt worden ist? Man wird, wenn man sich die Beantwortung dieser Frage überlegt, wohl zu dem Schluß kommen, daß dieser Irreparabilität ein besonderes Gewicht als Grund gegen die Todesstrafe nicht beizulegen sein wird.

Sie hat aber nach meiner Auffassung eine Bedeutung nach einer anderen Richtung hin, indem sie nämlich gerade **für** die Beibehaltung der Todesstrafe spricht. Die Todesstrafe ist gerade deshalb ein so besonders wirksames Mittel der Generalprävention, weil der schwere Straftäter sich sehr wohl bewußt ist, wenn sie gegen ihn angewandt wird, dann kann keine Gnade und keine Veränderung der Umstände, kein Thronwechsel und kein damit etwa verbundener allgemeiner Gnadenakt ihm wieder zum Licht der Sonne verhelfen. Deshalb ist die Todesstrafe gerade das Strafübel, welches derjenige Verbrecher immer noch zu scheuen geneigt ist der sich nicht fürchtet, hinter die Mauern des Zuchthauses zu wandern, in der Hoffnung, er werde schon wieder einmal herauskommen

Meine Herren! Ich kann in dieser Beziehung aus eigner praktischer

Erfahrung sprechen, ich bin selbst in der Lage gewesen in früherer Zeit, als Staatsanwalt manches Todesurteil zu beantragen und die Vollstreckung manches Todesurteils demjenigen zu verkünden, dem sie bevorstand, und ich weiß, welche tiefe Wirkung auf die Seelen der Verurteilten das ausgeübt hat, und ich weiß, welcher Schauer der Ehrfurcht vor etwas Großem durch den Schwurgerichtssaal ging, wenn ein Todesurteil gesprochen worden war. (Sehr richtig!) Ich kann mich deshalb nur aus voller innerer Überzeugung der Reihe derjenigen anschließen, welche die Beibehaltung der Todesstrafe für notwendig erachten. (Bravo!)

Aber ich bin allerdings der Meinung, daß die Todesstrafe nur in dem Rahmen angewandt werden soll, in dem ihre Anwendung unerläßlich ist, und ich begrüße es deshalb, daß der Vorentwurf eine Milderung in dieser Beziehung bezüglich des gewöhnlichen Mordes zuläßt. Ich stehe dagegen auf dem Standpunkt von Exzellenz Olshausen, daß bei dem schwersten Falle des Hochverrats im § 100 zu einer solchen Milderung Veranlassung nicht gegeben ist. Es lassen sich ja vielleicht, mindestens theoretisch, ganz besonders leichte Fälle auch dieses schwersten Deliktes konstruieren, denn das Leichte und Schwere muß natürlich immer in Relation stehen in bezug auf den Tatbestand, zu dem es im einzelnen Falle durch das Gesetz in Beziehung gebracht wird. Sollten solche Fälle wirklich einmal eintreten, so würde — darin stimme ich mit Herrn Direktor Aschrott überein — in der Tat der § 83 des Vorentwurfs die Möglichkeit geben, die Todesstrafe nicht im Urteil zur Anwendung zu bringen. Auch die Begründung sieht ausdrücklich vor, daß in diesem Falle nicht nur eine Minderung des Strafmaßes, sondern auch ein Wechsel der Strafart eintreten kann, und ich habe nicht zu finden vermocht, daß davon die Todesstrafe ausgenommen sein sollte. Theoretisch mindestens scheint mir das also sehr wohl möglich zu sein.

Nun, meine Herren, gestatten Sie mir einen kühnen Sprung von der schwersten zur leichtesten Strafe, von der Todesstrafe zum Verweis. Dieses Strafmittel gehört ja in seiner Berechtigung überhaupt und in der Art seiner Anwendung zu den viel umstrittenen Punkten unseres Strafrechtes. Ich persönlich vertrete in dieser Beziehung eine Mittelstellung, ich stehe also etwa auf dem Standpunkt, zu dem Herr Direktor Aschrott sich vorher bekannt hat. Ich begrüße es, daß der Verweis künftig auch Erwachsenen gegenüber anwendbar sein soll, und bin der Meinung, daß er sowohl dem Jugendlichen wie dem Erwachsenen gegenüber durchaus wirksam sein kann, wenn nur der Richter sich dazu entschließt, ihn nur in denjenigen Fällen anzuwenden, die dazu wirklich geeignet sind. Es ist von einem der Herren Vorredner, von dem Herrn

Kriegsgerichtsrat Elsner v. Gronow, darauf exemplifiziert worden, daß im Disziplinarstrafverfahren vor dem Militärgericht der Verweis sich als sehr wirksam erwiesen hat. Ich möchte meinen, daß er in solchen Straffällen, die ihrem Charakter und Inhalt nach eine gewisse Verwandtschaft haben mit den Fällen, die im Disziplinarverfahren abgeurteilt werden, also in nicht eben schwerwiegenden Fällen — der Verweis ist ja auch nur für leichte Fälle bestimmt — sehr wohl guten Erfolg haben kann. Die mündliche Verhängung des Verweises ist zweifellos, nach meiner Auffassung wenigstens, mindestens die erwünschte Form. Ich möchte aber hervorheben, daß es Fälle gibt, in denen diese mündliche Vollstreckung des Verweises nicht möglich oder mit solchen Schwierigkeiten verbunden ist, daß an ihre Stelle besser der schriftliche Verweis tritt, und ich möchte mich deshalb der Anregung an Herrn Geheimrat Kahl anschließen, welche von einem der Herren Vorredner bereits dahin gegeben worden ist, doch das Wort „tunlichst" hier in seiner These einzuschalten. Ich bin der Meinung, daß die mündliche Vollstreckung des Verweises im wesentlichen sich nur dann empfiehlt, wenn der erkennende Richter, der die Hauptverhandlung geleitet hat, der die Akten genau kennt, auch der strafvollstreckende Richter sein kann. Der ersuchte Richter, wenn ihm auch die Akten mit übersandt werden, kann das in der wirksamen Weise nicht tun, und es wird an ihn auch eine sehr große Zumutung gestellt, wenn er etwa deshalb, um diese kleinste aller Strafen zu vollstrecken, ein mehrere hundert Folien dickes Aktenstück sorgfältig durchstudieren soll, um den richtigen Ton für diesen Haupt- und Staatsakt zu finden. In solchen Fällen und auch in Fällen der Krankheit oder Abwesenheit des Verurteilten wird es sich empfehlen, den schriftlichen Verweis anzuwenden, der sich wohl auch so gestalten läßt, daß er seiner Wirksamkeit nicht entbehren wird. Wir müssen doch immer daran festhalten, meine Herren, daß die Strafe des Verweises ja nicht nur angewendet wird in leichteren Fällen, sondern verständigerweise nur angewendet werden kann gegenüber Personen, von denen man nach ihrem Vorleben, ihrem Bildungsstande und ihrer ganzen Persönlichkeit anzunehmen berechtigt ist, daß sie des Ehrgefühls nicht bar sind, und daß es sie doch schwer trifft, wenn ihnen in ernster und eindringlicher Weise vom Stuhle des Richters aus ein Verweis erteilt wird Die Erteilung des Verweises in öffentlicher Sitzung erscheint mir nach der Erfahrung, die ich in der Praxis zu machen Gelegenheit hatte, nicht empfehlenswert, und ich würde diesem Teile der These 3 des Herrn Geheimrats Kahl nicht zustimmen können. Ich möchte in dieser Beziehung einmal darauf hinweisen: Welchen Eindruck sollte es machen, wenn wir uns Jugendlichen gegenüber in jeder Weise bemühen, die Öffentlichkeit vom Strafverfahren auszuschließen, wenn wir alles tun, um die Psyche des Jugendlichen zu schonen, und dann, nachdem wir die Öffentlichkeit aus diesen edukativen Gesichtspunkten für die Verhandlung ausgeschlossen haben, sie wiederherstellen sollten, wenn ein Verweis erteilt werden muß? Und ich kann auch der Auffassung nur in vollem Umfange mich anschließen, daß die Strafe des Verweises von der leichtesten oft zu einer sehr schweren werden würde ehrliebenden Personen gegenüber, wenn von einem vielleicht etwas strengen und seine Worte vielleicht nicht sehr sorgfältig auf die Wagschale legenden und der Eigenart des einzelnen Falles nicht voll Rechnung tragenden Richter ihnen in der Öffentlichkeit ihre Sünden vorgehalten würden. Ich glaube also, daß die Öffentlichkeit die Wirkung des Verweises zwar nach der Richtung erheblich erhöhen würde, daß sie ihn zu einer schwereren Strafe machen würde, daß sie aber im übrigen die Wirksamkeit des Verweises sehr beeinträchtigen würde. Sie würde Beschämung und Entrüstung in vielen Fällen da erregen, wo sie zur inneren Einkehr mahnen und diese herbeiführen soll.

Ich glaube, damit meine Ausführungen jetzt schließen zu sollen. Ich möchte nicht eingehen auf alle diejenigen Punkte, auf die ich morgen in meinem Referat einzugehen Gelegenheit haben werde, die also in Verbindung stehen mit der Freiheitsstrafe und ihrem Vollzug. (Lebhafter Beifall.)

Landgerichtsdirektor Geh. Justizrat **Winkler** (Erfurt): Meine Herren! Ich beantrage,

a) die Androhung der Todesstrafe ist nicht über das geltende Recht hinaus auszudehnen, und

b) an Stelle der Todesstrafe ist nur, wenn ein besonders leichter Fall vorliegt, lebenslängliches Zuchthaus oder Zuchthaus nicht unter 10 Jahren zuzulassen,

zur These Exzellenz Olshausens IIA 1 und der entsprechenden Zusatzthese von Geheimrat Kahl Nr. I.

Meine Herren! Die Thesen, die ich schon niedergeschrieben hatte, bevor die Debatte heute begann, stehen auf dem Standpunkte, daß die Todesstrafe aufrecht zu erhalten ist. Nach dem, was für und dagegen gesprochen worden ist, habe ich keine Veranlassung, darauf weiter einzugehen, und ich kann mich außerordentlich kurz fassen.

Ich meine, wenn man die Androhung der Todesstrafe noch erweiten will, wie das der Entwurf in dem mehrerwähnten § 100 beabsichtigt, müßte uns dafür ein praktisches Bedürfnis nachgewiesen werden. Dieses Bedürfnis ist aber meines Erachtens noch nicht nachgewiesen, es sind auch schon von anderer Seite sehr beachtenswerte Bedenken gegen die Fassung des im § 100 angegebenen Tatbestandes erhoben, deshalb würde ich den Anträgen gegenüber, die die Annahme des § 100 empfehlen, bitten auszusprechen, daß die Androhung der Todesstrafe nicht über das geltende Recht hinaus erfolgen soll. Man muß hierbei davon ausgehen, daß das Recht des Staates an dem Leben eines Staatsbürgers jedenfalls, wie das heute morgen schon gesagt worden ist, nur gegeben ist in den äußersten Fällen, und dazu rechne ich mangels weiteren Beweises nur die, die das geltende Recht aufführt.

Die Hauptsache ist aber für mich die Frage der mildernden Umstände. Es ist heute schon hin und her darüber verhandelt worden. Meine Meinung ist die: Die Zulassung mildernder Umstände neben der Androhung der Todesstrafe hat etwas Bedenkliches. Ich trete vollständig dem anerkennenden Urteile über die Tätigkeit der Geschworenen, das Exzellenz von Plehwe gefällt hat, bei und denke nicht im Entferntesten daran, die Pflichttreue der Geschworenen irgendwie in Frage zu stellen, im Gegenteil, nach meinen langjährigen Erfahrungen als Schwurgerichtsvorsitzender, der eine größere Reihe von Todesurteilen hat fällen müssen, habe ich die Erfahrung gemacht, daß die Geschworenen auch in solchen sehr schwierigen und umfangreichen Strafsachen das Richtige zu treffen vermögen. (Bravo!)

Aber, meine Herren, es ist doch folgendes zu beachten: So schwer, daß der Straffall nicht nach irgend einer Seite hin eine mildere Beurteilung zuließe, wird selten einer sein, und da werden wir es bei der optimistischen und weniger strengen Auffassung, die wir bei den Geschworenen finden, dazu bringen, daß, wenn wir die mildernden Umstände zulassen, die Todesstrafe nur auf dem Papier steht. Ein solches im wesentlichen auf dem Papier stehendes Strafmittel ist aber wirkungslos und nicht zu gebrauchen. Es genügt andererseits vollständig, wenn bei dem Vorliegen besonders leichter Fälle von der Verhängung der Todesstrafe abgesehen wird. Dabei gehe ich davon aus, daß darüber, ob ein so gearteter Fall vorliegt, im Schwurgerichtsverfahren nicht das Gericht, sondern die Geschworenen zu entscheiden haben. Sie tragen dann die Verantwortung, sind darauf festgenagelt und müssen nicht bloß prüfen: Liegen irgendwelche Gründe für eine mildere Beurteilung des Straffalles vor, sondern sie müssen Farbe bekennen und müssen sagen: Es ist das ein besonders leichter Fall, in dem wir das Gericht nötigen, von der Todesstrafe abzusehen und auf lebenslängliche oder mindestens 10jährige Zuchthausstrafe zu erkennen. In den übrigen Fällen tritt die Gnadeninstanz in Wirksamkeit. Das wichtigste Moment gegen die Zulassung von mildernden Umständen scheint mir gerade darin zu liegen, daß wir dadurch ganz außerordentlich und ohne Not in das hohe und althergebrachte Recht der Krone, Gnade walten zu lassen, eingreifen. Zweifellos, meine Herren, in thesi nicht, wohl aber in praxi. Nehmen Sie den Fall: Ein Schwurgericht hat in einem Falle die ihm, wenn Sie die mildernden Umstände zulassen, gestellte Frage verneint und hat gesagt: es liegen keine mildernden Umstände vor. Dann frage ich mich: Kann dann und wird dann die Krone noch von dem schönen Rechte der Gnade Gebrauch machen können?

Das sind die Gründe, weshalb ich Ihnen, meine Herren, empfehle, die Frage so zu lösen: Die Todesstrafe soll beibehalten werden, aber nur in dem jetzigen Umfange, und an ihre Stelle soll Zuchthausstrafe nur in dem Falle treten dürfen, wenn seitens des die Schuldfrage entscheidenden Gerichtes die Frage bejaht ist: es liegt ein besonders leichter Fall vor.

Landgerichtsdirektor **Kloer** (Graudenz): Es ist der Verweis als ein besonders wirksames Strafmittel erwähnt worden. Ich kann nach meiner langjährigen Praxis das nicht bestätigen. Als Vorsitzender einer Strafkammer komme ich zwar nicht dazu, einen Verweis zu erteilen, wohl aber bin ich in vielen Fällen in der Lage gewesen, die Wirkung, die der erteilte Verweis auf die Betreffenden gehabt hat, zu beobachten, und bin zu der festen Überzeugung gekommen, daß die Wirkung gleich Null ist. Wenn ich einen Angeklagten fragte: sind Sie schon einmal bestraft worden? so hat er in 9 von 10 Fällen gesagt: nein, auch wenn er einen Verweis erhalten hatte. Es wird also in der Praxis der Verweis als eine Strafe nicht angesehen, und deshalb bin ich kein Freund der Verweiserteilung. Aber wenn ich vorschlagen wollte, den Verweis als ein Strafmittel preiszugeben, so würde ich wohl mit erdrückender Majorität überstimmt werden. Ich gehe deshalb nicht so weit, sondern sage, daß ich für meine Person nichts dagegen einzuwenden habe, wenn man den Verweis ausdehnt auf ältere Personen. Er ist dafür sogar mehr geeignet als für jüngere, da, wie auf der Hand liegt, ältere Personen ein größeres Verständnis für seine Bedeutung haben.

Wenn wir aber an dem Verweise festhalten, so müssen wir bestrebt sein, auch das Bewußtsein zu erwecken, daß er wirklich eine Strafe ist. Ich muß mich deshalb mit aller Entschiedenheit dagegen aussprechen, daß der Verweis schriftlich erteilt wird, ich muß mich auch dagegen aussprechen, daß er gewissermaßen unter 4 Augen erteilt wird. Auch eine Erteilung des Verweises in der Form einer sanften Ermahnung ist nicht ganz am Platze, wenn man dem Verweis den Charakter als Strafe nicht nehmen will. Ich meine, der Verweis muß erteilt werden in feierlicher Form, in einem tunlichst feierlichen Raume, er muß erteilt werden von dem Kollegium, das auf Verweis erkannt hat, und tunlichst in dem Raume, in dem auf Verweis erkannt worden ist. Ausnahmsweise wird von der Feierlichkeit abgesehen werden können dann, wenn besondere Gründe vorliegen — weite Entfernung, Krankheit oder ähnliche Gründe, die die Erteilung des Verweises in dieser Form unmöglich machen. Dann wird man ihn schriftlich oder durch den ersuchten Richter erteilen müssen; aber es wird doch nur eine Ausnahme sein, daß man ihn in dieser Form erteilt oder erteilen läßt.

Ich bin aber dagegen, daß diese feierliche Form vor der Öffentlichkeit gewählt wird. Ich halte es für verfehlt, den Verweis in öffentlicher Sitzung zu erteilen. Keine Strafe wird in der Öffentlichkeit vollzogen. Im Gegenteil, möglichst geheim, damit niemand etwas merken soll, begeben sich die Bestraften nach dem Gefängnis, möglichst im Stillen wieder heraus. Sie wollen nicht, daß man merken soll, daß sie bestraft worden sind. Wenn man also den Verweis öffentlich erteilen wollte, so würde man daraus ein weit schwereres Strafmittel machen, als er in Wirklichkeit sein soll. Ich meine also, er soll erteilt werden vom Richterkollegium, aber nicht in öffentlicher Sitzung, jedoch tunlichst in den Formen einer solchen.

Was die Geldstrafe angeht, so begrüße ich es mit Freuden, daß die Geldstrafe auch in Raten soll bezahlt werden können. Dagegen glaube ich, daß man dem Richter einen Gefallen tun würde, wenn man für die Fristbestimmung für die Bezahlung der Geldstrafen gewisse Schranken ziehen wollte. Ich meine, vielleicht in der Form, daß man sagte: bis 1000 M. ist zwei Jahre Frist erlaubt, darüber hinaus drei Jahre. In irgend einer Weise muß die Freiheit des Richters hier eingeschränkt werden, sonst muß dem Richter vor seiner Allmacht bange werden, und die Verschiedenheit in der Praxis würde ganz kolossal sein und auf das Publikum unbefriedigend wirken.

Justizrat **Lenzberg** (Hannover): Meine Herren! Ich bin entschieden dafür, die Strafe des Verweises auch für Großjährige aufzunehmen. Selbstverständlich ist es, daß diese Strafe nur in ganz besonderen Fällen angewandt werden kann. Sie muß auch so konstruiert werden, daß sie als Strafübel wirkt.

Wenn der Herr Vorredner meint, der Verweis werde niemals als Strafe empfunden werden, und sich für diese seine Ansicht darauf bezieht, daß die Angeklagten bei Befragung nach ihren Vorstrafen die Vorstrafe des Verweises gar nicht anzugeben pflegen, so dürfte dies wohl ein Trugschluß sein.

Im Publikum ist vielfach die Meinung verbreitet, daß als Vorstrafe nur die Freiheitsstrafe in Frage komme. Es werden deshalb häufig auch die Geldstrafen nicht angegeben.

Nicht zu verkennen ist, daß es eines gewissen Taktes des Richters bedarf, die richtigen Fälle für die Strafe des Verweises auszuwählen.

So würde meines Erachtens ein Verweis nicht am Platze sein in dem Falle, welcher vorhin angeführt wurde, wo es sich um einen Studenten handelt, welcher in trunkenem Mute Laternen ausgedreht hat.

Hier würde wohl der Verweis, der dem Angeklagten in Gegenwart seiner im Zuschauerraum befindlichen Kommilitonen erteilt wurde, nicht erschütternd auf ihn wirken, vielleicht aber auf das Zwerchfell der anderen. (Heiterkeit.)

Aber es gibt vielfach Fälle, wo es heute dem Richter in der Seele weh tut, auf eine Gefängnisstrafe erkennen zu müssen. In solchen Fällen ist es eine Wohltat, auch die Strafe des Verweises zur Hand zu haben.

So wird ein Fabrikherr seinen Arbeiter, wenn er auch nur einen Tag Gefängnis gehabt hat, schon der anderen Arbeiter wegen ungern wieder einstellen, während dies bei der Strafe des Verweises kaum Schwierigkeiten machen würde.

Ich betrachte es gerade als einen Hauptvorzug des Entwurfs, daß er für die verschiedenen Delikte in größerem Umfange mehrere Strafarten zur Wahl stellt, gleichsam eine möglichst große Speisekarte, wenn das Wort erlaubt ist, auflegt, die meines Erachtens sogar noch vergrößert werden könnte. Doch darüber werden wir uns ja wohl erst morgen zu unterhalten haben, insbesondere auch darüber, welches große Vertrauen damit dem Richterstande entgegengebracht wird und ob hier nicht gewisse Kautelen am Platze wären.

Wie der Verweis erteilt werden soll? Ich möchte mich dafür aussprechen, daß er öffentlich erteilt werde. In der Praxis spielt sich ja die Sache meistens so ab, daß derjenige, welcher mit einem Verweise davonkommt, sofort die Strafe annimmt, und wenn dann der Staatsanwalt auf Rechtsmittel verzichtet, der Verweis sofort erteilt werden kann. Das ist entschieden das Wirksamste. Und die Öffentlichkeit? Warum hier so blöde?

Man läßt es doch zu, daß in den Zeitungen die Strafurteile, auch wenn es sich um eine Lappalie handelt, verbreitet und damit die Verurteilten in breitester Öffentlichkeit bloßgestellt werden. Und gerade der Verweis rechtfertigt die Öffentlichkeit. Bei den Freiheitsstrafen liegt doch das Strafübel eben in der Entziehung der Freiheit und dieses Übel ist vorhanden, auch wenn der Betreffende die Strafe heimlich abmacht und vielleicht seine Abwesenheit mit einer Reise nach Marienbad entschuldigt. — Die Strafe des Verweises ist eine staatliche Rüge und um diese wirkungsvoll zu gestalten, muß sie vor versammeltem Volke erfolgen.

Was die Geldstrafe betrifft, so erscheint sie mir als das beste Strafmittel, welches wir haben. Sie ist in jeder Richtung meßbar, von der kleinsten bis zur höchsten Summe zu teilen und somit jedem Einzelindividuum nach seinen Verhältnissen anzupassen.

Der einzige Fehler, den diese Strafe hat, ist ja schon hervorgehoben. Es gibt immer noch Leute, die auch die geringste Geldstrafe nicht zahlen können. Ich will mich hier nicht in Einzelheiten verlieren, ich möchte nur befürworten, daß dem Richter die Möglichkeit gegeben werde, auch prozentuale Geldstrafen nach dem Einkommen festsetzen zu können. Das wird sich in gewissen Fällen außerordentlich empfehlen und dem Gerichtigkeitsgefühle entsprechen. Man könnte dabei sogar wunderbar die Einziehung auf den Steuerfiskus abschieben, der doch besonders findig ist in der Einziehung von Geldbeträgen und vielleicht noch etwas hereinbekommt, wo die Gerichtskassen längst versagen. Wie gesagt, man sollte den Versuch wagen, diese Art der Verhängung der Geldstrafe dem Richter wahlweise zu überlassen.

Viel gerühmt ist nun die Bestimmung des Entwurfs, daß die Geldstrafe in Raten abgezahlt werden kann. Meines Erachtens ist dies aber nicht so etwas überraschend Neues. Die Gerichtskassen sind schon heute in dieser Richtung sehr entgegenkommend. Wenn die Möglichkeit gegeben ist, das Geld in Raten zu bekommen, werden die Fristen in liberalster Weise bewilligt.

(Landgerichtspräsident **von Staff:** Das ist nur bei den Kosten!)

Dann muß ich mich allerdings berichtigen. Die Neuerung ist dann jedenfalls mit Freuden zu begrüßen.

Was soll nun geschehen, wenn die Geldstrafe nicht eingezogen werden kann? Es liegt darin offenbar eine große Härte, einen Menschen, weil er nicht zahlen kann, nunmehr ins Gefängnis zu stecken.

Es ist doch schon ein persönliches Pech dieses Menschen, daß er das Geld nicht hat. Sofern hier ein Ausweg gefunden werden kann, die Freiheitsstrafe zu vermeiden, soll er unbedingt betreten werden. Hier sieht ja der Entwurf zunächst vor, daß auch ein Abarbeiten der Geldstrafe möglich ist und diese Bestimmung ist gewiß sehr erfreulich. — Aber schließlich gibt es auch Fälle, wo ein Abarbeiten beim besten Willen nicht möglich ist und dann muß eben ein anderes Strafmittel an die Stelle treten. Es ist vorhin gesagt worden, Haft können wir in solchem Falle nicht geben. Die Haft ist ja custodia honesta geworden; Menschen, die eine Geldstrafe nicht bezahlen können, können wir nicht mit Duellanten und dergleichen zusammensetzen. Da scheint es ja fast, als ob es wie ein Ehrentitel angesehen werden solle, wenn man mit Haft bestraft wird. Das geht denn doch wohl zu weit.*)

Es dürfte ein ganz korrekter Standpunkt des Entwurfs sein, die niedrigste, zulässige Freiheitsstrafe und insbesondere nicht entehrende Strafe an die Stelle der Geldstrafe zu setzen. Ich wünschte aber, daß hier noch eins hinzukäme, nämlich, daß dem Richter die Möglichkeit gegeben werde, die nicht einziehbare Geldstrafe völlig zu streichen. Bei niedrigen Geldstrafen, die nicht einziehbar sind und auch nicht abgearbeitet werden können, muß die Möglichkeit bestehen, die große Härte, die darin liegen kann, an Stelle dieser Geldstrafe Haft setzen zu müssen, vermeiden zu können.

Über die Todesstrafe nur noch einige Bemerkungen: Ich selbst bekenne mich als Gegner der Todesstrafe.

Es wird gesagt, es sei vorläufig aussichtslos, die Abschaffung der Todesstrafe zu beantragen. Die Regierung werde unter keinen Umständen die Todesstrafe fallen lassen. Aber wenn ich heute Morgen die Begrüßungsreden richtig verstanden habe, so wollen wir doch weniger praktische Vorschläge machen; wir legen doch das Hauptgewicht darauf, gleichsam das juristische Gewissen des Landes zu repräsentieren. Und schließlich haben wir heute soviel schmeichelhafte Worte gehört, daß wir uns eigentlich sagen können; wir können es schon riskieren, auch eine Auffassung zu vertreten, die der Regierung augenblicklich nicht genehm ist. Die Regierung wird immerhin unsere Meinung hören und respektieren.

Auf den im Jahre 1863 gefaßten Beschluß des Juristentages können wir uns nicht berufen. Dieser Beschluß ist erledigt, seitdem unser Straf-

*) Ich bemerke hierzu, daß ich hierbei die Ausführung eines der Herren Vorredner im Auge hatte; diese Ausführung aber meinerseits mißverstanden worden war.

gesetzbuch mit der Todesstrafe in Kraft getreten ist. Ich habe die Empfindung, als ob wir, ich möchte fast sagen, anständiger Weise nicht recht vermeiden können, zu dieser Frage prinzipiell Stellung zu nehmen und ob es nun im Blätterwalde so oder so rauschen wird, wir müssen hier Farbe bekennen. Aus den Ausführungen der Herren Vorredner glaube ich entnehmen zu können, daß hier die größere Stimmung für Beibehaltung der Todesstrafe ist. Die angeführten Gründe haben mich aber nicht überzeugt. Insbesondere ist hervorgehoben, das Deutsche Volk verlange die Todesstrafe. Andererseits ist man aber sehr ängstlich, daß die Geschworenen sich durch Gewährung von mildernden Umständen um die Todesstrafe herumdrücken würden. Das sind doch die Repräsentanten des Volkes. (Sehr richtig!)

Näher auf die Gründe und Gegengründe einzugehen, ist gewiß nicht an der Zeit, aber das darf ich wohl noch kurz sagen, die Todesstrafe ist eine ganz rohe Strafe, sie paßt nicht in unser System, sie ist nicht nur irreparabel, sondern auch incommenserabel. Ich muß mich wundern, daß gerade die Richter so sehr für die Beibehaltung sind. Wenn ich mich als Richter denke, würde es für mich etwas Furchtbares sein, auf Todesstrafe erkennen zu müssen, insbesondere um deswillen furchtbar, weil ich trotz Beobachtung aller Umstände den Gedanken nicht los werden würde, ob ich nicht doch ein Unrecht begangen hätte. Denn wir sehen doch mehr oder weniger nur die nackte Tat, wir sehen aber nicht die Wurzeln, aus welchen sie entsproß. Was hier auf das Konto der Geburt, der Erziehung und der sozialen Verhältnisse geschrieben werden muß, können wir nicht erkennen. Und gerade weil wir das nicht erkennen können, ist bei jedem Strafen ein gewisses Erbarmen am Platze. Und deshalb fort mit der Todesstrafe! Wo die Todesstrafe für das Wohl des Staates, wie etwa in Kriegsfällen, notwendig ist, da muß sie selbstverständlich beibehalten werden, aber wo der Beweis der Notwendigkeit fehlt, ist sie zu beseitigen. Es genügt da vollständig, den Verbrecher in anderer Weise unschädlich zu machen. Die Gegner tun so, als würden wir von sentimentalen Regungen beherrscht und wollten die Verbrecher in Watte wickeln. Das ist nicht der Fall. Der Schuld entsprechende harte Strafen müssen sein. Aber wenn man bedenkt, wie das Zuchthaus den Menschen zermürbt, so kann es noch fraglich erscheinen, wer die härtere Strafe will.

Ich meine, daß mancher, vor die Wahl gestellt, sagen würde: Lieber den Kopf herunter, als 10 Jahre ins Zuchthaus oder gar lebenslänglich! (Bravo!)

Wirkl. Geh. Oberregierungsrat **Krohne** (Berlin): Meine Herren! Gestatten Sie Ihrem Gutachter nur ein paar Worte. Es ist für mich eine gewisse Genugtuung gewesen, daß meine Vorschläge in betreff Ausgestaltung der Geldstrafe, wenn auch nicht ungeteilten Beifall gefunden haben, aber daß man sich doch etwas mehr damit befreundet hat, die gewöhnliche Geldstrafe in Gestalt einer Straffsteuer zu erheben. Alle die Möglichkeiten, welche Sie hier erwogen haben, wie man die Geldstrafen teilen soll, um sie beizubringen, sind so schwierig, daß ich hoffe, wir werden doch noch zu der Straffsteuer kommen. Der zweite Gedanke, den ich ausgesprochen habe, daß die Geldstrafe im Falle der Uneinbringlichkeit, niemals ersetzt werden solle durch eine Freiheitsstrafe, scheint sich mehr und mehr durchzuringen. Denn Geld und Freiheit sind doch schließlich einfach inkomparable Dinge, während Geld und Arbeit wohl miteinander in Beziehung zu setzen sind. Die Beträge der Straffsteuer sind für den weitaus größten Teil derer, welche in eine Geldstrafe genommen werden, sehr gering. Bei denen, welche überhaupt nicht zur Einkommensteuer veranlagt sind, bei denen wir die sogenannte fingierte Einkommensteuer einsetzen müssen, handelt es sich am Schlusse eines Vierteljahres um 1,50 M. oder 1 M. oder 75 Pf. Stellen Sie den Verurteilten vor die Frage, ob er 1,50 M. bezahlen oder ins Gefängnis gehen und sie dort abarbeiten will, und eröffnen Sie ihm dabei, daß seine Arbeit im Gefängnis nur höchstens 1 M. wert sei, so zahlt er die 1 M., das kann ich nach meiner 40jährigen Erfahrung in der mir Tausende solcher Menschen durch die Hände gegangen sind, sagen. Wenn Sie nun gar differenzieren wollen und sagen: 1 Tag Zuchthaus soll 15 M. und 1 Tag Gefängnis 10 M. und 1 Tag Haft 2 M. wert sein, das ist dem Verurteilten höchst gleichgültig. Es ist mir der Fall vorgekommen, daß jemand, der eine subsidiäre Gefängnisstrafe absitzen sollte, sagte: Herr Direktor, kann das nicht in Zuchthaus umgewandelt werden, dann sind es ja 15 M.? Und ein anderer Fall: Ich hatte einen Mann, dessen Strafe war abgelaufen, er wurde aber durch ein Versehen länger festgehalten, als es sein durfte, es war die Umrechnung der Geldstrafe in Zuchthausstrafe nicht ganz richtig berechnet. Der Mann wußte das ganz genau, er schwieg still, saß ruhig seine 8 Tage länger ab, und als er fertig war, sagte er: Herr Direktor, darf ich mir meine 8 mal 15 Mark ausbitten?! (Große Heiterkeit.) Verzeihen Sie, es ist vielleicht der Würde der Versammlung nicht angemessen, derartige kleine Züge zu erzählen, die etwas Anekdotenhaftes haben, aber, meine Herren, sie illustrieren doch die ganze Frage. Glauben Sie mir, wir kommen mit der Straffsteuer aus der Sache am besten heraus. Natürlich, wenn Sie einen Wucherer zu 5000 M. Geldstrafe verurteilt haben, da werden Sie ihn die Strafe nicht absitzen lassen, sondern Sie legen die Hand auf sein Geschäft und pressen ihn aus bis zur letzten Mark.

Nun noch die Frage, meine Herren, wenn der Verurteilte nicht zahlen und auch nicht arbeiten kann. Ich sehe meinen verehrten Herrn Mitberichterstatter von Staff, der an der Spitze des Fürsorgewesens in der Provinz Schlesien steht und nicht bloß mit seinem Verstande, sondern auch mit der Seele und dem Herzen dabei ist. Der wird schon Mittel und Wege finden, daß ein armes, unglückseliges, arbeitsunfähiges Weib auch die 3 M. bekommen kann, um ihre Strafe zu bezahlen; Sie müssen den Verein nur nicht wegen Beihilfe zur Gefangenenbefreiung bestrafen.

Das zweite war die Frage wegen der sogenannten Aufenthaltserlaubnis. Ich habe mich sehr gefreut, daß mein Vorschlag, an die Stelle der Polizeiaufsicht die Verweisung an einen bestimmten Ort zu setzen, Beifall gefunden hat. Ich glaube, gerade in dem italienischen Confino liegt ein außerordentlich gutes Mittel, um einen Menschen, der in Gefahr ist, vollständig im Verbrechen unterzugehen, davor zu bewahren. Allerdings nur unter einer Bedingung — und da wende ich mich wieder an mein verehrtes Gegenüber —, unter der Bedingung, daß in solchen Fällen die Fürsorge eintritt, und ihm sagt (Zuruf: Arbeit schaffen!) du kannst ruhig hingehen, nach Marggrabowa oder sonst wohin, wir sorgen für Arbeit, und wenn es sein muß, sorgen wir auch für das erste Unterkommen und dafür, daß du das Notwendigste zum Leben hast. Das sind Aufgaben, welche den Fürsorgeorganisationen gestellt werden zur Rehabilitierung der aus dem sozialen Gleichgewicht Gerückten. Ich habe mich sehr gefreut, daß diese beiden Vorschläge in meinem Gutachten doch einige Zustimmung gefunden haben. (Lebhaftes Bravo!)

Landgerichtsdirektor Dr. **Warnatsch** (Berlin): Meine Herren! Ich möchte mich nur mit dem mildesten Strafmittel beschäftigen, mit dem Verweis. Ich bin Gegner des Verweises in seiner heutigen Anwendung gegen Jugendliche und wende mich auch gegen eine Ausdehnung des Verweises als Strafmittel auf Erwachsene. Ich meine, der Verweis ist überhaupt nur da am Platze, wo von der Bestrafung nach Maßgabe der künftigen neuen StPO. wird abgesehen werden können, wo der Jugendliche dem Vormundschaftsrichter überwiesen werden kann, wo eine strafgerichtliche Verfolgung überhaupt nicht stattfindet, sondern nur eine Erziehungsmaßregel des Vormundschaftsrichters in Frage steht. Meine Herren! Ich darf hier auch auf meine Erfahrung verweisen. Ich bin Vorsitzender einer sogenannten Jugendstrafkammer, die in Berlin seit etwa 2 Jahren am Landgericht III besteht, und ich bestätige die Erfahrung, die bereits der Herr Kollege aus Graudenz mitteilte, daß der Verweis in der Mehrzahl der Fälle wirkungslos ist, als Strafe überhaupt nicht empfunden wird. Ein Beweis für die Wirkungslosigkeit des Verweises ist es auch, daß, wie eben der Herr Kollege betonte, wenn man diese Jugendlichen, die mit Verweis vorbestraft sind, fragt: bist du schon bestraft? sie behaupten, sie seien nicht bestraft, auch wenn sie, wie mir das wiederholt begegnet ist, nicht bloß einmal, sondern zweimal mit einem Verweise bestraft worden sind. Man meint dann wohl, man habe sich geirrt, man sieht noch einmal das Strafregister genau durch, man argwöhnt auch, es könnte übersehen worden sein, die Strafe zu vollstrecken. Stellt man dann die Erteilung des Verweises fest und fragt: Du bist doch vor den Herrn Amtsrichter geladen worden, was hat er denn zu dir bei der Erteilung des Verweises gesagt? so bleibt der Jugendliche dabei: „Ich bin nicht bestraft; denn ich bin ja noch nicht in Haft gewesen." Man hat doch nicht mit der Wirkung bei einem Strafmittel zu rechnen, die wir ihm theoretisch beimessen, sondern mit der Wirkung, die von den Bestraften selbst empfunden wird, und da bleibe ich dabei: Der Verweis wird von dem Jugendlichen als Strafe überhaupt nicht empfunden, sondern lediglich als Erziehungsmittel angesehen, wie er in der Schule hingenommen wird, als Rüge und nicht als Strafe. —

Ich bin aber auch gegen eine Ausdehnung des Verweises auf Erwachsene. Ich meine, auch da kann er eine besondere Wirkung nicht haben, keine andere Wirkung, als jede Verurteilung überhaupt hat. Kommt es zu einer Verurteilung, so wird dadurch selbst schon ein Verweis ausgesprochen, nämlich eine ernste Mißbilligung des Verhaltens des Angeklagten. Der Verweis erscheint sonach als ein superfluum, das zur Verurteilung hinzugefügt wird. Will man im Sinne des Verweises etwas geschehen lassen, so sehe man von der Verurteilung, von einer Bestrafung überhaupt ab und sage dem Täter: dein Versehen ist so leicht, daß du diesmal ohne jede Strafe davonkommst; du bist verwarnt (cf. § 83 des Vorentwurfs).

Ich kann mir also für den Regelfall einen Erfolg des Verweises nicht versprechen. Aber es gibt Umstände, unter denen der Verweis, welcher doch die mildeste Strafe sein soll, von den Erwachsenen als härteste empfunden werden würde. Es kommt nämlich darauf an, wie er ertelt wird, wie die Begründung der Rüge gegeben wird — gerade gegenüber den Erwachsenen. Denken Sie, wie verschieden die Verkündung und die in der Hand des Vorsitzenden liegende Art der Urteilsbegründung, insbesondere bei der Strafzumessung, ausfallen, mehr oder weniger das Ehrgefühl verletzen und deshalb einen Erwachsenen schon bei einer kleinen Geldstrafe hart treffen kann. Nun soll nach dem Vorschlage von Herrn Geheimrat Kahl Angeklagter zur Verweiserteilung noch einmal vorgeladen werden, noch einmal in die peinliche Situation kommen, sich vor dem Gerichtshof in öffentlicher Sitzung zu stellen, hier soll sein Fall, der schon halb in Vergessenheit geraten war, noch einmal erörtert werden. Ich meine, unter solchen Umständen wird der Verweis als eine viel schwerere Strafe empfunden werden, als die Geldstrafe. Ist ein Mann zu 3 M. Geldstrafe verurteilt, da wird er sie ruhig zahlen und lieber hinnehmen, als den Verweis, durch welchen die Straftat nach 4—6 Wochen wieder inszeniert, der Öffentlichkeit aufs neue kundgegeben und womöglich wieder in die Presse gebracht wird. Das spricht von vornherein gegen die öffentliche Erteilung des Verweises. Ich kann nur dem Antrage, den Herr Professor Liepmann gestellt hat, beipflichten, daß wir überhaupt den Verweis als Strafe fallen lassen, sowohl gegen Jugendliche, als auch in der von Herrn Geheimrat Kahl empfohlenen Ausdehnung gegen Erwachsene; beizubehalten ist der Verweis nur als Erziehungsmittel in der Form der Verwarnung oder Abmahnung durch den Vormundschaftsrichter gegen die vor dem Strafverfahren bewahrten Jugendlichen.

Landgerichtsdirektor **Aschrott** (Berlin): Ich stelle den Antrag, statt des Antrages Olshausen II A und statt des Antrages Kahl I folgenden Satz anzunehmen:

Die Bestimmungen des Vorentwurfs über die Todesstrafe sind dahin zu ergänzen:

1. daß auch bei Hochverrat nach § 100 des Vorentwurfs dem Gerichte gesetzlich die Möglichkeit gegeben wird, statt auf Todesstrafe auf Zuchthausstrafe zu erkennen,
2. daß der Vollzug der Todesstrafe für das Reichsgebiet einheitlich gestaltet wird.

Ich habe, wenn ich zur Begründung dieses Antrages ein paar Worte hinzufügen darf, den Antrag so gefaßt, daß, wie ich glaube, alles Wesentliche, was Geheimrat Kahl in seinem Antrage sagt, auch darin enthalten ist. Ich habe aber durch die Worte: „die Bestimmungen des Vorentwurfs über die Todesstrafe sind dahin zu ergänzen“ an Stelle der einleitenden

Worte des Antrags Olshausen: „Es ist zu billigen, daß" usw. denjenigen Herren, die prinzipielle Gegner der Todesstrafe sind, die Möglichkeit gegeben, für den Antrag zu stimmen, ohne daß sie ihr Gewissen bezüglich des Strafmittels der Todesstrafe in irgendeiner Weise belasten. Ich halte es — das habe ich vorher schon ausgeführt — nicht für richtig bei dem großen Gesetzeswerke, über das wir debattieren, die Frage: Todesstrafe oder nicht? als eine wesentliche in den Vordergrund zu schieben. Es würde allerdings, das gebe ich zu, für die Herren, die Gegner der Todesstrafe sind, schwer sein, einen Satz anzunehmen, wie der des Antrags Olshausen: „Es ist zu billigen, daß der Vorentwurf" usw. Die Herren können aber nach meiner Meinung ganz gut für den Antrag, wie ich ihn jetzt gestellt habe, stimmen. Sie halten dabei ihr Gewissen ganz frei; sie bleiben prinzipielle Gegner der Todesstrafe, aber sie halten es nicht für opportun, gegenüber dem großen Gesetzeswerke die Frage, ob Todesstrafe oder nicht, zu einer entscheidenden zu machen.

Ich bitte Sie, meine Herren, den Antrag anzunehmen.

Auf Veranlassung des Vorsitzenden werden nunmehr von den einzelnen Antragstellern die Anträge verlesen, die sie während der Debatte eingebracht haben.

Prof. Dr. **Köhler** (München): Von Herrn Kollegen Thomsen und mir ist ein Antrag, ebenfalls zur Todesstrafe, eingebracht worden, derselbe lautet zu These 1a von Exzellenz Olshausen folgendermaßen:

> Insbesondere ist zu billigen, daß sie a) in den Fällen des Mordes (§ 212) wahlweise neben Zuchthaus, in den Fällen des schwersten Hochverrats ausschließlich angedroht ist. Jedoch ist sie auch in den Fällen des § 100 nur bei Mord und Mordversuch, nicht aber bei Totschlag und bei Vorbereitungshandlungen, ausschließlich am Platze.

Wenn ich ebenfalls ein paar Worte hinzufügen darf, so ist es meine Ansicht, daß der Juristentag einer Meinungsäußerung über die Todesstrafe doch nicht ausweichen sollte, und wenn Herr Direktor Aschrott gemeint hat, es könnten bei Annahme seiner Fassung diejenigen, welche für Abschaffung der Todesstrafe sind, trotzdem für den Antrag sich erklären, so wäre dies ein Ausweichen, während meines Erachtens der Juristentag offen erklären müßte, ob er für Beibehaltung der Todesstrafe im gegenwärtigen Zeitpunkte ist oder dagegen. Ist dies der Fall, so dürfte unser

Antrag am besten den gegebenen Verhältnissen gerecht werden, weil ich nach wie vor der Ansicht bin, daß der Schutz des Staatsoberhauptes doch ein weitergehender sein muß, als der der übrigen Personen, daß ferner, wenn es sich hierbei um das allerschwerste Delikt, um Mord und Mordversuch, handelt, die absolute Todesstrafe das richtigste Generalpräventivmittel ist, daß dagegen die erweiterte Anwendung der Todesstrafe nach § 100 des Entwurfes auf Totschlag und Vorbereitungshandlungen nicht empfehlenswert ist, daß also hierfür Todesstrafe nicht oder doch nicht an alleiniger Stelle am Platze ist. Das will dieser, unser Antrag ausdrücken.

Professor Dr. **Goldschmidt** (Berlin): Ich habe folgende Abänderungsanträge zu den Leitsätzen der Referenten zum Thema 4a eingebracht:

Erstens zu den Leitsätzen Olshausen zu II A 1a und den Leitsätzen von Kahl zu I 1:

> „Bei Vorliegen „mildernder Umstände" ist dem Richter allgemein ein nach den ordentlichen Strafrahmen abgestuftes Strafmilderungsrecht einzuräumen."

Ferner zu II B 1a von Exzellenz Olshausen:

> „Gegenüber „Übertretungen" ist die Geldstrafe als ausschließliche Strafe zu verwenden. Dies setzt voraus, daß die „Übertretungen" auf reine Polizeiübertretungen beschränkt werden."

Dann zu II B 1d von Exzellenz Olshausen:

> „An Stelle der „Haft" als Ersatzstrafe hat gegen Arbeitsfähige, entsprechend dem Beschlusse des 23. Juristentages und dem Gutachten Krohnes, Abverdienen der uneinbringlichen Geldstrafen in einer Anstalt (Gefängnis, Arbeitshaus) zu treten unter Bestimmung einer Maximaldauer der Anhaltung."

Endlich noch zu Leitsatz IV von Kahl; aber ich darf sagen, daß hier Herr Geh. Rat Kahl zustimmt, und infolgedessen wird es wohl so zu behandeln sein, als ob Kahl seinen Leitsatz abgeändert hat. Dann würde der Leitsatz IV von Kahl so lauten:

> „Sollen die aus dem bisherigen Institut der Polizeiaufsicht hervorgegangenen Übelstände mit Eintritt des neuen Strafgesetzbuchs beseitigt werden, so ist § 53 des Vorentwurfs zu streichen, und es bedarf im Einführungsgesetz einer zusätzlichen Normativbestimmung, durch welche die Befugnis der Einzelstaaten zu sicherheitspolizeilichen Aufenthalts-

verboten insoweit beschränkt wird, als notwendig ist, um bestraften Personen eine gesicherte Arbeitsgelegenheit zu erhalten und ihren Rückfall ins Verbrechen zu verhindern."

Ich darf zur Erläuterung dieses Antrages noch bemerken, daß er sich keineswegs gegen die Maßnahmen richtet, welche Herr Geh. Rat Krohne und Herr von Staff als eine segensreiche soziale Einrichtung gepriesen haben, er geht nur gegen die Aufenthaltsbeschränkung des Entwurfs, welche ein Rest der Polizeiaufsicht ist.

Vorsitzender: Ferner liegt noch ein Antrag von Landgerichtsdirektor Dr. Aschrott (Berlin) vor, ein Zusatzantrag zu Kahl III, zum Verweis, der lautet:

„Die Strafe des Verweises hat in Erteilung einer Rüge zu bestehen. Der Verweis wird vom Richter und zwar tunlichst mündlich erteilt."

endlich ein Antrag von Professor Liepmann (Kiel):

„Der Verweis ist als Strafe sowohl Jugendlichen wie Erwachsenen gegenüber abzulehnen."

Das Wort hat Herr Dr. Graf zu Dohna.

Professor Dr. Graf **zu Dohna** (Königsberg): Ich möchte zu dem Antrag Aschrott noch einen Punkt zur Erwägung geben. Ich stimme durchaus dem Vermittlungsantrag zu und möchte nur fragen, ob es nicht richtig wäre, in den Fällen, wo ein Hochverräter nach Ansicht des Gerichtes die Todesstrafe nicht verdient zu haben scheint, die Möglichkeit in den Entwurf aufzunehmen, die custodia honesta an Stelle der Todesstrafe treten zu lassen. Der Sprung von der Todesstrafe zu lebenslänglichem Zuchthaus scheint gerade für dieses Delikt kein angemessener zu sein, und die Festungshaft in unserem Strafgesetzbuch ist gerade diejenige Strafe, die in den Fällen des Hochverrats, die nicht mit dem Tode bedroht sind, dem Gesetzgeber als angemessene Strafe erschienen ist. Gibt es also Fälle, in denen nach Ansicht des Gerichtes die Todesstrafe nicht angezeigt erscheint — das dürften Fälle sein, in denen von einer ehrenrührigen Gesinnung des Täters nicht die Rede sein kann —, so würde lebenslängliches Zuchthaus oder Zuchthausstrafe überhaupt noch weniger angemessen erscheinen als Todesstrafe. Also ich glaube, es liegt im Ideengang des heute geltenden Rechts und auch des Entwurfs, wenn wahlweise neben die Todesstrafe sowohl Zuchthaus als auch custodia honesta, über deren Eigenart wir heute noch nichts ausmachen können — der Vorentwurf nennt sie Haftstrafe — treten kann. Ich würde also bitten, in den Antrag Aschrott noch die Worte aufzunehmen: „oder lebenslängliche Haft" — unter der Voraussetzung, das sei die custodia honesta des kommenden Gesetzes.

Landgerichtsdirektor Dr. **Aschrott:** Nur ein Wort dazu! In meinem Antrag steht nichts von lebenslänglicher Zuchthausstrafe, sondern es heißt: dem Gerichte die Möglichkeit zu geben, statt auf Todesstrafe auf Zuchthaus zu erkennen — also nicht bloß lebenslängliches Zuchthaus.

Professor Dr. Graf **zu Dohna:** Dann ziehe ich das Wort „lebenslänglich" zurück.

Der Vorsitzende beantwortet eine Anfrage aus der Versammlung, ob heute über den Antrag auf Aufhebung der Todesstrafe abgestimmt werde, dahin, daß darüber später noch ein Antrag kommen werde, und erteilt zur Geschäftsordnung das Wort an Senatspräsident Dr. Olshausen.

Senatspräsident Dr. **Olshausen,** Exzellenz, (zur Geschäftsordnung): Ich glaubte, daß wir heute Morgen auf Grund einer stattgefundenen Geschäftsordnungsdebatte festgestellt haben, daß eine Abstimmung heute überhaupt nicht stattfindet. Das Ganze ist eine einheitliche Frage, und wenn wir nicht wissen, wie die Freiheitsstrafe geregelt wird, können wir über nichts schlüssig werden, auch nicht über die Todesstrafe. Ich halte die Auffassung, die ich privatim vertreten hörte, daß die Todesstrafe unabhängig davon stehe, für ganz irrtümlich. Ich habe auch Ausführungen gehört, wo ein Redner schilderte, daß 10jährige Zuchthausstrafe etwas horrendes sei. Ich erwarte von ihm, daß er morgen mit Entschiedenheit gegen lebenslängliche Zuchthausstrafe sprechen wird. Eine Abstimmung darf, glaube ich, heute nicht erfolgen. (Bravo!)

Vorsitzender: Es hat allgemein diese Ansicht bestanden und ich habe nur einem Antrag in dieser Richtung entgegengesehen. Darüber sind wir, glaube ich, einig, daß wir über die Punkte, die in der Frage 4 a zusammengefaßt sind, nur zusammen abstimmen können. Aber ich halte es für durchaus zweckmäßig, wenn wir noch weitergehen und über das ganze Thema, das uns heute und morgen noch beschäftigen wird, eine gemeinsame Abstimmung vornehmen. Da kein Widerspruch erfolgt, werde ich also heute von einer Abstimmung überhaupt absehen.

Ich erteile nun das Wort dem Herrn Mitberichterstatter zum Schlußwort.

Mitberichterstatter Geh. Justizrat Professor D. Dr. **Kahl:** Meine Herren! Ich werde für das mir verstattete Schlußwort nur ganz kurze Zeit in Anspruch nehmen.

Zunächst darf ich erklären, daß ich den Antrag des Herrn Direktor Aschrott zu meiner These I, Ziffer 1 und 2, zu dem meinigen mache, ich ziehe also diesen zugunsten jenes zurück. Dagegen würde ich allerdings dem Amendement des Herrn Grafen Dohna widersprechen müssen, und zwar — das zeigt wieder den Zusammenhang der heutigen Fragen mit den morgen zur Verhandlung stehenden — vor allem aus dem Grunde, weil ich mich grundsätzlich gegen lebenslängliche Haftstrafe aussprechen werde als eine Maßregel, die dem Wesen dieser neuen Haft nicht entsprechend ist. Aber das ist cura posterior.

Nun ist die Versuchung eine recht starke für mich, im Zusammenhange mit der Todesstrafe des näheren auch auf die prinzipielle Frage einzugehen. Ich beschränke mich auf das äußerste, aber ein paar Worte bin ich meinem Gewissen, und, da nun die Sache doch in breitester Öffentlichkeit verhandelt wird, auch der Öffentlichkeit schuldig.

Da möchte ich zunächst mit einer freundschaftlichen, aber sehr entschiedenen kollegialen Verwahrung beginnen gegenüber meinem Kollegen Liepmann aus Kiel, welcher sagte, man könne doch nicht so über die Sache hinweggehen, wir Referenten hätten die Frage zu leicht genommen. Soweit ich in diesen Vorwurf mit eingeschlossen wäre, müßte ich ihn mit aller Entschiedenheit abweisen. Ich habe ausdrücklich erklärt: Man kann ein entschiedener Gegner der Todesstrafe sein, aber man kann es doch angesichts der gesamten Verhältnisse heutzutage ablehnen, den ganz aussichtslosen Kampf, zumal auf dem Juristentage hier, von neuem zu beginnen. Meine Herren! Ein früherer Beschluß des Juristentages aus dem Jahre 1863 wider die Todesstrafe kann doch wahrhaftig heute nicht mehr angezogen werden und gewissermaßen, wie uns zugemutet wird, als eine Huldigung vor den Manen Franz von Holtzendorffs, auch meines hochverehrten Lehrers. Nein, 1863 liegt noch in der Zeit des alten Strafgesetzbuchs vor den Verhandlungen über das Strafgesetzbuch für den Norddeutschen Bund, und diese Beschlüsse können niemals irgendwie den Juristentag einer späteren Zeit binden.

Mir scheint, daß die Beweislast doch in einigem verschoben worden ist. Es handelt sich jetzt nicht um Einführung der Todesstrafe, sondern um die Möglichkeit ihrer Beseitigung. Dann müssen diejenigen, welche sie beseitigen wollen, den Nachweis bringen, daß die bisherige Handhabung oder das Wesen der Todesstrafe selbst zwingende Gründe ihrer Aufhebung geliefert hätten. (Bravo!) Da kommt man vor allem mit der Irreparabilität. Es ist schon gefragt worden und ich wiederhole die Frage: Wo sind die Justizmorde, die es veranlassen, nun den Gesichtspunkt der Irreparabilität so sehr in den Vordergrund zu stellen? Aber ich darf erinnern an einen der größten Momente in der Geschichte des Strafgesetzbuches für den Norddeutschen Bund, an die Rede Bismarcks vom 23. Mai 1870. Lesen Sie alle doch einmal, und namentlich die Gegner, die Stelle, wo Bismarck gerade auf den Grund der Irreparabilität des näheren zu sprechen kam und da — ich spreche nicht eigene Worte, sondern führe die Worte Bismarcks an — ungefähr wörtlich sagte: „Es ist ein Zeichen sittlicher Schwäche der Zeit, daß der Grund der Irreparabilität so in den Vordergrund geschoben werden soll, daß niemand mehr eine Verantwortlichkeit übernehmen will.“

Man nennt die Todesstrafe zwecklos. Zwecklos? Nein, der Zweck der Todesstrafe ist erreicht, wenn das Leben des Verbrechers, welcher sich den äußersten Anforderungen des staatlichen Rechtslebens entgegengestellt hat, vernichtet ist. Nun sagt man, viele hätten einer Hinrichtung beigewohnt und hätten die abschreckensten Wirkungen empfunden. Wenn dabei erzählt worden ist, von 5 oder 6 Hinrichtungen auf einmal, so muß das ein Irrtum sein; solche Massenhinrichtungen gibt es nicht. Ich habe meinerseits mehreren Hinrichtungen beigewohnt, in Bayern, in der Rheinprovinz, in Brandenburg, an verschiedenen Orten also, ich habe in keinem Falle etwas anderes empfunden, als das höchste Walten der Gerechtigkeit gegenüber einem, der schonungslos das Leben eines anderen vernichtet hat, dem gegenüber der Staat leidenschaftslos in dem objektiven Vollzuge der Todesstrafe die äußerste Konsequenz der Gerechtigkeit zieht. Jedenfalls ist jener Eindruck nur ein subjektiver und vereinzelter, es kann daraus nicht auf ein allgemeines Bedenken gegen die Todesstrafe geschlossen werden.

Die Geschichte der Todesstrafe zeigt meines Erachtens ganz unwiderleglich, daß, wo man sie abgeschafft hat, meistens das Bedürfnis aufgetreten ist, sie wiederum einzuführen. Ich erinnere insbesondere an die Geschichte der Todesstrafe in der Schweiz, ich erinnere daran, daß die Bewegungen gegen die Todesstrafe in Frankreich ganz ergebnislos verlaufen sind, und es sind nicht wenige Juristen, die ihr Bedauern darüber ausgesprochen haben, daß ein Staat, wie Italien, der seinem sozialen Verbrechertume nach gerade die Todesstrafe nötig hätte, sie entbehren muß. 1848 unter dem Einfluß der Grundrechte ist sie in Deutschland mehrfach abgeschafft, aber bekanntlich in der Mehrzahl der Partikularrechte wieder eingeführt worden. Aus Anlaß der gewaltigen Rede von Bismarck vom Mai 1870 wurde sie dauernder Bestand unseres norddeutschen und später deutschen Strafrechtes. Würde sie heute abgeschafft — ich bin fest überzeugt wir würden nach ganz kurzer Zeit wieder dazu übergehen müssen, sie einzuführen.

Dann ist berührt worden das Recht des Staates. Das Recht des Staates kann doch nicht bezweifelt werden. Das reicht so weit, als seine Staatszwecke reichen. Er nimmt im Kriege Menschenleben in Anspruch gegen Angriffe von außen und bei der Todesstrafe zur Verwirklichung seiner Staatszwecke im Innern. Das ist lediglich die Anwendung ein und desselben Grundgedankens. Der Majestät des Staates das Recht bestreiten zu wollen, die Todesstrafe zu verhängen, halte ich mit dem Wesen des Staates überhaupt für unvereinbar.

Die Versuchung wäre groß, auf eine ganze Reihe von Einzelfragen, auf die Stellungnahme der hervorragendsten Philosophen nicht nur, sondern auch Lehrer des Rechts und Praktiker des Rechts einzugehen. Ich muß es mir versagen, möchte aber auch glauben: es sei doch nicht notwendig — es war mir, als ob dies als eine Forderung der Ehrlichkeit aufgestellt wäre —, es sei doch nicht notwendig, daß der gegenwärtige Juristentag eine prinzipielle Stellung zu der Frage nimmt. Ich glaube, daß in der Weise, wie Herr Direktor Aschrott die Einleitung vorgeschlagen hat, durchaus das Gewissen derjenigen gedeckt wird, welche prinzipielle Bedenken gegen die Todesstrafe haben. Auch aus diesem Grunde würde ich dem Antrage Aschrott und seiner mir sehr sympathischen persönlichen Wendung meinerseits beitreten und meinen Antrag zu seinen Gunsten zurückziehen.

Was dann die Geldstrafe betrifft, so hat meine These hinsichtlich der Umänderung der gesetzlichen Frist für Teilzahlungen in richterliche manche Einwendungen erfahren. Nun, ich möchte, wenn ich auf eine gesetzliche Frist eingehe, wenigstens bitten, daß dem Antrage stattgegeben werde, „mindestens 2 Jahre“ oder eine längere Frist einzusetzen. Ich habe die Fälle im Auge, wo eine Geldstrafe von etwa 3000 Mk. verhängt war und der Mann, der ein eigenes Vermögen nicht besitzt, in die Lage kommt, es sich erarbeiten zu müssen, wofür ihm ein einzelnes Jahr nicht genügt. Also meinem Grundgedanken würde es entgegenkommen, wenn wenigstens das gesetzliche Spatium um einiges verlängert wird.

Nun zu der Frage des Verweises. Ich kann sagen, daß ich allerdings in dem Verweis ein durchaus wirksames Strafmittel sehe, wenn seine Wirkung auch nicht immer sichtbar ist. Die Mehrzahl der Herren hat sich dahin ausgesprochen, daß sie in der schriftlichen Form ein eindrucksvolles Strafmittel nicht sieht, sondern nur in der mündlichen. Bedenken sind nur geäußert worden gegen die Vollziehung des Verweises in öffentlicher

Sitzung. Mir hat der Verweis überhaupt erst einen Sinn unter dieser Voraussetzung, und wenn einzelne Herren erwähnt haben, daß das gerade schwer auf den Einzelnen wirken könnte, — nun, ich wünsche eben den Verweis als eine empfindliche Hauptstrafe an der Ehre. Will man ernst damit machen, so muß der Verweis mündlich in öffentlicher Sitzung erteilt werden. Wenn er sozusagen heimlich erteilt wird, in schriftlicher Form oder ohne daß jemand etwas davon erfährt, so kann er natürlich einen Eindruck nicht machen. Meinerseits habe ich einen großen Wert auf den Verweis nicht zu legen, wenn ihm nicht eine energische Vollziehung in dieser Gestalt gegeben wird. Ich könnte mich auch hier äußerstenfalls mit dem Antrage Aschrott einverstanden erklären, wenn ich zuvor Brief und Siegel darüber habe, daß ich eine Majorität für meinen Antrag nicht finden werde, was ich noch immer annehme.

Zu den Nebenstrafen habe ich mich, wie mein Herr Kollege aus Berlin bereits mitteilte, über den Antrag Goldschmidt verständigt, indem dadurch wenigstens das Allerwesentlichste aus meinen Grundgedanken mit herübergenommen wird.

Soviel ich übersehe, ist dies das Wesentliche, was ich bezüglich der Einwendungen gegen meine eigenen Thesen hier kurz vorzubringen hatte. Ich möchte Sie meinerseits jetzt nicht mehr aufhalten; denn es steht immer noch bei der Mehrheit, wenn der erste Referent ebenfalls sein Schlußwort ausgesprochen haben wird, Lust, Liebe und Freudigkeit zu erkennen zu geben, auch heute noch ein weiteres Referat entgegenzunehmen, was ich dringend empfehle. (Lebhafter Beifall.)

Berichterstatter Dr. **Olshausen**, Exzellenz: Meine Herren! Über meine These I äußere ich mich heute nicht, sondern nur über die heute verhandelten einzelnen Punkte.

Was die Todesstrafe anbetrifft, so glaube ich, daß ich namentlich nach den zuletzt gehörten Worten über die prinzipielle Frage, ob sie aufrecht zu erhalten sei oder nicht, kein Wort weiter zu verlieren brauche. Aber dem muß ich sehr energisch entgegentreten, was heute hier ausgesprochen worden ist gerade mit Bezug auf die Todesstrafe: der Juristentag hätte keinen Wert darauf gelegt, daß er Beschlüsse faßte, die praktisch umgesetzt würden in die Gesetzgebung. Im Gegenteil, der Juristentag ist immer dagegen aufgetreten, daß sogenannte papierene Beschlüsse gefaßt werden, die nicht ausführbar sind. Wir wollen eben das Material liefern für eine Gesetzgebung, die auch wirklich ins Leben treten kann, und da kann ich nur die Frage wiederholen, die Herr Präsident v. Staff aufgeworfen hat: Glaubt irgend jemand aus unserer Versammlung, daß der Vorentwurf des deutschen Strafgesetzbuches, wie er hier vorliegt und den Gegenstand unserer Verhandlung bildet, ohne die Todesstrafe Gesetz werden kann? Ich glaube, so wenig wie vorher sich einer gemeldet hat, wird jetzt jemand dafür auftreten. Demnach lautet die Frage: Was haben wir zu tun gegenüber dieser Notwendigkeit, wenn wir überhaupt ein Strafgesetzbuch in neuer Form haben wollen? und da kann es sich eben nur darum handeln, was etwa für Modifikationen einzuführen sind. Es handelt sich eben in diesem Falle lediglich um Abänderungsanträge. Die Ansicht, die der Herr Korreferent vertreten hat, ist der meinigen insofern diametral entgegengesetzt, als ich den Entwurf gebilligt habe, wenn er in den schwersten Fällen des Hochverrats die Todesstrafe ausschließlich androht. Ich glaube in der Hauptsache auch auf diesem Standpunkte stehen bleiben zu müssen. Ich halte es für eine politische Notwendigkeit unserer Zeit, daß in jenen Fällen lediglich die Todesstrafe angedroht wird. Aber ich habe allerdings selbst schon das Bedenken gehabt, ob nicht eine Einschränkung der ausschließlichen Anwendung der Todesstrafe sich empfehle, und ich trete nach weiterer Überlegung dem Abänderungsantrage, wie er von den Herren Professoren Köhler und Thomsen gestellt worden ist, meinerseits bei, daß die Todesstrafe ausschließlich anzudrohen sei nur für die Fälle des § 100 des Vorentwurfs, soweit es sich um Mord und Mordversuch handelt. Damit scheiden also — und das wollen die Herren zum Ausdruck bringen — die Fälle des Totschlages, und wie sie meinen, auch der bloßen Vorbereitung des Mordes aus. Insofern erkläre ich mich einverstanden, im übrigen halte ich aber an meiner Auffassung fest.

Bezüglich des Abänderungsantrages Kahl I, 2: „Es ist wünschenswert, daß der Vollzug der Todesstrafe für das Reichsgebiet einheitlich gestaltet werde", habe ich mich vorher in meinem Referate selbst schon ausgesprochen. Da kann ich nur beistimmen.

Was die Geldstrafe betrifft, so lege ich Wert darauf, daß im ganzen die Anerkennung, die ich unter 1b ausspreche, auch zum Ausdruck gebracht werde.

Einen erheblichen Widerspruch hat aber die Lit. d gefunden mit der Ersatzstrafe. Ich bleibe aber auch hier auf meinem Standpunkte stehen.

Hinsichtlich des Punktes 2b, wo ich sage: „Dagegen ist zu fordern, daß bei Festsetzung der Ersatzstrafe für uneinbringliche Geldstrafen feste Summen zu Grunde gelegt werden usw." kann ich mich nicht als widerlegt ansehen, denn diejenigen, gegen die überhaupt eine Ersatzstrafe notwendig wird, haben Mittel, aus denen die erkannte Geldstrafe beigetrieben werden könnte, überhaupt nicht, und wenn die Summen, die durch die eintretenden Ersatzstrafen getilgt werden, nicht so hoch gegriffen, sondern in engen Grenzen gehalten werden, dann werden die erkannten Geldstrafen häufiger eingehen, als dies nach den Vorschlägen des Vorentwurfs der Fall sein wird.

Was die Frage des Verweises betrifft, so wünsche ich zum Ausdruck gebracht zu sehen, daß die Ausdehnung auch auf Personen über 18 Jahren Billigung findet. Dem ursprünglichen Antrag, der heute von dem Herrn Korreferenten aufrecht erhalten worden ist, den Zusatz zu machen, den Verweis in öffentlicher Sitzung zu erteilen, muß ich meinerseits lebhaft entgegentreten — wir haben darüber schon korrespondiert —, denn ich halte diese Fassung für durchaus nicht richtig. Wollte man die mündliche Erteilung ausnahmslos fordern, dann würden große Mißstände für die vielen Fälle eintreten, wo der Angeklagte abwesend ist, wo er verzogen ist, wo er krank ist usw. Wie soll dann die Erteilung des Verweises gehandhabt werden? Es kann die mündliche Erteilung in der Tat nur „tunlichst" gewünscht werden. Ich bin aber auch sehr dagegen, daß die mündliche Erteilung in öffentlicher Sitzung geschieht. Daß sie vom Gericht, meinetwegen in seiner vollen Besetzung geschehe, dagegen habe ich nichts, aber ich weiß nicht, warum man bei dieser Strafe den Vollzug öffentlich gestalten soll, während es sonst nie geschieht. Ich würde in der Erteilung in öffentlicher Hauptverhandlung eine so erhebliche Verschärfung der Strafe sehen, daß ich glaube, es wäre dann allerdings fraglich, ob dies „leichteste" Strafmittel überhaupt beizubehalten sei oder nicht. Ich kann mich hiernach mit dem Antrage, den Herr Aschrott eingebracht hat: „Der Verweis wird vom Richter tunlichst mündlich erteilt" einverstanden erklären.

Was schließlich den letzten Punkt betrifft, wo seitens des Herrn Korreferenten ein Zusatzantrag gestellt wurde und wo es sich um die Modifikation handelt, die jetzt in der Fassung Goldschmidt vorliegt, so will ich auch da keinen Widerspruch erheben. Die Bedenken, denen der Zusatzantrag Rechnung tragen will, mögen beachtlich sein. Ich kann ihm daher auch von meinem Standpunkte aus beitreten.

Vorsitzender: Die Verhandlung über Punkt a ist geschlossen. Nach dem gemachten Vorschlage hätten wir jetzt noch ein Referat über Punkt b von Thema 4, die Frage der Freiheitsstrafe im besonderen zu hören. Ich weiß nicht, wie die Herren Referenten darüber denken.

Landgerichtspräsident Dr. **von Staff:** Ich befinde mich mit meinem Herrn Mitreferenten, Herrn Professor Goldschmidt in Übereinstimmung, wenn wir die Meinung äußern, daß es sich doch wohl empfehlen wird, diese neue Materie erst auf die morgige Tagesordnung zu setzen. Ein Blick auf die gelichteten Reihen der Hörer läßt diesen Wunsch von unserer Seite wohl berechtigt erscheinen. Nachdem wir mit einer kurzen Mittagspause seit heute morgen 9 Uhr tätig gewesen sind, dürfte sich wohl eine gewisse Ermüdung in der Auffassungsfähigkeit und Auffassungsmöglichkeit geltend machen, so daß auch nach der Richtung hin der Wunsch berechtigt erscheint, das neue Thema mit dem neuen Tage zu beginnen.

Zur Geschäftsordnung regt Geh. Justizprofessor Dr. **Kahl** an, die heute gestellten Anträge bis morgen gegen 11 oder 12 Uhr gedruckt vorzulegen, und schlägt weiter vor, wenn heute nicht weiter verhandelt werden solle, wenigstens morgen pünktlich um ½9 Uhr zu beginnen.

Der **Vorsitzende** setzt mit Zustimmung der Versammlung dementsprechend den Beginn der weiteren Verhandlung auf Dienstag, vormittags ½9 Uhr fest und schließt die Sitzung.

(Schluß der Sitzung 6 Uhr 35 Minuten.)

Zweite Sitzung der dritten Abteilung.

Dienstag, den 13. September, vormittag 8½ Uhr.

Der **Vorsitzende** Freiherr Dr. **v. Call**, Exzellenz, eröffnet die Sitzung und erteilt das Wort zu seinem Referate über Punkt b von Thema 4: **„Die Freiheitsstrafe im besonderen"** dem

Berichterstatter Landgerichtspräsident Dr. **v. Staff**: Meine Herren! Ehe ich auf das Thema selbst eingehe, bitte ich, einige Worte vorausschicken zu dürfen. Herr Prof. Goldschmidt und ich haben bei dem außerordentlich großen Umfange des uns gestellten Themas uns vorher in Verbindung gesetzt in der Richtung, daß möglichst jeder von uns einzelne Unterteile dieses Themas einer etwas eingehenderen Bearbeitung unterziehen und auf die anderen nur so wenig eingehen sollte, wie es ohne Störung des Zusammenhanges überhaupt möglich ist. Das Ergebnis dieser freundlichen Vereinbarung zwischen uns ist es, daß keiner von uns im gewöhnlichen technischen Sinne als Referent bzw. Korreferent anzusehen ist, sondern jeder ist eigentlich als Referent zu betrachten, und es ist wiederum lediglich aus technischen Gründen mit Rücksicht auf die zu etwas eingehenderer Bearbeitung übernommenen Themateile geschehen, daß, unter Zustimmung unseres hochverehrten Herrn Vorsitzenden, wir uns dahin geeinigt haben, daß ich zuerst zu Ihnen sprechen soll.

Die Freiheitsstrafe wird voraussichtlich für absehbare Zeit das wesentlichste Strafmittel im deutschen Strafrecht bleiben und ist es auch im Vorentwurf des neuen Strafgesetzbuches.

Ihre Gestaltung und ihr Anwendungsgebiet erfahren indessen nicht unwesentliche Änderungen.

Sie soll Anwendung künftig auch finden bei Mord, wenn mildernde Umstände vorliegen und sie wird eine wesentliche Einschränkung durch die Ausgestaltung der Geldstrafe zu einem intensiveren Strafmittel erfahren.

Diese wird auch auf die Dauer der Freiheitsstrafe insofern von Einfluß sein, als neben der wegen eines Verbrechens oder Vergehens verwirkten Freiheitsstrafe, wenn die Handlung auf Gewinnsucht beruht, in jedem Falle auf Geldstrafe bis zu dem ansehnlichen Betrage von 10 000 M. erkannt werden kann. Von dieser Bestimmung wird gegenüber bemittelten Straftätern voraussichtlich ausgedehnter Gebrauch gemacht werden und es wird mit Rücksicht auf eine gleichzeitig zuerkannte hohe Geldstrafe die Freiheitsstrafe niedriger bemessen werden können. — Dies erscheint mir auch nicht eben bedenklich, wenn auch Stimmen nicht fehlen werden, die darin einen plutokratischen Zug des Vorentwurfs des neuen Strafgesetzbuches werden erblicken wollen.

Den Bemittelten trifft an und für sich die Freiheitsstrafe mit Rücksicht auf seine bürgerliche Stellung und oft auch auf seine Erwerbsverhältnisse härter und wenn sie in kürzerer Zumessung zusammen mit der Geldstrafe nur ein genügend gewichtiges Strafübel darstellt, so wird eine ungerechtfertigte Bevorzugung des Besitzenden nicht gegeben sein.

Auch die Bewilligung einer längeren Frist zur Tilgung der Geldstrafe im Urteil und die Möglichkeit ihrer Tilgung durch freie Arbeit werden die Vollstreckung der hilfsweise festgesetzten Freiheitsstrafen häufiger als bisher erübrigen. Daß hier dem Nichtbesitzenden ein Weg eröffnet wird, eine Freiheitsstrafe in weiterem Umfange als bisher ihm möglich war, zu vermeiden, ist erfreulich. — Noch andere Bestimmungen werden zur Abkürzung der Freiheitsstrafen mitwirken. Ich nenne hier die Möglichkeit, daß der Strafrichter alsbald bis zum Betrage von 20 000 M. den Straftäter zum Ersatz des durch die strafbare Handlung verursachten nach bürgerlichem Recht zu ersetzenden Schadens verurteilen kann.

Kann der Strafrichter so dem Geschädigten auf dessen Verlangen alsbald Ersatz verschaffen, so wird er oft geneigt sein, die Strafe zu mildern. — Das ist vielleicht nicht ganz logisch — aber es ist menschlich.

Auch die Bestimmungen über die Einwirkung geistiger Mängel als Strafmilderungsgründe kommen in dieser Richtung in Betracht, indem sie die geringere Strafe des Versuchs in Fällen angewendet wissen wollen, in denen gegenwärtig die ordentliche Strafe eintritt.

Eine kritische Würdigung gerade dieser Bestimmungen geht über den Rahmen des Themas hinaus: ich begnüge mich daher mit der Bemerkung, daß ich sie im Interesse der Sicherheit der menschlichen Gesellschaft für bedenklich halte, so lange nicht in wirksamerer Weise als § 65 des Vorentwurfs vorsieht, sichergestellt wird, daß die besonders gefährlichen Rechtsbrecher, welche sich, wie Professor Aschaffenburg mit Recht hervorgehoben hat, gerade in der Gruppe der geistig Minderwertigen finden, dauernd in öffentlichen Heil- und Pflegeanstalten und zwar derart untergebracht werden, daß ihre Flucht möglichst ausgeschlossen ist.

Die Erstreckung des Anwendungsgebietes des Verweises auf Erwachsene und die Ermächtigung des Richters in besonders leichten Fällen die Strafe nach freiem Ermessen zu mildern oder, wo es ausdrücklich zugelassen ist, ganz zu erlassen, werden ebenfalls manche Freiheitsstrafe beseitigen oder doch mindern.

Auch die bedingte Strafaussetzung und die, nach dem Vorentwurf bereits nach Verbüßung von $^2/_3$ einer längeren Freiheitsstrafe zulässige vorläufige Entlassung, werden den Vollzug der Freiheitsstrafen einschränken.

Alle diese Einschränkungen werden indessen nichts daran ändern, daß die Freiheitsstrafe — wie Aschrott es nennt —, „den Mittelpunkt und eigentlichen Kern" auch des gesamten Strafensystems des künftigen deutschen Strafgesetzbuches bilden wird und es bleibt nun die Frage zunächst zu beantworten, wie diese Freiheitsstrafe zu gliedern sein wird.

Daß eine solche Gliederung erforderlich ist, wird einer Ausführung nicht bedürfen.

Unser Strafgesetzbuch unterscheidet 5 Arten von Freiheitsstrafen: Zuchthaus, Gefängnis, Festungshaft, einfache Haft, verschärfte Haft.

Der Vorentwurf beseitigt die Festungshaft, indem er an ihre Stelle die einfache Haft setzt, und die verschärfte Haft, deren Anwendungsfälle er teils der einfachen Haft, teils dem Gefängnis zuweist und er ist der Meinung, damit eine wesentliche Vereinfachung des Systems der Freiheitsstrafen geschaffen zu haben. In Wirklichkeit scheint mir dies nicht der Fall zu sein.

Zunächst kennt der Vorentwurf zwei deutlich geschiedene Formen der Zuchthausstrafe: die allgemein für schwere und von ehrloser Gesinnung zeugende Verbrechen angedrohte und die besondere, welche für „gewerbs- und gewohnheitsmäßige Verbrecher" vorgesehen ist. Der Unterschied geht soweit, daß sogar die Vollstreckung dieser qualifizierten Zuchthausstrafen in besonderen, für ihre Vollstreckung ausschließlich bestimmten Anstalten gefordert wird, und tritt insbesondere auch darin deutlich hervor, daß für diese „Unverbesserlichen" die Einzelhaft als zwecklos fortfällt.

Man wird aber auch nicht umhin können, das Arbeitshaus — wenn es der Vorentwurf auch nur als eine „sichernde Maßnahme" angesehen wissen will, als eine selbständige Strafart anzusprechen. Soll doch nicht nur neben einer anderen Freiheitsstrafe, sondern auch, wenn diese nur 3 Monate nicht übersteigt, an deren Stelle auf Unterbringung des zu strafenden arbeitsfähigen Liederlichen und Arbeitsscheuen in ein Arbeitshaus erkannt werden dürfen.

Es ergeben sich sonach wieder wie bisher 5 Arten von Freiheitsstrafen auch im Vorentwurf, wobei noch zu berücksichtigen ist, daß Zuchthaus — und Gefängnisstrafe in sich wiederum noch eine Gliederung durch die für Taten besonderer Roheit, Bosheit oder Verworfenheit und für durch Vorstrafen bei gewöhnlichem Strafvollzug Ungebesserte erfahren können.

Meines Erachtens ist es ein Vorzug des Entwurfs, daß er dem vielfach geäußerten Verlangen nach einer weitgehenden Vereinfachung der Freiheitsstrafen keine Folge gegeben hat, und ich begrüße es auch als einen den praktischen Bedürfnissen entsprechenden Fortschritt, daß der Vorentwurf für anscheinend Unverbesserliche und für ausgesprochen Arbeitsscheue besondere Formen der Freiheitsstrafe aufgestellt. Von den im Vorentwurf vorgesehenen Freiheitsbeschränkungsstrafen ist hier nicht zu handeln.

Ehe ich mich aber zu den Freiheitsstrafen des Entwurfs wende, möchte ich derer gedenken, die er nicht aufgenommen hat: der Festungshaft und der Deportation.

Mit Recht hebt die Begründung des Vorentwurfs einmal hervor, daß der Gesetzgeber Rücksicht zu nehmen habe auf die historische Entwicklung eines Strafmittels und auf seine Beurteilung in der Öffentlichkeit, —

Bei der Festungshaft möchte das erstere Moment für ihre Beibehaltung, das zweite für die Beseitigung sprechen.

Darin wird man zunächst jedenfalls den Ausführungen des Vorentwurfs beitreten können, daß die Festungshaft in ihrer bisherigen Gestalt so erhebliche Mängel aufweist, daß sie nicht in ein neues Strafgesetz übernommen werden kann. Denn weder hat die Anomalie Existenzberechtigung, daß eine von bürgerlichen Gerichten gegen Nichtmilitärs wegen bürgerlicher Straftaten festgesetzte Strafe von den Militärbehörden vollstreckt wird, noch könnte es gebilligt werden, wenn, wie die Begründung behauptet, dieser Vollzug in so milden Formen und unter so weitgehenden Vergünstigungen stattfindet, daß er als eine ernste Strafe überhaupt nicht mehr anzusehen ist.

Eine Reform dieser Strafe ist also unter allen Umständen geboten. Bedenklicher erscheint, ob der rechte Weg ihre grundsätzliche Verwandlung in die „Haft" des Vorentwurfs ist.

Um dies zu prüfen, muß ich hier bereits einiges über die Haftstrafe des Vorentwurfs vorwegnehmen.

Der Vorentwurf droht Haft vielfach wahlweise neben Zuchthaus und Gefängnisstrafe an, sie ist also zulässig bei Verbrechen, Vergehen und Übertretungen, sie kann auch eine lebenslängliche oder eine zeitige sein.

Sie soll bestehen in Freiheitsentziehung mit Beaufsichtigung der Beschäftigung und Lebensweise. Die Haftgefangenen dürfen sich auch selbst kleiden und beköstigen und sich mit angemessener Arbeit beschäftigen. Soweit sie dies nicht tun, haben sie zugewiesene, ihrer Lebensstellung entsprechende Arbeit in mäßigem Umfange zu leisten. Sie sind in Einzelhaft zu nehmen, wenn von ihnen ein schädlicher Einfluß auf Mitgefangene zu besorgen oder „wenn aus anderen Gründen ihre Absonderung angemessen ist."

Die Haft wird in besonderen Anstalten oder Abteilungen vollstreckt, so daß die Haftgefangenen mit Gefängnisgefangenen nicht in Berührung kommen.

Näheres sollen die vom Bundesrat zu erlassenden Ausführungsvorschriften und die Verwaltungsvorschriften der einzelnen Bundesstaaten bestimmen, doch muß die Behandlung der Haftgefangenen milder sein, als die der Gefängnis- und Zuchthausgefangenen.

Will man die Haft an Stelle der Festungshaft setzen, so werden diese Vorschriften einer Ergänzung für die Rechtsbrecher bedürfen, für die die Festungshaft bisher bestimmt war, d. h. für Personen, welche sich des Zweikampfs oder der Mitwirkung bei einem solchen, oder — ohne ehrlose Gesinnung — eines politischen Verbrechens oder Vergehens schuldig gemacht hatten.

Einmal wäre gesetzlich festzulegen, daß diese Straftäter beanspruchen dürfen, daß sie in Einzelhaft gehalten werden, was ihnen der Vorentwurf nicht gewährleistet und dann werden einzelne Anstalten zu bestimmen sein, in welche die für politische Straftaten und Teilnahme an einem Zweikampf zuerkannten Strafen zu verbüßen sind. In diesen Anstalten werden geeignete Räume für diese Gruppe von Haftgefangenen einzurichten sein.

Diese Bestimmung erscheint mir um so nötiger, als ich überzeugt bin, daß besondere Anstalten für Haftgefangene aus finanziellen Gründen nur vereinzelt werden errichtet werden. Was es aber mit der Verbüßung der Haft in einer „besonderen Abteilung" eines Gefängnisses, besonders eines kleineren, auf sich hat, daß weiß jeder Praktiker: es wird der Haftgefangene eben in eine Zelle — günstigenfalls in eine der besseren, oft aber in die gerade freistehende — getrennt von Gefängnisgefangenen gesteckt: diese Zelle ist dann eben die besondere Abteilung.

Die jetzigen Festungsgefangenen verdienen aber meines Erachtens auch in der Mehrzahl der Fälle eine bevorzugte Behandlung, das gilt sowohl von demjenigen, der aus ehrenhaften Beweggründen, seiner politischen Überzeugung folgend, eine Gesetzesvorschrift übertrat, als von dem Duellanten, der sich zum Zweikampf entschloß, weil die Anschauung seines Gesellschaftskreises und seine Stellung ihn dazu nötigte.

Es handelt sich zum Glück hier nur um recht wenige Personen, Aschrott teilt mit, daß im Durchschnitt der 25 Jahre von 1882—1906 in Deutschland jährlich nur 84 Verurteilungen zu Festungshaft wegen Zweikampfes und 57 wegen politischer Straftaten erfolgt sind. Mit dieser Maßgabe kann ich also den Fortfall der Festungsstrafe ebenfalls befürworten.

Auch die Nichtaufnahme der Deportation in das System der Freiheitsstrafen dürfte richtig sein. Die historische Entwicklung, die öffentliche Meinung — sowohl der meisten Fachleute als der Laien — und die von den meisten Staaten gemachten Erfahrungen sprechen dagegen.

Aber allerdings bin ich der Ansicht, daß unter Umständen die Besiedelung und Entwickelung unserer Kolonien sehr wohl mit dem Strafvollzug in zweckmäßige Verbindung gebracht werden könnte. Meines Erachtens wird man dabei freilich von ganz anderen Gesichtspunkten ausgehen müssen, als es auf dem Gefängniskongreß zu Petersburg (1890) und zu Paris (1895) und in der Versammlung der internationalen kriminalistischen Vereinigung zu Lissabon (1897) diejenigen getan haben, welche die Verschickung als geeignetes Strafmittel für die Vollstreckung besonders schwerer Strafen und zur Bekämpfung von Rückfälligen und Gewohnheitsverbrechern angesehen haben.

Gerade diese Gruppe von Straftätern erscheinen mir zur Deportation gänzlich ungeeignet. Sie sind meist geistig und ethisch minderwertig, oft körperlich verkommen, steter Aufsicht bedürftig, schlechtestes Material, um das Ansehen der Weißen gegenüber Farbigen zu wahren. — Aber eine andere Art der Insassen unserer Strafanstalten kann meines Erachtens in Betracht kommen: an sich tüchtige, arbeitssame, den Begriffen von Pflicht und Ehre nicht fremde, auch nicht ganz unbemittelte Menschen, denen der Rausch einer Stunde das Leben zerstörte.

Wem, der in der Gefängnisarbeit länger tätig war, sind nicht solche Gefangenen begegnet! Wie oft hört man von ihnen auf die Frage, was sie nach der Entlassung beginnen würden, die Absicht, in einem anderen Erdteil eine Zukunft sich zu suchen!

Freilich ist es immerhin nur eine kleine Zahl, die hier in Betracht kommt und ich rede nicht ihrer Deportation das Wort. Wohl aber erscheint mir wünschenswert, solche Personen unter den Voraussetzungen des Vorentwurfs auch vor Verbüßung von $^2/_3$ einer längeren Freiheitsstrafe vorläufig zu entlassen mit der Bedingung, daß sie in unseren Kolonien an ihnen bestimmte Orte mindestens auf so lange gehen, bis ihre Strafzeit um ist.

Die Vollstreckung der Strafe in unseren Anstalten ist solchen Personen gegenüber fast zwecklos und ihre Kraft geht später dem Vaterland meist verloren. Überführt man sie in unsere Kolonien, so werden sie dort oft zu nützlichen Kolonisten werden. — Mir ist in langer Tätigkeit, als Staatsanwalt und Gefängnisvorsteher mancher Bauernsohn begegnet, den ich lieber im Grenzland einer deutschen Kolonie den Acker bauend als in der Gefängniszelle gesehen hätte, wo bei ungeeigneter Arbeit und Lebensart seine Reue sich allmählich in stumpfe Bitterkeit verwandelte und seine Kraft verging. — Ein leiser Anklang an diese Anschauung findet sich übrigens in dem französischen Strafgesetzentwurf von 1893. Dieser gestattet, daß Strafgefangene schon nach Verbüßung von $^1/_4$ der Strafe deportiert und nach Verbüßung eines weiteren Viertels in den Kolonien vorläufig entlassen werden, mit der Verpflichtung, dort auf Zeit oder dauernd zu bleiben.

Gehe ich nunmehr zu den Freiheitsstrafen des Vorentwurfs über, so wiederhole ich, daß ich es für einen Vorzug ansehe, daß er an der Dreiteilung von Zuchthaus, Gefängnis und Haft festgehalten und den Bestrebungen weiterer Vereinfachung Widerstand geleistet hat. Ich möchte an dieser Stelle einfügen, daß es mir als ein weiterer Vorzug erscheint, daß der Entwurf auch bei der Bestimmung des Anwendungsgebiets und der Anwendungsart dieser Strafen sich von praktischen Rücksichten und nicht von den Lehrmeinungen einer bestimmten Schule hat leiten lassen.

In der Praxis ist es weder möglich davon abzusehen, daß die Strafe zur Schwere der Tat in einem angemessenen Verhältnis steht, noch darf die Gesinnung des Täters außer Betracht bleiben. Will man in dieser Hinsicht einen Grundsatz aufstellen, so wird er etwa dahin zu lauten haben, daß die Schwere der Tat für die Dauer, die Gesinnung des Täters für die Art der Freiheitsstrafe hauptsächlich entscheidend sein soll. — Der Vorentwurf folgt auch im wesentlichen dieser Regel.

Nun ist es für den Praktiker nicht zweifelhaft, daß einzelne besonders schwere Straftaten, deren Schwere auch dem Täter unmöglich entgehen konnte, von vornherein auch mit der schwersten Strafart zu ahnden sind, ohne daß es einer Prüfung der Gesinnung des Täters im Einzelfall bedarf. Wer Straftaten von solcher Schwere begeht, handelt im Sinne des Strafrechts stets ehrlos. Der Begriff der Ehrlosigkeit im Strafrecht hat eben nicht nur eine subjektive, sondern auch eine objektive Seite. Hiernach ist es meines Erachtens unbedingt gerechtfertigt, daß ein Strafgesetzbuch eine besondere Strafart aufstellen muß für schwerste Straftaten und für ehrlose Straftäter: das Zuchthaus des geltenden StGB. und des Vorentwurfs.

Ebenso unbedenklich erscheint es mir, daß auch eine Freiheitsstrafe erforderlich ist, deren Wesen darin besteht, daß dem Bestraften nur seine persönliche Freiheit entzogen wird. Diese Strafe soll in die Lebens- und Erwerbsverhältnisse nicht weiter eingreifen, als es — freilich in hohem Grade — mit der Freiheitentziehung untrennbar verbunden ist, und sie soll die bürgerliche Ehre und die bürgerlichen Rechte des Bestraften unberührt lassen.

Die Notwendigkeit dieser schwersten, ehrlos machenden und dieser leichteren, die Ehre nicht mindernden Strafart wird so allgemein anerkannt, daß sie wohl nicht weiter zu begründen ist, — der Vorentwurf kennt diese custodia honesta unter dem Namen „Haft" — ein Name, den ich mit meinem Herren Mitreferenten auch für den besten halte.

Nun verstehe ich wohl, wie man von dem Standpunkte einer mehr schematisierenden Theorie in vollkommen logischer Gedankenfolge zu der Meinung gelangen kann, ja, vielleicht muß, diese beiden Strafarten genügten.

Sei eine Straftat sehr schwer oder habe der Täter sonst aus ehrloser Gesinnung gehandelt: Zuchthaus, sei die Tat leichter, die Gesinnung des Täters keine ehrlose: Haft — Tertium non datur! —

Die Folgerung aus dieser Anschauung haben denn auch tatsächlich verschiedene Strafgesetze und Strafgesetzentwürfe gezogen, so der französische Entwurf (1893) und die Gesetzbücher der Niederlande (1891), Norwegens (1902) und Japans (1907). Auch Geheimrat Krohne tritt in seinem zum 29. Juristentage erstatteten Gutachten dafür ein, daß künftig es nur zwei Freiheitsstrafen geben soll, die er Zuchthaus und Gefängnis nennen will, ersteres für die gemeingefährlichen, gewohnheitsmäßigen Rechtsbrecher, deren Straftaten von einer gemeinen Gesinnung oder von der bewußten, planmäßigen Auflehnung gegen die Rechtsordnung zeugen, „das Gefängnis" für solche Personen, deren bürgerliche Stellung intakt ist, die sich zum ersten Male gegen die Rechtsordnung auflehnen, deren Verfehlungen nicht ihren Grund haben in sozial ethischer Verderbtheit und Verkommenheit, von denen man erwarten darf, daß sie nach verbüßter Strafe die Rechtsordnung achten und in das geordnete bürgerliche Leben sich wieder einfügen werden.

Das Gutachten des Reichsgerichtsrats Ebermeyer erachtet, zumal wenn — der Anschauung des 26. Juristentages entsprechend — das Polizeistrafrecht ausgeschieden wird, eine Zweiteilung zwischen Verbrechen und Übertretungen für genügend, will aber neben Zuchthaus und Gefängnis doch auch eine custodia honesta nicht vermissen.

Das praktische Bedürfnis fordert auch in der Tat eine dritte Strafart milder als das Zuchthaus, strenger als die Haft, eine Strafart, mit der die Ehrlosigkeit nicht untrennbar verbunden ist, aber, in gewissem Umfange wenigstens, verbunden werden kann.

Mit Recht sagt Aschrott, daß es eine große Zahl von Fällen gibt, bei denen die Straftat zwar keine gemeine, ehrlose, aber doch immerhin eine verwerfliche und tadelnswerte Gesinnung erkennen läßt und eine so schwere Verletzung der Rechtsordnung enthält, daß man eine empfindlichere Strafe als die bloße Freiheitsentziehung für gerechtfertigt erachten muß.

Diese Strafart will der Entwurf in der Gefängnisstrafe finden, und dem ist beizustimmen. —

Der Vorentwurf kennt aber noch zwei Strafarten für ganz bestimmt umschriebene Gruppen von Straftätern: Gewerbs- und gewohnheitsmäßige Verbrecher, d. h. Personen, die mindestens fünfmal wegen Verbrechen oder vorsätzlicher Vergehen mit erheblichen Freiheitsstrafen, darunter mindestens einmal mit Zuchthaus bestraft sind und die letzte Strafe vor nicht länger als drei Jahren verbüßt haben, sollen zwar auch mit Zuchthaus, und zwar von besonders langer Dauer bestraft, diese Strafe aber so abweichend von der gewöhnlichen Zuchthausstrafe vollstreckt werden, daß man wohl von einer besonderen Strafart sprechen muß. Diese „Unverbesserlichen" werden nicht zu Beginn der Strafe sechs Monate in Einzelhaft gehalten, selbst wenn sie es wünschen sollten und sie sollen ihre Strafe in besonderen, ausschließlich für sie bestimmten Anstalten verbüßen. Wie im einzelnen eine solche Anstalt eingerichtet und der Strafvollzug in ihr geordnet werden soll, sagt der Entwurf nicht. Man kann aber wohl annehmen, daß beides abweichend von dem gewöhnlichen Zuchthaus gestaltet werden soll. Schon der grundsätzliche Fortfall der Einzelhaft muß ja die Bauart der Anstalt wesentlich beeinflussen und der Gesichtspunkt, daß der Zweck der Besserung dieser Verbrechergruppe gegenüber fortfallen soll, kann für den Strafvollzug naturgemäß nicht ohne tiefgreifende Wirkung bleiben.

Die zweite Gruppe von Straftätern, für die nach dem Vorentwurf eine besondere Strafart statt oder neben einer Gefängnis- oder Haftstrafe bei bestimmten Straftaten und für bestimmte Zeiträume festgesetzt werden kann, sind die liederlichen und arbeitsscheuen aber arbeitsfähigen Erwachsenen. Die Landespolizeibehörde hat für die Unterbringung dieser Personen im Arbeitshaus zu sorgen. Über dessen Einrichtung sagt der Entwurf nichts, es soll auch künftig von der Kommunalbehörde unterhalten und verwaltet werden.

Mit den hier im Vorentwurf gegebenen Bestimmungen vermag ich mich nur zum Teil einverstanden zu erklären und werde auch durch die ausführliche Begründung nicht überzeugt, zumal diese mir gerade da meist zu versagen scheint, wo meine Bedenken einsetzen.

Richtig scheint mir der Grundgedanke zu sein, daß man sogen. Unverbesserliche und ausgesprochen Liederliche und Arbeitsscheue, oder mit anderen Worten: die gewordenen und die werdenden Zustandsverbrecher besonders behandelt. Meines Erachtens wird man aber den gewerbsmäßigen Verbrecher auszusondern haben, den ich nicht mit Geheimrat Kahl im Bericht zum 28. Juristentage als eine Abart des Gewohnheitsverbrechers, sondern als von diesem begrifflich ganz verschieden ansehe. Hierbei stimme ich den Ausführungen des Oberstaatsanwalts Dr. Hoegel (Wien) auf dem 28. Juristentage darin bei, daß von „gewerbsmäßigen Verbrechern", nur bei einem kleinen Kreise von Verbrechen — Wucher, Diebstahl — ich füge hinzu: Kuppelei, Zuhälterei, Falschspiel, Falschmünzerei — überhaupt die Rede sein kann. Ich möchte auch auf die Zusammenstellung gewerbsmäßigen Verbrechertums im Eingang von v. Liszts Gutachten über die Grundsätze für eine Revision des Strafgesetzbuchs zum 26. Juristentage hinweisen.

In seiner 5. These zu diesem Gutachten spricht v. Liszt von dem gewerbsmäßigen Verbrecher offenbar in einer Auffassung, die ihn vom gewohnheitsmäßigen Verbrecher scharf und begrifflich trennt.

Der dann hier noch verbleibenden Gruppe von Straftätern gegenüber wird meines Erachtens eine Zweckstrafe, nicht eine Vergeltungsstrafe angebracht sein. Dieser Zweck aber ist bei dem voraussichtlich unverbesserlichen Gewohnheitsverbrecher die möglichst lange oder die dauernde Sicherung der Gesellschaft, bei dem zum Gewohnheitsverbrecher Veranlagten seine Besserung und soweit diese versagt, ebenfalls die Unschädlichmachung. Das Gemeinschaftliche und nach meiner Auffassung für die strafrechtliche Behandlung maßgebende ist, daß es sich bei dieser Gruppe nicht um Gelegenheitsverbrecher, sondern um Personen handelt, welche zur Begehung von Straftaten in solchem Grade veranlagt sind, daß sie immer wieder mit dem Strafgesetz in Widerstreit geraten, und dadurch eine dauernde Plage und Gefahr für die Gesellschaft bilden. Der immer wieder Rückfällige hat dies bereits bewiesen, derjenige, der aus feststellbarer Liederlichkeit oder Arbeitsscheu bettelt, gewerbsmäßig oder in perverser Form Unzucht treibt, oder als Zuhälter, Erpresser, Glücksspieler statt als ehrlicher Arbeiter seinen Lebensunterhalt sucht, wird voraussichtlich denselben Weg gehen, wenn der Staat es nicht nachdrücklich verhindert. Wer will bei diesen moralisch Minderwertigen zum Lebenskampf Allzuschwachen feststellen, wieviel krankhafte Anlage, wieviel vertretbares Verschulden ist?! — Auch deshalb ist hier nicht Schuldstrafe, sondern Zweckstrafe am Platze. Der Maßstab für eine Vergeltung ist hier allzu unsicher, klar aber ist die Notwendigkeit der Besserung oder Sicherung.

Von diesen Minderwertigen, bei denen der Grund ihrer Kriminalität in der Willensschwäche liegt, ist meines Erachtens ganz verschieden der gewerbsmäßige Verbrecher und dieser muß daher bei der Frage der Anwendung einer besonderen Strafart auch verschieden behandelt werden. Der gewerbsmäßige Verbrecher, der bewußt und überlegt aus seinem strafbaren Handeln ganz oder in der Hauptsache seinen Unterhalt ziehen will, — Falschspieler, Zuhälter — der Geldschrankknacker — hat eine starke Willensenergie, die auf verbrecherische Handlungen gerichtet ist. Er gehört, und zwar auf möglichst lange Zeit, in das gewöhnliche Zuchthaus, wo er neben strenger Form des Strafvollzugs, die für ihn besonders nötige sichere Bewachung findet und wo lange Einzelhaft, wenn sie ihn auch nicht zur inneren Einkehr bringt, doch wenigstens verhütet, daß er auf andere verderblich ansteckend einwirkt. Der gewohnheitsmäßige Verbrecher — in dem Sinn, welchen ich diesem Begriff gegeben habe, — wird anders zu strafen sein. Da man es bei ihm nicht mit einer besonderen Intensität des Willens zum Verbrechen, sondern vielmehr mit einer zu geringen Willenskraft zu seiner Vermeidung zu tun hat, so wird für ihn eine mildere Form des Strafvollzugs genügen, er wird meist keine große Neigung zur Flucht haben und geringerer Bewachung bedürfen. Einzelhaft ist für ihn meist zwecklos und seine moralisch ansteckende Wirkung ist wenig zu befürchten: nur ein starker Wille pflegt diese zu haben.

Die Willensschwäche des Gewohnheitsverbrechers wurzelt aber in derselben Veranlagung, die den Liederlichen und Arbeitsscheuen auf den Weg des Verbrechens führt. Deshalb schien mir für diese Gruppe, gleichviel wieweit der Einzelne auf diesem Wege bereits fortgeschritten ist, gleichmäßig eine Anstalt geeignet, die strengen Arbeitszwang mit im übrigen milderer Behandlung verbindet als im Zuchthause herrschen kann.

Diese Anstalt wird man passend Arbeitshaus nennen können. Man wird sie aber zur Staatsanstalt machen müssen und nicht den Kommunalverwaltungen ihre Einrichtung und Leitung überlassen dürfen. Man wird auch den Begriff der Arbeitsfähigkeit im weitesten Sinne fassen müssen. Die Rückfälligen sind dies oft gerade dadurch geworden, daß sie nicht mehr recht arbeitsfähig sind und deshalb Arbeit nicht finden.

Auf die Frage, wie im einzelnen der Strafvollzug im Arbeitshause zu gestalten sein wird, kann ich nicht eingehen: ich bemerke nur, daß ich Arbeit im Freien und, was ich für besonders wichtig erachte, Trennung der anscheinend mehr und minder Besserungsfähigen befürworte und daß ich meine, daß wirklich Arbeitsunfähige nicht zu entlassen, sondern auf Kosten der Verpflichteten — Familie oder Armenverband — weiter in Verwahrung zu behalten sind.

Den finanziellen Effekt der Übernahme der Arbeitshäuser, — soweit sie Strafanstalten im dargestellten Sinne werden — auf den Staat hier zu erörtern, würde zu weit führen: ich nehme nicht an, daß gegenüber dem Plan des Vorentwurfs eine wesentliche Mehrbelastung eintreten würde, zumal die Erbauung der besonderen Zuchthäuser erspart werden würde.

Meines Erachtens gehört die Gruppe von Straftätern, die ich hier zusammenzufassen versucht habe, von Anfang an und nicht erst für eine „Sicherungsnachhaft" in ein Arbeitshaus. Es kommt dabei nicht sowohl auf die Art der Straftat, als auf die des Täters und die in dieser begründete Ursache der Tat an. Auch der Schweizer Vorentwurf (Art. 32) läßt die Unterbringung in der „Arbeitserziehungsanstalt" für alle Straftaten eines Liederlichen oder Arbeitsscheuen zu. Die Einschränkung der Anwendbarkeit des Arbeitshauses im deutschen Vorentwurf auf bestimmte Straftaten erscheint mir grundsätzlich verfehlt und in der Wirkung unpraktisch. Es ist mir eine Zuschrift geworden von jemand, dem ich schriftlich diese Gedanken mitgeteilt hatte, dahingehend, daß diese Zulassung der Anwendung des Arbeitshauses ohne Einschränkung auf bestimmte Straftaten sehr bedenklich erscheine und politisch würde ausgenutzt werden können mit dem Argument, daß man dann ja auch den Redakteur einer Zeitung für eine Straftat ins Arbeitshaus würde bringen können. Ich möchte demgegenüber darauf hinweisen, daß die begriffliche Voraussetzung der Anwendung eines Arbeitshauses immer die festgestellte Liederlichkeit und Arbeitsscheu ist, eine Voraussetzung, die in dem gesetzten

Fall niemals zutreffen würde, so daß mir doch eine politische Ausnutzung dieses Gedankens gegen den Vorentwurf ausgeschlossen erscheint.

So wie sie von mir aufgefaßt wird, handelt es sich bei der Unterbringung im Arbeitshaus offensichtlich nicht um eine Sicherungsmaßregel oder um polizeiliche Nachhaft, sondern um eine besondere und meines Erachtens sehr zweckmäßige und notwendige Straf**art**, geeignet, die menschliche Gesellschaft vor Schädlingen zu sichern, die zugleich meist Schwächlinge sind, und diesen selbst Arbeitskraft und Arbeitsgewohnheit zu geben, wo es noch möglich ist.

Die zeitliche Ausdehnung der Strafe des Arbeitshauses muß eine erhebliche sein, ihr Mindestmaß ein hohes, jedenfalls nicht unter einem Jahre, vielleicht nicht unter zwei Jahren. Es scheint mir sogar sehr erwägenswert, ob nicht gegen allzu oft Rückfällige und deshalb für die praktische Behandlung als unverbesserlich zu Erachtende auf lebenslängliche Unterbringung im Arbeitshaus zu erkennen sein würde.

Aufgabe des Strafvollzugsgesetzes wird es sein, die Vollstreckung dieser Strafe so zu differenzieren, daß sie das oft nicht hohe Maß **vertretbaren** Verschuldens berücksichtigt, welches sich gerade in der Gruppe der aus Willensschwäche Rückfälligen oft findet.

Sind doch diese Personen in der geregelten Zucht der Strafanstalt oft die willigsten, fleißigsten und gutmütigsten Gefangenen, die sich der Vollzugsbeamte nur wünschen mag.

Ich möchte hier darauf noch hinweisen, daß die Grenze zwischen den Liederlichen und Arbeitsscheuen und den Gewohnheitsverbrechern des Vorentwurfs keine feste ist, daß sie nicht durch die größere oder geringere Zahl der Vorstrafen sicher bestimmt wird. Diese hängt doch nicht nur von der Zahl der begangenen als vielmehr von der, der zur Bestrafung gelangten Straftaten ab. Und die Hoffnung auf eine mögliche Besserung darf man beim Strafvollzug überhaupt niemals ganz aufgeben. „Dum spirat, spero", schrieb mir einmal der Geheimrat **Krohne**, und gerade dieser schöne Gedanke ist es, der dem Vollzugsbeamten immer wieder Mut und Freudigkeit gibt.

Für die Beamten des besonderen Zuchthauses des § 89 VE. würde dieser lebendige Quell von vornherein versiegen!

Die verschiedenen Freiheitsstrafen enthalten ihren Inhalt erst durch die Art des Vollzuges. Dieser Leitsatz der Begründung des Vorentwurfs ist unzweifelhaft richtig, meines Erachtens ist er aber auch der genügende Beweis für die Notwendigkeit, den Strafvollzug für das gesamte Gebiet des Reichsstrafgesetzbuches einheitlich und gesetzlich zu regeln, also endlich ein Reichsstrafvollzugsgesetz zu schaffen.

Diese Forderung ist in wiederholten Beschlüssen des Reichstages seit 1870 gestellt worden und sie hatte auch bereits dazu geführt, daß 1879 dem Bundesrat der „Entwurf eines Gesetzes über die Vollstreckung der Freiheitsstrafen für das deutsche Reich" vorgelegt wurde. An den Reichstag ist diese Vorlage nicht gelangt. Statt dessen haben die verbündeten Regierungen 1897 die „Grundsätze" veröffentlicht, welche bei dem Vollzuge gerichtlich erkannter Freiheitsstrafen zur Anwendung kommen sollen". Es ist dabei aber ausdrücklich anerkannt, daß diese „Grundsätze" nur ein Provisorium bilden sollen, bis „die baldmöglichst wieder aufzunehmende Aufgabe der Gesetzgebung" ihr Werk vollendet haben wird. Seitdem sind wieder 13 Jahre vergangen und die Angelegenheit ist, soweit mir bekannt, inzwischen nicht gefördert worden.

Und doch erscheint der gegenwärtige Zustand unhaltbar. Neben den „Grundsätzen" regeln den Strafvollzug in den einzelnen Bundesstaaten partikuläre Vorschriften und zwar, abgesehen von einigen süddeutschen Staaten Verwaltungsverordnungen, die von den einzelnen Zentralstellen ohne Zustimmung der Landtage erlassen sind. In Preußen sind es sogar zwei Ministerien, — des Innern und der Justiz — die diese Vorschriften, ein jedes für sich, erlassen.

Da diese Verordnungen in den einzelnen Staaten verschiedenen Inhalt haben, so sind tatsächlich die Freiheitsstrafen, welche nach dem StGB. für das Reich gleiche und einheitliche sein sollen, ganz verschiedene geworden und es kann, wie in den Blättern für Gefängniskunde Oberregierungsrat Roßmy mit Recht bemerkt, geschehen, „daß ein zu Gefängnisstrafe Verurteilter unter Umständen eine härtere Strafe verbüßt, als ein Zuchthausgefangener, der von seinem Schicksal in einem Lande mit milderem Regime ereilt würde."

Diese Ungleichmäßigkeit des Strafvollzuges widerspricht aber nicht nur der Billigkeit, sondern auch, wie Professor Freudenthal in Frankfurt a. M. bei seiner im November 1909 gehaltenen Rektorats-Antrittsrede überzeugend nachweist, der staatsrechtlichen Stellung des Gefangenen. Die Gefangenschaft ist ein Rechtsverhältnis des Inhalts, daß der Staat eine Beschränkung der persönlichen Freiheit dem Gefangenen aufzuerlegen berechtigt ist. Ordnet ein Reichsgesetz an, in welchen Fällen dies Rechtsverhältnis eintreten solle, so muß auch ein Reichsgesetz dessen Inhalt bestimmen, denn erst durch die Art und Weise der Strafvollstreckung bekommt die Gefangenschaft tatsächlich Wesen und Inhalt.

Deshalb wird meines Erachtens das Verlangen nach dem Erlaß eines Reichsstrafvollzugsgesetzes auch von dem deutschen Juristentag erhoben werden müssen, wenn er zu der Frage der Gestaltung der Freiheitsstrafe im künftigen deutschen Strafrecht Stellung nimmt.

Diese Forderung wird aber um so nachdrücklicher geltend zu machen sein, da der Vorentwurf Bestimmungen enthält, welche in der Richtung einer Verzögerung des Erlasses eines Strafvollzugsgesetzes zu wirken geeignet sind.

Das gegenwärtige Strafgesetzbuch enthält nur wenige Bestimmungen über den Strafvollzug, über Arbeitszwang, Einzelhaft, vorläufige Entlassung und Behandlung jugendlicher Gefangener, zu denen vereinzelte Normen der StPO. über Strafanrechnung und Strafaufschub treten. Demgegenüber geht der Vorentwurf erheblich weiter in Einzelbestimmungen; er trifft aber vor allem die allgemeine Anordnung, daß

> „soweit das Gesetz keine Vorschriften enthält, das Nähere über die Einrichtung der Strafanstalten und die Behandlung der Gefangenen die vom Bundesrat zu erlassenden Ausführungsvorschriften und die Verwaltungsvorschriften der einzelnen Bundesstaaten enthalten sollen."

Ausführungs- und Verwaltungsvorschriften sollen also auch nach dem Inkrafttreten des neuen Strafgesetzbuches den Vollzug der Freiheitsstrafen regeln. Die Begründung rechtfertigt diese Bestimmung und die eingehendere Behandlung der Frage des Strafvollzuges im Vorentwurf mit der Notwendigkeit, diese Frage zu ordnen, so lange nicht ein Strafvollzugsgesetz zustande kommt und ohne Rücksicht darauf, ob dieses „in Aussicht genommene Gesetz" in näherer oder fernerer Zeit erlassen werden wird.

Dieser Standpunkt der Kommission des Vorentwurfs ist auch richtig, da sie eben nur mit dem Entwurf eines Strafgesetzbuches beauftragt war und die Frage offen zu lassen hatte, wann dieses Gesetz durch ein Strafvollzugsgesetz die notwendige Ergänzung erhalten werde.

Die Prüfung des Juristentages hat von einem weiteren Gesichtspunkt aus zu erfolgen. Meines Erachtens ist nun aber der Zeitpunkt des Inkrafttretens eines neuen Strafgesetzbuches derjenige, zu dem auch ein Strafvollzugsgesetz fertig zu stellen ist. Beide Gesetze bedingen sich vielfach gegenseitg und das Strafgesetzbuch muß, wie der Vorentwurf selbst anerkennt, über sein Gebiet hinaus in das des Strafvollzugs eingreifen, so lange diesen nicht ein Reichsgesetz regelt. Es ist auch notwendig, daß die mit der Ausarbeitung beider Gesetze beauftragten Kommissionen in steter enger Fühlung miteinander arbeiten, denn nur so kann ein einheitliches Ganzes entstehen, das auf absehbare Zeit den Anforderungen genügt. Auch eine ersprießliche Mitwirkung des Reichstages erscheint mir nur dann möglich, wenn dessen Kommissionen beide Gesetze gleichzeitig vorliegen.

Diese Gründe sind meines Erachtens so schwerwiegend, daß vor ihnen die Schwierigkeiten zurücktreten müssen, welche, dem Erlaß eines Reichsvollzugsgesetzes, besonders auch auf finanziellem Gebiet, entgegenstehen mögen. Diese lassen sich durch die Gewährung einer Übergangszeit für die erforderlichen Neu- und Umbauten übrigens wohl auch mindern.

Meiner Überzeugung nach darf die Ausarbeitung eines neuen Strafgesetzbuches nicht ohne die gleichzeitige reichsgesetzliche Regelung des Strafvollzuges erfolgen; wird dieser Zeitpunkt versäumt, so wird ein Strafvollzugsgesetz damit ad calenda Graecas verlegt. (Lebhaftes sehr richtig!)

Der Juristentag wird daher meines Erachtens fordern müssen, daß alsbald an die Ausarbeitung eines den Grundsätzen des neuen Strafgesetzbuches folgenden Vollzugsgesetzes heranzutreten ist und soweit ich nunmehr zu den Bestimmungen des Vorentwurfs über den Strafvollzug Stellung nehme, tue ich es in der Hoffnung, damit mich bereits zu Grundsätzen des künftigen Vollzugsgesetzes zu äußern.

Eine scharfe Unterscheidung der einzelnen Strafarten wird mit Recht allgemein gefordert und ich kann Geheimrat Krohne in seinem Gutachten nur beistimmen, wenn er es bemängelt, daß diese zurzeit fehlt. Nur eine solche strenge Scheidung kann, wenn ihre Kenntnis sich allmählich verbreitet, auch in der Öffentlichkeit dazu führen, daß der entlassene Strafgefangene verschieden angesehen wird, je nachdem, ob er aus dem Zuchthaus, oder aus welcher Strafanstalt sonst er kommt. Diese verschiedene Beurteilung ist von großer Bedeutung, denn sie wird der numerisch weit überwiegenden Zahl der aus Gefängnissen, Arbeitshäusern und Haftanstalten Entlassenen es erleichtern, Arbeit zu finden und in der menschlichen Gesellschaft wieder festen Fuß zu fassen.

Das ist ein Gesichtspunkt, meine Herren, den ich gerade aus meiner Tätigkeit in der Gefangenenfürsorge heraus für einen ganz außerordentlich wichtigen halte. Solange sich nicht im Publikum ein Verständnis für den Unterschied findet, mit welcher Strafart der Einzelne bestraft worden ist und welche Gesinnung infolgedessen bei ihm vorgelegen hat oder als vorliegend von dem Richter angenommen worden ist, solange diese Unterscheidung sich in der breiten Öffentlichkeit nicht Platz erobert, so lange wird es für die mit der Gefangenenfürsorge sich beschäftigenden Gesellschaften immer einer der allerschwersten Hinderungsgründe für eine segensreiche Tätigkeit bleiben, daß die Mitarbeiter mehr noch als die Arbeitgeber sich weigern, mit jemandem zusammenzuarbeiten, der „gesessen hat", gleichviel, wo und weswegen er gesessen hat.

Grundsätzlich ist zu diesem Zweck meines Erachtens die Forderung berechtigt, daß allgemein auf Verlust der bürgerlichen Ehrenrechte nur neben der Zuchthausstrafe erkannt werden kann, aber auch, abgesehen etwa von besonderen Ausnahmefällen, erkannt werden muß. Die „Ehrlosigkeit" hat eben auch eine objektive Seite und sie ist deshalb die unbedingte Folge jeder Straftat, die so schwer ist, daß sie mit Zuchthaus geahndet werden muß. Der Eigenart der zu Arbeitshaus verurteilten Straftäter wird es entsprechen, daß gegen sie auf Verlust der bürgerlichen Ehrenrechte oder auch nur einzelner solcher Rechte erkannt werden **kann**.

Neben der Strafe des Gefängnisses sollte nur auf Verlust einzelner bürgerlicher Rechte in den geeigneten Fällen erkannt werden. Neben der Haft ist eine Ehrenstrafe begrifflich ausgeschlossen. Dagegen wird es gerechtfertigt erscheinen, wenn Gefängnisgefangenen unter Umständen die Ausübung einzelner bürgerlicher Rechte entzogen wird. Der verschiedenen Wirkung der einzelnen Freiheitsstrafen auf die bürgerliche Ehre wird es entsprechen, wenn auch die **Disziplinarmittel** verschieden gestaltet werden. Im Zuchthaus und auch im Arbeitshaus werden strengere Disziplinarstrafen nötig werden und zu Bedenken keinen Anlaß geben als in den Gefängnissen und zumal in den Haftanstalten. Eine gleichmäßige Festlegung der Disziplinarstrafen im Reichsvollzugsgesetz ist geboten.

Lattenarrest ist unbedingt unzulässig und rein körperliche Züchtigung könnte höchstens für männliche Jugendliche und Zuchthäusler in besonders schweren Fällen angebracht erscheinen. Es wird der öffentlichen Meinung entsprechen, auch für diese Fälle von ihr abzusehen.

Der Zuchthaus- und Arbeitshausgefangene hat Hauskleidung zu tragen, der Gefängnis- und Haftgefangene nur, wenn er nicht genügende saubere und passende eigene Kleidung besitzt. Für Gefängnis- und Haftgefangene ist die Hauskleidung nach Art einer einfachen, unauffälligen bürgerlichen Kleidung herzustellen.

In diesem Gedanken glaube ich mich mit Geheimrat **Krohne** zu treffen, der sehr zutreffend einmal hervorhob, daß das doch unmöglich einen prägnanten Unterschied zwischen Zuchthaus- und Gefängnisgefangenen darstellen könne, daß man den einen in eine blaue und den anderen in eine graue Jacke steckt, und der deshalb fordert, daß man dem Gefängnis- und dem Haftgefangenen, der etwa unter besonderen Umständen keine eigene Kleidung mit ins Gefängnis einbringt, die er während des Strafvollzugs tragen kann, nicht eine der Kleidung des Zuchthausgefangenen bis auf die Farbe oder ein Detail des Schnittes ganz ähnliche Jacke anzieht, sondern eine einfache und unauffällige bürgerliche Kleidung zu tragen gestattet.

Der Haftgefangene darf eigenes Bett und Bettzeug benutzen, dem Gefängnisgefangenen kann dies gestattet werden.

Auch in der Höhe des Anteils am Arbeitsverdienst kann ein Unterschied gemacht werden. Ebenso wird für die Zuchthausstrafe Einzelhaft von längerer Dauer als bei Gefängnisstrafen angeordnet werden dürfen, andererseits aber Haftgefangenen und Gefängnisgefangenen auf deren eigenen Wunsch tunlichst zu gestatten sein, ihre Strafe völlig in Einzelhaft zu verbüßen.

Es enthält häufig eine schwere Strafverschärfung, wenn man dem Gefängnisgefangenen die Notwendigkeit auferlegt, mit anderen Gefangenen gemeinschaftlich die Strafe zu verbüßen, und man sollte deshalb dem Wunsche der Verbüßung auch einer längeren Gefängnisstrafe in Einzelhaft tunlichst entgegenkommen, soweit nicht sanitäre Bedenken dem entgegenstehen. Es ist mir erzählt worden, meine Herren, daß, als die sogenannten Masken in einem Berliner Gefängnisse — irre ich mich nicht unter dem gegenwärtigen Herrn Justizminister — den Gefangenen abgenommen wurden, die schwarzen Leinwandvorhänge, die sie vor dem Gesichte trugen, sobald sie mit anderen Gefangenen zusammen kamen, — daß also so und so viele damals dringend gebeten hätten, ihnen dieses Mittel, verborgen zu bleiben, doch zu lassen. Das ist wohl ein klassisches Beispiel dafür, wie der noch persönliche Ehre besitzende Gefangene den Wunsch hat, seine Gefängnisstrafe möglichst in solcher Weise zu verbüßen, daß andere sein Elend und seine Schande nicht mit ansehen.

Selbstverständlich wird bei Anwendung der Einzelhaft in jedem Fall auf die geistige und körperliche Gesundheit des Gefangenen Rücksicht zu nehmen und darüber der Gefängnisarzt zu hören sein.

Kurze Strafen, etwa bis zu 6 Monaten, werden tunlichst ganz in Einzelhaft zu vollziehen sein.

Die Bestimmungen des Vorentwurfs dürften hier im wesentlichen überall das Richtige treffen.

Das Wichtigste — auch für die Volksanschauung — ist, daß die verschiedenen Strafarten in getrennten Anstalten zu verbüßen sind. Für Zuchthaus- und Arbeitshausstrafe muß dies, sobald es aus finanziellen Rücksichten irgend möglich ist, unbedingt durchgeführt werden. Für Gefängnis- und Haftstrafe erscheint es mir nicht erreichbar. Man kann demjenigen, der eine ganz kurze Strafe dieser Art zu verbüßen hat, nicht zumuten, daß er zu diesem Zweck eine weitere kostspielige Reise machen soll und ebensowenig kann der Staat an jedem Gerichtsort eine Gefängnis- und eine Haftanstalt errichten.

Es wird also nicht zu ändern sein, daß auch künftig im bisherigen Umfang Gefängnisse bestehen, und daß in diesen auch Haftstrafen vollstreckt werden.

Der Vorentwurf läßt dies auch zu: was ich von den von ihm dann geforderten besonderen Abteilungen für Haftgefangene denke, habe ich bereits ausgeführt und will hier nur noch erwähnen, daß auch Aschrott, wie ich mich aus seiner Schrift überzeugt habe, meine Ansicht hierüber teilt.

Zuchthäuser und Arbeitshäuser sollten tunlichst nach kleinen Orten verlegt werden, an denen es möglich ist, ein Stück Land zur eigenen Bebauung zu erwerben.

Wo dies nicht geschehen kann, werden Zuchthäusler zur Außenarbeit nur insoweit zu verwenden sein, als ihre sichere Bewachung und ihr unbedingter Abschluß von der Außenwelt erfolgen kann, wie etwa bei Landeskulturarbeiten in ödem Gelände. Dagegen werden die Insassen des Arbeitshauses in weitem Umfang zur Außenarbeit verwendet werden können. Bei diesen beiden Gruppen von Gefangenen hat die Strafvollstreckungsbehörde über die Verwendung zur Außenarbeit zu entscheiden, bei Gefängnis- und Haftgefangenen darf sie nur mit Zustimmung des Gefangenen erfolgen.

Sehr empfehlenswert erscheint mir ein Strafvollzug in Stufen, der dem langjährigen Strafgefangenen ermöglicht, sich allmählich eine mildere Behandlung zu verdienen. Eine vorläufige Entlassung kann für solche Gefangene nur eintreten, wenn sie bereits in die oberste Stufe aufgestiegen sind.

Jedem zu Haft Verurteilten wird zu gestatten sein, seine Strafe — auch abweichend vom regelmäßigen Strafvollstreckungsplan — in einer besonderen Haftanstalt zu verbüßen, wenn er die Kosten der Hin- und Rückreise trägt.

Ist auf diese Weise der Inhalt und die Bedeutung der einzelnen Strafarten festgelegt, so wird die Frage entstehen, für welche Straftaten jede von ihnen anzuwenden ist. Davon untrennbar ist die Frage nach der Mindest- und Höchstdauer der einzelnen Strafarten.

Abweichend von Geheimrat Krohne, welcher den Kreis der mit Zuchthaus bedrohten Straftaten „erheblich weiter" ziehen will, bin ich der Ansicht, daß die, — in ihrem Inhalt soweit es mit den Grundzügen der Humanität vereinbar ist, tunlichst streng zu gestaltende — Zuchthausstrafe möglichst den Charakter einer Ausnahmestrafe tragen soll. Der Gedanke, daß für eine schwere verbrecherische Tat oder im nächsten Rückfall das Zuchthaus droht, soll eine wirksame Abschreckung enthalten: die Zuchthausstrafe soll recht eigentlich der Generalprävention dienen. Das kann sie nur bei seltener Anwendung und auch deshalb erscheint die von mir vorgeschlagene Entlastung der Zuchthäuser durch das Arbeitshaus empfehlenswert.

Die Zuchthausstrafe wird von diesem Standpunkt aus nur in längerer Dauer zu verhängen und ihr Mindestmaß auf zwei Jahre hinauf zu setzen sein. Es ist dies allerdings eine sehr einschneidende Maßnahme, dessen bin ich mir vollkommen bewußt: betrugen doch 1907 51,2 % aller Zuchthausstrafen weniger als zwei Jahre! Die Maßnahme erscheint mir auch nur möglich, wenn gleichzeitig die Strafe des Arbeitshauses in der von mir angeregten Art und Anwendung eingeführt wird. Andererseits wird die Zuchthausstrafe überall da eintreten müssen, wo die Schwere der Tat in Verbindung mit der ehrlosen Gesinnung, welche sie bei dem Täter voraussetzt, von vornherein eine Gefängnisstrafe nicht angebracht erscheinen läßt. Insoweit vermag ich mit Geheimrat Krohne den Kreis der Delikte weiter zu ziehen, für welche wahlweise Zuchthaus anzudrohen ist. Insbesondere aber ist das Zuchthaus die Strafart, für die gewerbsmäßigen Verbrecher und für diejenigen, welche sich dazu zu entwickeln scheinen. Das Strafgesetzbuch wird meines Erachtens hier dem Richter freieres Ermessen gestatten müssen, auf Zuchthaus für einen weiteren Kreis von Straftaten in geeigneten Fällen zu erkennen und es wird nur die Anleitung zu geben haben, daß Ehrlosigkeit der Gesinnung, Rückfälligkeit und besondere Schwere der Tat die dabei hauptsächlich in Rücksicht zu ziehenden Umstände sein sollen.

Über das Anwendungsgebiet des Arbeitshauses habe ich mich bereits ausgesprochen. Schwierigkeiten bietet noch die Abgrenzung der Gefängnis- und Haftstrafen.

Formell möchte ich in dieser Hinsicht zunächst vorschlagen, daß alle

Delikte, für welche Gefängnisstrafe angedroht wird, aus dem Kreise der Übertretungen ausgeschieden und als Vergehen bezeichnet werden.

Auch für die Anwendung der Gefängnisstrafe werden Gesinnung des Täters und Schwere der Tat zusammen bestimmend sein, etwa derart, daß bei beiden, oder einem von beiden nur das Maß für die Anwendung des Zuchthauses erfüllt ist.

Deshalb wird das Höchstmaß der Gefängnisstrafe nicht, wie der Vorentwurf will, auf fünf Jahre, sondern geringer bemessen werden können. Man wird sogar darin erheblich herabgehen dürfen, da z. B. 1907 Gefängnisstrafen von 2 Jahren und mehr nur 1,2% betragen haben. Bei Realkonkurrenz und wenn die Gefängnisstrafe an Stelle einer grundsätzlich verwirkten Zuchthausstrafe tritt, kann die Strafe selbstverständlich höher bemessen werden. Aus dem gleichen Grunde wird aber auch das Mindestmaß der Gefängnisstrafe höher als ein Tag anzusetzen sein.

Wenn ich mit Herrn Professor Goldschmidt Ihnen vorschlage, das Höchstmaß der Gefängnisstrafe im Vorentwurf auf 3 Jahre zu bemessen, so glauben wir übereinstimmend, daß damit allen berechtigten Anforderungen an einen wirksamen, im Gefängnis noch möglichen Strafvollzug vollauf Rechnung getragen werden wird, wobei ich mir gestatte, noch einmal darauf hinzuweisen, daß wir nicht umfassen wollen die Fälle der Realkonkurrenz und nicht diejenigen Fälle, in denen an Stelle eigentlich verwirkter Zuchthausstrafe aus vorhandenen Milderungsgründen die mildere Strafart eingestellt werden darf.

Die Frage der kurzzeitigen Freiheitsstrafen steht seit langer Zeit im Mittelpunkt eingehender und lebhafter Erörterungen und die Zahl derer ist nicht gering, welche eine erhebliche Hinaufsetzung des Mindestmaßes fordern. Nicht nur Theoretiker, sondern auch Praktiker haben sich in dieser Forderung vereinigt, so befürwortet z. B. Geheimrat Krohne, daß auf Freiheitsstrafe unter 30 Tagen nicht erkannt werden solle: wo dieses Strafmaß zu hoch ist, solle Geldstrafe oder Verweis an Stelle der Freiheitsstrafe treten. Diesen Forderungen kann ich mich nicht anschließen und meine vielmehr mit dem Schweizer Vorentwurf, daß ein Mindestmaß von einer Woche für die Gefängnisstrafe ungefähr das Richtige treffen wird. Bei dieser Strafdauer ist schon eine Differenzierung gegenüber der Haftstrafe möglich und sie wird in zahlreichen Fällen bereits als ein wirksames, ernstes Strafübel empfunden werden, zumal, wenn man sie in geeigneter Weise im Vollzuge verschärft.

Die im österreichischen Vorentwurf vorgesehene Mindestdauer der Gefängnisstrafe von drei Tagen scheint mir dazu nicht auszureichen. Der

Ersatz der Gefängnisstrafe von 1 Woche bis zu 30 Tagen oder 6 Wochen durch Geldstrafe — Verweis kann hierfür wohl nicht ernstlich in Frage kommen, — würde seinen Zweck schon deshalb verfehlen, weil die Mehrzahl der Bestraften die doch in erheblichem Betrage einzusetzenden Geldstrafen nicht würde zahlen können und doch die zu substituierende Freiheitsstrafe verbüßen müßte. Auch würde eine solche Bestimmung eine unzulässige Bevorzugung wohlhabender Straftäter darstellen. Es wird also nichts übrig bleiben, als Gefängnisstrafen über etwa eine Woche zuzulassen und man wird nur für diejenigen Fälle in denen eine kurze Freiheitsstrafe nach der Schwere der Tat angebracht, nach der Person des Täters aber voraussichtlich unwirksam erscheint, solche Strafschärfungen eintreten lassen müssen, daß es verhindert wird, daß der Bestrafte — wie Geheimrat Krohne es ausdrückt — das Gefängnis mit dem Gedanken verläßt: „Weiter nichts!"

Der Vorentwurf sieht nun Schärfungen der Zuchthaus- und Gefängnisstrafen für Taten von besonderer Roheit und Bosheit und gegen durch Vorstrafen Ungebesserte vor. Diese Schärfungen dürfen in geminderter Kost oder harter Lagerstätte bestehen — die Anwendung der Dunkelzelle ist — meines Erachtens mit Recht — ebenso wie im österreichischen Vorentwurf, ausgeschaltet. —

Mir würde es zweckmäßig erscheinen, zu bestimmen, daß diese Strafschärfungen auch gegen solche Straftäter allgemein angeordnet werden dürfen, auf welche, auch ohne daß sie vorbestraft sind, nach ihrer Person und ihrem Vorleben der gewöhnliche Strafvollzug voraussichtlich nicht die erforderliche Wirkung ausüben würde.

Der Vorentwurf sieht vor, daß Kostminderung und hartes Lager auch vereinigt angeordnet werden dürfen, daß sie an jedem dritten Tage in Wegfall zu kommen haben und im Zusammenhang 4 Wochen nicht übersteigen dürfen.

Diese Bestimmungen ermöglichen, zumal für den Erstbestraften, schon eine Gefängnisstrafe von 1 Monat zu einem so unangenehmen Strafübel zu gestalten, daß er bei der Entlassung kaum geneigt sein wird, sie als ein Nichts anzusehen.

Im Gegensatz zu meinem Herrn Mitreferenten sehe ich die Strafschärfungen des Entwurfs überhaupt als ein geeignetes und notwendiges Mittel an, die Zuchthaus- und Gefängnisstrafe für eine große Zahl solcher Straftäter als ein Übel fühlbar zu machen, welchen sonst — um wieder mit Geheimrat Krohne zu sprechen — „die Strafanstalt als eine Herberge erscheinen würde, oft besser als das Heim da draußen".

Mein Herr Mitreferent befürchtet, daß diese Schärfungen eine schiefe Ebene bilden, auf der man zur Prügelstrafe gleitet.

Ich bin auch in dieser Hinsicht gerade entgegengesetzter Meinung. Weite Kreise unseres Volkes sind der Überzeugung, daß erheblichen Gruppen von Straftätern gegenüber der Strafvollzug in unseren Anstalten nicht wirksam genug sei, und es regt sich da mehr oder minder verschämt, besonders lebhaft unter dem Eindruck gerade in der Presse bekannt gewordener schwerer, scheußlicher, roher, gemeiner Straftaten der Wunsch, den Delinquenten körperlich zu treffen, und wenn man diese Strafverschärfung überhaupt in eine Beziehung bringen will zur Prügelstrafe, so würde sie meiner Auffassung nach nicht eine schiefe Gleitebene, sondern vielmehr ein Sicherheitsventil darstellen. Es würde mit den Strafschärfungen meines Erachtens gerade dem berechtigten Kern dieses Empfindens in einer Weise Rechnung getragen werden, die mit der humanen Auffassung unserer Tage mir in einem Widerspruche nicht zu stehen scheint.

Nur meine ich, daß die Schärfungen bei längeren Strafen nur für den ersten Teil etwa bis zur Hälfte eintreten sollten, und daß dem Gericht jederzeit und nicht erst nach einem Jahre die Möglichkeit gegeben sein müßte, die Schärfungen auf Antrag oder nach Anhörung der Vollstreckungsbehörde aufzuheben oder zu mildern.

Das Bedenken, das meiner Meinung nach sehr mit Recht geltend gemacht werden kann gegen die Strafverschärfung im Vorentwurf, ist, wie mir auch von einem Mitgliede der heutigen Versammlung, welches im Strafvollzug seit langen Jahren tätig ist, bestätigt wurde, die Befürchtung, daß die Strafvollzugsbehörde in die Zwangslage kommen könnte, vom Gericht festgesetzte Strafschärfungen vollziehen zu müssen gegenüber einem Gefangenen, von dem sie die Überzeugung gewonnen hat, daß diese Strafschärfungen nicht mehr nötig sind und nur verbitternd wirken würden. Deshalb meine ich, daß in dieser Beziehung der Strafvollstreckungsbehörde ein stärkerer Einfluß auf den Vollzug der vom Gericht festgesetzten Strafschärfungen gesichert werden muß. Diese Einwirkung muß vom ersten Tage an möglich sein, theoretisch, — es wird wohl kein Strafvollzugsbeamter in der ersten Woche den Antrag auf Aufhebung stellen — aber er muß von Anfang an, d. h. von dem Zeitpunkte an möglich sein, in dem nach gewissenhafter Prüfung der Leiter der Strafanstalt die Überzeugung hat: hier wird durch Strafschärfung nichts Gutes, sondern Böses geschaffen, und man kann so weit gehen, anzunehmen, daß in einer überwiegenden Mehrzahl von Fällen Böses geschaffen werden wird bei langzeitigen Strafen, wenn die Strafschärfung in der zweiten Hälfte des Strafvollzugs stattfindet. Auf wen bei einer längeren Freiheitsstrafe durch die Strafschärfung innerhalb der ersten Hälfte die Wirkung nicht eingetreten ist, auf den wird sie auch in der zweiten Hälfte nicht mehr einwirken, und wenn er sich in dieser zweiten Hälfte in der Anstalt nicht gut benimmt, so bleibt ja der Anstaltsleitung immer noch die Möglichkeit, einen Ersatz, — in gewissem Rahmen wenigstens — durch strenge und energische Anwendung der zulässigen Disziplinarmittel zu schaffen.

In dieser Einschränkung und unter den Kautelen des Vorentwurfs — daß nämlich die geschärfte Strafe nur an dem vollstreckt werden darf, der nach dem Gutachten des Gefängnisarztes seiner Gesundheit nach dazu fähig ist,— halte ich im Gegensatz zum Vorentwurf die Strafschärfung gerade jugendlichen Straftätern gegenüber für besonders angebracht und ihr Verbot für diese Gefangenen für verfehlt. Die für dieses Gebot gegebene Begründung, die Strafschärfung erscheine trotz mancher dafür sprechender Gründe nicht statthaft, weil der jugendliche Körper in der Regel noch nicht so weit entwickelt sei, um die Verschärfung des Strafvollzuges gesundheitlich ertragen zu können, ist nicht überzeugend. Junge Burschen von 14 bis 18 Jahren aus den einfachen Volksklassen sind nicht so zart gewöhnt, daß ihnen im Regelfall durch ein hartes Lager oder eine mäßige Kostminderung Schaden an der Gesundheit zugefügt werden würde. Diejenigen Jugendlichen aber, welche nach den Vorschriften des Vorentwurfs und des Entwurfs zur Strafprozeßordnung in die Gefängnisse kommen,— welche also schwere Straftaten begangen oder der Besserung durch Erziehung nicht zugänglich sich erwiesen haben,— sind meines Erachtens gerade wohl geeignete Objekte für einen verschärften Strafvollzug.

Erkennt doch der Vorentwurf selbst an, daß unter den Jugendlichen zwischen 14 und 18 Jahren „sich viele Elemente befinden, die wegen ihrer frühen Verdorbenheit, ihrer Verrohung, ihrer Neigung zu Gewalttaten und zum Verbrechen überhaupt den ganzen Ernst und die ganze Strenge des Gesetzes herausfordern“ und ist doch die Rückfallziffer für Jugendliche erheblich höher als für Erwachsene.

Auch Reichsgerichtsrat Ebermeyer befürwortet im Gutachten für den 29. Juristentag die Zulassung von Strafschärfungen für kurzzeitige Freiheitsstrafen. Ebenso tritt Aschrott in der „Reform des StGB.“ mit sehr beachtenswerten Ausführungen, denen ich mich fast durchweg anschließen kann, für Strafschärfungen ein. Im Gegensatz zu ihm meine ich nur, daß der Richter nur allgemein die Anwendung der Strafschärfung und ihr Höchstmaß wird anwenden können, während der

Strafvollstreckungsbehörde — nach Anhörung des Anstaltsarztes — das Ausmaß der Anwendung überlassen bleiben muß.

Für die Haftstrafe wird ein Mindestmaß von einem Tage zuzulassen sein, da sie auch als die Ahndung leichtester Straffälle — Übertretungen — in Anwendung kommen soll und nicht stets dabei durch Geldstrafe oder Verweis ersetzt werden kann.

Hiernach gelange ich zu dem Ergebnis, daß es zu begrüßen ist, daß der Vorentwurf besonders durch die Ausgestaltung der Geldstrafe — die Vermeidung kurzzeitiger Freiheitsstrafen künftig in erheblich höherem Umfang als bisher ermöglicht und ich hoffe, daß die Richter, zumal bei noch nicht mit Freiheitsstrafen Bestraften, von dieser Möglichkeit weitherzig Gebrauch machen werden. Wo aber eine kurzzeitige Freiheitsstrafe festgesetzt werden muß, da ist mit allem Nachdruck dafür zu sorgen, daß sie als ein Strafübel empfunden wird.

In jedem Falle aber — auch gegen gewohnheitsmäßige und gewerbsmäßige Verbrecher, — muß der Richter meines Erachtens eine Freiheitsstrafe von bestimmter Dauer festsetzen. Ich schließe mich hierin durchaus den Ausführungen des Geheimrats **K a h l** im Bericht zum 28. Juristentage an, sowohl seinem praktischen, wie seinen beiden theoretischen Gründen. Ein Strafvollzugsamt wird ebenso oft in der Strafbemessung irren können, wie der Richter, und eine Aussicht auf frühere Entlassung würde die in den Strafanstalten so wie so schon häufige frömmelnde Heuchelei ins Ungemessene steigern. Eine unbestimmte oder relativ bestimmte Verurteilung dürfte aber auch mit der staatsrechtlichen Stellung des Gefangenen kaum vereinbar sein.

Der Gedanke, daß die Führung des zu längerer Freiheitsstrafe Verurteilten, die reuige Erkenntnis seines Unrechts und die aus ihr unter Berücksichtigung der persönlichen Verhältnisse sich ergebende Hoffnung auf künftiges strafloses Verhalten auf die Dauer der Strafe von Einfluß sein müssen, findet angemessenen Ausdruck in der vorläufigen Entlassung, wie der Vorentwurf sie gestaltet hat. Nur wird man einer üblen Vergangenheit des Bestraften nicht **g r u n d s ä t z l i c h** die Wirkung beimessen dürfen, ihn von der vorläufigen Entlassung auszuschließen; man würde sonst sich solchen Gefangenen gegenüber von vornherein eines starken Antriebs zum Wohlverhalten und zur Besserung berauben und man würde gegen den Grundgedanken verstoßen, von dem beim Strafvollzuge niemals abgewichen werden darf, daß eine Besserung zwar oft unwahrscheinlich, aber so lange nicht unmöglich ist, als der Gefangene atmet.

Wo aber die Voraussetzungen gegeben sind, empfiehlt sich ein ausgedehnter Gebrauch der vorläufigen Entlassung. Sie gibt dem Entlassenen Gelegenheit, unter Schutzaufsicht und unter dem Einfluß der Erkenntnis, daß er sich die ihm gewordene Vergünstigung erst noch verdienen muß, sich allmählich wieder an die Freiheit zu gewöhnen und ihren Versuchungen gegenüber seine guten Vorsätze in die Tat umzusetzen. Die Gefängnisgesellschaften und Vereine werden sich der ihnen durch die Übertragung der Schutzaufsicht vom Gesetz anvertrauten wichtigen Aufgabe gern unterziehen und ihr volle Aufmerksamkeit zuwenden: für die Schlesische Gefängnisgesellschaft, deren geschäftsführender Vorsitzender ich bin, gebe ich freudig diese Zusicherung.

Schließlich habe ich noch mit einigen Worten auf die Bestimmungen des Vorentwurfs über die Freiheitsstrafen gegen Jugendliche und deren Vollzug einzugehen. Der Vorentwurf des künftigen materiellen Strafrechts beschäftigt sich naturgemäß nicht mit der Frage, unter welchen Voraussetzungen das Strafgericht sich überhaupt mit Jugendlichen, — d. h. Personen zwischen 14 und 18 Jahren, — beschäftigen soll, sondern es geht von dem durch die Strafprozeßvorschriften zu regelnden Fall aus, daß der Jugendliche vor den Strafrichter gestellt ist. Es hat auch nicht die Aufgabe, die Form zu bestimmen, in der Verhandlung und Urteilsfällung erfolgen sollen, sondern es beschäftigt sich nur mit dem Inhalt dieses Urteils.

Nur in diesem Umfang darf auch ich mich daher hier mit der Frage des Jugendstrafrechts beschäftigen und ich bitte nur in einem Satze es aussprechen zu dürfen, daß ich darüber auch heut noch dieselben Anschauungen hege, die ich in meinem Vortrage vor der Schlesischen Gefängnis-Gesellschaft Ende vorigen Jahres ausgesprochen habe. Diese Anschauungen gehen dahin, daß ich für die Jugendlichen grundsätzlich einen Jugendrichter — den besten, der zu haben ist, — wünsche, der den Angeschuldigten und die Zeugen den gesetzlichen Vertreter, den Fürsorger und die Auskunftspersonen hört, der ungestört und unbeirrt alles ihm Wissenswerte erörtert und feststellt und der dann auch allein und nach freiem Ermessen — ohne Schöffen oder Kollegium — die Entscheidung fällt, welche dem Interesse des Jugendlichen die dienlichste erscheint.

Der Vorentwurf läßt, wenn die Tat hauptsächlich als Folge mangelhafter Erziehung erscheint, oder sonst anzunehmen ist daß Erziehungsmaßregeln erforderlich sind, um den Täter an ein gesetzmäßiges Leben zu gewöhnen, zu, daß das Gericht neben oder an Stelle einer Freiheitsstrafe die Überweisung des Jugendlichen zur staatlich überwachten Erziehung anordnen — auch die Unterbringung in eine staatlich überwachte Erziehungs- oder

Besserungsanstalt — vorschreiben kann. Ist der Jugendliche vermindert zurechnungsfähig, so können Freiheitsstrafen auch in staatlich überwachten Erziehungs-, Heil- und Pflegeanstalten vollzogen werden.

Diese Bestimmungen eröffnen für die Tätigkeit der Jugendfürsorge-Vereine neue, weitausschauende Aufgaben, die nur bei ihrem Zusammenschluß in größere Verbände — zu lösen sein werden. Auch werden sie eine engere Verbindung der Gerichte und der Fürsorgevereine, oder der für diese zu schaffenden Zentralstellen, bedingen. Ein solche Verbindung besteht beispielsweise in Breslau zwischen dem Jugendgericht und der Zentrale für Jugendfürsorge bereits seit mehreren Jahren in segensreichem Zusammenwirken.

Hier bietet sich eine Gelegenheit zur Mitwirkung des Laienelements auf einem der Strafrechtspflege im weiteren Sinne angehörenden Gebiet in einer Form, die wohl jedem Juristen sympatisch sein dürfte.

Meine Herren! Ich habe um Nachsicht zu bitten, daß ich ihre Zeit bereits über Gebühr in Anspruch genommen habe. Aber das außerordentlich Weitgreifende unseres Themas läßt vielleicht eine Entschuldigung zu. Es ist bei der Fülle des Stoffes und der sich darbietenden und aufdrängenden Gedanken ganz unmöglich, in den Grenzen eines Vortrages auch nur annähernd auf alle wichtigen Fragen einzugehen, welche bei der Regelung der Freiheitsstrafen im künftigen Strafrecht zu erörtern sind und von berufener Seite auch in der Literatur und in der Begründung des Entwurfs bereits eingehend gewürdigt wurden. Hier konnte es für mich nur darauf ankommen, einige besonders wesentlich erscheinende Gesichtspunkte herauszugreifen und meine Ansicht über sie auszusprechen. Es liegt mir völlig fern, meine Darlegungen für etwas anderes halten zu wollen als für eine Anregung zu eigener Prüfung und Stellungnahme: sollten sie diesen Zweck erreichen, so würde ich meine Aufgabe für gelöst erachten; sollten Sie, meine Herren, mir bei einigen meiner Anschauungen folgen können, so wäre mir dies eine hohe Freude.

Meine Leitsätze befinden sich gedruckt in Ihren Händen; ich glaube schon aus dem Gesichtspunkt der Zeitersparnis mir wohl versagen zu dürfen, sie Ihnen noch einmal vorzulesen. (Lebhafter anhaltender Beifall)

Leitsätze des Berichterstatters Dr. **v. Staff** zu Thema 4b.

1. Die, — stets vom Richter in bestimmter Dauer festzusetzende, — Freiheitsstrafe muß auch im künftigen Strafrecht die hauptsächlichste Strafe bleiben. Die Bestrebungen des Vorentwurfs zum Deutschen Strafgesetzbuch, — VE. — ihr Anwendungs-

gebiet einzuschränken, sind zu begrüßen. — Die Aufstellung verschiedener Arten der Freiheitsstrafe: — Zuchthaus, Gefängnis Haft, — entspricht dem praktischen Bedürfnis. Daneben hat als selbständige Strafart gegenüber Liederlichen, Arbeitsscheuen und willensschwachen Gewohnheitsverbechern das in staatliche Verwaltung zu übernehmende Arbeitshaus zu treten. Eine besondere Art des Vollzugs der Zuchthausstrafe in getrennten Anstalten gegen einzelne Verbrechergruppen, — § 89 VE. — fällt dafür fort. —

2. Dem Fortfall der Festungshaft ist zuzustimmen. Der Vollzug der an ihre Stelle tretenden Haft gegenüber Personen; welche wegen politischer Straftaten ohne ehrlose Gesinnung und wegen Zweikampfs bestraft sind, hat auf Wunsch der Bestraften stets in besonderen Haftanstalten und in Einzelhaft zu erfolgen. —
3. Mit der Ausarbeitung eines neuen Strafgesetzbuchs muß gleichzeitig diejenige eines Reichsstrafvollzugsgesetzes erfolgen. Die Kommissionen für beide Gesetzeswerke haben in steter gegenseitiger Fühlung zusammenzuwirken. —
4. Die einzelnen Arten der Freiheitsstrafe sind in der Wirkung auf die bürgerliche Stellung des Bestraften und die Art des Strafvollzugs streng zu sondern. Mit der Zuchthausstrafe ist stets Verlust der bürgerlichen Ehrenrechte zu verbinden, neben der Strafe des Arbeitshauses ist dies zulässig. Neben der Gefängnisstrafe kann auf bestimmte einzelne Ehrenstrafen erkannt werden. — Der Vollzug der Gefängnisstrafe muß milder als der der Zuchthausstrafe, der der Haftstrafe milder als der der Gefängnisstrafe sein. —
5. Zuchthaus-, Arbeitshaus- und Gefängnisstrafen sind stets, Gefängnis- und Haftstrafen tunlichst in getrennten Anstalten zu vollstrecken. —
6. Übertretungen sind stets mit Haft zu bestrafen. Diejenigen, für welche Gefängnisstrafe angedroht, — und angebracht ist, — — so besonders Landstreicherei, Bettel, Arbeitsscheu, Gewerbsunzucht, — sind als Vergehen zu behandeln.
7. Der Mindestbetrag der Zuchthausstrafe beträgt zwei Jahre, der Strafe des Arbeitshauses ein Jahr, der Gefängnisstrafe eine Woche. — Der Höchstbetrag der Gefängnisstrafe beträgt drei Jahre: — abgesehen von dem Falle der Realkonkurrenz

und solchen, milderen, — Fällen, in denen Gefängnisstrafe an Stelle der grundsätzlich verwirkten Zuchthausstrafe tritt. — Die Haftstrafe ist stets eine zeitige. —

8. Zuchthaus-, Arbeitshaus- und Gefängnisstrafen dürfen durch Kostminderung und hartes Lager geschärft werden, soweit die Rücksicht auf wirksamen Strafvollzug es erfordert. Diese Schärfungen sind besonders auch für kurze Strafen angebracht und auch gegenüber Jugendlichen zulässig. —

Bei längeren Strafen dürfen Schärfungen nur für deren erste Hälfte verhängt werden. Sie können jederzeit auf Antrag oder nach Anhörung der Strafvollzugsbehörde von dem Gericht gemildert oder in Wegfall gebracht werden. —

Ihr Vollzug steht unter steter Überwachung des Gefängnisarztes.

9. Die Disziplinarmittel im Strafvollzug hat das Reichsstrafvollzugsgesetz zu bestimmen. Prügelstrafe und Lattenarrest sind unzulässig. —

10. Arbeitshausgefangene und, — soweit sichere Bewachung und strenger Abschluß von der Außenwelt möglich ist und nicht Einzelhaft wirksamer erscheint, — auch Zuchthausgefangene sind tunlichst im Freien zu beschäftigen. Es empfehlen sich hierfür besonders Landeskulturarbeiten oder Arbeiten auf Anstaltsland. Um dessen Beschaffung zu erleichtern, ist die Anlage von Zucht- und Arbeitshäusern in kleineren Orten angebracht.

11. Kürzere Strafen sind tunlichst in voller Dauer in Einzelhaft zu vollstrecken, längere nach dem Befinden der Strafvollzugsbehörde, soweit es zur wirksamen Gestaltung der Strafe angebracht und, — nach dem Gutachten des Anstaltsarztes, — ohne gesundheitliche Schädigung möglich ist.

Länger als zwei Jahre darf Einzelhaft ohne Zustimmung des Gefangenen nur währen, wenn Tatsachen dafür vorhanden sind, daß der Gefangene auf Mitgefangene sonst einen schädlichen Einfluß ausüben würde. —

Mitberichterstatter Professor Dr. **Goldschmidt:** (Berlin):

Meine Herren! Mein Herr Mitreferent hat mit der Bitte um Nachsicht geschlossen. Daran kann ich gleich anknüpfen und mit der Bitte um Nachsicht beginnen. Hätte ich von vornherein gewußt, daß ich als Korreferent zu sprechen hätte, so würde ich mich kürzer gefaßt haben.

Immerhin will ich mich auch so, insbesondere mit Rücksicht auf die schon gestern gemachten Ausführungen möglichst kurz fassen.

Die Vertauschung der Reihenfolge unserer Referate ist hervorgerufen, wie schon mein Herr Mitreferent gesagt hat, durch die Tatsache, daß meine Thesen mehr auf Einzelheiten des Entwurfs eingehen. Sie tun es, weil ich glaube, daß im jetzigen Stadium der Gesetzgebung in der Tat auf Einzelheiten alles ankommt. Uns liegen im Entwurf detaillierte Vorschläge vor, und, wenn wir die Sache der Gesetzgebung fördern wollen, dann glaube ich, daß wir zu diesen detaillierten Vorschlägen ebenso detailliert Stellung nehmen müssen. Denn über die allgemeinen Prinzipien ist Jahrzehnte und vielleicht noch länger debattiert worden. Es hat, wie mir scheint, keinen Zweck auf die großen Grundprinzipien hier mehr einzugehen, als eben nötig ist, um zu diesen Detailvorschriften Stellung zu nehmen. Und da will ich sofort in medias res gehen.

Der Vorentwurf zählt im großen und ganzen drei Strafarten auf: Zuchthaus, Gefängnis und Haft. Dieses Prinzip wird gewiß allgemein gebilligt werden, und um dieser Billigung Ausdruck zu geben, schlug ich meine These I vor, die ich, wie ich gleich sagen will, zurückziehe zu Gunsten der These I von Olshausen. Es ist dort gesagt: „Das Strafmittelsystem des Deutschen Vorentwurfs ist im allgemeinen durchaus zu billigen; namentlich sind andere Strafmittel, als die in ihm vorgeschlagenen nicht zu empfehlen." Darin geht meine These I restlos auf.

Ich halte es für richtig, daß der Vorentwurf auf die Deportation nicht zurückgekommen ist. Nun hat heute mein Herr Mitreferent einen sehr beachtenswerten Vorschlag gemacht, indem er zwar die Deportation als Strafmittel auch nicht empfehlen, aber doch zulassen will, daß bei der vorläufigen Entlassung als Bedingung ihres Eintritts schon vor zwei Dritteln der Zeit aufgestellt wird die Notwendigkeit für den Entlassenen, sich an bestimmter Stelle in den Kolonien anzusiedeln. Ich halte das für einen durchaus akzeptablen Vorschlag und bedaure nur, daß mein Herr Mitreferent keine These dazu aufgestellt hat. Ich brauche nur daran zu erinnern, daß damit ein alter Gedanke lebendig gemacht wird. Die vorläufige Entlassung stammt bekanntlich aus dem englischen Recht und ist erstmalig angewandt worden in Australien, und es war damals so, daß der sogenannte „conditional pardon" nicht etwa bloß abhing von der guten Führung im Strafvollzug, sondern auch davon, daß der Betreffende sich in Australien ansiedelte. Die Ansiedelungen in Australien sind ja bekanntlich zum großen Teil auf diese bedingte Entlassung zurückzuführen.

Was mein Herr Mitreferent vorschlägt, ist dasselbe: die voläufige Entlassung wird gewährt, aber der Entlassene wird verpflichtet, sich in den Kolonien anzusiedeln. Weiter brauchen wir auf die Deportation nicht zurückzukommen.

Auf die vom Herrn Mitreferenten vorgeschlagene „Arbeitshausstrafe" werde ich bei Begründung meiner These II 3 d eingehen.

Zu begrüßen ist, daß drei Freiheitsstrafen beibehalten sind: Haft einerseits, Gefängnis und Zuchthaus andererseits. Mit Recht sind Gefängnis und Zuchthaus nicht verschmolzen worden, sondern im Gegenteil vielfachen Forderungen zufolge ist der Unterschied vertieft worden. Auf eine nähere Charakteristik der Freiheitsstrafen im allgemeinen will ich nicht eingehen: ich werde bei der Einzelkritik genügende Gelegenheit haben, das zu sagen, worauf es mir ankommt.

Ich wende mich zu den einzelnen Strafarten und ihren Anwendungsgebieten. Ich muß zunächst mit dem beginnen, was mir hauptsächlich am Entwurf auszusetzen zu sein scheint, das ist das Anwendungsgebiet der Haft. Die Haftstrafe des Vorentwurfs ist hervorgegangen aus der Verschmelzung der „Haft" des geltenden Rechts und der Festungshaft, d. h. aus der Verschmelzung der polizeilichen Gefängnisstrafe einerseits und der custodia honesta andererseits. Der Vorentwurf verwendet die Haft überall da, wo das StGB. jene beiden Strafarten verwendet, also vor allem bei den „Übertretungen" einerseits, bei den sogen. „politischen Verbrechen" und dem Zweikampf andererseits. Der Vorentwurf verwendet aber die Haft noch in erheblich weiterem Umfange. Bei einer ganzen Reihe von Vergehen wird die Haft teils wahlweise neben Gefängnis, teils an dessen Stelle bei Vorliegen „mildernder Umstände" angedroht. Außerdem soll die Haft die regelmäßige Ersatzstrafe für uneinbringliche Geldstrafen bilden (§ 34 [1] Vorentwurf).

In diesem Anwendungsgebiet fehlt der einheitliche Grundgedanke. Es gilt, was Kahl in seinem Aufsatz in der dem Juristentag gewidmeten Festnummer der Deutschen Juristenzeitung sagt: Die Haft ist „Mädchen für alles." Ich habe schon seinerzeit in der Strafrechtsvergleichung Gelegenheit gehabt, davon abzuraten, daß man die Haftstrafe des geltenden Rechts und die Festungshaft, die polizeiliche Gefängnisstrafe und die custodia honesta zusammenwirft. Beide vereinigt machen — um ein Wort Werner von Siemens' zu variieren — „Leibschmerzen", und diese „Leibschmerzen" werden verschlimmert durch die Verwendung der Haft auch als Strafe der „mildernden Umstände" und als regelmäßige Ersatzstrafe für uneinbringliche Geldstrafen. Das zeigt sich, glaube ich, nirgends drastischer als im Strafvollzuge, worauf schon der Herr Mitreferent hingewiesen hat.

§ 20 Abs. 1 VE. sagt, daß die Haft „in besonderen Anstalten oder Abteilungen vollstreckt wird, so daß die Haftgefangenen mit Gefängnisgefangenen nicht in Berührung kommen". Der Herr Mitreferent hat schon darauf hingewiesen: das wird auf dem Papier stehen bleiben, diese Trennung wird sich nicht durchführen lassen, und er hat deswegen auch in These 5 Gelegenheit genommen, den Vorentwurf abzuschwächen und zu sagen: „Gefängnis- und Haftstrafen" sind „tunlichst in getrennten Anstalten zu vollstrecken".

Nun würde ich ja die Tatsache, daß diese Forderung des Entwurfs nicht voll durchgeführt werden wird, bezüglich vieler Häftlinge nicht für ein so großes Unglück halten; denn bei dem großen Anwendungsgebiet, das die Haft im Vorentwurf hat, werden sich viele Häftlinge innerlich nicht wesentlich von Gefängnisgefangenen unterscheiden. Für diejenigen freilich, welche wirklich einer custodia honesta würdig erscheinen, wäre das tatsächliche Zusammenkommen mit Gefängnisgefangenen um so mehr zu bedauern. Viel schlimmer ist aber etwas anderes. Nach § 22 VE. soll die „Haftstrafe" grundsätzlich in Gemeinschaftshaft vollzogen werden. Die Begründung meint, es handele sich bei der Haft in der Regel um Personen, „deren Beisammensein keine sittlichen Gefahren mit sich" bringe. „Gleiche Elemente" fänden „sich auch außerhalb der Anstalt bei der Arbeit und im Verkehr täglich zusammen". Ich weiß nicht, ob die Begründung mit einer allgemeinen Menschenverbrüderung rechnet. In der „Haft" des Vorentwurfs werden sich zusammenfinden Duellanten und politische Verbrecher einerseits und andererseits die Kandidaten des Arbeitshauses, Bettler, Landstreicher, Arbeitsscheue, Trunkenbolde. Ob die sich wirklich alle „außerhalb der Anstalt bei der Arbeit und im Verkehr täglich zusammenfinden"? Aber damit nicht genug. Es kommen hinzu eine unübersehbare Menge von solchen, die milde zu beurteilende Vergehen begangen haben, desgleichen sämtliche Polizeikontravenienten, vor allem aber die, welche Ersatzstrafe zu verbüßen haben. Gerade diese letzteren werden, wie ich bereits gestern ausgeführt habe, angesichts der dankenswerten Neuerungen des Vorentwurfs bei Bemessung und Einbringung der Geldstrafe, nicht nur zu den ärmsten, sondern auch zu den schlechtesten Elementen gehören.

Nun scheint man gestern gemeint zu haben, daß das Zusammenbringen von Angehörigen so verschiedener Gesellschaftsklassen etwas wie eine soziale Maßregel bedeute. Unklar bliebe dabei freilich, warum gerade aus der Haut der mit custodia honesta Bedachten soziale Riemen geschnitten werden sollen. Aber das Bild verkehrt sich völlig in sein Gegenteil, wenn man sich vorstellt, wie die beiden Kriterien der Haft, Selbstbeschäftigung und Selbstbeköstigung, in der Gemeinschaftshaft durchgeführt werden sollen. Treffend bemerkt Aschrott, der in seiner Kritik des Vorentwurfes bereits auf die Unmöglichkeit des Zusammenbringens so verschiedener Elemente in der Haft hingewiesen hat: „Soll derjenige, der sich selbst mit einer wissenschaftlichen Arbeit beschäftigt, in demselben Raume sitzen wie derjenige, dem das Ausbessern von Stiefeln als Arbeit zugewiesen ist? Soll derjenige, der wegen Armut seine Geldstrafe nicht hat zahlen können, es mitansehen, wie ein anderer, der ebenfalls Haftstrafe verbüßt, es sich bei der auf eigene Kosten beschafften Mahlzeit wohl sein läßt?" Aschrott folgert richtig: „Bei einer solchen Regelung würde viel mehr und mit viel größerem Recht über Klassenprivilegien geklagt werden, als es bei der jetzigen Festungshaft, die der Vorentwurf doch gerade wegen ihres Klassencharakters beseitigen will, je der Fall gewesen ist."

Nun haben der Herr Mitreferent und auch Aschrott Abänderungsvorschläge gemacht. Aschrott fordert unausgesetzte Vollziehung der Haftstrafe in Einzelhaft, und der Mitreferent schlägt in These 2 vor:

> „. . . . . . . Der Vollzug der . . . . . Haft gegenüber Personen, welche wegen politischer Straftaten ohne ehrlose Gesinnung und wegen Zweikampfs bestraft sind, hat auf Wunsch der Bestraften stets in besonderen Haftanstalten und in Einzelhaft zu erfolgen".

Zunächst der Aschrottsche Vorschlag: durchgängige Vollstreckung der Haft in Einzelhaft. Das geht mir etwas weit. Man darf nicht vergessen, daß die Haft bis zu 15 Jahren gehen kann, ja im Entwurfe ist sogar in einem Falle lebenslängliche Dauer zugelassen. Soll da obligatorisch und unausgesetzt Einzelhaft eintreten? Und außerdem: Die dauernde Einzelhaft widerspricht doch dem Charakter der Haft als der mildesten Freiheitsstrafe. Aber auch den Vorschlag meines Herrn Mitreferenten halte ich für ein bloßes Kurieren von Symptomen, dessen Ergebnis sein wird, daß sich zwei verschiedene Arten von „Haft" entwickeln werden, die sich weit krasser unterscheiden als die beiden Haftarten des geltenden Rechts. Wir haben dann die Haft für anständige Menschen einerseits und die Haft für verbrecherische oder verkommene Menschen andererseits und nennen mit demselben Namen zwei ganz verschiedene Strafen.

Das Übel liegt eben tiefer. Das hat Herr Geheimrat Kahl treffend hervorgehoben: „Die Verwendung der Haft entspricht nicht dem Zweck und Wesen dieses neuen Strafmittels". Was soll denn die „Haft" des künftigen Rechtes eigentlich sein? Darüber muß man sich erst klar werden. Ich glaube doch und habe das in der These II 1 ausgesprochen: Die Haft soll sein eine custodia honesta, welche sich von der Festungshaft des geltenden Rechts nur dadurch unterscheidet, daß ihr Anwendungsgebiet erheblich über das jener erweitert, und daß ihr Vollzug aus der Verbindung mit der Militärverwaltung losgelöst und in einer dem erweiterten Anwendungsgebiet angemessenen Weise gestaltet wird. Man kann nicht sagen, daß damit die Festungshaft in ihrer tadelnswerten Bedeutung als Klassenstrafe konserviert werde. Sie würde vielmehr gerade damit ihres Charakters als Klassenstrafe völlig entkleidet werden. Denn das kann man doch nicht sagen, daß Klassenstrafe und custodia honesta überhaupt gleichbedeutend seien. Das Charakteristikum der custodia honesta, die in ihr steckende Berücksichtigung ehrenhafter Gesinnung ist doch kein Klassenprivileg. Dann müßte ja ehrenhafte Gesinnung Erbgut einer bestimmten Klasse sein. Sobald man nur das Anwendungsgebiet der custodia honesta erweitert, und ihren Vollzug von jeder Verbindung mit der Militärverwaltung loslöst und dem erweiterten Anwendungsgebiet anpaßt, hat man alles beseitigt, was den Charakter einer Klassenstrafe ausmacht. Man hat gestern gesagt, die Festungshaft von heute würde manchmal als Ehre empfunden. Ich glaube, auch das brauchen wir nicht zu fürchten, wenn wir jene Änderungen an der custodia honesta vornehmen. Ob man die so gestaltete custodia honesta „Haft" nennen soll, darauf kommt es nicht so sehr an. Wenn man Bedenken trägt und meint, man könne „Haft" nur etwas nennen, was der heutigen Haft gleichartig ist, oder wenn man des Namens „Haft" auch im künftigen Recht zur Bezeichnung polizeilicher Gefängnisstrafe bedarf, dann ist es besser, auf den Namen „Haft" zu verzichten und zu dem alten Namen des preußischen StGB. „Einschließung" zurückzukehren.

Von diesem prinzipiellen Standpunkte aus ergibt sich sofort die doppelte Forderung: Die Haft des künftigen Rechtes darf weder als Polizei- noch als Ersatz-strafe verwendet werden. Das habe ich schon gestern ausgeführt. Was an ihre Stelle tritt, habe ich in meinen Leitsätzen II 1 a, b anzudeuten gesucht. Ich habe außerdem die Begründung des Leitsatzes II 1 so eingehend in ihm selbst aufgenommen, daß sich weitere Ausführungen erübrigen. Ich will zur Vereinfachung der These II 1 noch bemerken: Ich habe gestern die Forderungen, die sich ergeben, wenn die Haft nicht mehr als Polizei- und Ersatzstrafe verwendet wird, in Gestalt von Zusatzanträgen zu den Leitsätzen Olshausens geltend gemacht. Daran festzuhalten, scheint mir allerdings nötig. Ich darf mich meines Erachtens nicht hinstellen und sagen: die Haft ist nicht geeignet als Polizei- und Ersatzstrafe, wenn ich nicht gleichzeitig den Versuch mache, einen Weg zu zeigen, was Polizei- und Ersatzstrafe sein soll. Ich wiederhole also: Die Haft als Polizeistrafe brauchen wir nicht, wenn wir das Gebiet der Übertretungen auf reine Polizeiübertretungen beschränken, und als „Ersatz" der „Ersatzstrafe" habe ich mir den Krohneschen Vorschlag angeeignet, den Schuldigen zum Abarbeiten der Geldstrafe in einer Anstalt anzuhalten und zwar unter Bestimmung einer Maximaldauer. Dieser Weg läßt freilich eine Lücke bezüglich der dauernd Arbeitsunfähigen. Aber ich sage: Wenn die Betreffenden nicht arbeitsfähig sind, mögen sie in Haft kommen, denn das sind nicht verkommene, sondern bemitleidenswerte Personen.

Eines möchte ich schließlich noch bemerken. Ich bin gestern anscheinend von einem der Herren dahin mißverstanden worden, als ob ich mit der Ausführung, daß die Haft als Ersatzstrafe sich nicht eigne, gemeint hätte, sie solle durch Gefängnisstrafe ersetzt werden. Im Gegenteil habe ich gestern schon ausgeführt: Wenn die Begründung sagt: Als Ersatzstrafe eignet sich überhaupt nur die mildeste Freiheitsstrafe, denn hat die Begründung theoretisch vollkommen Recht. Nur scheint mir damit, angesichts der praktischen Untauglichkeit der Haft zur Ersatzstrafe, der Beweis geliefert zu sein, daß die Verwandlung von Geld- in Freiheitsstrafe überhaupt ein Unding ist.

Also als Polizei- und Ersatzstrafe kann die Haft, wenn sie so durchgeführt wird, wie ich es mir denke, und wie wohl auch die Begründung es sich denkt, nicht in Betracht kommen. Im übrigen kann es im wesentlichen bei der Bestimmung des Anwendungsgebiets der „Haft" durch den Vorentwurf bewenden. Nur darf einmal, wie bereits bemerkt und auch von Kahl betont, „Haft" niemals als Strafe „mildernder Umstände" verwandt werden. Eine custodia honesta findet ihre Wurzel allein — wie auch Ebermayer hervorhebt — in der ethischen Qualität der Gesinnung des Täters. Schließlich habe ich noch ein Bedenken gegen die Methode des Vorentwurfs, „Haft" nur im Besonderen Teile bei ganz bestimmten Delikten zuzulassen. Das mag zwar bei den „Verbrechen" im engeren Sinne angemessen sein. Denn soweit „Haft" neben „Zuchthaus" zuzulassen ist, bedarf es — soll die Generalprävention nicht erschüttert werden — einer genauen und nicht allzu weiten Begrenzung der dafür in Frage kommenden Delikte. Der „politische" Charakter der betreffenden Verbrechen liefert zudem ein zuverlässiges Unterscheidungsmerkmal, und die Beschränkung der „Haft" auf politische Verbrecher ermöglicht es, diesen vermöge § 85 des Vorentwurfs, der gleich § 20 des StGB. bei alternativer Androhung von Zuchthaus und Haft Zuchthaus der ehrlosen Gesinnung vorbehält, die „Haft" für den Fall nicht ehrloser Gesinnung sogar zu garantieren.

Ganz anders aber liegt es bezüglich der „Vergehen", bei denen der Vorentwurf im Besonderen Teil „Haft" neben „Gefängnis" zuläßt. Hier läßt die vom Vorentwurf getroffene Auswahl, wie schon Kahl hervorgehoben hat, jede Folgerichtigkeit vermissen. Warum, sagt Kahl unter anderem, ist „Haft" zwar zugelassen „für die niederträchtige Handlung der Aufreizung zum Zweikampf unter Bezeigung von Verachtung", aber nicht bei „Tötung auf Verlangen"? Warum, so kann man weiter fragen, ist „Haft" bei der „Untreue" zugelassen, aber nicht beim „Betrug"? warum zwar bei der „Hehlerei", aber nicht beim „Diebstahl". Ist doch nicht nur der Hehler oft viel schlimmer als der Stehler, sondern tatsächlich kann gerade der Diebstahl unter Umständen aus nicht ehrloser Gesinnung hervorgehen, zumal der Vorentwurf leider abgelehnt hat, für den Diebstahl gewinnsüchtige Absicht zu fordern. Die Begründung gibt selbst zu, daß da, wo gewinnsüchtige Absicht fehle, „der dem Diebstahl sonst anhaftende entehrende Charakter der Tat nicht oder nicht in dem gewöhnlichen Maße vorhanden" sei. Man denke an Diebstahl eines dem Täter wichtigen Schriftstücks oder in Selbsthilfeabsicht.

Kahl fordert daher eine sorgfältigere Auslese der für die Zulassung von „Haft" geeigneten Vergehen.

Aber ich glaube, auch die größte Sorgfalt würde hier dem Gesetzgeber nicht vor berechtigten Einwänden sichern. Die für die Zulassung von „Haft" geeigneten „Vergehen" unterscheiden sich nämlich, wenn man ihren Kreis nicht gar zu eng ziehen will, — anders als die entsprechenden „Verbrechen" — in keiner Weise qualitativ von anderen ihresgleichen. Hier liegt also der Fehler meines Erachtens in dem vom Vorentwurf befolgten System, eine Auslese der haftfähigen Vergehen überhaupt im Besonderen Teil vornehmen zu wollen. Das wird um so klarer, als jener Fehler einen anderen nach sich zieht: den Mangel einer allgemeinen Strafbemessungsvorschrift, wann bei alternativer Androhung von „Haft" und „Gefängnis" auf diese oder jene Strafart zu erkennen ist. Denn der den § 20 StGB. wiedergebende § 85 des Vorentwurfs, der bei alternativer Androhung von „Haft" und Zuchthaus, Zuchthaus der ehrlosen Gesinnung vorbehält, gilt und paßt auch nicht für die alternative Androhung von „Haft" und „Gefängnis". Die Willkür des Gesetzgebers zieht also die des Richters nach sich.

Aus allen diesen Gründen empfiehlt es sich, das Anwendungsgebiet der „Haft" so zu regeln, wie ich in meinen Leitsätzen II 1 c und d vorgeschlagen habe, nämlich wie folgt:

Soweit „Haft" neben „Zuchthaus" zuzulassen ist, bewendet es bei der Zulassung im Besonderen Teil und zwar bei den vom Vorentwurf bestimmten „politischen Verbrechen". Nur ist hier auch da, wo der Vorentwurf die „Haft" bei „mildernden Umständen" an Stelle von Zuchthaus androht, nämlich bei „Landesverrat", die „Haft" alternativ anzudrohen, wie es beim „Hochverrat" geschehen ist. Die für die Wahl zwischen „Haft" und „Zuchthaus" maßgebende Strafbemessungsvorschrift enthält der § 85 VE. (gleich § 20 StGB.), wonach bei alternativer Androhung von „Haft" und „Zuchthaus" auf „Zuchthaus" nur bei festgestellter ehrloser Gesinnung erkannt werden darf.

Dagegen sind die Fälle der Zulassung von „Haft" neben oder bei „mildernden Umständen" an Stelle von „Gefängnis" im Besonderen Teil des Vorentwurfs zu ersetzen durch eine in den Allgemeinen Teil einzustellende Strafbemessungsvorschrift, wonach bei allen „Vergehen" statt auf „Gefängnis" auf „Haft" erkannt werden kann, wenn die Tat nicht aus ehrloser Gesinnung hervorgegangen ist. Dieser Vorschlag knüpft an Anregungen an, welche wiederholt, zuletzt dem Vorentwurf gegenüber von v. Liszt, gegeben worden sind.

Für die Abstimmung bemerke ich noch: Ich habe meine These II 1 vereinfacht, weil sie so nicht zur Abstimmung geeignet ist. Und zwar habe ich die Ziffern a und b in Form von Zusatzanträgen zu den Thesen von Exzellenz Olshausen eingebracht. Die übrigbleibenden Ziffern c und d habe ich zusammengefaßt und mir erlaubt, dem Herrn Vorsitzenden den abgeänderten Text zu überreichen — er wird wahrscheinlich nachher gedruckt in Ihre Hände gelangen —. Die ganze These II 1 lautet jetzt nur noch:

„1. „Die Haft" des künftigen Rechtes darf weder als Polizei- noch als Ersatzstrafe, noch als Strafe „mildernder Umstände" verwendet werden.

Sie ist bei bestimmten „Verbrechen" politischen Charakters obligatorisch und bei allen „Vergehen" fakultativ der nicht ehrlosen Gesinnung vorzubehalten."

Soviel über das Anwendungsgebiet der Haft. Viel kürzer kann ich mich zum Anwendungsgebiet des Gefängnisses fassen. Es handelt sich hier um zwei Punkte.

Über den ersten Punkt — er betrifft meinen Leitsatz II 2a — habe ich mich schon gestern geäußert: Ich verstehe nicht, warum der Entwurf nicht diejenigen der heutigen „Übertretungen", bei denen er Gefängnis für wünschenswert hält, zu „Vergehen" erhebt, wie es der Entwurf der kleinen Strafgesetznovelle bezüglich der Tierquälerei tut, und wie alle Welt bezüglich Arbeitsscheu, Bettelei, Gewerbsunzucht usw. erwartet hat. Man könnte sagen: ob man jene Delikte „Übertretungen" nennt oder „Vergehen", sei gleichgültig. Aber der Name hat hier eine tiefere Bedeutung. Es ist eine der dringendsten Aufgaben der nächsten Zukunft, die Trennung von Polizei- und Justizstrafrecht vorzunehmen. Sobald indessen jetzt gegen „Übertretungen" Gefängnis angedroht wird, wird der Unterschied zwischen „Übertretungen" (= Polizeidelikte) einerseits und „Verbrechen und Vergehen" (= Justizdelikte) anderseits noch mehr verwischt. Es hat mithin nicht bloß formale Bedeutung, ob bei Übertretungen auch auf Gefängnis erkannt werden kann. Aus diesem Grunde möchte ich mit dem Herrn Mitreferenten übereinstimmend bitten, daß diejenigen „Übertretungen "der lex lata, bei denen man de lege ferenda Gefängnis für angebracht hält, in Zukunft zu „Vergehen" erhoben werden. Diese Forderung ist nur eine Konsequenz des Beschlusses des 26. Juristentages, die Trennung von Polizeistrafrecht und kriminellem Strafrecht vorzunehmen. Die Trennung kann nicht vorgenommen werden, wenn es bei den Vorschlägen des Vorentwurfs verbleibt.

Aber noch einen zweiten Punkt habe ich bezüglich der Verwendung der Gefängnisstrafe im Vorentwurf hervorzuheben. Ich erinnere daran, § 20 des Strafgesetzbuches, welcher sagt: bei alternativer Androhung von custodia honesta und Zuchthaus darf auf Zuchthaus nur erkannt werden, wenn die Tat aus ehrloser Gesinnung hervorgegangen ist, findet sich auch im Entwurf, und zwar als § 85. Nur heißt es da ein bißchen anders: „Wo das Gesetz die Wahl zwischen Zuchthaus und einer anderen Freiheitsstrafe gestattet, darf auf Zuchthaus nur dann erkannt werden, wenn festgestellt wird, daß die Tat aus ehrloser Gesinnung hervorgegangen ist.“ Also während heute der § 20 nur gilt für die alternative Androhung von Zuchthaus und Festungshaft, soll er in Zukunft nicht nur gelten für alternative Androhung von Zuchthaus und Haft, sondern soll gelten für Androhung von Zuchthaus und einer anderen Freiheitsstrafe. Die „andere“ kann außer Haft nur Gefängnis sein. Als ich diese Bestimmung las, glaubte ich zuerst an einen Redaktionsfehler. Ich konnte trotz des angestrengtesten Suchens keinen Paragraphen im Vorentwurf finden, wo Zuchthaus und Gefängnis alternativ angedroht sind. Aber zu meiner Beschämung mußte ich aus der durch ihre Gründlichkeit geradezu verblüffenden Arbeit von Kahl in der Juristenzeitung sehen, daß meine Bemühungen nicht angestrengt genug gewesen waren. Es gibt einen Paragraphen, allerdings nur einen einzigen, wo Zuchthaus und Gefängnis wahlweise angedroht sind, es ist § 217, der Abtreibungsparagraph.

Die alternative Androhung von Zuchthaus und Gefängnis innerhalb des ordentlichen Strafrahmens — widerspricht aber — wie schon v. Liszt ausgeführt hat — dem Verhältnis dieser beiden Freiheitsstrafen zueinander; ebenso folglich die Ausdehnung des § 20 StGB. auf einen solchen Fall. Es ist bezeichnend, daß der Vorentwurf nur ein einziges Mal zu einer entgegengesetzten Regelung Gelegenheit gefunden hat, und auch diese einzige Gelegenheit ist keine. Die Gründe, welche gerade bei der „Abtreibung“ der Schwangeren gegenüber die Vertauschung von Zuchthaus mit Gefängnis angezeigt erscheinen lassen: Not, Furcht vor Schande usw., sind typisch das, was man „mildernde Umstände“ nennt. Mit der Ehrenhaftigkeit der Gesinnung haben sie herzlich wenig zu tun. Nicht viel anders steht es mit dem der Abtreibung schuldigen Dritten, der unentgeltlich handelte. Handelte er aber „gegen Entgelt“ so ist vollends unverständlich, wie hier ehrenhafte Gesinnung eine Rolle spielen kann. Der Vorentwurf ist zu seiner ganz singulären Bestimmung nur deshalb gelangt, weil er dem allgemeinen Verlangen nach milderer Bestrafung der Abtreibung eine Konzession machen wollte. Der Ausweg ist aber nicht gangbar, ein alternativ mit Gefängnis und Zuchthaus bedrohtes Delikt ein Unding!

Meine Meinung ist: man bedrohe die Schwangere, welche abtreibt, von vornherein nur mit Gefängnis und lasse auch bei dem „gegen Entgelt" handelnden Dritten bei „mildernden Umständen" Gefängnis zu.

Aus diesen Gründen empfehle ich Leitsatz II 2b.

Ich wende mich nun zu dem Anwendungsgebiet der Zuchthausstrafe.

Hier muß ich in erster Linie Bedenken dagegen erheben, daß der Vorentwurf in einer ganzen Reihe von Fällen im Besonderen Teil die Zuchthausstrafe statt — wie das geltende Recht — an bestimmt formulierte Qualifikationsmerkmale, an den Begriff der „besonders schweren Fälle" geknüpft hat. Die Begründung sagt selbst: „dem freien richterlichen Strafmilderungsrecht in besonders leichten Fällen" — § 83 des Vorentwurfs — dürfe nicht in „besonders schweren Fällen" ein freies richterliches Strafschärfungsrecht gegenübergestellt werden; denn die Aufstellung eines solchen würde gegen den grundlegenden § 2 „nulla poena sine lege" verstoßen.

Aber die gleichen Bedenken sprechen dagegen, eine so schwerwiegende Strafschärfung wie den Ersatz von Gefängnis durch Zuchthaus von der bloßen Feststellung eines „besonders schweren Falles" abhängig zu machen. Es ist bezeichnend, daß v. Liszt, der dem Vorentwurf vorwirft, eine Strafschärfung in „besonders schweren Fällen" nur da, wo das Gesetz es ausdrücklich vorsieht, und nicht allgemein zugelassen zu haben, sagt: „Dabei möchte ich nicht so weit gehen wie der Entwurf, der bei . . . verschiedenen . . . . Delikten in „besonders schweren Fällen" an Stelle von Gefängnis eine vieljährige Zuchthausstrafe treten läßt. Eine solche Änderung der Strafart zuungunsten des Angeklagten halte ich vielmehr nur dann für zulässig, wenn bestimmte, im Gesetz ausdrücklich genannte, erschwerende Umstände vorliegen . . . ."

Das entspricht völlig meiner Ansicht. Dem vom Vorentwurf mit Recht beklagten Mangel allzu kasuistischer und daher lückenhafter Fassung der Qualifikationstatbestände des geltenden StGB. ist durch Aufstellung elastischerer und vollkommenerer Tatbestände abzuhelfen. Der Vorentwurf hat dafür selbst in § 270, der an Stelle des § 243 StGB. treten soll, ein gutes Vorbild gegeben.

Dem Gesagten gibt Leitsatz II 3a Ausdruck.

Zu These II 3b brauche ich nicht viel zu sagen. Ich habe schon gestern eingehend die Forderung begründet, daß überall mildernde Umstände zugelassen werden mögen. Mir liegt in bezug auf die Freiheitsstrafe um deswillen besonders daran, weil es möglich sein muß, überall die im ordentlichen Strafrahmen ohne erhöhtes Minimum angedrohte Zuchthausstrafe durch Gefängnis zu ersetzen, zumal dann, wenn, wie ich hoffe, das Zuchthausminimum auf 2 Jahre erhöht wird.

Dagegen ein paar Worte zu Leitsatz II 3c. Er entspricht einer alten Lieblingsforderung von mir. Ich stehe auf dem Standpunkt: Der mit Freiheitsstrafe noch nicht Vorbestrafte soll, soweit es irgend geht, vor dem Zuchthaus bewahrt bleiben, selbst wenn sonst keine mildernden Umstände vorliegen. Wir haben es hier wieder einmal mit einem Fall zu tun, wo die Spezialprävention der Generalprävention gegenüber überwiegend Rücksicht verdient. Es erscheint mir unnötig, dem gegenüber, der mit dem Gefängnis noch nicht Bekanntschaft gemacht hat, sofort das schwerste Geschütz der Strafjustiz, das Zuchthaus, aufzufahren, und schädlich, dem Verbrechensneuling sofort das Brandmal des Zuchthäuslers aufzudrücken. Ich möchte sagen, der Grundgedanke der These II 3c, daß der mit Freiheitsstrafe noch nicht Vorbestrafte nicht zu Zuchthaus verurteilt werden soll, es sei denn, daß er Zuchthaus über 5 Jahren verwirkt hat, oder daß Gefängnis in keinem Verhältnis zu der „besonderen Schwere des Falles" (§ 84 VE.) stehen würde, dieser Gedanke ist ungefähr derselbe, wie der der „bedingten Verurteilung". Die „bedingte Verurteilung" als solche ist selbstverständlich auf Verurteilung zu Zuchthaus unanwendbar; das hat auch der Vorentwurf anerkannt. Leitsatz II 3c ist aber gleichsam eine Transponierung der „bedingten Verurteilung" in die Tonart der Zuchthausstrafe.

Nun wird ja sofort eingewendet werden: bei dem mit Freiheitsstrafe noch nicht Vorbestraften wird das Gericht gewiß „mildernde Umstände" annehmen, und damit erübrige sich die in Leitsatz II 3c angeregte Strafbemessungsvorschrift gegenüber der in Leitsatz II 3b angeregten.

Aber einmal wird, wie ausgeführt, nach der für „mildernde Umstände" aufzustellenden Milderungsskala nur dann von Zuchthaus auf Gefängnis gegangen werden können, wenn Zuchthaus ohne erhöhtes Minimum angedroht ist. Vor allem aber kann ganz gut sein, daß die Tatsache, daß der Schuldige Freiheitsstrafe noch nicht erlitten hat, im konkreten Falle nicht schwer genug wiegt, um eine „Bilanz" zugunsten des Schuldigen zu ergeben, wie sie die „mildernden Umstände" voraussetzen.

Mir schwebt unter anderem folgender Fall aus der Praxis vor Augen.

Ein Gefängnisaufseher hatte sich von einer seiner Obhut anvertrauten Dirne nach langem Widerstande zu unzüchtigen Handlungen verleiten lassen. Er gestand die Tat sofort ein, obgleich er bei Leugnen niemals auf das Zeugnis der Dirne hin wäre verurteilt worden, zumal die Dirne inzwischen unauffindbar geworden war. Er erhielt, trotzdem das Gesetz (StGB. § 174) in diesem Falle mildernde Umstände zuläßt, ein Jahr Zuchthaus.

Mein verehrter Herr Mitreferent, dem ich den Fall erzählte, hat mir erwidert: „Ja, solche Fehlsprüche, wie sie hier die Versagung „mildernder Umstände" enthält, werden Sie durch alle Vorschriften der Welt nicht beseitigen können."

Ich meine aber e i n m a l , daß, wenn wir die Möglichkeit von Fehlsprüchen voraussehen, zugleich aber einen Weg, diese Möglichkeit abzuschneiden, wir diesen Weg beschreiten müssen. S o d a n n aber mag die Versagung mildernder Umstände i n j e n e m F a l l e vielleicht ein Fehlspruch gewesen sein. Man kann aber nicht a l l g e m e i n sagen, daß die Versagung „mildernder Umstände" trotz bisheriger Unbestraftheit des Angeklagten mit Freiheitsstrafe i m m e r ein Fehlspruch sein müsse. Der Grundgedanke der in Leitsatz II 3c vorgeschlagenen Vorschrift ist eben von dem der „mildernden Umstände" so unabhängig, wie der der „bedingten Verurteilung".

Z u c h t h a u s ist nun bekanntlich nicht nur die Strafe der schweren Verbrechen, sondern daneben auch der intensiven verbrecherischen Gesinnung, und zwar dies b i s z u e i n e m g e w i s s e n G r a d e ohne Rücksicht auf die Schwere des begangenen Delikts. B i s z u e i n e m g e w i s s e n G r a d e , n i c h t g a n z , wie die Begründung richtig bemerkt; denn g a n z ohne Rücksicht auf die Schwere der begangenen Tat darf Zuchthaus niemals angedroht werden. Gegen dieses Erfordernis verstößt aber § 89 VE., wenn er gegen vielfach mit erheblichen Freiheitsstrafen, darunter mit Zuchthaus bestrafte Gewerbs- oder Gewohnheitsverbrecher obligatorisch Zuchthaus nicht unter fünf Jahren androht, wenn sie ein Verbrechen, Zuchthaus von zwei bis zehn Jahren, wenn sie ein vorsätzliches Vergehen begehen. Zwar meint die Begründung: „Daß bei Abmessung der Strafe auch auf die Schwere der Tat Rücksicht zu nehmen ist, wird durch die Verschiedenheit der Strafdrohung für Verbrechen und Vergehen zum Ausdruck gebracht." Aber diese Rücksicht ist recht schwach, wenn man bedenkt, daß für das geringfügigste, sonst vielleicht nur mit Geldstrafe bedrohte Vergehen mindestens zwei Jahre Zuchthaus verhängt werden müssen.

Beispiele mögen das erhellen.

Ein Revolverjournalist. Er ist schon vielfach wegen Aufforderung zum Ungehorsam, Aufreizung zum Klassenkampf, Preßpolizeivergehen, Beleidigung usw. mit erheblichen Freiheitsstrafen bestraft; ja eine mit seiner Tätigkeit zusammenhängende Erpressung hat ihm — das geht jetzt nach § 275 Absatz 3 in besonders schweren Fällen — Zuchthaus eingetragen. Nun begeht er wiederum eine Beleidigung oder ein Preßpolizeivergehen, z. B. er läßt sich als Sitzredakteur benennen. Er hat Zuchthaus nicht unter zwei Jahren verwirkt.

Ein anderer Fall. — Ein Buchmacher ist vielfach wegen Vergehens gegen das Totalisatorgesetz, gewerbsmäßigen Glücksspiels, Wuchers, Betrugs mit erheblichen Freiheitsstrafen bestraft. Einmal hat er wegen eines mit seinem Buchmachergewerbe zusammenhängenden besonders schweren Betruges — auch das geht nach § 276 Absatz 1 des Vorentwurfs — Zuchthaus erhalten. Nun verstößt er wieder gegen das Totalisatorgesetz. Er hat Zuchthaus nicht unter zwei Jahren verwirkt.

Oder: ein vielfach mit erheblichen Freiheitsstrafen wegen Widerstandes, Hausfriedensbruchs, Bedrohung, Sachbeschädigung, Beleidigung, Körperverletzung — darunter wegen schwerer mit Zuchthaus — bestrafter Raufbold begeht eine gewöhnliche Beleidigung: Zuchthaus nicht unter zwei Jahren.

Die Beispiele lassen sich vervielfachen. Aber auch bei Diebstahl und Betrug kann die sich aus § 89 in Verbindung mit §§ 270 Ziffer 7, 276, Absatz 3, ergebende obligatorische Mindeststrafe von Zuchthaus nicht unter fünf Jahren, unter Umständen eine schwere Härte enthalten. Werden gar, wie diesseits befürwortet und wohl zu erwarten, Bettel, Landstreicherei, gewerbsmäßige Unzucht zu „Vergehen" erhoben, so stellen sich die Ungeheuerlichkeiten des Zuchthausparagraphen 89 noch drastischer dar.

So stellt denn auch Liszt ausdrücklich fest, es fehle in § 89 „jede Verbindung zwischen der zur Aburteilung stehenden Tat und der nun zu verhängenden Strafe". Man sei „versucht zu sagen: der § 89 enthält einen selbständigen Tatbestand und gehört eigentlich in den Besonderen Teil; der Täter wird wegen gewerbs- oder gewohnheitsmäßiger Begehung von Straftaten bestraft".

Aus allen diesen Gründen wird, entsprechend dem Eingangssatz der These II 3 d, in § 89 mindestens ein Vorbehalt für ganz geringfügige Vergehen gemacht werden müssen. Besser aber noch wird, und dem geben die folgenden Sätze der These II 3 d Ausdruck, die strafrechtliche

Behandlung der Gewerbs- und Gewohnheitsverbrecher auf ganz andere Grundlagen gestellt.

Die beanstandete obligatorische Androhung der Zuchthausstrafe ohne jede Rücksicht auf die Schwere der begangenen Tat in § 89 Vorentwurf hat nämlich ihre tiefste Wurzel in der Halbheit, mit der der Vorentwurf das Problem der Unschädlichmachung Unverbesserlicher gelöst hat. Der Vorentwurf hat sich zu „sichernden Maßnahmen" gegen die Unverbesserlichen nicht entschließen können, dagegen in § 89 versucht, das Sicherungsbedürfnis der Gesellschaft in Gestalt schwerer Strafen gegen die Unverbesserlichen zu befriedigen. Dieser Versuch verdient keinen Beifall. Eine Strafe darf von jeder Beziehung zu der begangenen Tat nicht losgelöst werden, und die unter Verleugnung dieses ihres wesentlichsten Merkmals in § 89 angedrohte „Strafe" befriedigt doch das Sicherungsbedürfnis nur ungenügend, da ihre Dauer ohne Rücksicht auf das Sicherungsbedürfnis von vornherein vom Richter fest bestimmt wird.

Diese „Halbheit" hat denn auch dem Vorentwurf die heftigsten Angriffe von den Vorkämpfern beider Strafrechtsschulen eingetragen. v. Birkmeyer sieht in § 89, der von jeder Beziehung zur Tat absieht, eine auf das schärfste zu mißbilligende Konzession an die „Sicherungsstrafe". v. Liszt lehnt eine „Sicherungsstrafe" ab, die ganz ohne Rücksicht auf das „Sicherungsbedürfnis" nach Art der „Vergeltungsstrafe" vom Richter fest bestimmt wird.

Der einzige Ausweg ist reinliche Scheidung von „Strafe" und „sichernder Maßnahme". Diesen Weg geht der österreichische Vorentwurf; ihn empfehlen das Ebermayersche Gutachten und v. Liszt. Daß gerade v. Liszt ihn empfiehlt, ist um so bedeutsamer, als er von seinem prinzipiellen Standpunkt nur zu verlangen brauchte, daß die in § 89 ja grundsätzlich anerkannte „Sicherungsstrafe" konsequent zur „unbestimmten Strafe" ausgebaut werde.

Danach müßte also einmal die Gewerbs- oder Gewohnheitsmäßigkeit, gleich dem Rückfall, als allgemeiner Strafschärfungsgrund aufgestellt, und der geschärfte Strafrahmen unter Ableitung von den Grundstrafrahmen der betreffenden Delikte gebildet werden. Solche abgeleiteten geschärften Strafrahmen gegen gewerbs-

oder gewohnheitsmäßige Begehung bildet der Vorentwurf bereits selbst im Besonderen Teil, so bei Diebstahl, Betrug usw. Daß er es tut, beweist am besten, daß § 89 trotz seiner äußeren Verkleidung gar keinen eigentlichen Strafschärfungsgrund aufstellt, sondern eine im Rezept verdorbene „sichernde Maßnahme". Diese Strafrahmen des Besonderen Teils würden mit der vorgeschlagenen Regelung selbstredend überflüssig werden.

Zuchthaus dürfte dann — und damit komme ich zu dem hier allein interessierenden Punkt — gegen gewerbs- oder gewohnheitsmäßige Begehung von „Vergehen" nur insoweit angedroht werden, als die in einem Vielfachen der Gefängnis-Grundstrafe bestehende Schärfung den gesetzlichen Höchstbetrag des Gefängnisses überschritte. Da ich mit einem Gefängnismaximum von zwei, höchstens drei Jahren rechne, wird diese Überschreitung allerdings leichter eintreten können als nach dem Vorentwurf; aber das ist meines Erachtens durchaus zu billigen.

Daneben hätte, ganz unabhängig von der an die begangene Tat anknüpfenden Strafschärfung, gegen rückfällige und für die Rechtssicherheit gefährliche Gewerbs- oder Gewohnheitsverbrecher Sicherungsnachhaft von unbestimmter Dauer zu treten. Genau im gleichen Sinne hat bereits der 28. Juristentag beschlossen. Nur auf eine Wiederholung dieses Beschlusses gegenüber dem ablehnenden Standpunkt des Vorentwurfs zielt also mein Leitsatz II 3 d, Schlußsatz, ab.

Aus den Ausführungen des Herrn Mitreferenten habe ich entnommen, daß auch er mit § 89 des Vorentwurfs nicht einverstanden ist; er will aber die „Sicherungszuchthausstrafe" des § 89 ersetzen durch eine „Sicherungsarbeitshausstrafe". Ich kann dem nicht zustimmen. Gegen die Aufstellung des „Arbeitshauses" als „Strafe" sprechen noch mehr Bedenken als gegen die Aufstellung einer „Sicherungszuchthausstrafe". Denn das „Arbeitshaus" stellt sich von Haus aus als „Präventivmaßregel", nicht als „Strafe" dar. Es knüpft ganz offen nicht an einen bestimmten Deliktstatbestand, sondern an einen état dangereux an. Ich habe das in der Vergleichenden Strafrechtsdarstellung auszuführen gesucht. Meine Ausführungen haben die Zustimmung des § 42 des Vorentwurfs und seiner Begründung gefunden. Ich habe keinen Anlaß davon abzugehen.

Ebensowenig wie der Aufstellung des „Arbeitshauses" als „Strafe" vermag ich seiner Verwendung gegen die Gewohnheitsverbrecher zuzustimmen. Das „Arbeitshaus" soll eine „bessernde" Maßnahme sein, hier aber handelt es sich gerade um eine eigentlich „sichernde" Maßnahme gegenüber „Unverbesserlichen'". Auch hierzu habe ich mich bereits in der Strafrechtsvergleichung geäußert. Nun sagt mein Herr Mitreferent, man dürfe nicht von „Unverbesserlichen'", sondern nur von „sogenannten" Unverbesserlichen sprechen. Gewiß, ich gebe zu: Man soll die Hoffnung nie aufgeben; auch diese „sogenannten Unverbesserlichen" können vielleicht doch noch gebessert werden, und darauf ist bei Ausgestaltung der „Verwahrung" Rücksicht zu nehmen. Unter keinen Umständen aber dürfen die „sogenannten Unverbesserlichen" mit den wirklich „Besserungsfähigen" gleich behandelt werden. Zwischen der „Besserungsmaßregel" gegenüber Liederlichen und der „Sicherungsmaßregel" gegenüber „Unverbesserlichen" muß unterschieden werden.

Nach alledem wäre es meines Erachtens keine Verbesserung des Vorentwurfs, wenn man die von ihm zur Bekämpfung von Liederlichkeit und Arbeitsscheu aufgestellte „Besserungsmaßregel" als „Sicherungsstrafe" verwenden wollte.

Während die Leitsätze II 3a—d eine Einschränkung des Anwendungsgebiets des Zuchthauses gegenüber dem Vorentwurf befürworten, zielt Leitsatz II 3e gerade umgekehrt auf eine Erweiterung ab. Er bildet gleichsam das Gegenstück zu dem in den Leitsätzen II 3c und d zum Ausdruck kommenden Bestreben, Zuchthaus nur da zu verwenden, wo Intensität der verbrecherischen Gesinnung und Schwere des Delikts es in gleicher Weise erfordern. Denn als Gegenstück ist zu verlangen, daß überall da, wo jene Erfordernisse vorliegen, Zuchthaus auch wirklich verwendet werde. Gegen diese Forderung verstößt § 88 Absatz 3 des Vorentwurfs, wenn er selbst „im dritten und ferneren Rückfall" nicht gestattet, von dem nach dem Grundstrafrahmen allein zulässigen Gefängnis zu Zuchthaus überzugehen. Es muß dies aber, wie ich bereits bei der gewerbs- oder gewohnheitsmäßigen Begehung betont habe, zulässig sein, sobald die Strafschärfung zu einem Gefängnisvielfachen führt, welches den gesetzlichen Höchstbetrag der Gefängnisstrafe übersteigt. Leitsatz II 3e gilt mithin nicht nur für die Rückfallschärfung, sondern auch für die Strafschärfung wegen gewerbs- oder gewohnheitsmäßiger Begehung, wenn diese als solche, wie Leitsatz II 3d empfiehlt, der Rückfallsschärfung gleich behandelt wird. —

Meine Herren! Ich habe mich über das Anwendungsgebiet der Freiheitsstrafen im Vorentwurf eingehender geäußert, weil gerade darauf mein Herr Mitreferent weniger eingegangen ist. Ich kann mich jetzt um so kürzer fassen bezüglich der Maße, des Vollzuges und der Ehrenfolgen der Freiheitsstrafen.

Bezüglich der Maße stimmen der Herr Mitberichterstatter und ich weitgehend überein. Was ich da im Leitsatz III vorschlage, ist ja eigentlich dasselbe, was er in seiner These 7 vorschlägt, und ich denke, für die Abstimmung werden wir diese Thesen zusammenfassen können.

Zunächst einmal die Mindestmaße. Wir beantragen beide, das Mindestmaß der Zuchthausstrafe auf 2 Jahre und das Mindestmaß der Gefängnisstrafe auf eine Woche heraufzusetzen. Beide Vorschläge sind vom gleichen Gedanken getragen: Dem Richter soll der Ernst der zu verhängenden Freiheitsstrafe eindringlich zu Gemüte geführt und ihm nahe gelegt werden, alles Mögliche zu versuchen, ehe er sich zur Verhängung der betreffenden Freiheitsstrafe entschließt. Er soll bedingte Verurteilung, Geldstrafe, Haft anwenden vor der Verurteilung zu Gefängnis, und ehe er zu Zuchthaus greift, soll er Gefängnis anwenden. Wenn er sich aber zur Verhängung entschließt, dann soll er ordentlich zufassen. Es soll weniger extensiv mit Freiheitsstrafen vorgegangen werden, aber dafür, wenn einmal bestraft wird, um so intensiver. 1 Jahr Zuchthaus, 1½ Jahr Zuchthaus — das hat der Herr Mitreferent nachgewiesen — betragen von allen verhängten Zuchthausstrafen über 50 %. Das ist geradezu ein Verhängnis. Wo so kurze Freiheitsstrafen ausreichen, dürfen sie nicht Zuchthaus sein. Die Verhängung von 1, 1½ Jahr Zuchthaus hat keine andere Wirkung, als dem Verurteilten das Brandmal des Zuchthäuslers aufzudrücken und ihn dann wieder auf die menschliche Gesellschaft loszulassen. Es muß also dem Richter gesagt werden: Ehe du zu Zuchthaus greifst — es sind mindestens 2 Jahre —, überlege es dir, aber wenn du dazu greifst, dann greife ordentlich zu. Die Forderung eines Zuchthausminimums von 2 Jahren hängt zusammen mit meinem Vorschlage, daß immer mildernde Umstände zugelassen, und daß noch nicht mit Freiheitsstrafe Bestrafte grundsätzlich nicht zu Zuchthaus verurteilt werden sollen. Der Richter braucht also nie zu fürchten, daß ihm als gelindeste Strafe nur 2 Jahre Zuchthaus zur Verfügung stehen. Die Forderung eines Zuchthausminimums von 2 Jahren ist unabhängig von der damit meist verquickten Forderung eines Gefängnismaximums von 2 Jahren. Beweis ist, daß Kahl zwar jene, aber nicht diese Forderung vertritt.

Aber außerdem: Eine Woche Gefängnis. Das ist angesichts des

Kampfes gegen die kurzzeitigen Freiheitsstrafen eine, wie ich glaube, sehr bescheidene Forderung. Sie hängt eigentlich gar nicht zusammen mit der Gegnerschaft gegen die kurzzeitigen Freiheitsstrafen, denn wir haben die Tatsache, daß eine Menge Anhänger der kurzzeitigen Freiheitsstrafen im allgemeinen und ihrer Wirksammachung durch „Schärfungen" statt durch Erhöhung des Mindestmaßes im besonderen durchaus auf dem Standpunkt stehen: Eine Woche aber mindestens! So z. B. mein Herr Mitreferent, Ebermayer, Oetker. Ich habe darauf bereits in der Strafrechtsvergleichung hingewiesen. Ich möchte Sie also dringend bitten, diese These — mindestens eine Woche Gefängnis — anzunehmen.

Außerdem beantragen wir beide, das Gefängnismaximum auf 3 Jahre herabzusetzen. Hier kann ich die Statistik für mich anrufen. Die Gefängnisstrafen von über 2 Jahren machen, wie der Herr Mitreferent schon erwähnt hat, nur etwas über 1 % sämtlicher Gefängnisstrafen aus. Die Begründung erklärt, daß sei nicht beweiskräftig, aber sie beruft sich selber im Besonderen Teil alle Augenblicke auf die Statistik für die von ihr vorgenommene Ansetzung der Strafrahmen, darunter auch eines Maximums von 2 Jahren Gefängnis. Nun verweist die Begründung auf Diebstähle und Unterschlagungen besonders hoher Werte. Aber ich habe kürzlich in der Zeitung gelesen: selbst der Postdefraudant, der 50 000 M. unterschlagen hatte, hat, und zwar in Übereinstimmung mit dem Antrage des Staatsanwaltes, nur 2 Jahre Gefängnis erhalten.

Die tatsächliche Übung verdient aber auch gesetzliche Sanktion. Es ist, wie mir schon meine alter Lehrer Berner oft gesagt hat, eine Chimäre, die beiden gemeinen Freiheitsstrafen Zuchthaus und Gefängnis in der Hauptsache anders differenzieren zu wollen, als durch ihre Länge. Ausschlaggebend aber ist für mich die Rücksicht auf den Vollzug. Ich glaube, daß für die Gefängnisstrafe das Haftsystem die Einzelhaft ist, für die Zuchthausstrafe aber das Progressivsystem. Ich werde darauf noch zurückkommen. Mit dem System unausgesetzter Einzelhaft aber verträgt sich, wie auch Ebermayer zugibt, nur ein verhältnismäßig geringes Maximum. Nur weil der Vorentwurf in der Frage der „Haftsysteme" einer betrüblichen Systemlosigkeit huldigt, kann er an einem im Falle der Realkonkurrenz bis auf 15 Jahre (!) steigenden Gefängnismaximum keinen Anstoß nehmen.

Es fragt sich nun bloß noch, wie hoch das herabgesetzte Maximum zu bemessen ist. Nach meinem Dafürhalten wäre das Richtige ein mit dem Zuchthausminimum abschneidendes Gefängnismaximum von 2 Jahren. Ich habe mich aber mit dem Herrn Mitreferenten auf die

Forderung eines Maximums von 3 Jahren geeinigt. Maßgebend dafür war vor allem der Wunsch, die historische Kontinuität zu wahren und auch Bedenklichen die Zustimmung zu ermöglichen. Drei Jahre sind zudem das regelmäßige Maximum der „Haft" im Vorentwurf, soweit sie nicht neben oder statt „Zuchthaus" angedroht ist. Drei Jahre entkräften weiter das Bedenken, die gesetzliche Sanktionierung der schon geltenden Praxis werde die Durchschnittshöhe der erkannten Gefängnisstrafen noch weiter herabdrücken. Denn wenn der Richter bis auf 3 Jahre gehen kann, wird er wohl, wo wünschenswert, bis auf 2 Jahre gehen. Zugleich wird mit 3 Jahren ein etwaiges Bedürfnis nach längeren als den bisher üblichen Gefängnisstrafen gedeckt, welches sich durch Heraufsetzen des Zuchthausminimums ergeben könnte.

Wir wollen übrigens sogar noch von dem dreijährigen Höchstmaß Ausnahmen zulassen. Eine davon bietet mein Leitsatz II 3c, auf den wohl auch Leitsatz 7 des Herrn Mitreferenten anspielt. Eine andere wäre der Fall der Realkonkurrenz. Unter keinen Umständen dürfte allerdings auch in diesen Ausnahmefällen ein Gefängnishöchstmaß von 5 Jahren überschritten werden, was übrigens eine entsprechende Reduktion des Höchstmaßes der ausschließlich angedrohten oder statt Gefängnis erkannten „Haft" nötig macht (wenigstens bei der Realkonkurrenz).

Man übersehe schließlich bei diesen Vorschlägen nicht, daß Rückfall, Gewerbs- oder Gewohnheitsmäßigkeit der Begehung in Zukunft allgemeine Schärfungsgründe werden sollen. In diesen Fällen werden also die Strafrahmen 3 Jahre Gefängnis weit überschreiten, wobei sich dann allerdings das Gefängnis zugleich in Zuchthaus verwandelt.

Der letzte Vorschlag bezüglich der Maße ist endlich der mit dem Herrn Mitreferenten, Kahl und Galli gemachte Vorschlag, die lebenslängliche Haftstrafe zu beseitigen. Der Entwurf hat daran festgehalten, weil er meint, in einem einzigen Falle nicht ohne sie auskommen zu können, in dem Falle des Hochverrates des § 101. Die Begründung rechtfertigt hier die Beibehaltung der lebenslänglichen Haftstrafe ausschließlich mit Präventivzwecken. Diese Rechtfertigung widerspricht aber der kurz zuvor erfolgten Ablehnung der lebenslänglichen Zuchthausstrafe gegen rückfällige Gewohnheitsverbrecher „als einer lediglich mit Sicherungszwecken zu rechtfertigenden, dem Gedanken der gerechten Vergeltung aber nicht, oder doch nur in seltenen Fällen entsprechenden Maßnahme". Die Verhängung von fünfzehnjähriger Haft dürfte übrigens auch dem Sicherungszweck genügen, zumal wenn daneben lebenslängliches Zuchthaus zur Verfügung steht.

Ich komme zum Strafvollzug. Hier will — und das hat er ja eindringlich ausgeführt — mein Herr Mitreferent an die Spitze den Wunsch nach einem Strafvollzugsgesetz stellen. Ich habe gegen diesen Wunsch nicht das mindeste einzuwenden. Nur meine ich — und damit möchte ich anknüpfen an das, was gestern Geheimrat Kahl gesagt hat —, daß durch einige Zusätze und Abänderungen des Vorentwurfs die Möglichkeit geschaffen wird, die Grundzüge dessen, worauf es ankommt, nämlich eines geschlossenen Strafvollzugssystems in dem Entwurf selber zum Ausdruck zu bringen. Jedenfalls wäre es bedenklich, in Erwartung eines Strafvollzugsgesetzes dieser Möglichkeit nicht näher zu treten. Nach der Begründung ist es mir sehr zweifelhaft geworden, ob ein Strafvollzugsgesetz in kurzer Frist zu erwarten ist. Ich meine, man sollte auf alle Fälle lieber den Spatzen in der Hand nehmen als die Taube auf dem Dache.

Dabei muß ich nun im Leitsatz IVa mit einer Negative beginnen, zugleich mit dem hauptsächlichsten, vielleicht einzig wirklichen Differenzpunkt zwischen dem Herrn Mitreferenten und mir.

Der Vorentwurf sieht in § 18 „Schärfungen der Zuchthaus- und Gefängnisstrafe" vor: Kostminderung und harte Lagerstätte, wenn die Tat „von besonderer Roheit, Bosheit oder Verworfenheit" zeugt oder „nach den Vorbestrafungen des Täters anzunehmen ist", „daß der gewöhnliche Strafvollzug auf ihn nicht die erforderliche Wirkung ausüben werde". Der Herr Mitreferent (Leitsatz 8 dess.) billigt den Standpunkt des Vorentwurfs grundsätzlich, ja er will noch über den Vorentwurf (§ 69) hinaus die „Schärfungen" auch bei Jugendlichen zulassen.

Ich habe mich bereits in der Strafrechtsvergleichung als prinzipiellen Gegner der „Schärfungen" bekannt. Die „Begründung" hat meine — ich darf wohl sagen: sehr eingehenden — Ausführungen mit der kurzen Bemerkung beiseite geschoben, sie gingen von der „engen Fragestellung aus": „Erhöhung des Gefängnisminimums oder Schärfungen". Für den Vorentwurf handle es sich aber darum, die Freiheitsstrafen überhaupt gegen „rohe, verkommene Delinquenten mit abgestumpftem Ehrgefühl" fühlbarer zu machen.

Ob jene Fragestellung wirklich „zu eng" war, mag auf sich beruhen. Meine Ausführungen richteten sich gegen die

„Schärfungen" überhaupt, gegen die bei langen Freiheitsstrafen noch viel mehr als gegen die bei kurzen.

Ich wiederhole also: Man mag sich drehen und wenden, wie man will, — die „Schärfungen" sind und sollen auch sein —: eine „Körperstrafe". Daß sie nur „Entziehung von Genüssen" seien, wie Aschrott einmal gemeint hat, wird wohl keiner glauben, der die Schärfungen zu erdulden gehabt hat. Die Einführung der „Schärfungen" bedeutet also — seien wir ganz ehrlich — eine Abschlagszahlung auf die Forderung nach der Prügelstrafe. Das hat bereits Dove auf dem 23. Juristentage ausgeführt, und es tritt besonders deutlich hervor, wenn man die „Schärfungen" nicht, wie Stimmen in der modernen Reformliteratur wollten, nur mit der kurzen Freiheitsstrafe, mit dieser aber schlechthin verbindet, sondern, wie der Vorentwurf, auch mit der langen, andererseits aber nur für „besondere Roheit, Bosheit oder Verworfenheit" oder für besondere „Abgestumpftheit". Denn das sind gerade die Laster, die die Freunde der Prügelstrafe mit ihr bekämpfen wollen. Daß die Einführung der Schärfungen eine Konzession an das Drängen nach der „Prügelstrafe" sei, gibt jetzt auch Aschrott zu. Er meint nur — und mein Herr Mitreferent tritt ihm bei — damit Schlimmeres — eben die Einführung der Prügelstrafe — abwenden zu können. Ich aber glaube, daß das Drängen nach der Prügelstrafe eine Bewegung ist, der gegenüber es nur ein Verhalten gibt: Principiis obsta.

Für mich sind die „Schärfungen" mit ihrer Feststellung als Körperstrafe a priori gerichtet. Ich habe aber noch die allergrößten Bedenken bezüglich ihrer praktischen Durchführung.

Der Vorentwurf beschränkt die „Schärfungen" auf „besonders Rohe, Boshafte, Verworfene" und auf „Vorbestrafte". Also gerade zu dem Zweck, zum erstenmal und auf kurze Zeit ins Gefängnis Kommende ein für allemal abzuschrecken, sollen die „Schärfungen" nicht verwandt werden. Und doch war gerade das der Zweck, den die Befürworter der Schärfungen in der modernen Reformliteratur vor allem damit erreichen wollten. Moeli bemerkt übrigens mit Recht: „Der Richter steuert bei der Feststellung besonderer „Roheit, Bosheit" wohl nicht selten zwischen den Klippen einer abnormen (Geistes-) Beschaffenheit umher."

Mit der Bestimmung des Anwendungsgebietes der „Schärfungen" im Vorentwurf hängt zusammen: Die Schärfungen werden vom Vorentwurf nicht nur, wie vom österreichischen Vorentwurf, bei kurzen, sondern auch — vielleicht gerade vorzugsweise — bei langen Freiheitsstrafen verwendet. Das mag der Gerechtigkeit, wie Aschrott bemerkt, entsprechen, — will doch Kahl die „Schärfungen" überhaupt nur bei Zuchthaus zulassen. Aber gerade dadurch erweisen sich die „Schärfungen" als praktisch undurchführbar.

Einmal erhöht sich damit die Gefahr für die Gesundheit des Sträflings. Es ist etwas anderes, ob man nach Erstehung der „Schärfungen" sofort in Freiheit gesetzt oder noch jahrelang festgehalten wird. Das ist vom Berichterstatter des Preußischen Medizinalbeamtenvereins, Strafanstaltsarzt Dr. Friedrich Leppmann, entschieden wieder betont worden. Deshalb ist auch die militärärztliche Statistik, mit der die Begründung wieder operiert, ganz beweislos, denn die geschärften Arreststrafen sind durchweg kurze. Außerdem ist auf dem 23. Juristentage, sodann von mir und jetzt wieder von Leppmann und Longard hervorgehoben worden, daß der militärische Arrest von jungen und auf ihren Gesundheitszustand geprüften und außerdem aus einem gesunden Beruf kommenden Leuten verbüßt wird. In die Strafanstalt aber kommen Leute, die wie Leppmann ganz richtig sagt, schon bei regelmäßigem Strafvollzuge mit knapper Not vor Gesundheitsschädigungen bewahrt werden können.

Sodann aber entsteht bei langzeitigen Freiheitsstrafen die Frage: sollen die „Schärfungen" sich über die ganze Strafzeit hinziehen oder nur während der ersten Periode andauern.

Der Vorentwurf hat sich für die erste Alternative entschieden. Aber von den Gesundheitsgefahren ganz abgesehen, ein völlig unannehmbarer Standpunkt! Nachdem der Gefangene sich schon eine Zeitlang ohne „Schärfungen" vielleicht musterhaft geführt hat, muß ihn der Direktor wiederum den Schärfungen unterwerfen. Und davon verspricht man sich eine wohltätige Wirkung! Man wird von diesem — wie Leppmann sagt — „plumpen Zwischengreifen mit Strafschärfungen" nur Verbitterung und Rachedurst ernten. Daß nach Absatz 3 des § 18 des Vorentwurfs das Gericht, wenn sich der Gefangene mindestens ein Jahr lang gut geführt hat, die „Schärfungen" aufheben oder mildern kann, will wenig sagen. Denn einmal ist ein Jahr schon eine genügend lange Zeit, um die nachträgliche Milde als zu spät kommend erscheinen zu lassen. Sodann aber sind die Voraussetzungen „gute Führung" und „kann" viel zu unsicher, um dem Sträfling irgendwelche Garantien zu bieten.

Gegen die Erstreckung der „Schärfungen" über die ganze Strafzeit und ihre Milderung oder Aufhebung erst nach einem Jahre guter Führung wenden sich auch der Herr Mitreferent in seinem Leitsatz 8 und Aschrott in seiner Kritik des Entwurfs. Aber die Vorschläge des Herrn Korreferenten; Erstreckung nur auf die erste Hälfte der Strafzeit, Möglichkeit jederzeitiger Milderung oder Aufhebung, schwächen die Bedenken wohl ab, beseitigen sie aber nicht. Insbesondere kann „die erste Hälfte" einer langzeitigen Zuchthausstrafe recht lang sein. Aschrott schlägt daher die Beschränkung der „Schärfungen" ein für allemal auf die ersten sechs Monate vor.

Aber gerade damit kommt man aus der Scylla in die Charybdis. Denn beschränkt man bei langzeitigen Freiheitsstrafen die „Schärfungen" auf die ersten Monate, so wird der Sträfling, wenn er nach Jahren in Freiheit gesetzt wird, längst die Erinnerung daran verloren haben; mit der abschreckenden Wirkung der „Schärfungen" wäre es vorbei. Höchstens daß der Gefangene, der außer dem niederdrückenden Antritt einer langzeitigen Freiheitsstrafe auch noch die „Schärfungen". hat über sich ergehen lassen müssen, davon einen dauernden Gesundheitsschaden davongetragen hätte. Aber auf diese Weise wird man doch die „Schärfungen" nicht der Erinnerung einprägen wollen.

Meine Bedenken bezüglich der praktischen Durchführung der „Schärfungen" sind nicht erschöpft. Der unter „Schärfungen" stehende Gefangene kann nicht oder doch nicht in dem Maße wie die anderen an der Arbeit, er kann an der von mir für das Zuchthaus befürworteten Arbeit im Freien überhaupt nicht teilnehmen. Wir berauben uns weiter mit Einführung der „Schärfungen" der wirksamsten Disziplinarstrafen. Ich weiß, daß dieses Bedenken allein eine ganze Reihe von Strafanstaltsbeamten zu Gegnern der „Schärfungen" macht. Wir landen endlich mit Einführung der „Schärfungen" bei je zwei verschiedenen Arten der Zuchthaus- und Gefängnisstrafe. Der Gewinn, den der Vorentwurf durch Streichung der „geschärften Haft" eingebracht hat, wäre also mehr als verloren.

Es ist bezeichnend, daß sich bisher so gut wie alle über den Vorentwurf zum Wort gekommenen Ärzte gegen § 18 erklärt haben. Ich nenne so besonnene Kritiker wie Moeli, Longard, Leppmann. Der 23. Juristentag hat sich für die „Schärfungen", aber ausdrücklich für ihre Beschränkung auf „kurze" Freiheitsstrafen erklärt. Möge der 30. sich nicht auch noch für ihre Erstreckung auf „lange" Freiheitsstrafen aussprechen. Möge er sich vielmehr auf den Standpunkt stellen, daß sein früheres Votum— wie es auch tatsächlich war — das äußerste Maß von Entgegenkommen gegenüber den auf Einführung der „Schärfungen" gerichteten Bestrebungen bezeichnet habe, und daß er nunmehr die Schärfungen verwerfe, nachdem er sich überzeugt habe, daß man bei ihrer Durchführung entweder mit der Gerechtigkeit oder mit der Zweckmäßigkeit, immer aber mit dem kulturellen Fortschritt in Konflikt gerate.

Wenngleich Gegner der „Schärfungen", bin ich doch dafür, die kurzzeitigen Freiheitsstrafen so wirksam wie möglich zu gestalten. Von diesem Standpunkt aus fordere ich in These IV b Satz 1 Vollziehung der Gefängnisstrafe, soweit ihre Dauer das tatsächlich regelmäßige Maximum von zwei Jahren nicht übersteigt, während der ganzen Strafdauer in Einzelhaft. Die Bestimmungen des § 22 des Vorentwurfs, wonach die Anhaltung von Gefängnisgefangenen in Einzelhaft nur für die ersten drei Monate ihrer Strafzeit — und nur bei kürzerer Strafzeit während der ganzen Strafdauer — obligatorisch vorgeschrieben ist, scheinen mir nicht ausreichend, zumal ganz schematisch für Zuchthausgefangene die Anhaltung in Einzelhaft für die ersten sechs Monate obligatorisch vorgeschrieben ist. Aber auch Leitsatz 11 des Herrn Korreferenten geht mir nicht weit genug. Es muß immer wieder betont werden: Die Einzelhaft ist das Haftsystem der Gefängnisstrafe; sie dient dazu, einerseits deren abschreckende Kraft zu erhöhen, andererseits die Gefangenen vor gegenseitigem Sichverderben zu bewahren. Wenn man im neunzehnten Jahrhundert die Einzelhaft als das Haftsystem der Zuchthausstrafe ansah, trotzdem gerade bei dieser ihre genannten beiden Hauptaufgaben regelmäßig wegfallen, so hat man das Pferd am Schwanze aufgezäumt. Finanzielle Bedenken habe ich bereits in der Strafrechtsvergleichung zu widerlegen gesucht. Die Mehrkosten werden aufgewogen durch die infolge der Verwendung von Geldstrafe, Haft und bedingter Verurteilung zu erwartende Verminderung der Gefängnisstrafen, aber auch durch den meines Erachtens korrelaten Verzicht auf Vollstreckung langzeitiger Zuchthausstrafen in Einzelhaft.

Womit der Vorentwurf § 22 sich für die Gefängnisstrafe begnügt, das möchte ich dagegen (These IV b Satz 2) auf die Haftstrafe übertragen sehen mit der Maßgabe, daß das Verlangen eines Häftlings nach Einzelhaft nicht nur (§ 22 Absatz 5 des Vorentwurfs) „tunlichst", sondern unter allen Umständen zu berücksichtigen ist. Auf ähnliches läuft auch der Leitsatz 2 des Herrn Korreferenten hinaus, mögen auch die Gründe, welche ihn zur Aufstellung veranlaßt haben, mit einer meinem Leitsatz II 1 entsprechenden Begrenzung des Anwendungsgebietes der „Haft" hinfällig werden. Aschrotts Vorschlag obligatorischer und durchgängiger Vollstreckung der „Haft" in Einzelhaft erledigt sich damit gleichfalls, andererseits auch das „tunlichst" in Leitsatz 5 des Herrn Korreferenten, indem damit die vom Vorentwurf § 20 Absatz 1 Satz 2 vorgesehene obligatorische Trennung von Haft- und Gefängnisgefangenen durchführbar wird.

Ist die „Einzelhaft" das Haftsystem der Gefängnisstrafe, so ist das „Progressivsystem" das Haftsystem der Zuchthausstrafe. Die Begründung hat aber die Proklamierung des Progressivsystems als Haftsystem der Zuchthausstrafe ebenso abgelehnt, wie die Proklamierung der Einzelhaft als Haftsystem der Gefängnisstrafe. Die Gründe der Ablehnung wurzeln hier wie dort vor allem in der mir allerdings ganz unbegreiflichen Ansicht, „ein festes in sich geschlossenes Strafvollzugssystem" gehöre nicht in das Strafgesetzbuch. Wäre das wahr, dann brauchten wir allerdings dringend ein Strafvollzugsgesetz. Außerdem meint die Begründung, man könne die Ziele des Progressivsystems auch mit den vom Vorentwurf zur Verfügung gestellten Mitteln (Einzelhaft am Beginn, vorläufige Entlassung am Schlusse) erreichen. Das ist richtig, so richtig, wie es bereits nach dem geltenden Strafgesetzbuch war. Dennoch, fürchte ich, werden, wenn das Progressivsystem nicht formell zum Haftsystem der Zuchthausstrafe erklärt wird, diese Mittel künftig ebensowenig wie bisher benutzt werden angesichts der Vorliebe unserer Gefängnispraktiker für die Einzelhaft einerseits und angesichts der Reserve unserer Justizverwaltungen gegenüber der vorläufigen Entlassung andererseits. Immerhin will ich mich mit Aufstellung folgender Forderungen begnügen. Ich bin glücklich, dabei der vollsten Zustimmung meines verehrten Herrn Mitreferenten sicher zu sein.

Zunächst ist zu fordern, daß die Zuchthaussträflinge tunlichst im Freien beschäftigt werden (mein Leitsatz IV b Satz 3, Leitsatz 10 des Herren Korreferenten). Die jahre-, jahrzehntelange Beschäftigung des Sträflings in Zellen, die auf Geist und Körper gleich verderblich wirkt, muß aufhören. Die Ermöglichung einer Beschäftigung der Zuchthaussträflinge im Freien war für mich einer der Hauptgründe, die für das Progressivsystem sprachen; denn sie schien mir nur in Gemeinschaftshaft denkbar. Mittlerweile habe ich von dem hervorragenden Leiter des Gefängniswesens in einem deutschen Staate gehört, man beschäftige auch in Einzelhaft befindliche Sträflinge mit Garten- und Feldarbeit, indem man sie getrennt nach der Arbeitsstätte und wieder zurückführe. Wenn man die Einzelhaft so handhabt, habe ich selbstverständlich keinen Anlaß, die Gemeinschaftshaft auch für die langzeitigsten Zuchthausstrafen zu fordern.

Die Beschäftigung im Freien läßt sich für die Zuchthaussträflinge meines Erachtens genau so ermöglichen, wie schon heute für die Arbeitshäusler. Ich habe es bereits vorgeschlagen, und insoweit stimme ich Leitsatz 1 des Herrn Mitreferenten zu: man übernehme einen Teil der Arbeitshäuser in staatliche Verwaltung und verwandele sie in Zuchthäuser. Die freiwerdenden Zellengefängnisse richte man zum Vollzug von Gefängnisstrafen ein. Einen dankbar zu begrüßenden Weg, auf den auch ich bereits hingewiesen habe, weist Leitsatz 10 Satz 3 des Herrn Mitreferenten. Ich habe bereits einmal bemerkt: Aus dem Erlös der Strafanstalt Moabit könnte die preußische Verwaltung des Innern mehrere Zuchthäuser mit großem Areal errichten.

Die zweite, an Stelle der Forderung des Progressivsystems für die Zuchthausstrafe aufzustellende Forderung gibt Leitsatz IV c wieder. Man pflegt als Progressivsystem das Haftsystem zu bezeichnen, welches von der Einzelhaft über die Gemeinschaftshaft zur vorläufigen Entlassung fortschreitet. In dem Stadium der Gemeinschaftshaft findet dabei ein Aufrücken der Sträflinge in höhere Stufen statt, welche sich durch die dem Sträfling eingeräumten Vergünstigungen unterscheiden. Nur Sträflinge der obersten Strafstufe kommen zur vorläufigen Entlassung.

Nähere Überlegung und insbesondere genaueres Studium des Strafvollzugs in den einzelnen Ländern lehren, daß sich hierbei zwei ganz verschiedene Gedanken durchkreuzen. Einmal der, den Sträfling wieder an den Verkehr mit anderen Menschen zu gewöhnen, und sodann der, dem Sträfling Gelegenheit zu geben, allmähliche Strafmilderung zu verdienen. Zusammengehalten werden beide Gedankenreihen durch das Institut der vorläufigen Entlassung, welches beide Gesichtspunkte in sich vereinigt. Dagegen ist die Frage, ob Einzel- oder Gemeinschaftshaft, vollkommen trennbar von der Frage allmählicher Strafmilderung als Lohn guter Führung.

Nun ist von den seitens der Begründung gegen das Progressivsystem geäußerten Bedenken das beachtlichste das gegen die Gemeinschaftshaft. Ich habe bereits betont, daß mir die Gemeinschaftshaft als solche ziemlich gleichgültig ist. Vermag ich die Zellen des Zuchthauses zu öffnen ohne förmliche Gemeinschaftshaft, so verzichte ich gern auf sie. Nicht verzichten möchte ich dagegen auf die Milderung langzeitiger Strafen in Stufen. Sie wirkt den Schäden langzeitiger Freiheitsstrafen entgegen, zumal wenn dieselben in Einzelhaft vollstreckt werden; sie hat aber darüber hinaus einen stärkenden Einfluß auf den meist schwachen Willen des Sträflings. Und da sie von dem Aufrücken von Einzel- in Gemeinschaftshaft völlig unabhängig ist, bringe ich sie selbständig in Leitsatz IV c in Vorschlag. Ich lehne mich dabei fast wörtlich an § 565 des österreichischen Entwurf eines Gesetzes zur Abänderung der Strafprozeßordnung an, welcher diese Seite des „Progressivsystems" ebenfalls unter Loslösung von der Frage der Haftsysteme bringt. Diese ihre Trennbarkeit ermöglicht gleichzeitig die Milderung des Strafzwanges in Stufen auch für eventuell in Einzelhaft zu verbüßende, längere Gefängnisstrafen in Antrag zu bringen.

Mit dem Ausgeführten zusammen hängt die dritte und letzte aus der Generalforderung des Progressivsystems abgelöste Spezialforderung. Sie ist in These IV f enthalten. Die bedauerlichen Folgen, welche sich aus der Auffassung der „vorläufigen Entlassung" als eines nur ausnahmsweise zu bewilligenden Gnadenaktes ergeben haben, und über die auch Krohne, unter Zustimmung Gallis, lebhaft klagt, sind so bekannt, daß ich hier nicht nochmals darauf eingehen will. Die seltene Anwendung, die grundsätzliche Ausschließung ganzer Täterklassen usw. haben die eminente kriminal-politische Bedeutung des Instituts verkümmert, die Täuschung der durch das Gesetz aufgestellten Verheißung geradezu verbittert. Mit Recht, denn ein Gnadenakt hätte gesetzliche Regelung weder nötig gehabt, noch überhaupt vertragen. Um so beklagenswerter ist, daß der Vorentwurf ausdrücklich an der Auffassung der „vorläufigen Entlassung" als eines nur ausnahmsweise zu gewährenden Gnadenaktes festhält. Wären die Gründe, welche die Begründung für diesen ihren Standpunkt anführt, überzeugend, so müßten die Paragraphen über die vorläufige Entlassung einfach aus dem Vorentwurf gestrichen werden. Denn, wie gesagt, ein Gnadenakt ist gesetzlicher Regelung weder bedürftig, noch fähig. In der Tat sind sie es aber nicht. Nach der Begründung soll eine regelmäßige Herabsetzung der richterlich erkannten Strafe durch vorläufige Entlassung „das Gerechtigkeitsgefühl verletzen". Dieses Argument rechnet damit, daß die richterlich ermittelten Strafgrößen die absolut durch die Gerechtigkeit gegebenen seien.

Daß das nur Chimäre ist, geben fast alle Anhänger der Vergeltungsstrafe zu. Aber außerdem, wenn die vorläufige Entlassung die Regel bildet, so erscheinen eben alle richterlich ermittelten Strafgrößen von vornherein als durch vorläufige Entlassung proportional zu kürzende; die Gerechtigkeit wird dadurch nicht verletzt. Vor allem aber, wer die vorläufige Entlassung als Regel fordert, erblickt in ihr gar keine Kürzung der richterlich erkannten Strafe, sondern einen integrierenden Bestandteil des Strafvollzugs. Gerade diese Auffassung erklärt die Begründung S. 99 für eine „gekünstelte“. Sie scheint dabei ganz zu übersehen, daß die vorläufige Entlassung aus dem englischen Recht stammt, wo sie nie etwas anderes gewesen ist als ein Bestandteil des Strafvollzugs.

Nach alldem — Leitsatz IV f — ist die vorläufige Entlassung im künftigen Recht als integrierender Bestandteil des Strafvollzugs anzuerkennen. Daraus folgt aber ohne weiteres die Forderung, daß die vorläufige Entlassung wegen der „Vergangenheit“ (§ 26 Absatz 2 des Vorentwurfs) des Gefangenen niemals grundsätzlich ausgeschlossen werden darf, und im übrigen da, wo sie zulässig ist, die Regel bilden muß.

Unabhängig davon ist noch zu fordern, daß der vorläufig Entlassene stets unter „Schutzaufsicht“ im Sinne von § 28 Absatz 1 des Vorentwurfs, niemals unter Polizeiaufsicht gestellt werde. Nach § 28 des Vorentwurfs ist gerade umgekehrt die Stellung unter „Schutzaufsicht“ nur zulässig, die Stellung unter Polizeiaufsicht dagegen die Regel.

Ich erfreue mich bei all' diesen zu der vorläufigen Entlassung aufgestellten Forderungen nicht nur der Übereinstimmung mit dem Herrn Mitreferenten, sondern auch mit Aschrott in seiner Kritik des Vorentwurfs.

Die Leitsätze IV d und e scheinen mir einer Begründung um so weniger zu bedürfen als sie, wie ich erklären darf, und wie zum Teil auch aus seinem Leitsatz 9 ersichtlich ist, die volle Zustimmung des Herrn Mitreferenten gefunden haben.

In Leitsatz V endlich wird die Forderung aufgestellt, daß mit Zuchthaus Ehrverlust regelmäßig verbunden werden muß. Grund dieser auch von Krohne, Kahl, Oetker, Galli vertretenen Forderung ist vor allem eine schärfere Differenzierung von Zuchthaus und Gefängnis. Da Leitsatz 4 des Herrn Mitreferenten in dieser Beziehung noch wesentlich weiter geht, so würde ich meinen Leitsatz V zurückziehen für den Fall, daß mein Herr Mitreferent sich zu gewissen Einschränkungen seines Leitsatzes 4 versteht.

Meine Herren! Ich bin am Ende. Auf die sichernden „Freiheitsentziehungen" (§ 97 [2] Vorentwurf), wie Arbeitshaus, Trinkerheilanstalt, Verwahrung Unzurechnungsfähiger und vermindert Zurechnungsfähiger, habe ich nicht eingehen zu sollen geglaubt, ebensowenig auf Spezialfragen des Freiheitsstrafvollzugs, wie an vermindert Zurechnungsfähigen und Jugendlichen. Habe ich doch ohnehin die mir zugemessene Zeit überschritten, und sind doch meine Leitsätze nach Zahl und Umfang bedenklich angeschwollen. Ja, meine Herren, vor einem halben Jahrhundert auf dem ersten Deutschen Juristentage durfte sich der Berichterstatter der Strafrechtsabteilung mit dem einen Leitsatz begnügen, „daß ein allgemeines Deutsches Strafgesetzbuch ein dringendes Bedürfnis sei". Darauf habe ich mir meine Thesen angesehen und habe gemerkt: die sind doch bedeutend umfangreicher. (Heiterkeit.) Aber die heutige Sachlage ist eben — wie ich bereits am Eingange meines Berichts bemerkte — eine andere. Damals war die Zeit der großen Forderungen, und heute ist Kleinarbeit die „Forderung des Tages" und daher unsere „Pflicht". Aber gerade das erscheint mir als der schönste Ruhmestitel des Deutschen Juristentags, stets ein „treuer Diener" seiner Zeit gewesen zu sein. (Lebhafter Beifall.)

Leitsätze des Mitberichterstatters Prof. Goldschmidt zu Thema 4b.

I.

Die Aufstellung von Zuchthaus, Gefängnis und Haft als Arten der Freiheitsstrafen im Vorentwurf ist zu billigen.

II.

Die Bestimmung des Anwendungsgebiets der Freiheitsstrafen im Vorentwurf ist in folgenden Punkten abzuändern:

1. Die Bestimmung des Anwendungsgebiets der Haft hat davon auszugehen, daß die Haft eine an die Stelle der „Festungshaft" tretende custodia honesta ist, nur mit erweitertem Anwendungsgebiet und einem von der Militärverwaltung losgelösten und dem erweiterten Anwendungsgebiet angepaßten Strafvollzuge. Von diesem grundsätzlichen Standpunkt aus eignet sich die „Haft" des künftigen Rechts weder zur „polizeilichen Gefängnisstrafe" (Übertretungsstrafe), noch zur Ersatzstrafe für uneinbringliche Geldstrafen. Auch die

Androhung der „Haft" an Stelle von Zuchthaus und Gefängnis „bei mildernden Umständen" entspricht nicht dem Wesen einer custodia honesta. Endlich macht die alternative Androhung von Haft neben Gefängnis bloß bei einer Reihe von Vergehen im Besonderen Teil und ohne weitere Strafbemessungsvorschrift eine gewisse Willkür des Gesetzgebers, wie des Richters unvermeidlich.

Zur Vermeidung dieser Anstände empfiehlt sich folgende Regelung:

a) Das Gebiet der „Übertretungen" ist tunlichst auf reine „Polizeiübertretungen" zu beschränken und für diese eine Freiheitsstrafe überhaupt nicht oder in Gestalt eines besonderen „Polizeiarrestes" vorzusehen.

b) Uneinbringliche Geldstrafen sind nicht in Freiheitsstrafe zu verwandeln. Sie sind entweder, entsprechend dem Beschluß des 23. Juristentages, in Anstalten (Gefängnis, Arbeitshaus), unter Festsetzung einer Maximaldauer der Anhaltung, abzuarbeiten, oder sie sind, entsprechend dem neusten schweizerischen Vorentwurf (1908), zwar niederzuschlagen, dafür ist die Nichtleistung einer Geldstrafe aus Arbeitsscheu oder Liederlichkeit mit selbständiger Strafe (Gefängnis, eventuell verbunden mit Arbeitshaus) zu bedrohen.

c) Wo der Vorentwurf Haft an Stelle von Zuchthaus „bei mildernden Umständen" zuläßt (Fälle des Landesverrats) ist Haft mit Zuchthaus alternativ anzudrohen; die nötige Strafbemessungsvorschrift gibt § 85 Vorentwurf (§ 20 StGB.).

d) Die Fälle der Zulassung von Haft neben oder „bei mildernden Umständen" an Stelle von Gefängnis im Besonderen Teil des Vorentwurfs sind zu ersetzen durch eine allgemeine Strafbemessungsvorschrift des Inhalts, daß bei allen Vergehen statt auf Gefängnis auf Haft erkannt werden kann, wenn die Tat nicht aus ehrloser Gesinnung hervorgegangen ist. *)

---

*) Von Leitsatz II 1 wurden die Ziffern a und b als Abänderungsanträge zu den Leitsätzen Olshausens eingebracht und der Leitsatz im übrigen dahin zusammergefaßt:

II.

1. Die „Haft" des künftigen Rechtes darf weder als Polizei-

2. Die Bestimmung des Anwendungsgebiets des Gefängnisses:
   a) Gefängnis darf auf „Übertretungen" nicht angedroht werden. Von den in §§ 305, 306 V. E. mit Gefängnis bedrohten „Übertretungen" sind die für die Androhung von Gefängnis reifen, insbesondere die in den §§ 361 Ziff. 3—8, 362 StGB. mit „geschärfter Haft" bedrohten (Landstreicherei, Bettel, Arbeitsscheu, Gewerbsunzucht) zu Vergehen zu erheben.
   b) Die Ausdehnung der Strafbemessungsvorschrift des § 20 StGB. in § 85 Vorentwurf auf die alternative Androhung von Zuchthaus und Gefängnis widerspricht dem Verhältnis dieser beiden Freiheitsstrafen zueinander ebensosehr, wie die alternative Androhung von Zuchthaus und Gefängnis im Besonderen Teil überhaupt. In dem einzigen Fall dieser Art im Vorentwurf (§ 217 Abs. 1, 2: Abtreibung) ist die Schwangere nur mit Gefängnis zu bedrohen, dem Dritten gegenüber ist Gefängnis bei „mildernden Umständen" zuzulassen (dazu Leitsatz II 3b).
3. Die Bestimmung der Anwendungsgebiete des Zuchthauses:
   a) Die im Besonderen Teil wiederholt (§§ 126, 175, 181, 190, 209, 239, 269, 271, 275, 276, 302) vorgesehene Knüpfung der Zuchthausstrafe an den bloßen Begriff der „besonders schweren Fälle" (§ 84 Vorentwurf) verstößt gegen den Satz: Nulla poena sine lege. Es muß daher, soweit die Strafschärfung von Gefängnis in Zuchthaus in Frage kommt, bewenden bei der Aufstellung bestimmter Qualifikationsmerkmale, wenn auch mit elastischeren Tatbeständen, als z. B. die des § 243 StGB. sind; der an Stelle gerade des letzteren tretende § 270 Vorentwurf ist dafür ein gutes Vorbild.
   b) Bei Vorliegen „mildernder Umstände" ist dem Richter allgemein ein nach den ordentlichen Strafrahmen

---

noch als Ersatzstrafe noch als Strafe „mildernder Umstände" verwendet werden.

Sie ist bei bestimmten „Verbrechen" politischen Charakters obligatorisch und bei allen „Vergehen" fakultativ der nicht ehrlosen Gesinnung vorzubehalten.

abgestuftes Strafmilderungsrecht einzuräumen, darunter das Recht, ohne erhöhtes Minimum angedrohtes Zuchthaus durch Gefängnis zu ersetzen.

c) Mit Freiheitsstrafe noch nicht Vorbestrafte sollten, auch wenn keine „mildernden Umstände" oder „besonders leichten Fälle" (§§ 82, 83 Vorentwurf) vorliegen, nur dann zu Zuchthaus verurteilt werden dürfen, wenn eine 5 Jahre übersteigende Zuchthausstrafe verwirkt ist, oder Gefängnis außer allem Verhältnis zu der „besonderen Schwere des Falles" (§ 84 Vorentwurf) stehen würde. Eine dies aussprechende Vorschrift ist in den 8. Abschnitt des Allgemeinen Teils („Strafbemessung") einzustellen; an Stelle der verwirkten Zuchthausstrafe hätte Gefängnis von gleicher Dauer zu treten.

d) Die obligatorische Androhung der Zuchthausstrafe gegen gewerbs- oder gewohnheitsmäßige Verbrecher in § 89 Vorentwurf ohne Rücksicht auf die Schwere der begangenen Tat setzt mindestens einen Vorbehalt für ganz geringfügige Vergehen voraus. Besser noch werden die geschärften Strafen der gewerbs- oder gewohnheitsmäßigen Begehung nach den Grundstrafrahmen der betreffenden Delikte abgestuft, wie es § 88 Vorentwurf beim Rückfall tut, und entsprechend wie die Gewerbs- oder Gewohnheitsmäßigkeit der Begehung an verschiedenen Stellen des besonderen Teils (so §§ 250, 270 Ziff. 7, 276, 281, 295, 296, 302) als Strafschärfungsgrund verwandt wird. Daneben wäre dann aber gegen rückfällige gewerbs- oder gewohnheitsmäßige Verbrecher unter den Voraussetzungen des § 89 Vorentwurf und, sofern sie für die Rechtssicherheit gefährlich erscheinen, ohne Rücksicht auf die Schwere des Delikts Sicherungsnachhaft von unbestimmter Dauer vorzusehen, wie dies auch der 28. Juristentag vorgeschlagen hat.

e) Als Gegenstück der unter c) und d) befürworteten Einschränkung des Anwendungsgebietes der Zuchthausstrafe ist zu fordern, daß „im dritten und ferneren Rückfalle" (§ 88 Abs. 3 Vorentwurf) auf Zuchthaus erkannt werden kann, sobald eine den gesetzlichen Höchstbetrag übersteigende

Gefängnisstrafe verwirkt ist. Entsprechendes wäre natürlich für die Strafschärfung wegen Gewerbs- oder Gewohnheitsmäßigkeit der Begehung zu fordern, sofern diese (Leitsatz d) in ihrer Eigenschaft als Strafschärfungsgrund dem Rückfalle gleich behandelt würde.

III.

An der Bestimmung der Mindest- und Höchstbeträge der Freiheitsstrafen im Vorentwurf sind folgende Änderungen vorzunehmen:

Der Mindestbetrag der Zuchthausstrafe ist auf zwei Jahre, der der Gefängnisstrafe auf eine Woche zu erhöhen. Umgekehrt ist der Höchstbetrag der Gefängnisstrafe auf drei Jahre herabzusetzen. Ausnahmefälle einer Überschreitung des Höchstbetrages von drei Jahren Gefängnis (z. B. oben Leitsatz II 3 c, Realkonkurrenz) bleiben vorbehalten; auch in ihnen darf der Höchstbetrag der Gefängnisstrafe (und folglich der ausschließlich angedrohten oder statt Gefängnis erkannten „Haft") fünf Jahre nicht übersteigen. Die lebenslängliche Haftstrafe ist zu beseitigen.

IV.

Die Vorschriften des Vorentwurfs über den Vollzug der Freiheitsstrafen sind in folgenden Punkten abzuändern oder zu ergänzen:

a) Die in § 18 Vorentwurf vorgesehenen „Schärfungen der Zuchthaus- und Gefängnisstrafe" sind zu beseitigen.

b) Die Gefängnisstrafe ist, soweit ihre Dauer zwei Jahre nicht übersteigt, während der ganzen Strafdauer in Einzelhaft zu vollstrecken. Haftgefangene sind während der ersten drei Monate ihrer Strafzeit, bei kürzerer Strafzeit und auf Verlangen während der ganzen Strafdauer in Einzelhaft zu halten. Zuchthaussträflinge sollen tunlichst im Freien beschäftigt werden.

c) Der Vollzug von Zuchthausstrafen und von mindestens 1 Jahr betragenden Gefängnisstrafen soll im Sinne einer Milderung des Strafzwanges in Stufen erfolgen, die sich namentlich durch die Höhe der Arbeitsbelohnung, das Ausmaß der Besuche, des brieflichen Verkehrs und der

Lektüre unterscheiden. Gefangene, auf welche der Strafvollzug in Stufen anzuwenden ist, sollen nur dann vorläufig entlassen werden, wenn sie in die oberste Strafstufe aufgestiegen sind. Für das Aufsteigen in eine höhere Stufe sind Fleiß und Betragen des Gefangenen maßgebend. Die Anforderungen sind für Vorbestrafte höher zu bemessen. (Vgl. zu diesem Leitsatz § 565 des österreichischen Entwurfes eines Gesetzes zur Abänderung der Strafprozeßordnung.)

d) Die zulässigen Disziplinarmittel sind gesetzlich festzulegen. Dieselben sollen sich für Gefangene verschiedener Strafarten unterscheiden. Unter den zulässigen Disziplinarmitteln dürfen körperliche Züchtigung und Lattenarrest sich nicht befinden.

e) Über Beschwerden, welche die Gesetzmäßigkeit der Art und Weise der Strafvollstreckung oder die Anwendung schwerer Disziplinarmittel betreffen, soll das Gericht binnen kurz zu bemessender Frist entscheiden; die Beschwerden haben keine aufschiebende Wirkung. Die Zuziehung von Vertrauenspersonen zu den Konferenzen in den größeren Strafanstalten und die Bildung eines obersten Reichsorgans zur Kontrolle des Freiheitsstrafvollzugs sind in Aussicht zu nehmen.

f) Die vorläufige Entlassung ist als intregrierender Bestandteil des Vollzuges längerer Freiheitsstrafen anzuerkennen. Sie sollte wegen der „Vergangenheit" (§ 26 Abs. 2 Vorentwurf) des Gefangenen niemals grundsätzlich ausgeschlossen sein und im übrigen da, wo sie zulässig ist, die Regel bilden. Der vorläufig Entlassene sollte stets unter „Schutzaufsicht" (§ 28 Abs. 1 Vorentwurf), niemals unter polizeiliche Aufsicht gestellt werden.

V.

Neben der Zuchthausstrafe sollte stets auf Ehrverlust erkannt werden müssen, wenn nicht der Umstand, daß die Tat nicht aus ehrloser Gesinnung hervorgegangen ist, besondere Berücksichtigung verdient.

Geh. Justizrat D. Dr. **Kahl** (zur Geschäftsordnung): Meine Herren! Ich möchte mir gestatten, Ihnen einen Antrag zur Geschäftsordnung zu unterbreiten, der dahin geht, den ersten Gegenstand der Tagesordnung, betreffend die Strafmittel im allgemeinen, zunächst zu erledigen auf Grundlage der gestern geführten Diskussion, und zweitens die heute angehörten Referate mit Dank für die wertvollen Anregungen zur Kenntnis zu nehmen, ohne Erledigung durch Diskussion und Abstimmung im einzelnen. Ich gehe bei diesem Antrage von der Tatsache aus, daß es nun doch dabei bleibt, daß die Festfahrt um 3 Uhr beginnt, was voraussetzt, daß etwa um 2 Uhr hier die Verhandlungen geschlossen werden.

Meine Gründe sind folgende: Bei der ungeheuren Fülle des Stoffes, welche uns die beiden ausgezeichneten Referate dargeboten haben, und den im einzelnen, insbesondere im Anwendungsgebiet weit auseinandergehenden Auffassungen würde es ganz unmöglich sein, in eine eingehende Diskussion einzutreten und abstimmungsfähige Thesen zu formulieren. Dagegen bleibt der Zweck auch ohne Diskussion und beschlußmäßige Abstimmung immerhin erreicht, daß überaus wertvolle Anregungen nicht nur für die Teilnehmer am Juristentage, sondern auch für die wohlwollenden Erwägungen der Reichsregierung dargeboten worden sind. Mit dem ersten Punkte haben wir noch reichlich genug zu tun, wobei ich ganz außer Ansatz lasse, daß wir auch sonst noch Geschäfte erledigen müssen, wie die Wahl von Vertrauensmännern und andere. Es wird nicht ganz leicht sein, die verschiedenen Anträge zum Zweck der Abstimmung logisch zu ordnen, aber es wird bei der sorgfältigen Vorbereitung, wie ich annehmen darf, durch unseren Herrn Vorsitzenden allerdings zu erreichen sein. Und ist das erreicht, dann ist immerhin etwas Wertvolles und Großes, Positives geleistet, indem wir Beschlüsse zu den vier Gebieten der Todesstrafe, der Geldstrafe, des Verweises und der Nebenstrafen gefaßt haben. Wenn nicht alles ganz dem ursprünglich festgesetzten Plane entsprechend geht, so müssen wir das auf Kosten der Jubiläumstagung setzen, aber nur keine ungründliche und keine flüchtige Arbeit! Aus diesem Grunde möchte ich wünschen, daß wir nicht in die Diskussion und Abstimmung über die Strafmittel im einzelnen eintreten. Ich glaube, der Juristentag wird seine Würde und Tradition am besten wahren, wenn er **multum** und nicht **multa** leistet. Daher empfehle ich für unsere weiteren Geschäfte die Annahme der von mir vorgelegten Anträge. (Bravo!)

Im Anschluß hieran entspinnt sich eine längere Geschäftsordnungsdebatte.

Landgerichtsdirektor **Aschrott** (Berlin): Ich schließe mich dem Antrage Kahl an. Ich bin auch der Ansicht, daß bei der Fülle des Stoffes es nicht möglich ist, nach dem heute Gehörten noch eine ins Einzelne eingehende Debatte, die wirklichen Wert haben soll, zu veranstalten. Ich halte es aber doch für nützlich, nachdem bestimmte Thesen über die Todesstrafe, Geldstrafe, Verweis und Polizeiaufsicht aufgestellt sind, aus dem heute verhandelten Thema der Freiheitsstrafen einen Satz herauszunehmen, der mir als der allerwichtigste erscheint und der ein Eingehen auf Detail wohl nicht erfordert. Der Satz ist aus den Thesen des Herrn Landgerichtspräsidenten v. Staff unter 3 und 4 zusammengestellt. Ich erlaube mir dabei eine ganz kleine Änderung stilistischer Art. In der Form, wie ich es jetzt verlesen werde, können wir, glaube ich, darüber abstimmen, ohne in Einzelheiten einzugehen. Ich schlage vor, bezüglich der Freiheitsstrafen folgendes zu sagen:

„Die einzelnen Arten der Freiheitsstrafe sind in der Wirkung auf die bürgerliche Stellung des Bestraften und die Art des Strafvollzuges streng zu sondern. Mit der Zuchthausstrafe ist stets Verlust der bürgerlichen Ehrenrechte zu verbinden, neben der Strafe des Arbeitshauses ist dies zulässig, neben der Gefängnisstrafe kann nur auf bestimmte einzelne Ehrenstrafen erkannt werden".

Dann gleich daran anschließend — es ist dies These 3 v. Staff — weiter zu sagen:

„Im übrigen hat die Ausarbeitung eines Reichsstrafvollzugsgesetzes gleichzeitig mit der eines Strafgesetzbuches zu erfolgen".

Ich habe damit in eine These zusammengefaßt, was ich bezüglich der Freiheitsstrafe für das Wichtigste halte, und ich glaube, mich dabei in Übereinstimmung mit Herrn Landgerichtspräsidenten v. Staff zu befinden. Ich möchte nicht, daß zwei so ausführliche und gründliche Referate hier ohne jeden Beschluß vorübergehen. Wir können jetzt ins Detail nicht gehen, aber meine allgemein gehaltene These können wir, glaube ich, durch eine Abstimmung erledigen, ohne daß eine eingehende Diskussion nötig ist.

Senatspräsident Dr. **Olshausen**: Lediglich als weiteres Amendement zu den Ausführungen des Herrn Landgerichtsdirektor Aschrott möchte ich vorschlagen, daß wir dann den Satz I von Goldschmidt noch hinzunehmen: „Die Aufstellung von Zuchthaus, Gefängnis und Haft als Arten der Freiheitsstrafe im Vorentwurf ist zu billigen" und das dem eben Vorgeschlagenen anfügen. Ich ziehe für diesen Fall selbstverständlich meine These I zurück und würde es mit großer Genugtuung begrüßen, wenn das so eingefügt würde.

Landgerichtsdriektor Dr. Aschrott erklärt sich mit diesem Vorschlag einverstanden.

Landgerichtspräsident Dr. **v. Staff:** Es wäre mir in der Tat sehr erwünscht, wenn eine Beschlußfassung der Tagung herbeigeführt würde insbesondere über die Frage der Stellungnahme zu der Forderung eines Strafvollzugsgesetzes. Ich bitte in dieser Beziehung darauf hinweisen zu dürfen, daß das ja in der Tat eine Forderung ist, die, wenn sie Erfolg haben soll, in der heutigen Tagung aufgestellt werden muß, weil ihre Aufstellung in einer späteren Tagung schon zeitlich nicht mehr dieselbe Wirkung haben könnte. Ich würde es also mit besonderer Freude begrüßen, wenn diesem Antrage des Herrn Direktors Aschrott zugestimmt würde.

Professor Dr. **Goldschmidt:** Ich möchte nur bemerken, daß, wenn wir nur die Aufstellung von Zuchthaus, Gefängnis und Haft als Arten der Freiheitsstrafe billigen, das Ergebnis unserer Tagung rein formell sein würde. Im übrigen habe ich mich zwar dem Leitsatz I von Exzellenz Olshausen angeschlossen, habe aber z. B. so schwere Ausstellungen gegen das Anwendungsgebiet der Haft erhoben, daß die bloße Annahme meines Leitsatzes I ein schiefes Bild ergeben würde. Also müßte doch hier die ganze Frage des Anwendungsgebiets der Freiheitsstrafen aufgerollt werden, sonst glaube ich nicht, daß ein das System der Freiheitsstrafen des Vorentwurfs billigender Beschluß gefaßt werden kann. Ebensowenig kann Leitsatz 4 des Herrn Präsidenten v. Staff ohne weiteres angenommen werden. Gewiß, „die einzelnen Arten der Freiheitsstrafe sind in der Wirkung auf die bürgerliche Stellung des Bestraften und die Art des Strafvollzugs streng zu sondern“ usw. Das tut ja der Vorentwurf, insoweit läge in dem Beschluß nichts Neues. Aus den folgenden Sätzen der These 4 wäre freilich z. B. neu, daß mit der Zuchthausstrafe stets Verlust der bürgerlichen Ehrenrechte zu verbinden sei. Das ist aber keine so wichtige Forderung, daß gerade sie aus der Fülle der Leitsätze herausgehoben zu werden verdient.

Die Forderung nach dem Strafvollzugsgesetz würde ich durchaus unterschreiben können, sofern wir in dem Strafvollzugsgesetz diejenigen sachlichen Veränderungen des Entwurfs bekommen, die ich im Interesse eines geschlossenen Strafvollzugssystems als erforderlich bezeichnet habe.

Aber wenn in dem Strafvollzugsgesetz nichts anderes steht als in dem Entwurf, so würde ich das Strafvollzugsgesetz nur für einen formellen Fortschritt halten.

Soll überhaupt keine sachliche Diskussion und keine sachliche Abstimmung erfolgen, dann würde ich es schon für besser halten, dem ersten Vorschlage Geheimrat Kahls entsprechend, auf jede Diskussion und Abstimmung zu verzichten.

Landgerichtsdirektor Dr. **Aschrott:** Ich will durchaus nicht eine sachliche Diskussion über den von mir eingeschränkten Antrag des Herrn Referenten v. Staff ausschließen. Ich meine nur, wir sollten uns auf diesen Antrag beschränken, alles andere enthält zuviel Detail, als daß wir heute darüber abstimmen könnten. Auch Herr Geheimrat Kahl würde wohl eventuell, wenn ich ihn richtig verstanden habe, über diesen gekürzten Antrag v. Staff debattieren lassen. Es müßte aber debattiert werden, wenn — das möchte ich zu dem Amendement Olshausen bemerken — wir den Antrag I von Goldschmidt mit hereinnehmen, in dem die Arbeitshausstrafe fehlt; sie steht in dem Antrag v. Staff zu 4 und müßte mit hereingesetzt werden.

Direktor **Schwandner** (Ludwigsburg): Ich bin mit dem Antrag Aschrott einverstanden, aber gegen den Antrag Olshausen habe ich auch das Bedenken, daß damit die Arbeitshausstrafe herausgelöst wird, auf die ich vom Standpunkt des Praktikers sehr großen Wert lege. Über die These I von Goldschmidt sollte also meines Erachtens nicht abgestimmt werden.

Senatspräsident Dr. Olshausen zieht seinen Antrag zurück.

Oberstaatsanwalt von Prittwitz und Gaffron spricht sich unter Hinweis auf den Widerspruch von Professor Goldschmidt lediglich für den Geschäftsordnungsantrag Kahl aus.

Professor Dr. **Goldschmidt:** Ich will noch bemerken, daß ich Herrn Direktor Aschrott das erste Mal durchaus richtig verstanden hatte. Aber es steht in den von ihm zur Annahme empfohlenen Thesen v. Staff so viel Sachliches, daß unmöglich ohne eine so gut wie alles umfassende sachliche Diskussion darüber abgestimmt werden kann, insbesondere auch nicht ohne Diskussion meiner eigenen Thesen. So habe ich u. a. gegen die in Leitsatz 4 v. Staff vorausgesetzte „Arbeitshausstrafe" die schwersten Bedenken; gegen ihre Billigung so beiläufig muß ich scharfen Widerspruch erheben.

Landgerichtspräsident Dr. **v. Staff**: Es würde mir vollständig genügen, wenn heute ein Beschluß nur gefaßt würde zu dem ersten Teil meiner These 3, also: mit der Ausarbeitung eines neuen Strafgesetzbuches muß gleichzeitig diejenige eines Reichsstrafvollzugsgesetzes erfolgen. Wenn diese These die Zustimmung der Mehrheit finden sollte, würde nach meiner Auffassung dasjenige zum Beschluß erhoben werden, was mit wirklicher, tatsächlicher Wirksamkeit allein heute und nicht bei einem späteren Juristentag Beschlußform annehmen kann. Ich glaube mich auch der Hoffnung hingeben zu dürfen, daß über dieses kleine Sätzchen die Diskussion keinen allzugroßen Umfang annehmen würde.

Professor Dr. Goldschmidt erklärt sich mit dem letzten Vorschlage einverstanden, daß weiter nichts zur Diskussion gesetzt werde als der Wunsch nach dem allgemeinen Strafvollzugsgesetz.

Auf Anregung des Vorsitzenden erklärt sich Geheimrat Kahl damit einverstanden, zu seinem Geschäftsordnungsantrag noch hinzuzunehmen, daß auch über diesen Punkt betreffend Strafvollzugsgesetz eine Abstimmung erfolge.

Der Vorsitzende erklärt daraufhin im Einverständnis mit der Versammlung, später nur den Satz 1 von These 3 v. Staff zur Abstimmung stellen zu wollen.

Ferner schlägt der Vorsitzende, mit kurzer Unterbrechung der Diskussion vor, als von der Abteilung zu bestellende Vertrauensmänner folgende 10 Herren zu wählen: Aschrott (Berlin), Goldschmidt (Berlin), Kahl (Berlin), Lenzberg (Hannover), Olshausen (Leipzig), von Schmidlin (Stuttgart), Schwartz (Danzig), v. Staff (Breslau), Strohal (Leipzig), Wildhagen (Leipzig). Die Versammlung erklärt sich damit einverstanden.

Der Vorsitzende gibt nunmehr bekannt, in welcher Weise er über die gestellten Anträge abstimmen zu lassen gedenkt.

Die Versammlung heißt den vorgeschlagenen Modus gut.

Nebst den Anträgen der Referenten liegen zu Thema 4a: Die Strafmittel im allgemeinen folgende aus der Versammlung gestellte Anträge vor:

A. Anträge betreffend die Todesstrafe.

I. Justizrat Friedmann (Glogau) und Genossen:

Die Todesstrafe ist als Strafmittel in das Strafgesetzbuch nicht aufzunehmen.

II. Landgerichtsdirektor Winkler (Erfurt):

a) Die Androhung der Todesstrafe ist nicht über das geltende Recht hinaus auszudehnen.

b) An Stelle der Todesstrafe ist nur, wenn ein besonders leichter Fall vorliegt, lebenslängliches Zuchthaus oder Zuchthausstrafe nicht unter zehn Jahren zuzulassen.

III. Oberstaatsanwalt v. Prittwitz und Gaffron (Naumburg):

An Stelle des Leitsatzes Olshausen A 1a zu setzen: Doch ist die Todesstrafe außer in den schwersten Fällen des Hochverrats auch beim Morde (§ 212) ausschließlich anzudrohen.

IV. Landgerichtsdirektor Aschrott:

Die Bestimmungen des Vorentwurfs über die Todesstrafe sind dahin zu ergänzen:

1. daß auch bei Hochverrat nach § 100 des Vorentwurfs dem Gerichte die Möglichkeit gesetzlich gegeben wird, statt auf Todesstrafe auf Zuchthausstrafe zu erkennen,
2. daß der Vollzug der Todesstrafe für das Reichsgebiet einheitlich gestaltet wird.

Hierzu Zusatzantrag Graf Dohna:

In Ziffer 1 ist einzuschalten nach den Worten „Zuchthaus" die Worte „oder Haftstrafe".

V. Professoren Köhler und Thomsen statt Olshausen A 1a zu sagen:

Insbesondere ist zu billigen, daß sie a) in den Fällen des Mordes (§ 212) wahlweise neben Zuchthaus, in den Fällen des schwersten Hochverrates ausschließlich angedroht ist. Jedoch ist sie auch in den Fällen des § 100 nur bei Mord und Mordversuch, nicht aber bei Totschlag und bei Vorbereitungshandlungen ausschließlich am Platze.

VI. Professor Goldschmidt Zusatzantrag zu Olshausen A 1a und zu Geheimrat Kahl I 1:

Bei Vorliegen „mildernder Umstände" ist dem Richter allgemein ein nach dem ordentlichen Strafrahmen abgestuftes Strafmilderungsrecht einzuräumen.

B. Anträge betreffend die Geldstrafe.

I. Professor Goldschmidt zu Olshausen B 1a:

Gegenüber „Übertretungen" ist die Geldstrafe als ausschließliche Strafe zu verwenden. Dies setzt voraus, daß die

„Übertretungen" auf reine Polizeiübertretungen beschränkt werden.

II. Professor Goldschmidt zu Olshausen B 1d:

An Stelle der „Haft" als Ersatzstrafe hat gegen Arbeitsfähige, entsprechend dem Beschlusse des 23. Juristentages und dem Gutachten Krohnes Abverdienen der uneinbringlichen Geldstrafen in einer Anstalt (Gefängnis, Arbeitshaus) zu treten unter Bestimmung einer Maximaldauer der Anhaltung.

C. Anträge betreffend den Verweis.

I. Professor Liepmann:

Der Verweis ist als Strafe sowohl Jugendlichen wie Erwachsenen gegenüber abzulehnen.

II. Landgerichtsdirektor Aschrott:

Die Strafe des Verweises hat in Erteilung einer Rüge zu bestehen. Der Verweis wird vom Richter und zwar tunlichst mündlich erteilt.

D. Antrag betreffend die Nebenstrafen.

Professor Goldschmidt zu Kahl IV:

In diesem Leitsatze sind die Worte „bedarf § 53 des Vorentwurfes" zu ersetzen durch: „ist § 53 Vorentwurf zu streichen, und es bedarf im Einführungsgesetz . . . . ."

Zunächst gelangen die Anträge betreffend die Todesstrafe zur Abstimmung.

Der Antrag Friedmann A I wird mit 50 gegen 24 Stimmen abgelehnt.

Der Antrag Winkler A IIa wird mit 40 gegen 26 Stimmen angenommen.

Dadurch entfällt die Abstimmung über den Antrag Olshausen A 1b.

Nach einigen Bemerkungen zur Geschäftsordnung wird der vom Antragsteller selbst nunmehr modifizierte Antrag v. Prittwitz und Gaffron A III in der Form:

„Die Todesstrafe ist . . . . stets ausschließlich anzudrohen"

abgelehnt.

Der Antrag Goldschmidt A VI zu Olshausen A 1a und Kahl I 1 wird mit 47 Stimmen angenommen.

Damit entfallen die übrigen Anträge ausgenommen Olshausen A 2 und Aschrott A IV 2.

Der Antrag Olshausen A 2 wird in der Form:

„Es ist zu fordern, daß mit der Todesstrafe der Verlust der bürgerlichen Ehrenrechte von Rechts wegen verbunden sei"

angenommen.

Ebenso der Antrag Aschrott A IV 2 in der Form:

„Der Vollzug der Todesstrafe ist für das Reichsgebiet einheitlich zu gestalten".

Damit ist die Abstimmung über die Anträge zur Todesstrafe beendet. Zur Geschäftsordnung stellt Justizrat Friedmann nunmehr den Antrag:

„Ich beantrage, daß der Antrag Friedmann und Genossen ins Plenum zur Entscheidung und Verhandlung gebracht wird",

und bittet, über diesen Antrag sofort abzustimmen. In kurzer Geschäftsordnungsdebatte widersprechen Exzellenz Olshausen und Geheimrat Kahl der sofortigen Behandlung dieses Antrages unter Hinweis auf die Statuten und auf die Gepflogenheiten des Juristentages: es könne erst zuletzt, wenn alles erledigt sei, in der Abteilung darüber Entscheidung getroffen werden. Auch der Vorsitzende stellt sich auf diesen Standpunkt und Justizrat Friedmann zieht infolgedessen den Antrag jetzt zurück mit der Erklärung, ihn später wiederholen zu wollen.

Nunmehr erfolgt die Beschlußfassung über die Anträge betr. die Geldstrafe.

Der Antrag Olshausen B 1a wird in der Form:

„Es ist zu billigen, daß a) das Anwendungsgebiet der Geldstrafe gegenüber dem RStGB. bedeutend erweitert ist"

angenommen.

Professor Goldschmidt zieht seinen Zusatzantrag hierzu B I zurück.

Die Anträge Olshausen B 1b und B 1c werden angenommen.

Zum Antrag Olshausen B 1d wird der Abänderungsantrag Goldschmidt B II mit 50 Stimmen angenommen. Dadurch entfällt die Abstimmung über den ersten Teil des Antrages Olshausen. Der zweite Teil dieses Antrages wird mit 43 Stimmen in der Form angenommen:

Es ist zu billigen, daß, „d) wenn auf die Geldstrafe neben einer anderen Freiheitsstrafe erkannt ist, diese einzutreten hat (§ 34)".

Der Antrag Olshausen B 2a wird in der Form:

„Es ist zu fordern, daß a) bei wahlweiser Androhung von Geldstrafe mit Freiheitsstrafen — von Ausnahmen abgesehen — die Summen der zulässigen Höchstbeträge der Geldstrafe in ein bestimmtes Verhältnis zu dem Höchstbetrage der wahlweise angedrohten Haftstrafe gesetzt werden"

wird mit 29 gegen 26 Stimmen angenommen.

Dagegen wird der Antrag Olshausen B 2b abgelehnt.

Es folgt der Antrag Kahl II

Der **Vorsitzende:** Ich bemerke dazu, daß in der Diskussion gestern angeregt wurde, die einjährige Frist des Vorentwurfs auf zwei Jahre zu erweitern, daß aber ein Antrag in dieser Hinsicht nicht vorliegt.

Geh. Justizrat D. Dr. **Kahl:** Es ist nur ein formeller Mangel, daß kein Antrag gestellt ist. Ich habe erklärt, daß ich mit Zustimmung der Versammlung vorschlagen würde, die gesetzliche Frist auf 2 Jahre zu verlängern. Ich stelle diesen Antrag hiermit und ziehe den anderen zurück.

Vorsitzender: Damit entfällt der gedruckte Antrag, es entfällt auch das „richterliche Ermessen".

Der so geänderte Antrag Kahl wird angenommen.

Es folgt die Abstimmung über die Anträge betreffend den Verweis.

Der Antrag Liepmann C I wird mit großer Mehrheit abgelehnt.

Der Antrag Olshausen C wird angenommen.

Der Antrag Kahl III wird vom Antragsteller zurückgezogen, der Antrag Aschrott C II wird angenommen.

Schließlich erfolgt die Abstimmung über die Anträge betreffend die Nebenstrafen.

Die Anträge Olshausen D a und b werden in getrennter Abstimmung angenommen.

Der Antrag Goldschmidt D zu Kahl IV wird angenommen; dadurch entfällt die Abstimmung über den letzteren.

Damit ist die Abstimmung über Thema 4a beendigt.

Exzellenz Dr. **Olshausen**: (zur Geschäftsordnung): Jetzt würde ich um Beschlußfassung darum bitten, ob die Sache dem Plenum zur Kenntnisnahme mitgeteilt werden soll, oder ob sie dem Plenum zur Verhandlung überwiesen wird. Das bezieht sich aber auf das gesamte Thema 4a, denn das ist es, was wir behandelt haben.

Justizrat Dr. **Edwin Katz** (Berlin): Ich bin der Meinung, daß wir in dieser Frage nicht in der Weise vorgehen können, wie Exzellenz Olshausen vorschlägt, weil dieser Vorschlag sich doch auf einem etwas formalistischen Boden bewegt. Wir können nicht verkennen, daß die Beschlußfassung über die Todesstrafe ein Gegenstand von solcher Wichtigkeit ist, daß er selbständig betrachtet werden muß, und wenn daher in dieser Versammlung mit einer genügenden Anzahl Stimmen der Antrag gestellt wird, diese Frage dem Plenum zur Beratung zu unterbreiten, im übrigen aber von der Versammlung als ausreichend erachtet wird, die sonstigen Beschlüsse dem Plenum lediglich zur Berichterstattung mitzuteilen, so ist eine solche Trennung dem Werte des ersteren Beschlusses durchaus entsprechend und gerechtfertigt. Aus diesem Grunde halte ich es für angezeigt, daß wir darüber abstimmen, daß der Beschluß über die Todesstrafe dem Plenum zur Beratung mitgeteilt werden soll und die übrigen Beschlüsse zur Berichterstattung oder zur Beratung.

Geh. Justizrat D. Dr. **Kahl**: Ich halte es für zulässig, daß Einzelfragen aus unserem Gesamtgebiet ausgelöst und dem Plenum zur sachlichen Beratung überwiesen werden. Ich werde meinerseits selbstverständlich dagegen sprechen, und Sie bitten, Sie möchten nicht die Einzelfrage der Todesstrafe herausgreifen, aber geschäftsordnungsmäßig halte ich es durchaus für zulässig.

Vorsitzender: Wollen Sie noch den Antrag begründen?

Justizrat **Friedmann** (Glogau): Ich habe bereits bei der Geschäftsordnungsdebatte darauf hingewiesen, daß die Frage, ob das künftige neue Strafgesetzbuch die Todesstrafe als Strafmittel haben soll oder nicht, allgemein-politischer Natur ist und sich soweit über die meisten anderen Fragen emporhebt, daß für die Frage nicht bloß diejenigen Interesse haben, die speziell auf das Strafrecht eingeschworen sind. Hier in dieser Abteilung haben sich wesentlich diejenigen vereinigt, die für das Strafrecht und den Strafprozeß Interesse haben. Deshalb ist es von großer Wichtigkeit, daß die Frage vor das Plenum kommen soll. Ich halte es aber nicht für richtig, daß eine so hochwichtige Frage nur im engeren Kreise zur Entscheidung gelangt. Ich kann mich nicht dabei beruhigen, was die Abteilung beschlossen hat, sondern möchte die Sache vor das Plenum bringen. (Sehr richtig!)

Professor **Liepmann** (Kiel): Ich möchte zu diesem Antrage sprechen und zwar in einem Sinne, der Ihnen vielleicht ganz unerwartet vorkommen wird. Ich habe in der gestrigen Versammlung keinen persönlichen Vorwurf erheben wollen gegen irgendeinen Referenten oder einen Gutachter, sondern habe nur meinen Eindruck aussprechen wollen, daß diese Frage von dem sonst so gewissenhaft und gründlich arbeitenden Juristentag nicht mit dem Ernst behandelt worden sei, wie sie es nach meiner Überzeugung und der Überzeugung sehr vieler Juristen und Nichtjuristen verdient. Deswegen habe ich den Anstoß gegeben zu dem Antrag, der eben gestellt ist. Ich bin nun aus demselben Grunde, den ich gestern hervorgehoben habe, dagegen, daß diese Frage morgen im Plenum zur Beratung und Beschlußfassung gestellt wird. (Sehr gut!) Wenn die Frage vor das Plenum kommt, so ist es selbstverständlich, daß zwei Referenten dafür bestellt werden, ein Anhänger der Todesstrafe und ein Gegner der Todesstrafe, und es ist nun in der Tat nach meiner Überzeugung für den Anhänger wie für den Gegner der Todesstrafe unmöglich, ohne parates Material morgen für und wider so zu sprechen, wie es die Frage verdient. (Sehr richtig!) Ich habe zu Hause Material, das uns zeigen könnte, daß die Zeit für eine Beseitigung der Todesstrafe bei uns gekommen sei. Aber ich habe das Material in Kiel, und wenn ich selbst mit dem Telegraphen und Eilboten arbeiten würde, könnte ich es morgen nicht zur Stelle haben, und so würde es einem anderen Referenten sicher auch gehen.

Ich komme deswegen zu einer Erwägung, von der ich noch nicht ganz klar weiß, wie ich sie geschäftsordnungsgemäß formulieren soll. Ich meine folgendes: Es geht nicht, daß die Frage so erledigt wird, wie es geplant wird; es geht nicht, daß wir morgen tumultuarisch über die Frage in irgendeinem Sinne beschließen. Ich halte die Frage für so wichtig, daß sie für den nächsten Juristentag gestellt werden muß. Ich bin der Überzeugung, wir haben in 2 Jahren noch kein neues Strafgesetzbuch, und dann besteht die Möglichkeit, daß der Juristentag in der gewohnten und wertvollen Weise die Frage vorbereitet hat und daß das

Votum — möge es ausfallen wie es wolle, ich gebe mich der Hoffnung hin, daß es gegen die Todesstrafe ausfällt — dann ganz anderen Nachhall finden wird. Ich weiß nicht, wie es gemacht werden muß; ist es vielleicht möglich, daß die Ständige Deputation oder der Juristentag jetzt schon einen Beschluß faßt, daß die Frage auf die nächste Tagung gesetzt wird? (Zustimmung aus der Versammlung.)

Geh. Justizrat Professor D. Dr. **Kahl** (zur Geschäftsordnung): Ich will nur bestätigen, daß es geschäftsordnungsmäßig durchaus möglich ist, daß das Plenum des Juristentags einen solchen Beschluß faßt. Es gibt zwei Wege: ein Antrag an die Ständige Deputation oder ein Antrag an das Plenum; im letzteren Falle wird das Plenum direkt beschließen und dann ist die Ständige Deputation verpflichtet, die Sache auf die Tagesordnung des nächsten Juristentages zu setzen.

Professor **Liepmann**: Kann diese Abteilung beschließen, daß dem Plenum dieser Wunsch ausgesprochen wird?

Professor **Kahl**: Gewiß, wir können selbständig den Antrag an das Plenum stellen.

Professor **Liepmann**: Dann stelle ich diesen Antrag.

Justizrat Dr. **Edwin Katz** (Berlin) (zur Geschäftsordnung): Ich möchte das Bedenken aussprechen, daß hier eine Abstimmung vorliegt; diese Abstimmung müßte erst aufgehoben werden, sonst ist dem Plenum zu berichten, daß die Abteilung sich in bestimmter Richtung schlüssig gemacht hat. Wir können entweder dem Plenum den Antrag unterbreiten, die ganze Sache zu vertagen — kommt dies heraus, so ist das ein vollständig neuer Beschluß im Gegensatz zu dem gefaßten Beschluß — oder es kann herauskommen, daß das Plenum ex novo die Sache berät. Aber so, wie vorgeschlagen, können wir es nicht ausführen, weil ein tatsächlich gefaßter Beschluß entgegensteht.

Landgerichtspräsident Dr. **v. Staff** (zur Geschäftsordnung): Ich glaube, daß die Auffassung meines Herrn Vorredners unzutreffend ist. Es handelt sich um zwei ganz verschiedene Dinge. Wir haben vorher in der Abteilung den Beschluß gefaßt, daß es zu billigen ist, daß die Todesstrafe auch in dem Vorentwurf des künftigen Strafgesetzbuches Aufnahme findet. Es würde in keinem logischen Gegensatz dazu stehen, wenn diese Versammlung trotzdem der Meinung wäre: die Frage erscheint uns so wichtig, daß außer uns noch eine höhere Instanz darüber entscheiden soll, wir fassen deswegen den weiteren Beschluß, die Sache dem Plenum vorzulegen, mit dem Antrag, sie auf die Tagesordnung des nächsten Juristentages zu setzen. Beide Anträge, sowohl auf Verhandlung im Plenum, als auch darauf, die Frage auf die Tagesordnung des nächsten Juristentages zu setzen, stehen in keinem logischen Widerspruch zu der Stellungnahme dieser Abteilung zu der Todesstrafe.

Justizrat Dr. **Edwin Katz**: Ich muß mich dieser Begründung des Herrn Präsidenten v. Staff durchaus anschließen, und insoweit nehme ich meinen Widerspruch zurück.

Senatspräsident Dr. **Olshausen** (zur Geschäftsordnung): Ich hörte Bedenken äußern, ob es zulässig sei, wenn wir den Antrag stellten, daß die Sache das nächste Mal zur Beratung im Plenum gestellt würde; es wurde die Ansicht ausgesprochen, die Frage müsse erst wieder an die Abteilung verwiesen werden. Nun heißt es im § 7 unseres Statuts: Die Verhandlungen der Plenarversammlung leitet ein Vorsitzender usw. Der Vorsitzende „bestimmt die Tagesordnung und kann einzelne Gegenstände, ohne Vorberatung in den Abteilungen, unmittelbar zur Plenarberatung stellen." Also das Ersuchen würde dann richtiger an den nächsten Vorsitzenden dahin zu richten sein, daß er auf der nächsten Tagung des Juristentages diese Frage zur Verhandlung in der Plenarsitzung stelle. Soviel ich weiß, ist das auch schon früher geschehen.

Professor Dr. **Liepmann** (Kiel): Ich möchte mir nun erlauben, die Eindrücke, die ich aus den geschäftsordnungsmäßigen Bemerkungen gewonnen habe, in den Antrag zusammenzufassen: Die Versammlung möge beschließen, es soll morgen in der Plenarversammlung der Antrag gestellt werden, die Frage der Todesstrafe auf die Tagesordnung des nächsten Juristentages zu setzen. Zu diesem Antrag müßten, wenn ich die Geschäftsordnung richtig verstehe, zwei Redner zugelassen werden, die nur darüber sprechen, ob diesem Antrag stattzugeben ist oder nicht.

Geht das?

Vorsitzender: Ich halte den Antrag Liepmann, daß wir Beschlüsse fassen über Anträge, die von unserer Abteilung neu an das Plenum zu stellen sind, geschäftsordnungsmäßig nicht für zulässig. Wir haben über die vom Plenum uns zugewiesenen Gegenstände Gutachten zu erstatten, wir haben zu beschließen, ob wir unsere Beschlüsse dem Plenum nur zur Kenntnisnahme vorlegen wollen oder zur Erörterung und Entscheidung. Aber daß wir berechtigt wären, meritorisch neue Anträge an das Plenum zu stellen, glaube ich nicht.

Professor Dr. **Liepmann:** Es handelt sich nicht um einen meritorischen Antrag, sondern lediglich darum, daß ich den Wunsch habe, daß diese Frage auf die Tagesordnung des nächsten Juristentages gesetzt wird. Ich besinne mich, daß ein derartiger Antrag schon früher einmal gestellt worden ist, und zwar hat damals der Referent vor dem Plenum über die Frage berichtet und erklärt, die Abteilung habe die Überzeugung gewonnen, daß die Frage heute nicht spruchreif sei, und lege deshalb dem Plenum diesen Antrag vor. Nach dem, was Herr Geh.-Rat Kahl vorhin sagte, ist das geschäftsordnungsmäßig zulässig. Er hat darauf hingewiesen: entweder kann es dadurch geschehen, daß wir uns an die Ständige Deputation wenden, oder dadurch, daß wir das Plenum dazu veranlassen. Ich habe nicht das geringste Mißtrauen gegen die Ständige Deputation, aber mir kommt es darauf an, daß die Allgemeinheit den Eindruck bekommt, daß die Frage als eine Frage des ganzen Juristentages betrachtet und behandelt ist, und das kann nur zum Ausdruck kommen, wenn morgen dieser Antrag gestellt wird. Nach meiner Überzeugung können wir den Antrag morgen an das Plenum stellen.

Geh. Oberjustizrat **Plaschke** (Berlin) (zur Geschäftsordnung): Es liegen meines Erachtens zwei vollständig verschiedene Anträge vor. Es ist zunächst beantragt worden, die Frage möge der Plenarversammlung des Juristentages überwiesen werden. Wenn dieser Antrag nach der einen oder anderen Richtung erledigt ist, ist nachher meines Erachtens kein Hindernis, nunmehr dem Antrage Liepmann zufolge darüber zu diskutieren, ob diese Abteilung dem Plenum vorschlagen will, daß der nächste Juristentag diese Frage zur Diskussion stellt. Ich erachte es aber nicht für zulässig, daß bevor wir uns nicht über den Antrag, ob die Frage dem Plenum zu überweisen ist oder nicht, schlüssig gemacht haben, hier fortgesetzt über beide Anträge diskutiert wird.

Vorsitzender: Wie jetzt eben hervorgehoben wurde, liegen tatsächlich zwei ganz verschiedene Anträge vor. Wir stehen noch mitten in der Erörterung des Antrags Friedmann, daß der Beschluß, der hier über die Todesstrafe gefaßt worden ist, für sich allein dem Plenum zur Behandlung und Entscheidung zu überweisen sei. Richtigstellend möchte ich bemerken, daß die angerufene beschränkende Bestimmung des Statuts von den zwei Rednern auf unseren Fall nicht anwendbar erscheint. Am Schlusse des § 6 ist nämlich gesagt, die Verhandlung im Plenum könne herbeigeführt werden, entweder durch einen Beschluß der Abteilung oder durch einen von mindestens zehn Mitgliedern direkt im Plenum gestellten Antrag.

Nur für diesen letzten Fall, nämlich für die Verhandlung im Plenum, enthält § 6 die einschränkende Bestimmung: „Über die Vorfrage, ob dem von mindestens zehn Mitgliedern gestellten Antrage auf Plenarentscheidung stattzugeben sei, wird nur einem der Antragsteller und dem Berichterstatter das Wort erteilt". Aus diesem Grunde habe ich mich nicht für berechtigt erachtet, Beschränkungen hinsichtlich der Zahl der Redner in dieser Frage eintreten zu lassen. Aber vielleicht wäre es jetzt tatsächlich zweckmäßiger, wenn wir zur Abstimmung über diesen Antrag selbst kämen und uns über die formellen Fragen nicht weiter auseinandersetzten. Ich möchte daher, wenn kein Widerspruch erfolgt, zunächst über den Antrag Friedmann abstimmen lassen: Beschließt die Abteilung, daß morgen dem Plenum die Frage der Todesstrafe zur Erörterung und Entscheidung zu unterbreiten sei? Ich stelle diesen Antrag zur Diskussion.

Ein Mitglied: Über diesen Antrag würden wir uns nur dann entscheiden können, wenn vorher die Frage geklärt ist, ob über die Anregung Professor Liepmanns noch abgestimmt werden kann, daß wir beschließen, diese Sache auf die Tagesordnung einer künftigen Tagung zu setzen.

Staatsanwalt Dr. **Neumann** (Aachen): Die Abteilung, in der wir uns hier befinden, hat sich bereits für die Beibehaltung der Todesstrafe ausgesprochen. Dieser Beschluß kann doch nicht einfach ignoriert werden. Es muß darüber abgestimmt werden, ob dieser Beschluß, den wir tatsächlich gefaßt haben, dem Plenum lediglich als Referat mitgeteilt oder ihm zur Verhandlung und Entscheidung überwiesen wird. Ganz etwas anderes ist der Antrag des Herrn Professors Dr. Liepmann (Kiel), daß die Frage der Todesstrafe vor einen neuen Juristentag gebracht werden soll; dieser Antrag steht in gar keinem Zusammenhange mit der jetzt vorzunehmenden Abstimmung. Er kann, nachdem wir abgestimmt haben, wie die Sache dem Plenum mitgeteilt wird, später noch erledigt werden. Nach meiner Überzeugung dürfen wir uns nicht in Verwirrung bringen lassen. Wir haben jetzt lediglich darüber abzustimmen, ob der bereits gefaßte Beschluß, daß wir Anhänger der Todesstrafe sind, dem Plenum als Referat mitgeteilt oder ihm zur erneuten Verhandlung überwiesen werden soll. (Zustimmung.)

Es folgt die Abstimmung. Mit 45 gegen 32 Stimmen wird beschlossen, den Beschluß im Plenum nur mitzuteilen, von einem Vorschlage auf Erörterung und Entscheidung im Plenum dagegen abzusehen.

Prof. Dr. **Liepmann** (Kiel): Ich bin von verschiedenen Seiten gebeten worden, jetzt noch den Antrag zu stellen, daß morgen im Plenum die Erörterung über die Todesstrafe sich darauf beschränke, ob sie es verdiene, auf die nächste Tagesordnung gesetzt zu werden, und daß das Plenum einen Beschluß nur hierüber faßt. Nach meiner Überzeugung kann und muß über diesen Antrag hier ein Beschluß gefaßt werden, und die Beschlußfassung zu dem Antrage vorhin kollidiert nicht damit.

(Der Vorsitzende richtet an die Versammlung die Frage, ob gegen die Zulässigkeit des Antrages Einwendungen erhoben werden.)

Da ich höre, daß gegen meinen Antrag geschäftsordnungsmäßige Bedenken erhoben werden, ziehe ich ihn zurück und behalte mir vor, den Antrag im Plenum einzubringen. (Bravo!)

Der Vorsitzende eröffnet die Diskussion über den einzigen zu Thema 4b (die Freiheitsstrafe im besonderen) vorliegenden Antrag, das ist Satz 1 Ziffer 3 der v. Staffschen Thesen bezüglich der Ausarbeitung eines Strafvollzugsgesetzes.

Von einem unbekannten Redner wird der Antrag gestellt, diesen Satz ohne Diskussion zur Abstimmung zu bringen. (Bravo!)

Das Wort wird dazu nicht begehrt, die Debatte wird geschlossen.

Der Berichterstatter erhält das Schlußwort.

Landgerichtspräsident Dr. **v. Staff** (Breslau): Ich glaube nicht, daß es notwendig ist, daß ich zu diesem von mir gestellten Antrag noch einmal das Wort nehme. Was in dieser Richtung zu sagen war, habe ich vorhin ausgeführt, und ich bitte Sie nur, das im Gedächtnis zu behalten, wenn Sie Ihre Stimme bei der Abstimmung abgeben.

Abstimmung. Satz 1 der Ziffer 3 von Dr. v. Staff:

> 3. Mit der Ausarbeitung eines neuen Strafgesetzbuchs muß gleichzeitig diejenige eines Reichsstrafvollzugsgesetzes erfolgen.

wird angenommen.

Es folgt Abstimmung darüber, ob über diesen Beschluß dem Plenum nur zu berichten oder eine Erörterung und Entscheidung im Plenum vorzuschlagen sei.

Es wird einfache Berichterstattung beschlossen.

Es wird weiter beschlossen für die beiden Fragen 4a und 4b, da sie vielfach ineinander fließen, über 4b im übrigen das Referat nur sehr kurz sein kann, nur einen Berichterstatter zu bestimmen.

Exz. Dr. Olshausen wird zum Berichterstatter gewählt.

Seine Exzellenz Oberlandesgerichtspräsident Dr. **von Plehwe** (Königsberg i. Pr.): Meine Herren! Im Jahre 1834 geboren, glaube ich nicht fehlzugehen in der Annahme, daß ich der Älteste unter Ihnen bin. Findet dies Ihre Billigung, dann werde ich eine Bitte aussprechen, deren Erfüllung ich ganz sicher bin. Es ist die Bitte, unserem Herrn Präsidenten den Dank der Versammlung zum Ausdruck zu bringen. (Lebhaftes Bravo!) Er hat mit Klarheit, mit Sicherheit und Unparteilichkeit seines Amtes gewaltet und hat sich dadurch ein Verdienst erworben nicht nur um die Abteilung, nicht nur um den ganzen Juristentag, sondern um die Einheit unseres Rechtes und um die Einheit alles dessen, was deutsch denkt und empfindet. Ich bitte Sie, Ihrem Dank Ausdruck zu geben durch Erheben von den Sitzen. (Geschieht.) (Lebhafter Beifall.)

Vorsitzender: Euer Exzellenz, meine Herren! Ich bin tiefbeschämt durch die Worte, die Euer Exzellenz an mich zu richten die Güte hatten. Ich war nur ein bescheidenes Glied in der Kette, und wenn ich bemüht war, mich in Ihren Dienst zu stellen, so ist das wahrlich keines Lobes und keiner Anerkennung wert. Ich bin glücklich, in Ihrer Mitte erscheinen und die Bande zwischen uns noch fester haben knüpfen zu können und danke aufrichtig für die Unterstützung, die Sie mir gewährt haben. Es ist mir dadurch die Führung der Geschäfte sehr erleichtert worden. Ich danke namentlich meinem Herrn Stellvertreter und den Herren vom Bureau, die die Güte hatten, mich in meinen Arbeiten zu unterstützen.

Auf Wiedersehen hoffentlich in 2 Jahren!

Die Sitzung ist geschlossen.

Schluß der Sitzung nach 1 Uhr.

Zweite Plenarsitzung.

Mittwoch, den 14. September, vormittags 9 Uhr.

Präsident: Ich eröffne die zweite Plenarversammlung des dreißigsten Deutschen Juristentages.

Vorerst habe ich der Versammlung einige Mitteilungen zu machen. Auf unser Huldigungstelegramm an Se. Kaiserliche Königliche Apost. Majestät, den Kaiser Franz Joseph, ist folgende Antwort eingelaufen:

„Se. K. K. Apost. Majestät danken allergnädigst für die vom dreißigsten Deutschen Juristentag in Danzig anläßlich seines 50 jährigen Bestandes dargebrachte Huldigung und wünschen, daß der Juristentag seine die Rechtswissenschaft und Rechtspflege fördernde Tätigkeit auch künftighin erfolgreich fortsetze.

Auf allerhöchsten Befehl

Freiherr v. Schießl."*)

(Bravo!) Exzellenz Dr. Unger telegraphiert:

„Ich danke dem Deutschen Juristentag herzlich für die freundliche Begrüßung und wünsche ihm von ganzem Herzen eine Reihe wiederkehrender freudiger Jubeltage. Unger.

Auf persönlichen Wunsch hin gebe ich nunmehr das Wort Herrn Geh.-Rat Kahl, um einen Antrag der Ständigen Deputation vor Ihnen zu begründen, betr. authentische Interpretation unseres Statuts. Die Angelegenheit wird uns hoffentlich nur einige Minuten beschäftigen.

---

*) Kurz nach Schluß der zweiten Plenarversammlung ist noch folgende telegraphische Antwort auf das an Se. Majestät den Deutschen Kaiser gerichtete Huldigungstelegramm eingelaufen.

Seine Majestät der Kaiser und König haben mich zu beauftragen geruht, den Teilnehmern am Deutschen Juristentage für das freundliche Gedenken bei der Feier seines 50 jährigen Bestehens allerhöchst ihren besten Dank auszusprechen. Seine Majestät werden die treue Mitarbeit des Juristentages an dem Ausbau der Deutschen Rechtspflege auch ferner mit allerhöchstihrem Interesse begleiten. v. Valentini.

Geh.-Rat Professor D. Dr. **Kahl** (Berlin): Meine Herren! Ich habe der Plenarversammlung eine Auslegungsfrage zu § 3 unserer Statuten vorzulegen. Der § 3 bestimmt die Voraussetzung der Mitgliedschaft und lautet: Zur Mitgliedschaft berechtigt sind die deutschen Richter, Staatsanwälte, Advokaten und Notare die Aspiranten des Richteramts, der Anwaltschaft und des Notariats, sowie jeder, der nach seinen Landesgesetzen zum Richteramte, zur Anwaltschaft oder zur Ausübung des Notariats für befähigt bekannt ist, ferner die Lehrer an den deutschen Hochschulen, die Mitglieder der gelehrten Akademien, die Doktoren der Rechte und die rechtsgelehrten Mitglieder der Verwaltungsbehörden."

Über diesen Begriff der rechtsgelehrten Mitglieder der Verwaltungsbehörden haben sich Bedenken hinsichlich seiner Ausdehnung oder Einschränkung ergeben. Es wurde der Ständigen Deputation in ihrer Pfingstsitzung von 1909 die Mitteilung gemacht, daß zu einer Zeit, als die Abhaltung eines Juristentages in Breslau in Erwägung stand, sich Mitglieder der dortigen Regierung, welche nicht das richterliche Examen abgelegt hatten, über ihre Berechtigung zur Mitgliedschaft im Zweifel befanden. Die Deputation beauftragte dann ein Mitglied der Pfingstversammlung, in diesem Jahre über diese Frage Bericht zu erstatten. Dies ist geschehen, und auf Grund dieses Berichtes hat die Deputation in ihrer Sitzung vom 16. Mai dieses Jahres beschlossen, dem Plenum des Juristentages ohne Beantragung einer Statutenänderung folgende authentische Interpretation des § 3 der Statuten vorzuschlagen:

> „Als rechtsgelehrte Mitglieder der Verwaltungsbehörden sind zu erachten alle diejenigen, welche nach Absolvierung des akademischen Rechtsstudiums eine juristische Staatsprüfung bestanden haben."

Wir nahmen an, daß der Juristentag ohne weiteres damit einverstanden sein wird. Die Frage hat ja keine praktische Bedeutung für diejenigen Staaten, in welchen die Voraussetzungen für die Bekleidung des richterlichen oder eines Verwaltungsamtes schlechthin die gleichen sind, wie z. B. Bayern. Wo dies aber nicht der Fall ist, besteht gewiß kein Grund für uns, die Forderungen der Mitgliedschaft für den Juristentag irgendwie in engherziger Weise zu begrenzen, nachdem der Kieler Juristentag seine Zuständigkeit ausdrücklich, und ich darf wohl sagen, von allgemeiner Zustimmung begrüßt auf das ganze Gebiet des innern Verwaltungsrechtes ausgedehnt hat. Bei einer solchen Ausdehnung auf das ganze Gebiet des inneren Verwaltungsrechtes müssen wir auf die Arbeit und

Mitwirkung aller rechnen, welche ein ordnungsmäßiges Rechtsstudium absolviert und die ausreichenden Kenntnisse durch die Ablegung einer ersten juristischen Staatsprüfung dokumentiert haben. Wer Anstoß nehmen wollte, daß wir damit alle Referendare für Rechtsgelehrte erklären (Heiterkeit), der muß freundlich erwägen, es gibt Rechtsgelehrte im engeren, engsten und weitesten Sinne, und zu denen im weitesten Sinne gehören die Referendare zweifellos. (Heiterkeit.) Aus diesem Grunde hoffen wir, daß Sie alle der von uns vorgeschlagenen authentischen Interpretation zustimmen.

Vorsitzender Professor Dr. **Brunner** (Berlin): Ich nehme an, daß Sie einverstanden sind, und betrachte die Interpretation als beschlossen.

Wir kommen nun zu den Beschlüssen der einzelnen Abteilungen. Sämtliche Abteilungen wollen ihre Beschlüsse dem Plenum nur zur Kenntnisnahme mitteilen. Jedoch ist mir soeben zu dem Beschluß der dritten Abteilung ein Antrag zugegangen, von mehr als 10 Mitgliedern, im ganzen von 27 unterzeichnet:

„Es wird beantragt über den Beschluß der dritten Abteilung, betr. die Todesstrafe, eine Erörterung und Entscheidung im Plenum stattfinden zu lassen."

Meine Herren! Ich trage Bedenken gegen die geschäftsordnungsmäßige Zulässigkeit dieses Antrags. Ich halte es für unzulässig, aus dem Beschlusse einer Abteilung einen einzelnen Punkt, einen Teil herauszugreifen und ihn zur Entscheidung vor das Plenum zu bringen. Unter dem Beschluß der Abteilung ist in dem Statut nur gemeint, der Beschluß im ganzen und nicht ein einzelner Satz oder ein einzelner Punkt. Auch die Abteilung selbst wäre meines Erachtens nicht berechtigt gewesen, nur einen einzelnen Teil ihres Beschlusses, wie er über das gestellte Thema gefaßt worden ist, zur Erörterung und Entscheidung vor die Plenarversammlung zu bringen, und was die Abteilung nicht vermag, vermögen selbstverständlich auch nicht 10 oder 27 Antragsteller.

Im Statut heißt es ausdrücklich:

„Über die Vorfrage, ob dem . . . Antrage auf Plenarentscheidung stattzugeben, wird nur einem der Antragsteller und dem Berichterstatter das Wort erteilt."

Es gibt für mich nur einen Berichterstatter über die Strafmittel im allgemeinen und keinen Berichterstatter über die Frage der Todesstrafe allein. Die Abteilung kann jetzt nicht noch einmal zusammentreten, um speziell über das Thema der Todesstrafe einen Berichterstatter zu wählen.

Diese meine Auffassung mag Ihnen formalistisch erscheinen, ich habe aber an die Konsequenzen zu denken. Wäre der gestellte Antrag zulässig, dann wäre es z. B. ebenso zulässig, aus dem Beschlusse der ersten Abteilung über die Schutzbestimmungen für Privatangestellte die Frage herauszugreifen, ob die Kassenbeträge eingerechnet werden sollen oder nicht. Denken Sie nur an zukünftige Fälle! Es könnten dann 10 Antragsteller jeden Teilbeschluß einer Abteilung über irgendeinen einzelnen Punkt an das Plenum bringen. Infolgedessen würde sich die Diskussion im Plenum eigentlich nur als eine Fortsetzung der Diskussion in den Abteilungen darstellen. Aber das Plenum ist eben nicht die Abteilung. Die im Plenum Versammelten haben nicht alle die Verhandlungen der Abteilung gehört. Selbstverständlich bleibt es den Antragstellern vorbehalten, etwa den ganzen Beschluß der Abteilung über die Strafmittel im allgemeinen zur neuen Erörterung und Entscheidung vor das Plenum zu bringen.

Herr Geh.-Rat Kahl zur Geschäftsordnung!

Geh. Justizrat Prof. D. Dr. **Kahl** (Berlin): Meine Herren! Ich möchte trotz der Auffassung des Herrn Präsidenten ihn doch bitten, die Meinung der Versammlung über diese Frage in diesem Falle einzuholen. Wir können das auch ohne eine vorhergehende Geschäftsordnungsdebatte machen, denn natürlich wollen wir die kostbare Zeit der Plenarversammlung nicht irgendwie damit verschwenden; aber ich habe die Empfindung, daß, wenn über eine so wichtige Frage bei einer Reihe von Mitgliedern der Wunsch einer nochmaligen Äußerung besteht, man hier nicht mit Gründen der Geschäftsordnung diese Möglichkeit benehmen soll.

Persönlich bin ich ein sehr bestimmter Anhänger der Todesstrafe und hätte wahrhaftig kein sachliches Interesse daran, daß die Frage hier noch einmal diskutiert wird; sollte die Sache so weit kommen, so würde ich mich sehr energisch auf den Standpunkt der Anhänger der Todesstrafe zu stellen haben. Aber ich erachte dieses Problem als eines, welches nicht aus geschäftsordnungsmäßigen Gründen hier ausgeschieden werden sollte. Ich richte hiernach an den Herrn Präsidenten die Bitte, daß er, ohne daß im übrigen jetzt eine Debatte darüber stattzufinden habe, einfach eine Abstimmung der Versammlung darüber herbeiführt, dann erst würde die Vorfrage zu stellen sein — wenn ich die Geschäftsordnung richtig verstehe —, ob überhaupt eine Plenarverhandlung stattfindet. Nur über diese Frage, ob ein Teilbeschluß einer Abteilung hier noch einmal selbstständig zur Behandlung beantragt werden dürfte, bitte ich abzustimmen.

Prof. Dr. **Enneccerus** (Marburg): Wenn es sich nur um diese eine Frage handelte, so würde ich den Äußerungen des Herrn Geh.-Rats Kahl beistimmen können. Aber es handelt sich hier — das wollen wir nicht verkennen — um eine hochwichtige allgemeine Frage, und zwar um eine Frage, von der in vielen Beziehungen die Gründlichkeit und der Wert der Beschlüsse des Juristentages abhängt. Es kommt in sehr vielen Fällen vor, daß eine Frage, die die Deputation gestellt und die der Juristentag behandelt hat, ein sehr weites Thema umfaßt, so auch in unserem Falle das Strafmittelsystem des Strafgesetzbuches, so ferner, worauf schon der Herr Präsident hingewiesen hat, die Frage der Schutzvorschriften für die Privatangestellten. In einer solchen sehr allgemeinen Frage liegt natürlich stets eine große Anzahl von Einzelfragen verborgen, von denen wieder jede Einzelfrage von großer Bedeutung ist. Nun ist es ja richtig, daß in der behandelten Hauptfrage gewissermaßen auch diese Einzelfragen mit zur Diskussion gestellt werden und in manchen Beziehungen auch verhandelt sein mögen. Aber es ist ein gewaltiger Unterschied, ob eine solche Einzelfrage nur im Laufe eines ganzen großen Zusammenhanges berührt worden ist und berührt werden konnte, oder ob sie den speziellen Gegenstand einer ausführlichen Darlegung gebildet hat. Gewiß, es sind hier manche, die über einzelne solcher Fragen ohne weiteres zu verhandeln imstande sind, aber bei der großen Mehrzahl und zwar auch bei solchen, die für jene Fragen sehr interessiert sind, trifft das doch nicht zu. Die meisten wollen mit Recht eine solche Einzelfrage tiefer studiert haben, ehe sie zum Gegenstand einer speziellen Verhandlung gemacht wird, und der Juristentag sollte diese Forderung gründlicher Vorbereitung und Verhandlung nicht mißachten. Deshalb würde ich es für außerordentlich bedenklich halten, wenn hier beschlossen würde, daß jede Einzelfrage, die in dem Laufe, in dem Zusammenhange einer großen Frage auf der Tagesordnung gestanden hat, als solche vom Plenum ohne besonderen Referenten — denn ein Referent für diese Einzelfrage ist nicht da — verhandelt werden könnte, und, wenn die Majorität es beschlösse, verhandelt werden müßte. Die Geschäftsordnung des Juristentages hat daher sehr mit Recht das Recht des Plenums, jede verhandelte Frage vor sein Forum zu ziehen, auf die Beschlüsse beschränkt und nicht auf Teile von Beschlüssen ausgedehnt. Ich glaube also: Wir müssen uns auf Grund unserer Geschäftsordnung, deren Bestimmung durch schwerwiegende sachliche Gründe geleitet und gestützt ist, dem gestellten

Antrage widersetzen. Aber, meine Herren, es gibt allerdings ein Mittel nach der Geschäftsordnung, trotzdem eine derartige Diskussion herbeizuführen. Dieses Mittel aber ist durchaus richtig in die Hände des Vorsitzenden der Versammlung gelegt. Der Vorsitzende der Versammlung ist imstande, jede Frage, ohne daß sie vorher beraten ist, vor die Versammlung zu bringen. Wenn der Herr Vorsitzende das in diesem Falle für richtig hält, so steht ihm die Befugnis dazu zu. Der Versammlung aber steht meines Erachtens diese Befugnis nicht zu. (Bravo!)

Justizrat **Ernst Heinitz** (Berlin): Meine Herren! Ich glaube, die hier angeregte geschäftsordnungsmäßige Frage läßt sich grundsätzlich und allgemein überhaupt nicht beantworten. Wir haben den Grundsatz: majus continet minus, und wende ich den auf den vorliegenden Fall an, so würde ich die Herausschälung eines einzigen Beschlusses aus der Gesamtheit der Beschlüsse oder dem ganzen Beschluß dann für zulässig halten, wenn dieser Beschluß nicht in innerem, organischem Zusammenhang mit den anderen auf diesem Punkt bezüglichen Beschlüssen steht. Im anderen Falle, wenn es sich um eine einzelne Frage handelt, die sich von den anderen Teilen des Beschlusses nicht trennen läßt, pflichte ich vollständig der Auffassung des Herrn Präsidenten bei. Meines Erachtens aber ist die Frage, deren Besprechung die Antragsteller hier im Plenum wünschen, von den anderen Fragen des betreffenden Beschlusses vollständig getrennt; sie bildet eine Frage für sich selbst in dem Sinne, daß es wohl zulässig und möglich ist, diese Frage allein und selbständig vor das Plenum zu bringen, ohne daß die anderen Beschlüsse, die von der Abteilung 3 gefaßt worden sind, berührt werden. Ich möchte daher der Auffassung des Herrn Geh.-Rats Kahl beitreten, daß nicht der Antrag, der hier gestellt ist, aus geschäftsordnungsmäßigen Gründen zurückgewiesen werden soll, ganz vorbehaltlich der Frage, ob das Plenum nachher es für angemessen hält, den Antrag, der gestellt worden ist, sachlich zu unterstützen.

Präsident: Die Frage geht dahin — so hat sie Herr Geh.-Rat Kahl formuliert —: Hält es die Versammlung für zulässig, einen einzelnen Teil eines Abteilungsbeschlusses zur Entscheidung vor das Plenum zu bringen? In dieser Weise will ich die Frage stellen, und nicht speziell dahin, ob die Frage der Todesstrafe hier behandelt werden soll.

Es wurde hervorgehoben, daß ich nach dem Statut als Vorsitzender das Recht habe, einen Gegenstand auf die Tagesordnung zu setzen. Ich sage Ihnen ganz offen — ohne meine Gründe anzugeben —: ich fühle mich nicht veranlaßt, von mir aus das Thema der Todesstrafe allein auf die heutige Tagesordnung zu setzen, zumal es sich um einen Teilbeschluß einer Abteilung handelt, die ihren Gesamtbeschluß uns nur zur Kenntnis bringen will. Übrigens verwickeln wir uns hier in eine langwierige Geschäftsordnungsdebatte, obwohl die Herren, die die Todesstrafe vor das Plenum bringen wollen, es in der Hand haben zu beantragen, daß der Gesamtbeschluß der Abteilung über die Strafmittel im allgemeinen vor das Plenum zu bringen sei. (Zurufe: Abstimmen!) Herr Justizrat Friedmann!

Justizrat **Friedmann** (Glogau): Meine Herren! Gestatten Sie mir als einem der Mitantragsteller eine kurze Bemerkung. Ich meine, es ist ein alter Grundsatz, man soll das Plenum nicht weiter einengen in seinen Verhandlungen, als die Geschäftsordnung es ausdrücklich notwendig macht. In dubio pro pleno. Ich bin der Meinung, daß der letzte Absatz des § 6 nicht dahin ausgelegt werden muß, daß ein Teil eines Beschlusses nicht vor das Plenum gebracht werden kann. Allgemeine Auffassungen der Geschäftsordnung, wie sie in Parlamenten gehandhabt werden, stehen auch nicht entgegen. Ich sehe nicht ein, warum wir nicht parzellieren dürfen. Parzellierungen sind ja mitunter odiös, aber im vorliegenden Falle wird das nicht angenommen werden können. Ich bitte ebenfalls den Herrn Präsidenten, von seiner Auffassung, daß eine Parzellierung nicht zulässig ist, Abstand zu nehmen.

Präsident: Ich frage hiermit die Versammlung: Ist es zulässig, einen Teil eines Abteilungsbeschlusses zur Entscheidung vor das Plenum zu bringen? Die Herren, die das prinzipiell für zulässig halten, bitte ich die Hand zu erheben. — Ich bitte um die Gegenprobe. — Das ist die Mehrheit. Die Versammlung hält es nicht für zulässig, einen Teilbeschluß einer Abteilungsentscheidung vor das Plenum zu bringen. Die Sache ist damit erledigt.

Justizrat **Friedmann** (Glogau): Im Namen aller Antragsteller beantrage ich nunmehr, den Antrag auf den ganzen Abteilungsbeschluß auszudehnen.

Präsident: Ich bitte, mir den Antrag schriftlich zu überreichen.

Ich bitte nun, zunächst zu referieren über das Thema:

„Empfehlen sich gesetzgeberische Maßnahmen, durch welche die Haftung des persönlichen Schuldners für den Hypothekenausfall beschränkt wird, wenn der Gläubiger seine Hypothek nicht ausgeboten und das Grundstück weit unter dem Werte erstanden hat?"

Herr Professor Litten!

Berichterstatter Professor Dr. **Litten** (Königsberg i. Pr.): Meine hochverehrten Herren! Ich weiß nicht, ob ich mir gestatten darf innerhalb dieser erstaunlichen Erregung Ihre Aufmerksamkeit einen Augenblick für mein nüchternes, von politischen Leidenschaften freies Thema in Anspruch zu nehmen. (Heiterkeit und Zustimmung.)

Mir ist, als dem ersten Referenten für die soeben verlesene Frage, von der Abteilung der ehrenvolle Auftrag geworden, Ihnen über unsere Verhandlungen und Beschlüsse kurz Bericht zu erstatten.

Versetzen Sie sich in unser Problem: Der erste Hypothekengläubiger betreibt die Zwangsversteigerung. Seine Hypothek ist sehr hoch. Andere Mitbieter wollen oder können mit ihm nicht konkurrieren; sie müßten ja zuerst seine Hypothek herausbieten, denn soweit geht er natürlich mit. Der Gläubiger hat also freies Feld. Er gibt ein wahres Spottgebot ab — das Gesetz erlaubt es ihm! —, nur die Kosten des Verfahrens müssen gedeckt sein. Und so erwirbt er vielleicht ein Millionenobjekt für ein paar tausend Mark. Er ist also durch diesen ersten Akt des Rettungsgeschäftes zum mindesten überreichlich eingedeckt. Und dennoch nimmt er wegen seines „Ausfalles", den er erlitten hat (!), nun noch den persönlichen Schuldner mit der Darlehnsklage in Anspruch. — Dieses Vorgehen des Gläubigers („eine bodenlose Niedertracht" nannte es in wohltuender Empörung der Leiter der Bayrischen Handelsbank, Freiherr von Pechmann) ist nach dem Gesetze wiederum erlaubt, wenn wir die derzeitige Praxis des Reichsgerichts als irreparable Auslegung auch für die Zukunft ansehen.

Bedarf es also zum Schutze des persönlichen Schuldners neuer Gesetze? Auf diese Frage antwortet der erste Berichterstatter in wesentlicher Übereinstimmung mit dem ersten Gutachter aufs entschiedenste Nein! Wir müssen nur das geltende Recht richtig auslegen. Freilich die speziellen Rechtsbehelfe versagen. Weder aus der „ungerechtfertigten Bereicherung", noch aus der „Vorteilsausgleichung" steht dem Schuldner ein Einwand zu. — Aber die exceptio doli generalis kann und muß helfen. Sie ist nicht, wie manche zu glauben scheinen, für das Bürgerliche Gesetzbuch von den bösen Theoretikern „erfunden" worden. Nein! Sie wurzelt tief im Gesetz, speziell in den §§ 157 und 242 des BGB. Und sie leugnen, heißt den Geist unseres Gesetzbuches völlig verkennen!

Auch das Reichsgericht hat grundsätzlich den Einwand eines generell ungetreuen Verhaltens durchaus anerkannt und verwertet.

Und wenn es das bei den hier in Rede stehenden Fällen noch nicht getan hat, so muß es sich selbst wieder einmal, wie es schon oft in rühmlichster Weise getan hat, revidieren. Diese zuversichtliche Hoffnung ist auch nicht mit dem bequemen Hinweis auf weltfremde Theorie abzutun, wie es versucht worden ist. Ich stelle demgegenüber ausdrücklich fest, daß sich diesmal gerade der Theoretiker in einer erfreulichen völligen Übereinstimmung befand mit den Herren der unmittelbaren Praxis. Der Leiter der bayrischen Handelsbank, Frhr. v. Pechmann, hat wörtlich erklärt, jenes Verfahren des Gläubigers sei „absolut unanständig und verwerflich". Und sein Gegner, Herr Rechtsanwalt Dr. Aßmann in Berlin, hat geltend gemacht, leider könnten nicht alle Banken so vornehm handeln wie die Bayrische Handelsbank. Hier braucht das Reichsgericht nur hinzuhören, um zu erkennen, was „billig, anständig und gerecht denkende Menschen im vorgelegten Falle sagen würden", und es muß dann nach dieser seiner eigenen bekannten Definition den Verstoß gegen die gute Treue konstatieren. —

Während darnach der erste Referent sich prinzipaliter gegen jede Gesetzesänderung aussprach, verlangte der zweite Berichterstatter, Herr Justizrat Dr. Fuchs-Berlin, in Übereinstimmung mit dem zweiten Gutachter, Abhilfe durch Gesetzesänderung in sehr sorgfältig formulierten und eingehend begründeten Vorschlägen. Er meinte, die Praxis werde und könne auch gar nicht umkehren; denn für eine exeptio doli generalis sei hier kein Raum. Auch diese Meinung hat in der Debatte wiederholt Zustimmung gefunden. Zu einer Kraftprobe ist es nicht gekommen, denn eine Erwägung ganz anderer Art trat in den Vordergrund:

Der Schutz des persönlichen Schuldners behandelt — wie der erste Berichterstatter bereits ausdrücklich betont hatte — nur einen engen Ausschnitt eines weitreichenden Problems. Denn dieser Schutz steht ja erst dann in Frage, wenn das eigentliche Unglück schon geschehen, das Grundstück nämlich zu einem Spottpreise bereits verschleudert ist. (Sehr richtig!) Jede Gesetzesänderung lediglich zum Schutze des persönlichen Schuldners, selbst wenn sie erforderlich wäre, müßte also notwendigerweise ein kümmerliches Flickwerk bleiben. Der eigentliche Sitz des Übels ist viel tiefer zu suchen — er ist zu suchen in den Vorschriften unseres reichsdeutschen Versteigerungsrechtes über das geringste Gebot.

Wer aber wollte es wagen, hier mit legislatorischen Vorschlägen hervorzutreten, ehe diese neue, gar nicht zur Beantwortung stehende Frage auf breitester Grundlage geprüft und neu vorbereitet ist? Hier müssen die Erfahrungen der Handelskammern und Hypothekenbanken, der Landwirtschaftskammern und Landschaften genutzt, vor allem auch die Lehren der trefflichen österreichischen Exekutionsordnung verwertet werden. Heute jedenfalls darf kein Gewissenhafter eine Gesetzesänderung empfehlen, die unabsehbare Folgen für die Erschütterung des Realkredits haben könnte und die für uns einfach einen Sprung ins Dunkle bedeuten würde. Daher fand ein Antrag des Herrn Geh.-Rats Strohal-Leipzig, dem sich der erste Berichterstatter, unter Verzicht auf seinen Antrag, ausdrücklich anschloß, die erhebliche Mehrheit der Abteilung. Ich bringe diesen Antrag zur Verlesung:

> Die Bedeutsamkeit der den Gegenstand der Verhandlung bildenden Frage anerkennend und für deren wesentliche Förderung und Klärung den Herren Gutachtern und den Herren Referenten lebhaften Dank sagend, hält der dreißigste Deutsche Juristentag das weitverzweigte, durch die vorliegende Einzelfrage keineswegs erschöpfte und gesetzgeberisch überaus schwierige Problem noch nicht völlig spruchreif und überweist deshalb dessen durch umfassende Erhebungen vorzubereitende sachliche Erledigung dem nächsten Deutschen Juristentag.

Meine hochverehrten Herren! Es bedarf keiner Versicherung, daß es für uns eine Entsagung bedeutet, mit dieser dilatorischen Entschließung vor Sie zu treten. Es sind mir auch bereits epikritische Stimmen von Herren bekannt geworden, deren Aktionsbedürfnis offenbar nicht befriedigt ist; man hat gemeint, unsere Beratungen seien ausgegangen wie das Hornberger Schießen. Aber ich hoffe, wir dürfen diesen Vergleich doch ablehnen. Jene wackeren Schützen hatten bekanntlich das Pulver vergessen. Wer in den Verhandlungen unserer Abteilung anwesend war, wird uns, glaube ich, bestätigen, daß die Munition hier zur Stelle war und nicht gespart wurde, ja, daß manchmal sogar (besonders von Bayern her) recht scharf geschossen ist. (Heiterkeit.) Aber wir haben geglaubt, den Entscheidungsschuß aufsparen zu müssen, weil wir rechtzeitig merkten, daß wir das Ziel nicht nahe und daher nicht scharf genug sehen konnten, als daß wir hätten hoffen dürfen, ins Schwarze zu treffen. Bei der nächsten Tagung, das steht uns fest, sind wir dem Ziele nahe genug. — Bis dahin müssen wir Sie bitten, Ihr Urteil über die Frage und auch über unsere Arbeit in Milde zu vertagen. (Lebhaftes Bravo!)

Präsident: Wir gehen zu Thema 2 über:

Empfiehlt es sich, soziale Schutzvorschriften in der Art der für die Handlungsgehilfen bestehenden, für Privatangestellte überhaupt zu treffen?

Ich gebe das Wort dazu dem Herrn Berichterstatter Exzellenz Dr. Klein!

Berichterstatter Staatsminister a. D. Dr. **Klein,** Exzellenz (Wien): Über die Beratungen zu diesem Punkte und ihre Ergebnisse ist folgendes zu berichten:

Aus dem Verlauf der Debatte — ich glaube auf die Verteilung der Rollen und darauf, was von der einen oder anderen Seite gesagt wurde, nicht eingehen, sondern ein zusammenfassendes Bild der Verhandlung geben zu sollen —, ergab sich, daß die Bejahung der Frage von allen als die einzig mögliche und als die notwendige Antwort betrachtet wurde, weshalb auch dieser Teil der Beratung sich rasch erledigte.

Es ist aber ebenso in der Beratung auch der einmütige Wunsch hervorgetreten, die Übertragung von Rechtsnormen zu erweitern, sich nicht auf die Ausdehnung der sozialen Schutzvorschriften des Handelsrechts zu beschränken, sondern allgemeiner zu werden, die Ausgleichung in größerem Umfange vorzunehmen und damit der Vereinheitlichung des Dienstrechtes aller Privatangestellten die Wege zu bahnen, eine Frage, die, wie Sie wissen, seit einiger Zeit die öffentliche Diskussion sehr lebhaft bewegt.

Dieses Streben äußerte sich in verschiedenem Grade. Von einem der Redner wurde beantragt, die Schaffung eines einheitlichen Dienstvertragsrechts für die Privatangestellten als notwendig zu bezeichnen. Weiter ging ein zweiter Resolutionsantrag, in dem vorgeschlagen wurde, die Schaffung eines den Dienstvertrag der Privatangestellten einheitlich regelnden Gesetzes nach dem Vorbild des österreichischen Handelsgehilfengesetzes vom 16. Januar 1910 zu empfehlen. Nach einem dritten Vorschlag sollte der Juristentag es nur aussprechen, daß die Zusammenfassung (Kodifikation) des gesamten sozialen Angestelltenrechts eine Aufgabe der Gesetzgebung der Zukunft sei. In diesen verschiedenen Nuancen trat der Gedanke des einheitlichen Dienstrechts in der Abteilung auf und bildete den eigentlichen Kern unserer Beratungen.

Die Diskussion wurde mit sehr viel Sachkenntnis und sozialpolitischem Verständnis geführt und von allen Seiten wurden die Verwirrung und das Chaos der Vorschriften, die gegenwärtig das Dienstverhältnis der Privatangestellten in den verschiedenen Gruppen und Zweigen von Unternehmungen und Betrieben zu regeln haben, bedauert und für schädlich erklärt. Die Überzeugung, daß dem in irgendeiner Weise ein Ende gemacht werden müsse, kam allgemein zum Ausdruck. Die meisten konnten sich aber auch nicht verhehlen, daß die meritorischen Voraussetzungen für eine unmittelbare Realisierung des Verlangens nach einheitlicher Regelung noch nicht durchwegs gegeben seien. Gerade in bezug auf den Inhalt des Gesetzes in seinen kritischen Partien — denn es gibt auch eine ganze Menge minder belangreicher oder gleichgültiger Bestimmungen, die in diesem Augenblick überhaupt nicht in Betracht kommen — besteht auch keineswegs Übereinstimmung der Ansichten, nicht einmal bei den Angestellten selbst. Hier wird eine sehr reifliche Detailprüfung nötig sein, um eine Annäherung der jetzt noch auseinandergehenden Wünsche und eine Abschwächung der Gegensätze zwischen Dienstgebern und Dienstnehmern zu bewirken. Es ist klar, daß das Verlangen nach einheitlichem Dienstrecht nicht viel vorwärts hilft, wenn wir selbst nicht wüßten und nicht sagen könnten, was dieses Recht in den heute kontroversen Punkten bestimmen und wie es sie ordnen soll, um den nach den gegebenen Verhältnissen möglichen sozialpolitischen Fortschritt tatsächlich herbeizuführen. So einigte sich denn die überwiegende Mehrheit darauf, es auszusprechen, daß die Ausdehnung der sozialen Schutzvorschriften des Handelsgesetzbuches auf Privatangestellte, die höhere Dienste zu leisten haben, notwendig sei, zugleich aber in aller Form auch festzustellen, daß die Verhandlungen des gegenwärtigen Juristentages nur eine erste Etappe für das Werk der Vereinheitlichung des Dienstrechtes sei und der Juristentag die Arbeit an diesem Werke fortsetzen werde, unter ausdrücklicher Anerkennung des Zieles: einheitliches Dienstrecht für sämtliche Privatangestellten höherer Ordnung.

Das waren die Hauptmomente. Gewisse Schwierigkeiten ergaben sich noch daraus, daß zwei der sozialen Schutzvorschriften des Handelsgesetzbuches, nämlich die Bestimmungen über die Krankenfürsorge und über die Konkurrenzklausel, wie die Herren wissen, gerade gegenwärtig den Gegenstand gesetzgeberischer Überlegung bilden. Das machte Vorbehalte im Beschlusse notwendig. Betreffs der Konkurrenzklausel gelangten wir leicht zu einer Einigung, wenigstens sozusagen in formeller Beziehung. Darüber nämlich, daß eine Änderung des Rechtes der Konkurrenzklausel zugunsten der Angestellten nicht bloß wünschenswert, sondern direkt notwendig ist, machten sich in der Debatte zum Teil widersprechende Ansichten geltend, hier wird noch mancher harte Strauß zu bestehen sein, aber wir waren wenigstens alle formell einer Meinung darin, daß jede den Angestellten günstige Änderung der Normen des Handelsgesetzbuches und der Gewerbeordnung über die Konkurrenzklausel, und das ist unter „Verbesserung" dieser Vorschriften zu verstehen, selbstverständlich sich nicht auf einzelne Gruppen beschränken, nicht den Handlungsgehilfen z. B. allein zugute kommen dürfe, sondern auch für die anderen Privatangestellten gelten müsse.

Im Punkte der Krankenfürsorge ergaben sich Meinungsverschiedenheiten, über die durch Mehrheitsbeschluß entschieden werden mußte. Vom Referenten wurde vorgeschlagen, die gegenwärtigen Bestimmungen des bekannten § 63 des Handelsgesetzbuches als zwingendes Recht auf sämtliche Privatangestellte auszudehnen. Das schließt den Vorschlag in sich, es nicht nur bei der gegenwärtig für Handlungsgehilfen geltenden Nichtanrechenbarkeit der Kassen- oder Krankengelder zu belassen, sondern diese zu verallgemeinern und auch für die sonstigen Privatangestellten und für das künftige einheitliche Dienstrecht zu empfehlen. Diesem Vorschlage ist von geschätzter Seite der Antrag entgegengestellt worden, der Juristentag möge die Ausdehnung der Anrechnung der Krankenkassengelder als das Richtige erklären, so daß also § 63 nur mit dieser wesentlichen Modifikation auf die übrigen Privatangestellten ausgedehnt werden dürfe. Über diese beiden Vorschläge hat die Abteilung durch Mehrheitsbeschluß zugunsten der ersteren Auffassung entschieden, und es ergibt sich daher als Resultat unserer Beratungen, das ich dem Plenum hiermit zur Kenntnis zu bringen die Ehre habe, folgender Beschluß:

Die für Handlungsgehilfen bestehenden sozialen Schutzvorschriften sind als zwingendes Recht auf alle Privatangestellten auszudehnen, die höhere Dienste zu leisten haben.

Hierbei empfiehlt es sich, betreffs der Fürsorge für den Fall unverschuldeten Unglücks oder Erkrankung an der Nichtanrechnung der Beträge festzuhalten, die dem Dienstnehmer für die Zeit seiner Verhinderung aus einer Kranken- oder Unfallversicherung zukommen.

Die Ausdehnung der Vorschriften des Handelsgesetzbuches über die Konkurrenzklausel wird mit dem Vorbehalte empfohlen, daß Verbesserungen dieser Vorschriften sich auf alle im ersten Absatz bezeichneten Angestellten zu erstrecken haben.

Die Ständige Deputation wird ersucht, auf die Tagesordnung des nächsten Juristentages die Frage zu setzen, welche sonstigen sozialen Schutzvorschriften gleichmäßig für alle im ersten Absatze bezeichneten Privatangestellten zu treffen wären, um die Schaffung einheitlichen Rechtes für den Dienstvertrag der Privatangestellten vorzubereiten.

Ich bitte das Plenum, diesen Beschluß zur Kenntnis zu nehmen. (Bravo!)

Präsident: Wir kommen zur Berichterstattung über die Frage: „Empfehlen sich gesetzliche Vorschriften über die rechtliche Stellung des Sammelvermögens?"

Berichterstatter ist Herr Professor Knoke.

Berichterstatter Professor Dr. **Knoke** (Königsberg): Empfehlen sich gesetzliche Vorschriften über die rechtliche Stellung des Sammelvermögens?

In der Abteilung beschränkte sich der Referent darauf, die Frage vom Standpunkte des reichsdeutschen Rechts zu behandeln. Für das Sammelvermögen besteht bekanntlich nur die eine Vorschrift des § 1914 BGB., die die Bestellung eines Pflegers nach Wegfall der Sammler zuläßt. Die Judikatur über das Sammelvermögen ist sehr spärlich, die Zusammenstellung in dem Seckelschen Gutachten weist nur 7 Entscheidungen nach. Um so umfangreicher ist seit 1900 die Literatur, namentlich die Dissertationenliteratur. Die Frage nach dem Eigentum am Sammelvermögen ist außerordentlich bestritten: juristische Personen, herrenloses Zweckvermögen, interimistisches Amtsvermögen, Spenderverein, Eigentum der Spender als einzelner und dingliches Verwaltungsrecht der Sammler, fiduziarisches Eigentum der Sammler, so lauten die Konstruktionen. Die Konstruktionsfrage zu entscheiden ist nicht Sache des Juristentages. Er hat zu prüfen, ob der gegenwärtige Zustand vom legislativpolitischen Standpunkt aus ein Eingreifen der Gesetzgebung fordert oder nicht. Um diese Frage zu verneinen, genügte es nach Ansicht des Referenten nicht, den Nachweis für die Richtigkeit und praktische Brauchbarkeit einer einzigen Theorie zu unternehmen. Denn die Hoffnung, daß der Streit der Theorien daraufhin verstummen würde, wäre eitel. Vielmehr erschien es dem Referenten nötig, zu untersuchen, inwieweit die Verschiedenheit der Theorien zu einer verschiedenen Antwort auf praktisch bedeutsame Fragen führt, und ob sich aus solchen Verschiedenheiten erhebliche praktische Mißstände ergeben.

Die wichtigste Frage ist, ob das Sammelvermögen gegen den Zugriff der Privatgläubiger der Sammler und Spender geschützt ist. Die Frage ist nach allen Theorien zu bejahen, insbesondere aber auch nach der Fiduziartheorie, da die in Theorie und Praxis herrschende Ansicht dem Fiduzianten ein Aussonderungsrecht zuerkennt. Auch ist das Sammelvermögen gegen Eingriffe der Sammler und Spender in strafrechtlicher Beziehung hinlänglich geschützt, nur muß die Fiduziartheorie den Schutz versagen, wenn der Einzelsammler oder das ganze Komitee veruntreut. Dies liegt aber an der ungenügenden Fassung des § 266 StGB. Das neue Strafgesetzbuch wird diesen Mißstand beseitigen: der Tatbestand der Untreue ist in § 277 des Vorentwurfs unter allgemeiner Billigung so erweitert, daß er die Untreue des Fiduziars mitumfaßt.

Die Frage, ob es sich empfiehlt, die Haftung für die Sammelschulden auf das Sammelvermögen zu beschränken, ist legislativpolitisch zweifelhaft. Eine feste Verkehrsanschauung wird sich in dieser Frage nicht feststellen lassen. Die Sammler würden gewiß für beschränkte Haftung sein, die Lieferanten für unbeschränkte. Die gesetzliche Festlegung der unbeschränkten Haftung würde die Solidität der Sammelunternehmen fördern, denn die Sammler würden mit der Ausführung erst dann beginnen, wenn sie die nötigen Mittel zusammen hätten, andererseits würde die unbeschränkte Haftung davon abschrecken können, sich an Sammelkomitees zu beteiligen. Spricht diese Erwägung de lege ferenda für die beschränkte Haftung, so würde ihr doch nur dann zu folgen sein, wenn gleichzeitig den Gläubigern der Sammelschulden bei unsolider Geschäftsführung ein direkter Zugriff auf die Geschäftsführer eingeräumt würde. De lege lata führen einige Theorien zur Annahme der beschränkten, andere zur Annahme der unbeschränkten Haftung für die Sammelschulden. Aber diese Verschiedenheit ist nicht von solcher Bedeutung, daß ein gesetzgeberisches Eingreifen geboten wäre. Es handelt sich nur um einen dispositiven Rechtssatz. Haftet nur das Sammelvermögen, so steht doch nichts im Wege, daß die Sammler die persönliche Haftung übernehmen. Und haften an sich die Sammler persönlich, so können sie doch nach der weitaus herrschenden Ansicht ihre Haftung vertragsmäßig auf das Sammelvermögen beschränken. Die Parteien haben es also in der Hand, alle Unsicherheiten zu vermeiden. Vielleicht gibt auch einmal ein einzelner Fall den Anlaß, die Haftungsfrage in allen späteren Fällen durch Vortrag zu regeln, wie der Prozeß der Radboder Witwen Anlaß geben sollte, die Rechte der Destinatäre von vornherein genau zu begrenzen.

Aktive Parteifähigkeit und Grundbuchfähigkeit sind für das Sammelvermögen von jedem theoretischen Standpunkt aus wünschenswert. De lege lata müssen sie von denen verneint werden, die das Sammelvermögen als Eigentum der Spender oder der Sammler ansehen. Ein Anlaß zum gesetzgeberischen Einschreiten ist aber nicht gegeben. Solange man dem nicht rechtsfähigen Verein die aktive Parteifähigkeit und die

Grundbuchfähigkeit versagt, braucht man sie auch dem Sammelvermögen nicht zu gewähren, um so weniger, als es sich beim Sammelvermögen ja immer nur um eine vorübergehende Erscheinung handelt. Auch ergeben sich aus der Verschiedenheit der Theorie keine erheblichen praktischen Bedenken: dadurch, daß die geltend zu machenden Ansprüche vorsorglich an die Sammler abgetreten werden, kann allen Unsicherheiten begegnet werden.

Wie die aktive Parteifähigkeit wäre auch die passive für das Sammelvermögen wünschenswert. Aber auch dieses Bedürfnis ist nicht dringend genug, um eine Novellengesetzgebung zu rechtfertigen. Es wird sich ja auch in den allermeisten Fällen um Ansprüche aus Verträgen handeln, so daß sich die Beteiligten durch vorsichtige Fassung der Verträge schützen können.

Besonders wichtig kann die Frage werden, wer die Sammler zu beaufsichtigen und nötigenfalls abzusetzen hat. Ein Eingreifen der Verwaltungsbehörden, das zum Teil in der Theorie verfochten wird, ist meines Erachtens de lege lata und de lege ferenda zu verwerfen. Daß es dem geltenden Recht nicht entspricht, ergibt sich schon aus § 1914 und seiner Entstehungsgeschichte. In den Entwürfen war vorgesehen, daß das Vormundschaftsgericht auch dann einen Pfleger für das Sammelvermögen bestellen sollte, wenn den Sammlern gegenüber ein wichtiger Grund für die Entziehung der Verwaltung und Verwendung vorliegt, insbesondere grobe Pflichtverletzung oder Unfähigkeit zur ordnungsmäßigen Geschäftsführung. Die Reichstagskommission hat diese Bestimmung gestrichen. Es muß nun meines Erachtens als ausgeschlossen gelten, daß die Verwaltungsbehörden ein Recht haben sollten, das man dem Vormundschaftsgericht versagt hat. Es empfiehlt sich auch nicht, den Verwaltungsbehörden ein solches Recht einzuräumen. Es würde dem größten Mißtrauen im Publikum begegnen. Man erinnere sich nur der Entrüstung, die sich erhob, als der Gedanke auftauchte, dem Grafen Zeppelin für die Zeppelinspende ein Kuratorium zu bestellen. Aber auch den Verwaltungsbehörden selbst würde etwas zugemutet, was man ihnen im Interesse ihrer Autorität gar nicht zumuten darf. In diesem Sommer ist in Krakau ein Denkmal enthüllt worden zur Erinnerung an die 500jährige Wiederkehr der Schlacht von Tannenberg; ein polnischer Künstler hat es gestiftet. Man nehme nun einmal den Fall, daß für die Errichtung dieses Denkmals gesammelt wäre und, daß das preußisch-polnische Komitee unterschlagen hätte. Sollten dann wirklich die Verwaltungsbehörden, die die polnischen Bestrebungen sonst auf Schritt und

Tritt bekämpfen müssen, die Pflicht haben, für die Verwirklichung des deutschfeindlichen Zweckes zu sorgen?

Die Theorie vom Spenderverein gibt der Gesamtheit der Spender das Recht, die ungetreuen Sammler abzusetzen. Praktisch wird aber dieses Recht bei großen Sammlungen nicht werden können. Denn es wird wohl nie gelingen, einen einstimmigen Beschluß aller Spender herbeizuführen. Meines Erachtens kommt man am besten zum Ziele, wenn man jedem einzelnen Spender das Recht gibt, von dem Sammler im Falle der Untreue oder Unfähigkeit zu verlangen, daß er sein Amt niederlegt. Freilich werden die einzelnen Spender nicht geneigt sein, sich den Wünschen und Unannehmlichkeiten eines Prozesses zu unterziehen und dieses Recht durchzusetzen. Aber hier hilft uns § 1913. Ein Teil der Spender wird unbekannt sein, ihnen kann deshalb zur Durchführung ihrer Rechte ein Pfleger bestellt werden.

Es zeigt sich, daß wir im Deutschen Reiche mit dem bisherigen Rechtszustand auskommen können. In vielen Fragen ist das praktisch Wünschenswerte schon jetzt nach allen Theorien geltendes Recht. In anderen Fragen bleibt Streit, und es läßt sich nicht nach allen Theorien das begründen, was an sich wünschenswert wäre. Da heißt es dann eben, sich nach der Decke strecken. Auf jeden Fall haben wir keinen Anlaß, schon jetzt an unserem BGB. zu flicken. Der Referent gelangte deshalb dazu, die gestellte Frage für das Deutsche Reich zu verneinen.

Der Korreferent führte aus, daß die Verhältnisse in Österreich anders liegen als in Deutschland. Österreich ist im Begriff, sein Bürgerliches Gesetzbuch umzugestalten. Bei dieser Gelegenheit empfiehlt es sich, auch Vorschriften über das Sammelvermögen aufzunehmen, um so mehr, als sich beim Kaiser-Jubiläumsfestzug eine große Unsicherheit herausgestellt hat. Über das, was de lege ferenda zu empfehlen ist, befand sich der Korreferent im wesentlichen in Übereinstimmung mit dem Referenten. So konnten denn die beiden Referenten gemeinschaftlich folgende Leitsätze vorschlagen:

I. Für das Deutsche Reich empfiehlt sich die Schaffung gesetzlicher Vorschriften über die rechtliche Stellung des Sammelvermögens nicht.

II. Im Hinblick auf die in Österreich im Zuge befindlichen Gesetzesreformen empfiehlt der Deutsche Juristentag für Österreich folgende Leitsätze:

1. Vermögen, welches durch Sammlung für einen vorübergehenden gemeinnützigen Zweck zusammengebracht ist, muß

abgesondert verwaltet werden und unterliegt dann nicht dem Zugriffe der persönlichen Gläubiger der Spender und Sammler.

2. Bei Wegfall des Sammlers oder bei vorkommenden Mißbräuchen hat die Bestellung eines Pflegers durch das Gericht zu erfolgen.

3. Für Vereinigungen mehrerer Personen zur Erreichung eines vorübergehenden gemeinnützigen Zweckes hat unter der Voraussetzung, daß sie einen von dem Zwecke des Unternehmens abzuleitenden Namen annehmen und eine Geschäftsführung schriftlich bestellen, folgendes zu gelten:

   a) Sie können unter dem angenommenen Namen Rechte erwerben und Verbindlichkeiten eingehen, vor Gericht klagen und verklagt werden.

   b) für die im Namen der Vereinigung eingegangenen Verbindlichkeiten haftet den Gläubigern nur das Vermögen der Vereinigung;

   c) die Geschäftsführer der Vereinigung haften bei ordnungswidriger Gebarung auch den Gläubigern der Vereinigung auf Ersatz des Schadens, welchen die Gläubiger hierdurch erlitten haben.

Die Debatte gestaltete sich sehr kurz. Von einem Herrn wurde betont, daß das, was für Österreich wünschenswert sei, auch für Deutschland erstrebt werden müsse, und er gab der Hoffnung Ausdruck, daß die deutsche Praxis die für Österreich aufgestellten Sätze sich zur Richtschnur dienen lassen werde. Bei der Abstimmung wurden die Leitsätze der Referenten fast einstimmig angenommen.

Ich begrüße die Beschlüsse mit Genugtuung. Ich freue mich, daß uns in Deutschland die Novellengesetzgebung fürs erste erspart bleiben soll. Ich hoffe zugleich, daß die im Hinblick auf Österreich gefaßten Beschlüsse den österreichischen Gesetzgeber veranlassen werden, die Rechtsverhältnisse der Sammelvermögen zu regeln. Das wäre auch für uns in Deutschland von Bedeutung. Wenn Österreich den Anregungen des Juristentages folgt und wenn die in Österreich zu schaffenden Bestimmungen sich bewähren, so werden wir im Deutschen Reiche, nachdem die Zeit gekommen ist, an unserem BGB. zu bessern, gerne und dankbar von Österreich lernen, wie in so vielen anderen Fragen des Zivilrechts und besonders des Zivilprozesses. (Lebhaftes Bravo!)

Präsident: Wir gelangen zu den Beschlüssen der zweiten Abteilung. Ich bitte Herrn Landgerichtsdirektor Dr. Degen zu berichten über das Thema:

„Empfehlen sich Sondergerichtshöfe in Streitigkeiten aus dem Gebiete des gewerblichen Rechtsschutzes?"

Berichterstatter Landgerichtsdirektor Dr. **Degen** (Leipzig): Meine hochverehrten Herren! Die vom Herrn Geh.-Rat Gierke geleitete Erörterung der Frage:

„Empfehlen sich Sondergerichtshöfe in Streitigkeiten aus dem Gebiete des gewerblichen Rechtsschutzes?"

stand in zweifacher Beziehung unter günstigen Zeichen. Einmal erwies die sehr große Beteiligung daran erneut das warme Interesse, das der durch nicht zu leugnende Mißstände erzeugten Bewegung auch in den Juristenkreisen entgegengebracht wird; sodann zeigte der Verlauf der Erörterungen in den Gutachten, den Berichten und der Debatte, wie erfreulich durch wechselweise Annäherung das gegenseitige Verständnis zwischen der Industrie und der Technik einerseits und uns Juristen anderseits gewachsen ist.

Von keiner Seite wurde verkannt, daß auf dem Gebiete des gewerblichen Rechtsschutzes Mißstände zu beheben waren und teilweise wohl noch zu beheben sind, aber ebenso einmütig war auch die Anerkennung, daß Dank der zweckmäßigen Maßnahmen unserer Justizverwaltungen in den letzten 5 Jahren vieles besser geworden ist, ebenso einmütig endlich die Bereitwilligkeit zu weiterer Besserungsarbeit. Nur der Weg, auf dem eine weitere Besserung zu erstreben ist, bildete den Gegenstand des Streites: ob durch Maßnahmen im Rahmen der gegenwärtigen Gerichtseinrichtung oder durch die darin nicht vorgesehene Zuziehung von Technikern und sonstigen Fachkundigen als Mitrichtern.

Diese Frage wurde von den Gutachtern Dr. Ritter von Stahl, Regierungsrat Dr. Rathenau und Rechtsanwalt Dr. Cahn sowie von den Berichterstattern Justizrat Dr. Seligsohn und mir in dem ersten Sinne, von dem Berichterstatter Dr. Isay im zweiten Sinne beantwortet.

In der sehr lebhaften Debatte wurde außerdem die Ansicht vertreten, daß die Frage wegen ihres Zusammenhanges sowohl mit der allgemeinen Frage nach der Vorbildung der Richter wie mit der Frage der allgemeinen Einführung von sogenannten Zivilschöffen noch nicht spruchreif sei, daß die Entscheidung deshalb vertagt werden müsse. Der hiermit begründete und auch vom Rechtsanwalte Dr. Mittelstaedt unterstützte Vertagungsantrag des Rechtsanwalts Meinhardt wurde aber mit allen gegen 9 Stimmen abgelehnt, da die Versammlung gegenüber dem Verlangen nach einer Sonderregelung den behaupteten Zusammenhang nicht für vorliegend erachtete. Der Antrag, den ich vorlesen muß, hatte gelautet:

„Der Juristentag wolle beschließen:

1. Die Frage der Bildung der Gerichte für Patent- und Gebrauchsmusterprozesse ist im wesentlichen die Frage nach der für diese Prozesse erforderlichen Vorbildung des Richters.

2. Der Juristentag hält es deshalb nicht für ersprießlich, zu dieser Frage gesondert von der allgemeinen Frage nach der Vorbildung des Richters Stellung zu nehmen, er empfiehlt dagegen, diese allgemeine Frage auf die Tagesordnung des nächsten Juristentages zu setzen."

Der Antrag ist, wie bemerkt, abgelehnt worden.

Die Quellen für die eigentliche Sacherörterung waren vornehmlich einmal die Erfahrungen der Gegenwart, und zweitens die Erwartungen für die Zukunft. Nach den Erfahrungen der Gegenwart, verkörpert in den Leistungen des Reichsgerichtes, der jetzt eingerichteten Patentkammern und Patentsenate, beispielsweise der 16. Zivilkammer des Landgerichtes I in Berlin, ist Dr. Seligsohn überzeugt, daß ein immer besseres Einleben des Richters in die Streitstoffe des gewerblichen Rechtsschutzes verbürgt erscheint, vorausgesetzt, daß der Richter möglichst viel Gelegenheit sucht und erhält, sein technisches Verständnis auszubilden, und daß weiter durch eine — auch wegen des geringeren Verbrauchs an geeigneten Kräften wünschenswerte — Konzentration der Sachen bei einzelnen Landgerichten und Oberlandesgerichten für eine ausreichende Beschäftigung mit derartigen Sachen gesorgt wird.

Ihm tritt unter anderem Rathenau bei und beantragt deshalb, zusätzlich zu dem von Seligsohn und mir gestellten, Ihnen gedruckt vorliegenden Antrage zu beschließen:

„1. Es ist wünschenswert, daß die einzelstaatlichen Bundesregierungen ermächtigt werden, die Verhandlung und Entscheidung von Streitigeiten aus dem Gebiete des Patent- und Gebrauchsmusterrechts für alle oder mehrere Landgerichte je eines oder mehrerer Oberlandesgerichtsbezirke nur einem Landgerichte als örtlich ausschließlich zuständig zu überweisen und auch diesem Landgerichte die Entscheidung in zweiter Instanz gegen amtsgerichtliche Urteile zu übertragen.

2. Es ist wünschenswert, daß bei der Auswahl der für solche Sonderkammern bestimmten Richter auf ihre allgemein-technische Ausbildung besondere Rücksicht genommen wird."

Dr. Isay beruft sich demgegenüber auf die anerkannte Rechtsprechung der aus rechtskundigen und technischen Mitgliedern zusammengesetzten Nichtigkeitsabteilung des Patentamtes. Bei der Wesensgleichheit zwischen den Aufgaben des Nichtigkeitsrichters und des Patentverletzungsrichters sei deshalb für die Patent- und Gebrauchsmusterstreite, in denen ja die rechtschaffende Macht des Richters zu besonderer Geltung gelange, auf ein dem geschulten Rechtsgefühl entsprechendes Ergebnis nur bei der Mitwirkung von Fachrichtern zu rechnen. Infolgedessen müsse hiermit mindestens ein Versuch gemacht werden, obwohl eine Garantie für dessen Gelingen natürlich nicht gegeben werden könne.

Für die Zukunft erwarte ich von der Zuziehung von Fachrichtern nicht nur keine Vorteile, sondern Nachteile, und zwar sowohl für den gewerblichen Rechtsschutz im besonderen, sofern die Gerichtsverfassung und das Verfahren, die Rechtsfindung und die Zwangsvollstreckung schwerfälliger, langsamer, unsicherer und kostspieliger sich gestalten würden, als namentlich für die Rechtspflege im allgemeinen, insofern die Einführung von Sondergerichtshöfen für einen so wichtigen Teil der Streitsachen in vielen anderen Berufskreisen ähnliche Bestrebungen wecken und nähren, dadurch aber den allmählichen Verfall der allgemeinen Rechtspflege und damit zugleich den allmählichen Verfall der inneren Kraft des allgemeinen Rechts herbeiführen würde. (Sehr richtig! Bravo!)

Diese letzte, auch in der Debatte und besonders nachdrücklich vom Geheimrate Pappenheim aufgenommene Befürchtung teilt Dr. Isay nicht; er will die Frage als reine Zweckmäßigkeitsfrage behandelt wissen, die — wie auch Dr. Wildhagen mit Entschiedenheit verteidigt — bloß durch das ergänzende Hinzutreten von Fachrichtern ersprießlich gelöst werden könne. Denn — so führt er hierzu aus — andernfalls müßten die rechtsgelehrten Richter außer der juristischen noch eine abgeschlossene Fachbildung erhalten, und das sei nicht ausführbar. Darauf erwidern Dr. Seligsohn, Justizrat Dr. Katz und andere, daß eine allgemeine Bildung, die den Richtern bei sorgfältiger Einarbeitung zum Verständnisse der Darlegungen der Parteien und der Sachverständigen befähige, zu erreichen sei und genüge.

Nachdem Dr. Isay in seinem Schlußworte noch in Zweifel gezogen hatte, ob der Juristentag seiner Zusammensetzung nach gerade die am besten geeignete Stelle zur Entscheidung der Frage sei, wurde zur Abstimmung geschritten. Zur Abstimmung standen die Anträge I von Dr. Seligsohn und mir:

„Die Einführung von Sondergerichten für Streitigkeiten aus dem Gebiete des gewerblichen Rechtsschutzes entspricht nicht dem Interesse der Rechtspflege und ist deshalb abzulehnen",

und II. von Rechtsanwalt Dr. Isay:

„1. Die Frage nach der Bildung der Gerichte für Patent- und Gebrauchsmusterprozesse ist im wesentlichen die Frage nach der für diese Prozesse erforderlichen Vorbildung des Richters.

2. Der Richter in diesen Prozessen bedarf außer der juristischen auch einer besonderen technischen Vorbildung.

3. Zwei Wege führen zu diesem Ziel:
   a) entweder der Richter muß außer der juristischen noch eine abgeschlossene technische Fachbildung aufweisen,
   b) oder die Gerichtsbarkeit in Patent- und Gebrauchsmusterprozessen wird durch aus Juristen und Technikern gebildeten Kammern und Senate ausgeübt.

4. Da der erste Weg heute nicht gangbar erscheint, empfiehlt der Juristentag den zweiten."

Der Antrag von Seligsohn und mir, mit dem infolge Mehrheitsbeschlusses gleichzeitig zur Abstimmung gestellten, vorhin verlesenen Zusatzantrage Rathenau, wurde mit allen gegen 9 oder 10 Stimmen angenommen. Damit fielen von den Ihnen ebenfalls mitgeteilten Anträgen des Dr. Isay die Anträge unter 3 und 4; die Anträge unter 1 und 2 wurden gegen 10 oder 11 Stimmen abgelehnt. Ein inhaltlich von den angenommenen Anträgen nur wenig abweichender Antrag des Professors Dr. Apt war vorher zurückgezogen worden.

Der Juristentag hat demnach das Bestehen eines Bedürfnisses für die Einführung von Sondergerichten mit großer Mehrheit verneint. (Bravo!) An uns Richtern wird es nun sein, das uns geschenkte ehrende Vertrauen in verständnisvoller Zusammenarbeit mit unserer Rechtsanwaltschaft, mit den Sachverständigen und mit den technischen Beiständen der Parteien jederzeit zu rechtfertigen. (Lebhafter Beifall.)

Präsident: Wir gehen zum 6. Thema über:

Liegt ein Bedürfnis für ein deutsches Reichsverwaltungsgericht vor?

Herr Wirkl. Geh. Oberjustizrat Präsident Dr. Vierhaus!

Berichterstatter Oberlandesgerichtspräsident Wirkl. Geh. Oberjustizrat Dr. **Vierhaus** (Breslau): Meine Herren! Wie bereits vorhin erwähnt wurde, hat mit dem Thema des Reichsverwaltungsgerichtes der Juristentag nach Änderung seiner Statuten zum erstenmal von seiner Befugnis Gebrauch gemacht, eine Frage des Verwaltungsrechtes vor sein Forum zu ziehen.

Es war dementsprechend die Frage auch durch drei Gutachten aufs Sorgfältigste vorbereitet. Diese drei Gutachten standen auf abweichendem Standpunkte. Dr. Schultzenstein, dem die Autorität einer Erfahrung zur Seite steht, wie wenigen deutschen Verwaltungsjuristen, gelangte zu einer zwiespältigen Beantwortung der Frage: Liegt das Bedürfnis eines Reichsverwaltungsgerichtes vor? Er bejaht das Bedürfnis, insofern er die Notwendigkeit einer Erhaltung der Rechtseinheit anerkennt, er verneint es insofern, als der augenblickliche Zustand der Verwaltungsgerichtsbarkeit in den deutschen Bundesstaaten das Aufsetzen einer einheitlichen Spitze noch nicht gestatte. Prof. Thoma will über die ganze Organisation der Verwaltungsgerichtsbarkeit als obere neue Instanz einen Gerichtshof setzen, der darüber zu entscheiden hat, ob das Reichsgericht im Einzelfalle verletzt ist, und Prof. Anschütz will einen solchen Reichsverwaltungsgerichtshof an die Stelle der obersten Verwaltungsgerichte treten lassen, wenn die Verletzung des Reichsrechts behauptet wird, aber mit der Maßgabe, daß die Zuständigkeit des Gerichtshofs darauf beschränkt sein soll, auszusprechen: das Reichsrecht ist verletzt oder nicht, und daß im ersteren Falle, wenn noch eine weitere Entscheidung nötig ist, die Sache an das Landesverwaltungsgericht zurückgehen soll.

Mein eigener Standpunkt als des ersten Berichterstatters näherte sich den Bedenken von Schultzenstein. Ich suchte auszuführen, daß die erheblichsten staatsrechtlichen Bedenken dagegen beständen, nachdem die Verwaltung Landessache geblieben ist, hierin durch ein höchstes Reichsorgan einzugreifen. Ich suchte ferner darzulegen, daß eine Vereinheitlichung der bereits vorhandenen kleineren Reichsverwaltungsgerichte auf beschränktem Gebiete, wie Reichsversicherungsamt, Oberseeamt, Bundesamt für Heimatwesen usw., aus praktischen Gründen unausführbar ist. Ich unterzog die Vorschläge von Anschütz und Thoma einer Kritik, die im wesentlichen darauf hinauslief, daß, abgesehen von allen prinzipiellen politischen Bedenken, auch die Durchführung dieser Pläne zu den größten Schwierigkeiten und zu einer Verweitläufigung und Verwicklung des Verfahrens führen müßte, während Vereinfachung ein dringendes Bedürfnis sei. Dabei wurde von mir nicht verkannt, daß allerdings ein Bedürfnis bestehe, nämlich das Bedürfnis der Beseitigung von Widersprüchen in der Handhabung des Reichsverwaltungsrechts durch die verschiedensten Verwaltungsgerichte. Ich glaubte aber empfehlen zu dürfen, diesem Bedürfnis auf anderem Wege als durch Schaffung eines Reichsverwaltungsgerichtes zu begegnen, und zwar in einer Weise, die sich anlehnt an die Ihnen ja allen bekannten Vorschriften der Grundbuchordnung und des Gesetzes über die freiwillige Gerichtsbarkeit. In solchen Fällen, in denen ein oberstes Verwaltungsgericht von der Entscheidung eines anderen Verwaltungsgerichtes abweichen würde, solle diese Rechtsfrage, ähnlich wie in dem Vorbilde von dem Oberlandesgerichte an das Reichsgericht, so hier an eine neu zu schaffende Behörde abgegeben werden können, die dann über die Sache selbst entscheidet. Ich habe über die Organisation dieser Behörde Vorschläge gemacht, die ich aber ausdrücklich nicht der Beschlußfassung unterbreitete, weil sie nur einen Weg bezeichnen sollten, der die Ausführbarkeit meiner Vorschläge dartäte, ohne daß ich für jede Einzelheit selbst eintreten wollte.

Der zweite Berichterstatter, Herr Prof. Lukas (Königsberg) betonte schärfer das Bedürfnis der Rechtseinheit und glaubte, was ja juristisch zweifellos zutreffend ist, daß das Reich in der Lage sei, die von mir gekennzeichneten Eingriffe in das Landesverwaltungsrecht herbeizuführen.

In der Diskussion handelte es sich im wesentlichen um folgende Fragen: Zunächst um die Frage nach dem Bedürfnis einer Garantie für die Rechtseinheit im allgemeinen. Diese Frage fand von keiner Seite eine verneinende, sondern nur eine einstimmig bejahende Antwort. Dagegen gingen die Meinungen auseinander, ob es grundsätzlich angängig sei, so wie Anschütz und Thoma es wollen, das Reichsverwaltungsgericht einzuordnen in die Verwaltungsgerichtsbarkeit, wie sie besteht, sei es an Stelle eines anderen Oberverwaltungsgerichtes, sei es als oberstes, darüber schwebendes Organ, oder aber ob — und dahin ging der Vorschlag meines Herren Mitberichterstatters — es ein außerordentliches Rechtsmittel geben sollte, wonach man, unbeschadet der Beendigung des

Verwaltungsstreitverfahrens nach Landesrecht, nunmehr eine Entscheidung dieser höchsten Instanz darüber verlangen könne, ob Reichsrecht verletzt sei, und, falls diese Entscheidung bejahend ausfalle, dann die Wiederaufnahme des Verfahrens herbeiführen könne mit dem Ziele einer Änderung der Entscheidung des Verwaltungsgerichtes, die bereits ergangen sei. In dieser Richtung bestand ein Zweifel: ob Reichsverwaltungsgericht im eigentlichen Sinne, ob irgendeine andere Instanz. Ein fernerer Zweifel bestand darin, ob man diesen neuen Schutz gewähren sollte lediglich gegen Verletzung des Reichsrechts durch verwaltungs*gerichtliche* Entscheidungen, oder ob man ein Rechtsmittel schaffen sollte auch gegen bloße *polizeiliche* Verfügungen. Der Berichterstatter hatte dies letztere entschieden für nicht ausführbar erklärt und auch der Organisation des Reiches nicht entsprechend, während von anderer Seite gerade hierin, also über die Themafrage hinausgehend, das Wichtigste bei der Einführung des Schutzes für die Einheitlichkeit des Reichsverwaltungsrechtes erblickt wurde. Man einigte sich schließlich auf eine Fassung des Beschlusses, der *dem* Ausdruck gibt, in dem wir einig waren, der aber die übrigen Fragen offen läßt, und zwar offen läßt, weil in dieser Richtung noch immer eine zentralisierende Entwickelung im Gange ist. Der Beschluß, auf den sich die Abteilung einigte, lautet:

> „Es besteht ein Bedürfnis nach Schaffung einer reichsrechtlich geordneten höchsten richterlichen Instanz für Verwaltungssachen, um Einheitlichkeit in der Anwendung des Reichsverwaltungsrechts zu sichern."

Ich darf also ausdrücklich, auch mit Ermächtigung der Abteilung, hervorheben: Die Frage, ob diese zu schaffende Instanz ein in das Verwaltungsgerichtsverfahren des Reiches und der Einzelstaaten einzuordnender Reichsverwaltungsgerichtshof sein soll, ist offen gelassen. Es ist die Möglichkeit anerkannt, daß auch eine bloße Rechtsinstanz, ähnlich, wie ich sie vorschlug, diesem Bedürfnisse genügen könne. — Es ist ferner durch die Wahl des Ausdruckes „Verwaltungssachen" die Frage offen gelassen worden, ob diese höchste Instanz nur eintreten soll in Sachen, die in der Vorinstanz im Verwaltungsstreitverfahren behandelt worden sind, oder ob auch eine Popularklage gegenüber angeblich gesetzwidrigen bloß polizeilichen oder Verwaltungsverfügungen gestattet sein soll. — Und es hat endlich durch diesen Beschluß über die Wahrung der Einheitlichkeit in der Anwendung des *Reichs*verwaltungsrechts die Frage offen gelassen werden sollen, ob nun dieser zur Entscheidung laufende Gerichtshof sich gleichzeitig mit den die Sache betreffenden Fragen des Landesverwaltungsrechtes zu befassen hat, wie ich vorschlug, oder ob dem nicht so sein soll, wie es der Herr Mitberichterstatter als notwendig bezeichnet.

Erfreulich war die Übereinstimmung in der Anerkennung der Notwendigkeit eines Rechtsschutzes und bezüglich der anderen schwerwiegenden Fragen wird ja von der Zukunft die weitere Entwicklung zu erwarten sein. (Bravo und Händeklatschen.)

Vorsitzender Professor Dr. **Brunner** (Berlin): Wir wollen nunmehr die Beschlüsse der 3. Abteilung entgegennehmen. Zu diesem Punkte der Tagesordnung ist mir von Herrn Professor L i e p m a n n und Genossen der Antrag überreicht worden, die Gesamtbeschlüsse der 3. Abteilung vor das Plenum zu bringen.

Meine Herren! Nach unserem Statut ist über die Vorfrage, ob dem Antrage auf Plenarentscheidung stattzugeben sei nur einer der Antragsteller zu hören und dann der Berichterstatter. Ich mache ausdrücklich darauf aufmerksam, daß sowohl der Antragsteller als auch der Berichterstatter sich auf die Vorfrage beschränken muß, ob die Angelegenheit vom Plenum erörtert und entschieden werden soll, so daß also jedes sachliche Eingehen auf die einzelnen Strafmittel ausgeschlossen ist. Das würde der Erörterung im Plenum vorbehalten bleiben, falls beschlossen ist, die Angelegenheit im Plenum zu entscheiden.

Ich gebe zuerst Herrn Professor Dr. L i e p m a n n (Kiel) als Antragsteller das Wort.

Professor Dr. **Liepmann** (Kiel): Hochgeehrte Herren! Wer mit einem Antrag kommt, eine Frage vor das Plenum zu bringen, hat, wie wir schon jetzt gesehen haben, mit sehr starken Widerständen zu rechnen. Die Mitglieder des Juristentages haben eine reiche Arbeit hinter sich in den verschiedenen Abteilungen, und sie haben das berechtigte Bedürfnis, nach getaner Arbeit auszuruhen. Sie wollen von den Taten und Meinungen der einzelnen Abteilungen Mitteilungen bekommen, sie wollen von den Verhandlungen und Beschlüssen hören, aber nicht selbst mehr zu ihnen Stellung nehmen. Und nun kommt ein Störenfried, der die Behauptung aufstellt, daß eine Frage, ein ganzes Netz von Fragen vor einer Abteilung nicht so verhandelt ist, daß sich der Juristentag damit zufrieden geben könne. Ich bin mir der schweren Verantwortung, daß dieser Antrag gestellt worden ist, daß er von mir gerechtfertigt werden soll, voll bewußt. Aber es sind starke innere Bestimmungsgründe, die mich dazu gedrängt haben. Mich und die zahlreichen Mitunterzeichner dieses Antrages, als deren Interpret ich zu Ihnen spreche, um die Gründe unseres Vorgehens klarzulegen.

Die Abteilung III hat über eine Frage beschlossen, die gegenwärtig im Mittelpunkt unsrer strafrechtlichen Erörterung steht und die darüber hinaus allgemein juristische und politische Bedeutung hat, — die Frage, ob unser neuer Vorentwurf zu einem deutschen Strafgesetzbuch in der Behandlung und der Durchführung der Strafarten unsere Anerkennung verdient, inwieweit wir verpflichtet sind, die kritische Sonde an ihn heranzubringen, inwieweit wir Forderungen und Wünsche zu erheben haben. Bei der Frage nun nach den Strafmitteln handelt es sich ja nicht um eine Frage, sondern auf einer einheitlichen Grundanschauung über die Strafe baut sich eine Fülle von Einzelfragen auf. Einzelfragen schwerwiegender, grundsätzlicher Art, und Einzelfragen, die eine im wesentlichen technische Bedeutung haben. Es ist nun selbstverständlich, daß der Juristentag nur zu den prinzipiellen Fragen Stellung nehmen kann. Dazu gehört aber die Frage, deren Verhandlung vor dem Plenum eine erhebliche Minorität der 3. Abteilung gefordert hat. Es ist das Problem der Todesstrafe, das uns den Anlaß dazu bot, die ganze Frage wieder aufzurollen. —

Da ich mich nun beschränken muß und nicht sachlich meine Meinung zu dieser Frage hier ausführen darf, so kann ich nur sagen, warum uns die Verhandlung und Beschlußfassung der Abteilung nicht befriedigt. Die Frage der Strafmittel ist von ausgezeichneten und gründlichen Referenten, wie es sich beim Juristentag von selbst versteht, behandelt worden. Es sind zwar nicht zu den verhandelten Fragen, aber doch wenigstens zu dem Problem der Strafmittel überhaupt Gutachten ebenfalls von hohem, sachkundigen Gewicht veröffentlicht worden. Nur in einem Punkte haben wir sehen müssen, daß eine Frage nicht so vorbereitet war, wie sie es verdient hätte, und das ist die Frage der Todesstrafe. In den Gutachten, die über die Strafmittel erstattet sind, wird die Frage, ob die Todesstrafe prinzipiell in das neue Strafgesetzbuch aufgenommen werden soll, als eine Frage behandelt, über die man nicht mehr das Recht habe, allgemeine Erörterungen anzustellen, die eine weitere Erörterung nicht verdiene. Und in den ausgezeichneten Referaten von Exz. Olshausen und Geheimrat Kahl, Referaten, bei denen zu jeder Frage in intensiver und gründlicher Weise Stellung genommen worden ist, ist die Todesstrafe als eine Strafe bezeichnet worden, über deren prinzipielle Berechtigung man nicht mehr zu streiten und zu diskutieren habe. Man hat gesagt: es wäre überflüssig, diese Frage allgemein zu behandeln, ob man nun Anhänger oder Gegner der Todesstrafe sei. Es läge kein Grund vor, diese Frage zum Gegenstand einer Erörterung zu machen; denn das sei ein aussichtsloser Kampf ohne jegliche praktische Bedeutung. Aussichtslos deshalb, weil es unter den gegenwärtigen Verhältnissen schlechterdings ausgeschlossen sei, daß die deutschen Regierungen einem Entwurf ihre Zustimmung geben würden, der auf die Todesstrafe verzichtet.

Meine sehr geehrten Herren! Ich finde, daß diese Begründung, von autoritativem Munde, von einer Versammlung ausgesprochen von dem Ansehen des Deutschen Juristentages allein unseren Entschluß rechtfertigt. Der Deutsche Juristentag hat noch stets dem Wahlspruch meiner alten und geliebten Heimatstadt, in der wir hier tagen, dem Wahlspruch: „nec temere, nec timide“ nach beiden Seiten hin gehuldigt. Der Deutsche Juristentag hat nie nach dem geschielt, was Machthaber zu einer bestimmten Frage sagen würden. Der Deutsche Juristentag hat nie seine Entschlüsse und Wünsche davon abhängig gemacht, ob er Aussicht auf Erfolg hat. In dieser Frage, meine Herren, ist er zum erstenmal von diesem ethischen und im Grunde auch allein realpolitischen Gesichtspunkt abgewichen. Das, was seine Macht war, was ihm einen solchen Rückhalt in der öffentlichen Meinung und bei den regierenden Faktoren für alle Zeiten gegeben hat, und ihm auch für die Zukunft geben soll, das war das Gefühl, der Deutsche Juristentag sagt seine Meinung aus innerster Überzeugung und nicht aus irgendwelchen politischen oder opportunistischen Gründen.

Ich weiß nicht, ob die Regierung aus der Frage der Todesstrafe einen casus belli gegenüber dem neuen Strafgesetzbuch machen würde. Aber diese Frage ist auch für uns völlig gleichgültig. Wir würden unendlich viel an realem Einfluß einbüßen, vor allem aber in unserem ideellen Ansehen aufs schwerste geschädigt werden, wenn wir in dieser Frage eine Meinungsäußerung ablehnen wollten lediglich deshalb, weil wir keine Aussicht auf Erfolg haben. Soll uns das wirklich verhindern, unsere Meinung zu sagen? Wollen wir uns zum erstenmal zu einem gefügigen Werkzeug der Regierung heruntersetzen, das nur dann spricht, wenn es auf Einfluß hofft, dagegen schweigt, wenn es fürchtet, nicht gehört zu werden?

Auch ist es gar nicht wahr, was viele Juristen in diesen Tagen meinten, daß die Frage der Todesstrafe heute abgeschlossen sei, daß es keinen Wert habe, über sie aufs neue zu diskutieren. Denn diese Frage ist keine fachwissenschaftliche Kriminalistenfrage, über die man die Akten einfach schließen könne, — sie ist vielmehr eine allgemeine Juristenfrage und mehr als das: sie ist eine allgemeine Menschenfrage..

Ich meine, meine hochverehrten Herren, daß solche Erwägungen uns alle stutzig machen müßten, ob man, wie ich, Gegner der Todesstrafe ist oder, sie mit den Referenten und der Majorität der dritten Abteilung, für berechtigt hält. Wenn Juristen einer solchen Versammlung, wie es der Deutsche Juristentag ist, einer prinzipiellen Aussprache über eine solche Frage ausweichen, ja sie sogar verhindern wollen, so wäre das aufs Äußerste zu bedauern, mag man nun Anhänger oder Gegner der Todesstrafe sein.

Und so möchte ich Sie bitten nach einer Richtung hin die Beschlüsse der dritten Abteilung einer Revision im Plenum zu unterziehen. Nun handelt es sich nicht etwa darum, die Frage der Strafmittel überhaupt einer Neuberatung und Beschlußfassung zu unterziehen: niemand von uns denkt daran, niemand will es. Aber wir wollen auch nicht, wenn Sie unsern Antrag annehmen (um was ich Sie bitten möchte), daß die Frage der Todesstrafe heute im Plenum spruchreif gemacht werde. Unser Antrag will nur einer Neubehandlung dieser Frage den Weg ebnen, aber es liegt uns ganz fern, etwa schon heute für das Plenum eine Beschlußfassung in der Sache selbst zu verlangen. Es wäre ganz ungründlich und unjuristisch, wenn das Plenum heute schon eine Entscheidung träfe, heute, wo uns Gutachten für diese Frage fehlen, wo ein Teil der Referenten eine Flucht nach Hela angetreten hat, also nicht zur Stelle ist. Wenn Sie unseren Antrag annehmen, so werden wir lediglich im Plenum fordern, daß die Frage der Todesstrafe auf breiter wissenschaftlicher Basis erörtert werde. Wir wollen mit anderen Worten: daß die Frage auf die Tagesordnung des nächsten Juristentages gesetzt wird und dann in der gewohnten Weise eine gründliche Vorbereitung findet. Das ist Ihr Recht, und das würde auch den Intentionen aller Mitunterzeichner vollständig entsprechen; denn unsere Intention, unser Verlangen geht lediglich dahin: wir wollen Ihnen nichts oktroyieren, wir wollen nicht irgendwie — denn das können wir ja nicht, aber wir haben auch nicht die Ambition — wir wollen Sie in keiner Weise zu einem Beschluß in der Sache selbst bestimmen, wir wollen bloß, daß Sie den Gewissensbedenken, den juristischen und allgemeinen Bedenken, die viele Juristen in unserer Abteilung gehabt haben, und die draußen sehr viele Juristen und Nichtjuristen teilen und verstehen werden, wir wollen, daß Sie diese Gewissensbedenken verstehen und in der Weise würdigen, wie ich es mir erlaubt habe, Ihnen soeben auszuführen. (Lebhafter Beifall.)

Senatspräsident Dr. **Olshausen** (Leipzig) (zur Geschäftsordnung gegen den Antrag auf Verhandlung im Plenum): Zunächst eine persöhnliche Bemerkung, nicht über meine Person, sondern über die des abwesenden Herrn Mitreferenten und auch des Herrn Vorsitzenden der

Abteilung. Es kann ja eigentümlich erscheinen, wenn hier die Äußerung hingeworfen wird, diese Herren hätten eine Flucht nach Hela vorgenommen. Um den Grund anzugeben: es handelt sich darum, daß diese beiden Herren ebenso wie der Herr Staatssekretär des Reichsjustizamts der Einladung des Herrn Geh.-Rats Krohne gefolgt sind, von den Einrichtungen zur Beschäftigung der dortigen Zuchthaussträflinge im Freien Kenntnis zu nehmen, und den Herren ist das wegen der bevorstehenden Änderung der Strafgesetzgebung so wichtig erschienen, daß sie sich gesagt haben: wir wollen diese Gelegenheit, die uns hier geboten wird, ergreifen, um von den Einrichtungen Kenntnis zu nehmen. Es ist also die Fahrt nach Hela lediglich in dem Wunsche geschehen, in dieser wichtigen Frage sich selbst durch den Augenschein zu überzeugen. Wenn dies nicht der Grund gewesen wäre, so würde der Herr Staatssekretär heute auch noch hier anwesend sein, und ebenso verhält es sich mit den beiden anderen Herren.

Zur Sache selbst übergehend, bitte ich, den eben gestellten Antrag abzulehnen. Allen übrigen Abteilungen sind bestimmte Fragen vorgelegt; der dritten Abteilung dagegen ist keine Frage vorgelegt, sondern ihr ist ein Thema zur Verhandlung überwiesen, das große weite Thema des Strafsystems des Vorentwurfs zum Deutschen Strafgesetzbuch. Man hat dies eine Thema als Gegenstand der Verhandlung gewählt, sagte sich aber gleich, es ist so umfangreich, daß es unmöglich sein werde, das Ganze in einer Diskussion zu Ende zu bringen; deshalb wurde eine Trennung vorgenommen, so daß unter a) die Strafmittel im allgemeinen behandelt werden sollten, unter b) die Freiheitsstrafen im besonderen. Demgemäß ist in der Abteilung auch verfahren worden: es ist zunächst getrennt verhandelt worden lediglich über die Strafmittel im allgemeinen, die Referenten sind gehört worden, die Debatte hat stattgefunden, man kam aber gleich zu der Überzeugung, daß nach Aussonderung des wichtigsten Strafmittels der Freiheitsstrafen es nicht möglich sein würde oder sich wenigstens nicht empfehle, zu einer Abstimmung schon allein über die Frage 4a zu schreiten. Dann sind am nächsten Tage die eingehenden Gutachten der beiden Referenten zu den Freiheitsstrafen entgegengenommen worden, und da stellte sich heraus, daß beiden Herren zum Teil, möchte ich sagen, umfangreiche, zum Teil sehr umfangreiche Thesen aufgestellt hatten, so daß eine Einzeldiskussion ausgeschlossen erschien. Wir würden vielleicht bis gestern in den späten Abend haben sitzen müssen, vielleicht würden wir genötigt gewesen sein, heute morgen die Diskussion noch fortzusetzen; wir einigten uns deshalb dahin, daß abgesehen von einem später zu erwähnenden Satze im übrigen eine Diskussion gar nicht stattfinden solle.

Nun haben Herr Professor Liepmann und Genossen den Antrag gestellt, diese beiden Teile des Gesamtthemas über die Strafmittel hier zur Verhandlung im Plenum zu stellen. Ich glaube ihm und seinen Mitantragstellern nicht zunahezutreten, wenn ich sage, es entspricht ihren Intentionen — das hat Herr Liepmann auch im wesentlichen selbst dargelegt —, daß nur über die Todesstrafe im Plenum verhandelt wird, denn eine Verhandlung über das ganze Thema würde ganz unmöglich sein. Wenn wir wirksich das Ganze behandeln wollten, dann hätte selbstverständlich jeder das Recht, dazu zu sprechen, jeder würde ohne weiteres über die Strafmittel 1—2 Stunden sprechen können; wenn ich mich zum Worte meldete, so würde ich mich verpflichten, Ihnen 2 Stunden lang zwar vieles zu erörtern, aber ich würde das Thema dann noch lange nicht erschöpft haben. Also handelt es sich in Wahrheit nur um die Todesstrafe; und da kann ich mich prinzipiell nur dem anschließen, was bereits dargelegt ist: ich halte es für unzulässig, lediglich die Todesstrafe herauszugreifen. Gestern ist auch Herr Professor Liepmann, obgleich Gegner der Todesstrafe, dem scharf entgegengetreten, heute hier ausschließlich über die Todesstrafe zu verhandeln; er habe soviel Material darüber zu Hause, das müsse er notwendig vorbringen, er stimme deshalb dagegen. Heute stellte er sich auf den Standpunkt, er sei in der Lage, in die Debatte über die Todesstrafe einzutreten.

Welche Referenten haben wir für diese einzelne herausgeschälte Frage? Die beiden Gutachter und die beiden Referenten hatten sich auf den Standpunkt gestellt — sie sind übrigens alle Anhänger der Todesstrafe —, daß es wohl nicht nötig sei, die Frage der Todesstrafe prinzipiell aufzurollen und zu erörtern. Freilich nicht, wie man zu unterstellen beliebte, aus Angst, nach oben anzustoßen — ich glaube, diese Angst hat bei keiner der 4 Personen vorgelegen —, sondern in der Erwägung, daß man von jeher im Juristentage darauf abgezielt hat, Beschlüsse zuwege zu bringen, die schließlich in die Gesetzgebung umgesetzt werden können, und daß wir es vermieden haben, Beschlüsse zu fassen, die einfach in den Papierkorb wandern.

Nun liegt die Sache nach der Überzeugung sowohl der Gutachter Krohne und Ebermayer wie der beiden Berichterstatter so, daß eben gar nicht daran zu denken ist, daß jetzt wirklich die Todesstrafe abgeschafft wird. Wir haben nicht die Aufgabe, ausschließlich über die Todesstrafe zu debattieren, bezüglich derer sich natürlich prinzipiell sehr viel für die eine oder die andere Auffassung sagen läßt; sondern es liegt uns ob, Stellung zu dem vorliegenden Vorentwurf zum Deutschen Strafgesetzbuch zu nehmen; und wir wollen — ich kann wohl sagen: wir wollen es alle —, daß bald ein neues und besseres Strafgesetzbuch an die Stelle des alten trete. Aus diesem Grunde haben wir geglaubt, die Frage von der Todesstrafe nicht ihrem ganzen Umfange nach aufrollen zu sollen, sondern wir stehen, allerdings als Anhänger der Todesstrafe, auf dem Standpunkt, daß nach Lage der Verhältnisse die Frage der Todesstrafe nur nach der Richtung zu behandeln sei: wie etwa an die Bestimmungen des Vorentwurfs die bessernde Hand zu legen sei. Das ist das Praktische, das Wesentliche, worauf es ankommt.

Daß ich heute als Referent fungieren sollte für die Frage, ob die Todesstrafe prinzipiell beizubehalten sei oder nicht, ob sie zu billigen sei oder lieber abzuschaffen sei, dazu fühle ich mich vollständig außerstande. Das ganze Material, das Herr Professor Liepmann in Kiel hat, würde ich auch gern kennen lernen, und ich würde auch Material zusammengestellt haben. Ich würde allerdings darauf verzichten, als Referent für die Todesstrafe hier zu fungieren.

Ich bitte, den Antrag abzulehnen und es dabei zu belassen, daß die Beschlüsse der Abteilung lediglich zur Kenntnisnahme des Plenums gebracht werden.

Präsident: Meine Herren! Ich bemerke, daß die Versammlung, wenn die Angelegenheit ihr zur Erörterung und Entscheidung überwiesen wird, die Diskussion nicht nur über das Thema der Todesstrafe wird zulassen müssen, sondern über sämtliche Strafmittel, über den gesamten Inhalt der Abteilungsbeschlüsse. Wir hätten uns über jeden Teil der Abteilungsbeschlüsse schlüssig zu machen und eine Entscheidung zu fällen; um aber eine solche Entscheidung zu treffen, bedarf es der nötigen Vorbereitung.

Ich stelle zunächst die Vorfrage, ob die sämtlichen Beschlüsse der dritten Abteilung dem Plenum zur Erörterung und zur Entscheidung zu überweisen sind, ob das Plenum eintreten will in die Erörterung und Entscheidung sämtlicher Beschlüsse der dritten Abteilung. (Abstimmung mit Gegenprobe.)

Die Mehrheit hat es abgelehnt, daß die Angelegenheit aufs neue zur Erörterung und Entscheidung gelange. (Lebhafter Beifall).

Ich bitte nun Se. Exzellenz Herrn Dr. Olshausen über die Beschlüsse der dritten Abteilung zu referieren.

Berichterstatter Senatspräsident Dr. **Olshausen:** Meine Herren! Die dritte Abteilung hatte zu beraten über das Thema: „Die Strafmittel nach dem Vorentwurfe zum „Deutschen Strafgesetzbuche". Wenn ich das betone: über das Thema, so würde daraus vielleicht die Konsequenz gezogen werden, es läge ein Thema vor, und ich hätte nur eine Sprechzeit von 10 Minuten. Aber schon die Ständige Deputation hatte sich gesagt, daß das Thema zu umfangreich sei, daß eine Zerlegung eintreten müsse; es ist deshalb auch in der Abteilung erwogen worden, ob ein Berichterstatter für das Plenum zu bestellen sei oder zwei, und es ist ausdrücklich der Beschluß gefaßt worden, es solle nur einer fungieren. Ich würde also glauben, daß ich für mich 20 Minuten würde in Anspruch nehmen dürfen. Aber ich will hoffen, daß ich mit 15 Minuten fertig werde.

Meine Herren! Ich hatte eine Reihe von Thesen ausgearbeitet, von denen Herr Geh.-Rat Kahl Kenntnis erhalten hatte, und er hatte zu meinen Anträgen Abänderungsvorschläge gestellt. Diese Abänderungsvorschläge enthielten in einem Punkte einen vollständigen Gegensatz zu meiner Auffassung; in allen übrigen Punkten handelte es sich lediglich um Zusätze. Dann waltete bei der Aufstellung meiner Leitsätze der Wunsch ob, in wesentlichen Hauptpunkten auch erkennen zu geben, daß sich die Abteilung zu den Vorschlägen des Vorentwurfs zustimmend verhalte, und dann entgegengesetzt wieder, selbstverständlich nur in den wichtigsten Punkten, wie der Entwurf anders zu gestalten sei. Ferner lag mir auch daran, zunächst auszusprechen, daß das Strafmittelsystem des Entwurfs im allgemeinen zu billigen sei, namentlich daß andere Strafmittel als die im Entwurf vorgeschlagenen nicht zu empfehlen seien.

Nun war mir von vornherein klar, daß dieser allgemein hingestellte Satz nicht würde zur Abstimmung gelangen können, ehe wir uns nicht auch über das wichtigste Strafmittel, über die Freiheitsstrafen, schlüssig geworden wären. Indem wir am zweiten Tage dahin gelangten, in eine Diskussion über die Freiheitsstrafen gar nicht einzutreten, so sah ich mich folgeweise veranlaßt, nun von dieser allgemeinen These Abstand zu nehmen. Im übrigen ist aber die Sachlage die, daß mit der schwersten Hauptstrafe, der Todesstrafe, angefangen wurde, und dann anschließend die übrigen Hauptstrafen sowie die Nebenstrafen behandelt wurden.

Was die Todesstrafe betrifft, so habe ich schon erwähnt, daß beide Gutachter und beide Referenten Anhänger der Todesstrafe sind und aus praktischen Rücksichten von einer prinzipiellen Erörterung glaubten absehen zu können. Es ist aber dennoch in der Abteilung von einer Seite der Antrag gestellt worden, daß die Todesstrafe als Strafmittel überhaupt gestrichen werde. Dieser Antrag wurde jedoch abgelehnt. Die Todesstrafe blieb also als Strafmittel bestehen.

Es warfen sich bei der Todesstrafe zwei Fragen auf; zunächst über ihr Anwendungsgebiet und zweitens darüber, ob sich eine ausschließliche Androhung von Todesstrafe empfehle oder ob sie stets oder wenigstens in gewissen Fällen alternativ mit anderen Strafen anzudrohen sei.

Was das Anwendungsgebiet betrifft, so könnte scheinen, als ob der Vorentwurf vollständig auf dem Standpunkt des geltenden Strafgesetzbuches stände. Beide, Vorentwurf und Gesetzbuch, kennen die Todesstrafe nur in zwei Fällen, für den Fall des schwersten Hochverrats und den Mord. Aber es ist doch ein nicht ganz unwesentlicher Unterschied, weil der schwerste Hochverrat im Sinne des Reichsstrafgesetzbuchs etwas anderes ist, als wie ihn der Vorentwurf im § 100 gedacht hat. Der § 100 des Vorentwurfs dehnt das Gebiet des schwersten Hochverrates nach doppelter Richtung hin aus. Erstens zieht er den Kreis der geschützten Personen weiter, als es jetzt im Strafgesetzbuch geschieht; denn die Strafen gegen die schwersten Fälle des Hochverrats schützen jetzt nur den Kaiser, den eigenen Bundesfürsten, der Landesherr des Täters ist, und den Landesherrn des Aufenthaltsortes. Dagegen will der Vorentwurf durch jene Strafbestimmungen geschützt sehen den Kaiser, sämtliche Bundesfürsten ohne Unterschied und ferner die Regenten. Zweitens soll aber auch der Tatbestand erweitert werden. In dem heutigen Strafgesetzbuch wird bestraft als schwerster Fall Hochverrat: Mord und Mordversuch. Dieser Mordversuch wird als vollendetes Verbrechen des Hochverrats behandelt. Der Vorentwurf erweitert das, er bedient sich des Ausdruckes „Angriff" und wollte damit decken alle Fälle nicht nur der vorsätzlichen beabsichtigten Tötung, sondern auch den des Totschlags und des Totschlagversuchs. Das ist sachlich eine nicht unerhebliche Erweiterung. Da war nun die erste Frage, wie weit soll die Todesstrafe Anwendung finden. Es ist gegen meine Ansicht — ich hatte beabsichtigt zu sagen, daß im Rahmen des Strafgesetzbuchs die Todesstrafe weiter keine Aufnahme finden solle, als wie der Vorentwurf vorschlägt — der Satz angenommen worden, die Todesstrafe ist nicht über das geltende Recht hinaus auszudehnen. Es soll also bei dem geltenden Rechte bleiben.

Meine Herren! In Ihren Händen befindet sich eine gedruckte Zusammenstellung der Beschlüsse der Abteilung, wie sie zur Annahme gelangt sein sollen. Es hat aber meines Erachtens doch eine Korrektur in dem Punkte der Todesstrafe einzutreten. Es ist seitens des Herrn Professor Goldschmidt ein Abänderungsantrag gestellt worden zu meinen Thesen zur Todesstrafe, ganz ausdrücklich zu dem einen Punkt. Und seinem Antrag entsprechend ist folgender Satz angenommen worden:

„Bei Vorliegen mildernder Umstände ist dem Richter allgemein ein nach dem ordentlichen Strafrahmen abgestuftes Strafmilderungsrecht einzuräumen.“

Dieser Antrag hat sich, wie gesagt, nur auf die Todesstrafe bezogen, und so ist er auch angenommen worden. Ich bemerke aber ausdrücklich, daß allerdings der Antragsteller, wie er mir heute gesagt hat, im ganzen mit seinem Antrag ein weiteres Prinzip verfolgt. Er denkt ihn sich als allgemeinen Satz, den er aber bei der Todesstrafe eingestellt hat, weil er sonst aus dem Rahmen der Diskussion herausgefallen sein würde. In den gedruckten Beschlüssen ist er unter Nr. 10 aufgeführt, während er meines Erachtens hinter Nr. 1 einzuschalten ist.

Ein weiterer Punkt war, ob mit der Todesstrafe unbedingt der Verlust der bürgerlichen Ehrenrechte zu verbinden sei oder nicht. Es ist dies weder jetzt der Fall, noch sollte es nach dem Entwurf der Fall sein, es sollte darüber vielmehr in jedem einzelnen Falle entschieden werden. Nun aber hat sich die Mehrheit der Abteilung — und ich persönlich gleichfalls — auf den Standpunkt gestellt, daß bei der Todesstrafe der Verlust der bürgerlichen Ehrenrechte von Rechts wegen eintreten müsse. Dabei war — für mich wenigstens — die Erwägung maßgebend, daß man bei den Freiheitsstrafen unterscheiden müsse solche, bei denen unbedingt der Verlust der bürgerlichen Ehrenrechte einzutreten hat, dann entgegengesetzt solche Freiheitsstrafen, mit denen er niemals verbunden werden kann, während bei der Gefängnisstrafe in der Regel zwar nicht auf ihn zu erkennen sei, aber doch die Möglichkeit dazu gegeben werden müsse. Diesen Standpunkt haben auch die beiden Berichterstatter, die sich speziell über die Freiheitsstrafen zu äußern hatten, eingenommen, und dem Umstande ist es wohl zu verdanken, daß die These, wie sie von mir zu diesem Punkte aufgestellt worden ist, in der Abteilung zur Annahme gelangte.

Von Herrn Geheimrat Kahl war noch ein Zusatzantrag gestellt, der ebenfalls Annahme gefunden hat, nämlich dahingehend: es ist wünschenswert, daß der Vollzug der Todesstrafe für das Reichsgebiet einheitlich gestaltet wird. Das sollte nach dem Vorentwurf nicht geschehen, es sollte nur der Grundsatz ausgesprochen werden, daß die Todesstrafe durch Enthauptung zu vollstrecken sei. Wie die Enthauptung vorzunehmen sei, darüber ist nichts gesagt. Ich habe mich mit dem Zusatz in dem Gedanken einverstanden erklärt, daß das in einem zukünftigen Strafvollzugsgesetz zu geschehen habe.

Die Freiheitsstrafen muß ich hier außer Betracht lassen, weil sie in der Abteilung nicht zur Diskussion kamen. Dagegen habe ich über die Behandlung der Geldstrafe, also ein außerordentlich wichtiges Strafmittel, zu berichten. Zu meiner Genugtuung sind zunächst einige Leitsätze angenommen worden, in denen die Abteilung ihre Billigung zu den Vorschlägen des Vorentwurfs nach dem von mir gestellten Antrage aussprach. So ist bezüglich der Geldstrafe beschlossen worden: Es ist zu billigen, daß

a) das Anwendungsgebiet der Geldstrafe gegenüber dem Reichsstrafgesetzbuch erweitert ist,

b) ihre Androhung mit Höchstbeträgen erfolgt, die in bestimmten Summen ausgedrückt ist,

c) sie bei strafbaren Handlungen, die auf Gewinnsucht beruhen, auch als Nebenstrafe Anwendung finden kann.

Ein allgemeines Verlangen war es, daß von der Geldstrafe in größerem Umfange Anwendung gemacht werden möchte, als wie es nach dem bisherigen Strafgesetzbuch möglich ist. Dem ist der Entwurf, wie ich meine, in sehr weitem Umfange entgegengekommen, und es hat die Abteilung ihre Zustimmung in der Beziehung ausgesprochen.

Wie die Geldstrafe anzudrohen sei, war lange Zeit Gegenstand eines heftigen Streites. Es war namentlich vorgeschlagen, daß die Geldstrafe in Steuerbeträgen anzudrohen sei. Demgegenüber wurde beschlossen, daß die Androhung in der Weise erfolgen soll, wie wir sie im geltenden Strafgesetzbuch haben und wie der Vorentwurf sie beibehalten will. Die Androhung soll in der alten Weise geschehen mit Höchstbeträgen, die in bestimmten Summen ausgedrückt sind.

Es ist ferner ein recht wichtiges Moment, ob die Geldstrafe nicht bloß Hauptstrafe, sondern auch Nebenstrafe ist. Nach der Auffassung des Reichsgerichts ist sie im geltenden Strafgesetzbuch immer Hauptstrafe, auch wenn sie neben einer Freiheitsstrafe angedroht ist. Aber es ist von großer Bedeutung, daß die Geldstrafe in Zukunft nach Maßgabe der allgemeinen Vorschrift in § 36, d. h., wenn die einzelnen konkreten Taten auf Gewinnsucht beruhen, den Charakter einer Nebenstrafe haben soll deshalb, weil der Vorentwurf den Grundsatz aufstellt, daß bei einer Idealkonkurrenz die Hauptstrafe bemessen wird aus demjenigen Gesetze, welches die schwerste Strafe androht oder, wenn es gleich schwere sind, aus demjenigen, das der Dauer nach die höchste Strafe zuläßt. Während aber jetzt dieses schwerste Gesetz ausschließlich Anwendung findet und deshalb eventuell alle in dem milderen Gesetze angedrohten Nebenstrafen unter den Tisch fallen, vertritt der Vorentwurf den nach meiner Auffassung sehr richtigen Gedanken, daß die Nebenstrafen auch dann Anwendung finden sollen oder können, wenn sie neben einer der Hauptstrafen, die bezüglich aller idealkonkurrierenden Handlungen in Betracht kommen, ausdrücklich vorgeschrieben oder zugelassen sind. Insofern ist es sehr zu begrüßen, daß in den Fällen, wo die Handlung eine gewinnsüchtige ist, in Zukunft neben der Freiheitsstrafe bei jedem Falle der Idealkonkurrenz auch auf eine Geldstrafe erkannt werden kann, wenn nur ein einzelnes der konkurrierenden Delikte auf Gewinnsucht beruht.

Es ist nunmehr wieder eine kleine Differenz zwischen den gedruckten Beschlüssen und demjenigen, was wir tatsächlich beschlossen haben, zu erwähnen. Es war von mir ein Antrag eingebracht, es sei zu billigen, daß als Ersatzstrafe für den Fall der Uneinbringlichkeit Haftstrafe, wenn die Geldstrafe neben einer anderen Freiheitsstrafe erkannt wird, diese einzutreten hat. Nun ist aber auf Antrag des Herrn Professor Goldschmidt ein anderer Antrag angenommen worden, nämlich der unter Ziffer 5c des gedruckten Beschlusses:

„An Stelle der Haft als Ersatzstrafe hat gegen Arbeitsfähige entsprechend dem Beschlusse des 23. Juristentages und dem Gutachten Krohnes Abverdienen der uneinbringlichen Geldstrafe in einer Anstalt (Gefängnis, Arbeitshaus) zu treten."

Damit war der erste Satz meiner These gefallen. Denn offenbar soll es Prinzip sein, daß gegen Arbeitsfähige Haft nicht als Ersatzstrafe eintreten soll, sondern daß solche Verurteilte die Geldstrafe abverdienen sollen. Es ist deshalb hiermit nicht vereinbar, wenn in den gedruckten Beschlüssen unter D) der Satz aufgeführt ist:

„Als Ersatzstrafe für den Fall ihrer Uneinbringlichkeit hat Haft und, wenn auf die Geldstrafe neben einer anderen Freiheitsstrafe erkannt ist, diese einzutreten (§ 34)."

Es muß hier vielmehr die Fassung in folgender Weise erfolgen — es wird besser sein, eine besondere Ziffer zu machen:

„An Stelle der Haft als Ersatzstrafe hat gegen Arbeitsfähige Abverdienen der uneinbringlichen Geldstrafe in einer Anstalt (Gefängnis, Arbeitshaus) zu treten."

Und als zweiter Absatz ist hinzuzufügen:

„Ist die Geldstrafe nicht neben Haft, sondern neben einer anderen Strafe erkannt, so hat diese einzutreten."

In diesem zweiten Satze hat die Abteilung das Prinzip, das natürlich ursprünglich in einer etwas anderen Fassung zum Ausdruck gelangt war, anerkannt: Es ist zu billigen, daß, wenn Geldstrafe neben Gefängnis-

oder neben Zuchthaus erkannt wird, dann auch eine derartige Freiheitsstrafe unbedingt als Ersatzstrafe einzutreten habe. Im übrigen aber ist auch nach dem Antrag Goldschmidt, soweit es sich um nicht Arbeitsfähige handelt, Haft als Ersatzstrafe anzusehen.

Andererseits waren auch von meiner Seite Forderungen aufgestellt, die der Entwurf nicht erfüllt. So namentlich unter Ziffer 2a meiner Thesen:

Es sei zu fordern, daß

„bei wahlweiser Androhung von Geldstrafe mit Freiheitsstrafen — von Ausnahmen abgesehen — die Summen der zulässigen Höchstbeträge der Geldstrafe in ein bestimmtes Verhältnis zu dem Höchstbetrage der wahlweise angedrohten Haftstrafe gesetzt werden."

Dieser Antrag ist angenommen. Die Stellung des Antrages beruht darauf: Es finden sich im Vorentwurf unendlich viele Strafandrohungen, wo Freiheitsstrafen angedroht sind, und zwar meist Gefängnis oder Haft, sei es in dieser Aufführung oder in der umgekehrten, in manchen Fällen Haft oder nur Gefängnis, und dann wahlweise Geldstrafe. Prüft man diese Strafandrohungen des Entwurfes im einzelnen, so ergibt sich, daß zwischen der Höhe der angedrohten Freiheitsstrafe und der Höhe der Geldstrafe irgendein bestimmtes Verhältnis nicht besteht, vielmehr besteht bezüglich der Höchstbeträge der verschiedenen Strafarten absolute Willkür: in dem einen Falle wird alternativ mit der Freiheitsstrafe von bestimmter Höhe eine Geldstrafe von so und soviel angedroht, in einem anderen Falle im doppelten oder dreifachen Betrage, in einem weiteren Falle wieder nur die Hälfte des Betrages; so geht es systemlos durch den ganzen Entwurf. Ich glaube in der Tat, daß die Verfasser des Entwurfs ein bestimmtes Prinzip gar nicht haben verfolgen wollen. Das ergibt sich auch aus der mühsamen Zusammenstellung Kahls in der Festschrift der Deutschen Juristenzeitung; ein Blick darauf wird diese Ansicht bestätigen. Anders ist der österreichische Vorentwurf, der fast gleichzeitig mit unserem Vorentwurf veröffentlicht worden ist, verfahren. Dort ist es eine bestimmte Relation, in der sich die Freiheitsstrafe zur Geldstrafe bewegt: neben drei Monate Haft ist eine Geldstrafe bis zu 1000 Kr., neben sechs Monate Haft eine solche von 2000 Kr. usw. vorgesehen; ich habe den Eindruck gewonnen, daß es in der Tat wünschensewrt sein muß, daß auch wir ein gewisses Prinzip bei Androhung der verschiedenen Strafmittel alternativ nebeneinander verfolgen. Dem hat die Abteilung durch Annahme des Leitsatzes entsprochen.

Nun ist weiter noch angenommen worden auf Antrag von Herrn Geheimrat Kahl, aber allerdings mit einem Abänderungsantrag von anderer Seite, daß der § 31 des Vorentwurfs dahin abzuändern ist, daß die gesetzliche Frist für Teilzahlungen auf 2 Jahre erweitert wird. Der Vorentwurf will eine Erleichterung bei der Zahlung der Geldstrafen einführen, so daß möglichst selten eine Ersatzstrafe nötig ist, und deshalb erstens eine Befristung gestatten und weiter auch die Teilzahlung; die Frist für die Teilzahlungen darf sich aber nicht über ein Jahr erstrecken; und dieser Antrag, der sich wenigstens auf den ursprünglichen Antrag Kahl bezieht, will die Frist auf 2 Jahre erstrecken. Dem ist stattgegeben worden.

Bezüglich des Verweises sind folgende Sätze angenommen worden: zunächst aus meinen Thesen ein billigender Satz:

„8. Es ist zu billigen, daß

a) die Aberkennung der bürgerlichen Ehrenrechte nur als Nebenstrafe angedroht ist."

Von verschiedenen Seiten wird der Standpunkt vertreten, daß die Aberkennung der bürgerlichen Ehrenrechte sich auch als Hauptstrafe empfehle Ich halte das nicht für richtig, und die Abteilung hat es abgelehnt und billigt, daß sie nur als Nebenstrafe angedroht ist.

Ferner ist der Satz angenommen worden, es sei „zu billigen, daß

b) die Teilaberkennung der bürgerlichen Ehrenrechte in größerem Umfange als bisher zugelassen ist".

Die „bürgerlichen Ehrenrechte" umfassen eine ganz große Gruppe von Rechten; nach dem geltenden Strafgesetzbuch ist es nur in beschränktem Umfange möglich, die teilweise Aberkennung auszusprechen. Das hat der Vorentwurf erweitert, und die Abteilung hat sich damit einverstanden erklärt.

Beim Verweis — ich muß hier zurückgreifen — ist folgender Satz angenommen worden:

„6. Es ist zu billigen, daß der Verweis auch gegen Personen über 18 Jahre als Hauptstrafe Anwendung finden kann."

Bisher war der Verweis nur gegen Nichtstrafmündige zugelassen.

Weiter ist auf eine Anregung des Herrn Geheimrat Kahl in Verbindung mit einen Verbesserungsantrag des Herrn Landgerichtsdirektor Aschrott von der Abteilung noch der Satz angenommen worden:

„7. Die Strafe des Verweises hat in Erteilung einer Rüge zu bestehen."

So will es auch der Entwurf. — Aber nun weiter:

„Der Verweis ist vom Richter und zwar tunlichst mündlich zu erteilen.“

Es erschien der Abteilung richtig, den Satz, daß der Verweis grundsätzlich mündlich vom Richter zu erteilen sei, bereits im Strafgesetzbuch selbst auszusprechen und dies nicht erst einem Strafvollzugsgesetze zu überlassen.

Im Entwurf findet sich im § 53 eine Bestimmung über die Aufenthaltsbeschränkung. Diese schien namentlich Herrn Professor Kahl bedenklich, und er glaubte nicht, daß mit der Bestimmung, wie sie in § 53 vorgesehen ist, wobei die weiteren einzelnen Normen über die Aufenthaltsbeschränkung lediglich in die Hände der Landesregierung gelegt werden, den weitgehenden Klagen, die gerade über diesen Punkt bei der Zulässigkeit von Polizeiaufsicht laut geworden sind, genügend Rechnung getragen werde. Deshalb ist ein von ihm vorgeschlagener Leitsatz mit einem Abänderungsantrage des Herrn Professor Goldschmidt in folgender Fassung von der Abteilung angenommen worden:

„9. Sollen die aus dem bisherigen Institut der Polizeiaufsicht hervorgegangenen Übelstände mit Eintritt des neuen Strafgesetzbuchs beseitigt werden, so ist § 53 des Vorentwurfs zu streichen, und es bedarf im Einführungsgesetz einer Normativbestimmung, durch welche die Befugnis der Einzelstaaten zu sicherheitspolizeilichen Aufenthaltsverboten insoweit beschränkt wird, als notwendig ist, um bestraften Personen eine gesicherte Arbeitsgelegenheit zu erhalten und ihren Rückfall ins Verbrechen zu verhindern.“

In den großen, umfangreichen Thesen der beiden Herren Referenten über die Frage der Freiheitsstrafen — ich kann nicht näher darauf eingehen, die Zeit ist zu knapp — finden sich in den Leitsätzen des Herrn Referenten Dr. v. Staff unter Nr. 3 folgende Sätze:

„3. Mit der Ausarbeitung eines neuen Strafgesetzbuchs muß gleichzeitig diejenige eines Reichsstrafvollzugsgesetzes erfolgen. Die Kommissionen für beide Gesetzeswerke haben in steter gegenseitiger Fühlung zusammenzuwirken. —“

Ich habe vorhin schon zweimal erwähnt, daß auf das Vollzugsgesetz in der Debatte über die Todesstrafe und auch in der Debatte über den Verweis Bezug genommen wurde. Denjenigen aber, die darauf verwiesen, wurde entgegengehalten, es müsse möglichst eine Garantie dafür geschaffen werden, daß mit dem neuen Strafgesetzbuch selbst auch zugleich ein Strafvollzugsgesetz in Kraft trete. Das ist im wesentlichen der Sinn des Antrages. Denn es heißt:

„Mit der Ausarbeitung eines neuen Strafgesetzbuchs muß gleichzeitig diejenige eines Reichsstrafvollzugsgesetzes erfolgen."

Mit der Ausarbeitung, wie sie hierdurch verlangt wird, ist es aber allein nicht geschehen; sie soll vielmehr derartig in die Hand genommen und gefördert werden, so daß beide Gesetze zusammen in Kraft treten können. Dieser dem Beschlusse zugrunde liegende Gedanke erscheint im höchsten Grade empfehlenswert; denn die im Vorentwurf zum Strafgesetzbuch vorgesehenen Vorschriften bedürfen notwendig noch einer weiteren Ausführung und Ergänzung über die Strafvollstreckung.

Das wäre das, was ich über die Beschlüsse der Abteilung zur Kenntnis zu bringen habe.

Professor **Liepmann** (Kiel): Ich habe vorhin die Worte gebraucht, daß ein Teil der Referenten sich der Erörterung der Frage durch die Flucht nach Hela entzogen hätte. Schon als das Wort mir ausrutschte, lag mir jeder ominöse und verletzende Beigeschmack fern. Ich möchte dem aber noch ausdrücklich Ausdruck geben. (Ruf: Bravo!)

Präsident: Wir kommen zur Wahl der Ständigen Deputation. 19 Mitglieder sind zu wählen, ich selbst gehöre als Vorsitzender des 30. Juristentages der Ständigen Deputation an. Die Wahl der 19 Mitglieder erfolgt durch Akklamation oder in einem einzigen Skrutinium durch Stimmzettel. Die Vertrauensmännerversammlnng schlägt folgende Herren vor:

1. Oberlandesgerichtspräsident Exzellenz Dr. Freiherr von Call (Innsbruck).
2. Geheimen Justizrat Professor Dr. Enneccerus (Marburg).
3. Oberlandesgerichtspräsident Dr. E. Dorner (Karlsruhe).
4. Geheimen Justizrat Professor Dr. Otto Gierke (Charlottenburg.)
5. Professor Dr. Gustav Hanausek (Graz).
6. Geheimen Justizrat Professor D. Dr. Kahl (Wilmersdorf).
7. Justizminister a. D. Exzellenz Professor Dr. Franz Klein (Wien).
8. Justizrat Dr. Hugo Neumann (Berlin).
9. Senatspräsident beim Reichsgericht Exzellenz Dr. Olshausen (Leipzig).
10. Geheimen Justizrat Professor Dr. Max Pappenheim (Kiel).
11. Direktor der Bayrischen Handelsbank Dr. Freiherr W. v. Pechmann (München).

12. Geheimen Justizrat Professor Dr. J. Rießer (Berlin).
13. Staatsminister der Justiz Exzellenz von Schmidlin (Stuttgart).
14. Landgerichtspräsident Dr. von Staff (Breslau).
15. Senatspräsident a. D. Geheimen Rat Dr. K. v. Stoeßer (Karlsruhe).
16. Geheimen Hofrat Professor Dr. Emil Strohal (Leipzig).
17. Oberlandesgerichtspräsident Wirklichen Geheimen Oberjustizrat Professor Dr. Felix Vierhaus (Breslau).
18. Rechtsanwalt am Reichsgericht Justizrat Dr. Wildhagen (Leipzig).
19. Professor Dr. Alfred Ritter von Wretschko (Innsbruck).

Die Versammlung ist mit der Wahl dieser Herren einverstanden.

Herr Geh.-Rat Rießer wird nun den Kassenbericht erstatten und über die schon angemeldete Änderung des § 5 des Statuts berichten.

Geh. Justizrat Prof. Dr. **J. Rießer** (Berlin): Meine Herren! Ich habe als Schatzmeister die Pflicht, die in diesem Falle traurig, aber unabwendbar ist, sowohl die Abrechnung zu geben als den Antrag der Ständigen Deputation zu begründen, in § 5 des Statuts den Preis der Anmeldekarten von 3 M. auf 5 M. zu erhöhen. Da Abrechnung und letzterer Antrag im Verhältnis von Ursache und Wirknng zn einander stehen, so verbinde ich sie.

Die Rechnung ist kurz aufgestellt: Per 7. September haben wir einen Wertpapierbestand von 12 000 M., den man nicht gut als eisernen Fonds bezeichnen kann, da auf ihn jeder Juristentag wirkt wie eine Marienbader Kur: er zeigt dann eine lebhafte Neigung zur Abnahme. (Heiterkeit.) Außerdem hatten wir einen Barbestand von sage und schreibe 4 M. 80 Pf. per 7. September, von welchem Betrage selbst der kühnste Optimist kaum sagen kann, daß er sich als ein „Sammelvermögen" darstellt. Im Gegenteil werden wir sagen dürfen, daß der Juristentag in seiner 50 jährigen Tätigkeit nicht bewiesen hat, daß er ein großes Vermögen zu sammeln vermöge. Daher der Antrag, die 3 M. auf 5 M. heraufzusetzen.

Nun verwahre ich mich aber feierlichst — und ich bitte, diese Verwahrung in das Protokoll aufzunehmen — gegen den Ausdruck „Finanzreform", der im Beginn gefallen ist; denn von einer Finanzreform kann bei dieser kleinen Änderung nicht die Rede sein. Ich verwahre mich deshalb dagegen, damit nicht die Finanzkollegen im Reiche und in Preußen uns sagen können, daß auch der Juristentag eine abschließende Finanzreform nicht zustande gebracht habe. Ich betrachte das nur als einen ersten Schritt, gleichzeitig als einen Beitrag zu der dringend notwendigen staatsbürgerlichen und finanziellen Erziehung der Juristen nach der Richtung, daß man Ausgaben nicht machen darf, ohne, wenigstens soweit man kann, für deren Deckung zu sorgen, ein Grundsatz, der, wenn ich richtig berichtet bin, mitunter außer acht gelassen wird.

Der zweite Weg ist kein finanzieller, den müssen wir aber auch unbedingt gehen. Meine Herren! Der Juristentag blüht und gedeiht glücklicherweise, aber er wächst nicht; denn wir pendeln in der Regel zwischen 1000 und 1200 Mitgliedern, so daß wir also einen Durchschnitt von 1100 Mitgliedern annehmen können. Wenn wir deutsche Juristen allein 20 000 sind, ziemlich gleichmäßig verteilt mit 10 000 auf die Anwälte und 10 000 für die Richter, dann haben wir einen Mitgliederbestand von wenig mehr als 5 % der allein in Deutschland vorhandenen Juristen, wobei also die österreichischen noch gar nicht mitgezählt sind. Das ist ein trauriges Ergebnis, und ich stimme unserem Kollegen Neumann durchaus zu und möchte dem bei dieser Gelegenheit Ausdruck geben, daß es eine wesentliche Standespflicht, die vornehmste sogar der Juristen ist, dem Juristentag beizutreten, und zwar nicht nur einmal für ein Jahr, sondern dauernd. Ich hoffe, daß dieser Appell besseren Erfolg haben wird als ähnliche frühere. Viele Juristen scheinen es, da sie einen Teil des Bürgertums bilden, als ein Recht, das mit uns geboren ist, zu betrachten, den Standesinteressen gegenüber ebenso gleichgültig gegenüberzutreten, wie ein großer Teil des Bürgertums seinen bürgerlichen Pflichten. Ich glaube aber, damit muß unbedingt gebrochen werden. Eine Berufs- und eine Standespflicht ist besonders dann unweigerlich zu erfüllen, wenn sie sich deckt mit den allgemeinen nationalen Interessen. Nun ist der Juristentag bemüht, und ich glaube mit Erfolg, überall als getreuer Hüter des Rechtes zu wirken, den wechselnden wirtschaftlichen Erscheinungen und sozialen Bedürfnissen zu folgen und dafür zu sorgen, daß das Recht der adäquate Ausdruck dieser Erscheinungen und Bedürfnisse bleibt. Wer dafür sorgen will — und ein jeder ist dazu verpflichtet — der muß dem Juristentag beitreten.

Ich bitte Sie also, als ersten Schritt zur Befriedigung unserer Bedürfnisse diesen heutigen Antrag anzunehmen, weiteres vorbehaltend, und darf wohl Ihr Einverständnis annehmen, wenn kein Widerspruch erfolgt.

Vorsitzender Professor **Brunner** (Berlin): Die Versammlung hat den Antrag angenommen. (Beifall und Händeklatschen.)

Nun bitte ich Exzellenz Klein im Namen der Ständigen Deputation über die Umfrage betr. das Wohnungswesen zu berichten.*)

Exzellenz Staatsminister a. D. Dr. **Klein** (Wien): Meine Herren! Während der bisherige Verlauf der Sitzung der Vergangenheit zugewendet, sich mit dem beschäftigte, was in den Abteilungen verhandelt worden ist, habe ich Ihnen jetzt über etwas zu berichten, was wir für die Zukunft planen.

Den verehrten Herren sagt es nichts Neues, wenn ich ihre Aufmerksamkeit auf das Problem des Wohnungswesens lenke. Diese Frage und namentlich die Wohnverhältnisse der mittleren und ärmeren Klassen in den Städten sind allmählich, gefördert durch wissenschaftliche Erörterungen und humanitäre Bestrebungen, in den Mittelpunkt des Interesses gerückt, und das städtische Wohnungsproblem wird immer mehr als einer der zentralsten Punkte für die Entwicklung von Staat und Gesellschaft begriffen. Es ist daher erklärlich, daß auch die Juristen dieser Frage ein gewisses Interesse zu bezeigen beginnen, denn wie der Philosoph sagte: nichts Menschliches ist mir fremd, muß der Jurist sich sagen, nichts, was die Gesamtheit irgendwie berührt, darf ihm fremd bleiben, alles muß schließlich in irgendeiner Art Ausdruck im Rechte finden.

Es sind Ihnen, meine Herren, gewiß auch die Grundzüge des Programms der Wohnungsreform im wesentlichen bekannt, sie müssen Ihnen als Angehörigen des Deutschen Reiches bekannt sein. Das Wohnungsproblem zeigt wegen seines Zusammenhanges mit der sozialen, wirtschaftlichen, kulturellen und politischen Entwickelung der einzelnen Länder in jedem Staate einen besonderen Charakter. Jedes Land bewahrt in der Methode, wie es die Verbesserung der Wohnverhältnisse erreichen will, seine besondere Art. Die Art des Deutschen Reiches ist es aber, mit außerordentlicher Energie und mit wissenschaftlicher Exaktheit das Wohnungsproblem gleichzeitig nach allen Erfolg versprechenden Richtungen in Angriff zu nehmen, durch die Mannigfaltigkeit der Methoden die Wohnungsreform für alle Gebiete und Orte des Reiches, ungeachtet ihrer verschiedenen Verhältnisse, möglich zu machen. Und man darf sagen, daß tatsächlich in jedem Belange Hervorragendes geleistet wird. Mittels Verwendung des Erbbaurechts durch Reich, Staat und Gemeinden, mittels gemeinnütziger Bautätigkeit und zumal auch mittels einer nach allen Seiten hin sich betätigenden volkstümlichen kommunalen Boden-

*) Die Umfrage über das Wohnungswesen ist abgedruckt als Anhang S. 589 ff.

und Wohnungspolitik. Was geschehen kann, geschieht. Verglichen mit dem großen Notstande, der namentlich im Wohnungswesen der großen Städte und der Industriezentren herrscht, mag das alles vielleicht nur ein Tropfen sein, aber es bestehen die beste Einsicht und die besten Absichten, man ist sich über das Ziel klar und weiß und handelt aus dem Bewußtsein, daß das Ziel mit allen Kräften verfolgt werden muß, daß hier hohe Zukunftswerte am Spiele stehen.

Die Führerschaft und der Hauptanteil an den praktischen Arbeiten gebührt selbstverständlich den Verwaltungsmännern, den Volkswirten, den Technikern und den Hygienikern. Denn die wichtigsten Probleme der Wohnungsreform liegen auf dem Gebiete der Verwaltung, des Kreditwesens, der Bauführung und der Gesundheitspflege, und namentlich für die Baukunst sind von diesen Bestrebungen schon fruchtbare Anregungen ausgegangen. Die Techniker und Architekten haben erkannt, welche neuen, bisher brachliegenden Arbeitsfelder sich hier für sie eröffnen, und beschäftigen sich heute vielfach mit ganz anderen Fragen, als sie ihnen früher allein geläufig waren, und sie haben in dieser Beziehung schon manchen schönen Erfolg erzielt, namentlich was die Verbilligung des Häuserbaues und der Herstellung von Kleinwohnungen betrifft. Hier schließen sich die Gewerbe an, welche Wohnräume für ärmere Familien und beschränktere Bedürfnisse zweckmäßig und billig einrichten wollen.

Die Juristen sind in der Frage des Wohnungswesens eigentlich bis jetzt ziemlich im Hintergrund gestanden. Es war einem Redner am letzten Internationalen Wohnungskongreß in Wien vorbehalten, die Entdeckung zu machen, daß den Juristen in der Wohnungsreform die Hauptrolle zufalle. Ich halte die Entdeckung für geistreich, aber auch für falsch, denn die Wohnungsreform ist eine Frage, zu der vor allem Geld gehört, und die Jurisprudenz erweist sich nur sehr vereinzelt als ein finanziell produktiver Faktor. Es ist aber nicht zu leugnen, daß auch das Recht umspült wird von den Wirkungen des Wohnungselends. Wie könnte es auch anders sein in einer Zeit, wo sogar das Recht Expansionstendenzen entfaltet und in immer mehr Gebieten des Lebens und der Lebenstätigkeit unmittelbar entscheidenden Einfluß zu gewinnen trachtet. Von dem Augenblicke aber, in dem wir erkennen, daß das Recht irgendwie an einer Sache des Volkswohls Anteil hat, ist es für den Juristentag gewissermaßen eine Pflicht seiner Traditionen, daß auch er der Sache sein Augenmerk zuwendet und vorliegendenfalls prüft, inwieweit rechtliche Vorschriften oder rechtliche Einrichtungen, die jetzt bestehen, mit dazu beitragen, daß so arge Übelstände im Wohnungswesen entstanden sind, und ob durch Reformen oder Änderungen im Rechte die Ziele der Wohnungsreform gefördert, ihre Bestrebungen dadurch unterstützt werden könnten. In theoretischen Untersuchungen und bei praktischen Erörterungen der Wohnungsfrage wird beispielsweise oft darauf hingewiesen, daß die Gestaltung des Hypothekenrechts einen sehr großen Einfluß auf den Bodenpreis, auf das Angebot auf dem Wohnungsmarkt und auf die Höhe des Mietzinses ausübe, und zweckmäßige Änderungen des Hypothekenrechts deshalb sehr nützlich wirken würden. Etwas anderes, das mehr den Verwaltungsjuristen angeht, ist die Behauptung, daß heute das Expropriationsrecht nicht überall ausreiche, um die Errichtung billiger Wohnungen dort zu ermöglichen, wo sonst die Bedingungen dazu gegeben wären, nicht bloß den Gemeinden weitere Enteignungsbefugnisse einzuräumen wären, sondern namentlich auch gemeinnützigen Anstalten des Wohnungsbaues ein Enteignungsrecht zu gewähren sei. Und so berühren sich noch in manchen anderen Beziehungen Recht und Wohnungsreform.

Die Ständige Deputation des Juristentages hat in ihrer Pfingstkonferenz heuer beschlossen, dieser Frage, wie die Zeitungsphrase lautet, „näherzutreten" und zwar mit jener Gründlichkeit, die geboten ist, wenn eine so angesehene Körperschaft wie der Juristentag sich eine so schwierige und weittragende Aufgabe stellt. Wir waren daher der Ansicht, daß es kaum ratsam wäre, die eine oder andere in der Diskussion aufgetauchte Behauptung über den Zusammenhang von Recht oder Rechtsordnung und Wohnungswesen herauszugreifen und sie auf die Tagesordnung eines Juristentages zu setzen. Denn in solchen Dingen kommt es doch auf Erfahrungen des Lebens, auf die Kenntnis einer großen Zahl von tatsächlichen Verhältnissen des Kreditmarktes usw. an, und wir möchten gern, wenn der Juristentag in diesen viel erörterten und umstrittenen Fragen ein Votum abgibt, so sollen auch alle Garantien dafür gegeben sein, daß dieses Votum den Tatsachen des Lebens möglichst entspricht und dem Leben dienen kann. Deswegen haben wir uns entschlossen, uns an diejenigen Stellen und Organe, die über diese Dinge am besten informiert sind, Kreditinstitute, Baugenossenschaften, Kommunalverwaltungen und an Personen, die Erfahrungen auf diesem Gebiete zu sammeln Gelegenheit hatten, mittels einer Rundfrage zu wenden und sie zu bitten, uns ihre Ansichten über diejenigen Punkte bekanntzugeben, die es verdienen oder erfordern, vom Standpunkte des Juristen und der Rechtsordnung erörtert zu werden.

Es ist mir der ehrenvolle Auftrag zuteil geworden, Ihnen, verehrte

Herren, davon Mitteilung zu machen. Wir haben die Absicht, soweit es die einlaufenden Gutachten und Informationen gestatten, einzelne maßgebende Fragen, die spruchreif zu sein scheinen, je nach den Verhältnissen auf die Tagesordnung der nächsten Juristentage zu setzen. Ich kann also nicht schon jetzt für das Programm des nächsten Juristentages einen solchen Gang versprechen, sondern ich habe vorläufig nur anzukündigen, daß in Anbetracht des großen Interesses, das der Wohnungsfrage gebührt und allseits heute auch zuteil wird, die Ständige Deputation geglaubt hat, dem Juristentag Gelegenheit geben zu sollen, über die einschlägigen juridischen Fragen zu beraten. Diese Beratung wird hier vor einem unbefangenen Kreise stattfinden. Die Interessengegensätze, die in der Wohnungsfrage aufeinander stoßen, sind groß. Daß wir nicht die Absicht haben, einer einseitig radikal vorwärtstreibenden Strömung mit unserem Votum zu Hilfe zu kommen oder umgekehrt einer zurückhaltenden Strömung einen Stützpunkt zu gewähren, dafür bürgen die schönen Traditionen des Juristentages, dafür bürgt dieses vornehme Forum, das sich bis jetzt populären Schlagwörtern doch ziemlich zu entziehen wußte.

Ich bitte die Herren, von unserem Schritte Kenntnis zu nehmen. Ich hoffe, daß ihm Ihre Billigung sicher ist.

Wenn Sie erlauben, möchte ich dem Berichte auch eine Bitte anschließen. Viele von Ihnen, geehrte Herren, werden Beziehnngen zu den Stellen haben, an die wir uns um Information wenden. Wir werden diesen Herren sehr dankbar sein, wenn Sie diese Beziehungen benützen wollten, um die betreffenden Verwaltungen, Institute usw. zu bestimmen, uns möglichst eingehende Aufschlüsse, recht reichliches verwertbares Material zu geben. Je mehr Stoff wir sammeln und je bessere Vorbereitung dadurch die einzelnen Themen erhalten, mit desto größerer Sicherheit wird der Juristentag seinerZeit sich entscheiden können. Und das ist hier von größerer Wichtigkeit als in vielen anderen Fällen. Was auf dem Gebiete der Wohnungsfrage geschieht oder nicht geschieht, das wirkt weit in die Zukunft. Hier handelt es sich nicht um die gegenwärtige Generation, obgleich wir auch ihr manche Erleichterungen ihrer Notlage bringen können, sondern um Aktionen, Verbesserungen oder Unterlassungen hinsichtlich der Übelstände des Wohnwesens, das sind, soweit Menschen von ihrem Tun so sprechen können, Dinge, die sub specie aeternitatis zu betrachten sind. Die künftigen Geschlechter werden erst den vollen Nutzen daraus ziehen, wenn diese Übelstände heute mit Erfolg bekämpft werden. Um so erhebender wird es für den Juristentag sein, wenn er das seinige dazu beigetragen hat, daß in dieser, die schwächeren Schichten der Bevölkerung so schwer bedrückenden verhängnisvollen Frage auch Recht und Juristen an den Wegen mitgearbeitet haben, die vielleicht in eine bessere Zukunft führen. (Bravo! und Händeklatschen.)

Präsident: Ehe ich die Versammlung schließe, habe ich die angenehme Pflicht der Danksagung zu erfüllen. Ich sage Dank vor allem der Stadt Danzig, welche in Anbetracht der teils vorangegangenen, teils gleichzeitigen Kongresse wahrlich ein Recht gehabt hätte, kongreßmüde und festmüde zu sein, uns aber dennoch so gastfreundlich, so liebenswürdig, in so herzgewinnender Weise empfangen hat, daß diese Danziger Tage sicherlich allen Teilnehmern des Juristentages in unvergeßlicher Erinnerung bleiben werden. (Bravo!)

Ich danke ferner der Stadt Zoppot, die so freundlich war, den Juristentag zu sich einzuladen, und die durch ihre Veranstaltungen wesentlich dazu beigetragen hat, daß der Ausflug an die waldumsäumte Küste des aufstrebenden Kurortes so schön verlaufen, so glänzend gelungen ist.

Ich sage ferner Dank dem Ortsausschuß für die aufopfernde und entsagungsvolle Tätigkeit, die er der Vorbereitung und dem Verlaufe des Deutschen Juristentages gewidmet hat.

Insbesondere danke ich auch dem Arbeits- und Finanzausschuß für die schöne und rechtsgeschichtlich bedeutsame Festgabe „Aus dem Danziger Rechtsleben".

Ich komme zum Schluß. Trotz der Jubiläumsklänge, die in die Erste Plenarversammlung hineinrauschten, trotz der sehr glatten Abwickelung des Vergnügungsprogramms darf die Arbeit dieses Juristentages sich getrost messen mit der Arbeit der besten seiner Vorgänger. Die Abteilungen sind so fleißig gewesen wie je und haben ihr Pensum reinlich aufgearbeitet. Der Schwerpunkt unserer Tätigkeit liegt ja überhaupt in den Abteilungen, und mit Rücksicht darauf habe ich, um auf die Verhandlungen von heute zurückzugreifen, dagegen gesprochen und dagegen gestimmt, daß die Todesstrafe in ihrer Isolierung vor das Plenum gebracht werde, so sehr es vielleicht aus sonstigen Gründen wünschenswert gewesen wäre, daß sich das Plenum mit der Angelegenheit befaßte.

Meine Herren! Die Danziger Tage haben aufs neue den Beweis geliefert, daß der Deutsche Juristentag sich nicht überlebt hat und daß er hoffnungsvoll in die zweite Hälfte seines ersten Säkulums eintreten darf.

Oberstaatsanwalt Geheimer Oberjustizrat **v. Prittwitz u. Gaffron** (Naumburg a. S.): Meine Herren! Daß die Sucht, Recht zu behalten, eine weit verbreitete juristische Krankheit ist, das haben nicht nur die Verhandlungen der Abteilungen dargetan — denn die Herren Berichterstatter haben es von ihren Abteilungen gemeldet —, sondern das hat besonders die heutige Verhandlung des Plenums ergeben. Eine an dieser Krankheit leidende Versammlung zu leiten, ist gewiß keine leichte Aufgabe. Wir alle aber sind überzeugt, daß diese Aufgabe von unserem hochverehrten Herrn Präsidenten mit der höchsten Vollkommenheit gelöst worden ist. Er hat mit ebenso sicherer Hand wie unparteiisch und mit dem größten Wohlwollen die Verhandlungen des Juristentages geleitet; und ich bin Ihrer aller Zustimmung gewiß, wenn ich Sie auffordere, ihm hierfür unseren innigsten Dank auszusprechen. (Lebhafter Beifall.)

Präsident: Ich danke sehr für die freundliche Anerkennung, sie rühmt mich mehr, als mir gebührt. Soweit ich sie mit gutem Gewissen annehmen kann, habe ich sie zu teilen mit dem Herrn Mitvorsitzenden und mit den Herren Schriftführern.

Die zweite Plenarversammlung des Deutschen Juristentages ist hiermit geschlossen.

(Schluß der Sitzung 11 Uhr 55 Minuten.)

Umfrage über das Wohnungswesen.

In Programmen, literarischen Arbeiten und sonstigen Äußerungen über die Wohnungsfrage wird bei Untersuchung der Ursachen der bekannten Mißstände im Wohnungswesen der minderbemittelten Klassen vielfach auch der heute geltenden Rechtsordnung und verschiedenen Rechtseinrichtungen der Gegenwart Schuld daran zugemessen, daß sich die Wohnungsverhältnisse in diesen Schichten der Bevölkerung so unbefriedigend gestaltet haben. Wenn man auch in der Regel zugibt, daß anderen Faktoren eine viel unmittelbarere Bedeutung zukommt, so wird doch immer wieder ausgesprochen, daß die gegenwärtigen Rechtsgrundlagen in den beiden, ihrem Rechtssysteme nach nahe verwandten Staatswesen, im Deutschen Reiche und in Österreich, manches zu den Übelständen der Wohnweise beitragen oder deren Beseitigung verhindern. Derlei Behauptungen werden dem objektiven Beobachter bald mehr, bald weniger begründet erscheinen, aber es ist bis jetzt unterblieben, auf die dadurch angeregte Frage näher einzugehen und unter Heranziehung der Erfahrungen zu prüfen, inwiefern wirklich die Rechtseinrichtungen mit den heutigen Zuständen der städtischen Wohnverhältnisse im Zusammenhange stehen und was in dieser Richtung geschehen könnte, um eine Besserung der Wohnweise herbeizuführen.

Die Ständige Deputation des Deutschen Juristentages hat vor kurzem beschlossen, in Anbetracht der überaus großen Bedeutung, welche die Wohnungsfrage für Staat, Gesellschaft und Kultur hat, auch den Deutschen Juristentag damit zu befassen. Nach dessen Programm und nach der Berufswirksamkeit seiner Mitglieder kann dabei hauptsächlich nur die rechtliche Seite des Wohnungsproblems in Betracht kommen, wenngleich hier wie in ähnlichen Fällen, wo Wirtschaft und Recht miteinander in Verbindung stehen, die Erörterung und Kritik des Juristen selbstverständlich auch die wirtschaftlichen Momente nicht vernachlässigen darf. Um es dem Juristentage zu ermöglichen, zur Lösung der großen und für die Zukunft der Gemeinwesen bedeutsamen Frage einen vollwertigen Beitrag zu liefern, hat es die Ständige Deputation für richtig gehalten, die Diskussion des Wohnungsproblems oder einzelner seiner Partien durch eine Umfrage bei denjenigen Stellen einzuleiten, die durch ihre Tätigkeit einen Einblick in diesen Bereich des Lebens besitzen. Auf diese Weise wird vielleicht ein genügendes Material gesammelt werden können, um festzustellen, inwiefern Rechtsänderungen die Wohnverhältnisse im günstigen Sinne zu beeinflussen vermöchten.

Um eine solche verläßliche Information von sachkundiger Seite zu erlangen, wendet sich die Ständige Deputation hiermit an die besonders berufenen Stellen und bittet auch Sie, durch gefällige Beantwortung des beiliegenden Fragebogens die Ausführung des dargelegten Planes zu unterstützen. Die Absichten der Ständigen Deputation gehen nicht dahin, bloß theoretische Ansichten über die in den Fragebogen aufgenommenen Punkte zu erhalten, sondern es ist ihr vor allem darum zu tun, einerseits tatsächliches Material zu erlangen, das zur Vertiefung der Erkenntnis des Wohnungsproblems und seines Zusammenhanges mit der Rechtsordnung dienen kann, und andererseits zu ermitteln, welche Meinungen in den Kreisen, die sich zufolge ihres Berufes oder ihrer Interessen besonders eindringlich mit dem Wohnungswesen beschäftigen, über den Einfluß, den die Rechtseinrichtungen auf die Wohnverhältnisse ausüben, und über die etwa neu einzuschlagenden Wege bestehen. Solche aus der Erfahrung geschöpften Vorschläge werden für die weitere Behandlung der juristischen Seite der Wohnungsfrage ebenso nützlich sein, wie die Ablehnung einzelner in den Fragepunkten aufgenommenen Vorschläge, denn es kann der Auffindung des richtigen Weges zur Abhilfe nur zustatten kommen, wenn nach Meinung der Fachmänner unausführbare Gedanken und Pläne aus den Erwägungen und Hoffnungen rechtzeitig ausgeschieden werden.

Es muß selbstverständlich dem Ermessen jedem einzelnen der Befragten überlassen bleiben, in welchem Umfange er den Fragebogen zu beantworten geneigt ist. Sofern einzelne der aufgenommenen Fragen noch nicht genügend geklärt scheinen, um eine endgültige Beantwortung zu gestatten, wäre es von Vorteil, wenn auch dies zum Ausdrucke gebracht und tunlichst die konkreten Punkte bezeichnet würden, auf die sich dann die Untersuchungen zunächst zu beschränken hätten. Aus technischen Gründen und mit Rücksicht auf die geplante Verarbeitung des Materials wäre es sehr dankenswert, wenn die Äußerungen über die einzelnen Abschnitte des Fragebogens (**I bis IX**) jeweils gesondert und auf einseitig beschriebenen Blättern erfolgten. Die Ständige Deputation gestattet sich ferner das Ansuchen, gefälligst anzugeben, ob und wieweit bei etwaiger Verarbeitung oder Publikation der eingehenden Antworten die Namen derjenigen genannt werden dürfen, die sich über die vorgelegte Frage ausgesprochen haben, da in dieser Hinsicht selbstverständlich strenge nach Wunsch vorgegangen werden wird. Die Äußerungen werden bis Ende Dezember 1910 zu Händen des mitunterzeichneten Schriftführers erbeten, da, wenn es angeht, einige die Wohnungsfrage betreffende Themen schon auf die Tagesordnung des Juristentages von 1912 gesetzt werden sollen.

Die Ständige Deputation erwartet von dieser Umfrage und von den sich daran knüpfenden Bearbeitungen und Verhandlungen nach den verschiedensten Seiten günstige Erfolge. Sie wird sich denen verpflichtet fühlen, die geneigt wären, auf ihre Absichten einzugehen und ihr Unterstützung und Mitwirkung zu leihen. Sie glaubt auf ein solches Entgegenkommen um so mehr rechnen zu können, als es sich um eine Angelegenheit handelt, die, von allen sonstigen Interessenbeziehungen abgesehen, für Staat und Gesellschaft von eminenter Bedeutung ist, und als kaum in anderer Weise die reichen Erfahrungen derjenigen, an die sich dieses Ersuchen richtet, für die Fortbildung des Rechts so unmittelbar fruchtbar gemacht werden könnten. Die Ständige Deputation hofft daher, keine Fehlbitte zu tun und erlaubt sich im voraus, für die Berücksichtigung ihres Anliegens verbindlichst zu danken.

Berlin, 15. Juli 1910.

Die Ständige Deputation des Deutschen Juristentages.

Dr. Heinrich Brunner, Geh. Justizrat, Professor der Rechte. Vorsitzender.

Dr. Hugo Neumann, Justizrat. Schriftführer.

I. Kommunale Bodenpolitik.

1. Inwieweit ist die Zonenenteignung, d. h. die Expropriation baureifen Geländes, das nicht zu Straßenzwecken bestimmt ist, durch öffentliche Körperschaften (Staat, Gemeinde) nach geltendem Rechte zulässig, inwieweit und unter welchen Bedingungen wäre eine solche Enteignung de lege ferenda behufs Verbesserung der Wohnverhältnisse der minderbemittelten Klassen zu rechtfertigen?

2. Nach welchen Grundsätzen sind die Grundstückspreise bei derartigen Enteignungen zu bestimmen?

3. Ist es wünschenswert, Enteignung zugunsten von gemeinnützigen Bauvereinen zum Zwecke der Errichtung von gesunden Volkswohnungen und deren Verbesserung zuzulassen, ist hierfür ein abgekürztes Enteignungsverfahren nötig oder empfehlenswert und auf welche Weise kann Schutz gegen ungerechtfertigt hohe Entschädigungen erreicht werden?

4. Sind außer der Enteignung besondere Rechtsnormen für die Behandlung des Grundeigentumes der Gemeinde erforderlich, um eine zweckmäßige und weitsichtige kommunale Boden- und Wohnungspolitik zu ermöglichen?

5. Wäre es insbesondere zweckmäßig oder wünschenswert, nach Analogie der in manchen Gesetzgebungen vorgesehenen Teilung des Eigentums in ein Obereigentum und ein Nutzungseigentum, dem Staate und den Gemeinden (eventuell auch gemeinnützigen Bauvereinen, Stiftungen u. dgl.) ein dingliches Recht an den von ihnen veräußerten Grundstücken einzuräumen, das ihnen Einspruch gegen eine den Zwecken der Wohnungspolitik abträgliche Verwendung dieser Grundstücke sichern würde?

6. Inwieweit könnte gleiches durch Änderung der Vorschriften über das Wiederkaufsrecht oder durch Eintragung eines Konsensrechtes zur Veräußerung erreicht werden?

II. Erbbaurecht.

1. Ist eine Beschränkung des Erbbaurechtes in der Richtung zweckmäßig, daß nur vom Reiche, von Staaten, Ländern, Gemeinden und sonstigen Korporationen des öffentlichen Rechts, dann von Stiftungen und von gemeinnützigen Baugesellschaften, Grundstücke zu Erbbaurecht verliehen werden dürfen?

2. Wie ist das Verhältnis zwischen dem Grundeigentümer und dem Erbbauberechtigten zu regeln:

a) Im Hinblick auf die Dauer des Erbbaurechtes? Welche Höchst- oder Mindestdauer ist hierbei in Aussicht zu nehmen? Inwieweit ist der Abschluß resolutiv bedingter Erbbauverträge zulässig?

b) Im Hinblick auf die Verpflichtung des Erbbauberechtigten zur Instandhaltung der auf dem Baugrunde errichteten Gebäude?

c) Hinsichtlich einer Steigerung des Bodenzinses während der Vertragsdauer?

d) Hinsichtlich der Eigentumsverhältnisse an den auf dem Baugrunde errichteten Gebäuden nach Erlöschen des Erbbaurechtes?

3. Welche Änderungen des geltenden Hypothekarrechtes sind erforderlich:

a) um eine abgesonderte Belastung des Erbbaurechtes zu ermöglichen,

b) um die Vorschriften betreffend die Pupillarsicherheit von Hypotheken bei grundbücherlicher Belastung des Erbbaurechtes zur Anwendung zu bringen und dadurch insbesondere die Beleihung dieses Rechtes durch Hypothekenbanken, Sparkassen und Versicherungsanstalten zu ermöglichen?

III. Hypothekenrecht.

1. Empfiehlt es sich, im Grundbuchsrechte an der einheitlichen Behandlung von Grund und Boden und dem darauf errichteten Bauwerke festzuhalten oder anknüpfend an die volkswirtschaftliche Unterscheidung zwischen Boden und Kapital eine Trennung in der Belehnung von Boden und Bauwerk durchzuführen?*)

2. Wird diese Frage bejaht, in welcher Weise wäre der Umkreis der als Bauwerk aufzufassenden Objekte abzugrenzen, wie wäre die Trennung grundbücherlich durchzuführen und auf welche Weise könnte der Bauwerks-Hypothek der Vorrang vor den auf dem Grundstücke haftenden Hypotheken eingeräumt werden?**)

3. In welcher Weise wäre die Verwendung der Bauwerkshypothek für die Zwecke der Errichtung von Bauwerken sicherzustellen?

4. Welche Vorschriften wären hinsichtlich der Amortisation der Bauwerkskredite zu erlassen, damit eine Tilgung dieser Darlehen während der Bestanddauer des Gebäudes erfolgt?

5. Empfiehlt es sich, die Beleihungsfähigkeit eines städtischen Grundstückes auf den Betrag des von Sachverständigen ermittelten Taxwertes zu beschränken (Verschuldungsgrenze)?

6. Welche Änderungen am geltenden Hypothekenrechte könnten sonst geeignet erscheinen, zur Verbilligung und damit zur Verbesserung des Wohnens beizutragen?

IV. Hypothekarverkehr der Banken.

1. Welche Maßregeln empfehlen sich zur Verhinderung der Überbelehnung städtischer Grundstücke durch die Hypothekenbanken und Sparkassen?

---

*) Vgl. die ähnliche Trennung bei landwirtschaftlichen, von staatlichen Rentenbanken gewährten Krediten in der Form der sog. Meliorationshypothek.

**) Zwangspriorität-sächsisches Prinzip; Aufgebotsverfahren preußisches Prinzip.

a) Inwieweit wäre zur Beschränkung der Konkurrenz unter diesen Kreditinstituten eine Rayonierung ihrer Hypothekargeschäfte möglich oder zweckmäßig?

b) In welcher Weise wäre die Schätzung der städtischen Realitäten gesetzlich zu regeln, um den heute viel beklagten Mängeln des Schätzungswesens zu steuern?

c) Welche sonstigen Mittel sind zweckmäßig, um den Geschäftsbetrieb der Hypothekenbanken von Mißbräuchen zu befreien?*)

V. Belehnung zweiter Hypotheken.

1. Welchen Voraussetzungen hätte ein Hypothekarkreditinstitut zu genügen, damit es berechtigt werden könnte, Pfandbriefe gegen zweite Hypotheken auszugeben, und welche Mittel (Reserve-Garantiefonds und in welchem Verhältnisse zu dem Betrage der zweiten Hypotheken?) wären erforderlich, um diesen Pfandbriefen eine pupillarähnliche Sicherheit zu verleihen?

VI. Mietrecht.

Welche Änderungen des geltenden Mietrechtes sind unerläßlich, um vom Standpunkte einer rationellen Wohnungspolitik den Interessen der Mieterschaft Rechnung zu tragen?

VII. Erbrecht.

Welche Änderungen der geltenden Erbrechtsvorschriften sind notwendig oder empfehlenswert, um das Eigentum an Familienhäusern der Familie des Erbauers oder Erwerbers zu erhalten?

VIII. Zwangsvollstreckung.

Ist es notwendig oder empfehlenswert, in bezug auf kleine Familienhäuser die freie Verfügung des Eigentümers oder die Zwangsvollstreckung auszuschließen oder zu beschränken?

IX. Schlußfrage.

Welche Änderungen des geltenden Privatrechtes sind sonst noch notwendig oder wünschenswert, um die Ziele der Wohnungsreform zu fördern oder der Durchführung einer richtigen Wohnungspolitik entgegenstehende Hindernisse zu beseitigen oder zu mindern?

---

*) Verbot der Terrain- und Bauspekulation durch Bankbeamte; Verbot der Verschleierung der Zinssätze durch Abschlußprovisionen usw.

Druck von Leonhard Simion Nf. in Berlin SW 48.

FSC
www.fsc.org
MIX
Papier | Fördert gute Waldnutzung
FSC® C083411

Kolibri 360 GmbH
Ferdinand-Jühlke-Straße 7
99095 Erfurt, Deutschland
produktsicherheit@kolibri360.de